2017

西安年鉴

xi'an yearbook

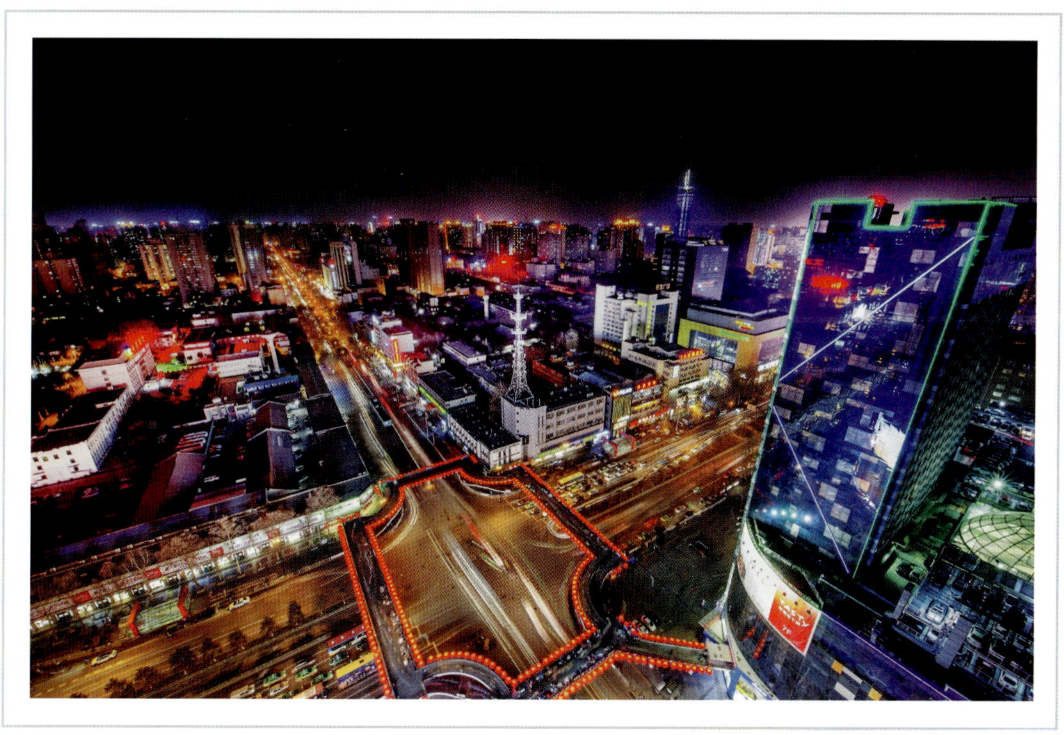

西安市人民政府主办　西安市地方志办公室编

世界图书出版公司
西安 北京 广州 上海

西安行政区划图

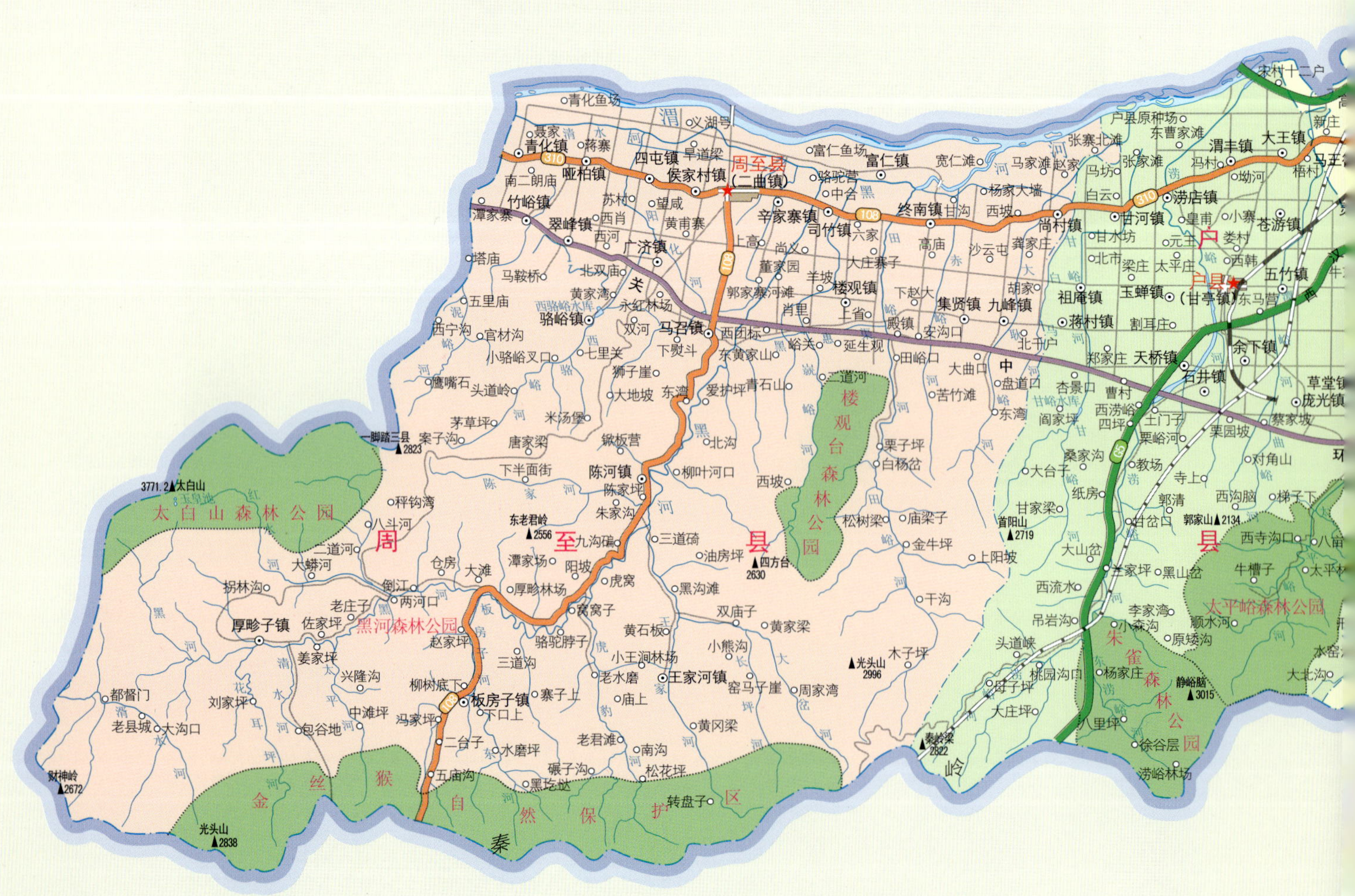

周至县
（二曲镇）
户县
（甘亭镇）
周
至
县
户
县
青化鱼场
义湖号
青化镇
哑柏镇
四屯镇
侯家村镇
富仁镇
终南镇
尚村镇
甘河镇
涝店镇
渭丰镇
大王镇
竹峪镇
翠峰镇
广济镇
辛家寨镇
司竹镇
楼观镇
集贤镇
九峰镇
祖庵镇
玉蝉镇
五竹镇
苍游镇
蒋村镇
天桥镇
石井镇
余下镇
庞光镇
骆峪镇
马召镇
陈河镇
板房子镇
王家河镇
厚畛子镇
太白山森林公园
黑河森林公园
楼观台森林公园
朱雀森林公园
太平峪森林公园
金丝猴自然保护区
秦
岭
太白山
3771.2
一脚踏三县
2823
东老君岭
2556
四方台
2630
光头山
2996
首阳山
2719
郭家山
2134
静峪脑
3015
财神岭
2672
光头山
2838
秦岭梁
2822
渭
黑
河
涝
河
甘峪水库
中
黄家湾
黑峪水库
沙云屯
宽仁滩
马家滩
张寨北滩
户县原种场
东曹家滩
宋村十二户
骆驼营
西坡
大庄寨子
董家园
上高
尚义
六家
下赵大
上省
殿镇
安沟口
田峪口
大曲口
盘道口
北千户
郑家庄
杏景口
曹村
西涝峪
四坪
阎家坪
栗园坡
蔡家坡
对角山
寺上
西沟脑
梯子下
西寺沟口
牛槽子
太平
黑山岔
吊岩沟
头道峡
桃园沟口
杨家庄
八里坪
徐谷层
涝峪林场
大庄坪
西流水
大山岔
甘家梁
桑家沟
大台子
纸房
教场
郭清
甘峪口
栗峪河
土门子
颍水河
原矮沟
水窑
大北沟
庙梁子
金牛坪
上阳坡
干沟
木子坪
黄家梁
双庙子
窑马子崖
周家湾
黄冈梁
松花坪
转盘子
南沟
老君滩
碾子沟
黑圪垯
水磨坪
二台子
五庙沟
下口上
寨子上
庙上
老水磨
小王涧林场
小熊沟
黄石板
窝窝子
黑沟滩
油房坪
三道碕
虎窝
阳坡
九沟碕
厚畛林场
潭家场
大滩
仓房
朱家沟
陈家坪
柳叶河口
北沟
锯板营
米汤堡
唐家梁
下半面街
秤钩湾
八斗河
二道河
大蟒河
拐林沟
倒江
两河口
老庄子
佐家坪
姜家坪
兴隆沟
赵家坪
三道沟
骆驼脖子
柳树底下
中滩坪
冯家坪
包谷地
刘家坪
都督门
老县城
大沟口
寨子沟
茅草坪
鹰嘴石
头道岭
七里关
大地坡
东湾
狮子崖
下熨斗
双河
爱护坪
青石山
二道河
栗子坪
白杨岔
松树梁
庙梁子
西安
峪关
延生观
苦竹滩
东湾
西宁沟
官材沟
小骆峪叉口
五里庙
马鞍桥
塔庙
北双庙
永红林场
关
西骆峪水库
苏村
望咸
黄甫寨
西肖
西河
潭家寨
南二朗庙
蒋寨
晏家
旱道梁
富仁鱼场
中合
六家
高庙
肖里
郭家寨河滩
羊坡
胡家
甘水坊
北市
梁庄
太平
元丰
皇甫
小寨
娄村
西韩
割耳庄
东马营
坳河
马村
马坊
白云
张家滩
赵家
杨家大墙
龚家庄
310
108
G5
新庄
马王

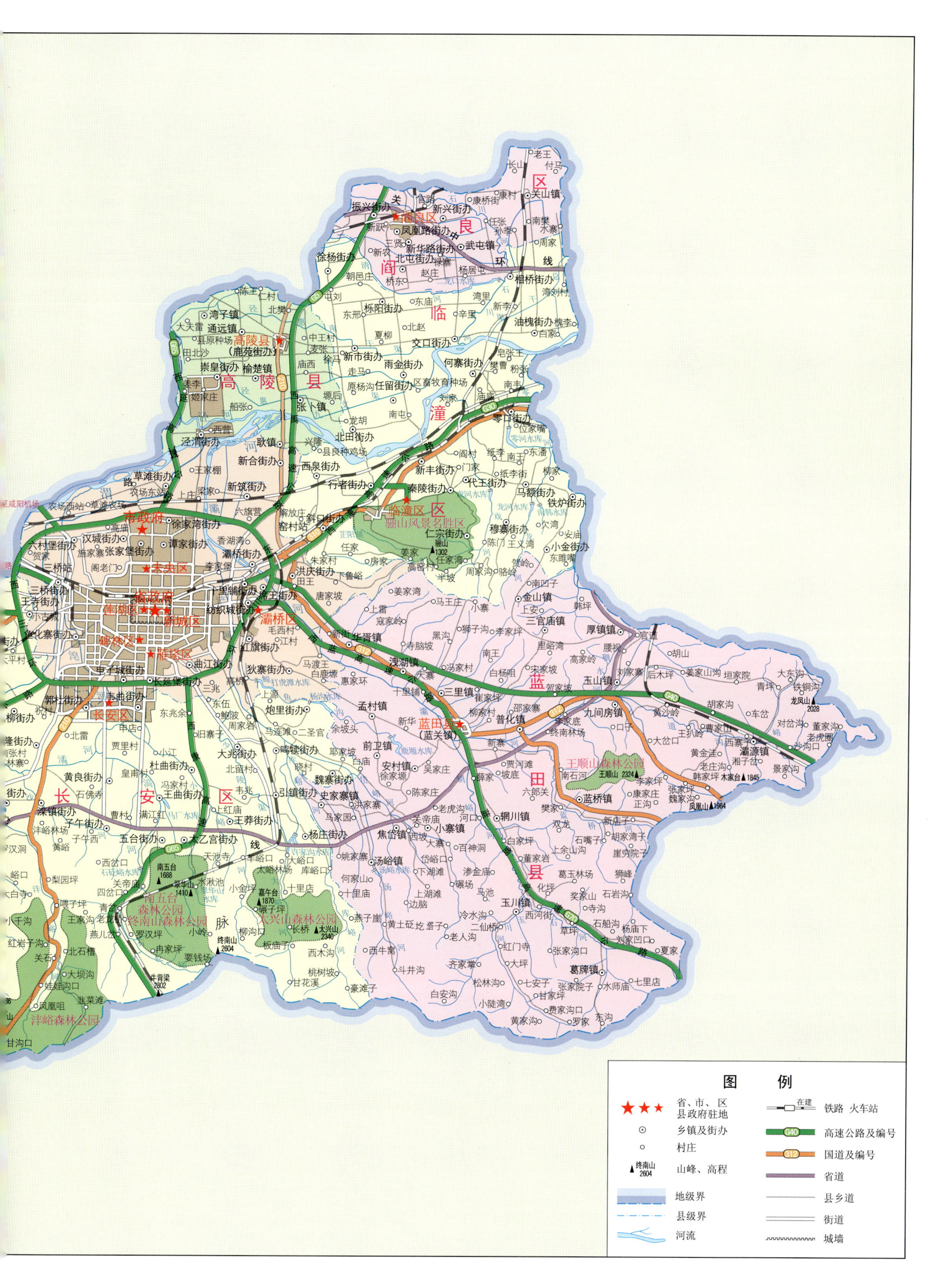

阎良区
临潼区
高陵县
长安区
蓝田县
市政府
省政府
未央区
莲湖区
新城区
碑林区
雁塔区
灞桥区
高陵县
(鹿苑街办)
蓝田县
(蓝关镇)
骊山风景名胜区
王顺山森林公园
南五台森林公园
终南山森林公园
太兴山森林公园
沣峪森林公园
关中环线
西禹高速
西蓝高速
绕城高速
秦岭山脉
骊山 1302
南五台 1688
翠华山 1410
嘉午台 1870
太兴山 2340
终南山 2604
牛背梁 2802
王顺山 2324
木家台 1845
凤凰山 1964
龙凤山 2028
振兴街办
凤凰路街办
新华路街办
北屯街办
武屯镇
关山镇
相桥街办
徐杨街办
湾子镇
通远镇
崇皇街办
榆楚镇
张卜镇
耿镇
泾渭街办
新合街办
西泉街办
草滩街办
新筑街办
北田街办
行者街办
新丰街办
秦陵街办
代王街办
马额街办
铁炉街办
斜口街办
仁宗街办
穆寨街办
小金街办
洪庆街办
席王街办
纺织城街办
十里铺街办
灞桥街办
谭家街办
汉城街办
张家堡街办
六村堡街办
徐家湾街办
三桥街办
红旗街办
狄寨街办
曲江街办
长延堡街办
电子城街办
韦曲街办
郭杜街办
炮里街办
大兆街办
杜曲街办
王曲街办
鸣犊街办
引镇街办
王莽街办
太乙宫街办
五台街办
子午街办
滦镇街办
黄良街办
杨庄街办
史家寨镇
魏寨街办
华胥镇
洩湖镇
三里镇
孟村镇
前卫镇
安村镇
普化镇
九间房镇
玉山镇
厚镇镇
三官庙镇
金山镇
灞源镇
蓝桥镇
辋川镇
小寨镇
焦岱镇
汤峪镇
玉川镇
葛牌镇
零口街办
油槐街办
何寨街办
交口街办
雨金街办
新市街办
任留街办
栎阳街办
图例
省、市、区县政府驻地
乡镇及街办
村庄
终南山 2604
山峰、高程
地级界
县级界
河流
在建
铁路 火车站
G40
高速公路及编号
G312
国道及编号
省道
县乡道
街道
城墙

西安城区图
冶家台
东龙村
城刘村
杜家村
长陵站
西龙村
杨家村
咸阳北站
石桥立交
金旭大道
渭水园温泉度假村
东晋桃园
尚稷路站
地铁四号线
西安国际高尔夫俱乐部
尚苑路站
西安火车北站
北客站
尚新路站
地铁二号线
汉城立交
南党村
北苑站
凤城十二路站
张道口
惠西村
蔡家村
西营村
席王村
青东村
西安经济技术开发区管委会
运动公园站
凤城九路站
市政府
文景路站
六村堡立交
兴滩村
沙河滩村
渔王村
新民村
唐家村
闫家村
中官亭村
后刘村
郑家村
丰产西路
杜家村
周家堡村
六村堡
南玉丰村
西查寨村
火烧寨村
贺家村
西柏梁村
汉长安城遗址
罗家寨
长乐宫
文景公园
城北客运站
朱宏路立交
孙围墙村
柯家寨
范北村
阁老门村
北叶家寨
帽耳刘立交
西宝高速公路
汉城湖公园
郑家村
后围寨立交
后围寨站
三桥站
三桥镇站
地铁一号线
未央区
魏家村
未央宫
大兴立交
北二环路
沣赵村
腊家村
三桥立交
三民村
红庙坡路
阿房路站
枣园北路站
黄堆坛村
杨旗寨
高窑村
安远门站
城西客运站
大苏村
汉城路站
沣惠路站
劳动路站
玉祥门站
洒金桥站
北大街站
莲湖公园
莲湖区
西安火车西站
广仁寺
阿房一路
大庆路
丁家寨
纪阳寨村
劳动公园
石家村
钟楼站
光华路
丰镐路
西关正街
安定门
西大街
阿房宫游乐园
阿房宫立交
东凹里村
石桥立交
昆明路
丰庆路
丰庆公园
永宁门站
省人
北堡子
周吴村
肖里村
下堡子
拥军坊
昆明路立交
响塘寨
张家村
边家村
南二环路
南稍门站
南丰镐村
宋家坑
地铁三号线
鱼化桥
大寨村
赵家坡
小雁塔
岳旗寨村
鱼化寨站
艾八北路站
延平门站
上泉村
西昆家庄
东辛庄村
新纪元公园
科技路站
太白立交
碑林区
体育场站
南丰村
东曹村
王家寨
英发寨村
长安立交
唐长安城墙遗址公园
太白南路站
北常村
小白店
村家庄
南窑头东区
甘寨家
太白小区
吉祥路
吉祥村站
小寨站
太平庄
雷家寨村
周家寨
丁家村
刘旗寨
紫薇广场
老烟庄村
双水磨村
陈家庄
西八里村
电子二路
常家滩
东津浒寨
木塔寺遗址公园
烈士陵园
杨家村
万村
薛家巷
红庙村
西户公路
小曹里村
东仪里
南山门口村
会展
丈八立交
东焦村
黄沙岭
袁旗寨
杨家庄
谷雨庄
南湖村
丈八东路
高新区管委会
北沈家桥村
双桥头村
世家星城
长安立交
电视塔
南寨子
下店村
河池寨立交
李家村
锦业路
电子城立交
里花水立交
绕城高速公路
石匣口
周家庄
西傅村
南姜村
东姜村
城南客运站
三爻站
蒲阳村
锦业二路
锦业三路
高家堡村
杜城村
普贤寺村
长里村
紫薇田园都市
翟家堡村
西汉高速公路
经三十二路
西部大道
发展大道
运动公园
张家村
凤栖原站
石羊村
高庙村
G210国道
樱花二路
樱花一路
韦曲西街
长安区
杨柳村
姜仁村
西祝村
郭杜街
茅坡村
航天城站
宫道口村

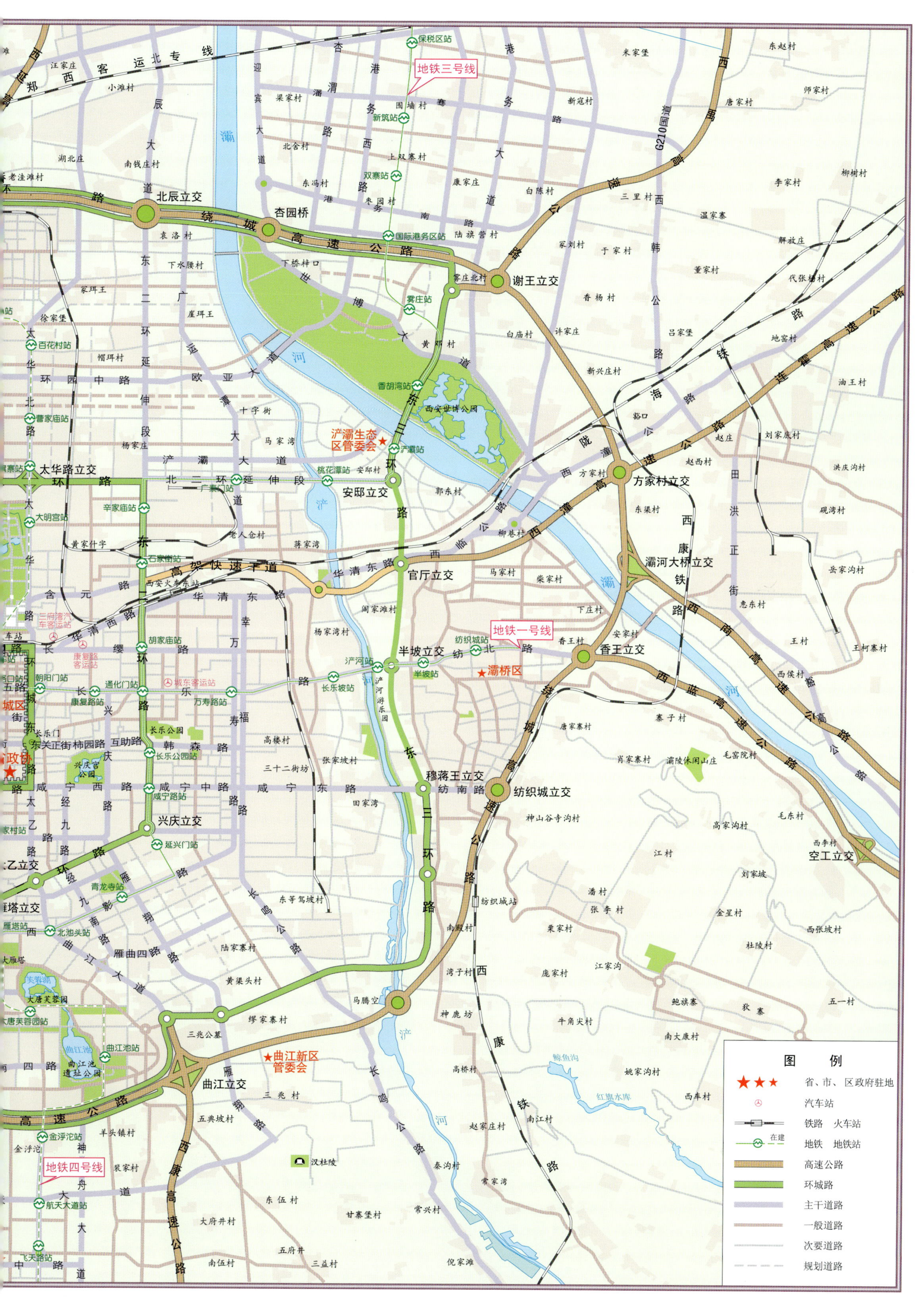

地铁三号线
保税区站
新筑站
双寨站
国际港务区站
雾庄站
香胡湾站
浐灞站
西安世博公园
浐灞生态区管委会
北辰立交
杏园桥
谢王立交
安邸立交
官厅立交
半坡立交
方家村立交
灞河大桥立交
香王立交
纺织城立交
穆蒋王立交
兴庆立交
太华路立交
空工立交
曲江立交
地铁一号线
纺织城站
半坡站
浐河站
长乐坡站
万寿路站
通化门站
康复路站
朝阳门站
灞桥区
曲江新区管委会
地铁四号线
金浮沱站
航天大道站
飞天路站
郑西客运北专线
绕城高速公路
西禹高速公路
G210国道
连霍高速公路
西蓝高速公路
西康高速公路
西康铁路
陇海铁路
高架快速干道
华清东路
长乐东路
咸宁东路
纺南路
东三环路
东二环延伸段
北二环延伸段
浐灞大道
世博大道
灞河
浐河
汉杜陵
红旗水库
纺织城站
图 例
省、市、区政府驻地
汽车站
铁路 火车站
地铁 地铁站
在建
高速公路
环城路
主干道路
一般道路
次要道路
规划道路

荣耀西安

全国副省级城市	1994年
国家卫生城市	2008年
综合性国家高新技术产业基地	2008年
国家园林城市	2009年
中国最具文化底蕴城市	2009年
中国最具幸福感城市	2009年 2012年 2013年 2014年 2015年
海外高层次人才创新创业基地	2009年
全国社会治安综合治理优秀城市	1997年 2001年 2005年 2009年
中国国际形象最佳城市	2010年
十大中国最关爱民生城市	2010年
中国十大创新型城市	2011年 2012年
国家知识产权示范城市	2012年
全国双拥模范城市	1988年 1992年 1996年 2000年 2004年 2008年 2012年 2016年
中国形象最佳城市	2013年
中国十佳品牌会展城市	2013年
中国最具投资吸引力城市	2013年
国家下一代互联网示范城市	2013年
中国领军智慧城市	2014年
中国最具文化软实力城市	2014年
全球最具发展潜力新兴城市	2014年
中国十大区域性金融中心城市	2014年
最佳国内旅游城市	2014年
中国十大影响力会展城市	2014年
国家电子商务示范城市	2014年
国家跨境贸易电子商务服务试点城市	2014年
国家现代服务业综合试点城市	2014年
国家食品安全示范城市	2014年
国家质量强市示范城市	2014年 2016年
中国最佳营商环境十大城市	2014年
全国文明城市	2015年
国家系统推进全面创新改革试验区	2015年
国家自主创新示范区（西安高新区）	2015年
国家森林城市	2016年
中国旅游城市数字资产榜Top10	2016年
全国科普示范区（西安新城区）	2016年
国家全域旅游示范区 （西安临潼区）	2016年

土地面积： 10096.8 平方千米
年末常住人口：883.21万人
生产总值：6257.18亿元
第一产业增加值：232.01亿元
第二产业增加值：2197.81亿元
第三产业增加值：3827.36亿元
人均GDP：71357元
全社会固定资产投资总额：5191.36亿元
社会消费品零售总额：3730.70亿元
进出口总值：1828.46亿元
旅游业总收入：1213.81亿元
全体居民人均可支配收入：30032元
城镇常住居民人均可支配收入：35630元
农村常住居民人均可支配收入：15191元
地方财政一般预算收入：641.07亿元
地方财政一般预算支出：942.52亿元
全社会总用电量：312.06亿千瓦时
全社会货物运输总量：23888.03万吨
全社会旅客运输总量：23671.25万人次

房屋施工面积：14727.10万平方米
房屋竣工面积：1560.18万平方米
商品房销售面积：2047.67万平方米
金融机构人民币存款余额：19073.96亿元
金融机构人民币贷款余额：15282.65亿元
普通高等学校：63所
普通中学：422所
普通中等职业学校：166 所
全年申请专利量：46103件
医院床位数：51508张
卫生技术人员数：86258人
全社会供水总量：59953.03 万立方米
市区供水总量：57396.50 万立方米
城乡居民人民币储蓄存款余额：7035.81亿元
城镇居民人均消费性支出：23799元
农村居民人均消费性支出：10199元
实际利用外商直接投资：450500万美元
城镇非私营单位就业人员年平均工资：67205元

陕西设立自贸区

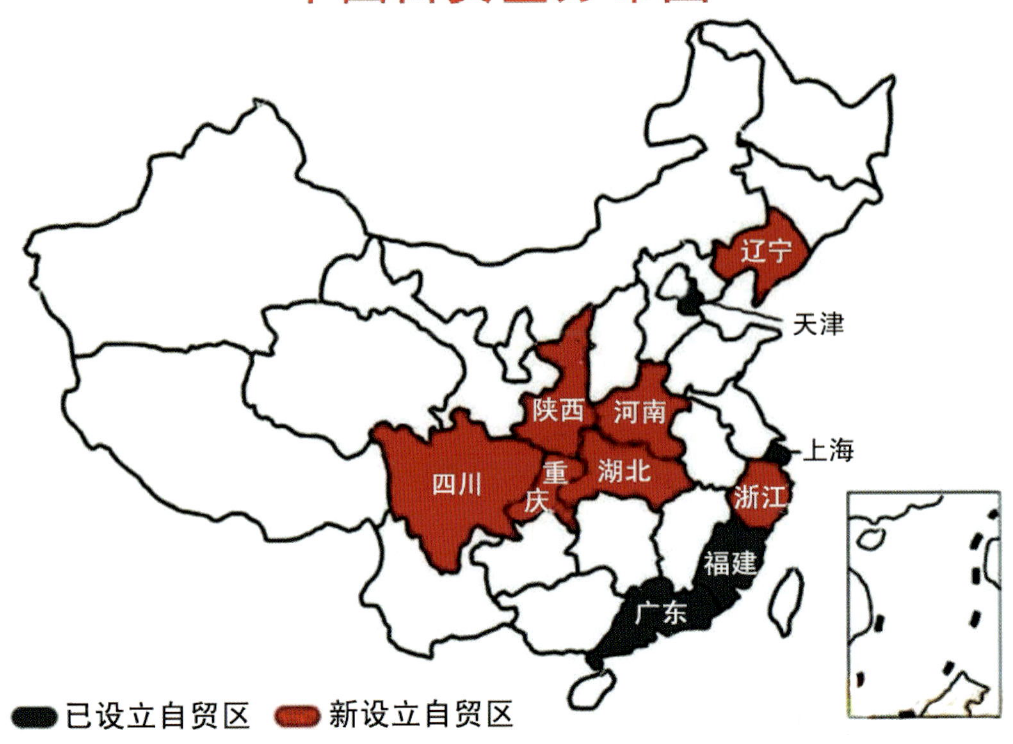

2016年8月31日，陕西成为第三批获批成立的7个自由贸易区之一，涵盖西安国际港务区、西安高新区以及西咸新区空港新城等地，西安成为“内陆型改革开放新高地”

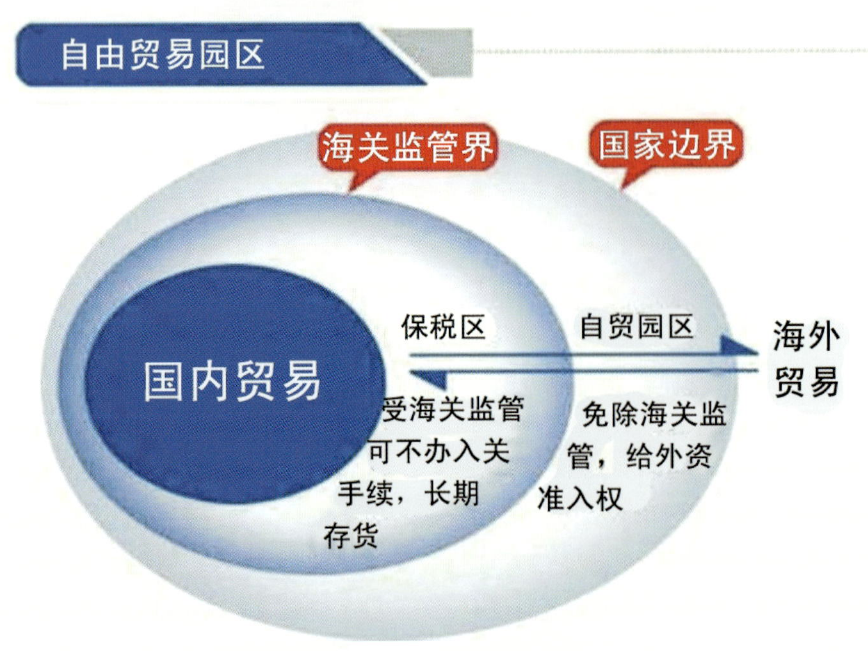

新地西咸空港

新地西咸空港自贸大都汇

陕西西咸保税物流中心

空港国际商务中心

新地西咸空港物流园

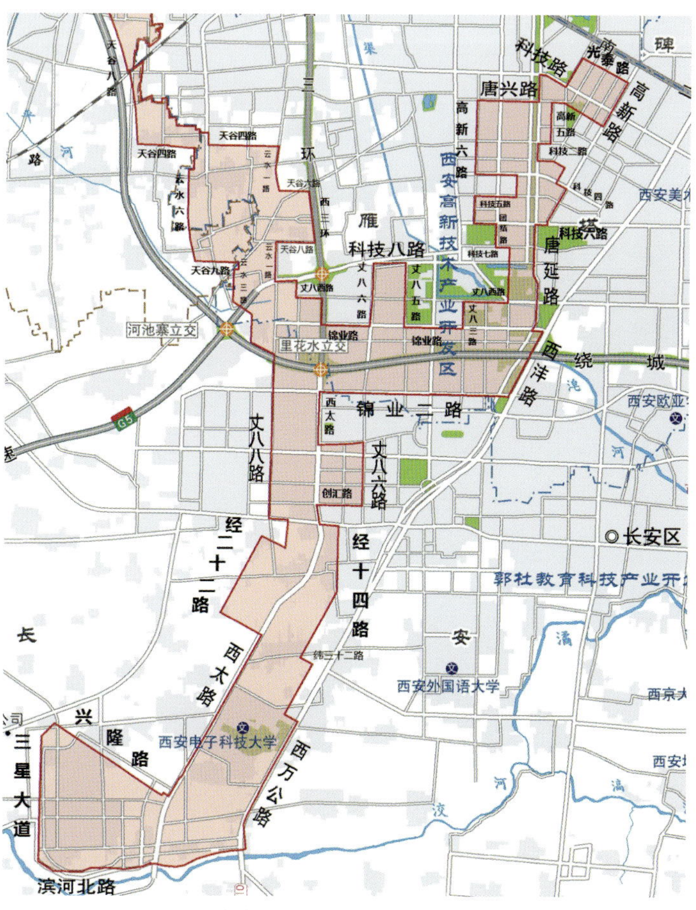

西安高新自由贸易试验区区域图

内陆港

2016年3月27日上午，装载着2000吨哈萨克斯坦油脂的首趟“长安号”国际货运回程班列驶入西安港

2016年8月18日，“中欧班列”驶波兰华沙（西安日报社）

2016年12月6日，中欧班列（西安-莫斯科）开行首发（港务区）

西安港

2016年3月，国内首条“陆空联运”跨境电商货运直飞航线开通——图为来自荷兰的100吨货物正从飞机上卸下，准备运往国际港务区码头

2016年5月20日，“西安港—新西兰利特尔顿港”新航线开通（港务区）

2016年12月12日上午11点55分，西安至阿姆斯特丹（长安号）国际货运航班起飞首航（张地布摄）

西安港务区铁路集装箱中心站（西安日报社）

一带一路

2016年5月13日，2016丝博会暨第20届西洽会在西安曲江国际会议中心开幕（市会展办 提供）

2016年5月13日，由中国银行与陕西省人民政府共同举办的——“中国陕西中小企业跨境投资与贸易合作洽谈会”召开

2016年9月6日，丝绸之路工商领导人（西安）峰会丝绸之路国际总商会合作发展大会在西安大唐西市开幕

2016年8月26日，2016西安丝绸之路国际旅游博览会开幕——图为西安旅游展馆（西安日报社）

2016年3月17日，第22届中国西部国际装备制造业博览会在西安曲江国际会展中心开幕（市会展办 提供）

2016年9月9日上午，第八届中国西部文化产业博览会在西安曲江国际会展中心开幕（西安日报社）

2016年9月26日，一带一路国际研讨会在西安召开（西安日报社）

2016年1月1日起，西安咸阳国际机场新增13条自助通关查验通道，入关人均10秒

2016年中央电视台春节晚会西安分会场

2016年中央电视台春节晚会西安分会场——歌舞《丝绸之路》（西安日报社选送）

2016年中央电视台春节晚会西安分会场——节目《盛世鼓舞》（西安日报社选送）

2016年中央电视台春节晚会西安分会场——主持人朱迅、徐杰与孩子们一起迎接新年钟声。（西安日报社选送）

2016年中央电视台中秋晚会西安分会场

2016年中央电视台中秋晚会西安分会场现场（西安日报社）

2016年中央电视台中秋晚会西安分会场——中国女排主教练郎平及家人的到来，将晚会氛围推至高潮（西安日报社）

2016年中央电视台中秋晚会西安分会场——陕西歌手王二妮演唱《山丹丹开花红艳艳》（西安日报社）

文化艺术

2016年9月19日，第三届丝绸之路国际电影节在西安开幕（市文广新局）

2016年9月7日晚，第三届丝绸之路国际艺术节在西安开幕（西安日报社）

2016年9月22日，第三届丝绸之路国际电影节“电影与丝路文化发展论坛”在西安外国语大学JA111报告厅举行（西安日报社）

第十一届中国艺术节

2016年10月15日至31日，第十一届中国艺术节在陕西举办——图为闭幕式

2016年10月31日，歌剧《大汉苏武》在第十一届中国艺术节上荣获第十五届国家“文华大奖”——图为《大汉苏武》剧照（西安日报社）

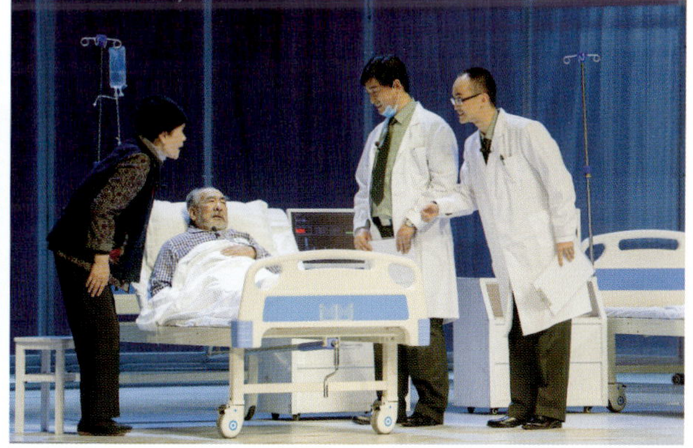

2016年10月31日，西安话剧院编排的话剧《麻醉师》摘得中国文化艺术政府奖“文华大奖”——图为《麻醉师》剧照（西安日报社）

十一届艺术节西安市参评作品——《传丝公主》剧照

十一届艺术节西安市参评作品——《易俗社》剧照（西安日报社）

二十国集团会议

2016年6月3日，二十国集团(G20）农业部长会议在西安召开

2016年5月25日，二十国集团妇女会议（W20）在陕西省西安市开幕

西安南门广场为二十国集团妇女会议代表举行仿古迎宾仪式

2016年5月25日，由全国妇联主办的二十国集团妇女会议在西安开幕——图为与会嘉宾就全球女性就业、社会保障等话题进行深入探讨

高铁、地铁

2016年11月8日，西安地铁三号线开通运营——图为大雁塔站（西安日报社）

2016年3月28日，西安地铁六号线一期开工建设（地铁办）

2016年7月8日，亚洲最长单洞双线高铁隧道——西成高铁天华山隧道顺利贯通（西安日报社）

2016年8月，国内速度最快CRH380B型列车配属西安（西安日报社）

2016年11月1日，西安市人大代表试乘地铁三号线（地铁办）

航空

2016年11月8日，海南航空西安——墨尔本国际航线首航启动仪式在西安永宁门瓮城举行（西安日报社）

2016年3月10日，西安直飞阿拉木图航班成功首航

2016年5月9日上午，长安航空西安至珠海航线正式开通，长安航空成功启航，陕西有了自己的航空名片

2016年3月27日东航空中客车A330-300大型宽体客机落户西安（张地布摄 民航西北地区管理局）

2016年9月1日，广州——西安新航线首航，图为机组人员在西安咸阳国际机场停机坪受到热烈欢迎（西安日报社）

交通枢纽

日新月异的西安高铁与高速建设（西安日报社）

西安-汉中高速公路涝峪口段（西安日报社）

太白路南三环立交（市政公用局）

沣东大道沣河桥项目（沣东新城）

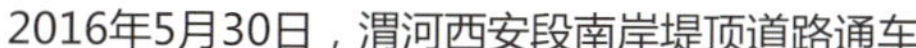

2016年5月30日，渭河西安段南岸堤顶道路通车

星火路立交（市政公用局）

西安最美农村公路——灞临路（西安日报社）

浐东新城三桥立交鸟瞰（西安日报社）

八水绕长安

数字看变化

2016年，西安市先后组织实施了渭河、灞河等10条主要河流综合治理工作，新建、加固标准堤防429公里；

建成西安湖、仪祉湖、护城河水上游览示范段等11座湖池，新增生态水面面积1.2万亩；

建成浐灞湿地、灞渭湿地、浥渭人工湿地、沣河湿地等13处大型湿地，新增湿地面积2.76万亩；

建成大峪、沣峪两大生态引水系统，推动了库河湖池水系连通工程和"海绵城市"建设，使主城区原有湖池"死水一潭"变为清波荡漾；

建成全国顶级水土保持科普体验馆、丝绸之路博物馆，得到社会广泛好评；

10项水源工程扎实推进，李家河水库工程于2015年5月8日正式向城市供水，建成涝河引水以及太平峪、高冠峪应急供水等工程，每日可新增城市供水能力26万吨、应急供水能力16万吨；

建成一污二期等13座污水处理厂，日新增设施规模能力115万吨，全市城区、县城污水处理率分别达到95.7%、82.5%；

全省渭河综合治理第一桥——灞渭桥不仅成为了交通桥，更是景观桥、文化桥，渭河南岸124公里堤顶道路于今年5月底正式向社会开放通行。

生态良好的西安世博园（西安日报社）

汉城湖景区碧波荡漾（西安日报社）

沙河湿地公园（周至）

整治后的护城河干净清澈（西安日报社）

水美宜居的城市建设（西安日报社）

黑河水源地草木丰盛（西安日报社）

汉城湖景区碧波荡漾（西安日报社）

秦岭北麓生态保护

2016年5月28日，来自北京、山西、陕西、内蒙古等全国各地的100多名环保志愿者穿越秦岭山脉最高峰——太白山，捡拾垃圾

游客骑行在秦岭脚下乡村公路上

优美的秦岭山水（西安日报社）

治污减霾

2016年5月，瑞典团队考察西安浐灞生态区垃圾分类项目

2016年6月28日，西安市燃煤锅炉拆除现场会在西商高速蓝田东服务区召开，现场拆除了7台燃煤锅炉，替而代之的将是醇基清洁燃料

雾炮车成为西安治污减霾新利器（西安日报社）

棚户改造与安居工程

东前进村城改回迁（未央区）

西安市农村改厕项目服务车发放（市城管局）

西安市阎良区关山镇苏赵村片区化（市统筹办）

蓝田簸箕掌村新农村建设

医疗卫生

2016年12月8日，西安交通大学第一附属医院国际陆港医院奠基（港务区）

2016年，西安市红十字会组织成立5支社区人体器官捐献志愿者服务队（市红十字会）

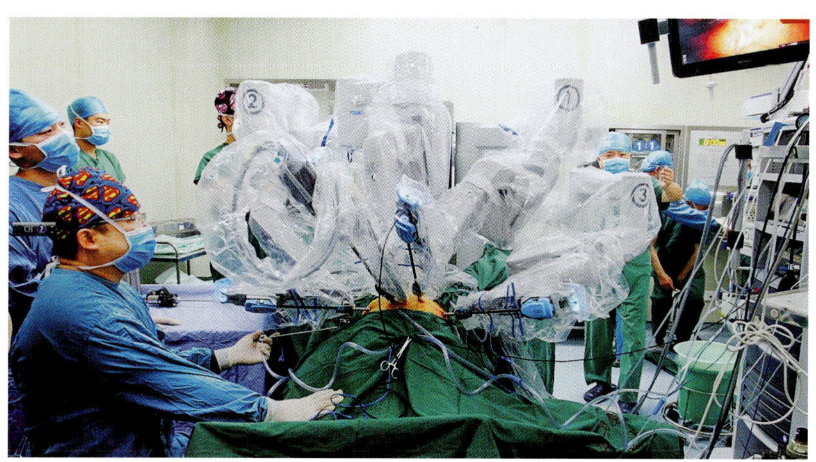

2016年1月8日，西安交大一附院泌尿外科团队用手术机器人“达芬奇”为患者实施前列腺癌根治手术

2016年4月，西安市政府和西安广播电视台联合推出大型时政栏目《问政时刻》（西安日报社）

2016年1月29日，西安市物价局春节市场检查（市物价局）

2016年5月19日，高陵首个乡村电商服务站挂牌--图为工作人员向村民讲解“天天村淘”电子商务平台使用方法

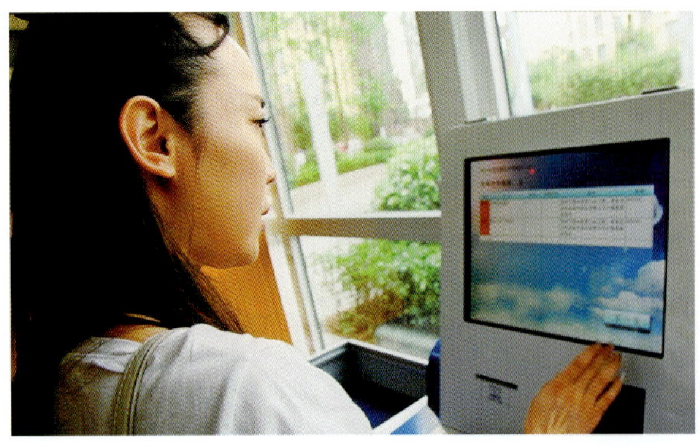

2016年4月22日，陕西省首家社区智慧图书馆在碑林区仁厚社区星币传说小区落成——图为读者通过自助借书机办理借阅手续

2016年，西安市1100部新能源空调车陆续上岗--图为新更换的306路（游5）公交车已投入运营

西安市地方志编纂委员会

西安年鉴编辑部

编辑说明

一、《西安年鉴》是西安市人民政府主办，由西安市地方志办公室承编的地方信息资料性文献。1993年创刊，每年编辑一卷。《西安年鉴（2017）》为第二十五卷。

二、《西安年鉴（2017）》以中共十八大和十八届三中、四中、五中、六中全会精神为指导，全面、系统地记载2016年西安地域内政治、经济、文化和社会发展的基本情况，为社会各界读者了解和研究西安提供基本信息资料。

三、本卷年鉴采用分类编辑法，大部分栏目设“类目—分目—条目”3个层次，“农林牧渔业”“工业•信息产业”“交通运输业•邮政快递”“财政•税务”“科学研究和技术服务”五个类目设有二级分目。全卷共有类目38个、分目177个、二级分目16个、条目1590个。不同层次的标题，字体、字号和版式设计有明显区别；有些内容较多的条目，文内用楷体标出相应的层次。

四、本卷年鉴有目录、索引两种检索途径，目录在卷前，索引在卷尾。同时出有网络版，网络版可登陆西安地情网（网址：http://www.xadqw.cn）免费浏览下载。

五、本卷年鉴正文涉及的单位名称和文件名称，在条目中首次出现一般采用全称，再次出现的则采用习惯简称；需要解释的名词，除“特载”“专文”在正文后集中注释外，一般采取括注形式。

六、本卷年鉴所载录的内容和数据一般限于2016年，分别由西安地域内各有关部门、区（县）、开发区和行业提供，并经撰稿单位负责人审定。其中，主要数据采用西安市统计局提供的快报数据，引用时请注意。

七、本卷年鉴编纂出版工作得到西安地域内各有关机关、单位的大力支持，广大编纂人员为之付出了艰辛劳动，借此表示衷心感谢。由于成书仓促，水平有限，多有疏漏或不足之处，敬请广大读者批评指正。

《西安年鉴》编辑部

二〇一七年十一月

目　录

特　载

大 事 记

西安概貌

中国共产党西安市委员会

综　述

组　织

宣　传

统一战线

政策研究

老干部工作

党史征编

党校工作

西安市人民代表大会

综　述

西安市人民政府

中国人民政治协商会议西安市委员会

中国共产党西安市纪律检查委员会

民主党派・工商联

社会团体

外　事

人力资源

法　治

军　事

城乡建设与管理

开发区建设

农林牧渔业

工业·信息产业

电力、热力、燃气及水供应业

建筑业·房地产业

交通运输业·邮政快递

旅 游 业

经济管理与监督

财政·税务

财　政

税　务

·国家税务·

·地方税务·

金融业

综　述

货币金融服务

资本期货市场

教　育

特殊教育

科学研究和技术服务

自然科学研究与应用

社会科学研究

专业技术服务

·气　象·

·地　震·

新闻出版

综　述

广播·电视·电影

西安报业传媒集团（西安日报社）

文化艺术

专业文艺

地方志

档 案

文物博物

群众文化

体　育

综　述

群众体育

竞技体育

卫生·计划生育

卫　生

计划生育

社会民生

区（县）概况

人 物

统计资料

附 录

索 引

Contents

Organizations

Foreign Affairs

Human Resources

Rule of Law

Military Affairs

Urban-Rural Development & Management

Development zones

Farming, Forestry, Animal Husbandry & Fishery

Industry & Information Technology

Electric Power, Thermal Power, Gas & Water Supply

Construction Industry & Real Estate

Transportation & Postal Express

Business Service & Exhibition Industry

Tourism

Economic Management & Supervision

Finance & Taxation

Banking,Affiance & Insurance

Education

Scientific Research & Technical Services

Press & Publication

Culture & Art

Sports

Public Health & Family Planning

Society

Districts & Counties

People

Statistics

Appendix

Index

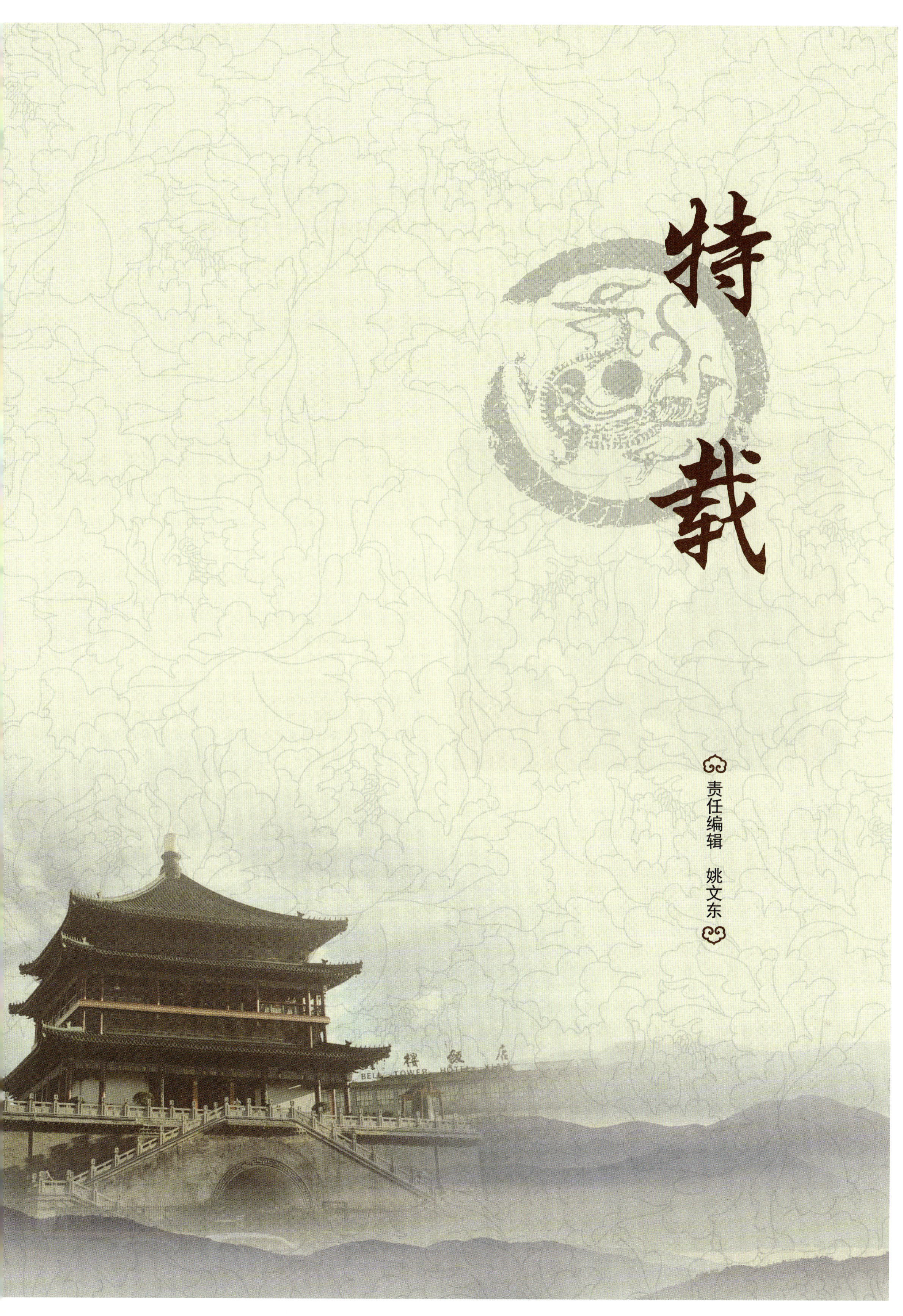

特载

责任编辑　姚文东

奋力追赶超越　决胜全面小康 加快建设具有历史文化特色的国际化大都市

——在中国共产党西安市第十三次代表大会上的报告

中共陕西省委常委、西安市委书记　王永康

（2017年1月22日）

同志们：

现在，我代表中国共产党西安市第十二届委员会向大会作报告。

一、过去五年的工作成就和基本经验

市第十二次党代会以来，在以习近平同志为核心的党中央和省委的坚强领导下，市委团结带领全市各级党组织和广大党员干部群众，全面落实党的十八大和十八届三中、四中、五中、六中全会精神，深入贯彻习近平总书记系列重要讲话特别是来陕视察重要讲话精神，聚焦国际化大都市建设，胜利完成市第十二次党代会确定的目标任务。

*党的建设全面加强。*党的群众路线教育实践活动、“三严三实”专题教育和“两学一做”学习教育取得实实在在成效。严格落实新时期好干部标准，认真落实省委“三项机制”，从严管理干部，“四风”得到有效整治。大力整顿软弱涣散基层党组织，基层党组织整体功能得到增强。坚决落实全面从严治党“两个责任”，开展“秦亡于奢”警示教育，保持惩治腐败高压态势，党风政风和社会风气进一步好转。

*综合实力明显增强。*2016年，生产总值达到6257.18亿元，一般公共预算收入达到641亿元，年均分别增长10%和15%。服务业占比提升6.58个百分点，高技术产业和战略性新兴产业产值占规上工业比重分别达到24%和35%。两个“国字号”创新改革试验稳步推进，科技进步对经济增长贡献率达58%，技术市场交易额、研发投入占生产总值比重稳居副省级城市第一，荣获“全国十大创新城市”称号。

*改革开放不断深化。*重点改革取得积极进展，供给侧结构性改革取得初步成效，大学区管理制、医疗卫生服务县镇村一体化等自主改革成为全国亮点。2016年，实际利用外资45亿美元，完成进出口总值1815亿元，分别是2011年的2.2倍和2.3倍。全国最大外资项目三星电子建成投产，174家世界500强企业落户西安，西安成为陕西自贸区核心区，成功举办2届欧亚经济论坛、4次丝路城市圆桌会议，建成首个拥有国际国内双代码的内陆港，开通运行4条中欧国际货运班列和航班，丝绸之路经济带新起点建设迈出坚实步伐。

*城市功能显著提升。*五项重点工作扎实推进，累计完成城建投资1731.7亿元，建成区面积从451.38平方公里扩大到548.6平方公里，城镇化率由70%提高到73.4%，高陵、户县撤县设区，城市发展格局进一步优化。系统推进品质西安和公交都市建设，新建运营铁路北客站、2条地铁线路和2条高速公路，农村二级公路实现全覆盖，李家河水库建成供水，城市综合承载力不断增强。

*群众福祉持续改善。*新增财力用于民生的比重和民生支出占财政支出的比重连续5年超过80%，2016年，城乡居民人均可支配收入分别达到35630元和15191元，分别是2011年的1.6倍和1.7倍。累计城镇新增就业63.93万人，50.7万名贫困人口提前实现阶段性脱贫。保障性安居工程累计竣工43.58万套，完成83个城中村整村拆除和42个棚户区征收搬迁，率先在全省全面解决农村居民饮水安全问题。基础教育配置更趋均衡，分级诊疗体系已覆盖470万名城乡居民，体育、青少年、妇女儿童、老龄、残疾人等事业加快发展，连续5年荣获“中国最具幸福感城市”。

*文化建设成果喜人。*深入推进社会主义核心价值观体系建设，荣获“全国文明城市”荣誉称号。汉长安城未央宫遗址等5处遗产点成功申遗，南门城墙等一批历史文化街区建成开放，成功承办2016央视春晚、元宵晚会、中秋晚会，成功举办第三届丝绸之路国际电影节和第十一届中国艺术节，城市形象不断提升。建成49个国家级和省级文化产业示范园区和示范基地，2016年，全市文化产业增加值预计达到492亿元左右。

*生态环境更加优美。*持续加大秦岭北麓保护力度，加快公园绿地建设，新增城市绿地2275万平方米，建成区绿化覆盖率提高到42.6%，新增造林绿化面积41.21万亩，成功创建国家森林城市。渭河南岸景观长廊及124公里堤顶路全线贯通，如期完成渭河西安段“三年变清”目标，新增生态水面1.2万亩、湿地面积2.76万亩。

*民主法治有序推进。*人大和政协充分发挥职能作用，地方立法和人大监督有效加强，爱国统一战线巩固壮大，工会、共

青团、妇联等群团组织作用积极发挥。“法治西安”“平安西安”建设水平不断提高，荣获全国社会治安综合治理最高奖“长安杯”。国防动员、双拥共建活动扎实开展，荣获全国双拥模范城“八连冠”。

五年的成绩来之不易，这是以习近平同志为核心的党中央和省委、省政府坚强领导的结果，是历届市委团结努力的结果，是全市党员干部和人民群众共同努力的结果，也是中央驻西安机构、省直机关、驻地部队、武警官兵、各民主党派、工商联、各界人士、人民团体、海内外朋友共同支持参与的结果。在此，我代表中国共产党西安市第十二届委员会，向全市广大党员和干部群众，向所有关心和支持西安发展的同志们、朋友们表示衷心的感谢，并致以崇高的敬意！

五年砥砺奋进，经验弥足珍贵。我们的主要体会是：必须坚决贯彻中央和省委部署要求，确保西安沿着正确方向前进，这是做好各项工作的重要前提；必须站稳人民立场，不忘初心增进民生福祉，这是一切工作的出发点和落脚点；必须紧盯第一要务，补发展短板推动产业升级，这是解决一切问题的根本途径；必须坚持求真务实，持之以恒抓落实见成效，这是确保目标任务实现的主要方法；必须凝聚各方力量，形成团结干事浓厚氛围，这是推进各项工作的重要基础；必须全面从严治党，以上率下压实两个责任，这是各项事业发展的政治保证。

在肯定成绩的同时，还要充分认识到我市发展中存在的不足和差距：对照适应引领经济新常态的要求，工业不强、开放度不高、县域经济发展滞后、民营经济发展不足、科技创新和转化能力较弱、金融业发展不够、国际化水平不高、市场配置资源决定性作用发挥不充分，文化旅游产业发展与资源优势不匹配、开发区体制机制不顺、同质化竞争等问题突出，工业和民营经济不强、总量偏小依然是我们最大的现实。对照人民群众过上美好生活的期盼，公共服务供给水平不高，减霾难、治堵难、治脏难、办事难、就业难、上学难、看病难、住房难、养老难等民生“九难”问题依然突出，强化依法治市、加强社会治理和提升城市品质的任务仍然十分艰巨。对照全面从严治党的责任，“两个责任”落实不够，干部队伍在思想解放、精神状态、服务意识、工作标准等方面，与“追赶超越”要求还有差距，纠“四风”和反腐败仍需持续发力，全面从严治党任重道远。对此，必须高度重视，切实加以解决。

二、今后五年的指导思想和奋斗目标

2015年，习近平总书记两次回到家乡，发表重要讲话，明确提出“陕西正处在追赶超越阶段”的科学定位和“五个扎实”要求，是指引我们站在新起点、抢抓新机遇、实现新跨越的行动指南，给我市标清了前进坐标。

当前，西安经济总量处于副省级城市中后游，前有标兵、后有追兵。面对城市间激烈的竞争态势，全市上下要有清醒认识，应调高标尺，奋勇向前。

同时，还要特别看到西安正处在历史上机遇最多的黄金发展时期。世界经济在深度调整中缓慢复苏，国内经济呈现稳中向好态势，新一轮科技革命和产业变革蓄势待发，为我们大开放、调结构、促转型提供了广阔空间。“一带一路”战略、国家全面创新改革试验区、国家自主创新示范区、陕西自贸区西安核心区和新一轮西部大开发等一大批国家战略在西安叠加推进，全面深化改革、中国制造2025等政策红利陆续释放，特别是省委支持大西安建设，将西咸新区划归西安管理，将有效拓展发展空间、创新城市发展方式、提升城市能级、放大辐射效应，使西安自改革开放以来历史上第一次拥有了大西安的格局和体量。

今后五年，西安进入了一个全新的发展时期，正站在加速转变经济发展方式和城市发展方式的重要节点上，正奋力奔跑在向万亿级城市迈进的征程上，正挺立在建成小康社会和建设国家中心城市的潮头上。省委、省政府寄希望于进一步发挥大西安的引领和辐射作用，加快推进西咸一体化，带动关中城市群发展，引领陕西参与国内外竞争。我们必须把“追赶超越”作为当前最重要的大局，体现到经济社会发展各方面，以只争朝夕的精神抢抓机遇，以求真务实的作风埋头苦干，为实施国家战略和陕西追赶超越作出西安贡献。

今后五年，全市工作总的指导思想是：全面贯彻党的十八大和十八届三中、四中、五中、六中全会精神，深入学习习近平总书记系列重要讲话特别是来陕视察重要讲话，统筹推进“五位一体”总体布局和协调推进“四个全面”战略布局，紧扣“追赶超越”定位和“五个扎实”要求，坚持稳中求进工作总基调，牢固树立和贯彻落实新发展理念，适应把握引领经济发展新常态，以提高发展质量和效益为中心，以深化供给侧结构性改革为主线，以落实“三项机制”为保障，全力推进大西安建设，全面建成小康社会，向国家中心城市迈进，建西部经济强市，创西部城市最佳，奋力谱写具有历史文化特色的国际化大都市建设新篇章。

今后五年，我们的奋斗目标是：聚焦“三六九”，振兴大西安。具体讲：

“三”：就是紧盯全面建成小康社会、GDP过万亿元、建好国家中心城市三个目标。

“六”：就是紧盯上述目标，做强西部经济中心、丝路科创中心、对外交往中心、丝路文化高地、内陆开放高地、国家综合交通枢纽，构建“三中心二高地一枢纽”等六维支撑体系。

“九”：就是扎实抓好未来五年九项重点任务，促进经济社会在九个方面实现明显提升。到2020年，如期完成“十三五”规划确定的目标任务，全面建成小康社会，经济总量突破万亿元大关，建好国家中心城市。到2021年，全面完成十三次党代会部署的目标任务，工业经济、开放经济、创新能力、民间投资、区县域经济、文化旅游业等重点领域的主要指标分别比2015年翻一番。规模以上工业增加值达到2500亿元；进出口总值达到600亿美元；技术市场交易额突破1000亿元，专利申请量超过10万件；民间投资达到5000亿元；远郊区（县）经济总量达到3000亿元；文化产业增加值达到1000亿元以上，旅游总收入达到2000亿元以上，以重点指标翻番促进城市发展质量整体提升。

——经济实力明显提升。生产总值年均增长8.5%以上，人均生产总值达到1.5万美元左右。规模以上工业增加值年均增长12%以上。金融业增加值达到1000亿元以上。民营经济占GDP比重达到60%以上。地方一般公共预算收入年均增长10%，达到1000亿元以上。

——创新活力明显提升。高新技术产业增加值占GDP比重达到20%以上，研发投入占GDP比重提高到5.6%以上，科技进步贡献率达到63%以上。

——开放水平明显提升。进出口总值达到600亿美元，年实际利用外资达到60亿美元以上，世界500强企业达到200家以上，临港经济突破发展，自贸区平台支撑作用显著增强。

——文化实力明显提升。新建10个国家级和省级文化产业示范园区和示范基地，文化产业增加值占比提高到9%。新建杨官寨等6个遗址公园、陕西大剧院等8个剧院（剧场）、丝路会展中心等30处博物场馆。

——交通枢纽明显提升。国际多式联运线路达到10条以上，民航客流量突破5500万人次，空港货运量达到45万吨，陆港国际集装箱吞吐量超过32万箱，高铁实现与周边8个省市联通，地铁营运里程达到243公里以上，“米”字形国家高铁网和高速公路网完备建立，大西安综合交通体系更加完善。

——城市功能明显提升。大西安格局初步形成，城市新轴线、新中心、新形象展现新姿，智慧城市、海绵城市、公交都市、综合管廊建设取得显著成效，城镇化率达到76%左右，城市综合承载力显著提升，成为宜业、宜居城市。

——生态环境明显提升。森林覆盖率保持在48.03%以上，新增生态水面1万亩、湿地面积1.5万亩，年空气质量优良天数达到260天以上，万元GDP能耗累计降低19%，改扩建污水处理厂20座，新增污水处理能力130万吨/日以上。

——人民生活明显提升。全面完成脱贫攻坚任务，城镇和农村常住居民人均可支配收入年均增长高于经济增速，分别达到5.48万元和2.45万元以上。转移农村劳动力就业300万人次，全市千人拥有医疗机构床位数7.5张，养老床位数超过6.5万张。

——社会治理明显提升。“法治西安”“平安西安”建设深入推进，多层次社区服务体系和多元化社区共治机制基本建立，全民共建共享社会治理格局初步形成，人民群众对社会治安满意度大幅提升，成为平安之城。

今后五年，我们的战略核心是：

全力推进大西安建设。坚持系统性思维，跳出“城墙”看西安，加快省市共建大西安步伐，全力支持西咸新区发展，发挥西咸国家级新区的创新引领作用，创新城市建设管理和发展方式，形成多轴线、多中心，发展新业态，培育新经济，塑造新动能，进一步提升大西安的城市品位、形象和核心竞争力。按照规划同筹、交通同网、信息同享、市场同体、产业同布、科教同兴、旅游同线、环境同治的“八同”思路，加快推进西咸一体化，打通西安、西咸新区、咸阳城市功能，推动城际铁路、轨道交通向咸阳市区延伸，支持咸阳主城区加密城市路网和西安、西咸公交无缝对接等，强化大西安辐射引领作用，带动关中城市群发展，提升区域核心竞争力，发挥对全省追赶超越的核心引领支撑作用。

全力推进国家中心城市建设。对标国家中心城市功能定位，提升综合服务、产业集聚、物流枢纽、开放高地、人文凝聚、国际交往等功能，建设大交通、做优大环境、构筑大平台、发展大产业，建西部经济强市，创西部城市最佳。到2021年，基本建成“三中心二高地一枢纽”。即，建成西部经济中心、丝路科创中心、对外交往中心、丝路文化高地、内陆开放高地、国家综合交通枢纽等六维支撑体系，担负起国家中心城市的重要职责，向建党100周年献礼。到2049年，全面建成具有历史文化特色的国际化大都市，向新中国成立100周年献礼。

全力推进品质西安建设。推进“环境立市”，突出“三个环境”建设，以一流的环境吸引一流的人才和技术，兴办一流企业和项目，使西安真正成为人才、技术、资本等要素聚集的“福地”，成为投资创业的“天堂”。优化投资服务环境，推行“行政效能革命”，开展市场环境专项治理，强化服务，当好“店小二”，为企业提供“五星级服务”；优化生态宜居环境，强力推进“四治一增”，开展“烟头革命”“厕所革命”；优化生活品质环境，着力破解民生“九难”问题。创西部最佳社会治安环境、最佳投资创业环境、最佳旅游购物环境、最佳文化教育环境、最佳科技创新环境、最佳休闲居住环境，使西安成为绿色之城、花园之城、宜业宜居之城。

全力推进“三廊两轴两带一通道”和“八大平台”建设。打造高新技术产业、先进制造业和现代服务业等3个万亿级优势产业。培育新一代信息技术、生物医药、新材料、高端装备制造、航空航天、节能与新能源汽车等6个千亿级战略性新兴产业集群，支持文化、旅游、现代物流、金融等4个千亿级特色产业集群发展，建设30个“产、城、人、文”四位一体有机结合的特色小镇，形成支撑西安大发展、大突破、大跨越的新增长极。

“三廊”：就是建设以高新区为引领、“高新区+航天基地+沣东新城+大学城+科研院所”等区域为依托的科创大走廊，打造“创新增长极”；以经开区为引领、“经开区+高陵组团+临潼组团+航空基地+富阎板块”等区域为依托的工业大走廊，打造“工业增长极”；以曲江新区为引领、“曲江新区+楼观道文化展示区+白鹿原+临潼景区”等区域为依托的文化产业大走廊，打造“文化产业增长极”。建设以高新科技金融区为核心—沣渭能源金融区—曲江浐灞文化金融、新金融试验区为支撑的金融“金三角”，打造“金融增长极”。

“两轴”：就是建设延伸纵贯西安钟楼南北方向的古都发展轴，壮大以主城区为基础的传统城市中心；建设串接西咸新区沣镐遗址的新区发展轴，培育以西咸新区为依托的城市新中心，打造“服务业增长极”。

“两带”：就是建设秦岭北麓和渭河文化生态旅游带，打造“绿色增长极”。

“一通道”：就是建设以“国际港务区+空港新城+浐灞生态区”等区域为依托的对外开放通道，打造“开放增长极”。

“八大平台”：就是深化开放平台建设，发展开放经济；深化创新平台建设，发展高新技术产业；深化军民融合平台建设，发展先进制造业；深化金融平台建设，发展金融产业；深化文化平台建设，发展文化旅游产业；深化城市功能平台建设，发展商贸服务业；深化综合服务平台建设，发展民营经济；深化特色小镇平台建设，发展特色经济。

三、未来五年的主要任务

奋斗目标的实现，是靠干出来的。今后五年，我们要按照习近平总书记“追赶超越”定位和“五个扎实”要求，聚力“九加快”任务，开创各项事业发展新局面。

（一）着力推进产业升级，加快建设西部经济中心

产业强则西安强。坚持做大总量与优化结构并重、传统提升与新兴壮大并举，实施腾笼换鸟、机器换人、电商换市和培育名企、名家、名品的“三换三名”工程，推动产业向中高端跃升，以大产业支撑大西安。

1.加快构建现代产业体系。要把握供给侧结构性改革方向，一产抓特色促跨越，二、三产抓结构上规模，努力向产业中高端迈进。加快改造传统产业，构建以战略性新兴产业为引领、先进制造业为支撑、现代服务业为主体的西安特色现代产业体系。

做大战略性新兴产业。突出先导性和支柱性，实施集成电路、新型显示、光电子、大数据与云计算、增材制造（3D打印）、机器人、无人机、卫星应用、新材料等9大产业创新发展工程。集中力量确保三星闪存芯片、手机智能终端等17个总投资2241亿元的战略性新兴产业项目投产见效，形成新一代信息技术、高端装备制造、节能与新能源汽车、航空航天、生物医药、新材料等6个规模1000亿元以上的新支柱。2021年，战略性新兴产业增加值占GDP比重达到20%以上，努力打造第一个万亿级高新技术大产业。

做强先进制造业。发挥在装备制造业上形成的竞争优势，争创“中国制造2025”试点示范城市。实施“互联网+、机器人+、标准化+、数字化+”四个行动计划，加快推进通航产业园等15个总投资1123亿元的先进制造业重大项目，打造10个以上100亿元龙头企业，建设全国先进制造业中心，努力使先进制造业成为第二个万亿级大产业。

做优现代服务业。促进生活性服务业向便利化、精细化、高品质转变，推动生产性服务业向专业化、市场化和价值链高端延伸。实施服务业升级计划，加快中省市级服务业试点聚集区建设，推进25个特色重点商圈和一批特色商业街建设，建设西部时尚消费中心。做大做强文化、旅游、金融和科技服务等4大支柱性服务业，着力发展商贸、物流、会展、信息服务及电子商务等5大重点服务业，加快培育研发设计、教育培训、检验检测、特色旅游、家庭服务和健康服务等6大新兴服务业。大力发展融资租赁、科技金融、能源金融、文化金融、大数据金融等新兴金融产业，支持我市企业挂牌上市，吸引各类金融机构聚集，加快建设西部区域性金融中心。实施“物流业倍增计划”和“电子商务倍增计划”，推进西安新筑铁路物流基地、长安航空营运基地、西咸新区现代服务贸易企业聚集区建设，加快推进西咸新区大数据和云计算项目建设。2021年，建成服

务业聚集区 60 个以上，过亿企业 150 户，物流业增加值达到 1100 亿元，电子商务交易额达到 6300 亿元，建设西部商贸物流中心，使现代服务业成为第三个万亿级大产业。

2. 推进开发区转型升级。各开发区是我市经济建设的主战场。进一步创新开发区体制机制，适时优化整合，使开发区从产业聚集向能级提升转变。坚持高位发展，加大开发区产业发展统筹协调和优化调整，紧盯人才高地、创新高地、产业高地，强化“一区一主业”，强化项目考核，提升对全市经济增长的贡献度。

3. 壮大实体经济。实体经济是加快发展的重中之重。深入推进“工业强市”战略，实施“工业倍增计划”。加快有效投资，把招商引资作为“一号工程”，紧盯外资、内资、民资、央资、融资等“五资”抓招商，强力推进“招大引强行动”，吸引大项目、好项目落户西安。大力实施“互联网 +”行动，促进互联网和实体经济深度融合，使实体经济焕发新活力。继续开展“千名干部助千企”活动，争当五星级“店小二”，营造尊重企业、亲近企业、服务企业的好环境。围绕投资拉动、项目带动，强化工业投资、民间投资和基础设施投资，始终让实体经济保持强劲发展动力。

4. 大力发展民营经济。毫不动摇鼓励、支持、引导非公有制经济发展，促进民间投资，实施“民营经济倍增计划”，民营企业数量和投资显著增加。全面落实中省支持政策，鼓励民营资本进入基础设施、金融服务、市政工程、公共服务等领域，参与国有企业改制重组。做大骨干民营企业，推动企业建立完善现代企业制度，创建更多知名品牌。构建“亲”“清”新型政商关系，注重民营企业家创新精神培养，结对服务民营企业，搭建企业家论坛，畅通培训渠道，提高企业家战略眼光、国际视野，弘扬企业家精神，以企业家的高素质实现本土民营经济转型升级。

5. 进一步壮大区县经济。实施“远郊区县域经济倍增计划”，充分发挥远郊区县发展空间优势，实施“土地招商 + 楼宇招商”，提升产业规划水平，积极承接城区产业转移，打造特色产业园区，形成特色鲜明的区县域经济板块，7 个远郊区（县）经济总量实现翻番。城区注重“楼宇招商 + 土地招商”，要大力发展高铁经济、空港经济、服务经济、总部经济、互联网经济、智慧经济、信息经济、旅游经济、地铁经济等城市经济，转变中心城区经济增长方式。实施开发区与区（县）结对行动，有效整合区（县）各类园区，促进优势互补、合作多赢。

6. 加快农业现代化建设。大力推进农业供给侧结构性改革，围绕结构调整和产业化经营，积极推进“互联网 + 品牌农业”，做强“农业两区 + 特色小镇”。建设粮食高产示范区，加强农田水利建设，持续抓好“米袋子”“菜篮子”工程，确保粮食产量稳定在合理水平。抓好都市型现代农业示范区建设，发展和壮大新型农业经营主体，以龙头企业为带动，实现生产、加工、流通全产业链开发，提高附加值。用好电子商务致富平台，做优，做强周至猕猴桃等特色农产品，培育一批有全国影响力的地理标志农产品。加快生态特色小镇建设，促进农业与旅游、文化、科技等融合发展，壮大休闲观光农业等新业态，推动现代农业建设上台阶。

（二）着力推进创新驱动发展，加快建设丝路科创中心

必须把创新摆在首要位置，抓得紧而又紧，让创新成为驱动发展新动力。加快推进国家全面创新改革试验区和高新区国家自主创新示范区建设，发挥西咸新区国家创新城市发展方式试验区综合功能，大力实施“创新能力倍增计划”，形成具有西安特色的创新驱动发展体系，推动西安制造向西安智造、西安创造转型，努力在创新驱动发展方面走在前列。

1. 支持国家自主创新示范区建设。充分利用先行先试优势，在体制机制创新、科技成果转移转化、军民深度融合、科技金融结合、创新创业人才聚集、产城融合等方面率先突破，探索形成可复制、可推广的经验，打造西部硅谷，力争进入全国前三位。协调推进自主创新示范区立法工作，建立中省市协同推进机制。出台科研人员创业创新、人才引进、众创空间建设等支持政策。支持建设光电子先导技术研究院、新一代信息技术创新实验室、智能制造等一批创新型示范项目。支持高新区发展先进制造业和现代服务业，把高新区建成“一带一路”创新之都和创新驱动发展引领区、大众创新创业生态区、军民融合创新示范区、对外开放合作先行区，加快迈入世界一流科技园区。

2. 建设国家军民深度融合示范城市。军民融合是国家赋予西安最鲜明的改革试验任务。要在军民融合体制机制创新、军民资源开放共享、军工科技成果转化、军民融合服务体系、军民融合产业发展等方面形成西安模式，建设国家军民深度融合示范城市。加快建立省市和国家有关部委、军方、军工单位共同推进的军民融合机制。推动军民融合共享和创新平台建设，支持军民合作共建中试基地、技术转移中心、产业孵化中心。加快建设陕西军民融合创新研究院和陕西省高新技术与应用协同创新中心。加快推进军转民、民融军、军民两用技术产业化，全力推进经开区兵器工业基地、高新区军民融合产业园和航空、航天产业基地建设，促进更多企业和重大项目聚集，形成一批具有国际影响力的军民融合产业集群。到 2021 年，军民融合产业年营业收入超过 3300 亿元。

3. 建设国家科技创新中心。深化统筹科技资源改革，围绕“科教强市”，做强政策支撑平台，健全以科技大市场为核心的科技服务体系，以知识产权质押融资为特色的科技金融结合体系和专利创造、运用、保护、管理机制。鼓励科技人员依法依规兼职兼薪，鼓励科技人员离岗从事科技成果转化工作。深入推进科技成果使用权、处置权和收益权改革，开展股权和分红激励试点。强化企业技术创新主体地位，扶持一批科技小巨人成长壮大。

做强双创孵化示范平台，稳步推动众创、众包、众扶、众筹平台发展，构建“5552”的成长格局，以高新、曲江、碑林、长安、雁塔等五区为主阵地，以校区、院区、园区、街区、社区等五区联动为主要途径，建成 500 个以上众创空间聚集区和特色区，众创空间面积达到 2000 万平方米以上，全面完成国家小微企业创业、创新示范城市建设任务。

做强产学研合作发展平台，强力推动以大学科技园为骨干引领的产学研紧密结合体系，加快建设中国西部科技创新港，推动大学、科研院所与企业双向开放，复制推广西安光机所、西北有色院“一院一所”改革经验，转化一个创新成果，培育发展一个企业。

做强成果转化平台，抓好国家技术转移西北中心、国家知识产权军民融合试点运营平台、西安股权托管交易中心建设，发挥天使投资、风险投资、科技转化引导基金作用，促使科技与金融结合，推动西北人才大市场、技术大市场和资本大市场聚集融合，营造更优的创业、创新环境。

4. 建设国家创业创新人才高地。加快实施“人才强市”战略，突出“高精尖缺”导向，吸引更多国内外领军人才和创新团队，以高层次高技能人才引领高水平发展，以人才优势增创发展优势。实施引进高层次人才“5531”计划，用 5 年时间引进和培养国内外顶尖人才 50 名左右，国家级领军人才 300 名左右，地方级领军人才 1000 名左右。同时建立重点工程技术实验室和博士后工作站 100 个，引进优秀创业团队和创新团队 1000 个，人才竞争力和人才贡献率居于全国副省级城市前列。实施“城市合伙人”计划，吸引更多海内外高端人才和年轻人。同时，加强各类人才培养，最大限度留住在西安大学生、研究生、科研人员等各类人才，使西安成为海内外青年人才创业、创新的“天堂”。以人才满意为第一标准，积极创新服务模式，贴心贴近、精准细致地做好人才服务工作，让天下英才爱西安、创业创新在西安。

（三）着力深化改革开放，加快建设内陆型改革开放新高地

“一带一路”战略将改变西北地区开放格局，使西安迈入向西开放的前沿位置。我们要找准定位，提升格局，完善通道，做实平台，向开放要活力，实施“开放经济倍增计划”，增创对外开放新优势。

1. 打造“一带一路”战略支点。“一带一路”战略也是古都西安再现繁荣盛世千载难逢的机遇。作为古丝绸之路的起点城市和新丝绸之路的重要支点城市，西安必须肩负起向西开放的龙头重任。要深度融入“一带一路”国家战略，做好东进西拓、南下北上开放文章，加强与长江经济带、京津冀、中原、成渝等城市群战略互动，形成全方位开放新格局。提升西安国际陆港、航空港、海关特殊监管区、口岸等四大平台功能，建设“一带一路”国际粮油及冷链物流基地，最大程度发挥中转枢纽港作用。加快推进国家级欧亚经济综合园区核心区、中亚商贸物流园、中俄丝路创新园等建设。优化进出口结构，发展新型外贸业态，促进跨境电子商务健康快速发展。鼓励支持开发区及有条件的企业 “走出去”，建设海外仓、境外国际合作园区，培养本土跨国公司，拓展“海外西安”发展空间。要抓紧构建国际化合作新平台，用好物流中心、保税区、出口加工区和自贸区平台，用好欧亚经济论坛平台和品牌，办好丝博会暨西洽会等展会，加快铁路公路建设，推进西安加速融入欧亚合作发展，加快同沿线国家广泛开展多领域交流合作。结交更多友好城市，加快西安领事馆区建设，争取更多国家开设领事馆和办事机构，推进西安在丝绸之路沿线重要节点城市设立办事机构。

2. 全力推进自贸区建设。西安自贸区是陕西自贸区的核心区，担负着推动“一带一路”沿线国家城市经贸合作和人文交流的主要责任。坚持以制度创新为核心，以自贸区建设倒逼改革，在政府职能转变、投资管理、贸易服务、金融开放、事中事后监管、法制保障等领域探索形成一批可复制、可推广的创新成果，形成投融资便利化、贸易便利化、物流便利化、监管服务便利化、人员往来便利化的制度高地。统筹推进西咸新区、高新区、经开区、国际港务区、浐灞生态区等自贸区功能区建设。特别是要及时把取得的经验推广复制到我市其他区域，发挥示范引领作用，打造富有西安特色的制度创新中心、商贸物流中心、金融中心、文化交流中心和先进制造业中心，使西安由“跟跑”开放成为新的开放前沿。

3. 深化供给侧结构性改革。持续用力抓好我市“三去一降一补”重点任务落实。推进供给端和需求端协同发力，充分发挥市场配置资源决定性作用和更好发挥政府作用，着力减少无效和低端供给，扩大有效和中高端供给，提高全要素生产率。加快现有产业、企业动力修复，提升整个供给体系质量，形成消费和供给良性互动、需求升级和产业升级协同共进的格局。

4. 打好全面深化改革攻坚战。向改革要红利，抓好重大改革试点，激发和释放市场主体活力，为经济持续健康发展提供强大动力。推行“行政效能革命”，深化“放管服”改革，围绕“最多跑一次”，探索“一枚图章管审批”。推进“互联网+政务服务”体系建设，以权力清单、责任清单、企业投资负面清单、财政专项资金管理清单和政务服务网为抓手，打造“审批事项最少、办事效率最高、投资环境最优”的政务生态系统，建设阳光服务型政府，着力解决“办事难”，当好服务企业和人民群众的“店小二”！深化国有企业改革，大力发展混合所有制，加快形成有效制衡的公司法人治理结构、灵活高效的市场化经营机制。深化投融资体制改革，加大金融支持实体经济、中小企业力度，切实解决融资难、融资贵问题。积极稳妥推进农村集体产权制度改革，支持高陵6项国家级改革试点，进一步释放农业农村发展活力。加快户籍制度改革，有序推进农业转移人口市民化。深入推进城市执法体制改革，统筹推进经济、政治、文化、社会、生态文明和党的建设等各领域改革，抓好一批群众看得见、得实惠的改革事项。

（四）着力彰显文化特色，加快建设丝路文化高地

文化是城市的灵魂，文化积淀深厚是西安最独特的优势和最靓丽的名片，加快实施“文化强市”战略，是每一位西安人的光荣责任。

1. 彰显世界历史名城魅力。倍加珍惜呵护宝贵的历史文化遗产，充分发挥历史文化、盛世文化、丝路文化、红色文化、秦岭文化资源优势。深入挖掘周、秦、汉、唐优秀传统文化价值，开展“古镇、古村落”地名文化遗产认定，恢复好、保护好、展示好西安的古遗址、老街区、老宅院、名建筑，让市民“记得住乡愁”。大力推进丝路文化交流，积极承办和举办丝绸之路国际电影节、艺术节等文化盛会，加强文化交流互访，提高西安文化辐射力。展示好八路军西安办事处纪念馆遗址群、红军长征过境西安遗址群、西安事变纪念场馆遗址群等革命遗迹，树好西安红色文化之城形象。挖掘利用好秦岭自然、宗教、诗词文化内涵，打造山水文化、传统文化和现代休闲文化交汇融合的多元文化体验区。

2. 大力提升古都市民文明素养。以培育和践行社会主义核心价值观为主线，巩固深化全国文明城市创建成果。大力实施市民文明素养提升行动，加强社会公德、职业道德、家庭美德、个人品德教育，推动家庭、家风、家教建设，深入开展“尚德西安”“西安好人”“最美西安人”和群众性精神文明创建活动，激发人民积极向上的精神力量。用好、用活西安丰富的党史资源，加强党对意识形态工作的领导，强化网上思想文化阵地建设，高扬主旋律、弘扬正能量，讲述西安好故事、传播西安好声音。

3. 大力发展特色文化产业。实施“文化产业倍增计划”，围绕“文化+人脑+电脑”，用更好的文化、创意、技术、模式和机制推动文化产业大发展，让西安陈而弥香的文化“家底” 四溢飘香。促进“文化+”与生态、旅游、科技、金融、会展深度融合，加快发展一批动漫、音像、传媒、视觉艺术等文化创意产业园区，加快建设高新、曲江国家级文化和科技融合示范基地、国家数字出版基地和国家广告产业园，创建国家对外文化贸易基地，建设全国文化创意中心。大力实施“名城、名家、名作”工程，出版《大西安印象》等丛书，做大、做强西安影视、仿唐乐舞、西安鼓乐、秦腔等特色品牌，推出一批反映城市精神气质、文脉底蕴的“大戏、大片、大剧、大作”，推动西安文艺创作从“高原”向“高峰”迈进。深化文化体制改革，理顺文化产业管理机制，加快市属文化企业改制，培育壮大民营文化企业和小微文化企业，促进各类文化企业快速健康成长。

4. 丰富人民群众精神文化生活。深入实施文化惠民工程，持续开展红五月音乐会、夏日文化广场、秦腔电视大赛等品牌文化活动，推动各类公共文化设施免费向社会开放，构建全市中心城区15分钟文化圈、乡镇30分钟文化圈，打通公共文化服务“最后一公里”。完善公共文化服务体系，加强社区文化中心、农村文化中心等基层文化阵地建设，促进全民阅读，打造“书香之城”。加强非物质文化遗产传承和发展，加快秦腔艺术博物馆、西安近现代历史博物馆、丝绸之路中国非物质文化遗产博物馆等建设，打造“博物馆之城”。

5. 构建全域旅游大格局。要以旅游带动文化大发展，实现旅游强市，推进西安全域化旅游和最具东方神韵的国际一流旅游目的地城市建设，实现景点内外一体化，让人人是旅游形象，处处是旅游景点。实施“旅游产业倍增计划”，以构建大西安历史文化名城体系和大遗址保护为重点，加快临潼秦唐文化、古城旅游聚集区、小雁塔历史街区等13个旅游聚集区建设，大力发展古城文化游、自然山水游、休闲度假游、乡村古镇游、农业观光游、工业遗存游、会展游、养生养老游等多元化旅游业态，培育一批旅游特色小镇。大力推进“旅游+”行动，促进旅游上下线深度融合发展。完善旅游交通标识，加快西安游客接待中心和旅游数据中心建设，打造“智慧旅游”城市。积极开展与丝绸之路沿线国家和周边城市旅游合作，打造精品线

路，不断扩大西安旅游“版图”。

（五）着力构建交通体系，加快建设国家综合交通枢纽

构建航空线路、高铁线路和高速公路“三路”为主体的现代化综合大交通体系，构建以西安为中心的交通圈、经济圈和旅游圈，将西安打造成为丝绸之路经济带新起点。不断提升航空枢纽、铁路枢纽、高速公路枢纽、物流枢纽功能，拓展通达深度与广度，推进西安与国内外城市互联互通，加入全球主要交通枢纽城市行列。

1. 构建国际开放门户。加快建设西安国际空港、国际铁路港和国际公路港，拓展国际国内陆上物流网、空中物流网和空中客流网，形成“三港三网”开放新格局，努力将国际港务区建设成为中国最大的内陆港，打造连通世界的西部国际交通门户。加快建设西安咸阳国际门户枢纽机场，启动西安咸阳国际机场三期扩建工程，打造以全货机运输为重点的货运基地。按照“丝路连通、欧亚加密、美澳直航、货运突破”的原则，织密国际航线网和国内干线网，新增40个国际通航点，形成连通国内主要城市和国外50多个城市280多条航线网络，建设空中丝绸之路。加快建设空港新城，以增加全货运航线和跨境电子商务为突破口，大力发展航空物流，壮大临空经济，向蓝天要效益。加强与国内各海港功能对接，大力发展多式联运，拓展“长安号”国际线路，加密往返班次，加速西安融入全球经济步伐。

2. 打造国家高铁和高速公路枢纽城市。持续推进高铁和高速公路建设，争取更多重点项目纳入国家规划，加快形成“米”字形国家高铁网和高速公路网。开工建设西安到重庆、武汉高铁，建成西安到成都、兰州、银川、延安高铁，实现3小时到达周边城市群，4至6小时到达长三角、珠三角、京津冀快速便捷的高速铁路网。加快市域“四主站”“两辅站”铁路枢纽建设，形成高铁环线，实现与航空、地铁、公交等无缝对接。加快关中城际铁路建设，开工建设西安到韩城、阎良到咸阳空港、空港到法门寺、法门寺到西安南站城际铁路，形成“辐射+环”高速铁路网构架，实现与关中城市群高铁连接，服务大西安建设，带动关中城市群发展。加密大西安高速公路网，开工建设西咸环线南段、空港至国际港务区高速公路，实现陆港、空港一体联通。开工建设连接京昆、福银、连霍的西安大环线高速公路西段，实现县县通高速。改扩建西汉高速、西禹高速和兵马俑专用高速，形成“2环+12辐射”的高速公路网。加快推进大西安都市区新环线建设，实施国道310等一批国省一级公路改造提升工程，形成结构合理、功能完备的大西安高等级公路网络体系。

3. 加快完善市域交通体系。加快北客站至机场城际轨道建设，开工建设6条地铁，开通运营7条以上，形成市域轨道交通网，以轨道交通带动城市组团发展。建设一批连通市内各环线和绕城高速的快速道路，改造提升二、三环通行能力。加快构建以西安为中心的1小时交通圈、旅游圈、经济圈、生活圈和文化圈。大力推进“公交都市”建设，完善自行车道和慢行步道建设，构建以轨道交通为骨干、地面公交为主体、微型交通和慢行交通为延伸的市域公共交通体系和市域路网体系，引导居民低碳出行，建成公交都市示范城市。

（六）着力推进城镇化发展，加快建设宜居西安

以建设大西安为目标，加快推进西咸一体化，优化空间布局，促进城市有机更新，完善城市功能，以城市发展方式转变推动经济发展方式转变，加快向“精明增长”“集约发展”转型，让城市更加宜业宜居、精致精美。

1. 科学做好大西安规划。从全国全省大局出发，运用系统性思维搞好大西安规划，提升西咸一体化发展水平，推动大西安多轴线、多中心发展，从人口、交通、产业和资源等进行一体化统筹，实现大西安与整个关中城市群规划有机衔接，以城镇化发展方式推动经济发展方式转变。按照建设大都市的思路和标准，编制重要功能区规划，提升城市设计水平，实现产城高度融合。把握城市阶段性特征，开展“2030”“2049”远景发展战略规划研究。扎实推进多规合一，实现城市空间布局规划、国民经济和社会发展规划、城乡规划、土地利用规划、生态环境保护规划等有机融合。深入推进新型城镇化和城乡发展一体化，围绕大西安，加快3个副中心城市、5个组团和60个小城镇建设，集中发展一批特色小镇，实现大、中、小城市和小城镇联动发展。推进西咸新区全面一体化融入大西安，促进城市与乡村协同发展。

2. 不断完善国际化功能。全面提升国际交往便利度和交流合作紧密度，加快建设西部对外交往中心。用旅游国际化理念指导城市国际化建设，以大旅游、大企业、大学城等“三大”国际化为重点，以旅游产品、旅游服务、旅游合作和市民观念国际化为突破口，实施国际化标识改造工程，开设丝路频道，提升旅游服务国际化水平。更多引进外资大企业入驻西安，围绕外企人员聚集区，加快国际社区、国际医疗、教育、文化、体育、养老等营商生活设施建设。支持大学发展留学生教育，大力推动人才国际化，积极引进海外人才，完善公共图书馆国际服务功能。加快丝路国际会展中心等重点项目建设，提升国际展览、国际会议、国际赛事承接能力。

3. 大力提升大都市品位。尊重城市历史文化和居住生态，注重城市美学，统筹协调城市景观风貌，体现“大气、美观、绿色、特色”。正确处理古城保护与利用开发关系，加强大遗址、历史建筑保护修复，守护城市特色。加快推进顺城巷、三学街、北院门等一批特色街区建设和背街小巷改造，打造一批精品道路、生态走廊和城市地标，不断完善城市生活功能。加快推动幸福路、徐家湾等城市片区改造，提升街道、公园、广场等城市公共空间品质，精心设计“城市家具”。加快各类停车场建设，打通“断头路”，科学布设人行立体过街设施，持续推进缓堵保畅，解决“治堵难”。推进地下空间综合开发利用，加快海绵城市和地下综合管廊建设，健全道路桥梁、景观照明等标准和规范，深化城郊区域环境治理，提升物业管理水平和覆盖率。

4. 加快新型智慧城市建设。围绕“互联网+”，充分利用新一代信息技术，创新城市发展模式，推进城市管理智慧化。深入推进与市民生活密切相关的公共服务信息化建设，促进城市宜居，营造普惠化智慧生活。加强公共安全视频监控系统建设，完善精细化智慧城市管理。加快政府资源整合、流程优化和业务协同，建设一体化智慧政务。推进智慧新城、园区、小镇、社区、商圈建设，强化区域示范，打造智慧城市新地标。

（七）着力优化生态环境，加快建设美丽西安

牢固树立“绿水青山就是金山银山”的发展理念，绿水青山就是老百姓的幸福靠山！宁可在发展上适当稳一点，也不要破坏生态环境。要围绕“山青、水净、坡绿”目标，创建生态文明先行示范区，建设美丽城市、美丽城区、美丽县城、美丽集镇、美丽村庄。

1. 坚决打赢“四治一增”攻坚战。坚持山、水、林、田、湖一体化治理，齐抓共管、协同并治，坚决做到有污必治、有违必拆，坚决打破影响西安发展的坛坛罐罐，实行最严格的生态保护制度，实现生态环境质量根本性好转。

铁腕治霾，保卫蓝天。打好“减煤、控车、抑尘、治源、禁燃、增绿”组合拳，划定责任网格，实施“网格长制”，加大与关中城市群联防联控，解决“减霾难”。

柔性治水，全面落实“河长制”，制定水生态修复规划，持续推动浐、灞、沣、渭等水系治理，加快公式陂湖、昆明池等重点工程建设，留雨水、养净水、治污水、保供水、抓节水、调季水、排涝水，再现“八水绕长安”盛景。

依法治山，严格执行秦岭生态保护《条例》，加大秦岭北麓山系生态保护与修复，加快大秦岭人文生态旅游圈和秦岭国家中央公园建设，建好周至秦岭国家植物园，展示秦岭雄浑美景。

合力治脏，开展“烟头革命”“厕所革命”，建立“路长

制”“所长制”，综合推进城乡环境整治，积极推进城乡垃圾分类，加快现代化垃圾处理厂建设，防治土地污染，解决“治脏难”，打造清洁之城。

立体增绿，持续开展“美丽西安·绿色家园”行动，加快城市道路、高速公路、高铁线路、绕城公路、通景公路等“五路”两侧绿化，加快公园和绿地小广场建设，推广楼顶绿化、立体绿化，推进城乡彩色林带和绿道建设，多种常绿树，每年增绿不少于500万平方米，打造绿色之城。

2.推动形成绿色发展方式。坚持走生态优先、绿色发展之路，从“三个绿色”抓起，加快经济发展方式和城市发展方式转变。政府要做绿色管理者，严格落实主体功能区规划和生态隔离体系规划，严守农业空间和生态空间保护红线。提高环保准入门槛，加大环保执法力度，在保护生态环境上不能手软！以产业结构调整带动环境质量改善，持续加大能源结构调整项目、节能改造工程建设，抓好3个国家级循环经济试点，辐射带动全市循环经济快速发展。企业要做绿色生产者，强化企业环保主体责任，深化环境污染责任保险试点，实行企业环境信用评价，从严惩处偷排漏排、篡改伪造监测数据、非法处置危险废弃物等各类违法犯罪行为。市民要做绿色践行者，倡导绿色出行、绿色消费、绿色办公、绿色生活，提升全社会环保节约意识。

3.健全生态文明制度体系。加快建立生态环境损害赔偿、党政领导干部自然资源资产离任审计和责任追究制度，完善自然资源资产产权、用途管制和有偿使用制度，建立、健全自然资源变化动态监测和多元化投入保障机制，着力构建产权清晰、多元参与、激励约束并重、系统完整的环境监管体系和绿色发展评价体系，推动生态文明建设法制化、长效化，为西安绿色发展提供制度保障。

（八）着力保障改善民生，加快建设品质西安

始终坚持发展为了人民，发展成果由人民共享，共建共享生活品质之城，更加注重改善低收入群体生活，更加注重提升人民群众获得感和幸福感。

1.决胜精准扶贫脱贫。以“两不愁、三保障”为目标，全面打好精准脱贫攻坚战，确保小康路上精准脱贫不少一人。坚持保障兜底和扶贫开发两轮驱动，大力推进“五提一保”工程，创新扶贫方式，整合各类扶贫资金，加大金融扶贫力度，完善帮扶工作机制，扶贫对象逐户核实，扶贫措施逐个落实，扶贫资金足额到位，扶贫标准逐项检查，确保包括低收入群体在内的全市人民同步迈入小康社会。

2.提高农村发展水平。加快推进农村城镇化进程，以发展特色产业为重点，建设更多特色镇村，引导农民向小城镇和规划发展村庄集聚，有序建设一批农村新型社区和幸福新农村示范村。深入实施村庄环境提升行动，全面推进垃圾处理、污水治理、卫生改厕、村道提升等项目建设。千方百计拓宽农民增收渠道，支持农民自主创业、转移就业，鼓励外出务工农民返乡创业就业。积极引导群众养成良好生活习惯和健康生活方式，按照“西安民居”特色建设美丽集镇、美丽村庄。

3.提高城乡居民收入水平。实施更加积极的就业政策，统筹做好高校毕业生、农村转移劳动力、城镇就业困难人员、退役军人等重点群体就业工作，解决“就业难”。健全工资正常增长机制，完善最低工资和工资支付保障制度，确保城乡居民收入与经济发展同步。拓宽城乡居民租金、利息、股息、红利等增收渠道，增加居民财产性收入。积极推进收入分配结构调整，促进城乡、行业及社会成员间收入分配关系更加合理，加强执法监督，保护合法收入。

4.提升社会保障水平。按照“全覆盖、保基本、多层次、可持续”原则，建立健全更加公平、更可持续的社会保障制度。加快建立城乡统一的居民基本养老保险和居民医疗保险制度，确保参保率分别高于99%和97%。着力构建政府提供基本保障、市场满足多层次需求的住房供应体系，积极推进货币化保障和安置，大力发展房屋租赁市场，突出解决低收入群体住房问题，不断完善住宅小区公共服务配套，实现住有宜居，解决“住房难”。做好低保对象社会政策托底工作，确保全市符合条件的城乡困难群众应保尽保。健全完善社会救助体系，统筹推进扶老、助残、救孤、济困、留守妇女儿童关爱等福利和慈善事业发展，让保障和关爱的阳光温暖每个人。

5.办好人民满意教育。实施“教育强市”战略，深化教育综合改革，创新教育供给模式，持续推进优质教育资源均衡覆盖。实施第三期学前教育行动计划，完善学前教育公共服务体系。加快推进城市新区学校建设，改善农村地区、贫苦地区办学条件。推广“名校+”模式，探索城乡学校互建联合体，持续扩大优质教育资源总量，实现学有优教，解决“上学难”。加快发展现代职业教育，建设西安现代职业技术学院，支持西安文理学院与驻市高校加强合作，共建重点学科及硕士学位授予点。进一步办好特殊教育和民族教育，构建具有西安特色的现代终身教育体系。

6.推进健康西安建设。深化医药卫生体制改革，推进医疗、医保、医药“三医”联动，加快推动城市公立医院综合改革，完善分级诊疗制度，推广医疗联合体+全科医师团队、县镇村卫生服务管理一体化两种分级诊疗模式，加快城市新区医疗卫生机构和公办医院改造提升项目建设，支持民营医院发展，促进基本公共卫生服务均等化，解决“看病难”。积极应对人口老龄化，加快建立“以居家养老为基础、社区服务为依托、机构养老为补充”的养老服务体系，大力发展健康和养老事业，解决“养老难”。 大力发展体育事业，加快十四届全运会场馆建设。加强食品药品安全监管，创建国家食品安全示范城市。加强疾病预防控制、医疗应急救治等，提高健康服务保障水平。

（九）着力加强民主法治，加快建设平安西安

民主法治是建设具有历史文化特色的国际化大都市的重要保障。要进一步加强民主法治建设，营造团结和谐的民主氛围、公平公正的法治环境和安全稳定的社会环境，着力打造平安西安。

1.不断扩大人民民主。坚持和完善人民代表大会制度，支持和保证各级人大及其常委会依法履行职能，充分发挥人大代表作用，加大议案建议督办力度，强化对“一府两院”的监督。坚持和完善中国共产党领导的多党合作和政治协商制度，支持人民政协围绕团结和民主两大主题，履行政治协商、民主监督、参政议政职能，发挥协商民主重要渠道和专门机构作用。进一步巩固和壮大爱国统一战线，加强同各民主党派、工商联和无党派人士合作共事，扎实推进民族、宗教、对台、外事、侨务等各项工作。充分发挥工会、共青团、妇联等人民团体的桥梁和纽带作用，扩大人民群众有序政治参与，形成生动活泼、安定团结的政治局面。

2.深化法治西安建设。把促进社会公平正义作为核心价值追求，健全完善党委统一领导、社会各界广泛参与的法治工作推进机制，提升法治西安建设水平。加强法治政府和阳光政府建设，积极推进政府机构职能、权限、程序、责任法定化，创新和完善行政管理、行政执法运行机制，强化权力监督，提高依法行政水平。深入推进司法体制改革，加强司法监督，规范司法行为，促进司法公正。深入开展法治宣传教育和“七五”普法，推动领导干部带头学法守法，让办事依法、遇事找法、解决问题靠法成为全社会的自觉行动。推进公共法律服务体系建设，做好低收入群体法律援助服务。建立守信褒奖和失信惩戒制度，建设“诚信西安”。

3.推进平安西安建设。牢牢守住社会稳定和安全生产两个底线，确保社会大局和谐稳定。加快完善以公安机关为骨干、群防群治队伍为基础、科技手段为支撑、社会各界广泛参与的立体化、信息化社会治安防控体系，严厉打击暴力恐怖活动，依法惩治违法犯罪行为。健全网络安全防范体系，净化网络空

间。严格落实安全生产责任制，加大安全隐患整治力度，坚决遏制重特大安全事故。完善突发事件应急管理机制，增强灾害应急救援和防灾减灾能力，力争蝉联全国综治优秀城市。

4. 加强社会治理创新。加强社会治理基础制度建设，健全党委领导、政府主导、公众参与、法治保障的社会治理体系，构建全民共建共享的社会治理格局。完善社会治理和公共服务功能，推进政府由管理型向服务型转变。加大社会组织培育力度，推进有条件的事业单位转制为社会组织，引导社会组织更好参与社会事务。加强城乡基层治理，健全居民、村民自治制度，全面推行基层“党务、村务、财务”三公开制度，建立健全基层综合服务管理平台，提升管理网格化、数字化、精细化水平。强化基层公共服务，不断完善人民调解、法律顾问和“三官一律”进社区等制度。畅通信访渠道，健全源头预防和调处化解综合机制，引导群众依法行使权力、表达诉求、解决纠纷。优化人口服务管理，促进流动人口融入融合。

四、在全面从严治党中打造西安铁军

要强化从严治党责任，把各级党组织和党员干部队伍建设得更加坚强有力，打造“四铁”型西安铁军，努力在追赶超越发展上走在前列、在优化发展环境上走在前列、在用好难得机遇上走在前列、在建好政治生态上走在前列。

（一）全面加强党的领导，凝聚团结奋斗强大合力。充分发挥党委总揽全局、协调各方的领导核心作用，突出把方向、管大局、作决策、保落实，完善党委全会、常委会、党组会议工作机制，有效实施党对各个领域的领导。加强对同级人大、政府、政协和法院、检察院的领导，健全沟通协调机制。加强和改进党对工会、共青团、妇联等群团组织的领导，推动群团改革取得实质性进展。健全和落实党管武装制度，推进国防动员和后备力量建设，巩固和发展军政军民团结。

（二）加强思想政治建设，铸就绝对忠诚党性品格。始终把思想政治建设放在首位，深入学习宣传习近平总书记系列重要讲话精神和对陕西、西安工作的重要指示，筑牢信仰之基、补足精神之钙，切实增强“四个自信”，牢固树立“四个意识”，特别是核心意识和看齐意识，坚定不移维护以习近平同志为核心的党中央权威，坚决做到党中央提倡的坚决响应、党中央决定的坚决执行、党中央禁止的坚决不做。深入推进学习型党组织建设，加强和改进党委（党组）中心组学习，切实加强领导班子思想政治建设，提高领导干部政治素质和专业能力。注重发挥各级党校主阵地作用，强化思想理论教育、党性教育和专业化能力，引导党员干部把对党的绝对忠诚内化于心、外化于行。

（三）严肃党内政治生活，增强遵规守纪行动自觉。认真贯彻落实《关于新形势下党内政治生活的若干准则》，突出用好组织生活这个经常性手段，用好批评和自我批评这个思想武器，让党内生活真正成为党员干部加强党性锻炼、提高党性修养的大熔炉。严格执行民主集中制，坚持集体领导制度。认真落实“三会一课”、谈心谈话、请示报告等制度，健全党员领导干部参加支部组织生活制度，把重温入党誓词、佩戴党徽、学习党章、查摆问题、公开整改措施等内容作为规定动作，积极探索“六个一”专题民主生活会的有效形式。各级党员领导干部，特别是党组织的主要负责同志要严守党的政治纪律和政治规矩，模范遵守党章党规，以身作则、率先垂范、以上率下，为广大党员和干部群众作出示范。

（四）加强干部队伍建设，提升忠诚担当干事本领。坚持党管干部、党管人才，认真按照习近平总书记提出的好干部五条标准和忠诚、干净、担当要求，严把干部选拔任用的政治关、作风关、能力关、廉洁关、品德关，使选出来的干部组织放心、群众满意、干部服气。认真落实省委鼓励激励、容错纠错、能上能下“三项机制”，树立鲜明的干事导向，以实绩论英雄，以服务企业服务群众的质量分高下，让不想干事、干不成事的人丢面子、腾位子，让想干事、干成事的人有面子、有位子。班子建设要聚焦战斗力、增强战斗力、服务战斗力，在志同道合中凝聚战斗力，在同心同向中增强战斗力，在攻坚克难中检验战斗力。重点看干部在大局下行动的向心力，在艰苦环境下奉献的忍耐力，在急难险重挑战下的执行力，打造一支同心同德、步调一致、能征善战的优秀干部团队。大兴干事文化，定期举办追赶超越“擂台赛”，广泛开展“学先进、找短板、创一流”和“六讲六比”活动，以“事不过夜马上就办”的作风抓落实，形成崇尚实干、拼搏赶超的干事氛围。要强化舆论监督和群众监督，提升《每日聚焦》和《问政时刻》栏目质效，坚决整治“慵、懒、散”，强力解决不作为、慢作为、乱作为等作风顽疾。

（五）强化基层组织建设，筑牢固本强基战斗堡垒。坚持抓基层、打基础，全面提升基层党建工作水平。巩固扩大各领域基层党的组织覆盖和工作覆盖，突出国企、学校、非公经济组织和社会组织党建工作，推动基层党组织在引领发展、服务群众、凝聚人心、促进和谐中彰显先进性。选优配强基层党组织带头人，培育选树先进典型，加强基层党务工作者能力建设，加强离退休干部党支部建设，常态化开展软弱涣散基层党组织整顿。深化基层服务型党组织创建，推动力量、投入、资源和工作向基层下沉，让“最后一公里”成为“最畅一公里”。加强党员队伍建设，提高党员发展质量，重视、关心和支持基层，努力使每个基层党员干部都成为服务群众、真抓实干的先锋模范。

（六）坚持不懈正风反腐，永葆清正廉洁公仆本色。巩固反腐败斗争压倒性态势，坚持惩治腐败力度决不减弱、零容忍态度决不改变。认真落实党委主体责任和纪委监督责任，严格执行党章党规，强化自上而下的组织监督，改进自下而上的民主监督，发挥同级相互监督作用，不断增强自我净化、自我完善、自我革新、自我提高能力。持之以恒抓好中央八项规定精神和省委实施意见、市委22条措施落实，巩固拓展好党的群众路线教育实践活动、“三严三实”专题教育、“两学一做”学习教育成果，推动党风政风持续好转。坚持把纪律挺在前面，守住廉政底线，用好监督执纪“四种形态”，抓早抓小、防微杜渐。推动巡视监督全覆盖，开展区（县）党委巡察工作，更好发挥巡视巡察作用。坚持有腐必反、有贪必肃，严肃查处发生在群众身边的“小官大贪”和“微腐败”。严格落实《纪律检查机关监督执纪工作规则（试行）》，扎实推进监察体制改革，健全权力运行制约监督机制，在全社会营造崇尚廉洁的良好风气。

同志们，追赶超越是一场比智慧、比速度、比耐力的大擂台，好比逆水行舟，不进则退，慢进也是退。今天的西安，实现追赶超越，“天时地利”已经齐备，关键看“人和”，关键要看我们每名党员干部在这场比赛中干得怎么样。我们要用实干来诠释对党忠诚的誓言！这就注定了今后五年不是四平八稳、轻轻松松的五年，而是加速快跑、辛辛苦苦的五年，需要我们开明开放、创新创优、顽强拼搏、奔起直追！

同志们，今天西安发展的接力棒历史性地交到我们手中，全市上下要横下一条心、拧成一股绳、同唱一首歌，那就是：振兴大西安、再创新辉煌。要以苦干实干拼搏干的精神，以真抓实干、马上就办的具体行动，同心同德一起干，撸起袖子加油干，开足马力加快干，在这场追赶超越的竞赛中，跑出加速度，干出好成绩，让生活和工作在大西安的每一个人，都有获得感、幸福感和自豪感！

同志们，梦想照亮前方，道路就在脚下，奋斗正当其时。让我们更加紧密地团结在以习近平同志为核心的党中央周围，高举中国特色社会主义伟大旗帜，在省委的坚强领导下，团结带领全市干部群众，共同建设美丽幸福的大西安，为中国共产党成立100周年交上一份满意的答卷！

政府工作报告

——在西安市第十六届人民代表大会第一次会议上

西安市人民政府市长　上官吉庆

（2017年2月20日）

各位代表：

现在，我代表西安市人民政府，向大会报告政府工作，请予审议。请政协委员和其他列席人员提出意见。

一、本届政府工作回顾

过去五年，是宏观经济形势极为复杂严峻的五年，也是我市积极应对挑战、不断取得改革发展新成就的五年。五年来，我们在党中央国务院、省委省政府和市委的坚强领导下，在市人大、市政协的监督支持下，紧紧围绕市第十二次党代会确定的战略目标，秉承“一张蓝图干到底、两块短板求突破、多措并举惠民生、创新管理促和谐”的工作理念，统筹抓好“五项重点工作”，着力推进品质西安建设，较好地完成了市十五届人大一次会议确定的目标任务，开启了千年古都伟大复兴的历史篇章。

这五年，经济综合实力跃入新量级。我们牢牢抓住发展这个第一要务，综合施策、多元发力，经济发展实现了“三连跨、九翻番”。生产总值连续跨越4000亿元、5000亿元、6000亿元大关，2016年达到6257.2亿元，增长8.5%，同比提高0.3个百分点，分别高于全国、全省1.8和0.9个百分点，增速位居15个副省级城市第三。去年，全市一般公共预算收入、金融业增加值、进出口总值、旅游业总收入、科技成果交易额等9项重要经济指标较2011年均实现“翻番”[1]；社会消费品零售总额达到3730.7亿元，是2011年的1.8倍；非公经济占比达到52.8%，较2011年提高2.2个百分点。累计实施市级重点项目1152个，总投资达到1.7万亿元，是上个五年的2.4倍。特别是，面对去年开局稳增长压力加大、投资持续下滑的严峻形势，我们适时出台了“稳增长22条”“楼市新30条”“促旅游27条”和“强工业20条”等一系列政策措施，策划实施了幸福林带等12个事关长远发展的重大项目[2]和地下综合管廊、海绵城市、快速路等21个PPP项目，强力推进项目建设、积极实施精准招商、深入开展“千人亲商助企”活动、大力整治投资环境，打出了一套抓项目、促投资的“组合拳”，顶住了下行压力，在较短时间内扭转了投资连续16个月负增长的不利局面，全年固定资产投资增长2%，同比提高14.5个百分点。全市“五上”单位[3]总数达到5518户，较2015年净增542户，创历年最好。

这五年，产业优化升级取得新突破。我们紧盯高端优质的结构调整方向，转型发展、提质增效，三次产业比调整为3.7∶35.1∶61.2。累计完成工业投资4737.4亿元，是上个五年的2.4倍。去年，全市规模以上工业增加值达到1178.4亿元，增长9.9%，增速位居副省级城市第一，高技术产业和战略性新兴产业产值占规模以上工业比重分别达到24.1%和35.0%，新增中兴通讯、隆基股份、陕西星王3户百亿元工业企业。“五区一港两基地”[4]对全市产业转型升级的支撑引领作用持续增强，高新区高新技术产业总收入突破万亿元，综合排名在146个国家级高新区中升至第四。商贸、旅游、物流、会展等优势产业进一步壮大，科技、金融、电商等新产业新业态发展迅猛，去年京东西北公司自营交易额突破120亿元，全市服务业占GDP比重较2011年提高6.6个百分点。都市型现代农业加快发展，粮食生产实现“十三连丰”。西安列入首批国家服务业综合改革示范典型区域，荣获“全国十大区域性金融中心城市”“中国十大影响力会展城市”和“全国质量强市示范城市”称号。

这五年，创新改革发展增添新活力。我们坚持把改革作为推动发展的关键一招，优化环境、释放潜能，两个“国字号”创新改革试验、示范工作[5]全面启动。在创新利益分配、成果转化等13个方面开展了先行先试，我市2条经验列入国家第一批可复制可推广经验目录。大力推进大众创业、万众创新，建成了以西安科技大市场为核心的“互联网＋”区域创新服务体系，技术成果交易额连续5年位居副省级城市第一；累计培育科技企业小巨人1185家，全市各类创业创新载体达到128家，科技进步对经济增长的贡献率达到58.3%，荣获“全国十大创新型城市”称号，获批“全国小微企业创业创新基地城市示范”。不断深化“放管服”改革，编制公布了市、区（县）、镇（街）三级权责清单，去年全市各类市场主体达到74.7万户，是2011年的1.9倍。积极实施供给侧结构性改革，去年直接为企业减负约50亿元，规模以上工业企业资产负债率同比下降1.1个百分点，商品住房库存去化周期缩短至9个月。农村土地确权登记、政府机构改革、公车改革如期完成，国资国企和公立医院改革加快推进，大学区管理制改革成为全国亮点。

这五年，国际化大都市建设迈出新步伐。我们主动融入国家"一带一路"战略，立足优势、扩大开放，以大西安为核心的陕西自贸区成功获批。欧亚经济论坛被确定为国家"一带一路"建设十大平台之一，成功举办四届丝绸之路经济带城市圆桌会。"西安港"成为我国首个获批国际国内双代码的内陆港。"长安号"国际货运班列实现每周3班常态化运营，开通西安至阿姆斯特丹（长安号）国际货运航班。新增国际航线37条，西安成为西北首个72小时过境免签城市。汉长安城未央宫等5处遗产列入世界遗产名录。在西安设立领事馆、签证中心的国家达到20个，国际友好城市增至29个。成功举办2016央视春晚分会场和中秋晚会、丝绸之路国际电影节、G20妇女会议和农业部长会议等重大活动，西安的影响力和美誉度进一步提升。累计实际利用外资178.2亿美元、实际引进内资7958.9亿元、进出口总值6541.2亿元、服务外包合同额59.3亿美元，分别是上个五年的2.5倍、2.1倍、3.4倍和5.1倍，去年实际利用外资和进出口总值占全省比重分别达到90%和92%，西安对全省外向型经济发展的龙头支撑作用不断增强。陕鼓、西电、隆基股份、爱菊粮油等一批本土企业成功"走出去"。世界500强企业（不含国内）达到174家，去年与"六大央企"[6]及美光科技、万达集团、浦发银行等中外知名企业签订战略合作协议。全国最大外商投资项目——三星电子闪存芯片项目从落户到投产，仅用了2年时间，创造了"陕西速度"和"西安效率"，去年产值达到200亿元以上。西安荣登联合国"全球最具发展潜力新兴城市"榜单。

这五年，宜居城市建设取得新成效。我们持续推进城市治理，建管并重、共治共享，成功摘得"全国文明城市"桂冠，圆了西安人民18年的"创文梦"。 南门区域综合改造被评为全国历史文化名城建设重大示范工程。累计完成城建投资1731.7亿元，去年达到437.1亿元，是2011年的1.8倍。2013年在全国率先提出并实施了治污减霾工作，累计拆改燃煤锅炉1544台、削减燃煤230万吨，淘汰黄标车及老旧车20.3万辆，PM10、PM2.5浓度分别下降了28.4和32.4个百分点。大力推进缓堵保畅工程，地铁1号线、3号线和2号线延伸段建成投用，累计运营里程达91公里，日均客运量110万人次以上；完成200余项城市道路综合改造工程，新增道路面积1541万平方米，建成公共停车位5.3万个，新增和更新公交车3886辆、公共自行车5.2万辆，城市公共交通分担率达到56%。城市综合交通体系进一步完善，新增3条高铁线路，铁路北客站、机场T3航站楼建成投用；新建、改建西咸北环线、西临等6条高速公路，基本形成了"一环十二辐射"[7]为主骨架的公路网。实施10项水源工程[8]，李家河供水工程建成供水。海绵城市和地下综合管廊建设加快推进，电、气、热及污水处理等城市保障能力进一步增强。美丽西安建设扎实有效，秦岭保护步入法治化轨道，强化规划管控，加大对各类违法建筑、采矿点的依法处置力度，遭到破坏的地表生态得到有效修复，生态景观长廊初步建成；渭河西安段"三年变清"目标如期实现，南岸124公里堤顶景观大道全线贯通，启动实施了涝河渼陂湖等一批重大生态工程，新增生态水面1.2万亩、湿地面积2.8万亩；新增造林绿化41.2万亩、城市绿地2275万平方米。

去年以来，我们深入推进城市治理专项行动，扎实开展广告牌匾、占道经营等12项集中整治工作，火车站、钟鼓楼广场环境整治和绕城高速出入口景观提升初见成效。新建和提升改造绿地广场100个，文景山公园、灞渭桥车游湿地公园建成开放，人均公园绿地面积达到11.7平方米，森林覆盖率达到48.03%，成功创建"国家森林城市"。

这五年，人民生活水平有了新提高。我们坚持把人民群众对美好生活的向往作为奋斗目标，改善民生、增进福祉，扎实办好每年"十项惠民实事"。全市财政民生支出累计达到3252.4亿元，是上个五年的3倍。城镇新增就业63.9万人、农村劳动力转移就业461.8万人次，城镇登记失业率控制在4%以内，城乡居民人均可支配收入分别达到35630元和15191元，是2011年的1.6倍和1.7倍。新建、改建公办幼儿园578所，新增学位5.8万个；新建、提升中小学1162所，惠及学生26万人；实施学前一年和普通高中免学费。累计投入财政资金48.96亿元，新建、迁建市第三医院、市中医医院等5个市级医疗机构，改造提升8个区（县）级医疗机构，全市医疗资源布局进一步优化。城镇基本医疗保险参保率、新农合参合率分别达98.5%和99.3%，城乡居民基本养老保险参保率达到99.97%。建成养老机构67家，农村幸福院638个，社区居家养老服务站491个，全市养老服务床位达到4.36万张。建设保障性住房20.77万套，完成83个城中村整村拆除和42个棚户区征收搬迁，回迁群众17.7万人。累计发放住房公积金贷款398.8亿元，解决了37.2万名中低收入职工住房问题。完成新农村重点村建设2573个，建成农村片区化中心社区286个。50.7万名贫困人口按现行标准实现阶段性脱贫，组织实施移民搬迁10.1万人。新建农村饮水安全工程1101处，解决了151.9万名农村居民饮水安全问题。去年改造老旧小区19个、144万平方米，改造更新"三无"老旧住宅电梯[9]172部。将扶贫标准和农村低保标准统一提高到每人每年3600元，城市环卫保洁人员工资待遇提高到平均每人每月2300元以上。建成曲江书城等63个重点文化设施，电视、广播、社区文化等公共服务体系实现全覆盖。大型历史正剧《大秦帝国》第三部《崛起》在央视一套黄金时段热播，引起强烈反响。建立完善了立体化社会治安防控体系和"四位一体"反恐怖工作机制[10]，西北首家特种设备安全运行监控中心（96333）建成运行，我市连续两届荣获全国社会治安综合治理最高奖项"长安杯"。成功入围"国家食品安全示范城市"首批试点，实现全国"双拥模范城市"八连冠，民族、宗教、参事、人防、统计、档案、地方志、气象、防震减灾、妇女儿童、残疾人等工作取得新进步，连续5年荣获"中国最具幸福感城市"称号。

这五年，政府自身建设得到新加强。我们坚持以转变政府职能、提升行政效能为核心，自觉践行中央"八项规定"精神，深入开展党的群众路线教育实践活动、"三严三实"专题教育和"两学一做"学习教育，着力打造法治政府、廉洁政府和服务型政府。制定出台《西安市政府重大行政决策程序规定》，规范依法科学民主决策程序；完善政府法律顾问制度和市政府常务会学法制度，落实行政执法责任制，推行政务公开；主动接受人大及其常委会工作监督和法律监督，自觉接受政协民主监督，按时办结建议、提案5249件，满意率99%以上。持续加大简政放权力度，取消下放调整382项行政事权，撤销议事协调机构228个，将项目审批时限平均压缩了50%以上；引入第三方评价政府绩效，创新开设"问政时刻""每日聚焦"栏目，建立了"全员督办、分级协调"的督查督办制度；连续5年荣获人民网网民留言办理工作全国先进单位。不断加强政府权力运行监管，强化对关键人员、关键岗位的管理，建立市级行政机关公务员轮岗交流制度，积极推进审计全覆盖，始终保持惩治腐败的高压态势，严肃查处了一批违纪违法案件和损害群众利益的行为。

各位代表，过去五年取得的成绩，是全市上下齐心协力、攻坚克难、开拓奋进的结果。在此，我代表市政府，向全市人民，向市人大代表、政协委员和社会各界人士，致以崇高敬意！向所有关心支持西安发展的中省单位、广大企业，解放军、武警部队官兵和政法干警，以及海内外同胞、侨胞、友人，表示衷心的感谢！

在总结成绩的同时，我们也清醒地认识到：总量不大、工业不强、非公经济和县（区）域经济薄弱依然是西安发展最突出的短板，经济持续较快发展仍然面临较大压力；市场配置资源的决定性作用发挥不充分，西安特有的文化、科教、区位等优势仍未有效转化成促进经济发展的现实动能；城市治理水平有待提升，多元共治格局尚未形成，交通拥堵、大气污染等“城市病”比较突出，教育、医疗、住房、就业等公共服务领域与市民期盼仍有差距；政府职能转变仍需深化，营商环境还需优化，个别公职人员廉而不为、严而慢为的现象依然存在。对于这些问题，我们一定要认真加以解决。

二、今后五年工作的总体思路

今后五年，是西安全面建成小康社会的决胜阶段，也是推进大西安建设、实现追赶超越发展、加快建设具有历史文化特色的国际化大都市的关键时期。

根据市第十三次党代会的战略部署，今后五年，市政府工作的总体要求是：全面贯彻党的十八大和十八届三中、四中、五中、六中全会精神，深入学习习近平总书记系列重要讲话特别是来陕视察重要讲话，统筹推进“五位一体”总体布局和协调推进“四个全面”战略布局，紧扣“追赶超越”定位和“五个扎实”要求，积极践行新发展理念，坚持稳中求进工作总基调，适应把握引领经济新常态，以提高发展质量和效益为中心，以深化供给侧结构性改革为主线，以落实“三项机制”[11]为保障，围绕“聚焦‘三六九’，振兴大西安”[12]奋斗目标，系统推进品质西安建设，建西部经济强市、创西部城市最佳，向国家中心城市迈进，努力做到“四个走在前列”[13]，确保高质量全面建成小康社会，奋力谱写具有历史文化特色的国际化大都市建设新篇章。

今后五年，我们要全力以赴抓好“九大关键行动”：

*实施共建大西安行动，打造国家中心城市。*抢抓省委、省政府把西咸新区交由西安代管的重大历史机遇，举全市之力加快建设大西安。优化城市形态和功能布局，支持西咸新区创新发展，建好西安的“大特区”，加快形成多轴线、多中心的城市发展格局，全面提升大西安的城市品位、形象和核心竞争力。深化西安、咸阳融合发展，实现城乡规划、产业布局、基础设施、社会管理、公共服务、创业就业、环境治理、政策保障一体谋划、一体推进。以建设国家中心城市为契机，主动对标世界一流城市，着力增强高端要素聚集、科技创新、文化引领和综合服务功能，加快建设国家综合交通枢纽，全面提升城市综合承载力和辐射带动力，带动大关中、引领大西北，推动大西安与“一带一路”沿线城市融合对接、合作发展，担负起国家中心城市的重要职责。到2049年，全面建成具有历史文化特色的国际化大都市。

*实施产业升级行动，打造西部经济中心。*围绕迈入“万亿级”城市目标，强力推进“三廊两轴两带一通道”[14]和“八大平台”[15]建设，持续做大总量、做优质量。紧盯高端产业和产业高端，积极实施“三换三名”工程[16]和“9个倍增计划”[17]，加快培育“3个万亿级产业、10个千亿级产业集群”[18]，新增10个以上百亿元龙头企业，打造30—50个“产、城、人、文”四位一体有机结合的特色小镇，基本建成以战略性新兴产业为引领、以先进制造业和现代服务业为支撑的现代产业新体系。到2020年，全市生产总值突破1万亿元，年均增长8.5%以上，成为西部经济强市。

*实施创新引领行动，打造丝路科创中心。*依托我市富集的科教、人才资源和两个“国字号”创新改革试验示范，按照“两区带动、双创支撑、多点突破”的思路，围绕产业链部署创新链，加速聚集各类创新要素，抢占创新驱动发展的制高点。以推进供给侧结构性改革为主线，持续深化“放管服”改革，大力推进统筹科技资源改革、军民深度融合创新改革，破除一切制度藩篱，有效激发各类市场主体和创新要素的创造活力，不断释放改革红利。积极实施创新人才推进计划，不断做强双创孵化示范平台。充分发挥西咸新区全国双创示范基地的示范引领作用，全面完成“全国小微企业创业创新基地城市示范”建设任务，构建西部创新创业新高地。

*实施开放兴市行动，打造内陆开放高地。*深度融入“一带一路”战略，肩负起引领向西开放的国家使命，全面加快自贸区建设，临港经济取得突破发展。按照“互联互通多元化、对外贸易便利化、区域发展协同化、服务标准国际化”的思路，不断优化涉外服务环境和营商环境，创西部最佳。依托欧亚经济论坛、丝绸之路国际博览会等开放平台，广泛开展文化、旅游、教育、经贸等多领域国际务实合作，建设国家对外交流中心。坚持优进优出，持续招大引强，拓展“海外西安”新空间，积极寻求在全球价值链中的“西安定位”，构建全方位、高水平的对外开放新格局。到2021年，进出口总值达到600亿美元，年实际利用外资达到60亿美元以上，世界500强企业（不含国内）达到200家以上，建成国家对外开放“门户城市”。

*实施文化强市行动，打造丝路文化高地。*坚定文化自信，充分发掘西安作为千年古都、丝路起点、华夏之源的历史文化价值，加强文化遗产保护与利用，守护、传承、弘扬中华文明的精神标识，讲好“西安故事”。实施“文化＋”“旅游＋”战略，推动文化产业转型升级，建设国家文化贸易基地和文化创意中心，大力发展全域旅游，打造国际一流旅游目的地城市，提升“西安形象”。砥砺文化担当，加快推出一批彰显西安特色、西安风格、西安气魄的精品力作，为增强文化软实力、建设文化强国，贡献“西安力量”。开展文化交流，搭建国际文化交流平台，支持更多本土文化企业、团队、人才“走出去”，传播“西安声音”，叫响做实具有世界影响力的西安文化“金字招牌”。

*实施绿水青山行动，打造美丽西安。*坚持“绿水青山就是金山银山”的理念，像保护眼睛一样保护生态环境，像对待生命一样对待生态环境，全力守住老百姓的“幸福靠山”。推进柔性治水，实施河湖水系一体化治理，实现生态安澜、人水和谐，加快恢复“八水绕长安”盛景。依法保护秦岭，围绕“山青、水净、坡绿”目标，加快生态修复，建设秦岭国家中央公园，打造西安永续发展的绿色屏障。大力发展绿色产业和循环经济，倡导市民绿色生产、绿色生活、绿色消费，实现绿色崛起。着力解决“减霾难”，坚持用系统化思维、法治化手段、网格化管理，实施全域化治理，全力消除老百姓的“心肺之患”，努力为市民创造天更蓝、地更绿、水更清、空气更洁净的美好家园。

*实施品质提升行动，打造宜居西安。*尊重城市发展规律，把新发展理念贯穿于城市规划、设计、建设、管理全过程。加快转变城市发展方式，坚持“精明增长”“紧凑发展”，推进城市治理体系和治理能力现代化，全面打造承古开新、开放包容、高端优质、和谐宜居的品质之城。深入开展城市专项治理，突出抓好生态宜居、投资服务、生活品质“三个环境”建设，持续推进“烟头革命”“厕所革命”和“行政效能革命”，着力破解“治堵难”“治脏难”“办事难”等民生问题，有效解决各种“城市病”，全面整治提升农村人居环境，让全市人民生活更安心、更省心、更舒心，使西安成为最具幸福感、最有归属感的城市。

*实施共治共享行动，打造平安和谐之城。*坚持以人民为中心的发展思想，尊重群众的首创精神和市民的主人翁地位，画最大同心圆，求最大公约数，实现政府、社会、市民同心同向同行，加快形成多元共治格局。巩固深化全国文明城市建设成果，不断提升市民文明素质和城市文明程度。深入推进“健康

西安”“平安西安”“法治西安”建设，保障公民合法权益，维护社会公平正义，使西安更加安全、有序、文明、和谐。全力打好精准脱贫攻坚战，不断健全社会保障体系，千方百计增加公共产品和公共服务有效供给，下气力解决“就业难”“上学难”“看病难”“住房难”“养老难”等问题，让市民有实实在在的获得感，确保如期高质量全面建成小康社会。

实施追赶超越行动，打造西部最佳城市。坚持以更广的视野、更高的标准、更优的服务，积极谋划和推进西安各项事业又好又快发展，努力在追赶超越发展上走在前列、在优化发展环境上走在前列、在用好难得机遇上走在前列、在建好政治生态上走在前列，全面当好陕西追赶超越发展的“排头兵”。紧盯国家定位，着力建强创佳，凝聚全市上下开拓进取的磅礴之力，推动千年古都全面振兴，真正使西安成为拥有大格局、富有新活力、极具吸引力的西部最佳城市。

三、2017 年工作预期目标和重点任务

2017 年是实施“十三五”规划的重要一年，是推进供给侧结构性改革的深化之年，也是贯彻落实市第十三次党代会战略部署的开局之年。我们要以更加昂扬的精神状态、更加扎实的工作作风，奋力做好追赶超越各项工作，以优异的成绩迎接党的十九大和省第十三次党代会胜利召开。

综合各方面因素，今年全市经济社会发展主要预期目标是：生产总值增长 8.5% 以上，规模以上工业增加值增长 9.5% 左右，全社会固定资产投资增长 5% 左右，社会消费品零售总额增长 9% 以上，一般公共预算收入增长 9.5% 左右，城乡居民人均可支配收入分别增长 7% 和 8% 左右，城镇登记失业率控制在 4% 以内，CPI 涨幅控制在 3% 左右，万元 GDP 能耗及二氧化碳排放量分别降低 3.3% 和 4.13%。重点抓好以下八个方面工作：

（一）聚焦产业升级，着力打造高端产业和产业高端。

大力发展战略性新兴产业和先进制造业。加快建设以高新区为引领、“高新区＋航天基地＋沣东新城＋大学城＋科研院所”等区域为依托的科创大走廊，以经开区为引领、“经开区＋高陵组团＋临潼组团＋航空基地＋富阎板块”等区域为依托的工业大走廊。实施“9 大产业创新发展工程”[19] 和“‘互联网＋、机器人＋、标准化＋、数字化＋’4 个行动计划”，全市工业发展基金总规模达到 700 亿元以上，年内建成全市工业云平台，争创“中国制造 2025”示范城市。

加快培育 6 个“千亿级产业集群”。依托中兴、华为、三星、美光等龙头企业，推进比亚迪 5000 万部和中兴 2500 万部智能终端、西咸新区大数据和云计算等项目建设，加快发展新一代信息技术产业；依托比亚迪、陕重汽、法士特等龙头，推进比亚迪 6 万辆新能源汽车和 5000 辆纯电动大巴、通家新能源汽车工业园、汽车零部件产业园等项目建设，加快发展节能与新能源汽车产业；依托西飞、西航、航天六院等龙头，推进大飞机、贝尔直升机、北斗导航、西工大无人机产业基地等项目建设，加快发展航空航天产业；依托比亚迪、中铁建、航天精密机电研究所等龙头，推进“云轨”生产基地、盾构机制造、工业机器人等项目建设，加快发展高端装备制造产业；依托西北有色、隆基股份、陕西星王等龙头，以超导材料、先进复合材料、增材制造（3D 打印）等为重点，加快发展新材料产业；依托强生、银桥、青啤汉斯等龙头企业，推进强生全球供应链生产基地、青啤汉斯迁建扩能等项目建设，加快发展生物医药与食品饮料产业。突出抓好 100 个年度投资 5000 万元以上的重点工业项目建设，全年工业招商引资规模突破 700 亿元，工业投资增长 6% 以上，战略性新兴产业增加值增长 12%，力争建成新一代信息技术和汽车 2 个千亿级产业集群。

做优现代服务业。强力推进生产性服务业发展，优化生活性服务业结构，培育新兴消费模式，服务业增加值增长 8.5% 以上。

推进国际一流旅游目的地城市建设，完成大西安全域旅游规划，设立 40 亿元旅游发展基金。推广蓝田全域旅游经验，支持临潼兵马俑大景区建设，加快实施西咸新区丝绸之路风情城、浐灞华夏文化旅游综合体等项目，建成开放白鹿仓、中国•周城等项目，争创城墙•碑林、朱雀•太平和大明宫 3 个 5A 级景区，新增 6 个 3A 级以上景区。对照国际标准，完善旅游综合服务设施，加快旅游大数据中心和游客接待中心、集散中心、自驾车营地建设，持续整治旅游市场环境，培育引进一批品牌旅行社，加强与丝路沿线国家、地区旅游合作，全面提升西安旅游发展品质和国际竞争力。力争接待海内外游客 1.62 亿人次，实现旅游业总收入 1380 亿元以上。

加快建设以高新科技金融区为核心—沣渭能源金融区—曲江浐灞文化金融、新金融试验区为支撑的金融“金三角”，支持经开区建设丝路金融创新试验区，打造西部区域性金融中心。积极引进国内外知名金融机构，大力发展融资租赁、科技金融、能源金融、文化金融、大数据金融等新兴金融业态，构建多层次资本市场体系，提升金融服务实体经济的能力和水平，着力解决企业融资难、融资贵问题。全年金融业增加值增长 10% 左右，新增上市挂牌企业 35 家，融资突破 400 亿元。

扎实做好国家现代物流创新发展试点，抓紧编制我市物流业发展规划，优化整合物流资源，建立全市物流大平台。支持西咸新区空港保税物流中心升级为综合保税区，建设以国际港务区为依托的西部进出口商品集散中心。加快新筑铁路综合物流中心、中国邮政西安邮件处理中心、西咸新区现代服务贸易企业聚集区等项目建设，提升西安全国物流节点城市辐射带动功能，打造全国多式联运示范区。全年物流业增加值达到 720 亿元。开工建设丝路国际会展中心，优化提升曲江会展中心、绿地笔克等会展设施功能，全年举办规模以上会展活动 180 个以上。

推动科技服务业提速发展，抓好检测检验、工程咨询、创业孵化等综合科技服务，提升科技服务业对产业发展的支撑能力。推进华为、海康威视、中软国际等研发基地建设，支持高新区软件新城发展，全市软件产业销售收入达到 2300 亿元，争创中国软件名城。全年科技服务业增加值增长 20%。

改造提升传统商贸服务业，抓好东大街、解放路、小寨、大兴新区等 25 个重点商圈建设，推进芙蓉新天地二期、高新万达等城市综合体项目，加快永兴坊二期、九部坊等一批特色商业街区建设，鼓励企业发展 B2C、O2O[20] 商业新模式。加快发展以信息经济、大数据经济、智慧经济、分享经济、创意经济等为代表的新经济，加快培育众创、众包、众扶、众筹等新模式。大力发展体育、健康、养老等“幸福产业”。加快国家跨境电子商务示范城市建设，支持京东西北电子商务基地等项目建设，全年电子商务交易额超过 3000 亿元。

提升都市型现代农业发展水平。加快“一区三带七板块”[21] 建设，推进农业供给侧结构性改革，增加绿色优质农产品供给，农产品质量安全抽检合格率稳定在 96% 以上。积极实施“互联网＋品牌农业”，推动一产加速与二产、三产深度融合。做优做强周至猕猴桃、阎良甜瓜、户县葡萄、临潼石榴、灞桥樱桃等特色农产品，培育一批有全国影响力的地理标志农产品。依托秦岭花世界、白鹿原四季花谷等项目，打造花卉苗木产业基地。培育壮大新型农业经营主体，推进农村经营户“个转企”，新增省、市级现代农业园区 15 个以上，家庭农场 50 个。加快建设农村电子商务服务平台，建成一批电商示范镇、示范村。建设粮食高产示范区，持续抓好“菜篮子”工程。

扎实推进特色小镇建设。出台我市特色小镇建设指导意见和扶持政策，打造全市特色小镇平台，发展特色经济。加快国家级蓝田汤峪温泉小镇建设，启动灞柳基金小镇、经开光伏小镇、长安梦想小镇、渼庄非遗小镇等一批市级特色小镇建设，

年内各区县、开发区要策划包装2—3个特色小镇，使特色小镇建设成为调整产业结构、促进转型升级的重要载体，成为带动民营经济、区（县）板块突破发展的重要动能。

加大培优扶强工作力度。推动“五上”单位增数量、扩规模，培养壮大骨干企业，培育发展中小企业，形成大中小企业梯次跃进的竞相发展态势。年内新增百亿级龙头企业2户以上，净增规模以上工业企业40户、限额以上批零住餐业企业80户、规模以上服务业企业150户和资质内建筑业企业100户。积极实施质量强市战略，大力弘扬工匠精神，加快推动“西安产品”向“西安品牌”转变，年内争创市级以上名牌产品35个。

（二）聚焦创新驱动，着力增强追赶超越新动能。

深入推进供给侧结构性改革。坚持把去库存和促进人口城镇化结合起来，落实购房落户相关政策，控制供地规模和节奏，促进房地产市场健康发展，确保商品住房库存去化周期稳定在合理范围。支持企业通过债转股、股权融资等方式“去杠杆”，使企业轻装上阵、焕发活力。落实我市“降成本行动计划”，全年降低企业成本90亿元以上。着力补齐基础设施、环境治理、科技创新、民生保障4个供给侧短板，努力突破工业经济、非公经济、开放经济、县（区）域经济4个发展短板。

统筹推进2个“国字号”创新改革试验示范。认真落实中央“17项授权”和我市“创改39条”，年内形成3至5条在全国可复制可推广的经验，争取国家军民融合示范区尽快获批。深化与各大军工集团的战略合作，加快兵器基地和高新区、航空基地、航天基地军民融合孵化器建设，突出抓好航天智能工业机器人、液氧煤油发动机等一批“军转民”项目，新增30家“民融军”企业。以“事改企”和优化利益分配为重点，积极做好各类科研院所创新改革试点，深化产学研合作，推进知识产权综合管理改革。拓展西安科技大市场服务功能，加快国家技术转移西北中心建设，全年技术成果交易额突破750亿元。支持高新区国家自主创新示范区建设，扶持好光电子先导技术研究院、陕西军民融合技术研究院等一批创新型示范项目。

协力推进大众创业万众创新。实施新一轮科技企业小巨人培育计划，着力打造50户“瞪羚企业”[22]，新增小微企业6万户。政府、企业、社会合力发展各种形式的众创空间，重点培育中科创星孵化器、航空创新创业园等10个专业化众创空间，加快建设西安交大科技创新港。积极争取高新区纳入全国第二批双创示范基地，打造“西部硅谷”。加大政策支持力度，提供高效优质服务，厚植创业文化，营造创新氛围，让西安成为天下英才创业的乐园、圆梦的福地，让所有怀揣梦想的人在西安都能为梦奋斗、梦想成真。

稳步推进其他重点领域改革。深化“放管服”改革，持续加大简政放权力度，全面推行“双随机一公开”[23]，加强以信用为核心的市场监管体系建设，确保放得下、接得住、管到位。积极推进国企改革“五项试点”[24]，加快“三供一业”[25]分离移交，年底前基本完成市级部门与所属国有企业脱钩。进一步理顺开发区与行政区的管理体制。配套完善户籍制度改革。深入推进城市执法体制改革。支持高陵6项国家级改革试点[26]。抓好农村集体产权改革，全面启动农村清查核资工作，成立市、区两级农村集体产权交易中心，促进土地确权成果应用。年内完成国有林场改革。

（三）聚焦项目建设，着力扩大有效投资。

推动项目建设全面提速。全力抓好592个市级重点项目建设，确保年度投资超过2165亿元，产业项目占比达到50%以上。扎实推进“十三五”总投资2.7万亿元的500个重点项目建设，力争能开工的尽早开工。抓好12个事关长远发展的重大项目建设，加快实施“十大城市片区”[27]改造，切实增强政府类投资的示范带动效应。进一步强化重点项目建设考核，完善领导包抓、督查跟进、台账管理等制度，严格落实征地拆迁、服务保障等责任。深入开展投资环境专项整治活动，严肃查处推诿扯皮、不敢担当、落实不力的人和事，坚决打击强揽工程、阻挠施工等违法行为，有效解决项目落地难、阻力大、进度慢等问题。

强力推进“招大引强”。把招商引资作为“一号工程”，坚持“五资”[28]齐抓，积极从外引、向上争、朝内挖。着眼全球产业链构建，紧盯欧美发达国家和京津冀、长三角、珠三角等重点地区产业转移，加大对世界500强、中国500强和行业领军企业的引进力度，吸引更多大企大商和企业总部落户我市，确保美光二期、宜家购物中心等外资重大项目签约落户。按照“以市场换产业、以项目换投资”的思路，深入推进“央企进陕、落户西安”，力促已签约项目及战略合作协议加快落地实施。主动对接中省战略，积极策划包装项目，力争使我市更多项目和工作列入国家、省上发展大盘子，推动“引汉济渭”、关中城际铁路、西咸南环线等重大基础设施项目加快实施。围绕完善、延伸产业链，支持三星、比亚迪、陕重汽、法士特等龙头企业增资扩能，带动相关配套企业加速聚集。加快修订我市招商引资优惠政策，建立“一把手”带头招商和“五资”综合考核机制，强化招商队伍建设，发挥驻外机构招商“前哨”和“桥梁”作用，全年实际引进内资2710亿元、实际利用外资50亿美元。

着力推动“两促进”“两发展”[29]。积极实施“民营经济倍增计划”，在项目策划、资金筹措、研发投入、设备购置、税费减免等方面加大政策支持力度，鼓励引导民营企业调整结构、转型升级，加快培育一批掌握核心技术、拥有知名品牌的民营经济骨干企业。坚持非禁即入，进一步放开市场准入，扎实做好政府管理服务，不断激发民间投资活力。充分发挥西安合作发展基金的导向作用，撬动更多民间资本投资我市基础设施、社会事业和特色优势产业，突出抓好地铁、地下综合管廊、海绵城市、快速路、城市区域综合改造等一批PPP项目。年内引入民间资本达到1500亿元，增长12%以上。

（四）聚焦自贸区发展，着力提升对外开放水平。

统筹推进自贸区建设。成立市、区两级自贸区管理机构，制定出台我市自贸区建设实施方案和管理办法，加快构建具有“一带一路”特色的内陆开放试验区和人文交流新模式。推动以投资贸易便利化、政府职能转变、扩大服务业开放为重点的制度创新，扎实做好中央事权对接和地方事权落实工作，在推进外商投资负面清单管理模式、“一口受理”并联审批、国际贸易“单一窗口”建设等方面先行先试，积极营造国际化、法治化、便利化的营商环境。充分释放自贸区的示范带动效应，探索形成一批可复制可推广的西安经验。

深度融入“一带一路”战略。进一步提升“西安港”、航空港、海关特殊监管区、口岸等四大平台功能，加快形成“三港三网”[30]联动开放新格局。推进欧亚经济综合园区核心区、中亚商贸物流园、中俄丝路创新园等项目建设，确保西安综合保税区二期顺利通过国家验收，年内开工建设陕西航空综合保税区。促进“长安号”国际货运班列、国际货运航班扩量增效，提高运营水平。加快西安领事馆区、外国机构办公区和国际学校、医院、社区建设，不断完善涉外综合服务功能。办好2017欧亚经济论坛、国际通航大会、中法文化论坛西安周和第二届丝绸之路工商领导人（西安）峰会等活动，用好“网上丝绸之路”等平台，加强与丝路沿线城市的交流与沟通。

深化对外经贸合作。围绕“迈向高端、填补空白”，加强先进技术设备和关键零部件进口。支持本土企业“走出去”，推动装备制造、光伏、电力设备等优势产业向海外布局，进一步拓展“西安制造”的国际市场空间。扶持我市骨干企业提升核心产品竞争力，扩大超导材料、输变电设备、工业缝纫机等高新技术和机电产品出口。积极承接国际服务外包，推动服务贸易与货物贸易的良性互动，让“西安智慧”服务全球。全年进出口总值突破1900亿元。

（五）聚焦文化强市，着力打造西安文化品牌。

传承保护优秀传统文化。从整体平面和立体空间统筹布局，兼顾文化特色与现代气息，大力推进历史文化名城保护利用工作。实施杨官寨、汉长安城、秦栎阳城等重点遗址保护项目，启动三学街、七贤庄、小雁塔等历史文化街（片）区建设，加快护城河、顺城巷改造等城墙保护工程，做好唐代天坛、梨园和明秦王墓等特色遗址保护工作，推进古建筑、古村名镇和名人故居保护，年内再筛选公布一批优秀近现代建筑保护单位，延续西安文化根脉。加快建设“博物馆之城”，推动智慧型博物馆和非物质文化遗产博物馆建设，支持关中民俗博物院等民营博物馆加快发展，年内新增博物馆3至5座。挖掘利用好历史、山水、宗教、红色等优势文化资源，打造各展风采、古今融合的多元文化体验区，着力提升城市文化品质。

发展特色文化产业。加快建设以曲江新区为引领、“曲江新区＋楼观道文化展示区＋白鹿原＋临潼景区”等区域为依托的文化产业大走廊。积极探索“文化＋”发展新模式，促进文化与生态、旅游、科技、会展、金融、农业等产业的深度融合。围绕“文化＋人脑＋电脑”，用更好的文化、创意、技术、模式和机制推动文化产业大发展。突出抓好国家级文化与科技融合示范基地、国家数字出版基地、国家广告产业园和国家级西安印刷包装产业基地建设，推进西安文化科技创业城、西部电影产业集聚区等“十大文化产业园区”[31]发展，支持大唐西市建设文化艺术品国际交易平台，创建国家对外文化贸易基地。大力发展文化创意产业，加强文创产品开发，举办“西安原创设计盛典”，打造文创之城、设计之都。发挥西安文化大师、领军人物的引领作用，实施“名城、名家、名作”工程，做大做强西安影视、西安戏剧、西安文学、户县农民画等文化品牌。支持曲江文旅、西影集团、丫丫影视等文化企业发展，培养、引进一批文化高端人才和创作团队，加快推出一批文化精品力作，推动西安文艺创作从“高原”向“高峰”迈进。年内出版《大西安印象》等丛书。全年文化产业增加值增长15%左右。

不断增强公共文化服务水平。实施文化惠民工程，推进基层公共文化设施建设，打通公共文化服务“最后一公里”。年内建成一批农村文化中心，举办各类文化演出1500场次以上，农村公益电影放映35000场次。加快建成一批各具特色、深受市民欢迎的“阅读吧”和“小书屋”，促进全民阅读，打造“书香城市”。鼓励、引导、服务、保障各类社会组织开展丰富多彩的群众性文化活动，让社会主义核心价值观深入人心。启动西安科技馆、广播电视发射中心等项目建设，开设西安丝路电视频道，确保陕西大剧院9月底前建成投用。办好2017中国跆拳道公开赛、西安国际马拉松赛、第16届西安市运动会和丝绸之路大学生艺术节、第16届西安国际音乐节。全面推进第14届全运会各项准备工作，年内开工建设市体育中心（一场两馆一中心一基地），实施市体育场改造，着力提升全市体育竞技水平，深入开展群众性体育健身活动。

（六）聚焦“四治一增”，着力守住绿水青山。

铁腕治霾。积极回应群众关切，把大气污染防治作为环境治理和民生改善的头号工程。突出抓源头、抓难点、抓薄弱、抓末端，不断强化“减煤、控车、抑尘、治源、禁烧、增绿”等措施，加快构建工程、管理、技术、政策“四位一体”的大气污染防治新体系。深化燃煤污染治理，对建成区内20蒸吨以上燃煤锅炉加快实施超低排放改造和“煤改气”；制定优惠政策，加大散煤治理力度，实施清洁能源替代行动，完善清洁能源市场供应及配送体系，强化执法监管，确保完成散煤削减任务；推进建成区外20蒸吨以下燃煤锅炉拆改，年内完成130台拆改任务；对剩余40台20蒸吨以下驻军单位燃煤锅炉全部拆除。启动西安“第二气源”项目建设，年新增供气能力46亿立方米。督促重点排放企业向社会公开污染物排放实时监测数据，接受公众监督。加大新能源汽车推广力度，年内淘汰所有黄标车，探索机动车冬防期常态化限行措施。坚决抑制扬尘污染，严格落实建设工地扬尘治理措施，全面完成三环内商品混凝土、预拌砂浆和煤炭经营企业关停、搬迁，倡导绿色建筑、绿色施工。进一步加大挥发性有机物治理力度，加强城乡生物质燃烧监管。全年优良天数不少于202天。

柔性治水。实施我市“8＋5＋2”[32]河湖水系治理方案，全面落实“河长制”。年内完成渭河西安段北岸57千米堤顶道路建设和5000亩滩区生态修复，昆明池示范段实现蓄水，涝河、渼陂湖形成千亩水面。加快灞河、浐河、泾河和潏河等河流综合治理，有序推进沿线村庄截污治污工程。扎实做好水源地保护，完成李家河水库、岱峪水库、甘峪水库等9个水源地保护区划定，启动治理工作。推进涝渭湿地公园、潏河湿地公园等建设，全年新增生态水面2600亩、湿地4450亩。

依法治山。进一步完善秦岭保护体制机制，健全网格化管理和常态化督查制度，实行最严格的保护、最严密的管控、最严肃的问责。明确秦岭生态保护区边界，完善标识系统。大力开展秦岭“四乱”[33]集中整治活动，严格落实我市秦岭北麓矿山专项整治方案，取缔沿山非法石材交易市场，完成矿山生态治理和生态恢复，严厉打击开山取石、河道采砂（石）等违法犯罪行为。推进“多规合一”[34]，加大规划管控力度，规范保护区内居民建房，严格农家乐准入，实现生活垃圾集中收集和处理，加快农家乐集中区污水处理设施建设。继续实施环山路“绿化、美化、亮化”及配套工程，确保10月1日秦岭国家植物园（一期）建成开放。深入开展秦岭生态环境保护法律法规宣传活动，鼓励社会组织和广大市民积极参与秦岭保护志愿行动。

合力治脏。深化城市治理专项工作，推进“烟头革命”“厕所革命”，开展“烟头不落地·西安更美丽”活动，推行“路长制”“所长制”“院长制”。实施城市道路“以克论净、深度保洁”作业标准，加快清扫保洁服务市场化步伐。狠抓背街小巷、老旧小区、在建工地、城中村、棚户区、城乡结合部等薄弱环节，实现市容环境治理无盲区、无死角、全覆盖。年内启动5个现代化垃圾处理厂建设。不断深化农村人居环境综合整治，狠抓农村垃圾围城、畜禽养殖和面源污染治理，集中建成一批“望得见山、看得见水、记得住乡愁”的美丽乡村。

立体增绿。巩固提升国家森林城市创建成果，按照“四季常绿、一路一景”标准，深入推进“美丽西安·绿色家园”行动。实施“五路”两侧绿化工程，加快城乡彩色林带和绿道建设，年内造林绿化3万亩。完成绕城高速8个出入口的景观改造提升，加大老旧公园改造力度，加快西安城市生态公园、杜陵生态遗址公园等重大生态项目建设，启动二环路绿化景观提升工程，打造古都“绿色项链”。高标准实施主要街区、建筑屋顶、旅游景点及居民小区周边的园林绿化工作，加大“口袋绿地”“口袋公园”建设力度，新建街头绿地广场60个，新增城市绿化面积500万平方米以上，让市民推窗见绿、出门入园，努力打造绿色之城、花园之城。

（七）聚焦大西安建设，着力塑造魅力古都新形象。

扎实做好西咸新区代管工作。立足建设国家中心城市，加快修编大西安城镇体系规划，年内启动第五轮城市总体规划编制工作，开展“2030”“2049”远景发展战略规划研究，实现大西安规划一张图、建设一盘棋、管理一张网。严格按照《西安市代管西咸新区工作清单》做好代管工作，落实对接西咸、服务西咸的27个方面61项工作，加快推进西咸新区户籍、教育、医保与西安同城，实现大西安地区车牌同号和交通一体化。优化7个开发区与西咸新区5个板块生产力布局，促进错位发展、优势互补。加强与咸阳的共建融合，促进区域协同发展。

大力实施“强基增容”工程。全力抓好14类90项城建项目建设，全年安排城建投资478亿元。

不断完善城市交通体系。加快地铁五、六、九号线和一号线二期建设，四号线基本实现轨通。统筹考虑代管西咸新区的实际，优化地铁线网规划，抓紧完善和报批第三期地铁建设规划，力争年内再启动一批新线路。大力发展公共交通，年内新增公交线路10条、营运里程200千米，更新电动公交大巴1000辆，继续做好民营公交回购工作。加快昆明路、新兴南路等9个快速路项目建设，打通开元路、科技八路等20条以上“断头路”，开工建设社会公共停车位1.2万个，年内建成投用8000个。完善自行车道和慢行步道建设，新建一批人行过街天桥和地下通道。着力增强国家综合交通枢纽功能，加快机场三期扩建前期工作；推进北客站至机场、西安至阎良等城际铁路建设，加快形成以西安为中心的1—2小时城际铁路交通圈；协调做好绕城高速通行能力提升和西禹、西汉、兵马俑专线等高速改扩建工作，启动建设西咸南环线、空港至国际港务区等高速公路，加快西阎快速干道和西户路飞行学院段建设。

不断增强城市保障能力。新开工干支线地下综合管廊38公里、缆线管廊86公里。认真解决好城市积水内涝问题，推进小寨地区等一批海绵城市示范项目建设。着力保障城市供水安全，完善西咸新区供水规划，加快涝渭三角洲地下水源地、渭北工业区湾子水厂、大峪引水提升二期和引汉济渭输水管网建设，开工建设阎良供水工程，新增城市日供水能力10万吨。新建、扩建污水处理厂4座，新增污水日处理能力31.5万立方米，建成区基本实现污水全收集、全处理。新建、改建110千伏变电站30座，新增变电容量230.5万千伏安。加快市体育中心周边市政配套设施建设，增强区域综合承载功能。

全面提升城市精细化管理水平。健全完善城市平面维护、街区立面更新等市容环境管理标准和规范，严格依法管理。启动“四改两拆”工作，深入实施“百条整洁美丽示范街”创建、八类“城市家具”治理以及夜景亮化提升工程，不断加大对渣土车运营秩序、违法建设、城中村、棚户区等城市管理难点的治理力度。落实停车管理“三年行动”方案，综合治理机动车乱停乱放问题，依法整治摩托车、电动车非法载客行为。

打造“智慧西安”。开展国家下一代互联网、信息惠民和全国公共安全视频监控联网等试点示范，加快建设城市运行大数据中心，构建集约化的城市综合信息平台，实现信息资源开放共享。建成全市统一的“互联网+政务”服务平台，推进“一体化、全方位”智能交通管控系统建设，拓展智慧医疗、智慧校园、智慧社区等服务领域，为城市管理、民生改善插上“云翅膀”。通过智慧城市建设，促进传统行业转型升级和新兴产业加快发展，推进城市治理现代化、社会服务精细化、市民生活便捷化。

（八）聚焦民生需求，着力增加群众的获得感。

大力实施精准脱贫。瞄准218个重点村和9916户重点户，精准解决制约贫困人口发展的关键问题，推动“温饱型”扶贫向“发展型”扶贫转变。广泛建立“龙头企业+合作社+农户”的产业扶贫新模式，加快发展乡村旅游等5大扶贫主导产业，大力推进龙头企业带动等10项产业扶贫重点工程，确保周至国家级贫困县和390个省级贫困村年内实现脱贫摘帽，按期完成易地脱贫及避灾搬迁任务。推广新城区“美居行动”做法，深入开展城市扶贫工作。

开展“民生工作提升年”活动。以创业带动就业，深入开展年度“四大创业行动计划”，城镇新增就业12万人，完成农村劳动力转移就业77万人。继续推行货币化安置和保障房建设双轨运行，新增货币化保障家庭2000户，提供保障房源2万套，改造老旧小区200万平方米。加快实施17个棚户区改造项目，年内回迁安置群众2.19万人。列出财政专项资金，分两年对全市66个审批建立的集贸市场进行全面改造提升，并对其余69个依法进行规范整治。推广“曲江集市”经验，鼓励社会资金建设各类绿色惠民市场。

办好人民满意教育。继续加快开发区学校建设，支持西咸新区基础教育均衡发展。实施第三期学前教育四年行动计划，新建14所公办幼儿园，完成125所义务教育学校“全面改薄”任务。探索实行小学弹性放学制度。进一步完善教育资助体系，让每一个孩子都上得起学。大力推广“名校+”模式，探索城乡学校互建联合体，不断扩大优质教育资源总量和覆盖面，让教育的“起点”更公平。筹建西安现代职业技术学院。进一步办好特殊教育和民族教育，加快构建具有西安特色的现代终身教育体系。

深入实施“健康西安”行动。推进城市公立医院综合改革，落实分级诊疗制度。推进家庭医生签约服务，重点人群签约服务率达到60%以上。整合城镇居民医保和新农合制度，降低城乡居民在二级及以下医院住院的医保起付线。推进多种支付方式改革，办好群众家门口医院，让群众看病更方便。关注老年人健康，在落实国家有关政策的基础上，从今年开始，市财政每年拿出一部分资金，对65岁以上老人免费体检增加胸透、B超项目。抓好全国养老服务业综合改革试点，分级分档加快养老服务机构建设，年内新增养老床位6400张。实行老年人意外伤害保险和养老机构综合责任保险制度。启动市儿童福利院迁建项目。做好农村留守儿童关爱保护工作。

全力保障城市安全稳定。深入推进“平安西安”建设，依法严厉打击暴力恐怖、电信诈骗、非法集资和传销等违法犯罪活动。创建全国防震减灾示范城市，完善覆盖城乡的气象防灾减灾体系。创建国家食品安全示范城市，健全、完善食品质量安全监管体制、追溯机制和诚信体系，建成30条餐饮服务食品安全示范街区，全面提高食品安全保障水平。加快全市电梯信息化管理系统建设及“三无”电梯改造，保障以电梯为重点的特种设备使用安全。常态化开展重点领域、重点行业安全生产执法大检查，狠抓主体责任落实，坚决遏制重特大生产安全事故发生。健全突发事件应急体制，提高全市应急管理和抗风险能力。推进信访制度改革，着力打造法治信访、阳光信访、责任信访。扎实推进

“七五普法”。深入开展双拥创建活动。继续做好民族、宗教、人防、档案、地方志、残疾人等工作。

四、全面建设人民满意政府

追赶超越的重大使命，对政府工作提出了新的更高要求。我们将牢固树立政治意识、大局意识、核心意识和看齐意识，自觉在思想上政治上行动上同以习近平同志为核心的党中央保持高度一致，全面贯彻从严治党要求，努力打造对党忠诚、勇于担当、干净干事、充满活力的“西安铁军”。

强化依法行政。坚定法治理念，做到法无授权不可为、法定职责必须为。健全依法决策机制，落实重大行政决策合法性审查制度。完善行政执法体制，推动跨部门、跨领域基层综合执法，严格规范行政执法行为。自觉接受人大及其常委会工作监督、法律监督和政协民主监督，主动接受群众监督和媒体监督。全面依法履行政府职能，推进政府职能法定化和事权规范化，敬畏法纪，守住底线，做到既有为又有戒、既知行又知止。

强化效能建设。围绕“最多跑一次”的目标要求，大力推进“行政效能革命”。持续简政放权，深化政务公开，完善“四张清单一张网”，探索实行“一枚图章管审批”模式，加快推进网上审批，让信息、数据多跑路，让企业、市民少跑路。充分发挥“每日聚焦”“问政时刻”的监督作用，坚决整治“慵、懒、

散”，强力解决不作为、慢作为、乱作为等作风顽疾，绝不允许在最好的位置上睡大觉。不断提高政府执行力，定了的事，就要抓紧快办、马上就办，绝不允许在抓落实上“挂空挡”“磨洋工”“掉链子”。

强化为民服务。坚持把保障和改善民生作为工作的出发点和落脚点，多为百姓办实事、办好事、解难事。建成“12345”市民热线综合服务平台，架起群众和政府的“连心桥”。承诺的事，就要努力做到，不放空炮，不断提升政府公信力。今年政府要下大气力解决群众回迁安置、老旧小区改造、食品安全保障、断头路打通等一批事关民生的突出问题，让老百姓看到变化、得到实惠。全市政府系统各级公务员都要有为民服务的公仆情怀，当好“店小二”，提供“五星级服务”，真正把工作实绩记在老百姓的幸福“账单”上。

强化责任担当。深入推进“三项机制”落地生根，全面激发干部干事创业热情，真正让踏实干事者有底气、有盼头，让奋发有为者受褒奖、得重用，为勇于担责者负责、为敢于担当者担当。坚持常态督查、专项督查、重点督查、延伸督查、网上督查“五查并举”，细化指标、精准定责、科学考核，对分解下达的任务要“照单验收”、严格奖惩，对占着位子不干事、坐享其成不作为、袖手旁观说怪话的，一经查实，严肃问责。全市政府系统都要有“品质西安我当先”的自觉意识和担当精神，以奔跑的姿态，撸起袖子加油干，使出我们的“洪荒之力”，为西安拼出一个好将来。

强化廉洁自律。严格执行中央“八项规定”精神和国务院“约法三章”，自觉践行“三严三实”，驰而不息反“四风”、转作风。坚持领导干部经济责任审计全覆盖，严肃查处各类腐败案件，坚决纠正侵害群众利益的行为。守住从政为民的“压舱石”，找准履职尽责的“定盘星”，筑牢拒腐防变的“防火墙”，用干净展示本色、用行动诠释忠诚。

各位代表！开弓没有回头箭，追赶超越没有旁观者。让我们携起手来，紧密团结在以习近平同志为核心的党中央周围，在市委的坚强领导下，聚焦追赶超越，抢抓历史机遇，低调务实不张扬、埋头苦干，奋力推进大西安建设，为全面建成小康社会、加快建设具有历史文化特色的国际化大都市而努力奋斗！

名词术语解释

[1]9 项较 2011 年实现“翻番”的经济指标：2016 年，全市一般公共预算收入（641.07 亿元）、工业投资（949.27 亿元）、金融业增加值（722.85 亿元）、进出口总值（1818.5 亿元）、实际利用外资（45.05 亿美元）、接待国内外旅游人数（1.5 亿人次）、旅游业总收入（1213.81 亿元）、科技成果交易额（711.77 亿元）、上市公司总市值（5474.21 亿元）等 9 项重要经济指标较 2011 年均实现翻番。

[2]12 个事关长远发展的重大项目：涝河渼陂湖水系生态修复工程、小雁塔历史文化片区项目、幸福路区域综合改造项目、杜陵生态遗址公园项目、西安城市生态公园项目、西安体育中心项目、丝路国际会展中心项目、新筑铁路综合物流中心项目、中国邮政西安邮件处理中心项目、生活垃圾现代化处理项目、地铁建设项目、钟鼓楼广场及周边地区环境整治提升项目。

[3]“五上”单位：规模以上工业企业、限额以上批零住餐业企业、规模以上服务业企业、资质内建筑业企业和房地产开发企业。

[4] 五区一港两基地：国家级西安高新技术产业开发区、国家级西安经济技术开发区、西安曲江新区、西安浐灞生态区、西安沣东新城、西安国际港务区、西安阎良国家航空高技术产业基地、西安国家民用航天产业基地。

[5] 两个“国字号”试验、示范工作：西安系统推进全面创新改革试验和高新区建设国家自主创新示范区。

[6] 六大央企：中国中铁股份有限公司、中国铁建股份有限公司、中国节能环保集团公司、中国建筑工程总公司、中国交通建设股份有限公司、华润集团。

[7] 一环十二辐射：“一环”指西安绕城高速公路；“十二辐射”指包茂高速公路西安（南）至茂名、西安（北）至包头，包茂高速公路复线西安（北）至包头，沪陕高速公路西安（东南）至上海，福银高速公路西安（东南）至福州、西安（西北）至银川，连霍高速公路西安（东）至连云港、西安（西）至霍尔果斯，连霍高速公路复线西安（西）至霍尔果斯，京昆高速公路西安（东北）至北京、西安（西南）至昆明，以及机场高速公路，共 12 条高速公路。

[8]10 项水源工程：浐河综合治理工程（恢复第二水厂供水能力）、提高城市地下水源地供水能力工程、涝河引水工程、引泾河供水工程、大峪引水提升改造工程、李家河水库工程、零河水库清淤工程、渭涝三角洲水源地工程、提高再生水利用率工程、推进节水型社会建设工程。

[9]“三无”老旧住宅电梯：无住宅专项维修资金、无物业单位（主管单位）管理、无维护保养单位维保的老旧住宅电梯。

[10]“四位一体”反恐怖工作机制：预警、防范、处置、善后“四位一体”。

[11] 三项机制：为落实习近平总书记“五个扎实”要求，实现追赶超越发展，陕西省委出台《陕西省党政干部鼓励激励办法（试行）》《陕西省党政干部容错纠错办法（试行）》《陕西省推进省管党政领导干部能上能下办法（试行）》三个重要文件，形成鼓励激励、容错纠错、能上能下 3 项机制。

[12] 聚焦“三六九”，振兴大西安：是市第十三次党代会报告提出的未来五年奋斗目标。

“三”：就是紧盯全面建成小康社会、GDP 过万亿、建好国家中心城市 3 个目标。

“六”：就是紧盯上述目标，做强西部经济中心、丝路科创中心、对外交往中心、丝路文化高地、内陆开放高地、国家综合交通枢纽，构建“三中心二高地一枢纽”等六维支撑体系。

“九”：就是扎实抓好未来五年九项重点任务（着力推进产业升级，加快建设西部经济中心；着力推进创新驱动发展，加快建设丝路科创中心；着力深化改革开放，加快建设内陆型改革开放新高地；着力彰显文化特色，加快建设丝路文化高地；着力构建交通体系，加快建设国家综合交通枢纽；着力推进城镇化建设，加快建设宜居西安；着力优化生态环境，加快建设美丽西安；着力保障改善民生，加快建设品质西安；着力加强民主法治，加快建设平安西安），促进经济社会在经济实力、创新活力、开放水平、文化实力、交通枢纽、城市功能、生态环境、人民生活、社会治理等九个方面实现明显提升。

[13] 四个走在前列：是省委向西安提出的要求，即在追赶超越发展上走在前列，在优化发展环境上走在前列，在用好难得机遇上走在前列，在建好政治生态上走在前列。

[14] 三廊两轴两带一通道：“三廊”：建设以高新区为引领、“高新区 + 航天基地 + 沣东新城 + 大学城 + 科研院所”等区域为依托的科创大走廊，打造“创新增长极”；以经开区为引领、“经开区 + 高陵组团 + 临潼组团 + 航空基地 + 富阎板块”等区域为依托的工业大走廊，打造“工业增长极”；以曲江新区为引领、“曲江新区 + 楼观道文化展示区 + 白鹿原 + 临潼景区”等区域为依托的文化产业大走廊，打造“文化产业增长极”。建设以高新科技金融区为核心—沣渭能源金融区—曲江浐灞文化金融、新金融试验区为支撑的金融“金三角”，打造“金融增长极”。

“两轴”：建设延伸纵贯西安钟楼南北方向的古都发展轴，壮大以主城区为基础的传统城市中心；建设串接西咸新区沣镐遗址的新区发展轴，培育以西咸新区为依托的城市新中心，打造“服务业增长极”。

“两带”：建设秦岭北麓和渭河文化生态旅游带，打造“绿色增长极”。

“一通道”：就是建设以“国际港务区＋空港新城＋浐灞生态区”等区域为依托的对外开放通道，打造“开放增长极”。

[15] 八大平台：就是深化开放平台建设，发展开放经济；深化创新平台建设，发展高新技术产业；深化军民融合平台建设，发展先进制造业；深化金融平台建设，发展金融产业；深化文化平台建设，发展文化旅游产业；深化城市功能平台建设，发展商贸服务业；深化综合服务平台建设，发展民营经济；深化特色小镇平台建设，发展特色经济。

[16]“三换三名”工程：“三换”即“腾笼换鸟、机器换人、电商换市”；“三名”即培育“名企、名家、名品”。

[17]9 个倍增计划：物流业倍增计划、电子商务倍增计划、工业倍增计划、民营经济倍增计划、远郊区（县）域经济倍增计划、创新能力倍增计划、开放经济倍增计划、文化产业倍增计划、旅游产业倍增计划。

[18]3 个万亿级产业、10 个千亿级产业集群：“3 个万亿级产业”指高新技术产业、先进制造业和现代服务业；“10 个千亿级产业集群”指新一代信息技术、生物医药、新材料、高端装备制造、航空航天、节能与新能源汽车等 6 个千亿级战略性新兴产业集群，以及文化、旅游、现代物流、金融等 4 个千亿级特色产业集群。

[19]9 大产业创新发展工程：集成电路、新型显示、光电子、大数据与云计算、增材制造（3D 打印）、机器人、无人机、卫星应用、新材料。

[20]B2C、O2O：“B2C”是指按电子商务交易主体划分的一种电子商务模式，是企业针对个人开展的电子商务活动的总称；“O2O”是指线上网店、线下消费，商家通过网店将商家信息、商品信息等展现给消费者，消费者在线上进行筛选服务并支付，线下进行消费验证和消费体验。

[21] 一区三带七板块：“一区”即秦岭北麓西安都市现代农业示范区；“三带”即沿渭都市农业产业带、渭北工业区农业产业带、南横线都市农业产业带；“七板块”分别是白鹿原都市农业板块，周至猕猴桃板块，户县、长安葡萄板块，临潼石榴板块，临潼奶牛板块，蓝田肉鸡板块，阎良瓜菜板块。

[22] 瞪羚企业：“瞪羚”是一种善于跳跃和奔跑的羚羊，“瞪羚企业”是业界对成长性好、具有跳跃式发展态势的高新技术企业的一种通称。一个地区的“瞪羚企业”数量越多，表明这一地区的创新活力越强，发展速度越快。

[23] 双随机一公开：随机抽取检查对象，随机选派执法检查人员，抽查情况及查处结果及时向社会公开。

[24] 国企改革“五项试点”：是指我市市属国有企业改革新增五项试点内容，即国有资本投资运营公司试点、混合所有制经济改革试点、规范董事会建设试点、董事会选聘经理层成员试点和薪酬分配差异化改革试点。

[25] 三供一业：国有企业职工家属区供水、供电、供热（供气）及物业管理。

[26] 高陵六项国家级改革试点：全国第二批农村改革试验区（农村产权交易市场建设）、农村集体资产股份权能改革试点、全国农村土地制度改革三项试点、国家新型城镇化综合试点、农村承包土地经营权和农民住房财产权抵押贷款试点。

[27] 十大城市片区：幸福路、纺织城、东关、雁南、大兴新区、土门、大明宫地区、徐家湾、汉城特区、北客站周边。

[28] 五资：外资、内资、民资、央资、融资。

[29]“两促进”“两发展”：即着力促进民营经济加快发展，着力促进民间投资健康发展。

[30] 三港三网：“三港”即西安国际空港、国际铁路港、国际公路港；“三网”即国际国内陆上物流网、空中物流网、空中客流网。

[31] 十大文化产业园区：西安文化科技创业城、西安曲江创意谷产业园、西部电影产业集聚区、曲江“369”互联网创新创业基地、西安曲江中央文化产业园、国际文化装备产业示范基地、西安曲江文化创意产业聚集区、华商传媒文化产业园、西安曲江文化金融示范园区和曲江园林式总部基地。

[32]8+5+2:“8”是指渭河、泾河、灞河、浐河、潏河、滈河、沣河、涝河 8 条河流；“5”是指浐河、黑河、石川河、太平河、幸福岸线 5 条河流水系；“2”是指渼陂湖和昆明池（斗门水库）两座湖池。

[33] 秦岭“四乱”：是指秦岭部分区域存在的乱采乱挖、搭乱建、乱排乱放、乱砍乱伐现象。

[34] 多规合一：将秦岭保护区生态环境保护规划、国民经济和社会发展规划、城乡规划、土地利用规划，以及林业、旅游、环保等多个规划融合到一张蓝图上，在统筹生产、生活、生态三大空间布局的基础上，划定统一的用地和生态管控边界，实现对秦岭保护的有效控制与管理。

[35] 以克论净、深度保洁：是根据国家住建部要求推广的一种按照城市道路单位面积内灰土重量和地面零星垃圾滞留时间长短来衡量道路清扫保洁质量的作业模式。《西安市城市道路“以克论净 深度保洁”作业标准（试行）》中规定：城市广场、一级、二级和三级道路每平方米尘土重量和地面垃圾滞留时间分别执行 5 克和 5 分钟、10 克和 10 分钟、15 克和 15 分钟、20 克和 20 分钟的标准。

[36]“五路”两侧绿化：即对城市道路、高速公路、高铁线路、绕城公路、通景公路两侧进行绿化。

[37] 四改两拆：棚户区（城中村）改造、旧住宅区改造、旧厂区改造、架空线缆改造，拆除违法建筑、拆除违法户外广告。

[38] 城市家具：指依附于城市空间展现现代城市风貌、为城市提供公共服务的市政公用设施、装置。我市拟对公共厕所、环卫工人休息室、报刊亭、爱菊（群众）厨房销售亭、公交调度亭、配电箱、便民座椅、道路（指示）牌等“城市家具”进行整治提升。

[39]5 大扶贫主导产业：是指乡村旅游、中蜂、核桃、猕猴桃、奶山羊等 5 个扶贫产业。

[40]10 项产业扶贫重点工程：是指龙头企业扶贫工程、农民专业合作社扶贫工程、农家乐扶贫工程、中蜂扶贫工程、奶山羊扶贫工程、产业基础设施工程、电商扶贫工程、移民搬迁村（一场一基地）工程、农业示范园带动工程和贫困户创业工程。

[41] 美居行动：指由新城区政府搭建平台，引入社会力量，改善和美化困难群众居家环境的慈善救助活动。

[42] 四大创业行动计划：即大学生创业引领计划、返乡农民工创业扶持计划、留学回国和引进人才创新创业计划、城镇失业人员创业帮扶计划。

[43] 曲江集市：是我市首个集蔬果、农果展示、文化休闲及互动体验就餐于一体的现代化综合性生鲜蔬果集市。有别于传统市场，该集市不仅为居民提供优质、绿色、低价的果蔬生鲜，同时打造出现代文化特色鲜明、时尚体验感丰富的新型消费环境。

[44] 全面改薄：是全面改善贫困地区义务教育薄弱学校基本办学条件的简称。国家自 2014 年开始推进“全面改薄”工作，至 2018 年结束。

[45] 胸透、B 超项目：是我市拟对 65 岁以上老人免费体检增加的项目。胸透指胸部正位 X 线片检查，B 超指腹部 B 超检查，包括肝、胆、胰、脾、双肾、膀胱、前列腺／子宫附件等检查项目。

[46] 四张清单一张网：即权力清单、责任清单、企业投资负面清单、财政专项资金管理清单和政务服务网。

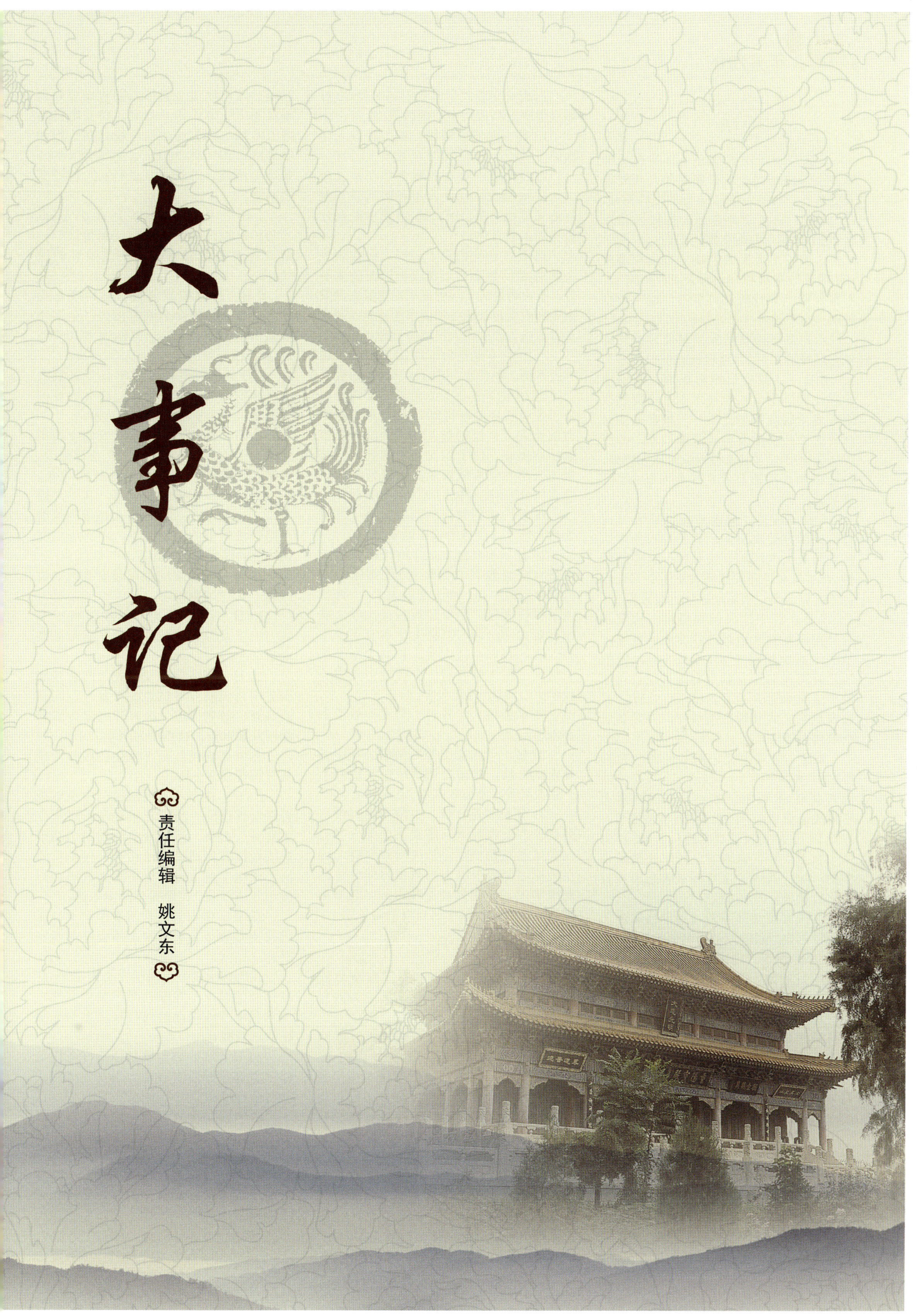

大事记

责任编辑　姚文东

1月

1日 对西安市符合条件的65—69周岁生活困难的农村户籍老年人西安市人民政府发放每人每月50元的生活补贴。

4日 国务院办公厅公布陕西省承办2021年第十四届全国运动会。

△西安市人民政府决定取消和调整105项行政审批事项，涉及29个部门，不再保留“非行政许可审批”这一审批类别。

△户县黄酒被国家质量监督检验检疫总局批准为“国家地理标志保护产品”。

5日 《西安日报》报道，西安电子科技大学生命科学技术学院田捷教授团队成功研发新型光学——核素多模融合放射性药物激发荧光成像技术，并在超高灵敏度医学成像领域取得重大突破，对最小病灶探测直径由5毫米缩小到2毫米。

6日 21时，陕西省重污染天气应急指挥部办公室决定，紧急发布关中地区重污染天气区域Ⅱ级预警。这是陕西省2014年9月印发陕西省重污染天气应急预案后，第一次启动区域二级预警。

7日 经中国民航局批准，长安航空公司恢复独立运行的西北地区首家大型民用航空运输企业。4月5日，民航西北管理局向长安航空有限责任公司颁发“航空承运人运行合格证”，标志着长安航空正式获得批准成立，并具备航空承运人资格。

8日 中共中央、国务院在北京举行2015年度国家科学技术奖励大会。陕西省共有38项主持和参与完成的重大科技成果获2015年度国家科学技术奖，占全国三大奖授奖总数的12.88%，为“十二五”期间陕西省获国家奖数量最多的一年。其中，主持完成的通用项目获奖数量居全国第4位。

△国家旅游局下发《关于公布中国国际特色旅游目的地创建名单的通知》，同意30个城市（地区）创建中国国际特色旅游目的地。西安市入选该名单，获批打造中华古都文化国际旅游目的地。

10日 西安交通大学第一附属医院与环球医疗金融与技术咨询服务有限公司在西安签署“合作建设西安交通大学第一附属医院国际陆港医院框架协议”，双方将在西安国际港务区共同建设西安交大一附院国际陆港医院。

11日 教育部公布2015年度“长江学者奖励计划”建议人选公示名单。其中，西安交通大学15人，第四军医大学、西安电子科技大学各5人，西北大学3人，西北工业大学、陕西师范大学各2人，长安大学、西安建筑科技大学、西安科技大学各1人入选。

△西安交通大学第一附属医院3D打印医学研究与应用中心揭牌成立。

13日 西安五号线一期工程进入全面施工阶段，将于2020年通车试运营。

△西安市中医医疗联合体在西安市中医院揭牌成立，西安市各区（县）及周边兄弟地（市、区）的46家中医医疗机构加入联合体。

14日 西安市第十五届人民代表大会常务委员会第二十九次会议在西安举行。表决通过关于接受董军提出辞去西安市人民政府市长职务的请求的决定；决定上官吉庆为西安市人民政府代理市长。

△由中央电视台、中国工程院、科学技术部、教育部、中国科学技术协会、国家自然科学基金委员会、国家国防科技工业局联合主办的2015年度最具影响力的十大“科技创新人物（团队）”推选活动揭晓。位于西安的中国航天科技集团公司六院液氧煤油发动机研制团队获得“2015年度科技创新团队”荣誉称号。

18日 中国共产党西安市第十二届委员会第八次全体会议在西安举行。

26日 教育部批准100个国家级虚拟仿真实验教学中心和100个国家级实验教学示范中心。西安交通大学、西安电子科技大学、西安建筑科技大学、陕西师范大学、第四军医大学各有2个中心入选；西安科技大学、长安大学、第二炮兵工程大学各有1个虚拟仿真实验教学中心入选；西北大学、西安工业大学、西安空军工程大学各有1个实验教学中心入选。

29日 “西安交警”微信公众服务号正式上线，轻微交通事故可实现网上一站式处理，全程仅需要30分钟。

31日至2月3日 中国人民政治协商会议西安市第十三届委员会第五次会议在陕西宾馆举行。会议同意程群力因年龄原因辞去中国人民政治协商会议西安市第十三届委员会主席职务；选举董军为政协西安市第十三届委员会主席。

2月

1日 全国首批创建“国家全域旅游示范区”名单公布，临潼区成为西安市唯一入选区（县）。

△西安市企业注册可以通过互联网提交电子申请材料。

1—4日 西安市第十五届人民代表大会第六次会议在陕西大会堂举行。会议表决通过《西安市国民经济和社会发展第十三个五年规划纲要》，选举上官吉庆为西安市人民政府市长。

2日 国家标准化管理委员会、工业和信息化部办公厅发布通知，西安阎良国家航空高技术产业基地获批“国家高端装备制造业标准化试点项目”。

3日 国家发展和改革委员会批复西安市城市轨道交通第二期建设规划调整（2013—2021年）方案，西安市将新增五号线二期工程、六号线二期工程和临潼线。预计到2021年，西安将形成7条运营线路、总长243.2千米的轨道交通网络。

4日 中国科技协会命名首批“2016—2020年度全国科普示范区”，新城区成为西安市唯一获此荣誉的区（县）。

6日 国家质量监督检验检疫总局发布公告，正式命名西安市为“全国质量强市示范城市”，示范期为2016年2月至2019年2月。

7日 中央电视台猴年春节联欢晚会在西安南门设立分会场。晚会现场向全国展示了西安众多的文化元素。

16日 西安市规划局对《西安城市总体规划（2008—2020年）》进行修改。根据修改后的总规目标，预计到2020年，西安市域人口规模将超千万，其中户籍人口870.57万人，将西安市建设为丝绸之路经济带上的重要节点，具有历史文化特色的国际化大都市。

18日 国务院同意在西安等地增设19家口岸进境免税店。

19日 西安市2016年文化科技卫生“三下乡”集中服务活动在周至县楼观镇举行。

22日 国务院印发《关于同意开展服务贸易创新发展试点的批复》，同意西咸新区等省（市、区）开展服务贸易创新发展试点，试点期为两年。

△中央电视台元宵晚会在西安大唐芙蓉园设立分会场。

23日 由最高人民法院与中央电视台联合评选的“2015年推动法治进程十大案件”揭晓。西安市中级人民法院审理的全国首例通过非法购买公民手机号码、利用支付宝进行盗窃的朱武进、郑毅等非法获取公民个人信息案入选。

25日 中国共产党西安市第十二届纪律检查委员会第六次全体会议在西安召开。

△唐都医院生殖医学中心为12年前冻存胚胎解冻，并顺利诞下健康婴儿，成为我国冷冻保存时间最长出生的冻融胚胎试管婴儿。

26日 陕西省年度目标责任考核工作部署会议在西安召开。西安市第九次获得全省目标责任考核优秀等次。

△中俄丝路创新园首个产业项目由中兴通讯投资建设的中兴深蓝科技产业园项目开建。

28日 《西安日报》报道，中国高校智能制造创新网络在西安宣告成立。该网络由中国工程院院士、西安交通大学机械学院卢秉恒教授，中国工程院院士、西安交通大学机械学院蒋庄德教授，中国科学院院士、西安交通大学数学学院徐宗本教授以及两院院士谭建荣、杨华勇、林忠钦、丁文江、李培根、丁汉、雒建斌、高金吉、蔡鹤皋、郭东明、王立鼎、王华明等科学家领衔发起。

29日 西安市人民政府与国家电网陕西省电力公司举行“共同推进西安电网建设战略合作协议”签约仪式。

3月

1日 西安市总投资783.5亿元的82个市级重点项目集中开工仪式举行。其中包括地铁六号线一期工程。

△由西安市农业科学研究所历时10年选育的小麦新品种“西安240”以10万元价格完成转让，这是西安市农技部门首次进行小麦新品种科技成果转化。

8日 2015年度西安市科学技术奖评选结果揭晓，“大型发电机组用大容量保护断路器成套装置的研制及工程应用”等12项成果获得市科学技术进步一等奖。

8—9日 2016年全国室内田径锦标赛(西安)在陕西省田径中心田径馆举行。

10日 西安市人民政府与中国节能环保集团公司战略合作协议签约仪式在北京举行。

16日 西安综合保税区推广复制自贸试验区“委内加工”创新制度，西安中百佳成为首家受益企业。

17日 西安市人民政府与中国建筑股份有限公司签署战略合作协议。

18日 国家发展和改革委员会、国家开发投资公司、中国投融资担保股份有限公司共同在战略性新兴产业领域开展项目融资风险补偿试点工作，西安等8个试验区将首批开展试点。

△陕西省人民政府发布《关于2015年度科学技术奖励的决定》，西北大学张国伟、西北工业大学魏炳波被授予陕西省基础研究重大贡献奖。

△为贯彻落实西部大开发有关所得税减免优惠政策，西安市集中办理外商投资鼓励类产业企业确认工作。

22日 总部设在伦敦的QS(Quacquarelli Symonds)公布第六版《QS世界大学学科排名》，西安交通大学、西北工业大学、西安电子科技大学、陕西师范大学、长安大学进入世界一流学科榜单。

△《西安日报》报道，西安电子科技大学综合业务网理论及关键技术国家重点实验室的胡予濮教授与他的博士研究生贾惠文，对GGH映射本身以及基于GGH映射的各类高级密码应用进行了颠覆性的否定。

23日 西安市人民代表大会常务委员会举行首批立法专家库成员聘任仪式，标志着市人大常委会立法专家库正式建立。

△西安市音乐家协会第四次代表大会召开，选举产生了西安市第四届音乐家协会主席、副主席、秘书长。

24—27日 2016中国西北旅游营销大会在西安举行。

25日 美光封装项目竣工投产仪式在西安高新技术产业开发区出口加工区B区举行。

26日 10点35分，首趟“长安号”国际货运回程班列驶抵西安港。

28日 西安地铁六号线一期工程开工建设。

△一架来自荷兰阿姆斯特丹的波音747-400飞机经过11个小时的飞行，降落在咸阳国际机场，飞机上满载着的100吨“洋货”成功抵达西安国际港务区洋货码头，标志着联通亚欧大陆空中走廊的全国首条“陆空联运”跨境电商货运直飞航线正式开通。

△《西安日报》报道，国内首个农村土地改革试验项目在蓝田启动。

△唐都医院胸腔外科利用4D打印技术，为患者打印出智能维度的气管悬吊外支架，疏通了气道，保证了患者能够正常呼吸。该手术刷新纪录，成为国内首例4D打印技术用于临床医学的成功范例。

29日 2018年俄罗斯世界杯暨2019年阿联酋亚洲杯联合预选赛第2阶段C组第10轮中国队主场对阵卡塔尔队的比赛在西安陕西省体育场举行。中国国家男子足球队2∶0战胜卡塔尔国家男子足球队。

△西北工业大学与西咸新区签署合作协议，双方投资建设的中国最大的民用无人机产业基地——“航空科学城——无人机产业化基地”项目启动。

31日 城墙护城河·环城公园(朱雀门至西门段)综合改造工程启动。

是月 曲江文化运动公园开建。

4月

5日 芬兰在西安设立的签证中心开始运营。该签证中心也是西安联合签证申请中心的一部分，联合签证申请中心还同步受理比利时、奥地利、克罗地亚、意大利、西班牙、希腊、瑞典7国的签证申请。

△西安市市长上官吉庆会见德国奥尔登堡市市长约根·克罗格曼一行。

6日 西安高新技术产业开发区与西安交通大学合作共建丝路学院、西安大数据研究院签约揭牌仪式举行。

7日 由西安市人民政府和西安交通大学共同举办的“2016世界知名大学西安博览会”在曲江国际会议中心举行。

8日 西安交通大学举行建设世界一流大学誓师动员大会。中共中央政治局委员、国务院副总理刘延东发来贺信，全国人大常委会原副委员长蒋正华出席大会。

△西安市首场电视问政在西安电视台直播，西安市房屋管理局作为首家被问政单位，现场接受市民质询。

8日至5月23日 “2016西安儿童戏剧展演”活动在西安举行。

9日 首届丝绸之路大学联盟常务理事会在西安交通大学举行，通过《丝绸之路大学联盟章程》，并达成《西安共识》。

13日 西安交通大学第二附属医院骨科王坤正教授学术团队完成全国首例计算机辅助设计优化手术方式，3D打印术中导航模板辅助精准髓芯减压治疗早期股骨头坏死手术。

14日 贾平凹创作的长篇小说《极花》首发。

15—18日 第八届中国西安国际食品博览会暨丝绸之路特色食品展在西安曲江国际会展中心举办。

16日 西安首届青少年机器人竞赛暨第十六届陕西省青少年机器人竞赛西安赛区赛事在高新一中初中校区体育馆举行。

18日 16时30分，在完成12天的太空飞行后，我国首颗微重力科学实验卫星——实践十号的回收舱成功着陆。由西北工业大学教授介万奇团队研发、随着实践十号卫星一同飞向太空空间的伽马射线和粒子计数仪，成功获得生物细胞的辐射环境数据后一同返回，实现了我国国产碲锌镉探测仪首次空间应用。

20日 《西安日报》报道，西安电子科技大学空间科学与技术学院李小平教授带领的研究团队，提出一种与重返大气层的飞船保持连续通信的新方法，并且在地面原理性实验中得到验证。这一通信方式有望缓解通信“黑障”问题，而且也可被用在超音速飞行器上。

22日 西安高新技术产业开发区与北京理工大学签署共同推进军民融合创新发展战略合作协议。

△陕西省首家社区智慧图书馆在碑林区仁厚社区星币传说小区落成。

22—24日 2016第三届中国西安丝绸之路国际旅游博览会在西安曲江国际会展中心召开。

24日 陕西省内高校首个卫星测控地面站——西北工业大学微小卫星测控地面站揭牌落成。

25日 中国—哈萨克斯坦—土库曼斯坦—伊朗铁路干线搭载丝绸之路经济带发展推介会在北京举行，西安市市长上官吉庆出席并做主旨发言。

27日 凌晨2点，位于西安的中国航天科技集团第四研究院自主研发的“天鹰3F”空间环境垂直探测试验火箭在中科院海南探空部发射成功；火箭搭载的鲲鹏1B探空仪开展了多项科学探测及技术试验任务，首次成功获得电离层顶的原位探测数据。

28日 12时40分许，在福银高速蓝田段草坪隧道口前200米处，一辆车牌号为陕AG7597的长途客车起火，造成8人死亡5人受伤，经公安机关初步勘查，系一起劫持纵火刑事案件。

△西安市召开庆祝五一国际劳动节表彰大会，表彰首届西安市五一劳动奖状、五一劳动奖章获得者。

29日 中国作家协会副主席、陕西省作家协会名誉主席、当代著名作家陈忠实，因病抢救无效，于7时45分逝世，享年74岁。

是月底 西安第二大水源地——李家河水库工程全面完工。

5月

1日 西安市莲湖区地方税务局二手房税收交易委托征收窗口开出第一张金额为1260848.27元的增值税发票，这是陕西地税开出的首张委托代征代开增值税发票，标志着营改增试点工作国税委托地税征收增值税工作全面推开。

4日 西安交警首次向社会公布8名终身禁驾人员名单。

6日 南非在西安增设的签证申请中心正式开业。

7日至7月11日 由西安市人民政府、阿里云计算有限公司主办，长安区人民政府、淘丁集团承办的“Find校园合伙人”阿里云创客+创业大赛陕西赛区暨“长安双创杯”西安市创新创业大赛举行。西北工业大学郭涵瑜团队的“人脸识别项目及其工业级应用”获大奖。

9日 陕西省人民政府和西安市人民政府分别与中国航天科技集团在西安签署“深化战略合作框架协议”。

10日 由西安飞往美国西海岸旧金山的直飞航线正式开通。

△国务院办公厅公布18处新建国家级自然保护区名单，周至县黑河珍稀水生野生动物自然保护区榜上有名。

11日 涝河渼陂湖水系生态修复工程建设动员大会在户县举行。

13日 “新平台·新发展”西安国际投资促进交流会暨重点项目签约仪式举行，共有35个合同项目成功签约，项目总投资1041.09亿元。

13—17日 2016丝绸之路国际博览会暨第20届中国东西部合作与投资贸易洽谈会在西安举办。西安分团签订项目338个，总投资3698.89亿元，比上届项目总数增加33个。

13—17日 由西安、泉州和韩国晋州、南海2国4市共同主办的第九届“石榴花之春”大型文化旅游交流活动在西安举办。

14日 法国签证（西安）受理中心开业典礼在西安举行。并于19日起，正式接受法国和德国签证申请。

15日 西安市市长上官吉庆与韩国晋州市长李昌熙共同签署“西安市与晋州市建立友好城市关系协议书”，西安市与晋州市正式建立友好城市关系。

△西安市举行仪式，授予泰国中小企业经济贸易发展委员会主席陈杰克和俄罗斯世界基金会陕西师范大学俄语中心俄方主任娜塔莉·察廖娃“西安市荣誉市民”称号。

18日 乐叶光伏科技有限公司“年产500MW高效单晶光伏电池和3GW组件生产基地项目”开工奠基仪式在西安经济技术开发区草滩生态产业园举行。

20日 “西安港—新西兰利特尔顿港”铁海直达国际多式联运新航线正式开通。

22日 2016年全国业余自行车联赛首场赛事西安站比赛在西安举行。

23日 中美研究人员发表报告称在西安市米家崖遗址发现5000年前酿制啤酒的证据，这是迄今在中国发现的最早酿酒证据。

25日 《西安市居住证管理实施办法》正式施行，居住证持有人在西安市享有基本公共服务和便利，并根据西安综合承载能力和经济社会发展需要，建立完善的积分落户制度。

25—26日 二十国集团妇女会议（W20）在西安举行。会议围绕全球经济治理中的性别视角、妇女就业创业及社会保障、数字经济中的女性力量、联动创新的女性网络4个分议题进行深入探讨。

26日 中共中央宣传部、司法部、全国普法办公室经中央批准在北京召开第八次全国法治宣传教育工作会议，对2011—2015年全国法治宣传教育先进集体和先进个人进行表彰。碑林区长乐坊司法所和长安区杜曲司法所、雁塔区曲江司法所分别获得“全国模范司法所”和“全国先进司法所”荣誉称号；灞桥区席王司法所所长惠朝华、阎良区新华路司法所所长王旭、临潼区骊山司法所所长田华锋获得“全国模范司法所所长”荣誉称号。

27日 注册资本15亿元的西安金融控股有限公司正式成立。

30日至6月4日 G20农业部长会议及系列活动在西安举行。

31日 西安市首个小学“钱学森实验班”在西安高新第一小学正式设立，钱学森长子钱永刚教授为该班授牌。

是月 西安市全面规范社会救助公示制度，区县、镇街两级公示覆盖全市。

是月 西安首个市政工程“海绵城市”项目运用于西安市渭河堤顶路下穿西铜一级路工程中，并投入使用。

6月

1日 西安市市长上官吉庆会见欧洲货币集团首席执行官安吉拉·拉什巴斯一行。

△《西安日报》报道，西安邮电大学自动化学院创客空间研发的3D打印心脏立体精准模型技术获得成功。

3日 中共西安市委、西安市人民政府召开千人亲商助企活动动员大会。

8日 西安市第四批市级文物保护单位揭牌仪式在陕西师范大学雁塔校区图书馆举行。

10日 英国在西安设立的签证中心开始受理签证申请。

13日 西安市在大明宫国家遗址公园举办非物质文化遗产10年成果展演。

△西安市教育局公布2016年义务教育招生入学政策，西安市义务教育入学将严格执行“免试就近入学”，坚持按“学区服务范围”入学。

15日 包括肉夹馍、牛羊肉泡馍、葫芦头泡馍、biangbiang面、蓝田荞面饸饹在内的5种西安地方小吃有了统一的地方标准。

16日 西安北大科技园开园仪式暨“创启未来”2016国际青年创业大赛西安城市赛启动仪式在西安曲江新区举行。

17—18日 由国际翻译联合会与中国翻译协会联合主办、西安外国语大学承办的第八届亚太翻译论坛在西安举行。

17—26日 西安市代表团对塞尔维亚、奥地利、柬埔寨三国进行访问。

18日 在中共中央总书记、国家主席习近平和塞尔维亚总统托米斯拉夫·尼科利奇的见证下，西安市与克拉古耶瓦茨市签署“中华人民共和国西安市与塞尔维亚克拉古耶瓦茨市建立友好城市关系协议书”，克拉古耶瓦茨市成为西安市第29个国际友好城市。

△第七届“冰心散文奖”举行颁奖仪式。西安财经学院白忠德《我的秦岭邻居》获散文集奖；孙天才《风追司马》、史鹏钊《喊一声大地我热泪盈眶》获散文单篇奖。

19日 西安市机动车保有量达到2491937辆，在全国机动车保有量超过200万辆的15个城市中，西安排名第9位。

21日 英国《自然》杂志网络版公布由其记者和编辑选出的10位有代表性的中国科学家，西北大学80后校友付巧妹入选，她利用古人类遗骸的DNA改写了亚洲古人类演化历史。

22日 第四届柳青文学奖颁奖仪式在西安财经学院长安校区举行。王妹英、张浩文等12人分获长篇、中篇小说等奖项。

23日 第七届全球秦商大会在西安举行。本届大会主题为“经济新常态，秦商新机遇”，共有来自11个国家，国内部分省、市、自治区，港、澳、台地区以及省内的400余位秦商代表出席大会。

24—26日 2016西安创新创业项目展暨西安国际创客节在曲江国际会展中心举行。

25日 我国研制的“长征七号”运载火箭在海南文昌航天发射场发射升空，成功将载荷送入预定轨道。由西北工业大学师生团队自主研制的第一颗微小卫星——“翱翔之星”随“长征七号”一起飞入太空。

29日 西安市庆祝中国共产党成立95周年大会在陕西宾馆千人大会堂举行。

30日 一批由跨境电商企业和Ulife西安港进口商品直营店进口的“洋货”，搭载韩国首尔至西安的国际航班，抵达西安国际港务区“洋货码头”。这是西安跨境电商货物首次由韩国整合“打包”搭载航班抵达西安港，为下一步开通韩国至西安跨境电商货运包机航线“试水”。

△“2016数字话旅游——中国目的地旅游与国民形象论坛”在清华大学举办，西安市与北京、上海、杭州等城市一起入选“2016中国旅游城市数字资产榜Top10”。

△西安市人民政府举行西安市不动产登记机构揭牌暨不动产权证书颁发仪式，标志着不动产统一登记在西安市全面展开。

△2016年西安市大面积停电事件应急综合演练在城市运动公园举行，这是全国首例副省级省会城市较大规模综合演练。

△西安铁路局西安动车段西成动车组检修库正式投入使用。该库是我国西部规模最大、功能最先进、建设标准和现代化程度最高的动车组检修基地。

30日至8月25日 由中国国家博物馆和陕西历史博物馆联合主办的《复兴之路》陕西展在陕西历史博物馆举办。

是月 西安市完成土地承包经营权登记，并建立土地承包经营纠纷调解仲裁体系，在每个涉农区（县）建立1—2个农村集体产权股份制改革试点村。

是月 西安市全面推进行政权责依法公开，公布全市权责清单。

7月

1日 陕西省人民政府与中兴通讯战略合作协议暨中兴微电子项目落户西安高新技术产业开发区签约仪式在西安举行。

△西安交通大学与西安高新技术产业开发区共同推进的“英国生物港”项目合作框架协议在西安高新区签约。

△西安首家360°飞行球幕影院——曲江极地公园球幕影院开幕。

△西安浐灞生态区雁鸣湖休闲公园正式开园，成为继西安世博园、西安浐灞国家湿地公园、西安桃花潭公园、浐灞滋水公园后浐灞生态区开放的第五个惠民公园。

3日 西安技术经理人协会正式发布全国首个技术转移培训团体标准。《技术经理人培训规范》由西安科技大市场、西安技术经理人协会等联合编制，包含培训体系建设、培训计划管理、培训课程开发和培训师资建设等5个部分。

4日 西安市发展和改革委员会收到国家发展和改革委员会转发的《国务院关于西安市系统推进全面创新改革试验方案的批复》，原则同意《西安市系统推进全面创新改革试验方案》。

5日 灞桥区人民政府与西安银行股份有限公司政银战略合作协议暨灞桥区城市发展基金签约仪式举行。“灞桥区城市发展基金”是西安市首支区（县）级政府城市发展合作基金。

6—7日 西安市妇女第十五次代表大会在陕西宾馆召开。

7日 科技部火炬中心负责人带领《光明日报》《科技日报》、中央人民广播电台及《第一财经》《中国高新技术产业导报》《21世纪经济报道》等多家中央及行业主流媒体来到西安高新技术产业开发区，开展走基层活动，采访报道高新区创新发展取得的新成绩。

9日 朱宏路北二环立交南北向通车。

△2016中美青年创客大赛西安赛区决赛在中国科学院西安光学精密机械研究所举行。

12日 西安市文艺评论家协会成立。

13日 国家改革和改革委员会、交通运输部、中国铁路总公司印发《中长期铁路网规划》。根据《规划》，我国将构建北京、上海、西安等综合铁路枢纽。

14日 西安市人民政府与中国交通建设股份有限公司《“十三五”战略合作框架协议》签约仪式在索菲特大厦举行。

15日 “西安市创建中华古都文化国际旅游目的地暨2016西安旅游嘉年华系列活动启动仪式”在南门举行。

△西安国际港务区托管灞桥区新筑、新合街道移交大会举行。

16日 中共西安市委召开全市（区、县）换届考察工作动员会。

△第8届西安市公开水域游泳比赛在曲江南湖举行。

18日 西安市2016年第二批重点建设项目举行集中开工仪式。其中包括西安南城最大的开放型生态绿地——潏河生态公园建设项目。

19日 2016“一带一路·西安新机遇”投资合作推介会在广东省深圳市举行。

△西安经贸、旅游及投资促进团在深圳举行“魅力古城 品质西安”西安旅游营销大会。

20日 西安国家自主创新示范区暨高新区电子信息产业专题推介会在广东省深圳市举行，比亚迪股份有限公司等6家企业总投资85亿元的10个项目签约。

22日 2016西安·上海“一带一路”投资贸易暨金融产业推介会在上海举行。西安市人民政府与上海浦东发展银行签订1000亿元意向性融资大单。

24日 西安市出现强降水天气，多处降雨量超过100毫米，西安市政部门首次启动一级防汛预案。

25日 西安市市长上官吉庆会见来访的新西兰惠灵顿市市长西莉亚·韦德布朗一行。

26日 全国副省级市政协第六次信息工作座谈会在西安召开。

△《西安日报》报道，西北工业大学实施的国家“863”计划海洋技术领域重大项目——“50公斤级便携式自主水下航行器工程化技术”通过科技部验收，标志着我国在微小型水下航行器方面成功突破国外技术封锁，拥有了具有完全知识产权的工程化产品，并首次形成产业化能力。

△美国地球物理学联合会（AGU）官方网站发布2016年度AGU Fellow评选结果，来自全球不同国家和地区的60名优秀科学家当选为年度AGU会士。此次评选中，西安女科学家——中国科学院院士、中国科学院地球环境研究所周卫健院士，成为本年度唯一入选的中国籍科学家，也是AGU会士中来自中国的唯一女性科学家。

28日 西安创新设计中心正式开园。

△国家知识产权运营军民融合特色试点平台设计方案通过专家评审。

29日 全国双拥模范城（县）命名暨双拥模范单位和个人表彰大会在北京举行，西安市被授予“全国双拥模范城”荣誉称号。这是自1991年全国双拥模范城创建活动开展以来，西安市第八次蝉联此项荣誉。

△陕西省第十二届人民代表大会常务委员会第28次会议表决通过《西安市公园条例》。该《条例》将从10月1日起施行。

△西安市人民政府市长上官吉庆会见德国HWA公司高级顾问彼达迪一行。

是月 西安市全面完成全民参保登记计划试点工作。该试点工作于2015年9月启动。

8月

2日 由中国航天科技集团四院自

主研制的我国直径最大、装药量最大、推力最大的固体火箭发动机——民用航天三米两分段大型固体火箭助推发动机在西安试车成功。

△西安市人民政府与中国中铁股份有限公司举行战略合作协议签约仪式。中国中铁计划“十三五”期间在西安投资2000亿元。

△西安市人民政府与中国移动陕西有限公司举行智慧城市战略合作签约仪式。

△西安国家民用航天产业基地举行中天引控军民结合高科技产业装备基地、陕西省计量科学研究院整体迁建项目、陕旅总部项目、“一带一路”建设产业创新基地等14个项目集中开工仪式。

3日 中国共产党西安市第十二届委员会第九次全体会议在陕西宾馆举行。

5日 西安市“12343”社会救助服务热线正式开通。

6日 在第8个全国“全民健身日”即将来临之际，陕西省暨西安市“庆祝全民健身日，喜迎全国十四运”群众健步走活动举行。

10日 西安市天主教爱国会第九次代表会议召开，选举产生新一届市天主教爱国会领导班子。

△西安交通大学第一附属医院结构性心脏病科利用3D打印技术，对一“房间隔缺损（双孔：大孔19mm 下腔型，小孔12mm 中央型）”患者采用双伞封堵取得成功，打破了我国长期以来下腔型房间隔缺损不能做介入治疗的禁区。

11日 上午10时，X9003次国际货运班列从西安新筑车站开出，前往哈萨克斯坦的阿拉木图。该趟列车的开行，标志着西安铁路局自2013年开行中亚国际货运班列以来，开行车数成功突破10000车。

△西安市首个PPP模式（公私合作模式）污水处理厂——经开草滩污水处理厂产水泵正式出水。

12日 西安市人民政府与西安交通大学“十三五”合作重点任务启动会召开，双方将重点推进5大类20项合作任务。

18日 10时05分，首趟从西安直发欧洲的国际货运班列——中欧班列（西安—华沙）驶出“西安港”，一路向西奔向波兰华沙。31日7：48分，经过9000多千米行驶，满载41车货物的中欧班列（西安—华沙）抵达此行终点——波兰华沙。

△西部出版物交易中心项目举行签约仪式。该项目将分三期建设，运营后将成为西部地区规模最大、品类最全、信息化程度最高的出版物交易及服务平台。

19日 中国首家车游湿地——灞渭桥车游湿地开园。

20日 缅甸国务资政昂山素季到西安秦始皇兵马俑博物馆参观。

24日 第四军医大学唐都医院胸腔外科借助“达·芬奇”机器人，为一名侵袭性上纵隔肿瘤患者成功实施手术，摘除直径约10厘米的肿瘤，这是世界首例剑突下辅助机器人侵袭性上纵隔肿瘤切除术。

24—26日 亚布力中国企业家论坛夏季高峰会在西安召开。

26日 西安市首家“西安市居民健康管理示范基地”在雁塔区电子城社区卫生服务中心启动。

26—28日 2016西安丝绸之路国际旅游博览会在西安曲江国际会展中心举行。

8月28日 由陕西汽车控股集团有限公司与厦门金龙汽车集团股份有限公司共同打造的国内一流、现代化大中型客车生产基地——西安金龙客车生产基地在西安经济技术开发区泾渭工业园开工建设。

31日 陕西省首个环保智慧信息平台亮相雁塔区205社区，市民可通过平台随时查询天气预报、空气质量、旅游资讯、车辆交通违法等信息。

9月

1日 西安市在全市推行“五证合一、一照一码”登记制度改革。

2日 中欧班列（西安—汉堡）在西安港发车。

2—4日 第六届中美健康峰会在西安召开。

5日 第十四届全国运动会陕西省筹备委员会成立大会暨第一次工作会议在西安举行，标志着“十四运会”筹备工作全面启动。

6—7日 由中国国际商会、丝绸之路国际总商会、陕西省贸促会共同主办的丝绸之路工商领导人（西安）峰会、丝绸之路国际总商会合作发展大会在西安大唐西市举行。

7日 西安市举行城建PPP项目集中开工动员会。此次集中开工的15个项目，涉及快速路、综合管廊、公共停车场3大城建领域，总投资71.34亿元。

7—21日 第三届丝绸之路国际艺术节在陕西举行，作为艺术节重要部分的“今日丝绸之路国际美术邀请展”、2016“青年汉学家研修计划”开班等多场文化活动也相继举行。

9日 中国地质调查局与西安市人民政府共建“中国—上海合作组织地学合作研究中心”协议签署仪式在北京举行。

9—11日 2016第五届中国（西安）老龄产业暨中医药健康养生博览会在西安举办。

9—12日 第八届中国西部文化产业博览会在西安曲江国际会展中心举办。

10日 西安开通至徐州、青岛、济南、南京、上海、杭州、天津等方向的高铁列车，此后还将增开合肥、福州等地列车。

11日 《西安日报》报道，在第三届DJI全球开发者大赛总决赛中，西安交通大学研究生无人机团队“MachInsight机器慧眼”从全球130多支参赛队伍中脱颖而出，晋级总决赛，并获得第四名。

12日 位于凤城九路以南的西安市第八保育院开园。

△西安市第一次野生动物资源普查正式启动，计划历时2年时间完成。

13日 TripAdvisor（猫途鹰）网站公布2016年“旅行者之选”全球最佳博物馆榜单。秦始皇帝陵博物院再度进入全球前25，较上年上升2位，并连续2年位列亚洲和中国榜单第一位。

15日 中央电视台中秋晚会在西安大唐芙蓉园举办。

16日 2016年度西安市重点项目——太华路与北二环立交及地下通道工程开建。

19日 在延安市召开2016森林城市建设座谈会上，西安市被国家林业局授予“国家森林城市”称号。

19—20日 2016中国西部电子商务发展大会暨2016中国（西安）电子商务博览会在西安国际港务区和西安曲江国际会展中心举行。会上，由陕西、广东、浙江、北京、深圳等15个省（区、市）共同发起的“丝绸之路电子商务联盟”落户西安。

19—22日 “第四届丝绸之路经济带城市圆桌会暨友好合作周”在西安市举行。

19—23日 第三届丝绸之路国际电影节在西安举办。

20日 西安市人民政府举行仪式，授予亚美尼亚久姆里市市长萨姆维尔·巴拉萨尼扬“西安市荣誉市民”称号。

21日 2016西安·周至猕猴桃主题年会暨第二届中国猕猴桃产业技术创新战略联盟研讨会在周至县举行。

22日 西安市人民政府与中国铁建股份有限公司签署战略合作框架协议。

23—25日 第六届中国西部国际物流产业博览会暨第四届中国物流文化节在西安绿地笔克国际会展中心举行。

24—25日 2016世界增强现实亚洲博览会在西安高新技术产业开发区举行。

24—26日 第十八届中国科协年会在西安举办。

25日 西安建筑科技大学在办学120年并校60周年之际举行创建“一流大学、一流学科”动员大会。

26日 2016“一带一路”国际研讨会在西安召开。中共中央政治局委员、中央书记处书记、中宣部部长刘奇葆出席研讨会，发表题为《促进民心相

通　实现合作共赢》的主旨演讲。会上，中国和乌兹别克斯坦考古学家联合发布最新的丝绸之路历史文化遗址考古成果。

△西安市首家二级市场影院——至尚嘉华影院正式营业。

28 日　西安市人民政府办公厅印发《西安市城市公立医院综合改革试点实施方案》，到 2017 年年底，西安基本完成城市公立医院综合改革试点任务，破除公立医院逐利机制，药品、医用耗材和检验检查费用占医疗收入比重明显下降。群众满意度明显提升，就医费用负担明显减轻，总体上个人卫生支出占卫生总费用的比例降低到 30% 以下。

△《西安日报》报道，西北工业大学计算机学院於志文、郭斌教授团队在国际无线通信领域权威会议 IEEE GlobeCom 2016 发表论文，公布其研究的基于 WiFi 信号实现室内不同用户的身份识别研究成果。

29 日　“致敬百年建筑经典：首届中国 20 世纪建筑遗产项目发布暨中国 20 世纪建筑思想学术研讨会”在北京故宫博物院宝蕴楼召开。中国文物学会、中国建筑学会联合发布 98 项“首批中国 20 世纪建筑遗产”名录。其中，西安有 3 项入选，分别为陕西历史博物馆、西安人民大厦、西安人民剧院。

△西安市文景山公园正式开园。

30 日　西安市出台《推进医疗卫生与养老服务相结合实施意见》。根据意见，到 2018 年，西安建成一批兼具医疗卫生和养老服务资质及能力的医疗卫生机构或养老机构，80% 以上的医疗机构开设为老年人提供挂号、就医等便利服务的绿色通道，60% 以上的养老机构能够以不同形式为入住老年人提供医疗卫生服务。

△灞桥区洪庆山移民搬迁项目破土动工。项目总投资 4.9 亿元，建筑面积 18 万平方米，计划分 3 期实施。

10月

3 日　在 2016 年捷克布尔诺国际工业博览会上，西安陕鼓动力股份有限公司的 BPRT 产品被评为博览会“金牌产品”奖。

6—10 日　2016 中国摩托艇俱乐部大奖赛西安浐灞站比赛在西安浐灞生态区西安世博园南侧灞河水域举行。

6 日　2018 俄罗斯世界杯预选赛亚洲区 12 强赛 A 组第三轮比赛在西安陕西省体育场举行，中国国家足球队在主场 0 ∶ 1 不敌叙利亚国家足球队。

7 日　由西安市发展和改革委员会等主办的“品质西安”之提升人民生活品质（文化品质）研讨会在西安召开。

9 日　特种飞行器工程研究院揭牌仪式在西安高新技术产业开发区举行。

11 日　由中央电视台、西安广播电视台联合出品，全景式展现陕甘红军、陕甘边革命根据地初创故事的 34 集红色史诗传奇电视剧《千里雷声万里闪》在北京举行座谈会与新闻推介会。13 日，该电视剧正式在中央电视台第八频道播出。

12 日　英国西安签证中心开业仪式在西安高新技术产业开发区举行。该中心开业后，可在西安办理签证的欧洲国家增加至 10 个（英国、比利时、意大利、瑞典、芬兰、克罗地亚、希腊、奥地利、西班牙、法国）。

△“西安金融商务区——对话金融大咖罗杰斯”暨“中国丝路·金融行业发展高端峰会”在西安浐灞生态区举行。

12—18 日　“全国大众创业万众创新活动周”在西安举办，主题为“发展新经济　培育新动能”。活动周主会场设在西安市众创示范街区，3 个分会场分别在新城区、曲江新区和碑林区。在 18 日举行的“创业星荣耀”颁奖典礼上，西安市众创示范街区正式揭牌开街。开街伊始即有涵盖新材料，互联网，虚拟、增强现实，智能工业等领域的 12 家“创客”宣布入驻。

13 日　西安通航城市旅游营销合作暨“一带一路”国际航线发展大会在曲江宾馆开幕。

14 日　住房和城乡建设部公布第一批中国特色小镇名单，西安市蓝田县汤峪镇入选。

△第二届中国“互联网 +”大学生创新创业总决赛在武汉华中科技大学光谷体育馆举行。西北工业大学的“翱翔系列微小卫星”项目以全场最高分获得此次大赛的冠军。

15 日　“2016 中国传媒法治建设高峰论坛暨‘何微法治新闻奖’启动仪式”在西安举办。“何微法治新闻奖”是国内首个传媒法与法治新闻学界及业界的专门性新闻奖。

15—31 日　第十一届中国艺术节在陕西省举行。本届艺术节由陕西省 12 个市共同举办，西安为主会场。15 日晚，在延安举行开幕式。“全国优秀美术作品展览和书法篆刻、摄影作品展览”和“演艺产品博览交易会”也于同日开幕。本届艺术节还组织部分省市及港澳台地区优秀作品进行展演，举办第十一届全国优秀舞蹈节目展演十一艺节专场演出，并组织群星奖作品惠民展演 22 场次。31 日，在西安市陕西大会堂举行闭幕仪式，并在现场进行第十五届文华奖颁奖仪式。西安话剧院的话剧《麻醉师》、陕西省歌舞剧院的歌剧《大汉苏武》等 10 部剧摘得文华大奖，西安秦腔剧院的惠敏莉、陕西省戏曲研究院的李军梅等 10 人摘得“文华表演奖”。

△《西安出租车、网约车、顺风车新规意见稿》发布，并向社会公开征求意见。

18 日　上午 10 时，李家河水库开始向蓝田县城区供水，继 2015 年 5 月 8 日向西安东郊白鹿原水厂正式供水后，李家河水库再承担一项重要的供水任务。

20 日　西安市移民（脱贫）搬迁项目集中开工仪式在蓝田县普化镇水陆庵安置社区现场举行。

△西安高新技术产业开发区与深圳海王集团股份有限公司签约。海王集团将在西安投资 20 亿元布局大健康产业，未来 5 年，将建立海王医疗器械物流平台，打造全国医疗器械行业综合平台，为各级医疗机构提供基于“互联网 +”的专业化服务。

20—25 日　高新一中国际班机器人代表队在 2016 世界机器人大会中夺得“2016 世界机器人会——RoboCom 青少年挑战赛星光璀璨”项目（高中组）冠军。

21 日　中共西安市委召开纪念中国工农红军长征胜利 80 周年座谈会，学习贯彻中共中央总书记习近平在中央纪念红军长征胜利 80 周年大会上的重要讲话精神。

21—24 日　第四届西部茶博会在西安举行。来自国内外各名茶产区的 600 多家茶企，展出茶叶、茶器、茶具、包装、服务以及深加工等茶产业全产业链产品。

22 日　西安易俗社展陈馆开馆暨首批展品捐赠仪式在易俗社小剧场举行。

27 日　西安铁路枢纽新筑物流基地在西安国际港务区开工建设。

28 日　西安市人民政府公布市级部门行政许可中介服务事项清单，保留行政许可中介服务事项 96 项。

△西安报业传媒集团全媒体中心中央采编系统正式上线，“西安观察”新闻平台、“魅西安”文化平台同期启动。

△“长安通记名卡”面市发行。

29 日　“欢跃四季”全国百姓广场舞优秀作品展演活动在西安大明宫国家遗址公园举行。

30 日　西安市治污减霾工作领导小组办公司会同西安市气象局、西安市环境保护局为 7 位专家颁发“西安市环境空气质量预测预报专家”聘书，组建西安市重污染天气预测预报专家团队，建立研判会商机制，适时开展重污染天气空气质量研判会商工作。

是月　西安市老龄工作委员会开展 2016 年敬老月活动。活动以“敬老爱老，全民行动”为主题，在为期 1 个月的时间里，组织七大活动，为老年人办实事、做好事、解难事，切实增强老年人的获得感和幸福感。

11月

1日　中国铁建高端装备制造基地在阎良区经济开发区新型工业园揭牌。同时，西安铁建重工隧道装备有限责任公司在此成立并举行首台盾构机下线仪式。

△我国首座以时间科学为主题的科普展览馆在临潼开馆。

2日　西安市幸福林带建设工程开工动员会举行。

△西安市人民政府常务会决定从2016年秋季学期起，西安市所有经批准设立开展全日制学历教育的公办普通高中免除学费，民办普通高中减免学费。

△《西安日报》报道，西安市调整城乡居民大病保险筹资标准。2016年筹资标准城镇居民由2015年每人20元调整为每人25元，农村居民由2015年每人40元调整为每人35元。

△在2016珠海航展现场，西安阎良国家航空高技术产业基地举办项目签约暨成果发布会，分别与羚控科技、兰德通航、中航气弹簧、中睿智汇、捷克驻华大使馆5家单位签订合作项目协议。

4日　第八期中国金融中心指数在西安发布，西安金融中心综合竞争力排在全国第十二位，在区域金融中心中排名第九位，名次均明显提升。发布会上，西安市人民政府与中保投资有限责任公司、平安银行西安分行、国家开发银行陕西分行合作签署“丝绸之路·西安系列基金”合作框架协议，首期规模800亿元。

△西安市建筑行业传承和培育工匠精神总结表彰大会召开，29名来自施工一线的技术精英被评选为西安首届“长安建筑大工匠”。

4—6日　第四届中国·西安金融产业博览会在西安曲江国际会展中心举行。会议期间，举办“文化·金融 助力新丝路”主题论坛、“文化企业与金融机构项目洽谈对接会”和西部保险高峰论坛。

4—6日　第八届世界杯武术散打比赛在西安城市运动公园体育馆举行。共有来自19个国家和地区的近70位选手参赛，中国国家散打队参加总共18个级别中10个级别的角逐，最终全部夺冠。

5日　2016年西安城墙国际马拉松赛在南门城墙上开赛，来自全球27个国家和地区的3000名运动员参赛。

7日　2015年西安市城乡居民健康素养监测结果发布，西安市居民具备健康素养的总体水平为9.68%，略高于2015年陕西省居民8.3%的总体水平，较西部地区6.93%高出2.75个百分点。

8日　西安地铁三号线开通试运营。

10日　西安市人民政府决定对2016年度为西安市经济社会发展做出突出贡献的科学技术组织和人员进行奖励。授予“新型层状金属复合材料爆炸焊接关键技术及产业化”等11项成果市科学技术进步一等奖，“北斗星诺系列产品”等35项成果市科学技术进步二等奖，“西安城墙遗产保护与文化传承研究”等53项成果市科学技术进步三等奖。

11日　“十三五”西安电网第一批重点建设项目集中开工。

△陕西长安竞技队在中国足球丙级联赛总决赛八进四比赛中，以点球6：5战胜长春百嘉队，获得下赛季征战中国足球乙级联赛的资格。

12—29日　第八届中国·西安轻工商品交易会在西安曲江国际会展中心举行。同期举办“中国（西安）糖酒食品交易会”“中国（西安）纺织服装交易会”“中国（西安）礼品工艺品及家庭生活用品展览会”三大主题展会。

13日　据《西安日报》报道，西安市规划局公布16个“西安市优秀近现代建筑第一批保护名录”和4个“预保护名录”。

14日　中国共产党西安市第十二届委员会第十次全体会议举行。

16日　西安市肉类蔬菜流通追溯系统正式启用。

△中德新金属科技有限公司TSP新型金属构件研发制造中心项目正式签约，落户西安国际港务区。

17日　比亚迪高端智能终端制造、新能源客车生产项目、跨座式单轨生产项目3个项目签约仪式在西安举行。

17—20日　首届汉传佛教祖庭文化国际学术研讨会在西安召开。

△中国民生投资股份有限公司与荣民控股集团在西安国际港务区联合投资设立的融资租赁公司项目和冷链仓储贸易项目签字仪式在西安国际港务区举行。

19日　第三届“中国梦·劳动美”全国职工微影视大赛颁奖仪式在西安举行。

21日　西安市人民政府决定取消和部分取消建设项目职业病危害预评价报告审核；职业病危害严重的建设项目的防护设施设计审查；建设项目职业病防护设施竣工验收（不含医疗机构和煤矿）；危险物品的生产、经营、储存单位以及非煤矿山、金属冶炼、建筑施工、道路运输单位主要负责人、安全生产管理人员安全生产资格认定；种子质量检验员资质资格认定和林木种子检验员资格认定5项行政审批项目。承接陕西省人民政府下放的建设工程消防设计审核和工程竣工消防验收；劳务派遣单位设立许可；肉制品、食用品、油脂及其制品、速冻食品、乳制品（婴幼儿配方乳粉除外）、固体饮料、酒类、茶制品和代用茶生产许可3项行政审批项目。

△据《西安日报》报道，西安交通大学仿生工程与生物力学中心副教授赵昕与哈佛大学专家合作研发了一种基于光交联/静电纺丝法的三维电纺丝纤维支架，可以支持细胞黏附、生长、浸润及组织再生。

22日　西安迎来2016年冬天的首场降雪，西安市气象台发出近5年来首个暴雪黄色预警。

△西安交通大学第二附属医院为患者实施“人工寰齿关节置换术”，这是国内第一例上颈椎人工关节置换术。

△据《西安日报》报道，西安光学精密机械研究所瞬态室发明了一种面向熔覆层的冲击强化方法，增加金属零件的力学性能尤其是高温疲劳力学性能。

△“全国基础教育学习论坛暨研学旅行在中国西安现场会”在西安召开。

23日　西安市与中国节能环保集团公司首期投资项目集中签约。此次签约的中国节能·西安国际节能环保装备示范园、西南郊水厂等8个项目，涉及节能环保装备研发制造、城市水务、新能源和可再生能源等六大领域，总投资达107亿元。

24日　陕西省第十二届人民代表大会常务委员会第30次会议表决通过陕西省人民代表大会常务委员会批准《西安市物业管理条例》《西安市湿地保护条例》的决定，2个《条例》都将于2017年1月1日施行。

△西安市人民政府出台《西安市推进小微企业创业创新基地城市示范工作方案（2016—2018）》，明确未来3年西安市小微企业发展方向。

△在2016中欧汉堡峰会上，西安国际陆港集团在德国汉堡与德国帕希姆机场，围绕国家“一带一路”战略，就国际贸易新方式、跨境电商航空货运通道及中欧班列在境外集疏运等多式联运业务进行探讨，并签订战略合作协议。

△英国《自然》杂志在线发表西安交通大学一项科研成果。该研究成果首次阐述石墨烯摩擦演化行为的机理，相关的“接触质量”理论对于其他拥有超柔力学特性的二维材料也具有普适性，同时对进一步理解固体界面摩擦行为的物理机制具有重要的指导意义。

25日　据《西安日报》报道，西安交通大学第一附属医院开发出一种3D打印可降解磁吻合环，能打印出复杂形状和个性定制的磁吻合环，其最终在体内可降解，这对外科手术而言具有革命意义，属于国际首创。

26日　西安综合保税区首个欧洲大型海外保税仓项目在德国法兰克福正式挂牌运营。

27日 国家发展和改革委员会办公厅发出通知，将进一步加快城市群规划编制进度，2017年拟启动关中平原城市群等跨省域城市群规划编制。

28日 《西安市秦岭生态环境保护管理办法》经西安市人民政府审议通过，正式公布，自2016年12月25日起施行。《办法》共45条，其中对政府管理部门所应承担的管理、监护责任进行了明确规定，同时对农家乐经营者、户外爱好者等应该承担的责任也做了明确规定。

29日 西安人民市政府召开“西安友谊奖”“西安市优秀外国专家奖”表彰奖励大会。庄祥兴、布兰特·李特尔、符晖、亚历山大、黛博拉·琳·斯金娜5名专家获“西安友谊奖”；本·科瓦列夫斯基、洪家忆、约翰·埃尔默·库茨巴赫等10名专家获“西安市优秀外国专家奖”。

△西安市红会医院脊柱外科微创病区运用“Mazor Renaissance 脊柱外科手术机器人系统”完成西北首例机器人辅助下脊柱手术。

30日 “关爱山川河流·保护河流尾闾”志愿服务暨公益宣传活动在灞渭桥车游湿地启动。此次活动由水利部、陕西省水利厅、西安市水务局共同举办，其间将开展“关爱山川河流”优秀志愿服务项目现场展示交流以及水利摄影家现场拍摄、自行车河口湿地骑行宣传等活动，呼吁广大社会公众关爱山川河流、保护河流尾闾。

12月

3日 高陵场畔成为西安市首个非物质文化遗产保护传承示范基地。

△在中国文学艺术界联合会第十次全国代表大会和中国作家协会第九次全国代表大会闭幕式上，贾平凹全票当选为中国作家协会副主席。

4日 首届中国创新挑战赛（西安）在西安创新设计中心举行，来自国内外20多家技术需求企业以及50多家高校和科研院所的300多位代表参加比赛。

6日 中欧班列（汉堡—西安）回程接车暨中欧班列（西安—莫斯科）首发仪式在西安举行。

8日 西安市人民政府与中国东方航空股份有限公司签订战略合作框架协议。

△国内首个由国家卫生和计划生育委员会委管区域性大型综合医院与社会资本公司携手的项目——西安交通大学第一附属医院国际陆港医院奠基仪式在西安国际港务区举行。

9日 西安市召开全市领导干部大会，宣布《中共中央关于王永康等同志职务任免的通知》《中共陕西省委关于王永康、魏民洲同志职务任免的通知》，批准王永康任中共陕西省委委员、常委、西安市委书记，免去魏民洲中共陕西省委常委、西安市委书记职务。

△“国际产业园区合作发展论坛暨丝绸之路国际文化周研讨会”在隋唐丝绸之路起点——西安大唐西市召开。

△西安国家民用航天产业基地管理委员会与陕西航空产业发展集团举行美国贝尔直升机组装生产线及陕航产业园项目签约仪式。

10日 第十五届西安国际音乐节在西安音乐厅开幕。本届西安国际音乐节将持续50天，节目包括交响乐、歌剧、戏剧、音乐剧、民乐、世界音乐、爵士乐、独奏等。

11日 王府井集团股份有限公司发布公告称，拟筹划收购国际医学（000516）持有的开元商业100%股权。

12日 上午11时50分，西安—阿姆斯特丹（长安号）国际货运航班开启首航之旅，成为西北地区第一条国际货运航线。

13日 西安新闻网报道，国家“千人计划学者”西安交通大学医学部基础医学院史允中教授带领的研究团队，在“microRNA-483及内皮细胞间质化在川崎病心血管并发症中的作用机制研究”取得重要进展，研究成果在心血管领域的国际顶级期刊在线发表。

14日 西安市人民代表大会常务委员会与西安市人民政府召开宣传贯彻动员会，公布修订后的《西安市物业管理条例》。《条例》将于2017年1月1日起施行。

△西安市人民政府与西北工业大学签署战略合作协议，内容涵盖“两基地、两中心”建设（军民融合成果转化基地、军民融合高端人才培养基地，军民融合产业服务中心和军民融合发展战略研究中心）、打造新型众创空间、促进人才交流培养和科技成果转化等诸多方面。

15日 柬埔寨王国驻中国大使馆照会陕西省外事侨务办公室，柬埔寨已确定开设西安商务中心，地点设在西安市曲江新区雁南路292号曲江文化大厦六楼。

16日 总投资10亿元的中国邮政西安邮件处理中心在西安国际港务区开建。

18日 12点，西安市重污染天气应急指挥部首次启动重污染天气Ⅰ级应急响应，全市所有幼儿园、中小学停课，机动车实行单号限行。21日11时，西安市重污染天气Ⅰ级应急响应降为Ⅲ级。

22日 2016年《当代》长篇小说论坛暨第18届《当代》文学拉力赛颁奖典礼在北京现代文学馆举行。贾平凹作品《极花》入选“《当代》长篇小说年度五佳”。著名广播艺术家李野墨朗诵了小说《白鹿原》经典片段，向去世的作家陈忠实致敬。

23日 总投资4.6亿元的招商局物流陕西供应链集成服务平台项目在西安国际港务区启动。

24日 西安交通大学本科生院、钱学森学院、创新创业学院揭牌成立，贯通本科生招生培养全过程，实施大类招生改革和“通识教育+专业教育”人才培养体系改革，探索拔尖创新人才培养新路子，构建创新创业教育体系，从根本上全面提升本科教育教学核心竞争力。

△陕西省骨科医疗集团分级诊疗研讨会暨远程诊疗中心在西安市红会医院启动。

△西安市7家客运站成立“西安旅游集散中心联盟”，实现产品共享，市民选择离家最近的客运站，便可购买其他客运站的旅游线路产品，旅游出行更加便捷。

25日 西安交通大学举行“煤炭超临界水气化制氢发电多联产技术”项目产业化工作启动及汇报会。

26日 西安市深化医药卫生体制改革暨城市公立医院综合改革启动大会召开。要求截至2017年年底，全市完成城市公立医院综合改革试点任务，群众满意度明显提升，就医费用负担明显减轻，总体上个人卫生支出占卫生总费用的比例降低到30%以下。

△在北京举行的第十八届中国专利奖颁奖大会上，西北大学范代娣教授完成的“一种类人胶原蛋白及其生产方法”获得2016年中国专利金奖。

27日 西安市人民政府印发《西安市全民健身实施计划（2016—2020年）》，到2020年，西安将建成覆盖城乡、功能完善的全民健身公共服务体系，满足不同人群、不同年龄多样化的体育健身需求，经常参加体育锻炼的人数达到430万人，人口比例和人均体育场地面积居全省领先位置。

28日 国务院批复关于西安市部分行政区划调整的请示，户县撤县设区，改为鄠（hù）邑区，相关行政区划界线和政府驻地不变。

29日 最高人民法院第六巡回法庭在西安揭牌。

△17点，李家河水库开始向灞桥区纺织城及周边地区供水，东郊25万名居民开始喝上来自秦岭深山的优质山泉水，彻底告别饮用地下水的时代。

是月 外交部批复同意设立马来西亚驻西安总领事馆，总领事陈立龙正式到任。

是月 教育部发布2016年度教育部—中国移动联合实验室立项建设的通知，由长安大学副校长赵祥模主持申报的“车联网”教育部—中国移动联合实验室获批立项，该实验室由清华大学和长安大学联合共建。 （高云贤）

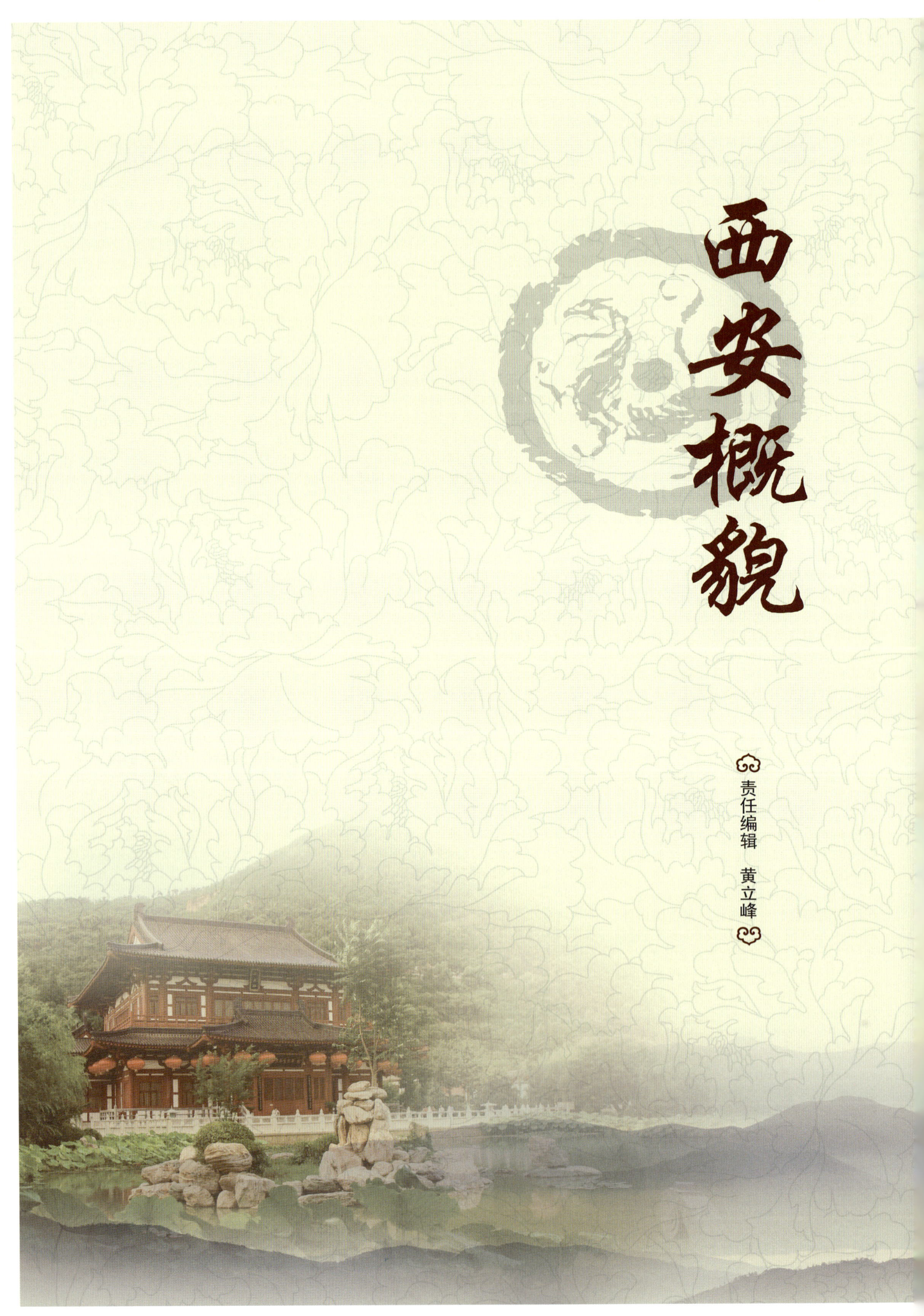
西安概貌
责任编辑　黄立峰

基本情况

◆**历史沿革** 西安古称长安，位于中国内陆腹地黄河流域中部关中盆地，是中华民族和东方文明的发源地之一。早在100万年前，蓝田古人类就在这里建造了聚落；7000年前的仰韶文化时期，这里已经出现了城垣雏形。西安有3100多年的建城史和1100多年的国都史，先后有西周、秦、西汉、东汉、新、西晋(愍帝)、前赵、前秦、后秦、西魏、北周、隋、唐13个王朝在此建都，又为赤眉、绿林、大齐(黄巢)、大顺(李自成)等农民起义政权都城。自西汉起，西安就成为中国与世界各国进行经济、文化交流和友好往来的重要城市。“丝绸之路”就是以长安为起点，西至古罗马。西安是闻名世界的历史名城，与罗马、雅典、开罗齐名，也是中国六大古都中建都历史最长的一个，长安文化代表着中华文化的主干。“西安”之名称，始于明代。元至元九年（1272），元世祖封三子忙哥剌（la，音“腊”）为安西王，镇守这里，改京兆府为安西路。元皇庆元年（1312），改安西路为奉元路。明洪武二年（1369），改奉元路为西安府，府城简称西安，名称一直沿用至今。

历史上，西安也是地方行政机关——州、郡、府、路、省和长安、咸宁两县的治所。1911年辛亥革命爆发后，西安是全国最早响应的省会城市之一。20世纪20年代，随着西安现代工商业的发展和城市人口的增加，诞生并逐步形成了不同于历史上任何行政建制的新型地方行政建制，即市级建制。民国十六年(1927)11月25日，陕西省政府议决设立西安市。民国十九年(1930)11月8日，陕西省政府撤销西安市建制，辖区复归长安县。民国二十一年(1932)3月5日，国民党确定长安为陪都，定名西京，并成立西京筹备委员会，但西京市政府始终未成立，后西京筹备委员会撤销。民国三十三年(1944)9月1日，西安市政府正式成立，为陕西省辖市。民国三十六年(1947)8月1日，西安市升格为国民政府行政院直辖市，为全国12个院辖市之一。

民国二十五年（1936）12月12日，这里发生了震惊中外的“西安事变”。事变之后，设在西安的国民革命军第八路军驻陕办事处，为延安革命根据地输送了大批青年知识分子和军需物资。党和国家领导人周恩来、邓小平、叶剑英等都曾在此领导过革命斗争。1949年5月20日西安解放。之后，西安是中央西北局和西北行政委员会所在地，中央人民政府的直辖市；1954年6月改为省辖市；1984年10月被国务院列为计划单列市；1992年被批准为内陆开放城市；1994年被批准为全国综合配套改革试点城市和副省级城市。

西安以强大的科技实力、门类齐全的工业体系和日益成熟的城市服务体系成为中国重要的科研、高等教育、国防科技工业和高新技术产业基地及辐射北方中西部地区的金融、科技、教育、旅游、商贸中心。

西安建都朝代

朝代	首都名称	首都地点	起止年份	前后历时
西周	丰镐	西安市长安区境	武王元年（前1046）至幽王十一年（前771）	276年
秦	栎阳	西安市阎良区武屯镇	秦献公二年（前383）至孝公十二年（前350）	178年
	咸阳	西安市未央区境	秦孝公十二年（前350）至子婴元年（前206）	
西汉	长安	西安市未央区境	汉高祖元年（前206）至孺子初始元年（8）	214年
新	长安	西安市未央区境	王莽始建国元年（9）至地皇四年（23）	15年
东汉（献帝）	长安	西安市长安区境	东汉初平元年（190）至兴平二年（195）	6年
西晋（愍帝）	长安	西安市未央区境	西晋建兴元年（313）至建兴四年（316）	4年
前赵	长安	西安市未央区境	前赵光初二年（319）至光初十二年（329）	11年
前秦	长安	西安市未央区境	前秦皇始元年（351）至太安元年（385）	35年
后秦	长安	西安市未央区境	后秦建初元年（386）至永和二年（417）	32年
西魏	长安	西安市未央区境	西魏大统元年（535）至西魏恭帝三年（557）	23年
北周	长安	西安市未央区境	北周闵帝元年（557）至静帝大定元年（581）	25年
隋	大兴	西安市区	隋开皇元年（581）至大业十四年（618）	38年
唐	长安	西安市区	唐武德元年（618）至天授元年（690）	272年
	长安	西安市区	唐神龙元年（705）至天祐元年（904）	
合计				1129年

注：根据2000年11月9日夏商周断代工程正式公布的《夏商周年表》和最近历史研究成果对西安十三朝建都起止年份和前后历时进行了修订。

◆**地理**

位置、面积 西安市位于黄河流域中部关中盆地，东经107°40′—109°49′和北纬33°42′—34°45′之间。东以零河和灞源山地为界，与华县、渭南市、商州市、洛南县相接；西以太白山地及青化黄土台塬为界，与眉县、太白县接壤；南至北秦岭主脊，与佛坪县、宁陕县、柞水县分界；北至渭河，东北跨渭河，与咸阳市区、杨凌区和三原、泾阳、兴平、武功、扶风、富平等县（市）相邻。辖境东西长204千米，南北宽116千米。总面积10108平方千米，其中市区面积3582平方千米。

地貌 西安市的地质构造兼跨秦岭地槽褶皱带和华北地台两大单元。距今约1.3亿年前燕山运动时期产生横跨境内的秦岭北麓大断裂，自距今约300万年前第三纪晚期以来，大断裂以南秦岭地槽褶皱带新构造运动极为活跃，山体北仰南俯剧烈降升，造就秦岭山脉。与此同时，大断裂以北属于华北地台的渭河断陷继续沉降，在风积黄土覆盖和渭河冲积的共同作用下形成渭河平原。

地质 西安市境内海拔高度差异悬殊位居全国各城市之冠。巍峨峻峭、群峰竞秀的秦岭山地与坦荡舒展、平畴沃野的渭河平原界线分明，构成西安市的地貌主体。秦岭山脉主脊海拔2000—2800米，其中西南端太白山峰巅海拔3867米，是大陆中部最高山峰。渭河平原海拔400—700米，其中东北端渭河河床最低处海拔345米。西安城区便建立在渭河平原的二级阶地上。

◆自然资源

河流、水资源　西安地区自古有“八水绕长安”之美称。市区东有灞河、浐河，南有潏河、滈河，西有沣河、涝河，北有渭河、泾河，此外还有黑河、石川河、涝河、零河等较大河流。其中绝大多数属黄河流域的渭河水系。渭河横贯西安市境内约150公里，年径流量为25亿立方米。西安地下水储量估算，总计约19.91亿立方米。还另辟有较理想的水源基地。2001年12月，黑河水利枢纽主体工程建成，每年向西安供水4亿立方米，形成日供水能力120万吨，加上地下水资源，市区日供水能力可达172万吨，基本满足城市生产生活用水。

土壤　西安市土壤分布形成南北两个差异明显的区域，北部的渭河平原以黄褐土、褐土为代表，南部的秦岭山地以黄棕壤、棕壤为代表。据1980—1986年土壤普查，全市有12个土类24个土壤亚类50个土属，计181个土种。土壤类型的复杂多样，为区内农作物的多品种组合提供了有利条件。

动植物　西安的自然植被未遭受第四纪大陆冰川直接侵袭，尚保留若干第三纪古老的孑遗植物，如银杏、水青树、连香、马甲子等。秦岭山地从高海拔向低海拔垂直分布有高山灌丛草甸、针叶林、针阔叶混交林和落叶阔叶林等自然植被类型。自然植被中野生植物资源丰富，计有野生植物138科681属2224种，为中国种子植物的重要基因库之一。渭河平原主要为大田农作物、蔬菜、果园和城市绿化等栽培植物类型。野生动物资源主要分布在秦岭山地，有兽类55种、鸟类177种，包括有大熊猫、金丝猴、扭角羚秦岭亚种、鬣羚、大鲵、黑鹳、白冠长尾雉、血雉、金鸡等珍稀动物。为保护自然生态系统和珍稀动植物资源，境内已建立3个国家级自然保护区。

矿产资源　西安境内地层发育复杂，构造类型多样，为各种矿产资源的形成提供了有利条件。已发现的矿产资源共47种，其中金属矿产21种、非金属矿产22种、能源矿产2种、其他矿产2种。大部分金属和非金属矿产分布在南部秦岭山区。秦岭以北平原地区具有良好的储存地热水的地质条件，仅城区可以开发的地热面积约780平方千米，地下热水可采储量约为5.39亿立方米。　（鲁　夫）

◆气候　西安市为平原地区，东南部高，西北与西南部低。秦岭山脉横贯南部地区，是我国南北方的重要分界，属暖温带半湿润大陆性季风气候，冷暖干湿四季分明。冬季寒冷、风小、多雾、少雨雪；春季温暖、干燥、多风、气候多变；夏季炎热多雨，伏旱突出，多雷雨大风；秋季凉爽，气温速降，秋淋明显。年平均气温13.1℃—14.3℃，最冷1月平均气温-1.2℃—0.5℃，最热7月平均气温26.5℃—27.0℃，年极端最低气温-21.2℃（蓝田1991年12月28日），年极端最高气温43.4℃（长安1966年6月19日）。年降水量528.3—716.5毫米，由北向南递增。7月、9月为两个明显降水高峰。年日照时数1595.6—2035.8小时，西安市区历年盛行东北风，周至、户县为西风，高陵、临潼为东北风，长安为东南风，蓝田为西北风。年内主要气象灾害有干旱、高温、大风、沙尘、雷电、冰雹、暴雨、连阴雨、低温冻害、雾和霾。

·气候特点及评价·

2016年，西安市年平均气温14.8℃，较历年（1981—2010年）均值偏高1.0℃；降水量579.8毫米，较历年均值偏少近1成；日照偏多。春季首场透雨出现时间较历年略偏晚，初夏汛雨出现时间较历年偏早。入春偏早13天（3月13日），入夏偏晚12天（6月4日），春季持续时间长（83天）。极端强对流天气频发，降雨强度大、致灾性强，暴雨日数为1961年以来最多。7月24日晚，西安城区小寨地区2小时降雨量达115.6毫米，突破1951年以来24小时最大降雨量纪录。夏季高温日数偏多，为21世纪以来最多年份；高温少雨，伏旱严重。7月28日至8月24日，全市平均降水量18.2毫米，较历年同期（89.2毫米）偏少80%，为1986年以来历史同期第一偏少年；全市平均气温29.4℃，较历年同期（25.9℃）偏高3.5℃，为1961年以来历史同期第一高值年。高温少雨导致伏旱天气持续28天，达到强伏旱等级。

气温　全年平均气温14.3℃—15.8℃，长安、蓝田最低，市区最高。与历年同期相比，各区（县）偏高0.1℃—1.5℃，市区偏高1.5℃（见图1）。年极端最高气温39.8℃（8月14日临潼），市区38.6℃（7月28日）；年极端最低气温-17.4℃（1月25日长安），为1978年以来最低值，市区-11.5℃（1月25日），为1995年以来最低值。全市年平均气温14.8℃，较历年均值偏高1.0℃，为1961年以来仅次于2013年、2006年的第三偏高年份（见图2）。1月、5月平均气温偏低，其他月份偏高；各季平均气温均偏高。

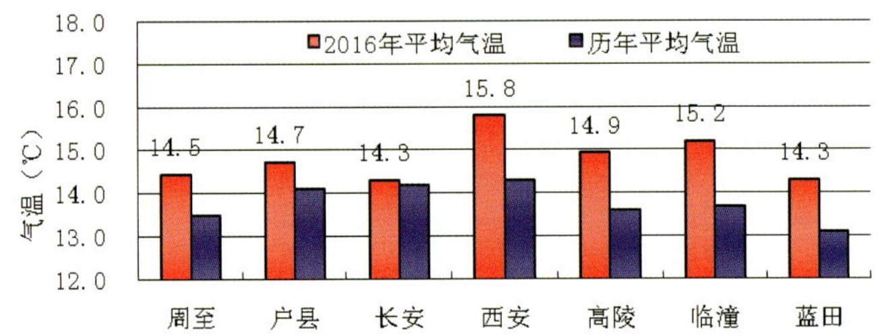

图1　2016年西安市各区（县）年平均气温与历年平均气温对比柱状图

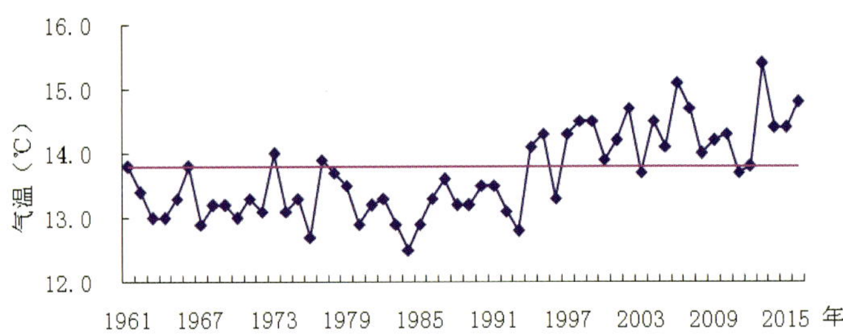

图2　1961年来西安市逐年平均气温变化曲线

冬季（2015年12月至2016年2月）平均气温1.1℃—3.3℃，与历年同期比较，周至偏低0.1℃，户县持平，其他区（县）偏高0.4℃—1.3℃；全市平均气温2.1℃，较历年同期偏高0.6℃，属正常略偏高年份。春季（3—5月）平均气温15.1℃—16.7℃，较历年同期均偏高，偏高0.4℃—1.7℃；全市平均气温15.6℃，较历年同期偏高1.2℃，属偏高年份。3月、4月全市月平均气温分别为10.5℃、17.2℃，较历年同期高2.1℃、2.3℃，分别为1961年以来同期第八和第四偏高年。夏季（6—8月）平均气温26.5℃—27.9℃，较历年同期均偏高，偏高1.0℃—2.0℃；全市平均气温27.1℃，较历年同期偏高1.6℃，为仅次于1997年、2013年的第三偏高年。8月全市月平均气温28.0℃，较历年同期偏高3.1℃，为1961年以来仅次于1967年与1997年并列的第二偏高年。秋季（9—11月）平均气温14.0℃—15.4℃，较历年同期均偏高，偏高0.1℃—1.3℃；全市平均气温14.5℃，较历年同期偏高0.8℃，属正常略偏高年份。

降水　全年降水总量455.7—807.7毫米，市区最少，长安最多。与历年同期比较，周至持平，长安偏多2成，其他区（县）偏少1—2成（见图3）。年内一日最大降水量94.3毫米（9月19日周至），市区一日最大降水量45.7毫米（7月25日）。全市年平均降水量579.8毫米，较历年均值偏少近1成，

属正常略偏少年份（见图4）。1月、6月降水量异常偏多，2月、3月和9月降水量异常偏少。夏季降水量正常略偏多，其他各季降水量均偏少。

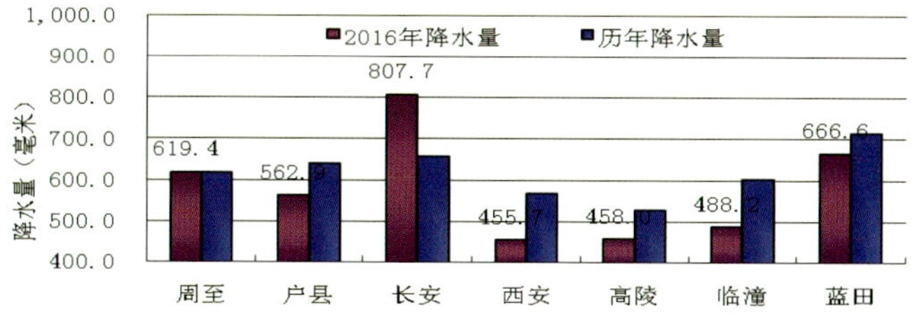

图3　2016年西安市各区（县）年降水量与历年平均降水量对比柱状图

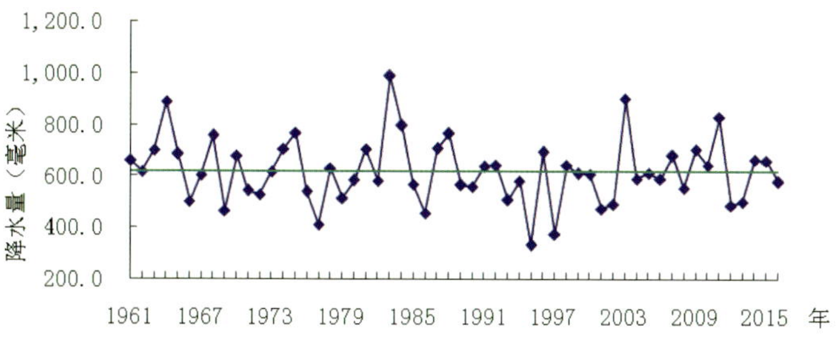

图4　1961年来西安市逐年降水量变化曲线

冬季（2015年12月至2016年2月）降水量14.0—47.9毫米，与历年同期相比，长安偏多近8成，其他区（县）偏少1—3成；全市平均降水量22.6毫米，较历年同期偏少近1成，属正常略偏少年份。1月平均降水量34.7毫米（长安），日最大降水量25.6毫米（1月22日长安），均突破建站以来同期历史极值。春季（3—5月）降水量82.0—164.0毫米，与历年同期相比，长安、蓝田偏多1成左右，其他区（县）偏少1—3成；全市平均降水量113.7毫米，较历年同期偏少1成多，属正常略偏少年份。3月平均降水量为6.4毫米，与历年同期比较偏少近8成，为1961年以来同期第七偏少年。夏季（6—8月）降水量232.4—452.5毫米，与历年同期相比，长安偏多近6成，高陵偏多近2成，其他区（县）偏少0—1成；全市平均降水量286.0毫米，与历年同期相比基本持平，属正常略偏多年份。6月平均降水量108.7毫米，较历年同期偏多5成，是1991年以来同期第六偏多年。秋季（9—11月）降水量96.9—228.7毫米，与历年同期相比，周至偏多2成，其他区（县）偏少1—4成；全市平均降水量157.5毫米，较历年同期偏少近2成，属正常略偏少年份。9月平均降水量44.3毫米，较历年同期偏少6成，是1999年以来仅次于2013年（37.7毫米）的第二偏少年。

日照　全年日照总时数1711.9—2378.3小时，蓝田最少，临潼最多。与历年同期相比，周至、长安、蓝田偏少28.4—297.6小时，其他区（县）偏多202.2—544.7小时（见图5），全市年平均日照时数2009.9小时，较历年均值偏多160.5小时，属正常略偏多年份。

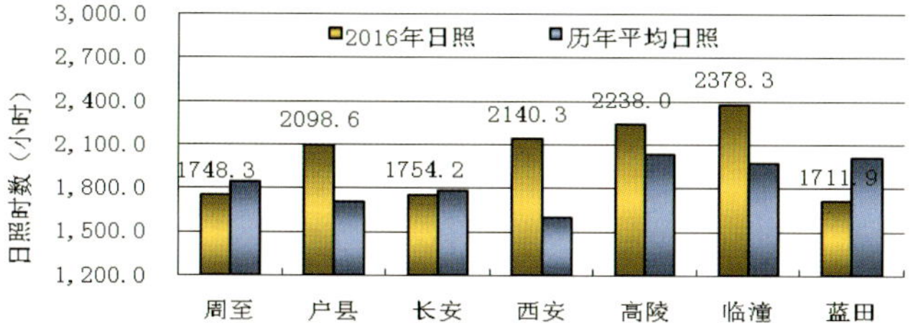

图5　2016年西安市各区（县）年日照与历年平均日照对比柱状图

·重要天气气候事件·

大雾、霾　全年出现大雾64天157站次，1月最多10天34站次。长安最多34天，蓝田25天，高陵最少14天。出现霾170天543站次。1—3月、11—12月较多，为21—28天，其他月份较少。市区120天，周至99天，临潼90天，蓝田83天，高陵82天，长安42天，户县27天。

干旱　7月28日至8月24日，全市平均降水量18.2毫米，较历年同期（89.2毫米）偏少80%，为1986年以来历史同期第一偏少年，周至最长连续无降水日数达23天（8月2—24日），临潼、高陵各22天。全市平均气温29.4℃，较历年同期（25.9℃）偏高3.5℃，为1961年以来历史同期第一高值年。高温少雨导致伏旱天气持续28天，区域降水强度指数－17.35%，伏旱强度指数1.5，达到强伏旱等级。气象条件对夏播作物生长、经济林果及城市安全运行不利。

首场透雨、初夏汛雨和秋雨　4月14—16日，出现春季首场透雨，较历年出现时间（4月11日）偏晚3天。6月23—25日，出现强降水天气过程，过程降水量为35.9—66.5毫米（均大于30毫米），达到陕西初夏汛雨标准，初夏汛雨开始时间较历年（6月30日）偏早7天。10月5—9日，出现秋雨第一个多雨期，全市50%以上县（区）出现持续5天的降水。10月21—28日出现第二个多雨期。全年秋雨期为24天，平均过程降水量72.4毫米，秋雨开始时间偏晚，持续时间短，综合强度为正常。

高温　全年出现35℃以上高温45天100站次（6月12天、7月14天、8月17天、9月2天），高温日数偏多，为21世纪以来最多年份。8月平均35℃以上高温日13天，较历年同期偏多9天，是1961年以来仅次于1997年（18天）、1967年（15天）的第三高值年。37℃以上高温22天92站次。高温日数持续时间最长达15天（8月10—24日，临潼）。

大风、沙尘天气　全年出现大风天气6天7站次。周至4天（4月17日、5月2日、6月4日和9日），市区2天（6月11日、7月25日），蓝田1天（6月11日）。出现沙尘天气2天2站次，市区浮尘（3月5日），蓝田扬沙（5月2日）。

暴雨及短时强降水　全年出现暴雨日8天11站次，暴雨日数为1961年以来最多。长安4天（7月9日73.4毫米、25日57.2毫米，8月19日55.0毫米、25日59.0毫米），周至2天（6月12日69.1毫米，9月19日94.3毫米），户县2天（6月23日65.0毫米，9月19日51.8毫米），临潼、高陵各1天（8月25日54.3毫米、76.2毫米），蓝田1天（7月14日58.1毫米），其中一日最大降水量94.3毫米（9月19日周至）。7月24日晚，西安主城区出现突发性极端强对流天气，24日18时至25日08时全市有29个气象观测点降雨量大于50毫米，有3个观测点降雨量大于100毫米（小寨123.0毫米，西安电子科技大学121.3毫米，永阳公园111.6毫米），最强降雨时段为7月24日19—22时。此次暴雨天气突发性强、降雨强度大，城区小寨地区2小时降雨量达115.6毫米，突破城区1951年以来24小时最大降雨量纪录（1991年7月28日西安城区24小时降雨量110.7毫米）。

寒潮　1月22—25日，全市出现强降温天气过程，日最低气温－17.4℃至－11.5℃（25日），长安、蓝田最低气温逼近历史极值；各区（县）最低气温除周至外均跌破1995年以来最低值，对全市农果业及交通等造成明显影响。11月21—24日，出现入冬以来最强寒潮降雪天气过程，降温幅度达6.7℃—10.3℃，降水量为6.6—23.0毫米。普降大雪，局地暴雪，最大积雪深度130毫米（蓝田）。（曲　静　全丽娜）

◆**行政区划**　中华人民共和国成立后，西安市的行政隶属关系和行政区划设置有过几次较大的变动和调整。1949年5月20日西安解放，属陕甘宁边区辖市；1950年改由西北军政委员会领导，1953年1月27日，西北军政委员会改由西北行政委员会管辖，西安市属西北行政委员会；1953年3月12日，改为中央直辖市，为全国12个中央直辖市之一；1954年6月19日改为省辖市。

中华人民共和国成立初期，西安市设12个区，其中城区8个、郊区4个，城区未设立街道行政建制，郊区下设有19个乡。1954年调整行政区划，将12个区和部分新划入的乡镇合并调整为9个区，定名为新城区、碑林区、莲湖区、长乐区、雁塔区、阿房区、未央区、草滩区、灞桥区。1957年4月撤销长乐、未央两区建制，市辖区减为7个。1958年11月将长安、蓝田、临潼、鄠县划归西安市。1960年撤销莲湖、碑林、新城区建制。1961年8月将蓝田、临潼、鄠县划出。1962年恢复新城、碑林、莲湖区建制。1965年撤销灞桥、雁塔、阿房、未央区建制，辖地合并为一个郊区，市辖区减为4个。1966年6月，将临潼县所属阎良镇划归西安市组建为阎良区，将咸阳市（县级市）划归西安市。1966年11月，新城、碑林、莲湖、阎良区更名为东风、向阳、红卫、东红区，1972年恢复原名。1971年11月，经国务院批准，又将咸阳市划出。1980年3月，撤销西安市郊区，恢复灞桥、未央、雁塔区建制。1983年10月，经国务院批准，将渭南地区所属蓝田、临潼县和咸阳地区所属户县、周至县（1964年9月10日，陕西省人民委员会报国务院批准，将鄠县改为户县，盩厔改为周至）、高陵县划归西安市，西安市共辖新城、碑林、莲湖、灞桥、未央、雁塔、阎良7区，长安、蓝田、临潼、周至、户县、高陵6县。1997年8月5日，经国务院批准，撤销临潼县，设立临潼区。2002年6月2日，经国务院批准撤销长安县，设立长安区后，西安市共辖9区4县。2014年12月13日，《国务院关于同意陕西省调整西安市部分行政区划的批复》公布；2015年8月4日，高陵“撤县设区”正式挂牌，从此结束了2365年的县制历史。2016年12月23日，根据《国务院关于同意陕西省调整西安市部分行政区划的批复》（国函〔2016〕188号），陕西省人民政府发布《关于同意西安市调整部分行政区划的批复》，同意撤销户县，设立西安市鄠邑区，西安市行政区划由10区3县变为11区2县。截至2016年年底，西安市有120个街道、52个镇、911个社区和1833个行政村，有国家级西安高新技术产业开发区、西安经济技术开发区、西安曲江新区、西安浐灞生态区、西安阎良国家航空高技术产业基地、西安国家民用航天产业基地、西安国际港务区和西咸新区沣东新城（简称“五区一港两基地”）。土地面积10096.81平方千米，建成区面积565.75平方千米。（齐　铭）

◆人口　截至2016年年底，西安市户籍总人口824.93万人，总户数为256.65万户，常住人口883.21万人。在户籍总人口中，女性人口408.39万人，占总人口比重49.5%，男性人口416.54万人，占总人口比重50.5%，人口性别比为102∶100（以女性为100）；城镇人口552.21万人，占总人口的比重66.9%；10区人口629.24万人，总户数201.32万户，分别占总人口和总户数的76.3%和78.4%；三县人口195.69万人，总户数55.33万户，分别占总人口和总户数的23.7%和21.6%。常住人口中，年内新出生人口10.12万人，出生率为11.54‰，死亡人口4.74万人，死亡率5.40‰；全市人口自然增长率为6.14‰。户籍人口中，迁入人口6.21万人，比上年减少1.87万人，其中从省内迁入3.56万人，省外迁入2.65万人。迁出人口4.68万人，减少6.93万人，其中迁往省内1.99万人，迁往省外2.69万人；人口机械增加1.53万人。全市总人口密度为817人/平方千米，其中市区（10区）人口密度1628人/平方千米。城区总人口密度最高的是碑林区，为30154人/平方千米；其次是莲湖区，为17497人/平方千米；第三是新城区，为16808人/平方千米；第四是雁塔区，为5758人/平方千米。三县中密度最高的是户县，为479人/平方千米（以上为按照户籍总人口计算的密度，下表有按照常住人口计算的密度）。（刘　婷）

西安市2016年土地面积与人口

区（县）	总人口（万人）	常住人口（万人）	土地面积（平方千米）	总人口密度（人/平方千米）	常住人口密度（人/平方千米）
西安市	824.93	883.21	10097	817	875
10　区	629.24	714.41	3866	1628	1848
新城区	50.42	60.91	30	16808	20303
碑林区	69.35	63.87	23	30154	27770
莲湖区	66.49	72.23	38	17497	19008
灞桥区	54.68	62.73	325	1683	1930
未央区	61.78	85.08	264	2340	3223
雁塔区	86.95	123.11	151	5758	8153
阎良区	26.49	29.08	245	1081	1187
临潼区	71.55	68.18	916	781	744
长安区	108.30	114.11	1589	682	718
高陵区	33.22	35.11	285	1166	1232
3　县	195.69	168.80	6230	314	271
蓝田县	65.53	52.86	2006	327	264
周至县	68.94	58.50	2945	234	199
户　县	61.22	57.44	1279	479	449

◆民族　西安是一个多民族散杂而居的城市。2016年，西安市有民族52个，其中少数民族51个（无怒族、德昂族、珞巴族、独龙族），少数民族常住人口9.56万人，占全市总人口的1.1%，占陕西省少数民族总人口的半数以上。少数民族中人口过万的有2个，分别是回族人口65276人，占全市少数民族人口的68.7%；满族人口10840人，占全市少数民族人口的11.3%。人数过千的少数民族有6个，分别是蒙古族（4469人）、壮族（1960人）、藏族（1923人）、土家族（2279人）、苗族（1572人）和维吾尔族（1232人）；人数在1000—500人的民族有3个，分别是朝鲜族、彝族和侗族；人数在500—100人的民族有11个，分别是布依族、白族、瑶族、锡伯族、土族、哈萨克族、黎族、畲族、仡佬族、撒拉族和羌族；人数在100人以下的民族有29个。外来少数民族流动人口4万余人，以西部流入为主，务工经商者居多，近一半是回族。总体分布呈现大分散小聚居的特点，85%以上的少数民族集中在莲湖、新城、碑林、雁塔4区，城市民族工作特点突出。

◆宗教　西安宗教历史悠久，五大宗教俱全。截至年底，全市依法批准设立登记的宗教活动场所共434处。其中，佛教135处、道教33处、伊斯兰教26处、天主教97处、基督教143处。其中，全国重点佛道教寺观10处（大慈恩寺、大兴善寺、卧龙寺、香积寺、净业寺、兴教寺、草堂寺、广仁寺、八仙宫、楼观台）。依法备案的宗教教职人员2177人。其中，佛教974人，道教244人，伊斯兰教128人，天主教533人，基督教298人。宗教教职人员担任各级人大代表、政协委员的有23人。信教群众50万余人。其中，佛教17万人、道教6万人、伊斯兰教7万人、天主教6万人、基督教14万人。有全市性宗教团体6个（西安市佛教协会、西安市道教协会、西安市伊斯兰教协会、西安市天主教爱国会、西安市基督教三自爱国运动委员会、西安市基督教协会）；区（县）级宗教团体18个，其中佛教4个（长安、蓝田、户县、周至），道教1个（长安），天主教4个

（临潼、高陵、户县、周至），基督教9个（灞桥1个、阎良2个、临潼2个、高陵1个、蓝田1个、户县2个）；带有宗教性质的社会团体2个（西安市基督教青年会、西安市基督教女青年会）。宗教活动场所文物保护单位共26处。其中，国家级重点文物保护单位9处，省级重点文物保护单位11处，市级重点文物保护单位6处。（贺俊海）

国民经济和社会发展

◆经济概况 2016年，西安市实现生产总值6257.18亿元，比上年增长8.5%，实现了“十三五”良好开局。分产业看，第一产业增加值232.01亿元，增长3.8%；第二产业增加值2197.81亿元，增长8.6%；第三产业增加值3827.36亿元，增长8.8%。全市规模以上工业企业完成增加值1178.39亿元，增长9.9%，增速增长3.3个百分点。全社会固定资产投资5191.36亿元，增长2.0%，其中固定资产投资（不含农户）5097.00亿元，增长3.4%，较上年提高16.1个百分点。财政总收入1135.68亿元，增长8.5%。地方财政一般公共预算收入641.07亿元，增长11.1%，其中税收收入370.56亿元，增长10.7%。地方财政一般公共预算支出942.52亿元，增长2.8%。社会消费品零售总额3730.70亿元，增长9.6%，扣除价格因素，实际增长9.5%。居民消费价格上涨0.9%。全市居民人均可支配收入30032元，增长7.9%。截至年底，全市金融机构本外币存款余额19488.38亿元，比上年末增长8.0%；人民币存款余额19073.96亿元，增长7.2%；金融机构本外币贷款余额15542.39亿元，增长11.3%；人民币贷款余额15282.65亿元，增长11.4%。

◆农业生产 2016年，西安市粮食总产量达到175.33万吨，比上年下降3.1%。其中，夏粮产量89.90万吨，下降3.5%；秋粮产量85.43万吨，下降2.6%。蔬菜产量336.74万吨，增长1.2%。水果产量107.74万吨，增长2.4%。奶类总产量56.20万吨，下降11.8%。禽蛋产量14.04万吨，下降3.5%。肉类总产量15.68万吨，下降2.8%，其中猪肉产量11.26万吨，下降2.9%。生猪存栏89.53万头，下降3.2%；生猪出栏149.08万头，下降2.0%。

◆工业和建筑业 2016年，西安市完成规模以上工业增加值1178.39亿元，比上年增长9.9%，增速提升3.3个百分点。在规模以上工业中，轻工业增加值255.70亿元，增长0.4%；重工业增加值922.69亿元，增长13.0%。规模以上工业中，高技术制造业企业总产值1120.61亿元，占规模以上工业总产值的比重为24.1%，比上年提高6.0个百分点，增长35.8%，高于规模以上工业增速25.7个百分点。

全年西安市完成建筑业增加值 818.82 亿元，增长 6.5%。全市具有资质等级的总承包和专业承包建筑业企业实现总产值 2897.55 亿元，增长 9.3%，其中国有及国有控股企业 2288.23 亿元，增长 11.9%；签订合同额 7666.69 亿元，增长 15.1%。房屋建筑施工面积 14727.10 万平方米，增长 10.0%。（朱晓航）

◆固定资产投资 2016年，西安市全社会固定资产投资5191.36亿元，比上年增长2.0%，其中固定资产投资（不含农户）5097.00亿元，增长3.4%。在固定资产投资（不含农户）中，第一产业投资89.70亿元，下降10.1%；第二产业投资963.80亿元，下降12.3%，其中工业投资949.27亿元，下降12.0%；第三产业投资4043.50亿元，增长8.3%。民间固定资产投资2427.36亿元，下降6.1%，占固定资产投资（不含农户）的比重为47.6%。房地产开发投资1955.82亿元，增长6.8%。（杨卓宇）

◆国内贸易 2016年，西安市实现社会消费品零售总额3730.7亿元，比上年增长9.6%，总量占全省的51.1%。商圈建设日趋完善，新增商业面积50.7万平方米。全面建成市级肉类蔬菜流通追溯管理平台，185家试点企业加入，上传数据138万条，实现与国家管理平台成功对接。指导京东集团在户县、周至、临潼、蓝田、高陵、长安等区（县）建立1156个乡村合作点，推动农村电子商务发展。截至年底，全市电子商务交易额达2300亿元。周至、蓝田被认定为“国家级电子商务进农村综合示范县”。全市注册资金1000万元以上的物流企业超过300家，西安国际港务区被中国物流行业协会列为“全国现代物流实验基地”。全市融资租赁企业达54家，注册资本193亿元，资金投放总量300亿元。

◆对外经济 2016年，西安市实现外贸进出口总额1818.2亿元，比上年增长15.9%，总量占陕西省的92%，其中进口总额876.6亿元，出口总额941.6亿元，进出口平衡发展。全市加工贸易进出口总值1184.95亿元，增长18%，占进出口总值的65%。机电产品进出口1521.56亿元，高新技术产品进出口1370.25亿元，分别占进出口总值的84%和75%，进出口结构不断优化。新设境外投资机构71家，比上年增加21家。协议投资总额6.86亿美元，增长12.8%。西安爱菊粮油工业集团有限公司在哈萨克斯坦北哈州投资建设的“中哈爱菊农产品加工园区一期工程”正式投产。完成对外承包工程营业额23.84亿美元，增长10.3%。实现服务外包合同金额18.46亿美元，增长23.63%。拥有软件和服务外包企业1500余家，从业人员规模达到15.2万人。跨境体验店线上线下融合快速发展，达到19家。中欧班列（长安号）相继开通华沙、汉堡、莫斯科，累计开行276班，运输货物41.9万吨。西北地区第一条国际货运航线“长安号”起航。（石敬才）

◆交通运输和邮政电信 2016年，西安市货物运输总量2.39亿吨，比上年增长5.1%；货物运输周转量552.13亿吨千米，增长5.1%。旅客运输总量2.37亿人次，增长2.5%；旅客运输周转量290.92亿人千米，增长7.9%。截至年末，全市机动车保有量258.85万辆，增长8.1%，其中私人汽车保有量222.14万辆，增长12.5%。

全年邮政业务总收入 43.99 亿元，增长 43.3%。电信业务总收入 142.41 亿元，增长 9.1%。截至年末，全市固定电话用户 284.33 万户；移动电话用户 1919.39 万户；固定互联网宽带接入用户 335.83 万户。（耿　臻）

◆金融 截至年末，西安市金融机构本外币存款余额19488.38亿，比上年年末增长8.05%；本外币贷款余额15542.39亿元，增长11.29%。全市金融业增加值722.85亿元，增长9.1%，占GDP的11.6%。全市新增“新三板”挂牌企业67家，累计达122家，居省会城市第八位。拥有境内外上市挂牌公司179家。全市企业通过证券市场融资387.96亿元。发放各类贷款4289笔，金额43.36亿元。拥有融资担保公司66家，注册资本194.23亿元。在保余额744.62亿元，增长24.5%，其中融资性在保余额742.97亿元，平均放大倍数3.83倍。（彭　磊）

◆教育 2016年，西安市继续全面实施“第二期学前教育三年行动计划”，安排22所幼儿园新建项目和80所幼儿园改建项目。截至年底，新建项目竣工9所，在建13所；改建项目全部竣工，完成投资1.53亿元。投资1.5亿元，新建、改建70所学校校舍及体育场地，其中竣工95个年度项目。下拨补助资金9.03亿元，实施13年免学费义务教育，受益学生110.91万名，政策覆盖面100%。全市义务教育随迁子女入学新生7.07万人，占入学新生总数的35.26%。截至10月底，全市1656所中小学校完成宽带接入，覆盖率100%。投入资金2817.5万元，继续创建

"省级标准化高中"，西安市信德中学等9所学校通过验收。将89所职业中学、职教中心整合为53所。继续实施"营养改善计划"，覆盖学校1475所，惠及学生38.6万人，占全市义务教育阶段学生的49%，农村义务教育学校覆盖率达100%。

◆科技、文化和体育 2016年，西安市科技研发支出占地区生产总值比重达5.27%；实现技术成果交易额711.77亿元；专利申请量46103件，授权量38279件。实施"科技大市场挂牌交易"项目3600个，入网仪器设备10018台套；支持52家"科技小巨人领军企业"创新发展，全市"科技小巨人企业"超过1185家，实现销售收入超过1130亿元，平均增速23.5%。设立1亿元技术转移专项资金，支持产业、学校和科研机构在装备制造、生物制药等高新技术领域开展10项重大协同创新。支持市级众创空间发展，建成众创空间97家，获得"2016年国家小微企业创业创新基地城市示范"称号；为576家科技型企业争取科技金融贷款19.2亿元；组织实施10项社会发展科技示范项目和8项农业主导产业创新示范项目。

购置农村电影设备140套，组织农村数字电影放映35534场，观众超过440万人次。举办"文化惠民演出周"活动，演出戏剧1747场，观众超过230万人次。制定《西安市非物质文化遗产保护发展"十三五"规划》，公布第五批市级非遗代表性项目42个，市级非遗项目达到192个；资助建立10个非遗传习场所项目。完成"第三届丝绸之路国际电影节"展演活动，播映国内外影片151部、343场。筹办"第十一届中国艺术节"。西安演艺集团话剧《麻醉师》荣获第十五届文华奖，西安秦腔剧院惠敏莉荣获第十五届文华表演奖，西安演艺集团舞剧《传丝公主》、西安秦腔剧院秦腔《易俗社》入围文华奖决赛，西安群艺馆小品《情感营销》入围群星奖决赛，实现西安市舞台剧艺术获国家级奖项的历史性突破。

举办群众性健身活动260项（次），参与人数累计达230万人次。全市有农民体育健身路径工程3787套、社区全民健身路径工程1281套、笼式足球场21个、全民健身示范区和示范带工程20个，市民健身环境显著改善。在2016年里约热内卢奥运会中，西安市培养输送的运动员司雅杰、秦凯分别获得跳水10米台个人项目银牌、3米板双人项目铜牌。

（彭　磊　田旭鹏）

◆卫生 2016年，西安市批准设置医疗机构295所，设立医院30所，增设床位2330张；建立医联体25个，涵盖67所二级医疗机构和95所社区卫生服务中心（站），服务人口470余万人。县镇村一体化改革覆盖7个远郊区（县）的18所区（县）级医疗机构和32所镇卫生院，县域内就诊率达86.3%。城乡居民大病保险补偿8574人次，补偿金额5658.58万元。成功举办丝绸之路经济带城市中医发展暨医疗合作论坛。（杨卓宇）

◆人民生活和社会保障 2016年，西安市居民人均可支配收入30032元，比上年名义增长7.9%。其中，城镇常住居民人均可支配收入35630元，增长7.4%；农村常住居民人均可支配收入15191元，增长8.0%。

截至年末，全市城镇基本医疗保险参保人数435.61万人；城镇企业职工养老保险参保人数330.50万人；失业保险参保人数152.73万人；工伤保险参保人数154.92万人；职工生育保险参保人数121.23万人。农村新型合作医疗参保人数381.45万人，实际参合率99.26%。（石敬才）

◆城市建设 2016年，西安市完成城市建设投资437.15亿元，地铁3号线、朱宏路北二环立交等项目建成通车，文景山公园正式开园。综合管廊开工建设干支线24.8千米，缆线60.6千米，完成投资12.5亿元。开工建设出行车位5.2万个，建成2.2万个，在广泰门、韦曲南等地铁站推进换乘停车场建设，投运公共自行车1万辆。老旧住宅小区改造实施项目52个，完工144万平方米，惠及2.1万户近7万人。完成渭河堤顶路下穿工程、龙钢大道、太华北路北延伸等21项工程和朱雀路高压线落地工程全线缆沟建设任务；完成文景路雨水管道工程、漕运明渠北三环截污工程等8项工程建设和丈八北路、丈八东路、建工路等20条道路的架空线缆落地以及子午大道等道路50管程千米通信管道的建设任务；完成长沣路、学府环路等20千米支路建设和西一路、翠华路等20余条道路改造提升以及测绘东路南段、碑林区人民政府门前路等22条背街小巷改造任务；完成医学院、八家巷等6座天桥通道建设任务。

◆旅游业 2016年，西安市接待海内外游客1.5亿人次，实现旅游总收入1213亿元。全年投资64.3亿元，确定重点旅游在建项目42个。第20届中国东西部合作与投资贸易洽谈会期间，签约旅游投资项目21个，投资额505亿元。成功举办2016西安"一带一路"国际旅游城市大会和西安通航城市旅游营销合作大会，成立国内首个航空旅游合作联盟——西安通航城市旅游合作联盟。制作"品味西安"手机APP并上线使用。投入1000万元，推进9个重点景区智慧旅游建设。与百度、高德地图合作，推出市内旅游导航系统。依托长途客运枢纽，在西安市城北、城西、城东、火车站建立4个区域性旅游集散中心。新建、改建厕所419座。规范旅游市场秩序，优化旅游总体环境，定期开展联合执法检查。加强旅游诚信建设，面向全社会发布旅游企业"红黑榜"。（田旭鹏）

◆环境保护 2016年，西安市加入国家空气质量预警预报一体化系统，建立4级预警、3级响应机制。组建西安市重污染天气应急指挥部办公室，加强预测预报和会商研判。拆改燃煤锅炉209台，提标改造治理25台，超额完成年度综合整治任务；拆除小燃煤炉170台，每年可削减燃煤16.8万吨，减少主要污染物排放近3000吨。全市4台30万千瓦火电机组全部达到超低排放限值要求。全年优良天数192天。先后完成草滩污水处理厂、临潼污水处理厂二期、第八污水处理厂提标改造等建设任务，完成19处排污口整治和15项管网建设任务。覆盖蓝田等6个区（县）10个乡镇（街办）33个行政村的省级农村环境综合治理项目完成，受益人口达5万余人。办结中央环保督察组交办的环境信访案件444件。

◆安全生产 2016年，西安市不断夯实安全生产责任，印发《关于贯彻落实省委"三项机制"强化安全生产责任追究实施细则（试行）的通知》，深入开展"企业安全生产主体责任落实年"

2016年5月12日至15日，举办丝绸之路经济带城市中医发展暨医疗合作论坛

活动。排查各类隐患13156处，整改13018处，整改率99.1%。全年发生生产安全事故1569起，死亡232人（其中，道路交通领域发生事故846起，死亡192人；消防火灾领域发生事故683起，死亡1人；工矿商贸领域发生事故35起，死亡38人；农机领域发生事故5起，死亡1人）。未发生重特大生产安全事故，工矿商贸领域未发生较大以上生产安全事故。（石敬才）

◆秦岭北麓生态环境保护 2016年，西安市制定《秦岭北麓乡村环境卫生设施建设方案》，完成主要峪口垃圾收集设施及生态公厕设置前期调查。制定并实施《西安市秦岭生态环境保护管理办法》和《护大美秦岭 建品质西安 秦岭护绿清洁行动实施方案》，组织社会志愿者参加秦岭垃圾清洁活动。完成太平河河道整治及防渗工程，形成水面92.5亩，完成投资5150万元。完成环山路周至、户县、蓝田段绿化工程，绿化道路总长62.6千米，栽植各类乔木10.8万株、灌木草皮66.58万平方米，新建环山路节点广场25个。新环山路亮化工程进入施工阶段。实施北斗数字秦岭示范项目。制定《2016年度秦岭生态环境保护工作目标任务》，完成生态治理41个点位，恢复绿地1380亩。全年巡查514次，查出涉及违规项目共计58处。

◆水生态建设 2016年，西安市灞渭桥车游湿地顺利开园，承办水利部“关爱山川河流”全国志愿者大型活动。户县涝河渼陂湖水系生态修复工程完成投资3.25亿元。新增生态水面2753亩，新增湿地6753亩。渭河南岸堤顶道路通车并向市民开放，8286亩渭河防护林工程建设全部完成，滩区整治项目完成投资13616万元，超出年度投资任务3616万元。编制完成李家河、岱峪、甘峪水源地保护区划定技术报告。全年监测编发水源水质旬报34期、月报11期，水质合格率为100%。完成沣河、漕运明渠、幸福渠绿化改造提升项目建设，为市民打造3处休闲健身水景观绿化带。（耿 臻）

◆创建“国家森林城市” 2016年，西安市开展形式多样的创建“国家森林城市”活动，新增城市绿地1056.7万平方米，全市森林覆盖率、河流水岸绿化率和道路绿化率，分别达到48.03%、83.2%和84.1%，城区绿化覆盖率达到42.62%。9月19日，在2016年中国森林城市建设座谈会上，全国绿化委员会、国家林业局授予西安市“国家森林城市”荣誉称号。

◆全面创新改革试验区建设 2016年，西安市全面创新改革试验顺利推进。积极争取国家发展和改革委员会、科学技术部、工业和信息化部、国防科技工业局等国家部（委）的政策支持，同中国航空工业集团、中国航天集团等央属企业合作，围绕国家授权的5项重大改革举措，稳步推进先行先试。设立30亿元军民融合基金、3亿元军民融合专题资金、1亿元成果转化基金和1亿元高层次领军人才引进资金。确定中国航天科技集团公司四院第四十四所等单位为军工科研院所改革试点单位；探索搭建陕西军民融合科技创新研究院；组建陕西空天动力研究院。在西安交通大学、西北大学、西安理工大学、陕西科技大学、西安文理学院首批5所试点高校开展创新改革试验；选择西安光学精密机械研究所、西北有色金属研究院围绕科技成果“三权”（科技成果使用权、处置权和收益权）落地、科技人员持股和分红等重点内容进行试验。

◆陕西自贸区西安片区筹建 2016年8月，国务院批准成立中国（陕西）自由贸易试验区以来，西安市稳步推进西安片区各项筹建工作，研究制定《陕西自贸区中心片区区块划分方案》和《陕西自贸区西安片区暂行管理办法》。西安片区作为陕西自贸试验区核心区，分为4个功能区，包括西安高新技术产业开发区、西安经济技术开发区、西安浐灞生态区和西安国际港务区，重点围绕扩大与“一带一路”沿线国家经济合作等七大任务开展工作。（石敬才）

政治文明建设

◆社会主义民主政治建设 2016年，中国共产党西安市委员会发展社会主义民主政治，坚持中国共产党的领导、人民当家做主、依法治国有机统一，坚定不移走中国特色社会主义政治发展道路。

坚持和完善人民代表大会制度 支持西安市人民代表大会及其常务委员会依法履职，深入贯彻落实中共陕西省委人大工作会议精神，召开中共西安市委人大工作会议。西安市人民代表大会及其常委会充分发挥立法主导作用，依法行使地方立法权，审议、修订、修改、废止地方性法规 55 部，立法重点调研 4 部。积极完善民主立法渠道，召开立法座谈会、认证会、听证会广泛听取各方面的意见和建议，完成 13 部法律、法规的征集意见工作。依法审议重大事项，听取和审议市“一府两院（人民政府，人民法院、人民检察院）”专项工作报告 13 项，组织代表视察 15 次，检查 6 部法律法规实施情况。开展西安市人民政府工作部门、法检“两院”负责人述职。备案审查 10 个规范性文件。依法讨论决定重大事项，做出“七五”普法等 14 项决议、决定。依法任免地方国家机关工作人员 104 人次。

坚持和完善中国共产党领导的多党合作和政治协商制度 支持中国人民政治协商会议西安市委员会依章履职，加强同各民主党派、工商联和无党派人士政治协商。全年政治协商 8 次，组织委员专题视察 12 次 200 余人次，提出 60 余条意见建议。加强提案办理协商，健全提案协商机制，完善提案审查、督办、协商、考核机制。全年提交提案 721 件，立案 650 件。截至年底，立案提案全部办复。其中，督办重点提案 10 件，促进协商成果落实。全年开展界别活动 19 次，组织委员参加“市民电视问政”5 期 60 余人次。组织委员深入基层开展重点专题调研 12 项，形成建议案 2 份、调研报告 12 份。（宋 峰 王兴顺）

◆法治建设 2016年，中共西安市委、西安市人民政府以“法治西安”建设为统领，全面落实《“六五”普法规划》。开展“以案释法”活动1200余场，全市764家单位2.2万名领导干部和公务员参加无纸化学法用法考试，合格率达到96.4%。不断深化公共法律服务，创建“示范化社区（村）公共法律服务室”315个，开展法律服务活动1.8万件（次）。狠抓法治文化建设和法治创建，更新完善“法治文化广场（主题公园）”15个，新建“村（社区）法治文化长廊”60个，建设完善“村（社区）法治课堂示范点”72个。“法治西安”“平安西安”建设水平不断提高，获全国社会治安综合治理最高奖“长安杯”。全面启动“七五”普法工作，开展普法宣传活动20余场，全市新一轮法治宣传教育制度初步形成。

制定《西安市人民政府法律顾问工作规定》，完善政府法律顾问工作制度，加强政府法律顾问的使用和管理。西安市政府常务会议集体学法 6 次。审查修改《西安市物业管理条例（草案）》等 3 件地方性法规、《秦岭生态环境保护办法》等 7 件政府规章。组织开展全市具有行政审批事项、建设工程招投标市场领域和生态文明建设领域等 3 次专项清理工作。向陕西省人民政府及西安市人民代表大会报备规范性文件 8 件；办理规范性文件异议审查 3 件。全年办理行政复议案件 308 件，综合纠错率为 32%。（侯海燕 石敬才）

◆体制改革 2016年，西安市编制完成市、区（县、开发区）、镇（街）三级权力责任清单。对50个市级部门的4487项行政职权逐项制定《权力运行流程图》和《权力运行流程表》。编制完成《市级部门行政许可项目汇总目录（2016版）》《市级部门随机抽查事项目录》《市级部门行政许可中介服务事项清单》及《市级部门公共服务事项清单》；先后分3批取消、下放、调整175项行政事权。制定《西安市房地产项目优化审批流程试行方案》，将228个图章精简为64个，审批时限由法定713个工作日压缩为116个工作日。推进综合行政执法体制改革，组建副局级建制的西安市城市综合行政执法总队。完成全市5165个事业单位的分类工作。制定《西安市供给侧结构性改革总体方案》和《西安市供给侧结构性改革降成本行动计划（2016—2018年）》《西安市供给侧结构性改革补短板行动计划（2016—2018年）》。开发建立“西安审批服务”手机客户端APP，实现6个进驻部门17个事项办理的网上预审和所有进驻事项的信息公开、导航服务等功能。出台国有企业改革文件10个，印发《西安市市属国有企业改革新增试点工作总体方案》，选择西安建工（集团）有限责任公司、西安市市政建设(集团)有限公司、陕西西粮亚宏面业有限公司等13户企业开展国有资本投资运营公司、混合所有制经济改革等试点工作。

（*石敬才*）

精神文明建设

◆**概况** 2016年，西安市精神文明建设工作认真贯彻中国共产党第十八次全国代表大会和中国共产党第十八届中央委员会第三次全体会议、第四次全体会议、第五次全体会议、第六次全体会议精神，落实中共中央总书记习近平系列重要讲话精神和治国理政新理念新思想新战略，围绕中心，服务大局，大力培育和践行社会主义核心价值观，继续实施“尚德西安”道德实践系统工程，广泛开展群众性精神文明创建活动，积极推进文明城市创建成果巩固提升，各项工作取得新进展、新成效。西安市人民政府制定印发《西安市创文工作强基础补短板项目责任分解方案》，及时调整西安市创建文明城市领导小组，协调西安市年度目标责任考核领导小组办公室将创文工作作为单独任务纳入全市综合目标责任制考核指标体系，夯实创文工作责任。开展“骑行督导”活动，持续深入推进全市创文巩固提升工作。

◆**未成年人思想道德建设** 2016年，西安市继续系统推进未成年人思想道德建设理想信念、道德实践、素质教育、成长环境“四大工程”，不断深化“我的中国梦”主题教育实践活动。以“我的正能量”为主题，开展西安市第十二届少年儿童书信文化活动。举办全市青少年“传承中华文化共筑精神家园”读书征文、演讲、讲故事活动。组织开展“西安市美德少年”评选和“学习和争做美德少年”活动，承办陕西省美德少年表彰大会。组织开展“清明祭英烈”网上签名寄语活动，网上点击量达101万人次，留言3万多条。开展未成年人心理健康教育“三走进”活动（走进社区、走进校园、走进辅导中心），在学校开展“这里有爱”心理健康知识讲座72场，在社区举办“父母如何与孩子沟通”“陪孩子长大”“父母影响力”等公益讲座35场。围绕“五个好”（切实把思想认识问题解决好，严格把专项资金使用好，扎实把各类活动开展好，认真把辅导员队伍组织好、建设好、聘用好、培训好；努力把长效机制建设好）要求，重视加强乡村学校少年宫的使用管理，组织全市57所乡村学校少年宫常态化开展各项活动。

◆**群众性精神文明创建活动** 2016年，西安市精神文明建设指导委员会办公室积极开展精神文明建设先进集体推荐工作，修订完善全市《文明单位测评体系》《文明村镇测评体系》《文明社区测评体系》《文明校园测评体系》，制定下发《西安市文明家庭推荐评选办法和细则》，加强群众性精神文明创建动态管理。在全市各窗口行业开展“人民满意”主题创建活动，扩大创建工作的社会覆盖面和影响力。广泛开展“文明家庭”创建评选活动，1户家庭被中央精神文明建设指导委员会授予“全国文明家庭”称号。

◆**农村精神文明建设** 2016年，西安市精神文明建设指导委员会办公室以“美丽乡村·文明家园”活动为载体，按照“巩固、扩面、提升”的工作思路，大力推动农村民风建设，广泛开展“星级文明户”评选和“好公婆、好儿媳、好家庭”评选表彰活动，让社会主义核心价值观在乡村扎根，全市农村社会风气明显好转，农民文化生活明显改善，农民文明素质和农村文明程度明显提升。

◆**诚信建设** 2016年，西安市人民政府制定出台《关于进一步加强社会信用体系建设的意见》，建立健全覆盖全市的征信体系。西安市精神文明建设指导委员会办公室继续抓好诚信“红黑榜”集中发布活动，全年2次发布红榜信息788条，黑榜信息1256条。制定出台《失信“黑名单”发布实施办法》，进一步提升诚信建设制度化程度。建立企业诚信承诺、警示约谈、“黑名单”退出机制，按信用等级对企业实行分类分级管理，加大对失信企业的日常检查频次，及时公布监管中发现的问题和行政处罚信息，督促企业诚信经营。狠抓食品药品行业突出问题的治理，组建市、区（县）两级公安局食品药品犯罪侦查支队（大队），案件移送率和落实率均达到100%。开展群众性诚信创建活动，在生产企业开展“做精工产品、做诚信企业”活动、在商场和集贸市场开展创建“诚信经营示范店（户）”活动，激发企业和从业人员诚信守法经营的自觉性。加强诚信文化宣传教育，开展“诚信活动周”“安全生产月”等活动，积极营造诚信和谐的良好社会氛围。

◆**志愿服务** 2016年，西安市精神文明建设指导委员会办公室举办“学雷锋志愿服务集中行动”启动仪式，在全市13个区（县）同时组织开展16场集中行动现场示范活动，约8万人参与志愿服务。加大“志愿云”服务平台推广应用力度，有志愿服务团体1141个，落地志愿服务项目近700个，服务总时长18万多小时。在2016年全国志愿服务“四个100”先进典型评比中，西安市有1名志愿者、2个志愿组织、1个志愿服务项目和1个社区获得“全国最佳”称号。

◆**道德模范评选学习宣传活动** 2016年，西安市精神文明建设指导委员会办公室组织开展“我推荐我评议身边好人”活动，西安市连续7个月获全省好人线索推荐“群星奖”；全年上榜“中国好人”24人、“陕西好人”34人，评选产生“西安好人”56名。持续加大道德模范、“身边好人”宣传力度，在《西安日报》《西安晚报》图文并茂地宣传56位好人事迹。制作道德模范事迹展板在公共场所、旅游景点集中宣传展示。广泛宣传西安市第三届“十大道德模范”的先进事迹，委托陕西省喜剧表演协会创作文艺节目《道德礼赞》，在全市社区、乡村、学校、机关巡演30余场，观众达3万余人。

◆**“尚德西安”道德建设系统工程** 2016年，西安市精神文明建设指导委员会办公室广泛开展社会公德、职业道德、家庭美德、个人品德教育实践活动，组织实施文明交通、文明旅游、文明餐桌、网络文明传播等群众性实践活动，有效提升城市文明创建的道德内涵，推动“尚德西安”道德实践系统工程在全市城乡基层落细、落小、落实。

◆**公益广告系列宣传活动** 2016年，西安市精神文明建设指导委员会办公室持续开展“图说我们的价值观”“讲文明树新风”公益广告宣传活动，深入推进城市综合治理、建设“品质西安”活动，在重要交通路口、重点场所、重点时段宣传核心价值观及“讲文明树新风”公益广告。组织创作83个视频类、平面类原创公益广告作品，并在全市投放刊播，弘扬新风正气，传播社会正能量。

◆**文明旅游活动** 2016年，西安市精神文明建设指导委员会办公室以“文明是最美的风景”为主题，在景区景点和旅行社持续推进文明旅游工作，促进全市旅游行业秩序优良、服务优质、环境优美，让游客旅行舒适、惬意，全面提升丝路起点旅游城市形象。召开2016年全市文明旅游工作联席会议，制定印发《2016年西安市文明旅游工作任务分解方案》，在市属媒体开设文明旅游专栏，开展“文明旅游随手拍”活动，加强正面宣传、反面曝光和文明提示，营造文明出游浓厚氛围。

◆**文明交通行动** 2016年，西安市精神文明建设指导委员会办公室广泛进行文明交通宣传“六进”（进农村、进社区、进家庭、进学校、进企业、进工地）活动，积极参与城市缓堵保畅工作。不断强化市民文明交通意识，持续推进文明乘车“跟我排”活动。发挥公共文明引导员作用，维护重点路段、重要路口交通秩序。开展文明交通志愿服务活动，组织志愿者在重大节点、重点路段开展文明出行宣传活动，劝阻乱闯红灯、翻越栏杆等不文明行为。

◆**网络文明传播活动** 2016年，西安市精神文明建设指导委员会办公室加强“中国文明网·西安站”建设管理，深入推进网络文明传播活动。扎实推进“西安文明网”改版升级，完善信息稿源审核把关制度，确保特色鲜明、导向正确、宣传有力。策划制作30余个网络文明专题，发布稿件1500余篇，8篇被中国文明网首页要闻区采用。“文明西安”官方微博发布信息700余条，官方微信发布信息170余条，《地铁图书室》《如何帮孩子设立目标》《端午古音吟诵》3篇文章被“中国文明网”官方微信订阅号选中推送。

◆**道德讲堂活动** 2016年，西安市精神文明建设指导委员会办公室坚持开展“道德讲堂”活动，让身边好人讲身边善事，积极引导广大干部群众崇德向善。围绕“孝亲敬老”“守护精神家园传承道德文化”“爱岗敬业无私奉献”“修德养善，崇尚品质服务”等主题，举办12期“道德讲堂示范堂区（县）专场活动”，6000余名干部群众接受教育。（王朝社）

生态文明建设

◆**概况** 2016年，西安市以持续改善环境质量为目标，统筹做好环境保护工作，按期完成治污减霾攻坚和全市突出环境问题整治等重点工作，接受中央环保督察组巡视、环境保护部西北督查中心和陕西省环保厅综合督查、中共西安市委巡视组专项巡视。截至年底，城市环境空气质量好于国家二级标准（良好）以上的天数192天。二氧化硫年平均浓度19微克/标立方米，比上年下降20.8%；二氧化氮年平均浓度53微克/标立方米，增长20.5%；可吸入颗粒物年平均浓度136微克/标立方米，增长8.8%。全市河流整体水质污染加重，综合污染指数上升9.8%，集中式饮用水源地水质达标率99.72%。区域环境噪声等效声级均值55.7分贝，道路交通噪声等效声级均值71.2分贝。（党　艳）

◆**秦岭生态环境保护** 2016年，西安市秦岭生态环境保护管理委员会办公室把握“品质西安”建设标准，对照全年目标任务，突出创新发展和绿色发展，聚焦秦岭生态保护，推进全市生态和谐，扎实开展各项保护工作。

秦岭生态环境保护制度体系建设 11月24日，西安市人民政府常务会审议通过《西安市秦岭生态环境保护管理办法》，进一步形成“一部条例（《西安市秦岭生态环境保护条例》）、两个规划（《大秦岭西安段生态环境保护规划》《大秦岭西安段生态环境保护利用总体规划》）、两项制度（《西安市秦岭生态环境保护管理办法》《西安市秦岭生态环境保护目标考核实施办法》）”的秦岭生态保护制度体系。为推动西安市秦岭生态环境保护空间进一步优化，从根本上解决空间规划冲突、资源环境保护和利用等现实矛盾，启动“多规合一”工程。

秦岭生态保护工程建设 在坚持保护为核心的基础上，以历史文化为传承，以旅游产业为支撑，实施主动的、增长式、资源整合式的保护工作。实施新环山路美化、绿化、亮化工程，绿化道路62.6千米，栽植各类乔木10.8万株、灌木草皮66.58万平方米；新建环山路节点广场25个；实施亮化工程47千米。截至年底，完成投资30亿元，绿化面积0.498万公顷，环山路成为市民和游客“望得见南山、看得见‘八水’、记得住乡愁”的景观长廊。协调实施太平河岸景观提升工程，形成水面6.17公顷。组织实施北斗数字秦岭示范项目，完成基础平台搭建、监控中心建设和100台基础终端配置，提高秦岭保护工作科技水平。印发《2016年度秦岭生态环境保护工作目标任务》，将秦岭保护目标任务列入各成员单位年度目标考核。协调开展天然林保护、非法侵占林地行为检查、水源地划分、村镇污水处理示范工程、文物宗教遗址调查建档等工作和采矿点位整治。

秦岭生态环境综合整治 保持违建处置高压态势。继续跟踪2014年、2015年违法建筑处置后续工作，修复地表生态，明确撂荒土地属权，累计恢复农地、林地3.67公顷。拆除整改长安区东大村村民彭亚俊、安志军自建房屋超高部分；拆除西安旅游集团翠华山天池湖景酒店违法建筑1万余平方米。全面核查、梳理国家环境保护部遥感卫星监测到的疑似采矿点，关停采矿点8处，完成生态恢复41处，栽植各类苗木15.32万株，恢复绿地92公顷。坚持秦岭保护巡回检查工作，全年巡查514次，查出涉及违规项目58处，结案41件。突出抓好环山路两侧环境整治，拆除乱搭乱建153处、门头牌匾广告灯笼彩旗等6259处；整治乱排乱放22处；清理乱设摊点占道经营1925次；清理生活垃圾117处、建筑垃圾4400立方米，绿化美化加油站3家，改造东大街道办事处环山路两侧25户农家乐门头标识。

秦岭生态环境保护宣传教育 对标“四治一增绿，建设绿色之城、生态之城”和“保护绿水青山、建设品质西安”要求，培育公众生态文明意识，引导全社会参与秦岭生态环境保护，形成感恩秦岭、关爱秦岭、保护秦岭的良好氛围。持续开展“守望大秦岭，问道终南山”活动，发放宣传专刊3000册。组织干部群众在子午峪开展“护大美秦岭，建品质西安”主题宣传活动，发放《西安市秦岭生态环境保护条例》1800份、环保袋800个、环保围裙500件。组织志愿者到秦岭山中捡拾垃圾，唤起人们热爱秦岭、保护生态的意识。参加西安电视台《对话西安》栏目访谈，录制依法保护秦岭专题宣传节目；拍摄《秦岭之美》系列专题宣传片；开展“西安故事”采集撰写；在中央、省、市媒体刊发秦岭生态保护专题稿件22篇。（赵秦健）

◆**环境规划** 2016年，西安市环境保护局制定《西安市“治污减霾”工作实施方案（2016年）》，深入推进重点工程项目建设进度，争取中央、省级环保专项资金1.9亿元，重点支持燃煤锅炉拆除、农村连片整治、黄标车老旧车淘汰等项目；列支市级专项资金1.1亿元，重点支持燃煤锅炉拆除、燃煤锅炉烟气治理、有机废气治理、农村环境保护等项目。

◆**污染防治** 2016年，西安市环境保护局按照《陕西省大气污染防治条例》和《陕西省“治污降霾·保卫蓝天”五年行动计划》，制定2016年《西安市“治污减霾”工作实施方案》，治污减霾工作全面推进。一是全力推进治污减霾重点难点工作。完成建成区外燃煤锅炉综合治理233台，其中拆改208台，提标治理25台，完成年度目标任务的132%；加大原煤散烧管控力度，拆除居民散烧小燃煤炉170台，估算每年可削减燃煤约18.8万吨，减少主要污染物排放近3000吨。全面开展臭氧污染防治“百日会战”行动。完成30家工业有机废气治理项目建设，联合西安市监察局等部门，对明察暗访和媒体曝光的255个问题集中进行督导整治。下大力推进治污减霾试点示范工作，推动大气污染防治工作提质增效。修订完善《西安市重污染天气应急预案》，针对极端不利天气影响，首次采取汽车单双号限行、土石方工程作业工地停工、中小学停课等应对措施，污染影响得到有效遏制。坚持大气污染防治月度考核和城市治理月度考核机制，实行跟踪问效、铁面问责，约谈5名相关责任人，问责23人。二是全面接受中央环保督察。研究制定《西安市配合保障中央环境保护督察工作方案》。办结中央环保督察组交办的环境信访问题444件。其中，立案处罚98件，罚款金额438.2万元，行政约谈185人，责任追究399人，公安机关立案侦查7件，行政拘留处罚2人。三是机动车尾气污染防治工作开创新局面。全年检测各类机动车9.7万辆，查处超标车9386辆，冒黑烟车2628辆。发布《机动车执行国Ⅴ排放标准的通告》，稳步推进柴油车加装后处理装置试点改造工作，完成11534台非道路移动机械申报登记工作。全年受理黄标车及老旧车提前淘汰补贴申请8605辆，发放补贴资金5720万元，超额完成年度任务。四是水污染防治取得新成效。渭河西安段出境水质化学需氧量、氨氮、溶解氧分别为22.3毫克/升、1.16毫克/升和8.73毫克/升，实现Ⅳ类水质目标。重点加强对黑河金盆水库、李家河水库水源地的日常监管。

◆污染减排 2016年，西安市环境保护局完成重点减排项目133个，6个省级重点减排考核项目建成投运。减排目标全部实现，化学需氧量、氨氮、二氧化硫、氮氧化物和挥发性有机物经预测分别完成年度目标任务的120%、108%、110%、106%和100%。

◆自然生态保护及农村环保 2016年，西安市环境保护局积极开展生态创建工作，22个镇村获得省级生态镇、生态村命名；2个区、3个镇、46个行政村分别获得市级生态区、生态镇和生态村命名。农村环保能力不断提升，覆盖6个区（县）10个乡镇（街办）33个行政村的省级农村环境综合治理项目全部完成，受益人口达5万余人。持续加强秸秆禁烧管理，首次引进无人机航拍监控技术，提升监管效率，秸秆禁烧工作连续8年实现“零火点”。

◆建设项目环境管理 2016年，西安市环境保护局严格落实建设项目环评审批管理的规章制度，从严执行环保准入政策。全市未出现一起因环境影响评价审批失误造成的重大污染事故和群众上访事件，较好地履行了环评审批职责。全年审批建设项目环评文件60个，依法否决多个不符合国家产业政策或不能达标排放影响群众身心健康的项目，建设项目竣工环保验收68个。严格落实国家和陕西省、西安市产业政策，大力支持陕西省、西安市重点项目建设。加强对全市工业园区规划环评审查及入园企业环评、“三同时”制度（建设项目中防治污染的设施，应当与主体工程同时设计、同时施工、同时投产使用）落实管理，严厉查处未批先建、违规批建的建设项目。

◆清洁生产 2016年，西安市环境保护局对全市5个重金属行业及7个产能过剩行业进行摸底调查，完成16家重点清洁生产审核企业的绩效验收工作。对2013—2016年开展清洁生产工作较好的企业给予奖励，极大地提高了企业开展清洁生产审核工作积极性。

◆辐射与危险废物安全监管 2016年，西安市环境保护局严格安全许可准入，严控闲置源收贮，大力开展核安全文化宣贯专项行动，实现全体持证单位和所有骨干人员“全覆盖”，核与辐射环境安全工作有序推进。严把危险废物环境管理准入关。利用“固体废物信息管理系统”，实现危废全过程管理；严格开展规范化管理考核，夯实危废企业责任等措施，危废污染防治工作进一步规范，危废管理水平进一步提升，为全市环境质量安全奠定了基础。

◆环保科研 2016年，西安市环境保护局完成“西安城市机动车排气污染防治规划研究”，建立机动车排气污染评估体系，受到世界银行专家一致好评。组织撰写的《西安市臭氧污染特征分析及控制对策研究报告》获得陕西省环境科学优秀论文一等奖。编制起草《西安市“十三五”环境保护规划》和《西安市生态保护红线划定工作方案》，为“十三五”期间西安的生态文明建设打下了坚实的基础。

◆环境质量监测 2016年，西安市环境保护系统加强环境质量检测工作。水质监测方面完成43个地表水点位、16个饮用水源地的月、季监测和渭河流域31个补偿考核断面的月监测工作。大气监测方面完成19个点位的空气质量日报、预报工作，15个监测点位的降尘、碱片的月监测工作以及20个区（县）每月两次的道路扬尘监测；保证2个噪声自动监测子站正常运行。其他监测方面完成37家废水、14家废气国控污染控制重点企业的季度监督性监测；完成46家重点污染企业的95套在线监测设备的有效性审核比对监测；完成84个点（次）国控、陕西省控辐射环境监测工作，193次降雨质量监测，2个点位的农村环境季度监测和年植被监测；完成东亚酸沉降监测网土壤、降水、内陆水考核样实验室间对比分析；完成国家沙尘暴监测网西安子站和国家温室气体监测网的月报、年报工作。

◆环境执法监察 2016年，西安市环境保护局严格执行新《中华人民共和国环境保护法》及其配套办法，查封违法企业57家，实施限制生产、停产整治企业60家，向公安机关移送环境违法案件3起。进一步强化环境应急管理，快速、及时、妥善处置13起突发环境事件，未造成环境污染，确保区域环境安全。通过网络平台、微信公众号和来信来电等渠道，广泛开展环境违法行为有奖举报活动。全年受理各类投诉举报899件，查实411件，核发奖金2.02万元。全市39家国家重点监控企业污染源自动监控数据传输有效率达99.5%，在全省12个市区中排名第二。

◆环境信访 2016年，西安市环境保护局严格执行环境信访工作制度，坚持从污染源头入手，通过严格环境执法解决信访投诉问题，环境信访工作取得较为明显的成效。全年受理群众投诉13485件，受理率为100%，处理率为98.35%，群众满意率为97.01%。督办陕西省、西安市转办案件420件，办理《华商报》“新闻线索调查函”167件，处理微信公众举报平台投诉971件，接待来访群众29人次。

◆环境宣传教育 2016年，西安市环境保护局围绕治污减霾、“渭河三年变清”等环保中心工作，大力宣传环境质量状况、治理举措和工作成效，普及政策法规、科普知识。全年举办“改善环境质量，共建品质西安”“行走三江三河，绿染三秦大地”等大型环保宣传活动21场（次），发布新闻通稿413篇，在各类媒体刊发报道西安环保工作的新闻稿件5000余篇（条）。《人民日报》、新华社等中央媒体先后刊发西安市环境治理成效的宣传报道。

（党　艳）

中国共产党西安市委员会

责任编辑　高　鹏

综　述

◆**概况**　2016年，中国共产党西安市委员会贯彻落实中国共产党第十八次代表大会，中国共产党第十八届中央委员会第三次、第四次、第五次、第六次全体会议和中共中央总书记习近平系列重要讲话精神，牢固树立新发展理念，主动对标“追赶超越”定位和“五个扎实”要求，自觉把西安发展融入全国、全省发展大局，以“品质西安”建设为主线，综合施策、多元发力，迎难而上、主动作为，推动全市经济保持“总体平稳、稳中向好”的良好发展态势。

◆**贯彻中央决策部署**　2016年，中国共产党西安市委员会把学习贯彻中国共产党第十八届中央委员会第六次全体会议精神作为重要政治任务，召开常委扩大会议专题传达学习六中全会精神，中共西安市委常委带头讨论交流。印发《关于认真学习宣传贯彻党的十八届六中全会精神的通知》，要求认真组织传达学习，分层分级抓好培训。《西安日报》《西安晚报》、西安广播电视台、西安网等市属主要媒体开设专栏解读。组织记者赴基层一线蹲点调研，挖掘鲜活素材，增强宣传阐释的吸引力、感染力。举办中共十八届六中全会精神轮训班4期、“机关大讲堂”5期，集中宣讲中共十八届六中全会精神。全市1200余名各级领导干部赴党建联系点、亲商助企单位和基层一线面对面为干部群众解读六中全会精神。组织宣讲报告会3100余场次，直接听众24.8万人次。

◆**全面深化改革**　2016年，中国共产党西安市委员会研究制订供给侧结构性改革“五大行动计划”（注释），制定公布市、区县（开发区）两级权责清单，取消和调整175项行政审批事项，取消下放382项行政事权，把涉及项目建设的11个审批环节办理时限平均压缩50%以上。推进事业单位分类改革，撤销2个行政类事业单位，完成47家市属生产经营类事业单位转企改制。全市行政村由2845个减少到1833个，撤并35.5%，超额完成行政村撤并任务。全面推行营改增试点，直接为企业减税20.8亿元。全年商品房销售2479.23万平方米，比上年增长22.9%。持续推进重点领域改革，积极推进“五证合一、一照一码”商事制度改革和公共资源交易平台整合。顺利实施机关事业单位养老保险制度改革，配套推进户籍制度改革，出台《西安市居住证管理办法》，实行积分落户制度，年初确定的事业单位分类改革、财政预算改革、区（县）公立医院改革、大学区管理制改革等关键领域改革取得明显成效。

◆**“学党章党规、学系列讲话，做合格党员”学习教育**　2016年，中共西安市委常委会多次召开专题会议，学习中共中央总书记习近平重要批示和中共中央、中共陕西省委方案，研究部署贯彻落实工作。组建学习教育协调小组，制订《全市“两学一做”学习教育实施方案》，在全市范围内集中摸排失联党员8274名，经查找取得联系党员7117名。加强党员干部教育培训，开展中国共产党第十八届中央委员会第五次全体会议、第六次全体会议精神学习轮训，分13期对全市1025名市管干部和3011名市级部门处级领导干部轮训，利用网络培训县处级以下干部19838人，完成中共中央和陕西省以上调训任务培训班37个。举办新提拔市管干部“延安精神”再教育专题培训班。开展专业化能力培训，举办丝绸之路新起点城市建设、供给侧结构性改革、县域经济发展和城乡统筹等14个专题培训。确定党内法规系列等22个选学专题，并开通在线网络选学，8800人参加学习。成立6个督导组，建立问题反馈清单制度和信息月报送制度，对全市党组织开展学习教育情况进行4轮次检查督导，先后5次对存在问题的基层党组织进行通报督促。

◆**贯彻落实“三项机制”**　2016年，中国共产党西安市委员会研究部署中共陕西省委“三项机制”贯彻落实工作，制定《西安市党政干部鼓励激励实施细则（试行）》《西安市党政干部容错纠错实施细则（试行）》《西安市推进市管党政领导干部能上能下实施细则（试行）》，文件质量在陕西省审查排名中获得“好”等次。在《西安日报》等媒体开设“三项机制”专栏25期，组织市、区（县）两级领导干部在陕西省、西安市媒体发表体会文章30余篇，编发学习资料1.5万册，开展宣讲活动20余场次，推进“三项机制”贯彻落实。研究制定《关于在干部选拔任用中强化“三项机制”运用的意见》，加强日常研判与班子建设，全年运用“三项机制”调整干部93人，其中鼓励激励57人，容错纠错18人，能下调整18人。根据“三项机制”要求，将《西安市考核办法》提升为《西安市考核工作规定》，将“三项机制”各项内容纳入全市考核体系。开展知晓率和满意度电话访问调查，进一步强化考核结果运用。加大对“鼓励激励、能上能下”机制中规定的生态环境、安全生产、维稳综治、扶贫攻坚等工作的奖惩和干部调整力度，使“三项机制”在西安市高效运转，充分发挥作用。

◆**部署落实“追赶超越”要求**　2016年，中国共产党西安市委员会抓好中共陕西省委《关于进一步落实“追赶超越”要求的通知》精神落实，专门召开中共西安市委常委会会议，传达中共陕西省委“追赶超越”视频会议精神，研究部署西安市贯彻落实工作。在分析市情、统筹考虑西安发展定位和机遇挑战的基础上，制定《西安市进一步落实“追赶超越”要求实施方案》，按照“立足实际、凸显特色、弥补短板、追赶超越”的原则，将西安市“追赶超越”总体目标确定为“追赶成都、超越济南”，力争2021年全市经济总量在副省级城市中争先进位。研究提出“追赶超越”27项指标体系和5个子方案，在确保完成各项目标任务的同时，凸显西安特色，探索西安经验。

◆**经济发展**　2016年，中国共产党西安市委员会把稳增长作为头等大事，经济运行呈现“总体平稳、稳中向好”的发展态势。

每季度研究经济运行情况，先后出台“稳增长22条”“楼市新30条”“促旅游27条”和“强工业20条”等一系列政策措施，策划实施渼陂湖、幸福林带等12个事关西安长远发展的重大项目建设，设立500亿元西安合作发展基金和76亿元市场化运作产业基金，启动地下综合管廊、海绵城市、快速干道等21个PPP项目，引进社会投资130.8亿元，571个市级重点项目完成投资2339亿元，完成年度计划任务的123%。围绕当好服务企业的“店小二”“娘家人”，在全市开展“千人亲商助企”活动，大力整治投资环境，着力释放发展活力。按照“以市场换产业、以项目换投资”的思路，持续加大招商引资力度，中国铁建股份有限公司高端装备制造业基地、中国节能环保集团公司环保产业园、乐叶光伏等一批产业项目开工建设，中兴微电子、华为软件新城、比亚迪新能源大巴及“云轨”生产基地等20多个重大项目签约落户，与“六大央企”（中国铁路工程总公司、中国铁建股份有限公司、中国建筑工程总公司、中国交通建设股份有限公司、中国节能环保集团公司、华润集团有限公司）及美光科技、万达集团、恒大集团、浦发银行等中外知名企业签订战略合作协议，全年实际引进内资1780亿元人民币，实际利用外资45亿美元，分别比上年增长7.1%和13.92%。全市生产总值增长8.5%，提高0.3个百分点，增速位列全国15个副省级城市“第一方阵”；固定资产投资增长2%，提高14.5个百分点；社会消费品零售总额增长9.6%；地方一般预算收入增长11%。

持续推进“工业突破”，狠抓渭北工业区和143个市级重点工业项目建设，智能终端、新能源汽车等“新千亿级产业集群”建设加快推进，中兴通讯股份有限公司西安分公司和西安隆基硅材料股份有限公司产值突破100亿元，工业发展后劲不断增强，规模以上工业增加值增长9.9%，增速位居副省级城市第一。推动服务业创新升级，国家、省、市级服务业聚集区总数达到40个，服务业试点聚集区市域范围实现全覆盖。加快“智慧旅游”体系建设，白鹿原影视城等重点景区建成开放，全年接待游客1.5亿人次，旅游业总收入1213.81亿元。大力发展都市型现代农业，加快推进“一区三带七板块”（“一区”：秦岭北麓西安都市现代农业示范区；“三带”：南横线都市农业产业带、沿渭都市农业产业带、渭北农业产业带；“七板”块：白鹿原都市农业板块、周至猕猴桃板块、户县葡萄板块、长安鲜桃板块、临潼石榴板块、临潼奶牛板块、蓝田肉鸡板块）建设，粮食总产量达到194.15万吨。省级重点镇、重点示范镇和文化旅游名镇完成投资27.61亿元，完成年度目标任务的111.1%。

围绕中共中央赋予的17项创新改革先行先试权，系统推进“两区、双创”工作，制定出台《西安市创新改革实施细则》，在创新利益分配、成果转化等13个方面开展创新改革，2条经验被列入国家第一批可复制、可推广的经验目录，西安自创区成为国家首批投贷联动5个试点自创区之一；全市各类创业创新载体达到120余家，新登记各类市场主体达到14.18万户，增长22.2%，西安成功入选“全国小微企业创业创新基地城市示范”名单。技术合同成交总金额达到711亿元，研发支出预计占地区生产总值比重5.27%，超目标任务1.7个百分点，规模以上工业企业研发投入占主营业务收入比重1.2%。

以打造国家对外开放“门户城市”为目标，落实“一带一路”建设《行动计划》，加大“西安港”建设力度，“长安号”中欧国际货运班列每周三班常态化运营，西安—阿姆斯特丹国际货运航线通航，西安市71.61平方千米划入陕西自贸区核心区域；成功举办2016中央电视台春节联欢晚会分会场、中央电视台中秋节联欢晚会、第四届丝绸之路经济带城市圆桌会和第三届丝绸之路国际电影节等重大活动，国际友好城市达到29个。全年进出口贸易总额达到1818.2亿元人民币，增长3.8%。

◆人民生活 2016年，中国共产党西安市委员会把增进百姓福祉作为一切工作的出发点和落脚点。全年民生支出774.9亿元，占财政总支出的82.2%。民生财政“保基本、补短板、兜底线”的效应全面显现。

10大项50件惠民实事全面推进，提供保障性住房房源2.1万套，完成年度任务的108%；启动10个集体土地、2.75万人的棚户区（城中村）改造项目，完成17个村、2.97万人的回迁安置任务。城镇新增就业12.92万人，完成目标任务的117.45%；新开发公益性岗位2371个，完成年度任务的118.55%。实行城市低收入家庭医疗救助“一站式”服务，免除城市低收入家庭门诊挂号费和诊查费。城市道路清扫保洁员工资待遇提高到平均每人每月2282元，新农合筹资标准提高到每人每年570元。完成“千场戏剧惠民演出”1747场，超目标600多场。

实施“四大创业计划”和农民工返乡创业“七项行动计划”，举办大规模招聘会268场，提供就业岗位14.25万个。70所义务教育学校“全面改薄”项目如期完成。新建、改扩建幼儿园102所，实施普通高中免学费，惠及学生15.98万人，全市中小学宽带网络“校校通”实现全覆盖。优化医疗资源布局，全面启动城市公立医院改革，批准设置医院4所，西安市第三医院开诊试运行。建成农村饮水安全工程91处，惠及群众19.5万人。

推进脱贫攻坚，全面启动新一轮驻村联户扶贫，市、区（县）两级对218个市级重点村和281个省级贫困村实现驻村帮扶全覆盖，将扶贫标准和农村低保标准统一提高到每人每年3600元，建档立卡贫困人口减少计划完成率、贫困人口识别和退出准确率分别达到100%和95%，3384户移民（脱贫）搬迁任务全面开工建设，基本完成省考任务。持续推进3个副中心、5个组团和一批重点镇、特色镇建设，户县撤县设区获国务院批准。改造农村危房3514户，硬化省定贫困村道路13.6万平方米，建成镇村一体化卫生室105个，农村公共服务质量得到提升。

推进社会稳定风险评估工作，制定下发《西安市2016年重大决策社会稳定风险评估考核办法》，妥善防范处置联合学院等群体集访事件，全市进京非访人次下降31.2%，群体性事件下降18%。推进“平安西安”建设，全面加强反恐怖情报信息搜集、重点区域管控和各类案件侦办等工作；持续加强社会治安防控体系建设，安装视频探头30.8万个，被中央社会治安综合治理委员会办公室评为“公共安全视频监控建设联网应用示范城市”。夯实安全生产责任和食品安全责任，全年未发生重特大生产安全事故和重大食品安全事故。

◆和谐宜居城市建设 2016年，中国共产党西安市委员会不断优化完善城市空间发展布局，努力创造天蓝、地绿、水清的美好家园。

开展城市治理 按照“市区联动、以区为主，突出重点、强力治理，建管并举、考核推动”的原则，全面深入开展城市治理工作，出台《进一步加强市容环卫行业管理工作实施意见》《西安市城市建成区违法建设治理五年实施方案》等文件。启动开展“垃圾不落地 西安更美丽”活动和市容保洁、交通秩序、户外广告、围墙围挡、占道经营等7个专项整治行动，钟鼓楼广场环境整治提升工作效果明显。开展“大冲洗、大擦洗”活动24次，查处违法违规出土、拆迁工地125个，取缔违法占道经营11万处，清理规范早夜市摊点5494个，拆除违规户外广告及牌匾6.8万块，城市治理工作取得阶段性成效。

推进治污减霾 出台《西安市治污减霾工作实施方案（2016年）》《西安市重污染天气应急预案》和“冬十条”等一系列治理措施，狠抓燃煤锅炉、扬尘污染、尾气超标、露天烧烤等重点污染源治理。针对极端不利天气影响，首次采取汽车单双号限行、土石方作业工地停工、中小学停课等应对措施，遏制污染影响。拆改燃煤锅炉208台、提标治理25台，削减煤炭消耗总量45.56万吨，淘汰黄标车、老旧车53581辆。完成减排项目132个，6个省级重点减排考核项目全部完成，化学需氧量、氨氮、二氧化硫、氮氧化物及挥发性有机物排放预测分别完成全年目标任务的120%、108%、110%、106%和100%，抑污削峰成效进一步凸显。渭河出界断面水质化学需氧量、氨氮平均浓度分别为22.1毫克/升、1.01毫克/升，优于省考控制目标。城市、县城污水处理率、垃圾无害化处理率分别达到95.8%、82.8%和100%、97.03%，均超省考指标。

提升城市综合承载力 推进缓堵保畅，制定《西安市交通拥堵综合解决方案》，改造城市道路96条，打通“断头路”6条，建成人行天桥、地下通道6座，

改造道路交叉口22处，朱宏路—凤城四路立交等一批重点市政道路建成通车，新增公共自行车1.08万辆、公共自行车站点303个，开工建设停车位5万个，完工2.2万个，新建智能信号灯250处，城市交通状况进一步改善。加快推进地铁建设，地铁3号线开通运营，轨道交通运营里程由52千米增加到90.8千米，1号线二期、4号线、5号线、6号线加紧建设。启动实施韩森东路等17条缆线管廊项目，建成缆线管廊56.5千米，确定49个海绵城市试点项目，完成半坡博物馆等13处积水点改造。

推进生态文明建设　坚持依法保护秦岭，制定出台《西安市秦岭生态环境保护管理办法》，开展违法建筑综合整治"回头看"，强力整治保护区内各类采矿点；加快实施环山路绿化景观提升工程，完成环山路绿化62.6千米，新建节点广场25个。大力实施"美丽西安·绿色家园"行动，启动387个城市绿化景观提升项目，加快推进8个城市出入口的环境改造提升，建成绿地广场95个，文景山公园、灞渭桥车游湿地建成并向市民免费开放，灞河蓝田段、石川河阎良城市段成为水生态治理新亮点，渭河西安段124千米河堤生态景观大道全线贯通。全年完成郊区造林绿化0.29万公顷、城市道路绿化114条，新增城市绿地415万平方米、湿地450.2公顷、生态水面183.53公顷，成功创建"国家森林城市"。

◆**党的建设**　2016年，中国共产党西安市委员会高度重视党的建设，始终把全面从严治党落在实处，自觉履行主体责任。

领导班子和干部队伍建设　认真做好市管干部调整配备工作，调整市管干部374人，其中提拔任职或平级重用154人。印发《关于进一步加强干部任职备案工作的通知》，从村（社区）干部、劳模人员中招录公务员3人。完成市管后备干部集中调整补充工作，确定区（县）正职后备干部29名、副职后备干部92名，市级部门正职后备干部97名、副职后备干部270名。持续抓好超职数配备干部消化、干部档案造假、"裸官"、领导干部违规兼职等重点整治，严格执行《干部选拔任用工作有关事项报告》和《重大事项报告》有关要求，重点抽查3178名考察对象、区（县）换届拟提名人选、区（县）副处级以上"两代表一委员"（党代表、人大代表和政协委员）推荐人选个人有关事项报告，202人因报告内容不一致被取消考察对象资格。

基层党组织建设　印发《关于进一步加大软弱涣散基层党组织整顿工作力度的通知》，256个村党组织整顿实现"清零"。建立村干部坐班值班制度，刚性落实村干部补贴、办公经费配套资金3.29亿元，为1.6万名村干部兑现工作补贴。扎实推进在职党员到社区报到活动，全市7.3万名在职党员到社区开展主题服务活动8100次。全面完成社区党组织"评星定级、晋位提档"目标，全市"三星"以上社区党组织达到436个。建立非公党建信息系统动态维护和季度通报制度，向非公经济和社会组织选派6164名党建指导员，动态巩固非公企业"双百覆盖"，为121户非公企业和社会组织吸纳1034名党员人才。持续抓好带头人队伍建设，向814个村选派"第一书记"。

领导班子换届工作　成立中共西安市委、区（县）、乡（镇）换届工作领导小组，全市55个镇党委在6月28日前全部完成换届任务。精心组织13个区（县）领导班子换届考察，新提拔干部99人。严格执行"九严禁"（严禁拉帮结派、严禁拉票贿选、严禁买官卖官、严禁跑官要官、严禁造假骗官、严禁说情打招呼、严禁违规用人、严禁跑风漏气、严禁干扰换届）等换届纪律，2次发送"换届纪律提醒函"，2次召开专题谈心谈话会，签订"严明换届纪律承诺书"，全面建立和严格落实责任清单。深入开展"四必看"（四大班子领导必看、参加换届工作会议的同志必看、负责换届机构人员必看、"两代表一委员"必看）、"四必谈"（本级四大班子成员必谈、本级党委管理的主要领导干部必谈、重点岗位干部必谈、负责换届工作人员必谈）、"四必训"（抓好组织人事部门分管领导和干部监督机构工作人员的培训，抓好换届考察组成员培训，抓好人大、政协和纪委、统战部等有关方面参加换届工作人员的培训，抓好"两代表一委员"的培训），组织换届相关人员深入学习"一片一书"（《镜鉴——衡阳、南充违反换届纪律案件警示录》《严肃换届纪律文件选编》），2.2万人次观看警示教育片。在新闻媒体公布"九严禁"纪律和"12380"举报电话，全面接受社会监督。建立快速查核、立项专办、严肃换届纪律零报告等制度，成立4个巡回督查组，全程监督换届纪律风气。在区（县）换届考察中，28名干部因瞒报情形被诫勉谈话，8名干部被取消考察对象资格。

反腐败和党风廉政建设　健全责任分解、落实、监督机制，制定《市委常委会履行党风廉洁建设主体责任清单》，明确责任追究和问责事项。对落实"两个责任"不力的34名领导干部进行问责，曝光典型问题。严防"四风"问题反弹，查处违反中央八项规定精神问题139个，处理249人，给予党政纪处分195人。加强督办问效，严肃问责治污减霾、安全生产、非法经营疫苗等问题中失职渎职人员212人。围绕市容环境、医疗卫生等工作，创新举措开展《问政时刻》5期，用监督传递压力，倒逼部门改进工作。分3轮对30个单位巡视，对18个单位进行巡视整改监督检查，发现问题180个，移交问题线索172件。扎实推进纪律检查体制改革，市、区（县）两级派驻（出）纪检机构实现全覆盖。全市受理信访举报5047件（次），处置问题线索5025件，立案1688件，党政纪处分1741人，移送司法机关41人。查处侵害群众利益的不正之风和腐败问题831件，党政纪处分1039人。将违反政治纪律、组织纪律的问题纳入纪律审查重点，查处82件，党政纪处分78人。

◆**中国共产党西安市第十二届委员会第八次全体会议**　2016年1月18日在陕西宾馆举行。会议由中共西安市委常委会主持。全会听取和讨论中共西安市委常委会工作报告，并对经济工作进行总结和安排部署。审议通过《西安市国民经济和社会发展第十三个五年规划纲要（草案）》《关于终止孙清云同志西安市第十二次党代会代表资格的决议》。出席会议的有中共西安市委委员54人、市委候补委员7人。有关方面负责人及中国共产党西安市第十二次代表大会部分基层党代表列席会议。

◆**中国共产党西安市第十二届委员会第九次全体会议**　2016年8月3日在陕西宾馆举行。全会认真学习贯彻中共中央总书记习近平系列重要讲话精神，传达贯彻中国共产党陕西省第十二届委员会第九次全体会议精神，总结上半年经济工作，安排部署下半年任务，审议通过《中共西安市委关于户县撤县设区的意见》。全会由中共西安市委常委会主持。中共西安市委委员、候补委员出席会议。西安市人民代表大会、西安市人民政府、中国人民政治协商会西安市委员会领导，西安警备区司令员，西安市人民法院院长，西安文理学院院长；市级各部门、事业单位、人民团体主要负责人，不是中共西安市委委员、市委候补委员的区（县）、开发区党政主要负责人；党的关系在市上的省属部门党员主要负责人，部分市属国有企业、市属高校主要负责人，中国共产党西安市第十二次代表大会部分基层代表等列席会议。市级各民主党派主任委员、西安市工商业联合会主席应邀出席。

◆**中国共产党西安市第十二届委员会第**

十次全体会议 2016年11月14日在陕西宾馆举行。全会审议通过《关于召开中国共产党西安市第十三次代表大会的决议》《关于停止杜航伟执行西安市第十二次党代会代表职务的决议》和《关于终止时周平等五人西安市第十二次党代会代表资格的决议》。全会决定，2017年1月下旬召开中国共产党西安市第十三次代表大会。中共西安市委委员、候补委员出席会议。

◆**西安市领导干部大会** 2016年12月9日，西安市召开全市领导干部大会。中共陕西省委常委、省委组织部部长张广智宣布中共中央和中共陕西省委决定：王永康任中共陕西省委委员、常委，西安市委委员、常委、书记；魏民洲不再担任中共陕西省委常委，中共西安市委书记、常委、委员职务。中共陕西省委副书记毛万春出席会议并讲话。中共西安市委副书记、西安市市长上官吉庆主持会议。王永康在讲话中表示，完全拥护中央和省委决定，坚决服从组织安排，一定接好“接力棒”，把好“政治关”“能力关”“作风关”“责任关”“廉洁关”，走好“新的长征路”，用对党绝对忠诚、个人干净干事、为民敢于担当的实际行动，把自己牢牢根植于这片热土、根植于丝绸之路经济带的新起点、根植于广大干部群众之中，与西安人民同呼吸、共命运，为加快建设具有历史文化特色国际化大都市而努力；将牢记使命、勇挑重担，把西安人民对美好生活的向往作为奋斗目标，只争朝夕地去兑现承诺，多深入基层、深入一线，低调务实、勤政善政、多做少说，把西安的发展建立在过硬的富民成果之上，努力向党中央、向陕西省委、向870万西安人民交出一份满意答卷。上官吉庆表示，坚决拥护中央和陕西省委决定，自觉同以习近平为核心的党中央保持高度一致，坚决把思想和行动统一到中央决定上来，全力支持和配合好永康书记的工作，坚决维护市委班子团结，一如既往地履行好岗位职责，确保各项工作平稳有序。中共西安市委常委，西安市人民代表大会常务委员会主任、副主任，西安市人民政府副市长，中国人民政治协商会西安市委员会主席、副主席，西安市中级人民法院院长，西安市检察院检察长，西安文理学院党委书记、院长；其他市级领导；担任过市级正职领导职务和本届以来担任市级副职领导职务的离退休老同志；西安市人民政府秘书长，市委、市人大、市政府、市政协副秘书长；中国共产党西安市纪律检查委员会副书记；市级各部门主要负责人，各区（县）、开发区党政主要负责人，市级民主党派、西安市工商业联合会主要负责人参加会议。

（侯海燕）

中国共产党西安市委员会
（以2016年年底在职为准）

书　　记　王永康
副 书 记　上官吉庆　胡润泽
常　　委　韩　松　赵红专　史晓红　吕　健　任军号　吴　键　杨　鑫　杨秉琦
副秘书长　吴智民　张鹏飞　纪　刚　冯　涛　张　涌　赵公民　褚祝利

市委工作机构

市委办公厅
主　　任　张　涌

市委组织部
副 部 长　薛振虎　李宁君（兼）　田周民　王京献　张少纯　施利民
部务委员　李来绪　王庆华（女）
纪检组长　王清山

市委宣传部
部　　长　吴　键
副 部 长　夏泽民　蒋少宁　惠　毅（兼）　王晓锋　关相林　马　锐（回）　廉宏伟
纪检组长　聂　虹（女）

市委统战部
部　　长　史晓红（女）
副 部 长　乔安涛　邓福喜　李社民（兼）
纪检组长　马小莉（女）

市委政策研究室
主　　任　冯　涛
副 主 任　刘发奎　李传顺　孙怀国

市委政法委员会
(市社会管理综合治理委员会办公室)
书　　记　胡润泽（兼）
副 书 记　贾养勋　高选良　高　威　孙永涛　赵　夏
政治部主任　党红月（女）
纪检组长　喻惠霞（女）
市委维稳办副主任　蒋礼泉

市直属机关工作委员会
常务副书记　张爱萍（女）
副　书　记　刘京芳（女，蒙古）　张军利
纪工委书记　王晓军

市机构编制委员会办公室
主　　任　王炳南
副 主 任　张忠芳　苏立群（满）
机构编制督查专员　顾　蕾（女）

市信访局（市信访接待中心）
局　长（主　任）　褚祝利
副局长（副主任）　尹绪庄　王增武　杨德山
督查专员　陈　博

市委老干部工作局
局　　长　王京献
副局长　王利民
西安老年大学校长　毕　锟

市委直属工作单位

市委党校
（市行政学院、市社会主义学院）
校（院）长　胡润泽
常务副校（院）长　王华旭（常务）　邓福喜（兼）
副校（院）长　史晓英　范建军　徐　来

市委党史研究室
主　任　王军平
副主任　杨　伟

市档案馆（局）
馆（局）长　崔　林
副馆(局)长　黄海绒（女）　吴立民

西安报业传媒集团（西安日报社）
董 事 长　夏泽民
社　　长　夏泽民（兼）
副 社 长　屈胜文（兼）
总 编 辑　屈胜文
总 经 理　苟立武
副 总 编　牛延平　张更武　尤凌波　程建设
党委副书记　缑发世
纪 检 组 长　初亚莉（女）

市统筹城乡发展工作领导小组办公室
主　任　倪广天
副主任　李岁会

市委派出机构

市非公有制经济组织党建工作委员会
书　记　田周民
副书记　王曙彬（兼）　张宝昌（兼）

组　织

◆概况　2016年，中共西安市委组织部贯彻落实全国、全省组织部长会议精神，落实全面从严治党要求，把握大局大势，突出工作重点，聚焦主业、精准施策，改革创新、狠抓落实，为加快建设具有历史文化特色的国际化大都市提供坚强组织保证。截至年底，西安市有中共基层党组织17657个。其中，党委698个，党总支961个，党支部15998个；党员430755名，比上年减少0.89%。

◆领导班子和干部队伍建设　2016年，中共西安市委组织部做好领导班子调整和补充配备工作。按照中共陕西省委、中共西安市委部署，依照有关法律程序和规定，完成西安市第十五届人民代表大会第六次会议、中国人民政治协商会议西安市第十三届委员会第五次会议有关组织筹备和选举工作。做好市管干部调整配备工作，全年向中共西安市委常委会报批干部11次，调整市管干部374人，其中提拔任职或平级重用154人。组织对9名正局职领导干部拟任人选按照《中共西安市委全委会对区县党政正职及正局职领导干部拟任人选和推荐人选票决办法》进行票决。对52个市级部门的321名处级干部任免意见进行研究任免或审理函复，完成中共区（县）委组织部4名副部长考察任免和26名纪委副书记调整配备工作。印发《关于进一步理顺市直属企业领导人员管理权限及任免审批程序的通知》，对市属企业中层以上领导干部管理权限和任职备案等做出明确规定。协调做好西安市妇女联合会换届人事安排各项组织工作，完成西安市总工会常委补选、西安市残疾人联合会主席团副主席改选、市级民主党派换届有关工作。

公务员日常管理　会同西安市公务员局对全市各级机关、参照公务员法管理单位处级及以下非领导职务职数进行核定。印发《关于进一步加强干部任职备案工作的通知》，对西安市处级及以下干部特别是开发区干部任职备案工作提出要求，做到任职备案工作全覆盖。按照公务员登记有关规定，对党群系统394人进行公务员登记。为党群系统招录公务员106人，从村（社区）干部、劳模人员中招录公务员3人。坚持每月对到龄退休干部进行清理，全年办理市管干部退休117人。

干部管理　改进市管后备干部推荐方式，组织完成市管后备干部集中调整补充工作。确定区（县）正职后备干部29名、副职后备干部92名，市级部门正职后备干部97名、副职后备干部270名。对全市年轻干部基本情况进行调查摸底，组织完成对新招录的20名选调生的考察了解、接收录用工作。做好中共陕西省委组织部、中共陕西省委统战部安排的6名党外人士在西安市挂职锻炼工作，协调做好陕西省选派的18名金融、城建类干部到西安市挂职工作，组织做好选派13名副区级领导干部到陕西省挂职工作。抽调1530名干部参与“千人亲商助企活动”。执行《关于认真做好干部选拔任用工作有关事项报告的通知》《关于认真做好市管干部个人日常重大事项报告的通知》，对45名市管干部进行组织函询，对30名市管干部进行诫勉谈话。综合运用巡视、考核、审计、信访和个人有关事项抽查核实等成果，及时发现和纠正领导干部苗头性倾向性问题。持续抓好超职数配备干部消化、干部档案造假、“裸官”、领导干部违规兼职等重点整治，做好干部选拔任用“一报告两评议”工作。对全市拟提拔为副处级及以上干部、列为副局级以上后备干部人选进行重点抽查核实，全年对3178名考察对象、区（县）换届拟提名人选、区（县）副处级以上“两代表一委员”推荐人选个人有关事项报告重点抽查，其中202人因抽查核实结果与本人报告的个人有关事项内容不一致被取消考察对象（初步建议人选）资格。受理各类举报146件，办结142件。

◆市、县、乡领导班子换届　2016年，中共西安市委组织部成立中共西安市委区（县）乡镇换届工作领导小组，在做好前期调研、培训的基础上，制定《西安市区（县）换届人事安排方案》，经中共西安市委常委会研究审议后报陕西省委组织部备案审批。按程序推选、按规定审理13个区（县）中共党代会代表资格，13个区（县）党代会全部胜利闭幕。新提拔干部99人，其中提拔进党政班子41人。做好市级领导班子换届相关工作，配合中共中央组织部和中共陕西省委干部考察组完成市级领导班子换届考察工作。抓好严肃换届纪律工作，将换届风气监督工作细化为23项具体措施，通过2次发送“换届纪律提醒函”、2次召开专题谈心谈话会、签订“严明换届纪律承诺书”等方式，建立和落实责任清单。组织换届相关人员学习“一片一书”（警示教育片《镜鉴——衡阳、南充违反换届纪律案件警示录》和《严肃换届纪律文件选编》），印制2万余张“九严禁”（严禁拉帮结派、严禁拉票贿选、严禁买官卖官、严禁跑官要官、严禁造假骗官、严禁说情打招呼、严禁违规用人、严禁跑风漏气、严禁干扰换届）提醒卡发放给全市换届工作有关人员。2.2万人次观看警示教育片，对市、区（县）、镇三级共4820人次进行谈心、谈话，对1.4万人次进行培训。在《西安日报》、西安党建网等新闻媒体公布“九严禁”纪律要求和“12380”电话、短信、网络、信访“四位一体”换届风气监督举报方式。建立快速查核、立项专办、严肃换届纪律零报告等制度，成立4个巡回督查组，全程监督换届纪律风气。区（县）换届考察过程中，28名干部因瞒报情形被诫勉谈话，8名干部被取消考察对象资格。会同中共西安市纪律检查委员会对156名区（县）、市级部门党政主要领导执行换届纪律情况进行检查，派出10个督查组对各区（县）、市级各部门执行换届纪律进行巡回督查。在13个区（县）中共党代会上发放问卷3200余份，对换届风气总体评价“较好”以上的达98%。

◆基层党建组织和党员队伍建设　2016年，中共西安市委组织部以建设基层服务型党组织为统领，突出政治功能，强化服务功能，按照“传统领域抓提升、新兴领域抓规范、健全机制抓保障”的思路，增强基层党组织战斗力凝聚力感召力。

农村党建　按照中共陕西省委关于加强软弱涣散基层党组织整顿工作要求，建立村干部坐班值班制度，提升村党组织规范运转水平。确定265个软弱涣散村党组织作为整顿对象，采取中共区（县）委书记、区（县）长、组织部长、镇街党（工）委书记联系包抓一个问题最突出的村，组织部分市级职能部门分别整顿提升一个市级重点整顿对象等做法，推进包抓村建强基层组织、提升治理水平。10月底，全面完成整顿“清零”任务。刚性落实村干部补贴、办公经费配套资金3.29亿元，为15963名村干部兑现工作补贴。

街道社区党建　安排部署全市社区“两委会”（社区党支部委员会和社区居委会）第六次换届选举工作，纳入换届的883个社区党组织进行换届。组织对全市89个问题较为突出的软弱涣散社区党组织集中整顿。推进“在职党员到社区报到”活动，全市73165名在职党员到社区报到，开展主题服务活动8100次，认领“微心愿”14124个。全市69个社区党组织晋升“三星”，全市“三星”以上社区党组织达436个，全面完成陕西省确定的社区党组织“评星定级、晋位提档”工作目标。

非公经济组织和社会组织党建　建立信息系统动态维护和季度通报制度，选派6164名党建指导员，开展“集中组建”等活动，推进全市正常运转的19302个非公企业、1690个社会组织党组织覆盖率分别达到80.88%、91.72%，均超出陕西省要求30多个百分点。举办全市非公企业和社会组织党员高级人才招聘会，为121户非公经济组织和社会组织吸纳1034名党员人才。新建27个党群服务中心，提供党组织关系接转等一站式服务2万余次，推动党建工作由“管理”型向“服务”型转变。深化“评星晋级、争创双强”活动，表彰120户三星级、四星级非公企业党组织并授牌。承办全省集中推进非公企业和社会组织“两个覆盖”现场会，扩大西安市非公企业和社会组织党建工作影响力。

基础党组织负责人队伍建设　指导各区（县）开展2015年度村中共党组织书记“双述双评”活动，确定为称职以上等次村党组织书记2753名，占总人数的98%。做好年度选聘、日常管理、解决出路等工作，确保村官“下得去、干得好、待得住、流得动”。以“选、管、炼”为切入点和着力点，发挥第一书记在精准扶贫工作中的作用，向814个村选派第一书记，争取扶持资金6538万元，引进项目865个，化解矛盾纠纷1350件，帮扶慰问贫困户11513户。全年举办非公经济组织和社会组织、社区党组织书记、第一书记等培训班87期，培训6800人次。

党员发展和教育管理　落实中共中央和陕西省党员发展宏观调控要求，制订党员发展计划。依托远程教育平台开展党员学习教育，“西安党建网”及微信公众号刊载全市学习教育信息近1000篇，网站每日浏览量突破3000余次，“中共西安党建公众微信号”关注人数超过3万人。采取“就地、随机”形式，组织14.8万名党员参加党章党规在线考试。安排开展纪念中国共产党建党95周年系列活动，组织推荐、遴选、表彰60名全市优秀共产党员、50名全市优秀党务工作者和120个全市先进基层党组织。西安市1名优秀共产党员、1个先进基层党组织受到中共中央表彰；12名优秀共产党员、7名优秀党务工作者和10个先进基层党组织受到中共陕西省委表彰。

党建工作责任制落实　按照陕西省开展“四位一体”基层党组织建设提升年活动统一部署，建立各领域基层党建工作任务清单、责任清单。采取不打招呼方式抽查暗访520个基层党组织，对党建工作存在的问题在全市范围通报9次。针对中共陕西省委组织部每月通报问题，对中共各区（县）委组织部主要负责人进行“一对一”约谈，建立问题清单，明确责任单位、整改时限，督促抓好整改工作。组织中共区（县）开发区党（工）委书记进行抓基层党建工作和履行党风廉政建设主体责任述职评议，指导镇街党（工）委书记向区（县）委述职，市属高校、市属企业分别向中共西安市教育局党委、中共西安市人民政府国有资产监督管理委员会党委述职。

◆干部教育培训　2016年，中共西安市委组织部以学习贯彻中国共产党第十八次全国代表大会，中国共产党第十八届中央委员会第三次全体会议、第四次全体会议、第五次全体会议、第六次全体会议和中共中央总书记习近平系列重要讲话精神为重点开展干部教育培训。深化中共十八届五中全会精神学习培训，分13期对全市1025名市管干部和3011名市级部门处级领导干部进行轮训，利用网络培训县处级以下干部19838人。举办新提拔市管干部“延安精神”专题培训班1期，培训61人；组织市管干部十八届六中全会精神轮训班4期，培训1300人，并帮助指导13个区（县）对中层干部进行轮训，共培训3766人。将理论教育和党性教育在中共西安市委党校主体班次教学占比提升至70%以上，加大读原著、原文和领导干部讲授比重。组织举办丝绸之路新起点城市建设、供给侧结构性改革、县域经济发展和城乡统筹等14个专题培训。确定中共党内法规系列等22个选学专题，委托西安广播电视大学开通在线网络选学，8800人参加学习。举行中共中央《干部教育培训工作条例》专题培训班，全市有231名组织工作干部和干部教育工作者参训。完成中共中央及陕西省级以上调训任务37个培训班214人次。实施领导干部上讲台、培训登记管理和通报制度，从严落实学分制管理办法。深化干部教育培训分类研究，抓好区（县）干部教育培训专题调研，开展中共中央《2013—2017年全国干部教育培训规划》实施督查。坚持培训方案审批制，加强异地教学管理，做到因才培训、按需施教、勤俭办学。全年指导全市各级部门培训干部9.7万人次。

◆人才强市战略　2016年，中共西安市委组织部落实中共中央和中共陕西省委深化人才发展体制机制改革座谈会精神，提出西安市贯彻落实意见。围绕构建西安市人才管理、服务、交流三大平台，研究开发“高层次人才综合管理系统”。立足发挥西安科教资源聚集优势，推进“高校院所科技创新型人才服务企业工程”，推进人才智力资源共享和科技成果转化。

高层次人才引进　策划开展系列海外高层次人才招聘和西安引才环境宣传推介活动，定期发布急需紧缺人才信息，鼓励吸纳涉外优秀人才和团队赴西安创新创业，2人入选国家“千人计划”、9人入选陕西省“百人计划”、16人入选西安市“5211计划”。持续推进市属企事业单位公开招聘博士研究生工作，录用53名博士研究生。建立人才培养激励机制，实施“高技能人才队伍建设工程”，组织开展“学技能、促创新高技能人才技能大赛”等活动，进一步营造“尊重劳动、尊重知识、尊重人才、尊重创造”良好氛围。

人才支持服务　加强西安市院士专家工作服务中心、西安留学回国人才联谊会、西安高新区各类人才交流协会等机构建设，搭建用人单位、各类人才和人才主管部门交流平台。发挥西安科技大市场技术交易、设备共享服务平台作用，建立技术交易信息服务、仪器设备共享服务、科技政策公共服务等信息常态化发布平台。参与组织实施科技小巨人培养工程，集中市、开发区、产业园区三级政策资源，采取优先股支持、新三板上市扶持等形式，培育“小巨人企业”700余家。

◆目标责任考核　2016年，中共西安市委组织部制定《2015年度目标责任综合考核工作实施方案》，做好工作报告起草等有关准备，顺利完成陕西省考核检查工作。规范细化“2015年年终考核工作流程”，规范年底各类单项考核，组织对全市123家单位进行2015年度目标责任考核；召开全市目标责任考核工作总结表彰大会，对50家优秀和13家争先进位单位表彰奖励。出台《西安市年度目标责任考核工作规定》《2016年度市管干部考核等次评定实施细则》，制定各区（县）、开发区、市级部门2016年度目标责任考核指标，细化任务分解。按照中共中央和陕西省、西安市关于进一步精简考核指标精神，对以往分解下达的30项指标进行精简，增设市级部门监控性指标板块，设置指标评价要素和扣分范围，由相关职能部门采取倒扣分的方式进行日常监控。对各区（县）、市级各部门各项共性指标权重进行调整，加大各单位党建工作考核指标权重；定期组织召开季度目标任务完成情况分析推进会，在分析研判全市目标任务完成情况基础上，对下阶段全市考核工作进行安排部署。加大对陕西省考核指标任务完成情况通报。围绕中共西安市委、西安市人民政府2016年重点工作，建立考核工作台账，制定10项重点工作督查方案，强化对缓堵保畅、治污减霾、脱贫攻坚等工作的考核督查力度。推进“三项机制”（鼓励激励机制、容错纠错机制、能上能下机制）贯彻落实，编印《学习问答资料》1万册、《资料汇编》5000册；在市级新闻媒体开设专栏，对“三项机制”进行宣传解读，扩大干部群众知晓率。制定《西安市“三项机制”实施细则》，指导各区（县）、市级各部门制定相应的配套办法。在全市开展能力不足、动力不足、担当不足，不适宜担任现职领导干部清理排查工作；在区（县）换届中，对能力、动力、担当不足的3名领导干部转任非领导职务，推动形成“能者上、错着容、庸者下”的用人导向。

◆“两学一做”学习教育 2016年，中共西安市委组织部制定《全市“两学一做”学习教育实施方案》《市委常委会开展“两学一做”学习教育安排方案》，组建全市“两学一做”学习教育协调小组，为中共党员配发西安市“两学一做”学习教育笔记本和《“两学一做”学习教育送学上门20讲》等学习资料，建立微信公众号，制作动画教学片，组建群众宣讲团。指导全市中共基层党组织通过定期组织集体学、专题党课辅导学、红色基地体验学等多种方式，提高学习教育的经常性和吸引力、感染力。成立6个督导组，分4轮次赴13个区（县）和72个市级部门320个基层党组织开展学习教育检查督导。建立问题反馈清单制度，先后 5 次对存在问题的基层党组织进行通报，涉及问题265个，指导各基层中共党组织限期整改。印发《“两学一做”学习教育宣传用语指引》和《“两学一做”学习教育基本知识一览（上墙模板）》，建立信息月报送制度，加大对“两学一做”学习教育宣传。抓好中共基层党建7项重点任务，做好中共党员组织关系集中排查、党代表和党员违纪违法情况排查清理、基层党组织按期换届排查、党费收缴专项检查等重点工作。摸排失联中共党员8274人，经查找取得联系7117名；进行党员违纪违法排查清理，涉及中共党代表73人、人大代表68人、政协委员14人、受刑事责任追究党员209人、受行政处罚党员150人，均给予党纪处分或组织处理。指导1639个基层党组织完成换届整改，补交党费12708.36万元。抓好“三严三实”专题教育整改任务落实，组织中共西安市委各常委分赴13个区（县）列席指导中共区（县）委常委班子民主生活会。制定“三严三实”专题教育民主生活会“补课”工作方案，督促中共各区（县）、市级各部门党委（党组）班子在规定时限内进行补课。协助中共西安市委常委班子制定18条整改措施，督促各区（县）、市级各部门根据查找出问题制定整改方案和整改措施，落实责任单位，规定完成时限，确保整改取得实效。

（王　楠）

宣　传

◆概况 2016年，西安市宣传思想文化战线学习贯彻中共中央总书记习近平系列重要讲话精神，贯彻落实中共中央宣传部和中共陕西省委宣传部部署要求，围绕中共西安市委、西安市人民政府中心工作，加强理论武装、意识形态责任制、舆论引导、网络管理、核心价值观培育、精神文明建设、文艺文化繁荣等工作，各方面工作取得新进展。

◆理论宣传 2016年，中共西安市委宣传部把学习宣传贯彻中共中央总书记习近平系列重要讲话精神作为重中之重，采取多种形式组织学习宣传贯彻中共中央总书记习近平系列重要讲话精神和治国理政新理念、新思想、新战略。组织中共西安市委中心组集体学习10次、专题辅导7次，开展理论宣讲活动3400多场次，听众超过24.5万人次；学习宣传贯彻中国共产党第十八届中央委员会第六次全体会议精神宣讲80余场次，听众达3.2万人次。围绕“四个全面”战略布局、“五大发展理念”和“中国梦”等重大专题，开展“坚定跟党走•同心奔小康”等系列群众宣讲活动720余场次，听众达8.8万人次。落实意识形态工作责任制，建立完善处置预案，按照“谁主管谁负责”和属地管理的原则，加强分析研判，开展督查督办。

◆新闻舆论引导 2016年，中共西安市委宣传部把握正确导向，做好中共中央总书记习近平系列重要讲话精神宣传工作，做好中共十八届五中、六中全会和全国、省、市“两会”等重要会议、重要活动的新闻宣传。围绕“十二五”发展成就、“一带一路”建设、奋力追赶超越、坚定文化自信、“品质西安”建设等重点工作，组织开展系列重大主题宣传和成就宣传。全年在中共中央、陕西省主要媒体刊播西安市正面稿件2532篇（条），其中《人民日报》发稿59篇、新华社发稿574篇、中央电视台《新闻联播》等播发新闻58条，在中共中央和陕西省重点新闻网站、商业门户网站推送重点稿件1000余篇。建立全市新闻宣传联席会议制度，组建新闻宣传咨询策划团队，加强宣传舆论阵地建设，完善新闻发布会、新闻采访管理等制度，督导落实《应对媒体不力责任追究办法》（市宣发〔2014〕74号），加强马克思主义新闻观教育，持续深化“走转改”活动。推动市属媒体改革创新，在《西安日报》开辟刊发《长安新语》系列评论；在西安广播电视台开办新闻调查类舆论监督节目《每日聚焦》，办好《电视问政》节目。按照“防处并重、引导有力”的原则，稳妥做好西安联合学院非法集资、地铁5号线路树之争、地铁票制、票价调整等热点问题的舆论引导。

◆精神文明建设 2016年，中共西安市委宣传部召开全市培育和践行社会主义核心价值观暨精神文明建设工作会议，制定印发《2016年西安市培育和践行社会主义核心价值观工作任务分解方案》，开展“树家风传家训”“邻里守望”志愿服务、“善行义举榜”等主题实践教育活动。组织开展中国共产党建党95周年、红军长征胜利80周年纪念宣传活动。深化“尚德西安”建设，开展学雷锋服务活动、志愿服务社区行动，推进诚信建设制度化、志愿服务制度化，在第一届“全国文明家庭”评选表彰活动中，来自户县的全月秋家庭获“全国文明家庭”称号。全年西安市24人上榜“中国好人”榜，34人上榜“陕西好人”榜，评选推出56名“西安好人”，组织市属媒体对道德模范和身边好人的先进事迹进行广泛宣传。开展群众性精神文明创建活动，推进“讲文明•树新风”活动，开展文明旅游、文明交通、文明餐桌、网络文明传播行动。推进“美丽乡村•文明家园”活动，开展“我们的节日”主题教育活动，推进未成年人思想道德建设。

◆文化体制改革和文艺文化工作 2016年，中共西安市委宣传部贯彻落实中共中央总书记习近平在文艺座谈会上的重要讲话精神和《中共中央关于繁荣发展社会主义文艺的意见》，按照“扎实加强文化建设”的要求，开展“深入生活、扎根人民”主题实践活动。举办中央电视台春节联欢晚会西安分会场、中央电视台中秋晚会西安分会场、第三届丝绸之路国际艺术节、第三届丝绸之路国际电影节、第十一届中国艺术节、中韩第九届“石榴花之春”文化周等一批重大文化盛会和文化活动。推出《千里雷声万里闪》《麻醉师》《大秦帝国之崛起》等一批优秀文艺作品和重点剧目。其中，电视剧《千里雷声万里闪》被中共中央宣传部定为纪念红军长征胜利80周年展播优秀剧，并在中央电视台首播；《“黄河”辉煌之路》交响音乐会、话剧《麻醉师》、舞剧《传丝公主》首次在国家大剧院上演，话剧《麻醉师》获第十五届“文华大奖”。深化文化体制改革，组建西安广电产业集团，推动西安报业传媒集团、西安广播电视台加快媒体融合关键项目建设。加快文化产业发展，调研形成《西安市加快文化产业发展调研报告》。健全完善《西安市文化与科技旅游金融融合发展联席会议制度》，探索建立文化企业与金融机构合作融资机制，促进文化与科技、旅游、金融深度融合，推进西安国家级文化和科技融合示范基地建设。培育“文化+”新型文化业态，打造骨干文化企业，西安曲江文化产业投资（集团）有限公司连续5年获全国“文化企业30强”荣誉称号。

◆对外宣传 2016年，中共西安市委宣传部以2016丝绸之路国际博览会暨第二十届中国东西部合作与投资贸易洽谈会、第三届丝绸之路国际艺术节、第三届丝绸之路国际电影节、第十一届中国艺术节、中韩第九届“石榴花之春”文化周等国际国内重要会议、重要会展、重大活动为契机，全方位宣传推介西安的历史文化、经济建设和社会发展成就。围绕西安“十二五”发展成就和“十三五”发展目标，邀请国内外知名媒体对西安市经济、文化、旅游、商贸等方面发展成就进行采访报道，组织举办“外国媒体西安行”大型新闻采访活动。配合中央电视台、阿尔巴尼亚国家电视台等主流媒体，拍摄大型纪录片《家国》《新丝路密码》《丝路梦想》等，加强对西安市建设丝绸之路经济带新起点的宣传推介。征集“西安故事”宣传作品，推出一批高质量、有特色的外宣精品，展示美丽西安形象。

◆网络信息管理 2016年，中共西安市委宣传部依托中共中央、陕西省和西安市门户网站、新闻网站、商业网站，开展“纪念长征胜利80周年”“六中全会精神解读”“一带一路建设”“两节两会”等重大主题和重点建设网上正面宣传，受到中共中央、陕西省媒体及网络媒体的广泛关注。加强网络舆情监测报送、舆情通报研判、舆情处置、网络安全管理。中共西安市委、西安市人民政府领导在《每日网情》《网上舆情专报》批示82次，指导督促相关部门稳妥应对和处置50余起较大舆情事件。加强网络队伍建设，全市注册网评员达6600余人，组织跟帖和正面评论中共中央、陕西省和西安市重大事件、重要政策等600余次。全市开通政务微博3000余个，政务微信400余个，涵盖各区（县）、开发区和80%以上市级部门。对“西安发布”进行改版升级，全年“西安发布”政务微博、微信发布信息11000余条，关注人数105万人，位列“全国城市政务微博竞争力排行榜”前3位。（江家德）

统一战线

◆概况 2016年，西安市统战系统贯彻落实中共中央、中共陕西省委、西安市委统战工作会议精神，按照“全面贯彻条例、聚焦服务‘十三五’规划纲要、扎实推进工作”的要求，圆满完成年度各项任务。

◆多党合作与政治协商 2016年，中共西安市委统战部起草出台《中共西安市委关于加强社会主义协商民主建设的实施意见》《中共西安市委2016年度政治协商计划》和《市委常委同民主党派、无党派代表人士联谊交友制度》，修订完善《市政府有关部门与市级民主党派工商联对口联系制度》。中共西安市委全年召开民主党派、工商联和无党派人士协商会、座谈会和情况通报会4次；中共西安市委委托西安市人民政府同民主党派、工商联和无党派人士召开协商会、座谈会和情况通报会4次；中共西安市委统战部召开民主党派季度联席会4次。举办市级民主党派中青年干部培训班，协助各民主党派举办基层骨干培训班7次。协助各民主党派开好全委会。协助各民主党派加强基层组织建设，成立中国国民党革命委员会西安市委员会阎良支部、中国国民党革命委员会西安市委员会西安文理学院支部，中国民主建国会西安市委员会高陵支部，中国民主促进会西安市委员会临潼区工作委员会，中国农工民主党西安市委员会未央区工作委员会，九三学社西安市委员会雁塔区工作委员会。全年市级民主党派发展成员522人。

◆党外人士培训和安排 2016年，中共西安市委统战部以区（县）换届为契机，有针对性地向中共西安市委组织部推荐优秀党外干部，新提名党外副区（县）长5人、区（县）人大常委会党外副主任5人、区（县）政协党外副主席6人。举办统战系统《中国共产党统一战线工作条例（试行）》培训班；组织机关处以上领导干部参加中国共产党第十八届中央委员会第五次全体会议精神培训班；依托西安市社会主义学院举办各类培训班4期，培训200人次；在厦门大学分别举办对台干部、非公有制经济代表人士研修班；选调86人次参加中共中央、陕西省、西安市各类培训班等。完成4名系统干部的退休免职，西安市民族事务管理委员会和西安市归国华侨联合会8名正处级领导干部的调整，中共西安市委统战部机关8名处级干部的调整；配合中共西安市委干部考察组完成4名正处级领导干部的提拔使用；完成161名干部“三龄两历一身份”（年龄、工龄、党龄；学历、工作经历；干部身份）的审定和330册干部档案整理

2016年3月7日，中共西安市委统战部举办西安市党外女干部庆“三八”专题讲座

工作，完善公务员考核信息管理系统建设工作。

◆**民族宗教工作** 2016年，中共西安市委统战部举办全市少数民族干部培训班，对市级部门、区（县）40名少数民族干部进行培训。组织西安市民族事务管理委员会、西安市公安局、西安市交通运输局、西安市旅游局等相关部门及重点区（县）分成2个检查小组，对长途汽车站、西安火车站及周边旅馆、地铁站、市区部分酒店宾馆、旅游景点涉疆少数民族群众歧视性做法进行专项检查，并向中共陕西省委统战部作专题汇报。召开传达学习全国宗教工作会议精神大会，安排部署西安市贯彻落实措施，向中共西安市委常委会专题汇报陕西省宗教工作会议精神及西安市贯彻落实的意见，并筹备全市宗教工作会议有关事宜。补充完善全市统战宗教工作网络，累计发展全市联络员3200余名，工作延伸到村和社区。会同有关部门开展城市基督教工作专项调研，形成调研报告，并上报中共中央统战部。

◆**非公经济统战** 2016年，中共西安市委统战部先后组织部机关及统战系统、非公经济人士学习中共中央总书记习近平在民建工商联界别委员联组会讨论时发表的重要讲话精神，举办非公经济代表人士座谈会，协助中共西安市委召开非公经济代表人士座谈会，并在《西安日报》刊登发言摘要。与西安市工商业联合会组成6个调研组赴45个直属商会和600余家会员企业，召开34场座谈会，形成关于《亲商营商问题的调研报告》；完成中共西安市委《关于支持民营经济发展政策及落实情况的梳理》报告；召开丝绸之路沿线城市工商联共推“一带一路”建设民企交流推介会，组织沿线15个城市的工商界200余人进行座谈。收集15家非公企业在发展中遇到的实际困难和问题，在向中共西安市委报告的同时，协调市级有关部门帮助解决困难。协同有关部门，对西安市物资总公司、西安城市基础设施建设投资集团有限公司等13家国有企业统战工作开展情况进行调研，形成《国有企业统战工作调研报告》。以杨庄实践基地为依托，协助市级民主党派开展医疗、科技、文化“三下乡”活动；联系西安爱心企业资助5万元加固入村道路护坡；协调中国农工民主党西安市委员会党员企业投入2万元植树绿化；争取社会公益组织资助3万元建设“幸福院”；协调西安宏府慈善基金会赞助3万元慰问金。

◆**海外统战** 2016年，中共西安市委统战部参加港区、澳区陕西省级政协委员联谊会，并与中国人民政治协商会议西安市委员会香港委员、澳门委员进行座谈交流。选派西安市30多名学生与香港新界乡议局青年学生开展结对联谊活动，组织2所中学、1所小学与台湾中华基金会教师参访团举办第七届“海峡两岸中小学教师论坛”和观摩教学展示活动，接待香港油尖区少年警讯团一行的参观考察活动。全年组织各类赴台交流62项130人次，接待台湾来访重要团队10个300人次。邀请台商参加2016丝绸之路国际博览会暨第二十届中国东西部合作与投资贸易洽谈会；举办“同宗同文——西安台商寻根行”活动；开展“纪念孙中山先生诞辰150周年”活动；组织台商前往南京拜谒中山陵，参观辛亥革命阵亡将士人马合冢，并考察南京台资企业；邀请台湾《工商时报》大陆新闻中心副主任李书良一行来西安进行“一带一路”建设专题采访。接待台胞、台属来访咨询95人次，协调处理各类投诉纠纷15起。

◆**统战宣传和调研** 2016年，中共西安市委统战部利用《西安统一战线》《西安统战情况交流》《统战信息专报》和西安统一战线微信平台等载体，刊登编发西安市统战工作特点、亮点、经验做法。全年出版《西安统一战线》4期；微信发布80期，关注人数突破1000人；编辑《西安统战情况交流》9期、《统战信息专报》22期。向中共中央和中共陕西省委统战部上报各类信息40多条，刊登20余条；在中共中央统一战线网站开展的“陕西统战宣传月活动”中，刊登稿件49篇。确定10个重点课题面向社会招标，在中标的7个课题中，有3篇被中共陕西省委统战部推荐参加中共中央统战部评比；下发2016年统战理论研究参考课题通知，涉及28个参考题目，形成调研成果154篇。按照“党委出题、党派调研、政府采纳、部门落实”的工作机制，支持民主党派、工商联和无党派人士围绕经济社会发展的重点难点问题深入调研，形成调研报告40篇。下发关于贯彻落实中共陕西省委《〈中国共产党统一战线工作条例（试行）〉实施办法》的通知和《关于印发中共西安市委统一战线工作领导小组工作规则和领导小组办公室工作细则及各成员单位工作职责的通知》。先后召开2次统战部长抓落实工作会议，组织3个调研督查小组，对各区（县）贯彻落实情况进行检查督导，解决问题13个。

◆**党外知识分子统战** 2016年，中共西安市委统战部成立党外知识分子处，落实人员编制3人。成立新媒体从业人员分会，转接西安留学人员联谊会，健全党外知识分子工作联席会议制度。对全市国家机关、国有企事业单位统战工作情况及市属高校统战工作进行调查摸底，初步形成工作思路和对策举措。组织召开西安市党外知识分子联谊会会长会议4次，各分会、各小组开展各类联络联谊活动10余次。先后5次组织无党派人士就“一带一路”、经济转型、环境保护、改善民生等课题进行调研，提出《加快金融服务区建设、打造欧亚合作新平台》《西安市农村失能老人养老照护服务状况》《关于解决大学生就业问题的建议》等10个建议提案和调研报告。

（陆　艳）

政策研究

◆**概况** 2016年，中共西安市委政策研究室（中共西安市委全面深化改革领导小组办公室）围绕提高调研质量、推动改革落实、加强机关建设3个方面，全力服务中共西安市委决策，全面完成年度各项工作。

◆**建言献策** 2016年，中共西安市委政策研究室（中共西安市委全面深化改革领导小组办公室）牵头起草中国共产党西安市第十三次代表大会报告。从10月开始，按照全方位掌握市情、听取专家学者意见、学习考察先进城市经验3个阶段开展调研，于年底形成以“聚焦‘369’、振兴大西安”为目标的党代会报告初稿。围绕西安市第三期电视问政反映的火车站地区治理混乱的问题，与西安市人民政府研究室成立联合调研组，先后赴西安火车站广场管理委员会、公安站前分局及市级相关部门调研，到广州、上海、郑州、成都等交通枢纽城市学习考察，形成《关于深化我市火车站地区综合治理改革的建议》，并按照西安市人民政府市长上官吉庆批示，将报告中的27条建议细化为36项具体工作，制定《西安火车站地区综合治理改革工作方案》，确定3个整改阶段的具体工作任务、责任部门和完成时限。11月25日，西安市人民政府召开火车站综合治理工作任务部署会，印发《西安火车站地区综合治理改革工作方案》，并对第一阶段工作进行动员部署。

◆**调查研究** 2016年，中共西安市委政策研究室（中共西安市委全面深化改革领导小组办公室）按照“学先进、见高人、走基层”的工作思路开展“熟悉市情年”活动。全年完成调研报告56篇、中共西安市委重要文稿32篇，其中在中共中央、陕西省、西安市各类媒体发表17篇，受到市级以上领导批示4篇。先后围绕城市建设发展，形成《关于提高西安城市生活垃圾治理能力》《关于西安深化雾霾治理工作》等22篇调研报告；围绕加强基层中共党的建设工作，形成《我市基层党组织建设情况》《社区党建载体问题与对策》等9篇调研报告；围绕医疗、交通、文化、旅游等社会焦点问题，形成《西安市城乡居民医保对比分析》《对西安公共自行车服务体系建设的几点思考》等16篇调研报告；围绕生态文明建设和农村改革，形成《关于我市生态环境建设》《推进我市农业供给侧结构性改革》等9篇调研报告。其中，《从严从实加强干部队伍建设的实践与思考》被中共中央政策研究室《学习与研究》刊发；《西安人口承载力问题研究》等3篇报告被中共陕西省委政策研究室《调研与决策》刊发。

◆深化改革　2016年，中共西安市委政策研究室（中共西安市委全面深化改革领导小组办公室）以协调推进办法和督察工作办法为抓手，在简政放权、国企改革、基础教育、医药卫生、城市管理等一些重点领域和关键环节迈出较大步伐。全市207项具体任务中，除受中央、陕西省政策影响的34项外均基本完成。研究制定西安市2016年改革工作要点，安排部署207项具体任务和95项改革事项。建立年度任务台账，明确责任部门、成果形式和季度进展要求；制定西安市全面深化改革《协调推进办法》和《督察工作办法》；先后对拟提交会议审议的国有企业改革、农村综合改革、城市公立医院改革等21项重要改革方案进行前期调研、论证评估、征求意见、反馈沟通；确保方案会前酝酿，讨论成熟，承办4次改革领导小组会议，审议通过14项重大改革事项。全年开展专项督查5次、全面督查1次，迎接陕西省专项督查2次，发出督查建议书17份。

◆内刊编辑　2016年，中共西安市委政策研究室（中共西安市委全面深化改革领导小组办公室）与北京、深圳、重庆、成都、天津、兰州等城市建立政务信息共享，第一时间掌握以上城市重大决策和工作部署。围绕“创新改革”“精准扶贫精准脱贫”等内容进行专题报道，对“五大发展理念”“供给侧改革”“三项机制”等进行解读。全年编发《长安瞭望》12期、《调研参阅》15期；编印《部分中心城市党报要闻摘编》210期、《近日观点摘编》35期。（郑　凯）

老干部工作

◆概况　2016年，中共西安市委老干部工作局贯彻落实中共中央办公厅《关于进一步加强和改进离退休干部工作的意见》（中办发〔2016〕3号）精神，加强离退休干部思想政治建设，不断提高服务保障水平，充分发挥离退休干部的独特优势，圆满完成全年目标任务。

◆离退休干部服务管理　2016年，中共西安市委老干部工作局起草下发《关于在全市离退休干部党员中开展“两学一做”学习教育的通知》，对离退休干部中共党员开展学习教育进行安排部署。组织召开全市离退休干部中共党员“两学一做”（学党章、学系列讲话，做合格党员）学习教育座谈会，并将老领导、老党员座谈发言整理成册予以印发。开展全市离退休干部中共党员“‘两学一做’老干部谈感受”主题征文活动，收到征文73篇，表彰优秀征文49篇。全市老干部工作部门采取送学上门、党课辅导、座谈讨论等形式，引导离退休干部理解以中共中央总书记习近平为核心的中共中央治国理政新思路、新理念。西安市离退休干部开展“两学一做”学习教育情况调研报告得到中共陕西省委老干部工作局的肯定，并在全省离退休干部“开展‘两学一做’学习教育，加强离退休干部思想政治建设”推进会上作典型发言交流。落实离退休干部阅读文件、参加重要会议精神、通报情况等制度，举办全国“两会”精神辅导报告会、中共十八届六中全会精神辅导报告会、国家安全形势专题报告会，组织市级老领导参加新春团拜会、全市干部大会、西安市庆祝建党95周年大会等重要会议，传达中共中央和中共陕西省委、西安市委重要精神。对全市离退休中共党组织和党员队伍基本情况进行摸底调研，完善离退休干部中共党组织及党员信息台账。通过单独建、联合建等方式，建立离退休党组织2404个，使50733名离退休党员就近、就便参加组织生活。举办培训班对280名基层离退休干部党支部书记进行示范培训。

◆落实离退休干部待遇　2016年，中共西安市委老干部工作局落实重大节日上门慰问和异地走访慰问工作制度。春节、重阳节等重大节日期间，对62名市级离退休干部逐个登门走访慰问；红军长征胜利80周年之际，对全市24位老红军进行走访慰问，送去中共中央颁发的纪念章；对安置在外地的11位离退休干部逐个进行走访慰问。落实离退休干部参观考察工农业生产和健康疗养制度，先后组织市局级离退休干部赴周至、临潼参观考察芷阳广场国际旅游休闲度假区、渭河综合治理工程、渭北工业园临潼园区等工农业建设项目，赴昆明等地健康疗养。做好离休干部经费保障，为市属企业、差额和自收自支事业单位离休人员审核拨付医保统筹经费、公用经费和特需经费等5428万余元；为市属改制企业离休干部无工作遗属拨付生活困难补助费近200万元；为

2016年11月9日，由中共西安市委老干部局、西安广播电视台联合主办，西安老年大学承办的西安市离退休干部弘扬长征精神为党的事业增添正能量文艺演出在曲江广电大剧院举行

市属企业离休干部申报发放防暑降温费129万余元；为军队离退休干部拨付离休费、生活补贴和管理经费60万余元。春节期间，为全市1169位困难离休干部和遗属发放慰问金35万余元，重阳节期间，为全市63名特困离退休干部、离休干部遗属拨付精准帮扶经费28万余元，为5名瘫痪离退休干部提高护理费。全年处理离退休干部来电、来信、来访230余人次。

◆老年教育 2016年，中共西安市委老干部工作局坚持办好老年大学，抓好老年教育。西安老年大学总校开设专业40门，教学班次422个，比上年增长5%；在校学员11825人次，比上年增长9%；35所分校开设班次3518个，增长13%；在校学员111317人次，比上年增长9%。优化教师结构，选聘学历层次高、专业水平强、职业道德好的教师或专家学者来校授课，初步建成拥有83名教师，平均年龄48岁的专业教师信息库。9月，召开教师节大会，表彰8名优秀教师、先进工作者，18名优秀外聘教师，58名优秀班长，50名优秀学员，19个先进班集体。全年举办各类讲座、座谈40场次，教研活动20次，公开课30场次，教学成效展示10次，各类文艺展演30次，参与学员2万余人次。组织学员作品参加第五届全国老年大学书画展，选送92幅书画作品参展，获“优秀奖”16个、“紫薇花奖”1个、“荷花奖”2个，集体获优秀组织奖。承办纪念红军长征胜利80周年文艺汇演。重阳节期间，组织230余名学员赴未央老年公寓、敬老院开展“敬老重孝”慰问演出。11月4日，召开全市分校校长会议，20个分校代表赴咸阳市、兴平市老年大学参观学习，交流办学经验。全年接待全国29所高校老年大学、老战士大学等参观交流。接待德国市民大学师生开展国际友好交流。选派领导干部和教师赴吉林、四川等地城市老年大学参观交流学习。

◆老干部活动 2016年，中共西安市委老干部工作局围绕“为党的事业增添正能量”主线，聚焦“纪念建党95周年”和“纪念红军长征胜利80周年”主题，组织离退休干部开展文娱赛事活动。先后举办离退休干部春季门球友谊赛、西安市市级机关离退休干部“健康杯”乒乓球赛、离退休干部春季竞技麻将友谊赛、西安市离退休干部“永远跟党走、共筑中国梦”舞蹈大赛、全市离退休干部纪念建党95周年“翰墨颂党恩，增添正能量”书画摄影展、离退休干部健步走等活动。西安市老干部活动中心老干部艺术团（队）赴厂矿、社区开展公益演出，取得良好社会反响，部分团队在全国、全省、全市大型演出赛事活动成绩突出。棋牌协会先后赴奥地利、江苏、内蒙古、安徽及等地参赛并取得优异成绩，中央电视台采访报道2次；舞蹈队先后参加陕西省教育学院组织的迎新年文艺演出、华东片区“最美夕阳红”舞蹈大赛、长安区政府主办的“老少同乐”演出及紫阳县民舞大赛等活动；时装队先后参加新城区艺术节、华东时装大赛、国庆文艺汇演等社会演出活动；京剧团响应教育部关于“京剧进校园”的倡议，赴大、中、小学义务教授学生，宣传京剧艺术，吸收学员近2000人，先后培养多批骨干学生参加中央电视台节目的录播。围绕“展示阳光心态、体验美好生活、畅谈发展变化”主题，制定全市离退休干部《关于深入开展为党的事业增添正能量的实施意见》，从全市遴选12名事迹感人突出的离退休干部，组建“我是正能量传播者”宣讲队，在全市进行巡回宣讲。组织离退休干部开展“我看古城新变化”“我为品质西安建设添光彩”“喜看新变化、畅谈新发展”等系列活动，举办全市离退休干部“弘扬长征精神，为党的事业增添正能量”文艺汇演。利用微信、网络等媒体平台，开展网上“正能量”活动，组织引导离退休干部为西安市建设发展点赞加油。组织“五老”（老干部、老战士、老专家、老教师、老劳模）报告团进社区、进校园宣讲党史国史、讲中国好故事、开展普法教育1000多场次，弘扬社会主义核心价值观。（张润东）

党史征编

◆概况 2016年，中共西安市委党史研究室坚持“政治建室、研究立室、人才兴室、从严治室”的，围绕中心，服务大局，着力深化党史研究和宣传教育。全年编辑出版党史图书4本，拍摄制作党史电视专题片3部，组织开展纪念中共建党95周年和红军长征胜利80周年系列活动。

◆党史编辑研究 2016年，中共西安市委党史研究室研究制定《2016—2020年工作规划》，加强党史研究。完成《中共西安历史（第三卷）》初稿编写工作。做好《西安改革开放实录》征集编辑工作，对全市参与专题编撰人员进行集中培训。向中共中央党史研究室报送《曲江新区建设历程及成就》《西安国家民用航天产业基地发展历程》2个专题材料。做好中共党史资料征集编辑工作，做好见证人的走访、回忆和口述等资料搜集，加快整理汇编专题史料，编辑出版4本党史图书。

《西安党委工作纪事（2015年卷）》 以中国共产党的工作为主线，以中共党的建设为重点，以中共党的决策、党的领导、党的活动为重要内容，记载2015年中共西安市各级党组织的主要工作。全书有110多万字、200多幅图片。

《执政纪实（2014年）》 以时间顺序为主线，主要记述2014年中共西安市委做出的重大决策、召开的重要会议、举办的重大活动、工作中的特色亮点等，记述在中共西安市委领导下西安政治、经济、社会发展所取得的成就和积累的经验。全书共有18万余字。

《征程——中共西安历史大事记（1949—2015年）》 按照历史事件发生的时间顺序，简明扼要介绍中华人民共和国成立60多年来历届中共西安市委的主要工作。全书共有9万余字。

《古城新貌——西安社会主义革命和建设时期史话》 以连环画的形式，汇集1949—1978年，西安30年社会主义革命和建设时期的重要历史事件。全书有115幅手绘图画。

◆党史宣传教育 2016年，中共西安市委党史研究室组织开展纪念中国共产党建党95周年和红军长征胜利80周年“追寻光辉足迹，迈向伟大复兴”主题征文活动，举办“纪念建党95周年书法绘画摄影展”“纪念建党95周年暨红军长征胜利80周年全国名家书画展”。先后在八路军驻西安办事处纪念馆、西安烈士陵园举办《古城新貌》大型图片展，在全市170多所中、小学校组织“红色电影”展播及影评评选活动，收集影评1985篇，并对评选出的200篇优秀影评进行通报表彰。举办全市中、小学校党史辅导员业务培训班，对150余名党史辅导员进行集中培训。组织举办西安市青少年“党史大讲堂”200余次，4万多名中、小学生参加。组织干部、学生、市民等5万多人次参观西安党史展览馆及党史教育基地。编辑出版《西安党史》期刊6期。

◆党史教育基地建设 2016年，中共西安市委党史研究室编制《葛牌镇区苏维埃政府纪念馆布展大纲》和《红二十五军军部旧址纪念馆布展大纲》，与西安市文物局、中共蓝田县委共同做好筹备建设工作。

◆党史专题片摄制 2016年，中共西安市委党史研究室拍摄制作《张学良将军纪念馆》《杨虎城将军纪念馆》《杨虎城将军烈士陵园》3部党史专题片。

◆区（县）党史工作 2016年，中共西安市委党史研究室建立领导、处室联系区（县）工作制度。通过以会代训、实地参观学习、挂钩区（县）帮带等形式，指导和推动区（县）抓好地方党史编写、区（县）党委工作纪事编纂、《改革开放实录》资料征集以及在中小学设立党史辅导员、革命遗址保护等工作。

（李德军）

党校工作

◆概况 2016年，中共西安市委党校贯彻全国和陕西省党校、西安市党校工作会议精神，围绕全市中心工作，对标先进党校，求真务实，凝心聚力，开拓进取，各项工作取得新的成绩。

◆校园文化建设活动 2016年，中共西安市委党校开展“全员读书”活动，围绕党史党建、传统文化、专业素养等主题，征求教职工意见建议，发放书目涵盖图书近1000册。在校园内安装“铁一般信仰、铁一般信念、铁一般纪律、铁一般担当”标志、宣传灯箱和中共党史及“红色文化”内容展板等宣传载体。组织参加西安市职工摄影作品展、西安市级机关羽毛球乒乓球比赛等活动。落实政治待遇和生活待遇，搞好离退休老同志服务，丰富老同志的文化和精神生活。编印《西安干部教育》21期、《西安社会科学》4期、《学员论文专刊》1期。

◆干部教育培训 2016年，中共西安市委党校完成市管领导干部进修班、“城乡统筹”专题研讨班、“区（县）域经济发展”专题研讨班、全市领导干部学习贯彻十八届五中全会精神专题研讨班、青年干部培训班、女干部能力建设培训班、教研与管理骨干研修班、高级师资研修班、学习《统战工作条例》培训班、全市少数民族干部培训班、市级民主党派中青年干部培训班等27个主体班次，培训学员3564人次。举办计划外培训班次62期，培训学员7000余人次。优化党校主体班教学布局为理论教育、党性教育、能力与素质提升、西安经济社会发展中的热点、重点、难点问题4大模块；优化行政学院主体班教学布局为理论教育、公仆意识与道德品行教育、政府管理与依法行政和素质与能力提升，西安市情4大模块。围绕教学模块，积极推动“习近平总书记系列重要讲话精神”“四个全面”“廉洁自律准则和纪律处分条例”“西安五项重点工作”和“品质西安”等内容进专题、进课堂、进学员头脑。召开教学工作经验交流会，选派优秀教师参加中共中央、陕西省、西安市“一校两院”（党校，行政学院、社会主义学院）系统优秀教学成果评选。规划编制23个现场教学专题，建立8个现场教学科研基地。邀请中共中央党校、国家行政学院、中共陕西省委党校、陕西省行政学院、上海市社会科学院等专家和有关市级部门负责人30余人走进“周三大讲堂”授课。以爱国教育和共识教育为核心，对民主党派班子成员、党外领导干部、民族宗教界和非公经济人士等分别突出拥护中国共产党领导、依法执政、民族团结和“致富思源、富而思进”等方面的学习。

2016年5月25日，第15期青干班举行“逐梦长安 勋徽永恒”红色经典咏颂活动

◆学员管理 2016年，中共西安市委党校举办中共党的知识竞赛、诗歌朗诵会、演讲比赛、党性分析会等形式多样的党性教育活动。组织主体班学员赴红旗渠、西柏坡、延安和照金等地开展党性教育。制定并实施《关于进一步加强学员管理的几项措施》《党校学员十不准规定》《加强学员班委（临时党支部）管理补充规定》《关于主体班学员异地培训纪律的规定》等规章制度，与主体班学员签订“遵守学习培训纪律承诺书”，学员在校培训期间无违反纪律情况。

◆教学科研 2016年，中共西安市委党校立项、结项国家级课题各1项，上报中共中央党校征集评选“全国党校科研精品文库”1项，申报国家级科研成果奖6项、市级优秀成果奖10项、市优秀调研成果5项。组织参加陕西省党校系统第三十次理论研讨会征文，推荐报送《西安智库建设(2015卷)》征文2篇。获陕西省社会科学界第九届学术年会优秀论文奖1项，陕西省党校系统第三十次理论研讨会征文一等奖3项、二等奖2项、三等奖2项。公开发表科研论文161篇，其中13篇论文获奖。组织各类学术活动和会议9次，部分会议被《西安日报》《三秦都市报》《陕西党校报》《西安干部教育》等报刊报道。

◆教师培训 2016年，中共西安市委党校先后举办“教研与管理骨干研修班”“高级师资研修班”，并将其列入西安市干部教育培训计划。组织行政和教辅部门50人，举办为期1周的“延安精神”培训班。全年选派教研人员50余人次，分别参加中共中央党校、国家行政学院、中央社会主义学院、中共陕西省委党校、陕西省行政学院和其他各类机构组织的培训。

◆校园建设 2016年，中共西安市委党校校园迁建工程被西安市政府列入《西安市国民经济和社会发展第十三个五年规划纲要》，西安市发展和改革委员会已批复“迁建项目建议书”。完成老行政办公楼加固改造、老印刷厂维修改造、综合楼维修改造、“国家行政学院书吧”建设等工程项目。完成校园门户网站升级和实训室、录播教室建设，无线WiFi网络覆盖全校范围，逐步完善办公自动化系统，陆续开办手机APP“学在西安”、微信公众号等交流平台，初步实现行政管理、教学管理数字化、智能化、便捷化。加强数字信息资源的推广使用，通过微信、QQ群等社交平台每日推送新闻信息。

（宋 阳）

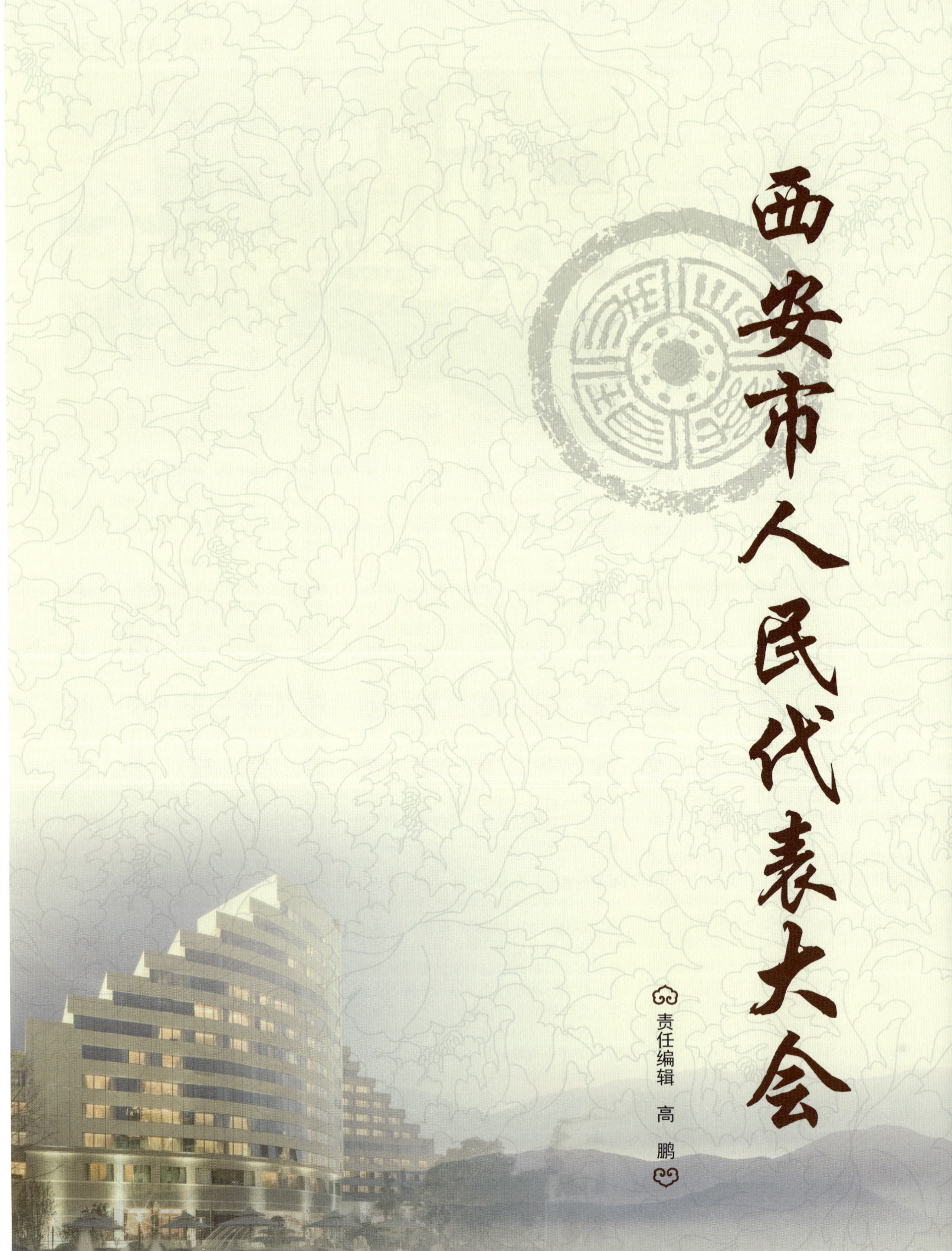

西安市人民代表大会

责任编辑　高　鹏

综　述

◆**概况**　2016年，西安市人民代表大会及其常委会贯彻落实中共陕西省委、西安市委人大工作会议部署，按照西安市第十五届人民代表大会第六次会议安排，围绕全市工作大局依法行使职权，圆满完成各项工作任务，为推进经济社会持续健康发展和法治西安建设做出应有贡献。

◆**西安市第十五届人民代表大会第六次会议**　2016年2月1—4日在陕西宾馆召开，会期4天。会议听取和审议西安市人民政府工作报告；审查和批准西安市国民经济和社会发展第十三个五年规划纲要；审查和批准西安市2015年国民经济和社会发展计划执行情况与2016年国民经济和社会发展计划草案的报告，批准西安市2016年国民经济和社会发展计划；审查和批准西安市2015年财政预算执行情况和2016年财政预算草案的报告，批准西安市2016年市级财政预算；听取和审议西安市人民代表大会常务委员会工作报告，听取和审议西安市中级人民法院工作报告、西安市人民检察院工作报告；审议西安市人民代表大会常务委员会关于提请审议《西安市制定地方性法规条例（修订草案）》的议案和《条例（修订草案）》的说明。会议表决通过《西安市制定地方性法规条例》，提请陕西省人民代表大会常务委员会审查批准；做出关于接受任高潮辞去西安市中级人民法院院长职务的请求的决定；补选上官吉庆为西安市人民政府市长，刘春雁、秦鸿学为西安市第十五届人民代表大会常务委员会副主任，李利民、胡凯、朱文斌、刘铁泉为西安市第十五届人民代表大会常务委员会委员，李洪涛为西安市中级人民法院院长。

◆**市人大常委会会议**　2016年，西安市人民代表大会常务委员会召开会议8次。

市十五届人大常委会第二十九次会议　2016年1月14日举行，会期半天。会议审议西安市人民政府关于提请审议西安市与塞尔维亚克拉古耶瓦茨市建立友好城市关系的议案；听取和审议西安市第十五届人民代表大会常务委员会代表资格审查委员会关于西安市第十五届人民代表大会代表出缺和补选代表资格审查结果的报告；做出西安市人民代表大会常务委员会关于西安市与塞尔维亚克拉古耶瓦茨市建立友好城市关系的决议，关于接受董军辞去西安市人民政府市长职务的请求的决定，接受杨秉琦辞去西安市第十五届人民代表大会常务委员会委员职务的请求的决定，决定上官吉庆为西安市人民政府代理市长。

2016年4月21日，西安市第十五届人大常委会第三十一次会议审计整改情况专题询问联组会

市十五届人大常委会第三十次会议　2016年2月26日举行，会期半天。会议审议西安市人民政府关于提请审议《西安城市总体规划（2008—2020年）》修改的议案和西安市人民代表大会城乡建设环境资源保护委员会关于《规划》修改的审查意见的报告，关于个别代表的代表资格的报告；表决通过人事免职事项。

市十五届人大常委会第三十一次会议　2016年4月20—21日举行，会期1天半。会议审议西安市人民政府关于提请审议《西安市公园条例（修订草案）》的议案和西安市人民代表大会城乡建设环境资源保护委员会关于该议案审议意见的报告，西安市人民政府关于提请审议西安市与瑞典于默奥市建立友好城市关系的议案和西安市人民代表大会民族宗教侨务外事委员会关于该议案审议结果的报告及相关决议（草案），西安市人民政府关于提请审议授予泰国中小企业经济贸易发展委员会主席陈杰克、亚美尼亚久姆里市市长萨姆维尔·巴拉萨尼扬、“俄罗斯世界基金会”陕西师范大学俄语中心俄方主任娜塔莉·察廖娃“西安市荣誉市民”称号的议案和西安市人民代表大会民族宗教侨务外事委员会该议案审议结果的报告及相关决定（草案），西安市人民政府关于西安市2015年末地方政府债务限额的议案和西安市人民代表大会财政经济委员会、常委会预算工作委员会关于该议案的审查报告及相关决议（草案）；听取和审议西安市人民政府关于西安市2014年度审计工作报告反映问题整改情况的报告并进行专题询问和满意度测评；听取和审议西安市人民政府关于台湾事务工作情况的报告，西安市教育局局长李颖科、西安市人民检察院副检察长廖平的述职报告；审议西安市第十五届人民代表大会常务委员会第二十七次会议对法律援助工作、农田水利基本建设情况报告审议意见的研究处理情况报告，西安市第十五届人民代表大会常务委员会第二十七次会议对建设丝绸之路经济带新起点、农村土地承包经营权确权登记颁证工作情况报告审议意见的研究处理情况报告并进行满意度测评；书面印发关于了解李颖科、廖平履职情况的报告；做出关于西安市2015年末地方政府债务限额的议案的决议，关于西安市与瑞典于默奥市建立友好城市关系的决议，关于授予陈杰克、萨姆维尔·巴拉萨尼扬、娜塔莉·察廖娃“西安市荣誉市民”称号的决定，关于接受王小纪辞去陕西省第十二届人民代表大会代表职务的决议，关于接受来西京辞去西安市第十五届人民代表大会常务委员会委员职务的请求的决定，关于许可西安市公安局灞桥分局对西安市第十五届人大代表巫继云采取刑事强制措施的决定；表决通过人事任免事项。会议安排公民旁听。

市十五届人大常委会第三十二次会议　2016年6月27—28日举行，会期1

天半。会议审议通过《西安市公园条例》，提请陕西省人民代表大会常务委员会审查批准；审议通过《西安市人民代表大会常务委员会质询暂行办法》《西安市人民代表大会常务委员会组织特定问题调查暂行办法》；审议西安市人民政府关于提请审议《西安市物业管理条例（修订草案）》的议案和西安市人民代表大会城乡建设环境资源保护委员会关于该议案审议意见的报告，西安市人民政府关于2016年政府债务限额和财政预算调整方案的议案和西安市人民代表大会财政经济委员会、西安市人民代表大会常务委员会预算工作委员会关于该议案的审查报告及相关决议（草案）；听取和审议西安市人民政府关于公安基层派出所建设、现代服务业综合试点工作情况的报告，西安市人民代表大会常务委员会执法检查组关于西安市实施《中华人民共和国预算法》情况的报告，西安市房屋管理局局长夏俊山的述职报告；书面印发关于了解夏俊山履职情况的报告；做出关于批准《西安市人民政府关于提请审议西安市2016年政府债务限额和财政预算调整方案的议案》的决议，关于接受刘殿斌辞去西安市第十五届人民代表大会常务委员会委员、内务司法委员会主任委员职务的请求的决定，关于接受蒋新建辞去西安市第十五届人民代表大会常务委员会委员职务的请求的决定，关于接受张永安辞去西安市第十五届人民代表大会常务委员会委员、城乡建设环境资源保护委员会主任委员职务的请求的决定；表决通过人事任免事项。会议安排公民旁听。

市十五届人大常委会第三十三次会议 2016年7月22日举行，会期半天。会议表决通过人事任免事项，决定任命吕健为西安市人民政府副市长，免去黄海清的西安市人民政府副市长职务。

市十五届人大常委会第三十四次会议 2016年8月30日举行，会期1天。会议审议西安市人民政府关于提请审议《西安市湿地保护条例（草案）》的议案和西安市人民代表大会城乡建设环境资源保护委员会关于该议案审议意见的报告；听取和审议西安市人民政府关于西安市2016年上半年国民经济和社会发展计划执行情况、西安市2015年财政决算和2016年上半年财政预算执行情况、西安市2015年度市级财政预算执行和其他财政收支的审计工作报告和西安市2015年财政决算审查结果的报告，西安市中级人民法院关于人民法庭建设工作情况的报告，西安市人民检察院关于人民监督员工作情况的报告，西安市外事侨务办公室主任梁晚晴的述职报告；审议西安市人民政府关于西安市第十五届人民代表大会常务委员会第三十一次会议对台湾事务工作情况报告审议意见的研究处理情况的报告并进行满意度测评；书面印发关于了解梁晚晴履职情况的报告，西安市教育局局长李颖科、西安市人民检察院副检察长廖平关于对西安市人民代表大会常务委员会审议意见整改情况的报告；做出关于批准西安市2015年市级财政决算的决议；表决通过人事任免事项，决定任命赵敏为西安市人民政府副市长。会议安排公民旁听。

市十五届人大常委会第三十五次会议 2016年10月25日举行，会期1天。会议审议《西安市物业管理条例（修订草案修改稿）》和西安市人民代表大会法制委员会关于《西安市物业管理条例（修订草案）》审议结果的报告，《西安市湿地保护条例（草案修改稿）》和西安市人民代表大会法制委员会关于《西安市湿地保护条例（草案）》审议结果的报告；听取和审议西安市人民政府关于"六五"普法决议执行情况和"七五"普法规划的报告、关于老年人权益保障工作情况的报告，西安市发展和改革委员会主任强晓安、西安市城乡建设委员会主任苗宝明、西安市法院副院长赵海峰的述职报告；审议西安市人民政府关于西安市第十五届人民代表大会常务委员会第三十二次会议对公安基层派出所建设工作情况、现代服务业综合试点工作情况报告审议意见的研究处理情况报告并进行满意度测评；书面印发关于了解强晓安、苗宝明、赵海峰履职情况的报告，西安市房屋管理局局长夏俊山关于对西安市人民代表大会常务委员会审议意见整改情况的报告；表决通过《西安市物业管理条例》《西安市湿地保护条例》，提请陕西省人民代表大会常务委员会审查批准；做出关于在全市开展第七个五年法治宣传教育的决议；表决通过人事免职事项。会议安排公民旁听。

市十五届人大常委会第三十六次会议 2016年12月22日举行，会期1天。会议审议西安市人民代表大会常务委员会主任会议关于提请审议《西安市人民代表大会常务委员会关于修改〈西安市保护消费者合法权益条例〉等50部地方性法规的决定（草案）》《西安市人民代表大会常务委员会关于废止〈西安市家畜家禽屠宰检疫条例〉的决定（草案）》《西安市人民代表大会常务委员会关于西安市第十六届人民代表大会代表名额分配和选举问题的决定（草案）》《西安市人民代表大会常务委员会关于召开西安市第十六届人民代表大会第一次会议的决定（草案）》的4个议案，并做出相关决定；听取和审议西安市人民政府关于西安市人民代表大会常务委员会《中华人民共和国预算法》执法检查报告的研究处理情况报告并进行满意度测评；听取和审议西安市人民政府关于国际友好城市工作情况的报告，关于西安市第十五届人民代表大会第六次会议以来代表建议、批评和意见办理情况的报告；听取和审议西安市人民代表大会法制委员会关于西安市第十五届人民代表大会第六次会议主席团交付审议的第1号议案审议结果的报告；审议西安市中级人民法院、西安市人民代表大会常务委员会人事代表联络工作委员会关于西安市第十五届人民代表大会第六次会议以来代表建议、批评和意见办理情况的报告；审议西安市人民政府关于西安市第十五届人民代表大会常务委员会第三十四次会议对人民法庭建设工作情况、人民监督员工作情况报告审议意见的研究处理情况报告，并进行满意度测评；审议通过西安市人民代表大会常务委员会工作报告（审议稿）；做出西安市人民代表大会常务委员会关于接受龚汉江辞去陕西省第十二届人民代表大会代表职务的决议；补选王永康、王建领、郭润芝为陕西省第十二届人民代表大会代表；表决通过人事任免事项。会议安排公民旁听。　　（宋　峰）

人大主要工作和重大活动

◆监督工作 2016年，西安市人民代表大会及其常委会对6部法律法规实施情况进行检查，听取和审议13项专项工作报告，对15项工作进行视察。西安市人民代表大会常务委员会组织开展《中华人民共和国预算法》重点执法检查。对《中华人民共和国非物质文化遗产法》《中华人民共和国环境影响评价法》《城市民族工作条例》《西安市企业民主管理条例》的实施情况进行检查。向"一府两院"（西安市人民政府、西安市中级人民法院、西安市检察院）及有关部门提出执法中存在的主要问题和加强执法工作的建议，并督促有关部门研究处理。配合全国人民代表大会常务委员会和陕西省人民代表大会常务委员会完成对《中华人民共和国道路交通安全法》《中华人民共和国安全生产法》《中华人民共和国食品安全法》《中华人民共和国环境保护法》等法律、法规在全市实施情况的检查工作。听取和审议“一府两院”关于审计工作报告反映问题整改情况、国民经济和社会发展计划执行情况、财政预算执行情况、审计工作情况、“六五”普法决议执行情况和“七五”普法规划、台湾事务、国际友好城市、基层派出所建设、现代服务业综合试点、人民法庭建设、人民监督员、老年人权益保障、《中华人民共和国预算法》执法检查报告研究处理情况等工作报告，分别形成对报告的审议意见。对“一府两院”执法检查、法律援助、台湾事务管理、基层派出所建设、人民法庭建设、人民监督员等审议意见的研究处理情况报告进行审议和满意度测评。对全市基层派出所建设、人民法庭建设、人民监督员工作、老年人权益保障、夏粮生产、农产品质量安全、燃气管理、保健食品安全监管、河湖水系建设、现代服务业综合试点、分级诊疗服务体系建设、乡村旅游、促进全民健身设施规划及建设等情况进行视察，根据视察情况及时向“一府两院”及有关部门提出改进工作的意见建议。对《西安市政府重大行政决策程序规定》等10个规范性文件进行备案审查，继续开展“公正司法长安行”活动和“古城环保世纪行”活动，对审计整改情况进行专题询问，有效地促进监督工作深入开展。加强对西安市人民代表大会常务委员会任命干部的监督工作，组织部分常委会组成人员提前到述职人员所在单位了解履职情况。全年组织安排5名西安市政府工作部门主要负责人和西安市“两院”各1名负责人在西安市人民代表大会常务委员会会议上述职，向有关机关和述职干部反馈常委会组成人员的审议意见，述职干部向西安市人民代表大会常务委员会书面报告整改情况。制定《西安市人大常委会质询暂行办法》《西安市人大常委会组织特定问题调查暂行办法》。

◆审议决定重大事项 2016年，西安市人民代表大会及其常委会听取和审议西安市政府有关议案、报告，做出“七五”普法等14项决议决定。依法任免地方国家机关工作人员104人次，接受辞职6人，补选陕西省第十二届人民代表大会代表3名。做出西安市与塞尔维亚克拉古耶瓦茨市和瑞典于默奥市建立友好城市关系的决议以及授予泰国中小企业经济贸易发展委员会主席陈杰克、亚美尼亚久姆里市市长萨姆维尔·巴拉萨尼扬、“俄罗斯世界基金会”陕西师范大学俄语中心俄方主任娜塔莉·察廖娃“西安市荣誉市民”称号的决定。

◆联系人大代表和人民群众 2016年，西安市人民代表大会及其常委会搭建代表履职平台，完善工作制度，提高代表服务保障工作水平，支持和保证代表依法履职。搭建代表活动平台，发挥好代表工作室作用。出台《代表建议评估办法》，督办代表建议，采用实地视察、现场办公、集中座谈等多种形式，推动代表建议办理，办理质量和实效逐年提升。邀请全国和陕西省人大专家、高校学者给代表授课，提高依法履职的能力。扩展代表知情、知政渠道，组织代表列席西安市人民代表大会常务委员会会议，参加政情通报会和检查、视察等活动。向代表寄送《中国人大》、常委会《公报》《西安人大》等刊物资料。

◆民主法治改革 2016年，西安市人民代表大会及其常委会对西安市现行有效的地方性法规与上位法、国务院行政审批事项取消及政府简政放权相关文件进行核对，对其中50部地方性法规提出227条清理意见；中共西安市人民代表大会常务委员会党组提出《关于改进审计查出问题整改情况向市人大常委会报告机制的意见》，按程序经中共西安市委办公厅转发。完善人民代表大会主导立法机制，推进预算执行监督试点，深化专项报告审议询问测评联动机制，加强对国有资产监督工作。完成民主法治领域改革任务8项。（宋　峰）

西安市第十五届人民代表大会常务委员会

主　　任　陈宝根
副 主 任　刘春雁　史南征　韩宝生　乔高社　秦鸿学
秘 书 长　秦鸿学(兼)
副秘书长　姚志愿　解少波　史鹤亭　王武平　韩　强
委　　员　卜翔育　卫冬梅(女)　马文宝(回)　牛　犁　王西省　王尊敬　王新敏　田增辉　白世峰　白兴时　乔安涛　刘英兰（女）　刘铁泉　刘殿斌　朱文斌　何小林(女)　张　明(女)　张　铮　张永安　张爱萍(女)　李　炎　李　煦(女)　李大开　李利民　李英才　来西京　杨振堂　陈　忠　岳少峰　姜长智　胡　凯　贺长生　贺维海　郝福京　翁正强　曾松林　蒋新建　鲜选玉　薛武平　薛振虎　魏大宝珠(女)

市人大常委会办公厅
主　　任　秦鸿学（兼）
副 主 任　张庆东

市人大内务司法委员会
主任委员　刘殿斌
副主任委员　张雄斌

市人大法制委员会
主任委员　郝福京

市人大财政经济委员会
主任委员　陈　忠

市人大教育科学文化卫生委员会
主任委员　卫冬梅（女）

市人大城乡建设环境资源保护委员会
主任委员　张永安
副主任委员　陈东山

市人大民族宗教侨务外事委员会
主任委员　李　炎

市人大常委会法制工作委员会
主　任　郝福京（兼）

市人大常委会预算工作委员会
主　任　陈　忠（兼）
副主任　姚　远

市人大常委会农业农村工作委员会
主　任　鲜选玉
副主任　郭海顺

市人大常委会人事代表联络工作委员会
主　任　李英才
副主任　王雨涵

市人大常委会研究室
主　任　牛　犁
副主任　吕天仓

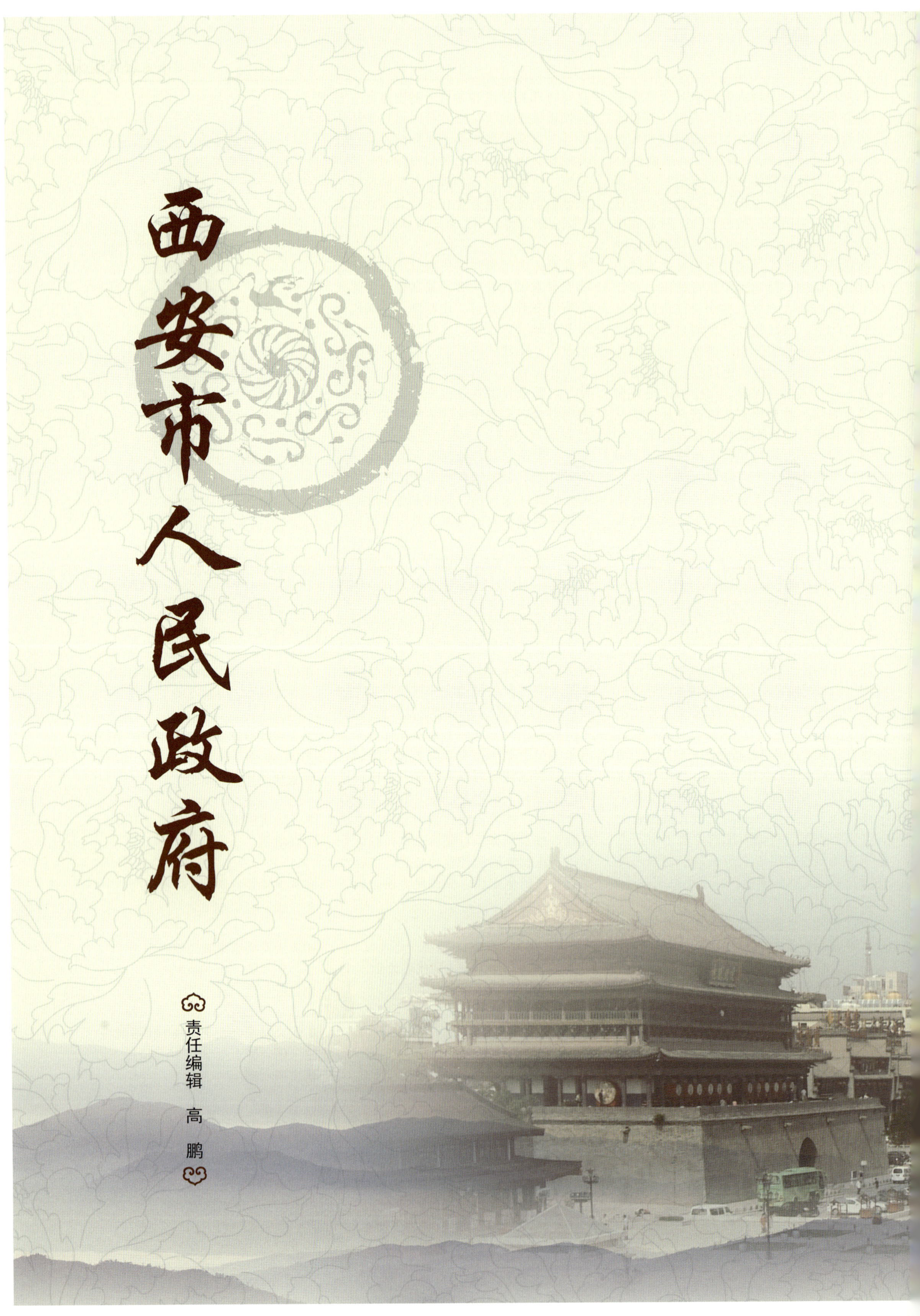
西安市人民政府
责任编辑 高 鹏

综　述

◆市政府全体会议　2016年，西安市人民政府召开全体会议一次。本次会议1月15日召开，主要讨论《政府工作报告（讨论稿）》。

◆市政府常务会议　2016年，西安市人民政府共召开常务会议32次（第129次至第160次）。

第129次（2016年第1次）常务会议　1月4日召开。会议讨论并原则同意西安市经济体制和生态文明体制改革专项小组《关于进一步深化国资国企改革的实施意见》《关于深化市属企业负责人薪酬制度改革的实施意见》《西安市人民政府关于推进混合所有制经济发展的实施意见（试行）》以及西安市社会民生体制改革专项小组《西安市机关事业单位工作人员养老保险制度改革实施方案》。会议讨论并原则同意西安市工业和信息化委员会《关于加快高速宽带网络建设推进网络提速降费的实施意见》。会议讨论并原则同意西安市机构编制委员会办公室《关于取消和调整一批行政审批项目等事项的请示》，以西安市人民政府文件印发。会议讨论并原则同意西安市发展和改革委员会《关于西安市2015年国民经济和社会发展计划执行情况与2016年国民经济和社会发展计划草案的报告》。会议讨论并原则同意西安市财政局《我市2015年财政预算执行情况和2016年财政预算安排意见》。会议讨论通过人事任免事项。会议通报元旦期间安全生产、旅游市场等情况。

第130次（2016年第2次）常务会议　1月19日召开。会议组织2016年度第一次法治学习，西北大学卢山冰教授做了题为《“一带一路”战略中的法制与经济机遇》的专题讲座。会议讨论并原则同意西安市公安局《关于进一步推进户籍制度改革实施办法的请示》《关于〈西安市消火栓管理办法（草案）〉的请示》。会议讨论并原则同意西安市政府金融工作办公室《关于促进互联网金融产业健康发展的意见》。会议讨论并原则同意西安市民政局、西安市财政局《关于2016年春节期间城乡困难群众生活安排的请示》。

第131次（2016年第3次）常务会议　2月5日召开。会议听取西安市安全生产监督管理局《关于全市安全生产工作情况的汇报》，同意春节后适时召开全市安全生产工作会议，对2015年先进单位和个人进行表彰。会议讨论西安市城乡建设委员会《西安市2016年城市建设维护项目投资计划》。会议讨论并原则同意西安市规划局《关于西安城市总体规划（2008—2020年）修改的请示》。会议讨论并原则同意西安市城市管理局《“美丽西安·绿色家园”行动　园林绿化景观提升工程实施方案》。会议讨论并原则同意西安市科学技术局《关于2015年度西安市科学技术奖励的请示》。会议讨论并原则同意西安市人民政府外事侨务办公室《关于西安市与塞尔维亚克拉古耶瓦茨市建立友好城市关系的请示》。会议讨论并原则同意西安市水务局《关于通报表扬市水务局等李家河水库工程有关参建单位的请示》。会议对春节值班提出要求。

第132次（2016年第4次）常务会议　2月16日召开。会议讨论并原则同意西安市发展和改革委员会《西安市2016年〈政府工作报告〉任务分解意见》。会议讨论并原则同意西安市残疾人联合会《西安市加快推进残疾人小康进程实施方案》。会议讨论并原则同意西安市政务中心《西安市房地产项目优化审批流程试行方案》。会议讨论并原则同意新城区人民政府《关于西北工业集团东旭小区职工住宅项目手续办理有关事项的请示》。会议讨论并原则同意西安市规划局《关于陕西考古博物馆项目选址有关问题的请示》。

第133次（2016年第5次）常务会议　2月29日召开。会议听取新城区人民政府、西安经济技术开发区管理委员会、西安市发展和改革委员会、西安市城市管理局关于各自承担《政府工作报告》任务推进落实情况的汇报。会议讨论并原则同意西安市发展和改革委员会《关于西安市2016年重点建设项目计划的请示》。会议讨论并原则同意西安市人民政府办公厅《市政府2016年民生领域重点工作安排意见》。会议讨论并原则同意西安市财政局《关于我市政府债务限额管理事宜的请示》。会议讨论并原则同意西安市规划局《关于西安市城市地下综合管廊规划的请示》。会议讨论并原则同意西安市规划局《关于大明宫地区保护改造规划（2007—2020年）2016年修改的请示》。会议听取西安市水务局关于涝河渼陂湖水系生态修复工程、西安市规划局《涝河渼陂湖片区规划》及《西安副中心城市（户县）概念规划》和户县关于项目实施情况的汇报。会议讨论并原则同意西安市人力资源和社会保障局《关于申请设立“西安友谊奖”和“优秀外国专家奖”的请示》。会议安排部署全国“两会”期间重点工作：一是抓好政府工作报告、重点项目建设、美丽西安·绿色家园行动计划等任务的分解落实工作；二是抓好信访维稳工作；三是抓好治污减霾工作；四是抓好安全生产工作。

第134次（2016年第6次）常务会议　3月21日召开。会议传达学习第十二届全国人民代表大会第四次会议精神。会议听取未央区人民政府、西安曲江新区管理委员会、西安市工业和信息化委员会、西安市水务局关于各自承担《政府工作报告》任务推进落实情况的汇报。会议讨论并原则同意西安市人力资源和社会保障局《关于进一步做好为农民工服务工作的实施意见》。会议讨论并原则同意西安市城市管理局《西安市城市公园条例（修订草案）》。会议讨论并原则同意西安市质量技术监督局《关于进一步加强电梯安全管理工作的意见》。会议讨论并同意西安市监察局《关于给予王海玲同志行政撤职处分的请示》和《关于给予郭秦林同志行政撤职处分的请示》。会议讨论通过人事任免事项。会议安排部署近期主要工作：一是重视稳增长工作；二是推进重点项目建设；三是抓紧推进西安市承担中省部署的有关工作，特别是全面创新改革试验区建设、西安高新技术产业开发区自主创新示范区建设、高陵区统筹城乡建设等工作；四是抓好招商引资；五是抓好生态文明建设；六是持续抓好城市专项整治；七是抓好安全生产和信访维稳工作。

第135次（2016年第7次）常务会议　4月1日召开。会议听取了长安区人民政府、西安浐灞生态区管理委员会、西安市商务局、西安市旅游局关于各自承担《政府工作报告》任务推进落实情况的汇报。会议讨论并原则同意西安市人民政府外事侨务办公室《西安市优化涉外服务环境提升国际化水平2016年行动方案》。会议讨论并原则同意西安市公安局《西安市居住证管理实施办法》。会议讨论并原则同意西安市水务局、西安市财政局《关于调整市污水处理有限责任公司污水处理服务费结算标准的请示》。会议讨论并原则同意西安市卫生和计划生育委员会《关于印发2015年度人口和计划生育目标责任书执行情况的通报》。会议听取西安市人民政府办公厅《关于召开全市政府系统处长会议、统计工作会议及投资环境整治工作现场会筹备情况的汇报》。会议听取西安市民政局《关于户县撤县设区区专名有关情况的请示》。会议讨论并原则同意西安市人民政府外事侨务办公室《关于授予泰国中小企业经济贸易发展委员会主席陈杰克先生“西安市荣誉市民”称号的请示》《关于授予亚美尼亚久姆里市市长萨姆维尔·巴拉萨尼扬先生“西安市荣誉市民”称号的请示》《关于授予陕西师范大学俄语中心主任娜塔莉·察廖娃女士“西安市荣誉市民”称号的请示》。会议讨论并原则同意西安市政府外事侨务办公室《关于西安市与瑞典于默奥市建立友好城市关系的请示》。会议讨论通过人事任免事项。

第136次（2016年第8次）常务会议　4月5日召开。会议讨论并原则同意西安市发展和改革委员会《关于上报全面创新改革试验有关文件的请示》。会议讨论并原则同意西安市发展和改革委员会《西安建设丝绸之路经济带（新起点）战略规划研究》《西安欧亚经济综合园区发展规划》。会议讨论并原则同意西安市环境保护局《西安市治污减霾工作实施方案（2016年）》。会议讨论并原则同意西安市城市管理委员会办公室《关于参加推进城市执法体制改革改进城市管理电视电话会议精神的情况报告》。会议讨论并原则同意西安市教育局《关于进一步深化基础教育综合改革的若干意见》。

第137次（2016年第9次）常务会议　4月13日召开。会议传达陕西省人民政府常务会议关于第一季度经济形势分析和下一阶段工作安排部署的会议精神。会议听取西安市发展和改革委员会、西安市统计局、西安市工业和信息化委员会、西安市财政局等部门关于西安市经济运行情况的汇报，各区（县）、开发区汇报各自情况，与会者进行讨论，原则同意西安市发展和改革委员会《西安市2016年一季度经济运行情况和二季度主要工作建议》。会议安排部署二季度重点工作：一是抓项目扩投资；二是抓招商增后劲；三是抓产业促升级；四是抓改革强引擎；五是抓治理创宜居；六是抓作风促落实。

第138次（2016年第10次）常务会议　4月18日召开。会议组织2016年度第二次法治学习，西北政法大学教授叶名怡围绕新修订的《中华人民共和国大气污染防治法》做专题讲座。会议传达国务院总理李克强对非法经营疫苗系列案件的重要批示精神，以及监察部办公厅《关于进一步做好山东济南非法经营疫苗系列案件问责工作的通知》。会议原则同意西安市住房保障和房屋管理局《关于“电视问政”整改情况的报告》。会议原则同意西安市城市管理委员会办公室《关于西安市迎接国家卫生城市复审工作情况的报告》。

第139次（2016年第11次）常务会议　4月28日召开。会议听取莲湖区人民政府、西安国家民用航天产业基地管理委员会、西安市城乡建设委员会关于各自承担的《政府工作报告》任务推进落实情况汇报。会议讨论并原则同意西安市工业和信息化委员会代拟的《中共西安市委、西安市人民政府关于开展千人亲商助企活动的意见》。会议讨论并原则同意西安市机构编制委员会办公室《关于市级部门行政权力清单和责任清单有关工作的请示》《市级部门行政职权目录》《取消和调整一批行政权的通知》《市级部门行政许可项目汇总目录（2016年版）》以西安市政府文件印发执行，《市级部门随机抽查事项目录》《贯彻落实陕西省权力和责任清单管理办法的通知》以西安市政府办公厅文件印发执行。会议讨论并原则同意西安市城市管理局《西安市临时食品摊点管理暂行规定》。

第140次（2016年第12次）常务会议　5月3日召开。会议讨论并原则同意西安市发展和改革委员会、西安市粮食局代拟的《西安市人民政府关于贯彻落实粮食安全省长责任制的实施意见》。会议讨论并原则同意西安市城市管理局《西安市深入推进城市治理开展户外广告牌匾标识整治工作实施方案》《西安市城市绿化养护保洁职责调整工作实施方案》《进一步加强市容环卫行业管理工作的实施意见》。会议讨论并原则同意西安市体育局《关于西安体育中心选址筹建有关问题的请示》。

第141次（2016年第13次）常务会议　5月18日召开。会议听取碑林区人民政府、西安国际港务区管理委员会、西安市市政设施管理局关于各自承担《政府工作报告》任务推进落实情况的汇报。会议讨论并原则同意西安市年度目标责任考核领导小组办公室《区（县）、开发区、市级部门2016年度目标责任考核指标》。会议听取西安市防汛抗旱指挥部《关于2016年西安防汛工作的报告》。会议讨论并原则同意西安城市基础设施建设投资集团有限公司《关于开展融资租赁业务的请示》。会议讨论并原则同意西安市监察局代拟《西安市城市治理专项工作月度考核责任追究办法》。会议讨论并原则同意西安市水务局《关于2016年市级水利建设基金项目投资计划的请示》。会议讨论并原则同意西安市城乡建设委员会《关于减免陕西省肢体残障人康复中心等5个建设项目城市基础设施配套费的请示》。

第142次（2016年第14次）常务会议　5月31日召开。会议听取阎良区人民政府、西安阎良国家航空高技术产业基地管理委员会、西安市食品药品监督管理局关于各自承担《政府工作报告》任务推进落实情况的汇报。会议讨论并原则同意西安市工业和信息化委员会代拟的《西安市人民政府关于进一步加强社会信用体系建设的意见》。会议讨论并原则同意西安市交通管理委员会办公室代拟的《西安市2016年度缓堵保畅工作安排意见》。会议讨论并同意西安市文物局《关于申报第四批市级文物保护单位的请示》。会议讨论并原则同意临潼区政府《骊山风景名胜区总体规划（修编）》。会议讨论并原则同意西安市财政局、西安市物价局、西安市城乡建设委员会代拟的《关于修订征收城市基础设施配套费有关问题实施意见的通知》。会议讨论并原则同意西安曲江新区管理委员会《关于第三届丝绸之路国际电影节有关事宜的请示》。会议讨论通过人事任免事项。

第143次（2016年第15次）常务会议　6月15日召开。会议审议并原则通过《西安市物业管理条例（修订草案）》。审议并原则通过《西安市棚户区改造货币化房票安置管理办法（试行）》。审议并原则通过《西安市关于整合建立统一的公共资源交易平台体系实施方案》。审议并原则通过《西安国家自主创新示范区发展规划纲要（2016—2025年）》。由西安高新技术产业开发区管理委员会负责，根据会议讨论意见修改完善，报经陕西省人民政府同意后，提交部际领导小组会议审定。审议并原则通过《国际港务区托管灞桥区相关街道及有关管理体制方案、移交工作方案》。审议并原则通过《关于落实全面推开营改增试点等有关事项的请示》。同意《2016年新增地方政府债券安排意见》。

第144次（2016年第16次）常务会议　6月27日召开。会议组织2016年度第三次法制学习，西北政法大学教授姬亚平做题为《推进权力清单制度与法治政府建设》的专题讲座。听取西安市食品药品监督管理局《关于“电视问政”整改情况的报告》。安排抓项目、促投资、稳增长和化解房地产库存促进房地产市场健康发展工作。安排城市治理工作。审议并原则通过《关于市属开发区、市秦岭办、市城改办权责清单的请示》。审议《关于加快推进西安高新区建设国家自主创新示范区的若干意见》。审议并通过《关于按期解除任稳安、杨根民、颜昊、贺乐军、郭强同志行政警告处分的请示》。安排部署重点工作。

第145次（2016年第17次）常务会议　7月11日召开。会议传达陕西省政府第十次常务会关于“分析上半年经济形势，安排部署下半年工作”相关精神，分析西安市上半年经济运行情况，安排部署下半年工作。会议听取西安市发展和改革委员会、西安市统计局关于全市上半年经济运行情况，以及西安市工业和信息化委员会、西安市财政局、西安市商务局、莲湖区人民政府、长安区人民政府、蓝田县人民政府、西安高新技术产业开发区管理委员会、西安浐灞生态区管理委员会各自领域工作的汇报。审议并原则通过《西安市深化农村改革综合性实施方案》。审议并原则通过《西安市城市公立医院综合改革试点实施方案》。审议并通过有关人事任免事项。

第 146 次（2016 年第 18 次）常务会议 7 月 25 日召开。会议听取灞桥区人民政府、西安市交通运输局、西安城市基础设施建设投资集团有限公司关于各自承担的《政府工作报告》任务推进落实情况的汇报。会议审议并原则通过《关于进一步优化投资发展环境的意见》《西安市投资环境重点领域整治工作方案》。会议审议并原则通过《关于大力发展电子商务加快培育经济新动力的实施意见》。会议审议并原则通过《关于进一步加强城市规划建设管理工作的实施意见》。会议通报西安市突降暴雨情况，对防汛工作进行再安排、再部署。会议听取西安市审计局《关于开发区审计情况的报告》。会议审议并原则通过《幸福林带规划设计方案》及相关事宜。讨论通过有关人事任免事项。

第 147 次（2016 年第 19 次）常务会议 8 月 8 日召开。会议听取临潼区人民政府、西安市住房保障和房屋管理局、西安市城中村（棚户区）改造办公室关于各自承担的《政府工作报告》任务推进落实情况的汇报。会议听取西安市安全生产监督管理局《关于全市上半年安全生产工作情况汇报》。会议审议并原则通过《关于市级全面实行零基预算改革的实施意见》。会议审议并原则通过《西安市湿地保护条例（草案）》。会议审议并原则通过《西安市抓项目促投资稳增长考核奖励办法》。会议审议并原则通过《西安市改善农村人居环境工作实施方案》。

第 148 次（2016 年第 20 次）常务会议 8 月 9 日召开。会议审议并原则通过《皂河生态公园规划设计方案》。会议审议并原则通过《莲湖区顺城巷区域更新改造规划》。会议审议并原则同意《关于文景小区西区 65 亩土地配建廉租住房有关问题的请示》。会议审议并原则通过《西安市外国专家评选表彰暂行办法》。会议审议并原则通过《市财政局关于转报西安投资控股有限公司申请宝信国际融资租赁有限公司境外上市的请示》。会议审议并原则通过《关于减免西安中京坊置业有限公司中京坊等两个建设项目基础设施配套费的请示》。

第 149 次（2016 年第 21 次）常务会议 8 月 29 日召开。会议组织 2016 年度第四次法治学习，西北政法大学教授褚宸舸做题为《增强宪法意识 推进依法行政》的专题讲座。会议听取新城区人民政府《关于火车站广场区域“电视问政”曝光问题整改情况的报告》。会议传达陕西省移民（脱贫）搬迁工作观摩座谈会议精神，审议并通过西安市贯彻落实意见。审议并原则通过《西安铁路枢纽总图规划、西安火车站及纺织城火车站站房设计方案》。会议讨论通过有关人事任免事项。

第 150 次（2016 年第 22 次）常务会议 9 月 12 日召开。会议听取雁塔区人民政府、西安市科学技术局、西安市人民政府国有资产监督管理委员会关于各自承担《政府工作报告》任务推进落实情况的汇报。会议审议并原则通过《西安市“十三五”电网发展规划》。听取西安市人民政府办公厅《关于区县（开发区）厘清边界明晰事权工作情况报告》。会议审议并原则同意《长安区“3·8”道路交通事故调查报告的请示》。会议审议并原则同意《关于 2016 年采购纯电动公交车的请示》。会议审议并原则同意《关于提高我市城乡低保标准的请示》。会议讨论通过有关人事任免事项。

第 151 次（2016 年第 23 次）常务会议 10 月 9 日召开。会议听取高陵区政府、西安市环境保护局（西安市治污减霾办公室）、西安市农业林业委员会（西安市扶贫办公室）关于各自承担《政府工作报告》任务推进落实情况的汇报。会议审议并原则通过《关于小型餐饮业使用清洁能源和环保型烧烤炉具的通知》。会议审议并原则通过《西安市国有林场改革实施方案》。

第 152 次（2016 年第 24 次）常务会议 10 月 24 日召开。会议传达学习陕西省人民政府常务会议有关精神。会议审议并原则通过《西安市城市轨道交通线网规划（修编）》《西安市城市轨道交通第三期建设规划》。会议审议并原则通过《西安市地铁票价票制调整工作实施方案》。

第 153 次（2016 年第 25 次）常务会议 11 月 2 日召开。会议审议并原则通过《西安市城市建成区违法建设治理五年实施方案》。会议审议并原则通过《关于加快构建现代公共文化服务体系的实施意见》。会议审议并原则通过《关于西安市普通高中免学费实施方案》。会议审议并原则通过《西安市人民政府、中国节能环保集团公司首期投资协议》。会议审议并原则通过《关于我市或有债务转化为政府债务的请示》。会议审议并原则通过《关于 2016 年度西安市科学技术奖励的请示》。会议审议并原则通过《关于给予王伟行政警告处分的请示》《关于给予周荣生行政警告处分的请示》。会议审议并通过有关人事任免事项。

第 154 次（2016 年第 26 次）常务会议 11 月 7 日召开。会议组织西安市政府常务会第五次法治学习，中国人民政治协商会议陕西省委员会文史和学习委员会主任宋昌斌围绕“社会治理法治化”为主题做专题辅导。会议听取西安市城市管理局第四期电视问政整改情况汇报。会议审议并原则通过《西安市地铁建设指挥部协调管理办法》。会议审议并原则通过《西安市深化医药卫生体制综合改革试点实施方案》。会议审议并原则通过《汉长安城遗址保护总体规划（修编）》。会议审议并原则通过《2016 年“西安友谊奖”和“西安市优秀外国专家奖”评审结果》。

第 155 次（2016 年第 27 次）常务会议 11 月 14 日召开。会议听取西安市发展和改革委员会、西安市工业和信息化委员会、西安市商务局承担《政府工作报告》分解任务落实情况的汇报。会议审议并原则通过《关于促进非国有（行业）博物馆发展实施办法》。会议审议并原则通过《关于加快农村产权流转交易市场建设发展的实施意见》。会议审议并原则通过《关于撤销高陵区通远镇、耿镇、张卜镇建制相应设立街道办事处的请示》。

第 156 次（2016 年第 28 次）常务会议 11 月 24 日召开。会议传达陕西省人民政府接受中央环境保护督察工作部署会议精神，对西安市环保工作进行再安排、再部署。会议审议并原则通过《西安市贯彻落实〈陕西省生态文明体制改革实施方案〉分工方案》《关于加快推进生态文明建设的实施方案》。会议审议并原则同意《关于提请转发〈陕西省党政领导干部生态环境损害责任追究实施细则（试行）〉的请示》。会议审议并原则通过《西安市环境保护工作责任规定（试行）》。会议审议并原则通过《关于推进全市农村生态环境保护综合改革的实施意见》。会议审议并原则通过《关于开展领导干部自然资源资产离任审计试点的实施方案》。会议审议并原则通过《西安市秦岭生态环境保护管理办法》。

第 157 次（2016 年第 29 次）常务会议 11 月 29 日召开。会议听取西安市教育局、西安市民政局、西安市人力资源和社会保障局承担的《政府工作报告》和《2016 年惠民实事》分解任务进展情况的汇报。会议审议并原则通过《关于贯彻落实省政府工业稳增长促投资 21 条措施的实施意见》。会议审议并原则通过《关于莲湖区、未央区、雁塔区、长安区新建道路命名的请示》《关于对我市新建人行天桥进行命名的请示》。会议听取《关于江村沟垃圾渗滤液及唐家寨水库环境污染治理情况汇报》《关于江村沟垃圾渗滤液处理厂扩建工程的汇报》。会议审议并原则通过《关于减免西安翔远房地产开发有限公司东柳巷综合楼项目城市基础设施配套费的请示》。会议审议并同意《关于按期解除肖青利行政记过处分的请示》《关于按期解除李朝晖行政记过处分的请示》。

第 158 次（2016 年第 30 次）常务会议 12 月 12 日召开。会议组织西安市政府常务会第六次法治学习，西安交通大学法学院教授马治国以《加强知识产权保护 促进创新城市建设》为题进行辅导讲座。会议听取西安市安全生产监督管理局、西安市公安局、周至县政府各自承担的《政府工作报告》分解任务和全市安全生产工作会议落实情况的汇报。会议审议并原则通过《2017年度立法计划建议项目》《2017年度政府规章计划建议项目》。会议审议并原则通过《关于全面推进小微企业创业创新基地城市示范支持政策》。会议审议并原则通过《2016年市本级收回预算指标及存量资金安排意见》。会议审议并原则通过《关于组建长安金融资产管理股份有限公司有关事项的请示》。会议审议《西安市护城河及环城公园综合改造工程整体实施方案》。

第159次（2016年第31次）常务会议 12月16日召开。会议听取《关于今年1—11月全市经济运行情况和明年经济工作思路及建议的报告》。会议审议并原则通过《西安市进一步落实追赶超越要求实施方案》。

第160次（2016年第32次）常务会议 12月26日召开。会议审议并原则通过《西安市供给侧结构性改革降成本行动计划》。会议审议并原则通过《〈西安市系统推进全面创新改革试验打造"一带一路"创新中心的实施意见〉实施细则》《西安市落实系统推进全面创新改革试验国务院17项授权事项三年工作计划》。会议审议并原则通过《关于进一步促进民间投资健康发展的实施意见》。

◆重要决定及举措

"千人亲商助企"活动 2016年，西安市在全市开展千人亲商助企活动，解决企业生产经营和项目建设中遇到的突出困难和问题，推动全市经济加快发展。西安市在全市"四上"企业（规模以上工业企业、资质等级建筑业企业、限额以上批零住餐企业、规模以上服务业企业）和重点项目中确定1500户（个）对全市经济增长影响较大的企业和项目，从市级领导、市管干部、市级部门（区县、开发区）中层领导干部3个层次安排1000余名助企干部，按照"一对一"的方式开展"亲商助企活动"。活动从6月1日开始，为期2年。主要任务包括开展调查研究、详细了解企业生产经营和项目建设的进展情况、广泛征求对政府部门的意见和建议等方面的困难和问题、促进企业发展壮大。截至年底，收集各类问题3318个，解决2187个，正在解决1131个。

涝河渼陂湖水系生态修复工程 2016年，西安涝河渼陂湖水系生态修复工程被陕西省列入关中水系重点打造的三大湖池之一。该工程主要包括涝河平原段河道综合治理和渼陂湖水系生态文化修复两大部分，工程建成后将恢复水面423.2公顷。工程预计总投资36.67亿元，在确保质量和安全的前提下，力争用5年时间完成规划建设任务。截至年底，完成萯阳湖湖底清淤、湖底防渗、退水箱涵及渼阳湖湖底回填等相关工作；云溪寺岛、紫烟阁岛正在挖渠成岛，空翠堂岛完成场地平整工作和挡墙基础回填工作，其中5号渠及6号渠完成施工和工程放线工作。

编制上报西安地铁第三期建设规划 2016年，西安市牵头，咸阳市、西咸新区配合，联合编制上报西安地铁第三期建设规划。该规划涉及大西安区域（含西咸新区、咸阳市）11个项目，分别为1号线三期、2号线二期、3号线二期、7号线一期、8号线、10号线及支线、11号线、14号线、15号线一期、16号线一期，线路总长280.86千米，总投资1797.28亿元，计划于"十三五"期间全部开工建设。

推行棚户区改造货币化安置 2016年，西安市相继出台《棚户区改造货币化安置实施细则》《政府购买棚改服务实施细则》《棚户区改造货币化安置房票管理办法》《西安市利用存量商品住房作为棚户区改造安置房省级奖励资金实施细则》等文件。通过购买服务在国家开发银行贷款26个项目，争取贷款额度约383亿元，15个签订购买合同并实现放款；在中国农业发展银行贷款20个项目，争取贷款资金约220亿元，6个项目签订借款合同，1个正在中国农业银行陕西省分行审批，6个项目正在初评。

开展不动产登记 2016年，西安市及区（县）成立不动产登记机构，初步构建和完善不动产登记、权籍调查、信息化建设工作体系。6月底，全市不动产统一登记实现"发新停旧"，共缮证79083本。争取财政资金854.9万元建设不动产登记管理信息系统，与房管、林业、水务部门开展不动产登记资料移交工作。开展农村集体土地确权登记发证工作，集体建设用地、农村宅基地使用权发证率分别达到89%和88.07%；办理国有土地使用权抵押登记122宗，面积525.26公顷，涉及资金52亿元。

开展城市治理专项工作 2016年1月，西安市出台《2016年城市治理专项工作实施方案》，部署在全市范围内从治污减霾、市容环境整治、城市运行安全3个方面开展工地扬尘防治、机动车污染治理、城市道路大擦洗等12项城市治理专项整治工作。同步出台城市治理专项工作《督导检查方案》，中共西安市委、西安市人民政府成立10个联合督导组，采取包区（县）、包开发区、包项目抓督导促落实，督导工作原则上每月不少于2—3次。出台《西安市城市治理专项工作月度考核责任追究办法》，明确对月度考核排名后3位，以及连续多次排名后3位的区（县）、开发区、市级部门单位各级责任人的问责办法。

（孔小明）

西安市人民政府

（以2016年年底在职为准）

市　　长　上官吉庆
副 市 长　赵　敏　方光华　李　婧（女）　卢　凯　聂仲秋
咨 询 员　乔　征　朱智生　康宝奇
秘 书 长　王德安
副秘书长　李德文　李　彬　焦维发　郭艳文（女）　郑　瑛（女）　王西京　钱虎威　贾双社　惠应吉　杨国胜　张选民　黄晓华

市政府办公厅和政府组成部门

市政府办公厅
党组书记　王德安
主　　任　李德文
副 主 任　张选民
纪检组长　白望绪

市发展和改革委员会（市西部开发办公室）
主　　任　强晓安
副 主 任　任晓今（女）　赵寅科　姜建春　冉红斌
纪检组长　刘昌进

市教育局
局　　长　李颖科
副 局 长　赵春平　闫秀斌　张　瑞
总 督 学　王小虎
市教育考试中心主任　张锋善
纪检组长　唐世广

市科学技术局(市知识产权局)
局　　长　问向荣
副 局 长　任　晖　武海潮　高继平
纪检组长　张　可

市工业和信息化委员会(市中小企业促进局)
主　任(局长)　张新民
副主任(副局长)　陈大为　李初管　赵　平
纪 检 组 长　周兴鹏

市民族事务委员会(市宗教事务局)
主　任(局　长)　李社民
副主任(副局长)　王正权　平　丽(女，回)

纪 检 组 长　刘凯军

市公安局
局　　长　任军号
党委副书记　李海胜
副 局 长　肖西亮　张　卫　刘　军
　　　　　阎　鸿　李剑博　赵亚平
政治部主任　连　智
纪 检 组 长　张小齐

市监察局
局　　长　赵晓林
副 局 长　张华俊　庞武平
　　　　　李红雨(女)

市民政局
局　　长　王碧辉
副 局 长　李改草(女)　田为勇
　　　　　朱友明
纪检组长　杨淑波(女)

市司法局
副 局 长　刘伯雅　段元生　史　伟
纪检组长　焦　军

市财政局
局　　长　杨　宁
副 局 长　师胜友　王　琦　孔　宏
党组成员　王晓东
总会计师　罗红林

市人力资源和社会保障局
局　　长　李宁君
副 局 长　杨　庆　冯　莉（女）
　　　　　王晓杰
党组成员　邓谷斌　巩　军
　　　　　佟晓霞(女)
纪检组长　贺学军

市国土资源局
局　　长　田党生
副 局 长　王建东　王　刚　李小峰
党组成员　李　社　李朝晖
纪检组长　阎建荣

市环境保护局
局　　长　陈松林
副 局 长　颜　昊　张炳淳
党委副书记　郑西胜
总 工 程 师　梁　朝
纪 检 组 长　刘　波

市规划局
局　　长　惠西鲁
党委副书记　焦莉丽（女）
副 局 长　王学超　陈　琦　肖青利
总 规 划 师　席保军
纪 检 组 长　刘海林

市城乡建设委员会
主　任　苗宝明
副主任　高省安　盖文峰　苟继东
　　　　贾　强

市市政公用局
局　　长　贺简政
副 局 长　龚坚城　耿　涛　董埃孝
　　　　　王　　军
总工程师　王小明
纪检组长　冯银章

市城市管理局
（市城市管理综合行政执法局）
局　　长　严　石
副 局 长　李成刚　张玉成　张　蔚
　　　　　畅明放　吴雪萍（女）
　　　　　陈宪章　杨生华　张军刚
纪检组长　周教育

市住房保障和房屋管理局
局　　长　夏俊山
副 局 长　杨根民　翟金海　陈晓军
党组成员　薛建华
纪检组长　洪　强

市交通运输局
局　　长　任立新
副 局 长　张永民　强院省　李斌科
　　　　　王　伟（兼）
总工程师　杨党校
纪检组长　王刚利

市水务局
局　　长　杨　立
副 局 长　贺乐军　刘　博　王　俊
总工程师　党占奎

市农业林业委员会
主　　任　冯慧武
副 主 任　任新昌　苏新耀　张贵生
　　　　　赵定安　任稳安
党组成员　杨稳胜　杨建利
总农艺师　周新民
纪检组长　于兴学

市商务局(市招商局)
局　　长　吕恒军
副 局 长　姚　涌　吴慧娟(女)
　　　　　陈建锋
纪检组长　齐学森

市文化广电新闻出版局(市版权局)
局　　长　吴逸伦
副 局 长　马金山　李　军
　　　　　吴　敏(女)
党组成员　刘育社
纪检组长　郭乃科

市卫生和计划生育委员会
主　　任　刘顺智
党委副书记　张翠珍(女)
副 主 任　吕　鹏　薛林莉（女）
　　　　　段重利　王红艳(女)
　　　　　荣　亮
纪 检 组 长　黄启成

市审计局
局　　长　李永奇
副 局 长　马少民　王建军　阎金平
总审计师　贺成志
纪检组长　白丽萍(女，裕固)

市政府外事侨务办公室
副 主 任　王小镇　强　盛
纪检组长　孔　宏

市政府国有资产监督管理委员会
主　　任　张永军
党委副书记　许一双
副 主 任　胡建新　王立安　李宏军
纪 检 组 长　王　鹏

市工商行政管理局
局　　长　赵长春
党委副书记　谢　莹（女）
副 局 长　李军昌　任乃孝　李　有
政治部主任　李　宏
纪 检 组 长　许　浩

市质量技术监督局
局　　长　景六刚
副 局 长　张毅宏　张立邦　吴　繁
总工程师　陈志良
纪检组长　王　琢

市体育局
局　　长　冯艳阳（女）
副 局 长　徐　岗
纪检组长　闫　丽(女)

市安全生产监督管理局
局　　长　黄会强
副 局 长　张　钧　王利民
总工程师　张兴华
纪检组长　王学军

市食品药品监督管理局
局　　长　吕　强
副 局 长　兰东明　冯　超　丁景玺
总工程师　张振兴
纪检组长　刘　胜

市统计局
局　　长　张民伟
副 局 长　王文权　陈晓祺
总统计师　秦来生

市文物局
局　　长　郑育林
副 局 长　姜晓泉　黄　伟
纪检组长　尉爱金

市旅游局
局　　长　张永科
副 局 长　康立峰　余亚军
纪检组长　孙增贤

市粮食局
局　　长　李西安
副 局 长　陈铁新　李玉琦
　　　　　张海玲(女)
纪检组长　王印郎

市政府法制办公室
党组书记　李元合
主　　任　白正谊
副 主 任　王安军

市政府研究室(市发展研究中心)
主　任　崔玉凤(女)
副主任　陈洵蓉　徐　楠　左　东

市人民防空办公室
主　　任　唐　宁
副 主 任　黄德安　弋运良　邱卫华
纪检组长　谢　巍

市机关事务管理局
副 局 长　吴鹏飞　张宝林　徐海民
纪检组长　骞智峰

直属事业机构

市地方志办公室
主　任　曹永辉(女)
副主任　姚敏杰　张　帜

市社会科学院(市社科联)
院　长　王作权
副院长　高东新　张永强

市住房公积金管理中心
主　　任　刘晓民
党委副书记　武艾玲(女)
副 主 任　罗水洲　马　涛(回)
总 会 计 师　张林军
纪 检 组 长　王佩生

市会展业发展办公室
(欧亚经济论坛执委会办公室)
党组书记、常务副主任　汪　涛
副　主　任　闫　勇　张云平

市城中村(棚户区)改造办公室
主　任　张钢胜
副 主 任　任胜利　李根成

纪检组长　陈卫中

市地铁建设指挥部办公室
(市地下铁道有限责任公司)
党 委 书 记　张忠堂
主任(总经理)　雒继锋
副主任(副总经理)　安学武　祁国俊
总 工 程 师　王鸣晓

市政务服务中心
主　任　王新法
副主任　阎维和　年　奎

市地震局
局　长　谢振乾
副局长　赵玉涛　邢晴汉

派出机构

西安经济技术开发区管理委员会
党工委书记　贾生林
主　　任　杨安定
党工委副书记　苏俊良
副 主 任　王　伟　郭凤鹏
　　　　　刘　彤　张宏伟
　　　　　张　哲　邓选印
　　　　　韩晓更(女)
纪工委书记　邹晓刚

西安高新技术产业开发区管理委员会
党工委书记　赵红专(兼)
主　　任　安建利
党工委副书记　王　斌
副 主 任　杨仁华　邢　欣(女)
　　　　　陈　辉　韩红丽(女)
　　　　　袁海林　杨念田
党工委委员　史康度
纪工委书记　王宽让

西安曲江新区管理委员会
党工委书记　李　元
主　　任　陈吉利
党工委副书记　孙　超
副 主 任　姚立军　樊大可
　　　　　邵峥嵘(女)　常文芝
　　　　　陈共德　连拥军　李铁军
党工委委员　寇雅玲(女)
纪工委书记　王胜彦

西安浐灞生态区管理委员会(西安世界园艺博览会建设管理筹备委员会)
党工委书记　杨六齐
主　　任　门　轩
党工委副书记　张　旗
副 主 任　王公理　邢忠民
　　　　　丁学俊　杨希军
　　　　　成　斌　樊　伟
　　　　　刘崇利(兼)　刘军才(兼)
　　　　　贺简政(兼)

纪工委书记　贾振东

西安阎良国家航空高技术产业基地管理委员会
党工委书记　孙琦峰
主　　任　何　亮
副 主 任　李西宁　马胜利
　　　　　仝秀丽(女)　杜崇壮
　　　　　胡广鑫　张友社(兼)
　　　　　祖国鹏(挂职)
纪工委书记　张　炎

西安国际港务区管理委员会
党工委书记　韩　松
主　　任　杨明瑞
党工委副书记　李平伟
副 主 任　孙艺民　李　翔
　　　　　黄瑜晖(女)　苏国峰
纪工委书记　王东伟

西安国家民用航天产业基地管理委员会
党工委书记　陈长春
主　　任　张　驰
党工委副书记　逯雁春(女)
副 主 任　史晓峰　刘顺利　赵　舰
　　　　　张　营　贺延光
　　　　　李　岩(兼)　李希文
　　　　　蒋　阳
纪工委书记　李超来

市秦岭生态环境保护管理委员会办公室
党组书记　焦维发
副 主 任　王聪林　王春宏
　　　　　郝生旺(兼)　张友社(兼)
　　　　　刘明军(兼)　杨孝刚(兼)
　　　　　王　健(兼)　张水利(兼)
纪检组长　翟一平

驻外办事处

市政府驻北京办事处
主　任　张　健
副主任　王　蕾(女)

市政府驻上海办事处
主　任　周　乔(女)

市政府驻深圳办事处
主　任　李志军

其他单位

市供销合作联社
主　　任　王国根
党组书记(副主任)　高　伟　肖　刚
纪 检 组 长　张志余

市物资总公司
总 经 理　高　炜

副总经理 薛大明 刘军安 雷春龙
纪委书记 戴 之

市工业合作联社
主 任 袁建安
副主任 徐亚威 段忠明

西安工业资产经营有限公司
董 事 长 金 辉
总 经 理 吴保军
副总经理 吴 农 陈 红(女)
任广斌
工会主席 赵智清

市机电化工国有资产管理公司(市轻纺建材国资管理公司)
总 经 理 刘健伟
副总经理 郑惠杰 赵长利
郭 梅(女)
纪委书记 王少华

西安城市基础设施建设投资集团有限公司
董 事 长 张志文
总 经 理 李振高
副总经理 高满石 徐 龙 孔建辉
工会主席 傅 丽
财务总监 王双文
纪委书记 桑中玲(女)

西安建工(集团)有限责任公司
董 事 长 卫 勃
总 经 理 张 理
副总经理 陈 震 胡治刚 宋 扬
张效智
总工程师 张家华
纪委书记 于 玮

西安水务(集团)有限责任公司
董 事 长 石卫平
总 经 理 赵 敏
副总经理 王禄仕 袁瑞民 周文汉
总工程师 张西前
工会主席 金战捷
纪委书记 张大为

（市委组织部）

注：此名单不包括享受局级待遇的非领导职务者和在下属单位任职的局级干部，先后次序并不完全代表实际排序。

决策服务

◆概况 2016年，西安市人民政府研究室围绕中心工作，狠抓作风建设，深入调查研究，凝神聚力，开拓创新，圆满完成全年工作，为推动西安全面发展提供科学决策依据发挥重要作用。按照《中共西安市委关于贯彻落实习近平总书记来陕考察重要讲话的实施意见》(市发〔2015〕6号)文件精神，与西安市机构编制委员会办公室、西安市发展和改革委员会完善“一类一策”制度，探索制定系列扶持政策，上报工作报告4篇。落实“追赶超越”，与西安市发展和改革委员会研究起草《进一步落实追赶超越要求的实施方案》。完成《关于西安开发区资源整合与部分行政区划调整建议方案》，优化开发区布局，提升西安发展竞争力。整治提升投资环境，起草《关于进一步优化投资发展环境的实施意见》。完成《品质西安建设研究》。联合西安电视台、西安市电子政务办公室、西安市互联网信息办公室、西安市统计局，多渠道征集对2017年度民生工作综合分析报告的建议。参与西安国际港务区托管街道前期工作，起草调研报告及制订实施方案。根据西安市政府与西安交通大学合作框架，开展西安发展研究院组建筹划工作。完成中共西安市委、西安市政府交办的重要文稿、市领导重要讲话稿的起草工作。全年参与或起草《2016年西安市政府工作报告》《西安市上半年经济形势分析》和《关于促进我市当前经济稳定增长的建议》等9项重要文稿和市政府领导参加第十届“大关中发展”论坛发言稿等6项重要讲话文稿。

◆课题研究 2016年，西安市人民政府研究室完成调研课题3类33项。第一类是突破创新课题1项，完成“西安市商品房与市政配套设施研究报告”；第二类是重点课题10项，其中“关于我市推进全面改革试验区建设，打造追赶超越‘总引擎’研究”“关于建设品质西安研究”和“关于壮大西安实体经济研究”为中共西安市常委课题，“西安市城市公共交通‘最后一公里’问题研究”“西安市农村电子商务发展现状及对策研究”等6项为自主确定的重点研究课题；第三类是西安市政府领导交办课题，主要有“西安市城（棚）改情况”“城市建设与发展如何破解‘邻避效应’”和“进一步加强火车站地区综合治理工作”等22项。

◆区域经济合作 2016年，西安市人民政府加大对陇海兰新经济促进会经费支持力度，将办公经费、会费纳入财政拨款序列，并划拨课题研究、网站建设专项资金。西安市人民政府研究室积极推进陇海兰新经济促进会秘书处工作，组织召开陇海兰新经济促进会秘书处主任办公会议、陇海兰新旅游局长联席会工作会议、第六届中国西部国际物流产业博览会。完成“丝绸之路经济带创新创业环境研究”重点研究课题，通过调研新旧动力转换及实现健康、“绿色”、低碳产业发展，为加快建设“丝绸之路经济带”创新型城市提供理论参考与决策依据。

◆内部刊物编辑 2016年，西安市人民政府研究室持续办好《经济观察》《西安发展研究》和《专家咨询建议》3种内刊，紧贴西安发展实际，紧扣重点工作，紧盯热点问题，不断创新，编发国内外重要资讯，刊登最新研究成果，为解决西安建设中存在的问题提供解决措施和建议。全年《经济观察》出刊6期，《西安发展研究》出刊36期，《专家咨询建议》出刊30期。

◆专家决策咨询 2016年，西安市人民政府研究室履行西安市专家咨询委员会办公室职责，制定《市决咨委专项资金使用与管理办法》，充分发挥“咨询专家，决策科学”的作用。与沈阳、哈尔滨、北京等9个城市决策咨询机构开展互动交流，提升决策水平。完成2016年课题13项和2015年跨年度重点课题2项。以《专家咨询建议》期刊形式向西安市政府报送43期，建议事项38项，其中8项转化成决策。（叶芝德）

参事文史工作

◆概况 2016年，西安市人民政府参事室（西安市文史研究馆）围绕中心工作，发挥参事、文史馆员、研究员优势作用，开展参政议政、调研考察、文史研究、艺术创作、文化交流等各项活动。截至年底，全市有参事36人、文史馆员61人、研究员57人。

◆参政议政 2016年，西安市人民政府参事室（西安市文史研究馆）组织参事列席西安市人大、政协会议，建言献策。组织参事研讨《西安建设丝绸之路经济带战略发展规划》《西安欧亚经济园区综合发展规划》等法规，提出意见建议。组织参事研读讨论《西安市政府工作报告（讨论稿）》，提出修改意见20多条。编印《西安智库报告（2016卷）》，为各级中共党委、政府决策提供参考。

◆调研考察 2016年，西安市人民政府参事室（西安市文史研究馆）围绕中共西安市委、西安市人民政府中心工作和重点任务，采取参事报题，向各部门、各区县征题等方法，经梳理筛选，组织参事讨论，并报请西安市人民政府批准，确立“关于西安加强自主创新培育专利运营组织，落实创新驱动发展战略的调研”“关于利用西安科技军工资源优势，加快产业融合促进工业发展的调研”“关于加快法制政府建设的调研”“关于加快西安环保产业发展的调研”4个重点课题。组织参事围绕调研课题，进行5次集中调研，先后赴广州、深圳、东莞、成都等地与当地政府、企业进行座谈交流。组织参事到西安市城市管理局、西安市科学技术局、西安市卫生和计划生育委员会、西安高新技术产业开发区、蓝田县等，就科技体制创新、科技成果转化、新生儿遗传代谢病筛查、农村生活垃圾综合治理等问题调研考察。

◆调研报告和参事建议 2016年，西安市人民政府参事室（西安市文史研究馆）完成并上报西安市人民政府《关于加强西安环境污染防治，带动环保产业优化发展的调研报告》《关于利用西安科技军工优势，加快产业融合促进工业发展的调研报告》等8份调研报告和《关于尽快组建西安市农业行政执法机构的建议》《关于加强隋唐长安城遗址保护与展示的建议》等16份参事建议。调研报告和参事建议分别受到西安市人民政府市长上官吉庆和副市长方光华、李婧、赵敏的重视并做重要批示，批转到西安市政府相关部门研究办理。

◆挖掘整理文史资源 2016年，西安市人民政府参事室（西安市文史研究馆）组织文史馆员创作《西安赋》，经专家评审选择陕西师范大学教授杨恩成撰写的《西安赋》作品，请馆员邱宗康、赵熊、李平逊、杜中信4位书法家分别以篆、隶、行、楷四体书写。12月初，举行《西安赋》新闻发布会，并向陕西省图书馆、西安市图书馆赠送书写的《西安赋》作品。组织文史馆员及社会专家学者编印《西安老故事》。编印《馆员丛书·书画卷》，收录罗国士、赵步唐、胡西铭、翟荣强、景德庆5位书画馆员作品。

◆参事活动 2016年，西安市人民政府参事室（西安市文史研究馆）组织参事先后学习中共中央总书记习近平关于经济工作的重要讲话精神和国务院总理李克强做的《政府工作报告》《关于上半年经济形势和做好下半年经济工作的讲话》以及国务院参事室、陕西省和西安市主要领导讲话。组织参事参加西安市人民政府上半年工作情况通报会。分别邀请西安市发展和改革委员会、西安市公安局、西安市水务局负责人就《西安市“十三五”发展规划》、公安维稳、渭河治理工程等向参事做情况通报。组织参事考察西安渭河治理工程。

◆馆员活动 2016年，西安市人民政府参事室（西安市文史研究馆）组织馆员、研究员围绕文化建设课题开展调研活动。组织文史馆员、研究员赴四川昭化古城、剑门关、千佛崖和陕西青木川等地，开展古建筑保护专题调研。赴蓝田县民俗村等地开展“乡镇旅游”专题调研，形成《西安乡镇旅游现状与发展的调研报告》。组织书画馆员、研究员赴甘肃兰州、张掖、嘉峪关、敦煌等“丝绸之路”沿线调研采风，进行书画创作，并与陕西省文史馆、广东省文史馆、广州市文史馆联合，分别在西安和广州举办2016年“丝绸之路文化行·秦粤诗书画联展”。组织馆员参加中央文史馆与澳门特别行政区政府在澳门举办的“中华文化四海行——走进澳门”活动。组织召开“孙中山诞辰150周年纪念座谈会”。与西安市文物局、西安事变纪念馆共同举办“丝路墨痕——西安书画名家新作展”。

（贺军辉）

2016年3月15日，西安市政府参事室（文史馆）召开2016年参事文史工作会议

台湾事务

◆概况 2016年，西安市人民政府台湾事务办公室（中共西安市委台湾工作办公室）围绕两岸关系和平发展和西安建设国际化大都市两个大局，以做台湾人民工作为主线开展各项对台工作。全年西安市居民赴台旅游63333人次，入境台胞102339人次，审批各类赴台交流62项130人，接待台湾重要考察、参访、交流团队10批300人。

◆市人大常委会审议通过台湾事务工作报告 2016年4月20日，西安市第十五届人民代表大会常务委员会第三十一次会议听取和审议西安市人民政府关于台湾事务工作情况的报告。会议认为，近五年来，西安市台湾事务工作，在对台经贸、交流交往、对台宣传、涉台教育、投诉调处、突发事件处置等方面有序发展，取得了长足进步。会议要求，全市各部门要提高认识，坚决贯彻中共中央对台工作的部署和要求，全面推进各项对台交流交往，深化对台宣传和涉台教育，切实维护台胞合法权益，为促进西安经济社会发展，推动两岸关系和平发展做出新贡献。

◆市人大代表视察台资企业 2016年3月24日，西安市人民代表大会常务委员会副主任韩宝生带领部分西安市人大代表视察西安市台资企业。在实地了解台资企业西安顶益食品有限公司、陕西振彰食品有限公司的生产经营情况和听取西安市人民政府台湾事务办公室汇报后，韩宝生要求各级部门要提高认识，切实增强做好台湾事务工作的责任感和使命感；发挥优势，积极推进对台交流交往活动；维护台商利益，依法保护台湾同胞投资合法权益；积极拓展宣传渠道，加大对台宣传工作力度，为促进地方经济发展、加强两岸交流做出更大贡献。

◆台湾《工商时报》媒体赴西安采访 2016年4月17—23日，台湾《工商时报》大陆新闻中心副主任李书良一行到西安进行“一带一路”建设专题采访。在西安期间，采访组先后采访拍摄西安国际港务区、西安综合保税区、西安铁路集装箱中心站、西安华南城、大唐西市、比亚迪（西安）公司。

◆对台干部研修班在厦门大学举办 2016年5月21—26日，西安市人民政府台湾事务办公室在厦门大学台湾研究院举办“全市对台干部研修班”，各区（县）、市级有关部门38名干部参加培训。培训内容围绕海峡两岸关系新思维、台湾新民意与现阶段两岸关系、美国的亚太战略与台湾问题、如何做好台湾青年的工作、台湾文化研究、运用法律手段深化两岸关系6大专题，从历史、文化、社会、心理等多角度分析当前台海局势现状，提出今后对台工作的新思维和努力方向。

◆海峡两岸文化创意农业园区揭牌 2016年6月22日，海峡两岸文化创意农业园区在西安市长安区杨庄乡南佛沟村揭牌，西安市人民政府台湾事务办公室、西安市科学技术协会负责人为基地揭牌。园区设立台湾植物园、铁皮石斛示范园、早熟葡萄种植示范园等，并与西北农林科技大学等科研单位开展合作，努力建成全国青少年科普示范基地、省市青少年课外教育与社会实践基地、专业院校大学生实习与创业示范基地。

◆台湾振兴中华民族暨文经促进协会来西安参观考察 2016年6月24日，台湾振兴中华民族暨文经促进协会团一行来西安参观考察，并与相关部门交流座谈。该协会由台湾省退役军队高官组成，宗旨是传承和发扬中华传统文化，为促进中华民族的伟大复兴而努力。西安市商务局负责人向考察团介绍西安市打造中西部商贸服务中心和全国内陆型经济开发战略高地的建设情况；西安市人民政府台湾事务办公室负责人介绍台商在西安投资、工作及生活方面的情况。

◆“台商文化之旅——同宗同文寻根行”活动 2016年6月25—26日，西安市人民政府台湾事务办公室举办“台商文化之旅——同宗同文寻根行”活动，组织西安地区台商30多人赴宝鸡市区和武功、岐山、凤翔等地，实地考察苏武纪念馆、炎帝陵及西周文化。

◆西安青年台商赴南京学习 2016年10月24—26日，西安市人民政府台湾事务办公室组织西安地区青年台商赴南京市参观学习，先后拜谒中山陵，了解孙中山生平，缅怀其伟大功绩；参观南京大屠杀纪念馆、总统府、雨花台，不忘国耻，铭记历史；考察南京台资企业，并进行座谈交流，相互学习经验。

◆吕健会见台湾新光资产董事长林正 2016年12月9日，中共西安市委常委、常务副市长吕健会见台湾新光资产董事长林正一行。吕健向客人介绍西安的社会经济发展情况，希望新光集团更多地参与西安商贸、文化、旅游等领域的投资；新一轮转型升级和西安“追赶超越”，需要像新光集团这样的企业参与，西安市政府将尽最大努力，提供优质服务，推动项目实施。林正表示，将力争把新光大明宫项目建成西安新地标，为“品质西安”建设增添新名片，实现多方互利共赢。 （李宏伟）

2016年6月25-26日，西安市人民政府台湾事务办公室举办“同宗同文寻根行”文化之旅

西安市台胞台属联谊会

会　长 蔺　琪
副会长 吴玲英(女)　葛青民(女)　张彩凤(女)　张彦霞(女)　赵　辉(女)　李　楠　何崇秋　李建波　张思齐　于　媛(女)　李艳秋(女)
秘书长 吴玲英（女，兼）

侨　务

◆概况 2016年，西安市归国华侨联合会贯彻中共中央总书记习近平对侨务工作的系列重要指示和中共中央、陕西省、西安市群团工作会议精神，围绕中心，服务大局，凝侨心、聚侨力、主动作为，为西安市发展建设做出新贡献。

◆为侨服务 2016年，西安市归国华侨联合会组织归侨侨眷参观陕西惠森现代农业示范园、西安爱菊粮油集团，召开座谈会听取意见建议。扩大“送温暖　献爱心”活动范围，根据生活困难、体弱多病、有社会影响力等不同情况，采取发放慰问金、送花、送祝福等方式慰问归侨侨眷100多人，合计8万余元。联系陕西省归国华侨联合会为贫困侨眷张建平发放救助金2万元。打造“侨界讲堂”新平台，邀请陕西省城市规划委员会专家组成员、西安建筑科技大学吕仁义教授做题为“西安的城市发展历程与展望”开场讲座。坚持首问负责制，解决西安交通大学海外引进人才子女上学事宜，联系解决陕西得仁实业有限公司公交线路收购补偿事宜，陕西银泰置业有限公司建筑工程施工经济纠纷。

◆参政议政 2016年，西安市归国华侨联合会参与西安市政协“发挥侨的优势，助推一带一路建设”调研座谈。针对发挥侨联参政议政作用、推动群团组织改革、服务引导涉侨企业创新发展等问题，组织侨界政协委员到广州、深圳两个重点侨乡调研，撰写调研报告，就服务经济发展要融入全市招商引资大局、服务侨企发展要多做牵线搭桥的工作、参政议政要反映侨胞心声、拓展新侨要发挥组织平台作用等方面提出建议。按照考察程序，从侨资企业、大专院校、青年社团等各行业推荐10人为中国人民政治协商会议西安市第十四届委员会委员候选人。

◆公益事业 2016年，西安市归国华侨

2016年9月22日“海外侨胞故乡行-走进陕西西安”参观考察西安高新技术产业开发区

联合会协调西安市交通运输局为蓝田县九间房镇流峪寺村下拨专项扶贫款26万元，用于维修进村公路。联系侨界人士进行公益捐款5万余元，用于对贫困村民帮扶。联系澳大利亚华侨为第二聋哑学校捐赠棉衣120件、助听器10套。联系侨界爱心人士向周至县知行小学等4所学校捐赠价值10万元的体育用品。联系中国华人华侨慈善基金会向西安凤城医院和济仁医院捐赠手术设备2套，价值200余万元。

◆联谊活动 2016年，西安市归国华侨联合会宣传“一带一路”战略中西安的商机，邀请加拿大、日本、美国等国家和地区的重要侨界领袖、侨商参加2016丝绸之路国际博览会暨第二十届中国东西部合作与投资贸易洽谈会。组织“海外侨胞故乡行——走进陕西西安”活动，邀请法国、加拿大、英国等20多个国家的50名侨胞参观考察西安国际港务区和西安高新技术产业开发区。组织侨商参加深圳第二届华人华侨产业交易会、景德镇国际陶瓷博览会，拓展交流合作渠道。建立辐射美国、加拿大、法国、日本等13个国家和地区的华人华侨商会、陕籍同乡会、行业协会主要负责人的海外侨领信息库；建立包含120余家企业、200多位新侨和归国留学人员的新侨信息库；完善西安地区老归侨信息库；更新国内省、市侨联联络信息库。建立海外重要侨领、侨商会会员、青年委员会委员和西安地区归国留学人员等微信工作群。

◆亲商助企 2016年，西安市归国华侨联合会对全市1000余家涉侨企业进行调研，了解侨资企业现状。召开18家侨资企业负责人座谈会，走访20多家侨商会、青年委员会会员单位，形成题为“西安市侨资企业基本经营情况调研报告”，归纳整理侨资企业发展面临的主要困难和对扶持政策的需求，从优化营商环境、打造服务平台、促进转型发展提出建议，供中共西安市委、西安市政府参阅，并被《西安智库报告（2016卷）》收录。指导西安市侨商会换届，邀请博雅公共关系有限公司中国执行副总裁兼高级顾问田长桉加入商会并当选会长，多名有实力的侨界企业家当选为副会长。西安市侨商会被中华全国归国华侨联合会评为“全国先进侨商社会组织”。5月24日和9月23日，国家副主席李源潮两次来陕西省调研群团工作，实地调研西安市归国华侨联合会推荐的西安炬光科技有限公司、西安力邦制药有限公司2个侨资企业，对企业在激光前沿应用领域的技术探索能力和自主研发的多款新药给予充分肯定。推荐上报西安留学人员创业园和西安炬光科技参评中国归国华侨联合会“新侨创新创业基地”；推荐8个单位和10名个人参加中国归国华侨联合会第六届侨界“贡献奖”评比，其中4人获“创新人才奖”，3个团队获“创新成果奖”。

◆文化交流 2016年，西安市归国华侨联合会组织香港鲜鱼行学校师生到西安进行“文化寻根之旅”。邀请10名加拿大华裔中学生参加“亲情中华——陕西夏令营”活动。邀请来自加拿大、法国、澳大利亚等10多个国家和地区的100余名海内外华侨、华人参加清明公祭轩辕黄帝大典。组织“亲情中华”西安留学生联谊会，多个国家和地区的150多名留学生和青年侨商代表参与。组织全市中小学生参加“世界华人学生作文大赛”，报送作文478篇，76名学生获奖。

（李新磊）

西安市归国华侨联合会第十届委员会

主　席　李继红
副主席　肖王民
副主席（兼）　戴慧敏　张　军　尹冠生
赵　伟（女）
禹　燕（女）　杨彦政
田　田（女）
秘书长　肖王民（兼）

信　访

◆概况 2016年，西安市信访局（西安市信访接待中心）和市辖13区（县）信访局（13个区（县）信访接待中心）受理群众来信来访28643件人次，比上年下降72%。受理群众来信来访19760件人次，比上年下降75%。其中，办理群众来信3329件，比上年上升34%；接待群众个访4582批5824人次，比上年批次下降46%，人次下降82%；接待群众集体访379批10607人次，比上年批次下降62%，人次下降76%。集体访中，到中共陕西省委、陕西省人民政府集体访163批8068人次，比上年批次下降8%，人次下降58%；到中共西安市委、西安市人民政府集体访141批8048人次，比上年批次上升44%，人次上升40%；到西安市信访接待中心集体访379批10607人次，比上年批次下降48%，人次下降46%。进京上访1426人次，比上年下降52.9%，其中进京非正常上访421人次，比上年下降34%。群众拉横幅、静坐、围堵党政机关大门等非正常访行为相对减少，信访秩序好转。西安市信访局收到市民对市长专线电话、“市长信箱”、西安市政府门户网站等各类投诉31145件，回复27834件。其中，市长专线电话办公室受理群众来电19837件，“市长信箱”收到群众来信11072件，西安市人民政府门户网站收到群众来信236件；西安市信访局收到市民网上和电话投诉6819件，回复6817件，其中“96699”市民投诉专线收到电话投诉2895件，在线投诉收到群众来信800件，国家和陕西省投诉受理办公室交办转送群众来信3124件。西安市信访局向中共西安市委、西安市人民政府上报信访信息400余件、信访专报41件。完成陕西省、西安市领导各类批示件78件。其中，省级领导批示3件，市级领导批示75件。13个区（县）信访接待中心受理群众来信来访9376件人次。其中，办理群众来信493件；接待群众来访2010批8883人次。

◆领导干部接访约访下访 2016年，西安市各级领导干部接访下访群众572批3282人次，其中接访群众358批1962人次，下访群众214批1320人次，解决问题434件；全市各级排查矛盾纠纷2483件，化解2018件，化解率81%。全国“两会”期间，14名市级领导接访16人16件次，结案12件，批示75件。全市各级领导干部接访下访572批3282人次，协调化解信访问题434件次。落实领导包案制度，全年交办信访事项123（件）人次。西安市信访局局级领导接谈群众312批1296人次，召开研判会21次，赴基层督办25次，协调案件46次。

◆信访积案化解 2016年，西安市信访局(西安市信访接待中心)将积案纳入网上办理程序，在网上逐案进行核查，信访积案网上办理率从2%提升至100%，率先完成陕西省交办的任务。3月，中共西安市委、西安市人民政府召开全市信访工作会议，安排部署化解积案和听证评议工作，制定下发《化解信访积案集中攻坚实施方案》。5月，西安市信访局(西安市信访接待中心)开展“百名党员包抓百件信访积案活动”，专项督查组督促整体化解工作进度，参与积案督办化解工作，中共中央和陕西省交办的信访积案109件（其中重复4件），105件信访积案全部办结，办结率100%，其中彻底化解25件。按期办结陕西省和西安市领导批示件75件。全市镇（街）矛盾纠纷排查化解中心和村居矛盾纠纷排查化解工作站排查各类矛盾纠纷2483件，化解2018件，化解率81%。

立案交办重点信访事项225件，均按期办结。9月26日，西安市人民政府复查复核委员会成立，全年收到群众申请复查复核信访案件41件，接待群众273人次。其中，出具不予受理书15件（含建议函）；不再受理3件（信访事项已终结）；撤销下级出具意见书9件；信访人自动撤销1件；信访人申请暂缓1件；提请西安市政府复查复核委员会研究12件（复查2件、复核10件）。协调处理复杂疑难信访问题，开展听证评议85件（其中陕西省交办35件），使用235万元专项资金化解18件复杂疑难信访案件。

◆稳控重点信访群体 2016年，西安市信访局(西安市信访接待中心)完善信访、公安、法院“三位一体”驻京劝返工作机制，组织驻北京力量提前排查，将进京上访的842人次劝返在非访之前。开展“清滞留、控非访”驻京劝返专项活动，在全国“两会”、2016二十国集团杭州峰会和中国共产党第十八届中央委员会第六次全体会议期间，先后排查劝返136人次。西安市群众进京非访情况以《周报》形式报告中共西安市委、市人民政府主要领导。全年印发《周报》42期、提醒函17份、各类通报26份，收发处理预警类信息和工作类信息112份，起草《劝返快讯》216期。全市发生进京非访421人次，比上年下降34%。全程参与西安联合学院非法集资案、陕西山川林业案等对话平台工作。全市各级对话接待平台共举办大型情况通报会12次、群众代表座谈会30多次，接待群众79523人次，登门入户25030人次，排查稳定27209人。各核查登记点共接待群众110559人，核查登记67784人次。资金清退9批69782人次（清退失败2026人），资金清退65983人次，共清退资金1.647亿元。

◆接待集体上访 2016年，西安市信访局（西安市信访接待中心）接待群众集体访483批20293人次。其中，到陕西省、西安市党政机关集体上访（到中共陕西省委、陕西省人民政府5人以上，到中共西安市委、市人民政府10人以上）309批16116人次，批次和人次分别比上年上升12%和下降35%；到中共陕西省委、陕西省人民政府集体访163批8068人次，批次下降8%，人次下降58%；到中共西安市委、西安市人民政府集体访141批8048人次，批次和人次分别上升44%和40%；到西安市信访接待中心集体访379批10607人次，批次下降48%，人次下降46%。群众到陕西省、西安市党政机关集体访反映的问题主要为涉法、涉诉问题119批，占总量的39.2%；拆迁安置问题57批，占总量的18.8%；农民工工资及工程款纠纷问题39批，占总量的12.9%；农村村务问题17批，占总量的5.6%；儿童入学问题15批，占总量的5%；经营权纠纷问题7批，占总量的2.3%；土地征用问题7批，占总量的2.3%；养老保险及生活待遇问题5批，占总量的1.7%；企业改制问题3批，占总量的1%。此外，群众还反映物业管理、土方工程包揽、渣土车使用年限、医疗事故、工伤事故、招商引资、政策咨询等其他方面的问题。群众到西安市信访接待中心集体访反映的问题主要为城乡建设问题136批，占总量的35.9%；国有土地征地补偿问题75批，占总量的19.8%；涉法涉诉问题30批，占总量的8%；养老统筹及医疗保险问题27批，占总量的7.1%；农村村务问题26批，占总量的6.8%；交通部门经营权纠纷问题19批，占总量的5%；民政部门问题14批，占总量的3.7%；教育部门问题11批，占总量的2.9%；企业改制问题7批，占总量的1.8%；劳务纠纷问题6批，占总量的1.6%。此外，群众还反映有生活待遇、独生子女政策、合同纠纷等方面的问题。

◆处理群众来信 2016年，西安市信访局（西安市信访接待中心）办理正常群众来信3329件。在群众来信中，求决类信件1297件，占总量的39%；申诉类信件879件，占总量的26.4%；揭发控告类信件526件，占总量的15.8%；批评建议类信件226件，占总量的6.8%；重复等其他类信件401件，占总量的12%。办理群众给中共西安市委书记来信1046件，编写《信访信息周报》45期、《群众来信月综述》11期、《信访摘报》20期；办理群众给中共陕西省委巡视组、中共西安市委巡视组来信236件。

◆市民投诉 2016年，西安市信访局（西安市信访接待中心）投诉受理处收到市民对市长专线电话、“市长信箱”、西安市人民政府门户网站等各类投诉31145件，回复27834件。其中，市长专线电话办公室受理群众来电19837件（咨询类14105件、求决类4716件、建议类1016件），当即答复群众18100件，网络单位办理1016件，重点交办案件721件，办结721件，案件办结率100%；“市长信箱”收到群众来信11072件（申诉类7824件、求决类1534件、意见建议类1049件、咨询类343件、揭发控告类266件、感谢类22件、其他类34件），占投诉总量的35.54%，回复7761件；西安市人民政府门户网站收到群众来信236件（求决类69件、咨询类176件、建议类2件），占投诉总量的0.1%，回复236件。收到市民网上和电话投诉6819件，回复6817件。其中“96699”市民投诉专线收到电话投诉2895件（咨询类1348件、求决类252件、申诉类85件、意见建议类21件、其他类369件，无效诉求820件），占投诉总量的42.4%，回复2893件；国家投诉受理办公室网上转送信访投诉事项1798（申诉类348件、求决类1131件、意见建议类29件、揭发控告类137件、其他类153件），占投诉总量的26.4%，回复1798件；陕西省投诉受理办公室网上转送信访投诉事项1192件（申诉类107件、求决类484件、意见建议类46件、揭发控告类179件、其他类376件），占投诉总量的17.5%，回复1192件。西安市信访局网上平台收到信访投诉事项800件（申诉类62件、求决类286件、意见建议类19件、揭发控告类94件，其他类339件），占投诉总量的11.7%，回复800件。中共中央和陕西省交办网上信访投诉事项134件，占投诉总量的1.96%，回复134件。全年网上信访及时受理率95%、按期办结率92%、群众满意率96%。（许瑞琳）

中国人民政治协商会议
西安市委员会

责任编辑　高　鹏

综　述

◆**概况**　2016年，中国人民政治协商会议西安市委员会认真履行政治协商、民主监督、参政议政职能，发挥协商民主重要渠道和专门机构作用，为推进“品质西安”建设，率先全面建成小康社会，加快建设具有历史文化特色的国际化大都市做出新贡献。截至年底，政协西安市委员会和所属区（县）委员会有政协组织机构14个，其中区（县）政协13个。市、区（县）政协委员有3575人，其中市政协委员558人，区（县）政协委员3017人。

◆**政协西安市第十三届委员会第五次会议**　2016年1月31日至2月3日在陕西宾馆召开，会议应出席委员566人，实际出席497人。会议审议批准政协西安市第十三届委员会常务委员会工作报告和十三届四次会议以来提案工作情况的报告；列席西安市第十五届人民代表大会第六次会议开幕式，听取并赞同西安市人民政府工作报告、西安市中级人民法院工作报告、西安市人民检察院工作报告及其他报告；选举董军为政协西安市第十三届委员会主席。西安市政协主席程群力代表常务委员会作工作报告，副主席郭若为代表常务委员会作提案工作报告。会议期间，委员通过小组讨论、大会发言、上交提案等形式，围绕全面深化改革、“品质西安”建设以及人民群众最为关切的问题协商讨论，中共西安市委、西安市人民政府有关领导到会听取委员的意见和建议。在讨论西安市人民政府工作报告时，委员们对报告提出的目标任务、“十三五”规划实施、“品质西安”建设以及人民群众普遍关心的热点、焦点、难点问题高度关注，围绕“着力加强供给侧结构性改革，全力以赴稳增长；把创新作为引领发展第一动力，进一步提升经济发展品质；加快丝绸之路经济带“新起点”建设，进一步提升对外开放品质；推进新型城镇化建设，进一步提升城市治理品质；推进“美丽西安”建设，进一步提升宜居环境品质；保障和改善民生，进一步提升人民生活品质；推进法治政府建设，进一步提升政府服务品质”7个具体方面，提出100余条具体意见和建议。会议编发简报13期，新闻媒体刊播各类宣传稿件200余篇；收到发言材料36份，10位委员分别代表民主党派、工商联、人民团体和委员个人进行发言；收到提案640件，经审查立案573件，作为委员来信转送有关部门研究参考64件。在立案的提案中，委员提案406件，民主党派和工商联提案140件，有关人民团体提案5件，政协专门委员会提案22件。

2016年1月31日-2月3日，中国人民政治协商会议西安市第十三届委员会第五次会议召开

◆**市政协常委会会议**　2016年，中国人民政治协商会议西安市第十三届委员会常务委员会召开会议8次，其中3次会议就扶贫开发、吸引海外高端人才和加快城中村改造等有关问题进行专题协商，形成调研报告报送中共西安市委、西安市人民政府，为西安改革发展提供参考。

3月29—30日，召开西安市政协十三届二十八次常委会议，主要传达政协第十二届全国委员会第四次会议精神，专题协商西安市农村扶贫开发工作，并接受张洪涛辞去政协西安市委员会副秘书长职务的请求。会前，组织与会常委听取陕西省扶贫开发办公室党组成员、副主任梁振思作的题为《准确把握中省扶贫攻坚新要求　全力打好脱贫攻坚战》的专题辅导报告。会议期间，组织与会常委听取西安市人民政府副市长卢凯代表市政府作的《关于西安农村扶贫开发工作情况的通报》和西安市政协经济委员会《关于西安农村扶贫开发工作的调研报告（草案）》起草情况的说明，并进行大会发言和分组讨论，形成《关于西安农村扶贫开发工作的调研报告》。就进一步提高扶贫工作质量、巩固脱贫成果、提高扶贫精准度、实现贫困人口致富奔小康、促进全市经济社会均衡发展提出7条具体意见和建议：加大政策支持，促进精准扶贫；完善体制机制，落实主体责任；强化产业扶贫，提高发展能力；推进移民搬迁，优化发展环境；动员社会力量扶贫，拓宽扶贫开发渠道；强化资金支持力度，整合使用扶贫资金；总结推广扶贫经验，提高扶贫工作成效。

6月30日至7月1日，召开西安市政协十三届二十九次常委会议，专题协商西安市优化体制机制、吸引海外高端人才问题，并接受丁健辞去政协西安市第十三届委员会副主席、李春华辞去政协西安市第十三届委员会港澳台侨和外事委员会主任、田高社辞去政协西安市第十三届委员会委员工作委员会主任职务的请求，接受李德省、李春华、蔄芒喜辞去政协西安市第十三届委员会委员、常委职务的请求，决定撤销王海玲政协西安市第十三届委员会委员资格。会前，组织与会常委听取中共陕西省委人才工作领导小组办公室副主任、中共陕西省委组织部人才处处长应斌作的题为《关于深化人才发展体制机制改革的几个问题》的专题辅导报告。会议期间，组织与会常委听取西安市人民政府党组成员乔征代表市政府所作的关于西安市吸引海外高端人才工作情况的通报和西安市政协港澳台侨和外事委员会《关于我市优化体制机制，吸引海外高端人才问题的调研报告（草案）》起草情况的说明，并进行大会发言和分组讨论，形成《关于关于我市优化体制机制，吸引海外高端人才问题的调研报告》。就优化体制机制、吸引集聚更多的海外高端人才来西安创新创业、发挥海外高端人才在加快建设“品质西安”进程中的驱动和引擎作用提出5条意见和建议：加强党管人才，促进领导体制改革创新；围绕优先发展，创新改进政策制度；突出市场导向，构建引才用才机制；着眼提质增效，创新评价激励机制；坚持多措并举，完善服务保障机制。

9月28—29日，召开西安市政协十三届三十次常委会议，主要传达中国人民政治协商会议第十二届委员会第十七次常委会议精神，专题协商西安市加快推进城中村改造工作，并接受王益生辞去政协西安市第十三届委员会提案委员会主任职务的请求，接受王益生、肖西平、陈俐民辞去政协西安市第十三届委员会委员、常委职务的请求。会前，组织与会常委听取陕西省房地产研究会会长、西安天盛城市发展研究院院长、长安大学城市研究所所长、教授王圣学作的题为《城棚改与西安城市的规划发展问题》的专题辅导报告。会议期间，组织与会常委听取西安市人民政府副市长聂仲秋代表市政府所作的关于加快推进西安城中村改造工作情况的通报和西安市政协人口资源环境委员会《加快推进西安市城中村改造工作的调研报告（草案）》起草情况的说明，并进行大会发言和分组讨论，形成《加快推进西安市城中村改造工作的调研报告》。就加快推进城中村改造工作提出6条意见和建议：由政府协调解决土地转性问题；积极畅通融资渠道；加大对“骨头村”的改造力度；加快推进基础配套设施建设；妥善解决城改尾留问题；尽快完善社会保障相关政策规定。（王兴顺）

2016年7月26日-27日，全国副省级市政协第六次信息工作座谈会在西安召开

政协主要工作和重大活动

◆委员视察 2016年，中国人民政治协商会议西安市委员会坚持把委员视察作为履职为民、咨政建言的重要形式，修订完善委员视察和调查研究工作规范。聚焦中共西安市委、西安市人民政府重点工作，采用专委会视察、界别视察、联合视察等多种形式，遵循“求实、规范、安全、协作”的原则，视察前，合理编组人员、加强理论辅导培训；视察中，发挥专业特长、交流探讨寻求良策；视察后，及时协商跟踪、促进成果转化落实，确保建言献策有的放矢。发挥委员视察即时性强的优势，邀请有关部门负责人参与，组织200余人次，就渭河生态建设工程、社区医疗卫生机构建设、大型商贸设施规划布局和寻根文化基地建设等方面开展12次专题视察，面对面座谈协商、探讨良策，形成视察报告12份，提出60余条具体意见、建议，分别以视察报告、政协信息等形式报送中共西安市委、西安市人民政府参阅。

◆提案办理 2016年，中国人民政治协商会议西安市委员会发挥政协整体优势和委员主体作用，不断健全完善工作机制，加大协调联动力度，提升提案工作制度化、规范化、程序化水平，形成“党委重视、政府支持、政协主动、各方参与、社会关注”的提案工作格局。开展重点提案高层协商、综合提案多方协商、同类提案集中协商、热点提案专题协商、难点提案个别协商等活动，探索提案办理协商与专题协商、对口协商、界别协商的有效结合。协同推进“提、立、办、督”四个环节的协商，重点做好交办环节的“落实责任”协商、办理环节的“解决问题”协商、督办环节的“成果转化”协商。健全提案审查协商机制，完善提案联合交办督办机制，规范提案办理协商程序，优化提案办理考核机制，建设与提案工作条例相配套的制度体系，系统推进提案工作制度化、规范化、程序化水平。持续开展重点提案“回头看”和同类提案“打包”办理，对委员连续多年提出的秦岭生态环境保护等重点提案跟踪督办，有效巩固提案办理成果；对涉及“一带一路”战略、推进丝绸之路经济带建设等提案，“打包”协商，有效促进提案办理的落实。全年提交提案721件。经审查，立案650件（委员提案482件，民主党派、工商联提案140件，有关人民团体提案5件，市政协专门委员会提案23件），转工作参考71件。截至年底，立案、提案全部办复。其中，围绕适应经济发展新常态、转方式调结构、全面完成“十二五”规划任务和制定实施“十三五”规划、推进供给侧结构性改革、加快丝绸之路经济带新起点建设、加强生态环境保护等方面提案162件，聚焦教育文化、卫生医疗、社会保障、食品安全等事关民生提案197件，紧扣依法治市、深化城市管理改革和社会治理创新、创建“全国文明城市”等提案291件，集中反映政协委员和各界人士对推进供给侧改革、经济社会发展、保障改善民生、依法治市、品质西安建设等方面工作的高度关注。中共西安市委、西安市人民政府领导阅批政协重点提案17件，西安市政协副主席分别带队督办重点提案10件。

◆民主监督 2016年，中国人民政治协商会议西安市委员会配合中共西安市委起草《关于加强社会主义协商民主建设的实施意见》，研究制定《关于完善政协协商的实施意见》和出台《市政协月度协商座谈会工作办法》。全年编辑报送社情民意信息36期，其中全国政协采用4期，陕西省政协采用7期，中共西安市委、西安市人民政府领导批示6期，其余转送市级有关部门决策参考。其中，《关于破解汉长安城遗址区民生困局的建议》《预防高校涉恐犯罪维护“一带一路”安全》《新疆籍维族（要用全称“维吾尔族”）群众在内地务工经商面临诸多问题》和《加快转变农村发展方式，促进一二三产业融合的建议》被全国政协和陕西省政协采用；《关于让专升本在读考生参加护士执业资格考试的建议》《疫苗短缺问题出在哪里？》《关于加快推进城市规划建设品质西安的建议》被陕西省政协采用。7月26—27日，承办并参加全国副省级市政协第六次信息工作座谈会，组织区（县）政协、民主党派、工商联等人员列席会议。全年开展界别活动19次，先后对重点项目建设、生态环境治理、大型商贸设施、新农村建设、众创社区建设、历史文化保护等情况进行视察，围绕文化产业、工业园区建设、非公经济发展、创新驱动企业转型升级等问题进行座谈研讨，开展千人亲商助企、帮扶济困、扶残救残等活动，推荐政协委员担任司法机关或政府部门特约监督员、警务评议员，参加西安市年度目标责任考核领导小组办公室组织的年度目标责任考核社会评价，参加陕西省物价局举办的听证会、西安市机构编制委员会办公室组织的市级部门及市级开发区权责清单征求意见会；组织委员60余人次参加“市民电视问政”5期；邀请委员参加西安市人民政府组织的城市治理考核工作；邀请并组织委员参加陕西省人民政府督察组举办的专题会议等活动。

◆团结联谊 2016年，中国人民政治协商会议西安市委员常委会在制订年度协商计划等工作中，主动征求和反映各民主党派、工商联、无党派人士的意见、建议。邀请市级民主党派列席会议、调研视察、座谈协商，落实西安市政协与市级民主党派、工商联秘书长联席会议制度，通报情况推进工作。全国宗教工作会议召开后，西安市政协主要领导逐一走访市属12家宗教场所，听取宗教界人士意见，帮助解决实际困难。利用走访慰问在港澳的西安市政协委员，出访澳大利亚、新西兰、约旦、安曼，接待德国奥尔登堡市市长代表团、香港特别行政区委员代表团、“台胞祭祖寻根文化行”参访团等外事活动，宣传西安历史文化和改革发展成就，助推西安对外开放和国际交流。全年接待全国政协、陕西省政协和外地政协来西安调研考察96批1013人次。通过与区（县）政协开展联合调研视察和提案联动督办，召开全市政协工作座谈会、政协秘书长（办公室主任）联席会等形式，加强团结联谊，探讨工作方法，交流创新经验。

◆专题调研 2016年，中国人民政治协商会议西安市委员会组织300余人次，开展12项重点调研，内容涉及农村扶贫开发、非公企业融资、城市规划布局、城中村改造、完善交通管理、吸引海外高端人才、维护宗教和睦等方面，经过充分协商后，形成建议案2份、调研报告12份，其中8份调研报告获得省、市表彰，9份调研报告得到中共西安市委、西安市人民政府领导高度重视，并作出批示。按照年度协商工作计划，由经济委员会对农村扶贫开发、城市地铁建设、非公企业发展、大型商贸设施规划布局进行调研，形成《关于西安农村扶贫开发工作的调研报告》《关于我市地铁建设工作的调研报告》《关于我市非公企业融资问题的调研报告》《关于我市大型商贸设施规划布局问题的调研报告》；由人口资源环境委员会对城市规划布局和城中村改造进行调研，形成《关于推进西安市城市规划工作的调研报告》《加快推进西安市城中村改造工作的调研报告》；由港澳台侨和外事委员会对吸引海外高端人才和发挥“侨”“海”优势、助推“一带一路”建设工作进行调研，形成《关于关于我市优化体制机制，吸引海外高端人才问题的调研报告》《关于发挥我市“侨”“海”优势，助推“一带一路”建设工作的调研报告》；由社会法制和民族宗教委员会对提升城市交通管理水平、宗教工作情况、社区治安综合治理进行调研，形成《进一步提升我市城区交通管理水平的调研报告》《关于我市宗教工作情况的调研报告》《关于完善城市社区社会治安综合治理体制机制的调研报告》；由科教文卫体委员会对农村学校建设、历史文化村落保护进行调研，形成《关于加强我市农村中小学建设和投入问题的调研报告》《关于加强我市历史文化名镇和古村落保护的调研报告》，报送中共西安市委、西安市人民政府参阅。健全完善沟通反馈机制，加强与有关部门联系，了解办理落实进度，及时向委员反馈，促进调研成果的转化落实。

◆文史和宣传工作 2016年，中国人民政治协商会议西安市委员会征编出版《西安事变风云》《外国元首访西安》，共计30万余字、264幅图片；征集《回族百年实录》35篇稿件，共计17万余字、124幅图片。协调市、区两级财政资金284万余元，指导帮助“城六区”政协建设采编室、资料室、阅览室和文史资料库，实现区（县）政协工作全覆盖、标准化。在全国政协系统首家完成文史资料图书数字化、信息化、音像化工作，得到全国政协、陕西省政协的肯定。建成并开放西安市政协史料馆，收藏数万册（部、张）文史资料图书、手稿、音像资料，收录290余幅图片、490余件实物，接待省、市各地政协和社会各界参观人士54批550余人次。参加全国政协举办的多次理论研讨会，2篇论文被选为大会交流发言材料。全年各类媒体刊播宣传西安市政协新闻稿件600余篇，共计30余万字。《人民政协报》《中国政协》对西安市政协智慧助力城市生活更加美好、构建全民共建共享综治大格局等协商成果进行专题报道，在全国、全省引起积极反响。出版发行《西安政协》12期，刊登各类文章400余篇，共计70余万字；开辟“学习教育”“月度协商”等专栏，拓展区（县）政协、民主党派、工商联等互动交流、工作探讨平台。8月18日，组织召开全市政协系统宣传工作会议，邀请《人民政协报》《各界导报》等新闻媒体参加，探讨交流宣传工作经验，提高新闻宣传工作能力，扩大社会影响。（王兴顺）

2016年1月，西安市政协史料馆建成并开放

中国人民政治协商会议
西安市第十三届委员会

主　　席　程群力（截至2月）
　　　　　董　军（2月任）
副 主 席　丁　健　黄　河（农工）
　　　　　王　元（致公）
　　　　　李佐成（九三）
　　　　　向　德（民进）　袁英信
　　　　　张　宁　郭若为　张建政
咨 询 员　郭学民
秘 书 长　张建政（兼）
副秘书长　樊　华　张　铁　张洪涛
　　　　　李健彪（回）
　　　　　任莉娟（女）

市政协办公厅
主　　任　张　铁（兼）

市政协研究室
副 主 任　任莉娟（女，兼）

委员工作委员会
主　　任　田高社

提案委员会
主　　任　王益生
副 主 任　吴庆德

经济委员会
主　　任　宫蒲顺

人口资源环境委员会
主　　任　杨　杰
副 主 任　贺登峰

社会法制和民族宗教委员会
副 主 任　李合启

港澳台侨和外事委员会
主　　任　李春华（女）

科教文卫体委员会
主　　任　齐　刚
副 主 任　严　彬（女）

文史资料委员会
主　　任　靳秀珍（女）

中国共产党西安市纪律检查委员会

责任编辑　高　鹏

综　述

◆概况　2016年，西安市各级纪检监察机关认真落实全面从严治党的各项要求，全力抓好中国共产党中央纪律检查委员会、中国共产党陕西省纪律检查委员会和中共西安市委部署的各项工作任务，持续正风肃纪，“四风”（形式主义、官僚主义、享乐主义和奢靡之风）顽症得到有效遏制。践行“四种形态”（党内关系要正常化，批评和自我批评要经常开展，让咬耳扯袖、红脸出汗成为常态；党纪轻处分和组织处理要成为大多数；对严重违纪的重处分、做出重大职务调整应当是少数；严重违纪涉嫌违法立案审查的只能是极极少数），保持反腐高压态势。推进巡视工作常态化，“利剑作用”得以充分发挥。强化自身建设，着力打造纪检铁军。西安市党风廉政建设和反腐败工作取得新进展、新成效。

◆中国共产党西安市第十二届纪律检查委员会第六次全体会议　2016年2月25日召开。中国共产党西安市第十二届纪律检查委员会委员36人出席会议。中共西安市委常委，西安市人民代表大会常务委员会主任、副主任，西安市人民政府副市长、咨询员，中国人民政治协商会议西安市委员会主席、副主席、咨询员出席会议，有关方面负责人共154人参加会议。会议总结了2015年全市党风廉政建设和反腐败工作，部署了2016年工作任务。审议通过中共西安市委常委、市纪委书记杨鑫代表市纪委常委会所作的题为《聚焦主业，挺纪在前，扎实履行党章赋予的职责使命》的工作报告。全会要求，2016年全市党风廉政建设和反腐败工作要深入贯彻中共中央总书记习近平系列重要讲话精神，认真落实中国共产党中央纪律检查委员会、中国共产党陕西省第十二届纪律检查委员会第六次全体会议和中国共产党西安市第十二届委员会第八次全体会议精神，保持坚强政治定力，坚持全面从严治党、依规治党，忠诚履行《中国共产党章程》赋予的职责，聚焦监督执纪问责，深化标本兼治，创新体制机制，推进制度建设，强化党内监督，把纪律挺在前面，持之以恒落实“中央八项规定”精神，着力解决群众身边的不正之风和腐败问题，坚决遏制腐败蔓延势头，建设忠诚干净担当的纪检监察队伍，不断取得党风廉政建设和反腐败斗争新成效。

◆纪律检查体制改革　2016年，中国共产党西安市纪律检查委员会制定派驻机构管理制度，采取单独派驻和综合派驻相结合，市、区（县）两级派驻机构实现全覆盖。出台《规范公职人员涉企行为暂行规定》《纪律检查机关“一案双查”暂行规定》《对违规过问干预纪律审查工作行为报告和备案的规定》等制度。8月，在全国较早出台《落实“四种形态”实施办法》，对“四种形态”适用情形、转化条件、工作程序等进行细化明确，受到中国共产党中央纪律检查委员会肯定，中共中央纪委监察部网站进行专题报道。（王璐怡）

2016年2月25日，中国共产党西安市第十二届纪律检查委员会第六次全体会议召开

纪委主要工作和重大活动

◆党内监督　2016年，中共西安市委落实全面从严治党主体责任，制定《西安市委常委会领导班子及其成员履行党风廉政建设主体责任清单》，由中共西安市委常委或西安市政府副市长带队检查考核区（县）、开发区党风廉政建设责任制落实情况。中国共产党西安市纪律检查委员会建立“两个责任”（落实党风廉政建设责任制，党委负主体责任，纪委负监督责任）落实情况动态考核机制，采取多种方式，层层传导压力，市纪委主要负责人经常约谈下级党政主要负责人和派驻机构、区（县）纪委负责人，各级纪检监察机关负责人同下级党政主要负责人谈话544人次。出台《西安市贯彻〈中国共产党问责条例〉实施细则》，建立实施问责情况每月汇报制度。全市各级纪检监察机关落实监督责任，全年对落实“两个责任”不力的30件问题线索涉及的34名领导干部进行问责，通报曝光典型问题。《中国纪检监察》杂志以《西安聚焦“关键少数”用好问责“撒手锏”》为题作了专门报道。

◆违纪案件查处　2016年，中国共产党西安市纪律检查委员会受理信访举报5047件（次），处置问题线索5025件，立案1688件，结案1686件，党政纪处分1741人（其中，市管局级和县处级干部16人，其他县处级干部136人），移送司法机关41人。查处西安市高新技术产业开发区长安通讯产业园管理办公室原主任李建人、西安国际港务区建设局原局长赵君、西安市林业技术推广中心原主任王小纪、临潼区水务局原调研员杨峰院等一批党员干部违纪、违法问题。

◆廉洁从政　2016年，西安市各级纪检监察机关学习《中国共产党章程》《关于新形势下党内政治生活的若干准则》《中国共产党问责条例》《中国共产党党内监督条例》等党内法规。采取中心组学习、专题辅导、组建党规党纪宣讲团等方式，在市级机关中开展廉洁从政教育，3000余名中共党员领导干部接受教育。赴区（县）宣讲80场次，3万余名中共党员、干部受到教育。

2016年10月25日，西安市纪检监察干部综合业务培训班在西安文理学院举办

◆预防腐败 2016年，中国共产党西安市纪律检查委员会实行纪委班子成员包抓督办、纪检监察室分片包抓、月通报、捆绑考核和末位约谈制度，6次召开电视电话会、约谈会、推进会，严肃查处扶贫领域、“三资”（农村集体经济中的资金、资产、资源）管理、民生惠民、土地征收等领域的不正之风和腐败问题。全市查处“微腐败”问题831件，党政纪处分1039人，移送司法机关35人。查处西安市雁塔区丈八街道闸口社区居委会原主任宋小平受贿800万元等一批侵害群众利益的腐败问题。西安市查处“微腐败”工作被新华社《国内动态清样》《中国纪检监察报》专题报道。

◆监督检查 2016年，中国共产党西安市纪律检查委员会对中共中央和中共陕西省委、西安市委重大决策部署落实情况进行监督检查，查处违反政治纪律、组织纪律行为82件，党政纪处分78人。严肃换届纪律，5次召开专题会议提出要求，2次向区（县）纪委书记发放《换届纪律提醒函》，为领导干部出具廉政意见536人次；联合中共西安市委组织部4次派出督查组，明察暗访区（县）换届纪律，指导完成13个区（县）纪委换届工作。全市运用监督执纪“四种形态”处理3556人。其中，约谈、函询等1742人次，占总数的49%；党纪轻处分和组织调整1471人，占总数的41.4%；党纪重处分和重大职务调整302人，占总数的8.4%；严重违纪涉嫌违法41人，占总数的1.2%。各级纪检监察机关在执纪审查中为1647名干部澄清了是非。西安市推进“四种形态”规范化的经验做法被中国共产党中央纪律检查委员会《纪检监察信息》刊发。

◆巡视工作 2016年，中共西安市委常委会专题研究巡视工作，中共西安市委书记专题会2次听取工作汇报，巡视领导小组6次召开会议部署推进。中共西安市委巡视组分3轮，对30个市级部门、国有企业、开发区党组织进行巡视，并对前两轮巡视的18个单位党组织进行巡视整改监督检查。前两轮巡视共发现重点问题180个，已基本整改到位；第三轮巡视发现问题正在梳理。前两轮巡视共移交问题线索172件，立案23件，党政纪处分22人，组织处理27人，移送司法机关1人。

◆纪检监察队伍建设 2016年，中国共产党西安市纪律检查委员会通过开展“机关大讲堂”、反腐倡廉集中宣讲、“学思践悟”系列文章学习讨论等活动，在执纪审查干部中开展为期40天的“讲政治、守纪律、转作风”专项教育。全年培训各级纪检监察干部2079人（次）。提拔、交流、任免纪检监察干部295人次。落实《加强全市纪检监察机关和干部队伍建设的若干规定》，聘请纪检监察监督员，发挥干部监督机构作用，对违规过问干预执纪审查的人和事，实行备案登记、逐级报告；对反映纪检监察干部问题的信访举报，做到有信必核、快查严处，问责和处理纪检监察干部8人。 （王璐怡）

2016年7月5日，西安市纪委召开新任纪检监察领导干部任前谈话会议

中国共产党西安市第十二届纪律检查委员会

书 记	杨 鑫
副书记	赵晓林 王 勇 周建德 李堪社
常务委员	王新法 李顺德 庞武平 李红雨（女） 陈 武 万青平
秘书长	陈 武
办公厅主任	杨 帆

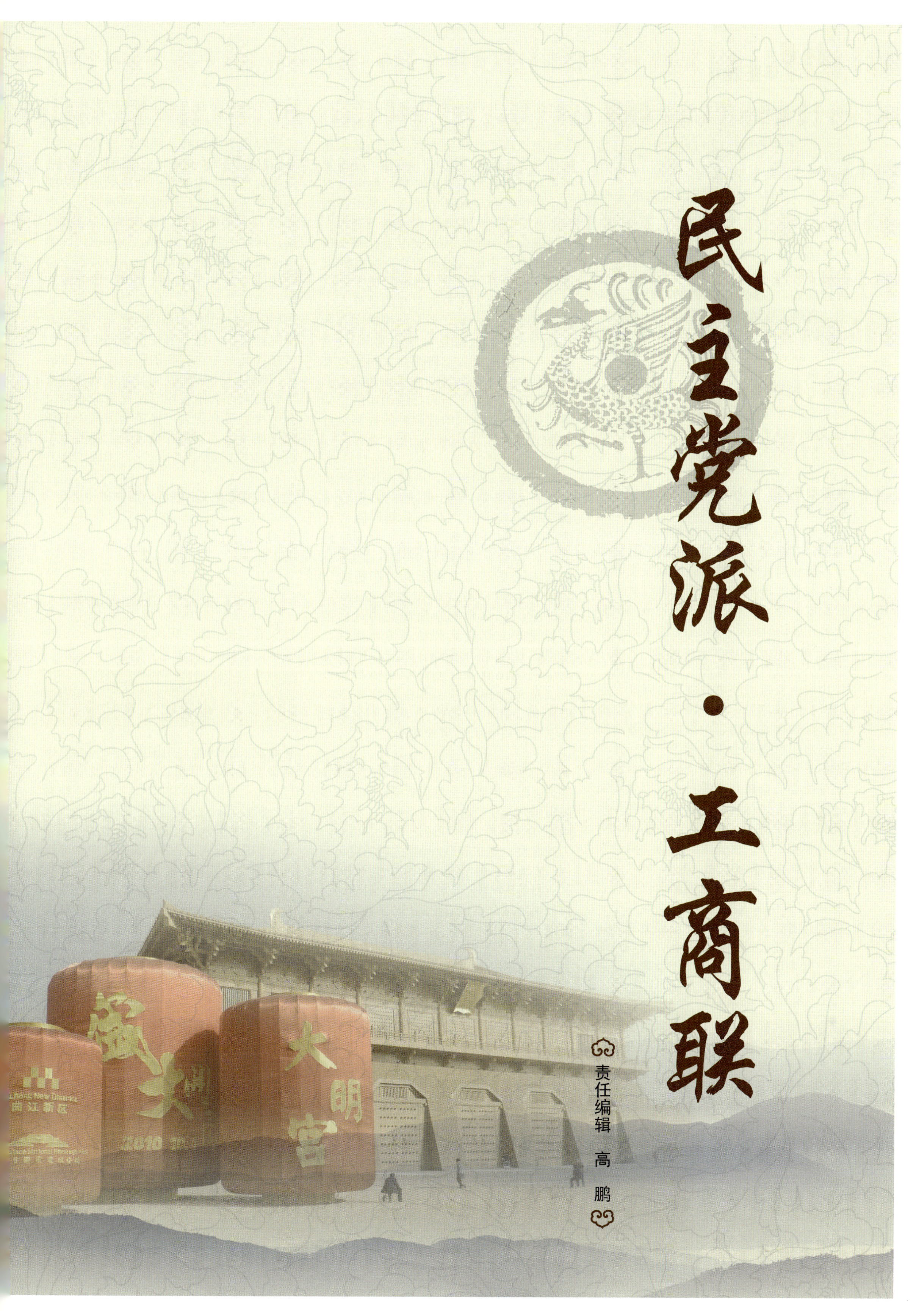
民主党派·工商联
责任编辑　高　鹏
曲江新区
大明宫

中国国民党革命委员会西安市委员会

◆**概况** 2016年，中国国民党革命委员会西安市委员会有5个专门工作委员会，7个区级工作委员会，1个总支，79个支部。截至年底，党员总数1524人，平均年龄54.4岁，其中大专及以上学历者1315人，占党员总数的86.29%；具有中、高级专业技术职称的574人，占党员总数的37.66%。党员中有155人分别担任全国、省、市、区的人大代表或政协委员。其中，担任西安市人民代表大会常务委员会副主任的1人；担任区级人民代表大会常务委员会副主任的2人；担任区级政协副主席的3人。新发展党员121人，平均年龄38.6岁。

◆**参政议政** 2016年，中国国民党革命委员会西安市委员会先后就陕西儿童村孩子教育和生活保障、水源保护、社会主义新农村建设、“引汉济渭”工程建设环境保障和中小微企业健康发展等课题，与西安市水务局等相关部门联系，组织省、市人大代表、政协委员和部分党员开展调研活动6次，召开重点课题研讨会4次。与中国国民党革命委员会青岛市委员会联合开展食品安全问题调研，并协商西安市民族事务委员会召开专题座谈会听取意见；与中国国民党革命委员会深圳市委员会、中国国民党革命委员会襄阳市委员会等开展“一带一路”等相关课题调研座谈活动；与中国国民党革命委员会杭州市委员会就“发展高端制造业”进行座谈调研。全市各级组织和党员中的人大代表、政协委员，向全国和省、市、区人大、政协“两会”提交议案、提案281件。其中，向第十二届全国人民代表大会第四次会议提交议案5件；向中国人民政治协商会议第十一届陕西省委员会第四次会议提交提案10件。在中国人民政治协商会议西安市第十三届委员会第五次会议上做题为《关于西安市水生态文明城市建设的建议》的大会发言，提交题为《我市建筑垃圾综合利用的现状及对策》的大会交流材料，共向大会提交提案83件，其中集体提案14件，《关于西安市水生态文明城市建设的建议》的集体提案作为中共西安市委书记批示的重点督办提案，《关于着力打造国家级中华梨园文化产业基地的建议》等4件提案，报送西安市人民政府分管领导批示。先后接待西安市水务局等14件提案答复单位的来访。在中共西安市委统战部重点课题调研成果评比中，《我市建筑垃圾综合利用的现状及对策》《关于村级委员会选举的调研分析报告》分别获得一等奖和二等奖，其他3篇调研成果获优秀奖。培训基层组织参政议政工作负责人和社情民意信息员70余人。编印《2015—2016年度调研报告和提案选编》供党员学习参考。召开参政议政和反映社情民意信息工作表彰会，对10个先进集体和16名先进个人进行表彰。参加中共西安市委、西安市人民政府、中国人民政治协商会议西安市委员会召开的政情通报会、民主协商会。在西安市人民政府召开的党外人士民主协商会上，就“关于加快转变农业发展方式的实施意见”专题提出5点建议。与中国人民政治协商会议西安市委员会联合召开提案督办协商座谈会，就政协第10号《关于着力打造国家级中华梨园文化产业基地的建议》的提案进行协商座谈。

◆**海外联谊** 2016年，中国国民党革命委员会西安市委员会利用元宵节、中秋节等传统节日，召开港澳同胞、台湾同胞、海外侨胞“三胞”亲属座谈会、联谊会。举办2016年海峡两岸珠算通讯比赛活动。组织党员和机关干部参加台湾形势与两岸关系报告会2次。组织15名台胞亲属和党员赴台湾进行民间文化交流和参观考察活动。中国国民党革命委员会西安市委员会被中国国民党革命委员中央委员会授予“民革全国祖统工作先进集体”，李艳秋、张咏华被授予“民革全国祖统工作先进个人”荣誉称号。

◆**社会服务** 2016年，中国国民党革命委员会西安市委员会组织看望民革西安市委历届老领导、老党员、老同志，并在大庆路社区开展“猜灯谜送春联”活动，为社区群众送去春联260幅；组织党员前往西安天爱启智学校、陕西省回归研究会儿童村等5个单位开展儿童节慰问活动；前往高陵区张卜镇看望5名抗战老战士，并送去节日慰问品；组织机关人员和党员中的人大代表、政协委员到残疾人企业——西安市洁美塑料编织厂开展亲商助企活动，为工人们送去慰问品，并为企业规划和发展提出建议。中国国民党革命委员会西安市委员会法律援助工作部先后走访汉廷、泽诚、锦园、大唐4个法律援助工作站，就法律援助和免费法律咨询工作开展情况进行调研。

◆**宣传教育** 2016年，中国国民党革命委员会西安市委员会以“薪火相传—圆多党合作之梦”为主题，组织机关干部和党员赴深圳、广州、东莞等地，参观蒋光鼐等民革先辈故居；组织党务骨干赴井冈山、延安等革命根据地旧址进行革命传统教育。与青岛、洛阳、龙岩民革组织联合举办“纪念孙中山先生诞辰150周年”书画巡展；与中共西安市委党史研究室等单位在八路军西安办事处纪念馆联合举办“同走统一战线复兴路 共圆伟大民族中国梦”书画摄影展；协助举办“坚守西安反围城胜利90周年纪念大会”。全年编发《西安民革》刊物3期，网站更新文章316篇，向中国国民党革命委员会陕西省委员会、中共西安市委统战部及《各界导报》等媒体投稿37篇。编辑《市委会工作信息》18期，共294条信息，其中21条被《民革中央地方情况》采用。民革西安市委提供的工作信息在民革中央刊物的采用率位于市级组织前列。中国国民党革命委员会西安市委员会办公室被中国国民党革命委员会中央委员会评为“民革全国机关工作先进集体”，刘凤芹被评为“民革全国机关工作先进个人”。 （陈 艳）

中国国民党革命委员会西安市委员会

主 任 委 员	韩宝生
副主任委员	刘晋秦（女）
	王 选（专职）
	王效梅（女） 惠占学
	尹 洁（女）
秘 书 长	赵 辉（女）

中国民主同盟西安市委员会

◆**概况** 2016年，中国民主同盟西安市委员会有基层组织113个；新发展盟员174人，平均年龄38.5岁。其中，教育界、科技界、文化界、医卫界103人，占59.2%，新社会阶层人员有所增加；大学以上学历152人，占84.2%；其中副高以上职称18人。截至年底，西安市有盟员2609人。其中，担任陕西省人大代表的2人；担任陕西省政协委员的2人；担任西安市人大常委的1人、西安市人大代表的4人；担任西安市政协常委的6人、西安市政协委员的22人；担任区（县）人大常委会副主任的1人、副区（县）长的2人、区（县）政协副主席的4人；担任市级各部门处级以上职务的41人；担任各级监督员的14人。

◆**参政议政** 2016年，中国民主同盟西安市委员会参加中共西安市委、西安市人民政府及有关部门召开的协商会、座谈会，围绕政府工作报告、经济形势、“十三五”规划等主题，就丝绸之路经济带新起点建设等重大问题提出建议。参加西安市政协常委会议，就加快推进城中村改造工作进行专题协商。在中国人民政治协商会议西安市第十三届委员

2016年4月19日，中国民主同盟西安市委员会烛光行动在岳庙中学举办“同德同向传大爱，同心同行烛光情”主题活动

会第五次会议上，报送题为《关于在西安建设丝绸之路经济带离岸金融中心的建议》《关于加大力度解决城区中小学校大班额问题的建议》和《关于在法治与规范下创建宜居小区的建议》的大会发言，共报送集体提案25件、个人提案60余件。其中，5件被列为重点督办提案，《关于在西安市创建绿色金融示范城市的建议》受到中共西安市委书记批示；《关于在法治与规范下创建宜居小区的建议》《关于我市农转居社区居民再就业培训的几点建议》《关于汉长安城城墙遗址保护的建议》和《关于市法院系统做好仲裁案件保全的建议》受到西安市政府分管副市长批示督办。向中国民主同盟陕西省委员会报送社情民意信息100余篇（条），其中《当前农村低保运行工作应进一步规范和改进》和《我国应及时调整石墨烯专利布局 应对新一轮产业革命》被中国人民政治协商会议全国委员会采纳；《“僵尸行政许可”干预招投标亟待严肃清理》《招投标法缺乏对招投标行为的有效的监管和规范亟待修改》《“法条打架”影响司法定纷止争》《部分地区中小学规模过大恐制约义务教育健康均衡发展》被中国民主同盟中央委员会采纳。组织各专委会和基层组织开展调查研究，全年形成4篇重点课题调研报告，并将调研报告转化为大会发言和政协提案。组织基层工委负责人赴广西南宁等地考察，并就城市精细化管理等课题形成题为《开启数字城市管理综合行政执法新模式》《提高律师参与度 促进法治政府精细化管理》的调研报告。推荐西安市新城区教师进修学校优秀盟员教师参加在湖北黄冈举办的第四届民盟教育论坛，向会议提交的题为《重视并加强区县师资队伍建设策略研究》的论文获得优秀论文奖。

◆社会服务 2016年，中国民主同盟西安市委员会推进扶贫工作。春节前夕，中国民主同盟蓝田县总支部、中国民主同盟长安区工作委员会、中国民主同盟新城区工作委员会等基层组织组织盟员为群众义务书写春联，该做法被中国民主同盟陕西省委员会在陕西省推广。组织中国民主同盟长安区工作委员会、中国民主同盟莲湖区医疗队的医务界盟员60余人赴长安区杨庄街办营沟村开展扶贫、义诊、义务书写春联活动。继续在农村开展“烛光行动”，联系组织中国民主同盟新城区工作委员会、中国民主同盟莲湖区工作委员会的骨干教师，先后在华阴市岳庙中学和眉县营头中学开展“送教下乡”活动。组织联系向户县图书馆捐赠价值7万余元的图书；组织盟员企业家向彬县店子头小学捐赠价值6000余元的图书。动员法律界盟员，在马栏监狱等地开展“知法守法早回归”专题讲座。

（王耿平）

中国民主同盟西安市委员会

主 任 委 员 刘 晖（女）
副主任委员 戴宏科 俞向前
王晓如（女）
张雪琴（女）
李 煦（女，回族）
秘 书 长 孔令兴

中国民主建国会西安市委员会

◆概况 2016年，中国民主建国会西安市委员会有6个区级工作委员会、3个基层委员会、9个总支部和110个支部。有会员2283人。其中，经济界会员1956人，占会员总数的87.4%；新社会阶层人士722人，占31.6%；担任各种经济实体的法人、总经理等高级管理人员的340人，占15.5%；担任政府及司法机关县处级以上职务的33人，占1.5%；担任各级人大代表、政协委员的225人，占10.2%。中国民主建国会长安大学支部升格为基层委员会，成立中国民主建国会高陵区支部。

◆参政议政 2016年，中国民主建国会西安市委员会履行参政党职能，做好参政议政和政治协商工作。主任委员先后参加陕西省人民政府和西安市人民政府召开的政府工作报告征求意见会、经济形势分析座谈会、“两会”人事安排征求意见座谈会等重要会议13次。民建西安市委就互联网+、“双创”发展、工业发展转型、“一带一路”经济发展、党风廉政建设等工作提出建议。在中国人民政治协商会议西安市第十三届委员会第五次会议上，分别提交题为《推动西安工业互联网+进程 创新西安工业发展新路径》《依托高速服务区 推动就近城镇化 高速服务区应给城镇开扇“门”》和《西安建设丝绸之路经济带区域金融中心的若干建议》发言材料3篇，提交集体提案15件，民建界别西安市政协委员提交个人提案33件。6个区工委、长安和阎良2个基层委员会、临潼总支提交大会发言4篇，集体提案11件，委员个人提案97件。民建界别政协委员在政协常委会、专题视察调研活动中围绕国民经济和社会发展，就城乡社会一体化、推进大众创业万众创新、治污减霾、养老产业等提出改进措施和建议；报送的题为《依托高速服务区，推动就近城镇化》的信息被人民网、新华网等网站转载。报送社情民意4篇。其中，《兴教寺问题的性质与对策建议》被中国民主建国会中央委员会采用；《依托高速服务区，推动就近城镇化，高速服务区应给城镇开扇“门”》得到相关领导批示。先后赴浙江、上海、江苏、甘肃等省（市、区）开展调研，形成调研成果17篇。其中，《加快工业服务业创新发展步伐，促进我市工业经济实现弯道超车》《实施项目带动战略，破解工业短板难题，促进我市经济持续稳健发展》被中共西安市委统战部评为西安市优秀调研成果；《关于做好汉长安城遗址保护建设的建议》《西安建设丝绸之路区域金融中心的若干建议》2篇调研报告被评为“全市统战系统重点课题优秀调研成果一等奖”；《丝绸之路与文化建设》部分成果被《陕西省“一带一路”2016年建设年行动计划》采用。中国民主建国会西安市委员会被中国民主建国会中央委员会授予“全国参政议政先进集体”荣誉称号。

◆**社会服务** 2016年，中国民主建国会西安市委员会组织企业家会员参加“风险投资论坛”“非公经济论坛”，赴江苏、上海考察学习。举办会员企业“抱团取暖”产品推介会、银企对接会，参会人数达500余人次，达成1.5亿元的投资合作意向。走访会员企业60余家次，召开专题座谈会，学习领会中共中央总书记习近平关于非公经济发展的重要论述；先后投入20余万元支持杨庄上堡子村基础设施建设。举办科技知识辅导讲座，向村医务室、村民活动广场资助药品、健身器材价值10余万元。建立“同心”农庄，牵线西安市文学艺术界联合会写生创作基地在帮扶村挂牌；走访慰问老会员、生活困难会员200余人次，发放慰问金和慰问品总金额15万元。各工委、基层组织、会员先后在蓝田、灞桥、长安、周至、宁陕、阎良等地开展捐资助学活动20余次，为扶贫帮困捐资捐物价值约200万元。11个基层组织先后与四川、重庆等地民建组织缔结为友好支部，接待来西安交流学习20余人次。协办“庆三八，古城女子城墙健步走公益活动”。中国民主建国会西安市委员会被中国民主建国会中央委员会授予“民建全国社会服务工作先进集体”称号。

◆**自身建设** 2016年，中国民主建国会西安市委员会以主委会议、常委会议和全委会议为平台，通过专题讲座、辅导报告等形式，学习中国特色社会主义理论体系和中共中央《关于加强社会主义协商民主建设的意见》《中国共产党统一战线工作条例（试行）》。组织市委委员、基层组织负责人和骨干会员学习中国共产党第十八届中央委员会第六次全体会议精神，全国“两会”精神暨新常态下陕西经济发展形势，习近平在中国人民政治协商会议第十二届全国委员会第四次会议的民建、工商联委员联组会议上的重要讲话精神，习近平在纪念红军长征胜利80周年大会上的重要讲话精神。举办“缓解企业下行压力，适应供给侧结构性改革”等专题讲座、“互联网+”互生共赢分享大讲堂和法律大讲堂、国学大讲堂，对基层组织及骨干会员300余人（次）进行轮训。选派12名骨干会员参加中国民主建国会陕西省委员会在江西举办的反映社情民意研讨班；在西安市社会主义学院举办2期会内骨干培训班，培训骨干会员109人；举办2期新会员培训班，对80多名新会员进行教育培训。围绕中国民主建国会建会70周年开展专题研讨，撰写理论研究文章14篇，获奖8篇（次）。其中，《关于民主党派成员政治参与的三点思考》获中国民主建国会中央委员会优秀成果一等奖；《丝绸之路经济带宗教问题的最新发展及其影响与对策研究》获全国统战理论政策研究创新成果三等奖。编辑《西安民讯》4期；在网站发布稿件140余篇，被中国民主建国会中央委员会、陕西省委员会网站采用46篇；在各类媒体及网站刊登各类报道70余篇。召开主委办公会议5次、主委会议6次、常委会议5次、全委会议2次。与中国人民政治协商会议西安市委员会社会法制和民族宗教委员会共同开展“会内监督工作机制研究”课题调研活动，实行监委会成员列席主委会议、常委会议、全委会议制度，对中国民主建国会西安市委员会委员履职情况进行考核并公开考核结果。（丁　鑫）

中国民主促进会西安市委员会

主任委员　姜长智
副主任委员　方光华　白正谊　巨杭生　白秋分（女）
秘书长　王　宾（女）

中国民主促进会西安市委员会

◆**概况** 2016年，中国民主促进会西安市委员会有区（县）级工作委员会9个、直属工作委员会1个、总支部1个、基层支部106个、专门委员会7个。会员总数1905人，平均年龄57.5岁，其中新发展会员24人，平均年龄38岁。会员中教育界1398人，科技、文艺界155人，其他界别352人；有大专及以上学历者1592人，占会员总数的83.9%；具有中、高级职称者1440人，占76%。会员中担任陕西省人大代表1人，市、区（县）人大代表28人，其中区（县）人民代表大会常务委员会副主任2人；担任陕西省政协常委1人，市、区（县）政协委员129人，其中中国人民政治协商会议西安市委员会副主席1人，区（县）政协副主席6人；在政府各部门担任处级以上职务者14人。

◆**参政议政** 2016年，中国民主促进会西安市委员会在中国人民政治协商会议西安市第十三届委员会第五次会议和西安市第十五届人民代表大会第六次会议上，提交大会发言2份、集体提案16件、委员个人提案18件，涉及经济调控、招商引资、发展旅游产业、污染治理、重点工程建设、房地产业去库存和“品质西安”建设等方面。其中，题为《依托顺城巷打造环城墙文化旅游圈》的大会发言受到与会委员高度肯定，并被确定为中国人民政治协商会议西安市委员会主席年度重点督办提案。在区（县）人大和政协会议期间，担任各级政协委员、人大代表的民进会员积极参会，认真履职，为所在区（县）经济社会发展和民生改善建言献策，提交议案、提案200多件。密切关注提案办理情况，就西安市政协第53号提案《依托顺城巷打造环城墙文化旅游圈》组织民进界别政协委员视察永兴坊、书院门等位于顺城巷保护开发区域的文化景点，了解商户经营和景点运转情况，并与西安市旅游局、西安市规划局、西安城墙景区管理委员会等单位负责人座谈，商讨落实方案。建立调研课题申报、认领、评价、成果转化机制，出台《民进西安市委关于参政议政调研课题经费使用暂行办法（草案）》，进一步调动基层组织参政议政积极性。在4月28日召开的民进西安市委参政议政调研会上，各工委、总支、直属支部和专门委员会主动申领、上报25个调研课题。民进西安市委会制订工作计划，确保调研工作有序开展。各课题组历时半年多的时间，以问题为导向，通过多种方式，先后调研走访西安洪泰大程创新空间发展、户县涝河渼陂湖水系生态修复工程、临潼区垃圾处理、蓝

2016年4月28日，中国民主促进会西安市委员会召开2016年度参政议政调研工作会

田县孟村镇西香村精准扶贫工作落实情况、长安区乡村图书馆建设及运行情况、蓝田县焦岱镇鲍旗寨村打造艺术写真基地和西安天宝自闭症康复院、新城区馨乐智障人士阳光家园特殊儿童社会权益和社会福利保障等情况。11月18日，召开调研工作交流座谈会，各工委、总支、直属支部和专门委员会课题组提交25份调研报告，其中关于农村电商发展、“智慧社区”建设等报告被确定为向市政协大会集体提交的提案选题。为进一步提高建议的科学性和可操作性，主动对接兄弟城市民进组织，就“关于智慧化社区建设”调研课题赴苏州实地了解、学习当地的成功经验；就“农村电子商务发展”课题赴昆明了解阿里巴巴平台“乐村淘”运作模式，深入农户调研当地农村电子商务发展理念；安排人员赴中国杨凌农业高新科技成果博览会调研陕西电商平台发展的现状和经营中存在的问题。通过参加西安市人大、政协常委会，中共西安市委统战部与各民主党派、工商联秘书长联系会，全市党外人士情况通报会，西安市教育局对口联系会等，发挥政党职能，参与民主监督。各区（县）工委班子参加区（县）廉政通报会，为党风廉政建设和行政效能提升提出意见、建议。担任人大代表、政协委员的会员参与西安电视台电视问政节目，代表百姓发声。多名会员被各级人民法院、检察院、公安机关等聘请为人民陪审员、行风监督员。推进理论研究，及时准确报送社情民意信息，分别向中国民主促进会陕西省委员会、中国人民政治协商会议西安市委员会、中共西安市委统战部提交理论研究文章2篇、调研报告5篇，其中《关于我市深化雾霾治理工作对策研究》《关于住宅小区物业管理中存在的问题及对策》《农村电子商务发展状况调查与思考》《校园周边小饭桌现状调查及建议》获市级民主党派、西安党外知识分子联谊会年度重点课题优秀调研成果奖。全年向中共中央统战部《零讯》杂志投稿3篇，向中国民主促进会陕西省委员会报送各类社情民意信息20篇，向中共市委统战部报告信息150余条。民进西安市委会被中国民主促进会中央委员会授予“全国参政议政工作先进集体”称号。

◆社会服务 2016年，中国民主促进会西安市委员会立足界别特色，发挥自身优势，以关注民生、精准帮扶为主题开展多种形式的社会服务活动。继续开展好春节慰问活动。组织机关干部、各工委、总支，前往退休老领导、老会员、困难会员家中送温暖，慰问人数超过200人。积极参与民进中央“迎新春福送万家 慈善书画筑梦中国”活动，组织书法家会员赴富平县、长安区杨庄等地为群众书写春联。开展关爱儿童和青少年活动。组织会员赴西安天宝自闭症康复院，开展“有爱不孤独，关爱孤独症儿童”主题捐赠活动，将电视机、蹦床以及益智玩具等，赠送给康复院；在陕西淳化县方里镇方里学区开展“感恩奉献，与爱同行”“六一”慰问捐赠活动，向50名家庭贫困生（留守儿童）赠送学习用品礼包、牛奶、图书等；在西电实验小学组织开展“关爱贫困生 聚力微心愿”主题活动，为困难学生送温暖；与西安电视台合作开展“民进乐甜筑学——资助贫困大学生”活动，资助西安地区18名贫困大学新生，向每位学生发放5000元的资助金；为蓝田县5名贫困大学新生每人捐助爱心助学金5000元。关心困难群众生活，向蓝田县西香村贫困户每户送去3000元慰问金；为西安普天通讯设备厂生活困难退休职工捐赠洗衣机和热水器。各基层组织也结合实际，开展不同形式的社会服务活动，如举办心理辅导公益讲座、开展捐书助学活动、开展义诊活动、讲授书法技艺等。

（任海峰）

中国民主促进会西安市委员会

主任委员 向　德

副主任委员 王　厚（回）　孙润璋

陈　宏（女）

任佳琳（女）

中国农工民主党西安市委员会

◆概况 2016年，中国农工民主党西安市委员会有区级工作委员会5个、总支委员会等基层组织56个、专门工作委员会7个。党员总数1352人，平均年龄51.75岁，其中新党员66人，平均年龄36.48岁。党员中医药卫生界901人，科技界72人，文化艺术界49人，其他界别330人；大专及以上学历者1030人，占党员总数的76.18%；具有中、高级职称者1107人，占81.88%。党员中担任陕西省人大代表的1人，市、区（县）人大代表的21人，其中，市、区（县）人民代表大会常委的4人、人民代表大会常务委员会副主任的1人；担任陕西省政协委员的4人，市、区（县）政协委员的105人，其中中国人民政治协商会议西安市委员会副主席的1人，区（县）政协副主席的4人；在政府各部门担任厅局级职务者4人、县处级职务者31人。

◆参政议政 2016年，中国农工民主党西安市委员会在中国人民政治协商会议西安市第十三届委员会第五次会议上提交大会发言2件、集体提案19件和个人提案26件，1件提案被列为中国人民政治协商会议西安市委员会重点督办提案，得到西安市人民政府市长上官吉庆批示，由中国农工民主党西安市委员会主委督办；《关于加快公交场站建设 改善司乘人员待遇的建议》的提案文章在《人民日报》上刊载。全年选定重点调研课题12个，并与调研课题负责人签约。在长安区等4个区（县）开展健康扶贫调研活动，收集问卷表20余份，形成调研报告报送中国农工民主党中央委员会。配合中国农工民主党中央委员会在西安市开展出生人口缺陷现状与对策调研活动。赴上海、宁波、杭州等地，就“一带一路”建设、陕西自贸区建设、西安历史文化街区发展等问题进行调研。召开“三医联动”（医保体制改革、卫生体制改革与药品流通体制改革联动）研讨会，组织卫生、医保、医药等有关单位

2016年5月25日，中国农工民主党西安市委员会在杨庄街道开展“2016年中国环境与健康宣传周西安·杨庄惠民演出暨名医下乡系列活动”

负责人、专家学者进行座谈，并形成调研报告。

◆**社会服务**　2016年，中国农工民主党西安市委员会组织名医下乡、药品捐赠、医卫培训、法律咨询、健康宣传等活动30场次，受益群众1万余人。在长安区杨庄街道办事处开展春节慰问活动，向困难群众赠送米、面、油和被褥等生活用品；举办“2016年中国环境与健康宣传周”惠民演出暨名医下乡系列活动，协同蓝田县演艺公司举办专场文艺演出。持续开展“中国环境与健康宣传周”和“国际科学与和平周”活动。在魏家岭村和石佛寺村开展“健康中国和美丽中国”慈善义诊活动，现场捐赠价值1万余元的药品、保健品，并联合陕西省行知教育集团为65岁以上老年人捐赠羊绒衫210件，价值5万元。（齐小玲）

中国农工党西安市委员会

主任委员　黄　河
副主任委员　周引荣（女）　孙晓庆　吕　鹏　王国根　齐　靖（女）
秘书长　张国隆

中国致公党西安市委员会

◆**概况**　2016年，中国致公党西安市委员会有总支部6个、支部28个（含总支所属支部）、专门委员会10个。党员总数355人，平均年龄52岁，其中具有中、高级职称的242人，占总数的68%。新发展党员23人，平均年龄37岁。其中，大学以上学历13人，占发展数的57%；中高级职称12人，占发展数的52%；发展界别来自教育、科研和经济等行业。党员中担任各级人大代表的2人，局级干部2人，处级干部8人。组织实施对西安高新技术产业开发区、雁塔区、未央区和碑林区总支部的选举工作，完成在市属各主要行政区建立总支部工作。

◆**参政议政**　2016年，中国致公党西安市委员会在西安市政府召开的座谈会上，围绕建设法治政府和互联网建设对《政府工作报告（征求意见稿）》提出3点建议。在中国人民政治协商会议西安市第十三届委员会第二十九次常委会上，做题为《优化工作机制，努力为引进海外高端人才服务》的发言，提出“高度重视引进海外高端人才工作”“健全海外高端人才引进和管理工作机制”“注意发挥各类服务平台的作用”“尽快出台《西安市吸引海外高层次人才回国创业优惠政策》”“加大对留学归国创业人员的支持力度”5点建议。中国致公党西安市委员会主委向中国人民政治协商会议第十二届全国委员会第四次会议提交《关于在国家层面切实加强汉长安城遗址保护建设的建议》《关于支持西安建设中国内陆中心港的提案》《关于加强公共场所母婴室建设的提案》《关于加强老年代步车安全管理的建议》4份提案；向陕西省第十二届人民代表大会常务委员会第四次会议提交议案1件，向中国人民政治协商会议第十一届陕西省委员会第四次会议提交提案16件。在中国人民政治协商会议西安市第十三届委员会第五次会议上提交提案15件，涉及经济发展4篇，城建和管理6篇，科教文卫2篇，民主法治1篇，其他方面2篇，提案立案率100%；提交的《关于完善国家惠农政策保障机制的建议》《关于加快渭河西安城市段开发利用，建设生态西安的建议》《关于积极扶持西安科技中介机构，统筹科技资源大发展的建议》《关于加快发展农村医疗卫生事业的建议》4篇提案，分别得到中共西安市委书记、西安市市长及分管副市长批示。中国致公党西安市委员会主委对《关于完善国家惠农政策保障机制的建议》（第92号提案）进行重点督办；参与2016年度市级民主党派重点调研课题的任务，形成调研报告《在“一带一路”战略建设中做好青年交流的探究》《关于构建专业化，多层次创业创新空间的研究》。向中国致公党陕西省委员会报送年度重点调研课题“陕西省进一步建设科技中介发展及路径探析”。

◆**社会服务**　2016年，中国致公党西安市委员会各基层组织和党员捐款捐物折合人民币价值近40万元。中国致公党浐灞支部赴长安区杨庄乡大寨村、小寨村进行“迎新春、送温暖”帮扶活动；中国致公党新城总支部继续开展“致公党情系教育公益系列活动”，先后向蓝田高堡初中、白水北原中学等5所学校捐助标准化篮球场、体育运动器材等，价值20余万元；中国致公党西安市委员会直属一支部以华商公益互助志愿者团队为平台，赴泾阳县兴隆镇献爱心；中国致公党莲湖区总支部一行7人，赴西安智慧岛儿童智能教育机构开展献爱心活动；中国致公党西北勘测设研院支部赴狄寨原麋鹿村看望“儿童村”的孩子；中国致公党西安市委员会领导和机关干部在“六一”儿童节前夕，赴西安儿童康复医院，看望住院的少年儿童。

◆**自身建设**　2016年，中国致公党西安市委员会围绕中国致公党中央委员会组织开展的“不忘合作初心，继续携手前进”学习实践活动，开展“评优创先”活动。组织新党员赴北京市开展学习培训，参加中国致公党中央委员会宣讲团的宣讲活动。推荐党员代表参加中共西安市委召开的纪念中国工农红军长征胜利80周年座谈会，学习中共中央总书记习近平在纪念红军长征胜利80周年大会上的重要讲话精神。推荐10多名党员到中央社会主义学院、陕西省社会主义学院、西安市社会主义学院学习。中国致公党雁塔总支部联合中共雁塔区委统战部赴李家河水库开展水库运行情况调研；中国致公党碑林总支部组织党员赴陕甘边照金革命根据地参观学习；中国致公党高新区总支部组织党员学习中国共产党第十八届中央委员会第六次全体会议精神；中国致公党莲湖第二支部联合中国致公党西安文理学院支部组织党员赴杨凌西北农林科技大学参观；中国致公党中国建筑西北设计研究院支部召开新入职留学生座谈会并在重阳节慰问退休老党员；中国致公党曲江支部与中共曲江工委、中国致公党浐灞支部分别围绕组织建设、社会服务、参政议政等举办座谈活动。

◆**海外联络**　2016年，中国致公党西安市委员会有关负责人应邀出席西安市侨商换届大会和西安欧美同学会·西安留学人员联谊会成立大会。参加“侨届讲堂——西安城市发展历程与展望”。围绕创新引进海外高层次人才体制机制、“五侨联席会议”制度在招才引智方面作用，组织相关专委会骨干赴大连、沈阳进行学习调研。全程参与中国致公党中央委员会和陕西省人民政府共同主办的“海外华商·致公峰会”筹备工作，并邀请西安市“五侨”（侨办、侨联、致公党、人大华侨委员会、政协港澳台侨委员会）单位参加会议。举办致公党海外联谊专委会2016年迎春会，与来自格鲁吉亚的国际友人共迎新春佳节。围绕如何“吸引优质海外留学人才，营造良好人才发展环境，积极投身我市发展”等问题召开部分留学归国人员研讨会。12月，联合西安市外商投资企业协会举办“回顾2016，展望2017”座谈会，与加拿大、英国等国家和地区的商务代表围绕西安发展和建设举行座谈。党员于长清等随团访问美国，拜会美国波士顿洪门致公堂总会；致公党西安市委委员余新齐出席泰国侨界纪念孙中山先生诞辰150周年座谈会并讲话。（陈雯雯）

中国致公党西安市委员会

主任委员　王　元
副主任委员　张华俊　黄漪清（女）　何小林（女）　杨　军　来　克
秘书长　何小林（女，兼）

九三学社西安市委员会

◆概况 2016年，九三学社西安市委员会有4个工作委员会、7个专门委员会、39个基层组织。新发展社员36人，社员总数897人，平均年龄55.8岁，其中具有中、高级职称者793人，占总数的88.4%。社员中科技界397人，占总数的44.3%；其他界别600人，占55.7%。离退休社员335人，占37.3%。社员中有九三学社中央委员1人；陕西省人大代表2人，西安市人大代表2人，区（县）人大代表8人；陕西省政协委员1人，西安市政协委员18人，区（县）政协委员58人；西安市人民政府特邀监察员、监督员2人；西安市人民政府局级职务2人，处级职务5人。修订《基层组织换届工作实施办法》，指导8个基层组织进行换届，推荐2名社员作为副区级领导干部人选。

◆参政议政 2016年，九三学社西安市委员会在中国人民政治协商会议西安市第十三届委员会第五次会议上立案提案77件，占总提案数的12.3%。其中，集体提案19件，占总集体提案数的13.5%；个人提案58件。以《关于加快我市金融改革创新，推进实体经济稳健发展的建议》为题做大会发言；《以科技创新推动西安工业制造转型升级》《关于在我市推广城乡生活垃圾实时化、无害化、资源化处理技术的建议》2篇调研报告被收入《大会发言材料》。其中《以科技创新推动西安工业制造转型升级》提案被列为中共西安市委书记批示重点督办提案，委员提案《关于加快构建西安智慧市政系统建设的建议》被列为西安市政府副市长聂仲秋批示提案。参加中共西安市委、西安人民市政府举行的“2015年全市党风廉政建设情况通报会”“我市‘十三五’规划纲要实施情况通报会”“市级民主党派换届工作会议”“上半年全市经济运行情况通报会”等协商会议，并就协商内容发表意见和建议。全年参与完成15次政治协商。4名担任市、区政协委员的社员做客西安广播电台《党风政风热线》栏目，围绕农产品安全、城市规划和建设、产品质量、城市医疗救助等内容与听众交流互动。3名担任西安市政协委员的社员作为监督员，随队暗访考核西安市城6区城市综合治理月度结果。先后与西安市科学技术局、西安市卫生和计划生育委员会、西安市人力资源和社会保障局等34家单位就集体提案进行座谈，完成政协19件集体提案办理答复工作。

◆社会服务 2016年，九三学社西安市委员会推动长安区杨庄实践基地建设，先后3次组织专家调研，为杨庄街道办事处争取20余万元的基础建设项目资金。与杨庄街道办事处和西安市总工会共同举办为期10天的“农家乐美食烹饪技能及创业培训班”，杨庄街道办所辖各村的55人参加培训。在碑林区开展“关爱老人健康、义诊进社区”活动。组织医疗专家赴咸阳市淳化县马家镇卫生院开展“医疗专家心系基层、健康咨询服务百姓”大型义诊活动。与中共未央区委统战部联合组织在汉城街道办事处青东社区开展义诊及健康教育宣传活动。

◆调查研究 2016年，九三学社西安市委员会围绕西安市统战系统5项重点调研课题开展调研活动。赴西安市财政局就PPP模式（公私合伙或合营）推广应用、科技金融创新开展调研活动；赴武汉市进行科技金融创新调研；赴合肥市就PPP模式推广应用进行实地调研。九三学社西安市委员会参加中国人民政治协商会议西安市委员会组织的西安渭北工业区产业集群发展、城市治理月度考核联查、推进城市规划工作等专题调研视察活动。

◆宣传教育 2016年，九三学社西安市委员会组织社员参加九三学社中央委员会第三届学习实践活动专题论坛“统一战线：一致性和多样性”主题征文活动。组织社员听取全国政协委员、九三学社中央宣讲团成员许进做的《我对九三学社的几点认识》报告。参加中共西安市委召开的坚持和发展中国特色社会主义学习实践活动经验交流暨中期推进会并发言。举办“西安全面创新改革试验和国家自主创新示范区建设”报告会。选派10名社员参加市级民主党派中青年干部培训班、西安市非公有制经济代表人士高级研修班和区级党外后备干部培训班。（张　力）

2016年8月4日，九三学社西安市雁塔区工委举行成立大会

九三学社西安市委员会

主任委员	李佐成	
副主任委员	王晓萍（女）	赵玉涛
	任睿娥（女）	田增辉
	张春莹（女）	
秘书长	封　蒨	

西安市工商业联合会

◆概况 2016年，西安市工商业联合会有各类基层组织222个。其中，行业、异地商会105个，乡（镇）商会15个，街道商会90个，市场商会8个，企业会员和个人会员22229个，会员总数22669个。全市非公有制经济占比达到52.8%。成立西安市衡阳商会、西安市黄冈商会、西安市乾县商会等7家商会，新发展会员1200个。西安市工商业联合会获得全国工商业联合会颁发的“创新中国特别奖”。

◆参政议政 2016年，西安市工商业联合会赴区（县）工商业联合会、直属商会和会员企业开展调研，形成调研报告8篇。组成6个调研组赴43个直属商会和600余家会员企业开展政商关系专题调研，向中共西安市委、西安市人民政府上报《西安市非公有制经济发展面临10个方面问题情况的调研报告》，受到市级领导重视，并就有关问题责成相关部门予以解决。在中国人民政治协商会议西安市第十三届委员会第五次会议上，做了题为《关于推动我市民营企业转型升级的建议》的大会发言和题为

《关于鼓励和引导商会组织参与“一带一路”建设的几点建议》书面发言，提交22份团体提案，被全部立案，其中《关于新经济形势下中小企业转型的建议》被列为重点督办提案。与西安市交通运输局、西安市工业和信息化委员会等提案办理单位沟通协调40余次，提案全部得到圆满答复。在中国人民政治协商会议西安市委员会第一季度常委会上，做题为《发挥民企优势，实施精准扶贫，努力完成市委、市政府赋予的扶贫帮困任务》的发言。组织开展全市工商联系统调研成果评比，征集调研报告和理论文章29篇，评出一等奖8篇、优秀奖15篇。

2016年10月28日，西安市工商联表彰10名对经济社会发展有突出贡献的民营企业家

◆履行商会职能 2016年2月26日，西安市工商业联合会召开第十三届四次执行委员会(扩大)会，西安市工商业联合会执委、非公有制经济人士代表和直属商会负责人等200余人参加会议。印发《2016年度会员发展及基层商会建设指导目标》，按照陕西省工商业联合会发展会员500个的要求，发展会员1200个，超额140%。邀请西安市民政局对所属商会统一年检，完成53家商会中共党建情况摸底。西安市工商业联合会的“打造‘丝路’沿线民企合作共赢新平台”项目被《中华工商时报》评为2016年度“创新中国”工商联（商会）工作优秀案例，新城区工商业联合会被全国工商业联合会评为“五好”（领导班子好、会员发展好、商会建设好、作用发挥好、工作保障好）工商联创建单位，碑林区工商业联合会被《中华工商时报》评为2016年度“创新中国”县级工商联工作特别奖；碑林区、长安区工商业联合会被陕西省工商业联合会评为省级“五好”工商联，碑林区工商业联合会、雁塔区工商业联合会、灞桥区工商业联合会、临潼区工商业联合会、阎良区工商业联合会被陕西省工商业联合会评为“先进会务单位”；西安市温州商会、西安市台州商会、西安市福清商会、西安市北大助企商会、西安市扶风商会被陕西省工商业联合会评为“先进商会”。

◆社会服务 2016年，西安市工商业联合会搭建银、政、企平台，积极为社会服务。3月上旬，与民生银行西安分行合作邀请财经评论家水皮做题为《新形势下的投资机会》的主题演讲。3月下旬，邀请陕西洪振律师事务所主任王洪做题为《民营企业如何运用法律为发展保驾护航》的专题讲座。4月，举办“营改增”政策培训活动，邀请中翰中国税务集团高级合伙人、专业委员会主任委员陈斌就政策解读以及民营企业在“营改增”实施后如何进一步规范管理等进行解析。5月，围绕“促进供需对接，助力转型发展”，与西安市人力资源和社会保障局组织开展“2016西安市民营企业招聘周”活动，提供就业岗位10851个，2443人达成初步就业意向。6月，组织开展“千人亲商助企”活动，选派5名优秀干部参与。12月，与相关部门协调筹备召开全市企业发展座谈会，对全市民营企业有关数据进行统计汇总，对拟参加座谈会的民营企业家特别是高新技术产业、军民融合企业、高校师生创业企业等进行初选，联系西安市驻北京、上海、深圳等地办事处推荐西安籍及有意在西安市投资的企业家。与西安市脱贫攻坚领导小组办公室、西安市慈善会共同成立西安市“万企帮万村”精准扶贫行动领导小组，共同制定《关于推进“万企帮万村”精准扶贫行动的实施意见》。9月和10月，组织25家副主席（副会长）单位、50家商会召开对接会、推进会。12月中旬，在蓝田县、周至县分别举行2016年度“万企帮万村”精准扶贫暖冬行动捐赠活动，发放米、面、油、棉被、化肥、微耕机、老人智能手机及慰问金等价值共计80余万元。

◆宣传教育 2016年，西安市工商业联合会向基层组织印发《关于深入学习党的十八届六中全会精神的通知》，深刻领会“四个全面”战略布局的重要意义。继续在全市非公有制经济人士中开展以“守法诚信，增强发展信心”为核心的理想信念教育实践活动，通过制订实施方案、在《西安日报》开辟专栏、开展优秀民营企业巡礼专题报道、举办培训会、邀请民营企业家专题讲座等形式，发挥中共党组织在民营企业发展中的政治引领作用，不断推动非公有制企业做大做强。10月，承担并完成《西安市优秀企业家表彰办法》的起草工作，召开西安市工商业联合会优秀民营企业家表彰大会，对史贵禄等10名优秀民营企业家进行表彰。全年编辑《民营天地》（双月刊）会刊6期，印制1.2万册。西安市工商业联合会被中《华工商时报》评选为2016年度“全国民营经济新闻宣传工作先进单位”。

◆丝绸之路沿线城市工商业联合会共推“一带一路”建设民营企业交流推介会召开 2016年5月12日，西安市工商业联合会在2016丝绸之路国际博览会暨第二十届中国东西部合作与投资贸易洽谈会期间，联合陕西省商务厅、西安市商务局、中华工商时报社、碑林区人民政府举办以“交流合作促发展，一带一路铸辉煌”为主题的丝绸之路沿线城市工商业联合会共推“一带一路”建设民营企业交流推介会，来自泉州、兰州、乌鲁木齐等15个丝绸之路沿线城市的工商业联合会及企业家代表参会，签署《丝绸之路沿线城市工商联共推“一带一路”建设战略合作协议书》，20余家有意向的企业进行签约。（杨德虎）

西安市工商业联合会

主　　席 王欢畅
第一副主席(党组书记) 乔安涛
副 主 席 张保昌　张春莹(女)　张新民　郭　军　李大为　李　涛　席有良　杨晓青　崔荣华(女)　吕建中　曲家琪　冯　林　何志方　石小娟(女)　赵向东　黄凤怀　王世春　吴振奋　吴联配　孙瑞林　郭建雄　辛军山　王明溪　许　亮　杨　振　罗　刚
秘 书 长 王田华

社会团体

责任编辑　高　鹏

西安市总工会

◆**概况** 2016年，西安市总工会辖区（县）总工会13个、产业工会9个、开发区工会8个；下辖8个工人文化宫和职工大学、工人疗养院、劳动者报社等5个直属单位及西安市总工会建强实业有限责任公司。全市基层工会总数35104个，涵盖单位62186家，工会会员211万余人。工会经费2%全额地税代收试点工作稳步推进，西安市职工大学旧校区改造基本完成，西安工会医院试运营，转型发展初见成效。1月30日，西安市总工会第十四届委员会第四次全体会议召开，增补农民工、西安市劳动模范梁坤祥和西安西电变压器有限责任公司机加车间数控操作工、全国劳动模范高喜喜为西安市总工会第十四届常务委员会委员。

◆**困难职工救助** 2016年，西安市总工会筹集发放送温暖款物价值2063.8万元，走访慰问困难企业2520家、困难职工37400余人，其中农民工4400余人，实现在档困难职工帮扶救助全覆盖。筹集发放送清凉慰问金、慰问品价值1078.3万元，慰问职工13900余人次。市、区（县）两级工会筹集“金秋助学”帮扶资金642万余元，帮扶3019人次。市、区（县）两级工会出资130多万元为1.2万名农民工免费体检，将1000名困难职工纳入民政系统救助范围。西安市总工会联合西安市邮政储蓄银行与交通、餐饮、娱乐、购物、医疗等9大类400余家商户签订合作协议，推出“工会服务卡”，提供身份标志、保险服务等7大服务项目，使工会服务普惠更多工会会员。

◆**劳动关系协调** 2016年，西安市总工会指导新城、临潼、雁塔、户县等多个区（县）及开发区召开集体协商现场会，开展区域内“集中要约行动”，制定工资集体协商工作制度，其做法被《工人日报》头版头条刊载。全年建会企业签订工资集体合同3万余份，覆盖企业5万余家，覆盖职工130万余人，覆盖率达90.8%，“劳动关系和谐企业”创建活动覆盖率达85%以上。

◆**就业再就业工作** 2016年2月，西安市总工会举办“2016年全省工会就业创业援助月活动暨西安市大型招聘会”，同时阎良、高陵、户县等7个区（县）工会也举办了分会场招聘会。市、区（县）两级工会组织1100家企业参加招聘会，提供就业岗位4.8万个，6万余名求职者参加，近2万人达成用工意向。发布兰州、西宁、南京等地近400家企业1万多个用工信息，拓宽异地企业与西安求职者劳务对接的渠道。

◆**职工及进城务工人员维权** 2016年，西安市总工会开展“安康杯”竞赛活动，新增参赛单位847家，参赛人数188257人，参赛班组7292个。召开全市工会劳动保护工作会议，表彰2015年度全国、陕西省“安康杯”竞赛活动优胜单位和个人获得者，以及20名2015年度优秀市级工会劳动保护监督检查员。督促企业整改或治理危害职工职业健康或生命安全隐患1539件，涉及职工59796人。西安市总工会连续四年被全国总工会评为全国“安康杯”竞赛优秀组织单位称号。与西安市人民政府召开第十三次联席会议，通过《关于建立全市环卫保洁员工资增长机制的建议》，决定全市环卫保洁员基本工资按最低工资标准的110%确定，以后同步调整；自7月开始，3万多名环卫保洁员平均月增资1000元左右。

◆**劳模管理服务** 2016年，西安市总工会筹集困难劳模慰问金、生活补助金和帮扶金306.9万元，春节前夕帮扶困难劳模841人；为717名劳模办理医疗住院补助，补助金额839028元；组织765名市级劳模免费健康体检，组织53名全国、省、市劳模疗休养。组织30名一线劳模代表走进西安市人民政府，为“品质西安”建设发展建言献策。推动出台《西安市职工（劳模）创新工作室管理办法》，决定每2年以西安市政府名义命名一批西安市职工（劳模）创新工作室，并给予每家2万元工作经费，已命名20家创新工作室。截至年底，20家创新工作室获国家级专利81项、创新成果219项，创造经济效益5.16亿元。制定出台《西安市五一劳动奖状、西安市五一劳动奖章、西安市工人先锋号评选管理工作暂行办法》，评选首批西安市“五一劳动奖”。4月28日，西安市政府召开表彰大会，表彰了16个五一劳动奖状、50名五一劳动奖章和100个工人先锋号。全市获得全国五一劳动奖状1个、全国五一劳动奖章1个、全国工人先锋号2个；获得陕西省五一劳动奖状1个、陕西省五一劳动奖章3个、陕西省工人先锋号3个。首次在全市范围内开展推荐“西安工匠”候选人活动，通过基层遴选、组织考察、专家评审、社会公示等环节，命名表彰8名“西安工匠”。

◆**职工技能大赛** 2016年8月，西安市总工会制定印发《西安市总工会“十三五”劳动竞赛规划》，以“建功立业，创业创新，素质提升”三个平台建设为重点，大力弘扬劳模精神、劳动精神和工匠精神。与中共西安市委组织部、西安市人力资源和社会保障局联合举办高技能人才技能大赛，涉及数控车工、污水处理工、母婴护理等6个工种，先后举办市级一类大赛竞赛工种10项、二类大赛工种32项，评选表彰18名技术标兵、114名技术能手。各区（县）、产业、开发区开展各类职工技能练兵比武活动，涉及全市各行业职工46万多名，其中农民工12.1万人。评聘150名西安市职业技能带头人和100名工会节能减排义务监督员。

◆**职工文体生活** 2016年，西安市总工会开展“中国梦·劳动美”主题宣传活动，宣传社会主义核心价值观。举办劳模精神进工厂、“品质西安·时代风采”职工摄影大赛、庆“五一”职工文艺展演、纪念红军长征胜利80周年合唱演出、第四届职工乒乓球比赛等职工文化活动。全年举办公益性文体活动100余场次，参与职工近1万人次；组织公益电影放映近100场，观众2万多人。西安市总工会网站、西安市总工会微信公众号点击

2016年4月26日，西安市总工会举办庆“五一”职工文艺展演活动

量有所提升。全年在国家、陕西省和西安市媒体发表新闻稿件200余篇。与西安广播电视大学合作开通全市职工素质教育培训网，首期学习班报名20800人。

◆职工民主管理 2016年，西安市总工会配合西安市人民代表大会进行《西安市企业民主管理条例》执法检查，印发《西安市总工会贯彻陕西省企事业单位职工代表大会操作规程的实施意见》，国有集体企业职代会建制率基本覆盖，事业单位覆盖率达95%以上，非公企业达85%以上。37家单位被陕西省总工会评为陕西省厂务公开职代会五星级单位，6家单位被陕西省总工会评为陕西省民主管理先进集体；333家单位被评为西安市厂务公开职代会四星级单位。

◆基层工会组织建设 2016年，西安市新组建工会组织3155个，新增工会会员15万余人，其中农民工会员13万余人。西安市总工会评比表彰“西安市模范职工之家”51个、“西安市模范职工小家”45个。加大对区（县）、产业和开发区工会有关经费的支持力度，核算2016年全市街道（乡、镇）总工会工作经费补助1123000元。

◆第三届“中国梦·劳动美”全国职工微影视大赛 2016年11月19日，第三届“中国梦·劳动美”全国职工微影视大赛颁奖仪式在西安市陕西广电大剧院举行。该项赛事由全国总工会宣传教育部、国家新闻出版广电总局电影局、国务院国资委新闻中心、求是影视中心、全国妇联中国妇女发展基金会5家单位联合主办，西安市总工会、西安市小寨工人文化宫承办。本届大赛共设故事类、宣传类、纪实系列类、音乐MV类等11大类36个奖项。大赛自4月启动以来，共有800多家单位报名参赛，涵盖全国31个省（市、区）和香港特别行政区以及交通、石油、金融、电网等多个行业，参赛作品达到1500余部。最终通过历时7个月的层层选拔，评选出各项大奖影片234部。其中，中国石油影视中心的《阿敦础鲁》获得故事类金奖以及最佳编剧、最佳导演、最佳美术造型等12个奖项；西安市小寨工人文化宫的《紧急救援》、国家电网陕西电力公司的《光明四季颂》等5部影片分获故事类、纪实类、MV类、宣传类、系列片类组委会特别金奖。（龙红印　刘国云）

西安市总工会第十四届委员会

主　　席　史南征
常务副主席　蔡全发
副　主　席　裴建潮　冯增权
魏大宝珠（女，藏）
童　帅
纪 检 组 长　宁春林
经费审查委员会主任　徐小燕（女）

共青团西安市委员会

◆概况 2016年，共青团西安市委员会辖区（县）团委13个、团工委9个、市级国家机关团委20个、直属单位团组织29个；基层团委912个、团总支283个、团支部9257个。有专职团干部165人、兼职团干部6464人。发展新团员33149人，团员总数251706人。

◆青少年思想道德建设 2016年，共青团西安市委员会把学习贯彻中共中央总书记习近平系列重要讲话精神作为加强青少年理想信念教育的重要内容。5月3日，启动第五届“西安青年五四奖章”评选活动，授予王冠等15人“西安青年五四奖章”；授予西安市中级人民法院法警支队等10个集体“西安青年五四奖章集体”；授予王峰等15人“西安青年五四奖章”提名奖。开展2016年西安市“践行‘两学一做’争做青年先锋——寻找身边好青年”活动，共青团基层组织上报创新创业、爱岗敬业、志愿公益、自强不息、维护正义、网络文明6类“好青年”候选人135人、候选集体47个，评选出60名“西安好青年”和20个“西安好青年集体”。向共青团陕西省委员会推报“陕西好青年”候选人20人、候选集体5个，9人获得“陕西好青年”称号，5人获得“陕西好青年”提名奖，3个集体获得“陕西好青年集体”荣誉称号。国家、省、市主要媒体报道西安共青团组织活动近400条次，其中《陕西日报》等省级媒体38条次（头版6条次），市级媒体头条28条次。全年开展“两史三爱”（学党史、学国史，爱学习、爱劳动、爱祖国）教育活动154场次，参与少先队员1万余人次。深化“红领巾大讲堂”宣教活动，在各级少先队组织中开展“我的成长宣言”征集主题活动，各级少先队组织开展活动1000余次，参与少先队员达到8.2万人。经选拔、推荐、考察和评定等环节，王一汀等10人被评为第十九届西安市“十佳少年”，并在“六一”进行了表彰。继续开展第三季“小小考古家”考古探索之旅活动，10名优秀“小小考古家”代表西安青少年参访柬埔寨。继续开展西藏与内地“各族少年儿童书信手拉手”活动，新城区、碑林区、莲湖区、雁塔区与阿里地区普兰县、革吉县、噶尔县、改则县的21所中、小学结对，双方互寄书信1923封。推进少先队组织体系建设，全市13个区（县）少年先锋队工作委员会全部成立，新城、灞桥、阎良3个区还配备了区级少年先锋队总辅导员，为2名大队辅导员落实中、小学副校级待遇。推进少先队活动体系建设，全市1172所小学全部完成少先队活动课进课表任务。举行西安市少先队活动课说课大赛，推荐8名优秀选手参加陕西省比赛，其中5人获“陕西省教学能手”称号。组织大队辅导员观摩陕西省、西安市少先队辅导员说课大赛。组织骨干辅导员赴沪、杭实地交流学习，全年市级培训少先队辅导员630人。

◆基层团组织建设 2016年，共青团西安市委员会加强非公经济组织团建工作，开展规模以上非公企业团建工作调查摸底工作。落实工作指导和情况通报制度，加大团建示范企业的培育。全市新建非公经济组织团组织234家，覆盖团员1998人。3—5月，开展“五四红旗团委（团支部）”和“优秀团员（干部）”评选表彰工作，评选“西安市五四红旗团委标兵”5个、“西安市五四红旗团委”26个、“西安市五四红旗团支部标兵”10个、“西安市五四红旗团支部”60个；评选“西安市优秀团干部”51人、“西安市优秀团员”62人、“西安市优秀学生团员”33人。6月17日，邀请50名基层青年代表在新城区青春驿站举行“学讲话、话改革、谋发展”专题开放日活动。在全市专兼职共青团干部中推行“4+1”（团的领导机关干部每周在机关工作4天，在基层工作1天）、“1+100”（各级团的专职团干部经常性联系100名左右不同领域的团员青年）联系青年工作制度。截至年底，593名专兼职团干部直接联系青年8.2万人，开展线上、线下活动7500余次。

◆青年就业创业行动 2016年，共青团西安市委员会组织召开“共青团与人大代表、政协委员面对面”座谈会，围绕“扶持与鼓励更多的大学毕业生自主创业”主题，重点研究如何完善大学生创业的政策措施、健全服务环境及工作体系、优化创业环境，形成题为《西安市大学毕业生创业扶持政策研究》的调研报告，被共青团中央委员会评为“市级一类调研成果”。举办“指尖上的财富”电子商务培训班3期，全年市、区（县）两级共计培训4593人，发放小额贷款552笔。举行青年“互联网+”创新创业论坛，5名创业青年在论坛上讲述创业经验。组织1580名青年上岗见习，就业创业培训6245人。组织30多家企业参加陕西省“创青春”杯文化创意类创新创业大赛，推荐14名优秀企业家参加“创客节”活动。依托西安青年职业技能培训学校开展大学生创业培训班5期，帮助学员创办企业19家，21名学员取得西安市大学生创业贷款480万元。开展“就业促创业　牵手毕业生”校园招聘活动，联系相关企业先后在西安美术学院、西安体育学院开展2场对接会。组织基层共青团组织、青年企业家协会参与陕西省技能大赛、陕西省创新创业大赛、西安创新创业成果展暨国际创客周等赛事和活动。7—8月，联合西安市政府办公厅组织开展暑期大学生到西安市政府机关见习活动，在省内外31所高校遴选258名大学生，分赴26家市级部门和15个区（县、开发区）进行为期1个月的见习工作，并在见习期间组织大学生开展“文明引导、缓堵保畅”地铁青年志愿者行动、“公民代表走进市政府”等活动。11月，举办2016年“西安市青年文明号”单位负责人培训班，80余家创建单位负责人参加培训。命名87家青年集体为“西安市青年文明号”，授予70人为“西安市青年岗位能手”；推荐并创建“陕西省青年文明号”9家、“全国青年文明号”2家。

◆青年志愿者活动　2016年1月21日，共青团西安市委员会在西安希乐城开展“小葵花”爱心之旅——畅游西安希乐城活动，西安市小学生代表、留守儿童、农民工子女代表、爱心企业代表等600余人参加活动。春运期间，与共青团西安市交通运输局委员会等部门启动2016年西安青年志愿者为返乡农民工购票活动，组织100余名志愿者在各大客运站帮助进城务工人员购买车票，同时在火车站周边及地铁站、城西客运站等地组织“暖冬行动”春运志愿服务活动。3月，以“青春志愿展风采，雷锋精神耀古城”为主题，号召全市各级共青团组织、志愿者组织开展“阳光助残”志愿关爱“小葵花”、西安青年缓堵保畅“斑马线行动”“创造绿色时尚，拥抱绿色生活，共建绿色家园”等学雷锋志愿服务活动，参与活动人数达10余万人次。3月11日，在秦岭北麓沿山路周至段开展“美丽西安　绿色家园——创森护绿　青年共参与”2016年“保护母亲河”市级示范活动，共青团西安市委员会、西安市交通运输局、西安市市政公用局、西安市中医医院、西安市公共交通总公司第八公司、西安市考试中心及周至县有关单位的300余名青年志愿者栽植1000多株树木。3月19日，组织600余名志愿者在解放路E' love欢乐城参加“畅行西安　青年先行”——2015年度西安市“文明交通零违章”表彰活动。3月30日，联合中国建筑第七工程局第四建筑公司青年志愿者开展爱心助残慈善募捐活动，向西安心心特殊儿童发展中心残障儿童现场捐赠爱心苹果250千克及米、面、油等生活物资，价值5000元。4月21日，在西安经新学校开展“节约资源、保护环境，做保护地球小主人”暨第四十七个“世界地球日”主题宣传活动。5月21日，从西安体育学院、西京学院招募选拔360名志愿者，志愿为“多力”万人广场舞活动提供服务。5月31日，联合西安秦岭终南山世界地质公园旅游发展有限公司开展“庆六一　感恩秦岭”终南山研学游活动。6月5日，举行“西安顺风车——爱心送考温暖起航”活动，报名参加活动的车辆超过150余辆。9月29日，联合西安市人民政府督查室开展城市治理联查工作，聘请30名青年代表为城市治理志愿者，参与城市治理月度考核联查工作，对13个区（县）、7个开发区城市治理工作现场打分。从西安外国语大学、西安翻译学院、西安文理学院等高校招募志愿者310人，为2016年中央电视台中秋晚会、2016丝路电影节以及第四届丝路沿线国家市长圆桌会议等大型活动提供现场服务及翻译工作等。11月7日，联合西安西安市地下铁道有限责任公司举行西安地铁3号线志愿者项目化合作签约暨优秀共建单位表彰仪式，分别与3个区（县）、6所高校签订西安地铁3号线志愿者服务项目合作协议，选定地铁3号线6个重点车站进行点对点志愿服务。在“12·5”国际志愿者日来临之际，联合西安市精神文明建设指导委员会办公室、西安市公安局交通警察支队、陕西交通广播电台举办“小斑马行动”——交通安全知识进校园主题活动。12月，开展“两节两会”优秀青年志愿者等奖项评选表彰活动，评选出“两节两会”优秀志愿服务组织7个、先进工作者20人、优秀青年志愿者50人。在共青团中央等部门联合举办的第三届中国青年志愿服务项目大赛中，西安市青少年公益服务中心推报的“青春护航”青少年禁毒戒毒志愿服务项目获得金奖、共青团西安市委员会推报的西安市关心关爱“欢乐时光”夏令营志愿服务项目获得银奖。

2016年11月11日，共青团西安市委在太平峪举行“绿色环保 与爱同行”青年联谊活动

◆青少年文化建设　2016年，共青团西安市委员会持续开展“青春连连看”系列青年联谊活动，以“关爱大秦岭　保护母亲河”为主题，组织全市各区（县）400多名单身青年开展2期“绿色环保　与爱同行”联谊活动。4月23日，在西安中学举办“书香中国、文化三秦”世界读书日大型主题活动，700多名青少年读书爱好者参加。5月22日，在利君未来城举办“幸福未来享”大型青年联谊会。配合西安市2016年惠民实事重点工作，以“文明西安　青年乐跑”为主题，开展“绿色骑行、健康乐跑”活动50余次，参加人数近1.5万人次。

◆青少年权益保护　参见“社会民生”类目“青少年”分目同题条目。

◆“12355”青少年服务台建设　2016年，共青团西安市委员会继续加强“12355”青少年服务台建设。举办“父母学堂”公益讲座26期，培训家长8300多人次。5月，开展“阳光高考，12355伴你行——中高考进校园心理辅导”活动，邀请心理专家进行为期100天的考前心理辅导和高考志愿填报服务，并通过热线电话回答考生及家长问题，3000余市民通过拨打热线、短信、微博、微信、QQ等方式进行咨询，200余人进行面询，约30万名考生及家长收听电台节目和讲座。6月，联合西安市公安局交通警察支队、89.6汽车调频电台开展“青年爱心车队护航高考”公益活动，免费接送参加高考的学生。7月，联合中国沙盘游戏研究院，举办2016年全国第四届沙盘游戏新应用高峰论坛，全国300名青少年心理工作者就沙盘游戏在预防青少违法犯罪以及青少年社区矫正的作用进行讨论和研究。

◆"青春驿站"建设 2016年，共青团西安市委员会建成"青春驿站"基层服务站点40个，服务站点面向广大青少年提供就业创业、青少年权益保护、困难群体帮扶、志愿服务、青年社会组织培育、文化交流、新媒体应用7类核心服务。5月24日、9月23日，中共中央政治局委员、国家副主席李源潮分别考察了雁塔区红专南路社区青春驿站、新城区青春驿站和环南路社区青春驿站。

◆希望工程 2016年，共青团西安市委员会资助贫困学生、留守儿童、务工人员子女374人，资助现金、物品价值约27万元，并资助118名贫困家庭大学生，合计60余万元。捐赠"希望书库"3座、"希望书屋"16座，合计26万余元。完成年度"希望小学"骨干教师培训工作。陕西省、西安市媒体有关希望工程的报道共计18次。

◆青少年法治宣传 2016年，共青团西安市委员会加大法治宣传力度，在"综治宣传月""6·26国际禁毒日""12·1国际艾滋病日""12·4宪法日"等重要时间节点，先后开展多种形式的普法宣传教育活动。开展"法治宣传进校园""反邪教""缓堵保畅""拒绝毒品""12355校园行动""消防知识进校园""模拟法庭进校园""世界艾滋病日防艾宣传'公益挑战'活动（西安站）"等专题教育活动。

◆青少年新媒体宣传 2016年，共青团西安市委员会官方网站接收信息5000余条，编辑、发布信息3000余条。"西安青年聚"官方微博发布博文4400余条，在共青团中央委员会每月公布的全国地市级团组织微博账号综合影响力排行榜中一直名列前10位。"西安青年聚"官方微信开展网络活动50余次，进入共青团中央委员会公布的全国地市级团组织微信账号影响力排行榜50强30余次。"青年之声·西安"总浏览量6310758次，提问总数100241条，回答56507条，点赞数170144个。开发"共青团·西安"APP，并进入内测阶段。

◆青年社团组织建设和活动 2016年1月，西安市青年企业家协会与西安宏府集团发起"衣旧情深 心系青海"爱心捐赠活动，活动持续2周，收到衣物30000余件、文具及药品若干，所有捐赠物资被送往青海省化隆县南部山区。3月12—13日，由共青团西安市委员会、西安市青年联合会主办，西安市青年企业家协会、西安宏府集团承办的"品质西安 森林城市——青联委员绿化秦岭扮美西安"主题公益植树百人行动在太平国家森林公园（户县）开展。6月15日，共青团西安市委员会、西安市青年联合会联合e路诗语平台推出的有声朗读暨书法鉴赏诗词分享"诗词中的长安"活动在西安文理学院举办。6月28日，西安市青年联合会在西安曲江影视投资有限公司接待了日本高松青年会议所代表，双方就友好交流事项达成一致。9月19—20日，西安市青年联合会第七届委员会第三次常委（扩大）会议在紫荆花酒店(户县太平峪)召开，西安市青年联合会第七届委员会全体委员、部分界别委员代表及所属各协会主要负责人70余人参加会议，会议听取并审议了西安市青年联合会工作报告，讨论通过相关人事安排，并对各界别17名优秀委员进行表彰。10月15日，由共青团西安市委员会、西安市青年联合会主办，西安市青年书法家协会承办的"晤对秦汉——西安青年书法家作品联展"在西安秦砖汉瓦博物馆开幕，展出书法作品60余幅。12月13—20日，西安青年书法家协会举办的"翰墨书写百米卷 党章铸炼青春魂——'两学一做'党章书法创作百米长卷展"在西安交通大学博物馆开展。12月16日，共青团西安市委员会、西安市青年联合会举办的"青联大讲堂——各界青年学习贯彻党的十八届六中全会精神宣讲报告会"在锦江西京饭店召开，西安市青年联合会委员代表70人、各协会会员代表30人参加。（朱云龙）

共青团西安市第十七届委员会

书　　记　于海夫
副 书 记　胡　玥（女）　汪国栋
少先队总辅导员　杨清波

西安市妇女联合会

◆概况 2016年，西安市妇女联合会按照西安市妇女第十五次代表大会精神，推进巾帼创业创新、巾帼文明和谐、巾帼绿色健康、巾帼携手合作、巾帼维权关爱、巾帼强基固本"六大行动"，配合陕西省妇女联合会举办世界二十国集团妇女会议（W20会议）的重要活动——西安南门入城仪式，参加陕西妇女代表团出访哈萨克斯坦、乌兹别克斯坦，开展"指尖上的丝绸之路"等妇女友好交流活动。先后被中华全国妇女联合会等机构授予"全国实施妇女儿童发展纲要先进集体""全国妇女宣传舆论阵地建设先进集体"等各类奖项19个。截至年底，辖区（县）妇联13个，乡镇(街道)妇联172个，社区妇联818个，村妇代会2945个，非公企业妇女组织344个，团体会员3个。

◆西安市妇女第十五次代表大会 2016年7月5—7日，西安市妇女第十五次代表大会在陕西宾馆举行。中华全国妇女联合会发来贺信，来自全市各条战线的280名妇女代表参加大会。会议审议并通过李军代表西安市妇女联合会第十四届执行委员会所做的题为《坚持三性新要求，践行发展新理念，引领全市妇女为加快建设具有历史文化特色的国际化大都市贡献巾帼力量》的工作报告，选举产生西安市妇女联合会第十五届执行委员会和常委会。

◆妇女创业就业 2016年，西安市妇女联合会以"巾帼创新业·建功十三五"为主题，成立巾帼家政、女企业家、妇女手工艺者、农村女致富带头人、女大学生创业者5大联盟，构建"妇联引导、产业联结、能人牵头、妇女互助"的妇女创业发展新模式。发挥联盟辐射带动作用，新建市级妇女创业就业示范基地50个，带动1万名妇女增收致富。以"春风行动"为载体，组织妇女创业就业专场招聘活动35场，介绍女性就业5343人，跨地区组织劳务输出女性2110人。打造"巾帼家政""关中巧女""秦尚八大姐"品牌，举办西安市第二届巾帼家政大赛；举办就业技能培训23期，1472名妇女参加培训，增强女性创业就业能力。

◆维护妇女儿童合法权益 2016年，西安市妇女联合会将《中华人民共和国宪法》等法律内容纳入中心组学习内容和妇联干部教育培训规划，教育引导广大妇女干部自觉用法治思维谋划妇女发展，用法治手段维护妇女儿童权益，在法律和妇联章程范围内开展工作，维护妇女权益，促进男女平等。推动《中国妇女发展纲要（2011—2020年）》《中国儿童发展纲要（2011—2020年）》和《西安市妇女发展规划（2011—2020年）》《西安市儿童发展规划（2011—2020年）》实施，为妇女儿童办好"十件实事"。发挥四级（市、区（县）、乡镇（街道）、村）维权网络作用，办结法律援助案件51件，帮助受援妇女挽回经济损失301万元。

◆妇女组织建设 2016年，西安市推动妇女儿童工作长远发展，"深入推进妇女儿童全面健康发展"作为独立章节被纳入《西安市"十三五"规划纲要》，将西安市妇女儿童活动中心、妇女创业就业孵化基地纳入西安市“十三五”重大建设项目规划。中共西安市委常委会2次召开会议研究全市妇女工作，首次为西安市妇女联合会领导班子增设3名兼职副主席。西安市妇女第十五次代表大会代表、西安市妇女第十五次代表大会执行委员会和执委会常委中基层人员比例分别占92.1%、56%、45%，达到中华全国妇女联合会确定的改革目标任务。西安市妇女联合会制定《西安市妇联贯彻落实中央及省市委加强和改进党的群团工作意见的实施方案》，按照10%的比例精简编制，压缩领导职数。制定《西安市妇联兼职副主席工作制度》《西安市妇联执行委员会委员工作制度》《西安市妇女代表大会代表联系工作制度》，推进兼职副主席配备工作，四级妇联组织共配备兼职副主席5005名。探索“妇联+妇建联席会+巾帼志愿者”新模式，壮大社区妇女工作力量。西安市新城区妇女联合会探索“三社”（社区、社会组织、专业社会工作）联系工作格局，被确定为陕西省城市妇联基层组织建设改革创新试点区。创建“陕西省妇女之家提升精品点”9个、“陕西省妇女之家示范点”27个；评选“西安五星级妇女之家”64个。先后举办维权志愿者律师业务培训班、基层妇联组织兼职副主席培训班、妇女之家专管员培训班、全市妇联系统维权业务培训班和新一届执委能力提升培训会，培训妇联干部和妇女工作者730人次。开展“下基层、访妇情、办实事、促发展”工作，形成一批调研成果。

◆特殊困难妇女儿童帮扶 2016年，西安市妇女联合会争取各类资金1079.38万元，用于“妇女之家”“两癌”（乳腺癌、宫颈癌）妇女救助、“留守儿童关爱之家”等妇女儿童民生实事，受益妇女儿童数十万人。与西安市农村扶贫开发领导小组办公室联合下发《关于大力实施巾帼脱贫圆梦行动的意见》，推动政府在普惠性培训、用好妇女小额担保贷款政策、贫困家庭紧急救助等方面提供政策支持。发放小额担保贷款15780万元，扶助妇女1527人。

◆普法宣传教育 2016年，西安市妇女联合会以“建设法治西安·巾帼在行动”为主题，组织开展普法宣传700多场，发放宣传资料10万余份，现场解答3500人次，受益群众达15万人。录制专题节目，开展《中华人民共和国反家庭暴力法》和男女平等基本国策宣传。发挥各级各类家长学校和妇女儿童活动中心等阵地作用，启动“少年儿童文化精品工程”，开展“我的西安我的家”儿童剧展演和“留守儿童阳光关爱行动”等系列活动，举办“家庭教育阳光课堂”56场，受益家长、儿童1.3万人。创建10所“留守儿童关爱之家”和西安市家庭教育指导中心、西安市家长学校云课堂，组织线上、线下活动33场，微信公众号关注人数数万余人。推动“网上妇联”，构建西安市妇女联合会“三微一网一平台”（“微信、微博、微视”、西安妇女网站和西安市妇女儿童综合服务平台）工作新格局。建设一支由420人组成的巾帼网评员、网宣员队伍，举办西安市妇联系统新媒体工作专题培训班。“西安女性”微博、微信发布信息3600余条，阅读转发8万人次，“西安女性”公众号进入全国地级市妇联50强。开展“巾帼心向党·党员讲身边事”“党史故事接力”“缅怀红色岁月·传承良好家风”和纪念中国工农红军长征胜利80周年等系列活动。

◆“巾帼绿色健康行动” 2016年，西安市妇女联合会开展创建“全国森林城市”、治污减霾、关爱秦岭等“巾帼护绿行动”，14支“护绿创森”志愿者服务队通过多种形式宣传绿色环保、绿色出行、绿色消费知识，提高妇女参与环境保护、生态文明建设的意识。开展寻找“绿色最美家庭”活动，举办“绿色环保最美家庭”揭晓暨“我爱我家”家庭亲子文艺展示活动，105户“绿色环保最美家庭”受到表彰。

◆“三八”国际劳动妇女节系列活动 2016年3月4日，西安市纪念“三八”国际劳动妇女节106周年暨“姐妹携手互助•爱心精准帮扶”主题志愿服务活动在未央区西航科教文中心广场启动，市各级妇联组织、巾帼志愿服务队、各级三八红旗手、“最美女性”“最美家庭”“道德模范”代表等500余人参加活动。3月7日，“品质西安绘蓝图·巾帼建功‘十三五’——庆‘三八’各界妇女代表座谈会”在陕西金贝儿母婴家政服务有限公司召开。开展“三八红旗手（集体）”“最美家庭”“最美女性”寻找评选活动。 （李永锋）

西安市妇女联合会第十五届执行委员会

主　　席	李　军(女)	
副 主 席	阎红梅(女)	岳　岚(女)
兼职副主席	薛琳莉(女)	魏　军(女)
	米　莹(女)	

2016年3月12日，西安市妇女联合会在兴庆宫公园组织巾帼志愿者开展护绿活动

西安市科学技术协会

◆概况 2016年，西安市科学技术协会履行“四服务”（服务科技工作者、服务创新驱动发展战略、服务公民科学素质提高、服务党委政府科学决策）职责定位，起草完成《西安市贯彻<科协系统深化改革实施方案>的意见（审议稿）》，深化科协系统5类23项改革任务，发挥学会生力军作用，提高科普工作成效，拓宽人才发展途径，提升决策咨询水平，推动科协各项工作取得新进展。截至年底，有市级学会和科普团体81个，区（县）科协13个，企事业单位科协19个，联系全市40余万名各类科技人才。

◆科技司法鉴定及合同认证 2016年，西安市科学技术协会召开鉴定案件研究会52次，组织专家组进行勘验测量34次，组织司法鉴定人参与法庭质证12次，书面质证2次，完成科技司法鉴定报告27例。开展技术合同认证活动，全年走访企业12次，录入技术合同54份，合同成交额31亿元，其中技术交易额6.8亿元。

◆技术创新培训 2016年，西安市科学技术协会先后在雁塔、高陵、临潼和中铁七局集团有限公司等3个区、11家企业开展创新方法、知识产权培训19场，培训各种技术、管理人员800多人。实施“中国科学技术协会创新服务中心2016年双创科技信息服务应用—科技信息企业推广应用服务项目”490家，培育企业应用典型案例49家，产生科技信息示范案例52例，直接经济效益826.3万元，间接经济效益1826.5万元。

◆科普活动 2016年，西安市科学技术协会组织召开全市科学素质纲要工作专题会议，起草《西安市全民科学素质行动计划纲要实施方案（2016—2020年）》，并经西安市政府办公厅印发。完成中国科学技术协会科普经费专项检查。做好西安市全民科学素质纲要实施工作办公室人员调整。组织参加“2016年全国农民科学素质网络知识竞赛活动”。与西安市财政局联合开展“陕西省科普惠农富民计划”和“国家科普惠农兴村计划”入选单位和个人的推荐工作。阎良区有机富硒果蔬产业协会等5个单位和周至县集贤镇赵代村助理畜牧师常勇被确定为“国家科普惠农兴村计划”奖补对象；灞桥区田原樱桃协会等3个单位及1名农村科普带头人被确定为“陕西省科普惠农富民计划”奖补对象；灞桥区润农果业协会等12个单位及2名农村科普带头人被确定“西安市科普惠农计划”奖补对象，下拨国家、陕西省、西安市财政奖补资金184万元。全年更新“科普画廊”版面206块，开展“科普大篷车”巡回宣传活动30次。完成西安市青少年科技教育验收工作，确定灞桥热电学校、户县甘亭街道中心学校2所学校为“西安市少年科普馆建设学校”，蓝田县北关实验学校为“陕西省少年科普馆建设学校”，命名西安希乐品牌营销策划有限公司等5家单位为“西安市青少年科技教育基地”。编印科普知识宣传册——《自然界的奥秘》4万册，制作播放科普动漫视频10部，出版发行《西安科技报》18期9万份，举办开放型的“科学大讲堂”5期，在《西安晚报》开辟科普宣传专栏，依托“西安科普网”和“西安科普微信公众号”举办各类网络在线科普活动。

◆科技交流与合作 2016年，西安市科学技术协会邀请接待美国、英国、法国、俄罗斯、日本、瑞士等国家及中国香港、中国澳门、中国台湾等地区的科技代表团9批，进行学术交流活动43次；举办中俄心理学高峰论坛、海峡两岸暨港澳科技合作论坛等学术会议8次；开展“中英校际连线——友好学校种子资金项目”培训会等专业技术培训活动2次。实施“国际民间科技交流服务提升行动计划”，资助“引进法国技术生产气泡酒”等8个项目。

◆科普宣传 2016年，西安市科学技术协会开展第二十四届“科技之春”宣传月活动、2016年“全国科普日”、西安市2016年“普及科学知识，助推创新创业”网络科普知识有奖答题等全市性大型科普活动，参加西安市科技、卫生、文化“三下乡”活动，其中重点活动项目213项，发放科普资料、图书近30万份（册），受益群众60余万人次。

◆科技人才队伍建设 2016年，西安市科学技术协会推动国有（民营）企业科协组织建设，联合中共西安市委组织部等6个单位出台《关于进一步加强西安市高等学校、科技园区及国有（民营）企业科协组织建设的意见》，在西部超导材料科技股份有限公司等13个企业建立企业科协联系人，在西安天虹电气有限公司建立西安市首家院士工作站。开展“第五届西安青年科技人才奖”评选表彰及培训工作，评选出“第五届西安青年科技人才奖”30人。组织开展西安市第十六届自然科学优秀学术论文评选活动，评出优秀学术论文298篇。开展2016年度决策咨询课题征集及研究工作，完成决策咨询课题18项。编印《第五届西安优秀科技调研成果选编》《西安优秀青年科技工作者风采录》。完善“西安科技思想库网站”，开展决策咨询课题及青年科技人才奖申报工作。联合西安市教育局举办西安市第三十一届青少年科技创新大赛评选活动，组织全市350多所学校的20万余名师生参加。举办西安市第十四届青少年科普知识大赛，吸引全市近1200所学校的18万名师生参加。组织西安建筑科技大学附属中学等5所中学的77名师生参加2016年青少年科学营陕西分营活动。承办西安市首届青少年机器人竞赛。开展2016年西安市青少年科学影像节，向陕西省科学技术协会、中国科学技术协会推荐优秀作品22部。

◆科技学会发展 2016年，西安市科学技术协会组织实施“学会服务能力提升计划”，通过以奖代补的方式提升学会服务科技创新、服务社会事务和科技工作者的能力，西安医学会等15个学会获得“2016年西安市优秀科技社团”荣誉称号。指导西安医学会承担医疗事故、预防医学接种异常反应、医疗损害技术鉴定工作，全年接收鉴定案件41例。开展预防接种异常反应损害程度等级评定工作，受理预防接种异常反应损害程度等级评定案件2例。完成市级继续医学教育95场及2016年西安市100余家医疗机构、46537人次的学分审验工作。

◆西安市第十三届学术金秋活动 2016年9—11月，西安市举办第十二届学术金秋活动，主题是“创新驱动，科技引领”。活动借助第十八届中国科协年会在西安召开的辐射带动作用，整合优质

2016年4月16日，第十六届陕西省青少年机器人竞赛西安赛区比赛在西安高新一中初中校区举行

学术资源，搭建高端、前沿、跨学科的学术交流平台，通过开展不同形式、不同类型的学术交流活动，增强全市学术活动服务科技创新、服务学科发展和人才成长、服务决策咨询、服务社会建设的能力和水平。活动设立57个专题分会场，参与学会超过60个，数万名专家学者参加学术交流活动。

◆第十八届中国科学技术协会年会在西安召开 2016年，西安市科学技术协会按照陕西省科学技术协会、西安市政府对第十八届中国科协年会的安排，协助做好年会中“海峡两岸暨港澳科技合作论坛”及军民融合院士专家座谈会的联络、接待、会务及材料准备工作。9月24—26日，以“创新发展 科技引领”为主题的第十八届中国科协年会在西安举行。中共中央政治局委员、国家副主席李源潮，中国科学院院士、中国工程院院士等国内外著名科学家，相关科技工作者等共计2400余人出席。大会特邀怀进鹏、卢秉恒、颜宁、李洪等领导和专家作大会特邀报告。本届年会设立16个学术交流分会场，举办全民融合科技创新展览会、全国科技工作者创新创业大赛、陕西省党政领导与院士专家座谈会、军民融合院士专家座谈会，以及8项科普活动和3项专项活动。

◆社区科普大学管理 2016年，西安市科学技术协会制定《2016年西安市社区科普大学工作安排》《2016年新建社区教学点工作计划》，确保每个教学点不少于8次教学任务。设计制作社区科普大学标志，为13个分校114个教学点制作颁发校牌。对成绩突出的4个先进分校、21个先进教学点和10名优秀讲师、14名优秀组织者、30名优秀管理员、102名优秀学员进行表彰奖励。研究制定《社区科普大学创建和组织工作市级专项经费管理使用暂行办法》，下拨教学补助经费42万元。

◆西安市科技馆建设 2016年，西安市科学技术协会在西安市发展和改革委员会、西安市财政局等相关部门的支持配合下，完成项目选址和项目建议书编制工作，相关建设和管理运营方案正式上报西安市政府审批，并经西安市政府常务会议审议。西安科技馆项目作为西安市“十三五”公共文化重点建设任务被纳入《西安市加快追赶超越实施方案》。 （梁西安）

西安市科学技术协会第八届委员会

主　席 樊代明
副主席 卫军水　马远良　王润孝
王晓红（女）　刘建华
朱恪孝　李义祥　李佩成
唐宏波　黄　翔　舒德干
韩　权

西安市红十字会

◆概况 2016年，西安市红十字会所属区（县）红十字会组织14个，教育系统红十字会1个，学校红十字会组织401个，有基层红十字组织601个，红十字志愿服务队伍80支，红十字应急救援队1支，团体会员单位146个，会员5万余人，志愿者3400余名。

◆红十字救助工作 2016年，西安市红十字会接收社区捐赠款物价值5800余万元，全部用于服务弱势群体。开展“红十字博爱送万家”活动，募集49万元物资，救助3000余户11906人。争取“天使阳光”项目，获中国红十字基金会87.5万元，资助29名患儿。继续与三秦都市报社联合开展“利群阳光”助学活动，筹集资金60万元，资助120名贫困大学新生，“利群阳光”助学活动开展7年来累计发放助学款310万元，资助620名贫困大学新生。争取美中慈善基金会价值5500余万元的大型医疗设备、捐赠高陵区医院价值2540万元的核磁共振和螺旋CT等大型医疗设备均投入运行，捐赠户县中医院价值3000万元的医疗设备正在安装中。

◆红十字救护培训 2016年，西安市红十字会系统推动救护培训“五进”（进机关、进学校、进企业、进社区、进农村）工作。全年培训红十字救护员1100名，向4万余名群众普及现场应急救护知识。联合西安市精神文明建设指导委员会办公室开展“百场急救培训进社区”活动，开展急救培训144场，培训2万余人。联合西安市教育局，对全市中小学、幼儿园教师进行救护培训，培训合格初级救护员1000余名。联合西安市政府办公厅，到蓝田县九间房镇韩家坪村为1300余名村民普及家庭急症防治知识和现场应急救护技能。组织新城区红十字会、碑林区红十字会、雁塔区红十字会、灞桥区红十字会、长安区红十字会参加西安市科学技术协会举办的2016年全国科普日西安主场活动。雁塔区红十字会在西安市第七十八中学组织500名师生开展地震疏散暨救护演练。户县红十字会培训520名农村乡医，成立4所校园应急救护队，开展校园救护技能竞赛和地震应急预案演练。灞桥区红十字会联合灞桥区总工会、灞桥区科学技术协会将应急救护知识培训纳入社区大学培训计划，在家政服务领域开展救护培训。莲湖区红十字会发挥“生命安全体验教室”项目功用，在郝家巷小学开展救护培训亲子讲座。临潼区红十字会、沣东新城红十字会联合教育系统培训中小学师生、校车司机司乘人员。西安市红十字会被中国科学技术协会、教育部、科学技术部、中国科学院联合表彰为“2016年全国科普日特色活动优秀单位”。

◆红十字会基层组织建设 2016年，西安市红十字会推动在乡镇（街办）、机关、企事业单位、学校成立红十字会组织，开展扶危济困、关老助残、救护培训等活动，传播“人道、博爱、奉献”的红十字精神。截至年底，累计成立学

西安市红十字会联合三秦都市报社开展“利群阳光”助学活动

校红十字会401个、区（县）机关部门红十字会98个、乡镇（街办）红十字会99个、农村（社区）红十字会86个。

◆红十字宣传工作 2016年，西安市红十字会以活动带动宣传，在“5·8世界红十字日”，全市红十字会系统分别在长安区广场、兴庆宫公园及部分社区、校园等人员密集的场所举办“红十字博爱周”“百场救护培训进社区”等活动，进行应急救护知识宣讲、校园应急救护演练等。在“世界急救日”，围绕儿童急救主题，联合西安市水务局、汉城湖景区举办“全家一起学急救·亲子泛舟汉城湖”活动，在全市邀请50个亲子家庭穿汉服、习汉礼、学急救、看演练、游汉湖。利用西安市红十字会网站、中国人道网等开展急救知识宣传。完成西安市红十字会网站改版升级，实现募捐、救助、志愿者登记等工作网上办理。全年在各级各类媒体刊发红十字宣传报道400余次。西安市红十字会获得中国红十字会总会授予的“报刊宣传先进集体特等奖”和“防灾避险知识竞赛最佳组织奖一等奖”等奖项。

◆人体器官捐献 2016年，西安市红十字会推进人体器官捐献宣传、登记工作。清明节前夕，与西安市精神文明建设指导委员会办公室、西安市总工会、西安市妇女联合会发出捐献倡议书，号召社会各界群众积极参与，成为人体器官捐献志愿者。在西安市红十字会官网建立网上“遗体器官捐献纪念馆”，为遗体器官捐献者开展网上祭奠活动。在新城、碑林、阎良等地成立5支社区人体器官捐献志愿者服务队伍。联合西安市卫生和计划生育委员会在全市二级以上医院成立由70余人组成的遗体器官捐献信息员队伍。召开人体器官捐献工作交流会、培训会。争取中国红十字会总会遗体器官捐献宣传推进项目，在全市开展宣传、登记活动。在重要节假日，对遗体器官捐献者家庭进行慰问，在社会各界弘扬“人道、博爱、奉献”的红十字精神。截至年底，西安市登记遗体、人体器官、角膜捐献志愿者800余人，264人成功捐献角膜，实现遗体捐献5例。

◆红十字志愿服务 2016年，西安市红十字会加强志愿服务体系建设，定期组织红十字会会员、志愿者开展活动。在“3·5学雷锋日”“5·8世界红十字日”“世界急救日”等节日，组织遗体和人体器官捐献志愿者服务队、各大学生校园应急救队等志愿者开展志愿服务活动，向市民发放《红十字急救手册》和无偿献血，捐赠造血干细胞、遗体、人体组织器官宣传单，现场教授应急救护知识。联系团体会员单位西安爱尔古城眼科医院和陕西省人民医院、西安交通大学城市学院的专家分别在栖凤社区、蓝田县九间房镇上寨村等地多次开展义诊、救护培训、捐赠图书等活动。在重阳节开展“红十字关老敬亲·遗爱人间”志愿服务活动，慰问栖凤社区318名80岁以上的老人，并开展遗体和人体器官捐献宣传活动，有关媒体做了宣传报道。西安市汉城湖红十字志愿服务队、高陵区医院红十字志愿服务队、阎良区铁路社区红十字服务队、碑林区和谐家园志愿服务队被陕西省红十字会评为“陕西省优秀红十字志愿服务组织”，牛占玲、胡莹等9人被评为“陕西省优秀红十字志愿者”；西安市红十字应急救援队被中共陕西省委宣传部、陕西省精神文明建设指导委员会办公室等11家单位联合评为“陕西省最佳志愿服务组织”。

◆红十字青少年工作 2016年，西安市红十字会召开高校红十字青少年工作交流会，积极推进全市红十字青少年工作。联合西安市教育系统红十字会组织全市中小学校参加中国红十字会总会自救互救知识竞赛。在全国红十字防灾避险知识竞赛活动中，西安市红十字会、碑林区红十字会、雁塔区红十字会、未央区红十字会、莲湖区郝家巷小学5家单位获最佳组织一等奖。争取陕西省红十字会“博爱三秦”志愿服务项目和实施西安市红十字会“红十字伴我成长”志愿服务项目15个，全部由各级各类学校红十字组织实施，取得较好效果。组织西安文理学院、西安铁路职业技术学院、西安医学高等专科学校等院校的大学生志愿者进行红十字知识普及和应急救护培训，参加红十字精神宣传活动。全市19所学校被陕西省红十字会、陕西省教育厅评为“陕西省红十字示范学校”。截至年底，全市建成199所“红十字示范学校”，其中“全国红十字模范学校”2所，“陕西省红十字示范学校”54所。（李晓东）

西安市红十字会第六届理事会

名誉会长	陈宝根
名誉副会长	李尊贤　陈广善
会　　长	李秋实（女）
常务副会长	崔锦绣（女）
副会长（兼）	王小镇　王育选　刘顺智　刘晓民　何　元　张忠芳　周　仆　孟宗林　赵晓林　高　怡（女）
秘书长（兼）	崔锦绣（女）

西安市文学艺术界联合会

◆概况 2016年，西安市文学艺术界联合会有西安市文学艺术创作研究室、美文杂志社、西安书学院3个直属事业单位，拥有作家、戏剧家、美术家、书法家、音乐家、舞蹈家、曲艺家、摄影家、电视艺术家、评论家10个全市性文艺家协会，15个艺术学会、研究会、企业文艺协会和长安、碑林、雁塔、周至、户县、临潼、未央、新城、蓝田9个区(县)级文学艺术界联合会及西安市检察官文学艺术界联合会，共34个团体会员，个人会员2万余人。

◆艺术采风活动 2016年3月16日，西安市文学艺术界联合会组织15名艺术家赴西安浐灞生态区开展以“创建国家森林城市”为主题的艺术活动。8月3—5日，组织西安市中青年艺术家和区（县）文学艺术界联合会负责人一行26人赴宝鸡黄柏塬进行采风活动。9月5—10日，为纪念红军长征胜利到达陕北80周年，开展“深入生活，扎根人民”主题实践活动，组织中青年艺术家25人赴陕北开展“再回延安·再忆长征”文艺采风活动。

◆文化艺术交流活动 2016年6月23日，西安市文学艺术界联合会组织举办“柳青纪念馆”开馆仪式，中国现代文学馆副馆长梁海春出席并为纪念馆揭牌，随后西安市文学艺术界联合会与中共西安市委宣传部共同举办“深入生活、扎根人民——纪念柳青诞辰100周年”座谈会。6月19日，举办《艺术西安》开播两周年庆典活动暨嘉宾座谈会。全年《艺术西安》播出线上节目15期，组织线下活动4场，涉及书法、美术、戏曲、音乐、曲艺、篆刻、楹联、文物等艺术门类。

◆协（学）会活动 2016年，西安市文学艺术界联合会配合西安市民政局完成2015年度协（学）会年审工作，评选表彰2014—2015年度先进协（学）会和优秀协学会工作者。完成西安市音乐家协会、西安市诗书画研究会、西安市美术家协会换届工作。7月12日，西安市文艺评论家协会第一次会员代表大会召开，表决通过协会章程，选举产生第一届理事会和主席团，李浩当选主席，穆涛、张阿利、高亚平、杨辉、王潇然、杨宗佑、杨琳、屈健为副主席，高亚平兼秘书长。

西安市作家协会　全年发展会员40多名。协会副主席第广龙的诗歌《小白马》《在六盘山上》《南梁》《窑洞》等作品在《扬子江》诗刊举办的“红旗漫卷——纪念中国工农红军长征胜利80周年”诗歌大赛中获三等奖，被收入《扬子江》诗歌专号。协会副主席商子秦的散文《集邮是一首歌》《邮坛再唱信天游》《特别的礼物》《绿色邮票化诗行》被收入《集邮年华》一书，并获第十七届全国集邮展银奖。签约作家白忠德的散文《我的秦岭邻居》获“冰心散文奖”。

西安市书法家协会 1月26日，赴陕西标准缝纫集团开展“下基层，送万福义写春联”活动并向群众赠送书法作品。1月27日，赴陕西汽车控股集团开展“迎新春，送万福义写春联”活动。2月1日，与西安教育电视台联合在菊花园社区开展“进社区，送万福义写春联”活动。3月8日，组织女书法家赴西安培华学院开展“翰墨传薪，大写青春，书法进校园”活动。5月29日，召开“弘扬传统文化，培育书法新人”2016年度西安市“优秀书法少年”表彰大会，组织优秀少年书法爱好者书写百米长卷。5月30日至6月6日，组织书法家赴北京市、天津市、山东临沂市参观，并分别与天津市滨开新区、临沂市书法家协会开展书法交流座谈活动。7月26日，赴西华门莲湖消防大队开展“迎八一书法进军营”活动。9月18日，与武汉市书法家协会在西安联合承办“西安·武汉书法篆刻作品交流展”，展出西安、武汉两地100多位书法家作品。9月30日，承办“迎接第十一届中国艺术节·西安书法篆刻精品展”，展出作品175幅。11月9日，赴长安区第一中学开展“走进长安一中，书法进校园”活动，并举行“西安市书法家协会·长安一中书法教育培训基地”挂牌仪式。11月14—21日，组织书法家赴杭州市、绍兴市、南京市参观，并与杭州市书法家协会和南京市书法家协会开展书法交流座谈活动。

西安市美术家协会 9月4日，组织举办“西安市各区县美术作品邀请展”，13个区县的35名画家展出作品120余幅。10月14日，召开西安市美术家协会第四次会员代表大会，杨霜林当选新一届主席，王犇、王保安、舒宏昌、李新平、张健、李敏、杨季、李剑、樊帆、王文吉等当选副主席，高山任秘书长。10月15—20日，在亮宝楼举办“迎盛会筑梦魂——西安市美术家协会美术作品展”。11月10日，召开西安市美术家协会第一次主席团会议，组织学习协会章程，进行主席团成员分工。11月9日，组织13个区（县）美术骨干等28人，赴高陵区开展文化下乡活动。12月16日，组织13个区（县）协会等26人，到未央区开展文化下乡活动。12月30日，组织13个区（县）协会等24人，赴周至县开展文化下乡活动。

西安市摄影家协会 1月22日，召开西安市摄影家协会第三届“金朱雀奖”颁奖典礼暨2016年新春联谊会，表彰获奖作品和2015年度优秀会员，600多名会员参加。1—5月，与西安市规划局、西安市勘察测绘院共同举办“空中看西安”摄影大赛，编辑出版《空中看西安》摄影画册。12月3—4日，与陕西西光商贸有限公司、西安欧凯罗古玩城、陕西收藏家协会相机专业委员会、西安阎良摄影家协会在西安欧凯罗国际古玩城举办“西安首届影像文化与摄影器材博览会”，展示摄影器材发展历史。12月，与西安碧桂园凤凰城联合举办“图说浐灞”摄影大赛，并组织会员参加拍摄活动。9月9日，中国摄影家协会会员、西安市摄影家协会副主席李国庆在法国巴黎举办的“中国—丝绸之路”摄影展在“印象画廊”揭幕，展出作品20多幅。11月，邀请摄影家柏雨果在西安建筑科技大学为200多名协会会员讲授摄影知识。

西安市音乐家协会 3月23日，召开西安市音乐家协会第四次代表大会，选举产生西安市第四届音乐家协会主席团成员，赵潇松当选主席，王培、张林、陈大明、赵勇、穆真、任思谕、曹彦当选副主席。

西安市诗书画研究会 5月6日，召开西安市诗书画研究会第三次会员代表大会，参会人员近200人，选举傅晓鸣为会长，惠京鹏为常务副会长兼秘书长，黄明、应一平、陈若星、王家忠、陈嘉瑞、张继光、余平为副会长，朱文杰为名誉会长。2月，组织会员20余人参加陕西文化集邮系列图书《集邮情怀》征稿会议。4月21日，在大明宫办公家具商场广场举办第七届未央读书节“书香未央”全民读书月活动，向未央区图书馆赠书300余册。4月23日，与陕西文冠果集团联合举办文冠果文化艺术节。6月10日，组织召开田东海书画创作座谈会。

西安国际标准舞学会 4月9—10日，在西安石油大学体育馆举办第十七届“西部杯”国际标准舞全国公开赛。4月11—12日，在西安石油大学体育馆承办中国国际标准舞总会（CBDF）拉丁舞大师班。6月21—23日，在西安石油大学体育馆承办中国国际标准舞总会（CBDF）全国教师、评审班。10月22日，在西安石油大学体育馆举办中国西安第十七届国际标准舞蹈运动艺术全国公开赛。11月7—10日，在西安石油大学体育馆承办CCAT（中国舞蹈家协会和中国国际标准舞总会共同认可的国标舞艺术考级项目）注册教师特训班。

◆“送欢乐，下基层”及“文化下乡”系列活动 2016年1—2月，西安市文学艺术界联合会先后组织艺术家赴户县第四中学、蓝田县城关镇、浐灞半岛社区和周至县楼观镇进行4场文艺演出；组织艺术家赴大明宫家居城、西安雨润农产品批发中心、浐灞半岛社区、未央青门社区和长安区滦镇泉子头村举行5场文化惠民活动，为群众义务创作书画作品、春联1500多幅，拍摄“全家福”、寿星照300多张。2月19日，组织部分艺术家赴周至县楼观台宗圣宫广场参加西安市文化科技卫生“三下乡”集中服务活动，为群众书写名言警句、家规家训，拍摄、打印寿星照和“全家福”。5月23日，与西安广播电视台、中共蓝田县委宣传部联合组织艺术家赴蓝田县三官庙镇三官庙村开展“西安市文艺界纪念毛泽东“5·23”讲话发表74周年暨《艺术西安》走进蓝田文艺志愿活动”，西安市说唱艺术团、西安市书法家协会、西安市摄影家协会以及《艺术西安》栏目组等60多位艺术家参加活动。（胡江梅）

西安市文学艺术界联合会

主　席　贾平凹
副主席　李伯钧　于孝军　吴克敬
　　　　陈兆朋　叶广芩（女）
　　　　王西京　侯红琴（女）
　　　　方　明　石瑞芳（女）
　　　　杜爱民
秘书长　陈兆朋（兼）

西安市残疾人联合会

◆概况 2016年，西安市残疾人联合会积极开展残疾人康复服务、就业培训、社会保障、法律维权等工作，各项目标任务全面完成，西安市残疾人工作受到国务院残疾人工作委员会表彰，西安市残疾人联合会获得“全国残疾人工作先进单位”荣誉称号。截至年底，辖区残联11个，县残联2个，镇（街道）残联178个，市级残疾人专门协会5个，区（县）级残疾人专门协会65个，社区残疾人协会1149个，行政村残疾人协会2066个。

◆残疾人就业 2016年，西安市残疾人联合会扶助安置残疾人就业1721人。其中，按比例安置残疾人就业316人，征收残疾人就业保障金3.9亿元；自主创业279人，并为其每人发放3000元或5000元创业补贴；12个就业扶贫基地安置残疾人就业266人；灵活就业和居家就业扶助安置残疾人312人；公益性岗位补贴安置残疾人就业494人。（以上数字总和不对，核！）强化残疾人职业技能培训，培训各类残疾人7953人。

◆残疾人康复服务 2016年，西安市残疾人联合会落实0—16岁残疾儿童少年康复救助政策，救助0—16岁残疾儿童少年1721人。为5581名精神疾病患者提供全年服药救助，为7397人次重度患者提供服药救助，为2379人次重度精神病患者提供住院救助。开展残疾人辅助器具服务，为残疾人适配各类辅助器具9700件。

◆残疾人教育资助 2016年，西安市残疾人联合会开展远程残疾人学历教育资助活动，资助44名残疾学生，其中本科14人，专科30人。开展义务教育阶段残疾学生或残疾人子女助学活动，为703名贫困残疾学生或残疾人子女每人发放不低于500元的助学金。落实“陕西省民生工程贫困残疾学生助学项目”，资助150名义务教育阶段残疾学生（寄宿生每人1000元，走读生每人400元）和9名大、中专新生（本科生每人5000元，大专生每人3000元）。

◆扶贫助残 2016年，西安市残疾人联合会开展农村贫困残疾人建档立卡核对工作，1077人被纳入全市扶贫系统数据库。开展元旦、春节慰问贫困残疾人活动，全市各级残联走访慰问贫困残疾人8971人，发放慰问金（品）总价值337.5万元。开展“自强绿色行动”，为2500名农村残疾人每人提供种养殖业补贴2000元。赴周至县新联村开展“扶贫日”活动，慰问28户贫困户，每户发放补贴200元。

◆残疾人托养服务 2016年，西安市残疾人联合会开展残疾人居家服务项目，为2000名城乡重度残疾人提供居家安养服务或补贴。规范残疾人托养服务机构管理，14家集中托养机构共托养残疾人674人，15家日间照料机构托养残疾人265人。

◆无障碍建设 2016年，西安市残疾人联合会履行监督建议职能，对全市无障碍建设提出合理化建议。推进“无障碍进家庭项目”，安排资金160万元，为266户有改造需求且具备改造条件的困难残疾人家庭实施无障碍改造。

◆残联基层组织建设 2016年，西安市残疾人联合会开展街道（乡镇）、社区、农村残疾人专职委员选聘工作，选聘专职委员3800名，并将农村残疾人专职委员每月补贴提高到200元。在残疾人重大节日期间，各专门协会组织残疾人开展形式多样的活动。全年培训残疾人联合会系统干部、专职委员5081人次。制订下发《2016年助残志愿服务活动实施方案》，持续开展“入户帮扶，爱心传递”活动。开展“残疾人证”核查工作，核查“残疾人证”199565个，注销30645个。

◆残联宣传及文体活动 2016年，西安市残疾人联合会在各类媒体刊发宣传报道190余篇（条），向《陕西残疾人》杂志投稿34篇。组织残疾人书画家在“助残日”期间赴西安市儿童福利院捐赠书画作品。完成第十一届中国艺术节参演任务。联系相声表演艺术家姜昆带队在西安开展慰问残疾人专场大型公益演出。组织开展以“共筑梦想 同奔小康”为主题的庆祝第二十五次“国际残疾人日”大型文艺演出暨残疾人书画展。西安市籍运动员在第十五届夏季残疾人奥林匹克运动会中夺得2枚金牌、1枚银牌。

◆第二十六次全国助残日活动 2016年，西安市“助残日”的主题是“关爱孤残儿童，让爱洒满人间”。全市举办7场残疾人专场文艺演出；举办残疾人就业招聘洽谈会5场；设立28个站（点）宣传助残政策，发放各类优惠政策读本及宣传资料7万余份；媒体发布各类新闻稿件98篇（条）。5月12日，西安市政府领导到西安市儿童福利院看望慰问孤残儿童，向福利院赠送慰问金3万元，并与福利院负责人和教职工代表座谈交流。5月14日，国际特殊奥林匹克东亚区高级顾问委员会、中国特殊奥林匹克委员会、陕西省体育局、陕西省残疾人联合会和西安市残疾人联合会，在西安体育学院共同组织开展“2016年西安特奥足球融合赛、特奥健康计划”全国“助残日”活动，西安市残疾人联合会专门协会、西安市儿童福利院、西安体育学院大学生志愿者及社会各界爱心人士代表等400余人参加。西安市残疾人联合会开通“12385”全国残疾人维权热线电话，为残疾人提供政策咨询、投诉请求、意见建议、生活帮助等服务。 （梁晓鹏）

西安市残疾人联合会执行理事会

理 事 长 李忠良
副理事长 邸齐鸣 何永国

中国国际贸易促进委员会西安市分会

◆概况 2016年，中国国际贸易促进委员会西安市分会（中国国际商会西安商会）规范贸促系统职能，积极参与实施“一带一路”战略，在促进贸易与投资、搭建西安与境外商务合作平台、支持企业“走出去”、加强中国国际商会西安商会建设、为企业提供商事法律服务、对外贸易摩擦预警等方面取得新成绩，圆满完成年度各项目标任务。截至年底，西安国际商会有会员企业2500家，涉及制造加工、商业贸易、房地产、旅游文化、服务业等多个领域。

◆大型经贸展会 2016年，中国国际贸易促进委员会西安市分会举办、承办及参与的大型展会近20个，分别是2016丝绸之路国际博览会暨第二十届中国东西部合作与投资贸易洽谈会、2016中国西安丝绸之路国际商协会贸易与投资合作洽谈会、中国陕西西班牙埃斯特雷马杜拉经贸合作对接会、丝绸之路工商领导人（西安）峰会·丝绸之路国际总商会合作发展大会、第二十二届中国西部国际装备制造业博览会暨中国欧亚国际工业博览会、西安国际汽车工业展览会、第十三届中国欧亚国际军民融合技术产业博览会、西安—卡拉干达经贸洽谈会、2016第十届中国—拉美企业家高峰会、深圳“西安特色商品展”、2016中国(青海)国际清真食品及用品展览会、西安—意大利威尼托大区企业家商务投资对接会、第五届中国西部跨国采购洽谈会暨中国（西安）进出口商品交易会、首届“共享经济互联互通”——跨境电子商务国际合作高峰论坛。其中，邀请来自德国、韩国、新加坡、哈萨克斯坦、俄罗斯等国的135名政要、商协会负责人和企业家参加2016丝绸之路国际博览会暨第二十届中国东西部合作与投资贸易洽谈会，组织华南城和大唐西市2个分会场活动。在丝绸之路工商领导人（西安）峰会·丝绸之路国际总商会合作发展大会期间，举办“魅力古都·品质西安——西安市投资环境暨重点项目推介会”，来自丝绸之路国际总商会40多个成员国的商协会代表、工商界人士、专家学者及驻华使节和中、东欧16个国家的商协会、企业代表等200余人参加。

◆国际经贸交流 2016年，中国国际贸易促进委员会西安市分会接待来访团组18个，380余人次；组织出访团3批，20余人次；组织各种国际会议、企业对接洽谈会、经贸论坛、考察洽谈会20余场；签订合作协议10余份。在2016丝绸之路国际博览会暨第二十届中国东西部合作与投资贸易洽谈会期间，与英国英中经贸文化交流协会、欧中基金会等8家境外商协会签订“双边框架合作协议”，就进一步加强交流与合作、促进双边贸易与投资达成共识。促成西班牙埃斯特雷马杜拉大学与西安建筑科技大学在学生培养、教师互访、科学研究等方面的合作。与新加坡工商联合总会共同举办“新加坡投资环境”圆桌会，与新加坡国际企业发展局共同举办“西安—新加坡企业洽谈会”，参观考察新加坡讯通集团、星雅集团和三泰集团。拜访马来西亚商贸、旅游、消费事务委员会，了解当地投资环境和相关政策，对马来西亚丹绒柏勒巴斯国际集装箱港口、柔佛生物科技公司进行实地考察，就投资清真食品园项目具体问题与外方进行商谈。在哈萨克斯坦举办“西安—卡拉干达经贸洽谈会”，卡拉干达组织40多名当地企业家参加洽谈，并受到哈萨克斯坦前副总理捷列先科的接见，与当地牙科医院和阿拉木图综合医院洽谈合作互建医院事宜。分别与印度工业联合会、印度ATTIVO经济特区，陕西鼓风机(集团)有限公司、中国西电集团公司驻印度办事处进行座谈。与乌拉圭一中国商会签署合作备忘录，促成陕西怡豪实业有限公司与哥伦比亚加勒比资源公司就玻利瓦尔省金矿、瓜希拉省煤矿签署开采总承包合同，金额共9.3亿美元；陕西新通智能有限公司与12个对口企业进行项目对接，并达成合作意向。

◆商事法律服务 2016年，中国国际贸易促进委员会西安市分会依托中国国际贸易促进委员会境内外商事法律服务资源和在西安市人民政府政务服务中心、西安高新技术产业开发区政务服务大厅两个服务窗口，开展贸易摩擦预警应对工作。在门户网站设立《摩擦预警》专栏并及时向企业传递预警信息。跟踪外国经贸摩擦动向，配合中国国际贸易促进委员会发起贸易救济调查，应对反倾销、反补贴调查。开展宣传培训工作，动员支会、机构和企业参与经贸摩擦预警和重点案件应对，向相关外贸会员企业发放征询表100余份。向全市涉外企业提供贸易便利化认证服务，办理“一般原产地证明书”4072份，涉及出口货物金额4.5亿美元；办理“优惠原产地证明书”464份，包括韩国、瑞士等7个自贸协定，企业可减免上千万美元关税优惠；办理“国际商事证明书”749份，为西安西电变压器公司多次办理资质和运行证明等一揽子认证，提升本市企业的国际竞争力和公信力；办理“ATA单证册”15份，让西安企业享受到《ATA单证册海关公约》带来的通关便利和高效；代办“领事认证”426份。免除“原产地证”和“ATA单证册”收费约15万元。组织企业参加“一带一路”香港—西安法律及仲裁服务研讨会和香港税务劳动法商标法讲座交流会。举办跨境电子商务培训会，由西安市具有丰富跨境电子商务经验的企业家为企业讲解电子商务的特点、模式及如何做好跨境电子商务等知识。

◆多双边商务合作平台建设 2016年，中国国际贸易促进委员会西安市分会在哈萨克斯坦设立首席代表，联系陕西汽车控股集团有限公司、陕西鼓风机(集团)有限公司、中国西电集团公司、西安爱菊粮油集团等企业驻中亚、南亚办事处，了解当地市场信息，为西安企业与中亚、南亚地区的交流合作提供支持。争取将“中国—阿联酋商务理事会联络办公室”设在西安，并拟将该办公室打造成为西安乃至全国各地与阿联酋及中东地区联络的重要交流平台。举办西安—意大利威尼托大区企业家商务投资对接会，意大利环保、机械、空气净化等行业企业与西安市50余家对口企业开展洽谈活动，西安企业对于意大利葡萄采摘、酿酒和农产品存储等方面的设备和技术表示出浓厚兴趣。邀请美国驻华大使馆公使衔参赞柯安平女士率美国先进制造企业代表团参观西安阎良国家航空高技术产业基地规划展示厅，实地考察精明（西安）金属科技有限公司、西安浩森精铸有限公司和陕西金宇航空科技有限公司3家有合作潜力的公司，与西安渭北工业区3大组团的45家企业举行合作洽谈会；美国自动精密工程公司、美国帕莱克公司等美国企业进行数控机床、精密测量仪等方面的展示推介，并与中方企业面对面进行商务洽谈；西安华科光电有限公司与美国赫克公司现场签约，订购美方352万元的数控机床。

◆招商引资 2016年，中国国际贸易促进委员会西安市分会、各支会及各会员单位，发挥各自优势，开展丰富多样的招商引资活动。市级引进内资475亿元，比上年增长1.77%。全系统实现进出口总额1517.69亿元，增长6.4%，引进霍尼韦尔自动控制集团生产基地、林德气体、比亚迪新能源客车、跨座式单轨等重大项目。高新区支会引进外资20.3亿美元，增长22%。经开区支会引进内资350亿元，引进外资12.9亿美元，完成工业招商引资200亿元。国际港务区支会引进众多大项目，西安体育中心项目落户园区，中国邮政西安邮件处理中心项目即将开工建设，中德新金属研发及生产基地项目已注册完毕。曲江新区支会引进内资235亿元，实际利用外资2.08亿美元，在2016丝绸之路国际博览会暨第二十届中国东西部合作与投资贸易洽谈会上，与华润集团、绿地集团等10余家世界500强企业签订17个项目，投资总额约416亿元。新城区支会推进重点项目，参与会展招商，发展楼宇经济，全方位推进招商引资工作。雁塔区支会加强与境内外知名商协会的联系沟通，赴外地举办主题招商与投资促进活动20多场次，引进深圳卓越蔚蓝华府、融创五珑等一批10亿元以上项目。碑林区支会筹划招商项目37个，在此基础上按照项目推进情况进行二次招商项目的排查和梳理。灞桥区支会“点对点”推进项目，与各地驻陕商会、商协会及专业中介机构建立长期联系机制，通过陕西投资促进网、灞桥区招商引资网发布招商动态信息。莲湖区支会发挥贸促会、国际商会的招商引资平台作用，在丝博会暨西洽会召开期间签约项目23个，总投资130.6亿元。未央区支会在丝博会暨西洽会召开期间引进项目3个，总投资59.8亿元，引进资金48.8亿元。航空基地支会实际引进内资52.77亿，工业招商引资43.24亿，实际利用外资4180万元。高陵区支会以中小工业园为平台，组织30多家小微企业到高陵中小企业聚集园考察，15家企业签订意向书，其中9家企业正式落户园区。长安区支会实际利用内资40.7亿元，实际利用外资4557万美元。航天基地支会组织区内企业参加丝博会暨西洽会等各类经贸展会活动，在丝博会暨西洽会召开期间签订合同项目14个，总投资116.47亿元。浐灞生态区支会围绕商贸旅游、安全生产、领事馆区建设开展招商引资工作，实际引进内资130亿元，实际利用外资10740亿美元，成功引进TLS签证中心等4家外事机构。阎良区支会实际引进内资23.46亿元，实际利用外资2800万美元。临潼区支会组织参与大型展洽活动7次、各类贸促会议15场，外出招商8次，接待境内外客商43批150人次，宣传推介招商项目58个，在丝博会暨西洽会上签约项目39个，总投资641亿元。 （骈　华）

西安市消费者协会

◆概况 2016年，西安市消费者协会围绕“新消费，我做主”年主题，立足本职，突出重点，消费维权工作取得新成绩。截至年底，全市有消费维权服务站623个，消费者权益保护协会分会117个。

◆消费者权益宣传活动 2016年3月15日，西安市消费者协会联合西安市工商行政管理局在李家村万达广场开展宣传咨询服务活动，向消费者免费发放《西安消费手册》《消费维权实用攻略》等法律法规宣传资料，讲解真假商品知识，接受消费者咨询，现场受理消费者举报和投诉。各区（县）工商行政管理局、消费者协会以工商所为依托在辖区繁华地段设立分会场，进行现场宣传。

宣传咨询服务活动出动人员1720人次、车辆141台次，设立分会场21个、咨询服务点（站）198个，制作各类展板182块，发放《西安消费手册》5万余份、其他宣传资料17万余份，接待群众咨询1.8万人次，受理投诉268件，其中当天解决185件。各区（县）消费者协会、分会以不同形式开展消费维权“五进”（进社区、进学校、进企业、进商场、进农村）活动。3月12—15日，由西安电视台、西安广播电台、西安房地产行业协会、西安消费者协会双生分会倡导，西安市工商行政管理局双生分局建筑房地产管理所组织，80余家西安知名房地产开发商在曲江国际会展中心举办“红盾护航，新消费，我做主，‘3·15’去产能，去库存”房产展销会，为消费者提供专业的购房服务。有的消费者协会、分会还举办“3·15消费维权”进社区报告会，重点解读新《中华人民共和国消费者权益保护法》《侵害消费者权益行为处罚办法》的主要内容。

◆**处理消费者投诉**　2016年，西安市消费者协会系统受理消费者投诉案件2825件，解决2711件，解决率96%；接待来人、来电咨询10.4万人次，为消费者挽回经济损失273.5万元。

◆**消费指导**　2016年3月，西安市消费者协会发布2015年西安市消费者协会十大维权案例，为消费者维权提供参考。联合38家省、市消费者协会组织联合发表“消费维权观点”4次，重大节日发布“消费警示”10次。先后做客西安电视台、西安网直播间，专门就《中华人民共和国消费者权益保护法》的亮点、投诉途径、如何维权以及消费者关心的问题接受专访，同时介绍协会维权工作、“新消费，我做主”年主题，并解答消费者提出的有关问题，公布协会地址、投诉电话等，接受广大消费者的投诉和监督。

◆**消协队伍建设和经营者培训**　2016年，西安市消费者协会由各区（县）消费者协会、分会推荐的基础上，建成80人的消费维权志愿者队伍。拟成立西安市消费者权益保护中心，并坚持每年召开全市消费者协会秘书长工作会议制度。联合西安市工商行政管理局双生分局（请核该名称对否）在西安金吉列出国留学服务咨询公司建立消费教育示范基地，并赠送宣传资料，讲解新《中华人民共和国消费者权益保护法》知识。联合各区（县）消费者协会、分会举行“诚信单位”公示活动。组织临潼、周至、长安、户县消费者协会为陕西省物价局推荐14名消费者，参加公路车辆通行费标准定价听证会；向西安市物价局推荐消费者参加地铁价格听证会。配合中国消费者协会开展部分城市“互联网+”服务体验式调查。向中国消费者协会、陕西消费者协会推荐“2016年度寻找最美消费维权人物活动”人选。做好星级经营场所审核上报工作，上报五星级1户、四星级15户，并对45户三星经营场所、80户二星级经营场所予以公示。

（符　杰）

西安市法学会

◆**概况**　2016年，西安市法学会履行组织、引领、推动西安法学研究的职能，做好联络、协调、服务工作，被全国大中城市社会科学联合会主席团评为“全国优秀社科组织”。截至年底，有区(县)法学会3个，专业研究会12个，团体会员单位115个，个人会员1500余人。

◆**法学研究**　2016年，西安市法学会组织开展“全市社会矛盾纠纷化解及群体性事件处置联合调研活动”，组织全市30多个单位对近年来处置社会矛盾纠纷和重大群体性事件的经验教训进行调研总结，收到调研报告76份，评选出一等奖5篇、二等奖10篇、三等奖15篇、优秀奖15篇，优秀组织奖7个。组织召开优秀调研成果交流会，推广调研成果，部分调研成果被中共西安市委政法委员会推广应用到全市维稳工作。围绕影响西安市社会稳定的突出问题进行课题研究，形成“‘一带一路’发展战略背景下的西安法治政府建设研究”“西安市家庭农场发展法律问题实证研究”“青少年犯罪预防与矫正的社会工作机制研究”“涉众型经济犯罪案件成因分析及后续资产处置的相关思考”“因水、电、气、暖引发的社会矛盾纠纷治理的对策思考”等一批研究成果，并将研究成果转相关政府部门参考。组织专家学者对《西安市病残吸毒人员收戒收治工作实施办法(试行)》修改完善，对《西安市公园条例》提供立法论证，并将收集到的意见反馈给相关部门。

◆**法学交流**　2016年，西安市法学会承接中国法学会和商务部组织的“一带一路”沿线11国（白俄罗斯、乌兹别克斯坦、乌克兰、阿尔巴尼亚、伊朗、波黑、约旦、肯尼亚、汤加、摩尔多瓦和尼泊尔）的29位法务和经贸官员在西安进行为期1周的交流访问。开展“中国·西安2016年‘一带一路’国际法律交流与合作活动周”，举办“西安工商业界与‘一带一路’沿线国法务官员交流座谈会”，为西安企业实施“走出去”战略提供法律服务。选派西安市法学会专职副会长随中国法学会代表团赴法国，参加“建立从符合条件的律师、法学专家中招录立法工作者、法官、检察官制度”专业培训。全年组织单位和会员参加首届“丝绸之路”文化传承与发展法治论坛、第十一届中国法学青年论坛、全国副省级城市法学会第28次年会暨论坛、第十一届中国·西部法治论坛和第五届关中—天水经济区法治论坛，征集论文80余篇，其中20余篇获奖。

◆**法治宣传**　2016年，西安市法学会联合西北政法大学、西安交通大学、西北工业大学和部分律师事务所等单位，组织150余名法学专家和法律工作者开展“‘法治课堂’进社区、进学校法治宣讲活动”。先后在红专南路社区、环城南路社区、西安高级中学、西安市育才中学、西安市庆安初级中学、沣东第一学校、西安市第二十六中学、西安市第三十中学、西安市第八十三中学、西安市第八十五中学等15家单位和社区，以“非法集资识别与防范”“提升物业服务水平，建设法治和谐小区”“防范校园欺凌，共创和谐校园”为主题，开展20余场法治宣讲活动，直接受众4000人次。“法治课堂”系列法治宣讲活动被陕西省社会管理综合治理委员会办公室和中共西安市委政法委员会向全国推广。升级改版“西安法学网”，编辑出版《西安法学文库（2015）》和《中国·西安2016年“一带一路”国际法律交流与合作活动周宣传册》。

◆**法学人才库及学会建设**　2016年，西安市法学会从驻西安市高校和市级政法各部门、法律服务机构中再次遴选100余名法学专家学者充实完善“西安市法律人才专家库”。中共西安市委政法委员会和西安市法学会负责人带队对各区（县）法学会组建工作进行调研指导，未央区法学会、莲湖区法学会先后成立，其他区（县）法学会组建工作正在有序推进。

（陈汉虎）

西安市法学会

会　　长	丁　健		
专职副会长	黄必方		
副 会 长	赵　夏	张乾民	陈瑞龙
	陈辛一	郝福京	杜豫苏
	王利民	马中林	宦　洁
	郭　捷	单文华	刘丹冰
秘 书 长	程晓平		

外事

责任编辑　宋欣辉

综　述

◆概况　2016年，西安市人民政府外事侨务办公室积极融入“一带一路”战略，精心筹划，通过开展涉及教育、体育、人文、科技、中医药、食品等多领域的“一带一路”涉外交流活动，发扬西安优秀历史文化特色，进一步加强与韩国、塞尔维亚、哈萨克斯坦、土库曼斯坦、伊朗等国家的经济和文化交流，完成多项重大外事侨务任务。西安市被中国人民对外友好协会和中国国际友城联合会授予“友好城市工作合作交流奖”，西安市在亚美尼亚的友好城市久姆里市获得“对华国外友好城市合作交流奖”。市外侨办侨务处被人力资源和社会保障部、国务院侨务办公室联合授予“全国侨办系统先进集体”称号。5月13—17日，2016丝绸之路国际博览会暨第二十届中西部投资贸易与合作洽谈会在西安召开，市外侨办邀请15批220余位外宾和15位侨商参会。先后安排中共西安市委、西安市人民政府主要领导外事会见18项18批697人次。

◆重大外事活动　2016年3月9日，中共西安市委召开外事工作专题会议。3月31日，西安市人民政府召开全市外事侨务工作会议，部署2016年全市外事侨务工作。4月25日，“中国—哈萨克斯坦—土库曼斯坦—伊朗铁路干线搭载丝绸之路经济带发展推介会”在北京举行，西安市市长上官吉庆出席并做主旨发言。成功举办“首届丝绸之路经济带城市中医发展暨医疗合作论坛”“2016中国西安•韩国晋州‘石榴花之春’活动”和“第四届丝绸之路经济带城市圆桌会暨友好合作周”等“一带一路”涉外交流活动。

◆国家外交任务　2016年3月31日，西安市人民政府外事侨务办公室举办“一带一路”战略专题报告会，邀请外交部经济司、欧亚司负责人等分别做了我国建设“一带一路”建设总体进展情况、我国与中亚国家关系情况的报告，提出西安市与中亚国家开展经贸人文合作、建设“一带一路”的意见建议，帮助与会的各区（县）、开发区和市级部门主要负责人开阔视野，理清涉外涉侨工作思路。6月18日，按照外交部统一部署，在国家主席习近平和塞尔维亚总统托米斯拉夫•尼科利奇的见证下，西安市与塞尔维亚克拉古耶瓦茨市签署《中华人民共和国西安市与塞尔维亚克拉古耶瓦茨市建立友好城市关系协议书》，为促进中塞地方友好做出贡献。

◆2016丝博会暨第二十届西洽会　2016年5月13—17日，2016丝绸之路国际博览会暨第二十届中西部投资贸易与合作洽谈会在西安召开。西安市人民政府外事侨务办公室邀请哈萨克斯坦卡拉干达州副州长哈赫迈占诺夫和韩国晋州市政府代表团、文化旅游代表团，伊朗伊斯法罕、澳大利亚墨尔本市、哈萨克斯坦卡拉干达市、印尼梭罗市、日本小浜市、俄罗斯莫斯科市，泰国、英国大使馆等15批220余位外宾和15位侨商参会，并做好团组接待工作。组织礼宾拜会，先后安排中共西安市委、西安市人民政府主要领导外事会见18项18批697人次，并举办多场次实质性合作交流活动。

（戴百飞）

外事管理

◆因公出国管理　2016年，西安市人民政府外事侨务办公室加强因公出国（境）规范化管理。按照国家、陕西省相关文件和规定，统筹做好全市因公临时出国（境）管理，确定西安市《2016年市级领导因公出国安排》《2016年全市党政干部因公出国安排》。坚持因公出国（境）事前事后公示制度，提高全市因公出国（境）管理工作的制度化、规范化水平。

◆涉外管理　2016年，西安市人民政府外事侨务办公室做好涉外管理与服务工作，依法依规及时协调处置各类涉外案事件52起。配合西安浐灞生态区管理委员会促成4个统建馆建成完工；配合外交部、陕西省人民政府外事（侨务）办公室做好西安市新设领馆的前期准备工作。12月，马来西亚驻西安首任总领事正式赴任。截至年底，泰国、韩国、柬埔寨、马来西亚4个国家在西安设立总领事馆。编写西安涉外突发事件应急预案风险分析和应急评估等预案备案材料。参与相关部门应急预案涉外内容的修订，并参加应急预案演练、预案论证会等工作。建立《西安市外事侨务办公室2016年度维稳反恐工作台账》，做好境外反邪教工作。组织下基层宣传活动，免费发放《西安市市民出国（境）礼仪长卷》和《西安市市民出国领事保护和海外安全常识手册》2万余册。

（戴百飞）

对外交流与合作

◆友好城市交流与合作　2016年，西安市人民政府外事侨务办公室积极推进友好城市工作，促进西安市对外开放。西安市先后与塞尔维亚克拉古耶瓦茨市、韩国晋州市签署《建立友好城市关系协议书》。截至年底，西安市与25个国家的29个城市结为友好城市。组织西安市人民代表大会教育科学文化卫生委员会主任卫冬梅出访亚美尼亚久姆里市并参加“复兴音乐节”开幕式。联系西安市体育局选派马拉松代表团参加在韩国庆州市举办的“樱花马拉松大赛”“国际青少年足球比赛”、美国堪萨斯市举办的“国际龙舟赛”，并邀请堪萨斯市代表参加“西安城墙国际马拉松赛”。邀请日本船桥市、伊朗伊斯法罕等友好城市代表参加“2016丝绸之路经济带城市中医发展暨医疗合作论坛”。为配合西安市与法国波城市缔结友好城市30周年，在波城市举办图片展和文艺展演。授予泰国中小企业经济贸易发展委员会主席陈杰克等3位国际友人“西安市荣誉市民”称号，“西安市荣誉市民”人数达到25人。

◆侨务工作　2016年，西安市人民政府外事侨务办公室继续夯实侨务港澳工作基础，开展明星社区侨务创建活动。截至年底，国务院侨务办公室授予2个社区“全国社区侨务工作明星社区”称号、6个社区“全国社区侨务工作示范单位”称号。西安市外侨办组织召开“武汉—西安—沈阳新侨推动全面创新改革试验区建设发展论坛”，并与武汉、沈阳两市外侨部门签订友好合作备忘录，组织武汉15家侨资企业到西安参观。授予西安智多晶微电子有限公司等10家企业为“西安市优秀侨资企业”。邀请西安市涉外涉侨法律服务站律师为侨资企业家做题为《新三板助力创新企业腾飞》的法律讲座。开展贫困归侨侨眷帮扶，市、区（县）两级侨务部门走访困难归侨侨眷200余户，发放慰问金和慰问品折合人民币9万多元。举办“2016年新华侨华人子女夏令营”；邀请80名美国、俄罗斯、中国香港青少年参加“海外华裔青少年中国寻根之旅夏令营西安营”。开展华文教育工作，分别选派4名教师赴泰国、澳大利亚海外执教。完成中国香港特区政府高级公务员国家事务研习班一行26人、澳门街坊会联合总会西安考察团一行13人到陕西师范大学社区参观交流的筹划和组织工作。　（戴百飞）

西安市国际友好城市

序号	城　市	国　家	洲	结好签字时间	人口（万人）	面积（平方千米）
1	奈良市　Nara	日　本	亚　洲	1974年2月1日	37	276
2	京都市　Kyoto	日　本	亚　洲	1974年5月10日	147	827
3	爱丁堡市　Edinburgh	英　国	欧　洲	1985年4月16日	47	264
4	波城市　Pau	法　国	欧　洲	1986年9月15日	8	31
5	堪萨斯市（密苏里州）　Kansas city	美　国	北美洲	1989年4月29日	46	826
6	伊斯法罕市　Isfahan	伊　朗	亚　洲	1989年5月6日	200	250
7	多特蒙德市　Dortmund	德　国	欧　洲	1992年7月22日	58	280
8	拉合尔市　Lahore	巴基斯坦	亚　洲	1992年6月20日	640	332
9	船桥市　Funabashi	日　本	亚　洲	1994年11月2日	61	85
10	庆州市　Kyongju	韩　国	亚　洲	1994年11月18日	30	1324
11	雅西市　Lasi	罗马尼亚	欧　洲	1994年12月6日	86	5469
12	第聂伯罗彼德罗夫斯克市　Dnepropetrovsk	乌克兰	欧　洲	1995年10月27日	130	380
13	科尼亚市　Konya	土耳其	亚　洲	1996年9月8日	210	40000
14	加德满都市　Kathmandu	尼泊尔	亚　洲	1996年9月12日	100	50
15	巴西利亚市　Brasilia	巴　西	南美洲	1997年10月26日	260	5822
16	魁北克市　Quebec	加拿大	北美洲	2001年5月11日	68	10000
17	科尔多瓦市　Cordoba	阿根廷	南美洲	2006年12月19日	178	562
18	庞贝市　Pompei	意大利	欧　洲	2007年10月13日	2.6	12
19	卡拉马塔市　Kalamata	希　腊	欧　洲	2009年9月17日	6.1	253
20	昆卡市　Cuenca	厄瓜多尔	南美洲	2010年9月8日	50	157
21	格罗宁根市　Groningen	荷　兰	欧　洲	2011年11月7日	18.8	83
22	科托尔市　Kotor	黑　山	欧　洲	2013年11月25日	6.8	332
23	撒马尔罕市　Samarkand	乌兹别克斯坦	亚　洲	2013年11月29日	50	51
24	马雷市　Mary	土库曼斯坦	亚　洲	2014年5月12日	15	8
25	蒙哥马利郡　Montgomery	美　国	北美洲	2014年6月11日	92.7	1313
26	霍巴特市　Hobart	澳大利亚	大洋洲	2015年3月29日	21	1357
27	久姆里市　Gyumri	亚美尼亚	亚　洲	2015年6月8日	25	2681
28	晋州市　Jinju	韩　国	亚　洲	2016年5月15日	34	712
29	克拉古耶瓦茨市　Kparyjeвцу	塞尔维亚	欧　洲	2016年6月18日	18	835

西安市荣誉市民

序号	姓名	所属国籍地区及身份	授予荣誉市民时间
1	键田忠三郎	日本・奈良市前市长	1984.11
2	大桥和夫	日本・船桥市前市长	1995.10
3	大川靖则	日本・奈良市市长	1995.10
4	丹泽章浩	日本・船桥市工商会会长	1995.10
5	服部明行	日本・奈良市日日新闻社社长	1995.10
6	皮尔・卡丹	法国・世界著名时装设计大师	1995.10
7	宇都宫贤八	日本・日本亚童梦集团公司董事长	1995.10
8	池田大作	日本・国际创价学会会长、日本创价学会名誉会长	1999.05
9	李源植	韩国・庆州市市长	1999.11
10	庄祥兴	新加坡・西安杨森制药公司总裁	2002.03
11	田家炳	中国香港・田氏化工有限公司董事长、田家炳基金会董事会主席	2002.07
12	李国宝	中国香港・东亚银行主席及行政总裁	2003.04
13	后藤佐代子	日本・大分县国际交流专务	2003.08
14	托马斯・贝尔	英国・皇家工程院院士	2007.08
15	白相承	韩国・庆州市市长	2009.10
16	藤代孝七	日本・船桥市市长	2011.07
17	盖德・施宛德纳	德国・奥尔登堡市市长	2013.03
18	克劳迪奥・德阿莱索	意大利・庞贝市市长	2013.03
19	钱行俭	美国・堪萨斯市友好城市委员会主席	2013.03
20	权五铉	韩国・三星电子株式会社首席执行官、副会长	2013.03
21	金钟重	韩国・三星电子非终端事业部经营支援室社长	2013.03
22	捷列先科	哈萨克斯坦・前总理、国际一体化基金会理事会主席	2014.10
23	李昌熙	韩国・庆尚南道晋州市市长	2014.10
24	塔勒布・瑞法	联合国世界旅游组织秘书长	2015.06
25	肯尼斯・贝林	环球健康与教育基金会主席	2015.06
26	陈杰克	泰国・中小企业经济贸易发展委员会主席	2016.04
27	萨姆维尔・巴拉萨尼杨	亚美尼亚・久姆里市市长	2016.04
28	娜塔莉・察廖娃	“俄罗斯世界基金会”陕西师范大学俄语中心俄方主任	2016.04

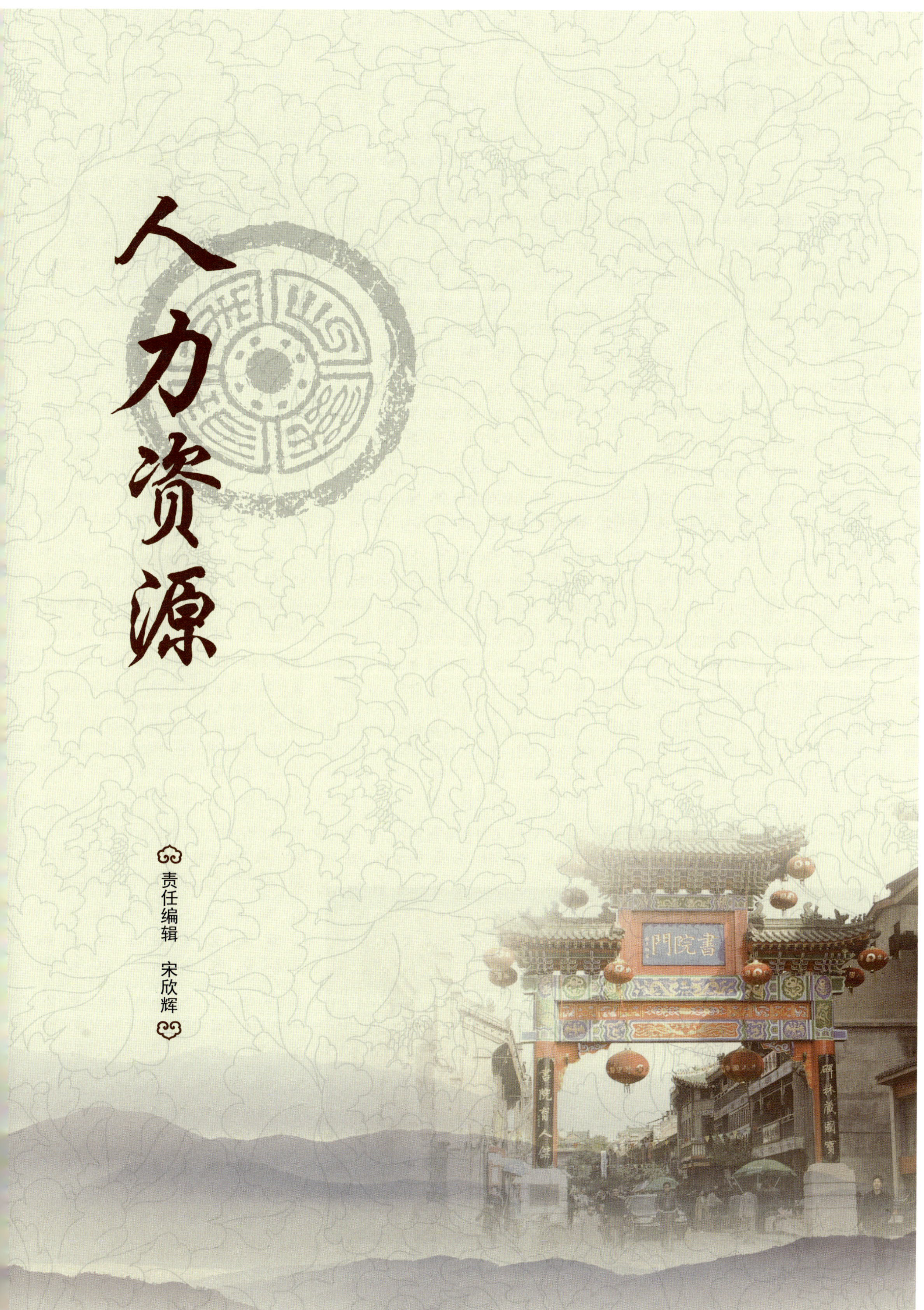
人力资源
责任编辑　宋欣辉
書院門
書院育人傑
碑林藏國寶

人事管理

◆**概况**　2016年，西安市人力资源和社会保障系统围绕“民生为本、人才优先”的工作主线，坚持“深化改革、优化服务、强化落实、补齐短板”的思路，按照“改革要提速、创新要发力、难题要破解、政策要落地”要求，抓重点，解难点，举亮点，圆满完成各项目标任务，实现“十三五”良好开局。

◆**人事工资制度改革**　2016年，西安市人力资源和社会保障局完成按照2年晋升级别工资一个档次的规定，完成18413名公务员晋升级别档次工资的审批；按照5年晋升一次级别工资的规定，完成4867名公务员级别工资的审批；完成20474人的年终一次性奖金审批，奖金总额5158.33万元；审批市级事业单位322家，20914人的薪级晋升，月增资额130.53万元；对26982名公务员2015年工资水平进行调查。

◆**公务员队伍管理**　2016年，西安市人力资源和社会保障局通过陕西省统一招考、特殊招录、公安院校定向录用等方式，为全市行政系统各级部门和参照《中华人民共和国公务员法》管理单位录用公务员和工作人员383人。使用考核信息管理系统，提升考核管理工作效率，规范考核程序，实施平台化、信息化、动态化考核管理，并摸底统计政府系统国家工作人员被追究刑事责任或受党纪政纪处分和组织处理等情况。加强公务员职位管理工作，从4月起，暂不执行市级机关和部门所属单位（不含有关机关派驻区（县）单位）主任科员以下职数设置限制。10月，出台《西安市市级机关公务员轮岗交流办法》，覆盖全市市级行政机关和参照《中华人民共和国公务员法》管理事业单位，公务员在同一单位内的同一职务层次、不同职位之间转换岗位任职。进一步深化公务员初任培训、任职培训、更新知识培训和专门业务培训，全年培训公务员12721人次。开展“纪念《中华人民共和国公务员法》实施十周年征文活动”，收到征文稿件71篇，评选出“优秀征文作品”18篇、“优秀组织奖”3个。举办人民满意公务员先进事迹报告会，邀请汪勇等3位“人民满意公务员”和西安市法律援助中心等2个“人民满意公务员示范单位”，组成人民满意公务员先进事迹报告团，进行巡回宣讲。组织评选公务员职业道德先进典型，激发公务员队伍的生机与活力。

◆**事业单位人事管理**　2016年，西安市人力资源和社会保障局加强聘用合同管理，规范岗位管理制度，实施事业单位分类招聘。全年对市属事业单位2123人的岗位变动、新增加1089人和79家事业单位岗位设置事项进行审核。调研检查西安市文物局、西安市住房保障和房屋管理局、西安市国土资源局等市级部门聘用制度建设及聘用合同签订情况，督促事业单位签订聘用合同，签订率达97%以上，基本实现全覆盖。推动区（县）事业单位岗位管理暨聘用制工作，在高陵区率先开展专业技术岗位分级聘用，户县分级聘用工作即将启动，临潼区、长安区等区（县）实现聘用合同全覆盖。推行考官交流和承诺书制度，在中小学、幼儿园教师面试中采取考官和考生在面试当天随机抽签确定考场的方式。简化招聘程序，事业单位工作人员在办理聘用手续时不再提供“报到证”和“增人卡”，凭“聘用文件”和“聘用通知书”即可直接办理。下放网上报名资格初审、资格复审等招聘事权。全年举办公开招聘会12场，为企事业单位招聘工作人员2523人。

2016年8月4日，西安丝绸之路经济带人力资源服务产业园正式开园

◆**军转干部安置**　2016年，西安市人力资源和社会保障局重新调整确定功绩制分配、双向选择分配和包底分配“三步走”的安置办法，改进传统的双向选择办法，搭建网络双选平台，推进双向选择公开透明、便捷高效，圆满完成计划分配军转干部安置任务。全年接收军转干部1284人，比上年增加87%。其中，计划分配军转干部362人，减少13人，下降3%；自主择业军转干部922人，增加610人，增长196%。计划分配军转干部中，团职干部111人，营职干部127人，连排职干部26人，技术干部98人。接收随调家属16人。

◆**人才队伍建设**　2016年，西安市人力资源和社会保障局完善人才政策体系，推进国家级人力资源服务产业园建设。制定《引进海外高层次人才资助项目暂行办法》等，出台专家选拔、职称评审、继续教育指导性意见，完善《西安市农村拔尖人才选拔管理办法》（市人发〔2016〕117号）。探索建立高级职称评审测评模式，降低包括基层医务人员在内的专业技术人员职称评审的门槛、论文要求，取消外语、计算机等附着要求。举办“高端人才西安行”活动，与900余名高端人才达成意向，为重点单位引进博士495人。首次设立并评选表彰“西安友谊奖”和“优秀外国专家奖”，实施“外专千人计划”和高端外国专家项目，获批引进国外技术和管理人才项目12项133人次。举办“西安海外高层次人才座谈会”等国际人才交流活动，并赴澳大利亚、新西兰等地开展海外高层次人才招聘推介活动，在澳大利亚建立“海外人才工作站”。选拔各类专家和专业技术人才86人；培养高技能人才5437人，职业技能鉴定49613人次。连续11年实施“农村基层人才队伍振兴计划”，招聘赴基层工作大学生241人，选派“三支”（支农、支教、支医）队员497人，培训农村实用人才1.28万人。　　（蔚国刚）

机构编制

◆概况 2016年，西安市机构编制委员会办公室推进落实中央、陕西省、西安市重大改革任务，开展控编、减编工作，创新机构编制管理，为全市经济社会发展提供体制机制保障。

◆“放管服”改革 2016年6月，西安市机构编制委员会办公室完成市、区（县、开发区）、镇（街）三级权责清单编制工作，形成《西安市市级部门权责清单》，涉及市级部门50个4487项行政职权，逐项制定《权力运行流程图》和《权力运行流程表》，将相关数据导入陕西省权责清单和公共服务事项清单发布平台，并于9月2日正式上线运行。编制完成《西安市市级部门行政许可项目汇总目录（2016版）》《西安市市级部门随机抽查事项目录》《西安市市级部门行政许可中介服务事项清单》及与群众生产生活密切相关的《西安市市级部门公共服务事项清单》。承接陕西省政府下放的行政审批项目3项，分3批取消、下放、调整175项行政事权，完成减少行政审批事项三分之一的目标。

◆政府职能转变和机构改革 2016年，西安市机构编制委员会办公室重点对全市13个区（县）政府机构改革情况进行检查验收和评估，了解掌握区（县）政府机构改革、职能转变职责调整、“三定”（定职能、定机构、定编制）规定制定落实以及权责清单制定等详细情况，并提出具体要求。7月，会同中共西安市委全面深化改革领导小组办公室、西安市人民政府督查室，采取自查与实地检查相结合的方式，以政府机构职能转变和机构改革情况为重要督察内容，对全市2015—2016年政府机构和事业单位改革有关举措落实情况进行集中督察，促进市级各部门及各区（县）政府进一步落实各项改革工作。

◆综合行政执法体制改革 2016年，西安市人民政府机构改革将原西安市城管执法局与原西安市市容园林局以及西安市市政公用局户外广告处进行整合，组建西安市城市管理局（西安市城市管理综合行政执法局）。西安市机构编制委员会办公室对原西安市城管执法支队的机构及人员编制进行调整，组建副局级建制的西安市城市综合行政执法总队，明确有关机构编制事项，确保城市管理综合执法工作有序开展。按照西安市人民政府专题会议明确的“将城市违法建设巡查监督职责由市城管局调整至西安市规划局，相关人员编制按照人随事走的原则一并从城管部门划转至规划部门”要求，调整和规范西安市规划局违法建设巡查监督机构编制。

◆事业单位分类改革 2016年，西安市事业单位分类改革的重心由“分类”调整为“推进改革”，改革涉及面广、政策性强、触及矛盾多。西安市机构编制委员会办公室结合行政机构编制调整、专项行业改革、政府职能转变及事业单位日常机构编制管理，完成推进行政类事业单位改革、推进生产经营类事业单位改革、减少净增事业编制和新设事业单位数量、完善事业单位分类结果、承担行政职能事业单位摸底测算等工作。截至年底，完成全市5165个事业单位分类工作。

◆事业单位登记管理 2016年，西安市机构编制委员会办公室完成全市2015年度事业单位法人年度报告审核及公示工作，年报受理审核率达到100%。组织开展事业单位法人年度报告公示情况评估，对286家事业单位进行“双随机”实地核查，核查结果按规定上传陕西省登记管理网予以公示。探索事业单位法人治理结构试点和事业单位统一登记试点，确定西安博物院、西安图书馆等18家试点单位。截至年底，基本完成理事会登记管理的前期准备工作。推开党政群机关统一社会信用代码工作，向提出申请并符合条件的党政群机关发放“统一社会信用代码证书”。完善法人信用信息数据，理顺登记管理体制，提升全市登记管理工作水平。

◆厘清开发区与行政区责权划分 2016年，西安市机构编制委员会办公室提出《关于开发区与行政区事权划分工作的安排意见》，明确工作范围及工作任务，确定工作步骤及完成时限。5月中旬，召集市级7个开发区及相关7个区（县）召开调研工作会议，下发摸底表，收集、梳理、汇总涉及19个系统的300余项问题；成立专题调研组，先后赴7个开发区和5个行政区召开座谈会20余次；先后赴武汉、杭州等城市，考察学习开发区管理方面的先进经验和做法，形成《关于厘清西安市开发区与行政区事权划分的调研报告》。作为西安市开发区与行政区事权划分领导小组成员单位，参与有关事权划分意见的起草和修改，并多次征求区（县）、开发区意见，形成《区（县、开发区）厘清边界明晰事权工作情况报告》。

◆机构编制管理 2016年，西安市机构编制委员会办公室落实中央、陕西省关于控编减编的要求，不断挖潜，充分发挥职能作用，盘活机构编制资源。结合政府机构改革，市级党政群机关人员编制在原有编制基础上精简10%。按照实际空编数的70%核减编制在8人以上且有空缺编制的事业单位；核销部分区（县）违规设立的机构和增加的编制。简政放权，重新明确市级部门和区（县）取消、下放、承接和加强的职责；按照“人随事走，编随人走”要求，适时调整和理顺部分行政、事业单位的机构编制，实现编制资源效益最大化。严格机构编制审批和管理，全市各级党政群机关和事业单位除中央、陕西省有明确要求或下达的编制外，原则上机构编制总量不再增加；市级各部门因新增工作任务需增设机构、增加编制的，一般均采取“撤一增一”的办法解决，所需编制在系统内行政编制、事业编制总数内调剂解决。坚持有增有减的原则，将精简的编制优先用在保发展、保民生上，设立全面创新试验机构、移民脱贫（搬迁）工作机构；调整理顺秦岭生态环境保护、招商引资、涉旅监管、规划、地铁、不动产登记工作等机构职能和编制；调整和加强社会关注、群众关心的环境保护、基础教育、消费者权益保护等领域的机构编制。

专项督查和评估 制定印发《2016年西安市机构编制监督检查工作安排意见》，明确全年开展监督检查工作的内容、方式和要求，组织开展全市违规设置机构清理整改情况专项督查、全市“违规核增领导职数”自查自纠和加强核减“吃空饷”单位编制及全市2016年控编、减编方案执行情况自查和专项督查等工作，督促整改，提出整改意见，并做好“12310”全国机构编制纪律问题举报电话的日常举报受理工作。

实名制管理 在实行实名制月报制度的基础上，创新实行市级部门及13个区（县）实名制信息在线月报及网上审核制度，实现实名制动态化管理。充分借助实名制管理平台，加强网上名称管理，有效提高工作效率。 （贾　赛）

法治

责任编辑　曹毅强

社会治安综合治理

◆维护社会稳定 2016年，西安市各级维稳部门按照预警预防在先、源头治理为主、维权维稳统一、依法稳妥处置的思路，夯实责任，强化措施，有效防控各类风险，确保社会大局安全稳定。市委书记、市长履行第一责任，先后多次主持召开涉稳专题会议。市委副书记、市委常委先后多次主持召开维稳领导小组专题会议，研判、部署、督导，研究突出问题，确保各项维稳责任的落实。基本实现每次大的集访和群体性事件早发现早报告，提前研判，提前部署。加强重点人员滚动摸排和动态管理，启动重要时期重点人查控机制，交办重点人20批次1252人，交办信访人366人次，未发生规模性到省进京集访事件。加大对非法上访行为的打击力度，先后依法处理479人，形成了强大法律震慑。深入推进社会稳定风险评估工作，对列入省、市考指标的评估目标任务进行细化分解，实际完成评估任务293项，评估完成率100%，实现省考、市考指标任务“双百分百”目标。完善“三级响应”和“三道防线”机制，制定各类维稳工作方案28个，启动二级响应15次52天、三级响应83次180余天和新城广场、钟楼盘道等重点区域常态化三级响应，确保全市社会面整体稳定。全年全市共发生群体性事件103起，比上年下降14%。全力做好重要敏感节点维稳安保工作，先后完成中秋晚会、2016丝绸之路国际博览会暨第二十届中国东西部合作与投资贸易洽谈会、二十国集团农业部长会议、二十国集团妇女峰会、2016二十国集团杭州峰会、世界杯亚洲区预选赛西安赛区等各类重大活动安保工作。完成刘云山、贺国强等党和国家领导人，德国总统高克访问西安等121批277场次重大警卫任务和93项162场次大型活动安保任务。

◆社会治理和平安建设 2016年，西安市政法系统紧紧围绕推进社会治理现代化总目标，坚持专项治理和系统治理、综合治理、依法治理、源头治理相结合，有效防范化解影响社会安定的突出问题，不断提高群众安全感和满意度。加大严打整治力度，始终保持对各类违法犯罪的高压态势，先后开展了打击“盗抢骗”、夏季风暴、冬季“三大一打”百日会战等专项行动，有效解决一批社会治安热点问题。深刻汲取“4·28”劫持纵火刑事案教训，严格安检措施，完善长途客运车辆视频监控设施，落实客运旅客实名制。加强社会治安防控体系建设，制定《关于进一步加强社会治安防控体系建设实施意见》，密织治安防控8张网，强化防控5项机制。加快“护城河”工程建设进度，在环西安边界省道及高速公路出入口53处公安检查站建设视频监控系统，全市安装视频探头30.8万个，实现重点要害部位全覆盖，西安市被中央社会治安综合治理委员会列入“公共安全视频监控建设联网应用示范城市”。加大老旧小区改造，制定下发《西安市进一步加强老旧小区和农村治安防范工作的通知》，完成对1503个老旧小区改造提升任务。积极预防和化解矛盾纠纷，在全市总结推广灞桥区人民调解模式、莲湖区劳动人事争议等经验。组织全市开展矛盾纠纷排查化解活动，共排查各类矛盾纠纷22384起，调处成功21885起，调处成功率97.77%。切实加强特殊人群和流动人口服务管理，在全国首家制定《易肇事肇祸严重精神障碍患者救治救助和服务管理工作实施办法(试行)》和《西安市病残吸毒人员收戒收治工作实施办法（试行）》，从根本上畅通了收戒收治渠道。由病残吸毒人员引发的抢劫、抢夺、扒窃、敲诈4类案件比上年下降47.2%。西安市的做法被《法制日报》《陕西日报》《西安日报》和人民网等多家媒体广泛报道。深入开展“平安街镇”“平安社区（村）”等基层“平安创建”活动，创建率分别达96.5%和97.7%。

2016年西安市维稳工作培训

◆“法治西安”建设和司法体制改革 2016年，西安市政法机关牢牢把握严格执法、公正司法的基本要求，自觉把法治建设贯穿到政法工作全过程，执法司法公信力进一步提高。按照中央和陕西省、西安市统一部署，制定《司法体制改革小组落实〈市委全面深化改革领导小组2016年工作要点〉实施方案》。把司法改革主要内容细化分解为31项可操作、可考量的项目指标，明确年度任务、牵头单位、参加单位、进度安排和成果要求，建立台账。专项小组先后召开4次会议，加大力度，持续推进，坚持项目化管理、责任化落地、销号式督办。截至年底，31项改革任务，26项基本完成，4项正在推进，1项待陕西省有关方案出台。全力推进刑事速裁程序试点工作，积极协调解决各区（县）、各部门在刑事案件速裁程序试点工作中遇到的各种问题，完善工作机制，探索建立“集中开庭”“打包审理”“提前介入”等可复制、可推广的“西安模式”。试点工作以来，适用刑事速裁程序办理案件1536件，当庭宣判率100%，被告人上诉率不到1‰，取得良好的法律效果和社会效果。贯彻落实中共陕西省委政法委员会建立的诉访分离、案件导入等涉法涉诉信访9项工作机制，对科、所、队以上基层执法单位相关部门负责同志160余人进行专题培训，安排部署开展律师参与和代理涉法涉诉信访工作。对18案21人进行国家司法救助，拨付救助金208余万元。加强案件督办协调工作。召开案件协调会70余次，督办上级要结果案件29件，已报结果26件。先后督办协调陆武成受贿审理案、灞桥联谊公司春节期间被打砸案件等一大批重大敏感案件，特别是督办中共陕西省委书记娄勤俭批办的张栋信访件，受到中共西安市委领导的高度肯定。制定《关于依法处理信访活动中违法犯罪行为的指导意见》，对信访活动中常见的

全市社会治安综合治理创新工作会议

10多类违法犯罪行为逐个明确行为认定，对证据标准进行规范和统一。深化开展案件评查、剖析和执法检查工作，对执法瑕疵问题，及时责成相关部门及时纠正整改和查究相关责任。对执法中存在的普遍性、倾向性问题，开展警示教育、专题执法培训，进一步提升的政法干警履职能力和执法公信力。

◆政法宣传 2016年，西安市政法系统认真开展各类教育培训活动。中共西安市委政法委员会分7期对1020余名处级以上领导干部进行集中培训，系统学习中共中央总书记习近平系列重要讲话、《中国共产党廉洁自律准则》《中国共产党纪律处分条例》和中央、省、市政法工作会议精神，提高干警素质能力。政法各部门也分别组织各类业务培训，公安系统举办各类培训班7类185期，培训民警2.4万余人次，法院、检察院系统培训干警3200余人次，提高干警能力水平。加大政法委机关干部调整配备工作。先后配合中共西安市委组织部选拔副局级干部5名，选拔中共西安政法委员会机关正处级干部6名、副处级干部10名，晋升主任科员7名，进一步优化机关干部结构。不断加大政法宣传工作力度，全年全市政法系统在中央媒体发稿592篇、陕西省级媒体发稿5395篇、西安市级媒体发稿4734篇，平面和电视媒体发稿计10721篇，网络媒体发稿13276篇，总计发稿23997篇。全市政法系统开通政务微博166个，关注人数约245万人次，发布微博80余万条，新媒体建设水平不断提升。加强网络舆情监测，编发《舆情周报》48期、《舆情专报》20期、“舆情提示”100余次，为领导决策部署提供重要依据。（刘长永）

法制政府建设

◆概况 2016年，西安市人民政府法治工作深入贯彻中国共产党第十八届中央委员会第三次全体会议、第四次全体会议、第五次全体会议、第六次全体会议精神和中共中央、国务院《法治政府建设实施纲要（2015—2020年）》，认真落实《中共西安市委关于深入贯彻党的十八届四中全会精神全面推进法治西安建设的实施意见》，以深化依法决策、简政放权、权力清单制度改革为重点，围绕建设法治政府目标，建立健全法治政府建设指标体系；围绕行政决策制度改革，进一步完善科学民主决策程序；围绕全面推进依法行政，不断提高政府立法质量、加大法制监督力度；围绕提高依法行政、依法办事能力水平，广泛开展法制宣传和培训。西安市依法行政的体制基本理顺，依法行政的各项制度逐步建立和完善，各级领导和政府工作人员依法行政的意识不断增强，行政执法水平和依法办事能力普遍提高，全市法治环境进一步改善。

◆依法行政 2016年，西安市人民政府法制办公室认真履行西安市全面推进依法行政工作领导小组办公室职责，完成综合协调、督促指导、政策研究和情况交流等任务。制定《西安市2016年依法行政工作要点》和季度工作计划。紧紧围绕中共西安市委、西安市人民政府中心工作，以推进运用法治思维和法治方式建设法治政府为重心，明确依法行政工作任务，把重要工作专项下达给特定单位，保证全年工作任务稳定、有序推进。认真组织实施《西安市依法行政考核办法》和《西安市依法行政考核标准》，建立完善76家单位依法行政考核台账，依据台账进行考核打分，打分结果纳入西安市目标责任综合考核体系。做好市级部门权责清单、开发区权责清单合法性审查工作，推进政府职能转变，推进简政放权。根据西安市行政审批制度改革工作领导小组办公室要求，对市级部门权责清单、开发区权责清单进行合法性审查，提出相关法律意见和建议。对市级部门权责清单实行动态管理，先后对西安市秦岭生态环境保护管理委员会办公室、西安市城中村（棚户区）改造办公室、西安市工商行政管理局、西安市商务局、西安市城乡建设委员会、西安市网络信息管理办公室等部门权责清单变更内容进行合法性审查，提出相关法律意见和建议。制定《西安市政府法律顾问工作规定》，加强政府法律顾问制度建设和法律顾问管理。依据中共中央办公厅、国务院办公厅印发的《关于推行法律顾问制度和公职律师公司律师制度的意见》，在充分调研并征求意见的基础上，将《西安市人民政

6月1日致公党陕西省委员会秘书长黄潲清率调研组就“设区市地方立法问题”赴我办进行实地调研

2016年11月，西安市人民政府法制办公室组织召开西安市行政执法案卷制作培训班

府法律顾问工作规则》修改为《西安市政府法律顾问工作规定》，并于9月4日起施行。根据《西安市公职律师试点工作实施方案的通知》要求，成立西安市政府法制办公室公职律师办公室，负责公职律师管理工作，全面推进公职律师制度。

◆行政立法 2016年，西安市人民政府立法和制度建设工作认真贯彻《中华人民共和国立法法》，坚持以科学立法解难题、转变作风惠民生为宗旨，着力在解决经济社会发展中的深层次矛盾，推动科学发展、促进社会和谐方面完善制度。西安市人民政府法制办主动适应经济社会发展新常态、新要求，更加注重促进和保障民生、规范经济秩序、保护生态环境、加强政府自身建设方面的立法。立法计划、法规规章草案通过召开专家论证会、听证会和网络、报纸征求意见等多种方式广泛征求意见，做到"开门立法"和"阳光立法"。严格按照法定程序、标准审核法案，改进法案起草方式，着力避免"部门利益法制化"倾向。审查修改《西安市城市公园条例（修订草案）》《西安市物业管理条例（草案）》《西安市湿地保护条例（草案）》3件地方性法规；起草《西安市行政执法监督办法》；审查修改《西安市秦岭生态环境保护管理办法（草案）》《西安市电梯安全管理办法（草案）》《西安市城市地下综合管廊管理办法（草案）》《西安市森林资源保护发展责任制办法（草案）》《西安市机关事务管理办法（草案）》《西安市停车场管理办法（草案）》6件政府规章。不断拓宽公众和专家学者参与政府立法的渠道。通过报纸、网络等途径广泛听取社会各界人士对立法项目的建议和意见，选定的立法项目注重民生安排，着力解决人民群众最关心、最直接、最现实的利益问题；办理的地方性法规和规章通过市政府门户网站和法制办网站公开向社会征求意见，组织召开立法座谈会8次，法律专家论证会6次，立法听证会5次，努力做到政府立法科学化、程序化，群众参与规范化、广泛化。办理《中华人民共和国文物保护法（修订草案）》《中华人民共和国标准化法（修订草案）》《陕西省建筑节能条例》《陕西省军事设施保护条例（修订草案送审稿）》《陕西省取水许可和水资源费征收管理办法（草案送审稿）》《中国（陕西）自由贸易区试验区西安片区管理办法》等法律、法规和陕西省政府规章、文件征求意见稿33件。做好规章备案工作，向国务院报送《2015年度制定的法规规章目录》，及时向国务院、陕西省人民代表大会、陕西省人民政府、西安市人民代表大会报备西安市政府制定的规章4件，报备率、合格率均为100%。

◆规范性文件监督管理 2016年，西安市人民政府深入贯彻落实《陕西省人民政府办公厅关于推行规范性文件"三统一"制度的通知》和《陕西省推行规范性文件"三统一"制度工作实施方案》，不断加强规范性文件合法性审查的机制建设和能力建设，扎实推进统一登记、统一编号、统一公布制度。西安市人民政府法制办公室严格落实《西安市规范性文件管理办法》，注重从源头上控制和规范行政权力运行，严把规范性文件的出口关和程序关，指导区（县）、市级部门开展规范性文件"三统一"工作，进一步完善规范性文件管理"三级政府，二级监督"的工作机制，提高规范性文件监督管理的效率。坚持"有件必备、有备必审、有错必纠"的基本要求，强化"忠于法律、服务大局、审查为民"的审查理念，认真做好规范性文件前置审查、法律审核、备案监督和上报备案等工作。全年审查《西安市房地产开发企业资质管理办法》《西安市棚户区改造政府组织居民选购商品房安置管理办法》《西安市城镇基本医疗保险定点医药机构协议管理暂行办法》《西安市城市绿地、公园、广场规划管理规定》等西安市政府及市级部门规范性文件16件，审查西安市政府及市级部门涉权、涉法文件71件，同意按规范性文件"三统一"登记编号16件，办理规范性文件异议审查3件；备案区（县）及市级部门规范性文件5件，向陕西省人民政府及西安市人民代表大会报备规范性文件8件。广泛宣传引导，着力实现"三统一"管理全覆盖。对落实"三统一"工作定期督促，指导区（县）政府和市级部门推行规范性文件"三统一"制度。努力提高"三统一"管理的知晓率和满意度，在西安市人民政府门户网站开设《政策解读》栏目，对规范性文件的出台背景、制定过程、征求意见、政策导向、服务指南等方面进行介绍和宣传，形成政府部门抓规范、社会公众共监督、"三统一"机制共推进的和谐氛围。创新机制，积极探索合法性审查新路径。建立网上公开征求意见和公众意见采纳情况反馈机制，拓宽公民有序参与重大行政决策、重要规范性文件制定途径，先后对事关经济社会发展全局、社会涉及面广、与人民群众利益密切相关的《西安市关于深化改革进一步推进我市出租车行业健康发展的实施意见》《西安市网络预约出租车经营服务管理暂行办法》《西安市私人小客车合乘指导意见》《西安市非经营性上网服务场所管理实施办法》等法规文件在网上公开征求意见。

◆行政执法监督指导 2016年，西安市加强法制监督力度，规范行政执法责任制落实，做好行政执法主体资格审核和认定，规范行政执法行为，推动公正廉洁执法，法制监督进入法治化、常态化轨道。西安市人民政府法制办公室落实行政执法责任制，明确行政执法主体，梳理行政执法依据，理顺行政执法关系，规范行政处罚自由裁量权，严格行政执法程序，开展案件评查和错案责任追究，做好行政执法人员执法证件换发工作，营造公开、公正、文明的行政执法环境。推行行政执法责任制，强化和规范行政执法委托组织管理，对区

2016年4月，西安市人民政府法制办公室组织召开政府规章和规范性文件清理工作会

（县）政府和市级部门委托的72家组织新办、26家组织变更、139家组织撤销的行政执法资格情况进行审查确认，报西安市人民政府批准后，在《西安日报》进行公告。结合行政执法委托年审，对区（县）政府受委托组织进行案卷评查工作，对13个区（县）政府的行政执法委托情况进行年度审验，对126份行政执法案卷进行评查。规范行政处罚自由裁量权，指导33家市级行政执法部门完成地方性法规和政府规章行政处罚自由裁量权基准的制定工作。做好行政执法主体资格审核和行政执法证件管理，强化资格审查、培训、考试、换证规范化流程，注重培养行政执法人员依法办事意识，对1540名行政执法人员进行资格认证培训，并按时办理行政执法证。为进一步强化区（县）政府、开发区管委会行政执法人员行政执法案卷制作水平，提高执法办案能力，组织区（县）、开发区的230名行政执法人员进行2期行政执法案卷制作培训，通过详细学习《西安市行政执法案卷评查标准》，进行行政执法案卷制作教学和行政执法案卷展评活动，规范基层行政执法程序和案卷文书制作。创新政府法制监督机制，经过认真调研、多次论证，起草《西安市行政执法监督办法》，并报西安市政府审议通过。《西安市行政执法监督办法》共6章34条，以政府内部层级监督为主要内容，进一步明确各级政府法制工作部门、机构的职责，以行政执法年度报告、行政执法全过程记录、行政执法案卷评查、重大行政执法决定法制审核、行政执法评估、执法信息公开等一系列制度措施，强化行政执法监督力度。

◆行政复议和行政应诉 2016年，西安市人民政府法制建设充分发挥行政复议应诉工作“息诉止争、化解行政争议”的“主渠道”作用，创新行政复议工作机制和工作方式，有效化解行政争议，促进社会和谐稳定。西安市人民政府法制办公室积极适应行政复议、行政应诉案件大幅度增长的新常态，有效发挥行政复议的层级监督职能，坚持“预防为主、纠错为辅”，推行行政复议意见书和行政复议建议书制度，纠正和改善行政执法活动中的普遍性问题，努力做到“办结一案，教育一片”。在法律规定范围内最大限度放宽受理条件，保证群众能够通过法律渠道维护自身权益。大力实行“阳光复议”，严格依法办理案件，促进了社会和谐稳定。全年办理行政复议案件308件，综合纠错率为32%；建立行政应诉工作机制，推行行政机关负责人出庭应诉制度，积极出庭应诉，自觉执行人民法院的生效裁判，落实司法建议。代理西安市人民政府行政诉讼案件219件，为西安市人民政府代理行政复议案件12件。在审理行政复议和应诉案件中，牢固树立“以人为本、复议为民”的工作宗旨，严格依照法定权限和程序审理行政复议和应诉案件，努力提高办案质量。采取书面审理与现场调查相结合，以事实为根据、以法律为准绳断案裁决，做到“案结事了”。发挥行政调解作用，妥善化解行政争议和矛盾纠纷。发挥行政复议监督职能，注重行政复议纠错与预防功能并重，监督行政行为。注重行政复议与信访、诉讼职能并重，有效排查化解社会矛盾。

◆法治理论研究和宣传培训 2016年，西安市人民政府法制办公室精心组织西安市政府常务会议法治学习。根据《西安市人民政府常务会议学法制度》，起草《西安市人民政府常务会议2016年学法计划》，并报西安市人民政府同意后认真组织实施。分别在1月19日、4月18日、6月27日、8月29日、11月7日、12月12日组织开展西安市政府法治学习，学习内容紧密结合政治时势和经济发展趋势。西安市人民政府常务会议学法制度已经成为西安市法治建设的亮点之一，得到陕西省人民政府高度肯定。5月23日，组织召开政府法治宣传工作会议，分析当前政府法治宣传工作面临的形势和存在的问题，在已有宣传阵地的基础上拓宽宣传渠道，变换方式方法，进一步开创政府法治宣传工作的新局面。下发《西安市2016政府法治宣传工作计划》和《西安市2016年政府法治理论研究计划》，发表理论研究文章49篇，在国务院法制办公室、陕西省政府法制办公室及西安市人民政府法制办公室网站发布信息390余条，编辑《西安政府法制》期刊4期。进一步完善西安市人民政府法制办公室政务微信平台，关注人数达到7467人，发布图文信息366条，接收用户咨询、留言等信息近1万条。注重立法宣传，3部地方性法规和7部政府规章，通过《西安日报》《西安晚报》《华商报》《三秦都市报》等市级主要媒体发布，向社会公众进行宣传。强化行政复议宣传，联合西安广播电台和《华商报》《西安日报》等新闻媒体，大力宣传《中华人民共和国行政复议法》和《中华人民共和国行政诉讼法》，让更多的市民运用法律武器，依法维护自己的合法权益，引导人民群众理性维权，破解“大信访、小复议”难题。11月2日，联合雁塔区人民政府在西安文理学院举办“法治建设进校园”活动，200余名师生参与活动，宣传普及依法治国基本理念和政府法治工作，增强大学生参与法治建设理念，促进遵纪守法的主动性和自觉性。9月，联合西安文理学院举办2期西安市人民政府法治干部业务培训班；11月，联合西北政法大学行政法学院举办西安市人民政府法治业务提升班，区（县）政府、市级部门法治业务骨干245人参加培训。

◆发挥参谋助手和法律顾问作用 2016年，西安市人民政府法制办公室充分发挥西安市政府依法行政的参谋助手和法律顾问作用，认真研究全市经济社会发展中紧迫性、重要性问题所涉及的政府法治工作，积极配合西安市人民政府和有关部门做好紧急性、突发性和专项性的法制保障和服务。坚持特事特办、急事急办的原则，保质保量完成西安市人民政府领导交办的法律事务。办理西安市人民政府及市级部门涉法、涉诉事务235件，为西安市人民政府及市级部门行政决策、涉法涉权文件出具法律意见256项；审核西安市人民政府同国家有关部委及成都市人民政府、兰州市人民政府、中国航天科技集团、大连万达集

2016年11月，西安市人民政府法制办公室联合雁塔区人民政府在西安文理学院举办“法制建设进校园”活动

团、西安交通大学等部门战略合作协议合同61件。参与“西安联合学院非法集资案”处置工作，提供10余份涉及非法集资认定、欠款追缴、资产变现和处置等法律意见建议，确保处置工作依法依规开展。协助有关部门做好信访案件复核复查工作，为解决复杂疑难信访案件提供法律支持，办理市级信访复核案件13件，承办部门不服审计决定案件2件。积极为西安市军民融合科技创新改革、陕西自由贸易区建设、“全国食品安全城市”创建、“丝绸之路经济带”新起点建设、农村土地承包确权登记等专项工作提供法律服务。（薛 岳）

立法工作

◆概况 2016年，西安市人民代表大会常务委员会认真贯彻《中华人民共和国立法法》，围绕中心，服务大局，按照“立、改、废、释并举”的原则，依法行使地方立法权。审议通过地方性法规2部，修订2部，修改50部，废止1部，对4部重点立法项目进行了调研。

◆地方立法 2016年，西安市人民代表大会常务委员会在立法的各个环节发挥主导作用。及时按照新《中华人民共和国立法法》的要求，对《西安市制定地方性法规条例（修订草案）》进行审议，提请西安市第十五届人民代表大会第六次会议进行审议通过。围绕立法计划，提前介入法规草案的起草，认真组织调研、征求意见、审议通过，保证立法工作依法进行。

拓宽民主立法渠道 坚持开门立法，积极完善民主立法渠道，通过西安市人民代表大会常务委员会立法专家库和13个基层立法联系点召集各界人士，适时召开立法座谈会、认证会、听证会，广泛听取各方面的意见和建议。配合全国人民代表大会和陕西省人民代表大会完成《中华人民共和国国防交通法（草案）》《陕西省人口与计划生育条例（草案）》等13部法律、法规的征集意见工作。

突出环境保护立法 围绕促进“绿色发展”和生态文明建设，制定《西安市湿地保护条例》，保护生物的多样性，保护城市“绿肺”，营造宜居的城市环境；针对城市环境因素，特别是雾霾形成的原因，制定《西安市公园条例》。

◆民主法治改革 2016年，西安市人民代表大会常务委员会完成民主法治领域改革任务8项。按照《中共西安市委全面深化改革领导小组2016年工作要点》和民主法治领域专项小组的安排，对全市现行有效地方性法规与上位法、国务院行政审批取消事项及政府简政放权相关文件精神进行核对，对其中50部地方性法规提出227条清理意见。党组提出《关于改进审计查出问题整改情况向市人大常委会报告机制的意见》，按程序经中共西安市委办公厅转发。完善人大主导立法机制，积极推进预算执行监督试点，深化专项报告审议询问测评联动机制，加强对国有资产监督工作。

（宋 峰）

公 安

◆概况 2016年，西安市各级公安机关牢牢把握维护城市安全和社会稳定的总任务，主动适应社会转型期、利益调整期、矛盾多发期的严峻形势，以防控风险为着眼点，以改革创新为主线，以能力建设为关键，进一步加强和改进公安工作和公安队伍建设，努力创造安全稳定的社会环境、公平正义的法治环境和优质高效的服务环境。全年立刑事案件98056起，比上年下降10%。其中，抢劫案件936起，下降17.8%；抢夺案件1052起，下降16.6%；盗窃案件71995起，下降7.9%；诈骗案件16064起，下降14.8%；伤害案件1094起，下降1.8%；强奸案件193起，下降12.7%；纵火案件21起，下降71.2%；毒品案件1295起，下降14.9%；经济案件1247起，下降45.9%。发生交通事故2943起，造成死亡476人，下降1%；发生火灾事故3432起，造成死亡16人、财产损失1901.1万元，分别比

“全国优秀共产党员”汪勇载誉归来，成东社区群众代表徐宝老阿姨给汪勇同志佩戴大红花

上年下降23.8%、30.7%。破获刑事案件30730起，比上年上升7.3%，破案率提升5个百分点。其中，破获杀人案件63起，上升21.2%；破获抢夺案件172起，上升11.7%；破获盗窃案件20606起，上升22.9%。提请逮捕8136人，刑事拘留14282人，强制戒毒6173人，分别比上年上升17.3%、7.9%、15.8%。

◆反恐防恐 2016年，西安市各级公安机关完善落实预警、防范、处置、善后“四位一体”的反恐怖工作机制，切实筑牢反恐怖坚实防线。探索建立以“大情报”为龙头的全市公安综合情报研判体系，落实西安市反恐怖协调小组办公室情报成员单位周研判机制、公安警种周反恐研判机制、重点地区学生专班周研判机制和与重点地区情报共享机制等工作机制，牢牢掌握了工作的主动权。布建信息员7000余名，收集各类涉恐信息9500余条，接收处置涉恐重点人预警信息42条。以情报平台为统领，在双向积分工作平台、重点人员动态管控平台的基础上，逐步建立具有西安特色的专业化动态管控平台的重点人员动态管控模式，切实提高重点人动态管控水平。有效管控重点关注人员84811人，下发重点人员研判指令27710条，全市重点人员在控率达95%。在全市部署开展反恐专项行动，对22个重点行业和12个重点地区进行大检查，对重点关注人员活动场所进行全面摸排清查，盘查车辆41747辆、人员61388人，检查各类场所1.64万家，发现并审查嫌疑人521人，收缴仿真枪25支、子弹65发、雷管186枚、炸药5千克。深化严打暴恐专项行动，制定出台《西安市公安局反恐侦察打击合成作战工作机制》，试点建立多部门协作、跨地区联合反恐怖侦查模式；与西安市国家安全局、西安市人民检察院、西安市中级人民法院等部门建立反恐联席会议制度，有效震慑爆恐犯罪的嚣张气焰。成功侦办“7•11”和“9•19”专案等涉恐案件5件、涉恐线索83条，涉及176人，打击处理20人；立案“法轮功”等邪教以及有害气功案件71起，破案66起，抓获212人，打掉邪教犯罪团伙11个，捣毁地下窝点27个，收缴各类邪教宣传品18万余份。

◆维护社会治安稳定 2016年，西安市各级公安机关按照“情报预警、源头管控、动态布防、精确打击”的原则，创新完善立体化社会治安防控体系，切实做到“盯住人、管住物、守住点、看住网”。加强社会面防范，推进警力“上街面、下社区”，强化巡逻防控密度和效能，织密街面巡逻网格，健全完善巡逻网格141个(其中，一级45个，二级96个)，盘查人员991487人次、车辆536976车次，查获可疑物品5034件，抓获各类违法犯罪嫌疑人2238人（其中逃犯719人）。组建社区专职、义务巡逻队1470支13872人，农村专职、义务巡防队1977支9512人，全市各小区和村组巡逻队覆盖率100%。加强区域边界查控，在环市53个公安检查站建立完善三级查控勤务模式，在3个火车站和6大客运站建立9个标准化信息采集室，针对重点关注人员每日进出“五站”（咸阳机场、西安火车站、西安铁路北客站、西安铁路南客站、高速公路香王收费站）的信息进行前置研判，严防可疑人员、车辆及危险物品进入，区域边界查控点位核查关注人员7000余人次。加大重点地区整治力度，对全市40个高发案派出所、60个高发案地区，实行市局、分县局和派出所领导三级包抓，创建“零发案”社区127个、村544个，分别占全市社区和行政村的21.8%、24.9%。在全市旅馆全部安装“警易通”，实行“四实”（实名、实数、实情、实时）登记。建立刑警大队、巡警大队、便衣大队、公交分局联动反扒机制，在高发案地区设立反扒工作站，提升对街面犯罪的打现防范能力。认真贯彻中共中央办公厅、国务院办公厅《关于完善矛盾纠纷多元化解机制的意见》，积极引入人大代表、政协委员、人民调解员、法律专家等第三方人员介入，深入排查各类矛盾纠纷和赴省进京访、非正常访，努力把问题解决在基层、化解在初始状态。19个分县局均落实律师介入信访工作，各级信访部门接收群众来信1097件，接待来访461人次，办理要结果案件369起。

武装敞篷巡逻车开上街头严控街面犯罪

◆公安改革 2016年，西安市各级公安机关深入贯彻落实中央、陕西省公安改革意见方案，坚持整体布局与基层实践、分项实施与重点推进、规定动作和自选动作相结合，公安改革与“四项建设”（基础信息化建设、警务实战化建设、执法规范化建设、队伍正规化建设）实现突破性发展。西安市公安局制定下发《公安改革试点安排意见》，在逐一落实公安部、陕西省公安改革重点任务的基础上，选设派出所警务机制改革、物流寄递安全监管机制改革、综合情报改革试点等17项“自选动作”进行试点探索，公安改革初现成效。在三环以内派出所健全完善“一所一室一站三队”（一个派出所建立一个指挥研判室、一个警务站和责任区刑警队、社区警务队、治安管理队三队）勤务模式，在高陵等郊区分局开展“一村一警一站一队”（一个行政村[社区]建立一个公安警务室[站]、一个镇街驻村[社区]工作站、一支治安巡逻队伍）农村基层社会治安综合治理新模式试点，警务室（站）与工作站合署办公，共同开展社会治安治理工作。制定出台《物流寄递行业治安管理工作制度》《物流寄递行业治安管控与打击犯罪工作考核办法》等13项工作制度，强化公安条块管理和企业内部管理责任。自主研发“物流寄递业治安管理信息系统”，实行“站点+终端”的安全管理模式。该系统在公安部第五届公安技术革新评比中获得二等奖。

微警务服务　结合“互联网+”技术，特别是利用微博、微信和手机客户端“两微一端”，在新浪、腾讯等网络平台开设公安官方微博 229 个（其中民警个人微博 400 余个）、微信 21 个，发布资讯 32 余万条，解答、回复网民咨询、求助、举报60余万次，解决网友实际问题4万余件。西安公安微博获得公安部评选的“全国十大公安政务微博”荣誉称号。

警务实战化改革　按照“横向到边、纵向到底”的实战要求，建立以西安市公安局指挥中心为龙头、分县局指挥中心为骨干、派出所指挥研判室为支撑的三级实战型指挥体系，对7300余路视频梳理编组，指挥信号覆盖全市派出所、警务站、反恐应急点及治安检查站，确保一旦发生重大突发案事件能够快速反应、高效指挥。创建全息化作战平台，完善信息整合流转、深度研判各类案件侦查破案机制，整合23个多警种平台，打破信息壁垒，丰富侦查手段，形成“情报信息导侦、基础工作扎实、运行机制高效”的工作格局。根据全息化作战平台研判指令破案1879起，抓获犯罪嫌疑人1775人。建成应急装备物资库6个，储备物资7大类452个品种，总价值8300万元。成立装备物资应急小分队，并定期维修、保养、演练，提高应急处突保障能力。智能化枪弹库正在建设之中。

对火车站及周边地区进行治安整治

◆治安管理　2016年，西安市公安局治安管理部门抓住“平安西安”建设“五防五打五管控”（“五防”：严防发生影响国家安全和社会稳定事件、严防极端事件、严防社区违法犯罪、严防危害食品药品安全违法犯罪、严防重大安全事故；“五打”：严打“两抢一盗”等多发性侵财犯罪、严打经济领域违法犯罪、严打破坏投资环境违法犯罪、严打涉黑涉恶违法犯罪、严打毒品违法犯罪；“五管控”：加强街面治安管控、加强人口管控、加强区域管控、加强行业场所管控、加强虚拟社会管控）工作，解决突出治安问题，创新完善立体化社会治安防控体系，加强治安行政管理，夯实派出所基础工作，加快信息化建设，提升执法公信力，构建和谐警民关系，突出关键节点，主动超前防范，确保全市社会治安秩序平稳。

治安管控　严密防范和惩治重点部位暴力、恐怖事件和各类违法犯罪活动，制定下发《西安市公安局关于进一步加强立体化社会治安防控体系建设做好三区三圈治安防控作的指导意见》，进一步加强立体化社会治安防控体系建设，做好“三区、三圈”（政区、景区、站区，商圈、医圈、校圈）以及居民小区的治安防控工作。对“一键式”联网报警系统安装应用情况进行调研，撰写《西安市公安局治安管理局关于一键式联网报警系统安装应用情况的调研报告》，对“一键式”联网报警系统的安装应用提出建议。学习外地市社会治安防控工作经验，结合陕西省公安厅立体化建设要求，制定《西安市公安局创新完善立体化社会治安防控体系工作方案》《西安市公安局创新完善立体化社会治安防控体系工作考评办法》《西安市社会治安防控体系建设重点项目推进意见》《西安市公安局人员密集公共场所活动安全管理预警防范处置善后工作机制》和《预防和处置群体性事件“171”工作机制》，对人员密集公共场所安全管理做到全方位覆盖，实施全面安全检查。检查人员密集场所350个，发现隐患371处，督促整改问题400个。对各警种部门公共安全监管职责进行详细分解，有效确保公共安全监管责任有效落实。在人员密集场所健全完善安全组织机构，落实安全监管责任，逐一明确责任人，签订“治安责任保证书”，并制定节日期间人员、车辆分流预案，实施高峰勤务机制，确保风险有效控制。

校园周边环境整治　开展“护校安园”“校园安全隐患排查整治月”和校园安全督导检查、“平安校园评比”等活动。在全市设立校园警务室406个，选派法治副校长833名、法治辅导员1792名，在校园周边设立治安岗亭96个，派驻保安员1512名，建立“护校安园”群防组织2102个，其中专业“护校安园队”18个。排查校园内部安全隐患290余处，整改260余处。排查化解涉校、涉生矛盾268起，查处涉校、涉生案件36起。全市校园没有发生有较大社会影响的案（事）件。

特种行业管理　在1873家大型旅馆和4234家小型旅馆全部安装治安信息管理系统，上传信息1643万余条，通过旅馆业系统抓逃犯64人，取缔无证小旅馆13家。开展全市治安系统“大清查、大排查”百日专项行动。组织开展集中专项行动15次，检查督导76次，各分（县）局检查各类旅馆17324家，整改1158家；检查洗足浴场所1951家，整改111家。出动警力23128人次，清查火车站、汽车客运站等重点地区163处，清查广场、繁华街道、人行天桥等488处，清查核查流动人口57081人，清查核查出租房屋30877间，办理居住登记3786人；办理治安案件569起，行政处理1176人；破获刑事案件66起，刑事拘留51人，抓逃4人。强化特种行业信息化建设应用，从源头预防犯罪。上传典当物品信息9076条、公章信息153613条；全市638家机动车修理企业中有561家安装使用机动车修理业治安管理信息系统，上传从业人员信息559条、机动车维修信息5477条；全市废旧收购业有209家完成登记备案工作。

扫黄禁赌　重点针对洗足浴场所、大众舞厅涉黄，站街女拉客招嫖，游戏厅涉赌（简称“三黄一赌”）等违法犯罪活动及治安问题突出、群众反映强烈、举报线索集中、多次被媒体曝光的行业和场所重点进行“滚动式”排查整治，对违法行为予以重拳打击。查办各类涉黄、涉赌案件1619起。其中，刑事案件152起，刑事拘留339人；治安案件1457起，治安拘留3221人。

“野广告”治理　制定下发《打击整治利用野广告违法犯罪专项行动考评细则》，开展严厉打击利用“野广告”违法犯罪专项行动，收缴各类“野广告”363413张、假公章3203枚、假票证3592份。立“野广告”违法犯罪刑事案件76起，刑事拘留137人；立治安案件530起，行政拘留532人；警告207人，罚款120人。

危险物品管理　加大对治安复杂场

开展儿童安全月活动，向家长和小朋友讲解安全防范知识

所等重点场所和“游动”摊贩销售仿真枪、管制刀具、弓弩等行为的清查力度，开展缉枪治爆专项行动。清查收缴各类枪支 219 支、子弹 15597 发、炸药 7239.5 千克、黑火药 805 千克、雷管 35447 枚、战争遗留各类炮弹 282 枚、仿真枪 3142 把、管制刀具 2801 把、剧毒化学品 1 千克，对以上物品，进行 3 次集中销毁。

实有人口管控　对全市 10540 名重点人口逐一核实，建立由责任区民警、社区、村委会或单位内部保卫组织负责人组成的管控队伍，管控率 100%。开展出租房屋流动人口清查核查工作，先后开展集中清查活动 16 次，各级公安机关出动警力 38495 人、治安协管员 18594 人、基层内保干部 5295 人次，清查出租房屋 933125 间，建筑工地 1039 个，宾馆酒店、中小旅店 14749 家，路边店 24693 个；查验流动人口 106829 人次，现场登记流动人口 12478 人。通过清查，发现案件线索 28 条，审查嫌疑人 244 个，抓获各类违法犯罪嫌疑人 244 人，查处治安案件 22 起，抓逃 12 人。

公安治安检查　53 个公安治安检查站共检查车辆 301689 辆、人员 483698 人，其中涉恐地区车辆 11882 辆、人员 6989 人；抓获网上逃犯 27 人、吸贩毒人员 44 人，行政拘留 7 人，刑事拘留 5 人，查获冰毒 2204.16 克，收缴弹弓枪 7 把、仿真枪 1 把、管制刀具 63 把。

保安市场监管　截至年底，西安市有保安服务公司 112 家、保安员 4 万余人。承担着西安市及周边地市 18 家金融单位的武装押运，46 个金库的守护，1700 个营业网点的值守及配合 900 多个自动取款机的加钞业务；西安市及周边地区 3100 多个政府机关及企事业单位、社区和金融武装押运、金库、营业网点等重点部位的安保服务；为陕西省内 5 个发电厂、78 个变电站及西安地铁、石油天然气等提供专业的保安服务。出动警力 8000 余人次，检查保安从业单位 3200 家，下发“整改通知书”900 余份。对 3000 名保安员进行年度轮训考核，对 106 家单位进行备案，组织 9000 余人参加并通过西安市保安员资格考试，评选出“西安市优秀保安员”和 20 家“2015—2016 年度西安市最具影响力保安服务公司”。经开保安公司保安员付来刚获得公安部、中华全国总工会、中国共产主义青年团中央委员会联合评选的“第四届全国优秀保安员”荣誉称号。

犬类管理　组织开展夏季犬类管理专项行动。开展文明养犬宣传，悬挂横幅 318 条，制作摆放展板 193 块，发放宣传资料 15.8 万份。全年办理“养犬登记证”7071 个，年审“养犬登记证”6077 个，收缴流浪犬、无证犬 8271 只。全年未发生有影响的犬只伤人案件。

◆刑侦工作　2016年，西安市各级公安刑侦部门不断推进打击犯罪新机制建设，开展“五防五打五管控”“平安家园”、打击“盗抢骗”犯罪专项行动等，严打刑事犯罪，狠抓队伍建设，全力维护稳定。

刑侦案件侦破　结合社会治安形势和发案特点规律，先后开展打击“盗抢骗”、夏季风暴、冬季百日会战等专项行动，突出大、要、恶性案件侦破工作，先后侦破雁塔 2015 年“12·19”系列抢劫便利店案、周至“1·01”特大抢劫杀人案、高新“1·15”甘家寨两姐妹遇袭案、雁塔“1·19”抢劫杀人案、“2·26”特大冒充公检法电信诈骗案等一批有影响的案件。积极发挥新技术手段侦破积案，相继成功破获 1991 年王新明杀人案、2001 年“8·31”杀人案、2006 年“1·8”抢劫杀人案等 11 起命案积案。

打黑除恶　以打击“地下出警队、村霸、沙霸、市霸、恶霸”等违法犯罪为重点，先后开展打黑除恶冬季严打专项行动、打黑除恶暨打击“一队四霸”专项行动、打击农村黑恶势力专项行动、农村综合治理专项行动、打击破坏投资环境违法犯罪铁拳行动。打掉黑社会性质犯罪团伙 5 个，打掉涉恶类犯罪团伙 82 个，打掉“地下出警队”106 个，逮捕涉恶类犯罪嫌疑人 1317 人，判决涉恶类犯罪分子 702 人。

追捕在逃犯罪人员　抓获上网逃犯 2188 人，其中涉嫌故意杀人逃犯 119 人。

打击涉枪犯罪　核查公安部、陕西省、西安市交办的涉枪案件 80 起、涉枪线索 1236 条，破获涉枪案件 28 起，起诉涉枪犯罪嫌疑人 35 人，缴获仿真枪支 62 支、子弹 1098 发。

打击涉拐犯罪　全力维护妇女儿童的合法权益，深入督导打拐专项斗争。立拐卖妇女、儿童案件 296 起，破（销）案 237 起，解救妇女 130 人；立拐卖儿童案件 99 起，破（销）案 91 起，解救儿童 91 人，收集 DNA196 份，抓获嫌疑人 27 人，打掉涉拐犯罪团伙 5 个，侦破陕西省督案件 2 起，办结公安部督线索 1 条。9 月 11 日，高陵区某中学 3 名女学生离家出走失联，引起社会广泛关注。西安市公安局立即成立联合专案组发动各方力量全力查找，于一周内找到了在外打工的 3 名失联女生，并将其安全交给家属。

打击文物犯罪　西安市公安局与西安市文物局联合下发《关于做好有关人员信息录入工作的通知》，赴大雁塔慈恩镇、小东门、大唐西市、文昌门、八仙庵、永宁门古玩城等文物市场，加强对市场经营商户信息的收集、整理和录入，建立数据库，并定期对重点场所进行检查。始终保持对文物犯罪的高压态势，全年破获文物案件 48 起，打击处理文物犯罪嫌疑人 71 人，追缴文物 817 件。其中，一级文物 1 件，二级文物 7 件，三级文物 48 件，一般文物 761 件。破获公安部督办的“12·25”特大盗窃文物案、陕西省督办的户县白泽石兽被盗案等一批有重大影响的文物案件。

打击电信诈骗犯罪　西安市公安局整合有关科、队职能，成立 2 支打击防范电信诈骗犯罪专业大队，在联席会议制度框架下联合中国银行、中国工商银行、中国建设银行、中国农业银行、中国邮政储蓄银行、西安银行、秦农银行 7 家银行和移动、联通、电信 3 家电信运营商成立反诈骗中心，以公安部电信诈骗侦办平台、西安市公安局全息作战平台为依托，开展诈骗警情信息流转、线索预警研判、案件串并打击、诈骗信息封堵、涉案资金快速止付等工作。破获电信诈骗案件1769起，打掉犯罪团伙116个，查处伪基站、“黑广播”124处，帮助群众挽回经济损失1195万元；综合治理违规通信线路500余条，拦截阻断违规国际来话4000余次；成功接警止付案件700余起，冻结涉案账户6000余个，止付冻结赃款1000余万元。

打击侵财犯罪专项行动　西安市公安局出台《西安市“2016秦盾”严打盗抢骗犯罪专项行动实施方案》和《西安市2016—2019年打击“盗抢骗”犯罪专项行动方案》，并配套出台《全市2016秦盾打击“盗抢骗”犯罪专项行动考核办法》。坚持破大案与管小案并重、破现案与挖积案齐抓，以团伙性、系列性、流窜性侵财犯罪为主攻方向，严厉打击盗窃电动自行车、盗窃车辆财物、扒窃、入室盗窃和抢劫、抢夺等多发性侵财犯罪，有效遏制案件高发势头。破获盗、抢、骗案件13920起，打掉犯罪团伙343个，破获系列案件304串。

刑事科学技术建设　全面推进“一长四必”（区（县）公安局长对现勘工作负总责，在“必勘、必采、必录、必比”上下功夫）现场勘查新机制，要求各分局、县局克服困难，充实刑事技术队伍，增强业务能力。9—10月，举办西安市公安局2016年刑事技术新任技术员培训班，13个分（县）局70余名新任技术员参加培训。安排专业人员外出培训40余人次，并对外出培训效果进行评价。全市建成技术分室145个，超额完成陕西省公安厅要求的114个技术分室建设任务。推进警犬技术队伍建设，建成警犬技术中队10个，配备警犬60只，在参与的全市重特大案件现场勘查中，均提取到有效物证，为重特大案件的侦破奠定坚实基础。科学部署利用刑事技术破命案、积案专项行动，对全市2016年以前的未破命案现场物证进行梳理，对具备条件的物证重新进行技术鉴定，取得良好效果。全市公安局刑事侦查部门完成各类重、特大案件现场勘查138起，痕迹检验460余起，文件检验120余起；DNA案件鉴定2009案、检材10531份，通过DNA检验技术直接认定案件1512案；尸检中心进行尸检177例，收案93例，参与各类命案和非正常死亡案件80余案，出具鉴定书23份；毒物鉴定206案530份检材，理化检验26案142份检材；电子物证检验157案549份检材，模拟画像12案，检验照相48案133份检材；执行各类安检、安保任务330次。西安市公安局雁塔分局、西安市公安局莲湖分局、西安市公安局碑林分局、西安市公安局未央分局共利用刑事技术破命案、积案6起。

◆户政管理　2016年，西安市公安局户籍管理部门以基层基础工作为重点，加大工作力度，创新管理模式，服务群众，圆满完成各项工作。

◆户籍管理　深入推进户籍制度改革。2月1日，西安市人民政府印发《关于进一步推进户籍制度改革实施意见的通知》，并成立西安市推进户籍制度改革工作领导小组，对全市户籍制度改革工作进行责任分工，进一步推动户籍制度改革工作顺利开展。西安市公安局牵头拟订并印发《关于解决无户口人员登记户口问题的通知》，切实解决西安市无户口人员户口登记问题，进一步加强和规范户口登记管理工作。户籍管理部门通过人像比对技术清理户口118个，累计清理应销未销户口1859个，纠正户口登记项目差错1029个，摸排无户口人员1139人，其中解决768人。

人口信息管理　启动“人口信息管理系统”的升级、改造工作。对全市户籍管理人员进行培训，完成变动数据转换，实施办公测试。

居民身份证受理　根据公安改革工作中的要求，建立户口、身份证信息联网查询比对制度和户籍责任倒查机制。3月1日，开始陕西省内异地身份证办理；7月1日，开始跨省异地身份证办理，并同时在全国公安网免费办理身份证挂失申报、丢失招领业务。设立陕西省内、跨省居民身份证异地受理点、审核签发点100个，全年受理异地、跨省居民身份证8811张，审核签发3037张。

外来人口管理　起草制定《西安市积分落户实施意见》，推动《西安市居住证管理实施办法》于5月25日起正式施行。全年登记流动人口189万人，制发居住证162万余张，登记出租房屋41万余间。开展流动人口出租房屋集中清查核查16次，出动警力38495人、治安协管员18594人、基层内保干部5295人次；清查出租房屋933125间，建筑工地1039个，宾馆酒店、中小旅店14749家，路边店24693个，查验流动人口106829人次，现场登记流动人口12478人次。通过清查，发现案件线索28条，审查嫌疑人244人，抓获各类违法犯罪嫌疑人244人；查处治安案件22起，抓获在逃人员12人。

◆出入境管理　2016年，西安市公安局出入境管理部门围绕一线实战的要求，依托实战、实训强化业务培训的针对性，队伍能力素质进一步提升。对全局369名专、兼职出入境民警开展集中封闭训练，对来自全市133家涉外单位的200余名外管联络员和1300名宾馆前台从业人员集中开展业务培训。围绕新系统操作、再次签注制证业务下放、境外人员实有人口管理等不同主题组织小型培训活动50余次，培训人员600余人次。组织来自15个国家18个语种的20余名翻译人员召开座谈会，建立西安市首个出入境翻译人才微信交流群，多名人员在涉外案（事）件处置工作中提供语言支持，发挥了重要作用。全年受理出国（境）申请105.0825万证次（其中，护照30.7625万证次，港澳通行证及签注55.8395万证次，赴台通行证及签注18.4805万证次），比上年减少15.9%；制作各类出入境证件14.4386万张，比上年增长2.4%；为外国人办理各类证件11677证次，比上年减少3.4%；登记临

2016年7月13日平安西安“夏季风暴”行动启动仪式

时驻外人员61.8977万人次，比上年增长11%；登记、处置各类案（事）件571件，比上年增长32%。

提升服务效能　投入65万元对出入境办证大厅进行装修改造，引入全新的叫号服务系统、液晶显示系统、视频监控系统，更换电子大屏幕、导引标志、办公桌椅等设施，方便群众办理业务。在陕西省率先启用“居民身份证读写申请表信息系统”，实现证照办理“三免费”（免填申请表、免费采集电子制证照片、免费复印）；通过微博、微信等网络渠道发布信息89条，解答网上咨询343条，微信公众号关注人数达到19314人。落实公安部、陕西省居住证持有人和陕西省居民凭身份证办理出入境证件等便利举措，为居住证持有人签发出入境证件9841证次。为市民提供周末办证服务21744人次，其中急事、急办207人次。针对来西安创业、投资的海外高层次人才和重点外资企业，给予办理签证、居留许可、申办“绿卡”的最惠待遇。全年为外籍高层次人才办理2—5年签证、居留许可68件，上报“绿卡”申请20件，为重点企业加急办理证件403件。

外国人管理　10月，西安市公安局出入境管理部门召开外管联席工作会议，进一步完善与政府主管部门间沟通配合机制。将散居境外人员登记工作作为社区警务工作的重要内容，全年由各分、县局统计上报的散居境外人员住宿信息35409条，比上年增长32%。在全市446家涉外留宿单位安装新一代临住登记系统，研发“双向积分”平台外管业务考核模块。指导分、县局完成12个社区外管工作站的建设。首次在西安秦始皇帝陵博物院设立外管工作站，接受境外人员咨询、求助100余人次。开展“三非”（非法就业、非法入境、非法居留）外国人清理整治工作，出动警力1400人次，检查涉外酒店、娱乐场所418家，大专院校45所，培训机构67家；查处“三非”案件310起（其中非法居留293起，非法就业17起），处罚外国人313人次，其中拘留审查19人，遣送出境19人，报列不准入境23人。

涉外维稳　以2016二十国集团领导人杭州峰会安保工作为重点，严密重点人员的管控措施。全年实施“双核查”59人，签发证照14人。分别向相关部门推送、上报重点关注人员咨询办证信息39条、92人的出入境信息、在控26个重点国家签证信息3214条、口岸关注人员出入境记录11406条。核查出入西安市口岸的72小时、144小时过境免签人员72人，查处超范围活动1人、非法滞留1人。

◆**交通管理**　2016年，西安市公安局交通管理部门以全面深化公安改革和“四项建设”为突破口，紧紧围绕“缓堵保畅、城市治理”等重点工作，全力为“品质西安”建设创造良好的道路交通环境。全年发生道路交通事故846起，死亡192人，受伤856人，直接财产损失730.13万元。

缓堵保畅　大力推进堵点、乱点治理工作，继续推行“快速通行”理念，在二环路沿线新施划700个彩色限速地面符号，施划彩色公交车道、彩色预告箭头等彩色路面27756平方米。对全市60处主路交叉口进行交通组织优化提升，对163处支路交叉口进行“一变二”改造，共施划减速让行标线120处、施划网状线115处。主动联系交通类高校及科研单位，借助社会力量开展符合标准、彰显西安特色的“标线设置导则”和“交叉口及路段交通组织设计”编制工作。科学调研，全面提升交通设施管理维护水平。在70处道路交叉口开展过街人性化设计，完成行人过街语音提示人性化设施基础建设25处，2处投入使用。将西安市交警支队管辖区域内的510处道路交叉口信号灯分成6个片区，尝试社会化外包服务。进一步科学配时信号灯，在38处交叉路口采取分相位放行模式，提高现有道路的通行能力。检修信号灯故障773处；对115处信号灯灯时进行优化配时，修剪64处遮挡信号灯树枝。抢修损坏护栏3942组，拆除824组，校正11358组，安装367组，清洗各类护栏6158.1千米，清洗防眩板289.5千米；维修标志牌91套，拆除104套，校正121套，拆除人行立柱42米，在地铁5号线、6号线沿线地铁出口建设围挡处安装标志牌335套。科学做好静态管理工作，对140处道路交叉口50米范围内1508个停车位进行取缔，按照“四统一”（统一编号、统一标牌、统一公示、统一标线）设置占道停车位658个、施划禁止停车标线（黄道沿）92.3千米，安装停车标志20面，涂抹车位416个，施划标线1895平方米，施划分道线、中央线3700米，除线210平方米。严格规范管理占道施工秩序。进驻市政府政务大厅受理挖占业务，同时将挖占审批权限下放到各交警大队，实行市政、交警并联审批，全年共审批占业务914份。

道路交通秩序规范　按照开展城市治理工作的总体部署要求，以7项重点整治任务为重点，扎实开展各项治理工作，纠处交通违法518.97万例。加强机动车交通违法整治。依托全市69个巡逻网格，采取网格化勤务机制，在全市范围内形成点、线、面、网“四位一体”的治理格局。全年拖移违停车辆16623辆（无牌车辆796辆）。开展集中整治酒驾交通违法统一行动，科学安排勤务，严格落实工作措施，借鉴外地经验，推行酒驾查办分离机制，集中优势警力，对酒驾违法行为进行“拉网式”清查。开展统一行动73次，查扣涉酒驾驶违法行为4538例，其中饮酒驾驶3593例，醉酒驾驶945例。全力侦破交通肇事逃逸案件。进一步加快“逃逸案件联合作战室”建设，争取刑侦、技侦、网监等警种的支持配合，利用道路卡口“电子警察”视频监控，侦破死亡逃逸案件68起。全面开展非法改装车、飙车交通违法行为专项整治，查处各类非法改装车辆175辆，查处非法改装门店6家。强力整治“两轮、三轮”违法。针对城市名片区域、重点路段，采取超常手段，集中警力持续推进两轮三轮“黑车”专项整治工作。全年登记两轮车、三轮车主信息2万余份，查扣两轮车21565辆，查扣三轮车28937辆。加强建筑垃圾清运车辆交通违法整治。始终保持对渣土车交通违法行为的高压态势，严查严控，做好渣土车辆“七统一”（顶灯、反光条、补盲镜、放大车牌号、标志、限高栏、GPS统一）的检查和规范，改变传统夜间整治，创新工作战法，由单一动态纠违向动静态联动查处转变。开展联合集中整治，发动社会力量，“有奖举报”克隆车、高仿车。将主动接受处理的136辆仿冒渣土车进行统一建档管理，统一更改外观至出厂状态。全年共查扣违法渣土车1227辆（黑车75辆，疑似74辆），网上违法登录5308例。加强治污减霾工作。进一步加强机动车排放检查，加大对冒黑烟车辆的查处力度。抽测各类车辆20156辆次，查处排放超标车辆4254辆次；查处黄标车、无标车14435例，冒黑烟车2676例，货车走禁行交通违法行为26608例，泔水车（低速）804例。联合西安市环保局、西安市商务局、西安市财政局、西安市交通局，开展黄标车和老旧车淘汰治理工作，严格落实黄标车、无标车禁限行措施，全力完成陕西省下达的各项目标任务。全年淘汰黄标车和老旧车36402辆，占全年总任务量（33889辆）的107.4%。其中，淘汰黄标车21443辆，占全年总任务量（19356辆）的110.8%；淘汰老旧车14959辆，占全年总任务量（14533辆）的102.9%。

道路交通安全预防　西安市公安局交警支队成立安全生产委员会，制定《安全生产党政同责一岗双责实施细则》，对全市交通事故每月、每季度、半年及全年度进行分析研判；较大以上事故专案深度评析倒查。制定《2016年道路交通事故预防和事故多发点段排查治理工作实施方案》，完全治理事故多发路段 17 条，其中省级督办路段 1 条，市级督办路段 7 条，区（县）级督办 9 条。加大对重点车辆及驾驶人的安全监管工作。交警支队多次召开专题会议部署推进，全面加强市区道路、客运场站及旅游景点周边，特别是远郊区（县）道路客运车辆管控客。配合交通、运输、旅游、城管等部门开展联合执法。查处客运车辆交通违法 178714 例，其中公路客运 3220 例，公交客运 7352 例，出租客运 163273 例，旅游客运 4869 例。进一步加强重点车辆及驾驶人管理，五类重点车辆检验率为 98.97%。全面规范和加强危险化学品运输车辆源头监管和路面管控工作，约谈 98 家企业，对 6587 辆重点车辆、6431 名重点驾驶人进行隐患排查，对车辆动态监控制度不落实的 15 家企业及时下发《隐患整改通知书》。查处危险化学品运输车辆交通违法行为 5519 例。加强高速公路和远郊区县事故预防工作。着重加大了被列为专项治理重点的京昆高速西禹段、沪陕高速西商段的安全隐患排查，并函告相关单位。充分利用电子监控、卡口抓拍、“无人机”航拍等手段，组织实施了占用应急车道、超速行驶等各类专项整治行动。在远郊区县，充分借鉴重庆、咸阳模式，努力促成“政府领导、部门协作、社会联动、齐抓共管、综合治理”的良好格局，已建成农村劝导站 96 个，劝导员 288 人，交通安全管理站 28 个，安全管理员 165 人。

交通服务环境提升　以“互联网+交通管理”为重点，打通服务群众“最后一公里”。1 月 29 日，充分发挥“互联网+”实时、公开、互动的优势，上线“西安交警”微信服务号，涵盖业务办理、信息查询、警民互动 3 大类 31 项功能，最大限度让“让数据多跑腿，让群众少跑路”，公众关注人数突破 20 万人次，注册用户 6 万余人次。“西安交警”微信公众服务号上线运行以来，局长信箱留言 1 万余条，违法随手拍 1.1 万余起，发布权威路况信息 7200 余条，“西安交警”微信服务号获得“e 治理飞跃奖”。推进机动车驾驶人管理改革，积极推广应用互联网交通安全综合服务管理平台，注册用户 58.8 万人次，受理驾驶人考试网上自主预约 96.1 万余人次。不断推进 C1 驾照办理业务向县级车管所下放，已初步实现驾驶人跨省异地缴纳交通违法罚款。在机动车号牌选取“20 选 1”基础上，推行互联网选号“50 选 1”模式。同时积极推进小型汽车号牌号码竞拍。实现指挥调度可视化、扁平化，通过无人机、电子监控、手持数字电台、互联网微信平台实时交互警情信息，通过腾讯、高德、百度等地图大数据实时获取

2016年12月2日“交通安全日”主题宣传活动

交通热力图、拥堵指数、人车流量预测，精准发布指令、派警处置，逐步实现指令及时传输、指挥流程可视化、指挥员和一线民警双向即时通讯的快速反应功能。创新道路事故快处、快赔工作机制。不断扩大事故快处、快赔服务网点，全市快处网点已达到 15 处，全面将管理权限下放到辖区大队，处置权限扩大到辖区内的所有车损事故。2016 年年初上线的交通事故快处、快赔“微平台”，实现轻微交通事故报警、定责、理赔网上一站式处理，受理各类交通事故 1.9 万余起，在线定责 1.6 万起，在线理赔 9000 余起。

交通管理水平提升　积极打造西安公安智慧交通管理体系，与中国智慧城城市产业联盟正式签约合作，形成高校、企业专家团队常驻办公的模式，同时全面整合网络、智能交通设备、云平台资源。按照公安部标准加紧建设公安网边界接入平台，逐步建立警务云和互联网云平台，规范化整合电子卡口、综合监测、信号控制、发布诱导等设备系统。加大基础信息化建设。动态采集系统三期工程完成 181 套设备的调试工作和数据接入工作；公安无线数字集群通信系统（PDT）项目完成 8 处固定基站安装调试，支队及各大队指挥中心 138 套设备全部安装到位，2040 部对讲机向一线发放完毕，世行管控平台经过多次调研、座谈，完成 22 个应用系统的建设。为进一步强化缉查布控实战效果，西安市公安局交警支队在 187 处备案卡口基础上，按照陕西省公安交警总队三年规划建设 37 处高速公路卡口的任务要求，在辖区 11 条高速公路建设 27 处卡口设备、3 处视频监控（含 1 处超高清瞭望视频监控），实现高速公路卡口通讯“零”的突破，并加快推进郊县大队卡口接入集成指挥平台步伐。全年有效预警量达到 94586 次，出警拦截 70149 次，成功拦截车辆 28952 辆，查获嫌疑车辆 28422 辆，现场处罚 13050 辆次，交警执法站检查登记车辆数和非现场违法录入，比上年分别增长 500 倍和 182 倍。西安市公安局交警支队成为全国第一个将移动电子警察接入集成指挥平台系统的公安交通管理部门。

交通规范执法　针对酒驾、违停、两轮三轮整治工作方面存在的执法难等问题，一方面积极完善《停车秩序管理执法取证指导意见》等意见 10 余份，指导一线规范执法，通过举办 13 场各类专项培训，受训民警到达 2500 余人次，全面提升了民警法律素养；另一方面主动向陕西省人民代表大会、西安市人民代表大会汇报执法工作难点，通过立法逐步建立长效机制。通过“一站式办公室”，接待群众 5406 人次，受理有责投诉 1175 例，发现执法问题 57 个，督促整改 57 个。全年办理刑事案件 791 案，其中交通肇事 113 案，逮捕 87 人、取保 29 人、移诉 88 例；危险驾驶 678 案，刑事拘留 663 人，逮捕 4 人，取保候审 248 人，移诉 420 例；行政拘留 1217 人；办理套牌案件 610 例，办理吊销机动车驾驶证 1407 例，并将实施终身禁驾的 51 名驾驶员信息通过自媒体向社会公布，起到“小举措大教育”的宣传效果。启动“维权安抚”机制，完成民警维权案件 52 起，为 54 名遭遇暴力抗法受伤民警（含辅警 17 人）进行依法维权。打击处理暴力抗法人员 59 人，其中，刑事拘留 36 人，行政拘留 17 人，批评教育 6 人。

◆禁毒工作　2016年，西安市公安局禁毒部门以开展社区戒毒、社区康复工作为基础，以情报主导侦查为前提，强化侦查、严厉打击毒品犯罪活动，充分发挥禁毒专业队伍的职能作用，继续保持对毒品违法犯罪的高压态势。先后组织开展吸毒人员集中收戒专项行动、

毒品犯罪下游犯罪案件和容留他人吸毒案件侦破工作、禁毒百日攻坚、禁毒大会战、互联网毒品案件收网行动等一系列禁毒专项行动，连续破获一大批重特大毒品案件，打掉一大批“零包”毒品分子。全年破获各类毒品刑事案件1026起，其中千克级案件15起，部级毒品目标案件4起，省级毒品目标案件13起，缴获各类毒品92千克（其中，冰毒56.79千克，海洛因21.34千克，其他13.87千克），抓获犯罪嫌疑人1188人，收戒入所吸毒人员5746人次。西安市公安局禁毒支队成功破获2起涉及陕西、福建、云南、广东等全国多个省（市、区）的特大制造、运输制毒物品案，捣毁在西安市的加工窝点12个，查获麻黄碱5.09吨，制毒反应釜35台，离心机11台，溴代苯丙酮1吨，盐酸4.3吨，以及其他大量用于制毒物品的化学原料50余吨。周至县公安局禁毒大队成功破获一起特大贩卖毒品案，缴获冰毒20.74千克。深入贯彻落实禁毒部门跨区域协作机制，与涉毒重点地区及其他城市禁毒部门开展一系列交流合作，指导协调基层禁毒部门有效开展跨区域案件侦办工作。西安市公安局禁毒支队与兄弟城市禁毒部门开展禁毒工作交流25次，联手破获毒品大要案件9起。指导协调西安市各基层禁毒部门跨地区办案125起。

◆经济犯罪侦查 2016年，西安市公安局经济犯罪侦查部门深入开展打击涉税、假币、卷烟、传销犯罪专项行动，持续开展“猎狐行动”缉捕外逃经济犯罪嫌疑人，严厉打击防范非法集资等高发经济犯罪，有力维护了正常经济秩序，确保了社会大局稳定，队伍综合战斗力有效提升。

经济犯罪案件侦破　破获各类经济犯罪案件963起，抓获各类犯罪嫌疑人722人，刑事拘留695人，逮捕610人，起诉527人，挽回经济损失7.1亿元。先后侦破“4·13”系列非法经营假冒卷烟案、“5·20”假币案、“7·04”特大虚开增值税发票案、“12·7”非法经营案等一系列影响较大的经济案件。其中侦破的“7·04”特大虚开增值税发票案件，涉案金额8.5亿元，国务院总理李克强、副总理马凯等中央领导对该案件做出重要批示，西安市公安局经济犯罪侦查部门于一个半月内破获该案，抓获9名主要犯罪嫌疑人。侦破“12·7”非法经营案，使主犯从澳门归案，成功破获全省首例打击地下钱庄案件；在“猎狐2016”行动中，共缉拿外逃经济犯罪嫌疑人5人，侦破“3·12”特大诈骗案中，经济犯罪侦查部门快速行动，仅用12天就将案发前潜逃至北美洲加勒比海地区的犯罪嫌疑人彭某及其妻二人在境外成功缉捕归案，被公安部列为2016年“猎狐行动”十大典型案例。

打击非法集资　受理非法集资案件69起，涉及集资参与人6511人，涉案资金7.06亿元，抓获犯罪嫌疑人31人，刑事拘留15人，逮捕14人。华西大学非法集资案，16名主要犯罪嫌疑人已起诉至市中级人民法院，冻结该校3个校区的全部资产经初步评估价值7亿元；西安联合学院非法集资案，按照省、市处置领导小组的统一部署，西安市公安局经济犯罪侦查支队制定《清退工作方案》在媒体刊登通告，于1月29日开展核查清退工作。参与登记集资人67425人，其中66627人投资金额完成审计认定工作，开展8批资金清退，涉及63313人次，累计清退金额约11.5亿元，后续清退工作正在有序开展。

打击传销犯罪　开展打击传销专项行动以来，出动警力1664人次，捣毁传销窝点293个，立案102起，破案94起，刑事拘留68人，逮捕105人，移送起诉69人。在侦办公安部督办的“5·16”特大组织领导传销案中，全市200余名警力与南宁警方通力合作，于7月7日对分布在西安市12个区（县）的嫌疑人实施抓捕，抓获32名“老总”级主要嫌疑人，受到公安部表扬。

经济案件宣传　利用新媒体助力新闻宣传和舆论引导，推动经济犯罪侦查工作。重点开展“5·15”经济犯罪侦查宣传日、“5·26”防范打击非法集资宣传日、“7·28”反洗钱宣传日等大型户外活动，现场参与群众多、媒体关注程度高、宣传教育效果良好。同时对重大案件及活动宣传力度持续加强，先后组织报道“2·06”案件核查清退，“5·20”假币案，“猎狐2016”行动及灞桥、临潼打击传销行动。

◆食品药品犯罪侦查 2016年，西安市公安局食品药品侦查部门始终以公安改革工作为引领，严厉打击食品药品违法犯罪，切实保障人民群众舌尖上的安全。全市公安食品药品侦查部门破获各类食药类犯罪案件232起，刑事拘留270人，批准逮捕77人，移送起诉79人，涉案金额1.9亿元，成功侦破8起公安部督办案件和9起陕西省公安厅督办案件。开展各项专项行动，打击食品、药品犯罪。1月25日至3月25日，组织全市公安机关开展保卫餐桌安全专项行动。其间，办理的袁申平等生产销售伪劣产品（假酒）案，抓获14名犯罪，移交起诉8人，涉案金额1100万元；1月27日，在石化大道周家堡梅花鹿养殖基地冷库查扣近300吨印度、乌拉圭等疫区走私冻肉及“僵尸肉”，扣押运输车辆3辆，涉案价值达1000余万元，主要犯罪嫌疑人被西安市人民检察院依法提起公诉。开展打击非法制售和使用注射用透明质酸钠违法犯罪专项行动，破案6起，刑事拘留24人，批捕3人，起诉2人。“山东非法经营疫苗系列案”调查涉案人员80余人，核对账目近1000册，查明涉案5个公司及13名个人，立案8起，移交起诉10人，涉案金额800余万元，案件侦破工作受到国务院总理李克强、副总理汪洋的肯定。主动加强与食药监、质监、工商、检验检疫、农委等部门的合作，充分发挥行刑衔接机制，加强公安机关与行政部门间线索联合经营、现场联合执法、案件移交等方面的配合，逐渐形成由公安机关牵头，各相关行政部门共同参与的打击机制。加强媒体宣传，增强群众防范意识。联合陕西卫视《警视厅》、陕西电视台《今日点击》等栏目以《美容为何变成毁容》等为题分7个专栏对公安部门办理的典型案例进行宣传报道。1月25日，中央电视台《今日说法》栏目对西安市公安局侦办的陕西秦晋中医糖尿病研究所生产销售假药及有毒、有害食品案进行专题报道。

◆物流寄递犯罪侦查 2016年，西安市公安局物流寄递犯罪侦查部门以深化公安改革为引领，推动理念、制度、机制、方法创新，强化寄递物流管控，严厉打击寄递物流渠道违法犯罪活动。

物流安全监管　以构建物流业源头、中间、末端全流程治安管控机制为主线，落实法律法规及制度要求，强化联合执法力度，全面落实寄递物流业“寄递物品100%先验视后封箱、100%实名登记、100%过X光机安检”工作要求，保障渠道安全。采取誓师大会、签订承诺书、内部巡查、模拟演练等方式，要求物流企业每一位员工落实“三个100%”，发现业务员违规行为严厉处罚。与西安市邮政管理局开展联合执法，派3名民警常驻市邮政管理局，提高快速反应能力，提升联合执法效果。联合执法活动开展以来，调解各类纠纷37起，处置各类群体性事件2起，涉及80余人，约谈快递企业总部2家，处罚快递企业3家，取缔无证经营企业网点70家。全年组成联合执法检查组37个，出动邮管执法人员和警力11831人次，检查快递企业和网点1806家，查获禁寄物品1312件。向全市11个品牌寄递企业的29个网点下发“责令改正通知书”，训诫快递从业人员289人。对寄递物流企业，尤其是背街小巷、物流市场周边的货运部、托运部等物流企业及居民小区里的快递网点，进行全面摸排、建立健全档案，在建档过程中从快递员中抓获网上逃犯2人。与辖区寄递物流企业签订“寄递物流企业治安管理责任状”，加强日常检查，落实重点时段、发往重点地区快件物品监控措施。研制开发“寄递物流业治安管理信息系统”，实行“站点+终端”的安全管理模式。企业可通过后台管理系统对手机APP软件进行安全管理授权；邮件、快递业务员通过免费安装手机APP软件，用手机拍摄寄件人的身份证、快递单号，自动识别、采集寄件人和邮寄物件信息，第一时间传到公安系统，进行实时比对，发现违法犯罪信息。在全市快递企业分拨中心设立警务工作站，实现警务前移。3月18日，在“宅急送”警务工作站专门召开现场推进会，推动警务工作站规范化建设。8月5日，在快捷快寄警务工作站召开观摩会，交流工作经验，展示工作成绩。6月1日，警务站工作民警在对某快递公司分拨中心进行检查时，发现可疑包裹，经进一步工作，查获禁寄物品包裹19单，弓弩式弹丸枪5支，枪支瞄准具、装弹器、弹丸若干，电击器及专用充电器8套。7月19日，在“全峰”快递西安分拨中心检查时发现3个可疑包裹，内装仿真枪2支，5.5口径气步枪铅弹934发。后会同商洛市公安局抓获犯罪嫌疑人3人，现场查获仿真枪4支、钢珠弹300余粒，用于制造铅弹钢制模具1套。

物流寄递专项治理　根据寄递物流渠道安全形势，先后开展“寄递物流行业清理整顿”“进疆快件专项整治”“反恐百日大检查”等专项行动7次。特别是在为期5个月的“寄递物流行业清理整顿”工作中，联合邮政管理部门采取“四个一”工作举措（关停一批违规收寄的“黑网点”、处罚一批不执行“三个100%”制度的责任企业和责任人、打击一批违规收寄违禁品的寄递从业人员、奖励一批提供违法犯罪线索的快递员），关停违规收寄“黑网点”144个，向11个品牌寄递企业的29个网点下发责令改正通知书，训诫快递从业人员289人。在“反恐百日大检查”和2016二十国集团杭州峰会召开期间工作，检查网点1304次，取缔违规网点58个，查获涉及重点或敏感地区的禁寄物品402件。

打击物流寄递犯罪　破获寄递物流渠道刑事案件47起，打掉犯罪团伙14个，抓获犯罪嫌疑人134人；抓获网上逃犯3名；查处各类治安案件32起，行政处罚33人。有效净化了寄递物流渠道治安秩序。通过核查寄递物流企业底数、建立内保组织、举办安全管理培训、日常监督检查等各种工作，建立治安信息队伍，传授禁寄物品识别知识，制定举报奖励制度，鼓励提供违法犯罪线索。治安信息员通过寄件人信息登记、物品查验、X光机安检等各个环节，举报违法犯罪线索125条。3月3日，接涉枪案件线索，专案民警采取各种侦查措施，迅速将非法持有枪支的4名嫌疑人抓获，追缴仿“柯尔特”“格洛克17”等气手枪4支。3月25日，接报有人通过某快递运输毒品线索，立即开展侦查工作，于26日凌晨将嫌疑邮件截获，缴获海洛因375克，29日将嫌疑人抓获。5月18日，接治安信息员信息，发现假币，经过近，2个月的工作，捣毁制售假币窝点，抓获犯罪嫌疑人2人，查获印制成品假币10万余元，用于印制假币的剩余纸张380余张及制造假币设备、材料、快递面单等作案工具若干。

物流安全宣传教育　印制“公安机关要求：收寄物品必须验视并出示身份证”警示标语3万份，分发到快递车辆和快件收揽门店广泛粘贴；印制《寄递物流行业员工手册》《X光机图像识别教材》各3万册；印制“货物验视帖”12万枚，分发到寄递物流企业员工手中，要求寄递从业人员知规定、懂操作、守规矩。组织企业主及从业人员认真学习国家邮政局、公安部、国家安全部《寄递渠道治安检查工作规定》和公安部、国家安全部、国家工商行政管理总局、国家邮政局《关于切实加强寄递物品安全监管工作的通知》，组织开展寄递行业常见违禁物品识别等知识培训。利用新闻媒体，向市民宣传落实“三个100%”的重要性。

◆消防工作　2016年，西安市公安局消防部门始终坚持“五个引领”（军魂引领、实战引领、创新引领、前勤引领、正气引领），大力推进基础信息化、警务实战化、执法规范化、队伍正规化“四项建设”，不断提升防火、灭火能力，确保了全市火灾形势持续平稳。全年接警出动5908次，扑救火灾3306起，抢险救援1329起，社会救助1273起。成功处置“1·10”子午大道雁锦花卉市场火灾、“5·11”田马路月登阁村沙发加工厂火灾、“6·18”西部大道和长兴路十字变压器爆炸事故、“10·12”延长石油西安成品油末站中立鹤位闪爆事故等灭火救援任务，为西安经济持续健康发展创造了良好的消防安全环境。成功增援“1·06”榆林神木刘家峁煤矿塌方事故、“4·25”铜川耀州煤矿透水事故、“10·24”榆林府谷爆炸、“12·02”汉中宁强液化气槽车翻车泄漏事故等跨区域增援处置任务。

消防安全责任制落实　与西安市教育局、西安市卫生和计划生育委员会等20多个市级行业部门联合印发《消防安全专项行动方案》，部署各行业领域的消防安全检查工作。与各区（县）政府、开发区管委会、行业部门签订“2016年消防安全目标责任书”。召开消防工作专题会议120余次，研究解决重大火灾隐患、消防经费、消防立法等重大问题70余项。

消防安全专项整治　组织开展城市消防安全治理、夏季消防安全检查、今冬明春火灾防控等23项专项整治工作。市、区（县）两级政府对56家重大火灾隐患单位实施挂牌督办。检查单位31.1万家，发现火灾隐患50.7万处，督促整改火灾隐患50.5万处，下发“责令改正通知书”13.8万份，责令“三停”（停产停业、停止施工、停止使用）2762家，拘留798人，罚款1187.6万元。

重点单位消防安全管理　调整全市消防安全重点单位，组织消防安全重点单位消防安全责任人、管理人进行消防安全培训。严格落实消防安全重点单位“户籍化”管理和“三项报告备案”（消防安全管理人员报告备案、消防设施维护保养报告备案、消防安全自我评估报告备案）制度，建立“三色”预警机制（红色代表火灾形势严峻、黄色代表火灾形势不容乐观、蓝色代表消防安全形势稳定），每月开展考评，确保重点单位消防安全。

火灾防控基础工作　制定《消防安全重点单位微型消防站建设指导意见》《社区消防微型站建设指导意见》，在全市社区、街道建成349个微型消防站，在消防安全重点单位建成1144个微型消防站。强化区域联防建设，印发《西安市消防安全重点单位微型消防站区域联勤联动建设指导意见》，建成区域联防体系109处。推广简易消防设施安装，出台《全市积极推动发挥简易消防设施火灾防控作用的实施方案》，由各级政府及民政部门投入专项经费300余万元，为儿童、老年活动场所等安装独立式感烟火灾报警探测器17834个。开展消防安全社区达标创建活动，对消防民警、社区负责人、网格长和网格员集中培训，加强城中村、棚户区和老旧居民社区的动态监管，采取“每日提示、每周督导、每月通报”的措施，切实发挥各级消防网格作用；印发《运用科技信息化技术提升消防安全管理社会化综合水平实施意见》，推进城市消防远程监控系统建设。会同质监、工商部门严厉打击假冒伪劣消防产品，消除因产品质量问题造成的火灾隐患，提高消防产品质量，并邀请省电视台对检查情况进行跟踪报道，有效净化了消防产品市场。落实车辆装备购置专项经费6000万元，购买城市主站消防车、抢险救援消防车、举高喷射

消防安全演练场景

消防车等32辆新型执勤车辆，并通过科学调配使13个消防直属中队车辆配备要求达到城市队站建设标准。对全市消防车号牌情况进行清查，完成56部消防车制证审核、20辆执勤消防车号牌申请工作和7辆行政车号牌变更工作。截至年底，全市有执勤类消防车237辆，器材装备55011件套，灭火药剂储备116.5吨。进一步改进个人防护装备，装备的使用性、安全性、舒适性大幅提升。贯彻落实《陕西省消防能力建设提振计划》，累计投入资金9600余万元，建成的阎良、火车南站、火车北客站、高陵泾河工业园、草滩5个消防站建筑面积均达到6000平方米以上；华胥、沣京工业园消防站开工建设，消防队站布局更加合理，功能更加完善。

消防监督执法　出台《关于进一步加强执法规范化建设的意见》，对强化执法档案管理、消防监督管理系统应用、消防受理窗口设置等8个方面提出明确要求；出台《关于加强消防监督管理工作的意见》，进一步明确了市局、分（县）局、派出所人员的消防监督职责；出台《西安市消火栓管理办法》和建设工程标准以及《西安市幼儿园及儿童活动场所防火技术规范》。认真开展投诉核查与案件法律审核，受理火灾隐患举报投诉708起，核查回复率100%。办理各级各类领导批示、舆情、群众来信来访190件；办理人大代表建议、政协委员提案4起，满意率100%。处理行政诉讼案件8起，胜诉率100%。统一采购147套执法记录仪和18台执法记录仪信息采集站设备，搭建了支队级管理平台。

消防宣传　在西安电视台《新世界栏目》中开设消防板块，制作消防体验类系列电视专题节目《烈火青春》；与西安广播电视台联合《今天我是消防员》栏目，宣传消防知识。针对网上热传的可乐灭火视频，制作《可乐能灭火吗》宣传片，观看人数1300万人次，微博点击率10755人次，微信点击率532人次。开展全市重点单位消防安全负责人、消防安全管理人专场培训。在电视台、室外液晶屏等媒介上播放消防宣传公益广告；在重大节日和宣传节点，向全市人民发送消防宣传短信80万余条。

◆**网络安全**　2016年，西安市公安局网络安全部门积极建立网络综合管理平台，在大秦网、华商网等重点运营商网站挂牌成立网络安全警务室，建立统一规范的工作制度和外观标识，全市互联网安全管控工作稳步发展。

网络案件侦办　开展“打击整治网络侵犯公民个人信息犯罪专项行动”“2016净网扫黄打非”“高考线索专案”等专项案件30余起，参与开展专项行动20余起。在“打击整治网络侵犯公民个人信息犯罪专项行动”中对1145条线索逐条进行对比分析，查实890条线索的登陆轨迹，落实相关实名身份99条，查找落实IP地址、宽带账号185条，下发条件成熟线索百余条至12家分（县）局开展实地摸排工作，立案7起，刑事拘留15人次。通过网络案件信息系统主动侦破犯罪案件55起、违法案件21起；配合侦破案件500余起，结案300余起，录入抓获人员270余人；受理协助侦办案件340余起，累计发送协查函740余份，接受协查函920余份。主办侦破的“7·19”白凯雯涉嫌传播淫秽物品案被公安部列为“全国扫黄打非办”公开通报的6起典型案件之一。利用技术侦查手段，出动警力30余人次，抓获历年逃犯5人。全年受理电子数据鉴定案件32起，受理电子数据勘查案件108起，受理电子数据现场勘查12起，出具现场勘查笔录7份。分析硬盘103块、手机177部、监控录像机2部、U盘4个。分析电子数据总容量约67.5T，为相关案件的侦破提供了技术和数据支撑，利用电子数据勘察结果为2016年“1·01”周至县灭门案和周祥坚破坏公用电信设施案等案件的破获提供重要技术支撑。

互联网技术管控　开展网吧网络安全审核工作，批准新办网吧174家，变更162家，年审922家。组织开展网吧实名制相关专项行动4次，检查网吧1000余家次，查处不按要求落实实名制和不按要求使用实名管理系统的网吧178家，查处“黑网吧”62家，全市网吧实名率保持在92%以上，安全技术措施在线率达到95%以上。对全市网吧进行细致摸排，上报网吧上网人员信息研判报告45份，培训网络安全员504人。4月22日，发布《西安市非经营性上网服务场所管理实施办法》，建成公共场所无线上网安全管控系统，促进西安市非经营性上网服务场所网络安全的管理工作。安装点位总数4355个，其中围栏设备192个，审计设备4163个。注册互联网站开办主题用户1175位，申请备案网站958家，发放公安备案号752家；下发存量网站数据11812条，分（县）局核准8547条；处置接入地核准数据1521条。对全市影响力大的11家网站、二级运营商等单位进行走访，首批完成5家网安警务室的建设，将联通公司的网安警务室建设成示范警务室。培训计算机网络安全人员183名。对292家网站开展远程扫描，发现42家单位存在安全隐患；对全市35家重点网站进行现场检查，对20家重要信息系统予以备案，指导176家单位完成自查整改，对系统问题较多、风险等级较高的8家单位，下发“整改通知书”并责令限期整改。

◆**公安信息化**　2016年，西安市公安局信息通信部门强推基础信息化工作，狠抓信息采集、完善系统建设、拓展信息共享，总结固化机制，深挖公安信息化规模应用和深度应用的实战效能，为提升西安市公安整体战斗力提供坚实可靠的科技支撑和保障。坚持项目驱动，统筹推进全局信息化重点项目建设。认真履行西安市公安局信息办工作职能，切实加强对西安市公安局信息化重点建设项目的统筹管理和督导跟进。确定的79个信息化重点项目，建成31个，在建17个，累计投资9.5亿元。与腾讯公司、中国电信签署战略合作框架协议，为公安信息化建设注入强大动力。加快基础设施建设。坚持任务牵引，全面推动信息化建设项目落地见效。稳步推进无线

武装警备

数字集群通信系统建设、智能卡口缉查布控平台建设、多警种专业系统建设，公安信息化装备和应用水平不断提升。现已全面建成警用信息资源服务平台。以警用信息资源服务平台为中心，通过“云搜”“智搜”等应用工具，实现单表查询、要素检索等9大功能。整合内外部信息资源242种125亿条，总量比上年增加24.7亿条。向技侦侦控系统、出入境管理系统、警务通等业务应用系统开放数据查询服务，向西安市民政局提供身份核查服务，平台日均访问6000余次。无线数字集群通信系统投入实战。向全警配发单、双模手持终端9100余部，调度台、基地台、车载台1500余部，无线上网本2838台、警务通9450部，一线警力配备率达80%以上。其中，窄带网络实现城区、郊县主城区、重要警务活动区100%覆盖；宽带网络覆盖西安市政府、钟鼓楼等13处反恐维稳重要区域。通过语音通话、卫星定位、视频传输等功能应用，实现警力扁平化指挥、可视化调度、精准化投放。健全视频监控网络。制定《西安市公共安全视频监控建设联网应用工作总体规划》，积极推进西安市社会视频图像信息共享平台建设，完成银行与大专院校的相关视频资源接入工作，“护城河工程”建成智能卡口公安检查站46个，累计抓拍过往车辆1.14亿辆，日均抓拍车辆38万辆，所有数据回传西安市公安局图控中心。全市摄像机探头总数31.9万个，市局可调用图像1.2万路，全局利用视频监控侦破案件超过处理总数的70%。公安信息系统应用日志安全审计系统已完成建设并将智能检索系统、执法办案系统、资源服务平台、警用地理信息系统（PGIS）平台、情报系统和人口系统纳入安全平台进行审计管理。不断完善信息网络安全体系。通过升级杀毒软件、开展信息网络保密检查，加大网络违规查处力度等措施，有效提升信息和网络安全水平。

◆公安规范执法　2016年，西安市公安局法治部门以建设法治公安为目标，以解决执法突出问题为重点，按照“四项建设”的战略部署，促进公安法治工作稳步发展。

执法规范化建设　以贯彻实施中央《关于深化公安执法规范化建设的意见》为契机，进一步深化执法规范化建设，公安机关执法水平和执法公信力得到提升，西安市公安局临潼分局和西安市公安局雁塔分局大雁塔派出所被公安部评为“全国公安机关执法示范单位”。制定《主办侦查员制度规定（试行）》和《主办侦查员评定工作方案》等规范性文件，全面开展主办侦查员申报、审核、评定等工作，基本建成主侦侦查员、主勘检技术官、情报官三类三级主办侦查员体系，评定主侦侦查员957名、主勘检技术官266名、情报官377名。开通阳光警务执法办案公开系统、警风警纪监督系统、西安公安警务督察微博微信投诉系统，方便群众查询、咨询、投诉，结果及时反馈群众。全年阳光警务执法办案公开系统公开6395起行政处罚文书；接听投诉电话10369个，接待来访群众542人次，受理、核查群众投诉452件，回复群众投诉165件。总结提炼“出警规范‘要’字诀”，下发《关于依法保障涉案人员合法权益的工作意见》《关于办理非法集会、游行、示威案件行为认定和证据标准的指导意见》《关于处理街头诈骗案件的法律指导意见》《公安机关打击“黑车野导”的法律适用》等规范性文件。将受立案制度改革作为全年执法规范化建设和公安改革的重点任务强力推进，下发《关于推进受立案制度改革的实施意见》以及《案件管理中心（室）工作规范》，统一制作全局案件管理中心标牌，设计三级监督管理体系，西安市公安局局案管中心建设完工，23个分（县）局有21个分局成立案管中心，在147个派出所设立案管室，有效解决了接处警以及受立案不规范、案件办理过程不透明的问题。对全局21个分（县）局执法办案平台接处警情况、受立案情况、证据材料录入情况等每月定期通报，网上执法办案质量较之前有大幅提升。

执法过程管理　研发办案区多功能视频管理系统，实现相关人员在办案区内活动视频轨迹无缝监控，极大提高办案效率、减轻民警工作量。统一视频存储介质，设计带有“西安公安”标志的光盘，下发至一线执法单位2批8万张，并对全局各执法单位执法办案场所应用情况每月抽查，考评结果在全局通报。保障执法记录仪配备，全局配备执法记录仪7434台，保证一线执法民警人手一台。按照简政放权和司法体制改革的要求，建立边界清晰、权责一致的公安机关职能体系和科学有效的公安权力监督制约机制，向社会推出3类94项行政管理事项清单，涉及8个警种，其中行政许可事项44项、备案事项22项、登记事项27项，其他1项，进一步厘清权力界线。组织编制“西安市公安局权力和责任清单”，并在陕西省、西安市人民政府门户网站对外公布。办理刑事案件指定管辖371起，复核不予立案案件33起，信访案件5起，拒不支付劳动报酬案9起，移交线索函案件24起，纪检、督察和局长指定及咨询案件10起，行政复议案件93起，行政诉讼应诉案件55起，未发生1起群众投诉。（王　艳）

检　察

◆概况　2016年，西安市检察机关自觉接受西安市人民代表大会、中国人民政治协商会议西安市委员会及社会各界的监督，紧紧围绕西安改革发展稳定的大局，全面履行检察职能，积极延伸工作触角，稳步推进检察改革，努力加强队伍建设，不断提升司法公信力，全面服务和保障“法治西安、平安西安”建设，各项检察工作取得了新进展。加强法律监督，全力保障社会和谐稳定；全

法制进校园活动

面履行审查逮捕、审查起诉、惩治和预防职务犯罪、对诉讼活动监督等职能，以司法办案的实际成效，努力让人民群众在每一个案件中感受到公平、正义。

◆打击和防范刑事犯罪 2016年，西安市检察机关批准逮捕各类刑事犯罪嫌疑人7763人，提起公诉9445人，比上年分别上升16%和17.8%。突出打击黑恶势力犯罪，杀人、抢劫等严重暴力犯罪以及盗窃、抢夺等多发性犯罪，批捕3718人，起诉3785人，分别占批捕、起诉总人数的47.9%和40.1%，着力增强人民群众的安全感。突出打击非法集资、非法吸收公众存款等涉众型犯罪，加强对经济领域新情况、新问题和经济犯罪新形势、新变化的分析研判，集中力量深入开展打击非法集资犯罪专项工作，批捕西安联合学院牛晓勇等涉众型经济犯罪案件218件263人，起诉198件349人。突出打击侵害民生的犯罪，深入开展破坏环境资源犯罪、危害食品药品安全犯罪专项立案监督，批捕51件79人，起诉63件92人。认真落实宽严相济刑事政策，始终坚持羁押必要性审查、未成年人犯罪分案起诉、轻微刑事案件快速办理、弱势群体法律援助等机制，对没有逮捕必要和犯罪情节轻微的，依法不批捕，不起诉2435人，对未成年人犯罪依法从轻处理157案245人，对轻微刑事犯罪和过失犯罪促进刑事和解181案233人，对刑事被害人及其家属发放救助金38万元。不断深化检察环节社会治安综合治理，积极参与“扫黄打非”、打击电信网络诈骗、打击非法行医等专项活动，对发现的治安隐患和突出问题发出检察建议253份。

全国第十八个“举报宣传周”活动

◆惩治和预防职务犯罪 2016年，西安市检察机关始终坚持有腐必惩、有案必查，对反贪污贿赂、反渎职侵权工作提出“加大工作力度、规范执法行为、提高办案质量、增强办案效果”的总体要求，全市检察机关立案侦查职务犯罪案件147件292人，查办人数比上年上升4.7%。其中，贪污贿赂案件129件225人；渎职侵权案件18件67人，渎职侵权立案人数上升45.7%。突出查办大案要案。以查办和预防发生在群众身边、损害群众利益职务犯罪专项工作为重点，立案侦查贪污贿赂、渎职侵权等职务犯罪大案106件，占立案总件数的72.1%；查处县处级以上干部22人，占立案总人数的7.5%；查办涉嫌行贿类犯罪案件19件28人。组织开展追逃追赃专项活动，追回在逃人员4人，配合外地检察机关协查案件20件次。增强侦查科技含量，加强侦查信息化和装备现代化建设，大力推进检察机关电子数据“云平台”区域分中心建设，两级检察机关在陕西省率先全部接入“云平台”，并组建45人的云平台信息管理及研判队伍，向全国检察系统电子数据云平台上传各类数据133万余条。严格规范侦查行为。认真执行同步录音录像、律师和犯罪嫌疑人权益保障和《最高人民检察院职务犯罪侦查工作八项禁令》等制度规定，采取抽查案卷、查看同步录音录像等方式开展检查和督察，确保严格规范行使侦查权。加大预防工作力度。以“加强举报人保护、惩治群众身边腐败”为主题，采取集中接访、带案下访、主题宣传、街头普法等形式开展“举报宣传周”活动，注重发挥人民群众在反腐败中的重要作用。充分发挥全市预防职务犯罪宣讲团的作用，在金融系统、科技教育系统、国有企业、党政机关开展预防职务犯罪警示教育216次、预防调查30项，发出检察建议35份，发放宣传资料3000余份。开具行贿犯罪档案查询函60492份，同比增加45%，其中西安市检察院开具查询函11630份。

◆诉讼监督 2016年，西安市检察机关认真落实西安市人民代表大会《关于加强人民检察院对诉讼活动法律监督工作的决议》，加大监督力度，增强监督实效，全力推进“法治西安”建设。强化刑事诉讼监督。对应当立案而不立案的督促公安机关立案21件，对不应当立案而立案的督促公安机关撤案26件，追捕、追诉247人，对刑事立案、侦查和审判活动中的违法行为提出纠正意见517件次；向法院提出量刑建议2210份，采纳

西安市人民检察院“加强侦查监督　维护司法公正”检察开放日活动

1814份，采纳率为82.1%；加大对公安派出所侦查活动的监督力度，在公安派出所设立检察官办公室27个，在重大刑事案件提前介入和引导侦查、疑难案件探讨、刑事案件信息数据共享、共同接访化解社会矛盾等方面的监督配合进一步加强。完善刑事司法与行政执法衔接机制，督促相关行政部门向公安机关移送涉嫌非法行医犯罪案件线索，批捕非法行医犯罪嫌疑人23人，起诉27人。强化刑事执行监督，审查减刑、假释、暂予监外执行1204件，提出检察意见685件，向监管机关和相关单位发出纠正违法通知书121份。注重规范羁押必要性审查案件的办理流程和审查标准，受理羁押必要性审查435件，提出变更强制措施建议299件，采纳215件。集中开展清理判处实刑罪犯未执行刑罚专项活动，核查判处实刑罪犯未执行刑罚等3类罪犯90人，清理纠正47人。强化民事行政诉讼监督。综合运用抗诉、检察建议、违法行为调查、支持起诉等手段，受理民事行政监督案件619件，对不服生效裁判的案件提请和提出抗诉17件，针对审判活动监督和执行活动监督发出检察建议143件。严守防止冤假错案底线，认真听取辩护律师意见，落实疑罪从无和非法证据排除制度，对事实不清、证据不足的3651起案件，要求公安机关补充侦查；对不构成犯罪的不批捕148人，对社会危险性不大、无羁押必要的不批捕602人，对事实不清、证据不足的不批捕1469人。

◆司法保障　2016年，西安市检察机关紧紧围绕自觉把检察工作融入大局之中，坚持执法办案与服务发展、保障民生并重，不断提升工作水平和服务能力，努力为西安“追赶超越”提供有力的司法保障。坚持以“案结事了、息诉罢访、维护社会稳定”为目标，积极探索网上信访系统建设，加快推动建立集控告、举报、申诉、咨询、查询等功能于一体的综合性受理接待平台，健全内部信息交流、检察长接待、信息收集预警、涉检信访问题备案备查、重点案件回访等制度，畅通群众诉求渠道。突出做好接待举报来访工作。以“信访基础建设年”、争创文明接待室活动为契机，积极推行视频接访，全市检察机关受理群众举报控告、来信来访3432件6621人，其中西安市人民检察院受理1374件1983人；两级检察院检察长接待群众来访131次825人次，批办案件168件。继续加大刑事申诉案件和国家赔偿案件办理力度。西安市人民检察院受理申诉和赔偿案件20件，立案复查4件，审查办结12件，有效维护申诉人的合法权益。抓好敏感节点的安保维稳工作，严格落实综治维稳工作责任制，修订完善风险评估预案，逐案化解稳控责任，全市检察机关没有出现影响社会稳定的涉检问题。不断增强服务大局的针对性和实效性。认真开展“千人亲商助企”活动，制定下发《“亲商助企”活动实施方案》，出台依法保障和促进非公有制经济健康发展的20条措施，积极探索服务和保障非公有制经济发展的新路径、新方式、新方法，确保各种所有制企业“三个平等”（诉讼地位和诉讼权利平等、法律适用和法律责任平等、法律保护和法律服务平等）。继续推进“检企共建”，与中铁建设集团有限公司西北分公司、西北勘测设计研究院有限公司等单位签订“关于共同开展职务犯罪预防工作的实施意见”，帮助企业健全完善廉政风险防范制度，为企业发展提供司法服务。同时，依法打击侵犯非公经济和各类企业的经济犯罪，营造公平有序的市场环境和发展环境，依法批捕破坏市场经济秩序犯罪489件640人，起诉458件731人，批捕侵犯知识产权、侵犯商业秘密犯罪20人，起诉14人。全力推进提起公益诉讼试点工作。从2015年10月开始，全市检察机关认真贯彻落实上级检察机关关于试点工作的整体安排，围绕“美丽西安·绿色家园”“八水润西安”工程等重大部署，依法履职，主动作为，收集公益诉讼案件线索65件，进入诉前程序50件，其中10起案件诉至法院，秦岭北麓生态保护案件被最高人民检察院评为“全国检察机关行政检察十大精品案件”。督促行政机关关停污染源9个，关闭非法采砂场18个，复垦因非法采砂、违章建筑而被占用的耕地4.87公顷，正在复垦2.62公顷，督促修建污水处理池2个，督促行政机关下发行政处罚决定书19份，罚款176万元。开展集中整治和加强预防扶贫领域职务犯罪专项工作。按照上级部署，西安市人民检察院与西安市农村扶贫开发领导小组办公室联合开展为期5年的集中整治和加强预防扶贫领域职务犯罪专项工作。为确保专项工作取得实效，西安市人民检察院与西安市农村扶贫开发领导小组办公室联合成立“集中整治和加强预防扶贫领域职务犯罪专项工作协调指导小组”，共同制定专项工作实施方案，明确查办扶贫领域职务犯罪的重点领域、重点环节、重点案件、重点地区以及开展精准预防的具体措施和任务，立案16件38人；共同加强预防工作，对农机补贴领域、扶贫系统人员、部分乡镇领导及重点扶贫村书记等，开展系统性警示教育，发放《扶贫领域违法案件警示录》400余册。

◆检察体制改革　2016年，西安市检察机关严格落实中央、陕西省、西安市关于深化检察改革的统一部署，分解任务、明确责任，着力构建公开、透明、规范、高效的检察权运行体系。继续加大检务公开工作力度，制定下发《关于全面推行检务公开工作的实施方案》，不断细化公开的内容、对象、时机和方式，“两微一端”（微博、微信及新闻客户端）在陕西省检察系统率先实现全覆盖。公布案件程序性信息12808件，公开法律文书2936份、重要案件信息352件，公开案件信息的数量在陕西省检察系统排名第一。西安市人民检察院门户网站被正义网和中国信息化研究与促进网联合评为“全国百佳检察门户网站”；未央检察微博被评为“十大检察

西安市人民检察院人民监督员参观日活动

院网络影响力微博”。继续深化人民监督员制度改革，会同西安市司法局制定下发《深化人民监督员制度改革方案》，从人民监督员的选任方式、监督范围和程序、知情权保障等方面提出新要求。针对西安市人民代表大会常务委员会对全市检察机关深化人民监督员制度改革试点工作专项视察提出的问题，西安市人民检察院进行专项整改，并组织115名人民监督员开展专项业务培训。邀请人民监督员参加职务犯罪专项工作会议和“检察开放日”等活动，通过多种形式拓展人民监督员监督范围，提升履职监督能力，全年组织人民监督员评议案件21件24人，持续加强对职务犯罪侦查权的监督。开展刑事案件速裁试点工作。严格按照“分批试点、及时总结、由点及面、逐步完善”的方针，推进刑事案件速裁试点工作。全年全市检察机关适用速裁程序起诉案件1078件1098人。坚持严格保障犯罪嫌疑人合法权益，及时与辩护律师、犯罪嫌疑人沟通，充分尊重犯罪嫌疑人的程序选择权。进一步规范办案期限、文书制作，完善同公安、法院等的对接机制，提高诉讼效率、体现宽严相济、维护公平正义的效果初步显现。推进以司法责任制为核心的检察改革。根据陕西省统一部署，蓝田县人民检察院被确定为全省司法体制改革试点院之一。西安市人民检察院及时加强对该项工作的指导和专项督导，对试点的重要内容和环节实行全程审核把关，随时了解和掌握完成进度，确保上级司法体制改革要求得到全面贯彻落实。8月，西安市检察体制改革全面推开。西安市人民检察院主动与全国首批、第二批改革试点单位联系沟通，学习借鉴成功的经验做法，先后制定检察官入额考试考核、检察官职权清单、司法责任制等实施细则，扎实做好动员部署、制定方案、发布公告、组织报名、资格审核、考试考核、推荐人选、面试等环节的工作，组织全市599名符合条件的检察官参加全省检察官遴选入额考试，组织全市116名助理检察员参加全省检察官遴选入额面试，通过“考试+考核”的方式确定515名候选检察官建议人选，并经陕西省法官、检察官遴选（惩戒）委员会遴选审核，最终确定420名检察官建议任用人选，并进行公示。在完成检察官遴选入额的基础上，围绕检察人员分类管理、内设机构改革、司法人员职业保障制度、省以下地方人民检察院人财物统一管理等重点任务，积极做好调查、摸底、统计等工作，为全面完成检察改革任务奠定坚实基础。

◆检察队伍专业化建设 2016年，西安市检察机关认真落实“领军人才培养规划”和年度岗位培训计划，进一步加大培训力度，持续开展以提高执法办案能力为重点的岗位“学、练、赛”活动，先后举办反贪业务培训、与成都检察机关城际公诉人论辩赛、全市十佳公诉人暨优秀公诉人评选、侦查监督业务竞赛、民事行政检察业务竞赛、司法警察培训、新进人员培训等业务培训活动，参加全省优秀公诉人、优秀侦查监督检察官、案件管理能手竞赛等练兵活动，共计培训干警700余人次，教育培训和岗位练兵的针对性和实效性进一步增强。在全国检察机关第四届侦查监督业务竞赛中，西安市2名干警获得“全国优秀侦查监督检察官”称号。推动纪律作风建设和检务督察工作常态化，下发《关于进一步加强作风纪律建设的意见》，围绕加强管理监督提出29项要求，坚持节假日、重大活动检务督察制度，开展督察检查6次。

◆案例

王安群受贿案　王安群在担任西安市公安局党委委员、副局长期间，利用职务上的便利，为他人谋取利益，先后收受他人贿赂折合人民币118.598286万元。具体事实如下：（1）收受张耒10万美元、5万欧元，接受张耒出资安排其亲属出国旅游，花费7.63万元人民币。2012年11月，博华（天津）股权投资合伙企业（简称天津博华）向西安市公安局报案，称陕西升泰投资有限公司（简称升泰公司）实际控制人张耒、法定代表人张科建涉嫌在城中村改造项目合作及股权转让过程中骗取天津博华1.935亿元。12月4日，西安市公安局对张耒、张科建以涉嫌合同诈骗罪立案侦查。此后，张耒经人介绍找到王安群，希望其关注此案。王安群将张耒的反映材料批示给西安市公安局经济犯罪侦查支队，并安排西安市公安局法制处审核科科长杨岳督办此案。后经侦支队办案人员向王安群汇报此案时，王安群指示暂不对张耒、张科建采取刑事拘留强制措施。2013年4月，在中共陕西省委政法委员会召开的案件协调会上，杨岳以办案程序不符合相关规定为由，提议该案以撤案处理，王安群表示同意。6月27日，西安市公安局做出对张耒、张科建合同诈骗案撤销案件决定书，王安群签字同意。为感谢王安群所提供的帮助并希望继续得到关照，张耒于2012年12月、2013年春节先后两次送给王安群10万美元、5万欧元，并于2013年7月安排王安群亲属5人前往韩国旅游，花费7.63万元人民币。王安群将收受的10万美元（兑换为人民币61.528406万元）、5万欧元（兑换为人民币39.43988万元）存入其个人控制的银行账户。（2）收受米玉平10万元人民币。2008年7月，西安侨荣实业有限公司（简称侨荣公司）在开发“东方米兰”项目过程中，其保安被他人殴打致伤，向当地派出所报案后一直未能立案。侨荣公司法定代表人米玉平经他人介绍找到王安群，希望王安群帮忙督促尽快立案。王安群随即给西安市公安局雁塔分局副局长黄琳打电话要求过问此事，黄琳要求时任丈八路派出所副所长呼延超尽快破案。8月，丈八路派出所侦破此案并抓获3名犯罪嫌疑人。为感谢王安群所提供的帮助，米玉平于2008年8月在玉祥门附近台湾酒店茶社内送给王安群10万元人民币，王安群收受后存入其个人控制的银行账户。此案由西安市人民检察院侦查终结并于2016年3月15日向西安市中级人民法院提起公诉，法院在开庭审理后于2016年6月6日做出判决，以受贿罪判处王安群有期徒刑4年又6个月，并处罚金人民币50万元，依法没收赃款人民币118.598286万元。

张印寿受贿案 张印寿在先后担任周至县人民政府县长、中共周至县委书记期间，利用职务便利，为他人谋取利益，收受他人贿赂共计180万元人民币。具体事实如下：（1）收受陕西隆发房地产开发有限公司（简称隆发公司）董事长张振学150万元人民币。2007年至2012年期间，隆发公司先后在周至县开发建设隆发购物广场、隆发尚品公寓和商业步行街、云塔世纪广场等多个项目，张印寿在为隆发公司协调项目转让、安置项目用地被拆迁单位人员、收购项目用地所涉单位债权、推进项目签约等方面提供帮助。为对张印寿表示感谢，并希望继续得到其关照，张振学于2011年1月、2012年1月先后两次在张印寿家中、西安市朱雀门内四川会馆停车场共计送给张印寿150万元人民币，张印寿收受后放在其家中。2014年11月，张印寿得知组织向张振学调查情况，担心事情败露，在西安市凤城九路将150万元退还给张振学。（2）收受西安钧发置业有限公司（简称钧发公司）总经理张旭亮20万元人民币。2011年4月，张旭亮为当选西安市人大代表找张印寿帮忙，并在张印寿办公室送给张印寿20万元人民币。后张印寿向时任周至县人大常委会主任任景斌打招呼，要求对张旭亮予以关照。2011年12月，张旭亮被确定为周至县出席西安市第十五届人民代表大会代表候选人。（3）收受西安富饶房地产开发有限公司（简称富饶公司）总经理倪勇10万元人民币。2007年12月，周至县种子公司将其加工厂资产转让给富饶公司，因种子公司改制方案须经周至县人民政府批准后方可办理土地转让手续，倪勇找到张印寿，请求其尽快召开会议研究种子公司改制方案。2008年6月，张印寿主持召开周至县政府常务会议，通过种子公司改制方案，富饶公司顺利取得种子公司加工厂土地使用权。为对张印寿表示感谢，倪勇于2008年6月、2011年12月先后两次在张印寿办公室共计送给张印寿10万元人民币。此案由西安市人民检察院侦查终结并于2015年9月15日向西安市中级人民法院提起公诉，法院在开庭审理后于2016年5月4日做出判决，以受贿罪判处张印寿有期徒刑6年，并处罚金人民币20万元，依法没收赃款人民币180万元。

倪小昌受贿案 2009年3月至2014年，倪小昌在担任西安市公安局交通警察支队车辆管理处驾驶员管理科（简称车管处驾管科）科长、车辆管理处副处长期间，利用职务之便，以过节费、感谢费等名义收受多人及多家驾校给予的人民币共计1351.8万元。具体事实如下：（1）收受西安市公安局交警支队车管处39名民警好处费362.7万元。2009年3月至2014年，车管处驾管科何晓平等39名民警，为了和倪小昌搞好关系，让其在车管处驾管科负责的考试员（考官）安排中给予照顾，以过节费、感谢费及好处费的名义，共送给倪小昌人民币362.7万元。倪小昌收受上述过节费、感谢费及好处费后，在车管处驾管科科目二、科目三考试安排中为何晓平等39名民警增加考试场次，并分配到规模较大的考场负责考核。（2）收受西安市公安局交警支队车管处驾管科管辖的72家驾校的好处费989.1万元。2009年3月至2014年，西安华津驾驶员培训有限责任公司（简称华津驾校）等72家驾校，为了让倪小昌在驾驶员考试报名及考试安排中给予照顾，以过节费、感谢费及好处费的名义，共送给倪小昌人民币989.1万元。倪小昌收受上述过节费、感谢费及好处费后，为华津驾校等72家驾校在驾驶员考试报名中增加异地学员报名名额和自训名额，并在驾驶员科目二、科目三考试安排中增加驾校学员分配名额和考试场次。倪小昌收到民警和驾校送的上述好处费后，交给西安关中驾校分校负责人马双，马双以其本人和其兄马丹名义将受贿款存入多家银行。案件侦破后，上述1351.8万元赃款全部追缴在案。此案由西安市人民检察院侦查终结并于2016年1月27日向西安市中级人民法院提起公诉，法院在开庭审理后于2016年3月25日做出判决，以受贿罪判处倪小昌有期徒刑13年，并处罚金150万元。

曾游海受贿案 曾游海在任西安市房地产管理局第二分局局长、西安市房地产经营二公司（简称二公司）经理期间，利用职务上的便利，为他人谋取利益，先后多次收受陕西华春轩房地产开发有限公司（简称华春轩公司）法定代表人张春明好处费共计277.832万元，具体事实如下：（1）2009年7月，二公司拟开发西关正街安定坊棚改项目，张春明想与二公司合作开发该项目。7月的某天，张春明通过西安市房地产经营一公司东大街管理所副所长任小平（另案处理）将曾游海约至高新四路一家茶馆，并在茶馆楼下、曾游海车旁，送给曾20万元。曾游海收受后，将其中8万元用于打牌、日常花销，12万元存入个人名下建设银行账户。2014年4月，曾游海在网上发现华春轩公司举报二公司开发安定坊棚改项目举报信，担心收受张春明20万元的事情败露，将20万元退还给了张春明。（2）2009年9月、2010年1月，张春明为了承揽安定坊棚户区改造项目，先后两次让任小平以过节费名义在曾游海居住的西举院小区门前送给曾游海各2万元，共计4万元。曾游海收受后，用于个人日常花销及购置年货等花费。（3）2009年10月、2010年1月、2010年4月，曾游海先后三次以考察项目的名义让张春明安排其去上海、台湾和日本旅游。张春明为承揽安定坊棚户区改造项目，先后三次让任小平在曾游海入住的当地酒店房间送给曾游海好处费共计17万元。其中，在上海送给曾游海5万元；在台湾送给曾游海7万元；在日本送给曾游海用人民币5万元兑换的日元。曾游海收受后，全部用于在上海、台湾及日本旅游期间的消费。（4）2010年4月，曾游海妻姐之子陈楠要举办婚宴，曾游海通过任小平向张春明提出为陈楠联系婚宴酒店，张春明表示同意并向曾游海承诺支付婚宴全部费用。之后，张春明将陈楠婚宴预定在西安香格里拉酒店。10月10日，陈楠婚宴如期在西安香格里拉酒店举办，花费6.832万元，张春明让其公司出纳姚平利支付了该费用。（5）2010年6月，华春轩公司和二公司顺利签订安定坊棚户区项目合作开发合同书。张春明为感谢曾游海，邀请其到韩国旅游。在韩国期间，张春明让任小平在曾游海入住的酒店房间送给曾游海用人民币5万元兑换的韩元。曾游海收受后，用于在韩国旅游期间的消费。（6）2010年6月，合同签订后，张春明经任小平向曾游海转达谢意，曾游海经任小平转告张春明购买2辆高档轿车的意愿，并商定200万元左右。张春明向任小平招商银行账户转款200万元，让任小平交给曾游海购买车辆，随后曾游海授意任小平将款项暂存在其银行账户。11月，曾游海让任小平为其购买一辆黑色奥迪A6小轿车，花费75.3223万元，并实际占有使用该车。12月，曾游海又让任小平为其购买一辆黑色途锐越野车，花费102.7316万元，并让任小平为其保管。因担心被相关部门调查，曾游海让任小平将2辆车均登记在任小平名下。2011年5月，曾游海让任小平将剩余的21.9461万元支付九锦台小区房子的装修费用。（7）2010年9月，张春明为让曾游海尽快启动项目拆迁工程，通过任小平将曾游海约至朱雀路真爱年华洗浴中心洗浴。其间，张春明以过中秋节名义送给曾游海10万元。曾游海收受后，存入个人名下建设银行账户。（8）2011年1月，张春明为感谢曾游海推进安定坊棚户区改造项目拆迁，通过任小平将曾游海约至唐延路顺峰酒店吃饭，

并以过节费名义送给曾游海2万元。曾游海收受后，用于春节期间花费。（9）2011年3月，曾游海以考察项目名义让张春明安排其去台湾旅游。在台湾期间，张春明为让曾游海加快拆迁进度，让任小平在曾游海入住的酒店房间送给曾游海3万元。曾游海收受后，用于台湾旅游期间的花费。（10）2011年下半年，安定坊棚户区改造项目部分拆迁工作遇到阻碍，致使拆迁不能按期完成。9月，张春明为让曾游海帮忙尽快完成项目拆迁，在高新二路太白庄园送给曾游海5万元。曾游海收受后存入个人名下建设银行账户。2012年1月，张春明和任小平一起到民航西安医院探望住院的曾游海，并送给曾游海5万元。曾游海收受后，用于个人在民航西安医院和西安红会医院住院治疗费用。此案由西安市人民检察院侦查终结并于2015年9月8日向西安市中级人民法院提起公诉，法院在开庭审理后于2016年4月27日做出判决，以受贿罪判处曾游海有期徒刑8年，并处罚金20万元。

刘伯贤贪污案　刘伯贤在任兰州军区房地产管理局法律咨询站主任、甘肃新兴工程建筑房地产开发公司（简称新兴公司）清算组负责人期间，利用职务便利，伙同他人虚构事实、隐瞒真相，骗取公共财物55万元。具体事实如下：2007年12月，刘伯贤在负责清理新兴公司债权债务过程中，发现公司账面上有2笔应付款多年无人索要，其中应付甘肃土地综合开发公司联建投资款30万元，应付天水长城电器开关厂售后服务款26万余元。刘伯贤找到时任兰州军区房管局局长丁西林（另案处理）商量将上述2笔款套出后作为清算组账外资金使用，丁西林表示同意，并安排兰州军区房管局下属小西湖管理处财务人员卢东协助刘伯贤办理套取资金事宜。刘伯贤将新兴公司与上述两家公司的合同复印件通过丁西林提供给卢东，卢东据此刻制两家公司的公章、财务专用章，伪造相关材料。后经刘伯贤、丁西林签字审批，从新兴公司套取资金55万元。2008年春节后，丁西林安排卢东将其中30万元送到刘伯贤家中，刘伯贤收受后据为己有。2008年年底及2009年年初，丁西林两次在其办公室将其余25万元也全部交给刘伯贤。刘伯贤将上述55万元用于个人购买西安曲江馨佳苑小区房产。案发后，刘伯贤退缴全部贪污赃款。此案由西安市人民检察院侦查终结并于2015年8月14日向西安市中级人民法院提起公诉，法院在开庭审理后于2016年5月3日做出判决，以贪污罪判处刘伯贤有期徒刑2年，并处罚金20万元。

刘刚受贿、贪污案　刘刚在任西安电子科技大学（简称西电）后勤处处长、国有资产管理处处长期间，利用职务便利，非法收受他人财物折合人民币169.0719万元，贪污公款20.08万元。具体事实如下：**受贿罪**：（1）收受陕西竣泽公司徐华人民币36万元。①2003年秋，陕西奥莱建筑装饰工程设计有限公司（后更名为陕西竣泽公司）西电项目部经理徐华经人介绍认识了刘刚。2006年春节前至2012年年底期间，徐华请求刘刚在西电基建维修改造项目招标、施工管理及工程款支付等方面给予关照。在刘刚帮助下，徐华先后承揽西电49号研究生公寓、5号楼、6号楼等维修改造工程。为对刘刚表示感谢，并希望继续保持良好关系，徐华先后于2006年春节前、2007年春节前、2008年春节前，在西电北校区刘刚办公室分3次各送给刘刚2万元，共计6万元；2009年春节前，徐华在西电党政办车库刘刚临时住所送给刘刚5万元；2009年中秋节前、2010年春节前、2010年中秋节前、2011年春节前、2011年中秋节前、2012年春节前及2012年中秋节前，徐华在西电南校区刘刚办公室先后7次送给刘刚各2万元，共计14万元。以上徐华共计送给刘刚25万元，刘刚均予以收受，并据为己有。②2013年1月，刘刚调任西电国资处处长。2014年春节前，徐华为对刘刚表示感谢，并希望继续得到其关照，在西电党政办车库刘刚临时住所送给刘刚5万元；2014年中秋节前、2015年春节前，徐华在西电南校区刘刚办公室分2次送给刘刚各2万元，共计4万元；2015年中秋节前，徐华在西电党政办车库刘刚临时住所送给刘刚2万元。以上徐华共计送给刘刚11万元，刘刚均予以收受，并据为己有。（2）收受陕建十一公司钟青7万元。2010年7月，陕建十一公司承揽西电北校区西大楼维修改造一期工程。该工程项目经理钟青请求刘刚在工程续标及工程款支付等方面给予支持和关照。后在刘刚帮助下，该公司续标承揽西大楼维修改造二期和三期工程。2010年中秋节前，钟青为对刘刚表示感谢，并希望继续得到其关照和支持，在西电南校区门口送给刘刚5万元；2011年春节前，钟青邀请刘刚在南二环悦庭酒店吃饭期间，送给刘刚2万元。以上钟青先后2次送给刘刚共计7万元，刘刚均予以收受，并据为己有。（3）收受西安炳德公司付海鹏钱物共计121.0719万元。2005年11月至2013年1月，刘刚在担任西电后勤处处长期间，负责西电新校区冬季采暖煤采购业务。西安炳德公司法定代表人付海鹏为给西电供冬暖煤并顺利结算煤款，多次请求刘刚在煤炭招投标、补偿亏损及结算煤款等方面予以支持和关照，刘刚均答应帮忙。付海鹏为感谢刘刚的帮助，并希望继续求得其关照，先后多次送给刘刚钱物共计121.0719万元，刘刚均予以收受，并据为己有。在刘刚的帮助下，付海鹏连续8年通过中标或议标方式给西电供应冬季供暖用煤，并从中谋取利益。具体事实如下：①2007年春节前某天，付海鹏为感谢刘刚在煤炭招标和结算煤款等方面的支持和关照，以过春节为由，准备2瓶五粮液酒、2条黄芙蓉王香烟及10万元现金，并电话约刘刚到崇业路和光华路十字附近一茶馆喝茶。喝茶结束出门时，付海鹏从其车上取出事先准备好的10万元及烟酒送给刘刚，刘刚予以收受，并据为己有。②2009年春节前的某天晚上，付海鹏为感谢刘刚在供煤招标和结算煤款等方面给予关照，约刘刚在西电生活区门口见面，并以过春节为由，送给刘刚2瓶五粮液酒、2条中华香烟和10万元现金以示感谢，刘刚予以收受，并据为己有。③2011年年初，付海鹏找到刘刚，请求刘刚为其补偿2007—2008年供暖煤大幅上涨所造成的损失，刘刚答应帮助付海鹏补偿60万元左右。4月，刘刚指使负责冬暖煤业务的后勤处校园管理科科长张益华（另案处理）在2010—2011年供暖季结算煤款时为付海鹏虚增60万元左右的煤量。后张益华虚开了29车共计942.47吨煤炭的过磅单，按照当年合同价（每吨630元）计算共计59.37561万元，将过磅单及付款申请交由刘刚签字审批在西电财务处报销后，将虚报的59.37561万元转账支付给西安炳德公司账户。5月，付海鹏为感谢刘刚和张益华，在西沣路长征酒店请二人吃饭期间，将事先准备好的8万元和价值2万元的中国石油加油卡送给两人以示感谢，其中张益华收受6万元和2万元加油卡，刘刚收受2万元。④2011年7月初，付海鹏认为在给西电供煤期间，刘刚在招投标和支付煤款方面给予其很大支持和关照，为表示感谢并希望继续得到其大力支持，决定送给刘刚一辆汽车。7月初的某天，付海鹏和刘刚在高新区太白庄园足浴店浴足后，商定去凤城五路4S店看车，并购买一辆黑色起亚霸锐越野车。后付海鹏让其司机薛辉将车辆登记在薛辉名下，同时支付39.8万元车款，并办理了购车手续。新车提出后，付海鹏将该车送给刘刚，刘刚予以收受，并占有使用。⑤2011年7月初的某天，付海鹏和刘刚聊天期间，获知刘刚妻子韩红和女儿刘雨晗暑假要去欧洲旅游（经查二人于7月8日乘机赴奥地利旅游）。7月5日，为表示感谢，并希望继续得到刘刚的帮助，付海鹏在中国银行西安高新开发区支行兑换1万欧元(按2011年7月5日至7月8日期间最低汇率折算为9.2719万元人民币）后，电话邀请刘刚在紫薇田园都市名典咖啡包间见面。其间，将1万欧元送给刘刚，刘刚将此款收受后据为己有。⑥ 2012年12月，西电决定对本校中层领导进行轮岗，刘刚被任命为国资处处长。付海鹏决定给刘刚送50万元以表示感谢。2013年1月的某天，付海鹏电话约刘刚在郭杜环郭路见面，并将装有50万元的布袋送给刘刚，刘刚将此款收受后据为己有。（4）收受泾阳县建筑公司吴军利5万元。2010年7月，刘刚在担任后勤处处长期间，负责西电地热水池二期建设工程项目实施。该项目在招投标前，泾阳县建筑公司项目经理吴军利找到刘刚，请求刘刚在招投标方面给予帮助，争取泾阳县建筑公司中标，刘刚表示同意帮忙。后在招标过程中，刘刚作为评委给泾阳县建筑公司评了高分，使该公司顺利中标。在该项目施工期间，应吴军利请求，刘刚在未进行招投标情况下，决定将新校区车库和垃圾台工程交由吴军利公司承建。上述项目完工后，吴军利为表示感谢，于2011年四五月的某天，到刘刚新校区办公室送给其5万元，刘刚将此款收受后据为己有。**贪污罪**：2005年7月至2013年1月，刘刚在担任西电后勤处处长期间，指使后勤处淡妙萍（另案处理）具体管理后勤处“小金库”。该“小金库”资金来源包括西电基建维修工程、冬暖煤采购等业务招标的中标服务费、收取投标单位的资料费、校园摆摊管理费、移动联通基站租赁费及废旧物资处理费等，上述费用本应上交西电财务处，但刘刚、淡妙萍将资金截留形成“小金库”。截至2013年1月，该“小金库”资金收入总计378万余元。其间，刘刚先后3次从“小金库”剩余资金中侵吞共计20.08万元。（1）2012年10月下旬，西电校内网站有人举报刘刚和淡妙萍在冬暖煤招标中暗箱操作，并存在经济问题。刘刚怀疑系西电某退休领导的儿子涂继军所举报，遂准备2万元购物卡，并将其送给涂继军，后网站举报内容被撤销；淡妙萍认为让刘刚个人出钱“摆平”此事不妥，经刘刚同意，淡妙萍从其经管的“小金库”中取出10万元，于11月初在刘刚办公室交给刘刚，刘刚将此款据为己有。（2）2013年1月初，刘刚被任命为西电国资处处长。淡妙萍到刘刚办公室汇报后勤处“小金库”资金还有近16万元剩余资金，并提出给刘刚7万元，同时将7万元交给刘刚，刘刚将此款收下后据为己有。（3）2014年6月，淡妙萍用后勤处“小金库”剩余资金中的3.08万元在金鹰国际购物中心购得重量为100克的工艺金牌1块，并将其送给刘刚，同时向刘刚说明其系“小金库”剩余资金购买，让刘刚放心收下。刘刚将金牌收下，并据为己有。此案由西安市人民检察院侦查终结并于2016年9月26日向西安市中级人民法院提起公诉，法院在开庭审理后于2016年12月13日做出判决，以受贿罪、贪污罪判处刘刚有期徒刑5年6个月，并处罚金50万元；依法没收起亚霸锐越野车1辆、1万欧元及赃款人民币120万元；将100克工艺金牌1块及赃款17万元发还西安电子科技大学。

汪汉臣受贿案 汪汉臣在任宝钛集团有限公司（简称宝钛集团）总经理、宝鸡钛业股份有限公司(简称宝钛股份）董事长，陕西有色金属控股集团有限责任公司总经理（正厅级）、陕西有色光电科技有限公司（以下简称有色光电）董事长、汉中锌业有限责任公司（以下简称汉中锌业）董事长期间，利用职务之便，为山西华鑫海贸易有限公司（简称华鑫海公司）、陕西工科建筑工程有限公司（简称工科公司）、汕头市达濠建筑总公司（简称达濠公司）、陕西华翼实业有限责任公司(简称华翼公司）、锦州华神钛业有限公司（简称锦州华神）、陕西天力建设工程有限公司（简称天力公司）、陕西省天台山矿业开发有限责任公司（简称天台山矿业）等单位谋取利益，多次收受上述单位相关负责人给予的财物，共计人民币375万元、美元52万元及黄金3000克。具体事实如下：（1）收受山西华鑫海贸易有限公司总经理李向军37万美元。① 2000—2007年，华鑫海公司与宝钛集团合作经营钢材购销业务。华鑫海公司总经理李向军向汪汉臣寻求帮助，于2005年春节前，在宝鸡万利酒店送给汪汉臣3万美元。② 2005年9月，宝钛集团拟对其下属南京宝色钛业有限公司（简称南京宝色）进行增资扩股，李向军为参股事宜向汪汉臣寻求帮助。2006年4月，在汪汉臣帮助下，华鑫海公司出资2000万元参股南京宝色，持有南京宝色20%股份。2008年3月至2008年10月，宝钛集团将“南京宝色钛业有限公司”整体变更为“南京宝色股份公司”，再次增资扩股，并筹备上市。2008年10月，华鑫海公司增资同比例认购了南京宝色新增股本。2014年10月，南京宝色在深圳证券交易所挂牌上市，华鑫海公司持有南京宝色3020万股，市值数亿元。2006年至2013年春节前，为感谢汪汉臣提供的帮助，李向军在宝鸡、西安等地所住酒店先后8次共计送给汪汉臣34万美元。汪汉臣收受上述款项后据为己有。（2）收受陕西工科建筑工程有限公司董事长石建文220万元。① 2008年上半年，工科公司董事长石建文（另案处理）为承揽宝钛集团工程，多次向汪汉臣寻求帮助。汪汉臣给宝钛集团相关工程主管人员打招呼，将提升装备设计制造能力技改工程项目交由石建文所属公司承建。2008年7月，为能顺利承揽该工程，石建文将100万元送到在宝钛集团老区家属院汪汉臣家中，汪汉臣收受后将此款交其妻谢惠茹保管。2008年9月，在汪汉臣帮助下，工科公司承揽宝钛集团提升装备设计制造能力技改工程项目，合同总价7200余万元。② 2011年年初，石建文得知有色集团下属的有色光电项目即将开建，为承揽该工程，石建文多次找时任有色集团总经理的汪汉臣寻求帮助，并于2011年6月将70万元送到有色集团家属院汪汉臣家中，汪汉臣收受后将此款交其妻谢慧茹保管。③ 2012年5月，石建文得知有色光电研发大厦工程项目即将招标，再次找到汪汉臣寻求帮助。汪汉臣给有色光电相关工程项目主管人员打招呼让其关照工科公司。2012年7月，研发大厦工程项目正式招标后，为能顺利中标，石建文在西安高新区新纪元俱乐部东门口送给汪汉臣20万元，汪汉臣收受后将此款交其妻谢惠茹保管。工科公司在汪汉臣帮助下，顺利承揽研发大厦工程项目，合同总价1亿2000余万元。④ 2012年10月，汪汉臣父亲去世。为对汪汉臣表示感谢，石建文在汪父生前所住小区丧礼现场送给汪汉臣10万元。⑤ 2013年春节前，在研发大厦施工期间，石建文得知有色光电意将研发大厦内装修工程项目剥离分包。为请汪汉臣继续将研发大厦内装修工程交由其公司承建，石建文在西安高新区新纪元俱乐部东门口送给汪汉臣20万元。汪汉臣收受上述款项后据为己有。（3）收受汕头市达濠建筑总公司西安第五项目部负责人杨展人民币30万元、美元5万元。2007年年底，达濠公司西安第五项目部负责人杨展（另案处理）得知宝钛集团下属宝钛股份即将建设宝钛会展中心工程项目的消息后，向时任宝钛集团总经理、宝钛股份董事长汪汉臣寻求帮助。汪汉臣给宝钛集团负责工程招标的时任技改办副主任李周岐(另案处理)打招呼，让其关照杨展所属的公司。2008年7月，在汪汉臣、李周岐等人帮助下，杨展以汕头市达濠公司的名义中标承揽宝钛会展中心工程项目，合同总价1860余万元。在会展中心工程施工期间，在汪汉臣帮助下，杨展又以达濠公司名义承揽宝钛工业园供水、供电、供热管网工程，合同总价1920余万元。以上工程，杨展均以汕头市达濠建筑总公司西安第五项目部（简称达濠西安第五项目部）名义组织施工。为对汪汉臣表示感谢，2008—2013年，杨展先后9次送给汪汉臣感谢费共计人民币30万元、美元5万元。汪汉臣收受上述款项据为己有。（4）收受陕西华翼实业有限责任公司总经理王红晔美元10万元、人民币15万元。2007年前后，华翼公司总经理王红晔为承揽宝钛职工住宅小区项目，向时任宝钛集团总经理汪汉臣寻求帮助。2008年6月，在汪汉臣帮助下，华翼公司承揽宝钛职工住宅小区代建项目，合同总价3亿8000多万元。施工期间，华翼公司又承揽宝钛职工住宅小区商铺、2#地下车库及会所代建工程，合同总价4000多万元。2009年春节前，为感谢汪汉臣提供的帮助，王红晔在西安高新区唐延路王子铂金饭店送给汪汉臣10万美元。汪汉臣调任有色集团总经理后，为对汪汉臣之前的帮助表示感谢，同时为让汪汉臣帮忙协调解决宝钛职工住宅小区代建过程中产生的矛盾纠纷，2010年、2011年春节前，王红晔先后2次在汪汉臣办公室送给汪汉臣共计15万元。汪汉臣收受上述款项据为己有。（5）收受锦州华神钛业有限公司总经理王艳60万元。2007年，宝钛集团为解决生产所用海绵钛原料完全依赖外部采购问题，决定在国内收购一家海绵钛生产企业。锦州华神总经理王艳为达到让宝钛集团收购其公司的目的，向汪汉臣寻求帮助。在汪汉臣帮助下，2007年8月，宝钛集团下属宝钛股份与锦州华神钛业有限公司签订增资协议，宝钛股份出资3868.47万元，增资控股锦州华神，持有锦州华神66.67%的股权，随后锦州华神变更为宝钛华神钛业有限公司（简称宝钛华神），完成对该企业的收购。在收购谈判过程中，锦州华神总经理王艳以资产评估与实际不符为由找到汪汉臣，请其予以照顾。汪汉臣承诺王艳以后可以增持宝钛华神股权，还可以将其持有的宝钛华神股份置换宝钛股份的股份，以实现王艳股权的增值。2009年7月，为对汪汉臣表示感谢，王艳在有色集团附近送给汪汉臣30万元；2010年、2011年春节前后，王艳在汪汉臣办公室2次送给汪汉臣内存有20万元的建设银行不记名定活两便储蓄存单；2014年四五月，王艳在有色集团附近送给汪汉臣10万元。汪汉臣收受上述款项据为己有。（6）收受陕西天力建设工程有限公司股东李莉香50万元。2007年，宝钛集团宝钛工业园项目启动。李莉香为在宝钛工业园承揽工程，向时任宝钛集团总经理、宝钛股份董事长汪汉臣寻求帮助。2008年3月，在汪汉臣帮助下，李莉香以中国有色金属工业第六冶金建设公司（简称第六冶建）名义承揽钛及钛合金残废料处理生产线厂房工程项目，合同总价3700余万元。2009年3月，李莉香与范天峰合伙成立天力公司，与第六冶建签订联营协议，以工程分包名义对该项目进行施工。2012年年初，有色光电10亿瓦特太阳能光伏电池项目即将启动，李莉香为感谢汪汉臣以前的帮助，同时继续承揽该项目，于2012年春节前在汪汉臣办公室送给其20万元。2012年7月，在汪汉臣帮助下，李莉香及其天力公司以陕西建工集团第十建筑工程有限公司的名义承揽有色光电10亿瓦特太阳能光伏电池项目一期单晶厂房工程，合同总价8100余万元。为继续在有色光电承揽工程，李莉香又于2012年9月在汪汉臣办公室送给其存有30万元的民生银行卡一张。2013年7月，在汪汉臣帮助下，李莉香及其天力公司又以陕西建工第六建筑工程有限公司的名义承揽有色光电10亿瓦特太阳能光伏电池项目一期组建厂房工程，合同总价3400余万元。汪汉臣收受上述款项据为己有。（7）收受陕西省天台山矿业开发有限责任公司董事长徐保明3000克黄金。2012年，汉中锌业欲建设硫酸二铵项目，天台山矿业董事长徐保明向时任有色集团总经理兼任汉中锌业董事长的汪汉臣提出让汉中锌业收购天台山矿业，双方合作开发硫酸二铵项目的合作意向，汪汉臣表示认可。为了寻求汪汉臣帮助、促成收购完成，徐保明于2013年四五月，利用汪汉臣到汉中锌业检查工作期间，在汪汉臣所住勉县宾馆房间送给汪汉臣金条3根，价值98.394万元。汪汉臣收受后据为己有。嗣后，汪汉臣召集有关方面签订收购合作备忘录，安排有色集团相关部门和人员对天台山矿进行储量核实勘探。此案由西安市人民检察院侦查终结并于2015年9月25日向西安市中级人民法院提起公诉，法院在开庭审理后于2016年5月4日做出判决，以受贿罪判处汪汉臣有期徒刑11年，并处罚金100万元；依法没收起赃款、赃物人民币375万元、美元52万及黄金3000克。

崔向岗、惠繁江徇私舞弊减刑案

崔向岗、惠繁江身为国家司法机关工作人员，利用职务便利，徇私舞弊，在申报罪犯重大立功的刑罚执行工作中，收受他人财物，隐瞒真相，虚构事实，导致不符合减刑条件的罪犯被减刑。具体事实如下：2010年1月14日，葛雄因犯受贿罪被送入陕西省未成年犯管教所第八管区服刑。在了解到通过发明创造立功可以减刑后，葛雄让其妻子刘群珠找到陕西华祥能源科技集团有限公司董事长毛少祥帮忙申请专利。毛少祥派其员工王宁波与刘群珠一起到陕西省未成年犯管教所会见葛雄，葛雄向王宁波介绍其专利设计思路。2010年12月22日，葛雄“一种流化床气化炉用气体分布器中心管”专利（专利号：ZL201020180165.9）被国家知识产权局批准。葛雄入监后不久，时任陕西省未成年犯管教所第八管区指导员的崔向岗，违反规定在西延路金海岸酒店接受葛雄妻子刘群珠吃请并收受财物；在过年、过节时，接受刘群珠送其的烟、酒、茶叶、购物卡等财物。在葛雄专利研发、申报及重大立功的刑罚执行工作中，崔向岗在明知罪犯葛雄未向第八管区提出书面研发申请、专利申报未经上级部门批准擅自委托他人申报专利且专利应用证明存在虚假的情况下，仍然于2011年8月19日主持召开第八管区会议，隐瞒事实，建议对葛雄申报重大立功，并在监区会议通过。会后，崔向岗指示第八管区内勤郑斌填写“服刑人员重大立功审批表”，安排第八管区副管区长惠繁江书写干警情况证明，完善葛雄重大立功申报相关材料。惠繁江在接受刘群珠送来的烟、酒、茶叶、购物卡等财物后，明知其出具的干警情况证明是葛雄申报重大立功所必备材料，仍捏造事实，出具虚假干警情况证明，作为罪犯葛雄报请重大立功的依据，入卷上报上级业务部门，致使葛雄重大立功乃至减刑程序得以启动。后经陕西省未成年犯管教所上报陕西省监狱管理局批准，2011年10月17日，葛雄因重大立功被西安市中级人民法院以（2011）西监刑执字第2354号刑事裁定书裁定减刑2年。案发后，经陕西省未成年犯管教所提请，陕西省监狱管理局撤销葛雄的重大立功奖励。2015年2月9日，西安市中级人民法院依法撤销（2011）西监刑执字第2354号刑事裁定书。此案由西安市雁塔区人民检察院侦查终结并于2015年4月3日向雁塔区人民法院提起公诉，法院在开庭审理后于2015年12月4日做出判决，以犯徇私舞弊减刑罪判处崔向岗有期徒刑1年又2个月；惠繁江免予刑事处罚。后崔向岗以原审判决证据不足、其本人系正常履行职责等理由提出上诉，西安市人民检察院派员出庭并建议维持一审判决。2016年4月11日，西安市中级人民法院裁定驳回上诉，维持一审判决。

（迟　旭）

西安市人民检察院

检察长　张民生
副检察长　廖　平　丁　恒　施文平
政治部主任　梁根科
反贪局长　王清宇
纪检组长　赵仲军

审 判

◆**概况** 2016年，西安市两级法院围绕社会大局稳定，坚持严格、公正、廉洁执法，积极应对案件数量持续快速增长态势，狠抓执法办案、审判管理、司法改革和法院队伍建设，各项工作均取得新进步。全年两级法院受理各类案件152707件，审结各类案件140546件。其中，西安市中级人民法院受理各类案件21965件，审结各类案件20794件，结案数超过陕西省其他10个中级人民法院结案总和的一半，结案率名列全国15个副省级城市中级人民法院第二。

◆**刑事审判** 2016年，西安市两级法院注重分析研判社会治安形势变化，坚持把依法打击罪犯和保障人权紧密结合，全力维护社会稳定和谐。积极部署开展“打击伪劣产品犯罪宣传周”“打击毒品犯罪宣传周”“防范打击非法集资宣传季”等专项活动，举办“3·15”消费者权益保护、知识产权司法保护等新闻发布会，回应群众关切，加强法制宣传，提高群众防范风险和依法维权意识，促进“法治西安”和“平安西安”建设。全年两级法院审结各类刑事案件8143件，比上年上升5.04%，判处刑罚8636人。依法打击泄密、暴力恐怖、利用邪教破坏国家法律实施等危害国家安全犯罪，依法惩治杀人、抢劫、绑架及黑恶势力、拐卖妇女儿童等严重危害社会治安犯罪和“盗抢”“黄赌毒”等多发性犯罪，审结此类犯罪案件5258件，判处刑罚6011人。依法惩治各类经济犯罪，稳妥审理涉众型经济犯罪案件，审结信用卡诈骗、组织领导传销活动、非法吸收公众存款、集资诈骗、合同诈骗等侵害群众财产安全的犯罪案件366件，判处刑罚427人，为受害群众挽回经济损失1.2亿元。依法惩治生产销售伪劣产品、有毒有害食品和假药劣药等食品药品安全犯罪，保护群众生命健康权益，审结此类案件27件，判处刑罚46人。加强预防和惩治腐败体系建设，坚持既打“老虎”又拍“苍蝇”，依法严惩贪污、贿赂、挪用公款、滥用职权及基层执法活动中的失职渎职侵权等职务犯罪，审结此类案件187件，判处刑罚145人。坚持宽严相济的刑事政策，依法判处缓刑1793人，免予刑事处罚72人，宣告无罪3人。严格减刑假释程序，办结减刑假释案件3430件。加强未成年人保护，推行圆桌审判和心理疏导，审结未成年人犯罪205人。

◆**民商事审判** 2016年，西安市两级法院认真贯彻新发展理念，扎实服务《西安市“十三五”规划》，着力研判、预防和化解各种风险，及时受理、稳妥化解供给侧结构性改革及重点项目建设过程中发生的纠纷案件，以法治的方式助力改革和发展。全年受理各类民商事案件100954件，审结91432件，比上年分别上升26.75%和17.60%。积极参与“千人亲商助企”活动，组织法官深入企业开庭审案、提供法律政策咨询，帮助企业解决法律问题和实际困难。依法维护市场经济秩序，审结各类合同纠纷案件48410件。其中，建设工程、农村土地承包、房屋征收拆迁等纠纷案件2088件；借款合同、房屋买卖等纠纷案件18641件；电信服务、物业管理等纠纷案件7件。积极助力“去产能、去库存、去杠杆”等供给侧结构性改革，设立清算与破产(知识产权)审判庭，依法清理“僵尸企业”，审结企业破产案件25件，上升257.14%。依法维护投资环境，平等保护境内外市场主体合法权益，促进开放型经济发展，审结涉外、涉港澳台纠纷案件36件。加强知识产权司法保护，依法制裁不正当竞争和侵权行为，审理侵害作品信息网络传播权和商标、专利侵权纠纷等知识产权案件887件；公布知识产权十大典型案件，网上直播知识产权案件庭审，营造创新发展环境。依法维护金融秩序，保障投资者合法权益，审结股东权确认、债权和股权转让及银行、证券、保险等领域的金融纠纷案件267件。推进家事审判方式改革，健全家事调解、未成年人保护、家暴受害人救助机制，加强家庭、邻里、老人、妇女、儿童和残疾人合法权益保护，审结婚姻家庭、赡养抚养、遗产继承、相邻关系等案件13676件。依法维护劳动者和消费者合法权益，审结劳动争议、追索劳动报酬、网络购物、产品质量纠纷等案件3458件。

2016年“一带一路”沿线国法律人才培训暨国际法律交流周活动

◆**行政审判** 2016年，西安市两级法院坚持监督和支持行政机关依法行政，切实维护行政相对人合法权益，受理各类案件1351件，审结1281件，比上年分别下降65.87%和58.90%。积极稳妥化解各类行政纠纷，推进行政机关依法行政。其中，审结房屋拆迁、城市规划等城建类案件198件，土地征收等资源类案件115件，劳动和社会保障类案件57件，治安处罚等案件112件。在一审审结的796件行政案件中，依法判决原告胜诉及促使行政机关与原告达成和解而撤诉的267件，占33.54%。依法审查行政非诉执行案件1865件，裁定准予执行1684件，占90.29%。依法维护赔偿请求人合法权益，审结国家赔偿案件11件，确定赔偿金额18.27万元。推动落实行政首长出庭应诉制度，切实解决“告官不见官”问题。坚持印发《行政审判白皮书》，积极向行政机关发送司法建议，邀请行政干部旁听典型行政案件审理，促进法治政府建设。

◆**执行工作** 2016年，西安市中级人民法院作为最高人民法院确定的“全国基本解决执行难示范法院”，迅速推进各项工作开展，以实际行动落实“用两到三年时间基本解决执行难问题”的目标。6月29日，召开新闻发布会，通报100名违法抗拒执行情形严重、社会影响恶劣的失信被执行人及50名被采取限制高消费令、50名被采取限制出境措施的被执行人名单，发布《西安市中级人民法院敦促被执行人自觉履行义务通

全市“基本解决执行难”工作动员部署大会

告》。7月7日，召开全市“基本解决执行难”工作动员部署大会，下发《关于落实“用两到三年时间基本解决执行难问题”的实施细则》，对如何推进“基本解决执行难”工作提出明确要求。积极建立立审执协调机制和联合惩戒机制，开通存款、证券、工商、车辆“总对总”“点对点”查控系统；安排开展“一打三反”“百日执行会战”“秋风行动”“涉案款物管理检查”等多个专项行动，全力推进执行。在执行中，严格依法采取强制执行措施，实施司法拘留306案301人次，罚款77案76人次，移送追究拒执罪16案15人次，公布失信被执行人12813人次。破解执行难工作取得新突破，全年执结各类执行案件33191件，执结标的额209.88亿元，比上年分别上升20.94%和21.63%。西安市中级人民法院被确定为“基本解决执行难”示范法院。

◆**司法改革**　2016年8月10日，根据中共陕西省委、中共西安市委和陕西省高级人民法院的安排部署，西安市两级法院全面推行司法体制改革。出台《员额法官遴选办法》《独任法官、合议庭办案责任制规定》等6项制度，制定各类审判人员权力和责任清单，进一步规范审判权力运行机制。经过报名、考试、审核等步骤，确定首批入额法官691人，其中西安市中级人民法院入额152人，为司法人员专业化奠定坚实基础。广大法官、干警正确对待个人得失、服从组织安排，表现出极高的政治觉悟，保障改革工作的顺利进行。按时完成员额法官登记、工资制度改革试点、聘任书记员转制改革、司法警察职务套改等多项工作，确保司法体制改革整体有序推进。通过改革，法官的审判主体地位进一步凸显，“让审理者裁判、由裁判者负责”真正得到落实，权责明晰、监督有序、制约有效的审判权力运行机制基本建立。人民陪审员制度、矛盾纠纷多元化解机制、涉诉信访工作机制、刑事速裁试点等专项机制性改革均平稳推进，取得了预期效果。

◆**审判管理**　2016年，西安市两级法院新收案件数比上年增长23.88%。面对案件“井喷式”增长态势，西安市中级人民法院多次召开执法办案推进会，研判审判运行态势，细化任务分解，做到责任到人、任务到人。班子成员赴审判一线和区（县）法院检查督导，对结案进度缓慢的单位和部门通报约谈。推行案件繁简分流、诉调对接，加大简易程序适用力度，减少裁判文书审批环节，压缩审理时间，提升审判效率。落实院庭长办案制度，倡导暂缓休假和周末加班，集中精力化解积案。坚持责任倒查，强化带案指导和质量评查，严控案件质量。经过努力，全市法院审执结案件上升15.22%，其中西安市中级人民法院审执结案件上升12.22%，圆满完成陕西省高级人民法院确定的执法办案任务。

◆**司法公开**　2016年，西安市两级法院利用法院官方网站、微博、微信，发布重大敏感案件审理和执行情况。与新浪网合办“阳光司法·与正义同行”专栏。在立案和宣判的同时向当事人发送司法公开告知书。完善裁判文书公开平台。与凤凰网等多家知名媒体合作开展庭审网络直播活动。举办新闻发布会、法院开放日，邀请人大代表、政协委员等进法院，近距离接触司法活动。在网上公开司法鉴定、评估、拍卖等事项委托范围、委托条件、委托程序和相关法律法规，公布鉴定专业机构名册，推进司法鉴定、评估、拍卖工作透明化。全市法院视频直播案件庭审255次，发布微博、微信5768条，制作发送司法公开告知书338163件次，网上公布裁判文书74236份，举办新闻发布会15场次，组织法院开放日23次，切实将群众的知情权、参与权和监督权落到实处。

◆**司法为民**　2016年，西安市两级法院严格落实立案登记制规定，坚持有案必立、有诉必理。印制便民手册，将立案须知、诉讼风险、权利义务、司法救助指南等相关信息予以公布，让群众明明白白打官司。开设残疾人无障碍绿色通道，对农民工讨薪案件及残疾人、特困户、70岁以上老人等特殊人群，实施立案优先办理。完善诉前远程调解工作机制，充分利用网络通信、电子商务等科技手段开展远程诉前调解，减轻外地当事人诉累。坚持巡回办案，到案发地开庭审判，以“五进”（进农村、进社区、进企业、进学校、进工地）形式审理案件3476件，征询旁听公民意见建议6844人次。成立司法救助委员会办公室，加大司法救助力度，全年依法为1116名困难当事人减、缓、免诉讼费451.3万元，为确有困难的刑事被害人、申请执行人、涉诉信访人等申报司法救助金47.5万元。

◆**审判信息化建设**　2016年，西安市两级法院加强信息化建设和应用，完成信息网络硬件升级和软件开发，安装档案电子数据离线备份系统，开通内网即时通信系统。新建科技法庭10个，完成刑事法庭全高清科技改造。组织开展数据质检自查整改工作，大幅降低全市法院办案系统数据差错率。探索用“微信”调解案件、送达法律文书新途径，方便外地当事人。开通网上信访、网上投诉系统，推行诉讼档案电子化，完成案件信息全部录入，案件信息数据库初步形成，既方便群众查询，也方便法院内部的检查监督。

◆**审判队伍专业化建设**　2016年，西安市两级法院加强业务培训，举办执行业务、审判管理等各类培训班，培训干警2500余人。召开交通肇事案件赔偿标准等法律适用专项研讨会，举办金融资产执行问题专题讲座和人民陪审员审判业务能力网络视频比赛。积极参加全国法院第二十六届学术讨论会，13篇论文获奖，占陕西省法院系统获奖论文总数的72%。与东南亚国家法官访问团、北京大学、南宁市中级人民法院开展司法交流活动，拓展法律应用能力。

◆案例

陆武成受贿案　2006—2014年，被告人陆武成在担任甘肃省人民政府副省长，中共甘肃省委常委、兰州市委书记，甘肃省人民代表大会常务委员会副主任等职务期间，利用职务便利，在项目开发、规划审批、职务晋升等事宜为他人谋取利益，非法收受他人财物，共计折合人民币1626.6155万元。该案经检察机关起诉，西安市中级人民法院审理认为：被告人陆武成的行为构成受贿罪，鉴于陆武成到案后，如实供述罪行，主动交代办案机关尚未掌握的大部分受贿犯罪事实，认罪悔罪，积极退赃，赃款、赃物已全部追缴，具有法定、酌定从轻处罚情节，依法可以从轻处罚。根据《中华人民共和国刑法》规定，依法以被告人陆武成犯受贿罪，判处有期徒刑12年6个月，并处罚金100万元。宣判后陆武成未提出上诉。

陕西省首例研究生统考作弊案　2015年12月期间，党某（另案处理）恐其女儿党某某在即将参加的全国研究生考试中成绩不理想，遂联系被告人杨彦平（陕西省丹凤县人）请求帮忙作弊，杨彦平又联系被告人刘力（陕西省商洛市商州区人）帮忙。12月24日，杨彦平、刘力驱车到达西安市。因赵某某（另案处理）之子赵某也要参加研究生考试，也通过党某联系杨彦平。12月25日，杨彦平在酒店收取赵某支付的1万元，杨、刘二人将作弊接收器交给赵某并传授使用方法。12月26日上午，杨彦平、刘力利用从网上购买的无线电作弊专用器材，向赵某传送研究生考试政治试题答案。当日中午，杨彦平、刘力在党某家中，将另一部作弊接收器交给党某某，也传授使用方法。16时许，被告人杨彦平、刘力分别向赵某、党某某传送研究生考试英语试题答案时，被公安人员当场抓获。经查，被传送的试题答案确为2016年全国统一研究生考试政治及英语试题答案。破案后，追回赃款8000元。该案经检察机关起诉，西安市碑林区人民法院审理认为：被告人杨彦平、刘力为实施考试作弊行为，在国家考试中，向他人非法出售、提供考试答案，其行为已构成非法出售、提供试题、答案罪。根据《中华人民共和国刑法》规定，碑林区人民法院依法以被告人杨彦平犯非法出售、提供试题、答案罪，判处有期徒刑1年4个月，并处罚金1.5万元；以被告人刘力犯非法出售、提供试题、答案罪，判处其有期徒刑1年，并处罚金1万元。

马朝文、马卫军生产、销售假药案　西安市豪富酒业有限公司（简称豪富酒业公司）成立于2009年7月，公司股东为马朝文、马卫军和马某某，马朝文为法定代表人、董事兼总经理，马卫军为经理，公司经营范围是滋补酒系列产品研制、销售等。2014年4月，被告人马朝文从一陌生男子处取得10克“西地那非”样品。经过试验，决定在其公司生产的每100毫升酒当中添加5毫克“西地那非”。后该男子联系被告人马朝文是否要货时，被告人马朝文安排其子被告人马卫军于2014年三四月和7月共花费8000元购买“西地那非”1000克，用于调制其公司生产销售的保健酒。2015年8月25日，西安市周至县食品药品管理局对该公司生产的“豪王酒”进行抽检，发现含有国家明令禁止的西药成分“西地那非”。2015年10月至2016年1月，侦查人员在富豪公司两位员工家中查扣已包装好尚未出售的瓶装“豪王百步金刚酒”“豪王秦壹明珠酒”及散装“厚道酒”等，价值1197507.8元，经检验上述酒中均含有“西地那非”。2014年4月至2015年10月，被告人马朝文先后向多个代理销售方出售“豪王百步金刚酒”“豪王秦壹明珠酒”，共计价值559992元，经抽检检验，上述酒中均含有“西地那非”。综上，豪富酒业公司共计生产和销售含有国家禁止添加成分“西地那非”的“豪王酒”价值1739168.5元。2015年11月17日，被告人马朝文到公安机关自首。2016年1月6日，公安机关将马卫军抓获。该案经检察机关起诉，西安市中级人民法院审理认为：被告人马朝文、马卫军在所生产的保健酒当中添加国家禁止添加的西药成分，其行为构成生产、销售有毒、有害食品罪，数额达1739168.5元，属情节特别严重；被告人马朝文具有自首情节，可依法减轻处罚；被告人马卫军在犯罪当中起辅助作用，依法可减轻处罚；二被告人均表示自愿认罪，可酌情从轻处罚。根据《中华人民共和国刑法》规定，依法以被告人马朝文犯生产、销售有毒、有害食品罪，判处有期徒刑10年，并处罚金60万元；被告人马卫军犯生产、销售有毒、有害食品罪，判处有期徒刑6年，并处罚金20万元。

江信嘻等人信用卡诈骗案　2013年2月起，被告人江信嘻、苏尔旋、黄正东、陈祈达（均系台湾人）通过他人介绍陆续相识。8月起，按照陈炎龙（在逃）和被告人江信嘻指使，由被告人苏尔旋望风，被告人江信嘻、黄正东、陈祈达先后在西安市中国银行曲江支行、中国银行明德门支行、中国银行土门支行等多家银行自动取款机上安装窃取客户银行卡磁条信息的读卡器和盗取密码的摄像头。被告人苏尔旋、黄正东、陈祈达还按照陈炎龙和江信嘻安排对银行卡进行查询、取款，将查询信息及所取现金反馈或交给陈炎龙、江信嘻。被告人江信嘻还从陈炎龙处购买了笔记本电脑和含有被害人银行卡信息及密码的U盘、写卡器等作案工具。12月初，被告人江信嘻安排苏尔旋购买了1000张空白磁条卡，并将被害人银行卡信息复制在空白磁条卡上伪造银行卡。12月15—17日，按照被告人江信嘻安排，被告人苏尔旋、黄正东、陈祈达分别持伪造的银行卡在西安多家银行对龙娟等31名被害人银行卡内的资金进行查询、转账及提现，共计转账、提现833600元。17日，4名被告人前往武汉市后，按照被告人江信嘻安排，被告人苏尔旋、黄正东、陈祈达陆续对白露琪等11名被害人银行卡内资金进行查询、转账、提现，共计转账、提现112200元。20日，4名被告人前往长沙市。22日，在长沙市被公安机关抓获。另外，11—12月，被害人丁建忠等4人的银行卡曾在西安被被告人江信嘻、苏尔旋查询，并在台湾以刷卡形式消费4178101.79元。综上，4名被告人转账、提现、盗刷46名被害人人民币5149301.79元，其中取现人民币151124.02元，破案后追回赃款人民币83145.6元、台币2400元。该案经检察机关起诉，西安市中级人民法院审理后，根据《中华人民共和国刑法》规定，依法以被告人江信嘻犯信用卡诈骗罪，判处有期徒刑14年，并处罚金50万元；以被告人苏尔旋犯信用卡诈骗罪，判处有期徒刑11年，并处罚金35万元；以被告人陈祈达犯信用卡诈骗罪，判处有期徒刑10年，并处罚金20万元；以被告人黄正东犯信用卡诈骗罪，判处有期徒刑10年，并处罚金20万元。

肖露遥、王恒、安加广贩卖、运输毒品案　2015年3月始，被告人王恒从被告人肖露遥处购买毒品，并向朱某某等人贩卖牟利。4月，王恒向肖露遥求购毒品，二人商定价格后，王恒向肖露遥指定的银行卡打入13万余元毒资。之后，肖露遥在广东省东莞市从当地毒贩手中购得毒品，于4月10日与被告人安加广携带所购毒品前来西安，准备向王恒贩卖。4月12日凌晨2时许，肖露遥和安加广驾车抵达蓝田县蓝关收费站，与王恒准备交易毒品时被公安人员抓获，当场从肖露遥所驾车辆内查获白色塑料袋包装的白色晶体物5大包、1小包，净重共计4980.16克。经鉴定，查获的白色晶体物中均检出毒品甲基苯丙胺，

且甲基苯丙胺含量均在63.7%以上。该案经检察机关起诉，西安市中级人民法院审理认为：被告人肖露遥驾车将毒品从东莞运输至西安出售，其行为已构成贩卖、运输毒品罪；被告人王恒以贩卖为目的向肖露遥购买毒品，其行为已构成贩卖毒品罪；被告人安加广明知肖露遥运输毒品，仍向其提供帮助，其行为已构成运输毒品罪。依照《中华人民共和国刑法》规定，以被告人肖露遥犯贩卖、运输毒品罪，判处死刑，剥夺政治权利终身，并处没收个人全部财产；被告人王恒犯贩卖毒品罪，判处死刑，缓期2年执行，剥夺政治权利终身，并处没收个人全部财产；被告人安加广犯运输毒品罪，判处有期徒刑9年，并处罚金3万元。

上海布来斯教育投资有限公司与西安逾青商务信息咨询有限公司侵害商标权纠纷案 2013年2月28日，美国爱贝国际教育有限公司（简称爱贝公司）经国家工商行政管理总局商标局审批取得第10335614号“ABIE·C”注册商标。12月12日，爱贝公司与上海布来斯教育投资有限公司（简称布来斯公司）签订商标使用许可合同约定：爱贝公司许可布来斯公司在中国地域范围内免费使用“ABIE·C”注册商标，使用期限至2019年12月31日；布来斯公司可再进行许可和单独诉讼，所获赔偿归布来斯公司所有。其间，布来斯公司与西安逾青商务信息咨询有限公司（简称逾青公司）签订授权协议约定：基于爱贝公司与布来斯公司签订的总授权协议，布来斯公司授权逾青公司在西安市高新技术产业开发区开设爱贝国际少儿英语培训中心，并使用其商号、商标，使用期限至2015年10月9日。2015年9月21日，布来斯公司发函再次告知逾青公司授权协议到期后不再授权。2015年10月19日，布来斯公司向逾青公司发出关于侵犯注册商标及标识事宜的函。截至2016年3月17日，逾青公司经营场所内仍悬挂有“ABIE”+“爱贝国际少儿英语”+“西安中心”标识的铭牌，摆放的教学、宣传物品及指示牌上仍有单独或者配图使用的“ABIE”字样。布来斯公司认为：逾青公司的行为侵害了其商标权，起诉请求判令逾青公司立即停止侵害注册商标专用权行为；在西安主流报刊上刊登声明，进行道歉，消除影响；赔偿损失6万元。该案经西安市中级人民法院审理认为：爱贝公司对他人在中国地域范围内侵害其注册商标权的行为，明确授权布来斯公司单独提起诉讼，布来斯公司作为原告诉讼主体适格；逾青公司在布来斯公司授权期限届满后，仍在其经营场所内使用“ABIE”标识，与“ABIE·C”注册商标构成近似；逾青公司未经许可的使用行为侵害“ABIE·C”注册商标专用权。遂依法判决：逾青公司立即停止侵害第10335614号“ABIE·C”注册商标专用权的行为；逾青公司赔偿布来斯公司损失（含合理费用）1.5万元；驳回布来斯公司其余诉讼请求。

吴某等63位业主与西安某房地产开发有限公司商品房预售合同纠纷案 2014年前后，吴某等63位业主购买西安某房地产开发有限公司（简称某公司）开发的房屋，合同约定某公司于2014年12月30日前交付验收合格的房屋。吴某等业主支付全额房款，某公司却至2015年5月31日才开始交房。涉案商品房买卖合同约定：逾期交房违约金的计算为自最后交付期限的第二天起至实际交付之日止，某公司按日支付已交购房款万分之一的违约金。在多次交涉无果后，吴某等63位业主起诉要求某公司承担6个月的迟延交付违约金。一审法院审理认为：某公司迟延交房6个月中有根据西安市政府治污减霾政策要求停止施工3个月的原因，此3个月的违约责任应予减除；某公司于2015年5月30日已发出交房公告，业主应及时接收房屋，由于业主原因延迟收房造成的损失应由业主承担。遂依法判决：某公司支付吴某等63位业主2个月违约金。吴某等63位业主不服提起上诉。西安市中级人民法院受理该案上诉后，多次耐心调解，最终使61户业主与某公司达成和解并撤回上诉；剩余2案则依法驳回上诉，维持原判，并在判决后以和解意见执行完毕。

长安国际信托公司与雨润控股公司、祁某借款担保纠纷案 该案被执行人雨润集团公司系全国知名大企业，但经营状况持续恶化，金融负债达754.2亿元，而另一被执行人祝义财个人为雨润集团担保高达388亿元，已大面积出现利息无法兑付的情况。因该案标的额巨大、案情复杂，稍有不慎，就可能引发不稳定因素。西安市中级人民法院受理该执行案件后，高度重视，树立大局意识，妥善执结这类执行标的大、事关金融市场稳定的案件。根据执行方案，承办法官赴南京从被执行人名下的3个银行账户中扣划1269万元，并对6个银行账户进行冻结，共计1.34亿元。与此同时，对被执行人祝义财在华夏银行南京分行1.1亿元存款成功冻结，并确认西安市中级人民法院系第一顺位冻结者，使涉案的2.1亿元案款全部执行到位。

雁翔路豪车打砸涉枪案 2013年12月14日中午，被告人缪辉（西安市缪家寨村村委会主任）为争抢缪家寨村被征用土地上的建设项目土方工程，授意被告人缪荣、刘磊组织缪家寨村村民和其他人员到工地阻拦施工，被施工方强行驱离。被告人刘磊按照缪辉安排，纠集被告人胡斌、李毅青、秦军、贺孜坤、杜文强、王皓月、张洋洋、杜鑫，刘阔海、赵恒、焦亮、李哲、苟建伟、韩宇鹏等人，且被告人胡斌征得刘磊同意取来自购五连发散弹猎枪1支，被告人李毅青携带购买的自制手枪1支。当日14时许，被告人刘磊、胡斌、李毅青等前述人员携带砍刀、洋镐把和上述枪支乘坐奔驰、宝马、奥迪、路虎等7辆豪车到达工地后与对方数十名人员发生械斗，胡斌、李毅青持枪射击，致被害人杜鹏、李洋被猎枪散弹击中，被害人李康被锐器砍伤。被害人杨海旺、职斌见状驾乘“牧马人”越野车逃离现场，被告人刘磊指挥被告人李毅青、胡斌等14人驾驶奔驰轿车、路虎越野车、宝马越野车围撞被害人杨海旺、职斌驾乘的“牧马人”越野车，并持砍刀、砖块打砸车辆和车内人员，致杨海旺、职斌受轻伤。被害人杜鹏因遭枪击抢救无效死亡（殁年28岁）；被害人李洋全身多处被散弹枪击伤；被害人李康背部手部多处被砍伤。“牧马人”越野车损毁严重，经鉴定损坏维修费为289854元。2013年10月，被告人胡斌将购买的1支双管猎枪及36发猎枪弹交给被告人孔建波保存。被告人赵小琨、呼延锋、车坚在知悉被告人刘磊、李毅青、胡斌、秦军涉嫌严重犯罪，仍然为其提供藏匿处所。2012年6月，被告人缪辉为筹集资金，指使被告人缪荣虚构土方施工合同，私自以村委会名义签署担保合同，由缪家寨村68名村民用二被告人提供的虚假材料贷款2040万元，均被被告人缪辉用于个人投资。该案经检察机关起诉，西安市中级人民法院审理后，依照《中华人民共和国刑法》规定，以被告人刘磊犯故意杀人罪，判处死刑；被告人李毅青犯故意杀人罪，判处死刑，犯非法持有枪支罪，判处有期徒刑3年，决定执行死刑；被告人胡斌犯故意杀人罪，判处无期徒刑，犯非法持有枪支罪，判处有期徒刑4年，决定执行无期徒刑；被告人缪辉犯聚众斗殴罪，判处有期徒刑9年，犯骗取贷款罪，判处有期徒刑2年10个月，决定执行有期徒刑11年；被告人秦军、贺孜坤、杜文强、王皓月、张洋洋、刘阔海、赵恒、焦亮、李哲、杜鑫、苟建伟、韩宇鹏犯聚众斗殴罪，分别判处7至4年不等的有期徒刑；被告人赵小琨、呼延锋、车坚犯窝藏罪，判处3至4年有期徒刑；被告人孔建波犯非法持有枪支罪，判处有期徒刑2年10个月；被告人缪荣犯骗取贷款罪，判处有期徒刑2年10个月。

（李袁维）

西安市中级人民法院

院 长 李洪涛
副院长 杜豫苏 赵海峰 苏 斌 徐琳茹 常 青
纪检组长 石 熠
执行局长 张鲁南
审判委员会专职委员 马鲁惠 陈子欣

司法行政

◆概况 2015年，西安市司法局以深化“六大行动”（“法治陕西”建设推进行动、“千所万人抓化解、力促三秦大和谐”行动、特殊人群帮扶“雨露”行动、法律服务惠民行动、监所管理规范化提升行动、“勇创新、敢担当、争一流”行动）为引领，以推进司法行政改革为重点，围绕中心工作，充分发挥法制宣传、法律服务、法律职能，凝心聚力，狠抓落实，为全市经济社会发展和安全稳定作出积极贡献。

◆“法治西安”建设 2015年，西安市司法局制定出台《关于进一步加强普法责任制工作的实施意见》等3个法治宣传教育规范性文件，健全完善“谁执法谁普法”“领导干部学法用法”“精神文明创建法治宣传教育”“大学区法治宣传教育”“以案释法”和“媒体公益普法”6个法治宣传教育工作机制，全市法治宣传教育制度体系初步形成。开展“学习宪法、尊法守法”主题活动，全市各级党委（党组）中心组、领导干部学习宪法和法律170余次；开展村（社区）中共支部委员会和村委会（居委会）干部法治培训活动246场次；在秋季开学第一周开展“法律进学校”活动，全市各学校开展各类普法活动30186场次，受教育学生216万人次；建立136名专家组成的以案释法专家库，开展以案释法活动182场次；在西安电视台开办《法治西安》以案释法电视法治栏目，“法律面对面”和“话说司法行政”栏目播放90期；全市58个行政执法单位围绕常用的510部法律法规，组织专题法治宣传567场次，发放各类宣传资料65万份。

◆法治创建活动 2015年，西安市司法局出台《关于进一步加强和规范法治创建工作的实施意见》，推广莲湖区“社区法治日”经验做法，培育长安区子午村、东大村等法治创建典型，创建“民主法治示范村（社区）”696个。碑林区、户县被全国普法办公室命名为“全国法治县（市、区）创建活动先进单位”，雁塔区小寨街道办红专南路社区等6个基层单位被司法部、民政部命名为“全国民主法治示范村（社区）”。

◆法律服务体系建设 2015年，西安市司法局为非法集资工作处置、火车站北广场改造等100多个重点工作和重点项目建设提供法律服务，为省、市、区（县）368个重点建设项目提供法律服务6453次。56名值班律师在西安市信访接待中心接待来访群众897批次、1407人次，提供法律援助13件；在西安市人民检察院值班律师参与处理涉检信访案件15件。制定下发《关于进一步加强公共法律服务体系建设的实施意见》和《关于建立全市公共法律服务业务统计工作月报制度的通知》，区（县）公共法律服务中心服务功能不断完善、服务水平不断提升，全市180个镇（街）公共法律服务工作站建成170个，3775个村（社区）公共法律服务工作室建成3435个，覆盖率分别达到94.4%和91%。为省、市人大代表和政协委员提供法律咨询、法律服务11181件次，办理各类案件1.8万件；全市公证机构办理各类公证案件113000余件；开展“司法鉴定行业诚信建设年”活动，全年办理各类鉴定案件1916件，比上年增长26%，鉴定结论采集率99%以上。10月14日，在西安钟楼广场开展“司法鉴定”主题纪念宣传活动，中央、省、市等媒体多次深度报道。为13个中共西安市委部门分别配备2名法律顾问，为19名中共西安市委、市政府领导接访随访和包抓包联信访案件配备38名法律顾问，中共西安市委、西安市人民代表大会、西安市政府、中国人民政治协商会议西安市委员会法律顾问工作实现广覆盖，市级党委、政府部门法律顾问覆盖率84.5%。2813个村（社区）聘请法律顾问，覆盖率76%。村（社区）法律顾问向基层组织和群众提供法律咨询1.8万件，举办法治讲座1582场次，调处矛盾纠纷9213件，参与处置群体性、敏感性案件144件。深入开展“十项举措惠民生、法律援助解民困”活动，全年办理公证法律援助案件8500余件，减免公证费用1500余万元；办理司法鉴定援助案件341件，占全年总案件数量的18%。制定《关于做好老年人和军人军属法律援助实施意见》，不断扩大法律援助范围，降低援助“门槛”，办理法律援助案件9771件，接待群众咨询34556人次，对584件进入刑事速裁程序的犯罪嫌疑人或被告人提供法律援助。

◆人民调解 2015年，西安市司法局在全市推广灞桥区“358”（建立完善区、街办、村（社区）3级人民调解组织；充分发挥综治、公安、法院、信访、司法行政5个部门的协调联运作用；建立劳动人事争议纠纷、消费纠纷、物业纠纷、教育系统纠纷、医患纠纷、职工维权纠纷、食品安全纠纷、交通事故纠纷8个行业性、专业性调解委员会）、阎良区“2336”（在阎良区公共法律服务中心和阎良区行业性专业性调解委员会设立2个“矛盾纠纷”受理窗口；打造专职调解员队伍、首席人民调解员队伍、兼职调解员队伍3支调解队伍；实现人民调解与行政调解对接、人民调解与司法调解对接、人民调解与法律援助对接3个对接；完善调解服务承诺机制、矛盾纠纷应急调处机制、疑难矛盾纠纷联调机制、调解人员培训机制、回访机制、经费保障工作机制6项机制）人民调解模式，灞桥区、户县率

2016年9月市司法局在西安市第二十三中学开展法律进学校活动

2016年10月市司法局在莲湖区试点打造公共法律服务自助终端

先成立人民调解协会，各县（区）的人民调解委员会全部建成。制定《西安市专职人民调解员聘任管理办法》，聘任专职人民调解员80人。印发《西安市人民调解经费管理办法》，开展“排矛盾抓化解促和谐百日基层行专项维稳”等活动，全年排查调解案件26036件，成功率96.32%。加强司法所专编和资产管理，开展创建“执法规范化司法所”活动，清理无执业证、无职业资格、无职业登记的基层法律服务所14个、基层法律服务工作者41人。

◆**司法行政改革** 2016年，中共西安市编制委员会办公室批准西安市司法局内设社区矫正管理局，制定《西安市购买社区矫正服务实施方案（征求意见稿）》等5份文件，设置181个社区矫正工作公益岗位。认真开展以“日行一善、以善养德”活动为主要内容的教育矫治活动，建立各类社区矫正基地101个，组织社区服刑人员学习教育8521次，社区服务9231人次，协调解决就业、就学356人次，开展职业技能培训117人次。全年报请特赦社区矫正人员90人，有社区服刑人员3029人，重新犯罪6人，重新犯罪率0.09%，远远低于全国重新犯罪率2%的水平。不断加大强戒和安置帮教工作力度。加大强戒场所基础设施改造，扩大收戒数量，收治在册强制隔离戒毒人员1027人。全面推广“三三三”戒治管理模式（三分管理：分别管理、分期管理、分级管理；三期矫治：生理脱毒期矫治、康复训练期矫治、回归社会准备期矫治；三项机制：规范管理机制、综合戒治机制、科学评估机制），通过开展生理脱毒、药物戒毒和康复训练，有467人戒毒成功，顺利回归社会。全市3775个社区（村）建成安置帮教工作站2226个，建成率58.9%，超额完成全年建设任务，市级“新航驿站”、区（县）“新航中途之家”和过渡性安置帮教基地建设实现全覆盖。全年接收刑满释放人员1270人，落实帮教措施1238人，帮教率99%，安置率97%，落实管理“法轮功”刑满释放人员117人，无一例重新违法犯罪。

（杨永哲）

仲　裁

◆**概况** 2016年，西安仲裁委员会在依法平等保护各类市场主体合法权益的基础上，注意适应经济社会变革期、社会矛盾多发期和利益格局调整期的新变化，及时调整工作思路和方法，在指导思想上把维护社会和谐稳定作为仲裁工作的终极目标，在审理方法上大力倡导调解结案，强调服裁息诉，努力从根本上化解矛盾和纠纷，慎重处理好涉及经济发展全局的社会热点、难点案件。认真贯彻“调解优先、调裁结合”的调解工作原则，进一步加大仲裁调解工作力度。加强与人民调解、道路交通、医疗、保险等行业性、行政性调解组织和商会的工作衔接，推动建立纠纷的多元联动化解机制。立足化解和疏导矛盾，在坚持个别化原则的基础上，将裁前、裁中、裁后调解相结合，不断创新调解方法和艺术，提高仲裁调解水平，突出调解的特色和优势，通过调解方式妥善审结一大批集团性案件和新类型案件。全年以调解方式结案的占结案总数的48%；接受当事人法律咨询1300人次，受理各类经济纠纷件2006件，标的总额29.54亿元；仲裁协议明确约定西安仲裁委员会仲裁的案件占受理总数的99%；受案覆盖面涵盖全国20个省（市、区），结案率99%。

◆**仲裁队伍管理** 2016年，西安仲裁委员会在仲裁员队伍管理方面，认真落实仲裁员年度登记、考评、培训工作，加强仲裁质量管理，实施庭审考核，规范庭审行为，积极开展仲裁流程管理、案件质量评查和仲裁运行态势分析等工作。在办案方式上，积极倡导以调解结案为主的思想，充分发挥仲裁优势，通过调解方式结案提高当事人的满意率与自觉履行率，增强仲裁的实际应用价值。全年调解结案件率、当事人自觉履行率均比上年有大幅提升。

◆**仲裁管理机制建设** 2016年，西安仲裁委员会以提高仲裁质量、仲裁效率和仲裁效果为出发点，创新和加强仲裁管理，完善各项仲裁管理制度，全面实行仲裁流程管理，进一步完善仲裁质量评估、流程管理、质量监督、层级管理和信息保障“五个体系”，初步形成科学合理、严格规范、职责明晰、运行顺畅的仲裁管理机制。通过制定和完善《仲裁流程管理办法》《当事人权利告知书》《仲裁员选定指定办法》《仲裁庭结案报告制度》《案件回访制度》《办案秘书和仲裁员互评制度》《仲裁案件审限管理规定》《仲裁员个案考评规定》等制度，从根本上提高办案的质量、效率和效果，不断提升仲裁公信力，确保仲裁公正。加强案件质量评查，认真研判、用好用活评估指标体系，全面提升仲裁管理水平。对裁决书实行四级合阅，对重大案件实行专家集体审阅制度。努力提高仲裁效率，扩大简易案件受理范围，提高仲裁进度。加强审限管理，建立案件报备制度，实行跟踪监督，严防超出审限。

◆**仲裁制度推行** 2016年，西安仲裁委员会把仲裁制度推行作为年度重要工作常抓不懈。加强对仲裁推行工作的领导，形成主要领导亲自抓，业务部门重点抓，工作人员人人抓的宣传体系。确立“密切企业、联系行业、辐射社会”的推行思路，形成以企业为基点，以行业为纽带，以社会为依托，点、线、面相结合的推行格局。通过公正办案，寓宣传于实践，使企业切身感受仲裁解决商事纠纷的特点和优势。加强行业协会的联系和合作，积极发展行业仲裁，切实有效地在重点行业、重要经济活动领域及大中型公司企业进行仲裁条款推广工作。通过与相关行业协会合作设立行业仲裁中心，发挥仲裁委员会和行业协会的优势互补作用。（窦　鹏）

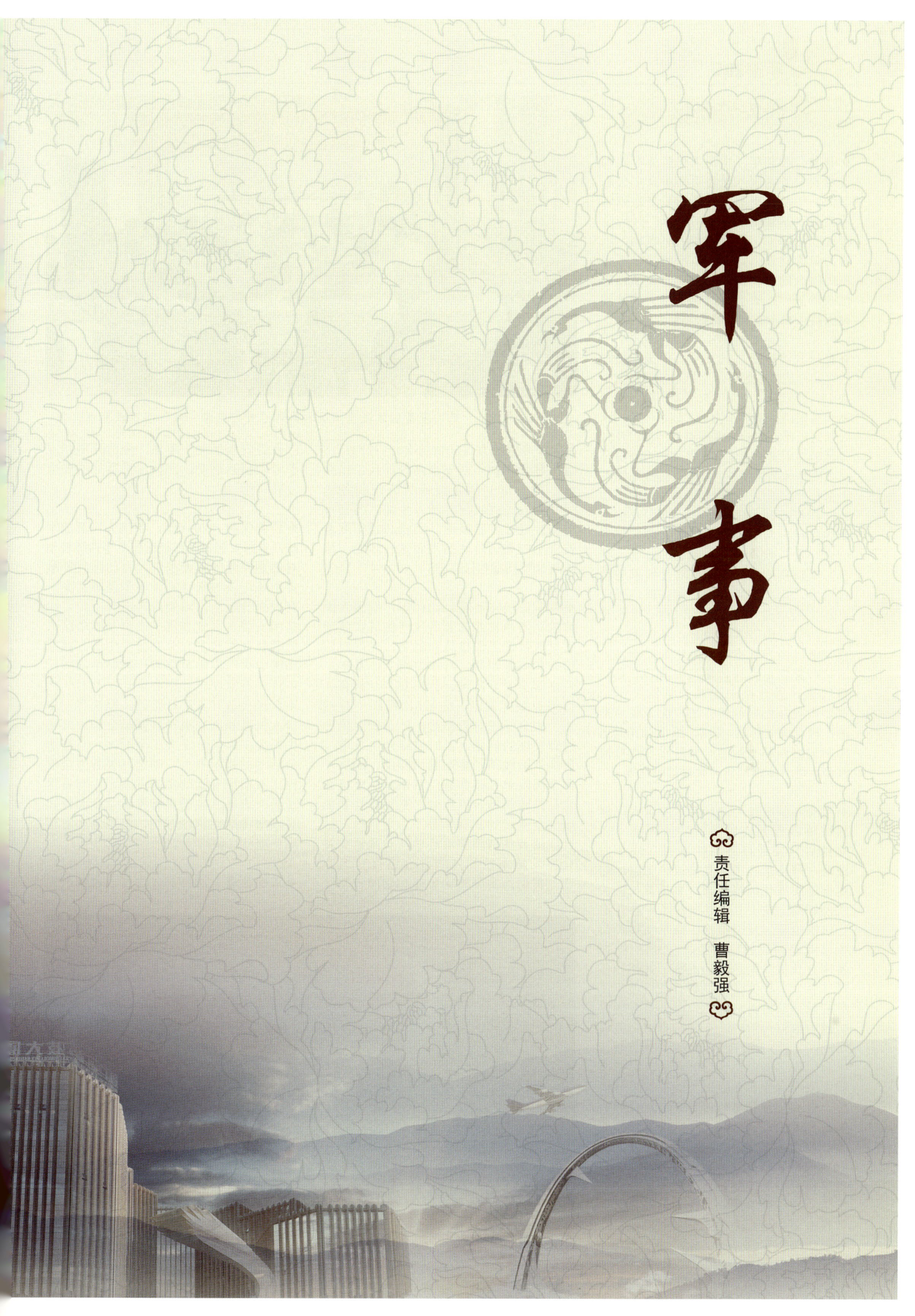

军事

责任编辑　曹毅强

西安警备区

◆**概况**　2016年，中国人民解放军陕西省西安警备区深入学习贯彻中共中央总书记、中共中央军委主席习近平系列讲话精神，紧紧围绕履行“五部”（应急应战的指挥部、地方党委的军事部、后备力量的建设部、同级政府的兵役部、军民融合的协调部）职能使命，加强思想政治工作，狠抓实战化训练，部队建设保持了稳步发展的良好态势。

◆**思想政治建设**　2016年，中国人民解放军陕西省西安警备区坚持把学习贯彻中共中央总书记、中共中央军委主席习近平系列重要讲话精神作为重大政治任务，深入学习近平“七一”重要讲话精神，及时传达学习中国共产党第十八届中央委员会第六次全体会议精神，扎实开展改革强军主题教育，以及“认清新形势、适应新体制、履行新使命”和“政治工作发挥生命线作用”两个大讨论，广大官兵理想信念坚定，献身强军实践更加自觉。结合军队调整改革，搞好针对性的思想教育引导，帮助官兵克服模糊认识，强化责任担当，拥护支持改革。精心组织开展“两学一做”学习教育，坚持把“三会一课”作为基本制度，注重把学习中国共产党党章党规、学习中国共产党创新理论、做合格中国共产党党员作为重要内容，积极创新方法，上下联动推进，教育成效明显。7月，组织召开党支部书记培训和“两学一做”学习教育推进会，进一步推动学习教育落地见效。

2016年7月27日，西安警备区依托蓝田县人武部召开“两学一做”学习教育推进会

◆**军事斗争准备**　2016年，中国人民解放军陕西省西安警备区紧紧围绕“支前稳后”使命任务，牢固树立战斗力标准，严格落实中共党委议训制度，制定推进实战化训练措施，狠抓首长机关技能训练，先后6次组织各区（县）进行抗洪抢险、反恐维稳、应急救援等带预设课题的战备拉动演练，2次组织警备区首长机关紧急出动演练，并指导各区（县）人民武装部抓好首长机关带民兵应急分队野外驻训工作。初步实现国防潜力数据化管理，在陕西省率先完成市、区（县）2级14个国防动员信息管理平台建设任务。协调召开西安驻军抢险救灾联席会议，重点对组织机构进行调整，对应急预案进行修订完善。全面开展非公有制经济组织人民武装工作摸底清查整治，撤销7个不符合条件的人民武装部。认真抓好征兵宣传工作。3—4月，根据国家国防教育办公室和陕西省国防教育办公室统一安排，西安市国防教育办公室结合新学期开学时机，组织开展国防教育宣讲进高校活动，赴30余所大中专院校宣讲50余场次。4月22日，组织召开2016年西安市高校征兵工作会议，西安市64所各级各类高校和各区（县）人民武装部共89人参加，西安市电视台进行专题报道。完成2016年度西安市军校和国防生招生面试、体检、体能测试及档案报送工作。

◆**军事正规化管理**　2016年，中国人民解放军陕西省西安警备区严格落实陕西省军区管理工作措施和制度，开展对照检查和问题纠治，打牢安全工作基础。严格落实安全风险评估和安全、教育、训练等制度规定，先后5次组织“拉网式”安全隐患排查整治，针对安全隐患排查发现的问题，及时修缮营区危墙，更换老旧线路，整治漏雨营房、库房，为家属院单元楼加装门禁系统。坚持人防与技防相结合的原则，突出抓好武器库安全建设和武器库警卫力量管理，结合武器装备清理整治活动，对武器装备仓库安防系统和安防设施进行升级改造。贯彻落实国防动员部和陕西省军区“百日安全活动”要求，全面开展私家车专项整治活动，部队保持良好的安全发展局面。

◆**后装保障**　2016年，中国人民解放军陕西省西安警备区积极适应军事训练转型对后勤保障的新要求，大力加强后勤战备训练，及时修订完善各类保障预案，有效提升应急保障能力。11月上旬，中共西安警备区党委班子成员及雁塔区人民武装部军政主官分别接受中华人民共和国中央军事委员会审计署驻中部战区审计局石家庄审计中心审计，并对一些不合理公务开支进行整改。坚决贯彻中华人民共和国中央军事委员会和中共中央军委主席习近平关于全面停止有偿服务活动的指示要求，制定《警备区全面停止有偿服务活动实施方案》，与各区（县）人民武装部主官签订“全面停止有偿服务活动责任书”，清退停止有偿服务项目31项。

◆**双拥共建**　2016年，中国人民解放军

2016年7月31日，西安警备区协助西安市政府组织召开2016年西安市“八一”军地座谈会

陕西省西安警备区严格落实中共中央总书记、中共中央军委主席习近平关于军队要积极参加和支援地方经济社会建设的指示要求，积极主动参与社会建设。13个区（县）人民武装部和警备区机关建立帮建联系点42个，与70名贫困学生、14户贫困家庭结成帮建对子；投入60多万元，对帮扶学校、村（社区）和红色场馆基础设施、办公设备、教学器材进行改善更新。持续开展“强军优属九件实事”活动，春节期间对驻军部队、贫困军属、部分离退休干部和现役军人家庭走访慰问，并组织召开军政座谈会、军人军属联欢会，以及送喜报、寄慰问信等活动。协调西安市教育局出台《2016年高中阶段招生军人子女优待政策》，持续抓好军人子女中考加分照顾工作。响应西安市治污减霾工作，深入推动驻军燃煤锅炉拆改工作。西安市第八次获得“全国双拥模范城市”称号。（惠 洁）

中国人民解放军陕西省西安警备区

司令员 胡 泽
政委 杨秉琦
副司令 王 伟
副政委 来国华
参谋长 王巨礁
政治部主任 马权斌
后勤部部长 刘永军

武警西安市支队

◆概况 2016年，中国人民武装警察部队西安市支队认真贯彻系列中共中央总书记、中共中央军委主席习近平重要讲话精神，按照中国人民武装警察部队党委的总体工作思路和中国人民武装警察部队陕西省总队党委的部署要求，坚持用强军目标统一思想，凝聚意志，紧紧围绕“突出抓班子，重点打基础，关键抓干部，持续抓风气”的工作思路，全面打基础，整体上质量，重点求突破，努力创一流，各项任务完成圆满，部队建设质量明显提升。从严治军力度有所加强，细化安全管理责任体系，制定具体管理教育措施，开展“学规定、用规定”活动，官兵法治素养不断增强。广泛开展群众性创建安全活动，及时开展警示教育，突出重点部位、重要时段、重点单位管控，3次派出工作组进行安全隐患排查，整改纠正安全隐患154处。

◆思想政治建设 2016年，中国人民武装警察部队西安市支队认真贯彻民主集中制，严格议事决策程序，重视加强班子团结，凝聚力、战斗力得到增强。扎实开展“两学一做”学习教育，全面彻底肃清郭伯雄、徐才厚流毒影响，切实立起是非标准，强化看齐意识。领导干部带头上党课，落实组织生活制度，深入学习中共中央总书记、中共中央军委主席习近平系列重要讲话精神，核心意识、看齐意识更加坚定。抓好经常性思想工作，常态化开展心理法律服务。组织主题演讲、文艺汇演和优秀士官先进事迹报告会，以先进文化引领官兵思想。扎实开展基层风气专项整治活动，查摆纠治各类问题4大类25个。

◆武警基层建设 2016年，中国人民武装警察部队西安市支队制定“领导包片、科队挂钩、大队负责”帮建机制，5批工作组深入一线“帮支部、带干部、解难题、除隐患”，常态组织机关干部下队代职，进一步夯实部队基础。帮助9名干部子女解决入学、入托难题，对16名生活困难党员和官兵进行救济慰问。1月21日，根据中国人民武装警察部队陕西省总队命令，圆满完成第十八中队组建揭牌仪式。7月22日，机关新营区搬迁新址。

◆军事斗争准备 2016年，中国人民武装警察部队西安市支队履行使命水平进一步提高。坚持3次召开党委“议中心”会，5次组织中心工作讲评，严格管控，连续17年无执勤事故。投入320余万元完成执勤网络系统改造，推进A、B门上勤制度，有效消除执勤隐患49处，确保目标绝对安全。大力开展大练兵活动，严密组织“卫士—16”演习和冬季野营拉练，部队遂行任务能力有新提升，参加中国人民武装警察部队陕西省总队特战比武获第一名。突出反恐力量建设，派人赴南宁市参观见学，修订处置地铁遇袭预案，与西安市地下铁道有限责任公司签订输送协议，3次网上检查应急班战备水平，投入533万元购置防爆巡逻车和反恐装备，战备水平明显提升。

◆武警后勤保障 2016年，中国人民武装警察部队西安市支队优化“一组五队”（后勤指挥组，综合物资保障分队、给养保障分队、卫勤保障分队、运输油料保障分队和维修技术保障分队）力量建设，狠抓后勤专业训练，规范战备物资储备。4次普查战备物资，与3家公司签订应急食品保障协议，分片区组织副食品配送，有效提升综合保障水平。扎实开展财务清查“回头看”活动，对5个方面45个问题进行清查整改。开展20余次竞争性谈判，节约经费60余万元，有效提高保障效益。深入基层巡诊1200余人次，官兵看病就医警地保障机制更加完善。改善基础设施建设，投入1.1亿元建设指挥中心。针对“水、电、暖、气、路”不通的问题，加大协调力度，推进市政配套设施建设，新机关如期整体搬迁。第十二中队、第十三中队、第十四中队新建营房设施逐步完善，集中维修改造基层澡堂、训练大棚，有效解决官兵生活难题。

◆重大警卫任务 2016年，中国人民武装警察部队西安市支队圆满完成2016年中央电视台春节联欢晚会西安分会场现场的看护任务和直播期间的机动备勤，陕西省、西安市“两会”期间的营区机动备勤任务，西安市“两会”代表（委员）住地安全保卫，世界杯预选赛西安赛区保卫，2016丝绸之路国际博览会暨第二十届中国东西部合作与投资贸易洽谈会安全保卫，二十国集团妇女峰会安全保卫任务，二十国集团农业部长会安全保卫，2016年中央电视台中秋节联欢现场看护任务和直播期间的机动备勤任务，第三届丝绸之路国际电影节闭幕式现场安全保卫等任务。动用兵力xx人次，累积254天完成2016年国家教育考试安全保卫任务。（文祎茹）

中国人民武装警察部队陕西省总队
西安市支队

支队长 郝光荣
第一政治委员 任军号（兼）
政治委员 王富强
副支队长 高中原 成国梁
副政治委员 秦永吉
参谋长 唐 勇
政治部主任 熊宏斌
后勤部部长 李 琦

人民防空

◆概况 2016年，西安市人民防空办公室深入贯彻落实中共中央、国务院、中央军委《关于深入推进人民防空改革发展若干问题的决定》、第七次全国人民防空会议和陕西省第十次人民防空会议精神，不断提高履行战时防空、平时服务、急时支援的能力和水平，组织开展《西安市人民防空建设规划（2016—2020）》编制，并通过专家评审，完成人防各项目标任务。

◆人防重点工程建设 2016年，西安市人民防空指挥所计划投资600万元，实际完成投资600万元。指挥所外围配套接入、结算审计、各系统联调联试等收尾工作进展顺利，完成自来水、天然气、供电等市政配套设施的接入，初步具备交付使用条件，待完成相关验收后，将正式交付使用。各区（县）人防指挥所建设明显加快。土门街心花园地下人防工程完成投资4.5亿元，主体施工完成91%。曲江文化运动公园单建人防工程完成建安工程和监理单位的资格预审。长乐西路工程、长缨西路工程、文艺北路工程及经九路工程正进行建审手续的协调督办。明德门等5个单建人防工程开工前的相关手续正在积极协调办理。东大街等9个单建人防工程取得西安市发展和改革委员会项目建议书批复。对安东街人防纳凉中心用电、用水、通风、除湿、应急、消防等各类设施、设备进行全面巡查维修，更换改造了中心北出口卷帘门，于7—9月免费向市民开放，接待纳凉休闲群众9余万人次，取得较好的社会效益。

◆人防工程审批验收 2016年，西安市人民防空办公室审批人防工程建设面积194万平方米，超额38.6%完成年度目标任务；验收面积84万平方米，超额133.3%完成年度目标任务。

◆人防工程质监、执法 2016年，西安市人民防空办公室完善人防工程质量监督申报流程，简化办事手续。全年专业技术交底277次，下发“质量问题整改通知单”359份，检查归档人防工程竣工验收资料253份。完成西安地铁3号线19个站点及区间的人防工程质量监督工作。检查建筑工地185个，立案20个，送达“行政处罚事先告知书”23份、“听证告知书”5份、“行政处罚决定书”24份。受理投诉举报案件5起。

◆人防工程维护、防汛抢险 2016年，西安市人民防空办公室根据《2016年人防建设执行计划》安排资金190万元，对7项人防工程进行维护。按照西安市防汛抗旱指挥部办公室要求，修订防汛预案，下发《关于做好人防工程安全排查和防汛工作的通知》，组建防汛抢险分队，配备必要的防汛物资和设备；严格执行领导带班制度和干部24小时值班制度，随时密切关注汛情。

◆人防指挥所信息系统建设 2016年，西安市人民防空办公室通过财政公开招标，投入400万元，启动人防信息化系统软件建设。办公自动化系统、办公审批系统、指挥信息软件系统先后通过相关专家的初验和终验，将在全市人防系统全面投入使用。

◆人防训练演练 2016年4月，西安市人民防空办公室组织各区（县）人防办主任及业务骨干16人，参加陕西省人民防空办公室在安康市组织的集训活动。5月，组织西安市人防系统在蓝田县开展为期3天的市人防系统“军事日”活动。6月中旬，参加陕西省人防机动指挥通信系统和北斗卫星导航定位比武，并以97.9分的成绩在陕西省获得冠军。6月，组织市、区（县）、街道三级人防机关干部、开发区人防专干、直属事业单位和重要经济目标单位人防负责人等220多人分2批赴国家人防创新协同培训基地中心开展人防信息化人才培训。10月下旬，组织西安市人防机动指挥通信系统人员赴安康、商洛等地开展跨区演练。

◆人防通信警报建设 2016年，西安市人民防空办公室先后下发《关于做好警报设备检查、维护的通知》和《关于全市鸣放防空警报的通知》，确保“九一八”全市警报鸣放任务的圆满完成，警报鸣响率95%。

◆人防宣传教育 2016年，西安市人民防空办公室在未央区明珠家居广场开展以现代战争背景下人民防空的地位和作用为主题的宣传活动，宣传有关投资修建、改造和开发利用人民防空工程的优惠政策，发放宣传资料1万余份，展出宣传展板50块。投入60万元制作人防宣传片，预计2017年制作完成。（翁　哲）

预备役高炮师

◆概况 2016年，陕西陆军预备役高射炮兵师紧紧围绕政治建军、改革强军、依法治军的战略布局，按照中央军委国防动员部和陕西省军区一系列指示要求，一手抓改革强军，一手抓战斗力建设，突出“立根固本铸军魂、真备实练谋打仗、厉行法治严管理”，为实现强军目标提供坚强组织保证，部队建设稳中有进、稳中提质，各项工作稳步推进。

◆思想政治建设 2016年，陕西陆军预备役高射炮兵师紧贴改革强军这个主轴，围绕树牢“四个意识”这个目标，通过参加轮训、组织培训、宣讲辅导、自学领悟等方式，学习贯彻中共中央总书记、中共中央军委主席习近平系列重要讲话精神，做到领悟精髓、追随跟进、科学践行。扎实组织干部理论集训，跟进抓好改革强军重大战略思想和“五个更加注重”（更加注重聚焦实战、更加注重创新驱动、更加注重体系建设、更加注重集约高效、更加注重军民融合）战略指导的学习领会，系统学习习近平“七一”讲话和中国共产党第十八届中央委员会第六次全体会议精神，切实用讲话蕴含的立场、观点、方法改造思想、改进思维。认真开展改革强军主题教育，师团领导8次组织备课授课，先后组织党员干部到户县廉政教育基地、富平县习仲勋故居接受教育。认真开展纪念红军长征胜利80周年纪念活动，通过授课讲传统、到革命旧址参观学习等方式，着力强化不忘初心、投身改革、继续前行的信心。组织专题辅导和大会交流，进一步加深理解领悟，坚定“四个自信”。

◆应急应战能力建设 2016年，陕西陆军预备役高射炮兵师严格落实每日值班情况例行报告、每周情况要报、每月工作简报制度；严格应急值班秩序，师团应急值班分队保持较好战备状态；针对使命任务调整，集中修订预案方案，及时调整预设阵地，规范体系格式，实现师团配套、务实管用。成立地震灾害紧急救援队，积极组织防汛、抗震演练和物资准备。采取师统一导调、各团具体实施的方式，在5个地域、区分8个课目进行专项应急

2016年10月18日，预备役高炮师纪念长征胜利80周年，邀请老干部做报告

2016年6月30日，预备役高炮师机关全体官兵参观习仲勋纪念馆

演练。组织轻武器实弹射击和82-2式手雷实投作业，完成新入队官兵训练、参谋集训、专业骨干集训任务。突出抓好基本技能训练，分批组织战训法集训，按照大纲要求区分层次类别进行成绩评定。师团首长机关带5个营指挥所、8个高炮连进行实兵实装实弹演习。建成防空兵模拟系统专业训练场，组织模拟训练，接受上级检查验收。认真开展组织整顿，逐步落实按编抽组，组织现场观摩，规范基本设施，战斗力基础建设得到加强。（谢永锋　李永强）

◆**部队正规化建设**　2016年，陕西陆军预备役高射炮兵师围绕纠治条令意识不强、执行纪律不严、军人形象不好等问题，深入推进依法治军、从严治军，狠抓正规化管理。与陕西省军区同步组织“学条令、正秩序、严纪律”教育整训活动，集中开展“条令条例学习月”活动和作风纪律教育整顿，不断强化官兵法纪意识，提升法治素养。清理排查纠治问题隐患，严密组织“百日安全活动”，坚持抓实公务用车和私家车管理，坚持每周不打招呼督导检查和定期讲评部队管理，有效杜绝了隐患漏洞。重视加强安全保密工作，狠抓重要时节人员管控和涉密载体管理，对文件打印复印、战士手机、办公电脑等方面积极做好管理使用规范，抓实安全评估，注重做好季节性事故预防，定期组织应急预案演练。持续抓好经常性管理工作，坚持常态化安全督导，每季进行讲评通报，针对倾向性问题抓好作风纪律整顿，部队管理秩序更加正规。4月，陕西陆军预备役高射炮兵师全面停止有偿服务活动工作领导小组下发《关于贯彻落实全面停止有偿服务活动通知要求的实施意见》以及中央军委、中央军委国防动员部有关通知要求和陕西省军区首长讲话精神，要求各单位迅速成立组织机构，集中学习文件精神，明确阶段任务，抓好资产核查清理，全面停止有偿服务活动。后勤部分别对各团及训练基地全面停止有偿服务工作落实情况进行了检查。

（谢永锋　李永强　王文飞）

◆**综合保障能力建设**　2016年，陕西陆军预备役高射炮兵师贯彻中央军委国防动员部四个监督机制观摩会议精神，修订完善战备场所及库室建设标准、地方经费保障机制实施意见、工程建设项目实施规范、日常接待管理细则等规定。规范服务保障，按编核发军需物资，及时补给油料、器材。组织财务骨干培训，逐团进行审计考评，下大力清理经费遗留问题。建设后勤应急保障分队，开展经常性演训活动，后勤保障能力明显提升。组织专门力量对全师装备逐类、逐项、逐件进行清理清查，对2013年以来装备经费逐笔账、逐件物资、逐票据进行清查核对。组织装备骨干集训，集中整修各式装备，顺利保障师团野外驻训和训练演习。投入50余万元全面整治训练基地库室（区），定期维护安防设施设备，指导各团完成兵器室建设，装管运行秩序良好。

◆**入队训练**　2016年4月8—28日，陕西陆军预备役高射炮兵师采取统一计划、各单位自行组训的方式，组织师机关和各团XX名新入队人员入队训练，完成了队列训练、内务条令、预备役部队基本常识、战术基础动作、轻武器射击等9个课目的训练内容，消耗步枪弹XX发。

◆**年度专业集中训练**　2016年7月27日至8月21日，陕西陆军预备役高射炮兵师组织进行为期1个月的专业集中训练。训练期间，师首长带领机关人员对各团集中训练期间的训练、管理、伙食、卫生勤务和装备保障等工作进行检查指导。各团训练准备充分、组织严密，参训人员、训练内容和时间都按要求落实，取得了较好效果。

◆**战训法集训**　2016年9月5—29日，陕西陆军预备役高射炮兵师为深入贯彻陕西省军区、西安警备区关于抓好实战化训练的一系列指示精神，组织XX名现役官兵进行战训法集训。集训区分首长机关、分队军官和现役战士，采取理论辅导、示范观摩、组织练习、作业讲评等方式，完成了XX项训练与考核。通过集训，师团首长机关指挥谋略水平和现役官兵军事能力素质有了明显提升。

◆**应急分队训练**　2016年七八月，陕西陆军预备役高射炮兵师3团、4团抗震、灭火救援分队完成基础理论、单兵操作、协同训练、综合演练等内容训练，并根据陕西省军区统一计划安排，组织参加省级应急救援分队演练观摩评比活动，3团取得第一名的好成绩。通过训（演）练，有效提高了师团首长机关谋划指挥能力和部队专业训练水平，为部队遂行应急应战任务打下了良好基础。

（谢永锋　李永强）

◆**后勤基层岗位大练兵**　2016年9月下旬至10月底，陕西陆军预备役高射炮兵师持续开展后勤基层岗位大练兵活动。活动以《预备役部队军事训练与考核大纲》《后勤战备工作规定》为依据，区分机关、基层2个层面，突出单兵训练和分队训练2个重点，充分发挥公交、邮政、医疗、粮食等后勤预编行业优势，采取个人自训、分队组训、以岗代训、以考促训等形式，扎实开展后勤小专业训练和岗位练兵活动，提高后勤队伍的业务技能和专业保障水平。（王文飞）

◆**通用装备征用**　2016年2月中旬至4月上旬，陕西陆军预备役高射炮兵师为保证年度各项装备保障任务的顺利完成，加大通用装备征用工作力度，成立陕西陆军预备役高射炮兵师通用装备预征工作领导小组，对全师通用装备预征工作进行统一部署。组织全师有关通用装备技术骨干人员召开预征通用装备工作会议，分析研究形势，明确工作任务标准。先后组织师、团两级相关部门对全师上千台预征通用车辆、工程机械和物资器材进行全面摸底和登记建档。对照编制种类、数量，淘汰部分性能较差、型号较杂的通用装备，坚持“种类全、数量齐、性能优、征得上、拉得出、跑得快”的原则，以超出全师装备编制数量XX%的比例进行预征，重新选征XX台（部、件）军民通用装备和XX吨的物资器材，使高技术通用装备数量始终超过编制数的XX%以上，进一步完善了各类登统计资料，使全师预征通用装备工作再上新的台阶，为完成年度各项装备综合保障任务打下坚实基础。（郑　亮）

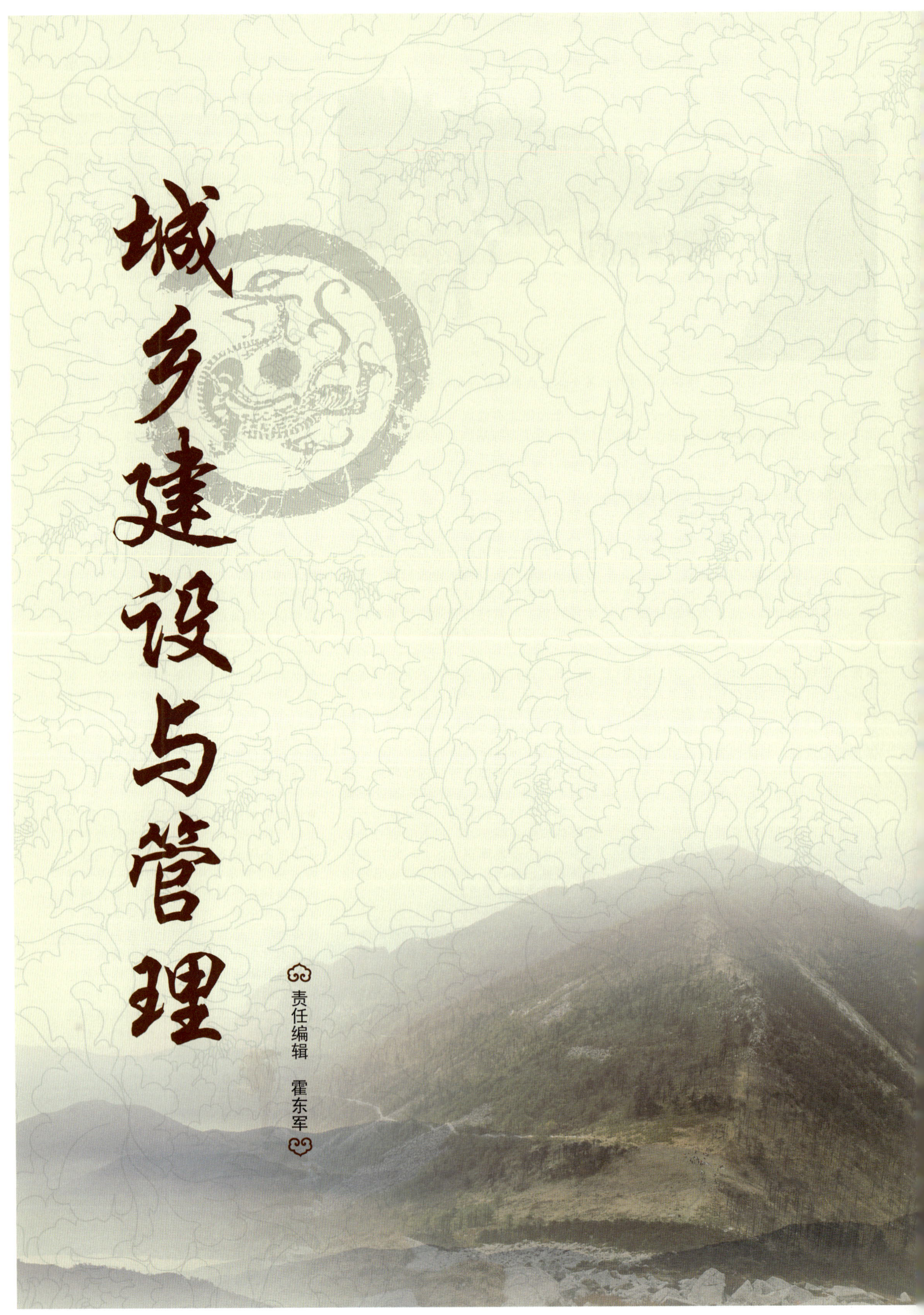
城乡建设与管理
责任编辑 霍东军

综 述

◆**概况** 2016年，西安市城市建设部门以“品质西安”建设为主线，对标“追赶超越”和“五个扎实”要求，按照“管理就是服务、担当就是应当、创新就是用心”的工作思路，不断提升城市治理水平和规范管理水平，协调督导落实城乡建设项目。重点谋划未来五年重点实施的8大类、190个城建项目，预计总投资2300亿元。全年城建投资计划共安排项目14类93项，涉及道路交通、防洪排涝、环境保护、民生公用等方面，完成投资437.15亿元，占年度任务的101.1%。

城建计划审批及项目资金预决算 完成58个项目预算审核，送审费用36024万元，审定费用28407万元，审减21.1%；完成77个项目的工程结算审核，报审金额93220万元，审定金额83028万元，审减10.9%；完成2个项目决算审核，送审（审定）140924万元。

城建项目综合协调 围绕城建计划、“美丽西安·绿色家园”行动、城建PPP项目、综合管廊、“海绵城市”等工作，重点审查锦业路—西三环立交、阿房一路—西三环立交、东南二环立交、常宁新区等27条综合管廊、“美丽西安·绿色家园”行动项目景观提升工程和一批投资大、对城市品质提升有重大影响的工程。推进棚户区改造的配套道路工程建设、提升城市环境的公园建设和道路绿化以及园林景观建设的民生项目，先后审查道路、桥梁、给排水、交通、园林绿化、公园建设、综合管廊、海绵城市、等方面的80余项城建项目设计方案。召开45次城建项目联席会议，组织30余次现场调研，50余次协调督导落实城建项目建设。

城建战略研究及试点 起草《西安市人民政府办公厅关于加快城建PPP项目建设的实施意见》，编制完成《西安市住宅建设与房地产业发展“十三五”规划》《西安市海绵城市专项规划》《西安市地下综合管廊管理办法》《西安市地下综合管廊PPP项目实施方案》《西安市改善农村人居环境工作实施方案》《西安市加快全市改善农村人居环境工作的实施方案》。完成《西安市既有多层住宅增设电梯政策研究》《西安市城市地下空间开发利用管理规划体系及开发途径研究》《“海绵城市”在城市既有街区改造中的综合利用研究》。

基础设施建设 安排项目93项（类），涉及道路交通、防洪排涝、环境保护、民生公用等方面。昆明路、西延路、新兴南路3个快速路网PPP项目顺利落地。其中，昆明路实施综合管廊，西延路开工建设，新兴南路完成招投标工作。城市道路交通项目朱雀大街南延伸（建材学校段）、朱宏路北二环立交主线、尚苑路东段一批道路桥梁建成通车；秦汉大道、韩森东路、经九路、星火路立交、红庙坡立交重点道路项目正在实施。断头路项目取得突破，开元路、民经一路、红星路延伸完工，凤城七路等正在施工。城市公共交通项目地铁3号线正式通车运行；地铁4号线、5号线一期、6号线、1号线二期、临潼线（9号线）建设正常推进。公共自行车系统建设市本级扩容及新建任务全面完成。广泰门、韦曲南等地铁站附近推进建设一批P+R（停车场换乘）停车场，投运公共自行车1万辆。开工建设出行车位52474个，完工出行车位22048个。公共配套项目文景山公园正式开园，红光公园正在进行收尾施工。城市绿化工程进展顺利，江村沟垃圾填埋场四期工程正在实施，城市公用事业供水、供气、供热等项目进展顺利。

2016年4月，西安第二大水源地——李家河水库工程全面完工

建设工地和两类企业扬尘治理 全年启动和发布应急预警26次，办理“大气污染问题移送单”291个。牵头起草和印发《西安市地铁施工工程文明施工技术规程》《西安市建设工程施工现场围挡及出入口管理规定》《西安市建筑工地扬尘治理“六个百分之百”指导图册》及示范图册。拆除各类建设工地围挡广告牌610个。“治污减霾”检查2类企业（商品混凝土企业、预拌砂浆企业）455家次，其中查出问题的有140多家，其中10家整改工作不力企业被降低信用评价等级或被处罚。 （胡 健）

◆**城建融资** 2016年，西安城市基础设施建设投资集团有限公司积极开展国内外信用评级工作，国内主体长期信用从AA+上调至AAA，成为陕西省第六家、西安市首家主体信用达到AAA级企业。境外融资债券获得国际信用评级机构惠誉国际信用评级有限公司评级，被评为BBB级，为有效降低融资成本起到积极作用。7月，发行总额10亿元债券，票面利率3.57%，期限3年。9月2日，成功在境外发行首支3年期5亿元高级无抵押美元债券，票面利率2.8%，与国内银行同期贷款利率（4.75%）相比，本次境外发债节约融资成本2925万美元，约合人民币1.93亿元。完成土地转让收益2.59亿元。积极发挥棚改统贷统还平台作用，成功包装西安市第三期棚改项目，获得贷款授信383亿元。3期棚改项目累计获得专项贷款931亿元，及时向全市98个项目拨款340亿元，有效促进棚户区改造项目顺利开展。

◆**基础设施重点项目建设** 2016年，西安城市基础设施建设投资集团有限公司完成承担的亚洲开发银行西安城市路网完善工程、天然气锅炉改造扩建工程、西安市第二门站及天然气管道工程、高中压调压站扩建及旧管网改造工程、西安市液化天然气应急调峰站扩建工程、引镇液化天然气应急储备站6个市级重点建设项目总计8.7亿元投资额，完成年度计划的102.47%。西安城市综合交通改善项目太白路—丈八东路立交工程及南门与环城南路交通综合治理工程、文昌门—和平门立交工程获“2016年陕西省优质工程奖”和“陕西省建设工程长安杯奖”。积极做好经营性开发项目策划包装，涉及幸福路核心区重点项目建设、综合管廊建设运营及工业遗存保护的幸福路地区综合开发项目与新城区签订战略合作协议。与西安旅游集团有限责任公司就旅游、餐饮、文化、健康养老等方面进行全面战略合作，促进传统旅游产业转型升级。积极储备健康养老、城市广场及地下空间综合利用等一批后续发展项目。 （潘 坤）

◆**“工程质量治理两年行动”** 2016年，西安市城乡建设委员会下发“检查

整改通知单”2300份，约谈、处罚216家企业和38名个人。6月底，住房和城乡建设部专项检查西安市建筑市场行为和建筑施工现场质量安全，建筑市场合格率89%，施工质量安全合格率87.3%，在受检的省会地市中居于前列。

◆老旧住宅小区综合提升改造 2016年，西安市城乡建设委员会出台《关于进一步加强和深化老旧住宅小区综合提升改造工作的通知》（市建发〔2016〕7号），提出100万平方米改造目标，并编制《西安市老旧住宅小区综合提升改造设计手册》。针对远郊区（县）实际，印发《西安市老旧住宅小区综合提升改造工程财政专项资金竞争性分配试点实施方案的通知》（市建发〔2016〕20号），召开西安市老旧住宅小区综合提升改造工作动员大会。全年实施改造项目52个，完工144万平方米，惠及2.1万户近7万人。

◆地下综合管廊建设 2016年，西安市城乡建设委员会地下综合管廊开工建设干、支线综合管廊24.83千米、缆线管廊60.6千米，完成投资12.5亿元。1月底，西安市人民政府成立以西安市市长为组长的西安市地下综合管廊和海绵城市建设领导小组，明确近期干、支线管廊130.5千米，远期干、支线管廊350.5千米建设规模。西安市城乡建设委员会签署“西安市地下综合管廊PPP项目合作意向备忘录”，签约项目总投资140亿元。重点围绕12个国家和陕西省考核项目开展推进工作，其中，常宁新区东西二号路等5个项目均完成400米范围土方开挖和边坡支护；渭北工业区渭水二路综合管廊完成800米基坑开挖和钢板桩支护；港务西路综合管廊（续建）和港务西路缆线管廊（续建）主体工程基本完成；昆明路综合管廊完成全线绿化迁移、交通围挡和障碍物拆除，并完成1500根支护桩施工；科技二路综合管廊项目进场施工；北沈片区4条道路综合管廊项目完成进场施工准备。结合线网落地和道路改造，完成朱雀路、韩森东路等缆线管廊建设56.5千米。

◆“海绵城市”建设 2016年，西安市城乡建设委员会起草《西安市海绵城市规划设计导则》《西安市海绵城市建设技术规程——低影响开发技术指南与施工指导细则》，选取常宁新区、西安曲江新区、西安浐灞生态区、洪庆新城、西安高新技术产业开发区5个区域为西安市“海绵城市”建设试点区域，并细化分解工作任务。选取49个项目作为“海绵城市”建设第一批试点项目，涵盖老旧社区改造、市政道路、绿地广场、河湖水系、建筑小区等多种形式。完成建材北路、曲江文化运动公园、高新国际社区临沣东路—灵韵北路景观带、常宁新区标准厂房项目的“海绵城市”方案设计。为解决小寨区域暴雨内涝问题，选取皂河、大环河排水系统约80平方千米作为研究范围，南二环—丈八路、太白路—雁塔路约20平方千米作为改造范围。通过采取LID（暴雨管理和面源污染处理技术）海绵化改造、排水管网提标、雨污分流改造和超标降雨蓄排设施建设等，将区域内径流控制率达到80%以上，排水管网标准由0.5年提高到5年一遇标准；内涝防治能力由20年提高到50年一遇标准。通过雨污分流改造、对面源污染和溢流污染控制，削减50%以上排入大环河、皂河的污染量，解决黑、臭水体问题。向社会公开遴选专家，建立西安市“海绵城市”专家库。截至年底，西安市“海绵城市”专家库入列专家60余人。

◆村镇建设 2016年，西安市城乡建设委员会建立村镇建设月报制度，村镇建设各项目标任务实行月督促、月统计、月总结。对103个村庄村内道路进行硬化，完成139千米村内道路硬化工作。组织村镇建设管理人员和农村工匠法律法规和建设技术培训7次，培训1400人次。

重点示范镇和文化旅游名镇建设 7个“陕西省重点示范镇”和2个“陕西省文化旅游名镇”完成投资27.6亿元，完成陕西省年度考核目标任务的111.1%；3个“西安市重点示范镇”和2个“西安市文化旅游名镇”完成投资4.71亿元，完成全年任务的109.2%。

农村危房改造 将农村危房改造工作与脱贫攻坚工作相结合，协调中央、陕西省、西安市危房改造指标优先用于建档立卡贫困户房屋改造。积极开展摸底调研，对贫困户农村住房现状建档立卡，对陕西省确定的贫困村、西安市确定的相对低收入村村内道路现状逐一摸底调查，为全面做好行业扶贫工作奠定基础。为切实推进村内道路硬化工作、方便群众生产生活，积极对接西安市财政局，明确将村内道路硬化补助标准提高到80元/平方米。全年农村危房改造竣工3514户，竣工率100.4%；硬化33个“陕西省贫困村庄”的村内道路13.6万平方米。

农村人居环境改善 确定46个村，逐村编制村庄建设方案，以村庄垃圾、污水处理为重点，完善村庄基础设施和公共服务设施建设，改善村庄生态环境，打造“清洁、美丽、宜居村庄”，为改善农村人居环境打造示范样板。按照陕西省人民政府第二次全省改善农村人居环境工作会议精神，在推进“清洁、美丽、宜居村庄”创建工作基础上，起草并报请西安市人民政府同意印发《西安市加快全市改善农村人居环境工作的实施方案》，将全市村庄分为“清洁乡村”“生态乡村”“美丽宜居乡村”3级推进建设，保障全市改善农村人居环境工作顺利启动实施。

◆城建资料整理和档案接收管理 2016年，西安市城乡建设委员会完成《西安市志·城乡建设分志（1991—2010年）》和《西安市城乡建设大事记（2011—2015年）》编纂工作。全年培训城建档案行业从业人员600余人。电子化扫描城建档案6000卷；接收218个房建类工程项目档案、39个市政工程项目档案；发放“归档通知单”1137份；接收工程档案照片1.2万余张、视频128小时、光盘291张；征集照片765张、视频51分34秒。

◆建设行业培训 2016年，西安市城乡建设委员会举办“建设大讲堂”5期、西安市在建项目施工管理人员培训班15期、建设行政干部建设专题培训班1期、《西安市村镇建设条例》宣传贯彻及农村工匠“四新”技术（新技术、新工艺、新材料、新设备）培训班8期、城建档案从业人员培训班2期，培训各类人员94130人次。为企业工作人员面对面授课179次；备案成立农民工业余学校总校45家、项目分校157家；制作发放各类证书14773本。（胡　健）

城市规划

◆概况 2016年，西安市城市规划工作更新思想观念，创新规划理念，革新管理方法，提升规划编制、管理、服务水平，按照“严控增量、盘活存量、优化结构”的总体思路，推进城市发展由外延扩张向内涵提升转变，完成第四轮城市总体规划修改和城市开发边界划定；完成交通、市政、生态、历史文化保护等40余项规划编制。西安市人民政府成立西安市城市规划管理委员会，加强全市规划管理的统筹协调；西安市规划局增设规划管理综合协调处、村镇规划处、测绘地理信息处、城乡规划督察处4个处室。约束性体系规划、重点片区城市设计全面覆盖，核发“一书三证”（“建设用地规划许可证”“建设工程规划许可证”“乡村建设规划许可证”和“建设项目选址意见书”）289个。其中，“建设项目选址意见书”29件，总用地面积408.771公顷；“建设用地规划许可证”51件，总用地面积393.596公顷；“建设工程规划许可证”141件，总建筑面积1279.62万平方米；“竣工验收合格证”68件，总建筑面积366.96万平方米。

◆第四轮城市总体规划修改 2016年，西安市规划局积极衔接《关一天城市群规划》《关中城市群核心区总体规划》，按照“提质增效、内涵提升，优化空间布局、盘活土地存量”总体思路，完成《西安市第四轮城市总体规划》修改方案，并按程序通过陕西省规划委员会专家组会议审查。规划到2020年城镇建设用地规模为960平方千米，市域城镇体系结构为“一城三副一区”（“一城”是指中心城区片区，“三副”为阎良—高陵副中心片区、临潼—蓝田副中心片区及户县—周至副中心片区，“一区”为秦岭生态保护区），将东北、西南确定为城市主要发展方向。

◆城市开发边界划定 2016年，西安市在保护山水格局、生态廊道、大遗址基础上，围绕基本农田、允许建设区、国民经济计划重点项目，划定城市开发边界，在中心城区实行开发边界和城市规模双重刚性约束，在外围组团实行优先发展边界和拓展发展边界“刚弹相济”。在城市开发边界划定的基础上，推进《西安市城市总体规划》与《西安市土地利用总体规划》“两规合一”。

◆重点项目规划 2016年，西安市规划局优化完善城市功能，坚持以问题为导向，积极破解城市发展短板，通过强化约束性指标管理，着力在城区塑造主体功能约束有效、基本公共服务均等、资源环境承载的协调发展新格局。

推进“约束性体系规划”全覆盖 优先保障城市公共服务配套建设，按照“规划编制与实施措施一并研究”的原则，开展商业设施、文化设施、殡葬设施、社会福利设施等公益设施、基础设施、市政设施规划，明确各类公益设施和市政基础设施的用地布局、数量、规模，提出刚性管控措施，并在城市总体规划中予以落实。

完善城市交通路网规划体系 围绕西安建设“枢纽城市”和“公交都市”的规划目标，编制《北客站北广场交通枢纽规划》《纺织城火车站综合交通枢纽规划》《西安铁路南客站交通枢纽规划》；为完善城市道路体系，开展《中心城区主要道路竖向高程规划》《西咸南环线方案》研究；缓解交通拥堵问题，按照中央城市工作会议提出的“窄马路、密路网”的城市道路布局思路，制定《西安市规划区加密城市支路网暂行规定》；破解城市停车难的问题，开展西安市公共停车场建设规划，医院、学校停车位配建标准研究，地铁站点周边建设项目停车位配建规划指引研究等；结合城市总体规划修改和产业发展，开展地铁近期建设方案与周边土地利用规划研究，完成地铁5号线、6号线及控制性详细规划方案、地铁线网规划。

推进“海绵城市”建设 结合新理念、新技术应用，破解城区内涝，水质污染、水资源短缺、雨水洪水利用不足等问题，完成中心城区地下管线普查工作、220千米城市综合管廊专项规划、地下综合管廊建设标准和技术导则。

◆城市规划实施与协调 2016年，西安市规划局研究制定《西安市城乡规划监督检查办法》《西安市建筑工程规划监督管理办法》《西安市规划评估管理制度》《西安市规划考核问责制度》，逐步健全全市规划监督管理机制。坚持以城市设计为切入点，积极推进城市修补、生态修复，加强历史文化、自然生态、城市特色等规划研究，提升城市内涵，努力实现“生产空间集约高效、生活空间宜居适度、生态空间山清水秀”。

重点片区城市设计全覆盖 坚持推进城市设计与项目策划、区域经济发展相结合，完成《西安市总体城市设计》《西安市城市设计导则》《西安市城市设计管理办法》和全市14个重点片区的城市设计方案。通过城市设计对城市空间形态、风貌、色彩、高度、强度等进行系统管控，对城市形态和总体空间布局进行协调优化，提升城市形象品质。在完成城市设计的基础上，有序推进控制性详细规划编制工作。

完善历史文化保护规划体系 全面统筹区域历史文化资源，完善名城保护框架，构建名城、名镇、名村三位一体的保护体系。结合《西安市第四轮城市总体规划》修改，启动《西安市历史文化名城保护规划》《西安市名镇、名村保护规划》，进一步深化完善《隋唐长安城总体保护规划》、西安历史街区申报——北院门、三学街、七贤庄及西安城墙内传统民居保护与利用规划项目。

完善生态保护规划体系 积极开展河流、湿地生态修复，进行历史水系整治，满足城市未来水生态要求。以“城中河”标准规划建设渭河，组织编制《渭河两岸生态景观控制导则及沿岸建筑控制导则》，确定生态层级、明确空间管制、景观及建筑控制导则，严格控制渭河两岸生态红线和建筑景观设计；编制《渼陂湖片区规划》，做好渼陂湖生态修复工程，充分发掘其历史文化资源；积极落实四级绿地管控要求，开展绿地系统专项规划，编制《2016年绿地小广场建设规划》；完成秦岭北麓生态控制区生态保护红线划定初步方案，积极推进秦岭生态保护区“多规合一”规划，加强秦岭的生态保护。

◆规划服务和审批制度改革 2016年，西安市规划局全力实施“抓项目、促投资、稳增长”的目标，建立“重点建设项目”信息网络平台，推行“靠前服务、一站式办理、全程跟踪、一抓到底”的提前介入机制，安排专门联络员，帮助指导建设单位办理规划许可手续。围绕“去产能、去库存、去杠杆、降成本、补短板”5大任务，开展城市产业用地控制引导研究、混合用地规划研究，引导产业合理布局、转型升级；主动适应房地产经营业态多元化趋势，积极从用地控制、手续办理上鼓励引导旅游地产、文化地产、养老地产组合开发，消化库存，推动房地产业转型发展；完成保障性住房建设、城中村、棚户区改造规划服务，推进城镇低效用地再开发利用。推进房地产市场平稳发展，制定《房地产项目工程规划阶段联合审查制度及办事流程》，工程规划阶段需要房地产企业办理审批事项由17项减为6项，审批图章由25个减为9个；“建设工程设计方案审查”由18个工作日压缩至15个工作日；“建设工程规划许可证核发”由18个工作日压缩至5个工作日；整个工程规划阶段审批时限由36个工作日压缩至15个工作日，审批时间缩短58%。

◆规划管理体制改革 2016年，西安市规划局按照“规划上移、管理下沉”的原则，深化规划管理体制改革，在全市推进“一张规划蓝图、一套规章体系、一个管理平台、一套审批流程”，积极建立适应城市发展新体制。制定《西安市规划编制管理办法》，将法定规划、城市基础设施规划、城市重点地段城市设计等规划编制权和规划调整变更权，城市规划区内重大基础设施、公益设施、标志性建筑、城市重要节点建设项目的规划方案审批权，上收至市一级，城市设计等由属地政府组织编制，按法定程序报批。建立城乡一体规划管理体系，按照城乡共治的思路，强化乡镇规划管理职能，明确乡村规划编制、报批、实施、修改、监督要求，规范乡镇规划管理体系。建立全市统筹协作的违法建设查处新机制，按照《中华人民共和国城乡规划法》和实际管理需求，本着“查处分离”原则，明确违法建设查处主体，将违法建设巡查、认定职责划入规划部门，将违法建设制止、查封、处罚、拆除职责划入城市管理部门，在全市建立统筹协作的违法建设查处机制。（王　莹）

市政建设

◆**概况**　2016年，西安市市政工程建设成效明显，市政设施维护规范精细，市政行业监管水平持续提升，安全生产形势持续平稳。全年市政建设维护资金计划投资18.96亿元，实际完成投资20.31亿元，完成计划的107.18%。其中，市政工程建设计划投资14.87亿元，实际完成投资15.60亿元，完成计划的105%；市政设施维护计划投资4.09亿元，实际完成投资4.71亿元，完成计划的115.05%。12月，西安市市政工程建设系统组织施工的“西安市城市综合交通改善项目”太白路—丈八东路立交工程和“南门与环城南路交通综合治理工程”文昌门—和平门立交工程获中国施工企业管理协会颁发的“2016—2017年度国家优质工程奖”。

◆**重点市政工程建设**　2016年，西安市市政公用局承担市级重点项目3大类22项，计划投资7.09亿元，实际完成投资8.05亿元，占总投资的113.5%。渭河堤顶路下穿工程、龙钢大道、太华北路北延伸等21项工程完工；西铜路城市段主线工程正在进行施工招投标等前期准备工作；朱雀路高压线落地工程完成全线缆沟建设任务，完成投资1.87亿元，占计划投资的124.3%。

◆**其他市政工程**　2016年，西安市市政公用局面对工程建设任务重、工期紧、整体经济下行以及“冬防”期间禁止土方作业的压力，发挥重点工程带动作用，以点带面，强化责任，倒排工期，抓紧施工，各项工作平稳有效推进。韩森路跨东三环桥、朱雀大街南延伸等37项工程竣工并放行通车，使城市路网结构日趋完善，城市通行能力显著增强。尚苑路东段、铁路北客站南广场西侧规划路、长沣路、富源三路完成主体工程建设，韩森东路跨浐河桥完成桥梁工程建设。秦汉大道西铜一级路立交、太华路—北二环立交进行主体建设。西铜路城市段主线工程进行设计方案评审、施工招投标等前期准备工作。

◆**城市排水管网改造工程**　2016年，西安市市政公用局加快雨污分流改造工程进展，全面完成文景路雨水管道工程、漕运明渠北三环截污工程等8项工程建设，为全面实现雨污分流改造目标奠定基础。针对“7·24”暴雨内涝暴露出的问题，开展城市积水原因分析和研究。完成南二环铁路小区门前等6处积水点改造工程，提升区域防涝等级。

◆**架空线缆落地及通讯管沟建设工程**　2016年，西安市市政公用局结合道路、电力等项目建设，完成丈八北路、丈八东路、建工路等20条道路的架空线缆落地和子午大道等道路50管程千米通信管道的建设任务，全面完成年度目标任务。配合西安市“国家卫生城市”复审，完成4898处凌乱线缆整理，净化城市空中环境。

◆**城市交通拥堵点改善工程**　2016年，西安市市政公用局针对城市部分区域交通微循环不畅问题，开展主城区道路设施提升工作。完成长沣路、学府环路等20千米支路建设任务，完成西一路、翠华路等20余条道路提升改造，城市道路更加平顺、通畅。采取市级保底、各区推进的策略，加快背街小巷市政化改造步伐。完成测绘东路南段、碑林区政府门前路等22条背街小巷改造任务。加快人行过街设施建设进度，完成医学院、八家巷等6座天桥通道建设任务，超额完成年度目标。

◆**市政设施维护管理**　2016年，西安市市政公用局围绕道路、管网、桥涵功能性最大限度发挥的宗旨，持续加强市政设施日常管理。修补沥青路面127.2万平方米，修补彩砖人行道25.8万平方米；疏通下水管道2165千米，掏挖下水井37万座，清理明渠淤泥9550立方米。做好城市功能灯日常维护，平均亮灯率99.1%。加大无灯街巷改造工作力度，完成永兴路西侧路、雁环中路等29条无灯街巷改造任务，保障市民夜间出行安全。配合中央电视台春节联欢晚会、中秋联欢晚会，做好城市夜景美化、亮化工作，营造浓郁的节日氛围。

城市精细化管理　2016年，西安市市政公用局按照“品质西安”建设要求，做好城市街具精细化管理工作。加强日常巡视和保洁，对133座人行天桥、12个地下通道及快速干道全段实行网格化管理。集中力量完成钟楼、鼓楼周边市政设施提升整治工作，打造整洁亮丽的“城市会客厅”。确保街具、设施设置更加规范有序，联合工商、城管及各区人民政府加大书报亭、街具及其他设施整治力度。定期开展施工围挡专项督查工作，及时整治超时限、超面积围挡现象，检查各类工地8084处，拆除和“瘦身”围挡471处，退让面积43万平方米。

◆**市政科技创新**　2016年4月，西安市市政公用局主办第二十四届“科技之春”宣传月市政分会场活动，展示西安市渭河堤顶路下穿西铜一级路工程将自然途径与人工措施相结合，在确保城市排水防涝安全的前提下，最大限度地实现雨水在城市区域的积存、渗透和净化，促进雨水资源的利用和生态环境保护方面的新技术、新成果。开展“2016年度西安市科技进步奖”申报和评选工作。完成市政工程项目（前期）信息管理系统创建工作，初步形成“一张图”式信息管理。印制新版“主次干道名目”和“前期项目分布图”，为市政工作建设提供基础支撑。

2016年7月29日，韩森东路—东三环跨线桥工程建成通车

◆**市政行业监督管理** 2016年，西安市市政公用局按照全市“一盘棋”理念，加大市政公用行业监管力度，行业发展呈现健康有序态势。加大行业法规修订完善力度，完成《西安市城市集中供热管理条例》初步修改工作，并报西安市人民政府法制办公室。制定印发《建设类合同审查备案办法》《随机抽查实施细则》《违法失信“黑名单”信息办法》《行政处罚自由裁量权基准》等规定，行业监管更加规范有序。建立权责清单制度，梳理并按程序审核确认权力事项172项、公共服务事项3项、与相关部门职责边界事项6项。初步建立“黑名单”制度，网站曝光严重违法失信的管理对象，促进市政公用行业健康发展。狠抓供气安全保障工作，完成83座加气站安全评估工作。督促各区完成天然气管线压占安全隐患排查工作，并对发现的压占隐患治理情况制定整改方案。冬季高峰供气期间，主动发挥行业监管作用，加大天然气气源协调力度，及时启动应急预案，保证居民采暖需求。天然气年供应量26亿立方米，比上年增长9%。为满足城市日益增加的集中供热需求，不断督促协调各集中供热企业加大供热锅炉建设改造力度。全年改造、新增锅炉9台，新增供热能力716吨/小时，新增管网长度167千米。积极开展清洁能源供热试点工作，完成对土门地区集中供热管理权委托工作。

◆**市政安全生产** 2016年，西安市市政公用局进一步建立健全安全生产“党政同责、一岗双责、齐抓共管”责任体系，推动各单位切实做到“五落实五到位”（落实“党政同责”要求、落实安全生产“一岗双责”、落实安全生产组织领导机构、落实安全管理力量、落实安全生产报告制度；安全责任到位、安全投入到位、安全培训到位、安全管理到位、应急救援到位），持续开展市政建设维护领域安全生产和消防安全监督检查，确保系统安全稳定。迎接国务院安全生产委员会第七巡查组安全生产巡查，做到资料齐备、措施到位。将应急演练作为检验队伍、提升能力、消除隐患的重要手段，开展防汛、施工、人员密集场所、天然气泄漏等应急救援演练70余次，做到防患于未然。

◆**城市防汛除冰消雪** 2016年，西安市市政公用局立足城市“防大汛、抗大险”，进一步完善防汛应急处置机制，实现与西安市防汛指挥部、西安市气象台对接联动。积极开展防汛演练，全面提升应对突发降雨天气预测、预警和应急抢险能力。全年发布雨情预报130余条，启动三级防汛预案7次、二级防汛预案2次、一级防汛预案1次；出动防汛人员5851人次、防汛车辆1332辆次。面对7月24日强降雨，上下严阵以待、全力应对，保证城市安全运行，全市无人员和重大财产损失。及时开展立交桥、人行天桥除冰消雪工作，保证市政设施完好过冬。

◆**治污减霾** 2016年，西安市市政公用局严格做好施工工地建筑垃圾清运工作，加强工地扬尘管理。通过安装摄像监控系统，强化日常检查等方式，确保各项治污减霾措施落到实处，切实做到“6个100%”（建筑工地、一般砂浆和混凝土生产企业的现场扬尘污染防治管理要达到现场100%围挡、砂土100%覆盖、场内道路100%硬化、拆除过程100%湿化作业、出入车辆100%冲洗、暂不开发场地100%绿化）。创新工作方法，在无条件安装车辆自动清洗设备的工地上配备移动式清洗设备，并办理相关审核报备手续170个。

◆**市政服务社会监督** 2016年，西安市“12319”市政热线不断提高精细化服务水平，对投诉事件实行辖区指派受理和市政行业、各区（县）、开发区电话转办处理。办理各类投诉建议8097件，话务量34131个，处理回复率100%，满意率99.8%；办结陕西省、西安市人大代表建议和政协委员提案43件，满意率100%。

（张　铷）

城市管理

◆**概况** 2016年，西安市城市管理局围绕“品质西安”建设，打造“整洁有序、优美亮丽、生态宜居”的城市环境，市容环境专项治理、“美丽西安·绿色家园”行动园林绿化景观提升工程、环卫设施升级换代工作统筹推进。顺利迎接“国家卫生城市”复审，城市管理水平得到提升。

◆**市容环境综合整治** 2016年1月，西安市人民政府办公厅印发《西安市2016年城市治理专项工作实施方案》，加强市容环境综合整治，成立10个城市治理包抓领导小组，督导检查各区（县）开发区和市级相关部门工作。西安市城市管理局作为市容环境专项治理工作任务的牵头部门，采取多项措施，全方位提高市容环境治理水平。严格落实《西安市环境卫生管理工作标准》，增加保洁员作业班次，缩短零星垃圾滞留时间，落实“晴天一日两洒、一周无降水开展一次大冲洗”活动，安排每月至少开展一次大擦洗活动，治理道路“灰带”等问题。协调发挥好洒水车、高压冲洗车以及小型道沿冲洗车作用，增加人工推水作业环节，冲洒水覆盖均匀，路面无积水、见本色。695台环卫洒水车上加装北斗定位系统，实时定位监控作业情况，洒水车出勤率在90%以上。新增新型环卫雾炮车、洒水车28台。刷新、更换沿街破旧、污损的果皮箱，在钟鼓楼广场及周边区域更换新式果皮箱160个。加强果皮箱、公交站牌、环卫设施等各类“城市家具”保洁，开展全市性“大冲洗、大擦洗”活动24次，维修、更换、添加破旧、缺失的“城市家具”。开展户外广告及牌匾标识整治工作，按照“拆除一批、规范一批、改造提升一批”整治思路，摸排各类违规设置的户外广告及牌匾标志70603处，拆除68972处，其中立柱式广告645块，拆除率97.7%，大幅净化城市公共空间。配合规划部门对《西安市户外广告设施设置规划和标准（试行）》进行修订，推进户外广告管理规范化进程。协调有关部门从源头预防和遏制散发“野广告”行为，深挖“野广告”制贩窝点18个，追呼电话10276个，依法处理违法人员1254人，收缴“野广告”158万余张。按照《西安市建筑工地围墙、景观围墙和临时施工围挡设置标准》，组织有关单位规范围墙围挡设置，整修、刷新污损的围墙围挡，撤除工地围墙围挡立面设置的各类广告画面和宣传标语，拆除围墙围挡10.9万平方米，整修刷新围墙230余万平方米。加强城市绿化养护，每季度组织开展一次城市绿化集中整治，修剪、整形乔木97万余株、绿篱6500万平方米，清掏1400万平方米绿地的浮土和垃圾。针对8月高温干旱天气，组织各绿化养护单位加班加点，开动所有喷（微）灌设施，调配车辆浇灌水89万余吨，进行绿化抗旱保苗。采取疏堵结合方法治理占道经营问题，按照行业规定全面整治规范原有蔬菜早市和便民市场，增设临时夜市食品摊群点43个、早市摊群点28个和夏秋两季瓜果临时售卖点75处。发挥“城管+商户”共建共管和门前“三包”责任制（包卫生、包绿化、包秩序）作用，定时巡查和定点值守占道经营易发区域，清理取缔违法占道（出店）经营户28.7万余个（次），暂扣违法经营车辆9270辆。7—10月，组织市城管系统有关单位开展“百日治理行动”，进一步深化整治工作，遏制违法占道经营行为。

◆**市容环卫** 2016年，西安市城市管理局制定《西安市生活垃圾分类体系建设

西安绕城高速曲江出入口

规划纲要（2016—2025年）》，在西安浐灞生态区、西安高新技术产业开发区试点生活垃圾分类工作。完成餐厨废弃物资源化利用和无害化处理全国试点项目“收运处理BOO特许经营权”招投标工作。投资1.1亿元，实施江村沟生活垃圾填埋场四期改、扩建工程。年处理量100万吨的阎良区凯龙建筑垃圾再生资源利用厂建成运行。城区生活垃圾无害化处理率100%、县城生活垃圾无害化处理率97.36%，均达到或超过陕西省考核指标。北坡防渗、过渡区防渗、上游水塘、上游大坝等工程形象进度均达到90%以上。新建改造城市公厕322座，超额完成新建改造300座的任务。全市核算出土工地499处，核准出土方量4392万立方米。坚持每周组织3次以上检查，查处存在问题的出土、拆迁工地139个次。严格按照“七个到位”（出土工地和拆迁工地应做到施工围挡到位；出入口道路混凝土路面硬化到位；基坑坡道硬化处理到位；全自动冲洗设备安装和使用到位；建筑垃圾运输车辆密闭到位；拆迁工地拆除过程中使用专业降尘设施湿法作业到位；拆迁工地暂不开挖的裸露地面和2日内不清运的拆迁垃圾覆盖到位）新标准，加强管理出土工地和拆迁工地，在出土工地门口张贴“监督管理公示牌”，公布责任人及电话，接受市民群众监督。在符合国Ⅳ排放标准的建筑垃圾运输车辆上推广加装可视系统和智能控制芯片。新增、更新建筑垃圾运输车辆，使用新型智能环保车型，防止高尖装载、超速行驶等违法违规行为。依照西安市人民政府《关于印发进一步加强市容环卫行业管理工作实施意见的通知》，道路保洁员工资从人均1450元增至2453元。

◆园林绿化 2016年3月，西安市人民政府印发《“美丽西安·绿色家园”行动园林绿化景观提升工程实施方案》（市政发〔2016〕10号），全面加强城市园林绿化工作，进一步增加绿量、改善环境、提升品质。西安市城市管理局完成中学南路、学府环路、渭滨东街东侧规划路、雁曲四路、清凉寺东路等绿化工程项目66个；完成子午大道、东三环（穆将王立交—雾庄桥）沿线道路绿化改造提升5处；完成绕城高速曲江出入口（一期）和汉城出入口城市绿化景观提升项目2个；建成漕运明渠北客站段景观林带、渭河西安城市段防护林带等项目7个；按时完成钟楼、鼓楼周边提升改造项目，南北大街提升改造项目进入施工阶段。屋顶绿化11.6万平方米，垂直绿化7.15万延米，新建、提升改造街头绿地小广场100个，在城市主要道路、节点，迎合传统节日和全市重大活动，摆放时令鲜花830万盆，创建生态园林式单位（居住区）110个。提升改造劳动公园、永阳公园、周至北大门公园；航天城文化生态园公园一期、雁鸣湖公园、西安植物园（新址）、文景山公园、马陵冢公园建成开园；红光公园园内铁路以北区域、广运潭公园（续建）、东园公园超额完成年度建设任务；2座公园建设工作或施工前期准备工作有序推进。

◆四城联创 2016年，西安市城市管理局积极迎接“国家卫生城市”复审，提前谋划安排复审工作，代拟并由西安市人民政府办公厅印发《2016年迎接国家卫生城市复审工作实施方案》。结合复审新标准，多轮次培训创建工作人员；引入第三方评估机制，客观、公正、准确评价巩固“国家卫生城市”工作情况；建立督导检查机制，及时向责任单位指出工作中的不足；全国爱国卫生运动委员会办公室暗访检查后反馈的问题，督导有关单位全面整改。8月初，西安市“国家卫生城市”复审通过“国考”初审。指导周至县通过“国家卫生县城”省级复查，指导蓝田县成功创建“国家卫生县城”，实现西安市“国家卫生县城”全覆盖。贯彻落实西安市人民政府办公厅《西安市开展健康细胞示范建设工作实施方案》，重点推进健康社区、健康村庄、健康机关、健康学校（幼托机构）、健康企业、健康医院等社会细胞健康示范建设，全市确定6个省级、100个市级“健康细胞建设示范点”，启动“健康城市”建设工作。开展卫生先进评优命名工作，报送“陕西省卫生先进单位”“陕西省卫生镇（村）”50个，命名“西安市卫生先进单位”“西安市卫生镇（村）”99个。深入开展病媒生物防治，督导检查各区（县）、开发区工作3轮次，培训工作人员6500人次，发放宣传手册6万册，购置250万元药械进行病媒生物监测与蚊虫灭杀。组织开展第28个“爱国卫生月”活动，展出宣传展板3000余块，发放宣传资料20余万份，接受群众健康咨询40余万人次；清理垃圾、治理乱堆乱放、清洁护栏、清除“野广告”及清刷建筑立面和门头牌匾等工作成效明显，全市环境卫生面貌得到改善。与西安市卫生和计划生育委员会联合举办“百日戒烟大赛”。实施2016年“农村改厕项目”，改造厕所1500座。截至年底，农村无害化厕所普及率55.74%，卫生厕所普及率81.72%，均高于陕西省平均水平。

◆城管执法体系建设 2016年，西安市城市管理局成立副局级建制的西安市城市管理综合行政执法总队，厘清市、区两级职能，加强对区、街道两级执法工作的指导、协调，提高综合行政执法效能。出台《西安市城管执法队伍和人员行为规范（暂行）》，组织开展市级执法人员依法行政教育培训，开展执法队伍专项整治活动73次。牵头成立执法督察大队，每天分2组检查全市城管执法人员工作，查处不作为、乱作为、慢作为等问题案件248起，查处执法行为不规范案件251起。与未央区人民法院建立非诉执行联席办公机制，将拒不履行行政处罚决定的行政相对人纳入征信记录。与交警部门协调，将道沿上违法停车案件纳入交管信息系统，有效提高机动车违

2016年3月17日，西安市棚户区改造工作会议召开

章停放案件执行力度。全年移交机动车违章停放案件1763件，办结1333件；移交无证运输建筑垃圾案件9件。积极推进《西安市公园条例》的修订工作，新通过的《西安市公园条例》于10月1日实施。对西安市政务大厅城管办理事项开展权利责任清单梳理，配套制作"权力运行流程图"，并在门户网站公布，接受社会监督。依法按时规范办结建设项目附属绿化工程验收18项、建设项目绿化设计方案审查48项、城市公共区域砍伐迁移城市树木和占用（临时占用）城市绿地审批65项、户外广告审批续办180项。（张秀云）

城中村（棚户区）改造

◆概况 2016年，西安市城中村和棚户区改造工作经过积极创新和艰苦努力，取得较好成绩。截至年底，全市棚户区改造新开工95165套，其中货币化安置47585套，新开工率100%，货币化安置数占全市新开工任务的50%以上。集体土地上棚户区（城中村）改造完成17个项目涉及2.97万人的回迁安置，分别占全年目标任务的113%、115%；启动城市主要节点10个项目的整村拆除工作，占全年目标任务的111%；完成投资63亿元，占全年目标任务的106%。国有土地上棚户区改造新启动8个项目的房屋征收工作，占全年目标任务的100%；完成6个项目涉及0.76万人的回迁安置工作，分别占全年目标任务的150%、165%；完成投资20.55亿元，占全年目标任务的205%。

◆房屋征收搬迁 2016年，西安市城中村（棚户区）改造办公室房屋征收搬迁工作稳步推进。严格征收搬迁计划管理，于年初组织编制并下发《2016年及"十三五"期间全市棚户区改造计划》，将全年征收搬迁目标任务分解到各区、开发区，并纳入市、区两级年度目标责任综合考评体系。制定《棚户区改造项目列入计划及方案报批管理程序》，完善项目立项审批程序，优先将政府投资项目纳入改造范围。积极筹措项目启动资金，加强与政策性银行沟通协调，通过建立、健全贷款保障机制，加大改造资金投入，确保棚户区改造项目资金链良性循环。截至年底，政府投资的棚户区改造项目124个，取得政策性银行贷款1188亿元，为加快推进房屋征收搬迁工作提供可靠保障。

◆房屋搬迁遗留问题化解 2016年，西安市城中村（棚户区）改造办公室加快解决回迁安置超期项目，按照"六定"（定性、定量、定标准、定时限、定责任单位、定责任人）要求，通过政府接盘、资产抵押、搭建融资平台等方式，使31个回迁安置严重滞后的棚户区改造项目遗留问题得到基本解决，或正按方案积极解决。严格执行《西安市棚户区改造项目房屋征收补偿与强制执行工作流程》，加快解决"钉子户"问题，提出"认真核实、找准问题，政企对话、部门配合，政府接盘、主动化解，做好善后、舆论引导"的工作思路，对西安经济技术开发区郑王村和莲湖区解家村、标牌市场等改造项目，积极开展司法强制执行工作。郑王村改造项目取得项目实施方案批复，正在办理房屋征收决定；新城区人民政府明确按照"政府接盘"的思路，加快处理韩南村、韩北村和杨家村项目存在问题。加快解决改造项目综合用地存在问题，对22个项目开展成本测算、核算，其中11个项目完成成本测算、核算工作。

◆城改项目审批 2016年，西安市城中村（棚户区）改造办公室加快项目审批进度，完成3个标段直接发包项目备案、11个标段竣工结算备案、43个标段招投标手续备案；完成9个项目共计299万平方米城建费用审核；7个项目房屋征收补偿方案审核备案、15个项目施工图审查备案、27个项目的建筑节能验收备案；完成15个项目30个"建筑工程施工许可证"的审核办理和核发、45个项目共425.87万平方米的"商品房预售函"的办理和核发。优化手续办理流程，进一步优化办理"施工许可证""预售许可证"的相关程序及简化办理要件，主动与项目单位衔接，先行办理3个项目7个"建筑工程施工许可证"；指导8个项目办理共64.6万平方米的"商品房预售许可函"；清退61个项目9.37亿元安置楼建设监管资金。积极推进安置房产权登记工作，通过与房管部门沟通、赴各区城中村（棚户区）改造办公室及部分建设项目地进行调研、邀请相关部门和项目建设单位负责人座谈等方式，解决安置房产权登记滞后问题，办理好东窑坊改造项目本地安置户的"房产证"。

◆城改项目规范化管理 2016年，西安市城中村（棚户区）改造办公室加大项目规范化管理力度，成立5个巡查小组实施动态监管，3次组织城中村（棚户区）改造系统进行"规范化建设管理"培训，核发"建设工程竣工规划验收合格证"15件，下发"提醒单"73份，查处违法建设5起，结案5起。抓好安全生产工作，制定下发《关于进一步明确安全生产监督管理责任实施方案》和相关通知，开展"安全生产"系列活动，一批事故隐患得到发现和及时处理，有效防范事故发生。提升城市管理工作水平，及时下发《关于进一步做好城市管理工作的通知》，对抓好改造建设工地城市管理工作提出6条具体要求和11条新举措，有效推动城市管理工作顺利开展。

◆货币化安置 2016年，西安市城中村（棚户区）改造办公室工作有序开展货币化安置工作。强化政策指导，相继出台《棚户区改造货币化安置实施细则》《政府购买棚改服务实施细则》《棚户区改造货币化安置房票管理办法》《西安市利用存量商品住房作为棚户区改造安置房省级奖励资金实施细则》《关于政府投资贷款项目列入棚户区改造计划

陕西省西安市蓝田县焦岱镇柳家湾村片区化中心社区

（立项）有关问题的通知》，为货币化安置提供有力政策支撑。加大督查指导，对照目标任务量，在季度巡查基础上每月督导巡查各区工作，针对发现问题，及时通报，并召开推进会、现场会等，总结推广成功经验。抢抓资金落实，会同西安市人民政府金融工作办公室、西安市财政局等相关部门，明确项目贷款办理时限，指导各区推进项目贷款的落实，通过购买服务在国家开发银行项目贷款26个，争取贷款额度383亿元，签订购买合同并实现放款项目15个。在中国农业发展银行贷款项目20个，争取贷款资金220亿元，签订借款合同项目6个，正在中国农业发展银行陕西省分行审批项目1个，正在初评项目6个，缓解棚改资金不足问题。（杨前进）

城乡统筹发展

◆概况 2016年，西安市围绕“品质西安”建设目标和农民持续增收要求，发挥统筹、协调、服务职能作用，坚持改革创新主线，以改善民生为根本，抓典型、树示范、强基础、补短板，加快城乡发展一体化进程，让广大农民得到更多实惠，共享改革发展成果。

◆新型农村社区建设 2016年，西安市统筹城乡发展工作领导小组办公室对各(区)县申报的标准化社区和片区化中心社区基本情况进行认真复核，精心制订方案，组成检查组赴各区(县)、开发区进行逐一核实。组织市级有关部门和专家从项目条件、示范带动作用、资金投入等多个方面进行评审，最终确定3个标准化社区和125个片区化中心社区支持项目，安排奖补资金13640万元。会同西安市财政局下达项目建设计划，预拨70%建设资金，要求按期全面完成建设任务。片区化中心社区建设连续3年被确定为西安市人民政府“惠民实事工程”，其经验和做法被写进中共陕西省委1号文件在全省推广。

◆新农村建设 2016年，西安市统筹城乡发展工作领导小组办公室为巩固提升新农村建设水平，根据中央和陕西省、西安市有关文件精神，在新农村重点村建设“清零”的基础上，决定“十三五”期间再打造100个左右以产权为纽带，以产业为支撑，经济组织健全、主导产业明晰、生态环境优美、公共服务完善的“幸福新农村”示范村。在外出考察、区（县）调研、征求意见的基础上启动“幸福新农村”示范村建设工作。联合市级有关部门逐村考察，确定“幸福新农村”示范村18个，下达建设“幸福新农村”示范村计划，拨付建设资金2975万元，建设项目稳步有序推进。

◆“最美乡村”建设 2016年，西安市统筹城乡发展工作领导小组办公室制定《第二批“西安最美乡村”检查验收方案》，在区（县）自查的基础上，检查验收第二批10个“西安最美乡村”。印发《开展2016年度“西安最美乡村”创建工作通知》。9月12日—19日，组织专家现场考察评审“西安最美乡村”申报村，评出户县家佛堂村等10个“西安最美乡村”，每村获奖补资金20万元。

◆新市民服务中心建设 2016年，西安市统筹城乡发展工作领导小组办公室按照西安市人民政府制定《关于进一步为进城务工人员创造良好工作和生活环境的十九条指导意见》和西安市统筹城乡发展工作领导小组办公室制定《进城务工人员服务中心建设和管理指导标准》，积极推进进城务工人员“一站式”服务中心建设。全年建成12个综合服务中心，为进城务工人员提供就业、社会保障、维护合法权益、计划生育卫生、子女教育、公租房等便捷服务。

◆农村专项改革 2016年，西安市统筹城乡发展工作领导小组办公室结合陕西省、西安市确定年度的改革重点任务，研究制定《西安市2016年农村改革工作要点任务分工方案》，建立和完善工作台账。协调召开农村改革专项小组会议和专题会议，研究出台西安市《深化农村改革综合性实施方案》《加快农村产权流转交易市场建设发展的实施意见》《加快推进农村电子商务发展的实施意见》《加强对工商资本租赁农地监管和风险防范意见的实施意见》等多项农村改革文件。协调西安市农业林业委员会积极做好农村土地承包经营权确权登记后续工作。

农村宅基地制度改革试点 制定《宅基地管理、审批、有偿使用、有偿退出试行办法》等“1+6”配套制度，探索出“整村退出社区安置、零散退出逐步社区化、旧村原址改造提升”3种模式。

农村产权流转交易市场体系建设 出台《西安市人民政府办公厅关于加快农村产权流转交易市场建设发展的实施意见》（市政办发〔2016〕96号），组建高陵区三阳农村产权融资担保有限公司，设立5000万元农村产权抵押担保基金和500万元风险补偿基金。

农村集体资产股份权能改革试点 制定出台试点工作实施方案和高陵区制定出台《高陵区推进集体资产股份权能改革指导意见》在姬家街道杨官寨村开展试点，成立杨官寨村集体经济合作社和杨官寨仰韶实业有限公司。在新确定的8个试点村开展清产核资和成员身份界定相关工作。

“两权”抵押贷款试点 建立抵押担保、风险补偿机制等配套制度。在农村信用合作联社、村镇银行、中国邮政储蓄银行、长安银行和中国农业银行5家金融机构开设“两权”抵押贷款业务试点，完成新增农村土地承包经营权抵押贷款1613万元、农房抵押贷款216万元。

◆城乡基本公共服务均等化 2016年，西安市统筹城乡发展工作领导小组办公室调研城乡教育、医疗、社保、就业、文体等公共服务一体化情况，起草《关于加快推进城乡公共服务均等化的意见》，指导城乡公共服务一体化发展，有效提升农村地区公共服务质量。与西安市教育局、西安市财政局、西安市人力资源和社会保障局等10个部门编印《西安市强农惠农富农政策精编》，发放到市、区（县）相关部门和街办（乡镇）、行政村广大农户，促进各项强农、惠农、富农政策贯彻执行。

（沈允平　马　骏）

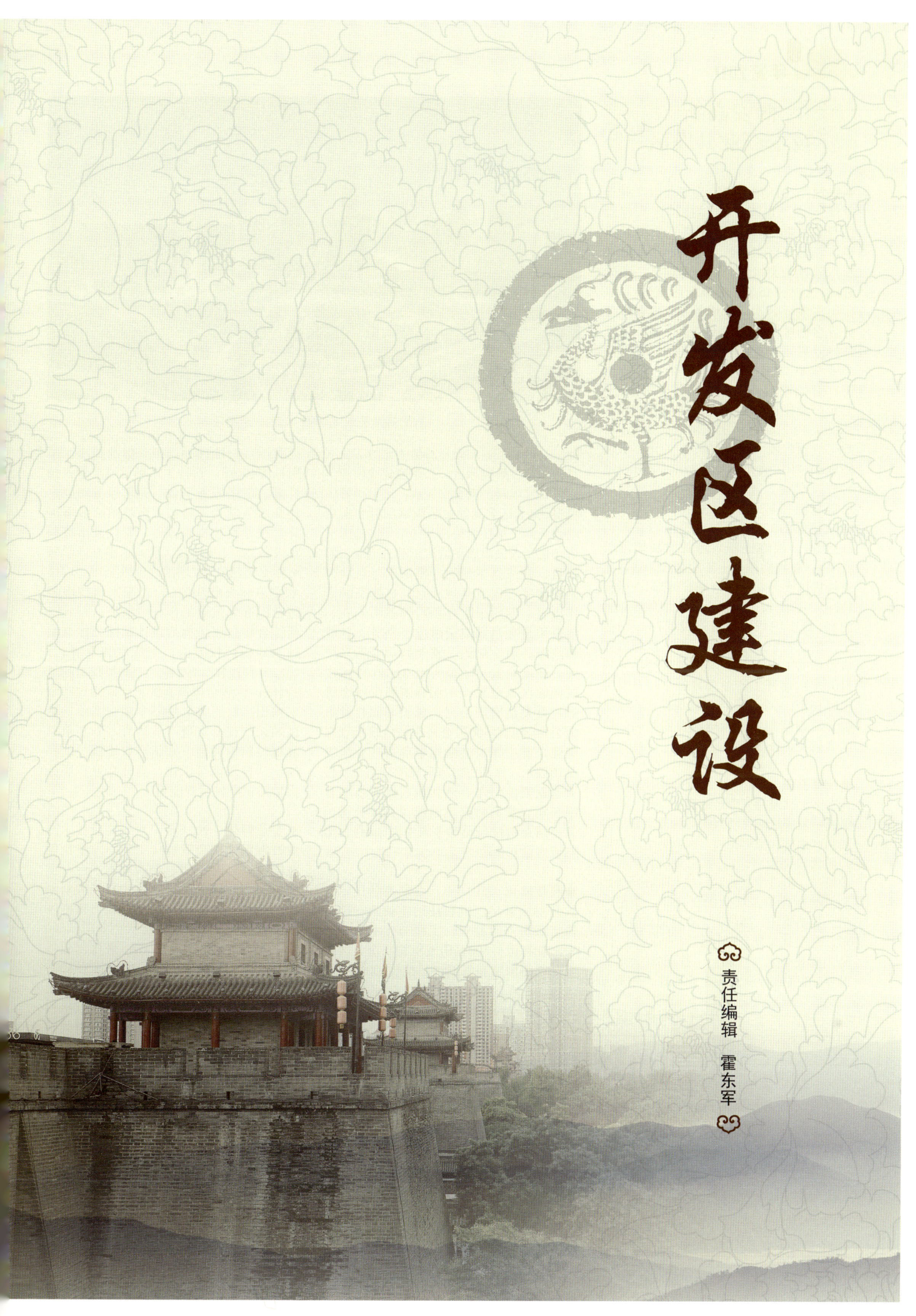
开发区建设
责任编辑 霍东军

西安高新技术产业开发区

蓬勃发展的高新技术产业开发区

◆概况 2016年，西安高新技术产业开发区围绕“世界一流科技园区”建设总目标，抢抓“一带一路”战略新机遇，以国家自主创新示范区和“品质高新”建设为契机，“追赶超越”，争先进位，位列146个国家高新区第4位，取得历史最好名次，完成各项年度目标任务，自创区建设和“十三五”规划实现良好开局。产业结构调整和战略性新兴产业集群聚集加快，半导体、生物医药、智能终端、软件和服务外包4个千亿元产业集群显现。完成在册营业收入13680.11亿元，比上年增长9.04%，财政一般预算收入实现106.66亿元；引进外资20.39亿美元，增长22%；引进内资475.05亿元，增长1.77%。实现外贸进出口总额1517.69亿人民币，占西安进出口总额的83%，占陕西进出口总额的76.85%。战略性新兴产业增加值增长22.4%；新增规模以上工业企业20家，完成规模以上工业增加值362.6亿元，增长11.8%，占全市规模以上工业增加值总量的30.8%。完成固定资产投资783.14亿元，增长7.2%。76个省、市重点项目完成投资479.42亿元，其中投资过亿元项目60个；新开工产业项目22个、开发类项目15个；4个产业项目建成投产。项目数、总投资和年度投资额再创新高，继续名列全市各区（县）首位。

◆招商引资 2016年，西安高新技术产业开发区继续坚持完善产业链条、壮大产业集群、发展战略性新兴产业为重点，着力加强产业链和集群招商，大项目引进数量和质量再创新高。113家三星及其配套企业投产，引进中兴物联科技有限公司等10余家智能终端及产业配套项目。霍尼韦尔、林德集团、西门子、比亚迪新能源客车、跨座式单轨、法国酩悦·轩尼诗-路易·威登集团（LVMH）、德国SAP公司等世界500强或行业龙头企业入驻。外资方面，三星电子追加投资30亿美元的芯片项目一期第二阶段项目，三季度建成投产，三星芯片项目一期全部完成；三星半导体投资约3.7亿美元的封装测试项目二期启动建设；三星环新公司2015年年底追加投资16亿元人民币启动的汽车动力电池二期项目，完成基本建设。霍尼韦尔自动控制集团生产研发基地项目、林德艾润合作项目、西门子医疗项目等签约入驻。内资引进项目涵盖金融电子商务、新能源汽车、航空航天、移动终端等新兴产业。平安金融电子商务产业园、中国建筑西北区域总部、中国建筑西安综合管廊投资发展有限公司、延长石油物资集团公司等世界500强公司在域内投资设立企业，其中平安金融电子商务产业园投资10亿元。保利协鑫智慧能源交通、云杉智慧新能源汽车、陕西蓝箭航天技术有限公司、青岛特来电新能源有限公司、北京慧点科技公司等多家中国500强公司在域内设立企业。

◆科技转化 2016年，西安高新技术产业开发区聚集一批科技创新载体，拥有国家级重点实验室、工程与技术中心38个，拥有世界500强研发机构48个。区内企业获得国家和省部级科技奖300余项，拥有国际标准16项、国家标准和国家军用标准406项。科技大市场通过汇聚科技资源、健全服务平台、完善服务功能、提升服务能力，科技大市场效应显著提升。统筹科技资源方面，科技大市场共享设备达到10018台（套），举办产学研对接交流活动137场次，促进全市完成技术交易额突破700亿元。国家科技服务综合标准化试点工作有序推进，完成81项综合科技服务标准设计和部分标准编制。知识产权方面，完成专利申请2万件，专利授权1.2万件，专利授权量超过3万件，位居全国高新区第二。通过20余家知识产权服务机构65个项目立项，推进知识产权密集型产业培育、专利信息分析与价值评估、知识产权维权援助和知识产权培训等工作，提升企业和服务机构知识产权运营能力。

◆企业孵化 2016年，西安高新技术产业开发区加快企业孵化工作。一个集创业咖啡、创客空间、公共技术平台、创业服务为一体的综合创业生态型大众创业空间——“创途在XIAN”强力领跑区域创新创业发展。引进会员创业团队600个，各类服务机构近百家，孵化创业项目101个，20个项目获天使投资8430万元。10月，西安市“众创示范街区”正式投用，总面积1.9万平方米，17家机构入驻，引领区域创新创业发展新模式。联合西安交通大学、西北工业大学等共同打造“高校联合众创服务空间”，助推产业、学校、科研机构合作再升级。“互联网+创新创业生态”云平台建设正式启动，与猪八戒网、神州数码、易宝支付、京东、中软国际等互联网公司初步明确了合作意向。商事制度不断改革，以“先照后证”（注册企业或公司时，先颁发营业执照，再续办其他各种法定证书）、“五证合一”（营业执照、组织机构代码证、税务登记证、社

2016年西安高新技术产业开发区主要经济指标

指标	单位	总量	占全市比重(%)	增长速率(%)
规模以上工业增加值	亿元	362.6	30.8	11.8
全社会固定资产投资	亿元	783.14	15.1	7.2
工业投资	亿元	300.32	31.6	-9.1
限额以上企业（单位）消费品零售额	亿元	376.88	15.3	5.2
实际利用外商直接投资	万美元	203870	45.3	22
地方财政一般公共预算收入	亿元	106.66	16.6	10.6
地方财政一般公共预算支出	亿元	106.06	11.3	8.7
规模以上工业企业数	个	273	23.7	—

会保险登记证和统计登记证这五证合为一证）、“一照一码”（营业执照、统一社会信用代码）、“网上登记”改革制度为重点的各项政策全面实施，促进市场主体显著增长。新登记注册各类市场主体11755家，比上年增长30.3%，平均日成立48家，注册市场主体总量4.68万家，位居全国高新区前列。

◆金融服务 2016年，西安高新技术产业开发区紧紧围绕科技金融中心建设一个中心、完善金融服务和信用服务两大体系、提升增强科技金融结合、促进主导产业发展、服务中小企业融资三种能力，通过实施兑现金融服务政策、吸引金融要素聚集、提高科技信贷规模、促进企业股改上市、推动创业风险投资、促进金融产品创新、推进科技保险试点、开展企业信用评价、创建政策引导基金、探索互联网金融创新、打击非法集资等，金融服务工作取得新成效。通过融资贴息、风险补偿等金融扶持政策，增强中型、小型、微型企业融资力度，企业贷款余额达2517亿元，其中中小企业贷款超过310亿元。搭建常态化股权融资项目路演平台，2000家科技企业开展互联网信用评级。6月，中国人民银行系统在全国科技园区设立的第三家信用信息查询窗口入驻高新政务大厅，首次实现全区优惠政策统一在线受理审核，将企业信用记录纳入政策兑现条件。建设互联网金融产业基地二期，引进中国电信“天翼”电子商务、中国联通第三方支付区域总部等一批各具特色互联网金融企业。出台《关于金融支持西安国家自主创新示范区发展的指导意见》，设立全国科技园区第三家信用查询窗口。成为国家首批“投贷联动”试点园区，与国家开发银行、中国银行签订投贷联动合作协议。

◆融合发展 2016年，西安高新技术产业开发区加速科技金融融合工作，新增渤海银行等10余家金融类机构，累计聚集金融机构及要素平台1250家。新增2家创业板上市企业、43家新三板挂牌企业，累计境内外上市、上柜企业127家，新三板挂牌企业83家，挂牌企业数列全国高新区第6位，成为陕西乃至西北地区科技金融资源最密集的区域。发起设立“陕西省集成电路产业发展基金”和“西安高新高技术军民融合基金”，基金总规模400亿元。高新风险投资公司跻身全国“创投百强”企业。建成1.8万平方米互联网金融产业基地，“翼支付”等一批互联网金融企业入驻。信用金融服务平台累计归集陕西省200万余家企业工商信息和区内1.5万余家企业的深度信用信息，企业信用信息日均查询量5000余次。依托信用平台在线产品——平安银行橙e税金贷，对区内235家中小企业授信累计5.9亿元。

◆人才引进 2016年，西安高新技术产业开发区全面实施“特殊人才跨越计划”，加大高端人才引进工作力度。引进国家“千人计划”（海外高层次人才引进计划）专家13人，7人入选陕西省“百人计划”（高目标、高标准和高强度支持的人才引进与培养计划），10人入选西安市“5211计划”（围绕西安市经济社会发展目标，以“五大主导产业”人才需求为重点，在高新技术产业、现代装备制造业、旅游业、现代服务业、文化产业，以及航空航天、生物工程、新能源、新材料、金融、管理、法律等领域引进急需和紧缺的海外高层次人才1000名左右的人才计划）。新增4家“博士后创新基地”企业，协助区内企业与西安交通大学、西北大学等开展博士后需求对接，受理10批次90人“博士后公寓”入住申请。举办首届国家“千人计划”专家创新创业高峰论坛项目对接洽谈系列活动，达成合作项目5项，引进10个创业团队。办理外籍人员就业许可证、就业证及外国专家许可、外籍专家证206件，外国专家系统企业新开户13家，7人获得“西安友谊奖”及“优秀外国专家奖”。协调陕西省公安厅开设高层次外籍人才出入境“绿色通道”，解决办理就业证、落户、职称等问题。跟踪重点招商项目，及时高效提供人力资源服务的同时，为区内企业提供“零距离”服务，走访和接待三星、英特尔等50多家重点企业，提供有效的政策咨询及人才服务。围绕主导产业，组织多次人才政策讨论，完成人才政策细则修订、创新创业条款细则制定及300家企业人才政策申报资助等工作。与科研院所、高校合作，积极引进创新团队。巩固与西安光学精密机械研究所形成的合作共赢工作模式，并拓展与西安交通大学合作，把握区内人才需求，贴近产业，上门服务，促进项目和创业团队引进。促进大学生就业，46家企业申报批准为“高校毕业生就业见习基地（企业）”，新增见习生721人，享受生活补贴1862人次，办理5521名高校应届毕业生接收手续。

◆园区建设 2016年，西安高新技术产业开发区积极推进“缓堵保畅”工作。完成重点交叉口精细化设计、地铁沿线及站点交通接驳等专项规划编制，实施高新路片区综合整治。全面完成辖区学校、医院等周边堵点、乱点治理任务。交通设施建设取得新进展，新设立公共自行车站点57个，扩容站点32个、闸机站点3个；投运公共自行车2490辆；新建公共停车位1134个，配建停车位3689个、错时停车位660个，对区内公交线路沿线及公交场站进行建设维护。建成“绿地”和“紫薇田园都市”2个夜市点，完成14个便民蔬菜点建设。新增绿化面积20万平方米，实施建设“高标准园林绿化工程”和“景观点亮工程”30个，完成2条道路的绿化景观提升，启动7条道路及14个街角小广场的绿化景观提升。总投资7亿元，完成15条道路绿化工程。完成唐延路、锦业路段191栋楼体夜景亮化提升设计和施工。组织开展垃圾清掏、大冲洗、大擦洗等集中整治行动63次，按照VI（视觉识别）系统设计对公园、公厕等进行环境优化及设施维护、更新。

◆军民融合 2016年，西安高新技术产业开发区加快军民融合聚集区建设，规划占地2450公顷的“军民融合产业园”，其中开工建设11.6公顷。充分利用资本市场、知识产权制度，推动军民融合工作。设立总规模100亿元军民融合产业基金，在A股上市的军民融合企业有8家、新三板挂牌军民融合企业14家。国家知识产权运营军民融合试点平台上线试运营，与全国60余家单位签订合作协议，汇集有转移转化需求的专利、技术等信息超过5000条，解密国防专利2300项。加大与学校、企业、科研机构的合作力度。与北京理工大学、西北工业大学签订共建军民融合创新基地战略合作协议。9月，西安西谷微电子公司和中国兵器标准化所联合共建的西安兵标检测有限责任公司挂牌成立。10月，我国首个民营企业主导建立的军工体系研究院——特种飞行器工程研究院在高新区成立。区内的中国电子科技集团公司第二十研究所等4家单位成为西安市全面创新改革试验体制改革试点单位。11月，高新区被中国人民解放军军事科学院军民融合研究中心认定为实践基地，为军民融合发展提供理论支持和政策建议。区内3家企业参加“第二届军民融合高科技成果展暨高层论坛”。

◆三星项目聚集效应 2016年，西安高新技术开发区围绕三星项目开展服务和招商工作，三星项目及配套企业累计落户113家。三星电子追加投资30亿美元的芯片项目（一期第二阶段）于第三季度建成投产，至此三星芯片项目一期100亿美元投资全部完成，实现满负荷生产。3月底，三星电子大中华区半导体销售总部——三星半导体（西安）有限公司在西安高新综合保税区设立。发挥三星项目优势，开创对韩国招商新局面，积极联系韩国其他跨国集团开展招商谈判工作。围绕新能源汽车产业链进行招商，总投资超20亿元、年产15万辆纯电动乘用车的整车生产项目、汽车动力电池等核心零部件项目、规模超过100亿元的电动汽车推广应用融资租赁项目、互联网+新能源汽车应用平台项目等落户高新区，共同组成新能源汽车产业发展的完整生态圈。

◆科技资源改革 2016年，西安高新技术产业开发区加快科技资源统筹，促进经济结构调整，完成技术交易额357亿元，入库共享设备超过1万台（套），新增专利授权1.2万件。在技术转移方面，构建以技术经理人“1+3”绩效管理技能模式的技术转移市场化服务体系，活跃技术交易市场。开展跨区域技术成果对接交流和举办技术转移人才培训活动23场次，参与人数2500人次。西安技术经理人协会发展单位会员55家、个人会员154人，认证技术经理人机构32家、技术经理人75人。国家技术转移西北中心建设全面启动，国家知识产权军民融合特色运营平台建设进展顺利。为区内800多家企业举办“高新技术企业”认定新政策解读培训，通过组织企业、审核资料、配合评审，新认定“高新技术企业”268家，累计认定“高新技术企业”1382家。以优先股方式，支持16家领军企业、11家优势企业申请成为“科技小巨人领军企业”，帮助210家企业获得政府立项批复及资金支持，支持项目经费1.45亿元。制定《关于支持创新型公共服务平台的实施意见》，通过投资和奖励等方式支持企业与科研院所或高等学校之间合作共建创新型公共服务平台。与北大光华管理学院合作的“高新区供应链”服务平台、与西安建筑科技大学合作的“陕西膜分离技术研究院”均开始建设。

◆环境保护 2016年，西安高新技术产业开发区治污减霾工作有序开展。检查工地3100余家，整改问题394处，报送各类资料1200余篇。全年削减化学需氧量（COD）14765.61吨、氨氮779.31吨、二氧化硫296吨、氮氧化物167.93吨，完成年度任务。建立横向到边、纵向到底的三级治污减霾管理网格，加大考核工作力度。发现问题1900余处，均按期整改到位。3家企业有机废气治理任务全面完成。做好重污染天气应急响应工作，处理污水2432.1万立方米。对“高新湖项目”整体水系方案进行完善，一期东入口广场完成主体施工，正在加快推进后续项目前期准备工作；“河池寨绕城高速口景观水系工程”建设启动；“太平河（草堂基地段）综合治理工程”地面附着物赔付事宜有序推进，制订管理站新站建设方案；“沣河梁家滩综合治理工程”二、三标段征地工作全面展开。

◆社会管理 2016年，西安高新技术产业开发区立足民生需求，抓好公共服务。夯实服务基础，完成高新区内原有1.7万户、雁塔区划转1.4万户参加“社会保险”摸底和登记工作。加强社会治安综合治理、综治工作领导责任制，定期召开城市治理专项检查并召开联席会，共同研究解决综治问题。深入治理投资环境，开展“整治投资环境专项行动”，加大违法犯罪和黑恶势力打击力度，加强建筑工地施工管理、交通安全、社会治安、消防安全、食品安全等监管力度。保护劳动者权益，推动劳动监察队伍实体化建设，西安市劳动保障监察支队高新大队、西安市劳动人事争议仲裁委员会高新区派出庭正式挂牌。

社区建设　新增社区用房9355.03平方米。新建1个养老服务中心、13个养老服务站和3个标准化社区综合服务站。“蓝博社区”卫生服务中心开业投用。10月，瞪羚谷创业社区正式启动，签约合作机构25家，入驻项目14家。联合西安交通大学、西北工业大学等高校共同打造的“高校联合众创服务空间”成功落地西北工业大学飞天大众创业空间。

社会民生　坚持“共享发展、协调发展、产业与城市融合发展”的理念，始终坚持与群众共享发展成果。全年民生支出85.6亿元，占一般预算支出的80%。社会保险加速扩面，新增社保登记1659户，比上年增长30%，累计参保单位9040户，参保人数达到47.9万人，比上年增长17%，办理外国人社会保险登记备案2039人。各项社保基金收入53亿元，比上年增长15%；社保基金社会保险项支出44亿元，比上年增长13%。做好建筑企业农民工工资清欠工作，受理的社保申诉案件增长229%。组织开展全民参保登记、年度薪酬调查、劳动用工摸底统计、机关事业单位养老保险改革等工作。继续落实“稳岗补贴”政策，完成510家企业的初审和上报工作。公共文化体育基础设施进一步完善，建成公园广场6个，陕西省图书馆项目开始建设。

◆教育 2016年，西安高新技术产业开发区教育质量不断提升，“高新教育”品牌效应进一步凸显。新建及改扩建学校、幼儿园11所，投入1232万元改造提升15所区属公办学校，缓解教育资源供需矛盾。高新第二学校二期改扩建工程竣工；创汇社区A区、F区及蓝博公寓C区3所幼儿园建成；创汇社区初中、高中学校开工建设；梁家滩国际学校进行基础施工；西安高新第八小学、西安软件新城小学、西安高新第一小扩建工程启动。

◆城乡统筹发展 2016年，西安高新技术产业开发区加快城乡统筹发展，保障群众安居。英发寨221户群众乔迁新居，创汇社区A、F区竣工验收，木塔南村等14个安置楼项目加快建设，续建公租房1400套，建成投用公租房7131套，建成限价房610套，6个村被纳入全市棚户区改造计划，全面完成棚改货币化安置任务。“建设新型农村社区重点项目”取得新进展，完成投资72.7亿元。配合市级有关单位完成茶张、漳浒寨、雷家寨和创汇等新型社区验收工作。

◆李源潮等党和国家领导人到高新区调研考察 2016年5月24日，中共中央政治局委员、国家副主席李源潮到西安高新技术产业开发区调研，了解企业研发生产经营情况，希望企业更加重视青年科技人才培养，把研发与应用紧密结合，为创新驱动发展多做贡献。4月12日，中共中央政治局委员、中央统战部部长孙春兰到高新区调研，希望高新区继续提升服务水平，围绕企业需求开展各项工作，培育更多优秀企业，为国家高新技术产业发展和科技创新做出贡献。7月5—7日，中共中央政治局委员、国务院副总理马凯在陕西调研新能源汽车产业发展，走访了部分高新区企业，强调要抓住关键环节，加强技术研发，加快推广应用，确保质量安全，努力促进新能源汽车产业持续健康发展。

◆2016“世界增强现实”亚洲博览会在高新区举办 2016年9月24—25日，2016“世界增强现实”亚洲博览会在西安高新技术产业开发区举办。本次会议主题是“Super Power to the People（赋予人类超能力）”，来自80家国内外专业媒体、200多个全球知名投资机构的5000余人参会，18名企业界领袖分别发表主题演讲，50多位国际顶级演讲嘉宾、40多家全球顶尖科技公司进行现场交流，召开41场国际权威学术机构研讨会。中央电视台、Canonical、高通、爱普生、英特尔、腾讯及西安本土企业西安飞蝶、维真视界等44家国内外AR/VR（增强现实/虚拟现实）行业领军企业参展，带来300多项最新产品和应用演示，6000余人次进行了体验交流。

（赵再伟）

西安经济技术开发区

◆概况 2016年，西安经济技术开发区主动适应经济发展新常态、新趋势，积极招商引资，加快项目建设，主要经济指标稳中有进，实现“十三五”良好开局。全年实现地区生产总值570亿元，比上年增长10.1%；营业收入6300亿元，

西安经济技术开发区2016年主要经济指标

指标	单位	总量	占全市比重(%)	增长速率(%)
规模以上工业增加值	亿元	334.28	28.4	9.2
全社会固定资产投资	亿元	664.85	12.8	7
工业投资	亿元	219.67	23.1	15.1
限额以上企业（单位）消费品零售额	亿元	242.55	9.8	18.4
实际利用外商直接投资	万美元	129186	28.7	12.8
地方财政一般公共预算收入	亿元	45.33	7.1	6.2
地方财政一般公共预算支出	亿元	45.89	4.9	56.7
规模以上工业企业数	个	222	19.3	—

增长20%；工业总产值3900亿元，增长20%，其中规模以上工业总产值1632亿元，增长16.4%；规模以上工业增加值334.28亿元，增长9.2%；实际引进外资12.9亿美元，增长12.8%；实际引进内资350亿元，增长5.03%；固定资产投资664.85亿元，增长7%；财政一般预算收入45.33亿元，增长6.2%；外贸进出口总额34.8亿美元，增长16%。区内注册各类企业18000余家，其中外资企业200余家，形成商用汽车、装备制造、食品饮料、新材料、新能源、高端装备制造6大主导产业，成为拉动全市经济发展的重要引擎。

◆招商引资 2016年，西安经济技术开发区把重大工业项目引进作为招商主要方向，坚持招大引强和产业链招商。赴北京、上海、广州、深圳等地开展招商活动，先后引进投资50亿元的中国节能环保集团高端装备制造基地、20亿元的苏州协鑫新能源投资有限公司总部、55亿元的韩国双龙汽车生产、75.8亿元的陕西通家新能源汽车生产等一批项目。全年引进项目119项，总投资426.6亿元。引进投资50.8亿元的陕西金融资产管理公司、20亿元的陕西能源集团租赁公司和财务公司、20亿元的西安城投国际融资租赁有限公司、20亿元的陕西长安旅业有限公司、10亿元的上海卡行天下金融服务集团以及百度、恒大、京东等金融项目，金融产业注册资本金总额超过200亿元。在2016丝绸之路国际博览会暨第二十届中国东西部合作与投资贸易洽会上签约项目72项，项目总投资443亿元。

◆政策扶持 2016年，西安经济技术开发区围绕“金融创新、科技创新、军民融合创新”的总体思路进行全面改革创新，启动“丝绸之路经济带”金融创新试验区建设，整合优化西安经济技术开发区出口加工区，努力将其变成“西安经开综合保税区”。积极参与自贸区申报工作。与中国兵器集团签订总投资300亿元的“十三五”合作共建国家军民融合改革创新示范区项目协议。开展“千人亲商助企”活动，赴100余家企业调研，出台并完善《购买租赁区内商业物业补贴办法》《促进主导产业发展扶持政策》《抓项目促投资稳增长实施方案》等一系列政策措施。发挥财政资金撬动作用，安排产业扶持资金近1亿元，支持项目500余项；帮助企业申报各类计划项目526个，争取各级财政资金3.22亿元。全力支持“大众创业、万众创新”工作，在陕西省率先实施“三证合一”“一照一码”工商税务登记，截至年底新注册各类企业6579户。培育凯立新材料等7家企业在新三板挂牌上市，全区挂牌企业数量达到14家，占全市总量的11%。

◆项目建设 2016年，西安经济技术开发区在全面落实国家、省、市各项“稳增长”政策的基础上，加快项目落地建设进度。举行市级重点项目集中开工仪式，开工项目24个，总投资117.2亿元，项目全部建成达产后可实现产值174.5亿元。全年66个市级重点在建项目实现投资247亿元，完成年度计划投资的120%，其中投资亿元以上项目55个。平安综合金融汽车电子商务产业园、庆安民用飞机高升力系统、乐叶光伏生产基地、中国重型机械研究院股份公司等12个新项目全部开工建设，西安西航集团莱特航空制造技术有限公司、西安瑞福莱钨钼有限公司、西北工业集团有限公司火工区、法国铁路高速铁路系统、维维蛋白质饮料、湖北大厦6个项目竣工投产，其余项目按计划推进。其中，省考项目——西安西航集团莱特航空制造技术有限公司实现投资2.52亿元，完成年度计划的126%，超额完成目标任务。

◆渭北工业区高陵装备工业组团 2016年，西安经济技术开发区以建设“产城一体、军民融合、宜居宜业”现代工业新城为目标，加快推进渭北工业区高陵装备工业组团建设，总体形成商用汽车、通用专用装备制造、新材料、新能源装备等为主导的产业格局，成为陕西省规模最大、特色最突出的装备工业板块。1家企业产值超过100亿元，13家企业产值超过10亿元，25家企业产值超过1亿元。以重大项目及泾渭路、渭阳路、桑军路、高永路等主干道路建设为重点，推进全域统筹城乡建设，完成拆迁44.5万平方米，征收土地133.3公顷，回迁村民360余户800余人；新建泾渭路、泾环北路等道路12千米；建成市政管网8千米；建成景观绿化工程面积8.8万平方米。

◆社会事业 2016年，西安经济技术开发区加快社会事业建设，草滩污水处理厂建成运营；泾渭新城“阳光馨苑”等公租房项目建设进展顺利；兵器基地配建中学和中心区3所公办学校完成规划设

2016年5月18日，乐叶光伏科技有限公司年产500MW高效单晶光伏电池和3GW组件生产基地项目开工奠基仪式在西安经济技术开发区草滩生态产业园举行

计方案，3所公办幼儿园建设进展良好；泾渭新城三甲医院进行可行性研究编制、招投标工作。审计项目22个，涉及资金281.11亿元。政务中心接待13.6万人次，受理业务11.9万件，按时办结率100%。制定《新一轮驻村联户扶贫工作三年规划》，组建10个村帮扶工作组，规划44个扶贫项目，投入资金548万元。草滩生态产业园区大力推进住宅老区拆迁工作，累计拆除房屋439户，清收土地75.67公顷，有力保障地铁4号线、城际铁路、德思达实业有限公司等重点项目建设用地需求。积极推动西安经开区出口加工区整合优化为“西安经开综合保税区”，积极参与自贸区申报工作。全年实现服务外包营业收入76亿元；出口加工区实现规模以上工业总产值217.3亿元，比上年增长18.6%；实现外贸进出口总额18.5亿美元，增长15.4%。

◆城市管理 2016年，西安经济技术开发区按照“和谐宜居”的要求，不断推进城市精细化管理、创建“文明城市”、创建“森林城市”工作，建成9条市级城市管理示范街。加快城中村改造和朱宏路区域综合改造，拆除锦蓉宾馆、华秦汽贸等企事业单位房屋面积7.14万平方米，开工建设拆迁安置楼12.47万平方米，完成全家村、红色村4组回迁安置工作，回迁村民314户868人。提前完成货币化安置任务182套，开工建设4004套保障房。推进城市治理工作，制订《西安经开区2016年城市治理专项工作实施方案》，明确3大类12项专项整治任务和26个检查范围，开展巡查800余次，发现和整改各类问题5500项。及时解决城市绿化带中高出道沿的土壤，在雨天和灌溉时随水流向路面，造成道路扬尘污染的问题，完成文景路、明光路等总长20余千米改造提升整治工作，高标准完成文景路立交桥改造提升工程。制订出台《关于打通重点“断头路”工作方案》，开元路（凤城一路至凤城三路）、民经一路、凤城七路顺利贯通。（张　宇）

西安曲江新区

◆概况 2016年，西安曲江新区紧跟“追赶超越”和“品质西安”建设大局，全面深化转型升级，抓项目，促投资，调整结构，优化环境，惠及民生，实现经济发展稳步前行。全年实现财政一般预算收入40.93亿元，比上年增长15%；完成固定资产投资386.55亿元，增长7.3%；完成地区生产总值174.2亿元，增长12.1%，位列全市开发区第一；服务业增加值152.02亿元，增长12.4%，位列全市开发区第一；文化产业增加值52.26亿元，增长13.5%；限额以上消费品零售总额16.42亿元，增长16.6%；实际引进内资235亿元；实际利用外资2.06亿美元。

西安曲江新区2016年主要经济指标

指　标	单　位	总　量	占全市比重(%)	增长速率(%)
规模以上工业增加值	亿元			
全社会固定资产投资	亿元	386.55	7.4	7.3
工业投资	亿元	1.75	0.2	110.2
限额以上企业（单位）消费品零售额	亿元	16.42	0.7	16.6
实际利用外商直接投资	万美元	20588	4.6	
地方财政一般公共预算收入	亿元	40.93	6.4	15
地方财政一般公共预算支出	亿元	39.17	4.2	20.4
规模以上工业企业数	个	—	—	—

◆招商引资 2016年，西安曲江新区按照“精准招商、产业招商、品质招商”的基本思路，充分利用文化资源和品牌优势，策划包装和储备招商项目33个，涉及资金总额436.45亿元，项目涵盖现代服务化、文化旅游、大健康产业、文化科技成果等领域。引进太平洋保险西北总部、光大证券西北总部、中国盐业总公司西安盐业公司、陕西一带一路大宗商品交易中心有限公司、陕西乐收网络科技有限公司、陕西广电卫星传播有限公司等龙头企业及优质企业30家。上海国际文化装备产业基地项目成功签约，万科创意谷项目曲江二期破土动工。在2016丝绸之路国际博览会暨第二十届中国东西部合作与投资贸易洽会上签约17个重大项目，总投资416亿元。9月9—12日，承办第八届西部文化产业博览会，举办“文博会招商推介会”，签约项目251个。9月13日，举行第三届丝绸之路国际电影节专场签约仪式，电影节执委会与西安万科企业有限公司等21家企业达成合作意向，涉及地产、金融、汽车、票务、传媒等领域。开展联动招商，以商招商。环球中心、金融中心、佳和中心、影视大厦4栋楼宇新引进陕西德业网络科技有限公司、西安韭菜信息科技有限公司、西安云沃网络科技有限公司、陕西月湾影视文化传媒有限公司等60多家优质企业。建立联动招商工作机制，联系相关单位和机构组织招商业务培训13批次，培训人员3000人次。

◆重大项目建设 2016年，西安曲江新区坚持“项目为王，项目为先”的理念，集中力量推进省、市重点项目建设。承担在建省、市级重点项目29个，涵盖基础设施、人文旅游、商业贸易、社会事业等领域，总投资662亿元。年度计划投资117.61亿元，实际完成投资122.14亿元，完成年度计划的103%。4月1日，城墙护城河·环城公园(朱雀门至西门段)综合改造工程正式启动；10月1日，西安植物园新址一期建成开园；12月，曲江文化运动公园主体部分建成开放，成为市民游客休闲新亮点；12月31日，渼陂湖水系生态修复工程一期工程起步区萯阳湖成功蓄水，形成了包括渼陂三堤、百步三桥、杏花岛、水杉岛等在内的20余公顷水生态景观。长安里1912、尚德•映巷、皇城坊商业街区如期推进，陕西大剧院顺利封顶，杜陵生态遗址公园、小雁塔历史文化街区规划建设加快推进。

◆文化产业 2016年，西安曲江文化产业集团连续5年进入“全国文化企业30强”，位列“2015年度中国旅游投资企业百强”第15位，第7次上榜“中国服务业500强”。全年入区文化企业2436家，累计入区文化企业6858家。

文化精品创作　遵照“常驻文化高原，勇攀文化高峰”的基本思路，打造展示陕西文化、传播西安故事的文化精品。中华优秀传统文化题材影片《百鸟朝凤》、3D动作电影《钢刀》、与中央电视台少儿频道合作出品的暑期动画电影《新大头儿子小头爸爸2》3部影片在全国公映，其中《百鸟朝凤》创8690万元全国文艺片票房纪录，获中澳电影节最佳导演奖、男主角奖。纪录片《骊山寻古》《一份报纸的抗战》登录中央电视台10套，其中《骊山寻古》获中国电视纪录片年度收藏作品奖，并被中央档案馆收藏。《渡河渡河》《长安侠影》等6部电影登录中央电视台电影频道；《下辈子还做我老爸》《我的铁血金戈梦》分别登录江西卫视、湖北卫视、贵州卫视。由成龙主演的电影《功夫瑜伽》定档2017年春节期间在全国上映。陕西本土历史年代剧《白鹿原》完成拍摄制作。10月8日，《那年花开月正圆》正式开拍。7月，话剧《麻醉师》和舞剧《传丝公主》先后在国家大剧院公演。9月，豫剧《秦豫情》赴中国评剧院剧场演出，在国家级舞台上讲述西安故事、展示西安形象，扩大了西安影响力。《传丝公主》《秦豫情》、秦腔现代戏《易俗社》和“西安儿艺优秀儿童剧陕甘宁百场巡演项目”，实现申报成功国家级艺术基金的新突破。话剧《李小红》和《一座城池》6场演出打破西安小剧场话剧票房纪录，说唱艺术团成功打造“金曲社”曲艺小剧场。秦腔剧院以“唱响文化主旋律、创新剧目与优秀剧目传承并行”为原则，精心创排传播陕西茶文化与秦人当代创业精神的大型秦腔现代戏《骆驼巷》；创作完成以传播中华民族爱国主义精神题材的剧本《司马迁》；改编、复排《拆书》《盼子》《昭君出塞》《岳母刺字》《包公赔情》《别窑》等20余部优秀剧目。策划出版的《梨园百戏》图书入选2016年“国家丝路书香工程”项目；《丝绸之路》丛书入选《国家农家书屋目录》；《百年柳青》入选中国现代文学馆珍藏资料；《秦岭四库全书》《厚土忠实》《汉唐盛世》等图书获“陕西省重大文化精品项目”扶持，其中《秦岭四库全书》是我国第一部关于秦岭的多学科大部头典籍书系。

文化活动 2月7日，中央电视台春节晚会西安分会场在西安南门成功举办，充分展示了西安新形象；2月22日，中央电视台元宵晚会西安分会场在大唐芙蓉园举行，陕西元素璀璨闪耀。2月7日至3月13日，西安城墙景区举办“‘石榴花开春满城·中韩灯火贺新春’唐都上元不夜城——2016城墙新春灯会”；2月1日至3月10日，大唐芙蓉园举办“大圣归来”——2016大唐芙蓉园第四届新春灯会，在大唐芙蓉园、西安城墙赏灯成为春节假日市民游客过节新方式，受到全国关注。2月2—28日，曲江寒窑遗址公园举办“新春古会”；2月8—14日，楼观道文化展示区举办“金猴楼观献财运•终南福地贺新春”春节主题活动；2月8—13日，大明宫遗址公园推出“金猴摇帆闹新春，万众鼓舞中国年”新春唐人节活动，曲江假日游成为市民游客节日活动的首选。9月15日，以“回”为主题的中央电视台中秋晚会在大唐芙蓉园的紫云楼广场上举行，向全球华人奉献了一场“月圆情浓”的团圆盛宴。9月9—12日，承办“第八届西部文化产业博览会”，其影响力与日俱增。9月19—23日，举办“第三届丝绸之路国际电影节”，57个国家和地区的320部优秀电影、170余名电影界人士、500多家电影机构和20多万名观众参与，打造了精彩纷呈、硕果丰盈的光影盛宴。在第十一届中国艺术节上，入围作品3部，其中《麻醉师》获中国舞台艺术政府最高奖——“文华大奖”；惠敏莉获“文华表演奖”。为丰富群众文化生活，举办2016西安城墙音乐会、2016西安草莓音乐节、2016大华1935城市青年节、第十五届西安国际音乐节、大明宫遗址公园第六届风筝会暨2016踏青季一系列文化活动，开展“送戏、送剧下乡”活动，组织惠民演出2000余场次，惠及民众500万人次。举办的各种艺术展、音乐会等高端文艺活动占据西安90%以上市场份额。

“双创”活动 6月16日，西安北大科技园开园仪式暨“创启未来”2016国际青年创业大赛西安城市赛启动仪式举行。同日，西安增强现实与虚拟现实产业技术创新战略联盟、西安增强现实与虚拟现实孵化基地、西安文化科技融合双创服务联盟、北京大学峰火文创中心4大“双创”服务平台正式揭牌。举办青年创业大赛、国际“创客节”等形式多样的“双创”活动，产业孵化效应不断凸显。北大光华创业训练营二期、“创启未来”国际青年科技创业大赛西安文创赛首场擂台、西安“双创”周市级活动暨北大创业孵化营西安站集训活动先后举办，全方位提升创业者核心竞争力，并为创业者提供更好的创业创新环境和成长空间，在全社会营造良好的“双创”氛围。

“博物馆之城”建设 将“国际博物馆日”升级改造为“博物馆活动月”，“百万青少年爱上博物馆计划”进一步推向深入。6月14日，西安市第一家以丝路文化为主题的专题性展馆——“西安曲江丝路遗珍博物馆”正式揭牌。10月12日，西北首家校园博物馆——“智慧博物馆”正式开馆。10月22日，“易俗社展陈馆”举行开馆仪式，展出易俗社珍贵史料，从根本上改善了珍贵史料的保存条件。“贾平凹艺术馆”晋级西安市级博物馆。推出“陕西明清皮影艺术展”“陕北东汉画像石拓片展”“古都书画艺术创作邀请展”“中国古代建筑构件展”“西安城墙当代书法篆刻家作品邀请展”等艺术文化展示活动，吸引更多的人走进博物馆。

西安话剧院《麻醉师》剧照

◆旅游产业 2016年，西安曲江新区持续强化旅游安全监管机制，净化旅游市场秩序，接待游客6123万人次，旅游综合收入35.12亿元。抓住中央电视台三大晚会在西安举行和“两节两会”召开等机遇，着力打造“国际一流旅游目的地”品牌。9月，曲江新区被国家旅游局批准为首批“中国人文旅游示范基地”；1月，临潼生态旅游区被国家旅游局评为“国家旅游生态示范区”；西安城墙•碑林历史文化景区创建AAAAA级景区通过省级初评；国家考古遗址公园联盟秘书处落户大明宫；曲江文化产业集团和临潼旅游投资集团双双获得“中国旅游产业投资百强企业”称号。环临潼度假区自行车邀请赛顺利举行；楼观道文化展示区春季道文化体验及民俗展演系列活动启动；2016大唐芙蓉园上巳风铃节踏春研学季暨“五一”魔幻泡泡秀主题活动开幕；第三届西安楼观萤火虫帐篷节在曲江农博园拉开帷幕；首届西安石榴国际美食节、周至县第二届小吃大赛、周至猕猴桃主题年会等一批可体验、可参与、可感受旅游活动开展，极大地推动了旅游产业发展。坐落于芙蓉新天地广场的“西安金鹰购物中心”曲江店以全业态运营，全面推动了商品市场与旅游产业融合发展。

◆社会事业 2016年，西安曲江新区坚持“以人为本、民生为先”的发展理念，在安居、教育、医疗等民生领域加大投入，社会事业得到全面提升。新小寨村、小滩村、黄渠头村、联志村2200多户6500多名村民顺利回迁，岳家寨村、瓦胡同村、羊头镇村等村建设的安置小区加快建设。全年建成保障性住房7072套，完成配租审批686户。余王碥小学、春临小学、马旗寨小学3所还建小学全面建成；曲江第三幼儿园全面建成；曲江第三小学全面动工建设。总面积1.8万平方米、藏书60万册，涵盖多种创新业态的“新华书店曲江书城”开业，成为西安市公共文化行业的新热点和文化体制改革的新亮点。

◆**城市治理** 2016年，西安曲江新区扎实推进城市治理专项工作，构建系统化保障机制，实现从“管”到“治”的转变提升。在辖区内统一实施建筑外部空间规划，对影响城市空间环境的47座户外立柱广告牌、300余个楼顶广告、3000多组灯杆旗广告、67个引导牌及电子屏等强行拆除。清除垃圾乱倒点20余处、约11万立方米；修补破损路面8640余平方米；完善规划施工道路标线9000余米；修补粉刷破损围墙4520余平方米；清理取缔非法占道（出店）违章行为2237起；查处违法建设124座，拆除面积758平方米。植树5万余株，新增绿地广场4处，新增公共绿地40余万平方米。改造老旧小区3万余平方米。新建公共停车位1002个，新建停车泊位761个，在建、配建停车位3255个，新增对外错时停车位750个。

◆**城乡统筹发展** 2016年，西安临潼国家旅游休闲度假区坚持以“美丽乡村”建设为导向，制定《度假区二期美丽乡村专项规划》。5月中旬，西安临潼“绿色城乡统筹”工程被国家发展和改革委员会列为全国示范案例。5月上旬，临潼国家度假区作为陕西省唯一代表单位，参加了国家发展和改革委员会召开的供给侧结构性改革视角下的城乡要素高效配置交流座谈会，并在会上做城乡统筹的汇报发言。培训“新市民”1200余人次，解决就业2350人，回迁居民户就业率82%。临潼国家度假区获国家发展和改革委员会城乡统筹改造项目建设基金1.4亿元。骊山新家园和胡王安置社区建设稳步推进。楼观道文化展示区通过完善信息平台、促进农民就业、规范网络营销、加强业务培训等方式，促进城乡统筹发展，组织电子商务、果树剪枝等各类实用技术培训，培训766人次；推荐就业677人次，其中231人被聘用在展示区企业工作。培育“258”文化旅游集市（逢农历每月初二、初五、初八、十二、十五、十八、二十二、二十五、二十八赶集），全年组织群众开展各类文化演出活动216场次。（李　兵）

西安浐灞生态区

◆**概况** 2016年，西安浐灞生态区按照“品质西安”的总要求，坚持“稳增长、谋产业、抓治理”的思路，全力以赴稳投资，多项措施并举，促发展，抢机遇，攻坚克难，为“十三五”稳步开局、追赶超越，奠定坚实基础。全年完成固定资产投资475.9亿元，比上年增长12.4%；实际引进内资132.6亿元，增长10.26%，实际利用外资10833万美元，增长10.5%；进出口贸易额2130万美元，增长61.3%；社会消费品零售总额36.6亿元；服务业增加值55.4亿元；文化产业增加值2.44亿元。

西安浐灞生态区2016年主要经济指标

指　标	单　位	总　量	占全市比重(%)	增长速率(%)
规模以上工业增加值	亿元			
全社会固定资产投资	亿元	475.9	9.2	12.4
工业投资	亿元	14.81	1.6	18.9
社会消费品零售正品美国额	亿元	36.6	1.5	16.2
实际利用外商直接投资	万美元	10833	2.4	10.5
地方财政一般公共预算收入	亿元	16.57	2.6	12.9
地方财政一般公共预算支出	亿元	16.09	1.7	15.9
规模以上工业企业	个	—	—	—

◆**区域开发和城市管理** 2016年，西安浐灞生态区以提高城市品质为目标，强化城市硬环境建设，着力完善公共服务，提升居民宜居指数。组织城市治理检查2200余次，整改问题1.5万个，城市形象面貌进一步优化。新开工面积307万平方米，竣工210万平方米，建成保障性安居住房1336套。龙湖香醍漫步一期、中国建设银行陕西省分行营运大楼2个项目获得“2016—2017年度国家优质工程奖”。新建市政道路、管线60余千米，开通浐灞旅游2、3号线，新建公共停车位700余个，布点建设公共自行车站点28个，地铁3号线开通站点7个。浐灞第一小学、浐灞第二小学等4所公办学校开学，浐灞第二幼儿园成为首个陕西省内实施摇号派位招生的公办幼儿园。西安脑病医院改扩建项目一期主体完工，强森社区医院、浐灞半岛社区卫生服务站投入运行，签约引进华康医院等医疗项目。

◆**产业发展** 2016年，西安浐灞生态区聚焦优势产业资源、平台，完善现代服务产业体系，提升产业承载力，促进产业集群发展。

文化旅游产业　华夏神游文化旅游综合体项目演艺剧场主体建成；世园罗曼小镇投入运营，成为西部首家主题景区式婚庆基地。11月13日，陕西省环保厅在西安浐灞国家湿地公园举办第二批全国中小学环境教育社会实践基地授牌暨全省少儿环保绘画大赛颁奖和湿地科普活动，西安浐灞国家湿地公园和世博园获得第二批全国中小学环境教育社会实践基地称号。举办2016世园音乐节、2016中国摩托艇俱乐部大奖赛西安浐灞站等活动，全区各景点吸引游客1007万人次。

创意设计产业　11月7日，西安欧亚创意设计产业园通过西安市发展和改革委员会服务业聚集区评审，获得“第四批市级服务业聚集区”称号。国土资源部退化及未利用土地整治工程重点实验室一期、欧亚创意设计园孵化中心等4个项目建成，新引进丝路创客世界、浐灞智造众创基地等项目15个，举办麻省理工学院全球创新（西安）论坛国际学术交流会。

商贸产业　砂之船奥莱项目一期主体完工，浐灞奥莱商圈加快建设。新引进东二环金辉商业项目，长鸣路汽车贸易商业带——马腾空名车交易广场竣工，和记万佳二期项目开工。

会议会展产业　欧亚经济综合园区核心区基础建设完成投资2.6亿元，欧亚大道的华海酒店、西安浐灞艾美酒店竣工。与华润集团对接洽谈，初步确定丝路国际会展中心合作建设基本思路。西安领事馆区4座统建领馆建成，中智签证中心入驻浐灞商务中心，可办理法国、德国、瑞士、荷兰签证业务。

◆**招商引资** 2016年，西安浐灞生态区坚持“发展是第一要务”总基调，以招商引资和项目建设为核心，推动区域经济稳定快速增长。实施“一把手”招商，举办和参加2016西安浐灞生态区投资环境推介会等投资推介活动15次，与华润、万达等大企业对接合作项目，与宝能集团签订投资1000亿元的战略合作协议，引进金辉商业综合体等43个产业项目，签约金额390亿元。打好政策“组合拳”，出台稳投资、促发展的18条措施，开展“亲商助企”、投资环境整治活动，保障项目稳步建设。36个市级重点项目完成投资166.96亿元，14个新开工项目完成投资

3.9亿元，9个项目被纳入市级项目库，5个项目被纳入陕西省“‘一带一路’行动计划”，策划实施奇石园等3个PPP项目（Public—Private—Partnership，公私合伙或合营）。36个市级重点项目中，年投资过10亿的项目2个、投资过5亿的项目12个。浐灞商务中心三期等7个项目竣工投入运营。丝路国际梦工场、水利水电三局科技中心等10个项目一期工程建设竣工。

◆生态环境建设 2016年，西安浐灞生态区以“国家生态文明先行示范区”建设为核心，聚焦区域生态资源和优势，提升生态建设质量和综合效益。雁鸣湖休闲公园建成开园，广运潭公园开工建设。启动新筑立交等城市绿化景观提升工程，建成城市绿道20千米，新增绿地16.46万平方米，浐灞生态区作为西部典型入选中央电视台大型电视纪录片《生态文明启示录》，浐灞生态区生态管理局被环保部授予“中国生态文明奖先进集体”。浐灞生态区积极探索推广生态环保新技术，与瑞典于默奥市合作开展垃圾分类项目，参与居民超过6300户，实现污水源热泵供暖10万平方米，利用再生水910万吨。

◆西安领事馆区建设 2016年，西安浐灞生态区西安领事馆区建设取得新进展。规划占地40.7公顷，总建筑面积约61万平方米，分馆舍区、外事文化区、丝路商务区三大功能区。其中，馆舍区划分为统建区和自建区，可承载25个领事馆并配套商务设施。新建成的4座统建馆总建筑面积9078平方米，其中1号馆1761平方米、2号馆1881平方米、3号馆1882平方米、4号馆3554平方米。哈萨克斯坦、马来西亚等国驻华使馆实地考察，柬埔寨总领馆同意入驻1号馆，韩国提出将自建领馆。外事文化区丝路国际文化艺术中心完成临建搭设，开始清运土方。

◆西安金融商务区建设 2016年，西安浐灞生态区依托西安金融商务区平台优势，建设新金融试验区。中国银行客服中心等3个项目投入运营，前海金融中心等15个在建项目加快推进。新签约西安金控信息科技等金融类项目20个，新注册陕西金控标准资产管理公司等金融机构17家，组建成立西安金融控股有限公司。灞柳基金小镇挂牌成立，吸引注册基金57支，组建“西安灞柳基金同业公会”。举办中国丝路·金融（基金）行业发展峰会、“一带一路”离岸金融创新发展研讨会等活动。

◆浐灞生态区被纳入陕西自贸区范围 2016年8月，陕西省获批成为全国第三批自贸试验区之一，西安浐灞生态区浐灞功能区被纳入中国(陕西)自由贸易试验区范围。浐灞功能区占地3.81平方千米，东至锦槐一路、东三环，南至世博大道、香槐一路，西至杏园立交，北至北三环、香槐六路。浐灞功能区以丝路沿线金融创新实验区和国际文化交流示范区建设为核心，打造“一带一路”沿线的开放型金融商务聚集区、国际文化交流及会展服务新平台，包括丝路金融创新合作试验区、丝路国际交流示范区、丝路会展及总部聚集区、国际商品贸易交易区4个部分。

◆雁鸣湖休闲公园建成开放 2016年7月1日，西安浐灞生态区雁鸣湖休闲公园建成开放，成为浐灞生态区开放的第五个惠民公园。公园位于浐河西路与东月路交会处，是浐河景观提升整治及生态治理的重要工程，于2015年11月开工建设，总面积44公顷，其中水域面积23公顷，绿化面积14.7公顷。建设休闲运动广场3个、岛屿4个、桥梁5座、主题码头1个、亲水塑胶跑道2.5千米、环湖道路2.3千米、生态停车场3个，还配套建设浐河西路与南三环连接线等道路。公园建设遵循生态优先原则，景观以台塬地貌、湖泊湿地为主，将自然与人工相结合，将生态环境保护、市民休闲游憩等多功能融为一体。（王　鹏）

西安国际港务区

◆概况 2016年，西安国际港务区围绕“打造内陆型改革开放新高地”工作部署和“追赶超越”工作总基调，主动融入国家“一带一路”战略大格局，做实“丝路新起点”和“品质西安”建设，抢抓西安体育中心、自贸区获批、街道托管一系列重大历史机遇，建设“海陆空”一体化对外开放大通道，大力提升“西安港”辐射集聚功能，发展现代商贸物流、电子商务、融资租赁等产业，超额完成全年各项目标任务。全年完成一般预算收入5.02亿元，比上年增长19.6%，提前50天完成全年目标任务；固定资产投资173.42亿元，增长10.1%；实际引进内资56亿元，增长12%；实际利用外资7793万美元，增长21.2%；社会消费品零售总额123.73亿元，增长61.3%；规模以上工业增加值增长8.8%；战略性新兴产业增加值增长12.1%；外贸进出口总额63.8亿元，增长48.7%；新登记注册企业1570户，增长67%，累计注册企业3790户。

◆“西安港”建设 2016年，西安国际港务区与宁波港合作探索开行“甬西欧”线路，加快推进国家一类口岸、多式联运监管中心等项目建设。12月6日，西安爱菊集团在哈萨克斯坦投资的年产16万吨的油脂加工项目正式投产，作为中哈两国在“一带一路”建设方面的51个产能合作项目之一，受到哈萨克斯坦国总统纳扎尔巴耶夫的高度重视。西安国际陆港投资发展集团有限公司与满洲里综合保税区签订合作协议，开辟向北出入境新通道。进境粮食指定口岸建成投用，进口肉类指定口岸建成并通过国家验收，正在积极申报冰鲜和医疗器械等口岸。全年“西安港”实现货物吞吐量13万标箱，比上年增长20.3%，货物合计262万吨。中央电视台14次报道“西安港”的发展运营情况，其中4次登上《新闻联播》。中亚班列“长安号”开行146列，增长54%，其中回程3列，实现了回程班列的“零突破”。全力推进中欧班列“一干两支”（“一干”：西安—欧洲腹地[鹿特丹]；“两支”：西安—莫斯科、西安—阿拉木图）西行战略。8月、9月、12月，先后开行西安至波兰华沙、德国汉堡、俄罗斯莫斯科3条中欧国际货运班列。12月6日，首列中欧班列（汉堡—西安）满载货物返港，实现中欧班列“有来有往”。5月14日，哈

西安国际港务区2016年主要经济指标

指　标	单　位	总　量	占全市比重(%)	增长速率(%)
规模以上工业增加值	亿元	5.62	0.5	8.8
全社会固定资产投资	亿元	173.42	3.3	10.1
工业投资	亿元	4.75	0.5	28.6
社会消费品零售总额	亿元	123.73	5	61.3
实际利用外商直接投资	万美元	7793	1.7	21.2
地方财政一般公共预算收入	亿元	5.02	0.8	19.6
地方财政一般公共预算支出	亿元	9.72	1	128.3
规模以上工业企业数	个	16	1.4	—

铁资国际物流西安国际港务区分公司在园区挂牌成立。陆港集团与德国3家公司（TEL、HUPAC及RTSB）签订合作协议，利用其运输网络，快速分拨中欧班列的货物。3月、4月，率先开行全国首条陆空联运跨境电商货运直飞航线（荷兰阿姆斯特丹—西安）。6月，开通跨境电商货运包机航线（韩国首尔—西安）。12月12日，负责境内外货源组织的西安—阿姆斯特丹（长安号）国际货运航班实现首航。陆港集团与德国帕希姆机场就跨境电商航空货运贸易、中欧班列境外集疏运业务签订战略合作协议，为中欧贸易企业提供更加便捷的国际物流与贸易通道。在德国法兰克福设立陕西首个“海外仓”，让跨境贸易有了“欧洲基地”。5月，在打通澳大利亚墨尔本港至“西安港”的陆海国际货运通道基础上，又成功开辟新西兰利特尔顿港到“西安港”的陆海联运新航线，西安—青岛的海铁联运班列也实现常态化运行，以上海港、青岛港、宁波港为中转港的海铁联运线路得到进一步拓展。

2016年10月27日，“一带一路”重大平台项目——西安铁路枢纽新建新筑物流基地工程在西安国际港务区开工建设

◆重点项目建设 2016年，西安国际港务区西安体育中心项目征迁工作全面开展，项目周边14.6平方千米整体规划、“一场两馆一中心”建筑方案国际竞赛全部启动，吸引国内外32家知名规划、建筑设计单位报名参加。西安铁路枢纽新筑物流基地、中国邮政西安邮件处理中心均开工建设。西安综合保税区二期征地拆迁和招商工作正按计划推进。园区安排各类项目135个，20个市级重点项目完成投资76.4亿元，其中西安华南城项目完成投资12亿元，25栋交易馆共20.2万平方米建筑主体封顶。西安综合保税区立体仓库、保税冷库、标准厂房等完成投资1.75亿元。陕西国家广告产业园一期项目在建企业总部区11栋楼主体封顶，有20余家企业入驻。京东西北电子商务基地、国美西北电子商务运营中心、西北智能公路枢纽平台、西安港跨境电子商务创业园等项目有序推进。丝绸之路经济带·西安港国际采购中心、陆港足球运动公园等20个自建项目年投资超过30亿元，建设进展顺利。

◆招商引资 2016年，西安国际港务区签约项目47个，总金额440亿元，比上年增长30%，包括中国邮政等“世界500强企业”5家，北控水务集团、陕西建工集团、金正大集团等“国内500强企业”5家，中德新金属科技有限公司、陕西金控集团、中钢网等知名企业10余家，涵盖商贸物流、融资租赁、电子商务，以及关乎民生的医院养老综合体项目、智慧型商业综合体和高端住宅小区等方面。储备山姆会员店、红星美凯龙等优质项目50多个。

◆电子商务产业 2016年，西安国际港务区注册电子商务及配套企业360家，比上年增长45.16%；累计注册电商企业730余家，实现限额以上企业网络零售额约120亿元，增长58.87%，约占全市限额以上企业网络零售额的75%以上。引入阿里巴巴一达通、农商一号、敦煌网、富士康富连网等36个电商龙头项目，西部千亿级电子商务产业高地正在形成。依托西安国家跨境电商服务试点搭建的“洋货码头”，全年吸引大龙网等跨境电商企业95家，完成进出口货物120万单。积极拓展跨境电商线下业务，西安国际陆港投资发展集团有限公司西安港Ulife进口商品直营店先后在陕西省内开办7家分店，并与德国GGS公司达成品牌商品生产协议，使Ulife拥有了以自己品牌标注的“德国制造”，成为陕西省内购买进口商品的首选地。

◆融资租赁产业 2016年5月14日，西安国际港务区被中国租赁联盟和中国租赁业创新服务基地授予“中国租赁业西部创新服务基地”。11月18日，中民投资集团和荣民集团合作投资30亿元成立的全国最大体量的融资租赁项目落户区内。全年引进融资租赁企业23家，累计28家，占陕西省融资租赁企业数的70%，业务总量超过100亿元。7月25日，陕西省首家商业保理公司——长安瑞银国际商业保理有限公司落户区内。累计注册新金融企业70多家，业务规模超过100亿元，形成涵盖资金、担保等产业链条，产业集聚效应显现。

◆基础设施建设 2016年，西安国际港务区有序推进秦汉大道、地下综合管廊等城建项目。开通地铁3号线接驳环线2条。开工建设公共停车泊位419个、公建配建车位1332个、公共自行车服务系统17个。

◆社会事业 2016年7月15日起，西安国际港务区整建制托管灞桥区新筑、新合街道。托管后园区面积达到89.92平方千米，行政区划代码610192获批，30多项遗留问题得到有效解决。全年民生支出76916万元，占财政支出比重达79.2%。15个学校、医院类项目稳步推进。西安交通大学第一附属医院国际陆港医院开工建设，国际港务区第一所公办全日制小学——陆港第一小学开学。54个行政村撤并方案获批，社区换届顺利完成。全面推行“五证合一、一照一码”登记模式，完成网上政务中心公示平台建设和使用工作。

◆统筹城乡建设 2016年，西安国际港务区先后启动秦汉大道、综合保税区、西安体育中心等重大项目涉及的9个村整村拆除及新寺、杏园等2个村的部分拆迁工作。秦汉和苑、新合新苑等4个安置社区前期工作就绪。全年完成棚户区改造5201套，其中货币化安置4046套，完成保障性住房申请审批341户。全面完成治污减霾、“国家森林城市”和“国家水生态文明城市”建设试点等各项工作。严格执行城管执法网格化管理，创新巡查管控方式，利用无人机开展航拍巡查706次，立案查处扬尘污染案件12起。落实“最严格水资源管理制度”，完成陆港金海岸等3个项目二次供水设施建设工作。完成公用设施及园林景观项目投资6059万元，新增绿化面积11.46万平方米，优良天数达到157天，未发生较大等级以上的突发环境事件。 （柳　刚）

西安阎良国家航空高技术产业基地

◆**概况** 2016年，西安阎良国家航空高技术产业基地为确保“十三五”稳步开局、良好起步，积极落实“追赶超越”定位和“五个扎实”要求，突出“项目为王、项目为先”主线，积极引领经济发展新常态，综合施策，多项措施并举，以招商引资、产业培育、城市治理、效能提升、基础设施配套、项目建设保障为重点工作，园区发展取得良好成效，经济发展实现“总体平稳、稳中有进”的良好态势。全年完成固定资产投资114.6亿元，比上年增长10.4%，其中工业固定资产投资48.97亿元，增长30.8%；实现工业总产值83.1亿元，增长20%，其中规模上工业总产值33.56亿元，增长25%，规模上工业增加值11.63亿元，按可比价增长17.5%；财政一般预算收入1.17亿元，增长13%；实际引进内资52.78亿元，增长7.73%；实际利用外资4186万美元，增长15.1%；工业招商引资43.23亿元，增长24.13%；实现进出口总额9040万美元。20个市级重点建设项目完成投资30.2亿元，新增开工产业项目10个、竣工投产项目9个，净增规模以上工业企业2家、规模以上服务业企业1家、限额以上贸易企业2家。

◆**招商引资** 2016年，西安阎良国家航空高技术产业基地大力推进招商引资工作，持续加大产业服务力度，推进专业园区建设。引进陕西中航气弹簧有限责任公司、西安博迪森金属材料有限公司精密合金及钛合金用中间合金生产项目等35个工业项目，总投资39.11亿元。其中，无人机产业培育有所突破，引进西安鑫旌航空科技有限责任公司、西安天拓航空科技有限公司、陕西黄河新兴设备有限公司等项目落户。促成新加坡明康宇航集团分别与西安航空学院、中航通用飞机有限责任公司合作，成立西北首家欧洲航空安全局（EASA）认证的机务培训中心，建设机务、乘务培训基地。促成精明（西安）金属科技有限公司与西北工业大学合作，设立金属材料3D激光打印成型技术研发中心。制定《租赁和购买厂房补贴办法》，促成17家企业租赁落户，盘活4.76万平方米闲置厂房。结合“亲商助企”活动，协助西安博尔新材料有限责任公司、西安祯兴实业有限公司等企业解决手续办理等93项问题，保障西安宏图航空科技有限公司、陕西中科天地航空模块有限公司等10个项目开工建设，陕西通力电工科技有限公司、西安热工研究院有限公司等9个项目竣工投产。组织项目申报资金76项次，获得扶持资金1877万元。修订完善鼓励企业上市政策，西安三角防务股份有限公司、西安恒锵航空科技股份有限公司顺利挂牌。开展“政信增”业务，放款5000万余元，帮助陕西兴纪龙管道有限公司、西安皓森精铸有限公司等10余家中小微型企业解决融资难题。依托MA700飞机项目，被国家标准委员会、工业和信息化部批准为“国家高端装备制造业标准化试点项目”。西安航空基地综合保税区申报工作取得实质性进展，通过国土资源部、住房和城乡建设部审批。与西安市科技局共建航空科技创新创业中心，孵化器被认定为省级小型微型企业创业创新基地；创业实验室获批国家级“众创空间”；创新创业园项目完成可研报告编制、立项等前期准备工作。

◆**基础设施建设** 2016年，西安阎良国家航空高技术产业基地进一步突出规划引领作用，快速完善基础设施配套，扎实推进保障房和安置社区建设。完善规划顶层设计，积极对接西安市第四轮城市规划修改，进一步扩充规划面积范围至15.68平方千米，为基地发展预留空间。编制完成《航空组团阎良片区及重点地段城市设计》《地下综合管廊工程专项规划》。积极开展建成区地下管线普查工作，提高地下管线管理水平。竣工道路3.91千米，其中一期区域打通高新路北段、高科路南延等断头路，二期区域完成规划1#路、4#路建设。8月，2015年竣工的规划3#路项目获得“陕西省市政金奖示范工程”。阎良配水厂供水主干网与二期区域实现全面对接，污水厂二期工程完成验收并正式投入运行。二期4万千伏安电力公网建成投运，110千伏变电站完成规划审批、设计等前期工作。全面完成西安市人民政府新下达的612套保障房建设任务，“聚宝新城”项目达到竣工交付条件，北屯社区完成施工招标并全面开工建设，航兴社区二期启动建设前期准备工作。

西安阎良国家航空高技术产业基地2016年主要经济指标

指　标	单　位	总　量	占全市比重(%)	增长速率(%)
规模以上工业增加值	亿元	11.63	1	22.6
全社会固定资产投资	亿元	114.61	2.2	10.4
工业投资	亿元	62.35	6.6	15.6
限额以上企业（单位）消费品零售额	亿元	0.19	0	25.1
实际利用外商直接投资	亿美元	4186	0.9	15.1
地方财政一般公共预算收入	亿元	1.17	0.2	
地方财政一般公共预算支出	亿元	1.6	0.2	-10.2
规模以上工业企业数	个	2	—	—

◆**通航产业** 2016年，西安阎良国家航空高技术产业基地成立航空基地通用航空产业发展领导小组，加强通航产业发展组织领导。大力引进通航产业项目，西安中凯航空科技有限公司、西安德润航空科技有限公司等13个项目落户注册，实际引进资金3.01亿元，比上年增长43.5%，涉及通航运营、通航设备制造、飞机销售、航空旅游等领域。提前谋划2017中国国际通用航空大会申报筹备工作，报批文件已报送国家有关部门审批。积极推进蓝田机场申建工作，空域申报文件已报送中部战区审批。联合西安市应急管理办公室完成西北空中救援中心项目可研报告编制并通过专家评审，项目被纳入《西安市“十三五”应急规划》。进一步拓展西安通用航空集团业务范围，与海航通航投资集团达成2017博鳌航展申报、飞行保障、商业运营等合作意向，与天路通（中国）航空产业集团达成建设宝鸡蟠龙通航园、联合进行产业规划等合作意向。

◆**土地及资金保障** 2016年，西安阎良国家航空高技术产业基地大力推进土地报批和低效、闲置土地清理工作，全力推进征地拆迁安置工作。全年获批土地指标140.2公顷，出让土地10宗，划拨土地4宗，供应土地80.33公顷。对低效和闲置土地，通过限期整改、依法收回、置换转让等方式进行分类处置，盘活闲置和低效用地33.73公顷，推进西安飞宇试航精密制造有限责任公司、赫杰姆机电科技（西安）有限公司等11个项目开工建设；收回陕西西飞中和投资集团、西安精慧检测技术有限公司等6个项目用地22.13公顷。开展国家土地卫星遥感图片执法检查工作，顺利通过验收。与中国交通银行、皖江金融租赁股份有限公司、恒丰银行等金融机构合作，融资34.19亿元，保障基地建设发展资金需求。成功发行4.5亿元私募债，直接融资实现历史性突破。扎实做好陕西航空产业资产管理有限公司和西安渭北航空产业投资有限公司航空产业基金的运营管理，实现基金综合投资收益670万元，保障基金增值保值。新材料园项目以1.7亿元价格挂牌转让，确保国有资本保值增值。

◆城市建设 2016年，西安阎良国家航空高技术产业基地扎实做好城市治理工作，不断完善城市服务功能。成立阎良区城市治理专项工作领导小组，制订《基地城市治理专项工作实施方案》，顺利完成“国家卫生城市”复审。实施街头绿地小广场建设及改造工程，新增绿地面积20.4万平方米，顺利通过“国家森林城市”创建评审。严格落实治污减霾标准化管理，完成治污减霾网格化信息平台建设并投入运行，治污减霾取得实效，全年累计空气优良天数193天。新建公厕2座、道班房5座，新建、配建公共停车位930个。加快推进幼儿园、小学等基础教育设施建设，西安航空基地第一小学正式投用。

◆西安航空城建设发展（集团）有限公司 2016年，西安航空城建设发展（集团）有限公司按照市场化运作模式，着力打造“产权清晰、权责明确、管理科学、高效协同”的大型城市开发运营集团。扩大资产规模，货币增资3亿元，股权增资9亿元，增资后实收资本达到24.05亿元。建章立制，完善运行机制，明确基础设施建设、产业投融资、房地产开发与管理、河流综合治理、通用航空产业5大发展方向。

（航空基地管委会办公室）

西安国家民用航天产业基地

◆概况 2016年，西安国家民用航天产业基地超额完成目标任务，实现了“十三五”开门红。完成规模以上工业增加值46.61亿元，比上年增长29.3%；固定资产投资131.81亿元，增长14.2%，其中工业投资增长21.9%，重点建设项目投资43.48亿元，城建投资8.42亿元；引进内资42.50亿元；引进外资4567万美元；限额以上消费品零售额38.4亿元，增长14.2%；净增规模以上工业企业4家、批零企业2家、服务企业1家。

◆招商引资 2016年，西安国家民用航天产业基地把招商引资作为“一把手工程”，创新机制、体制，按照“招大、引强、培优”的思路，围绕国家战略性新兴产业，依托航天及军民融合产业、新能源新光源产业、现代服务业等主导产业，培育通航产业，优化招商平台，整合产业链条，加速产业聚集，积极引入高成长性、产业带动性大的项目。截至年底，签约项目33个，合同投资额242.16亿元。投资20.7亿元的中国航天科技集团公司第六研究院液氧煤油发动机及民用产业科研区，投资30亿元的中国航天科技集团公司第九研究院智能工业机器人产业园扩建等5个项目签约；投资14.13亿元的中国中铁航空港集团有限公司“一带一路”建设产业创新基地项目、投资5.14亿元的国家电力投资集团60万千瓦太阳能组件生产、投资53亿元的陕西省航天科技（材料）产业园及贝尔直升机组装生产线等项目落户；全球最大的单晶炉生产商德国PVA公司、陕西省公安厅警航基地入驻。

2016年6月1日，航天城文化生态园一期——揽月阁广场建成开放

◆园区建设 2016年，西安国家民用航天产业基地围绕“品质西安”建设，着力打造“宜居宜业城市”新区，提升城市功能品质，不断增强园区综合承载能力。

基础设施建设 重点完成飞天路、凤栖东路、神舟五路及东长安街D段等多条道路施工工程，启动东长安街延伸段、东长安街、巨人路、神舟大道北段、神舟大道南段、共同沟等建设项目。竣工道路3.5千米，管网铺设17.5千米，完成11条新增路段通水工作。完成35千伏韦杜线落地迁改、10千伏配网建设、10千伏少一线羊村支落地迁改及10千伏长七线蕉村支落地迁改。

城市配套设施建设 航天城文化生态园一期——揽月阁文化广场建成开放，明秦王世子墓遗址公园启动建设。航天城第二小学、航天城第二幼儿园建成招生，西安交通大学附属中学航天城学校建成，西安市人民医院综合大楼完成工程形象进度。建成保障性住房1261套，实物配租330户。增大公共自行车覆盖面，新增站点7个，扩容站点10个，新投放自行车460辆。

生态文明建设 做好市政道路绿化建设，航天城中湖公园实施提升改造工程，持续推进西康高速林带绿化建设。全年新增绿化面积29万平方米，园区绿化覆盖率40%。

◆项目建设 2016年，西安国家民用航天产业基地项目建设始终坚持“开工一批、建成一批、储备一批”的项目建设思路，推动中天引控军民结合高科技产业装备基地、通航机场等项目开工建设。建成航天城第二小学、陕西运维电力股份有限公司、揽月阁、航渡绿洲、航天城二期、航天新佳园一期、龙湖花千树一期、紫禁

西安国家民用航天产业基地2016年主要经济指标

指　标	单　位	总　量	占全市比重(%)	增长速率(%)
规模以上工业增加值	亿元	46.61	4	29.3
全社会固定资产投资	亿元	131.81	2.5	14.2
工业投资	亿元	36.01	3.8	21.9
限额以上企业（单位）消费品零售额	亿元	38.4	1.6	14.2
实际利用外商直接投资	万美元	4567	1	14.7
地方财政一般公共预算收入	亿元	4.99	0.8	—
地方财政一般公共预算支出	亿元	5.91	0.6	9.5
规模以上工业企业数	个	25	2.2	—

长安等一批项目，项目建设投资108.94亿元。其中，新开工项目45个，投资44.25亿元；续建项目64个，投资72.19亿元；技改项目4个，投资1.08亿元。

◆**人才引进** 2016年，西安国家民用航天产业基地制定《西安航天基地关于深化人才发展体制机制改革的若干措施》及《西安航天基地人才队伍创新发展促进政策》，吸引人才聚集。引进“长江学者”2人、“千人计划”领军人才3人。赴澳大利亚、新西兰开展海外人才引进，做好留学人员联谊、专家管理考核等工作，完善“高层次人才库”建设。申报11项人才项目，为企业争取202.4万元的奖励资助。全年受理工程、经济、会计、教育系列125件职称申请业务，持续推进专业技术人才队伍建设。结合西安市“五个一”创新创业系列活动（举办一场创业大赛、评选一批创业明星、举办一场创新创业发展论坛、认定一批创业导师、举办一次创业项目展暨国际创客节5项活动），开展“高端人才西安行”、就业创业政策宣讲及人才服务走进北航科技园等活动，承办西安创业大赛初赛。举办各类招聘会17场，提供就业岗位2878个，服务企业157家次，服务就业人员3792人次。开展大学生创业实训和精准就业公益项目，管理见习单位11家，发放见习补贴5.4万元。办理人事代理业务3100件，管理档案2816份，落户集体户口690人，办理就业失业创业登记691件。启动多平台信息建设，开发“微信”招聘平台，优化网站页面、栏目，全年发布就业及政策信息1420条。

◆**企业孵化** 2016年，西安国家民用航天产业基地依托国际孵化器公司、中国—加拿大卫星与通讯产业园、西安北航科技园、西安建工标准厂房“创业、创新”载体，建立支持“大众创业、万众创新”的完善孵化机制，努力培育中、小企业，营造创新、创业氛围。围绕主导产业，引进西安惠康传感科技有限公司、北京羲源创新科技有限公司、西安中科星图空间数据技术有限公司等50家企业进入孵化区，入孵化区企业累计达到375家，获专利56项，新毕业企业9家，2家企业达到规模以上企业标准，2家企业在“新三板”挂牌，10家企业通过“国家级高新技术企业”认定。全年技工贸总收入10.9亿元，上缴税收4550万元。

◆**众创空间建设** 2016年，西安国家民用航天产业基地依托孵化器公司和科研院所、企业、建设西安航天基地众创空间、西安航天电子侦查科技孵化中心、北航科技园众创空间、“北斗+”众创空间、影领医生创客空间、陕西省大学生创业孵化基地西安军民融合众创空间7家众创空间。先后与美国谷歌引力加速器、共青团中央中国青年创业社区、深圳先进技术研究院、北京大学创业训练营、西安交通大学快速成型工程中心、陕西省中小企业服务中心等建设特色众创空间项目。批准成立西安市创业大学（航天基地），并成功开班。全年吸引“创客”团队139个，入驻“创客”项目153个，其中3家众创空间分别获批为国家、省、市级众创空间。孵化企业西安惠康传感科技有限公司的“车用高端氧传感器”项目获第二届“中国创翼”青年创业创新大赛企业组“金翼奖”，是西安市唯一获此奖项的企业；西安和硕物流科技有限公司的“佬司机物流信息平台”项目成为交通运输部无车承运人试点项目。西安航天基地卫星导航产品检测中心为企业提供测试服务超过70家次。与6所高校签订“联合人才培养和微课题合作备忘录”，开展特色“双创”工作。

◆**社会事业** 2016年，西安国家民用航天产业基地缴纳村民养老保险金9089.43万元，发放职业培训、到龄人员生活补助等费用292万元。航天基地第一个回迁安置项目西兆余安置小区实现回迁，货币化安置超额完成目标任务。启动枣园村回迁安置准备工作，羊村、蕉村、高望堆村等安置楼开工建设。成立航开路社区，结束新建区无社区组织的历史。信访事项及时受理率100%，按期办结率100%，调解21起共129人劳动争议案件。

◆**城市管理** 2016年，西安国家民用航天产业基地全面提升城市建设和管理水平，积极应对城市治理专项工作和“国家卫生城市”复审工作。围绕治污减霾、市容环境、城市运行安全3方面开展专项治理。结合实际，制订《2016年城市治理专项工作方案》《〈市容环境〉工作方案》《国卫复审工作迎检方案》《领导包片、部门包街方案》，细化分工责任。通过印发《城市治理宣传册》《告知书》，搭建“城市治理随手拍APP”平台等途径广泛宣传，调动群众、企业等各方面力量主动参与治理。（聂向向）

西咸新区沣东新城

◆**概况** 2016年，西咸新区沣东新城规划范围159.36平方千米，东连西三环，西接沣河东河岸，南临西汉高速，北至渭河南岸，托管斗门街道、王寺街道、建章路街道、三桥街道、高桥街道，其中，行政村109个，社区17个。辖区常住人口26万人，流动人口14万人。树立“五大发展”理念，坚持“改革创新、稳中求进、进中求快”的工作总基调，加快“转型发展、常态发展、精细发展”，着力建设现代化“大西安”新中心的核心区。建立“一轴二带五板块”的城市空间格局（“一轴”即新长安大轴线；“二带”即沣河生态景观带、自由贸易经济发展带；“五板块”即大西安新中心板块、昆明池生态旅游板块、周镐京和秦阿房宫历史文化板块、三桥现代商贸板块、现代物流与先进制造业板块），加快现代服务业国际化接轨、区域性辐射、丝绸之路经济带现代服务业聚集、科技商贸服务和历史文化旅游优势产业发展。全年固定资产投资完成326.26亿元，比上年增长25.5%，其中主导项目固定资产投资完成325亿元，增长27.4%，在宏观经济形势异常严峻的情况下，呈现逆势增长的可喜态势，增速位列西安市开发区首位；区级财政总收入24.94亿元，地方财政一般预算收入首次突破10亿元大关，增长36%，增幅位列陕西省首位，占西咸新区财政总收入的45%；实际利用外资5282万美元，完成目标任务的440%，新引进世界500强企业2家；实际利用内资69.31亿元，完成目标任务的141%；城镇常住居民人均可支配收入达到34942元，农村常住居民人均可支配收入达到18289元，高于全市平均水平3000余元。

◆**招商引资** 2016年，西咸新区沣东新城主动出击，招商引资工作不断取得实效。签约华大基因创新技术应用中心、迪安生物医学诊断技术研发基地以及苏试试验检测西北检测中心项目。引进中国航天科工深圳集团（西北）智能电网科技产业基地、中国兵器工业第〇五一

2016年西咸新区沣东新城主要经济指标

指　标	单　位	总　量	占全市比重(%)	增长速率(%)
规模以上工业增加值	亿元	9.76	0.8	11.2
全社会固定资产投资	亿元	326.26	6.3	25.5
工业投资	亿元	29.61	3.1	19.1
限额以上企业（单位）消费品零售额	亿元	79.23	3.2	-0.8
实际利用外商直接投资	万美元	5282	1.1	7.8
地方财政一般公共预算收入	亿元	10.15	1.5	77.9
地方财政一般公共预算支出	亿元	15.11	1.6	22.9
规模以上工业企业数	个	34	2.9	—

基地西安试验方法与测试技术研究中心项目。9月，启动西电集团项目。该项目占地200公顷，预计完全建成后年产值可达200亿余元，是西咸新区引进的最大规模产业类项目。荷兰哈克食品西北生产基地、GoldenerRitter、新加坡悦榕集团、京东西北总部基地、当当实体书店全国运营总部均拟选址沣东新城。恒大、碧桂园、金地、绿地等地产公司均表示投资合作意向。

◆园区建设 2016年，西咸新区沣东新城“五横五纵”骨干路网建设全面提速。投入81.2亿元，修建30千米的市政道路和21千米的园区道路、管网，富裕路沣河桥贯通，沣泾大道全线连通，六村堡园区路网基本形成；红光大道沣河桥完成主桥合拢，后围寨立交桥梁工程全部完成。城市基础设施服务能力全面提升。开通“沣东快线”2号、3号通勤线路，新建11个公共自行车站点，投放340辆公共自行车；明确辖区49条主、次道路名称。水、电、气、暖等市政配套设施建设全面提速，区域配套能力、综合承载能力大幅提升，确保辖区群众和入区项目的用水、用电、用气、用暖。

◆重点项目建设 2016年，西咸新区沣东新城以2016丝绸之路国际博览会暨第二十届中国东西部合作与投资贸易洽谈会为契机，先后引进各类行业龙头企业和上市公司12家，阿里巴巴、中海地产、蓝光、恒大等企业相继落户。沣东文化广场开工建设，天海星沣东数码工坊全面建成，中兴深蓝科技产业园正式开工，阿里巴巴菜鸟项目、中国智能骨干网西北核心节点项目开工建设，嘉里物流建成开业，德邦运营中心入驻。

统筹科技资源改革示范区 位于绕城高速以西、斗门街道以北、沣河以东、西宝高速以南王寺街道区域，规划面积10平方千米，是国内面积最大的科技统筹聚集区。5月，科技部决定由陕西省科技资源统筹中心、沣东新城统筹科技资源改革示范基地、西安科技大市场3家联合共建国家技术转移西北中心暨丝绸之路经济带技术转移中心。牵头成立陕西省检验检测产业技术创新战略联盟，与陕西省科技资源统筹中心共建科技统筹服务平台，促进科技服务和科技创新资源导入。签署《陕西西咸新区与广州南沙新区加强合作共同推进‘一带一路’战略实施合作协议》，实现丝绸之路经济带重要战略支点和21世纪海上丝绸之路重要战略支点的有机对接，进一步加深两个国家级新区之间的经济文化合作交流。

斗门水库 设计面积10.4平方千米，库容4600万立方米，以调节引汉济渭向沣东、沣西新城供水为主，兼顾防洪和改善生态环境等功能。经专家论证并征求多方意见，正在按照南北湖规划布局实施。其中，南（内）湖面积3.5平方千米，总库容2400万立方米，用以调蓄引汉济渭水量向沣东、沣西新城供水；北（外）湖面积6.9平方千米，总库容2200万立方米，用以调蓄利用沣河洪水，向西安市西部及北部地区河湖生态供水。该项目被正式列入由国家发展和改革委员会、水利部、住房和城乡建设部联合印发的《全国水利改革发展“十三五”规划》，试验段一期工程及配套工程完工，已具备注水条件。

阿里巴巴菜鸟中国智能骨干网西北核心节点 项目计划总投资约15亿元，占地66.67公顷（一期20.8公顷），主要建设内容包括电商订单处理中心、多式联运转运基地、电子商务物流平台以及电商企业综合服务平台等。预计建成后，每年流转货品价值可达300亿元以上，实现年销售收入约100亿元，纳税贡献约2亿元。项目完成基础施工，进入主体结构建设阶段。

华润万象城 总建筑面积42万平方米，拥有200多个独立品牌店铺、2000余个机动停车位，可租赁面积达7万平方米，集大型购物中心、超高层标志性建筑、风情商业街、高档写字楼、商务酒店、住宅、学校于一体。截止2016年12月施工进度为：T1塔楼主体结构节后施工封顶；T2、T3、T4塔楼外立面完成90%；裙楼幕墙完成90%；商业街幕墙完成。预计2017年4月开业。

中兴深蓝科技创新产业园 项目占地14.87公顷，计划总投资20亿元。规划总建筑面积35万平方米。规划建设科研办公楼、用户体验中心、合作交流中心、可靠性测试中心，试产厂房、库房及园区行政后勤保障中心等。

沣东大道沣河桥 大桥跨沣河水域与沣西新城相连，对接西安中心城区与西咸新区东西方向，道路全长917米，桥梁宽度55米，双向10车道。完成主桥主体施工。

◆基础设施建设 2016年，西咸新区沣东新城完成大西安新中心中央商务区沣东段启动区城市概念规划和单体概念设计的国际招标工作，启动标志性建筑前期施工准备工作。选定三桥新区进行地下综合管廊建设，完成勘察、设计工作。完成西宝高速北辅道、科源东路和科源南路“海绵化”试验性道路的施工设计，同时对沣东新城“海绵城市”重点区域详细规划进行修编。新开工道路20千米，累计通车道路76千米，其中新增通车道路6.9千米。开工建设沣东南污水处理厂，将六村堡污水处理厂10万吨/天处理能力提升至20万吨/天。6月，沣滨优美小镇开工建设，截至11月底，项目一期主体封顶，景观绿化工程开始施工。

◆社会民生 2016年，西咸新区沣东新城以“提升民众幸福感”为宗旨，着力提升人民生活品质，扎实做好保障和改善民生工作。投入10.66亿元，推进“十项惠民实事”，完成6个村搬迁安置、5个村整村改造工作。开工建设沣镐七里镇、启航馨苑（西柏梁）安置项目，芊域阳光限价房、启航佳苑B区棚户区改造项目竣工验收，润馨怡园启动回迁安置工作。沣东中加学校、实验小学、第六小学、第五幼儿园均于9月正式开学；完成5所学校综合楼建设、14所学校操场改造工作。陕西沣东新城医院正在加快建设，三桥社区卫生服务中心投入使用，实现社区卫生服务工作全覆盖。全面建立社会救助“一厅式”服务平台，为108个村、17个社区配备民政信息员125人。积极开展“美丽乡村”建设，改善17个村生产、生活设施，申报斗门街道堰下张村为“2016年‘美丽乡村’建设和扶持村集体经济试点村”，争取资金150万元。建设生活垃圾压缩站2座、便民公厕10座，提升改造老旧公厕15座，改善了辖区卫生环境。（沣东新城党委宣传部）

西咸新区沣东新城统筹科技资源改革示范区

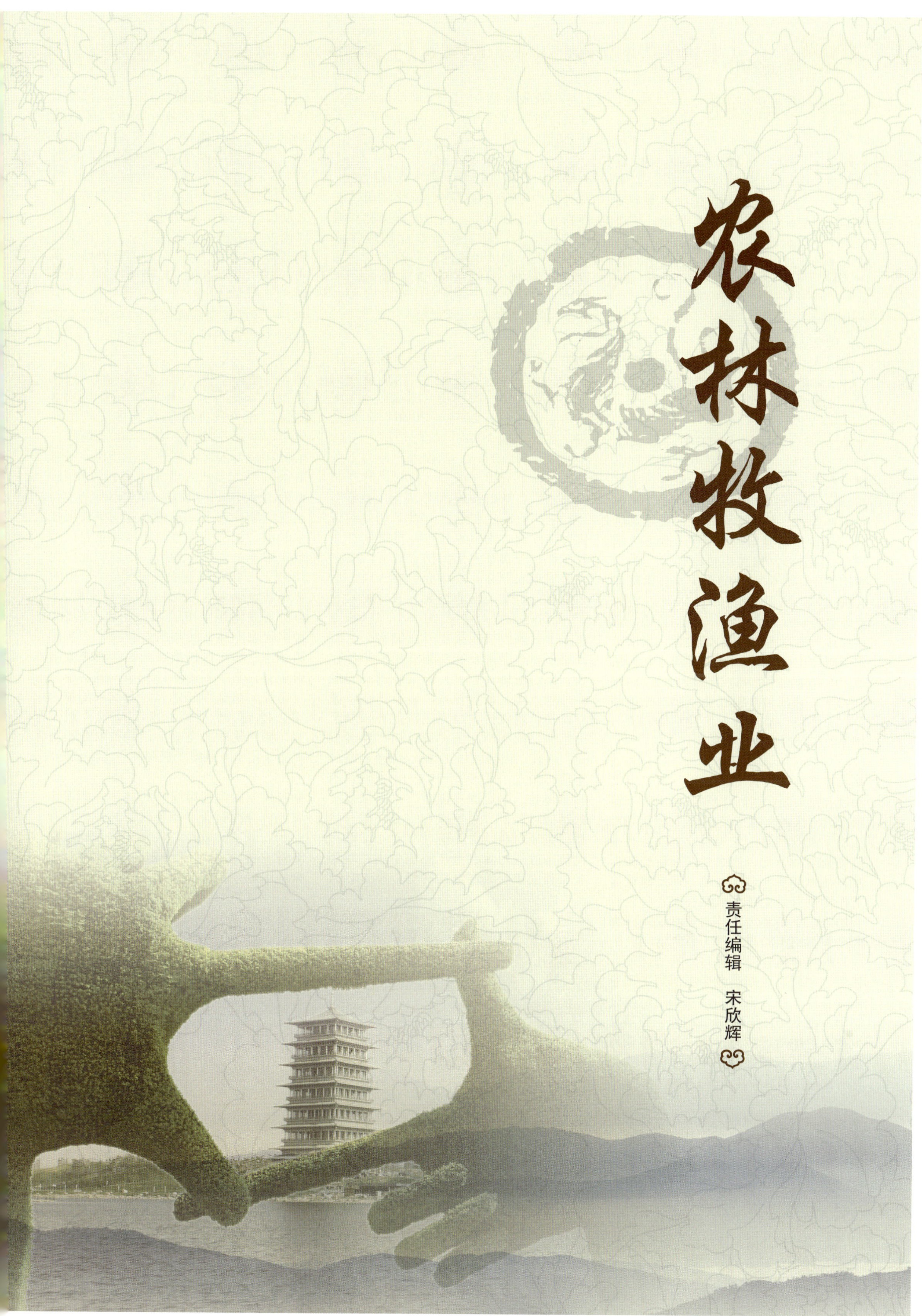

农林牧渔业

责任编辑　宋欣辉

综　述

◆**概况**　2016年，西安市认真贯彻落实中央、省、市农村农业工作会议和"中央一号"文件精神，围绕"服务城市、富裕农民、优化生态"目标，推进农业产业结构调整，加快农业生产方式转变，稳步提升农业综合能力，全面完成土地确权，成功创建"国家森林城市"，加速实现传统农业向都市型现代农业转变。全年实现第一产业增加值232.01亿元，比上年增长3.8%。农村常住居民人均可支配收入15191元，增长8.0%，总量居陕西省第一位，增速连续5年超过城镇居民收入。

◆**农业综合开发**　2016年，西安市1533.33公顷"高标准农田示范工程"建设任务全面完成。新打、修复机电井164眼，埋设输变电线路41.9千米，埋设管道76千米，衬砌和开挖疏浚渠道20千米，建设渠系建筑物560座。改良土壤1533.33公顷，修建机耕路49.4千米。营造农田防护林106.67公顷。技术培训6000人次，示范推广106.67公顷。完成土地治理项目改良土壤1533.33公顷，新增和改善灌溉面积1533.33公顷，新增节水灌溉面积1533.33公顷，灌溉水利用系数由0.45提高至0.95，年节约水量384万立方米。该项目改善农业基础设施条件和生态环境，促进农业产业结构调整，增强农田抵御自然灾害能力。

◆**农业产业化经营**　2016年，西安市市级以上龙头企业达到171家，其中国家级10家，省级49家，市级112家。全年为市级以上农业产业化龙头企业争取各类扶持资金5762万元，为企业开展新产品开发、技术创新、名牌创建、基地建设等工作提供有力支持。组织26家龙头企业参加"二十国集团农业部长会议陕西农业合作与交流对接会"等系列活动，达成与外商合作合同（意向）21.2亿元。其中，"哈萨克斯坦爱菊粮油加工产业园项目"年产16万吨的油脂加工厂建设完毕，将于2017年7月正式投产。该项目被列入"中哈产能与投资51个合作项目清单"，是我国唯一正在实施的中哈合作粮油加工型农业项目。

◆**休闲农业**　2016年，西安市组织开展"休闲农业提升年"活动。蓝田县被农业部认定为"全国休闲农业和乡村旅游示范县"，蓝田县簸箕掌村被农业部认定为"2016年中国最美乡村"；户县草堂镇叶寨村和周至县马召镇被农业部授予"全国一村一品示范村镇"称号。有6个示范园区被陕西省农业厅认定为"省级休闲农业示范点"。全年全市休闲农业接待游客1725万人次，实现经营收入19.26亿元。

◆**绿色农业**　2016年，西安市积极推广畜禽粪污无害化处理和资源化利用、农作物秸秆综合利用、测土配方施肥和绿色防控技术，建立全市农业环境保护网络体系，加大土壤污染防治和修复力度，引导农民合理施用化肥、农药，实施植树造林工程，开展生态循环农业模式试点，改善农业生产环境。

◆**脱贫攻坚**　2016年，西安市扶贫工作从"温饱型"扶贫转变为"发展型"扶贫，明确2016—2018年全面脱贫，实现小康主要指标；2019—2020年全面完善，实现小康。以"双百一万"（218个低收入村、9916户低收入户）为重点对象，以"五提一保"（对村提升产业发展水平、基础设施水平、公共服务水平，对户提高经营能力、就业能力和落实保障政策）为重点任务，推进扶贫开发工作，夯实行业部门扶贫任务，成立由西安市农业林业委员会等委（局）牵头的产业脱贫、就业创业、教育脱贫等8个脱贫办公室。建立"1+N"（《西安市关于巩固脱贫成果提升发展水平全面推进小康社会建设的实施意见》和各行业、部门围绕《意见》的实施制定的多个专项方案）政策体系，教育扶贫、健康扶贫、就业扶贫、兜底扶贫等政策全面落地。落实市、县、镇、村"四级书记"责任，派驻驻村工作队499个、联户干部9960人、第一书记814人，实现贫困村全覆盖。确定"不能帮""必须帮"的帮扶对象，"自愿搬""必须搬"的移民搬迁对象，"不能改""必须改"的危房改造对象。全年完成中央、陕西省、西安市财政专项扶贫资金投入3.04亿元，新启动移民搬迁3100户，按要求完成了移民搬迁任务，完成危房改造3320户，开工新建、续建集中安置点20个。出台《西安市产业扶贫指导意见》，确立乡村旅游、中蜂、核桃、猕猴桃、奶山羊5个主导产业，探索带动式发展模式，增加群众经营性收入；出台《西安市生态扶贫实施意见》，在秦岭北麓实施护林、保洁、特色种养殖、乡村旅游、退耕还林、移民搬迁"六大工程"，47个镇（街）、614个山区村1万多户6.4万名困难群众直接受益。全市201个省定贫困村实现达标脱贫。

◆**农业科技**　2016年，西安市农业林业委员会依托西安农林业发展咨询专家团队，充分发挥基层农技推广队伍的作用，举办各类农技培训1600多场次，培训16.2万人次，制作课件36种、科普展板60块，发放农业技术资料、图书7万份。全年组织申报陕西省、西安市科研推广项目32个，发布农业主推实用技术60项。加快推进"西安市职业农民培育整市推进工作计划"，培育职业农民1392人，认定职业农民983人。全市农业科技贡献率达57.2%，比上年提高1个百分点。组织全市91家农业企业的200种名优农产品、80项农业新技术，参加第二十三届中国杨凌农业高新科技成果博览会，集中签约项目32个，签约合同（协议）总金额65亿元，西安展团被组委会授予"优秀组织奖""优秀展示奖"和"优秀成交奖"，20个农业科技产品（技术）获得"后稷奖"。

◆**农民专业合作组织**　2016年，西安市农业林业委员会围绕各区（县）主导产业和农业重点项目，鼓励支持发展农民专业合作组织，把分散的农户联合起来，形成规模化、标准化经营，不断提

西安市2016年主要农产品产量及其增长速度

产品名称	单　位	产　量	同比增长率（%）
粮　　食	万吨	175.33	-3.1
油　　料	万吨	0.86	-8.7
蔬　　菜	万吨	336.74	1.2
瓜　　果	万吨	55.21	1.6
园林水果	万吨	107.74	2.4
肉　　类	万吨	15.68	-2.8
奶　　类	万吨	56.20	-11.8
禽　　蛋	万吨	14.04	-3.5
大牲畜年末存栏数	万头	16.93	-15.1
#牛年末存栏数	万头	16.92	-15.1
猪年末存栏数	万头	89.53	-3.2
羊年末存栏数	万只	26.57	-6.2
家禽年末存栏数	万只	1125.25	-4.9

高农业延伸效益。西安市农民专业合作社总数达6069家，覆盖全市农业所有产业和90%的镇（街）；新增农民专业合作社708家，完成规范化建设600多家，合作社会员数18.1万人，带动群众40多万户。获得“国家农民合作社示范社”认证31家、“陕西省农民专业合作社百强示范社”37家、“陕西省农民合作社示范社”48家；新创建“西安市农民专业合作社十佳示范社”10家，总数达40家；“西安市农民专业合作社优秀示范社”20家，总数达90家。开展家庭农场培育和扶持工作，全力打造培育运作规范、有发展潜力的家庭农场。全年培育家庭农场124家，获得“西安市示范家庭农场”认证的家庭农场有50家，全市家庭农场总数发展到432家。（胡力平）

阎良区工厂化育苗中心自走式喷灌机

农　业

◆概况　2016年，西安市大力发展都市型现代农业，着力推进农业产业结构调整，加快农业发展方式转变。粮食生产实现“十三连丰”，农民收入实现“十三连快”，农业综合生产能力稳步提高，园区建设成效明显。粮食播种面积35.18万公顷，比上年下降1.8%；总产量175.33万吨，居陕西省第三位，下降3.1%；平均单产4980千克/公顷。油料播种面积0.412万公顷，下降9.5%；产量0.86万吨，下降8.7%。蔬菜种植面积6.87万公顷，下降0.5%；产量336.74万吨，增长1.2%。瓜果种植面积1.12万公顷，下降24.1%；产量55.21万吨，增长1.6%。棉花种植面积0.018万公顷，下降19%。

◆粮食生产　2016年，西安市推进粮食高产创建和秸秆综合利用工作，提高粮食单产水平，拓宽秸秆综合利用渠道。粮食播种面积35.18万公顷，比上年下降1.86%；总产175.33万吨，下降3.10%；平均单产4980千克/公顷。其中，夏粮播种面积18.54万公顷，产量89.9万吨；秋粮播种面积16.64万公顷，产量85.43万吨。

◆蔬菜生产　2016年，西安市蔬菜播种面积6.87万公顷，总产336.74万吨。重点实施“百万亩设施蔬菜工程建设项目”，新增设施蔬菜667公顷，全市设施蔬菜面积达到2.73万公顷。其中，日光温室5067公顷，蔬菜大棚1.5万公顷。全年引进蔬菜新品种41个，实施秸秆反应堆、水肥一体化等新技术试验、示范和推广。开展标准化蔬菜生产技术培训，举办培训会32场（次），培训农民2100人，印发技术资料2500份。

◆水果生产　2016年，西安市园林水果面积达到5.32万公顷，比上年增加360公顷；水果总产107.74万吨，增长2.4%，增加2.54万吨。新增国家级标准果园1个，总数达到9个；新建市级现代农业示范园区（果业类）4个，省、市级果业园区总数达到42个。在秦岭北麓和白鹿原果业“一带一区”示范区内重点打造10个观光果园，引导谋划玉山酒庄、户太葡萄酒庄、扈佰特葡萄酒庄等10个葡萄酒庄。开展西安时令水果宣传推介和产销对接活动，推广“互联网+”模式，西安特色水果走向全国。

◆农业实用技术　2016年，西安市不断推进农业科技进步，大力引进、推广农业高新成果和先进实用技术，形成市、县（区）、镇（街）三级农技推广网络。实施良种统繁统供、粮食高产创建、测土配方施肥、病虫草害综合防治等农业实用技术。2005年以来全市累计取得各类农业科技成果184项，培育引进农业新品种165个，推广应用新技术290多项，农作物良种覆盖率达98%以上，水果良种实现全覆盖，农业科技贡献率从2005年的44%提高至57.2%。

◆现代农业园区建设　2016年，西安市科学谋划现代农业园区建设工作，采取整合项目资源、强化政策扶持、突出优势产业、创新发展模式、提升带动能力等具体举措，园区建设取得长足发展。全年新增省级现代农业园区3个，认定扶持市级现代农业园区20个，全市现代农业园区发展到387个，园区面积增加到3.11万公顷，产值达到48.04亿元，园区已经成为引领全市现代农业快速发展的重要载体。

◆农资市场整顿　2016年，西安市继续深入开展专项整治和农资打假活动，规范整顿种子、农药、化肥等农资市场经营秩序，严厉打击违法销售和使用禁限用农、兽药和畜产品中非法添加违禁物质等行为，净化农业生产环境。指导农产品生产者科学合理地使用农业投入品，严格执行农（兽）药使用间隔期和休药期制度，保证农业生产安全。

（胡力平）

林　业

◆创建“国家森林城市”　2016年，西安市完成“国家森林城市”建设投资24亿元。新增绿地1056.7万平方米，完成河堤堤顶及护堤地绿化733公顷，完成道路绿化646.9千米104.11公顷。在全市范围开展“国家森林城市”宣传活动，张贴宣传标语8639条，竖立大型宣传牌250面，开展形式多样的生态文化活动95次，进一步提高广大市民对“国家森林城市”建设的知晓率、支持率和满意度。

◆造林绿化　2016年，西安市造林绿化2900公顷，完成陕西省、西安市考核目标任务2000公顷的145%。

◆森林和湿地资源保护与管理　2016年，西安市坚持依法行政和依法治林的方针，加强森林和湿地资源保护法治化建设，出台《西安市湿地保护条例》《西安市森林资源保护发展责任制办

充满绿意的高新区景致

法》，为依法保护湿地资源、落实森林资源保护发展责任制提供法律制度保障。开展林业执法检查和森林资源保护管理执法专项行动，重点查处占用林地、破坏林木、乱捕滥猎、非法采石开矿等各类破坏森林资源的违法犯罪活动。2016年度（2015年10月1日至2016年9月30日）全市森林公安机关办理林业行政案件113件，结案113件。

◆林业改革 2016年，全面深化林权制度改革，西安市落实公益林生态补偿资金兑付工作，下达落实中央、省级、市级森林生态效益补偿基金2956.56万元，全面兑付完成2009—2015年森林生态效益补偿资金。制定《西安市国有林场改革实施方案》，全面启动国有林场改革工作。

◆森林防火 2016年，西安市落实森林防火工作地方政府行政首长负责制，广泛宣传动员，严格考核，严肃追责，采取严防死守的办法，加强扑火能力建设，确保森林资源和人民群众的生命财产安全。严格控制林区野外用火，开展“一次隐患排查行动、一次重点部位可燃物清理行动、一次严控火源行动”为主要内容的森林防火“三项行动”。开展基层森林防火工作督促检查9轮，整改问题28条。全市发生森林火灾2起，过火面积9.18公顷，受害森林面积7.6公顷，森林受害率0.014%，远远低于0.2%的省控目标。

◆林业有害生物防治 2016年，西安市林业有害生物面积发生1.4万公顷，成灾面积933公顷，成灾率为23.7%，比陕西省下达的49%指标低25.3个百分点；预测发生面积1.47万公顷，实际发生面积1.4万公顷，测报准确率为95%，比陕西省下达的91%的指标高出4个百分点。开展森林有害生物防治面积9833公顷，无公害防治面积9833公顷，无公害防治率达到100%，比陕西省下达的86%的指标高出14个百分点；产地检疫面积9667公顷，占全市育苗面积9933公顷的97%，比陕西省下达的96%的指标高出1个百分点。

◆林业产业 2016年，西安市以林菌、林药、森林人家、林下养殖为主的林下经济发展模式初现成效。全市积极发展山区农户林下养猪、养鸡、放养中蜂，发展林家小院、休闲度假“森林人家”1845户。全年投入专项资金190万元，扶持林下经济项目建设12个。8月19日，由农业科技报社与阎良区阎诚脆枣专业合作社共同建设的《农业科技报》秦宝冬枣科技示范推广基地在阎良区秦宝冬枣园区挂牌。建立核桃、秦宝冬枣设施栽培科技示范点30个，推广应用核桃、鲜食枣精细化栽植、整形修剪、品种优化等实用技术12项，示范推广核桃精细化栽培、秦宝冬枣高效设施栽培、主要林木病虫害防治6800公顷。全市森林公园接待游客523.3万人次，实现经营收入40353.6万元。全市林业总产值达到63.6亿元。（胡力平）

畜牧业

◆概况 2016年，西安市坚持“规模化、标准化、产业化、生态化、品牌化”的畜牧产业发展理念，以品牌畜牧业为统领，不断加快畜牧产业结构调整，逐步优化产业区域布局，推进标准化规模生产，全市畜牧业继续保持健康平稳发展。截至年底，全市奶牛存栏7.74万头；生猪存栏89.5万头、出栏149.1万头；羊存栏26.56万只；禽类存栏1125.25万羽。全市肉、蛋、奶总产量分别达到15.68万吨、14.04万吨、56.2万吨，全市实现畜牧业总产值94.09亿元，占全市农业总产值的23.2%。

◆标准化规模养殖 2016年，西安市畜禽规模养殖场达到292个，专业养殖户达到2845户。全年创建国家级标准化示范场2家、省级4家、市级10家，全市市级以上标准化规模养殖示范场达到93家。新建市级畜牧园区5个，市级以上畜牧园区达到17个。普及全自动上料和温控猪舍、鸡舍，现代化设施、设备大面积应用于规模养殖场，全市畜牧业工厂化设施养殖发展水平进一步提高。

◆畜禽良种繁体系建设 2016年，西安市农业部门开展繁殖育种、饲养管理、解读DHI报告培训等28场次。在全市20家规范奶牛场主推DHI（奶牛群体改良）和TMR（全混合日粮）的简称，是一种将粗料、精料、矿物质、维生素和其他添加剂充分混合，能够提供足够的营养以满足奶牛需要的饲养技术，奶牛乳房炎发生率下降15%，产量提升10%，有效降低生产成本，提升生产效益。加快畜禽品种改良，指导户县种公猪站创新机制，扩大供精范围。强化种畜禽场监管，全年新颁发“种畜禽许可证”8个。西安市种公牛站成年种公牛存栏达到31头。全年生产冻精突破21万支，合格率达到100%。

◆畜禽粪污无害化治理 2016年，西安市农业部门全面普查所有规模养殖场，逐场登记，掌握粪污处理方式、排污设施设备、废弃物综合利用等基本情况，引导业主按标准建设排污设施。在全市扶持建设畜禽粪污资源化利用示范工程40个，支持养殖场通过减排验收15个。引导部分规模养殖场按饲养规模和清粪模式，配套建设相应容积的防雨、防渗、防漏的粪水储存池和干粪堆积场或小型沼气池。

◆防疫检疫 2016年，西安市农业部门免疫家禽高致病性禽流感1599.04万羽，免疫鸡新城疫1359.51万羽，免疫猪口蹄疫164.87万头，免疫猪瘟164.46万头，免疫猪高致病性蓝耳病164.25万头，免疫羊口蹄疫41.23万头，免疫牛口蹄疫17.31万头，免疫奶牛A型口蹄疫11.69万头，补免羊小反刍兽疫6.08万只。应免畜禽免疫率达到100%，畜禽群体免疫率达到90%以上，免疫抗体合格率达到70%以上。全年未发生重大动物疫情区域性流行。

◆**畜产品质量安全** 2016年，西安市以饲料和生鲜乳质量安全为重点，持续开展专项整治活动，加大监测抽检和违法案件查处力度，无重大畜产品质量安全事件发生。开展生鲜乳抽检562批次，均未检出三聚氰胺等违禁物质，抽检饲料样品453份，合格率99.5%。开展奶畜培训15场，培训人员1500余人。加大饲料质量安全监管，新创国家级饲料规范化管理示范企业1家、省级3家、市级3家，开展饲料质量安全检查72次。

◆**兽药管理** 2016年，西安市继续加强兽药管理，开展兽药企业GSP认证工作，通过检查验收认证的兽药经营企业186家、兽用生物制品经营企业49家。全年抽检兽药产品4次，抽检样品170批次，对涉嫌制售假劣兽药的企业依法查处。畜产品兽药残留抽检8次，抽检样品350批次，检测合格率100%。组织实施全国执业兽医资格考试（陕西考区），96人取得“执业兽医师资格证”，59人取得“执业助理兽医师资格证”。

（胡力平）

渔 业

◆**概况** 2016年度，西安市渔业工作以“转方式、调结构”为主线，树立“创新强渔、协调惠渔、绿色兴渔、开放助渔和共享富渔”五大发展理念，以提质增效、稳量增收、绿色发展、富裕渔民为目标，以健康养殖、保护资源、做强产业为方向，推动渔业供给侧结构性改革，促进渔业转型升级，形成渔业发展新格局。全年水产品产量1.41万吨，渔业经济总产值6.6亿元，产地农残抽检合格率达到100%，无重大水产品质量安全事故。

◆**渔业产地监管** 2016年，西安市水务局认真贯彻《农业部关于全面推进水产健康养殖加强水产品质量安全监管的意见》，实施水产健康养殖推进行动，开展健康养殖示范场创建，推进现代渔业种业建设、水生动物防疫体系建设、渔业标准化生产和“三品一标”认证（水产品绿色食品认证、有机食品认证、无公害认证、农产品地理标志认证），推行水产健康养殖“五项制度”（生产日志制度、科学用药制度、水产品加工企业原料监控制度、水域环境监控制度、产品标签制度）、“两项登记”（水产养殖生产记录、水产养殖用药记录），同时在部分地区推进建立水产品产地准出制度和产品质量安全可追溯制度。做好重大水生动物疫病监测和应急处置，加强水产养殖病害测报，开展渔用投入品隐患排查，开通水生动物疾病远程辅助诊断服务网，完善水生动物防疫和水产质量安全监督体系，提高水产品质量安全监管水平。

◆**水产品质量安全** 2016年，西安市贯彻落实《中华人民共和国食品安全法》《中华人民共和国农产品质量安全法》和《中华人民共和国兽药管理条例》，建立和完善生产经营者首负责任制，明确水产品质量安全主体责任，推进质量安全责任可追溯机制。加大监督检查和监督抽查力度，农业部组织产地水产品监督抽查2批次20个样品，合格率100%；省、市、县组织定量和定性检测，合格率98%。西安市水务局开展水产品养殖环节使用禁用化合物及兽药的集中整治，实施养殖环节水产品抗菌药残留监测，对阳性样品实施追溯处理，涉及其他环节的通报相关部门依法查处。

◆**渔政执法** 2016年，西安市坚持依法治渔和生态优先方针，强化渔政监督，严格渔业执法，修复水域生态，保护水生生物、推进渔业可持续发展。西安市水务局加强渔政执法队伍建设，在全市10个县（区）设立渔政执法机构，渔政执法人员共计160余人。组织渔政执法培训3批次，更换在职在编执法人员执法证件。提高渔政队伍整体素质，不断提升执法能力，进一步规范执法程序。

◆**水产科研** 2016年，西安市水务局争取科研和推广项目，加大新品种、新技术的原始创新、集成创新和引进吸收再创新，提高渔业优势养殖区域技术含量，用科技创新引领推动产业的快速发展。（请核此句是否有遗漏）优化养殖结构，引进、集成、示范和推广乌克兰鳞鲤、异育银鲫、淞浦镜鲤、长丰鲢和丁桂鱼、黄颡鱼、中华倒刺鲃7个新、特、优品种。提升健康养殖技术，保障水产品质量，增加渔民收入，组织实施《陕西省无公害水产品养殖技术推广》等10个重点水产技术示范推广项目，实施面积覆盖全市主要养殖区域的20%。

◆**水生动物保护** 2016年，西安市水务局积极开展水生动物保护工作。环保部批复国家级珍稀水生野生动物自然保护区1处，完善国家级水产种质资源保护区4处，保护区总面积达到161.83平方千米。使用农业部拨付资金135万元，向渭河、沣河、汉城湖购置渔政执法快艇3艘，向渭河、浐灞河等放流水产苗种100万尾，改善生态环境和生物多样性。走进校园开展“水生野生动物保护宣传月”活动4次，制作《关口朝前，进出平安》水产品监管宣传片1部，加大生态环境及渔业资源保护宣传力度。

（寇石峰）

农业服务

·灌溉·

◆**概况** 2016年，西安市以加快农业水利设施建设为主线，以节约保护为先导，以严格水资源管理为支撑，以依法治水为保障，为西安经济、社会发展提供安全的水保障。全年完成市级以上水利投资52.05亿元，比上年增加3.92亿元，增长8.14%。

◆**重点水利工程建设** 2016年，西安市水务局承担18个市级重点项目建设任务，投资规模26.75亿元，实际完成投资27.38亿元，占年度投资任务的102.3%，超出年度投资任务0.63亿元。

◆**防汛抗旱** 2016年，西安市汛期气候异常，极端强对流天气频发，降雨总体分布不均，春旱有所抬头，夏季伏旱严重。

◆**农田水利基本建设** 2016年，西安市新打灌溉机井335眼，新修改造提高基本农田1333.33公顷，完成水土流失治理面积200平方千米，修复抽水站5座，发展节水灌溉面积1万公顷，新增提引蓄水能力260万立方米，完成农田水利建设与水保生态环境建设投资3亿元。

◆**病险水库治理** 2016年，西安市水务局落实全市水库大坝安全和水电站双主体责任人名单制度，拨付使用水库专项资金1500万元。清欠长安区正岔水库除险加固工程、周至县香水湾水库坝顶及上坝路工程和丹阳移民新村水库除险加固工程剩余资金70.85万元；解决蓝田县鹿塬水库除险加固缺口资金391万元；争取临潼区王三沟水库除险加固省级资金180万元。加快户县、蓝田县、周至县、阎良区等部分水库管理信息化建设。继续做好水库除险加固工作，实施临潼区、周至县、灞桥区、长安区等部分水库除险加固项目，保障水库运行安全。加强水库运行检查，组织汛前、汛中、汛后水库安全抽查，检查排除安全隐患。

◆**水务工程综合管理** 2016年，西安市水务局强化水利工程建设管理，印发《西安市水务局关于加快推进我市水利建设市场信用体系建设的通知》，并初步建立西安市水利建设市场主体信用信息平台。完成96个项目189个标段招投标工作，投资16.5亿元；审核水利水电行业相关资质企业12批72家，审核通过47家，通过率65%。加强基层监管机构建设，8个涉水区（县）成立县级水利工程质量监督站，监督管理辖区内工程项目质量。水利工程合格率达100%，大中型水利工程竣工验收一次通过率达100%，其他项目竣工验收一次通过率达99%，工程外观质量平均得分率在80%以上。印发《全市2015—2016年度水利建设质量考核工作方案》，量化考核区（县）水务局和重点水利建设管理处的水利建设质量。构建水利建设质量工作动态化管理平台，加强水务质量创建宣传，开展以春节、“两会”、五一、汛期等重点节日和关键时段为核心的安全生产检查8次。建立全市水利安全生产事故隐患填报系统，开展市级水利安全平台建设，规范水利工程单位和项目建设管理处安全信息填报工作。（寇石峰）

·农业机械·

◆概况 2016年，西安市农机总动力达261.54万千瓦（剔除农用运输车动力）。拥有大中型拖拉机10177台、小型拖拉机9175台，大中型拖拉机和小型拖拉机的配套农具分别为38833部、20972部，配套比分别为1∶3.82和1∶2.29。拥有农用挂车3030台、小麦联合收割机4503台、玉米联合收割机3955台、机引犁16076台、播种机20865台（小麦精少量播种机7248台、玉米硬茬播种机8464台）、化肥深施机2023台、秸秆粉碎还田机6626台、秸秆挤丝揉搓机2528台、牧草收获机5台、小麦秸秆捡拾打捆机146台。农业机械原值达27.5亿元（剔除农用运输车价值）。机耕面积34.54万公顷，机播面积33.29万公顷，机收面积32.59万公顷。农机经营总收入16亿元。

◆农机产业化发展 2016年，西安市拥有各类农机化作业服务组织1068个，其中农机原值在20万元至50万元的服务组织有181个，50万元以上的服务组织有48个；有农机专业合作社147个，农机户达10.83万户，其中农机专业户3.23万户，农机原值在20万元至50万元的农机大户577户，农机原值在50万元以上的农机大户69户；有农机修理厂和修理点216个。中央农机购置补贴资金4650万元，补贴各类农机具8146台(件)，受益农户6813户。

◆农作物秸秆综合利用 2016年，西安市秸秆综合利用工作成效显著，利用率达97%，其中机械化秸秆综合利用占到总利用量的94%。西安市人民政府办公厅印发《西安市2016年农作物秸秆综合利用和禁烧工作实施方案》，重点推广玉米硬茬播种、玉米灭茬旋耕覆盖播种、小麦秸秆捡拾打捆、小麦秸秆切碎还田、玉米秸秆机械粉碎还田、玉米秸秆挤丝揉搓、秸秆青贮、玉米机械化收获等机械化秸秆综合利用技术。通过层层签订“秸秆综合利用目标责任书”、引进推广秸秆综合利用新机具和新技术、狠抓机械化综合利用示范田建设等措施，扩大秸秆机械化综合利用面积。

◆农机监理 2016年，西安市农机安全监理工作以提升农机“三率”（挂牌率、年检率、骑驶员持证率）为目标，以执法检查为手段，全面落实农机免费管理惠农政策，加强安全宣传教育，开展隐患排查，确保安全生产形势稳定。新增注册登记拖拉机、联合收割机1893台，注册登记总数达到23310台；新增持证驾驶人783人，持证驾驶人总数12929人；检验拖拉机、联合收割机18882台，登记率、持证率、检验率分别为88.8%、76.4%、81%。周至县、高陵区、长安区、临潼区、户县、蓝田县6个区（县）成立农机公安联合执法中队，开展常年化、常态化的农机执法工作。全年开展执法检查1156次，检查农业机械6456台，查处农机违法违规行为1409起，未发生死亡3人以上农机事故。

◆科技培训 2016年，西安市积极实施项目跟进制度，不断加强农机科技示范园区建设，果业、畜牧业、设施农业等优势特色产业机械化示范面积和实施范围不断扩大，保护性耕作和机械复式作业等节能降本增效技术推广速度明显加快。开展农机化教育培训活动，结合新型农民培训民生工程、职业技能开发、农机化项目实施等，组织开展农机化管理和作业服务知识人员培训，培训各类农机人员22310人。其中，管理人员690人，农机技术人员2320人，农机监理人员200人，农机操作人员19100人。（胡力平）

·农产品质量监管·

◆概况 2016年，西安市围绕“提质增效转方式”的农产品质量安全监管思路，以创建“国家食品安全示范城市”和“国家农产品质量安全县”为载体，坚持推进标准化生产和严格执法监管“两手抓”，坚持农产品质量安全“管出来”与“产出来”并重的原则，推进农产品质量安全追溯体系建设和网格化管理，逐步实现从产地环境、农业投入品、生产过程和收贮运环节全程监管，有效保障市民消费安全。在农业部的例行监测中，西安市抽检合格率继续保持全国领先水平。周至县农业局农产品质量安全检验监测中心实验室通过陕西省“双认证”（实验室资质认定和农产品检测机构考核现场评审），具备面向社会独立承担检测任务的能力，农产品检测能力得到提升。“蓝田神仙粉”农产品地理标志申报经过产品检测、品质鉴评、材料上报、北京专家答辩等环节，通过专家评审。

◆农产品质量安全监管 2016年，西安市继续开展农产品质量安全专项整治活动，加大对种植业、果业、畜牧业产品和投入品的监管力度，严厉打击非法使用禁（限）用农药、兽药和添加违法物质的行为，规范农资市场经营秩序。

◆农产品质量安全监管示范区（县）建设 2016年，西安市继续开展农产品质量安全区（县）创建活动。12月，阎良区被农业部命名为第一批“国家农产品质量安全区（县）”；长安区、户县被陕西省人民政府评为“陕西省农产品质量安全监管示范区（县）”。（胡力平）

◆西安市农检中心承担的国家农产品质量安全风险评估重大专项子课题通过项目验收评价 2016年，西安市农产品质量安全检验监测中心承担国家果蔬植物生长调节剂质量安全风险评估重大专项课题——“根茎类农产品（甘薯、大蒜）植物生长调节剂使用摸底排查及产品安全性评估”，针对因媒体过度报道引发消费者对所谓“激素果蔬”的恐慌心理并导致产业受损的问题，开展陕西省甘薯、大蒜中植物生长调节剂的使用和产品安全性进行评估研究。通过资料和现场调研方式，对陕西省的甘薯、大蒜基地和农资店全面开展调研评估，基本摸清甘薯和大蒜中植物生长调节剂的使用情况，提出甘薯和大蒜需要优先登记植物生长调节剂名录、制定合理使用准则、制定残留限量、制定检测方法标准等建议。为甘薯和大蒜产品中植物生长调节剂残留监管、消费引导、生产指导提供科学依据。完成评估报告、研究报告、工作报告各1份，撰写科普文章2篇，开展风险交流1次。12月17、18日，国家果蔬植物生长调节剂质量安全风险评估重大专项项目评价验收会在北京召开，专家组认为课题实施技术路线科学，实施方案规范，评价验收资料齐备，圆满完成项目任务书规定的目标任务和考核指标，顺利通过课题验收评价。（华　章）

工业·信息产业

责任编辑　冯冠杰

综述

◆**概况** 2016年，西安市大力开展“千人亲商助企”服务活动，深入实施《西安市贯彻〈中国制造2025〉实施意见》，着力发展汽车、电子信息、航空航天、高端装备制造四大千亿级产业集群，大力推进渭北工业区、区（县）工业园区和中小企业服务三大平台建设，工业经济保持平稳较快增长，为全市经济社会发展做出了重要贡献。全年全部工业增加值1396.69亿元，比上年增长9.5%。规模以上工业增加值1178.39亿元，增长9.9%。在规模以上工业中，轻工业增加值255.70亿元，增长0.4%；重工业增加值922.69亿元，增长13.0%。全年规模以上工业中，计算机、通信和其他电子设备制造业增加值增长36.0%，汽车制造业增长10.8%，电气机械和器材制造业增长15.9%。六大高耗能行业增长9.9%，其中，非金属矿物制品业增长12.2%，化学原料和化学制品制造业增长27.5%，有色金属冶炼和压延加工业增长9.2%，黑色金属冶炼和压延加工业增长1.2%，电力、热力生产和供应业增长2.0%，石油加工、炼焦和核燃料加工业下降32.8%。装备制造业增加值增长16.3%，占规模以上工业增加值的比重为55.5%。全年规模以上工业高技术制造业企业实现工业总产值1120.61亿元，占规模以上工业的比重为24.1%，比上年提高6.0个百分点；增长35.8%，高于规模以上工业增速25.7个百分点。其中，电子及通信设备制造业实现工业总产值614.23亿元，占高技术产业的比重为54.8%，增长50.7%，增速高于规模以上工业40.6个百分点。工业新产品产量快速增长。集成电路圆片127.00万片，增长79.1%；单晶硅7800.03吨，增长1.4倍；多晶硅357.35吨，增长20.0%；运动型多用途乘用车（SUV）6.83万辆，增长3.6倍；新能源汽车4.81万辆，增长46.9%；锂离子电池1851.24万只，增长81.9%；光缆501.91万芯千米，增长24.6%；光纤328.06万千米，增长9.4%；智能电视2.58万台，增长1.0倍。规模以上工业企业主营业务收入4207.80亿元，增长18.3%；实现利润总额248.90亿元，增长38.6%；完成工业固定资产投资949.27亿元，下降12%。非公有制经济占地区生产总值比重为52.8%，超陕西省考指标0.8个百分点。西安中兴通讯终端科技有限公司、西安隆基硅材料股份有限公司、陕西星王集团3户企业实现产值超100亿元目标，为历年来跃升100亿元企业最多的一年，全市有产值超100亿元企业9户。净增规模以上工业企业56户，超出年度目标任务16户，有规模以上工业企业1153户。

（李博师　秦　声）

西安市2016年主要工业产品产量及其增长速度

产品名称	单位	产量	同比增长率（%）
发电量	亿千瓦小时	161.01	2.1
软饮料	万吨	211.83	-19.5
小麦粉	万吨	87.64	-37.7
机制纸	万吨	13.45	10.1
配合饲料	万吨	6.69	-25.1
乳制品	万吨	88.42	-17.7
中成药	万吨	0.34	-10.5
钢　材	万吨	43.92	18.3
交流电动机	万千瓦	318.23	-52.6
变压器	万千伏安	13471.36	-0.8
汽　车	万辆	38.25	12.0
其中：载货汽车	万辆	10.99	32.3
轿车	万辆	19.59	-18.4
电力电缆	万千米	3.32	10.6
电子元件	亿只	3.58	18.0
单晶硅	吨	7800.03	140.6
集成电路圆片	万片	127.00	79.1

◆**工业项目建设** 2016年，西安市大力实施项目带动战略，安排投资额5000万元以上的重点工业项目143个，完成投资371.11亿元，达到全年目标任务的130.3%。重大工业投资项目进展顺利，美光科技有限公司与力成科技股份有限公司投资2.5亿美元的半导体封装项目竣工投产，产能将占美光全球产能的97%以上；总投资10亿元的中兴微电子无晶圆设计工厂项目落户西安；总投资10亿元的比亚迪高端智能终端制造项目落户西安；新舟700飞机设计、静力试验机部装工作顺利实施；西安航空发动机有限公司新一代航空发动机部件转包项目、西安博尔新材料有限责任公司3000吨立方碳化硅新材料产业化项目（一期）、西安艾力特电子实业有限公司新型微波传输元器件产业化项目等项目竣工投产。

◆**惠企政策落实** 2016年，西安市工业和信息化委员会认真贯彻落实《西安市人民政府关于推动经济平稳健康发展的若干意见》（市政发〔2015〕11号），为229个项目争取国家、陕西省财政资金10.29亿元。其中，获得国家专项资金6.4亿元，支持项目3个；获得陕西省专项资金3.8亿元，支持项目226个。安排市级工业发展专项资金5.5亿元，对重点工业项目、企业技术中心及技术示范企业、区（县）工业园区标准化厂房和基础设施建设项目、创业基地建设项目进行重点扶持，共扶持项目和奖励企业412户。为494户企业兑现技术开发费抵扣所得税13.12亿元，比上年增长21.82%，用政策杠杆激励企业加快发展。

（李博师）

◆**国有工业企业经济运行** 2016年，西安工业资产经营公司积极适应经济发展“新常态”，保持经济总体平稳的发展态势，圆满完成西安市人民政府下达的各项目标任务。全年实现营业总收入60.1亿元，实现利润总额3.5亿元，实现净资产收益率2%，完成年度目标的100%。完成技术改造及项目投资6.5亿元，其中技术改造投资2.5亿元，完成年度目标的166%。西安市标准热处理有限责任公司、西安市标准电梯有限公司2户企业实现搬迁入园；被列入西安市人民政府重点项目的西安红华仪器厂棚户区改造项目实现主体封顶。按照“去产能、去库存、去杠杆、降成本、补短板”的要求，切实抓好公司系统应收账款管理、产成品管理和成本控制管理，通过建立风险防控机制，降低经营风险。全年公司系统应收账款比上年下降5%，产成品下降3.4%，管理、财务、销售三项费用减少1.5亿元。指导所属企业选定国内外知名企业作为标杆，结合“品牌战略”和“国际国内标准战略”，制定“追赶超越”的具体方案和《西安工业资产经营公司质量兴企实施细则》。通过“对标管理”和“质量兴企”活动，强化企业内部管理，提高企业经营效益。坚持以市场需求为导向，按照“走出去、引进来”的思路，加强在新能源、新材料、高新技术、军民融合等领域的调研力度，并与相关企业建立良好的协作关系。把实施新产品开发和营销模式创新作为企业发展的新动力。陕西鼓风机（集团）有限公司围绕煤化工、天然气及综合能源一体化项目积极研发新产品并整合形成全区域、全行业、全流程的营销体系；中国标准工业集团有限公司自主开发VETRON5000系列产品和立体车库、制弹压力机等新产品并对营销体系进行系统改革；西安市西无二电子信息集团有限公司开发风电防雷模块、充电桩等产品，并在高铁、医疗设备等行业的市场占有率不断提高；西安太阳食品集团公司开发的杂粮锅巴等新产品，受到市场好评。全年公司系统实现新产品产值率达到11%。

◆国有工业企业转型升级 2016年，西安工业资产经营公司认真贯彻落实中共西安市委、西安市人民政府《关于抓项目促投资稳增长的若干意见》和西安市人民政府国有资产监督管理委员会安排部署，加大工业项目和技术改造投资力度，完成项目及技术改造投资6.5亿元。公司本部分别向西部超导材料科技股份有限公司和西部新锆核材料科技有限公司增资6500万元和1100万元，参股2000万元设立聚能高温合金材料公司，并设立2000万元的技术改造投资引导资金。完成西安市标准电梯有限公司和西安市标准热处理有限责任公司搬迁技改投资2360万元；陕西鼓风机（集团）有限公司新增投资5.3亿元；中国标准工业集团有限公司新增投资630万元；西安市西无二电子信息集团有限公司完成新增投资230万元。陕西鼓风机（集团）有限公司积极拓展“海外陕西”空间，通过整合海外技术及金融资源，积极筹备组建欧洲研发中心。中国标准工业集团有限公司充分利用欧洲公司资源，积极开拓海外市场和技术研发。

◆泾阳产业基地建设 2016年，西安工业资产经营公司下属企业西安市标准电梯有限公司标准电梯、西安市标准热处理有限责任公司、西安电器开关有限公司3个建设项目按计划在泾阳产业基地建成竣工。泾阳产业基地2期建设任务全面完成，5户企业搬迁入驻。西安工业资产经营公司围绕“工业大走廊”和“西咸新区发展轴”规划部署，积极投入“大西安”建设及西咸一体化发展，认真谋划基地待建用地招商引资工作。通过为入园企业创建良好的生产经营环境、提供全面优质的协调服务，保障产业园区的良好运行。

◆国有企业改革 2016年，西安工业资产经营公司贯彻落实中共西安市委、西安市人民政府《关于进一步深化市属国有企业改革的实施意见》（市发〔2016〕3号）精神，积极推进国有资产经营管理体制机制改革，拟订国有资本投资运营公司改组试点初步方案。调整投资发展部、资产管理部部门职能，突出资本运营、投资发展以及招商引资等工作。持续推进人资分离“壳”企业的依法破产工作，完成西安衡器厂破产清算，与全体债权人签订和解协议。积极推进“七五”普法和依法治企工作，充分发挥法律顾问在企业经营管理中的作用，公司规章制度及合同法律审核率均达到100%。

◆非经营性资产管理 2016年，西安工业资产经营公司有非经营性资产管理机构44户，管理着系统内企业115个家属区，为4.2万名住户提供生活服务，拨付物业运行费用1285万元，确保物业管理正常运转。积极探索物业服务市场化运行模式，在不断提高服务管理水平的基础上，稳步推进物业服务费的收缴。实现非经营性资产收入2710万元，有16户物业公司实现收支平衡。

◆国有企业安全管理 2016年，西安工业资产经营公司强化安全生产管理，落实安全生产责任制，与所属企业签订“安全生产和消防安全目标责任书”，召开安全生产专题会8次，安全生产、消防安全隐患大排查6次，并对查出的20处安全隐患，逐一落实措施并整改到位。继续加大信访维稳工作力度，召开信访维稳工作专题会17次，化解各类信访问题17件。积极接待群众来访，接待信访人员117批、358人次；办理网上信访件26件，办理群众信访件（包括上级交办信访件）25件，回复率达到100%。

（石　蕾）

◆工业园区建设 2016年，西安市工业和信息化委员会强力推进工业园区发展，争取国家级扶持资金2亿元用于中小企业发展基金建设，争取陕西省扶持资金2600万元用于支持区（县）工业园区和小微企业创业创新基地建设，安排市级工业发展专项资金1.57亿元，扶持区（县）工业园区标准化厂房和基础设施项目建设。募集中小企业发展基金资金3亿元，其中，国家扶持资金2亿元，西安市工业发展专项资金1亿元，重点支持西安泾河工业园中小企业示范园、周至集贤产业园、蓝田西北家具工业园等8个园区建设。大力推进“大众创业、万众创新”，创建国家级小型微型企业创业创新示范基地3个、省级小型微型企业创业创新示范基地5个、市级小型微型企业创业创新示范基地5个。西安市被财政部、工业和信息化部、科学技术部、商务部、国家工商行政管理总局5部委列入“国家小微企业创业创新基地城市示范名单”。

◆工业企业创新能力建设 2016年，西安市为加快工业转型升级和结构调整步伐，实现工业经济向中高端迈进，出台《西安市开展新一轮企业技术改造实施办法》市政办发〔2016〕100号，重点围绕扩大先进产能、支持科技成果产业化、推广智能制造、生产装备更新换代、推动“绿色制造”和公共服务平台建设6大领域，开展精准技改，对传统产业实施新一轮技术改造。努力实现企业装备升级、工艺升级、技术升级和产品升级，使企业产品质量明显提升，生产效率显著提高，企业竞争力进一步增强。全年新增市级以上企业技术中心20户、技术创新示范企业18户。组织实施市级以上重点技术创新项目634个，新产品开发数达到181个。4户企业获得陕西省“省级质量标杆”企业称号。

阎良组团高性能碳纤维项目生产线车间

◆**中小微企业培育** 2016年5月，西安市中小企业促进局认定24个第三批“西安市中小企业公共服务示范平台”。组织开展2015年度“西安市优秀中小企业”评选工作，评选出13户优秀企业，奖励每户优秀企业50万元，为全市中小企业树立“新标杆”。大力推进中小企业融资工作，努力缓解企业融资难题，“助保金”贷款业务累计入池企业达到230户，为127户企业发放贷款8.93亿元；48家担保机构为4112户中小企业提供4824笔、210.07亿元的贷款担保，有效缓解了中小企业融资难问题。积极推动西安市企业上市挂牌工作，全市有境内外上市挂牌公司175家。其中，境内上市公司32家，新增1家；“新三板”挂牌企业119家，新增60家；境外上市挂牌公司24家。为西安39户“新三板”挂牌企业争取陕西省扶持奖励资金1950万元。

2016年6月3日，西安市召开“千人亲商助企”活动动员大会

◆**渭北工业区建设** 2016年，西安市渭北工业区入区企业达到1460家，其中规模以上企业239家；规模以上工业完成增加值230.29亿元，占西安市规模以上工业增加值的19.5%，比上年增长6.0%；工业固定资产投资完成288.97亿元，占西安市工业固定资产投资的30.4%，比上年下降33.5%。加快完善基础设施，泾渭新城道路管网工程、店子王泾河大桥工程、清河综合改造等41个城建基础设施项目共完成投资36.42亿元，完成年计划的100.3%。高陵组团泾环北路、渭东路等道路建成通车，渭北大横线等景观工程竣工。阎良组团污水处理厂二期完成实体施工，打通小鹰路、外环南路，8号路东西贯通。临潼组团贯通秦王二桥，完成秦王一桥改扩建项目引桥预制，建成110千伏变电站，西安汽车科技职业学院建成使用。全力推进项目建设，65个市级重点建设项目完成投资117.1亿元，占年计划的105.6%。其中，31个工业项目完成投资38.5亿元，占年计划的102.9%；34个基础设施配套及其他项目完成投资78.6亿元，占年计划的106.9%。西安金龙汽车有限公司、陕西保利特种车制造有限公司等20个工业项目开工建设，西安瑞福莱钨钼有限公司、西安伏尔特科技电气有限公司等30个工业项目竣工投产。抓好工业招商引资。在2016丝绸之路国际博览会暨第二十届中国东西部合作与投资贸易洽谈会上，举办中欧产能转移合作推介会暨西安渭北工业区重点合作项目签约仪式，12家欧洲企业策划包装35个合作项目进行推介，各组团集中签约项目18个，总投资141.26亿元。全年完成工业招商引资636.8亿元，完成全年任务的106.13%。

◆**工业企业服务** 2016年，中共西安市委、西安市人民政府在全市开展“千人亲商助企”活动，从全市选派1500名处级以上干部，帮助1500户工业、商贸、建筑、科技、文化、旅游等行业重点企业解决生产经营和项目建设中遇到的与政府职能相关的突出困难和问题。活动开展以来，各级各部门收集上报各类问题3318个，解决问题2187个，正在解决的问题1131个，改善了全市企业发展环境。（李博师）

◆**陕西省集成电路产业投资基金设立** 2016年9月12日，陕西省集成电路产业投资基金揭牌仪式在西安市举行。该投资基金吸纳国家专项基金及社会资本进入，主要投向陕西省内集成电路产业链上的优质企业、骨干企业、高成长性企业、拟上市及挂牌后备企业。该基金目标规模300亿元，初始资金规模60亿元，首期由陕西省、西安市、西安高新技术产业开发区和西安经济技术开发区以及基金管理人西安高新技术风险投资有限责任公司共同出资33.33亿元。其中，陕西省人民政府出资9亿元，西安市人民政府出资9亿元、西安高新技术产业开发区管理委员会出资12亿元，西安经济技术开发区管理委员会出资3亿元，西安高新技术风险投资有限责任公司出资0.33亿元。国家集成电路产业投资基金和社会出资人共27亿元的资金随后将以增资方式进入。基金按照陕西省人民政府确立的“政府引导、市场化运作、专业化管理”的基本原则，在具体运作上，采取运营和管理机制更为有效的有限合伙制治理形式。

◆**中国铁建高端装备制造基地落户西安** 2016年9月22日，西安市人民政府与中国铁建股份有限公司签署战略合作框架协议，双方在城市轨道交通、地下综合管廊、“海绵城市”建设等领域开展合作，在工程高端装备制造方面进行研发和生产。首期投资约10亿元，生产盾构机/TBM及再制造、轨道旅游成套装备和地下施工装备等，重点服务于西安及西北地区的公路铁路、城市地铁、综合管廊等隧道工程建设，预计3年内年产值可达30余亿元。11月1日，占地21公顷的中国铁建高端装备制造基地在西安市阎良区揭牌，首台盾构机正式下线。（行中道）

汽车制造

◆**概况** 2016年，陕西省先后发布《陕西省百万辆汽车工程建设实施方案》《中国制造2025陕西实施意见》《陕西省人民政府关于进一步促进加快新能源汽车推广应用的实施意见》《2016年汽车产业重点工作计划》等一系列重要文件，从宏观目标到具体措施，为汽车工业发展指明了方向。全年陕西省汽车产销分别为42.16万辆和42.80万辆，比上年分别增长22.87%和27.49%。其中商用车产销分别为11.95万辆和11.92万辆，分别增长35.50%和35.91%；乘用车产销分别为30.21万辆和30.88万辆，比上年分别增长3.64%和9.23%。新能源汽车生产47063辆，销售47099辆，比上年分别增长35.72%和43.40%。陕西省汽车行业完成工业总产值842.37亿元，比上年增长18.08%。完成销售收入766.71亿元，比上年增长31.96%。其中，汽车零部件完成工业总产值140.69亿元，增长27.44%；销售收入139.91亿元，增长30.11%。以商用车为发展核心的陕西汽车控股集团有限公司产销量位列全国前列，技术水平全国领先，产品出口国内外80余个国家和地区，并且在国外很多国家实现了本土化生产，产销总量达到11.2万辆，增长31%。作为新能源汽车的引领性企业，西安比亚迪汽车有限公司专注于自主研发，特别是以“秦”作为主打产品，综合性能达到国际先进水平，F3、速锐等也具备较强市场竞争优势，各类产品在全球48个国家和地区的200个城市运营，并将我国首条自主知识产权跨座式单轨等多个重大项目落户陕西，对陕西省加快发展战略性新兴产业、调整优化产业结构具有重要推动作用。以核心零部件为发展重点的陕西法士特汽车传动集团公司，全年产值105.70亿元，增长27.85%，各项经营指标连续14年蝉联中国齿轮行业第一、重型汽车变速器年产销量连续11年稳居世界第一。

◆新能源汽车 2016年，中共陕西省委、陕西省人民政府下发《关于进一步加快新能源汽车推广应用实施意见》等文件，加大新能源汽车生产和推广应用。建立为新能源汽车配套的电池、电控、电机生产企业，新能源汽车成为陕西汽车产业发展的新动能，为陕西汽车产业在未来发展中保持可持续竞争能力提供了重要保证。西安比亚迪汽车有限公司新能源汽车向乘用车、商用车、非公路用车全面进军。陕西宝华生产的轩德E9纯电动载货轻型卡车和通家公司生产的“电牛1号”“电牛2号”纯电动物流车成功上市，丰富了陕西新能源汽车品种。陕西汽车控股集团有限公司、陕西通家汽车股份有限公司、西安比亚迪汽车有限公司报备的新能源车型全部进入国家第四批“新能源汽车推广应用推荐车型目录”。

◆陕西汽车控股集团有限公司 2016年，陕西汽车控股集团有限公司以市场为导向，坚持创新驱动，根据客户需求研发产品，重点围绕客户需求量大的重卡、载货车、中型货车等车型，在降低车辆自重、降低油耗、降低污染排放指标等方面进行技术攻关，用适销对路的产品占领市场。实施汽车促销优惠政策，产销总量达到11.2万辆，比上年增长31%，重卡单月最高订单量突破2万辆。全年实现销售收入368亿元，增长22%。牵引车销售50000辆，增长80%，占比68.2%，占比提升4.4个百分点；载货车销售0.8万辆，增长超过100%；X3000黄金版销售1.5万辆，市场份额55%。10月11日，与韩国汽车企业成功签约，确定投资建设年产30万辆整车生产项目，填补陕西省没有合资品牌、中高档轿车的空白。陕汽德龙新M3000 336马力62牵引车与陕汽德龙X3000 345马力84载货车在北京举行的“发现信赖——中国卡车用户调查暨评选”颁奖典礼上，获得“2016年度中国卡车用户最信赖牵引车”和“2016年度中国卡车用户最信赖载货车”2项大奖。

陕汽德龙X3000载货车

◆西安比亚迪汽车有限公司 2016年，西安比亚迪汽车有限公司始终坚持“技术为王、创新为本”的发展理念，坚持自主研发、自主生产、自主品牌的发展道路，保持在品牌建设、市场推广、产品研发等方面的强劲势头，在公交、物流、环卫等各领域的发展得到商用车行业的高度评价与认可。全年销售270925辆，比上年增长9.23%，其中新能源汽车销售40637辆，增长34.26%。11月17日，西安市人民政府与比亚迪股份有限公司签署战略合作协议，比亚迪高端智能终端制造项目、新能源客车生产项目、跨座式单轨生产项目3个项目落户西安。高端智能终端制造项目总投资10亿元，达产后规划年产5000万套智能终端规模，预计可实现年工业产值250亿元；新能源客车项目计划投资20亿元，项目规划年产5000辆纯电动大巴生产能力，预计可实现产值80亿元；跨座式单轨项目投资约20亿元，建设“云轨”车辆厂、轨道梁厂及核心零部件工厂，达产后预计实现产值100亿元。

◆陕西法士特汽车传动集团公司 2016年，陕西法士特汽车传动集团公司以“两化”（信息化和工业化）推进为载体，抓改革破难题，创新管理补短板，强化绩效降成本，全力以赴保市场，企业产销双双再超100亿元，各项经营指标连续14年名列全国齿轮行业第一，重型汽车变速器年产销量连续11年稳居世界第一，顺利实现“十三五”开门红。依靠科技进步和自主创新，生产经营继续保持稳健运行，AT、AMT、客车变速器、轻卡变速器、液力缓速器、S变速器、离合器以及轮边减速机、纯电动传动系统等一系列新产品取得产销新突破。变速器产品的市场保有量超过600万台。S系列变速器获“2016铃轩奖——底盘类零部件年度贡献奖”。6DS系列客车变速器获北京国际道路运输、城市公交车辆及零部件展览会“最佳客车零部件奖”；“液力缓速器”获“自主创新优秀新产品”特等奖。公司入选“中国工业行业排头兵企业”榜单、工业和信息化部首批“制造业单项冠军示范企业”。“节能重卡变速器智能制造试点示范”项目入选2016年智能制造试点示范项目名单；“高性能轮边直驱系统产业化示范应用”项目列入国家2016年增强制造业核心竞争力重大工程包专项。公司顺利通过德国戴姆勒OSA审核，与威伯科公司、奥地利AVL公司签署战略合作协议，开启企业国际化战略新进程。法士特泰国工厂已具备年产5万台变速器的生产能力。

◆西安康明斯发动机有限公司 2016年，西安康明斯发动机有限公司在细分领域认真挖掘，针对快递运输领域联合陕西汽车控股集团有限公司推出适合长距离运输的陕汽康明斯X3000和中短途距离的陕汽康明斯M3000系列产品。ISM11发动机百万千米无大修，成为快递物流企业的最佳发动机选择。康明斯还推出定制化服务，通过历史轨迹智能分析，根据用户的实际运输线路、货物性质、车速等，帮助客户找到最优的车辆配置，满足实际工况需求。

◆陕西通家汽车股份有限公司 2016年，陕西通家汽车股份有限公司围绕新能源、新技术、智联网等问题展开研究，在行业内处于新能源汽车技术前端，有11款新能源汽车顺利获得国家公告目录，产品涵盖纯电动客车和货车等车型。狠抓产品质量，加快产品技术升级，成功开发全新一代纯电动物流车“电牛2号”，采用高性能锂离子电池，续航里程达到210—260千米，每千米行驶成本低至0.07元，有安全可靠的全封闭车厢、车载智能系统、HAC上坡辅助、EPS电子助力等，各项技术表现居于国内前列。“电牛2号”分别获得“中国城市物流推荐用车”“2016年度新能源汽车十大品牌”“2016年度推荐车型”等荣誉称号。公司在第三届新能源汽车总工峰会上，获得“2016年新能源汽车行业最信赖车企品牌奖”。

2016年7月29日，由中铁二十局集团承建的中国西北规模最大、设施最完善、技术最先进的铁路大型养路机械检修基地竣工交付使用

◆**西安秦泰汽车配件有限公司** 2016年，西安秦泰汽车配件有限公司形成年产20万台（套）柴油发动机SCR后处理系统尿素计量喷射泵的生产能力获“国家级高新技术企业”“西安市军民两用技术产业示范企业”等荣誉称号。“柴油发动机尾气SCR后处理系统关键技术”科技成果由西安市科技局组织专家进行鉴定，达到国内领先水平。其中“双腔式双膜片尿素计量泵喷射技术”使得尿素泵的喷射精度达到±3%，远远高于行业标准±5%的要求，精准的喷射精度可与博世、依米泰克等“洋品牌”相媲美，价格低于“洋品牌”30%，达到国际先进水平。该尿素泵在实际应用上不受空间布局、海拔、气压、温度变化而变化，可以有效保持喷射精度，同时双向提升计量精确性，有效满足了重型柴油车在复杂环境和路况下产品的可靠性和耐久性及降低成本的需求，并顺利完成与潍柴WP10、WP7、WP4.1、扬柴P3机型的电控、精度、高低温、振动试验、耐久测试、排放、80万千米的整车路试、三高（高温、高原、高寒）试验等108项关键性能的匹配试验。6月，尿素泵完成技术开发；9月，正式进入潍柴供货体系，开始批量供货，同时在江淮、南汽等商用车上配套使用。

◆**经开区建设西北汽车产业基地** 2016年，西安经济技术开发区充分发挥汽车产业聚集效应，形成以陕西汽车控股集团有限公司为龙头的汽车产业集群，汇集西安康明斯发动机有限公司、中集陕汽重卡（西安）专用车有限公司、天合东方（西安）气体发生器有限公司、陕西汉德车桥有限公司等一大批配套企业。金龙汽车西北客车生产基地项目实现当年引进、当年投产的“经开效率”，使经开区成为集重卡、客车于一体的商用车生产基地。韩国双龙汽车与陕西汽车集团有限责任公司成功签约，将在经开区成立合资公司，建设双龙汽车第一家海外生产基地。平安汽车电商产业园项目正在建设，建成后将具备金融服务中心、电商结算中心、汽车检测中心等服务功能。庆华汽车安全系统扩能建设项目正在建设，建成后将实现年产安全气囊用点火具3000万发、气囊总成20万套。经开区成为西安市乃至陕西省汽车产业发展的核心力量，汽车产业产值占陕西省的60%、西安市的70%，涵盖汽车总成、发动机、车桥、车架、变速箱等零部件生产以及专用车改装生产等领域。预计到2020年，经开区汽车制造业将实现商用汽车研发创新能力全国领先，产业规模达到1000亿元，本地零部件配套率超过50%。

◆**西安汽车零部件产业园建成投产** 2016年，由西安骏驰汽车零部件产业园发展有限责任公司开发的西安汽车零部件产业园建成投产，该项目是陕西省级重点县域工业集中区项目，致力于汽车零部件产业开发，打造西北地区最大的汽车零部件产业集群。园区规划面积317.6公顷，总投资106亿元，预计实现工业总产值120亿元，实现利税8亿元，从业人员3万人，配套服务从业人员1.2万人。项目建成后，将实现集体综合商业配套区、中型企业聚集区、小企业聚集区、标准化厂房、企业孵化区5大功能齐全的专业化汽车零部件产业园基地，汇集180余家高端汽车零部件企业，实现协作互补，形成聚集效应。项目一期总建设面积46690.39平方米，已进驻入园企业4家。二期规划总建筑面积204.2万平方米，将建设综合商业配套区，配套区将设立培训中心、研发中心、质检中心、销售中小、配套物流区5大功能区，已开发建设32.4公顷，招商入驻企业11家。

◆**西北最大铁路养路机械“4S店”在西安建成投用** 2016年7月，一个能提供“一站式服务”的西北地区规模最大、设施最完善、技术最先进的铁路大型养路机械检修基地在西安竣工并交付使用。该检修基地拥有36个大机检修台位和19条大机存车线、2条整备线，以及大机动态试验线、探伤车试验线、洗车线、喷漆库线、标定线、不落轮镟库线、转车盘线等设施，有各类检修设备501种1089台（套），检修规模可达到年修702台，全面修达（6年修）138台。从此，我国西北区域内铁路大型养路机械设备将不必再运往北京、广州、武汉等地检修，可缩减大笔经济和时间成本。

（行中道）

输变电及控制设备制造

◆**概况** 2016年，中国西电集团公司全力推进创新发展，积极应对各种困难和挑战，统筹推进促改革、稳增长、调结构、抓创新、强管理各项工作，实现稳中有进、稳中提质，全面完成各项任务。截至年底，拥有全资和控股子公司（单位）60余家，其中包括4个国家级企业技术中心和工程实验室，4个国家级质量检测中心，3家承担进出口、国内营销、金融等业务的专业公司，从业职工近2万人。

◆**西电集团改革发展** 2016年，中国西电集团公司深入贯彻落实中共中央总书记习近平在全国国有企业改革座谈会上的重要指示精神，以改革促发展。积极稳妥推进压缩管理层级、减少企业法人户数工作，采取兼并重组、股权转让、减资退出等方式完成计划目标。实施内部资源重组，将西安西电电气销售有限责任公司转型为西电新能源公司，探索新能源业务领域转型升级发展；对所属西安高压电器研究院有限责任公司的科技研发和试验检测业务进行拆分，将研发业务组建完成西安西电电气研究院有限公司，开展重大自主创新研发，为新领域新技术新业务的创新、创业与技术孵化、新技术领域领军人才培养提供支撑。以结构调整为目标，将劳动、人事、分配“三项制度”改革与集团僵尸企业处置、困难企业治理、管理层级压减、提质增效等改革发展工作统一协调，对人员进行结构性调整；强化工资总额过程管控，对于效益明显下滑的企业及时预警，实现效益与工资同向变动。

◆西电集团重大项目　2016年，中国西电集团公司密切跟踪市场和行业变化，细分市场，精耕市场，成功中标锡盟—胜利特高压交流工程、山东环网1000千伏特高压交流工程、昌吉—古泉±1100千伏特高压直流工程、渝鄂直流背靠背联网工程、扎鲁特—青州±800千伏特高压直流工程、滇西北至广东特高压直流输电工程、穗东换流站及从西换流站备用换流变招标，中标总金额达到47亿元，特高压市场占有率达到16.2%。中标巴西美丽山二期直流项目，中标金额11.3亿元。

◆西电集团国际市场开拓　2016年，中国西电集团公司积极参与“一带一路”建设，不断提升国际市场开拓能力，加快企业“走出去”步伐。海外制造基地建设进展顺利，通过“资本+技术”的方式，在埃及、印度尼西亚等国家建设海外基地，并以此为依托，带动周边区域的市场拓展。发挥海外营销网络优势资源，加强海外市场开拓的一体化管理，形成“走出去”合力，全年完成出口新增订货26.7亿元。与英国国家电网公司签署3+3年《变电站一次设备供货/安装框架协议》。签约美洲厄瓜多尔电站线路总包项目、亚美尼亚变电站成套改造项目。积极参加德国汉诺威工业博览会、印度电力电工展、全球能源互联大会等多个展会，有效提升西电品牌知名度及行业认知度。不断推进产品的国际化认证工作，在调研国际市场产品需求情况的基础上，依照国际电工委员会和IEEE协会标准，实施地理信息系统、断路器、隔离开关、电容式电压互感器、电流互感器等18项国际产品研发认证。

◆西电集团科技创新　2016年，中国西电集团公司始终将技术创新作为立身之本，开展重大自主创新研发，成功研制550千伏旁路断路器、1100千伏四断口柱式断路器、高耦合分裂电抗器、完成超高压大容量变压器抗短路试验、CTA5-1大功率全弹簧操动机构、小组件换流阀用饱和电抗器等。加强与科研机构、高校、中央企业及用户建立创新联盟，与中国核工业集团公司联合开展的210发电机保护断路器研发，解决了部分关键核心技术。中国西电集团—西安交通大学电气技术研究院在灭弧室结构和开断性能研究、电压源换流器拓扑结构及控制方法研究等方面实现突破。深入开展“大众创业、万众创新”，制定《中国西电集团公司创客空间建设方案》和《中国西电集团公司创客空间管理办法》，举办青年职工创新大赛，联合西安交通大学共同举办2016“西电智慧电气杯”大学生创新大赛，22所高校200多名选手参与，为西电新业务拓展提供有益借鉴。

◆西电集团信息化建设　2016年，中国西电集团公司依托国家智能制造项目，围绕企业转型升级，积极推进信息化与管理、制造、服务过程的融合。完成“高压开关智能制造数字化车间”和“超（特）高压变压器智能制造数字化车间”2个智能制造数字化车间项目验收，获批“开关设备数字化车间标准及实验验证”国家智能制造专项，承接“特高压断路器大功率液压弹簧操动机构”和“特高压开关设备可靠性与全生命周期公共服务平台”2个国家工业强基项目，加快企业智能制造建设步伐。实施产品全生命周期管理和供应链管理系统，推进集团管控、设计与制造、产供销一体、业务和财务衔接等关键环节的集成。

◆西电集团节能减排　2016年，中国西电集团公司扎实推进节能减排工作，完成12家企业能源管理体系贯标工作，组织6家主要用能企业开展能源审计，能源管理体系规范运行。应用发光二极管照明、余热利用、新能源使用等环保工程技术，建成水、气、声、渣相关处理设施44个。全年万元产值综合能耗下降3.22%，化学需氧量下降1.65%，氨氮下降8.52%，二氧化硫下降3.4%，氮氧化物下降4.41%，实现了节能减排工作稳步发展。（林在强）

◆中铁一院与西电集团签署战略合作协议　2016年6月3日，中铁第一勘察设计院集团有限公司与中国西电集团在西安签署战略合作协议。双方将共同致力于开展轨道交通和电气化铁路领域的技术开发、产品研制、工程建设、系统优化、维护服务、战略投资等方面的合作，互通有无，共享平台，共谋市场，共同培养科技人才，共享科技创新成果，共同开拓工程建设领域，推动中国轨道交通建设向安全、高效、节能、智能和自主知识产权方向迈进，为共同拓展国际工程建设市场提供巨大支持。

（行中道）

信息产业

◆概况　2016年，西安市信息化建设坚持“创新、协调、绿色、开放、共享”的发展理念，以需求为导向，以应用促发展，惠民生，稳增长，不断提升城市文化内涵和文明程度，推动西安经济和社会实现跨越式发展。电子政务助推服务能力稳步提升，“智慧城市”建设奠定坚实基础，“两化”融合深入推进效果明显，网络安全保障能力不断增强，社会信息化发展目标任务圆满完成。中国空间技术研究院西安分院、西安飞机工业（集团）有限责任公司等13户企业被工业和信息化部评为“国家两化融合管理体系贯标试点企业”，2户企业被陕西省工业和信息化厅评为“省级两化融合管理体系贯标试点企业”。西安市工业和信息化委员会编制完成《西安市智慧城市总体设计》，出台《西安市加快高速宽带网络建设，推进网络提速降费的实施意见》，全市无线局域网建设数量1271处，无线访问接入点14578个，基本覆盖全市重点区域和主要公共场所。相继支持建设西安市公安局综合安全管理平台、“智慧西安”时空信息云平台、西安市社会信用综合服务平台、西安市档案馆馆藏档案数字化项目等19个重大信息化项目。全市信息化发展继续保持陕西省先进，进入全国信息化发展高水平地区行列。

◆“两化”融合　2016年，西安市持续推进“两化”融合创新研究服务基地建设，不断完善“两化”融合技术支撑服务体系。组织企业开展“两化”融合评估诊断和管理体系贯标试点，中国空间技术研究院西安分院、西安飞机工业（集团）有限公司等13户企业入选工业和信息化部2016年“国家级两化融合管理体系贯标试点企业”名单，占陕西省入选企业总数（26户）的50%；陕西煤炭交易中心有限公司和西安双键包装有限公司2户企业入选第二批“省级两化融合管理体系贯标试点企业”。截至年底，全市有37户国家级、省级“两化融合管理体系贯标试点企业”。加强陕西省、西安市两级“两化”融合项目管理，严格项目申报、审查、推荐、实地考察、资金下达、日常管理和验收流程。组织企业申报2016年陕西省“两化”融合项目、陕西省制造业与互联网融合发展示范项目。西安市工业和信息化委员会配合西安市审计局完成2013—2015年全市工业发展专项资金“两化”融合项目审计，并制定整改措施。联合西安市财政局对申报2016年全市工业专项智能制造（“两化”融合）专题项目企业进行实地考察并做出评价，提出入选标准和拟扶持项目。

2016年12月5日，西安市智慧城市专题培训报告会召开

◆“智慧城市”建设 2016年1月，西安市人民政府办公厅出台《西安市加快高速宽带网络建设推进网络提速降费的实施意见》（市政办发〔2016〕7号）；10月，西安市城乡建设委员会、西安市工业和信息化委员会、西安市宽带基础设施建设推进办公室联合印发《关于落实光纤到户通信设施工程质量监督管理和验收工作的通知》，不断推进“宽带西安”建设。西安市工业和信息化委员会编制完成《西安市“智慧城市”总体设计》，包括《西安市“智慧城市”业务梳理和信息资源设计》《西安市“智慧城市”发展战略研究》《西安市“智慧城市”总体架构设计》《西安市“智慧城市”体系架构设计》《西安市“智慧城市”重点项目规划》《西安市“十三五”国民经济和社会信息化规划》和《西安市“十三五”信息安全规划》等内容。西安已经达到并超过国家“宽带中国”建设目标要求，光纤到户率、宽带普及率达到全国领先水平。根据西安市《2016年市政府工作报告》提出的“推进城区公共场所WiFi建设”要求，不断协调各通信运营企业加快无线网卡建设应用，提高网络互联互通能力。据不完全统计，全市无线局域网数量达到1271处，无线网络接入点14578个，基本覆盖全市重点区域和主要公共场所。西安市人民政府与陕西移动公司签订“智慧城市”战略合作协议，各项工作正在推进落实中。西安市工业和信息化委员会邀请中兴通讯股份有限公司“智慧城市”专家给西安市人民政府、西安市信息化领导小组成员单位、各区（县）政府、相关市级部门领导近200人做题为《魅力古城·品质西安“西安新型智慧城市建设思路及建议”》专题报告。赴济南、银川、广州、沈阳等城市进行调研学习，积极借鉴深圳、兰州、咸阳等城市先进经验，与中兴、华为、腾讯等企业开展交流合作，为西安市“智慧城市”建设奠定基础。

◆信息化项目建设 2016年，西安市工业和信息化委员会积极申请信息化专项资金，会同西安市财政局充分利用项目管理信息化平台，规范项目申报流程，帮助项目单位做好申报填写工作。与项目申报单位交流沟通，梳理建设目标与工作思路，协助修改完善申报方案。聘请具有丰富信息化和电子政务建设经验的专家，对相对成熟的20个项目进行评审，提出意见为领导决策提供参考，报请西安人民市政府批准下达《2016年信息化建设专项资金计划》，对19个项目进行支持。对2015年度西安市信息化建设专项资金项目进度进行跟踪问效，督促完成西安市政务服务中心移动客户端应用程序、短信息平台、西安市区域卫生医疗平台、西安市应急办视频监控接入平台、西安市公安局警卫处警卫无线视频指挥系统、西安市地方志办公室移动地情资料库等项目建设和验收工作。对《陕西省政务数据资源共享管理办法》《西安市推进“互联网+政务服务”开展信息惠民试点实施方案（2016—2017年）》《西安市全面推进政务公开工作实施方案》进行认真研究，提出意见建议。利用西安市信息化专项资金支持建设国家电子政务内网西安市网络（二期）、“智慧西安”时空信息云平台、西安市社会信用综合服务平台、西安市档案馆馆藏档案数字化项目等基础性信息资源项目。将西安市社会救助服务热线、西安市残疾人服务热线与西安市社区服务热线“12343”融合，由西安市社区信息服务管理中心提供统一的热线电话服务。西安市应急管理办公室全市视频监控资源接入整合工作成效显著，在公安、城管、市政、旅游等领域得到良好应用。“长安通”推出实名制卡，功能进一步完善。依托“长安通”和城市供水、供热等数据资源，西安市城市运营大数据中心正在建设中。西安市工业和信息化委员会开展工业和信息化系统关键信息基础设施网络安全检查，对350处信息系统进行普查，并确定关键信息基础设施。开展全市工业控制系统网络与信息安全检查，支持西安市公安局建立综合安全管理平台、西安市人民政府外事侨务办公室建立边界接入系统。通过完善国家电子政务内网西安市网络结点及相关应用，为市直横向单位安全接入电子政务内网、实现中共区（县）党委办公室和政府办公室安全接入电子政务内网奠定良好基础。

◆信用体系建设 2016年，西安市根据国务院《社会信用体系建设规划纲要（2014—2020年）》（国发〔2014〕21号），制定出台《关于进一步加强社会信用体系建设的意见》（市政发〔2016〕34号），并印发《2016年社会信用体系建设工作点》，明确各区（县）、开发区和市级各部门的工作任务和责任，推动社会信用工作全面展开。做好行政许可和行政处罚信用信息公示工作，扎实推进信用信息互联共享。陆续为29个市级部门办理76个电子密钥；为区（县）、开发区的牵头部门和所属各局办理419个电子密钥，并对工作人员进行一对一培训。全年上传公共信用信息平台的行政许可、行政处罚和其他类信用信息共77130条。其中，市级部门上传信用信息64512条，11个区（县）、开发区上传信用信息12618条，有效发挥了信用记录在奖优罚劣中的作用，提升了参评主体的诚信意识。加强监管，建立完备的失信联合惩戒制度。年底，各区（县）、开发区共出台23个“黑名单”管理制度，西安市国家税务局等19个市级部门也出台“黑名单”管理制度，并利用新闻媒体、网站网络及时披露曝光企业、非企业和自然人的“失信案件”，对诚信示范单位进行守信激励。信用西安网站上半年和下半年2次发布西安市企业诚信“红黑榜”。上半年，西安爱菊粮油工业集团等545家企业被列入“红榜”名单，西安锐锋精密机械有限公司等219家企业或个人被列入“黑榜”名单；西安市质量技术监督局披露“11家电梯维保单位因救援不及时被通报”的消息，发布电梯维保单位“黑名单”；西安交通警察支队分2次曝光被列入“黑名单”的20名终身禁驾人员。下半年，陕西仁和万国律师事务所等243家企业或个人被列入“红榜”名单；陕西天地合和出版物物流发行有限公司等1035家企业或个人被列入失信“黑名单”。有效弘扬了诚实守信，有力地打击了失信行为，引起社会各界的广泛重视，取得良好的社会效应。（李博师）

◆中兴深蓝科技产业园在西安开工建设 2016年2月26日，由世界500强企业中兴通讯股份有限公司投资建设的“中兴深蓝科技产业园”项目在西咸新区沣东新城统筹科技资源改革示范基地的中俄丝路创新园正式开工建设。该项目占地16.33公顷，总建筑面积35万平方米，总投资额约20亿元。承担节能环保产品、新能源、大健康及移动互联网软硬件产品、汽车电子，特种行业通讯系统及其软件的研发、中试、生产，以及下一代信息技术研究与行业应用。项目建成后，将吸纳1万名高新技术人才，年产值预计超过100亿元。

◆中兴智能光电终端及物联软件基地项目落户西安 2016年12月8日，中兴智能光电终端项目及中兴物联软件与技术研发基地项目落户西安高新技术产业开发区签约仪式举行。2个项目计划总投资14亿元，预计未来5年销售收入将超过100亿元，这是继中兴智能终端生产基地、中兴微电子无晶圆设计工厂项目之后，西安市与中兴通讯股份有限公司携手合作的又一重大成果。

◆微软专业孵化项目落户碑林环大学创新产业带 2016年5月12日，碑林区人民政府与微软（中国）有限公司签署合作备忘录，专业孵化计划“云暨移动应用孵化平台”项目正式落户碑林环大学创新产业带西安创新设计中心。签约双方将在创新产业培育、创业企业孵化、知识产权保护等领域开展合作，培育“互联网+”，特别是基于“移动互联网”的新兴产业。项目将推动孵化企业在云平台上开发相关应用，引入微软新创企业扶植计划（BizSpark）、微软点亮梦想计划（DreamSpark），打造企业从初创期到成熟期的全生命周期、全产业链生态圈，加快创新创业要素聚集融合，推动“互联网+”特色产业集群发展。（行中道）

·电 信·

◆概况 2016年，中国电信西安分公司以“扩规模、提效益、调结构”为目标，强化改革，全面提升市场地位，围绕规模发展与战略转型，建立以“基础层、突破层”为主导的发展新格局，创新“平台化思维”，着力打造特色文化，形成光宽带、第四代通信技术网络业务、“翼支付”“天翼高清”为基础，以云、大数据、物联网为突破的高速发展模式，实现全面划小承包和体制创新为核心的深层次改革，向新兴业务领域不断突破，业务收入持续增长，运营能力不断增强。全年电信业务总收入49.09亿元，比上年增长3.31亿元；向西安市上缴税金1亿元；提供社会就业岗位6000多个。截至年底，有固定电话用户249.76万户，移动电话用户562.04万户，宽带接入用户216.87万户，宽带互联网视听业务用户达到142.06万户。圆满完成2016中央电视台中秋节晚会、第三届丝绸之路国际电影节及第十八届中国科协年会3次重大活动通信保障任务。

◆电信业务开展 2016年，中国电信西安分公司以“天翼高清”“翼支付”为引领，带动第四代通信技术网络业务规模扩张，巩固宽带主导地位。第四代通信技术网络覆盖西安城乡，市区三环以内平均覆盖率达98.56%，县（区）行政村以上覆盖率达91.2%以上，网络质量持续优化。创新发展“4G+”支付产品，取消终端补贴限制，实现大数据精准营销。全面推进国务院《关于促进信息消费扩大内需的若干意见》（国发〔2014〕32号）精神，实施“光网城市”建设，县城以上区域光网覆盖率达到95%，城区达到97%，郊县超过98%。常态化开展“网格经营+营销”，细分市场，发挥服务优势，体现融合优惠，实现“精准切入、即销即装、先装后付”。打造立体化销售体系，通过扩规模、强终端、促转型、提能力，实现规模和能力双提升。全年实体渠道新建门店268家（专营146家，厂商46家，大连锁14家），优化渠道门店256家。与终端厂商开展营销宣传，以“明星机”效应提升门店形象，扩大渠道终端销售门店规模，丰富终端种类，时时掌握代理商终端进销存状态，将货源向合约销量高的代理商倾斜。做强“天翼联联盟网”平台，全面设立“翼支付”“智慧家庭”体验区。创新“CEO领导下的网格经理+”营销模式，使渠道、CEO、网格经理形成合力。积极践行“互联网+光维”理念，在全市范围内开展“光宽升速”工作，全市竣工宽带量较上年提升76%；障碍24小时修复率长期保持在98%以上，万用户申诉量月均下降12.72%。全力发展新型互联网技术，成功签约西安市电子政务办公室政务云、西安市公安交通警察支队云平台，实现陕西省“云”业务规模化落地实施的新突破。加强指标管控，加快落实压降投诉，快速妥善处理用户本地投诉，加大一线授权，降低越级投诉风险。加强代理管控，规范业务受理，强化巡检力度，快速提升客户感知，提升渠道客户服务质量，持续解决电子发票问题，降低流量争议。

◆电信制造业智能化服务 2016年，中国电信西安分公司扎实落实西安市人民政府关于《西安市贯彻〈中国制造2025〉实施意见》的总体要求，加快建设、改造立体宽带网络平台，积极引入“互联网+”、云计算、大数据等技术，不断增强自身信息化建设与支撑服务能力。3月8日，中国电信西安分公司与西安市工业和信息化委员会签订“西安企业云平台”战略合作协议。在西咸新区建设的云计算数据中心投产使用。成功签约腾讯、阿里、新浪、搜狐、百度、京东、乐视、华为等互联网企业，全国各大银行、企事业单位也将电信智慧云基地作为灾备中心的首要选择。打造开放可控的工业云生态体系，面向全市制造业提供专网云服务和整体连接解决方案。成立18人的工业与互联网融合创新团队，提供全方位一站式服务。与华为、阿里、亚信等世界领先的云计算服务提供商、系统集成商，行业领先的信息技术公司建立战略合作关系。为全市企业提供智能化生产、网络化协同、个性化定制、服务化延伸的服务，为智能制造企业以及传统的制造企业提供智能化服务。（李红娟）

·移 动·

◆概况 2016年，中国移动通信集团陕西有限公司西安分公司落实“提速降费”和“互联网+”要求，积极推进语音经营、流量经营、数字化服务，深化企业机制体制变革，加快个人、家庭、政企3大市场经营转型。全年收入68亿元，服务客户800万人次，在西安市场占有率为61.2%。

◆移动网络建设 2016年，中国移动通信集团陕西有限公司西安分公司不断优化第二代通信技术、第三代通信技术、第四代通信技术网络信号，实现市、区（县）、乡（镇）连续覆盖，行政村有效覆盖，高速公路基本覆盖，热点区域和室内场景深度覆盖。无线网络上，持续打造精品网络，强化低延时、高清通话网络技术，无线综合质量在全国省会城市中排名第十位。传输网络上，落实西安市人民政府“架空落地”要求，积极解决建工路等24条主干道路的传输资源，开展传输专项提升。全年管道建设515千米，杆路建设1195千米，传输接入距离从1000米缩短至700米。

◆移动第四代通信技术网络建设 2016年，中国移动通信集团陕西有限公司西安分公司扎实打造客户最满意的第四代通信技术网络服务。3月，率先开启有限电视网络加速和数据流量高清通话两项“4G+”业务，实现上网速率更快、通话质量更高、视频通话更清晰。把握“互联网+”发展机遇，推动全网通和“4G+”终端营销，加大存量第四代通信技术网络客户服务，强化流量运营能力，不断提升客户通信服务感知。

◆移动宽带建设 2016年，中国移动通信集团陕西有限公司西安分公司以“宽带中国”和“提速降费”为指引，积极落实陕西省人民政府、西安市人民政府各项要求，推进移动宽带建设发展。在建设上，多种模式并行加快端口建设；在发展上，持续优化发展模式。3月31日，启动“千兆小区”精品示范点发布会，成为陕西省乃至西北地区首家建成千兆精品小区的通信运营商，同时积极发挥通信信息和资本优势，大力发展千兆高品质园区，助力西安市招商引资发展。

◆移动信息化建设 2016年，中国移动通信集团陕西有限公司西安分公司以信息化推动行业智能化发展，信息化收入较上年几近翻番。8月2日，与西安市人民政府签订“智慧城市”战略合作协议，加快推进西安“智慧城市”基础网络和“智慧城市”应用建设。先后与西安市旅游局、西安市教育局签署战略合作协议，助力教育、旅游信息化建设。与西安高新软件新城、西安国际港务区等园区签订战略合作协议，在基础通信网络建设、信息化项目推进等方面深化合作发展。

◆移动客户服务 2016年，中国移动通信集团陕西有限公司西安分公司创新服务理念，以客户感知为导向，积极探索互联网服务模式，搭建“西安移动心服务”微信平台，关注人数超100万人次，获中国移动集团公司“业务创新一类成果奖”。强化重大活动网路保障，圆满完成中央电视台春节联欢晚会、中秋节联欢晚会通信保障。高度重视信息安全工作，持续加大“垃圾短信”治理，全力参与防范打击电信网络违法犯罪行为，协助公安机关破获基站盗窃等案件8起。积极开展客户服务，组织开展“护缆行动”，深入做好“扶贫助困”，持续开展“爱心100”公益助学活动。落实电信客户实名制要求，推动新入网客户100%实现实名制登记。 （刘文辉）

·联 通·

◆概况 2016年，中国联合网络通信有限公司西安市分公司全面落实“聚焦战略”，积极调整经营策略，聚焦第四代通信技术网络业务发展，着力推进终端、渠道、产品一体化运营，对内实施效能提升，对外谋求合作共赢，用户数量和业务收入保持平稳，第四代通信技术网络业务竞争力持续提升。截至年底，移动业务用户数累计263万户，其中第四代通信技术网络用户140万户，第四代通信技术网络业务综合发展指数在全国139个重点城市中名列前茅。以“4G+4K”业务为核心驱动力，全面向家庭融合业务发展转型，融合业务用户新增11.5万户，其中“智慧沃家”用户新增9.5万户，“沃家电视”用户新增7.8万户。

◆联通经营改革 2016年，中国联合网络通信有限公司西安市分公司系统梳理优化制度流程，制定出台规章制度43项，修订《“三重一大”事项管理实施细则》，完善三级议事决策体系，在简政放权的同时规范决策程序。发挥考核激励导向作用，推行全渠道积分制考核，将综合积分作为员工转录和薪档动态调整的依据，规范用工管理，完成700余名员工内部招录工作，优化了队伍结构。建立公司TOP（重点）问题解决机制，以问题为导向倒推流程，聚焦关键环节破解难题。积极推进用户实名制工作，全网用户实名率达到100%。以NPS（用户口碑评测指标）为改善客户服务的着眼点，移动网综合NPS值比上年提高12.3分，宽带网综合NPS值提高1.2分，申诉率每100万用户65.5件，下降36.6%，客户感知率持续提升。

◆联通重点项目拓展 2016年，中国联合网络通信有限公司西安市分公司与西安市人民政府及大型企业在网络通信、移动互联网、云计算、物联网、大数据等“互联网+”领域开展深入合作。全年中标信息化项目14个，中标金额2496万元，包括系统集成、数字电路、物联网卡、云数据、中继、综合布线等多种业务。与西安科技大市场合作建设西安科技大市场云平台大数据中心，实现全方位的科技数据采集、实时批量大数据处理、结构化/非结构化数据分析等功能，积极服务科技发展。与陕西省质量技术监督局合作建设陕西省质量技术监督综合执法信息化平台，并将各地市“12365”举报平台统一接入陕西省质量技术监督局指挥中心，提高执法工作的准确性、及时性。与西安国际港务区管理委员会合作建设西安国际港务区治污减霾网格化视频监控系统，采用高清视频采集编码技术、高带宽视频专网传输、联网控制技术、存储和高清显示等应用技术，搭建可进行精确控制的高清视频监控管理平台。

◆联通网络建设 2016年，中国联合网络通信有限公司西安市分公司强化精准投资，与中国电信西安分公司务实开展深度合作，完成传输IP承载网互联互通；加大室分共建力度，高效覆盖并开通楼宇259栋，节约投资1295万元。在城区按照“建维联动、资源统筹”思路，规划形成西安区域基础管网架构，实现全市7大核心机房间网状网、双电信级路由保护的网络架构。在提升网络大颗粒调度能力的同时，建设106处综合业务接入区（189个综合接入机房），提升网络拓展性及业务延伸性。在数据承载网方面，骨干网出口中继带宽达2800兆，城域网出口达480兆，中继利用率稳定在50%—60%。郊县按照“固移结合、资源统筹”思路，建立灵活、安全的郊县基础网络架构，形成“一县一BASE”的汇聚网络格局，实现业务的本地认证。改善上联不足引发的网络拥塞、用户感知不良、网络调度资源浪费等问题，平均每县上联带宽提升至20兆。完成1879个行政村的光纤到村覆盖规划，在奠定网络先行基础的同时，盘活现网资源，实现降本增效。移动网络方面，在市区建成4G宏站4080个、室分1053个；3G宏站3879个、室分1351个，第四代通信技术

2016年5月，联通千兆宽带社区开通暨4K超清电视正式发布

网络业务网络规模全面超过第三代通信技术网络业务规模。城区道路覆盖水平达到99.3%，平均下载速率63兆，核心城区网络覆盖率97.06%，在全国139城市三网对比评测中排名第一。郊县建成宏站2208个、室分117个，网络覆盖率89.8%，道路覆盖水平达到96.2%，平均下载速率51兆。（黄　欣）

·无线电管理·

◆概况　2016年，西安市无线电管理委员会办公室贯彻执行《中华人民共和国无线电管理条例》及相关政策法规，确保西安市行政区域内无线电频率指配、台站审批、监督检查、干扰查处、频率资源费收缴等工作顺利开展。截至年底，西安市在册登记的各类无线电台站25084个。其中，广播电台13个、电视台17个、差转台2个，甚高频及特高频固定陆地电台117个、移动电台4010个，集群移动通信系统（基站）98个，蜂窝移动通信系统GSM基站7293个、CDMA基站8255个，无线接入系统中心站1个、终端站17个、无线数据电台182个，卫星地球站12个，微波接力站319个，业余电台4559个，其他电台189个。主要分布在电信、广播电视、铁路民航、防汛防火、应急指挥、抢险救援、公安、厂矿企业和宾馆饭店、物业管理、旅游娱乐场所等行业和单位。

◆无线电频率台站管理　2016年，西安市无线电管理委员会办公室全面推进频率台站管理工作，进一步规范台站设置使用。认真做好频率指配和台站审批工作，协调西安市公安局承建的政府1.4千兆赫应急通信网、西安地下铁道有限公司和陕西城际铁路有限公司1.8千兆赫无线接入系统的频率审批工作。为西安地铁3号线、熙地港购物中心、金地凯悦酒店等13个新设台单位办理审批手续，指配频率46个。开展年度无线电台执照核验工作，对141家单位进行执照核验，对11家执照过期、未缴纳频占费的单位，及时发布“注销无线电台执照公告”，注销电台执照并收回原指配频率。做好运营商按季申报工作，全市新增公众移动通信基站1207个，增加微波台站108个，撤销小灵通基站432个。开展广电系统广播电视行业整顿治理“回头望”工作。采取实地检查的方法，重点检查台站设置使用、技术参数是否规范，完成蓝田县、周至县、户县、临潼区4个区（县）广播电视台站实地核查工作，进一步提高广播台站规范化管理水平。开展无线电频谱使用情况评估专项活动，采取实地勘查与地图分析的方法，利用CAD图像编辑软件，制定10份测试区域图、29份测试路线图。实地核查开源证券、西部证券、中邮证券等5个单位12个卫星地球站频率使用情况。对公众移动通信频段开展路测，出动监测车辆32台次、人员128人次，取得测试数据82兆，基本掌握西安公众移动通信、卫星地球站无线电业务频谱使用情况，为加强频谱资源管理打下良好基础。严格做好无线电频率占用费征收工作，全年收缴频占费146.837万元。加强业余无线电台呼号指配和执照核验工作。受陕西省无线电管理委员会办公室委托，完成陕西省呼号指配512个，为西安市新核发执照298个，核验执照969个。抓好业余电台操作技术能力验证考试工作。全年组织业余无线电台操作技术能力验证考试2次，共有579人参加，其中A类考试有478人成绩合格；B类考试有42人成绩合格。积极引导和规范业余无线电通联活动。5月5日，在西安业余无线电训练基地举行业余无线电中继台呼号“BR9AA”开通仪式，并举办“中国业余无线电节”通联培训活动，指导西安市业余无线电分会组织业余无线电爱好者参加CQWW WPX CONTEST SSB、IARU-HF等国际国内通联比赛3次。

◆无线电监测检测　2016年，西安市无线电管理委员会办公室完成陕西省无线电管理委员会办公室下达的指令性监测任务，对重要业务进行重点监测。在春节、“两会”、防汛期间及敏感时期，实行24小时值班制度，保障各类无线电通信安全。对防汛电台、森林防火电台使用频率现场监测，确保通信畅通。全年上报监测月报12份，制作监测报告24份，填写监测记录160余份。加强对已设台站和新审批台站的设备检测工作，全年检测公众移动通信基站251个，检测其他无线电通信设备237台。积极排查干扰，对公众移动通信基站、警备网、民航通信电台、气象雷达等重要业务的干扰开启“快速干扰投诉受理通道”，及时排查卫星干扰、民航通信电台等涉及人民群众正当权益和财产安全的干扰。全年排查公众移动通信、民航及法国通信卫星等重要业务受干扰事件9起，维护正常无线电通信秩序。

◆无线电服务保障　2016年，西安市无线电管理委员会办公室参加2016年中央电视台春节联欢晚会及元宵节晚会西安分会场、中秋节晚会无线电保障工作。根据陕西省工业和信息化厅和中共西安市委、西安人民市政府指示要求，在陕西省无线电管理委员会办公室组织领导下，紧紧围绕现场直播、指挥调度涉及的各类无线电业务安全，积极协调，主动介入，监测890小时，检测设备192台，指配频率170个，排查干扰2起，确保晚会期间无线电业务安全。圆满完成德国总统访华等外事活动无线电监测保障，确保通信安全顺畅。为维护考试公平公正，参加全国研究生考试、高考、公务员考试、大学英语四六级考试等重大考试无线电监测保障任务21次，发现并压制考试作弊信号13个，查获作弊设备2套。

◆无线电监督检查　2016年，西安市无线电管理委员会办公室认真开展打击治理电信网络新型违法犯罪专项行动。按照陕西省、西安市两级政府工作部署和指示要求，充分发挥行业优势和职能作用，积极做好技术支持工作，及时通报非法电台监测情况，配合公安部门严厉打击“黑广播”“伪基站”。全年监测、监听4590小时，出动技术人员262人次，查处“黑广播”55个、“伪基站”26个。受公安机关委托，对16套非法无线电发射设备进行检测鉴定，为严厉打击“黑广播”“伪基站”提供技术支撑。开展无线电发射设备销售市场专项检查。6月2日，与西安市工商行政管理局组成联合检查组，采取执法检查与宣传教育相结合的方式，对西安电子大楼、西部电子商城等11家无线电发射设备销售相对集中的市场进行检查，促进无线电发射设备源头综合治理。

◆无线电管理宣传　2016年，西安市无线电管理委员会办公室结合“科技之春”“学术金秋”活动、重大活动保障及无线电管理业务技术工作，及时开展科普宣传，适时报道无线电管理工作情况。扎实开展“无线电管理宣传月”活动，通过采用网络宣传、定点宣传和开展“无线电大数据讲座”等新形式，实现从传统方式、单一内容向精准宣传的转变。积极与《西北信息报》建立合作关系，定期宣传报道西安市无线电管理动态。在2016年中央电视台中秋节晚会期间，《西北信息报》派记者对无线电服务保障工作做跟踪系列报道。在各类媒体发表新闻消息99篇，其中在《中国无线电》杂志、国家无线电管理网站、《中国邮电报》刊登34篇，部分文章在国家级相关媒体进行转载。按照陕西省无线电管理委员会办公室要求，编印《陕西业余无线电管理》宣传画册和《2016年央视春晚无线电保障宣传画册》，制作宣传展板12块，设计宣传栏2块。加强宣传数据库建设，认真贯彻落实陕西省无线电管理宣传工作培训会精神，研究制定《西安市监测站宣传资料数据库管理实施方案》，集中2个月时间完成1986年以来全部文本资料的扫描、整理工作。（姚　琦）

电力、热力、燃气及水供应业

责任编辑　黄立峰

电力供应

◆**概况** 2016年，西安地区发电装机总容量1682682千瓦，全网发电量849085万千瓦时，其中统调电厂发电量819189万千瓦时，比上年下降1.95%；非统调电厂发电量29896万千瓦时，下降28.03%。统调电厂发电量中，大唐灞桥热电有限公司发电量96801万千瓦时；大唐灞桥电厂新机组发电量313437万千瓦时；大唐户县第二热电厂发电量342499万千瓦时；西郊热电厂3、4号机发电量66452万千瓦时。截至年底，国家电网西安供电公司管辖35千伏及以上变电站141座、容量1177万千伏安，线路290条2948千米；10千伏线路1518条10371千米，配电变压器11224台，用电客户201万户。全年完成售电量291.21亿千瓦时。迎峰度夏期间电网最大负荷722万千瓦，最大日用电量14125万千瓦时，均创历史新高。第一产业用电量下降，全社会用电量增长9.69%。

◆**电网建设与改造** 2016年，西安市人民政府审议通过《西安市“十三五”电网发展规划》，印发《西安市人民政府办公厅关于加快“十三五”期间全市电网建设的通知》（市政办发〔2016〕86号），加快电网建设。国家电网西安供电公司将110千伏辛家庙、兴隆变等26项电网建设项目纳入冬季施工应急工程。完成750千伏西安北、330千伏城北变等19项工程选址选线及属地化协调工作。完成110千伏雁南变等19项工程可研设计和110千伏西新变等15项工程核准。新开工浮陀寨等3项输变电工程，建成投运110千伏增月变等3站，改造110千伏阎良变等14站，新增变电容量69.4万千伏安。高质量实施西成高铁、案板街等14项省、市重点工程和重大活动的电网落地迁改。新建改造10千伏线路520千米、电缆298千米。完成175项居配工程供电。

◆**电网营销管理** 2016年，国家电网西安供电公司主动适应电力体制改革新形势，加快各开发区、国有企业“三供一业”（供水、供电、供热或供气，物业管理）客户资产排查和协议签订。实现大用户直接交易71户，交易电量24.47亿千瓦时。配网抢修平均时长缩短17.28分钟，投诉总量同比下降23.9%，108个营业厅（供电所）的营销服务和8个运检班、97个供电所的运检专业均实现“零投诉”。推行中压配电网分区供电，完成20.4万户新增用户供电，净增业扩报装容量438万千伏安。安装智能电表27.3万只，覆盖率达到100%。用电信息采集成功率达99.44%。变电站电量关口全覆盖全采集，同期线损系统顺利上线。完成3.7万户“多表合一”采集改造（电表、水表、天然气表、热力表等数据信息一体化采集）。营配调数据贯通一致率达到92%。落实电费回收分级负责制和“一户一策”措施，实现陈欠电费结零，电费回收率100%。深入开展营业普查和营销稽查，堵漏增收3522万元。实施电能替代项目439个，替代电量5.83亿千瓦时，新建和改造7座充电站、159个充电桩。光伏发电并网711户，容量7.32万千瓦。圆满完成中央电视台春节联欢晚会分会场、丝绸之路国际电影节、“神舟”十一号发射等重要保电任务112次。

◆**农电管理** 2016年，国家电网西安供电公司圆满完成2015年度89项新增城镇配电网工程。“十二五”农网改造升级工程通过国家发展和改革委员会稽查验收。完成中心村改造、机井通电等166项新一轮农网改造升级工程建设。阎良城区供电所通过国网公司“五星级”供电所验收。理顺农电管理机构及职责，

西安市2016年各行业用电量

行业名称	本期（万千瓦时）	用电结构比（%）	上年同期（万千瓦时）	用电结构比（%）	同比增长率（%）
全社会用电合计	3120582	133.62	2844836	136.79	9.69
第一产业	87825	3.76	89970	4.33	-2.38
第二产业	1147294	49.13	1088865	52.36	5.37
第三产业	981678	42.03	870656	41.86	12.75
城乡居民生活	903785	38.70	795345	38.24	13.63
城镇居民	639914	27.40	553425	26.61	15.63
乡村居民	263871	11.30	241920	11.63	9.07
全行业用电分类	2216797	94.92	2049491	98.54	8.16
一、农、林、牧、渔业	87825	3.76	89970	4.33	-2.38
其中：排灌	51339	2.20	54897	2.64	-6.48
二、工业	1062188	45.48	997115	47.94	6.53
轻工业	170735	7.31	165290	7.95	3.29
重工业	891453	38.17	831826	40.00	7.17
三、建筑业	85106	3.64	91750	4.41	-7.24
四、交通运输、仓储和邮政业	109911	4.71	90914	4.37	20.90
五、信息传输、计算机服务和软件业	61950	2.65	46203	2.22	34.08
六、商业、住宿和餐饮业	301414	12.91	277248	13.33	8.72
七、金融、房地产、商务及居民服务业	212666	9.11	185329	8.91	14.75
八、公共事业及管理组织	295737	12.66	270962	13.03	9.14

规范供电所专业管理落地、营配末端融合和“一长三员”（供电所所长，安全员、技术员、营销员）岗位设置。

◆**电力安全生产** 2016年，国家电网西安供电公司推进“四查三强化（查思想作风、查责任落实、查基础管理、查风险隐患，强化制度执行、强化反措落实、强化责任追究）”和“反违章、禁事故、保安全”专项行动，发现并整改隐患509项。完成846项春、秋季电网检修和98项迎峰度夏重点工程，完成对35座变电站、75条110千伏输电线路、189条配电线路标准化整治和43座变电站精益化评价。编制《电缆及通道建设三年规划》，完成50千米电缆沟道综合整治。开发应用配网抢修APP、工作现场4G视频监视平台和沟道巡视机器人。协办西安市大面积停电事件应急综合演练。完成“护网2016”网络与信息安全防护演练。公司连续实现安全生产1600天。（马 骥）

热力供应

◆**概况** 2016年，西安市城区集中供热锅炉达到179台，供热能力12719吨/小时，管网长度1004千米，集中供热面积17843万平方米，比上年增加2453万平方米，增长15.9%。区（县）集中供热锅炉达到48台，供热能力2590吨/小时，管网长度160千米，供热面积达到1119万平方米。（张 铷）

◆**热力工程建设** 2016年，西安市市政公用局督促协调各集中供热企业加大供热锅炉建设改造力度，全年改造、新增锅炉9台，新增供热能力716吨/小时，新增管网长度167千米。积极开展清洁能源供热试点工作，完成对土门地区集中供热管理权委托工作。西安市热力总公司集中推进朝阳门改扩建、西安北联供热、入股陕西秦元热电有限公司、太华天然气、大兴新区加压泵站、幸福林带雁东调峰锅炉站和城北、太华压差发电等项目，供热能力大幅提高。（张 铷 潘 珅）

◆**供热新技术推广** 2016年，西安市热力总公司“环保提标改造”工作投入5000万元，先后完成城区、太华、城北、雁东、渭水、渭北、阎良7家司属供热单位燃煤锅炉除尘、脱硫、脱硝提标改造10余项，全部实现废气达标排放。全力配合热网辐射区域内用户单位完成燃煤锅炉拆除工作。投入7500万元完成朝阳门锅炉技术改造项目，将原散装锅炉更换为快装角管式锅炉，改造鼓引风系统、除渣系统、脱硫设备，新增双回路供电，引进先进的DCS控制系统（分散控制系统），并对化水设备进行整体改造。西安热电公司投资6872万元，完成2台70兆瓦燃气锅炉扩建改造项目，脱硫效率达到98%，脱硝效率达到92%，减排氮氧化物709吨，减排二氧化硫2490吨。（潘 珅）

燃气供应

◆**概况** 2016年，西安市天然气供应量达到26亿立方米，较上年增长9%。其中新城区、碑林区、莲湖区、灞桥区、未央区、雁塔区等供气量18亿立方米，居民用户215万户，人口气化率99.5%；日最大供气量1250万立方米。市辖各区（县）和加气站供气量达到4.8亿立方米。推进天然气管网及工程建设，形成南北双向、东西两环的输配体系，城市天然气输配系统粗具规模，日供气能力达到1300万立方米。

◆**燃气行业管理** 2016年，西安市市政公用局狠抓供气安全监管，完成对全市83座加气站安全评估工作，督促各区完成天然气管线压占安全隐患排查工作。冬季高峰供气期间，主动发挥行业监管作用，加大气源协调力度，及时启动应急预案，保证居民用暖需求。（张 铷）

◆**冬季高峰供气** 2016年，西安市冬季高峰供气期间，全市上游供气缺口从每日150万方攀升至每日300万方以上，为保障市民正常的生活用气，西安秦华天然气公司及时启动应急预案，升级应急措施，减限非居民用户用气，协调并加大应急调峰气的补供。同时，扩大对商业综合体和大锅炉用户错峰供气的范围和数量，最大限度地降低供需缺口，平稳度过高峰供气期。

◆**供气安全及服务** 2016年，西安秦华天然气公司向广大市民发出公开“承诺书”，不断提升安全供气保障、热线服务、天然气安装、用气故障维修、售气网点等方面工作水平。坚持为民用客户每两年进行一次免费入户安全检查，为工商客户每一年进行一次免费安全检查。全年入户安检115.0558万次；小区户外安检96次。全年24小时不间断为客户提供业务咨询、故障报修、紧急事故抢险、投诉等综合服务。全年维修21.0964万次，抢修3496次。（潘 珅）

自来水供应

◆**概况** 2016年，西安市水务局强化水源地水质监测，加强对全市22个集中式供水饮用水源地的安全检查。强化城市供水安全管理，全市原水供应量6.052亿立方米，比上年增加4580万立方米，增长率8%，平均日供水量165万吨，水质合格率98%以上。编制完成李家河、岱峪、就峪、甘峪、高陵张卜、高陵泾渭工业园、蓝田灞河、引湑济黑调水工程、长安区城区地下水源等9个保护区划分工作。加快渭北工业区湾子水厂供水项目建设，建成输水渠道12.5千米，完成投资2333万元。（寇石峰）

◆**自来水工程建设** 2016年，西安水务（集团）有限责任公司完成3项市级重点建设项目，完成投资7.2亿元。其中，老化管网改造工程完成投资9007万元，户表集中改造工程完成投资5.01亿元，第五污水处理厂二期扩建工程完成投资1.3亿元。第四污水处理厂二期扩建工程（二阶段）、第六污水处理厂二期扩建工程、第十污水处理厂二期扩建工程、草堂水厂三期工程全面竣工。12月29日，白鹿原水厂向纺织城供水管道工程全面竣工。

◆**自来水经营管理** 2016年，西安水务（集团）有限责任公司与中节能水务发展有限公司合资成立陕西中节能水务有限公司。继续深化企业改革发展，整合现有资源，打造“原水—自来水—污水处理及再生水回用—工程建设管理”4大核心业务板块。继续推进水价改革工作，召开李家河水库供水成本调查及供水价格方案论证会，完成长安三水厂、草堂水厂、子午水厂和石井水厂等成本归集和申报工作。理顺黑河公司和原水业务单位产权关系，使企业产权关系更加明晰、权责更加明确、管理更加科学。完成集团所属6个自来水厂及4个污水处理厂班组标准化建设，有力促进集

草堂水厂

团提质增效和企业可持续发展。全面开展企业对标管理活动。

◆自来水营销服务 2016年，西安水务（集团）有限责任公司按照“情系百姓、服务社会”宗旨，强化服务意识、规范服务程序、加强行风建设，不断完善服务体系建设，提高对外服务水平。积极跟进西安市人民政府优化投资环境要求，简化报装程序，优化报装流程，将报装工作日由54个工作日缩短到42个工作日，开通用户报装管理系统，优化和规范内部管理流程，全年完成520户用户报装，新增水量850万立方米。开展“供万家水，传点滴情”供水服务宣传月、进社区心贴心服务、“走千家、入万户，寻找最美员工”和“与用户手拉手，建立供用一家亲”等活动，为群众办实事、解难题，不断提升用户满意率。实施管道建设改造、户表改造，解决未央湖区域、大正制药公司家属院等用户的供水难题，改善凤城一路、东仓门、太安街等区域用户的水压和水质。完成营业收费系统改造和用户报装系统的建设，实现用户水费和报装业务进度网上查询，进一步提升服务体验。

◆自来水供应安全管理 2016年，西安水务（集团）有限责任公司积极开展安全生产管理标准化建设，落实安全生产责任制和安全生产“党政同责、一岗双责”，层层签订目标责任书，把安全生产责任落到实处。制定集团总体应急预案和各类专项应急预案66个。成立6类51支应急抢险队伍，全年开展应急演练50余次。联合西安市公安局、西安市环境保护局等部门，加大水源地巡查力度。配合西安市环境保护局接受中央第六环保督查组环境督查，有效解决江村沟垃圾渗滤液环境污染问题。开展安全生产大检查，强化安全责任和隐患治理，实现全年安全生产“零事故”的目标。

（丁国新）

◆水资源保护与管理 2016年，西安市水务局不断完善水法律法规体系，对《西安市行政执法监督办法》等20部法规提出修改意见；修改完善《西安市生活饮用水二次供水管理和卫生监督规定》和《西安市城市计划用水考核管理办法》。完成市管河道违法建设情况摸底清查，制定《西安市河道管理范围内违法建设治理五年实施细则》。深入推行最严格水资源管理制度，圆满完成中央、陕西省对西安市最严格水资源管理制度考核；编制完成《最严格水资源管理制度“三条红线”控制管理办法》。持续加强对主要河流、水库“枯水期、平水期、丰水期”三期水质监测及西安市饮用水源地水质监测，对全市15条主要河流36个断面、7座水库7个断面、城市集中供水地表水水源9个断面、城市集中供水地下水源12个监测点、农村集中供水23处进行动态监测。完成35个地下水动态监测站点和20个热水井取水量监测站点建设任务。全面开展水生态文明试点城市建设试点工作，完成2015年度水生态年度自评估报告，并通过水利部中期评估。完成11家水生态试点建设示范项目建设。争取水利部河湖连通补助沣河系统项目资金7000万元，申报“中央河湖连通工程补助项目2017—2019年项目库”。全年查处水事违法案件67起，收缴罚款64.5万元，追缴水资源费160余万元。受理行政审批53起。接待群众执法方面的来信来访工作20余起。3月22日，围绕“落实五大发展理念，推进最严格水资源管理”主题，开展“世界水日”宣传活动。12月4日，在汉城湖景区开展“水务法治宣传周”活动。

◆节约用水和污水处理 2016年，西安市水务局对36个市级成员单位、13个区（县）政府、7个市属开发区2015年度西安市节水型社会建设、万元工业增加值用水量目标任务进行考核。组织召开全市区（县）创建公共机构节水型单位建设工作会议，完成对13个区（县）、1个管委会公共机构节水型单位建设验收，安排补助资金80万元。在全市开展“‘节约用水，从我做起’进校园”“‘节约用水，关爱老人’进养老院”“节水器具进万家”等节水宣传活动，向老旧社区、公共机构免费发放节水龙头12.4万支，向敬老院免费更换节水马桶2000余只，受益人群达6万余人。截至年底，完成6家工业企业、4家高校、7个远郊区（县）节水改造任务，年节水量约385万立方米，改造供水管网5.2千米，安装阀门和附件51套。完成城区70家单位100眼应急备用水井改造提升。完成项目投资3500万元。全市有6家单位获得陕西省水利厅等部门联合授予的“陕西省节水型单位”称号，3家企业被陕西省水利厅等部门评为“陕西省节水型企业”，1家企业获得陕西省节水奖励资金113万元。强化自备水井的管理，印发《关于开展城区自备水井和地热水井专项检查工作的通知》，完成93家单位190眼自备水井的摸排调查工作，并加大对已封停自备井和违法自备井的监督检查。封停企事业单位和城中村集中供水井41眼，日增自来水供水量5000立方米，日涵养地下水量15000立方米。

新建、扩建污泥处置厂5座，建成3座再生水处理厂，建成再生水管网10千米。全市城镇污水集中处理量为69662.61万立方米，化学需氧量削减量29.34万吨，氨氮削减量2.95万吨，达标率为99%，设施平均负荷率为81.82%，全面完成各项主要污染物总量减排的目标任务。全年再生水利用量为12548.12万立方米（含一级A标准补充湖池），利用率达到18%，完成目标任务。西安市污水处理厂污泥集中处置项目开工建设。

（寇石峰）

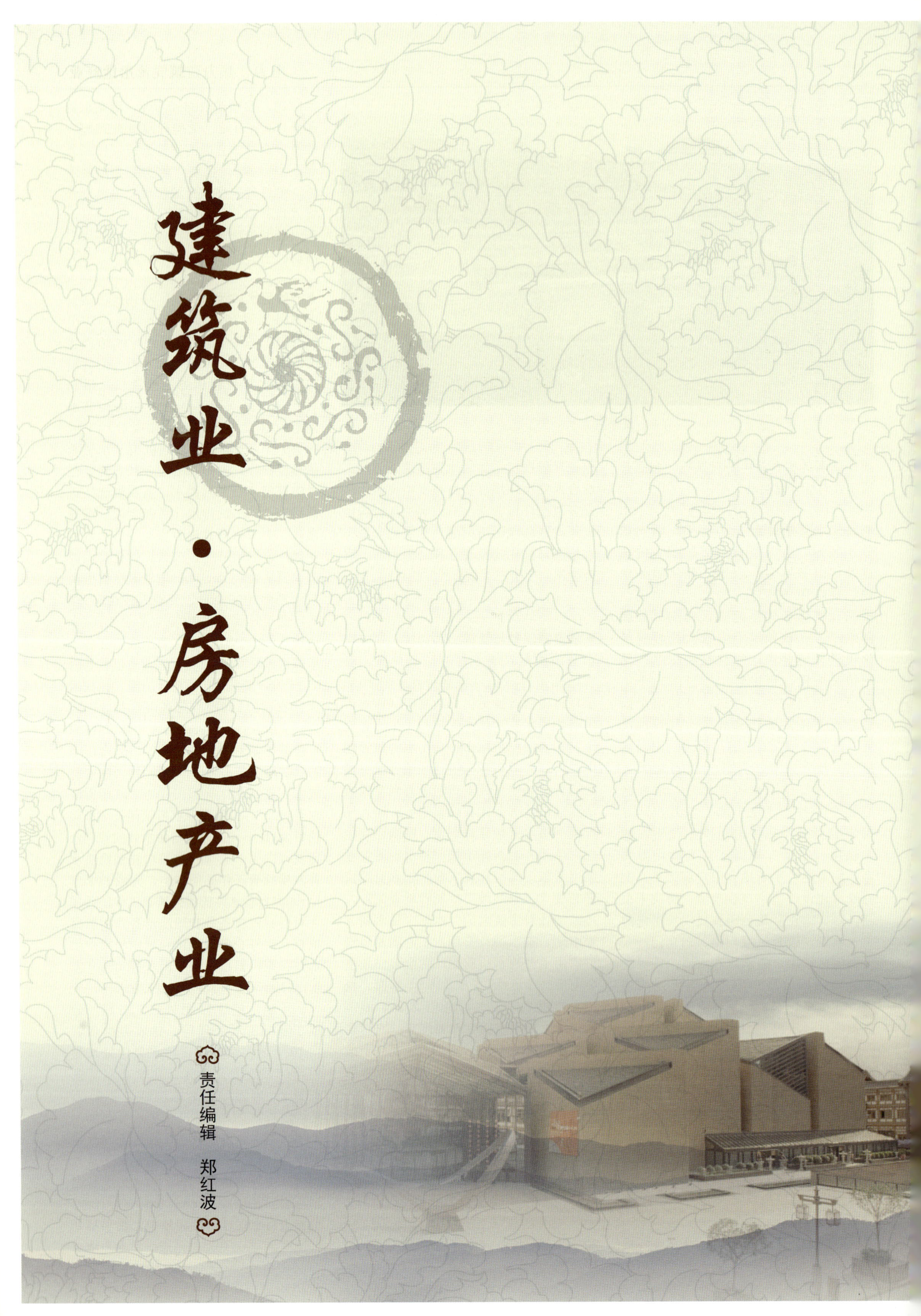
建筑业·房地产业
责任编辑　郑红波

建筑业

◆概况 2016年，西安市建筑业增加值818.82亿元，比上年增长6.5%。全市具有资质等级的总承包和专业承包建筑业企业实现建筑业总产值2897.55亿元，增长9.3%，其中，国有及国有控股企业2288.23亿元，增长11.9%；签订合同额7666.69亿元，增长15.1%。建筑规模2150.52万平方米，总投资额521.05亿元。新增资质内企业450家，净增入库建筑业企业206家。西安市城乡建设委员会验评“西安市文明工地”166个，初审上报“陕西省文明工地”117个；核发新建、改建、扩建及补办手续项目“施工许可证”438个；审批新申请和增项企业894家，报陕西省建设厅资质升级462家、中介机构53家；清查清退建设领域各类违法、违规保证金38.67亿元，涉及企业661家、项目331个。稳步推进建筑业劳务用工制度改革试点，涉及9个方面25项工作内容，突出7项改革重点。开展建筑工匠技能竞赛，命名表彰首届29名“长安建筑大匠”；二级建造师初始、增项注册1万多人，协调办理二级建造师注册、投诉350人次。全市企业使用散装水泥83.07万吨，散装率达到71.15%；补贴34家企业年度发展散装水泥专项资金2540.62万元。收缴劳保费22.08亿元；征收各类资金12.8亿元，其中城市配套费8.39亿元，人防易地建设费1273.7万元，新型墙体材料专项资金6349万元，散装水泥专项资金423万元，工程劳保费3.68亿元。

◆建筑质量安全监管 2016年，西安市城建部门举办全市文明施工现场观摩活动；组织春季质量安全大检查、建筑起重机械专项检查、汛期安全专项检查、秋冬季质量安全大检查和治污减霾督查工作，在企业自查，区（县）、开发区复查的基础上进行全面督查，及时闭合整改各类质量安全隐患，保障了建筑施工领域安全生产形势的总体平稳。监管房屋建筑工程项目122个，建筑面积681万平方米；督导区（县）、开发区96次。起草《西安市地铁施工工程文明施工技术规程》，监管西安轨道交通工程4号线一期、5号线一期、6号线一期、6号线二期工程、1号线西延线工程共50个标段，总监管里程107.3千米。监督验收房屋建筑工程项目40个、轨道交通工程22个标段共46个单位工程。督查区（县）、开发区7个，检查房屋建设项目62个、轨道交通工程项目21个标段，查处安全隐患380余条，发出督办函3份、纠正违法行为通知书3份、责令暂停施工通知书1份、行政处罚告知书2份。

◆勘察设计行业监管 2016年，西安市城乡建设委员会制定《西安市新建住宅电梯配置和选型技术导则（试行）》，面向全国开展方案竞选工作，全国12家知名市政设计单位报名参与，9位全国知名专家受邀参加方案评审。编制《西安市农村住宅设计图集》，印发《关于做好有关建筑和农村特色民居设计图集推广应用工作的通知》。完成西安行政区域内各类房屋建筑工程项目施工图审查990多项，总建筑面积1477万平方米，项目国家强制性标准执行率达到100%，审查项目备案率100%。开展西安市工程勘察设计企业、施工图审查机构信息备案工作，为194家企业、13家审查机构以及从业人员建立了档案；抽查住宅楼、综合楼、大型商场、学校、商业综合体等各类工程项目25项，建筑面积37万平方米；对50多家外地企业进行公示，建立项目备案制度；完成项目登记94项，建筑面积1630万平方米。

西安市城建PPP项目集中开工动员会

◆建筑装饰市场管理 2016年，西安市城建部门为886家建筑装饰企业完成资质换证；发放装饰装修工程施工许可证30个，资质升级8家，资质增项30家；检查装饰装修工地53个，发出检查通知45份，责令停工21个；受理装饰工程的质量和安全监督事项52项，对存在质量安全问题的项目提出整改问题135条。

◆建设工程招投标管理 2016年，西安市放开非国有资金投资工程招投标，最大限度简化招投标程序，并提高“投标专业户”围标、串标的成本和难度。在全市范围内推行银行保函与单项投标保证金并行的投标保证金缴纳方式，同时取消年度投标保证金业务。按照促投资、稳增长的要求，通过试行政府投资工程项目资格预审、简化服务类招标手续、提高备案工作时效等举措，全方位保障项目建设高效推进。完善评标专家动态考评管理制度，建立优胜劣汰、动态更新的专家管理机制，改革评标专家抽取制度。严厉打击各类招标、投标违法违规行为，为全市招投标市场公平竞争和健康发展提供保障。全年西安市城建部门完成2077个工程建设项目（标段）招投标活动，超额完成全年目标任务1500个的38%，总中标金额482.12亿元；完成市本级475个工程建设项目（标段）招标监管工作，中标金额182亿元；审核完成全市直接发包施工项目114个，总面积724万平方米，合同总额125.8亿元；完成730个项目的招标最高限价备案，项目经理变更76条，保障隔夜评标项目31个；完成1110余名招标代理人员培训；完成1800余名评标专家的继续教育、培训考试工作。

◆建筑节能与材料应用管理 2016年，西安市城建部门坚持对建筑节能全过程监管，尤其加强中期核查，督促抓好整改落实，设计阶段建筑节能强制性标准达到100%，施工阶段达到99%以上。完成132个“绿色”建筑标识项目共1500万平方米的评审工作。积极推进既有建筑节能改造工作，全年完成28.4万平方米改造任务，占目标任务的140%。完成47个新建工程建设项目验收检查。指导长安区太乙宫、高陵区北樊村1000余户集中连片安置区实施新农村节能及墙体材料应用推广示范项目建设。启动实施《西安市居住建筑节能设计标准》（75%）编制工作。搭建西安市能耗监测平台，完成60栋公共建筑能耗动态监测示范项目的建设工作。完成“秦岭北麓环山路太阳能LED路灯照明工程”招标代理、设计、施工、监理招标工作。设计阶段建筑节能强制性标准达到100%，施工阶段达到99%以上。（胡　健）

◆陕西建工集团有限公司　2016年，陕西建工集团有限公司承揽建筑项目经营额1599.5亿元，比上年增长15.46%；完成经营合同额1502亿元，比上年增长19.13%；营业收入761亿元，比上年增长11.7%；利润总额10.45亿元，比上年增长39.33%。跃升至“中国企业500强”第199位，位居“中国承包商80强”第5位、“中国建筑业竞争力双百强企业”第6位。陕西建工集团承建的渭南市博物馆、陕建一建集团承建的曲江玫瑰园、陕建五建集团承建的乌兰活佛府和西安西藏大厦、陕建六建集团承建的沣西新城总部经济园综合楼、陕建十一建集团承建的第七〇五研究所办公及调试楼和陕建华山国际工程集团承建的巴布亚新几内亚独立国莱伽马-珀尔盖拉公路工程获“鲁班奖”；陕西建工集团承建的西安咸阳国际机场国际指廊和陕西省人民医院住院楼，陕建五建集团承建的金花·新都汇和旗远·锦上1、2、3号楼及地下车库，陕建一建集团承建的榆林市科学技术馆，陕建二建集团承建的中国新时代国际工程公司总部研发基地，陕建三建集团承建的雁翔广场1#楼工程获“国家优质工程奖”。

◆西安建工（集团）有限责任公司　2016年，西安建工（集团）有限责任公司紧扣生产经营中心工作，加快发展，稳步扩张，经营指标持续增长。全年实现营业收入115亿元，比上年增长38.2%；实现利润2.9亿元，比上年增长10.6%；新承揽建筑项目总金额212亿元，比上年增长5.2%；完成银行授信总额110亿元。负责承建的省、市重点项目进展顺利，火车站改扩建工程征迁及安置楼建设有序推进；地铁3号线二标段工程按期完工；地铁信息档案中心项目进展顺利。集团全系统总建筑面积2016万平方米，总造价662亿元。（惠建文）

房地产业

◆概况　2016年，全年房地产开发投资1955.82亿元，比上年增长6.8%。其中，住宅投资1342.05亿元，增长2.3%；办公楼投资172.19亿元，增长21.3%；商业营业用房投资290.25亿元，增长17.2%。房屋施工面积14727.10万平方米，增长10.0%；房屋竣工面积1560.18万平方米，增长59.7%。截至年底，西安市有房地产开发企业1748家。其中，一级开发资质企业18家；二级开发资质企业319家；三级开发资质企业484家；四级开发资质企业608家；暂定开发资质的企业319家。西安市城乡建设委员会公示11批房地产开发企业资质。其中，新批房地产开发企业218家；核定等级的房地产开发企业162家；到期换证的房地产开发企业245家。起草《西安市房地产项目竣工验收阶段联合查验实施细则》，进一步提高房地产项目质量。

西安市2016年房地产开发和销售主要指标

指标	单位	绝对数	比上年增长（%）
房地产开发投资	亿元	1955.82	6.8
其中：住宅	亿元	1342.05	2.3
房屋施工面积	万平方米	14727.10	10.0
其中：住宅	万平方米	10468.80	7.1
房屋竣工面积	万平方米	1560.18	59.7
其中：住宅	万平方米	1259.24	64.3
商品房销售面积	万平方米	2047.67	16.1
其中：住宅	万平方米	1877.78	18.5
商品房销售额	亿元	1347.08	17.5
其中：住宅	亿元	1194.41	21.2

全年销售商品房2047.67万平方米，增长16.1%；二手房交易482.59万平方米，增长50%，房屋交易面积再创历史新高。截至年底，已批准销售的商品住房待售面积1643.87万平方米，下降27.61%，消化周期从最高点19个月降至9个月，库存压力得到一定程度的缓解。房屋租售价格稳定，市场秩序得到进一步规范。全年检查房地产项目398个，其中查出无预售许可证的项目154个，检查房地产经纪机构1494家。

截至年底，全市归集住房公积金190.03亿元，增长10.34%，累计归集额1298.78亿元；发放住房公积金个人贷款136.96亿元，增长53.33%，存贷比为82.92%，个贷总额559.46亿元，个贷率由年初的66.06%提高至78.25%；住房公积金个贷余额占全市个人住房贷款余额的比重为14.28%，个贷余额增量占全市个人住房贷款余额增量的比重为18.77%；提取住房公积金125.73亿元，提取总额达到777.56亿元。（胡　健　陈　克　潘　宏）

◆保障性住房建设管理　2016年，西安市住房保障和房屋管理局持续强化住房保障职能，将化解房地产库存与加强保障房分配管理工作相配合，加大住

西安市2016年房地产开发和销售主要指标

指标	单位	绝对数	同比增长率（%）
房地产开发投资	亿元	1955.82	6.8
其中：住宅	亿元	1342.05	2.3
房屋施工面积	万平方米	14727.10	10.0
其中：住宅	万平方米	10468.80	7.1
房屋竣工面积	万平方米	1560.18	59.7
其中：住宅	万平方米	1259.24	64.3
商品房销售面积	万平方米	2047.67	16.1
其中：住宅	万平方米	1877.78	18.5
商品房销售额	亿元	1347.08	17.5
其中：住宅	亿元	1194.41	21.2

房保障建设力度，加快保障性住房有效供给。全年西安市分配入住保障性住房21608套，完成目标任务的108%；新增廉租房租金补贴家庭2892户，完成目标任务的145%；审结1.81万户家庭的住房保障资格，完成全年目标任务的120%；年度完成市级重点项目投资6.6亿元，完成年度任务的105%；年度累计争取中央、省资金55430万元。其中，中央、省补助资金4272万元；配套设施补助资金51158万元，完成目标任务的121%。

◆房屋征收 2016年，西安市住房保障和房屋管理局在全市建立房屋征收信息管理系统，房屋征收工作稳步进行。推行“西安市国有土地上房屋征收补偿协议示范文本”，全市17个征收项目进入备案程序，涉及征收户数4233户48万余平方米；审核4个房屋征收补偿决定项目。

◆物业管理 2016年，西安市住房保障和房屋管理局加大全市物业市场专项治理整顿力度，开展物业服务企业信用信息体系评定工作，完善物业服务企业诚信体系，促进物业服务企业自觉诚信守规。10月25日，新修订的《西安市物业管理条例》经西安市第十五届人民代表大会常务委员会审议通过；11月24日，陕西省第十二届人民代表大会常务委员会第30次会议批准通过，并将于2017年1月1日开始实施。加强对区（县）、开发区物业行政主管部门的指导和人员的培训，并与多个部门齐抓共管、协调解决电梯安全、小区环境卫生、供暖、消防等多方面问题。优化维修资金应急使用程序，完成“维修资金电子投票表决系统开发”调研工作。全年归集房屋维修资金21.15亿元，完成年度目标任务的147%；归集物业保修金2.77亿元，完成年度目标任务的146%。

◆住房制度改革 2016年，西安市住房保障和房屋管理局严格执行住房制度改革政策规定，积极支持企事业单位搞好职工住房建设，通过深入开展住房制度改革工作，有效缓解和改善单位职工的住房状况。全年新开工单位建房5329套，完成投资8.78亿元。行政事业单位住房货币化补贴工作进一步深化，核准备案新申报单位29个，补贴资金2311万元；审核逐月补贴预算178个单位的6302人，审核资金2468万元；清退住房补贴485万元，涉及583人。

◆房屋租赁 2016年，西安市住房保障和房屋管理局开展公房租金收缴和遗留问题处理工作，收缴租金1960万元，完成目标任务的114%；遗留问题租金已收缴569万元，完成考核租金目标的156%。针对公房小区环境问题，投入3万余人次对小区环境卫生进行集中整治，小区环境卫生明显改观。争取中央、省补助资金和市级财政支持，对首批26个小区5020户开展老旧公房小区提升改造。

◆房屋管理依法行政 2016年，西安市住房保障和房屋管理局修订出台《西安市物业管理条例》等相关法律、法规，对40余部文件进行合法性审核，答复申请信息公开35件。加强执法人员培训，举办依法行政学习和房地产行政案件研讨工作培训班。全年收到行政案件116件，结案74件，胜诉率86%；查处违法违规销售案件17件，结案11件。

◆房屋安全管理 2016年，西安市住房保障和房屋管理局完成146项鉴定项目，鉴定面积近80万平方米。完成外墙饰面砖脱落鉴定3万平方米，妥善处置房屋出险应急事件12次。对全市C、D类危险房屋进行全面排查，下发“房屋安全紧急通知书”5份。9月，作为参编单位，承办《危险房屋鉴定标准》编审工作会。

◆房屋管理网络信息化建设 2016年，西安市住房保障和房屋管理局夯实网络安全基础，全面促进“互联网+房管”的深度融合，完成条形码管理平台、不动产登记接口系统、房产GIS（地理信息系统）三期项目的研发工作，实现数据库图文分离，全面提高业务数据的读写速率。并通过对手机APP“口袋房管”、门户网站、手机wap网站等公共服务平台的融合升级，为公众提供更加贴近需求的信息服务。 （陈 克）

◆住房公积金缴存扩面 2016年，西安市住房公积金管理中心坚持宣传执法并举，充分利用网络、官方微博、电视、电台及报纸等媒体，全方位、多角度宣传住房公积金新政及便民利民举措。进一步规范缴存管理，开展缴存单位基础信息核查登记工作，全面清理缴存职工信息，提高系统信息的及时性和准确性。组织开展缴存归集业务培训，先后对600余家缴存单位的1300余名经办人员进行分期分批培训。加大专项执法检查力度，发放“催建催缴通知书”等文书2000余份，对拒不建立制度的3家单位进行立案处理；对1家单位进行行政处罚。截至年底，新增缴存单位1779个，累计单位数达到1.9万个，247.88万职工被纳入住房公积金制度保障体系。

◆住房公积金个贷发放 2016年，西安市住房公积金管理中心认真落实中央经济工作会议精神和住房和城乡建设部、陕西省、西安市“去库存”决策部署，研究制定落实西安市政府31号、32号文件的9条具体措施，助力房地产去库存，促进西安市房地产市场健康发展。加大个贷投放力度，不断创新工作方法，积极挖掘个贷资源，下放审批权限，加快个贷审批发放。全面推动、放开组合贷款和异地贷款业务，完善全国异地贷款及二手房贷款操作规程，进一步扩大业务受理范围，公积金“组合贷款”业务银行达到11家，全年审批发放组合贷款892户、6.39亿元，发放异地贷款3267户、12.58亿元。全辖资金使用率达到93.28%，较年初的89.29%提高4个百分点，其中市级的资金使用率达到94.28%，个贷率80.21%，存贷比86.68%。

◆住房公积金规范管理 2016年，西安市住房公积金管理中心始终坚持把资金安全放在首位，坚持每季度召开业务运行分析会，每周对资金状况进行分析预测，加强资金运用研究，根据资金供需情况，科学统筹资金使用，强化资金流动性风险防控。加大内部审计稽核，强化风控体系建设，修改完善《受托银行考核办法》，充分发挥考核的引导、激励作用，进一步规范业务操作和核算行为，防范和降低资金风险。注重运用科技手段预防腐败问题发生，结合新的信息系统上线，把廉政风险防控要求“嵌入”到具体业务工作环节中，将业务审批过程中能够由信息系统自动控制的，一律交给系统，最大限度减少人为操作因素，压缩权力寻租空间，规范权力运行，确保资金管理安全。西安市审计局和西安市财政局委托第三方先后对资金运行情况进行全面审计和监督检查，中共西安市委巡视组进行专项巡视，对提出的问题主动整改，公积金管理科学化、制度化、规范化水平进一步提高。

◆住房公积金信息系统建设 2016年，西安市住房公积金管理中心坚持“互联网+”服务理念，实行建管并重，持续加大信息化建设力度，多方协调，全员配合，集中力量，加快系统建设，综合服务平台初步建成。9月底，网上办事大厅正式上线运行；11月底，短信、微信平台进入试运行阶段，信息化管理服务水平进一步提升。同时，按照住房和城乡建设部要求，完成基础数据贯标工作。

（潘 宏）

交通运输业·邮政快递

责任编辑　霍东军

铁 路

◆概况 2016年，西安铁路局线路覆盖陕西省全境，辐射甘肃、宁夏、内蒙古、山西、河南、湖北、四川、重庆8个省（区、市），管内有郑西客专、西宝客专、大西客专、陇海、宁西、宝中、西平、宝成、西康、襄渝、阳安、包西、太中、神大、黄韩侯、西安枢纽北环线等25条营业线，总营业里程4747.9千米，线路总延展里程10168.73千米。

◆铁路运输生产 2016年，西安铁路局适应人民群众出行需求，抓住郑徐高铁开通契机，增开上海、青岛等方向动车31对，西安高铁"城市朋友圈"进一步扩大，客车开行总数293.5对，旅客发送量8次打破同期纪录。开展"客运服务质量年"活动，建设列车"智慧广播"系统，打造"丝路缘""馨动长安"等服务平台，改善旅客出行体验。增加62台自动售取票机，互联网售票占比达56.7%。密切与延安、榆林、韩城等市的合作，通过政府购买服务，开发"韩城号"列车冠名品牌，续签"富县秦直道号""幸福府谷号"协议，开行旅游专列16列，在9个车站开办高铁快运业务，实现经济、社会效益"双丰收"。在货运方面，坚持"稳黑增白"（稳定煤炭、钢铁等大宗"黑货"运量，加大工业机械、电子产品、日用百货等零散货源的"白货"运力保障），主动应对年初市场不利局面，采取煤、电、铁路运输互保、数量费用捆绑、数量价格挂钩等营销策略，巩固大宗运量。坚持以客户需求为导向，实施"竞争性一口价"和批量议价项目共749个，承揽物流总包业务158家，开行特需列车175列，建设无轨站15个、收货点144个，增加21个集装箱办理点。在大宗物资运量下降2.5%情况下，零散白货运量比上年增长18.4%，集装箱运量增长49.7%，实现货运总量上升。借鉴"滴滴出行"运营模式，研发建设"铁e达"接取送达平台，建立社会车辆"运力池"，智能配载，网上竞单，促使各类运输资源融合共赢。服务国家"一带一路"常态化开行中亚班列126列、新筑至黄岛港铁水联运（铁路和船运一体化）班列7列，成功开行新筑至华沙、莫斯科、汉堡中欧班列9列，打通陕西对外开放物流大通道。旅客发送量8397.6万人次，货物发送量1.22亿吨，换算周转量2034.1亿吨千米，运输收入262.79亿元。

◆铁路建设 2016年，西安铁路局贯彻国务院部分地区铁路建设工作会议精神，积极争取中共陕西省委、陕西省人民政府支持，与西安、渭南、汉中建立联席会议制度，与延安、商洛签署战略合作框架协议，共同解决铁路建设重大问题，完成建设投资177.3亿元。建成西安动车段及西安动车所6线库，补强检修配套设施，西安动车段成为西北地区规模最大、功能最先进和现代化程度最高的动车组检修基地。按期开通大西客专湾李线路所至西安北站31千米线路，启用西安北客站北站房及西成、大西场，满足郑徐高铁开通后的运输需求。提前1个月建成大型养路机械运用检修段，并顺利投产，设备检修能力整体提升。完成神木北至大保当扩能改造，提高陕西煤炭外运能力。实施货车轮轴检修能力补强、勉西等站货场改造，新建卧龙寺零散货物快运中心，点线能力进一步提升。稳步推进阳安二线、西安站改造、银西铁路等7个续建项目，工程进度、质量安全有序可控。提早介入西成、宝兰客运专线设备安装、经营开发、后勤保障等工作，为新线运营做好准备。加快推进31个物流基地建设。10月底，西安铁路枢纽新筑物流基地按期开工，建成后有望成为"丝绸之路经济带"上最大的物流集散中心。

◆铁路经营管理 2016年，西安铁路局认真研究盈亏与工资挂钩考核机制，修订工效挂钩、成本清算、经营业绩、其他业务收入考核办法，开展"转观念、闯市场、增效益"主题教育，编制《经营核算参考手册》和《经营管理手册》，开发运输营业收入测算系统，引导全员算账增收。树立"全资产开发、全资源利用、全方位创效"理念，修订资产经营开发配套文件，加快8个物流园区和9宗可开发土地项目落地，实施29个工业新产品开发，推进10个"产研项目"合作，推动广告、餐饮、旅游、站车商业等业务发展，形成经营管理攻坚态势，非运输业务实现利润3.47亿元。落实50项增收节支措施，用好厂企直供电配额，变更基本电费缴费方式，压减生产用车定编，节约支出6.1亿元。释放营业税改增值税税额抵扣、大修资本化等政策红利，减少成本支出14亿元。主动对接地方政府部门，争取社保基金征缴优惠2.19亿元、企业所得税减免690万元、公租房建设补助6110万元、棚户区改造中央财政补助9294万元等多项政策支持，实现利益最大化。切实履行出资人代表职责，强化合资公司管理。

◆铁路科技创新 2016年，西安铁路局推进《科技发展三年规划》，用好2000万元科研基金，立项153项，5项成果获得省、部级"科学技术奖"，28项成果通过西安铁路局技术评审，2人分获"茅以升铁道工程师奖""中国铁道环保奖"。建设"智慧西铁"，构建"西铁云平台"，提升生产指挥、安全管理、客货服务等5个领域信息化水平，推广钉钉软件，促进信息技术与企业管理深度融合。研发物资采供信息系统，全路自营电商平台——"双维易购"上线运行，实现"廉政、效率、效益"3大目标。开展质量攻关，3项成果获"国优"称号，5个班组被中国质量协会评为"全国质量信得过班组"。成功举办"创新工作室"现场会暨首届科技创新成果展，建成88个"创新工作室"，完成各项创新成果267项，"董宏涛劳模创新工作室"获得"陕西省示范性劳模创新工作室"和"火车头劳模创新工作室"荣誉称号，涌现"能工巧匠"蔡富平、"创新达人"周苗生等一批先进典型。

◆铁路企业改革 2016年，西安铁路局按照国家深化国有企业改革要求，建立重要文件合法性审查机制，清理公布有效制度1768项，管理运行更加高效。深化劳动组织改革，实施保洁、门卫等非核心业务外包，跨系统、跨区域调剂230名职工担当机车、客运乘务工作，按运输总收入计算的劳动生产率达35.3万元/人，比上年增长2.8%。择优录用13名劳务派遣工为劳动合同制职工。深化人事制度改革，打通职业晋升通道，在运输站段试行岗位管理，大批优秀工班长、工人技师走上管理和专业技术岗位，形成"人尽其才、能上能下、充满活力"的选人、用人机制。开展"大兵团、移动式"施工，稳步推进移动设备修程、修制改革，通过HXD3型机车C4、C5维修资质审查，设备运用效率明显提升。重组、整合非运输企业，撤销陕西国铁投资发展集团有限公司，优化物流企业布局，压减4个1级、撤销18个2级法人企业。坚持依法治企，建立重点案件应对处理机制，办理法律纠纷诉讼166起，避免经济损失1778万元。加强班组建设，建成自控型班组3277个，自控达标率85%，190个高铁班组全部达标。

◆铁路安全管理 2016年，西安铁路局始终把安全放在首位，持续强化风险管理。依据安全法规，修订安全委员会、安全分析会等基本制度，加强技术规章管理，完善"修、废、补、建"流程，形成铁路局层面技术规章313个、铁路站段技术规章1186个。坚持人机结合，落实干部包保、跟班作业等机制，推广应用机务、车辆、供电安全监测设备，完善音频、视频监控系统，强化音像分析，保证现场安全受控。投入10.04亿元实施设备更新改造，开展集中修、春秋检和安全生产大检查，组织开展特种设备、危险化学品运输等30项专项整治，消除一批突出隐患。树立“全年防灾、科技防灾”理念，出台15条防洪安全“红线”，明确“六则四大胆”（该拦则拦、该扣则扣、该限则限、该封则封、该慢则慢、该停则停和大胆降速、大胆停车、大胆封锁、大胆拦车）要求，下放临机处置权，成功应对62轮强降雨。主动对接地方政府，促成《陕西省铁路安全管理办法》纳入年度立法计划，“爱路护路”纳入中小学“平安校园”创建考核范围，划定安保区3292千米，探索公益诉讼、事故索赔机制，解决安全环境问题244件。完善20项应急预案流程图，组织局级演练36场次。成功承办全路机务6A系统现场会，举办全路应急管理培训班。截至12月25日，实现安全生产4300天，实现第十二个“安全年”。

◆首趟回程“中亚货运班列”抵达西安 2016年3月26日10时35分，装载2000吨哈萨克斯坦食用油脂的首趟回程“中亚货运班列”驶入西安新筑车站，这是“中亚货运班列”开通以来首次返程运输。截至年底，开行西安至阿拉木图国际货运班列162班，单程线路3860千米。实现从运营初期每月1班到现在每周2—3班常态化运营。

◆西安至华沙首趟“中欧货运班列”开行 2016年8月18日10时05分，载有“中欧货运班列”统一标志的集装箱国际货运班列缓缓驶出新筑车站，标志着西安至华沙“中欧货运班列”正式开行。首趟“中欧货运班列”装载41个集装箱，货品包括机械设备和配件、家居、灯饰、饮水机、制冰机、铝型材、服装、电子设备等，货源80%来自长三角、珠三角及天津、山东等地，本地货源占20%，主要有机械设备、铝型材、工艺品等。从西安出发，经由新疆阿拉山口口岸出境，途经哈萨克斯坦、俄罗斯、白俄罗斯等国，于当地时间8月31日7：48分抵达波兰华沙。全程9048千米，运行时间12天，运输时间比海运节省30天左右，较公路缩短8—10天，运费比空运节省80%，进一步拉近西安与欧洲各国距离。该班列抵达华沙后，部分货物被分拨到德国汉堡、杜伊斯堡和波兰罗兹等地区。

◆西成高铁大秦岭隧道贯通 2016年9月12日，西安至成都高速铁路大秦岭隧道贯通，标志西成高铁秦岭隧道群全线贯通，中国第一条贯穿南北两个地理环境的高铁隧道工程顺利完成。大秦岭隧道位于秦岭褶皱带贯穿秦岭主脉，为秦岭全线第二长隧道及全线6座Ⅰ级风险隧道之一，隧道线路坡度位列中国高铁之最，是西成高铁控制性工程，也是贯穿秦岭高铁隧道中建设难度最大的一座。隧道全长14.84千米，最大埋深1185米，海拔为西成高铁最高，地形、地质条件极为复杂。西安至成都高速铁路是国家中长期铁路网规划中新建太原—运城—西安—汉中—绵阳铁路的一部分，与大西高铁共同形成华北至西南地区的新通道。

◆银西铁路（陕西段）开工建设 2016年8月25日，银川至西安铁路（陕西段）开工建设。银川至西安铁路自包兰铁路银川站起，经宁夏回族自治区吴忠市、甘肃省庆阳市、陕西省咸阳市，终到西安站，全长617千米，是中西部铁路重点工程。该铁路的开工建设，标志着宁夏回族自治区将接入高铁网，形成宁夏、陇东地区南下陕西及东南部地区的快速铁路通道。

◆西安铁路枢纽新筑物流基地开工建设 2016年10月27日，西安铁路局正式开工建设西安铁路枢纽新筑物流基地。基地位于西安国际港务区，占地166.67公顷，建设工期18个月，是中国铁路总公司全国规划布局的物流基地之一，定位为全国一级铁路综合性物流基地，与铁路北环线新筑车站接轨，承接西安及周边地区货物的集散与分拨任务，可满足特快货物班列、国际班列和多式联运等运输需求，具备所有物流基本服务功能和较为全面的物流增值服务功能以及完善的配套服务设施。计划2018年上半年建成投产。工程项目包括站场、路基轨道、房屋建筑、通信信号、信息化及电气化等方面建设，主要包括站场铺轨9.1千米，新建房屋（仓库）面积12.5万平方米以及新筑车站部分改建等工程。新筑物流基地建成投用后，初期到2020年，年运量将达1300万吨；近期到2025年，年运量将达1958万吨；远期到2035年，年运量将达2965万吨。

◆西成动车组检修库建成投用 2016年6月30日，西部地区规模最大、最先进的西成客运专线配套工程——西安动车段西成动车组检修库建成并投入使用。检修库总长468米，宽54米，高11.7米，总建筑面积33159.7平方米，为六线双列位“尽头式”。库前建12条吸污上水线，设置吸污、上水单元各102个。同时，库前建成动车组受电弓检测系统、车轮踏面故障在线检测系统、通过式动车组外皮清洗机1台。动车组运用检修能力达10线20列位，存车线总规模达48条。

◆西安动车段竣工投用 2016年8月30日，西安铁路局承建的西北地区首个动车组列车检修段——西安动车段竣工并投入使用。西安动车段项目是郑西客运专线引入西安枢纽新建客运北环线工程项目的配套工程，总投资约20亿元，主要承担西北地区配属动车组的高级修，设计年检修能力300列标准组动车组，主要检修库房有三级修库、转向架检修库、静调库、立体材料库、重度吹扫库和不落轮镟修库。项目建成投用缓解了全路动车组高级修的能力不足问题，使高铁运营安全得到有效保障。

◆全国首个“书香候车室”挂牌成立 2016年4月21日，西安铁路局积极响应国家“倡导全民阅读，建设书香中国”号召，为进一步丰富旅客旅途文化生活，与陕西省新闻出版广电局、新华社陕西分社共同在西安北站成立全国首个“书香候车室”，旅客凭身份证即可进入“书香候车室”内免费阅读。室内初期投放书刊杂志2000余册，并设置电子阅读平台，旅客可免费下载电子书籍。

（张宏学）

航空运输

◆概况 2016年，陕西民航各单位坚持安全第一，深化改革，行业发展呈现新面貌。西安咸阳国际机场保障航班29.02万架次，完成旅客吞吐量3699.4万人次，完成货邮吞吐量23.38万吨，分别比上年增长8.8%、12.2%和10.5%。榆林机场保障运输起降15406架次，下降4.7%；旅客吞吐量1513793人次，增长2.1%；货邮吞吐量3709.1吨，增长8.6%。延安机场保障运输起降2284架次，完成旅客吞吐量236909人次，货邮吞吐量217.1吨，分别增长11.4%、11.4%、19.9%。汉中机场保障运输起降1917架次，完成运输旅客吞吐量195178人次，货邮吞吐量400吨，分别增长51.2%、54.3%、207.2%。蒲城内府通用机场保障通用航空飞行2850小时18分钟，起降26736架次。安康机场安全保障通用航空飞行1835小时20分钟，起降10700架次。

◆航空运输市场 2016年，西安咸阳国际机场新增航线41条、通航点23个，有航线311条、通航点170个。与国内外62家航空公司建立航空业务往来，基本形成辐射全国、连接全球的集疏运网络。国际（地区）通航城市35个，实现西安至欧、美、澳的全直达。航班放行正常率91.75%，始发航班正常率90.53%，均在全国十大机场中排名第一。中国东方航空股份有限公司在西安咸阳机场的市场份额占28.6%。4月25日，咸阳机场

2016年12月2日，东方航空西北品质服务助力“丝绸之路品牌万里行”活动

公司与奥凯航空有限公司签订战略合作协议，为奥凯航空在基地建设、生产运营、配套设施，以及争取地方相关政策等方面提供支持。奥凯航空在客运方面，全力拓展西安至国内主要城市航线。在货运方面，积极开通西安至国内、国际主要经济地区和城市的货运航线，助力航空货运快速发展。5月9日，长安航空有限责任公司正式开航。与西安市旅游局、西安铁路局等相关单位签署战略合作协议，创新引入“航空+旅游”发展模式，深入推动区域旅游产品与航线网络产品融合。开通西安—阿拉木图航线，打通陕西向西开放的空中通道，进一步促进陕西与中亚地区的经济社会发展；开通首条“陆空联运”跨境电商货运包机西安—阿姆斯特丹直飞航线，为助推区域大合作提供新动能；开通西安—广州全货运航线，西安至广州的往返货运航线正式实现首航；开通首条连接西安的跨太平洋航线西安—旧金山航线；开通西北地区首条洲际货运航线西安—阿姆斯特丹（长安号）洲际货运航线；开通西安—乌鲁木齐全货机航线。截至年底，西安咸阳国际机场拥有8条全货机航线，每周40个班次，通达韩国首尔和乌鲁木齐、广州、杭州和鄂尔多斯等国内外城市，形成以西安为中心，北上南下、东进西出全货机航线网络结构。

◆机场建设　2016年2月，陕西省发展和改革委员会批复改扩建榆林机场项目可行性研究报告，工程项目以2020年为建设目标年，按照年旅客吞吐量500万人次、货邮吞吐量16000吨、飞机起降47261架次目标设计。6月，陕西省人民政府向国务院、中国共产党中央军事委员会上报新建定边机场项目建议书，工程项目以2025年为建设目标年，按照年旅客吞吐量25万人次设计。7月1日，《西安咸阳国际机场总体规划（2016年版）》正式获得中国民用航空局和陕西省人民政府联合批复，在研究民航运输生产和机场建设等内容的基础上，重点突破和创新临空产业布局、综合交通枢纽规划、公务机规划以及场外公用设施建设等方面。8月30日，陕西省韩城合阳机场开工建设。11月11日，西安咸阳国际机场新版总平面规划三期扩建工程预可行性研究报告通过民航行业评审，“安全、人文、绿色、智慧、价值”机场研究取得积极成果，东方航空站区规划、航站楼设计方案基本确定，东联络道项目开工建设，国际快件监管中心钢结构封顶。

◆航班安全监管　2016年，中国民用航空陕西安全监督管理局认真贯彻落实中国民用航空局和民航西北地区管理局工作部署，扎实开展安全监管工作，圆满完成各项工作任务，确保辖区航空运输持续安全。实施各类行政检查1199次。其中，日常检查786次，专项检查413次，实施行政处罚3起，下发“整改通知书”70份、“整改建议书”7份、“发现问题汇总单”34份。重点推进企业在不安全事件发生后，利用SMS（安全管理体系）手段分析查找存在的问题，完善自我监督、自我管理、自我改进的闭环机制，确保主体责任、领导责任、岗位责任落实到位。以风险管控为着力点，突出重点问题治理，制定《2016年重点管控工作方案》，对辖区19项突出问题和隐患逐项分类，实施重点管控、分级管理。坚持“四不放过”（事故原因未查清不放过，事故责任人未受到处理不放过，事故责任人和周围群众没有受到教育不放过，事故没有制定切实可行的整改措施不放过）原则，采取“四不两直”（不发通知、不打招呼、不听汇报、不用陪同接待；直奔基层、直插现场）的方式，对各单位、各运输生产环节实现全覆盖的安全检查。针对TCAS（空中防撞系统）告警事件多发，机场净空、鸟击和FOD（可能损伤航空器的某种外来的物质、碎屑或物体）防治，通信导航监视设备故障以及支线机场管制人员不足，消防能力不符合要求等问题，综合运用安全讲评、行政约见、约谈和安全提示等多种手段，有效推动隐患问题整治。全年实施行政约见4次，下发安全提示4期。完善无线电干扰快速处置程序，查处6起非法干扰事件，召开工作交流会4次。以“平安民航”为目标，落实空防监管责任，大力夯实航空保安管理体系（SeMS）基础，组织宣传贯彻《中华人民共和国反恐怖主义法》和交通运输部2016年《民用航空安全检查规则》，督促建立反恐怖工作责任制。针对国际、国内空防安全形势，认真开展专项检查。针对咸阳机场“2·5”非法侵入事件，督促机场全面评估空防形势和管控措施，健全完善处置预案。强化依法维护机上安全秩序和勤务规范化建设工作，督促落实机上执勤程序和执法记录仪配备。推动支线机场增配消防设施设备，推进《西安咸阳国际机场安保方案》修订工作。帮助企业创新安检培训模式，建立一套基于签注式的安检培训制度。加强危险品运输管理，开展危爆物品清理、“春运”危险品运输、锂电池货物、禁止三星Note7手机航空运输等专项检查，督促各单位修订培训大纲、运行手册和工作程序。组织召开规章宣传贯彻会2次，组织陕西省各市邮政管理局人员和中国航空运输协会西北地区货运销售代理进行专题培训8次。

◆西部机场集团航空物流有限公司揭牌

2016年12月24日，西部机场集团航空物流有限公司揭牌仪式暨新闻发布会在西安咸阳国际机场举行，标志着横跨陕西、宁夏、青海三省（区）运营，西北地区最大的专业化、规模化、板块化航空物流公司正式成立。新成立的航空物流公司注册资本2.58亿元，员工500余人。

◆中国东方航空股份有限公司公司西北分公司　2016年，中国东方航空股份有限公司公司西北分公司完成运输总周转量126274.84万吨千米，比上年增长17.8%；实现安全飞行176866小时，增长12%；运送旅客1001.8万人次，增长13%；完成货邮运输量67918.4吨，增长19.6%；生产率7140吨千米/小时，增长5.3%；客座率82%，下降0.2个百分点；载运率74.3%，下降0.7个百分点；可用飞机利用率9.8小时，增长0.2小时。执管运力52架飞机，比上年净增3架，其中A320飞机29架，A319飞机13架，A321飞机8架，A330飞机2架。在服务保障方面，提出“强基础抓重点，加快自身发展”的目标，以流程体系优化工作作为重要内容，组织分公司各单位、各部门围绕安全、生产、运行及服务，全面梳理已有工作流程进行优化，实现“流程优化高效运行”，提升基础管理工作。以“补短板抓亮点，提升客户体验”为目标，开展“服务质量提升行动”，确定陕京、陕沪两条快线作为服务提升的主要方向来抓，以“问题”为导向，从旅客满意度反馈、投诉意见分析、服务督察检查报告、与中国国际航空股份有限公司和中国南方航空股份有限公司对标。对中国民用航空局及公司总部服务检查和审计的整改要求5方面梳理出22个重要短板，制定具体落实措施。

◆海南航空长安航空公司 2016年1月7日，经中国民用航空局批准，由海南航空股份有限公司与陕西省人民政府共同合作成立长安航空有限责任公司（简称“长安航空”）。5月9日，长安航空正式开航，初始运营5架波音737-800型飞机，开通18条国内航线，连接城市23座，并计划在未来开辟多条国内、国外新航线。全年航班飞行7374小时，发送航班3953班次，运送旅客509311人次，客座率90%，航班正常率88%。机组资源储备飞行员41人，并积极拓展招聘渠道，引进成熟机长。搭建服务质量体系，编写《长安航空服务质量手册》。根据“家”的客舱文化理念，打造“家”的乘务团队管理模式。创新客舱餐饮，推出“三秦套餐”“三秦料理”“陕味美食周”系列，为旅客提供具有西安地方特色的机上餐食产品。实现全机队配备Airbox380PAD（航空品质平板电脑），针对旅客客舱娱乐的需求，对系统优化升级，为旅客提供升舱、通航目的地查询、机上购物等项目服务，丰富旅客客舱娱乐体验。推出各项特色空中活动以及社会公益活动，包括“一路有你，爱在七夕”“长安航空百日纪念”“万里云端美文传《千酒百友》客舱新书发布”“秋暮夕月，爱在中秋”“红色记忆——爱国主义故事分享”等。

◆西安航空基地金胜通用航空有限公司 截至年底，西安航空基地金胜通用航空有限公司安全飞行10016小时、近3万架次，毕业商照学员26人、私照学员4人，再训学员40人，完成12名教员改装、15名学员换照、4名学员增加等级训练、20名年度检查、长安航空部分飞行人员恢复提高飞行等任务。与昆明航空有限公司、乌鲁木齐航空有限责任公司、陕西天驹通用航空有限公司签订学员委培协议，与沈阳航空航天大学、南京航空航天大学金城学院建立长期战略合作关系。全年未发生较大安全问题，飞行训练及各项工作平稳、顺利、安全。

（曹玺国）

道路运输

·公路客货运输·

◆概况 2016年，西安市公路交通建设完成投资27.25亿元。截至年底，全市公路总里程13356千米。其中，高速公路553千米，一级公路323千米，二级公路1404千米，三级公路1232千米，四级公路9341千米，等外级公路502千米。148个农村乡镇全部通了油路，通畅率100%；3085个行政村公路通达率、通畅率分别为99.87%和99.48%。有一级客运站7个、二级客运站5个、农村乡镇等级客运站77个、农村客运招呼站2336个。有客运企业65家，客运班线626条，班线营运客车2780台、111875个座位；开通通村客运班线187条，投放客运车辆945辆，农村乡镇通班车率100%，行政村通班车率97.6%。全年完成客运量15773万人次、客运周转量90.84亿人/千米。载货汽车215156辆、716059吨位，年货运量2.3亿吨、货运周转量324.1亿吨千米，辐射到全国大、中城市及部分县、乡（镇）。

◆高速公路建设 2016年，西安市积极推进省、市共建模式，全力做好西咸北环线、西临高速改扩建和渭玉高速3个项目服务保障工作，新增高速公路里程66.6千米，临潼区、高陵区和沣东新城等6个区（县）普遍受益，为沿线区域经济和产业发展提供重要支撑。绕城高速公路通行能力提升工程完成投资6亿元，八大节点工程的曲江收费站改扩建和雁塔路立交工程建成通车，其他节点工程稳步推进。高速公路通车里程553千米，实现西安为中心的“千公里一日交通圈”。

◆公路建设养护 2016年，西安市完成210国道改建路段创建提升工程28.6千米；完成210国道、312国道“美丽干线公路”标准化设计31.1千米，国、省干线通行能力和服务水平显著提升。建立干线公路养护工程专业化管理和标准化施工体系，有效推行“六位一体”（工期、质量、环境、投资、安全、创新6个项目管理要素为一体）质量保证体系。实现投资1.2亿元，完成干线公路大中修工程111.8千米、安全保障工程13.5千米、危桥整治工程3个。干线公路年均优良率90.3%，养护质量指数（MQI）90.35；农村公路工程质量合格率100%，关键指标抽检合格率98.9%。实行两级治超考核管理和基层治超岗位“双向选择”轮岗机制，路政执法管理工作日趋规范。

◆国、省干线改扩建 2016年，西安市争取中央、陕西公路建设资金11.5亿元。重点公路建设工程实现投资16.74亿元。其中，国道310项目二期工程计划投资4亿元，完成4.31亿元；国道108项目周至县、户县、长安区、临潼区境内建成通车，临潼区境内17千米路基贯通，计划投资6亿元，完成6.06亿元；省道107项目二期工程开工建设，计划投资1.5亿元，全面完成计划；秦岭北麓绿道项目户县段基本贯通，计划投资1.075亿元，完成1.2亿元；纺渭路拓宽改造工程主线贯通，计划投资1亿元，完成2.23亿元；阎良快速干道项目计划投资1.4亿元，完成1.44亿元，各项重点工程均超额完成任务。

◆工程招投标监管 2016年，西安市交通运输局监管招标的公路建设项目49个，总投资18.36亿元，包括国省干线路网工程、干线公路养护大中修、安全生命防护及危桥整治工程、农村公路养护工程及县、乡公路改建工程等，公路建设项目全部在西安建设工程交易中心完成招标投标相关工作。

◆公路治超 2016年，西安市探索建立路政、运政联动治超执法信息共享平台，通过高清电子警察卡口、不停车检测及货运车辆综合管理系统，实现路面查处、源头装载、货运车辆信息互通共享，主动对接公安部门，逐步落实公安交警进驻治超站开展联合治理工作。在周至县试点建立“源头控制路面、路面倒查源头”的治超长效机制，督导周至县人民政府创新工作措施，规范源头装载行为。国、省干线共检测车辆48万余辆，查处超限运输车辆354辆，卸载货物4865.8吨。

◆路政执法 2016年，西安市交通运输局落实路政养护部门联勤联动机制，深入开展路域环境综合治理，干线公路查处违法案件2187起，行政许可94起，其中新增16起，续签78起。农村公路查处违法案件2470起，行政许可51起，其中

省道107项目改扩建工程户县段

新增25起，续签26起，干线及农村公路事案查处率、收赔率均达100%。

◆“绿色”交通城市建设　2016年，西安市认真做好“绿色”交通城市项目建设，制定《西安市“绿色”交通城市建设任务分解方案》，将“绿色”交通装备、“绿色”枢纽、“绿色”场站、“绿色”公路等纳入目标任务书进行考核。3月，交通运输部对项目进行核查，财政部、交通运输部补贴西安市绿色交通城市创建项目资金6424万元。西安市交通运输局编制完成《“十三五”西安市智慧交通建设发展规划》，研究制定《运用大数据互联网思维打造绿色智慧交通、建设宜行西安实施方案》，启动“互联网+驾驶员培训”、公路客运联网实名售票及火车站广场周边秩序监管等项目建设，信息化支撑行业转型发展作用进一步凸显。

◆客运秩序专项整治　2016年，西安市交通运输局扎实推进客运站场周边秩序整治工作，属地与行业齐抓共管格局得到深化，治污减霾和国、省干线路域环境治理工作成效显著。全年召开专题会议34次，明察暗访95次，专项督导35次，整改问题113处，严肃查处“黑车”“专车”非法营运和客车站外上下人行为。

◆国庆“黄金周”运输　2016年国庆“黄金周”期间，西安市各公路运输企业投放客运车辆31442辆，比上年增加0.55%；发送客运班车65656班次，增加1.17%；增发班次6336班，增加0.28%；运送旅客166.18万人次，减少5.19%；客运收入5006.21万元，减少0.4%；投放加班车2479辆次，投放包车917辆次。

◆缓堵保畅　2016年，西安市交通运输局编制《西安市交通拥堵综合解决方案》《地铁一、二、三号线站点周边交通提升规划》等综合规划，解决交通拥堵问题。打通断头路6条，新建改造支路17条15.4千米，建成人行天桥（通道）6座，朱宏路与凤城四路立交等建成通车。积极开展道路交通设施综合提升，施划交通标线24万平方米。开工建设车位49170个，完工20130个，其中新增“四统一”（P字牌、线位、着装、票据四统一）车位9138个。

◆汽车维修　2016年，西安市交通运输局对363户维修企业进行质量信誉考核，评出AAA级企业10家、AA级企业35家、A级企业318家，并将考核结果在行业网站公示，促进汽修行业企业合法经营、诚信服务。根据行业法律法规，许可整车维修企业69户，其中一类9户，二类60户；受理延续经营换证手续48户，其中一类9户，二类39户，按时办结率100%。截至年底，西安市纳入行业管理的汽车维修企业3068户，其中一类企业237户，二类企业930户，三类企业1901户；有从业人员5万余人，年维修能力约500万台次，年产值约25亿元；有承担二级维护业务的维修企业113户。

◆汽车驾驶员培训　截至年底，西安市有机动车驾驶员培训机构104家，其中一级驾培机构34家，二级34家，三级36家；驾培行业有训练场地466.66万平方米，注册登记营运教练车辆6800余台，有持证教练员7000余人，年培训能力40万人次；有承担营运驾驶员资格证培训业务的驾驶员培训机构12家。西安市交通运输管理部门受理和完成道路客货运输驾驶员从业资格证初领申请10856人；组织客货运从业人员8893人参加资格考试，考试合格8119人（含补考），合格率77.11%。受理道路客货运输驾驶员从业资格证换、补发证和变更信息3221人，转籍193人，注销315人。受理和完成道路客货运输驾驶员诚信考核签注26387人，其中货运24444人，客运1943人。西安市治理超限超载办公室依据诚信考核办法相关规定，处理违规驾驶员220人。把好从业人员准入关，受理到期换证、客运从业人员继续教育、补证等业务时抽取原始档案进行审核，审核合格方可办理手续，审核30677人次。

◆交通安全生产　2016年，西安市交通运输局积极开展“道路运输平安年”“企业主体责任建设年”和安全隐患排查整治活动，狠抓安全主体责任落实，强化行业监督管理，安全保障能力明显提升。加强客运站“三品”（易燃、易爆、危禁品）安检，推行旅客实名制售票，不断加大客运场站反恐防暴巡查力度。全年未发生较大及以上道路运输安全责任事故。

◆交通法治建设　2016年，西安市交通运输局认真做好《西安市城市公共汽车客运管理条例》制定和《西安市出租汽车管理条例》调研修订工作，完成《西安市新增出租汽车经营权招投标办法》上报工作。制定《西安市关于深化改革进一步推进我市出租汽车行业健康发展的实施意见》《西安市网络预约出租车经营服务管理暂行办法》《西安市私人小客车合乘指导意见》，广泛征求社会意见。认真审查形成行业220项行政权力目录，并在陕西省权责清单和公共服务事项清单统一发布平台和门户网站公开。办理行政复议申请5件，应诉行政诉讼5件。

◆交通宣传　2016年，西安市交通运输局结合公路建设重点工程，及时联系中央、陕西省、西安市媒体对公路交通枢纽建设工程、秦岭绿道示范工程、渭北大横线、“公交都市”、缓堵保畅等重点工作的建设进展、措施和阶段性成果等进行集中宣传。针对客运市场整治、“打黑”纠违和春运、五一、端午、十一“黄金周”等重要节点，组织实施一系列宣传活动，促进重点工作顺利开展。全行业在省级媒体正面宣传306次，转载量823条次；在市级媒体正面宣传236次，转载量649条次。　（王嘉辉）

·城市公交汽车运输·

◆概况　2016年，西安市有公交企业24户，营运车辆7829辆，营运线路270条，营运长度6145.6千米，从业人员21170人，每万人拥有公交车15.84标台，公交分担率46.06%，日均客运量401万人次，年客运量14.6亿人次。其中，有国有企业1户，营运车辆4909辆，营运线路177条，营运长度3769.55千米，年客运量9.9亿人次；有国有控股及民营公交企业23户，营运车辆2920辆，营运线路93条，营运长度2376.05千米，年客运量4.7亿人次。截至年底，西安市有出租汽车14459台，营运企业73户。其中，市、区共有出租汽车12435台，经营企业49户；市郊四区三县共有出租汽车2024台，经营企业24户，其中阎良区173台、临潼区600台、长安区344台、高陵区260台、蓝田县180台、周至县217台、户县250台。在市、区出租汽车中，有双燃料（天然气与汽油）车12114台、单燃料车1台、新能源纯电动车300台、甲醇车20台。市、区出租汽车单车日均营运44个乘次，全市出租汽车日均客运量146万人次，年客运量5.3亿人次。市、区出租汽车车型主要以比亚迪F3、爱丽舍、捷达为主体。

◆公交都市建设 2016年，西安市交通运输局按照《西安市公交都市建设示范工程五年行动方案》要求，科学优化调整公交线网，建成公交场站5个，新增公交停车位620标台。新开、调整公交线路32条，全市有270条公交线路，日均客运量达441万人次，万人公交车保有量达15.84标台，中心城区公交站300米和500米服务半径覆盖率达50%和100%。

（王嘉辉）

◆公交线网优化及调整 2016年，西安市公共交通总公司积极贯彻落实西安市人民政府民营回收工作，接收公交民营线路14条（933、710、720、728、913、715、716、712、718、726、908、721、722、729路），并在接收民营线路同时，新开270、271、272、273、275、276、278、279路8条公交线路，优化调整38、256、406路3条线路，弥补原民营线路撤销后的公交空白。通过民营线路的不断回收，以及对民营线路回收后的优化调整，填补了雁曲四路、新安路等路段公交服务空白，强化了纺织城、西安曲江新区、西安高新技术产业开发区等区域的运力配备，为下一步全市范围总体线网布局优化调整打下坚实基础。

◆公交安全运营 2016年，西安市公共交通总公司紧抓安全不放松，大力宣传安全运行，促进公交安全运营。开展“安全生产月咨询日”和“安全生产事故警示教育周”等活动，悬挂宣传条幅221条，张贴车辆安全标语1000条，印制安全宣传材料2万余份，发放宣传书籍100册；在主要公交站点设立11个安全生产宣传咨询点，制作宣传展板70余块。进行多场次、多形式的应急逃生和消防演练活动，提高全员应急处置能力。为进一步纠正驾驶员在日常行车中的一些不安全陋习，培养良好的安全操作习惯，开展为期3个月的“纠陋立规、文明行车、平安保畅”安全行车整顿活动。试行驾驶员出车前手机存入制度，开展内部自碰事故应急处置培训，修订车辆抢修流程，加强行车安全叮嘱及重点人员“一对一”谈话教育，加强车辆安全机件隐患排查整治，消除安全隐患。

◆公交智能调度 2016年，西安市公共交通总公司进一步加快智能调度系统的实际操作推广。截至年底，建成一、二级智能调度指挥中心7个，智能车载设备实现240条线路、6555辆车全覆盖。实施智能调度的线路由53条增加至110条，覆盖率62.1%，其余线路的智能化改造正在加快推进。5月，一级智能调度指挥中心启用运行计划、挂班、放车等方面的监控功能，对各公司、各线路进行监管考核，发现问题要求及时做出整改，充分发挥总公司智能调度中心宏观督导指挥作用。

◆公交服务 2016年，西安市公共交通总公司开展“微笑在公交 温暖溢车厢”竞赛和“公交周”活动，发挥微信平台作用，搭建公交文明服务新载体。先后开展“进车厢、进社区、进校园”意见征集、优质服务展示，“擦亮古城窗口、清除卫生死角”“双星”转换帮扶等主题活动。“西安公交资讯”微信公众号关注人数8921人，比上年有较大幅度增长，全年发送230条图文消息，阅读量23万次，转发3万余次。1月，通过现场投票、热线电话投票、微信平台投票3种方式，邀请市民参与“十佳线路”评选活动，并在候选线路开展“你投票我送祝福”特色活动，搭建公交和市民沟通桥梁，受到市民欢迎。创建服务品牌成效显著，42路获“陕西省青年文明号”荣誉称号；235路获“西安市人民满意路线”称号；36路获“西安市工人先锋号”称号；7路、40路获“西安市青年文明号”称号。11月25日起，开通500路西安财经学院—徐家寨（地铁韦曲南站）、215路西京大学—航天大道西口（地铁凤栖原站）、241路西财行知学院—堡子村（地铁半坡站）、616路外国语大学南校区—航天大道西口（地铁凤栖原站）、336路西安工业大学—凤城五路（地铁凤城五路站）5条高校周末直通车线路，进一步增加高校与地铁站点断面的公交车密度，加强高校与地铁站点的接驳换乘，方便广大学生、市民地铁换乘出行需求。

◆公交新能源车运营 2016年，西安市公共交通总公司陆续投放1100辆纯电动公交车和200辆微型空调公交车，让市民出行更加舒适便捷，并实现车辆尾气“零排放”“零污染”，为治污减霾做出贡献。

（潘　珅）

◆出租汽车行业改革 2016年8月1日起，西安市减免出租汽车经营权有偿使用费，降低驾驶员负担。10月31日至11月30日，西安市交通运输局公开征求意见，向社会发布《西安市关于深化改革进一步推进我市出租汽车行业健康发展的实施意见(征求意见稿)》《西安市网络预约出租车经营服务管理暂行办法》和《西安市私人小客车合乘指导意见》。积极推进新能源纯电动出租汽车推广，编制完成《西安市出租汽车行业管理“互联网+”转型升级项目建议书》，正式启用交通运输部从业资格考试系统和行业应用能力考试系统，实现培训和考试分离。

◆出租汽车市场管理 2016年，西安市交通运输局查扣非法营运车辆436辆，驾驶员违规率4.65%；受理投诉10297起，投诉处理率100%，有责投诉率0.16‰；行政处罚2069件，出租汽车载客率保持在60%以上；车容车貌合格率96.95%，乘客满意度94%。强化经营权管理，办理出租汽车经营权期满后重新许可2401辆，驾驶员优质服务意识明显增强，出租汽车行业总体平稳。

◆出租汽车宣传 2016年，西安市交通运输局在西安市出租车行业开展“争当好的哥•重塑行业形象，法治出租车•助推‘品质西安’”服务质量竞赛活动和“爱心送考”活动。利用《出租空间站》专题栏目，深入分析行业热点、难点问题，通过出租车广告候车亭发光二极管屏和出租车智能顶灯滚动播放公益广告10余条。涌现好人好事1531件，报纸、媒体正面报道680余次，12家企业和12名驾驶员受到通报表扬，18人获“百姓英雄”荣誉称号，出租汽车行业正能量得到有效传播。

（王嘉辉）

◆“长安通”卡功能拓展 截至年底，西安城市一卡通有限责任公司累计发行“长安通”卡1200多万张，通过增设客服网点、自助服务网点、通讯自助充值终端以及自助售充机等多种方式，加速便利充值全覆盖，累计设立服务网点1636个，较上年增长130%，极大方便市民出行。10月28日，以新闻发布会方式全面推开“长安通”记名卡，并同步上线手机APP、自动充值、商业联盟等各项业务，同步开通“96123”服务热线，为市民提供线上、线下全方位服务功能。11月8日，“长安通”卡在地铁3号线顺利上线。12月21日，在咸阳市发行“长安通•咸阳”卡，实现西安、咸阳区域间一卡通，方便两地市民出行，为西咸一体化提供样板模式。成功与北京拉卡拉网络技术有限公司联合研发“互联网+可穿戴+支付”的“长安通”智能手环，与北京飞天诚信科技股份有限公司发行“迪士尼异形软胶卡”，受市民欢迎。在西安秦岭野生动物园、西安“乐华城”欢乐主题公园、陕西天竺山国家森林公园、西安城墙景区和西安植物园成功打造“长安通”“一园式一卡通”便捷服务，实现全方位、多样化应用。依据“相互兼容、优势互补、多元载体”策略，拓展集团用户一体化方案，在2家机关大院成功应用门禁、就餐、交通出行等全方位一卡通服务。

◆大数据平台建设 2016年，西安城市一卡通有限责任公司以陕西省推进《大数据与云计算产业五年行动计划》为契机，以“长安通”海量数据和平台体量优势争取到西安城市运行大数据中心建设项目，并顺利通过陕西省工业和信息化厅项目三级评审，获得陕西省、西安市两级专项资金1000万元支持。

◆交通互联互通 2016年，西安城市一卡通有限责任公司积极推进交通互联互通工作。5月，陕西省交通运输厅确定公司加挂“陕西省交通互联互通清分中心”牌子，承担陕西省交通“一卡通”跨地市刷卡消费的清分结算工作；7月，成功获取交通运输部交通“一卡通”城市级密钥；12月底，10条线路终端改造完成。完成首批245辆公交车车载IC卡设备和IC卡清算系统改造工程，在23路、50路、104路、210路、222路、224路、252路、331路、630路、631路10条线路上实现“一卡通”与咸阳市互联互通。

◆停车建设管理 2016年，西安市停车建设公司建成大车家巷等多个公共停车场，新增停车位6000个，有效改善静态交通和区域停车难题。1月21日至3月31日，在全市范围内开展城市治理“规范停车收费”专项整治活动，进一步规范道路停车场收费管理工作，提升停车服务质量，实现站点P字牌干净整洁，收费服务规范，车辆停放有序，车头朝向一致，收费员文明用语、主动使用POS机收费。西安机动车停放服务中心每周举办规范服务培训课4个课时。上半年，在城内区域公共停车位全面铺设地磁；8月1日起，实施城内区域“零现金”收费。全年西安市停车建设公司管理公共泊车位3.6万个，收费9000万元。

◆西安城市公共自行车系统建设 2016年，西安城市公共自行车系统建设完成300个服务点、10个闸机式服务站，投入公共自行车10810辆。新增办卡网点24个，日均使用量28万人次。按照“扩容为主、新建为辅、补充加密”原则，在重要站点，高峰时段派人值守，人工上下架，解决租、还难题。增加10部厢式调运车，并办理高峰时段“不限时通行证”，启动高峰前、高峰中“点对点”车辆调运。延长夜间调运时间，每天至少保证30部调运车通宵区域调运。

（潘　珅）

·地　铁·

◆概况 2016年，西安市全力开创西安地铁创新发展新局面，高质量推进工程建设，高水平提升运营服务，高起点加快资源开发。3号线顺利通车试运营；4号线车站基本封顶；5号线一期和1号线二期全面开展主体结构施工；6号线一期基本进入围护结构施工；6号线二期及9号线（临潼线）顺利开工，基本形成“开通三条线、在建三条线（项目）、开工三条线（项目）”的良好发展态势，全面实现各条线工程形象进度，全年完成投资109.97亿元，创地铁开工建设以来历史新高。

◆地铁线网运营 2016年，西安市地铁建设指挥部办公室、西安市地下铁道有限责任公司继续以运营安全和乘客服务为重点，大力推行安全生产标准化建设和精细化管理，不断提升运营服务质量，安全生产稳固发展、线网客流量逐步提升。地铁3号线建成通车后，西安市轨道交通运营里程由原来的52千米增加到91千米，全线网日均客流量由110万人次增加到150万人次左右，最高达到191.3万人次，客流强度在广州、北京之间，稳居全国第二位，运营管理达到交通运输部国家一级标准化水平。全年地铁1、2、3号线运送乘客4.08亿人次，为“缓堵保畅”做出突出贡献。

◆地铁工程建设管理 2016年，西安市地铁建设指挥部办公室、西安市地下铁道有限责任公司结合各条在建线路工程建设实际，研究确定5个控制性的节点工期目标，按节点工期对各参建单位工程形象进度、完成产值、安全生产及文明施工等情况进行考核，不断加大工程建设推进力度。在地铁3号线、4号线、5号线一期工程同时在建的基础上，新开工建设6号线一、二期和9号线（临潼线）2条线路3个项目，在建线路达到5条。截至年底，地铁3号线开通试运营；地铁4号线除火车站站外，其余28座车站全部封顶，13处地裂缝暗挖段初支全部完成，二衬完成总量的77%，17个盾构区间双线贯通，完成总量的75%；地铁5号线一期工程14座车站开始围护结构施工，3座车站进入主体结构施工，全线有8个暗挖区间进入正洞初支施工，完成总量的42%；地铁6号线一期工程6座车站完成围护结构施工，3座车站进入主体结构施工；地铁1号线二期工程4座车站全部进入主体结构施工，后卫寨至张家村站盾构区间左线贯通；地铁6号线二期和9号线（临潼线）开工建设，年初确定的5个节点工期目标全部按期完成。

◆地铁安全生产 2016年，西安市地铁建设指挥部办公室、西安市地下铁道有限责任公司按照“党政同责、一岗双责、齐抓共管、失职追责”的原则，进一步创新监管思路，健全责任体系，推进安全生产标准化建设。不断加大风险管控，健全应急管理机制，着力强化隐患排查治理，所有在建线路均安装安全隐患排查治理与管控系统，全面强化对施工现场安全监督监管。组织安全专项培训22场次，开展安全大检查12次，依据有关安全规定对9个单位负责人进行安全质量约谈和问责处理，考评通报参建单位53家109个标段，进一步增强参建单位安全意识，实现“杜绝大事故，有效防控小事故”的安全目标，全年安全质量形势平稳可控。6个在建项目获“省级文明工地”称号，4家单位被评为陕西省、西安市“文明施工现场观摩点”，地铁线网运营安全监管不断完善，实现第五个“运营安全年”。

◆地铁土地储备和资源开发 2016年，西安市地铁建设指挥部办公室、西安市地下铁道有限责任公司从管理体制、资源配置、责任考核、运转效率等多方面深入研究，对资源开发公司及所有下属公司全部进行机构重组，最终优化整合为资源开发公司、资源经营公司、工程技术服务公司3个子公司。整合后的3个子公司按照“授权管理、自主经营、目标考核、自负盈亏”的市场化原则统一管理，机制更加顺畅，经营范围更加合理，改革成效初步显现。积极落实中共西安市委、西安市人民政府“市场换产业”要求，先后与中国铁建电气化局集团有限公司、中国中铁工程装备集团有限公司、中国中铁一局集团有限公司等央企合作开发成立西安通拓建设工程有限公司、西安通瑞机电设备科技有限责任公司、西安中铁工程装备有限公司和西安汉唐高性能混凝土制品有限公司，有效依托央企、利用内资促进地铁资源开发工作不断做强、做大。全年广告、商贸、民用通信等资源开发实现收入1.7亿元，比上年增长5.9%；完成3宗33.44公顷用地收储并达到供地条件，实现土地收入4.18亿元。

◆地铁规划报审 2016年，西安市地铁建设指挥部办公室、西安市地下铁道有限责任公司抢抓国家“一带一路”战略机遇，不断加快西咸一体化建设，配合西安市规划局修编完成《关中城市群都市区城市轨道交通线网规划》，规划西安市地铁总规模23条线，总长986千米。联合咸阳市人民政府和西咸新区管委会，编制上报《西安地铁第三期建设规划》，涉及大西安区域（含西咸新区、咸阳市）10个项目，分别为1号线三期、2号线二期、3号线二期、7号线一期、8号线、10号线及支线、11号线、14号线、15号线一期、16号线一期，线路总长281千米，总投资1800亿元，计划“十三五”期间全部开工建设。年底，《西安地铁第三期建设规划》通过陕西省发展和改革委员会初步审查，规划配套的文物保护专题取得国家文物局批复，社会稳定性风险分析报告及环境影响评价报告分别上报环境保护部和陕西省发展和改革委员会待批，计划2017年取得国家发展和改革委正式批复。

◆地铁3号线建成通车试运营 2016年11月8日12时，西安地铁3号线开通试运营，西安地铁正式进入网络化运营时代。地铁3号线南起高新区鱼化寨，北至西安国际港务区秦汉大道，全长39.15千米，设26座车站（其中19座地下站，7座高架站），设车辆段和停车场各1座、主变电站3座，控制中心和地铁2号线共用，工程总投资210亿元。地铁3号线于2011年5月开工建设试验段；2012年8月全线开工建设；2014年实现“洞通”；2015年实现“轨通”；2016年4月实现“电通”；7月15日试车运行。地铁3号线与地铁1、2号线相比，具有多项创新，线路敷设首次采用地上地下结合；列车编组首次采用4动2拖；行车组织首次实行大、小交路套开，开通标准高于地铁1、2号线初期，技术水平进入全国先进行列。

◆地铁6号线一期、二期工程开工建设 2016年3月28日，西安地铁6号线一期工程正式开工建设。地铁6号线一期工程（铁路南客站—劳动南路站）全长20.095千米，设15座地下车站，设1处车辆段，新建1座主变电所，工程概算投资139.47亿元。工程于2015年12月启动前期工作，计划2020年年底建成通车。12月，6号线二期（劳动南路站—纺织城站）工程开工建设，该工程全长19.493千米，设17座地下车站，其中6座换乘站，新建1座停车场，工程概算投资157.74亿元，力争与一期工程同步建成通车。地铁6号线连接东郊纺织城、明城墙内东西大街及钟楼、南郊大学城、西安高新技术产业开发区及长安科技产业园等工商业聚集区和人口密集区，对于拓展城市空间、优化城市布局、改善城市交通、带动和促进经济社会全面发展具有十分重要的意义。

◆地铁9号线（临潼线）全线开工建设 2016年12月，西安地铁9号线（临潼线）全线开工建设。该线西起纺织城，终至临潼区秦汉大道，全长25.1千米，设15座地下车站、1座主变电站、1处车辆段，控制中心与地铁4、5、6号线共用，工程总投资144亿元。项目按照PPP（政府和社会资本合作）模式运作，由中国中铁股份有限公司作为社会资本方出资25亿元与西安市地下铁道有限责任公司共同组建特许经营公司，在未来30年内融资建设运营该线路，其中建设期4年，运营期26年。地铁9号线（临潼线）试验段大学城站于2014年6月开工建设，计划2020年全线建成通车。地铁9号线（临潼线）建成后对进一步拉近临潼作为西安副中心城市与主城区的时空距离、加快沿线城镇化进程、引导土地开发、推进临潼渭北现代工业新城的发展、提升曲江临潼国家旅游休闲度假区旅游服务品质具有重要作用。（市地铁办）

2016年3月28日，西安地铁6号线一期开工建设

邮政·快递

·邮 政·

◆概况 2016年，西安市邮政行业适应经济发展新常态，坚持稳中求进的工作总基调，坚持创新引领、服务民生，推进结构改革、合作开放，巩固发展态势、安全基础，行业保持持续快速发展，实现“十三五”良好开局。截至年底，西安市有邮政普遍服务局（所）298处。全年邮政函件业务完成1367.3万件，包裹业务完成50.67万件，订销报纸业务完成14394.93万份，订销杂志业务完成1154.78万份，汇兑业务完成16.54万笔。邮政业务总收入43.99亿元，比上年增长43.3%。

◆《西安市邮政业发展“十三五”规划》编制 2016年，西安市邮政管理局与西安市交通运输局成立西安市邮政行业“十三五”规划编制领导小组及规划编制工作小组，按照《邮政业发展“十三五”规划》《陕西省邮政业发展“十三五”规划》《陕西省西安市国民经济和社会发展第十三个五年规划》的总体安排，通过开展基础调查、重大问题研究、企业调研、意见征集等环节，充分融入普遍服务均等化等理念，及时分析国内外邮政业发展新形势和新特点，形成《西安市邮政业发展“十三五”规划（初稿）》。邀请西安市发展和改革委员会、西安市公安局、西安市政府研究室、西安文理学院等相关专家评审后，修订形成终稿，并联合西安市交通运输局共同发布，纳入《西安市综合交通运输“十三五”规划》。

◆邮政行业监管 2016年，西安市邮政管理局通过开展邮政普遍服务、“扫黄打非”、机要通信安全、集邮市场和邮票发行、邮政用品用具等专项检查，严厉打击邮政普遍服务方面违法违规问题，本着教育与惩处相结合原则，严肃处理执法检查过程中发现的问题，约谈5个区（县）分公司11人次，下发“责令整改通知书”6份，立案处罚1例。确保寄递渠道安全。根据《中华人民共和国反恐法》《中华人民共和国邮政法》和交通运输部《邮政行业安全监督管理办法》，指导邮政企业制定出台《寄递物品安全查验制度》《寄件人安全查验制度》《寄递物品信息登记制度》《寄件人信息登记制度》和《寄递渠道突发事件应急预案》，并发放到每个邮政分公司、营业网点贯彻执行。

◆邮政普遍服务网点建设 2016年，西安市邮政管理局加强“十三五”期间西部网点改造项目的管理，确保资金落实。实地核查每个网点实际面积、设施设备状况、是否具有自有产权等情况。全市获批翻建项目38个，占陕西省翻建项目总数的69%；整修项目22个，占陕西省整修项目总数的22%。加强建设项目进度跟踪管理，确保逐年完成西部网点改造项目。要求中国邮政集团公司西安市分公司按季度上报项目完成情况，对存在的问题及时疏导，督促落实，确保项目正常开展，14个计划完成项目均完工。（耿　君）

◆邮政业务发展 2016年，中国邮政集团公司西安市分公司围绕中国邮政集团公司“一体两翼”（“一体”：以邮政窗口资源为基础，以市场需求为导向，积极打造适应现代电子商务发展模式的线上线下为一体的综合便民服务平台；“两翼”：金融翼和寄递翼）经营发展战略，立足中国邮政集团公司陕西省分公司“促改革、抓重点、保当前、谋长远”发展要求，深化改革，加快发展，提升服务能力，促使企业转型发展取得显著成效。全年实现业务收入8.42亿元，比上年增长6.74%，其中有效收入6.66亿元，增长17.67%，占总收入比重的79%，超额完成中国邮政集团公司陕西省分公司下达的利润计划任务。企业对外服务形象和服务水平稳步提升，被中国保护消费者基金会推介为“保护消费者权益、质量服务放心单位”。

◆代理金融业务 2016年，中国邮政集团公司西安市分公司继续把代理金融业务作为发展重点，以保险、理财为发展重点，不断提升中间业务收入占比，通过客户精细化管理和新业务市场拓展，扎实推进金融业务转型，发展成效显著。233个金融网点全面完成转型导入，顺利通过地、市交叉验收。网点产能持续提升，新增余额亿元以上网点25个，总数达161个。全年实现代理金融收入5.55亿元，比上年增长9.11%，占总收入比重的65.84%；新增金融总资产80.66亿元，其中储蓄余额新增38亿元，多增14.05亿元，余额规模在全国省会城市中排名第五位，新增余额市场占有率达8.16%，创4年来新高；保险业务规模保费新增14.21亿元，多增1.94亿元。

◆报刊业务 2016年，中国邮政集团公司西安市分公司以数据库营销为载体，做好日常报刊收订。围绕“集团客户促新增、私费订户保基数、中小企业带项目”的思路，做大畅销报刊、校园报刊、商务期刊3大项目。报刊大收订工作围绕“保基数、求增量，全面提升专业市场竞争力”的发展思路，拓展经营模式，调整报刊结构，紧抓重点增量项目，拓展集团客户、重点社区、写字楼、数据库等营销渠道，确保党报党刊、行业报刊、期刊招标等基础项目稳中有升。全年实现报刊业务收入4402.32万元，完成年计划的100.28%。其中图书及动漫市场开发项目实现销售额255.04万元，完成项目计划的159.4%；完成校园报刊流转额2073.88万元，完成年计划的104.20%，净增317.75万元，完成全年净增计划的134.64%。

◆函件业务 2016年，中国邮政集团公司西安市分公司坚持“面向市场，多元拓展，跨界融合，创新转型”的理念，发挥函件的实物寄递、文化传承、宣传推介功能，稳固信函文化类业务规模，深挖账单寄递市场，稳步发展数据库商函业务，打造函件全媒体营销平台。大力发展“日常封片卡”业务，全面开发个人消费市场、商务市场、政务市场；丰富产品形式和内涵，不断拓宽主题邮局、代理及网上销售渠道，加强校园和旅游市场开发。持续推进“书信文化活动”开展，创收84.5万元。发寄《西北测绘》杂志宣传函128.4万件，《西北测绘》征订创收89.95万元；成功发行《反假币知识宣传册》60余万册，创收241.8万元；发行“中国杨凌农业高新科技成果博览会邮资门票”59万枚，收入118万元。全年实现函件业务收入3083.24万元，完成计划的110.12%。

◆集邮业务 2016年，中国邮政集团公司西安市分公司拓展集邮产品研发思路，创新营销方式，以“基础业务为支点、新型业务为落点、互联网+业务为增长点”，依托地域文化借机造市，推动集邮业务发展转型升级。借《丙申年》《拜年》邮票发行热，巧打“丙申年集邮生肖贺岁”文化牌，推出以拜年为主题的封、册、卡书、纪念戳等，在邮票首发式现场启动年货购物节，促使“丙申年集邮生肖贺岁”项目实现收入2434万元。成功承办“雅集长安　思路邮缘”高端文化品鉴沙龙活动，现场展示陕西题材邮票、清代大龙邮票、红印花加盖邮票等珍罕品，实现收入999.18万元。举行《玄奘》邮票首发式，开发制作《大唐玄奘带您来闯关》小游戏，邀请大慈恩寺方丈增勤法师解读玄奘文化，《玄奘》邮票设计者李云龙赠送画作，为邮迷现场签售，促使系列邮品持续热销，线上销售提前100天完成全年销售任务计划。全年实现集邮业务收入7866.86万元，完成年计划的101.18%。

◆包裹快递业务 2016年，中国邮政集团公司西安市分公司以客户需求为中心，以提高市场竞争能力为主要目标，加快包裹快递业务改革发展，全力打造“寄递翼”业务。全年包裹快递业务实现收入3300万元，发寄快递包裹772.14万件，比上年增长133.6%；市场占有率达4%以上，比上年提升2.53个百分点。全市建立28个揽投部，划分34个网格，开展区域“营揽投”工作。全年揽收标准快递包裹16.36万件，实现收入180余万元；开发标准快递协议客户62家，发寄邮件9.31万件，实现收入125.1万元，其中成功开发《宜家家居宣传册》寄递项目，实现收入12.16万元。

◆电商分销业务 2016年，中国邮政集团公司西安市分公司以推进农村电商发展为重点，结合国家电网代收、代办车险等便民服务，实现收入2173.03万元；紧抓重点项目和节日时点项目，实现销售收入825万元，超额完成全年计划。通过县域分销产品创富订货会等渠道满足合作企业产品新需求，拓宽社会分销渠道。

◆邮政营销渠道拓展 2016年，中国邮政集团公司西安市分公司通过推进营销创新转型，企业营销能力不断提升。积极开展综合营销、互联网营销、总部营销、专业营销、渠道营销等营销体系建设，“互联网+营销”成为推动业务发展的新生力量，初步形成以“中国邮政微信公众号+西安ai邮客微信公众号+专业微信公众号+网点微信群+职工邮乐小店”5级微营销体系。校园市场围绕“毕业季”“开学季”两大时点组织营销活动，实现收入1038.01万元。拓展会展渠道，在第十七届全国集邮展览上，通过开展特供邮品销售、陕西邮政综合服务体验区服务、“雅集长安丝路邮缘”高端文化品鉴沙龙活动、西安交通大学建校120周年邮票首发活动等，实现创收1386.57万元。报刊专业与集邮和函件专业联合开发《大阅兵邮票珍藏册》《选美中国》等产品，开展各类图书销售，实现收入100.53万元；集邮专业利用红色主题、“文革”票等稀缺资源邮票，组织高端客户、集邮迷参加邮票品鉴会，进行竞拍销售，吸引了一批客户定期参与，实现收入102万元；分销专业紧抓时点、节日开展营销，吸引各分销商积极参与节日产品产销会，实现销售收入76万元。

◆邮政服务　2016年，中国邮政集团公司西安市分公司不断深化“金牌服务”“客户满意百分百”理念，持续推进服务管理“六整治、六提升”（营业、投递、时限信息、邮件安全、监督检查、大客户服务六方面提升）活动，着力完善常态化服务管理机制，努力做好支撑保障，促进企业对外服务形象和服务水平稳步提升。持续在窗口单位开展服务管理竞赛，不断强化重点环节管控，加强从收寄到投递等环节检查，并围绕经营发展及特定时期服务工作要求，适时开展邮政普遍服务、快递包裹收寄质量等专项整治活动，组织节假日服务、平信投递、账单投递、信箱筒开箱等专项检查，规范生产作业流程，提升服务质量。全年组织检查275次，形成“检查记录报告书”220份，下发“整改通知书”200份。加强窗口服务质量管控，实施营业、投递KPI（关键绩效指标考核法）管理，确保营业投递生产平稳顺畅，在陕西省邮政营业KPI考评中名列第一。在收寄端加强营业质量管控，推行规范化操作，严格落实寄件人安全查验制度、寄递物品信息登记制度、寄递物品安全查验制度和寄递渠道突发事件应急预案制度，规范包裹类邮件操作流程，提高包分机扫描识别率，加快邮件分拣处理速度。加强邮件转退、包裹类邮件封装等基础资料管理，并在营业厅统一公示《邮政汇款查询赔偿办法》、邮件寄递时限，接受用户监督。组织落实二十国集团领导人杭州峰会、第五届中国—亚欧博览会、丝绸之路国际文化博览会、唐山世界园艺博览会等重大会议期间的安全收寄保障工作。不断深化服务积分管理，服务积分与年度考核、技能升降、先进评比等挂钩，突出发挥服务积分的正向激励作用，激励窗口员工将真诚服务的要求转化为自觉行动，各单位涌现出一大批服务明星，带动所在单位员工服务质量稳步攀升。加强日常监督检查，对检查发现的各类服务质量问题逐条问责到人，促使服务质量管控更加完善；每季度对各单位的服务管理成效进行打分排名，奖励先进，持续营造重服务、抓质量氛围。在监督检查队伍中开展管理岗、监控岗履职考评，推行视检积分管理，激发各级管理人员履职积极性，专业管理岗履职率达95%，监控岗履职率达100%。

◆邮政通信能力建设　2016年，中国邮政集团公司西安市分公司整合邮政资源，积极推进营业、投递和综合便民服务平台建设。增加“便民驿站”网点153家，代收邮件总量达13亿元。优化社会渠道加盟制度，以城镇连锁物业机构为重点，发展渠道融合类网点7家、连锁网点113家。7月底，“便民驿站”三级管理权限正式上线，增强连锁渠道的网点管控能力。“松林便利超市”将原55家加载业务系统的网点全部转为“邮政驿站”系统，开设网点76家，单月营业额突破500万元。持续强化营业网点迁址改造，先后装修改造金融及邮政营业网点24个。代理金融网点完成合作运营机具撤换，新增更换自助存取款机69台、自动取款机12台，新增存折取款机16台，自助机具点均1.7台，24小时自助服务网点占有率提升到97%。新增发光二极管屏89个，A类点钞机、捆钞机、投影仪、平板电脑、电子相框等设备实现网点全覆盖。完成20个金融网点提升及85个网点导入工作，建成尚勤路、电子城等4个体验培训网点。优化8个区（县）邮件转运、分拣、投递“三合一”流程及作业组织。在城区开展网格化揽投部建设、投递包片、设置投递专段、业务外包、自提代投点建设等工作。积极实施投递网点标准化建设，扩增、改建20个投递网点，投入装修改造资金675万元。新配置投递车80辆，机动、电动三轮车91辆，包裹架89组，手推车29辆，皮带机4台，场地防雨拖盘560块，更新增配600台掌上电脑、70台投递打印机、183把扫描枪。　（何丽蓉）

·快　递·

◆概况　2016年，西安市邮政管理局认真履行快递行业监管职能，全力保障快递行业平稳运行。截至年底，西安市有快递企业157家、分支机构442个、服务网点1396处，从业人员15275人。全年快递业务总量2.77亿件，比上年增长74.02%；快递业务收入33.16亿元，增长59.85%。其中，同城业务收入9.17亿元，增长87.96%；异地业务收入17.31亿元，增长45.59%；国际及港澳台业务收入1.84亿元，增长28.69%；其他收入4.84亿元，增长90.11%。

◆实名收寄　2016年，西安市邮政管理局以“创新思路、服务企业、保障安全、强化落实”的工作思路，多措并举，维护信息安全，全面推进实名寄递。经过前期调研和策划筹备，与西安市公安局联合推出寄递物流业治安管理信息系统，由快递员通过手机APP拍照，自动识别登记寄件人、收件人和物品信息，并上传至政府管理后台，实现“收寄验视、实名登记”两个100%，同时手机端不保存寄件人、收件人信息，有效保护个人隐私，打消投递用户顾虑。

◆快递服务保障　2016年，西安市邮政管理局与西安市公安局、西安市交通运输局等相关部门反复协商，多次对接，联合出台《规范全市快递专用电动三轮车通行管理的实施意见》，采取源头管控、分类管理、强化宣传、加速转型等措施，严格执行快递专用电动三轮车备案登记管理程序，明确快递专用电动三轮车交通安全责任主体，加强驾驶员交通安全知识培训，营造良好的快递末端配送车辆交通秩序。《中国邮政快递报》《快递》杂志对此先后做了专版报道。多措并举，确保安全，完善政府和企业安全责任与互动机制。抓好新闻宣传工作，营造良好氛围，加强舆情研判，回应社会关切。抓好运行组织，保障服务能力，以全面掌握辖区内企业服务能力为目标，及时收集和分析行业运行动态，帮助企业充分调度和有效挖掘各类资源，及时增加业务处理能力，全力保障旺季平稳运行。抓好督导检查，防止侵权事件发生，针对企业在旺季期间容易因业务量大而忽略服务质量的现象，及时做好服务监督，对于严重侵害用户合法权益的行为，严格依法依规处理。抓好安全保障，全力防范风险，贯彻执行“3个100%”（100%实名收寄、100%收寄验视、100%过机安检）及安全检查等各项制度措施，从源头上严把各类危险、违禁物品流入寄递渠道关口。

◆“快递下乡”工程　2016年，西安市邮政管理局采取措施大力推进“快递下乡”工程。通过多次反复摸底调查，全面掌握户县、蓝田县、周至县等县快递企业情况，特别是快递企业乡（镇）营业网点、代办点的生产经营情况。鼓励快递企业依法在乡（镇）设立分支机构、营业网点、代办点，拓展自营快递服务网络。提升服务要求，要求企业做好农村网点制度上墙、安防设施保障、运单管理等工作，督促企业提供优质的快递服务。截至年底，西安市有乡（镇）快递网点207个，实现全覆盖，覆盖率100%。　（耿　君）

商贸服务业·会展业
责任编辑 曹毅强

综 述

◆**概况** 2016年，西安市实现社会消费品零售总额3730.70亿元，比上年增长9.6%，扣除价格因素，实际增长9.5%。其中，限额以上企业（单位）消费品零售额2469.51亿元，增长4.5%。按经营地统计，城镇消费品零售额3598.73亿元，增长9.3%；乡村消费品零售额131.97亿元，增长17.3%。按消费形态统计，商品零售额3440.92亿元，增长9.4%；餐饮收入289.78亿元，增长11.9%。限额以上企业（单位）消费品零售额中，通过公共网络实现的商品零售额155.50亿元，占限额以上消费品零售额的6.3%，增长65.9%，较上年提高2.3个百分点，高于限额以上消费品零售额61.4个百分点。在限额以上企业（单位）商品零售额中，粮油、食品类零售额增长14.8%；服装、鞋帽、针纺织品类增长2.4%；化妆品类增长5.5%；金银珠宝类下降4.3%；日用品类增长16.8%；体育、娱乐用品类增长36.0%；电子出版物及音像制品类增长68.7%；家用电器和音像器材类增长13.4%；通信器材类增长19.1%；家具类增长0.2%；石油及制品类下降0.8%；建筑及装潢材料类增长0.3%；汽车类增长2.6%。（秦 声）

◆**商贸设施建设** 2016年，西安市举行大型商业网点听证会5次，涉及听证项目7个，分别为华夏世纪广场、熙地港购物中心、老城根Gpark、中大国际、鑫苑大都汇购物中心、华润万象城、西安水晶卡芭拉购物中心，全部通过听证。7个项目总投资69.75亿元，新增商业面积67万平方米。增强西安经济技术开发区、大兴新区、西安高新技术产业开发区大型商业网点聚集，方便群众购物。其中老城根Gpark成为全国首个“一带一路”国际特色商业文化街区。西安市商务局出台《西安市示范商圈、示范特色商业街区评定办法》，大唐西市丝绸之路风情街一期、永兴坊、沙•沙河水街3条街被评定为“西安市首批示范特色商业街”。截至年底，全市5000平方米以上大型商业网点有390个。

◆**电子商务** 2016年，西安市出台《西安市人民政府关于大力发展电子商务加快培育经济新动力的实施意见》等相关配套政策，推进电子商务行业健康有序发展。西安市商务局根据《意见》，对全市30个电子商务重点企业加大资金扶持力度。全市有8个乡镇、11个行政村被评为“西安市首批电子商务示范村镇”，22家企业被评为“西安市电子商务示范企业”。在阎良区、周至县等区（县）分别举办区内电商企业、回乡创业等电子商务专题培训。组织34家电商企业和20所在校大学生近3000人参加的电商财会人员大赛。指导全市大型商贸企业与京东合作开展O2O模式营销。周至县、蓝田县被财政部、商务部、国务院扶贫开发领导小组办公室认定为“2016年度电子商务进农村综合示范县”。全年西安市电子商务交易额2300亿元，网络零售额260亿元。

◆**商贸服务业优化提升** 2016年，西安市加快提升电子商务等新兴业态，着力优化提升创新商贸服务业，增强发展的可持续性。西安市商务局积极引导旧商业改造升级，依托老城区基础设施完善、市民消费习惯固定等优势，转型升级，将原有单一商业体以地域或文化为纽带综合改造，形成了一批体量大、功能性强的现代商业圈和特色商业街区。如西大街商圈、钟楼商圈、南门商圈、小寨商圈等，都以崭新的姿态再现传统商业区的繁华。面对传统餐饮行业增长疲软的情况，积极引导企业转型升级。协助9个区（县）完成《特色美食街区发展规划》编写，用特色美食街区代替传统行业模式，为餐饮业探索出了新途径。积极鼓励传统餐饮行业“走出去”，参加到国际交流当中，向世界展示西安美食。组织参加第二十六届中国厨师节、第八届中国烹饪世界大赛。

◆**商贸市场监测** 2016年，西安市商务局市场监测样本企业126家，监测企业覆盖10个区3个县，涵盖批发、零售、餐饮等主要流通行业，监测商品包括59大类155个品种和2种特色商品。新增监测样本企业2家，新增配置市场监测企业设备2套，组织培训市场监测人员300多人次。安装商务部智能信息泵企业8家56个门店。落实“黄金周”“小长假市场监测任务，进一步加强生活必需品”应急商品等8个专项日常监测。全年上报商务部、陕西省商务厅和中共西安市委、西安市政府市场运行分析报告35篇，发布周蔬菜监测信息50期、商务预报信息102篇，被商务部采纳发布15篇；文章原创发布数35篇，被新闻媒体采用60余篇。

◆**消费类展会** 2016年，西安市商务局将商贸经济增长作为拉动全市经济发展的重要引擎，先后组织策划2016陕西省新春年货购物节（西安）会场暨第十四届西安年货会、2016春季西安婚博会、2016中国西部电子商务博览会、第八届中国西安轻工商品交易会、“五一”“十一”车展等活动，其中2016陕西省新春年货购物节（西安）会场暨第十四届西安年货会实现消费金额183.28亿元。开展以“增强供给能力，促进消费升级”为主题的2016“消费促进月”活动，全市近200家企业参与，销售额42亿元。与西安市旅游局、碑林区政府联合举办“长安龙脉•魅力南门”碑林美食购物节活动。春节、“五一”、“十一”，全市分别实现商品销售额132.2亿元、58亿元和158.93亿元，比上年分别增长10.7%、10.3%、10.5%。与往年相比，呈现出展览规模进一步扩大、参展质量显著提升、专业观众数量明显增多、宣传推广力度大且多样、现场交易额稳中有涨、现场活动内容更加丰富、服务范围更加全面等特点。

◆**维护商贸行业安全稳定** 2016年，西安市商务系统继续深入开展“安全生产年”活动，在行业内组织开展创建“平安企业”活动。西安市商务局与区（县）商务主管部门、部分企事业单位签订“商贸行业安全生产、消防安全责任书”。组织基层单位员工开展岗前安全教育和定期轮训，员工安全意识进一步增强。修订完善应急预案，制定“重大事故、抢险救灾”“维护市场秩序、防范处置社会性事件”“抗震救灾、物资保障”等应急工作预案，提高处置能力。组织区（县）商务主管部门与辖区大型商场、超市进行消防安全演练50余场次，使企业自防自救能力得到有效提高。重大节假日期间，抽调176人次组织安全大检查，对检查发现的隐患逐条向被检查单位提出整改要求意见。全年未发生重大安全事故。

◆**拍卖业** 2016年，西安市52家拍卖企业举办拍卖会399场次，实现成交额23.4亿元，比上年的31.5亿元下降26%；佣金额4289万元，下降22%。房地产成交额5.7亿元，下降48%；土地使用权成交额7.8亿元，下降8%；艺术品拍卖成交额2267万元，较上年的7304万元下降69%；机动车、无形资产和农副产品等项目有所突破，分别增长11%、395%、439%。

◆**典当业** 2016年，西安市有典当企业100家（不含12家分支机构），从业人员645人，比上年下降8.9%，注册资本19.7亿元。全年发生业务10712笔，典当总额17.4亿元，下降1.9%。其中，动产抵押9.5亿元，增长5.1%；房地产抵押5.25亿元，下降12.5%；财产权利质押2.6亿元，下降1.9%。年末典当余额11.1亿元，增长17.04%；实现主营业务收入1.1亿元，下降7.41%；上缴税金1086.81万元，增长2.33%。行业整体亏损443.18万元。

◆**融资租赁** 2016年，西安市融资租赁业企业数量、注册资本及业务规模都有了跨越式发展。截至年底，全市有融资租赁企业45家，注册资本167.7亿元，资金投放总量200亿元。业务覆盖装备制造、工程机械、电力设备、能源机械、服装纺织、医疗设备、家用电器、新能源汽车等领域，业务辐射遍及陕西省内外。6月，西安市人民政府办公厅出台《关于加快融资租赁业发展的实施意见》，充分发挥融资租赁在现代融资服务体系中的功能和作用，强化中小企业融资支撑，培育特色优势产业，推进全市创新创业和实体经济发展。西安国际港务区、西安经济技术开发区被陕西省人民政府列为"融资租赁产业聚集区"和"陕西省融资租赁产业培训基地"。中国租赁联盟、中国融资租赁创新服务基地在西安国际港务区设立中国租赁业西部创新服务基地。（王 睿）

日用工业品商业

◆**概况** 2016年，西安日用工业品市场繁荣稳定、供应充足，日用品类销售保持增长。全年限额以上消费品零售额2469.51亿元，比上年增长4.5%；服装、鞋帽、针、纺织品类零售额392.83亿元，增长2.4%；日用品类零售额65.04亿元，增长16.8%；家用电器和音像器材料类零售额135.00亿元，增长13.4%；家具类零售额97.66亿元，增长0.2%；建筑及装潢材料类零售额98.97亿元，增长0.3%；汽车类零售额645.46亿元，增长2.6%。

◆**成品油零售体系建设** 2016年，西安市取得"成品油零售经营批准证书"的加油站555座。其中，中国石油天然气股份有限公司164座，中国石油化工集团公司75座，延长壳牌石油有限公司111座，民营加油站205座。全年成品油市场保持稳定供应，成品油零售量169万吨，比上年下降2%。其中，汽油114万吨，增长2.3%；柴油55万吨，下降9.7%。将延长壳牌石油有限公司西安建章路加油站等42个加油站"成品油零售经营批准证书"按照属地化管理原则转入西咸新区管理属地管理。全市销售柴油的473座加油站全部按治污减霾要求配售车用尿素溶液。中石油凤城十路加油站、中石化西快北加油站、延长壳牌栖凤路加油站完成油气三次回收治理试点。西安市商务局印发《西安市加油站油气回收设施及管理基本要求》（市商发〔2016〕214号），检查加油站310站次，发送整改移送单33份，对油气回收使用问题较为严重的阎良西飞加油站等6个加油站进行停业整改。

◆**二手车市场** 2016年，西安市商务局按照商务部、公安部、国家工商行政管理总局、国家税务总局《二手车流通管理办法》规定和陕西省商务厅相关要求，进一步加强二手车流通行业管理，规范行业秩序，促进二手车行业健康有序发展。全年新增备案二手车流通企业（二手车交易市场）1家。截至年底，全市经陕西省、西安市商务部门备案、审批的二手车流通企业有53家。其中，备案企业44家，包括二手车交易市场21家，经销企业15家（含新车4S店7家），拍卖企业8家；审批企业（二手车鉴定评估机构）9家。

◆**再生资源回收行业** 2016年，西安市积极鼓励企业建设回收站和交易市场，方便群众交易旧货，满足市场交易需求。但因受国内产能过剩、国内外经济形势影响，国内再生资源市场震荡不强，呈疲软状态，主要品种再生资源价格持续下跌，运营成本增长，再生资源回收利用企业利润持续走低。与上年比较，全市减少废旧商品回收站81家，增加再生资源回收企业57家。废品收购站总数达到622家，生产性再生资源回收企业有218家。

◆**煤炭市场** 2016年，西安市有煤炭经营企业264家。其中，煤炭交易市场4家，蜂窝煤加工场21家，洁净煤配送网点239家。全年共购进煤炭135.68万吨，比上年下降35.47万吨，销售131.86万吨，下降34.05万吨。落实《西安市冬季保卫蓝天行动方案》，加大煤炭交易市场扬尘污染防治。4家大型煤场投入资金2527万元购置设备、添加防尘设施设备。通过整治，4家煤场扬尘污染防治工作全部达标。

◆**连锁经营** 2016年，西安市连锁经营持续健康发展。全年新增连锁企业37家、连锁门店404个、商业特许企业7家，发展加盟门店32个。特别是"唐久便利""每一天"等便利店企业门店数量快速增加。设置蔬菜进社区网点107个，百姓消费更加便利、实惠、安全。

◆**商贸物流** 2016年，西安市商务局积极推进公共信息服务平台、标准托盘循环共用系统建设工作。深入华润万家、招商局物流等6家企业进行调研，对公共信息服务平台、标准托盘循环共用系统建设进行摸底，制定下发《西安市商务局关于开展商贸物流标准化基本情况调查的通知》（市商发【2016】256号），依据统计数据形成调查报告，为制定《物流标准化实施方案》奠定良好基础。2015—2016年，审核商贸物流项目8个，通过现代服务业发展资金拨付扶持资金近100万元，有效促进了商贸物流业发展。组织召开第六届中国西部国际物流产业博览会暨第四届中国物流文化节，130多家企业参展，参展面积1万平方米，观展人数1.5万人次。全市注册资金在1000万元以上的物流企业超过300家，西安国际港务区被列为全国现代物流实验基地。（王 睿）

饮食服务业

◆**概况** 2016年，西安市餐饮服务行业积极落实丝绸之路经济发展战略，围绕服务民生、促进消费、拉动经济发展的主题，不断开拓进取、凝聚行业力量，促进行业发展，并取得显著成效。餐饮收入实现销售额289.78亿元，比上年增长11.9%。6—12月，西安市商务局在西安饭店餐饮行业开展以"红火西安 多彩餐饮"为主题的活动，其中首次举办的"2016金色美食火锅节"，联合竹园村、大自在、锦翔炝锅城、江海肥牛、大家好火锅、长安小调主题火锅、牛儿源鲜切牛肉火锅、重庆老版火锅、清真明辉楼、顺水鱼馆、童少爷成都串串、石羊农庄海鲜世界等十余家知名火锅企业，共同推出相应的优惠措施，并邀请"饕餮西安"美食达人团进行体验宣传。组织餐饮企业参加在渭南举办的第二十六届中国厨师节大赛、在荷兰举办的第八届中国烹饪世界大赛。3月，在全市餐饮行业开展"春季爱国卫生运动"。

◆**放心早餐工程** 2016年，西安市新增放心早餐网点（含早餐亭）150个，全市早餐工程网点数量达到1195个，日供应量近30万份，310个早餐网点实现"长安通"刷卡消费。西安市商务局报西安市政府《促进放心早餐工程发展建议八条》，协调西安古都华天放心早餐工程有限公司早餐公司在西安市工商行政管理局统一办理"早餐网点证照"。

◆**陕菜振兴** 2016年，西安市商务局完成《西安"十三五"餐饮规划》的编写，协助9个区（县）完成《特色美食街区发展规划》。完成牛羊肉泡馍、葫芦头泡馍、肉夹馍、蓝田饸饹5项西安特色小吃的标准制定工作。（王 睿）

◆**餐饮促销活动** 2016年，西安市饭店与餐饮行业协会举办形式多样的促销扩销活动，做到"月月有主题、店店有内容"，以丰富多彩的服务产品和营销形式满足市民和游客消费，促进餐饮业健康发展。8—12月，在西安餐饮行业开展以“红火西安 多彩餐饮”为主题的消费活动。11月11—13日，合作举办第三届中国西安餐饮供应链展览会，从源头降低企业采购成本，搭建产销对接平台，国内300余家食材、酒店厨房设备、烘焙设备企业参展，其中西安市20余家企业参展。

◆餐饮业交流活动 2016年，西安市饭店与餐饮行业协会组织全市100余家知名餐饮企业参加在渭南市举办的第二十六届中国厨师节，与国内同行同台竞技，相互交流学习，同时展现陕菜精湛烹饪技艺，弘扬陕西餐饮文化。组织10余家企业的20余人参加第十七届中国美食节，晶海大酒店、天下第一面等10余家企业获大奖。组织10余家企业的30余人参加中国国际饭店业大会暨第三届丝绸之路美食节。老版火锅、千家粗粮王荣获“2016中国新餐饮十佳品牌”，大唐博相府刘晓钟获“全国饭店餐饮业卓越贡献奖”，晶海餐饮相勇峰获“全国饭店餐饮业优秀企业家”称号，明辉楼马明阳获“全国饭店餐饮业终身成就奖”和“全国饭店餐饮业优秀企业家”称号。联合苏州市太湖大闸蟹行业协会全面整合两地优质餐饮、酒店、特色水产等资源，举办“寻梦古都，情醉湖蟹”太湖大闸蟹西安推广宣传活动。联合广元市政府举办剑门关土鸡等优质特色农产品推介会，帮助餐饮企业和农产品企业实现优质农产品产销对接。加强与中国餐饮食品基金会的联系与合作，为西安餐饮企业“走出去”发展做好品牌孵化和资金保障工作。先后多次与基金会沟通，并组织15家有“走出去”发展欲望的本土品牌餐饮企业参加中国餐饮食品基金会品牌孵化说明会，了解合作内容与方式，进一步帮助本土餐饮品牌企业做大做强、走向全国。11月12日，组织主办陕西美食走出去发展论坛，邀请著名文化学者、西安市饭店与餐饮行业协会饮食文化专业委员会委员、协会会员企业代表、饮食文化学者共同为陕西美食“走出去”发展战略建言献策。

◆餐饮行业管理与服务 2016年，西安市饭店与餐饮行业协会加强会员服务，编印《西安饭店与餐饮行业协会2016年协会会员服务指南》，包括融资贷款服务、培训及人力资源服务、网络营销服务、餐饮产品进社区服务、食材采购服务、保险服务、交流活动服务7个板块，同时加强与餐饮业产业链各有关单位的沟通联系，从食材设备供应、人才培训、资金保障、网络营销、社会保险等多方面为会员提供服务。加强与《陕西日报》《西安晚报》《华商报》《西部网》等主流媒体联系，及时宣传报道行业动态和有关活动，扩大西安餐饮业的社会影响力。建立为会员服务的“西安饭店与餐饮行业协会公众号”和“饕餮西安公众号”，及时发布协会动态、行业新闻和餐饮企业优秀管理经验。截至年底，“西安饭店与餐饮行业协会公众号”发布相关信息40余期100余条。会同西安市质量技术监督局、西安市商务局研究西安小吃标准制定范围，帮助部分企业完成标准制定，抽调业内专家参加标准审定工作。与西安市文化广电新闻出版局沟通，组织餐饮企业餐饮业非物质文化技艺申报培训，苦荞面饸饹制作技艺（蓝田县）、蓝田茂盛扯面制作技艺（蓝田县）、神仙粉制作技艺（蓝田县）、西安腊汁肉夹馍制作技艺（碑林区）、南茂号酱腌菜辣子酱制造工艺（高陵区）、北池头冰爽甜豆花制作技艺（陕西创变客餐饮管理有限公司）、中华老字号贾永信牛骨髓油茶制作技艺（西安永信清真肉类食品有限公司）、嘴头手工空心挂面（长安区）8项餐饮技艺被列入“西安市第五批非物质文化遗产代表性项目名录”。

◆5种西安地方小吃制作技术规范正式发布 2016年5月25日，西安市质量技术监督局正式发布牛羊肉泡馍、葫芦头泡馍、肉夹馍、蓝田荞面饸饹、Biangbiang面5种西安地方小吃制作技术规范，并从6月15日起正式实施。这5种小吃的制作标准非常细致，从选料备料、制作过程、成品要求甚至食用方法，都有详细说明，并采取“企业自愿采用、采用自我声明、采用自我担责”的原则来实施。这些标准于2014年开始制定，由西安老字号和知名餐饮名店同盛祥、老孙家、春发生百代餐饮、天下第一面、唐华宾馆、西安市蓝田县宏达食品厂、蓝田县食品协会、西安市独秀实业有限公司、西安饭庄等著名企业承担制定任务，并在2015年11月公开征求意见。此举旨在通过让地方小吃的加工制作更加规范化，将地方小吃打造成名副其实、货真价实的地方名牌、当地名片；用标准化理念推动传统特色小吃连锁化、规模化经营；通过标准规范不同地域的生产，保护西安小吃的整体品牌。

◆西安饮食股份有限公司 2016年，西安饮食股份有限公司拥有西安饭庄、同盛祥饭庄、老孙家饭庄、德发长酒店、西安烤鸭店、春发生饭店、永宁国际美术馆、大香港酒楼、常宁宫会议培训中心等15家分公司、15家子公司，主要经营凉菜、热菜、面食、牛羊肉泡馍、葫芦头泡馍、水饺、烤鸭、汤羹等陕西风味特色菜肴、小吃、清真食品，以及粤菜等，经营模式为菜品的原辅材料采购、粗加工、炉灶加工、餐厅服务、顾客消费等餐饮服务和饮食供应模式。面对餐饮企业竞争日趋激烈的实际，坚持以资本运营为龙头，以项目发展为手段，以大众市场为根本，形成“餐饮主业、食品工业两轮驱动、良性发展、共同提高”的发展模式，结合供给侧结构性改革思维，通过抓综合施策、调品种、优结构、整合营销、夯实内部管理等工作，促进了经营稳步发展，扭转了收入利润双下降局面，实现了效益恢复性增长目标。全年进驻华润万家、人人乐、陕西特产连锁店等商场超市、销售终端187个，销售额比上年增长60.52%。成功中标海南航空公司“航空配餐”项目，将“老孙家油茶”系列产品在美国“华欣超市”上架销售，迈出了老字号特色食品走出国门的第一步。“西安饭庄总店拆除重建”项目取得进展，西安饭庄钟楼店全面替代东大街总店的各项经营工作，实现顺利转接。全年新发展小型连锁直营店、加盟店、专柜或合作经营网点64个。完成“五一大包”中央工厂搬迁和全新VI体系（视觉识别系统）设计升级工作。跨界合作开设了常宁宫“生态月子会所”。桃李旅游烹饪学院加强与澳洲商业技术学院的合作，开设国际烹饪班，增设西餐培训业务，开辟了陕西省西餐专业学历教育的先河，并获得“全国职工教育培训示范点”专项建设资金扶持。全年围绕“匠心传承”主题，策划四季不同系列营销活动300余次，拉动消费人气，借力“餐饮+互联网”推动企业增效，电商销售增长129.77%。创建“西安饮食电子商城微信平台”，关注人数4万余人次。下属5家单位通过ISO9000质量管理认证复审，6家单位通过“陕西省名牌产品”“西安市名牌产品”复审。主动应对营改增政策，打破倒扎成本的核算模式，加强成本管控，加大原材料采购统配，全年节约采购成本122.29万元。全年实现营业收入500549360.33元，增长0.31%；归属于上市公司股东的净利润12351236.90元，增长139.03%；按公司期末总股本计算，每股收益0.0247元，增长138.96%；总资产1050136017.70元，较年初减少3.39%。（秦　声）

蔬菜副食业

◆概况 2016年，西安市采取有力措施，积极应对市场波动，蔬菜副食品市场货源充足，运行有序。全年猪肉和禽蛋类产品供应量与上年持平；蔬菜交易量稳中有升，达到全年700余万吨，充分保障了市场供应。加强市场监测调控，应对蔬菜等副食品市场价格波动，加强分析预警，做好猪肉、食盐、食糖等重要商品储备，扩大应急商品储备。

◆**重要商品储备** 2016年，西安市商务局积极做好重要商品和应急商品储备。对猪肉、白糖等重要储备商品严格管理，坚持每季度对承储企业进行实地检查，督促企业定期轮换更新，保证储备商品落实到位。积极会同财政部门按期拨付储备补贴。多措并举有效应对异常天气等不利因素对蔬菜供应影响，采取动态储备等方式，储备不少于9个品种的1.7万吨冬春季大路蔬菜，确保主城区3至5天消费。完成西安市防汛抗旱指挥部下达的10余种应急救灾物资。

◆**肉菜追溯体系建设** 2016年，按照商务部和西安市人民政府要求，西安市肉类蔬菜流通追溯体系建设如期完成建设任务，项目总投资7040万元，具有试点企业多、覆盖面广、使用设备种类繁多、技术要求高、集成难度大等特点，包括市级肉类蔬菜流通追溯管理平台和批发市场、外埠肉备案中心、生猪定点屠宰厂、大中型连锁超市、配送中心、农贸市场、团体采购单位、肉品专卖店8个子系统，涵盖185个试点企业。7月，通过商务部和陕西省商务厅的中期评估；9月，进入试运行阶段。西安市肉类蔬菜流通追溯体系项目建设规划的8个子系统涉及的185个试点企业累计向国家平台上传追溯数据数百万条。2家批发市场、25家农贸市场、12家屠宰场、3个外埠肉备案中心、3家连锁超市的60家门店、50家团体采购单位、3家配送中心、30家肉品专卖店全部完成基础设施改造工作。

◆**盐务管理** 2016年，西安市盐务管理局以确保群众“食盐安全”为中心，依法治盐，依法行政，严厉打击私盐、劣质盐等涉盐违法行为。全年查处涉盐违法案件162起，其中移交公安案件4起，出动执法人员300余人次、执法车辆190台次，查获并没收各类违法盐品54吨，有效保障了全市群众的用盐安全。

（王　睿）

粮油业

◆**概况** 2016年，西安市粮食局紧紧围绕保障粮食流通安全，积极推进“一带一路”项目建设，深入开展“放心主食品工程”创建等，全面完成年度各项目标任务。认真落实国务院、陕西省人民政府、西安市人民政府简政放权政策措施，根据西安市人民政府简政放权要求，下放2项行政事权，制定《西安市粮食局权力清单》，并向社会公布，对市级粮食流通监督检查采取“双随机一公开”（在监管过程中随机抽取检查对象，随机选派执法检查人员，抽查情况及查处结果及时向社会公开）方式实施，彻底转变政府职能，依法管好权、用好权。根据国务院《关于建立健全粮食安全省长责任制的若干意见》（国发〔2014〕69号）和《陕西省人民政府关于建立健全粮食安全省长责任制的实施意见》（陕政发〔2015〕41号），起草出台《西安市人民政府关于建立健全粮食安全市长责任制的实施意见》（市政发〔2016〕41号），以及与之配套的《西安市粮食安全市长责任制考核办法》，确保粮食安全。截至年底，西安市粮食行业有职工7588人；国有企业固定资产原值89179万元，其中局直属企业55326万元；固定资产净值63184万元，其中局直属企业36114万元。

西安市第四届放心馒头质量品评会

◆**粮油市级重点项目建设** 2016年，西安市粮食局在中共西安市委维护稳定工作领导小组办公室的帮助指导下，通过市级重点项目和重大固定资产投资项目“‘一带一路’放心粮食工程”的社会稳定风险评估，完成投资1.95亿元，完成年度投资计划的108%。在哈萨克斯坦建设的日处理1000吨油菜籽压榨车间于12月6日投产试运行，日处理350吨的油脂精炼车间、6000平方米原料及下料库完成设备安装，油菜籽烘干塔及仓容1500立方米的钢板仓主体完工，铺设铁路专用线1065米，并完成其他辅助设施建设。在西安建设的400吨油脂精炼车间投入使用，2.4万吨油罐设施基础完工，污水处理厂完成设备安装调试。

西安市在哈萨克斯坦建设中的粮油加工物流园

◆**粮食宏观调控** 2016年，西安市收购粮食7.935亿千克，组织调入粮食9.435亿千克，调入油脂0.76亿千克，分别完成年度计划任务的132%、188%和152%，确保全市粮食供需总量平衡和价格基本稳定；轮换市级储备小麦1.19亿千克、食用油925万千克，分别完成轮换任务的132%和142%。组织开展元旦、春节粮油质量安全检查、粮油库存检查、夏粮收购专项检查、粮食流通统计制度执行情况专项检查和中秋国庆粮油质量安全检查5次粮食市场专项检查，依法查处粮食购销活动中的各类违法违规行为，有效维护全市粮食市场秩序。全市国有粮食企业深入开展“挖潜增效”活动，克服种种困难，保持稳步发展的态势。截至11月底，盈亏统算，实现盈利581.4万元。2家规模以上粮食仓储企业西安西粮实业有限公司和西安粮油批发交易市场合计实现营业收入5.53亿元，比上年的4.69亿元增长8375万元，增幅17.8%。西安市粮食局与西安市应急管理办公室承办的西安市突发事件熟食品保供应急演练于10月13日举办，取得预期效果。

◆**粮食基础设施建设** 2016年，西安市粮食局深入研究中央、陕西省相关扶持政策，积极争取陕西省粮食局对西安市粮食基础设施建设的支持。通过努力协调沟通，争取到信息化建设中央、省专项资金1468.6万元，完成年度计划任务的110.3%，促进西安西粮实业有限公司和灞桥、雁塔、阎良、高陵、临潼、户县等地粮食储备库信息化基础设施建设，为更好地保障全市粮食安全提供有力支持。

◆**粮食系统为民服务** 2016年，西安市粮食局认真落实西安市人民政府对“城市家具”管理的相关要求，多次与城管、市政、规划等部门对便民销售亭安放地点进行现场勘查，新建“爱菊厨房”放心主食品销售亭50个，更新提升老旧“群众厨房”销售亭50个，新建放心主食品社区服务站203个，全面完成西安市人民政府下达的惠民实事工作任务，进一步满足了市民群众就近购买放心主食品的需求。截至年底，全市累计创建“放心馒头”加工销售网点1394个。（刘　杰）

烟草专卖

◆**概况** 2016年，西安市烟草系统面对卷烟市场剧烈震荡和烟草行业销量、结构、税利下滑的巨大压力，全力以赴调状态、稳销量、守市场、争税利，确保年度目标任务全面完成。全年销售卷烟41.73万箱，销售收入126.86亿元；实现税利32.64亿元，比上年增长1.37%。

西安市烟草专卖局（公司）员工为卷烟零售户讲解扫码销售系统

◆**烟草专卖管理** 2016年，西安市烟草专卖局（公司）积极践行“经营管理、专卖先行”的工作理念，开展“春雷”“飓风”等市场专项行动，深化与公安网监、邮政部门的协同办案和联合执法力度，查处邮政快递渠道涉烟案件53起，全面筑起“路上堵、物流查、市场管、网上控”的全方位、多维度、立体式防线，查处涉烟违法行为9224起，查获1万元以上案件775起，查获非法卷烟5475万支，案值3555万元。加强跨区域案件协作机制及联合打假、打私制度建设，联合公、检、法系统开展执法和案件“收网”行动4次，抓捕和调查取证125人次，刑拘涉烟违法犯罪分子66人，逮捕30人，判刑19人，破获3起国标涉烟网络案件、4起省标涉烟网络案件，全市卷烟市场净化率达到98.72%。全面完成《西安市卷烟零售点合理布局规划》的修订、发布与听证工作，为全市系统59个稽查中队配发执法记录仪，为14家烟草专卖政务服务大厅更新配备硬件设施。修订《西安市卷烟零售许可证后续监管办法》《西安市卷烟零售入网管理细则》，建立《西安市烟草专卖行政处罚案件档案管理实施细则》《西安市卷烟零售市场主体信用公示制度》《西安市卷烟零售违法失信“黑名单”信息共享和联合惩戒办法》，规范执法标准和内部流程。

◆**卷烟营销** 2016年，西安市烟草专卖局（公司）面对社会库存居高不下、主导规格持续下滑、客户信心持续低迷的形势，制定“一个基数、两个指标、三轮调整”（注释）的月度需求预测方法，实施“一区一县一策略”的货源政策，增加50个主导品规卷烟2.98万箱。向深化供给侧改革要效益，先后对16个卷烟品规实施限调，退出冗余协议卷烟1.093万箱，引入新、奇、特品规66个，培育“延安”“黄金叶”“黄鹤楼”等重点品牌12个，销量净增1.83万箱。开展新常态下地市级烟草公司面向消费者的策略研究，部署开展“消费者在哪里，我们就到哪里”活动，固定跟踪消费者2781人。开展全市卷烟零售终端普查和“提振中小户信心、优化中小户库存”专项活动，主动作为提振市场信心，调整市场状态，卷烟零售客户毛利率保持在8%以上。先后召开8次经济运行专题会议，密切关注14个区（县）市场变化，主动查找存在问题。充分发挥专项奖励作用，实行销售业绩与收入分配全面挂钩、当月兑现，调动营销人员的主观能动性。强化市场巡查和内务检查

西安市烟草专卖局（公司）员工为消费者讲解真假烟鉴别技巧

力度，积极备战第二届陕西省烟草制品购销职业技能竞赛，获陕西省团体赛第一名。

◆**烟草物流建设** 2016年，西安市烟草专卖局（公司）加快实施异型卷烟包装自动化，在全国烟草行业物流中率先实现异型卷烟自动分拣、自动打码、自动包装。有效提高人均配送效率、入库扫码率和件烟传输效率，实现备件信息化管理和送货片区“5”变“4”。“智途”商零配送在途管理系统、精益物流质量监管平台上线应用，件烟缓存系统完成升级改造，分拣效率由12000条/小时提高到14000条/小时。物流二期工程主体建设完工，卷烟包装箱循环利用专用库房投入使用。启动软塑箱改造项目，全年回收烟箱104.45万个。

（付海婧）

供销合作商业

◆**概况** 2016年，西安市供销合作联社坚持为农服务宗旨，稳妥推进供销社综合改革试点，积极发展各类农村合作经济组织，强化基层组织体系建设，主动担负全市农产品推介任务，不断完善新农村现代流通服务网络，逐步把供销社打造成为服务农民生产生活的综合平台，面对经济下行的巨大压力，主动作为，努力改革创新，圆满完成各项目标任务。全系统实现经营收入51369万元，其他业务利润4943万元，盈利1846万元；领办发展农民专业合作社、合作社联合社2家，新发展农民专业合作社、合作社联合社10个，完成基层社改造61个。完成化肥5万吨、农药50吨的物资储备和19类防汛抢险救灾物资的虚拟储备，为全市农业生产和防汛抢险提供有力保障。组织实施“新农村现代流通培训工程”，培训学员2323人。西安市供销合作联社被中华全国供销合作总社、北京商业管理干部学院联合评为“供销社系统干部教育暨农村实用人才创业发展培训工程特殊贡献单位”。长安区韦兆王莽村综合服务社等12个综合服务社被中华全国供销合作总社确定为综合服务社星级社，其中五星社2个，四星社7个，三星社3个。

◆**农民专业合作社（联合社）建设** 2016年，西安市供销合作联社推动市级公司参与组建农民专业合作社联合社，力争实现市、县和基层供销社资源共享、优势互补，真正做到“为农、务农、姓农”。1月，指导周至县供销社与西安市土产总公司及7个农民专业合作社联合注册成立西安周至金果地农产品专业社联合社，并推荐其申报农村一、二、三产业融合发展试点。通过组建联合社，推动系统内资源整合，实现供销社与社会资源的优势互补、融合发展。推动西安市土产总公司与西安三秦果业公司在“中国猕猴桃网”电商项目上进行深度合作，“中国猕猴桃网”于7月初正式上线，成为全国第一家集种苗服务、技术指导、宣传推介、展示展销、网上交易等功能为一体的网络平台。阎良区国强瓜菜合作社被农业部、中华全国供销合作总社等部委联合认定为2016年“国家农民合作社示范社”；长安区合民意种植专业合作社、长安区万缘养殖专业合作社、周至县田园生态猕猴桃专业合作社、阎良区阎诚脆枣专业合作社4个专业合作社被陕西省农业厅、陕西省供销合作总社等10部门认定为第二批“陕西省农民合作社示范社”。临潼区“石瓮谷”土鸡蛋品牌被中华全国供销合作总社评为“30佳农民合作社产品品牌”。

◆**基层供销社综合改革** 2016年，西安市加强对基层供销社进行综合改革，通过基层提升改造工程，改变基层社普遍散、弱、烂、破的旧面貌，建设一批功能健全、服务规范、充满活力、群众认可的基层供销社。长安区供销社主动作为，受长安区人民政府委托，编制《长安区农村商贸流通产业发展规划》，并将供销社工作列入《进一步加快现代服务业发展的若干意见》的内容，区财政每年列支不低于800万元的专项资金，用于扶持供销社主导的农村商贸服务业发展。长安区引镇供销社、滦镇供销社、细柳供销社和沣惠供销社经过多方筹资，对原来破烂陈旧的经营设施进行整体重建或改造，使基层社面貌焕然一新，成为当地标志性的商业综合体。蓝田县供销社立足于自身实际，在加强对基层供销社资产监管的同时，加快基层社的改造力度，与江苏、浙江客商合作，在史家寨供销社等基层社经营大型日用品超市，既满足了当地老百姓的需求，又解决了基层社的历史欠账。长安区子午供销社、鸣犊供销社、王曲供销社、杜曲供销社等基层供销社建设社区综合服务中心，提供市场信息、代缴水电话费等服务内容，方便农民群众生产生活。临潼区斜口供销社牵头成立临潼惠农电子商务平台，把服务的范围和触角延伸到临潼区整个区域，在帮助农民增收的同时，也促进了自身转型发展。蓝田县前卫供销社在做好线下实体经营的同时，与淘宝和地特网合作，集中围绕豆腐干、荞麦醋等蓝田土特产在网上开店销售，取得较好成效。灞桥区供销社在做好灞桥供销超市的同时，也积极探索建设网上供销社。

◆**农产品推介** 2016年，西安市供销合作联社组团参加第十八届海峡两岸经贸交易会，组织西安阎良天惠农产品专业合作社联合社、西安周至金果地专业合作社联合社、西安航城面粉有限公司、西安鑫谷玉米有限公司、西安丰益电子商务有限公司等系统内有代表性的专业合作社、产业化龙头企业和电子商务企业参加展销会，积极开拓西安农产品域外市场。重点推介“馥康”甜瓜、“科农”甜瓜、“航城”面粉、“鑫谷”玉米糁、“众天”蜂蜜、“长祥”挂面、“陕西十大怪”软糕、“绿音”核桃和大枣、虫草土鸡蛋等优质特色农产品30余种，发放宣传彩页及宣传册3000余份，并举办免费品尝甜瓜活动。展会期间，西安展区接待专业采购商500余人次，接待观众8000人次。参加第二十三届中国杨凌农业高科技成果博览会，以“服务三农”为主旨，重点推介周至猕猴桃，临潼石榴、土鸡蛋，阎良玉米等30余种西安本地农特产品和品牌，宣传“中国猕猴桃网”“长安秦百臻网上商城”“临潼惠农商城”等农村电商平台。展会期间，接待观众1.5万人次，发放宣传彩页、手册5000余份，与河南巩义市丰乐果树种植合作社等10家单位达成购销意向，累计交易额18万元。

◆**农村电子商务** 2016年，西安市供销合作联社贯彻落实中央、陕西省综合改革文件精神，进一步完善西安市农村电商布局，充分发挥供销社发展农村电商的带动作用，并决定作为出资方申请加入陕西供销电子商务集团公司。4月，打造的“西安农信网”上线运营，以西安市电子商务协会为依托，免费注册各类公司、个人会员100多个，为市供销社系统农产品销售提供有效平台。7月，西安市土产公司联合西安三秦果业公司打造的“中国猕猴桃网”正式上线。指导西安市丰益电子商务有限公司成立，以网上营销推广为核心，以“秦百臻”商标为品牌，打造集陕西农特产品网上宣传推广、信息服务、线上线下销售为一体的陕西农特产品网上交易平台。

◆**土地托管服务** 2016年，西安市供销合作联社围绕地“怎么种”和“种什么”的问题，积极探索农业社会化服务新模式。在学习山东等地土地托管经验的基础上，以土地托管为综合改革切入点，由西安市供销社控股企业——西安金谷农资连锁有限公司在阎良区开展340公顷小麦种植土地托管试点工作。

安排金谷公司申报国家农业综合开发项目——2017年陕西省西安市5100亩小麦种植土地托管新建项目，签订土地托管协议1036份，托管土地342公顷。金谷公司成立托管中心，经多次调研、论证，制定大田托管试点工作方案和相关政策，对参与试点的村民实行统一测土、统一推荐良种、统一肥料供应、统一机械操作、统一订单收购、统一规范田间服务、统一扶贫帮困政策。

◆“新农村现代流通培训工程”　2016年，西安市供销合作联社在上年的基础上，继续实施“新农村现代流通培训工程”。在各区（县）供销社的支持和配合下，分别在长安区、临潼区、阎良区、灞桥区、高陵区、周至县、蓝田县、户县8个区（县）举办农村电子商务、农资经营人员、烟花爆竹安全经营、物资回收经营管理、流通企业财务管理、农民专业合作社联合社规范化管理、日用品经营服务转型升级、果蔬种植产业技能、家畜养殖产业技能9个专题共计20期的“西安市新农村现代流通技能培训班”，购买发放《农村电商：互联网+三农案例与模式》《职业农民经营管理技能培训教材》《农产品质量安全读本》和《农产品市场营销实务》等各类辅导书籍3000余册，聘请老师63人次，培训学员2323人，组织400余人开展社会实践活动。

◆农资储备　2016年，西安市供销合作联社认真抓好农资储备。一、二季度对化肥储备库存进行实地检查，全面完成化肥5万吨、农药50吨的储备任务。认真做好春耕、三夏、秋播等重要农业生产节点农资供应。积极争取储备补贴资金及时到位，助推企业稳步发展。引导企业大力开展测土配方肥的生产和技术推广，带动农民科学施肥，减少土地化学污染。认真贯彻落实中央、省、市防汛工作部署，指导果品公司全面完成19类防汛抢险救灾物资储备任务（其中12类抢险物资实行实物储备、7类救灾物资实行虚拟储备）和物资调运车辆的联系工作。在应对夏季全省大范围强降雨时，加强值班值守和物资储备仓库的管理，确保防汛物资调运及时，保障有力。

◆烟花爆竹安全经营管理　2016年春节期间，西安市供销合作联社按照西安市治污减霾的总体要求，协调市级部门、经营单位做好建成区零售布点工作，布点180个，比上年下降20%。配合中共西安市委、西安市人民政府及有关部门对全市烟花爆竹安全经营管理工作的检查指导，严厉打击非法、违法经营行为，维护良好市场秩序。春节期间，烟花爆竹安全经营管理工作未发生一起安全事故。

◆社有企业经营模式创新　2016年，西安市供销合作联社下属企业西安钟楼冷饮食品有限公司继续依托“钟楼”系列奶糕品牌、技术、资源优势，发挥民营企业机制灵活、决策快速的特点，通过产品外加工和联合生产销售，稳定了生产销售，创新了经营模式，维护了品牌效益。鼎合报废汽车回收拆解有限公司采取“配件销售为主，废钢销售为辅”的销售策略，最大限度降低经营风险，提高经济效益，保持公司稳定发展的局面。全年回收各类报废汽车6000余辆，完成废钢销售9300多吨，有色金属销售65吨，经营额达870万元，取得了较好经济效益。西安市物资回收利用总公司再生资源循环经济示范园项目取得新进展，与西安汽车零部件产业园就项目合作进行多次洽谈，就土地及相关事项基本达成一致，签订框架合作协议，并适时办理企业性质变更，公司性质由“有限责任公司”变更为“股份公司”，完成股份制改制，更名为西安市循环再生资源示范园股份有限公司；委托专业机构西格玛事务所所属新兰特资产评估公司对公司进行资产评估，为引进合作方做准备；邀请合作方新加坡公司参加2016丝绸之路国际博览会暨第二十届中国东西部合作与投资贸易洽谈会，双方就项目合作达成共识，并签订意向合作书。

◆供销系统安全生产　2016年，西安市供销合作联社高度重视安全生产、消防安全管理工作，结合安全生产、消防安全管理工作实际，严格落实行业直管责任，督促落实企业主体责任。全年开展7次大范围的安全检查，各类安全检查总计40余次。以消防安全、烟花爆竹经营管理为重点，大力开展安全检查，督促落实隐患整改，强化安全生产宣传教育，重点开展安全生产“三化”（安全监管网格化、企业管理精细化、行业管理专业化）建设，学习宣传贯彻落实《中华人民共和国安全生产法》，不断提升安全生产工作水平。按照“管行业必须管安全”的要求，以年初与西安市政府签订的“安全生产责任书”内容为目标，与8家基层单位层层签订“安全生产责任书”和“消防工作目标责任书”，分解安全生产责任，督促直属企业狠抓安全生产、消防安全管理工作，确保安全生产、消防安全责任落到实处。坚持开展明察暗访，加强对西安市日杂用品公司烟花爆竹专用仓库、西安市干鲜果副食公司果品冷库、西安市物资回收利用总公司物华市场、西安市果品副食总公司三爻仓库、西安市土产总公司丰禾路仓库等重点部位的监督检查，并加强重点安全隐患整改工作的督促与指导，确保整改取得实效。组织系统企业扎实开展“安全生产月”活动和陕西省暨西安市“安全生产咨询日”活动，发放宣传资料2000余份和小礼品500份，并指导企业开展多种形式的安全宣传教育。建立安全隐患、企业信息、检查记录三本台账，落实安全生产专家库建设和安全生产、消防安全应急队伍建设。扎实推进企业管理精细化，以落实企业主体责任为核心，强化过程控制，规范生产行为。　（牛　巍）

对外经济贸易

◆概况　2016年，西安市实现进出口总

西安市2016年主要进出口市场

单位：万元人民币

国家（地区）	进出口总值	同比增减率（%）	进口总值	同比增减率（%）	出口总值	同比增减率（%）
台湾	4130985	12.70	3755988	17.97	374998	-22.16
韩国	3422843	43.67	1468309	20.07	1954533	68.55
美国	2464134	-27.92	746473	-58.23	1717661	5.28
香港	2286163	27.70	10717	-30.17	2275446	28.20
日本	1181438	8.25	785199	-3.95	396240	44.66
新加坡	405607	-41.68	114153	-57.94	291455	-31.28
德国	359489	3.80	226783	-4.84	132705	22.85
澳大利亚	297317	23.76	246591	25.80	50725	14.69
法国	278894	-0.10	51717	-11.88	227176	3.03
荷兰	247258	-34.00	81595	-62.49	165663	5.44

值1828.46亿元，比上年增长3.8%。其中，出口946.75亿元，增长15.5%；进口881.70亿元，下降6.4%。在进口总值中，加工贸易进出口1259.7亿元，增长20.2%，占进出口总额的68.9%；一般贸易进出口418.7亿元，增长7.0%，占进出口总额的22.9%。主要进口商品中，机电产品进口693.3亿元，下降10.3%；精炼铜进口21.5亿元，下降54.7%；矿砂进口35.5亿元，增长56.8%；医药品进口16.1亿元，增长22.2%。主要出口商品中，机电产品出口828.2亿元，增长17.8%；单晶硅片出口22.4亿元，增长41.2%；农产品出口20.8亿元，增长5.0%；纺织服装出口11.3亿元，下降14.6%；矿产品出口14.6亿元，增长28.4亿元；有机化学品出口11.2亿元，增长1.8%。全年吸引外商直接投资项目72个，批准合同外资10.21亿美元，下降47.3%；实际利用外商直接投资45.05亿美元，增长14.0%，总量占陕西省的90%；实际引进内资1857.77亿元，增长4.56%。（秦　声）

◆招商引资　2016年，西安市完善全市招商引资工作暨重大招商引资项目联席会议制度，及时收集有关情况，对全市招商引资工作中存在的问题进行研究协调落实，并建立重点招商引资项目西安市人民政府领导包抓制度。结合市情，重新修订《西安市招商引资奖励办法》，制定出台《西安市区县及开发区招商引资工作考核办法》，明确区（县）、开发区主要负责人的主体责任。西安市商务局采用编发招商引资周动态、月通报等方式，激发全市招商引资工作的积极性和主动性。组织精干力量赴北京和长三角、珠三角等地开展客商邀请和项目对接洽谈。筹划组织参与西安市政府主要领导赴北京、上海、广州开展的系列招商引资活动，达成多个合作意向。全年重点围绕五大主导产业包装策划150场次各类招商及外经贸活动。在2016丝绸之路国际博览会暨第二十届中国东西部合作与投资贸易洽谈会上，西安代表团签订项目338个，总投资达3698.89亿元，比上届项目总数增加33个，签约合同项目履约率达79.44%以上。举办“中国西安•韩国晋州经济合作交流会”“西安奥地利经济合作交流会”“西安—意大利威尼托大区项目对接会”等多场交流会，加强西安与各国城市间的交流与合作，扩大西安国际影响力。组织召开驻西安商（协）会商情通报暨对接交流会，激发商（协）会服务招商引资的积极性。策划组织西安市人民政府主要领导赴深圳、上海开展投资推介项目洽谈活动，其中在深圳组织推介项目172个，签约项目11个，总投资116.3亿元。起草《关于进一步优化投资环境的意见》和《西安市投资环境重点领域整治工作方案》，并报西安市政府下发执行。制定《关于搭建招商引资平台实施精准招商的若干措施》《关于进一步加强与外商及投资企业恳谈交流和服务工作的实施意见》等文件，召开“外商投资企业新春恳谈会”“招商引资联席会议”，积极协调解决外商投资企业的困难和问题。全年实际利用外资45.05亿美元，比上年增长14%。

◆对外贸易　2016年，西安市着力引导全市外贸企业转型升级、调整结构、扩大规模，全年实现外贸进出口1818.2亿元，比上年增长15.9%，总量占陕西省的92%。出台《西安市促进加工贸易创新发展行动计划》，从提升企业推动技术进步、增强创新能力等方面鼓励加工贸易做大做强，全市外贸规模不断扩大。征集承接加工贸易转移资金项目64个，总投资54.8亿元，申请中央、陕西省扶持资金6.49亿元。加工贸易进出口总值1184.95亿元，同比增长18%，占全市进出口总值的65%。全市进口876.6亿元，出口941.6亿元，进出口平衡发展。全市机电产品进出口1521.56亿元，高新技术产品进出口1370.25亿元，分别占进出口总值的84%和75%，进出口结构进一步优化。组织企业参加第119届中国进出口商品交易会、第120届中国进出口商品交易会、华东进出口商品交易会、东盟博览会等贸易促进活动。实行“一企一策”“一业一策”，做好50家重点外贸企业服务工作。组织5场外经贸政策专题宣讲会，为近2000家外贸企业进行宣讲答疑和业务培训，落实好相关政策。

◆服务外包　2016年，西安市商务局以“服务企业，扶持产业”为宗旨，组织企业参加第四届中国(北京)国际服务贸易交易会、第十四届中国国际软件和信息服务交易会、2016全球服务外包大会等服务外包会议，在美国、加拿大开展服务外包投资推介会，扩大西安服务外包影响力。全年实现服务外包合同金额18.46亿美元，比上年增长23.63%。截至年底，西安聚集了微软、美光、施耐德等世界500强企业以及华为、中兴、中软国际、软通动力等众多国内龙头企业。全市拥有软件和服务外包企业1500余家，从业人员达到15.2万人，产业发展已经形成了以研发设计和软件开发为主，以跨国公司和国内知名大企业为龙头，本土企业竞相发展的服务外包产业格局。

◆口岸工作　2016年，西安海关特殊监管区域物流货物进出口总值229.76628亿美元，占全市进出口总额的82.86%。西安咸阳国际机场国际旅客吞吐量3669.44万人次，货邮吞吐量2.0242万吨，成为全国第八大机场。西安铁路集装箱中心站货物吞吐量138086标箱，其中发送68013标准箱，到达70073标准箱，发送外贸货物13926标准箱。全年审核新办电子口岸业务企业765家。肉类口岸查验及冷链一体化监管设施全部建成，粮食口岸通过国家质量监督检验检疫总局专家组复验，各项基础查验设施完备，保税仓A3、A4建设竣工，水果口岸及冰鲜口岸申报工作正在进行，启动跨境电子商务综合试验区的申报工作。举办“2016中国（西安）跨境电子商务发展应用大会”，全市跨境体验店线上线下融合快速发展，达到19家。在2016“一带一路”中国（兰州）国际跨境电商物流大会上，西安市获得“跨境电商物流发展创新奖”和“‘一带一路’建设突出贡献奖”。中亚班列（长安号）满载2000吨油脂首次回程，中欧班列（长安号）相继开通华沙、汉堡、莫斯科班列。“长安号”累计开行276班，运输货物41.9万吨。12月12日，西北地区第一条国际货运航线西安—阿姆斯特丹（长安号）国际货运航班起航，架起了西安与荷兰、中国西部与欧洲的国际货运“空中桥梁”。

◆国际经济合作　2016年，西安市面对经济下行压力加大的复杂形势，积极鼓励企业主动融入“一带一路”战略和国际产能合作当中。全年新设境外投资机构71家，比上年增加21家。协议投资总额6.86亿美元，增长12.8%，涉及装备制造、矿产资源勘查开发、商贸服务等多个领域。12月，爱菊集团在哈萨克斯坦北哈州投资建设的“中哈爱菊农产品加工园区一期工程”正式投产，民营企业对外投资势头迅猛。全年完成对外承包工程营业额23.84亿美元，增长10.3%，主要集中在交通运输、电力工程和房屋建设等领域，西电国际、华山国际等龙头企业带动作用明显，“海外西安”品牌效应凸显。以对外劳务合作业务改为属地管理为契机，加大对服务平台的指导力度，净化外派劳务市场，协调解决多起外派劳务纠纷，为劳务人员提供政策咨询、出国指导3000多人次。全年对外劳务人员实际收入总额8447万美元，期末在外人数12754人。发挥西安市驻中亚地区商务代表处的桥梁作用，为企业提供和发布丝路沿线国家和地区投资与贸易的相关政策信息。举办2016欧亚国家（西安）投资贸易项目发布对接会，发布投资贸易项目120多个，达成多项合作意向。

◆**自贸区建设** 2016年8月31日，中共中央、国务院决定在辽宁省、浙江省、河南省、湖北省、重庆市、四川省、陕西省新设立7个自贸试验区。按照中共陕西省委、陕西省人民政府总体部署，西安市牢固树立“西安担当”意识，解放思想，攻坚克难，先行先试，努力打造具有“一带一路”特色的内陆开放型自贸试验区。10月14日，西安市决定在西安市商务局设立西安市自贸试验区工作筹备办公室；12月9日，西安市政府办公厅通知4个市级部门和4个开发区，抽调符合条件的人员正式组成自贸试验区工作筹备机构。与西安交通大学、普华永道等智库机构开展自贸试验区研究合作，并邀请上海自贸区政策研究局局长来西安开展专题培训。组织赴上海、广东、福建等地学习调研20余批次，开展针对性培训30余批次。

◆**2016丝绸之路国际博览会暨第二十届中国东西部合作与投资贸易洽谈会** 2016年5月13—17日在西安曲江国际会议中心举办。西安分团签订项目338个，总投资3698.89亿元，比上届项目总数增加33个。其中，合同项目261个，总投资2856.18亿元，比上届减少81.38亿元；协议项目77个，总投资842.76亿元，比上届项目增加31个。从项目分布看，项目合同总金额占比有所提高，签订合同项目261个，总投资2856.18亿元，占项目总金额的77.2%，比上届提高2.2个百分点。其中，外资合同项目43个，总投资23.05亿美元，占项目总金额的4.05%，比上届略有提高；内资合同项目218个，总投资2856.17亿元，占项目总投资额的73.17%，比上届提高2个百分点。从产业结构调整上看，工业改造升级步伐加快，签约的261个合同项目中战略性新兴产业、先进制造业、现代服务业等产业优势明显，签约项目78个，总投资870.87亿元，占投资总额的30.74%，特别是节能环保、新一代信息技术、新能源、新材料等战略性新兴产业项目达34个，总投资451.22亿元，占总投资的15.93%。从客商分布上看，东部地区对西安市投资环境看好，284个国内联合签约项目中，与东部地区签订206个，投资总额2525亿元，占73.36%，广东、上海、北京、山东、江苏、浙江、福建等省（市）与西安市合作的项目179个，投资总额2110亿元，占国内联合项目投资的61.3%。从外商投资看，中国港、澳、台地区依然是外资主力军。54个外资签约项目中，新加坡、马来西亚和中国港澳台地区投资项目30个，总投资22.77亿美元，分别占项目总数和总投资额的55.56%、57.56%；与欧美合作项目11个，总投资2.46亿美元，分别占项目总数和总投资额的20.37%、6.22%；日本、韩国投资项目9个，总投资8.84亿美元，分别占项目总数和总投资额的16.67%、22.35%。 （王 睿）

物资经营

◆**概况** 2016年，西安市物资总公司狠抓绩效考核，规范内部管理，修订完善《企业经营业绩考核办法》，制定《领导联系企业和机关部室挂点企业制度》。积极为企业解决资金困难，支持企业发展，加大资金监管力度，加快资金周转，增加资金收益。系统各单位积极拓展经营业务，加快项目建设。完成中国重型机械研究院股份公司和中联西北工程设计研究院有限公司亲商助企阶段性目标任务，企业法人治理结构更趋完善，对标管理工作全面启动，安全生产运行良好。截至年底，西安市物资总公司系统有5户国有企业，4户（参）控股企业，1家事业单位，1家股份制企业，9户改制企业，职工总数3000余人，资产总额20余亿元。实现营业收入1.66亿元，利润85万元，市场交易额31.6亿元，净资产收益率提高了0.38个百分点。被中国交通运输协会授予“2016年度全国先进物流企业”。

◆**项目建设** 2016年，西安市物资总公司及所属各单位积极挖潜力增效益，企业资产配置逐步向效益最大化方向转变。西安市玉林工贸总公司攻克汽配市场二期项目任务重、困难多、工期紧等难题，汽车城如期开业，498间商铺进驻率超过90%，收益倍增。总公司机关后院改造新增营业面积200余平方米，通过建设商业街不但增加了商业房产，还提升了后院的商业价值。西安市燃料总公司贺家村煤场与企业达成合作建设大型医药市场协议，通过狮子庙煤店改造获得280平方米商业房产，团结西路煤店、永乐路煤店改造进展顺利。西安机电设备股份有限公司新建仓库1550平方米，提高了幸福路资产收益。西安市化工轻工总公司协调各方关系完成韦兆库危险品清理，解决长安库土地置换遗留问题，增加了收益。西安物鸿实业有限公司四民巷和丰禾路住宅项目、方新路综合楼项目正在实施，建成后将使公司的盈利能力得到提升。

◆**企业改革创新** 2016年，西安市物资总公司不断深化企业改革，以混合所有制改革试点作为深化国企改革、破解资金难题的突破口，按照《中华人民共和国公司法》要求，组建西安市玉林国际文化商贸有限责任公司，完成西安市黑色金属材料总公司、西安物资贸易中心、西安市建筑材料总公司3个单位非经营性资产移交，和8个家属院现场核查交接等衔接工作。按照西安市国有资产监督管理委员会的统一部署，制定《西安市物资总公司对标管理活动实施方案》《西安市物资总公司对标管理工作实施细则》，扎实推进对标管理各项工作。西安物航商贸有限公司销售“西凤缘酒”3万件，实现旅游收入60万元，机器人培训、工程承包等工作初见成效。陕西物华投资发展有限责任公司新拓展的铁精粉业务实现营业收入2908万元，完成年计划的2.9倍。西安机电设施股份有限公司新组建的西安市工程机械公司开业9个月销售工程机械35台，销售额近1000万元，还取得了厦门厦工集团有限公司在陕西地区的唯一代理权。西安市物资职工中等专业学校取得“陕西省技工院校办学许可证”，举办3期创业培训，协助总公司开展全员培训。西安朱宏物流有限公司面对拆迁不利形势，通过创新服务稳定老客户、吸引新客户。

◆**安全生产** 2016年，西安市物资总公司积极落实“党政同责、一岗双责、失职追责”的安全生产责任，注重日常安全培训和教育，积极开展“安全生产月”活动，企业安全生产工作运行良好。

加强安全责任制落实，做好日常和重大节假日及活动期间的安全管理工作，组织重点检查。加大隐患排查和整改落实力度，解决西安市化工轻工总公司韦兆库过期爆炸品遗留问题，消除安全隐患。 （奚小建）

会展业

◆**概况** 2016年，西安市会展业发展办公室（欧亚经济论坛秘书处）抢抓西安丝绸之路经济带新起点建设、国际化大都市建设和国家全面改革创新试验区建设的历史机遇，主动适应经济发展新常态，围绕“一带一路”重大战略和全市主导产业、重要发展领域，深入推进品牌会展、产业会展、城市会展、智慧会展、法治会展“五大会展工程”，统筹推进会展业服务管理、2017欧亚经济论坛筹备、领导班子和干部队伍建设等重点工作，品牌展会占比不断提升，创新展会持续增加，实现会展业“十三五”良好开局。全年举办规模以上会展活动185个，超额完成年度任务。各类展会参展单位2.8万个，专业观众95.9万人次，普通观众709.2万人次，展

2016年1月21日，第14届西安年货会在西安曲江国际会展中心开幕

会成交额1276.5亿元，展览总面积270万平方米。西安市被商务部下属的中国会展经济研究会评为“2016年度中国十大会展名城”和“2016年度中国十佳品牌会展城市”。

◆“品质会展建设主题年”活动 2016年，西安市会展业发展办公室全面推进“五大会展工程”，重点实施“以大品牌提升会展活动项目品质、以大场馆提升会展硬件设施品质、以大企业提升会展市场主体品质、以大数据提升会展行业服务品质、以大平台提升欧亚论坛内涵品质”的“品质会展五大提升行动”，会展业追赶超越、转型升级步伐加快。品牌会展方面，积极开展“品牌会展项目招徕培育专项行动”，成功引进并举办第十三届中国检验医学暨输血仪器试剂博览会、第十七届中华全国集邮展、第八十届中国汽车配件博览会、2016全国新能源汽车展5个（只有4个）全国性品牌展会。结合西安优势主导产业，招徕、创办7个特色展会，参与承办丝绸之路工商领导人（西安）峰会·丝绸之路国际总商会合作发展大会。推荐西安绿地国际会展有限公司和西安曲江三之联会展有限公司申报2016年西安市服务业名牌产品，着力打造西安服务业名牌产品。深入贯彻国务院、陕西省人民政府关于展览业改革发展文件精神，推动西安会展业改革发展，重点打造文化旅游、电子商务、高新技术、创新创意、低碳环保、体育休闲等题材的展会品牌，策划、创办“互联网+会展”中国（西安）峰会暨中国2016年会展夏季年会、中国（西安）电子商务博览会等新型展会项目，着力推动会展业与全市主导产业及新型业态联动发展。在全行业全面开展会展统计工作，逐步建立规模以上会展企业库。改造升级西安会展网、欧亚经济论坛网站平台功能，发布会展政策解读、会展行业动态等信息，为会展企业提供会展政策咨询服务。建成全国首个城市会展电子政务平台项目，智慧会展初具雏形。深入贯彻《西安市会展业促进条例》及《〈西安市会展业促进条例〉实施办法》，建立法律顾问制度，加强对全市会展场馆的安全生产检查和年货会、轻工产品展等消费类展会的现场巡查，依法规范会展市场。以法治思维和法治方式做好会展业服务工作，会展市场步入公平、有序发展的新轨道。加快实施“走出去、引进来”战略，组织赴深圳市举办“西安特色商品展”等外出参展和招展引会活动10余次，与义乌等城市签订“会展业发展战略合作协议”，与中国—亚欧博览会组委会等国内办展机构加强交流合作，通过西安电视台《西安故事》栏目等媒介宣传推介西安会展业及欧亚经济论坛，提升了西安区域性国际会展中心城市的知名度和影响力。

◆会展业发展专项资金管理 2016年，西安市会展业发展办公室加强西安会展专项资金管理，资金使用效率进一步提升。在奖励会展项目、宣传西安会展城市形象、鼓励本地企业外出参照扩大销售、开展会展基础性调研及会展从业者相关专业培训等方面的扶持力度进一步加大，办展主体的积极性进一步提升，有效优化了会展产业发展的大环境，提升了西安会展产业发展的软实力。全年安排会展奖励补助项目53项（含展览类项目28项，会议类项目25项），安排专项奖励资金996万元。

◆会展业对外交流和宣传推介 2016年，西安市会展业发展办公室先后赴重庆、自贡、苏州、义乌、贵阳和乌鲁木齐等地参加中国节庆文化活动与城市发展峰会暨首届中国彩灯文化峰会、中国主办者大会暨第十四届中国会展财富论坛、2016中国国际电子商务博览会、中国大数据产业峰会暨中国电子商务创新发展峰会、第五届中国—亚欧博览会等一系列活动，并通过考察调研、对接洽谈，广泛宣传和推介西安会展业良好的发展环境和优厚的扶持政策。先后接待广州、大连、深圳、郴州等近10个城市的考察交流，进一步扩大了西安会展业的知名度和影响力。

2016年3月7日，第十三届中国（国际）检验医学暨输血仪器试剂博览会在西安曲江国际会展中心开幕

◆第十三届中国(国际)检验医学暨输血仪器试剂博览会 2016年3月7—9日在西安曲江国际会展中心举办。中国(国际)检验医学暨输血仪器试剂博览会(CACLP Expo)始创于1990年，是国内规模最大、参展企业最多、展会内容最丰富、专业性最强、影响力最广、参展人数最多的专业性商业展览会，每年3月举办一届，在厦门、西安、青岛、重庆等城市轮流举办。本届博览会有近600家体外诊断生产经营企业参展，展位规模达1300多个。博览会期间展示了大量新技术和新产品，为国内外体外诊断及输血用品生产和经营企业提供了很好的信息交流和扩展市场的重要平台。

◆2016第十七届中华全国集邮展 2016年4月8—10日在西安曲江国际会展中心举办。本次邮展由中华全国集邮联合会主办，西安市人民政府、陕西省集邮协会、陕西省邮政管理局、中国邮政集团公司陕西省分公司共同承办。邮展期间举行了包括2016亚洲邮展宣传日、青少年集邮活动日及中国邮政开办120周年宣传日等活动。展览吸引了全国各省（区、市）集邮协会和7个行业集邮协会共同参展。展品由非竞赛性和竞赛性展品组成。其中，非竞赛性展品128框，包括评审员展品78框，以及来自韩国集邮联合会的特邀类展品50框；竞赛性展品包括991框邮集与44部文献，设有传统集邮类、邮政历史类、专题集邮类等13个类别。邮展现场还专门设立有临时邮局，为广大爱好者提供邮寄、加盖纪念戳等服务。

◆“互联网+会展”中国（西安）峰会暨中国智慧会展夏季年会 2016年8月25—27日在西安曲江国际会议中心举行。会议围绕“互联网+”的变化、变革、变局趋势进行探讨，来自各地的600多位会展业人士就智慧会展城市、智慧会展场馆、智慧会展技术等相关话题进行了探讨，并认为互联网所带来的变革，不会阻碍或减少展会，只会改革会展活动模式和发展空间，并从根本上促进会展行业的发展，从各个方面更好呈现展会的核心价值。

◆2016中国(西安)新能源汽车、电动车暨三轮摩托车展览会 2016年9月2—4日在西安曲江国际会展中心举办。本届展会由中国汽车工业销售配件有限公司和中国电动车摩托车市场协会共同主办，以“绿色发展·活力西部”为主题，参展企业近500家，展位1500个。展品范围涵盖新能源汽车、电动车、三轮摩托车及相关配套产品、生产及加工设备、骑行、运动休闲用品等，并策划开展一系列的专题峰会、文化交流论坛等相关活动。

◆第八届中国西部文化产业博览会 2016年9月9—12日在西安曲江国际会展中心举办。本届西部文博会紧扣“改革•创新•融合•发展”的主题，设5大展馆以及1个连廊，展览面积5.5万平方米。展会设立藏羌彝文化产业走廊专题展、丝绸之路影视桥工程成果展、2016丝绸之路青年原创艺术设计美学展，以及“中国风•丝路魂”中国画邀请展4大专题展区。展会同期还举办了丝绸之路影视文化发展高峰论坛、中小文化企业投融资路演活动等10项主会场活动，西安交响乐团大雁塔北广场户外公演、马来西亚经贸投资洽谈会等10项外围及附属活动。本届西部文博会吸引全国14个省（市、区）、35个地市踊跃参展。其中，中东部25个省（市、区）、市参展，首次超过西部省（区、市）、市，西部文博会的影响力和辐射力大大提高；参展商623家，特装参展86家，比上届增加20%；海外展商大幅增加，俄罗斯、比利时、意大利等12个国家（地区）的展商参展，比上届增加6家，增长率50%，其中多个海外参展商都是首次参加西部文博会；陕西文化产业投资控股（集团）有限公司、陕西广播电视集团、陕西日报社、华商传媒等陕西省属大型文化企业单位集体组团参展，带动示范作用明显；中国文化企业30强参会数量也超过往届。

2016年10月28日，第80届全国汽车配件交易会在西安曲江国际会展中心开幕

◆2016中国（西安）电子商务博览会 2016年9月18—20日在曲江国际会展中心举办。本届博览会以“合作·共享·创新·发展”为主题，包含会议论坛、展览展示、活动体验、对接交流等板块。展会设有电子商务示范城市，电子商务重点建设县域成果，跨境电商，传统企业电子商务化等8大展区，设标准展位800个，展览面积超过3万平方米，通过展示先进技术、产业链模式、前沿理念、成功经验等，为电商创新发展提供技术服务。

◆2016年第八十届全国汽配交易会 2016年10月28—30日在西安曲江国际会展中心举办。本届交易会设立5个大型展厅，并加设精品展厅，展出面积达到7万平方米，参展企业有1500多家，展位超过2500个，来自全国各地的6万余家汽配生产企业和专业汽配采购商参展。展会集中展示中国汽车配件产业的新产品、新技术、新材料、新工艺产品，代表行业的整体水平、发展趋势。同时在展会期间还举办主题会议与专题洽谈活动，主要包括中国商用车后市场(西北区)品牌推广发展论坛、中国汽配企业体验式营销与跨业整合供应链分享新模式论坛、中国商用车名优品牌配件联合展示及高端采购产销对接活动、中国商用车SCR系统维修培训会、2016中国(西安)汽车养护大会、“征途”2016(第八届)中国汽车易损件产业领袖峰会、第十五届中国汽车配件用品行业总评榜颁奖盛典暨2016中国汽车文化小姐大赛陕西赛区总决赛、2016(西安)北京慧联买家团供需洽谈会、威伯科系统全国服务商大会、博世起发电机产品线经销商会议等。为了纪念全国汽配会举办80届，展会现场组委会还组织开展了“我和全国汽配会的故事”为主题的图文展示活动。 （孙 卓）

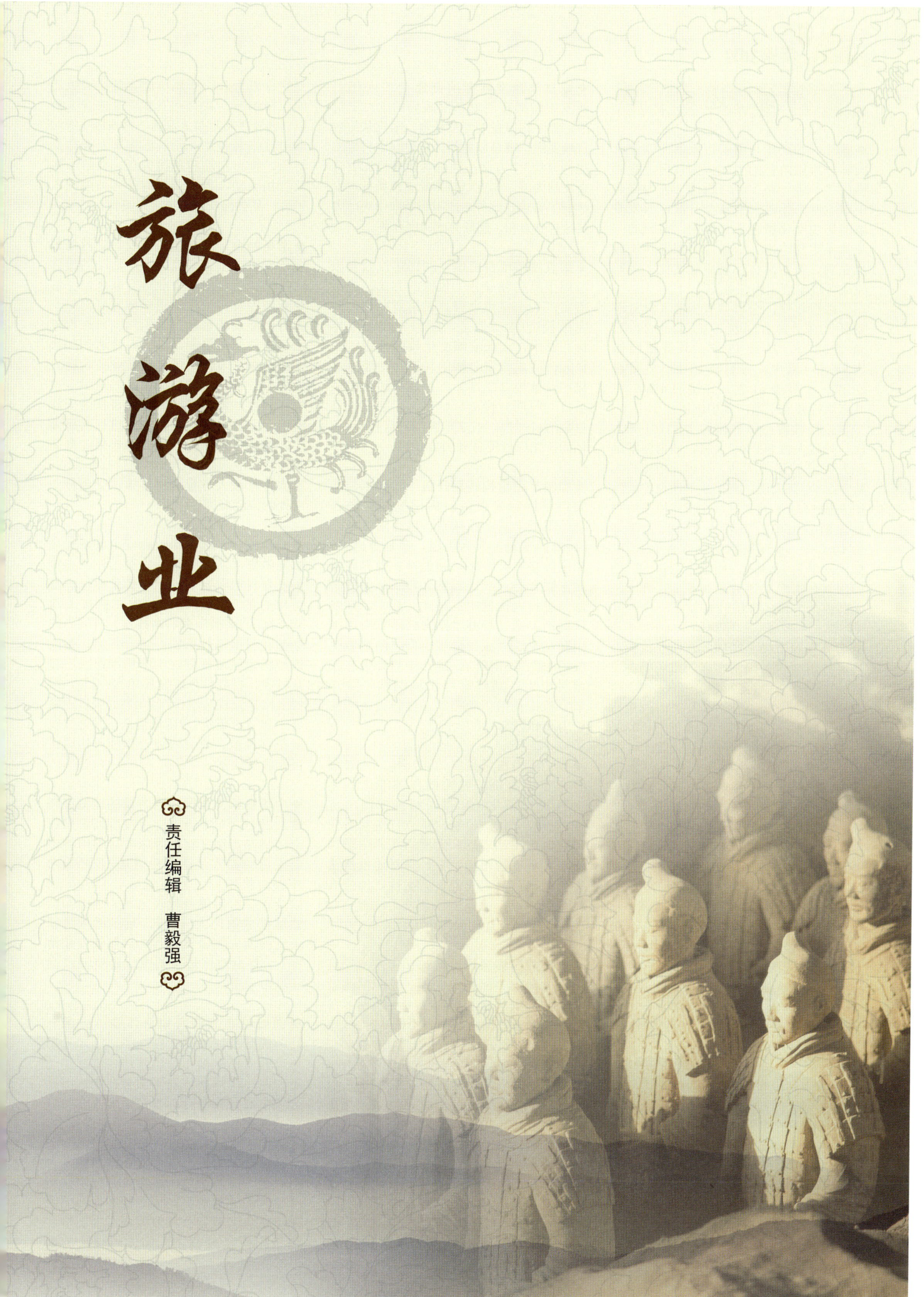

旅游业

责任编辑　曹毅强

综　述

◆**概况**　2016年，西安市旅游业以建设国际一流旅游目的地城市为目标，紧紧抓住“一带一路”战略机遇，大力推进全域旅游，促进产业转型升级，西安旅游的历史文化特色更加鲜明，多元的产品体系更加丰富，旅游综合服务功能更加完善，旅游总体环境更加优化，顺利完成各项年度工作任务。

截至年底，全市共有国家A级旅游景区72家，其中5A级3家、4A级24家、3A级33家、2A级12家；共有星级饭店98家（其中，五星级15家、四星级28家、三星级51家、二星级4家）；共有旅行社421家，其中出境社61家。

旅行社接待海外旅游者1170148人次，外联人数868462人次；国内旅游组织人数265.56万人次，国内旅游接待人数352.70万人次，出国及港澳台旅游组织人数143.55万人次。全市共接待海内外旅游者15012.56万人次，比上年增长10.38%；实现旅游业总收入1213.81亿元，增长13.05%，相当于全市GDP的19.40%。实现旅游业增加值551.609亿元，占全市GDP的8.82%。

◆**海外客源市场**　2016年，西安旅游市场海外游客中外国游客客源市场仍占主导地位，占全市客源市场的86.27%。全年接待亚洲游客358658人次，占接待外国人总数的31.06%，比上年增长0.25个百分点，份额有所扩大，日本、韩国、马来西亚增速明显。接待欧洲游客406775人次，占接待外国人总数的35.23%，仍是第一客源市场，英、德、法、西班牙等客源市场比较稳定。

◆**国内客源市场**　2016年，西安旅游交通运力增加，游客出行更加便利。1—12月，西安市公路客运量19625万人次，比上年增长1.8%，铁路旅客发送量3981.95万人次，增长11.1%，民航旅客吞吐量3297.01万人次，增长12.7%。

一日游人数的增加是国内旅游人数增长的主要因素之一。春节、十一和五一、清明节、端午节、中秋节期间拉动作用明显。

◆**旅游体制机制改革创新**　2016年，西安旅游局按照西安市政府的要求，会同市级相关部门赴先进旅游城市调研，就成立西安市旅游管理委员会，强化西安市旅游局工作职能，建立市民游客中心等方面，形成一揽子方案。经西安市编委会研究，同意成立西安市旅游管理委员会，并就强化西安市旅游局相关职能上报中共西安市委审定。

◆**设立旅游发展专项资金**　2016年，西安旅游局在西安市财政局的大力支持下，设立旅游发展专项资金，重点从旅游宣传促销、智慧旅游景区建设和乡村旅游提档升级3个方面，通过具体项目加大资金支持力度。年度财政预算支出执行进度达到了要求。此外，还积极争取中央、省资金1748万元，超额完成年度任务。

◆**重点旅游项目建设**　2016年，西安旅游局按照局领导分工包抓的方式，逐个落实，42个重点项目建设进展顺利，共完成投资64.3亿元，超额完成年度目标。其中，汉长安城文化景区投资1.07亿元，完成投资总额的107%；白鹿原文化产业基地（二期）、白鹿原印象民俗项目（一期）投资4.13亿元，完成投资总额的119.7%，航空旅游度假区投资3.5亿元，完成投资总额的114.4%。

◆**加快产品结构转型升级**　2016年，西安市坚持观光旅游和休闲度假旅游并重，不断丰富产品体系，以“游丝绸之路•赏西部风情”为主题，策划推出8条深度丝路旅游线路，通过参加世界旅游城市联合会、2016丝绸之路国际美食旅游节进行宣传推广。与区（县）、开发区联动，通过举办“踏青郊游季”“休闲赏花季”“旅游滑雪季”“温泉养生旅游季”系列活动，进一步提升生态旅游吸引力。通过举办汉城湖端午龙舟节、蓝田民俗体验季等，提升民俗产品的内涵和影响力。

◆**规范旅游市场秩序**　2016年，西安市将全市旅游市场整治的任务细化到区（县）、开发区和市级相关部门，定期开展联合执法检查，重点打击兵马俑周边、火车站广场、大雁塔南北广场等区域各种旅游市场乱象，每月通报执法检查情况，严肃查处典型案件。加强旅游诚信建设，面向全社会发布旅游企业“红黑榜”，优化旅游市场环境。

◆**智慧旅游体系建设**　2016年，西安市完成旅游官方网站政务网、资讯网改版分离和西安旅游智慧服务平台一期开发建设，制作“品味西安”手机APP上线使用，建立微信公众号，进一步完善微信、微博等网络平台功能。投入1000万元，按照智慧旅游景区建设规划，推进9个重点景区的智慧旅游建设。与百度、高德地图合作，推出市内旅游导航系统。

◆**举办丝绸之路国际美食旅游节**　2016年，西安市旅游局在西安丝绸之路博览会暨西洽会期间组织各中华老字号餐饮企业、旅游星级饭店，举办“2016西安丝绸之路国际美食旅游节”。活动得到西安饮食股份公司所属单位、各星级饭店的积极响应，共有西安赛瑞喜来登大酒店、西安香格里拉大酒店、西安饭庄等30家单位报名参加，纷纷根据本企业产品特色，推出精品和惠民美食，并给予多项折扣活动，力争使海内外客商能深入了解、品尝西安的丝绸之路美食。

◆**亲商助企**　2016年，西安市旅游局根据西安市“千人亲商助企”活动的工作安排，积极与旅游企业进行联系，了解企业的困难，为企业更好地发展提供一些力所能及的帮助。组织西安市旅行社经理岗位职务培训，培训人员达到60余人次，进一步提高了旅行社业务素质。促进旅行社行业的健康发展。组织全市旅行社参加旅游景区和外地市在西安旅游推介会。组织旅行社法人进行健康体检。为了体现旅行社协会的作用，提高旅行社行业凝聚力，组织旅行社分会500家旅行社法人进行健康体检，受到行业内外的广泛好评。

◆**旅游扶贫**　2016年，西安市旅游局高标准做好“两联一包”扶贫工作。选派负责乡村旅游发展的业务骨干担任户县马坊村的第一书记。并成立扶贫工作队，选派3名懂专业、有技术、有能力的干部驻村上进行帮扶。结合实际，帮助该村制定旅游规划，实施精准帮扶，提升村容、村貌，今年投入100余万元，给村上修建红权基地，组织8名处级以上领导干部结对帮扶8户困难群众，并通过发展花卉种植，成立农业合作社，让村民百姓脱贫致富。

◆**中华古都文化国际旅游目的地城市创建**　2016年7月15日，西安市旅游局在南门举办古都文化国际旅游目的地城市创建启动仪式，活动邀请100多名境内外旅游批发商、媒体记者、驻外机构以及外交官等境外代表出席，通过南门瓮城搭建的巨大LED屏，现场播放最新录制的西安旅游宣传片，讲解西安旅游PPT，有力地宣传了西安旅游资源产品和城市形象。

◆**通航城市旅游营销合作暨“一带一路”国际航线发展大会**　2016年10月13日，西安通航城市旅游营销合作暨“一带一路”国际航线发展大会在曲江国际会议中心隆重举行，来自西安及通航城市的航空和旅游界的代表450人（126家中外航空公司、260家旅游业代表）齐聚古城，共同成立国内首个航空旅游合作联盟——西安通航城市旅游合作联盟（以下简称联盟）。大会旨在以西安通航城市旅游营销合作联盟成立为契机，积极构建通航城市之间旅游交流的平

2016年7月15日，在南门瓮城举行西安市创建中华古都文化国际旅游目的地暨2016西安旅游嘉年华系列活动启动仪式

台，通过“航空+旅游”的合作模式，努力拉近航空与旅游利益契合点和强化最大公约数，在航空和旅游两个产业间建立资源共享的信息平台和联动机制。通过大会的召开，将以“航空+旅游”为主题，以“开放合作，互利共赢”的原则，实施西安航空旅游品牌战略、打造西安“航空+旅游”国际级旅游产品，助推西安建设成为号召力强、影响力大、国际化程度高的国际知名旅游目的地。

◆中韩石榴花之春活动 2016年4月12日，西安市旅游局成功组织举办中韩石榴花之春活动，活动期间举办“西安旅游推介会”，对到访的百余名韩国旅游批发商、记者和业界人士大力推介西安旅游新资源、新产品，取得良好效果。

◆西安城市旅游大会 2016年5月3日，西安城市旅游大会。邀请“一带一路”沿线10国家18名政府旅游部门官员、驻华旅游机构代表、旅游批发商以及“一带一路”国内主要旅游城市领导、旅游主管部门领导，相关旅游企业共300余人参加会议。在40余个旅游投资项目中，遴选10个有代表性的旅游项目进行现场签约，签约总金额约208亿元。

◆“文明旅游、导游先行”主题宣传活动 2016年12月27日，西安市旅游局联合西安市文明办在西安市曲江宾馆隆重举办“文明旅游、导游先行”文明旅游主题宣传活动。活动邀请西安的全国导游行业劳模、最美导游代表等30名导游引领全场1300名从业人员进行“文明旅游、导游先行”宣誓仪式，宣读文明旅游宣言。并为大家献上导游们自编自导的文艺演出。央广新闻网、凤凰网、搜狐网等40余家媒体对活动举办情况进行报道。

◆“品唐宫秋月、赏歌舞表演”优秀导游联谊会 2016年中秋节期间，西安市旅游局举办“品唐宫秋月、赏歌舞表演，省内优秀导游联谊会”。全市上千名优秀导游在大唐芙蓉园观看“大唐女皇”演出，共迎中秋活动。

◆乡村旅游提档升级 2016，西安市旅游局积极推动乡村旅游提档升级工作。带领部分区（县）乡村旅游经营人员赴桂林、云南对乡村旅游发展情况进行广泛调研，出台《加快全市乡村旅游提档升级的措施》，制定《西安市乡村旅游示范村评定标准》，开展“美丽乡村、乡村旅游示范村、旅游特色名镇”评选活动，并评选出户县家佛堂村、煤场村，周至耿峪村、长安五台村等为陕西省乡村旅游示范村。

◆文明旅行社创建 2016年，西安市旅游局组织全市旅行社行业，积极创建文明城市工作，活动发放各种文明宣传海报2600余份，组织创建文明检查230余人次，保证旅行社行业创文工作的顺利开展，推动全市文明城市创建工作。联合市文明办做好西安市旅行社行业“讲文明树新风”“志愿服务”的宣传工作的通知和材料搜集工作。

◆旅游人才教育培训 2016年，西安市旅游局联合西安和省外的大专院校，在全市旅游行业广泛开展教育培训工作。聘请长安大学、陕西师范大学、西北大学、西安交通大学的专家教授对区（县）旅游局长和相关工作人员进行“旅游推动精准扶贫”专题培训。在青岛大学举办全域旅游专题培训班。

◆旅游行业安全 2016年，西安市旅游局制订《西安市旅游行业安全检查》方案，加强对从业人员的反恐培训，组织、指导旅游企业开展反恐演练。认真落实安全生产“一岗双责”，与旅游企业层层签订旅游安全目标责任书，深入开展重大节庆和敏感时期安全隐患大排查、大整治活动。重点督导旅行社严格执行租用车辆的安全规定。开展平安景区创建活动，加强客流高峰时的疏导和安全警示，落实防汛安全要求，严格执行恶劣天气条件下的景区关闭制度。联合相关部门加强对星级宾馆的消防安全检查、农家乐的食品安全监管。全年未发生一起重大旅游安全事故。

旅游市场开发

◆概况 2016年，西安市旅游局为进一步做大、做强旅游市场，上下联动，开展丰富多彩的旅游营销活动。突出网络营销，抓住“两节两会”机遇，通过微信、微博、手机APP开展“中秋晚会在西安”等各类线上宣传活动。持续在央视投放西安旅游宣传广告，在境外主要客源市场增设“西安之窗”旅游推广中心，成功举办2016西安“一带一路”国际旅游城市大会和西安通航城市旅游营销合作大会，成立国内首个航空旅游合作联盟——西安通航城市旅游合作联盟。以西安与华东实现高铁联通为契机，推出“乘高铁半价游西安”系列活动，着力开发高铁客源市场。进一步创新工作方法，充分挖掘潜力，振奋精神，采取多种措施，开展多种富有成效的旅游宣传促销活动，在宣传促销活动中注重发挥旅游企业的旅游市场活动中的主体作用，注重将市场化手段与政府直接投资相结合，取得了很好的宣传效果。

◆国内旅游宣传 2016年，西安市旅游局结合西安季节性特点，先后开展和举办中国革命精神标志之旅启动仪式暨2016新版大型红色历史舞台剧《延安保育院》首演、踏青郊游季启动仪式暨曲江农业博览园亲子闹春嘉年华、休闲赏花季暨沣东农博园郁金香花展、蓝田民俗旅游体验季暨首届鼎湖延寿宫糍粑节、中国革命精神标志之旅走进渭南、2016西安春季旅游集市暨周末微度假旅游嘉年华、2016首届太平国家森林公园大学生登山节暨游客服务中心落成典礼、2016西安“一带一路”国际旅游城市大会、2016汉城湖端午龙舟节、“5·19”中国旅游日西安分会场广场宣传活动、五月汉文化主题游活动启动仪式、秋季旅游集市等活动。利用《中国旅游报》《陕西日报》《西安晚报》

西安市2016年接待游客前十位景区

序号	名 称	接待人数（万人次）
1	秦始皇帝陵博物院	533.37
2	西安城墙景区	351.46
3	华清宫景区	309
4	西安汤峪温泉	296.48
5	陕西历史博物馆	276
6	大唐芙蓉园	207.34
7	西安野生动物园	124.53
8	西安博物院	144.56
9	西安市大慈恩寺	106
10	西安曲江海洋极地公园	101.36

《西安日报》《三秦都市报》《华商报》等平面媒体发布近30余次西安旅游宣传广告，在春节、清明节、五一小长假等节假日期间，及时发布西安旅游出行指南和资讯。拍摄《品质西安魅力之旅》宣传片，提高西安旅游的影响力和吸引力，丰富西安旅游产品，拉动旅游投资消费，为市民出游提供便利。赴深圳、日照、徐州、南京等地开展“魅力古都·品质西安”实地宣传推广。

利用电视媒体和户外LED大屏宣传。完成第一批北客站LED大屏项目、西安市区LED大屏项目、西安社区高清大屏项目、全国17个城市LED大屏项目、127家电视台、陕西电视台、西安电视台和《陕西日报》《西安日报》《西安晚报》《三秦都市报》《华商报》《中国旅游报》等十几家新闻媒体进行宣传推广。充分利用LED、社区高清大屏、全国17个城市LED、西安北客站LED进行宣传推广；利用北京地铁隧道光影墙、西安地铁主换乘站广告、成都双流机场T2航站楼、北京首都机场T3航站楼、西安绕城高速出入口和过街天桥、西沪高铁、西安旅游口袋书、台湾电视媒体对西安旅游进行宣传推广。

利用节庆、展会等活动进行宣传。举办2016西安城市旅游大会。邀请“一带一路”沿线10个国家18名政府旅游部门官员、驻华旅游机构代表、旅游批发商以及“一带一路”国内主要旅游城市领导、旅游主管部门领导，相关旅游企业共300余人参加会议；于7月15日在城墙举办西安创建中华古都文化国际旅游目的地创建工作启动仪式，并进行旅游宣传推广；围绕高铁旅游宣传推广，与西安北客站联合举办高铁+旅游宣传推广系列活动启动仪式，联合主要景区、星级酒店、旅行社等40余家旅游单位推出为期近半年的“乘高铁半价游西安”活动，组织策划西安旅游高铁巡展，西沪高铁促销采风踩线活动等多项活动；推出秦岭北麓和渭河流域西安段生态旅游线路产品；联合长安区人民政府举办长安秦岭避暑休闲季，推出关中民俗博物院和秦岭野生动物园主题演艺、长安樱桃采摘季、长安西瓜采摘季、长安王莽鲜桃采摘季、王莽万亩荷花观赏等系列活动和特色产品；加大丝路特色旅游产品研发推广，制作丝绸之路标志专题宣传片，非遗美食文化专题片，同时推出丝绸之路文化古迹游和大漠风光游等特色旅游项目，并利用展会、会展等时机进行宣传推广。

2016年5月14—16日，西安举办“一带一路”国际旅游城市大会

◆国际旅游宣传 2016年，西安市旅游局深入学习贯彻国家旅游工作会议精神，继续围绕“丝绸之路旅游年”主题，认真贯彻国家“一带一路”战略，积极创新宣传方式，有效开展丰富多样的推广活动，进一步加大入境市场促销力度。

利用参加国内外旅游交易会搭建的平台，做好宣传促销工作。有选择、有针对性地参加了“第14届亚洲航线发展大会”“上海国际旅游交易会”“重庆国际旅游交易会”等展会，以及海南“全球旅游目的地盛典暨论坛”、银川“中美旅游高峰论坛”等研讨会议；在继续宣传人文历史、民俗风情的同时，加大对秦岭国家地质公园、曲江休闲度假区、浐灞湿地等休闲、度假旅游产品的宣传，突出旅游产品的多样性。在各次旅游交易会及组织的宣传促销活动中，共发放各类宣传资料50万余份，接待来访、咨询近100万人次。

通过各类大型活动，加大“请进来”的促销交流力度；通过境外实地促销，实现“走出去”的宣传促销目标。扩大境外重点旅行商和主流媒体的邀请数量，尤其是邀请主流媒体记者，特别是新兴市场媒体记者和周边及重点客源市场的旅华批发商、零售商来西安进行采风、踩线。配合中共西安市委宣传部门、陕西省旅游局接待境外记者考察2批次。协助新加坡“银屏国际”制片公司来西安市拍摄纪录片。成功组织和举办“2016年西安旅游目的地南门启动仪式”，活动邀请100多名境内外旅游批发商、媒体记者、驻外机构以及外交官等境外代表出席，通过南门瓮城搭建的巨大LED屏，现场播放最新录制的西安旅游宣传片，讲解西安旅游PPT，宣传西安旅游资源产品和城市形象。4月12日，成功组织举办中韩石榴花之春活动期间的“西安旅游推介会”，对到访的百余名韩国旅游批发商、记者和业界人士大力推介西安旅游新资源、新产品。10月13日，西安通航城市旅游营销合作暨“一带一路”国际航线发展大会在曲江国际会议中心举行，来自西安及通航城市的航空和旅游界的代表450人（126家中外航空公司、260家旅游业代表）齐聚古城，共同成立国内首个航空旅游合作联盟——西安通航城市旅游合作联盟（以下简称联盟）。

主动作为“走出去”，积极深入实地开展旅游宣传活动。重点组织西安市旅游局赴新加坡、印度尼西亚旅游宣传

2016年6月19日，西安市政府在深圳举办“魅力古城·品质西安”西安旅游营销大会

促销团，有效地开展境外实地旅游促销活动。应新加坡国家旅游局以及印度尼西亚国家旅游局的邀请，以西安市旅游局局长张永科为团长的西安市旅游宣传促销代表团，联合西部机场集团和重点做东南亚市场的旅游企业，于7月19—26日赴新加坡、印度尼西亚两国开展促销活动。其间成功举办“西安（新加坡）旅游推介会”和“西安（雅加达）旅游推介会”，新加坡旅游局、印尼国家旅游局、当地旅游企业、当地几大航空公司、媒体代表以及新闻媒体代表200余人应邀到会。推介会重点介绍西安旅游业的发展状况以及新资源、新产品，宣传西安72小时落地免签政策，以及为鼓励境外旅行社向西安输送游客所出台的各项鼓励政策。推介会播放20分钟《品位西安 魅力之旅》和5分钟《美丽西安》中英双语版宣传片以及著名歌唱家霍尊演唱的《唐诗》VCD，获得热烈反响。西安西部机场集团和新加坡虎航航空公司结合PPT对其新宣传产品资源和未来直航发展情况进行了详细说明。张永科局长和李良义董事长分别代表西安市旅游局和新加坡华鼎集团签署《关于推广西安文化旅游的战略合作协议》。

在新加坡期间，促销团实地考察新建立的“西安之窗新加坡旅游推广中心”各项工作，勘察评估项目投入效果情况。期间还与境外旅游管理部门、旅游批发商洽谈合作事宜、进行座谈交流，重点宣传丝绸之路相关产品。同时发放各种宣传资料1200余份。

开展72小时过境免签宣传工作。印制多语种西安市72小时过境免签宣传册并广泛发放；将宣传72小时过境免签政策宣传纳入2016年所有出访团组任务；针对全市接待的外国团组进行广泛宣传；结合西安的特点，开发一批72小时（3天、2天、1天）旅游精品线路，满足入境游客短期出游的要求，除经典的西安传统观光游外，还以关中民俗风情、城墙骑行、西安小吃为产品设计的重点；在请进来和走出去的所有活动中宣传该政策；配合其他相关单位的对外宣传活动，发放西安旅游宣传资料。

着眼国际，兼顾国内，形成国际和国内市场相互促进、共同发展的良好格局。瞅准时机，立足国内平台广泛开展促销活动。在活动中推介西安，发放西安旅游宣传资料5000余份；依托各区（县）及周边地区丰富多彩的旅游活动和产品，进行大力宣传推广，吸引国内外游客积极参与。

旅游产品

◆概况 2016年，西安市旅游局坚持观光和休闲度假旅游并重，加快产品结构转型升级。不断丰富产品体系。依托申遗成功和文博类景区，推出高品质丝路旅游产品。策划推出以秦岭北麓西安段为主的生态旅游线路产品，进一步提升赏花踏青、采摘避暑等节庆民俗产品的内涵和影响力；促进乡村和古镇旅游提升品质。通过完善基础设施，提高服务水平，重点推进蓝田县白鹿原民俗文化村、长安区上王村等乡村旅游提档升级；按照国家标准，加快推动现有温泉旅游设施和服务的提档升级，重点抓好蓝田汤浴温泉和临潼温泉的整体提升工作；大力实施旅游精品工程。城墙·碑林创建5A级景区通过国家旅游局初评；加强旅游商品创意研发和产业化发展。通过制定鼓励政策，按规模对旅游商品、纪念品生产厂家进行贴息扶持。组织相关旅游企业参加全国旅游商品展评，设立西安旅游商品研发基地，推出“西安礼物”平台，实现西安市旅游商品线上、线下同步销售，满足游客需求。

◆丝绸之路专题旅游线路产品 2016年，西安市旅游局紧紧抓住丝绸之路经济带发展的大好机遇，贯彻落实关于“丝绸之路旅游经济带建设”的总体部署要求，认真研究，精心策划，联合丝路沿线10余个旅游城市，推出丝绸之路“精彩游西安”、新丝路快车之“完美河西”“大漠风清”“七彩云天”“金银不换”“长安号丝绸之路旅游专列”“丝绸之路精华游”“丝绸之路豪华专列游”等8条丝绸之路特色深度旅游线路产品。组织全国主要客源城市的旅游批发商和媒体记者对包括西安在内的丝路沿线重要旅游城市进行考察踩线采风；开通西安至敦煌、西安至乌鲁木齐的“长安号”丝绸之路旅游专列，开通西安至罗马、西安至雅典丝绸之路旅游航班。

◆“幸福生活天天游”系列产品 2016年，西安市旅游局继续实施“幸福生活天天游”系列旅游产品，包括滑雪节、赏花节、采摘节、登山节等活动；举办“幸福生活天天游·夜游大唐芙蓉园·看灯展活动，组织大量市民游客参观大唐芙蓉园。9月15—18日，丝绸之路旅游博览会在西安曲江会展中心举办，会上向广大游客和市民免费发放10余万册的《幸福生活天天游专刊》。在全市主要媒体上发布春季赏花、踏青“旅游指南”。策划举办“幸福生活天天游·惠民大礼包大派送活动”，编辑出版《幸福生活天天游——西安市民休闲手册》。

◆乡村旅游产品 2016年，西安市旅游局按照“政府打基础，农户搞经营”和区域化发展、规模化经营的发展思路，研究制定以打造不同业态、各具特色的县域经济发展为突破口，以城乡统筹建设和发展乡村旅游为结合点，以规划先行、扩大规模、提升质量、提高素质为重点，开发突出特色、差异化发展的乡村旅游产品。全市已形成以登山、观光、垂钓为特色的秦岭北麓自然生态游；以现代农业、科技农业、趣味农业为特色的都市农业观光游；以体验、赏花、采摘为特色的临潼石榴园、灞桥樱桃园、户县葡萄园乡村休闲游；以吃农家饭、住农家屋、享农家乐为特色的上王村、东韩村、祥峪村农家度假游；以户县农民画、草编画、周至刺绣、阎良根雕等为特色的民俗文化游。

◆文化旅游产品 2016年，西安市旅游局紧紧围绕“历史文化、自然生态、休闲度假”、三大主题，根据历史文化、

2016年西安市星级酒店营业收入前十位排序

序号	饭店名称	营业收入（万元）	客房数（间）
1	西安香格里拉大酒店	18941.74	513
2	西安索菲特人民大厦	13445.80	720
3	西安赛瑞喜来登酒店	10477.80	685
4	西安万达希尔顿酒店	10278.05	450
5	建国饭店	8612.80	1068
6	西安绿地酒店	7890.80	543
7	陕西世纪金源大饭店	7507.10	604
8	西安中信丝绸之路大酒店	6874.60	510
9	陕西吉朗丽大酒店	6229.92	429
10	国宾大酒店	6066.40	116

2016年西安市旅行社接待海外旅游者前十位排序

序号	名　称	接待人数（人次）
1	西安天马国际旅行社	232590
2	陕西中国旅行社有限责任公司	162859
3	西安中国国际旅行社集团有限责任公司	158904
4	中国旅行社总社西北有限公司	145964
5	西安中旅国际旅行社有限责任公司	108664
6	西安光大国际旅行社	82574
7	西安百仕通国际旅行社有限公司	41896
8	中国康辉西安国际旅行社有限责任公司	36827
9	西安海外旅游有限责任公司	24195
10	陕西友联国际旅行社有限责任公司	12498

2016年西安市旅行社入境外联人数前十位排序

排序	名　称	外联人数
1	陕西中国旅行社有限责任公司	131105
2	中国旅行社总社西北有限公司	118014
3	西安天马国际旅行社	113009
4	西安中旅国际旅行社有限责任公司	105703
5	西安光大国际旅行社	79518
6	中国康辉西安国际旅行社有限责任公司	31208
7	西安假日国际旅行社有限公司	19570
8	西安中国国际旅行社集团有限责任公司	17023
9	陕西海外旅游有限责任公司	15546
10	西安海外旅游有限责任公司	12122

文物遗址、山水风光、休闲度假等各类新老旅游景区点建设项目和城市基础建设开发的进程，适时策划推出相关文物观光、文化体验、生态旅游、都市旅游、温泉养生、休闲度假、修学旅行旅游等内容的多元化旅游产品体系。

◆假日旅游产品　2016年，西安市旅游局针对小长假旅游市场，分别推出内容丰富、特色鲜明，吸引力强的产品。春节期间，西安市旅游局联合西安市商务局、市工商局、市食品药品局分别在大唐芙蓉园、大唐西市、大雁塔北广场、大明宫国家遗址公园、城市运动公园、万达广场举办“过大年、购物、品美食、看灯展、游西安”新春年货会和庙会。并向市民发放春节旅游活动指南5万余份；周末小假期，为了给市民提供外出信息，及时推出“清明”户外踏青、祭祖，“五一”登山、观光，“端午”休闲、度假，“十一”外出长线游等小长假休闲旅游产品。

◆休闲、商务旅游产品　2016年，西安市旅游局推出踏青赏花、消夏避暑、登山采摘、温泉滑雪、骑行徒步、演艺美食、乡野农家、街区广场、健身沐浴、游乐嬉戏等十大休闲产品体系和城墙圈内都市购物、美食休闲板块，曲江文化旅游休闲板块，灞桥白鹿原生态民俗休闲板块，雁塔杜陵都市农业休闲板块，浐灞商务憩息休闲板块，汉城湖水利养生休闲板块，渭河生态休闲板块，临潼温泉度假休闲板块，阎良农家休闲板块，秦岭环山绿色休闲板块等十大休闲板块，并及时在全市主流媒体上进行发布和推广。编制发放西安首份《自驾游手册》《2016金秋自驾旅行手册》，并成功举办“2016西安（首届）金秋自驾旅行市集”活动。

◆时令旅游产品　2016年，西安市旅游局在不同季节，适时推出时令性的旅游产品。春季推出“游楼观台，赏紫金花，览太平山水风光，看东韩农民画乡。体验自然与淳朴，感受新农村、新风尚”春游系列旅游产品；暑期推出“游陕西科技馆，观阎良航空博物馆，品阎良北塬农家美食，吃‘户太八号’葡萄”夏季系列旅游产品；秋季推出“观秦岭山水美景，登万花山，览翠华山，游南五台”秋季系列旅游产品；冬季推出“洗汤峪温泉，游汤峪湖美景，吃上王村农家乐，体验农家生活”冬季系列旅游产品。

◆节事旅游产品　2016年，西安市旅游局先后策划举办踏青、登山、温泉滑雪等独具特色的系列旅游节事活动，首次

2016年5月19日，西安市旅游局在长安区举办“秦岭避暑旅游季启动仪式”

推出踏青赏花、采摘、滑雪、骑行、徒步、演艺、美食、养生、健身等十大休闲产品体系和都市购物、美食休闲板块，曲江文化旅游休闲板块，灞桥白鹿原生态民俗休闲板块，长安环山路都市农业休闲板块，浐灞生态憩息休闲板块，汉城湖水利养生休闲板块，临潼度假休闲板块，秦岭北麓乡村旅游板块，秦岭山水休闲板块等系列旅游产品。

◆研学旅游产品 2016年，西安市旅游局为促进全市研学旅行工作健康发展，本着“教育为本，安全第一”的基本原则，与西安市教育局沟通，加强中小学研学旅行工作的组织领导和监督管理，推荐旅行社参加研学旅行工作。采取竞标方式，推荐18家旅行社为西安中小学研学旅行旅行社。

旅游行业管理

◆概况 2016年，西安市旅游局深入贯彻“全域旅游”方针，紧紧围绕促进旅游业健康有序发展。以制度建设为手段，以提升服务质量为核心，规范旅游市场秩序，优化旅游总体环境。将全市旅游市场整治的任务细化到区（县）、开发区和市级相关部门。按照国家旅游局服务质量提升的要求，积极开展旅游服务质量提升年活动。大力提升行业管理水平，有力促进旅游市场的规范化经营，提高全市旅游市场规范化管理。

◆旅游市场监督管理 2016年，西安市旅游局充分发挥区（县）、开发区的主体作用，在全市开展旅游市场秩序专项整治工作，重点打击“黑车”，“黑导”，“黑托”，规范“一日游”秩序。根据市政府统一部署，联合公安、交通、物价、工商、食品药监等部门对重点区域的市场秩序进行不间断地联合检查。通过暗访，加强对各区（县）、开发区整治工作进展情况进行督导。制定旅游市场秩序专项整治工作考核办法，将旅游市场整治工作纳入年度目标考核，用硬措施推进整治工作的落实。大力开展旅游服务质量提升年活动，对旅行社使用管理《西安市国内旅游组团合同》和“一日游合同”情况进行专项监督检查，向全社会发布旅游企业“信用榜”。

加大对旅行社保证金的检查和整顿工作。检查旅行社质保金缴纳情况，对未在规定时间内缴纳的及未按规定缴纳旅行社责任险的单位进行了督促，并配合稽查队进行行政查处。加大旅游市场的监管力度。配合稽查队开展相关旅游市场整治工作，先后联合公安、工商、交通、综合执法、质量技术监督等部门进行多次专题整顿，重点打击“黑社”“黑导”“野导”和“零负团费”等严重扰乱旅游市场秩序的行为。按照局颁布的“黑红榜”制度严格管理。在严格检查的基础上确定2016年度旅行社的“黑红榜”名单。有30家旅游企业上“红榜”，受到表扬；有2家旅游企业上“黑榜”，受到批评。

西安市旅游局邀请市公安局、市物价局、市质监局、市交通局、市宗教局、市城管局、市食药监局、市工商局、市机关事务局等部门派驻旅游市场联合执法机制的工作人员召集会议，对联合执法机制的工作机制、责任分工、运行方式等进行安排部署。同时，对相关单位春节黄金周旅游市场联合执法检查的准备工作做安排部署。先后组织各类旅游市场联合执法检查活动24次，对全市主要涉旅区（县）进行实地检查和督导工作。在包括春节、清明、五一、端午等各次假期在内的热点时段，均组织联合执法检查活动。还对蓝田白鹿原等新开放景区进行专门联检，对全市各区（县）、涉旅开发区的工作进行现场督导。

◆旅行社管理 2016年，西安市旅游局积极转变政府工作职能，下放旅行社分社、门市部备案权限到区（县）旅游行政管理部门，突出旅游团队安全工作重点，加强市场监督，打击“强迫或变相强迫购物”和“不合理低价游”，积极引导旅行社“供给侧”改革，内强素质，规范经营，做大做强，树立品牌形象。全年新审批设立旅行社27家，注销旅行社10家，旅行社总数达到421家，其中具有出境资格旅行社为59家。

加大旅游市场整顿规范工作力度，提升旅游服务接待质量。针对全市旅游服务接待中存在的不签订或签订分合同不规范、强迫或变相强迫购物、安全提示不规范等问题，拟订《西安市“一日游”规范整顿工作方案》，并积极组织各种检查和活动，保证“方案”内容的落实。4月28日，举办西安市规范“一日游”市场暨“文明与旅游同行”活动启动仪式；9月30日，举办西安市“一日游”标志牌暨“导游专座”座套发放仪式。全市经营“一日游”旅行社和分公司企业40余家、从业导游人员90余人和500余名游客参加活动启动仪式。活动还向参会的旅行社代表、导游和游客发放文明旅游宣传资料，公布监督电话，受到行业和广大游客的欢迎和好评；打击“不合理低价游”。《国家旅游局关于打击组织“不合理低价游”的意见》下发后，西安市旅游局组织进行认真学习，转发各旅行社贯彻执行，并按国家和陕西省旅游局的要求，在广泛征求意见的基础上，制定西安市“一日游”诚信指导价格，规范西安市旅游服务接待价格，推进旅游市场有序竞争。

加强对旅游用车安全的重点检查，狠抓旅游团队安全工作。要求各旅行社利用西安市交通运输管理开发的网上查询平台和手机APP等现代化手段查询使用车辆的合法性；要求检查审验“五证两单一牌”（车辆行驶证、驾驶证、道路运输证、上岗证、服务监督证、安全检查合格通知单、电子路单、旅游线路牌）；加强以用车安全为中心的旅行社安全检查，并组织旅行社安全检查80余次，检查旅行社、分社150余个单位，抽查旅行社团队用车200余车次，重点检查旅行社接待用车合法性，杜绝使用非法运营车辆的问题；督促旅行社缴纳旅行社责任险和旅游用车合同签订工作，以保证旅行社使用车辆手续齐全、合法，保证游客人身安全。

◆导游员管理 2016年，西安市旅游局加强导游管理工作，完成2016年导游年度审核工作。按期审验6600余人次，组织2次补审工作，补审800余人次。全年共审验7400余人次。完成新导游注册登记工作，共注册323人。为导游办理丢失补办、坏卡重制、服务单位变更等288人次。落实岗前培训、执业培训制度，组织新导游参加岗前培训，老导游参加执业培训等工作，全年共培训导游7800余名，培训旅游从业人员3000多人。认真做好导游群体维稳工作，协助处理、妥善解决临潼游客打导游事件。涉事游客被列入国家旅游局旅游黑名单。参加国家旅游局组织的导游大赛，西安市推荐的导游刘笑南，继获得百名“中国好导游”殊荣后，又被评为“全国旅游系统劳动模范”，是全市多年来第一位获此荣誉的导游。

完善导游行业组织建设，支持导游组建导游协会，指导其日常工作的开展。10月31日至11月10日期间，分别与北京导游协会、海南导游协会、昆明导游协会、浙江衢州、金华等数家地市导游协会会长以及全国导游机构联盟，交流探讨全国导游管理经验以及各地导游协会目前发展的实际情况。

积极开展文明旅游主题宣传活动。在《西安日报》刊登“关于丝路沿线旅游发展和文明旅游，导游领队应如何发挥宣传作用”的宣传报道。5月，组织导游参加陕西省旅游局、陕旅集团在华清宫举办的“中国好游客、中国好导游”颁奖仪式，暨“为中国加油，为陕西点赞”文明旅游公益活动陕西站启动仪式。12月27日，“文明旅游我先行”导游文明诚信服务宣誓仪式活动在西安曲江宾馆隆重举行。全国导游行业劳模、最美导游代表等1300名导游参加这次活动，宣读文明旅游宣言。

◆旅游安全管理 2016年，西安市旅游局专门召开全市旅游安全工作会，安排部署安全生产方面的工作。根据全局业务处室职责分工，细化安全生产工作职责，针对不同季节、不同时段，对安全生产工作做出具体部署安排，开展旅游行业安全隐患排查治理大检查工作，并组成若干个检查组分赴各区（县）、各旅游服务单位督查指导安全生产工作落实情况，以确保不发生大的安全生产事故。签订安全目标责任书，落实安全工作责任制，认真制订完善的安全生产工作计划和应急预案，明确安全生产第一责任人。层层落实安全生产责任，从而形成较为严密的安全生产事故预防网络。

组织开展元旦、春节、清明、五一、端午、中秋节、十一黄金周、冬季安全生产大检查10次，旅游行业安全生产工作专项检查5次，在春节黄金周和十一黄金周期间，组织市级相关业务部门组成3个组，对各区（县）和旅游服务单位进行联合大检查3次，要求各区（县）和旅游服务单位成立相应机构，完善应急预案，认真落实旅游安全工作责任制，不断加大对全行业旅游安全生产的监管力度，从而保证旅游行业安全生产工作得到了有力、有效的开展。

制订全年工作计划，印制检查册，对全市的旅游安全生产工作做到了有计划、有布置、有检查、有记录。突出旅游行业特点，明确防范重点目标。结合旅游行业特点和实际情况，要求各旅游服务单位根据不同季节、不同时段，重点做好“两会”、五一、春节和十一黄金周期间安全隐患的排查整治工作。

◆旅游饭店评定及复核 2016年，西安市旅游局根据陕西省旅游饭店星级评定委员会《关于做好2016年度评定及复核工作的通知》要求，按照国家标准《旅游饭店星级的划分与评定》（GB/T 14308—2010）和行业标准《星级饭店访查规范》（LB/T 006—2006），采取饭店自查与星评办派员检查、明察与暗访相结合的方式，从饭店的必备项目、设施设备、服务项目、维修保养、清洁卫生、服务与管理制度等6个方面，对西安市34家三星级（含）以下旅游星级饭店进行评定复核和年度复核。经过认真复核检查：申鹏国际商务酒店、上林宫酒店、解放饭店、未央湖大酒店、西安浙商宾馆、西安鼎力大酒店、秦都酒店、秦安大酒店、西安骊天酒店、陕西金座大酒店、关中饭店、天河酒店、陕西飞鹿商务酒店、陕西国际展览中心商务酒店、国宾大酒店、西安华泰宾馆、城市酒店、体育宾馆、陇海大酒店、西北饭店、建工金华酒店、军展大厦、陕西唐圣阁快捷酒店、西安市华鑫酒店、金瑞大酒店、西安营海宾馆、秦龙温泉酒店、陕西电子商务酒店、西安光华宾馆等29家通过年度复核。

万嘉国际商务酒店、临潼宾馆、榴花宾馆3家三星级饭店停业装修，申请缓审停业装修，经市星评委同意缓审。

秦大饭店、汤峪湖酒店2家三星级饭店因转让、变更酒店用途等原因，经市星评委同意，取消星级。

2016年，西安市共取消2家三星级饭店标志，1家二星级饭店标志。

2016年度评定性复核饭店名单25家，经复核：民航大酒店（三星级）、尚德大厦（三星级）、鸿业大酒店（三星级）、黄河宾馆（三星级）、华浮宫（三星级）、陕西锦之苑酒店（原警苑饭店）（三星级）、常宁宫休闲山庄（三星级）、吐哈石油大厦（三星级）、临潼勇卿大酒店（三星级）、文苑大酒店（三星级）、陕西铁通商务酒店（三星级）、景玉商旅（原中祥大厦）（三星级）、西北大酒店（三星级）、新疆饭店（三星级）、西安巴蜀商务酒店（三星级）、陕西中心戴斯酒店（三星级）、西安如春酒店（三星级）、西安祥峪绿园山庄（三星级）、雷德曼酒店（三星级）、陕西建苑大厦（三星级）、新光华酒店（二星级）、周至宾馆（二星级）、西安秦银宾馆（二星级）23家星级饭店通过评定性复核。

陕西延炼商务酒店（三星级）停业装修，申请缓审，经市星评委同意缓审。

西安地矿宾馆（二星级）转型变更用途，经市星评委同意，取消星级。

◆旅游景区建设 2016年，西安市旅游局组织召开景区创A培训会，对申报A级景区的33家景区及区（县）旅游局管理人员进行培训。组织指导城墙·碑林历史文化景区创建5A级景区工作，通过省级初评，上报国家旅游局组织验收；指导大明宫景区、朱雀—太平景区创建5A级景区景观质量省级评估工作，大明宫景区通过省级景观质量评估；陕西自然博物馆、周至水街沙沙河景区获评4A级景区；秦二世陵景区获评3A级景区；强化A级景区动态管理，撤销临潼秦陵地宫、八大奇迹馆和鸿门宴遗址景区国家3A级旅游景区称号。与西安市物价局联合开展景区门票价格专项检查。

旅游厕所建设。制订《2016西安市厕所革命行动计划》，并上报西安市政府下发。2016年新建旅游厕所96座，改建23座，完成旅游厕所管理系统填报工作，按时上报厕所建设进度。组织旅游厕所文明宣传活动启动仪式。会同西安市城管局、市建委、市财政局对2016年度完成厕所检查验收。在国家、省级专项补助旅游厕所基础上，对区（县）49座旅游厕所兑现补助资金477.6万元，对开发区8座旅游厕所兑现补助资金71.5万元。

旅游景区项目建设。全年重点旅游项目42个，项目总投资429亿元，超额完成年度投资任务。制定《2016年旅游项目带动工作方案》，每月督促检查项目进度，积极争取有关项目资金。会同西安市财政局组织2016年国家旅游发展基金、2016及2017年省级旅游发展专项资金项目申报工作，共上报旅游建设项目25个、旅游厕所项目35个。争取中央、省资金拨付到位1198万元，创4A奖励资金600万元列入省财政预算。会同西安市财政局组织2016年市级旅游发展专项资金项目申报工作，共安排项目33个，资金4190万元，其中旅游基础设施项目13个，资金2190万元；智慧景区建设项目8个，资金1000万元；乡村旅游项目12个，资金1000万元。

旅游景区项目招商引资。征集编制《西安旅游项目招商册》，涵盖多种旅游业态，共62个招商项目，总投资642亿元。赴深圳参加2016“一带一路·西安新机遇”投资合作推介会，组织参加2016中国西安丝绸之路国际旅游博览会等活动，旅游项目推介获得好评。

（王宏伟）

经济管理与监督

责任编辑　霍东军

宏观调控

◆**概况** 2016年，西安市认真贯彻落实中央、陕西省各项决策部署，坚持以“品质西安”建设为统领，实现“追赶超越”为目标，全市经济运行保持“总体平稳、稳中向好”的良好发展态势，“十三五”稳健开局，良好起步。全市生产总值实现6257.18亿元，比上年增长8.5%，增速位列15个副省级城市第三位，比上年前移3位；规模以上工业增加值完成1178.39亿元，增长9.9%，其中装备制造业增长16.3%；全社会固定资产投资完成5191.36亿元，增长2.0%；社会消费品零售总额完成3730.7亿元，增长9.6%；服务业增加值完成3827.36亿元，增长8.8%；财政总收入达到1135.68亿元，增长8.5%；地方财政一般公共预算收入完成641.07亿元，增长11.1%；对外开放步伐加快，进出口总值1828.46亿元，增长3.8%；城乡居民收入持续增加，城镇和农村常住居民人均可支配收入分别达到35630元和15191元，增长7.4%和8.0%；城镇新增就业12.92万人，城镇登记失业率控制在3.3%以下；居民消费价格指数（CPI）累计增长0.9%。

◆**经济宏观管理** 2016年，西安市发展和改革委员会坚持规划引领，科学谋划“十三五”发展蓝图，编制完成1个纲要、42个重点专项规划、13个区（县）规划及7个重点区域规划，编制的《西安市“十三五”规划》获得国家发展和改革委员会授予的“突出贡献奖”。编制《西安市追赶超越实施方案》，提出“追赶超越”新目标。制定大西安建设推进意见和国家中心城市建设路径，提出现代产业发展体系，为西安未来发展提供重要遵循目标。研究编制《建设丝绸之路经济带新起点战略规划》《西安欧亚经济综合园区发展规划》，描绘西安丝绸之路新起点建设发展蓝图。始终把抓项目、促投资、保运行、稳增长作为重中之重，认真贯彻落实中央、陕西省系列稳增长政策，实行纵横联动、上下衔接的形势分析机制，实现月统计、季研判，并对苗头性、趋势性问题开展专题调研，并及时提出对策建议。适时出台“稳增长22条”、促进新能源汽车发展、“一带一路”建设、全面创新改革等政策措施，在遏制固定资产投资下滑、稳定经济增长中发挥重要作用，确保全市经济平稳健康发展。统筹推进重点改革任务。围绕“三去一降一补”（去产能、去库存、去杠杆，降成本，补短板）重点任务，牵头制定《西安市供给侧结构性改革总体方案》《西安市供给侧结构性改革降成本行动计划》《西安市供给侧结构性改革补短板行动计划》，推进供给侧结构性改革。稳步推动全市经济体制和生态文明体制改革，牵头实施的42项改革任务进展顺利。不断提升经济运行应急保障能力，实时监测水、电、油、气、运等事关经济运行和群众生活的能源、动力保障情况，直供电24.2亿千瓦小时，为企业节约成本5446.06万元。

◆**产业结构调整** 2016年，西安市发展和改革委员会按照“优化一产、做大二产、做强三产”的思路，积极构建与国际化大都市建设相适应的现代产业新体系，编制《西安市“十三五”产业发展与布局规划》，三次产业占比调整为3.7∶35.1∶61.2。大力发展“都市型”现代农业，“服务城市、富裕农民”功能进一步增强。工业加快向中、高端迈进，规模以上工业增加值增速始终稳居15个副省级城市第一。全力推进三星、新舟700等工业重大项目建设，协调推进美国贝尔直升机、中兴微电子、比亚迪三大高端制造等工业重大项目落户西安，新增中兴通讯股份有限公司、西安隆基硅材料股份有限公司、陕西星王企业集团有限公司3家产值过百亿企业，西安市过百亿工业企业达到9户。新兴产业、新兴业态、新兴产品“三新”领域快速发展，起草并组织实施《西安战略性新兴产业“十三五”规划》《西安市加快虚拟现实产业发展的意见》，高技术产业和战略性新兴产业产值占规模以上工业总产值的比重分别达到24.1%和35.0%，领跑工业发展。新兴产业产品产量增势强劲，集成电路圆片、单晶硅分别比上年增长79.1%和140%，新能源汽车产量达4.1万辆，新舟700获得订单185架。高新区技术产业开发区高新技术产业总收入突破1万亿元，综合排名在全国146个国家级高新区中升至第四位。服务业内部结构不断优化，加大对40个国家、省、市级服务业试点聚集区扶持力度，实现服务业试点聚集区市域范围全覆盖，西安市获得国家发展和改革委员会授予的“国家服务业综合改革示范先进典型”荣誉称号。8大新兴服务业快速增长，其中体育产业和科技服务业营业收入分别增长670%和20.7%。电子商务发展迅猛，限额以上网上消费品零售额增长65.9%，京东西北公司自营交易额突破120亿元。

◆**重点建设项目** 2016年，西安市发展和改革委员会坚持“项目为王、项目为先”的理念，强力推进项目建设，较短时间内扭转西安市连续16个月固定资产投资负增长的不利局面。出台《西安市抓项目促投资稳增长的若干意见》《西安市关于进一步促进民间投资健康发展的实施意见》《西安市抓项目促投资稳增长考核奖励办法》，提出抓项目促投资稳增长工作措施。与西安市统计局建立投资统计“一月三商”制度，强化对全市发改系统固定资产投资项目统计和形势分析的研判。全市571个重点项目，投资2339.37亿元，完成年计划123.1%，带动固定资产投资增速较上年提高14.5个百分点，102个新开工项目全部开工。加大政府类投资示范带动作用，策划实施西安体育中心、涝河渼陂湖生态修复工程等12项事关西安长远发展的重大项目。地铁3号线一期、西安高新技术产业开发区软件研发基地二期等170个项目完工或投产（运营）。三星环新动力电池、强生全球供应链基地、唯品会西北运营中心、高新万达广场等299个重大项目建设加快推进。乐业光伏、中节能国际环保产业园、中国铁建高端装备制造业基地等102个项目开工建设。围绕地铁、综合管廊、快速路等基础设施建设，积极推进21个PPP项目（Public—Private—Partnership的字母缩写，即公私合营模式），引进社会投资130.8亿元。继续落实稽查项目全覆盖要求，完成7大类324个稽查项目任务。积极推进统建项目建设，完成西安市中医医院迁建等7个重大民生项目年度建设目标任务。

◆**资金筹措** 2016年，西安市发展和改革委员会多渠道筹措建设资金，争取中央专项建设基金88.64亿元，发行企业债券65亿元，争取中央、省专项资金11.61亿元（保障性安居工程4.24亿元，农村民生工程和农村基础设施项目1.53亿元，社会事业和社会治理项目3.77亿元，节能环保与生态建设项目0.44亿元，自主创新和结构调整项目0.81亿元，省级补助资金0.82亿元）。坚持“以市场换产业、以项目换投资”理念，积极“从外引、向上争、朝内挖”，加大招商引资力度，中兴微电子、华为软件园、比亚迪智能终端、新能源大巴及“云轨”生产基地等20多个重大项目签约落户。促成西安市与中国中铁、中国铁建、中国建筑、中国交建、中国节能、东方航空等央企、国企签订战略合作协议，推进实施“以市场换产业、以项目换投资”产业项目落地。全年实际引进内资1857.77亿元，实际利用外资45.05亿美元，分别比上年增长4.6%和14.0%。其中，实际利用外资占陕西省比重的89.9%。

◆**节能减排** 2016年，西安市发展和改革委员会围绕年度“节能、降碳、减煤”目标，强化节能低碳管理，抓好重点领域节能减排工作。全市万元国内生产总值能耗下降3.8%，单位二氧化碳排放下降4.3%。持续推进治污减霾，实施“减排、压煤、抑尘、治车、控秸”五大工程，拆改燃煤锅炉209台，提标、治理燃煤锅炉25台，削减煤炭消耗总量44.43万吨，淘汰“黄标”车和老、旧车53581辆。规范能源评估办理流程和办理时限，缩减评审环节，将区（县）审批、核准以及5亿元以下备案项目节能审查权下放到所在区（县）。推动循环低碳发展，确定第二批市级循环经济和低碳发展试点单位，组织6家省级低碳试点单位和35家市级试点单位开展自评估，深入推动试点建设。安排16家国家、陕西省产业园区修改完善循环化改造方案，组织专家逐个开展调研，推进园区循环化改造工作。加快推进农村电网升级改造、城市电网和分布式能源建设，抓好天然气供给保障，完成8900余户老旧住宅小区“一户一表”改造。加大电力监察力度，消除安全隐患220余处，处理危及电力安全案件60余起。圆满完成西安市大面积停电事件应急综合演练工作。

◆新农村建设　2016年，西安市实现农业生产总值232.01亿元，比上年增长3.8%，粮食总产量达到175.33万吨，实现“十三连丰”。西安市发展和改革委员会不断强化基础设施建设，实施新增千亿斤粮食、农村安全用水提升等工程，夯实农业生产基础，提高农业综合生产能力。积极争取国家政策扶持，推动蓝田县被国家发展和改革委员会批准为“国家农村产业融合发展试点示范县”，探索适合西安农村产业融合发展模式，引导农村产业集聚发展，着力构建农业与二、三产业交叉融合的现代产业体系，形成城乡一体农村发展新格局。积极开展扶贫帮困，认真抓好以工代赈、易地扶贫搬迁工程项目建设。争取以工代赈项目中央和陕西省投资840万元；易地扶贫搬迁工程项目中央预算内投资5590.8万元。编制《西安市发改委行业扶贫工作实施方案》，明确扶贫工作思路、目标任务和年度重点。

◆社会事业建设　2016年，西安市始终坚持“保基本、兜底线”的原则，进一步优化教育、医疗等公共服务，加快弥补各类民生短板。全年民生支出774.4亿元，占　般公共预算支出的82.2%。西安市发展和改革委员会参与制定《关于推进医疗卫生与养老服务相结合的实施意见》，扎实推进教育、文化、卫生等重点民生工程，10项50件惠民实事全面落实，涉及治污减霾、缓堵保畅、扶贫解困、住房、食品保障、水气供给能力、城乡就业养老、教育保障、医疗救助、文化生活及便民服务网络等，实现政府对市民的庄严承诺。完成19个、144万平方米老旧小区改造，实施棚户区改造项目18个，回迁安置群众3.73万人。提供保障性住房房源21608套，新增租赁补贴家庭2781户。70所义务教育学校“全面改薄”（全面改善贫困地区义务教育薄弱学校基本办学条件）项目顺利完成。进一步提高城乡最低生活保障及其他救助对象住院救助标准、临时救助标准，惠及城乡更多困难家庭。西安市第三医院完成全院医疗主体建设，即将开院接诊。建成农村饮水安全工程91处，惠及农村群众19.5万人。做好人口机械增长控制工作，落实积分制落户政策，简化进城落户人员申办准入证程序。

◆区域经济合作　2016年，西安市发展和改革委员会统筹推进《西安市“一带一路”建设2016年行动计划》，加快“丝绸之路经济带”重点项目建设。参与制定陕西（西安）自由贸易试验区申报方案并成功获批，支持推动“西安港”为我国首个拥有国际、国内“双代码”的内陆港，推动“长安号”国际货运班列（中欧班列）实现每周3班常态化运行，谋划开通西安至阿姆斯特丹（长安号）国际货运航班，“陆路联运、陆海联运、陆空联运”立体化开放平台基本形成。全年从陕西省政府为“长安号”争取补贴4000余万元。全力推进“大西安”建设，针对西咸一体化发展现状，先期开展“大西安”发展战略研究，真正把西咸新区建成“大西安”的“大特区”。研究起草《西安市进一步支持西咸新区加快发展的若干意见（草案）》《西安市促进西咸新区进一步加快发展工作清单》《西安市推进西咸一体化（咸阳）工作清单》《西安市落实〈省委、省政府关于促进西咸新区进一步加快发展的意见〉及有关工作任务分解安排》等，制定对接西咸、服务西咸共27方面、61条具体工作措施，建立推进“大西安”建设工作机制，为促进西咸新区加快发展、形成“大西安”建设奠定良好基础。

◆创新改革　2016年，西安市发展和改革委员会深入贯彻中央、陕西省、西安市决策部署，有序推动西安创新改革工作。6月24日，国务院批复西安市系统推进全面创新改革试验方案。10月29日，中央电视台《新闻联播》栏目对西安市全面创新改革试验工作进行深入报道。不断完善创新改革政策体系，研究制定西安市《关于加快系统推进全面创新改革试验　打造“一带一路”创新中心的意见》（简称“西安创新39条”）等一系列政策文件，印发《西安创新39条的实施细则》《西安创改国家17项授权改革举措三年行动计划》，设立30亿元军民融合基金、10亿元成果转化基金、5亿元科技风险准备金和1亿元高层次领军人才引进资金。出台6项促进西安高新技术产业开发区国家自主创新示范区建设相关政策，构建包含政策支持、任务分工、考核督办的全面创新改革试验政策体系。积极开展军民融合改革试验，研究制订《西安创建国家军民融合创新示范区实施方案》，策划包装267个总投资5022亿元军民融合重点项目，构建军民深度融合体系。启动国家通用航空产业综合示范区建设。遴选15所高校院所和军工单位，围绕中央17项授权开展先行先试，积极探索并在陕西省内推广7条可复制可推广经验，其中2条经验被明确列入国家第一批向全国进行推广经验目录，超额完成年度创新改革任务。代表陕西省牵头组织举办2016年全国“双创”活动周西安分会场系列活动，取得良好效果，各类媒体报道超过5000条次，发掘170多个予以重点支持的优秀“双创”项目。

◆项目管理服务　2016年，西安市发展和改革委员会进一步强化重点项目精细化管理，出台《西安市新开工项目考核办法》，实施市级领导包抓重点项目等制度，确定39名市级领导包抓联系150个重点项目。加强对区（县）、开发区发改部门的业务培训，帮助包装策划一批大项目，争取到的国家和陕西省支持资金明显增多。组织开展“百名干部下基层，服务项目一对一”等活动，每季度开展联合督查，明确责任，挂牌督办，全力做好重点项目协调服务、督促检查。选派3名干部参与西安市“千人亲商助企”活动领导小组办公室工作，全年到企业“亲商助企”163人次，协调解决问题26个。坚持问题导向，进一步加大考核督查力度，会同西安市政府督查室开展联合督查，重点加大对未达到时序进度和未开工项目的推进力度，力促项目赶超进度。建立由西安市发展和改革委员会牵头，各有关部门为成员单位的西安市重点项目联席会议制度，主要协调解决项目建设中存在的突出问题，对15个问题项目挂牌督办、跟踪督查。积极创新重点项目体制机制，举行2次全市扩大有效投资重点项目集中开工仪式，共开工项目138个，有力推动重点项目建设。

（赵　盈）

经济体制和生态文明体制改革

◆全面创新改革试验 2016年6月24日，国务院正式批复《西安市系统推进全面创新改革试验方案》，随后中共西安市委、西安市人民政府先后出台《关于加快系统推进全面创新改革试验打造“一带一路”创新中心的实施意见》《西安市2016年系统推进全面创新改革试验工作任务分解意见》《西安市推进全面创新改革试验目标责任年度考核暂行办法》等配套文件，并成立西安系统全面创新改革试验工作领导小组和专门工作机构，建立创新改革试验市级部门联席会议制度和专项创新改革试验会商制度。确定西安交通大学等10家科研院所先行试点科技成果使用权、处置权、收益权、股权和分红激励改革，第一批267个军民融合示范区重点项目正在加快推进。按照“边试验、边总结、边推广”的要求，及时梳理总结出西安光学精密机械研究所和西北有色金属研究院科技成果转化模式、西安科技大市场资源共享模式等7条可复制推广的改革经验报送国家发展和改革委员会。研究探索出西安阎良国家航空高技术产业基地“产城一体、集群发展、军地合作、两轮推进”、西安国家民用航天产业基地“军地联建、园区承载、聚焦航天、军民互动”、西安兵器工业科技产业基地“军地共建、平台服务、资源统筹、产业聚集”3种军民融合园区建设模式。

统筹科技资源改革先行先试 西安市系统推进统筹科技资源改革先行先试，围绕全面创新改革试验，积极与国家和陕西省有关部门对接，反复修改实施方案，以高校院所改革、科技金融创新、服务体系建设和区域创新产业发展4个方面为重点，细化完善任务清单。会同西安交通大学等5所高校和西安光学精密机械研究所等5家重点科研院所，按照“谁转化、谁受益”的原则，在政策制度、机构和平台建设、科技金融结合、模式和机制探索4个领域，重点开展“三权”（科技成果使用权、处置权、收益权）改革、科研人员激励制度、人才在校企间双向流动等试点，在技术转移机构建设、专题基金使用管理等方面开展先行先试。加速技术成果转移转化，修改完善技术转移支撑制度机制，研究制定《关于加快技术转移转化的若干措施（暂行）》，调整改进对于技术转出、吸纳和设备共享单位的奖励补贴等激励措施，推动技术成果转移转化，全年完成技术市场交易额711.77亿元。

知识产权示范城市建设 依托专题活动和重点平台，提升知识产权创造运营能力，鼓励科技人员创新创造，促进专利指标数量和质量同步增长。全年发明专利申请量达到46103件，授权量38279件。支持62家企业开展专利分析和知识产权贯标试点，提高企业知识产权工作能力。大力推进“大众创业、万众创新”，研究出台《西安市支持市级众创空间发展的若干措施（试行）》，集中支持65家众创空间做大、做强。5月，西安市成功入围“2016年全国小微企业创业创新基地城市示范”名单，争取国家9亿元专项资金，统筹运用国家、省、市优势资源支持全市小微企业创新、创业。

科技金融试点 4月21日，中国银行业监督管理委员会、科学技术部、中国人民银行联合下发文件正式将西安自创区列入首批投贷联动试点的5个国家自创区之一。创新产业发展支持方式，设立西安高新新兴产业投资基金合伙企业，发起设立西安盈峰高新创业股权投资基金，开始募集5亿元的西科天使基金（三期）和50亿元陕西集成电路产业投资基金，为科技创新和产业发展提供有效的资本支持。发起设立陕西省互联网金融联盟，招商银行互联网金融产品“三板贷”和“投联贷”正式上线，平安银行“税金贷”业务累计为94家企业投放贷款8195万元。

军民融合 依托西安国防科技资源集群优势，有效促进军工企业与各类企业合作、互动融合进展。总规模100亿元的军民融合产业发展基金整体方案完成，军民融合产业园建设进展顺利，北京理工大学军民融合（西安）创新基地、陕西空天动力研究院等8个军民融合创新平台签署入园协议。确定航空、航天、兵器、船舶、电子信息、核工业6个军工领域为产业发展重点，加快推进中航飞机西安民机有限责任公司新舟700项目建设，西安光学精密机械研究所、中国航天科工集团第六研究院210所、西京电气总公司、中国航天科技集团公司四院四十四所等被列入“西安市全面创新改革示范单位”，国防科研创新资源活力充分释放。

高新区自主创新示范区建设 支持西安高新技术产业开发区自主创新示范区建设，在现代装备制造、科技服务业发展、科技金融结合、军民融合发展、人才创新创业等方面，集聚资源优势，下放审批权限，释放创新活力。启动《自创区空间发展规划》编制工作，制订《自创区建设行动方案（2016—2025年）》。国家技术转移西北中心在高新区正式挂牌。通过构建技术经理人管理运行体系，在技术转移、转化支撑服务体系建设方面实现新突破，全年认定技术经理人75名，认证技术经理人机构32家。西安科技大市场实现1万台（套）大型仪器设备开放共享，举办各类产学研用交流活动160多场次，以西安科技大市场为核心的技术转移转化基础平台汇聚各类技术成果信息超过5000项。出台加快创新驱动发展、促进科技与金融结合、实施特殊人才跨越计划、支持科技企业小巨人发展4项政策，形成“苗圃—孵化—加速”完整创业孵化体系，认定国家级众创空间和孵化器25家，孵化面积超过300万平方米。“创途在XIAN”（西安）成为西部众创空间标杆，入驻项目获得天使投资超1亿元。西安市众创示范街区建设加快，30万平方米众创空间投入使用，37个点状众创服务基地初步建成。

◆国有资产监管和国企改革 2016年，西安市出台《中共西安市委、西安市人民政府关于进一步深化市属国有企业改革的实施意见》（市发〔2016〕3号）、《关于深化市属企业负责人薪酬制度改革的实施意见》（市发〔2016〕8号）、《关于推进混合所有制经济发展的实施意见（试行）》（市政发〔2016〕20号）、《转发市国资委关于监管企业实施分类管理意见的通知》（市政办发〔2016〕71号），进一步明确党政机关及事业单位与所属企业脱钩改革、市属企业和市属国有资本布局结构调整、混合所有制改革试点、市属企业分类等工作的“时间表”和“路线图”。

市属企业上市并购重组 完善市属企业布局结构调整，积极推进西安秦华天然气有限公司、西安交通燃气有限责任公司及西安银行等企业上市，研究推动上海绿地集团与西安建工（集团）有限责任公司改制重组，中国节能环保集团公司重组西安水务集团污水资产，合作开发西南郊水厂项目，不断提高市属国有资产证券化率。按照《中共西安市委常委会2016年工作要点》要求，摸清调查长期亏损、停产、半停产、资不抵债以及靠政府补贴和银行续贷存在的企业，为处置“僵尸企业”奠定基础。

混合所有制经济发展 开展混合所有制员工持股试点，西安建工集团整体进行混合所有制改制工作全面展开，进行混合所有制改革试点的陕西西粮亚宏面业有限公司工商注册手续已经办理完毕。进行员工持股试点的西安市市政建设（集团）有限公司改制基础工作已接近尾声。强化通过PPP方式发展混合所有制经济，先后组建一家市政建设领域PPP平台公司和一家水务领域PPP平台公司，支持西安建工集团先后设立2家相关PPP项目公司，研究推进西安交通基础设施建设平台公司组建工作。

市属企业分类管理 中共西安市委、

西安市政府下发《关于监管企业实施分类管理的意见》，全面推行市属企业分类管理。对市场竞争类企业，主要是积极引入战略投资者实施股权多元化，重点发展混合所有制经济，监管上以经济效益最大化、兼顾社会效益为目标进行定责，引入市场对标机制实行监管，考核上重点考核股东投资回报、主业发展和可持续发展能力；对公共服务类企业，主要引入市场机制，以更好地为社会提供优质服务和产品为改革方向，监管上以确保城市正常运行和稳定、实现社会效益最大化为目标、兼顾经济效益进行定责，引入政府主管部门和社会第三方评价机制实行监管，考核上重点考核服务水平、成本控制和可持续发展能力；对特殊功能类企业，以完成政府战略规划或重大专项任务、兼顾经济效益进行定责，引入政府主管部门评价机制实行监管，考核上重点考核功能作用、运营能力。

◆现代市场体系建设改革 2016年7月，西安市印发《整合建立统一的公共资源交易平台体系实施方案》（市政办发〔2016〕59号），研究矿产资源、市政公共资源、国有企业资产等重要公共资源有偿出让和使用经营性收益管理办法，加快推动公共资源交易平台建设。8月15日，《西安市企业标准化管理办法》正式实施，西安成为全国第一家将企业产品、服务标准纳入“自我声明公开”改革的城市。

住房制度改革　6月，西安市出台《关于化解房地产库存促进房地产市场健康发展的若干意见》（市政发〔2016〕32号），从简化行政审批、优化建设环境、支持在建项目建设、加快遗留问题处理、严格用地管控、支持住房消费、活跃二手房市场、促进住房保障货币化、提升住房品质、夯实工作责任10个方面提出30项具体措施。随着各项政策措施落实，稳定和提振了西安市房地产市场信心和预期。截至年底，全市批准销售的商品住房可售面积1643.87万平方米，比上年下降27.61%，消化周期由最高点的19个月下降至9个月，库存压力得到一定程度的缓解。全年商品住房销量面积达到2047.67万平方米，增长16.1%。

天然气阶梯价格制度改革　根据《陕西省物价局关于实行居民生活用气阶梯价格制度的通知》（陕价商发〔2015〕108号）要求，从1月1日起，西安市居民生活用气实行阶梯气价制度，执行分档气量和气价。

公务用车制度改革　严格按照国家、陕西省车改政策要求，对13个区（县）公务用车制度改革工作进行检查督导，对市级机关涉改车辆进行处置，完善保留车辆的管理制度，组织西安市公务用车保障中心建设。

商事制度改革　按照“依法适当，公开透明，控制风险，自主自治，简便易行，高效便捷”的原则，积极推进企业简易注销改革试点工作。

◆财税金融体制改革 2016年，西安市全面实施中期财政规划管理，深化“零基预算”编制改革。出台《关于实行中期财政规划管理的实施意见》（市政发〔2016〕4号），印发《西安市财政局关于编制中期财政规划（2016—2018年）的通知》（市财发〔2016〕16号），对西安市中期财政规划编制内容、主体、程序、组织实施以及编制工作提出具体要求。做好规划编制工作，《西安市2016—2018年中期财政规划》编制完成，《西安市2017—2019年中期财政规划编制》工作正在有序进行。根据国家、陕西省文件精神，结合西安市实际，拟订《关于市级全面实行零基预算改革的实施意见》，明确自2016年起，市级全面实行中期财政规划和零基预算改革。按照国家、陕西省部署，全面推开“营改增”任务和税收征管改革。金融机构引进工作稳步推进，星展银行西安分行、渤海银行西安分行相继开业运营，长银金融消费公司批筹工作已经完成，长安新华等5家村镇银行投入运营，民东银行、西京银行2家民营银行完成域名申请。10月，举办“全国大众创业万众创新”西安分会场“为‘双创’插上资本的翅膀”大型投资路演活动，对路演、评审的西安万威刀具股份有限公司、西安中科晶像光电科技有限公司、西安泰科迈医药科技有限公司3家企业免费挂牌支持。西安股权托管交易中心即将开业。

◆外向型经济发展 2016年，西安市积极践行“一带一路”战略，围绕打造内陆型改革开放新高地目标，深入推进《西安建设丝绸之路经济带新起点战略规划》，落实《西安欧亚经济综合园区发展规划》。加快复制推广上海自贸区改革创新经验，在投资管理、贸易便利化、金融业发展、服务业开放、事中事后监管5个领域复制推广25项经验。9月1日，全面推行“一照一码”“五证合一”登记制度，全市“一照一码”登记168740户，发放“五证合一”营业执照41762户。依托西安国家跨境贸易电子商务服务试点，搭建“洋货码头”电商平台，吸引电商企业155家，实现进出口额3800万美元。积极推进跨境人民币结算，在30家省级银行的100多家分支机构开办业务，跨境人民币实际首付涉及60个国家和地区。8月，中国（陕西）自由贸易区正式获批，西安高新技术产业开发区、西安经济技术开发区、西安国际港务区三大片区被纳入自贸区。加强与丝路沿线国家、城市多领域务实合作，英国、意大利、西班牙等近10个国家在西安设立或将设立签证中心。“长安号”实现每周3班常态化运行，全年开行121列，目的地遍布中亚5国的44个城市和站点。8月18日，西安—华沙中欧班列开通运行。西安综合保税区首个欧洲大型海外保税仓项目在德国法兰克福正式挂牌运营。12月12日，西安—阿姆斯特丹（长安号）国际货运航班首航。陕西航空产业综合保税区顺利通过国土资源部、住房和城乡建设部审批。

◆生态环境保护建设 2016年，西安市环境保护政策不断完善。成立西安市环境保护督察工作领导小组，制定《关于加快推进生态文明建设的实施方案》《西安市环境保护工作责任规定（试行）》《关于贯彻落实<陕西省生态文明体制改革实施方案>的分工方案》《关于开展领导干部自然资源资产离任审计试点的实施办法》，下发《关于转发<陕西省党政领导干部生态环境损害责任追究实施细则（试行）>的通知》和《西安市秦岭生态环境保护管理办法》。加强主要污染物总量控制，编制《西安市“十三五”主要污染物总量控制规划》。积极探索建立排污权有偿使用和交易制度，下发《关于转发陕西省主要污染物排污权有偿使用和交易管理办法（试行）的通知》，遵循统一的排污权有偿使用和交易制度，在统一交易平台上开展。

◆产权管理和土地规划管理 2016年，西安市不动产统一登记工作扎实推进。成立市、县国土局分管局长和地籍处（科）长组成的市、区（县）两级不动产登记工作筹备组，建立工作例会制度、区（县）工作月报制度，研究协商人员划转、窗口设置、流程再造、数据整合等问题。6月30日，西安市、县两级不动产登记机构挂牌成立。截至年底，全市打印“不动产权证书”71827本，发证39128本，打印并发放“不动产登记证明”931本。“多规合一”试点工作进展顺利，组织编写《西安市“三规合一”研究》《西安市城市建设用地承载力研究》《西安市禁止建设区土地管制研究》和《西安市城市开发边界与开发区建设研究》，摸底调研区（县）、开发区“十三五”重大建设项目用地，形成《西安市土地利用总体规划主要指标调整方案》，进一步推动全市各级土地利用总体规划调整完善，为“两规合一”“多规融合”工作奠定基础。

◆农村综合改革试点 2016年，西安市重点抓好高陵区国家级农村改革试点，发挥示范带动作用，一些试点取得初步成效，得到中央和陕西省肯定。探索完善农村宅基地有偿退出制度，200余户达成退宅入城意向协议，109户退出宅基地，腾退土地6.7公顷。按照因地制宜、“一村一策”原则，积极开展农村集体资产股份权能改革试点，量化股权，明晰农民对集体资产股份享有，完成7个村集体资产量化，其中经营性资产630万元，资源土地77.67公顷，界定集体经济组织成员14311人。农村土地承包经营权和农民住房财产抵押贷款试点稳步推进，发放“两权抵押”贷款13414万元。在新型城镇化综合试点工作中，探索推行撤村建居模式，高陵区86个行政村组建为32个社区，建立社区党委（党总支）决策、社区委员会执行、监委会监督的社区管理新机制。高陵试点经验带动辐射全市农村改革整体推进，全市全面完成农村土地承包经营权确权颁证工作，核发证书74.17万户，占承包户总数的94.7%。出台《西安市统筹城乡发展农村土地承包经营权流转办法》，全市流转土地面积38800公顷。加快现代农业产业发展，全市现代农业园区发展到387个，面积29853.3公顷，产值44.38亿元。在陕西省率先启动农村片区化中心社区建设，建成农村中心社区294个。

◆医药卫生体制改革 2016年，西安市按照中央和陕西省关于深化医药卫生体制改革要求，重点抓好城市公立医院综合改革试点，深化分级诊疗制度，全面推进医保体制改革、卫生体制改革与药品流通体制改革“三医”联动。加强基层全科医生配备，推行全科医生契约式服务。巩固完善基本药物制度，全市29家县级公立医疗机构全部实行药品“三统一”（统一采购、统一价格、统一配送）和“零差率”销售。稳步调整医保政策，提高新农合在基层医疗机构的报销比例，由镇级40%、村级50%分别提高到65%和75%。 （代正利 王建华）

国有资产监督管理

◆概况 2016年，西安市国有资产监督管理委员会紧扣国资、国企改革和国有企业党建两条主线，围绕“追赶超越”总目标，完善监管方式，提高监管效能和发展质量，圆满完成各项目标任务，实现“十三五”良好开局。

◆国有企业经济运行 2016年，西安市国有资产监督管理委员会始终把稳增长作为全年工作的重中之重，加强组织领导，强化调研帮扶，推动中共西安市委、西安市人民政府“稳增长”政策措施在国有企业贯彻实施。全年西安市属国有企业实现营业收入853亿元，比上年增长8.7%；实现利税89亿元，增长9.5%；国有企业资产总额突破9000亿元，增长20.3%，超额完成年度经营目标任务。

◆重大资产重组产业整合 2016年，西安市国有资产监督管理委员会引入中国节能环保集团公司、上海绿地集团等战略投资者重组西安市国有企业。陕西鼓风机(集团)有限公司设立产业投资基金，西安惠群集团收购西安香格里拉金花大酒店外方股权等工作都在有序推进。

◆国企改革 2016年，西安市加强国企改革力度，增加中共西安市委组织部、中共西安市委全面深化改革领导小组办公室等5家单位为西安市国有企业改革领导小组成员，明确职责任务，凝聚合力推进改革。加强制度设计，出台国企改革文件10个，以《中共西安市委、市政府进一步深化市属国有企业改革的实施意见》为引领，以《市属国有企业分类管理分类考核实施办法》等为配套的改革政策框架体系基本形成。针对改革中的难点，坚持试点先行、以点带面，印发《市属国有企业改革新增试点工作总体方案》，选择13户企业，分别开展国有资本投资运营公司、混合所有制经济改革等试点工作。西安建工(集团)有限责任公司整体混改工作全面展开；陕西西粮亚宏面业有限公司工商注册手续办理完毕；西安市市政建设(集团)有限公司审计评估等改制基础工作接近尾声。企业分类全面完成，根据企业功能界定，完成市属11户企业分类工作。国有资产证券化加快推进，督促西安秦华天然气有限公司和西安银行加快上市前期准备工作。以完善公司董事会建设和提高董事会决策能力为核心，建立健全现代企业制度，选择西安热电有限责任公司进行规范董事会建设试点，为西安五环(集团)股份有限公司等企业选聘外部董事。

◆国资监管 2016年，西安市国有资产监督管理委员会出台《简政放权、放管结合、优化服务工作暂行办法》，在权限范围内，最大限度放宽重要子企业领导人员管理、企业设立注销及章程审批、企业对外投资、企业国有资产交易审批、企业财务核销管理5项权限，推动监管机构职能转变，激发企业发展活力。精心组织经营业绩考核，与中共西安市委组织部等部门组成考核组，考核监管企业年度经营业绩。结合实际，规范企业负责人薪酬。对西安旅游股份有限公司等4户企业的6名负责人开展经济责任审计。督促强化财务监督，从财务预算合理性、财务决算合法性、风险控制有效性等方面对企业财务进行审核，发现105个决算问题，并提出整改要求，下达批复意见。切实强化监事会监督，依法依规当期监督10户监管企业，形成各类“监督检查报告”33份，提出建议109条，提高当期监督权威性和有效性。严格规范产权交易转让，制定《西安市企业国有资产重大评估项目专家评审暂行办法》，办理评估事项核准备案20多个，涉及资产79亿元。西安产权交易中心完成公务用车制度改革，网络竞价拍卖车辆1611辆，增值近1倍。

◆企业安全生产与信访稳定 2016年，西安市国有资产监督管理委员会与直管企业签订“安全生产与消防安全目标责任书”，明确“一岗双责”、党政同责、责任追究安全生产消防工作机制。先后印发各类安全生产文件69份，领导带队开展安全生产检查7次，监管企业没有发生安全生产责任事故。定期研究判断维护稳定工作形势，动态跟进指导企业信访稳定工作。全年接待群众来访28批次140人次，处理来信29件，处理网上信访件和市长信箱邮件13件。在全国、陕西省、西安市“两会”，二十国集团杭州峰会及重大节日期间，实现“零上访”工作目标。 （市国资委）

工商行政管理

◆概况 2016年，西安市工商行政管理局发挥职能优势，创新发展、服务发展效能不断提升。持续推进商事制度改革，不断放宽市场准入环境，优化市场竞争环境，扎实推进市场监管，提升自身建设水平。全面细致做好简政放权、信用监管、消费维权、依法行政、作风建设等核心工作，实现“十三五”市场监管工作良好开局。

◆工商法治建设 2016年，西安市工商行政管理局认真做好法律、法规和规章调研论证工作。完成《中华人民共和国电子商务法（草案）》《陕西省人力资源市场条例（草案）》《西安市城市公园条例（草案征求意见稿）》等10多部法律、法规、规章论证工作，提出书面意见20余条。清理维护印发文件和“红盾网”发布的规范性文件；完成《西安市工商行政管理局行政处罚自由裁量权适用规则（试行）》《西安市工商行政管理局行政处罚自由裁量权执行基准》重新修订工作；梳理、编制和印发《西安市工商行政管理局权力清单和责任清单》。6月17日，根据国家工商行政管理总局《关于加快推进法治工商建设的意见》和西安市人民政府办公厅《关于西安市普遍建立法律顾问制度意见》要求，正式颁发聘书，组建成立由6名法学专家、2名律师和2名工商干部组成的法律专家顾问组。稳步开展公职律师试点工作，成立西安市工商行政管理局公职律师办公室并申报2名律师为第一批公职律师。

法律法规培训 落实系统各级领导班子集体学法制度，邀请西安文理学院教授为中共党委中心组成员做“学习贯彻党的十八届六中全会精神”辅导讲座，并组织专题学习研讨。采取多种途径进行执法人员培训，组织系统2500余名干部参加《中华人民共和国宪法》《中华人民共和国公务员法》网络学习和考试；组织参加全市政府法治业务培训班和陕西省工商行政管理局“七五”法治宣传教育工作座谈会及基层法制人员知识更新培训班。邀请西北政法大学教授做“推行权力清单制度，加快建设法治政府”专题辅导讲座。针对推进商事制度改革，落实“放、管、服”（简政放权、放管结合、优化服务）和加强事中事后监管中出现的行政诉讼案件激增情况，加大分（县）局办案工作指导，减少可能引起的行政诉讼。

社会普法宣传 做好常态化法治宣传工作，在“3·15国际消费者权益日”“4·26世界知识产权日”“12·4国家宪法日”，采取多种方式开展普法宣传活动。按照“3·15”法律法规宣传月活动部署，安排推动法律法规“进机关、进乡村、进社区、进企业、进学校、进单位”的“六进”活动，全系统开展普法宣传120余场次，设立展板500余块，悬挂横幅100余条，发放宣传单（册）10万余份，开展普法讲座8场。组织参加第二十八届全国副省级城市法治论坛征文和第五届“关中—天水经济区法治论坛”征文活动。

◆工商执法 2016年，西安市工商行政管理局为适应形势需要，修订《行政执法责任制规定》，加大执法监督工作。面对行政复议、行政诉讼案件逐年增多、复议诉讼过程日趋复杂的形势，加强与法院及涉诉、涉复议单位的协调，试行开展购买法律服务，依法办理行政复议和行政应诉工作。局机关受理行政复议50件，结案36件；受理行政应诉案件37件，审结24件。完成17个工商分局2015年度行政处罚案卷评查工作，评查案卷83件。其中，优秀案卷58件，占70%；良好案卷18件，占22%；合格案卷1件；不合格案卷6件，占7%。按照听取汇报、随机抽取行政处罚案卷、随机抽查投诉处理工作资料的方法，检查基层行政执法工作。全年指导分局、县局办案16起，接待法律咨询110余次，为系统依法行政提供法律支持。加强执法主体资格管理，坚持执法人员持证上岗，对新录用人员进行执法资格培训、考试，依法核发“执法证”。

◆市场专项治理 2016年，西安市工商行政管理局在市场专项治理中，查办各类市场不正当竞争、违法、违章案件2071件，其中1万元以上案件271件。

扫黄打非 全年出动执法人员2530人次，开展“护苗2016”“清源2016”“非法医疗报刊”及出版物、网络文化环境等监督管理整治专项活动。重点检查繁华街区、居民社区、城乡接合部、经营出版物相对集中区域等地区，及各大中专院校、大型超市、印刷企业、广告公司、书店文具经营户等单位，检查相关经营主体营业执照、许可证登记情况及经营行为，并对检查对象逐户登记造册，有效净化辖区文化市场。

查处不正当竞争案件 开展反仿冒、反误导、反欺诈等反不正当竞争专项执法行动，查处不正当竞争案件43件，检查经营主体1260户，检查辖区各类市场78个，开展网络巡查420余次。围绕社会关注、群众关心的旅游、教学服务、医药购销等领域商业贿赂案件行为，突击检查治理。集中8个月时间开展公共服务行业限制竞争专项执法工作，针对供水、供电、供气、供暖、通信、交通运输、殡葬、银行业、医疗、教育等行业企业存在限制竞争、不正当竞争、垄断等损害竞争秩序和侵犯消费者合法权益行为，进行检查和整治，查处案件26起。

其他专项执法行动 检查电子产品市场，开展打击整治非法销售使用“伪基站”专项行动、打击治理“黑广播”行动，查处电话“黑卡”经营行为。根据《报废汽车回收管理办法》（国务院令第307号）所赋予的监管职能，依法打击非法拼装汽车行为，重点检查汽车配件市场、报废汽车回收单位以及汽车4S店。按照西安市禁毒委员会要求，指导各区（县）工商和市场监督管理部门做好易制毒化学品企业注册登记和监督检查工作。开展打击烟草经营违法行为及非法制售军服专项整治行动，对涉嫌违规行为及时进行处理。

◆市场监督管理 2016年，西安市工商行政管理局加大市场监管工作力度，在“西安红盾信息网”公示政府级“守合同重信用企业”125户、省局级“守合同重信用企业”36户、市局级“守合同重信用企业”300户。开展合同格式条款专项整治，全年检查企业1128户次，检查各类合同3642份，约谈企业22户次，立案查处格式条款案件13件，罚款5.8万元。

治污减霾 按照西安市人民政府办公厅《西安市2016年城市治理专项工作实施方案》要求，规范或取缔未在全市洁净煤配送体系内的煤炭加工、经营场点，规范整治355户，清理取缔282户。针对民营加油站供油单位不固定、油品质量不稳定、合格率较低、容易造成臭氧污染问题，坚持每月抽检一次民营加油站油品质量，全年抽样检查558个批次，对7个批次不合格油品依法立案处理。加强销售环节油漆、装饰涂料市场监管，下发《关于做好2016年臭氧污染防治工作的通知》，摸底调查全市流通环节45个油漆、装饰涂料市场和665户经营户，全年抽检油漆、装饰涂料销售单位26户，抽检涂料26个批次、油漆14个批次。

旅游市场监管 在不断强化日常监管的基础上，组织开展中秋、国庆“双节”期间旅游市场专项整治行动。不间断检查游客集中景区35个，累计出动执法人员1580人次，检查旅游景区（点）经营户2850户次。加强对已通报的15户重点旅游商店进行暗访、盯防管控，对媒体曝光、群众投诉较多的8家土特产、玉器首饰经营单位进行行政约谈。对中央电视台于10月6日曝光的鸿门宴遗址、八大奇迹馆、秦陵地宫等景区涉嫌给付旅游回扣的违法行为及时进行调查处理。全年市局系统出动执法人员4631人次，检查涉及旅游市场的经营主体6300余户次，下发各类“行政指导文书”600余份，规范经营319户次，责令整改132户。

“红盾护农”专项行动 以种子、肥料、农药为重点检查对象，严厉查处销售过期、变质、失效、质量不合格以及国家禁用的农资商品行为，生产销售掺杂使假、以次充好等假冒伪劣农资商品行为，假冒仿冒他人产品商标、名称、包装、装潢、厂名、厂址行为和虚假宣传行为。第二、第三季度，抽样检验长安、灞桥及户县市场所售化肥、农药产品，抽取38家销售企业样品56个批次。其中，化肥抽检样品合格率70.7%，农药抽检样品合格率84.6%。立案查处生产销售不合格水溶性肥料的西安德农生物科技有限公司。全年检查农资经营户1196户，其中种子334户，化肥352户，农药249户，农机及配件92户，农用地膜134户，其他35户，发放宣传资料2000余份。

◆工商服务 2016年，西安市工商行政管理局对重点建设项目实施全程跟踪、专人对接、“绿色通道”服务，为重点建设项目提供工商服务441项，办理营业执照520户；为国有企业改制上门服务58次，办理改制登记18户。为肯德基、星巴克、壳牌加油站等16家大型外商投资连锁企业办理相关登记手续。对全市重点投资项目“京东商城”68个网点终端免于登记，促进网上仓储物流这一新兴行业在西安快速发展。支持各类市场主体通过动产抵押登记解决融资难题，通过股权出质、动产抵押登记、商标权质押等形式，帮助企业融资262.62亿元，其中办理动产抵押登记254件，帮助企业融资56.44亿元。推动完成全市62户规模以上和接近规模以上广告企业营业收入增速10%的目标，全市76户重点大型广告企业营业额达15.96亿元。组织发布公益广告55万余条次。受理社会公众、个人电子档案查询业务53902人次。为企业打印档案资料352000页。

◆工商注册登记管理 2016年，西安市工商行政管理局贯彻落实国务院、国家工商行政管理总局和陕西省人民政府、西安市人民政府关于深化商事制度改革精神要求，进一步放宽市场准入条件，降低投资创业的制度性成本。全年新增市场主体141831户，比上年增长22.23%。其中，私营企业53132户，外资企业405户，个体工商户84822户，农民专业合作社1187户，分别增长25%、23.2%、23.26%和46.91%。新增内资企业2285户，减少22.91%。全市市场主体累计746703户，增长17.03%，其中各类企业累计258181户。落实登记制度改革举措，全面实施企业和农民专业合作社“五证（营业执照、组织机构代码证、税务登记证、社会保险登记证和统计登记证）合一、一照一码”改革，全面实施个体工商户营业执照和税务登记证“两证整合”改革。深入推进网上登记改革，投资者可通过互联网办理企业名称预先核准、企业设立登记、企业变更登记，全年网上登记企业37556户，占登记企业总数的74.87%。落实注册资本实缴改认缴、“先照后证”、放宽住所（经营场所）登记条件、“双告知”（向申请人告知、向相关部门告知）、企业简易注销等改革政策措施，提升服务创业创新层次水平，进一步激发投资创业热情。全年发出“双告知”信息121549条。建立经济户口数据库和数据分析系统，开发网上数字工商公众服务系统、网上登记变更注销查询系统、工商综合业务系统网上名称受理登记模块、工商系统电子政务平台，实现“一照一码”“两证整合”信息共享和业务协同。全年接收内资企业变更资料档案1.8万卷、外资企业变更资料档案800卷，办理档案迁出620户。对新接收档案及时进行归档、整理、排序和上架，全年扫描企业电子档案242.33万页。

◆商标监督管理 2016年，西安市工商行政管理局召集辖区合法注册登记的商标代理机构，认真学习《中华人民共和国商标法》和国家工商行政管理总局《商标代理管理办法》等文件。在《西安晚报》开设专栏，宣传展示西安市驰名、著名商标企业，不断提升驰名、著名商标企业知名度和影响力。组织全市30家驰名、著名商标企业参加中国国际商标品牌节，获得中华商标协会“2016中国国际商标品牌节贡献奖”。新增注册商标39985件、“灞桥樱桃”地理标志证明商标1件，全市累计注册各类商标12万件、全国驰名商标52件、省市著名商标2069件、地理标志证明商标和集体商标3件。加强工商系统各级工作人员培训，围绕商标监管执法体制机制建设、商标侵权假冒违法行为形式、投诉举报、调查取证、认定方法、行政处罚裁量等进行学习辅导。开展酒类市场专项执法检查和假冒仿冒商标专项执法行动，查处9起涉嫌侵权美国马里奥环球公司涉外商标案件。开展“清风”行动，针对出口非洲、阿拉伯地区、拉美和“一带一路”沿线国家（地区）重点商品领域展开检查调研，检查企业2611户，现场指导规范其商标使用行为。全年查处商标侵权案件288件，办结案件183件，罚没款68.7万元。其中，查处侵犯商标权案件174件，侵犯驰名商标案件55件，侵犯涉外商标专用权案件32件。

◆广告监督管理 2016年，西安市工商行政管理局专项整治利用大众传媒、互联网等媒介发布违法广告行为。监测主流媒体广告2563条次，检查各类广告经营户170家，立案查办互联网广告案件37件。其中，责令停止发布14件，立案23件，结案11件。组织开展户外广告专项检查行动，检查各类户外广告565个（块），责令停止发布并限期整改4种涉及“梁家河”名称的广告产品，规范违法房地产广告13处，立案调查房地产广告中含有投资回报承诺的广告3件、未取得房地产预售证而进行销售宣传的广告3件。全年查办各类广告违法案件168件，罚没款176.65万元。加强《中华人民共和国广告法》和国家工商行政管理总局《互联网广告管理暂行办法》的宣传培训，培训监督对象2970人次，举办面向消费者宣传普法活动126次，发放宣传材料2311册。逐户走访了解、重点培育扶持西安市人民政府确定的规模以上或接近规模以上的广告企业。

◆消费者权益保护 2016年，西安市工商行政管理局深入开展消费者权益保护宣传培训，引导消费者合理安全消费。与西安市消费者协会联合开展“新消费我做主”主题年活动、纪念“3·15”国际消费者权益保护日宣传咨询活动和送法进商场、进市场、进超市、进企业、进景区的“五进”活动。通过西安广播电视台《党风政风热线》《行风在线》栏目和西安市政府网《在线访谈》栏目，现场回答消费者有关消费知识的提问和咨询，及时广泛宣传新《中华人民共和国消费者权益保护法》、国家工商行政管理总局《侵害消费者权益行为处罚办法》及工商机关打假维权工作动态，提高社会知晓度，提升人民群众消费维权意识。以《中华人民共和国合同法消费者权益保护法》《陕西省消费者保护条例》和国家工商行政管理总局《流通领域商品质量监督管理办法》《工商行政管理部门处理消费者投诉办法》等法律、法规为主要内容组织工作人员学习，并召开全市工商系统消费侵权案件查办工作典型案例交流会，提升

2016年9月28日，工商经济技术开发区分局在政务大厅为企业核发首张“五证合一、一照一码”营业执照

工商系统人员打假维权的能力和水平。“12315”举报电话受理消费者咨询、投诉和举报46986件。元旦、春节期间组织开展为期50天的流通领域商品质量及有关服务领域消费维权专项整治行动，查处各类违法案件93件，查扣假冒商品1660件，行政约谈40余户存在问题的经营企业。组织开展“3·15”打假维权专项执法月行动，检查各类市场268个、各类经营者11029户次；查处各类销售假冒伪劣商品、虚假宣传、欺诈案件116件。查大案、追源头、促规范取得新突破。“金信网”发布典型消费维权案例12件，受理消费者投诉举报13802件，挽回消费者经济损失1680.74万元。完成中共西安市委办公厅、西安市政府办公厅批转的30余件投诉件的调查处理和答复工作。

◆打击传销与规范直销　2016年，西安市工商行政管理局按照国家工商行政管理总局、陕西省工商行政管理局统一部署，先后开展“2016风雷行动”“百日集中行动”“专项打传执法行动”以及创建“无传销城市”“打击传销规范直销宣传月”活动。通过电视台、电台、报纸等新闻媒体宣传国家政策、法规，公布举报电话，做到电视有像、电台有声、报纸有字，营造打击传销的强大声势。开展专项宣传活动2050次，发放宣传资料158295份，发布警示提示3858条次，发送手机短信3251条、公益广告4644条次。按照创建“无传销城市”工作要求，积极开展创建“无传销社区（村）”“无传销区（县）”工作，认定“无传销社区（村）”1563个，“无传销社区（村）”累计达到2068个。与公安、民政部门配合，出动车辆1320台次，打击传销人员6330人次，捣毁传销窝点144个，教育遣散参与传销人员3365人，解救被骗传销人员39人，移送司法机关人数89人，录入系统黑名单603人，确保西安经济发展和社会和谐稳定。按照陕西省工商行政管理局关于加强直销市场监管工作的要求，重点监管在西安设立分公司的27个直销企业分支机构，采取听、看、问等形式，对直销企业分支机构服务网点经营、招募、培训，退换货制度，直销产品价目标签，有无直销员培训员证、直销员证等进行一系列监管检查，保证直销企业经营规范有序。　（符　杰）

国土资源管理

◆概况　2016年，西安市国土资源管理部门积极适应经济发展新常态，努力破解发展与保护资源的难题，有力保障全市经济持续健康发展，各项工作取得新成效。争取各类用地指标2226.7公顷，为177个市级重点项目安排新增建设用地计划2133.公顷，占总指标量的95.8%。组织上报建设用地183个批次3200公顷，批回200个批次3320公顷。供应建设用地603宗2740公顷，面积比上年上升9.3%。收储土地138.3公顷，挂牌出让土地333宗1286.7公顷，总成交价258.76亿元。克服重重困难，破解资金紧缺难题，筹集资金40.58亿元，为幸福路地区综合改造、火车北客站等重点项目拨付资金10.08亿元，为土地储备项目拨付资金12.33亿元，保障重点项目建设顺利推进。5月，全面承接移民（脱贫）搬迁工作机构和职能，建立“书记担责，区（县）长负责，常务主抓推进，分管一线指挥”责任机制，实行周例会、挂图作战、对账销号等制度，通过密集召开座谈会、推进会、汇报会、现场会等形式，圆满完成陕西省人民政府下达的3384户搬迁任务。完成违法用地查处整改，将违法占用耕地、占新增建设用地、占用耕地面积比例降至5.73%，顺利通过国土资源部、陕西省卫片执法检查工作验收和国家土地督察例行整改工作验收。加大城市治理和“治污减霾”工作力度，整治“三场（厂）”（砂石场、石灰场、黏土砖厂）646个。西安市每亿元国内生产总值建设用地规模为35.9公顷，单位国内生产总值建设用地下降率为6%，集约节约用地水平连续5年居陕西省第一。高陵区农村宅基地改革试点取得突破性进展，成立驻村帮扶工作机构，为帮扶村申报46.67公顷高标准基本农田建设项目，驻村帮扶工作满意率100%。

◆国土资源服务保障　2016年，西安市国土资源局全面摸底，逐项核查“十三五”重点项目，确保项目落准、坐实。多次与国土资源部部、陕西省国土资源局协调对接，为西安市争取增加建设用地1.24万公顷，核减耕地保有量62933.3公顷、基本农田保护面积78400公顷，缓解用地供需矛盾，为经济社会发展预留空间。对重点建设项目、民生项目和新型城镇化用地优先保障，在指标分配上精准使用。供应工业用地753.3公顷，比上年增长51.7%；供应基础设施、公共服务、民生工程和保障性安居工程用地1046.7公顷。为绕城高速通行能力提升工程、气象预警应急指挥中心等28个新建项目调整有条件建设区面积555.5公顷、限制建设区面积39.9公顷、基本农田面积11.2公顷。征地制度试点政策全面施行，将“先社保后报地”调整为“先报地后社保”。征地风险评估由上报前开展，调整为省、市批复下发后，实施土地征收前开展，极大提高了建设用地上报效率。

◆土地节约集约利用　2016年，西安市国土资源局树立立体用地新理念，鼓励支持多层标准化厂房、产业综合体、地下空间利用等新节地模式。工业项目投资强度达不到规定标准的企业，不再单独供地。全市工业平均容积率1.61，较上年提高6.6%。持续深入推进批而未用土地处置，逐宗分析，归类处置，盘活存量用地2080公顷。开展土地利用动态巡查、全程监管，对供地不规范、动态巡查不到位的采取跟进督办、通报约谈等措施限期整改。在周至县整合3个增减挂钩试点项目区，拿出节余指标73.3公顷流转至长安区易地使用，流转收益返还周至县，既有效缓解长安区用地供需矛盾，又实现以城带乡。

◆耕地和基本农田保护　2016年，西安市国土资源局逐级签订“耕地保护目标责任书”，进一步夯实保护责任。对耕地保护贡献突出的地区，在建设用地指标分配和土地整治项目上予以倾斜，调动各方积极性。严格落实耕地占补动态平衡制度，全市建设占用耕地1666.7公顷全部得到易地补充。根据《西安市土地利用总体规划（2006—2020年）》，确定全市2020年规划期末耕地保有量不低于222066.7公顷，基本农田保护面积不低于187600公顷。完成《西安市、区（县）永久基本农田划定方案》初审，城市范围内新划入永久基本农田面积1853.3公顷，并将各项数据报送国土资源部、农业部审核。竣工验收高标准基本农田项目5个，规模2740公顷。组织申报2017年建设项目5个，规模2200公顷，申报资金3832.99万元。

◆国土资源执法监察　2016年，西安市国土资源局扎实开展土地变更调查，为全市经济发展提供数据支撑。完成违法用地查处整改，坚持“政府主导、强力拆除、一案四查、警示约谈、排名问责、密集督办”的原则，将年度内违法占用耕地、占新增建设用地、占用耕地面积比例降至5.73%。加大案件查办力度，多措并举做好日常执法监管。实施区（县）政府、开发区管委会、乡镇街办和国土、规划、建设等部门“党政同责、部门协同”的国土资源执法监管共同责任考核机制，形成齐抓共管新格局。核查卫片违法用地543宗，收缴罚款5709万元，移送公安机关追究刑事责任6人，党政纪处分264人，申请法院强制执行360宗。将矿产卫片15个违法图斑全部关停。把砂石场、石灰场、黏土砖厂的整治作为政治任务来抓，整改到位646宗。

◆地质灾害防治　2016年5月，西安市人

2016年6月30日上午，市政府举行西安市不动产登记机构揭牌暨不动产权证书颁发仪式，标志着不动产统一登记在西安市全面展开

民政府成立西安市地质灾害防治工作领导小组，切实加强全市地质灾害防治工作组织领导。西安市国土部门按照“组织协调，指导监督”的职责定位，扎实开展汛期前排查、汛中检查和汛后核查等防范工作，全市核销地质灾害隐患点57处。地质灾害隐患点全部纳入群测群防和预警预报体系，编制“防、抢、撤”方案，确定责任人和监测人。《西安市地质灾害防治“十三五”规划》通过专家评审，年内防治方案汛前发布率100%。西安市国土资源局与西安市气象局联合发布地质灾害三级预警4次，发送预警短信1239条。开展防灾应急演练175次，参演7186人。开展防灾培训371场次，培训5万余人。加快地质灾害综合治理，竣工验收项目17个，正在实施项目9个。推进地质灾害搬迁避让工作，完成85处隐患点380户3317人的搬迁避让验收工作。成功处置长安区地裂缝等灾情、险情14起，无人员伤亡。11月，长安区通过国土资源部“全国地质灾害防治高标准‘十有县’（有制度、有机构、有经费、有监测、有预警、有评估、有避让、有宣传、有演练、有效果）”验收。

◆不动产统一登记 2016年，西安市国土资源局初步构建和完善不动产登记、权籍调查、信息化建设工作体系，对市、区（县）成立不动产登记机构的登记职能进行整合。6月底，全市不动产统一登记实现“发新停旧”，共缮证79083本。争取财政资金854.9万元，建设不动产登记管理信息系统，与房管、林业、水务部门进行不动产登记资料移交工作。持续开展农村集体土地确权登记发证工作，集体建设用地、农村宅基地使用权发证率分别达到89%和88.07%；办理国有土地使用权抵押登记122宗，面积525.3公顷，涉及资金52亿元。

◆国土资源政策研究 2016年，西安市国土资源局密切关注和研判土地市场走势，科学制订年度供地计划，编制《土地市场分析报告》12份、《地价动态监测报告》4份，为中共西安市委、西安市人民政府决策提供数据支撑。推进国有土地收储“当年收购储备、当年完成拆迁、当年净地出让”的“短、平、快”模式，实现被收储单位与政府的双赢。积极拓展市、区（县）共储区域范围，与区（县）、开发区联合储备土地527.3公顷，有效破解土地紧缺难题。

◆国土资源改革试点 2016年，西安市国土资源局对国土资源改革的多项试点工作取得新突破。高陵区农村土地征收、集体经营性建设用地入市和宅基地制度改革试点初步形成科学规范的管理制度和体系。在宅基地退出上，形成“老村规范提升、新村建设转移、整村退出融合”三种模式，取得“退出、收回、审批、抵押、新建、进城”6项突破，受到国土资源部认可。办理退出宅基地109户，进社区居住42户，审批43户，收取宅基地有偿使用费0.46万元；办理农民住房财产权抵押贷款34宗，发放贷款407万元。城市边界划定和土地规划调整完善工作取得明显成果，为西安市增加建设用地规模14853.3公顷，核减耕地保有量65066.7公顷和基本农田保护任务78400公顷，极大地缓解了西安市一直以来的耕地保护面积过大和基本农田保护任务过重的局面。

◆国土领域法治建设 2016年，西安市国土资源局制定《法治国土建设实施意见》和《“七五”普法规划》，组织干部参加法律、法规学习考试，举办依法行政知识竞赛。完成25宗耕地破坏程度鉴定。办理信息公开申请218件、来信来访和网上投诉689件，并全部办结；在门户网站主动公开政府信息884条。受理行政应诉134件、行政复议49件，上级交办西安市的18件信访积案全部得以化解。明晰国土系统权责清单、公共服务清单、中介服务清单，梳理行政许可、处罚、强制等8大类78项职权，建立行政诉讼（行政复议）过错责任追究等制度，进一步完善工作流程，干部依法行政、高效服务意识持续加强。

◆秦岭终南山世界地质公园建设保护 2016年，西安市国土资源局扎实开展秦岭北麓矿山专项整治活动，在秦岭北麓关闭矿山33个，使矿权数量由61个减少至28个，为秦岭生态环境保护做出应有贡献。扎实开展矿产资源开发“保发展、治粗放，保安全、治隐患，保生态、治污染”的“三保三治”行动，实现开发规模化、产业精细化、利用综合化，达到保护和改善生态环境的目标。世界地质公园建设加速推进，建成翠华山景区地质灾害预警预报监测系统，并正式投入使用。与中国地质科学院合作，2次开展秦岭第四纪冰川遗迹调查。申报国家文化自然遗产保护利用项目，落实投资1084万元，有效改善公园保护、科普、监测等基础设施。发挥地质、森林等优势旅游资源，加强青少年生态环保教育，开展研学旅行20余次。强化地学科普宣传，出版少儿科普读物《蜗牛寻家之旅》，举办“随享秦岭、活力终南”系列主题登山活动。

（张文越）

审　计

◆概况 2016年，西安市审计部门积极推进审计全覆盖，完善审计制度机制，创新审计方式方法，突出审计重点，加强审计管理，不断加大政策落实、权力行使、财政资金、民生保障、政府投资等方面审计监督力度，全面完成审计任务。市、区（县）两级审计机关对895个单位和项目进行审计和审计调查，查出违规金额83.78亿元，促进财政增收节支28.1亿元。提交审计报告和信息1110篇，提出审计建议1394条，促进被审计单位制定和完善制度措施78项。移送案件线索83起，其中西安市审计局移送52起，88人受到党纪政纪处分，42人被训诫谈话，3人受到组织处理；蓝田县审计

西安市审计局人员深入田间地头调查了解财政扶贫资金使用情况

局移送18起；高陵区审计局移送4起；碑林区审计局、未央区审计局、雁塔区审计局各移送3起。

◆防风险政策落实情况审计 2016年，西安市审计部门按照国务院、审计署统一部署和省、市工作要求，把政策落实情况跟踪审计作为提升审计工作层次、发挥审计工作效能的重要途径，围绕简政放权、民生项目、招商引资、企业减负等政策落实情况开展跟踪审计。西安市审计局完成政策落实跟踪审计项目13项，发现养老服务、社会救助、招商引资、“放管服”改革、内贸政策落实等问题，并深入分析原因，针对性地提出整改意见和建议，督促相关区（县）、部门加强整改，取得较好效果。

◆财政审计 2016年，西安市两级审计机关进一步深化财政审计，采取上下联动、重点审计和审计调查相结合等方式方法，审计282个部门单位预算执行情况，延伸审计188个单位，审计单位数量比上年增加50%，进一步扩大审计覆盖面；查出各类问题金额167亿元，向纪检等部门移送案件线索10起。西安市审计局对全市科技研发和工业发展两项财政专项资金进行审计，涉及资金26亿元；向司法机关移送案件线索6起，向纪检机关移送案件线索1起。临潼区审计局查出管理不规范资金10.41亿元，挽回损失8500万元。户县审计局查出违规问题资金7.64亿元。

◆民生项目审计 2016年，西安市两级审计机关不断加大对重大民生事项审计监督力度，组织开展精准扶贫专项资金审计、住房公积金归集管理使用情况审计、农村中小学生营养改善资金管理使用情况审计及重点救急、救灾资金管理使用情况审计调查等，揭示和反映落实国家政策不到位、损害群众利益等问题，移送一批违法违纪案件线索，促进相关部门加强管理，切实维护群众根本利益。西安市审计局在对5个涉农区（县）2014—2015年精准扶贫专项资金跟踪审计中，沿着资金流向深查细究，发现贫困人口精准识别不准、套取截留挪用骗取扶贫资金等问题，向中共西安市纪律检查委员会移送案件线索19起，57人受到党政纪处分。在对全市2014—2015年住房公积金归集管理使用情况审计中，查出重复缴存公积金、超规定缴存公积金、违规提取公积金、违规向拥有3套以上房产人员发放贷款等问题，向有关部门移交案件线索1起。在农村中小学生营养改善资金管理使用情况审计中，坚持以问题为导向，对有关区（县）进行延伸审计调查，发现多起违规招标问题，向市纪委移送案件线索2起。蓝田县审计局在财政扶贫专项资金审计中，把基层群众反映的信访案件作为重点，查出多头申报项目资金、虚假验收等8类问题，向中共蓝田县纪律检查委员会移送案件线索18起。灞桥区审计局开展最低生活保障资金审计，中共灞桥区纪律检查委员会根据审计结果，给予19名责任人纪律处分。

◆政府投资审计 2016年，西安市两级审计机关认真贯彻落实《陕西省国家建设项目审计条例》，不断加大政府投资审计力度。开展重大建设项目跟踪审计、工程竣工决（结）算审计及审计调查275项，发现问题资金17.98亿元，核减工程投资额6.75亿元，向有关部门移送案件线索5起。积极提出审计建议，促进建设单位加强项目规范管理、控制建设成本、加快项目建设进度、提高政府投资效益。西安市审计局先后开展李家河水库、米家崖廉租房、环城南路下穿立交桥、公办幼儿园和中小学校安工程等项目工程结算审计和审计调查28项，涉及资金139.47亿元，审减工程造价2.27亿元。对火车站改扩建工程资金使用情况、幸福路综合改造项目实施跟踪审计，及时提出多条审计建议，督促建设及施工单位及时整改。在地铁4号线工程概（预）算审计中发现并移交案件线索4起。针对地铁工程审计发现的问题，向西安市政府上报《关于推进西安地铁建设项目健康发展的意见》，受到市政府领导高度重视，被批转到国土、规划、财政、地铁办等有关部门予以落实。促使有关部门积极研究落实，及时启动和完成地铁票价调整工作，减少地铁经营亏损，促进地铁经营管理水平提升。长安区审计局工程结算审计审减1.5亿元；高陵区审计局审减6820万元，向中共高陵区纪律检查委员会移送案件线索1起；灞桥区审计局竣工决算审计核减5903.57万元；蓝田县审计局通过聘请社会中介机构参与政府投资建设项目审计，基本实现政府投资项目审计全覆盖。

◆经济责任审计 2016年，西安市两级审计机关不断加大审计力度，开展经济责任审计323项。西安市审计局在对7名领导干部经济责任审计中，根据其岗位不同特点，改进审计方式方法，将经济责任审计与专项审计及部门预算执行审计相结合，重点关注领导干部权力运行和决策轨迹及“八项规定”执行情况，查出领导干部负有直接责任的问题金额1024.33万元，向有关部门移送案件线索2件。新城区审计局对10个单位15名领导干部进行经济责任审计；碑林区审计局完成21个任期经济责任审计项目；阎良区审计局开展离任审计19项；高陵区审计局在离任审计中向中共高陵区纪律检查委员会移送3起案件线索。根据中央、省、市要求，西安市审计局积极推动领导干部自然资源资产离任审计试点工作，起草并由中共西安市委办公厅、西安市政府办公厅印发《关于开展领导干部自然资源资产离任审计试点的实施办法》，经市政府批准决定由中共西安市委组织部等7部门定期召开西安市自然资源资产离任审计联席会议，为审计试点提供机制和制度保障。根据中共西安市委组织部委托，西安市审计局在长安区开展领导干部自然资源资产离任审计试点，创新审计方式、方法，运用地理信息技术购买卫星图片数据及数据分析结果，发现大量土地资源利用中违法、违规问题，试点审计工作取得理想成果。

◆审计整改 2016年，西安市两级审计机关以实现“促整改、强问责、扩成果、提效能”为目标，加强与有关部门沟通协调，进一步加大审计整改督办力度。西安市审计局组织人员逐一检查44个项目整改落实情况，督促相关部门单位和区（县）整改问题298个，整改率达到95.2%；整改促进拨付资金到位15.24亿元，促进被审计单位采纳审计建议145条，制定和完善规章制度或措施78项。对移送司法机关的违法案件加强督导力度，使上年移送的套取、骗取财政专项补贴的违法案件线索有5人被判处有期徒刑。按要求向西安市人民代表大会常务委员会报告审计整改情况，并积极配合市人大常委会开展审计整改情况专题询问。在市人大常委会对5个提交审议报告满意度测评中，西安市审计局审计整改情况报告满意率达到100%，名列第一。加大审计结果公告力度，对29项审计和审计调查结果以及审计整改结果依法进行公告。新城区审计局会同有关部门对年内审计涉及整改的13个单位逐一进行回访，促进审计决定执行；长安区审计局积极协调把审计报告所反映问题的整改工作纳入长安区政府督查督办事项，有效提升审计整改效果。

◆审计管理 2016年，西安市两级审计机关积极建立和完善审计业务管理和机关综合管理制度，审计工作科学化、规范化、精细化水平不断提高。西安市审计局依照上级审计机关部署，高起点谋划未来工作，编制《西安市“十三五”审计工作发展规划》，明确“十三五”期间西安市审计工作发展指导思想、总体目标、基本原则、主要任务及保障措施。研究制定《西安市审计局审计全覆盖实施意见》，明确全市公共资金、国有资产、国有资源和领导干部履行经济责任情况实行审计全覆盖的时间频次、重点内容、方式方法和具体要求。报请西安市政府印发《关于进一步加强审计工作的通知》，对保障审计机关依法独立行使权力、增加审计力量、充分发挥审计监督职能、强化审计成果运用等方面提出明确要求。制定《西安市审计局问责办法》《审计干部鼓励激励实施细则》《审计干部容错纠错实施细则》《处级干部能上能下实施细则》《审计业务用车管理暂行办法》《审计外勤经费自理管理办法》等制度办法，加强问责、问效，调动审计人员干事积极性和防范审计人员不作为、乱作为，促进审计工作顺利开展。 （张良忠）

统计工作

◆概况 2016年，西安市统计局深化统计改革，打造管理精细、基础精良、数据精确、服务精准的“品质统计”，进一步提高统计数据质量、统计能力和统计公信力，较好地完成全年各项目标任务。

◆大型统计普查和常规统计调查 2016年，西安市统计局精心组织实施第三次全国农业普查。迅速成立机构，科学制定工作方案，严格选聘培训普查员，广泛开展宣传动员，认真做好清查摸底，积极落实经费物资，高质量完成数据处理国家级试点。建立健全普查质量控制机制，聘用乡镇专职技术指导员137人，严格依法开展农业普查，扎实部署普查入户登记工作等，普查各项工作得到国家督查组和陕西省统计局的肯定。及时发布《2015年西安市1%人口抽样调查主要数据公报》，为社会各界提供可靠的基础人口数据。全面开发第三次经济普查资源，编印《西安市第三次经济普查研究课题汇编》。认真组织实施农业、工业、投资、贸易、服务业、人口、就业、能源、基本单位名录等常规统计调查和24项专项调查。高质量完成民生问题关注度、市民阅读习惯等22项社情民意调查，9篇调查报告获得新闻媒体转载。

◆统计制度方法改革 2016年，西安市统计局创新地方统计调查，积极承担全市军民融合统计创新改革任务，建立《西安市军工科研院所统计报表制度》，探索推进统筹科技资源调查和监测工作。探索建立西安市“绿色发展”指标体系和“双创”统计监测体系，改革工作走在了全国统计系统前列。首次开展“三新”（新技术、新产业、新商业）统计调查，填补西安市新经济统计调查空白。深化统计制度方法改革，修订和新增地方统计报表制度各3项，地方统计制度进一步完善。开展投入产出国家试点调查，对旅游、文化等派生产业增加值进行测算，核算制度改革稳步推进。积极推进服务业电子商务交易平台统计改革，加强同网址、企业、部门和电子商务协会信息比对，确保“五上企业”（规模以上工业企业、资质内建筑业企业和房地产开发企业、限额以上批零住宿餐饮企业、规模以上服务业企业）电子商务平台统计不重不漏，服务业改革进一步深化。规范和改进限额以下抽样调查，全面推进网上商品零售统计，贸易统计进一步完善。

◆统计服务 2016年，西安市统计局强化决策服务，围绕全市中心工作开展统计监测40项，撰写专题分析50余篇，报送《西安统计信息》301期，编发领导专报63期，编印《西安统计年鉴》等15种统计产品5万余册。强化部门服务，编报《西安统计信息专递》，按月向市级部门提供相关指标；服务目标考评，提供统计信息资料33期；完成年终目标责任考核公众满意度、城市治理满意度等10项部门委托调查。强化公众服务，邀请媒体全程参与“统计开放日”活动，积极参加陕西广播问政和西安市人民政府网《在线访谈》栏目。组织开展工业、投资、能源和贸易专业数据解读，积极应用新媒体发送统计信息近2000条，接待群众咨询访问500余次，统计数据分析、解读及公开力度不断加大。

◆统计基层基础建设 2016年，西安市统计局夯实统计基础，开展乡镇、街道统计基础建设情况快速摸底。改编《企业统计服务系列丛书》，由国家统计局使用西安市统计局版权正式出版发行，指导全国基层统计工作。加大基层统计经费支持力度，基层统计进一步增强。推进统计信息化建设，首次启动统计数据电子归档，编写《未来五年西安统计信息化发展规划》，完善统计地理信息系统应用功能，启动OA办公自动化系统建设，统计信息化保障能力不断增强。加强统计队伍培养，组织局机关1068人次参加各类培训，组织3840人次开展统计系统专业学习，组织246人参加全国技术专业资格考试，统计队伍专业化水平和综合素质进一步提高。

◆部门统计 2016年，西安市统计局在全市上下营造“学统计、重统计、用统计、懂统计”的良好氛围。进一步完善联席会议制度，规范部门统计调查项目，制定《部门统计考核办法》，开展部门统计专项督查工作，部门统计工作水平迈向新台阶。积极推进市级各部门之间强化信息共享，合力推进“五上”（规模以上工业、限额以上批零住宿餐业、规模以上服务业、资质内建筑业和房地产开发企业）预备库建设，全年净增“五上”单位560余家，部门统计与综合统计配合度和紧密度进一步提升。

◆统计规范化管理 2016年，西安市统计局按照“清单化管理、模板化操作、模块化运行”的工作思路，建立各类任务清单80余项；编印《统计业务和管理流程规范》《统计分析与服务模板指南》《行政权力与公共服务事项手册》；组建4个专业评估小组，统计规范化管理更加深入。以“明责、明权、明标准”为重点，依法申请对开发区委托行政处罚权，理顺西咸新区沣东新城、西安国际港务区街办托管统计工作，制定“开发区统计管理代码标准”等，开发区统计管理更加规范。

◆**统计法治化建设** 2016年，西安市统计局加强执法检查，开展“数据造假、以数谋私”专项检查整治活动，推进统计信用体系建设，建立“双随机一公开”（在监管过程中随机抽取检查对象，随机选派执法检查人员，抽查情况及查处结果及时向社会公开）抽查制度和统计违法案件集体审议制度，全系统查处统计违法案件54件。首次聘请专业法律顾问，对统计管理事项、执法检查、咨询答复等工作进行专业规范和指导；建立统计数据质量管控长效机制，实施数据质量二次评估，开展专业统计专项巡查，统计数据质量不断提升。加大普查宣传，以“七五”普法宣传为契机，借助短信、微信、QQ等载体普及统计法律、法规，发送《中华人民共和国统计法》和监察部、人力资源社会保障部、国家统计局《统计违法违纪行为处分规定》5000余份，营造良好的统计生态环境。（市统计局办公室）

海关监管

◆**概况** 2016年，西安海关全面落实国家规划，全力支持陕西建设内陆改革开放新高地，明确建设新丝绸之路上的区域强关阶段性目标，助力“一带一路”战略机遇，优化海关监管机制，提升通关便利化水平，改善外贸营商环境（企业在开设、经营、贸易活动、纳税、关闭及执行合约等方面遵循的政策法规所需的时间和成本等条件），激发陕西开放发展潜力，助推陕西省外贸持续实现正增长，全年监管货运量456.3万吨，增长86.7%；监管货物总值1974.8亿元，增长4.2%；结关报关单22.7万份，增长14.5%；监管进出境航班及包机1.6万架次、进出境旅客194.8万人次，增长16.9%；征收关税和进口环节税入库34.9亿元，增长6.4%。

◆**大协作大通关大发展——国际海关合作与通关便利化研讨会** 2016年5月17日，由海关总署和陕西省人民政府主办，西安海关承办的“大协作 大通关 大发展——国际海关合作与通关便利化研讨会”在西安举办。来自哈萨克斯坦、俄罗斯、法国、荷兰、波兰、以色列、土耳其、新西兰、泰国、加蓬等16个国家驻华海关参与我国海关就加强合作与共同提供通关便利化进行研讨。作为落实“西安论坛”成果的重要举措，西安海关关长带队赴哈萨克斯坦，首访阿拉木图州的国家收入局，双方共同签署会谈纪要，决定建立伙伴关系，并在信息互换、AEO互认、协作监管和执法互助等方面深入合作。此次会议既是落实“一带一路”海关高层论坛达成的成果和共识，深化国际海关合作、促进通关便利化的重要举措，也是2016“丝绸之路国际博览会暨第20届中国东西部合作与投资贸易洽会”的重要活动之一。与会代表围绕加强国际海关合作，搭建海关与商界的对话平台，促进沿线国家通关便利化等进行深入探讨。

◆**融入“一带一路”战略** 2016年，西安海关保障“长安号”班列平稳运行，首次实现自哈萨克斯坦载货回程，全年监管班列进出口货物10.6万吨，货值1.9亿美元，分别比上年增长45.2%、15.2%。监管保障国内首条“空中丝路”货运航线西安至阿姆斯特丹往返首航；监管东航、海航等“通程航班”旅客600余人次；监管进出口商品126.2万单，货值1.2亿元。国际航线延伸、加密，国际航线增至48条。离境退税业务办理成功，运输工具免税店售出免税商品货值110万元。跨境电子商务稳步发展，海关特殊监管区域加速整合优化，出口加工区整改顺利完成，西安综合保税区整改与西安航空基地综合保税区申报同步推进。

◆**自贸试验区建设** 2016年，西安海关成立以关长为组长的推进自贸区建设领导小组，下设3个工作组，制订计划、分解任务。走访相关部门和重点企业了解需求，对自贸区建设涉及海关的事项逐项研究支持措施。向省、市专题汇报并提出建议，多次就陕西省方案提出修改意见。及时向海关总署反映陕西政策需求，反复沟通争取支持，多次参加总署集中工作，研究制定支持陕西自贸区建设措施，相关措施待自贸区挂牌后第一时间出台。

◆**税收征管** 2016年，西安海关广泛利用税收风险预警信息、区域一体化税收协作框架平台等手段，防范各类税收风险。税收征管更加高效便捷，“关库银”实现横向联网核销，税款入库及时率保持100%，税收电子支付率突破95%。港澳台等优惠贸易项下原产地证书实现联网管理。税收征管改革红利进一步释放，启动“一次申报、分步处置”试点，首票“自报自缴”业务成功办理。集中汇总征税实现无纸化作业，汇总征税规模扩大到2.2亿元，比上年增长3.5倍。减免税政策服务战略产业加快发展，为航空航天、新能源汽车、集成电路、现代农业等高技术和高端装备制造企业减免税款5.4亿元。

◆**海关监管** 2016年，西安海关和西安出入境检验检疫合作“三个一”（一次申报，一次查验，一次放行）拓展到关区所有通关现场。多方协调推动国际贸易“单一窗口”加快建设。通关一体化改革取得明显成效，进口平均通关时间缩短73%，出口平均通关时间缩短51%，关区通关作业无纸化率达到97%以上，加工贸易备案核销部分实现无纸化，大幅提高通关效率，企业物流成本进一步降低。复制推广工单核销、仓储货物按货物状态分类监管等25项自贸区海关监管创新制度全部落地西安关区。出口加工区试行内销选择性征收关税，减轻参试企业税负。查验和常规稽查“双随机”（随机抽取被检查对象、随机选派检查人员）改革成效明显，随机布控查验保持占比在90%以上，开展常规稽查占比达到87%。关企合作平台融入社会信用体系，严格执行企业认证标准，调升信用等级企业6家，调降信用等级企业11家，关区高级认证企业达到29家，一般认证企业515家。

◆**缉私稽查** 2016年，西安海关开展“国门利剑”专项行动，破获涉嫌伪报品名走私进口继电器案，案值3.1亿元，涉嫌偷逃税款2152万元。连续破获4起走私大麻案，缴获大麻约3040克。连续破获4起走私、运输毒品海洛因案，缴获海洛因2601克，首次查获人体藏匿运输毒品案件。破获6起涉枪案件，查扣一批枪械配件。行邮渠道查获各类违禁品1078件，首次于邮件中查获活体濒危动物。建成打击走私联合阵线，与工商、食药监、质检、农业等部门开展打击大米走私联合行动，与国税、公安、人民银行共同打击骗退税及虚假贸易违法行为。关警联动机制进一步优化，缉私警察与地方公安实现多警种联动。全年刑事立案10起，比上年增长11%，案值0.4亿元，涉税42万元；行政立案178起，案值6.3亿元，增长34%，涉税131.4万元，增长1.4倍。专项稽查追补税款479万元，增长1.2倍，发现问题率达到75%。

◆**科技创新** 2016年，西安海关“金关二期”（在金关工程一期项目建设基础上，通过顶层设计和科技创新，采用物联网、云计算等新技术，重点建设全国海关监控指挥系统、进出口企业诚信管理系统、加工和保税监管系统、海关物流监控系统等应用系统）建设扎实推进，两级监控指挥中心投入使用，机房改造全面竣工，关区网络完成扩容改造。语音通信系统换代升级，部署“云桌面”大幅压减台式机数量和运维成本，移动办公启动试运行，一批新业务系统上线为改革提供新助力。特殊监管区域信息化系统部分实现升级改造，统一信息化系统逐步完成，辅助系统功能运维（对大型组织已经建立好的网络软硬件的维护）得到有力保障。“6655”技术服务热线和工单系统开通，信息系统运行监控更加到位。

◆海关服务 2016年，西安海关23家关企合作企业享受海关协调员“一对一”服务，通过关企合作联席会议集中解决问题。审批核批流程进一步规范，内部核批事项实行目录化管理，行政审批实现“一个窗口”受理和网上办理，开通网上办理企业注册登记、年报等业务，“关企合作平台”上线运行，企业办事更加便捷。积极与地方社会信用管理部门建立数据交换机制，通过西安“电子口岸”公共信息平台发布海关信用信息。“12360”热线服务社会各界咨询1万多件，通过“12360”热线、微信公众号、关企合作QQ群及时推送各类海关“新政”。

◆安全监管 2016年，西安海关认真开展“8·12”专题警示教育，深刻剖析反思，对监管场所及特殊监管区域进行专项治理，依法注销未达标监管场所1家。开展危化品（具有易燃、易爆、有毒、有害和放射性等物质，在运输装卸和储存保管过程中易造成人员伤亡和财产损毁而需要特别保护的物品）业务专项检查，暂停无资质企业危化品进出口业务。监管查验严防“核生化爆”货品进出境，保障二十国集团妇女会议、二十国集团农业部长会议等重大活动安全举办。（马 东）

中华人民共和国西安海关

党组书记、关长 顾 勤
纪检组组长 陈所庆
政治部主任 牟军海
缉私局局长 陈 涛
副 关 长 宋 戈 周卫前 杨占强

出入境检验检疫

◆概况 2016年，陕西出入境检验检疫局适应新常态，采取新举措，主动作为，全力服务丝绸之路新起点和内陆改革开放新高地建设，工作取得新进展。全年检验检疫出境货物8.18亿美元，比上年下降4.35%，其中不合格货物0.14亿美元，略有下降；检验检疫入境货物30.61亿美元，增长38.30%，其中不合格货物4.63亿美元，增长70.52%；出证对外索赔247.13万美元。出台《陕西检验检疫局“一带一路”建设2016年行动计划》，充分发挥检验检疫职能作用，积极参与陕西口岸建设。西安咸阳国际机场三期扩建和西安铁路临时对外开放口岸检验检疫设施纳入整体规划，西安咸阳国际机场国际快件监管中心检验检疫基础设施开工建设，高新综合保税区检验检疫设施投入使用，西咸空港保税物流中心封关运行。延安出入境检验检疫局开检，9个窗口单位全部通过国家质量监督检验检疫总局验收，其中5个成为示范窗口。

◆检验检疫质量管理 2016年，陕西出入境检验检疫局把出口产品质量管理纳入陕西省人民政府对市（区）人民政府质量工作考核范畴，按期报送《进出口产品质量状况分析报告》，加强政府对质量的有效管理。与陕西省商务厅和西安海关建立外贸联席会议制度，定期协商解决外贸发展问题。深化海关检验检疫合作，与西安海关签署新备忘录，与中国国际贸易促进委员会陕西省委员会签署合作备忘录，加强在原产地签证领域合作。与陕西省果业管理局合作建立覆盖陕西省的检疫性实蝇、苹果蠹蛾、外来杂草等有害生物监测网络。与陕西省畜牧兽医局强化疫情防控协作，支持畜牧业发展。与杨凌农业高新技术产业示范区就建立进境种质资源保护中心达成共识。与西北农林科技大学建立协作机制，保障进口物品安全，促进产学研发展。加入陕西省社会信用信息平台，完成企业信用等级评定1112家，对信用等级低的企业实施严格监管措施，引导企业增强遵纪守法自觉性。

◆检验监管改革 2016年，陕西出入境检验检疫局将风险管理理论运用于检验监管改革，成立风险管理工作机构和7支专家队伍，出台风险管理办法，构建风险监测、风险评估、风险处置和监督管理工作机制。完善出口水果分类管理，提高监管效率。创新出口食品监管模

陕西检验检疫局2016年主要业务情况

类　　别	批次（批）	同比增长率(%)	货值（万美元）	同比增长率(%)
一、货物检验检疫	29364	10.05%	284247	-27.42%
1.出境	18747	16.69%	81783	-4.35%
2.入境	10617	0.01%	202464	-33.87%
二、货物检验检疫不合格	943	-14.89%	19812	-58.45%
1.出境	88	-36.69%	335	-75.35%
2.入境	855	-11.76%	19477	-57.96%
三、出入境人员查验（人次）	1997020	19.51%		
1.出境	1004923	20.31%		
2.入境	992097	18.70%		
四、健康检查及预防接种（人次）	21778	1.99%		
1.健康检查	21041	-0.96%		
2.艾滋病监测	4877	8.57%		
3.发现病例	34713	-8.45%		
4.预防接种	12234	17.78%		
五、交通工具检疫（飞机）	6136	18.05%		
1.出境	6098	17.52%		
2.入境	6492	-33.59%		
六、集装箱检疫（个标箱）	0	-100.00%		
1.出境	6492	-33.26%		
2.入境	12838	-28.69%	33.66（万件）	7.37%
七、木质包装箱检疫	234	-26.18%	26.21（万件）	22.48%
1.出境	12604	-28.74%	7.45（万件）	-25.13%
2.入境	2450	22.62%	443.23（万件）	2.01%
八、出境货物包装鉴定	31	-24.39%	73.34（万件）	-42.30%
1.一般货物包装性能鉴定	436	23.16%	159.34（万件）	1.91%
2.危险品货物包装性能鉴定	1983	23.71%	210.55（万件）	39.42%
3.危险品货物包装使用鉴定	42615	1.67%		
九、签发检验检疫证/单（份）	7145	-7.84%		
1.证书	35470	3.83%		
2.单证	14342	31.06%	139966	-16.83%
十、出入境敏感产品	8394	29.64%	31592	-2.10%
1.农产品	2126	168.43%	17215	232.34%
2.食品及化妆品	3822	3.97%	91159	-30.32%
3.工业品	19005	29.14%	118877	26.38%
十一、原产地证签证（份）	5216	-8.33%	28136	-11.34%
1.普惠制原产地证	4974	23.82%	36978	28.26%
2.一般原产地证	8815	75.95%	53763	60.52%
3.区域性优惠原产地证				

式，全面推行出口食品生产企业分类管理，出台《出口食品采信第三方检验结果工作规范（试行）》。完善目录外产品抽查监管机制，完成抽查任务60批。构建跨境电商检验检疫信息化平台，建立跨境电商经营主体和商品备案工作制度，及时调整跨境电商检验检疫监管措施。

◆口岸卫生安全监管 2016年5月24日，陕西出入境检验检疫局牵头召开首届西北片区空港口岸检验检疫业务区域合作工作交流会，加强区域合作交流，推动空港口岸检验检疫工作创新发展。寨卡疫情发生后，与陕西省卫生和计划生育委员会、陕西省商务厅等部门建立陕西省寨卡疫情防控部门协作机制，加强口岸疫情防控，构筑口岸疫情防线。陕西国际旅行卫生保健中心西安咸阳机场分中心开始运行，口岸医学媒介区域中心实验室通过验收，口岸送样与实验室检测无缝对接。开展口岸核辐射应急处置演练，锻炼一线人员应急处置能力。出台《机场口岸卫生监督管理办法》《食品安全事件政府联动应急预案》，形成具有口岸特色且与地方食品监管相衔接的口岸食品安全监管体系。

◆出口商品质量提升 2016年，陕西出入境检验检疫局落实《国务院关于促进外贸回稳向好的若干意见》（国发〔2016〕27号）要求，积极实施外贸“优进优出”战略，促成陕西省人民政府办公厅印发《关于推进出口食品农产品质量安全示范区建设的意见》，指导眉县成功创建猕猴桃“国家级出口食品农产品质量安全示范区”。推进“出口工业品质量安全示范区”工作，对西安高新技术产业开发区创建“出口半导体产品质量安全示范区”进行省级审核。培育质量标杆，宝鸡忠诚机床股份有限公司于2月被国家质量监督检验检疫总局授予“中国出口质量安全示范企业”称号。提升输非洲和输中东商品质量，严厉打击制造假证书行为，要求企业做出承诺，委托协助检验单位在装船前检验出口工业品。发挥技术性贸易措施倒逼作用，引导出口企业按照国外先进标准设计和生产，使出口商品质量水平稳步提升。

◆进出口食品安全监管 2016年，陕西出入境检验检疫局实施进出口食品安全监督抽检和风险监测制度，抽取样品207批389个。重点对出口浓缩果汁生产企业进行生产检查，出口果汁合格率达100%。退货调查24批出口食品，帮助企业提高自检、自控能力和安全防范水平。加强进口食品检验监管，严格执行食品进口和销售记录制度，实现信息可追溯。监管供中国香港地区和中国澳门地区活牛5264头，均符合食品安全要求，供港数量排名全国第一。配合公安等部门严厉打击非法进境肉类产品，维护人民群众身体健康。

◆动植物产品监管 2016年，陕西出入境检验检疫局推进动物、植物产品检验检疫口岸规范化建设，加快口岸基础设施建设、实验室建设和制度建设，保障水平明显提升。空港口岸更换检疫犬和驯犬员，强化“人—机—犬”三位一体查验模式，查验能力进一步提升。邮检口岸强化“人—机—审核面单”工作模式，截获禁止进境动植物657批次，比上年增长16.70%。与邮政、海关和国安部门形成协调联络、协同执法、预警应急反应和信息通报4项协作机制，与海关协作截获邮件607件，与国家安全局协作截获非法进境植物种子3批。开展“绿蕾行动”，截获非法进境的植物种子、种苗79批。开展“全民国家安全教育日”和“生物安全进校园”等活动，提升公众生物安全意识。

◆进出口商品质量安全监管 2016年，陕西出入境检验检疫局完善进出口工业产品质量安全约谈机制，约谈多家企业。健全进出口工业产品风险预警机制，做好信息采集、分析和应用。受国家质量监督检验检疫总局委托，起草《进口汽车消费者投诉管理办法》，健全进口汽车闭环管理机制。出台《进口金属材料验证检测结果的工作规范》，规范进口金属材料检验监管机制。开展进出口危险品风险排查，建立出口危险货物包装生产企业代码管理机制，查出多批次进口超声诊断仪涉嫌假冒和翻新，质检总局据此发布了警示通报；检出日本进口贱金属制首饰有害元素超标，维护了消费者的健康。

◆服务供给侧结构性改革 2016年，陕西出入境检验检疫局宣讲检验检疫优惠政策，通报国外技术性贸易措施，支持大型国企产业链延伸到“一带一路”沿线国家，开拓埃塞俄比亚、苏丹等新兴市场。贯彻“绿色”发展理念，推进生态原产地保护工作，向国家质量监督检验检疫总局推荐“生态原产地保护产品”20个、“生态原产地产品保护示范区”3个，7个产品获得保护。推进出口食品“三同”（同线、同标、同质）工程，指导帮助19家企业登陆中国国家认证认可监督管理委员会“三同”公共服务平台，组织“三同”企业参加中国杨凌农业高新科技成果博览会，使“三同”理念得以推广。支持矮砧苹果等优质种苗引进，促进陕西果业供给侧结构性改革。推动陕北老区发展，挖掘特色产品出口潜力，支持延安市与阿里巴巴集团合作开展跨境电商业务；指导榆林市以市为单位创建“生态原产地保护产品示范区”，培育一批出口备案企业和出口果园。

◆服务丝绸之路经济带建设 2016年，陕西出入境检验检疫局配合陕西省人民政府申报陕西自贸试验区工作，参与制订《陕西自贸区总体方案》，涉及试验项目23个，其中单独牵头1个，与海关共同牵头6个。与工商、口岸和港务等部门合作，探索实施陕西自贸区“多证合一”采信第三方检验结果等创新举措。支持“长安号”货运班列扩量增效，保障首列中欧班列发运，使首批回程货物2000吨植物油顺利进口。获国家质量监督检验检疫总局批准，指导西安陆运口岸建设进境肉类指定口岸。指导机场口岸拓展功能，进口水果指定口岸获准筹建；进境食用水生动物指定口岸获准先行先试，进口南美白虾47批，总局已经验收。9月7—8日，主办丝绸之路经济带境内地区检验检疫认证监管合作联动机制第二届联席会议，合作联动机制10局共同签署《丝绸之路经济带认证执法监管区域强制性认证监管一体化合作备忘录》，实现丝路境内地区检验检疫认证监管工作监管互认、执法互助、信息互享，推动丝绸之路沿线国家（地区）检验检疫、认证认可、标准计量等方面双多边合作。保障2016丝绸之路国际博览会暨第二十届中西部投资贸易与合作洽谈会、第五届中国西部跨国采购洽谈会暨中国(西安)进出口商品交易会顺利举行，协助举办2016丝博会计量促进产业发展国际论坛。

◆检疫检验信息化建设 2016年，陕西出入境检验检疫局对接地方电子口岸建设，开展陕西口岸数据资源现状及需求调研，做好国际贸易“单一窗口”（参与国际贸易和运输的各方，通过单一的平台提交标准化的信息和单证以满足相关法律法规及管理的要求）建设方案评审工作，为推进“三个一”（一次申报、一次查验、一次放行）、“三互”（信息互换、监管互认、执法互助）和国际贸易“单一窗口”建设搭建信息平台。解决机场口岸与特殊监管区二次报检问题。抓好中国电子检验检疫主干系统（e-CIQ主干系统）上线工作，清理外挂系统，搭建试运行环境，开展多层次培训，新旧系统平稳切换。启动“智慧陕检”建设，强化顶层设计，初步建立数据资源交换与共享机制。开展检验检疫业务数据目录和数据交换平台建设调研、需求分析，完成检验检疫信息资源全目录编制工作。推进出口水果果园和加工厂电子监管和视频监控，实现检验检疫监管工作前移。部署“12365”系统、港务区跨境监管系统。申请自助式报检邮箱，实现企业自助报检。升级移动办公自动化（OA）手机移动云Icab平台，实现掌上办公。

◆检疫检验法治建设 2016年，陕西出入境检验检疫局落实中共中央、国务院印发的《法治政府建设实施纲要（2015—2020年）》，创新普法途径，开展“法律六进”（法律进机关、进乡村、进社区、进学校、进企业、进单位）。严格执行持证上岗和资格管理制度，清理执法人员，组织执法资格培训和考试。坚持“调查、审核、决定”“三分离”制度，召开案件讨论会6次，实施行政处罚26起、一般程序行政处罚10起，无复议诉讼案件发生。印发《行政应诉工作管理办法》《行政复议程序规定》和《投诉举报处置程序》。落实重大行政决策合法性审查，强化决策程序的刚性约束。法律顾问参与疑难案件、合同审查等工作，出具“法律意见书”15份。重新编制8项《行政许可工作指南》，组织分支局制定发布权力清单和责任清单。推进行政审批事项下放，18项行政审批事项下放分支机构。创新业务督察机制，提升工作质量。推进政府信息公开，行政处罚案件执法信息全部在局门户网站和“信用陕西”网站公开。 （赵海波）

陕西出入境检验检疫局

局　　长 徐华良
副 局 长 顾海燕　陈茂盛　杨德春　党继祥
纪检组长 阎随午

质量技术监督

◆概况 2016年，西安市人民政府按照《西安市质量发展规划（2015—2020年）》总体安排，制订并发布2016年质量强市行动计划，充分发挥质量建设在推进经济转型升级、实现追赶超越发展中的战略性、基础性、支撑性作用。树立“创新、协调、绿色、开放、共享”发展理念，以“创新型”质监为动力，“学习型”质监为基础，“科技型”质监为引领，“法治型”质监为保障，“服务型”质监为目的，努力打造“五位一体”的新型质监管理体系，全面持续提升质监系统整体技术能力和水平，为“品质西安”提供有力的科技支撑。2月6日，西安市被国家质量监督检验检疫总局命名为“全国质量强市示范城市”。6月3日，西安市名牌战略推进委员会更名为西安市质量强市工作推进委员会，统筹协调和指导质量管理工作。

◆质量综合管理 2016年9月，西安市人民政府办公厅印发《关于深化质量强市战略服务品质西安建设的实施意见》，以供给侧结构性改革、服务“品质西安”建设为目标，启动实施质量共治、质量安全、质量技术基础、质量品牌、质量创新和质量宣传教育6大工程。7月19日，西安市第三十八届QC（品质控制）小组成果发表暨质量创新经验交流会召开，45个企业的133个质量管理小组和30个质量信得过班组参加。11月16日，西安市质量技术监督局组织召开西安市质量管理奖答辩评审会，首次在全市质量奖评审中增加答辩环节，西安银桥乳业（集团）有限公司、西部超导材料科技股份有限公司等6家企业进行答辩。

◆质量标准化管理 2016年，西安市质量技术监督局指导以中航富士达科技股份有限公司为代表的西安优势企业主导制定、修订国际标准5项、国家标准60项、行业标准40项、地方技术规范6个，扩大西安企业在国际、国内相关领域的制度性话语权。出台《西安市企业标准化管理办法》，推进企业标准自我声明公开改革，自我声明公开的产品标准达到2481个。与西安高新技术产业开发区、西安经济技术开发区、西安阎良国家航空高技术产业基地、西安国家民用航天产业基地、中航工业集团陕西航空工业管理局签订“军民融合标准化备忘录”，推动西安军民融合跨出实质性步伐。在全国率先出台《市级服务业标准化试点项目管理办法》，探索建立“标准化+文化、标准化+科研、标准化+商贸服务”的品牌连锁发展模式。新增国家级社会管理、公共服务标准化试点示范项目5个。3个国家级、2个省级“农业标准化示范区”通过验收。组织9个地理标志产品参展中国杨凌农业高新科技成果博览会。发布牛羊肉泡馍等5种地方著名特色小吃制作技术规范。

◆计量监督管理 2016年，西安市质量技术监督局新建以0.2级钟罩式气体流量标准装置为代表的社会公用计量标准23项。抽检21家重点耗能单位。检验米、面、油、糕点、调味品定量包装5大类商品197批次，检定加油机、医疗器械、民用四表46.1万台件，计量专项整治202家集贸市场。完善全国首创的强检计量器具统一赋码管理系统，新增加油加气、贸易结算、安全防护、环境监测等行业1345家单位的25336台件强检计量器具数据。

◆产品质量监督抽查 2016年，西安市质量技术监督局监督抽查重点消费品、建筑装饰材料、工业生产资料和农用物资4大类40种产品质量。共抽样935批次，平均合格率90.3%，其中生产企业合格率94.7%。开展“质检利剑”等专项执法检查行动，对重点消费品、机动车配件、电梯配件等产品监督抽查，办理案件774起。监督抽查37家油漆涂料企业和24家蜂窝煤定点企业产品质量，并处罚生产不合格产品的生产企业。全市未发生系统性、行业性、区域性产品质量问题。

◆电梯安全监管 2016年4月，西安市人民政府印发《关于进一步加强电梯安全管理工作的意见》，明确区（县）、开发区属地责任及相关部门监管责任、管理使用单位主体责任，责任体系不完善问题得以解决。6月，西安市城乡建设委员会制定《西安市新建住宅电梯配置和选型技术导则（试行）》，明确单元配置数量和流量计算方式，规定新装电梯配置和选型要求。西安市质量技术监督局制定《电梯运行监测系统技术规范》，统一电梯物联网数据接口和参数，为推进电梯远程监控系统建设奠定基础；制定《电梯维护保养规范》，出台《电梯维保单位安全质量失信黑名单制度（试行）》，通过系列标准的制定推行，使全市电梯选型配置、安装维保、管理使用、应急处置、信用考评等环节做到了有章可循。针对维修保养质量无法保证、检验质量不过硬的问题，西安市继深圳、广州之后，首次引入电梯第三方监督抽查机制，广州特种机电设备检测研究院在西安抽取5991台电梯，监督抽查维修保养和检验质量，发现不符合要求的电梯1663部，并督促使用和维修保养单位立即整改；对存在严重安全隐患的152部电梯进行查封，并立案调查，有效消除安全隐患，起到强烈督促和警示作用。解决“三无”（无专项住宅维修资金、无物业单位管理、无维修保养单位维保）老旧住宅电梯问题，在西北地区率先建立政府救济机制，由市、区两级财政各承担40%，电梯产权人承担20%资金，改造更新172部存在严重安全隐患的“三无”电梯。按照“政府推动、市场运作”的原则，解决电梯安全事故“赔偿难”的问题，积极推动电梯商业保险，发挥商业保险“事前风险预防、事中风险控制、事后理赔服务”的作用。9—11月，在西部地区率先通过省级采购招标网面向社会公开招标，筛选出1家电梯保险经纪公司和5家保险公司组成联合体，在西安持续推行电梯责任保险，被纳入商业保险的电梯达3万余部，投保率超过50%，保险覆盖面在全国仅次于广州和深圳。解决监管能力不足、管理手段落后问题，建设西安市电梯安全综合信息平台，将电梯制造、安装、检验、使用、维保等方面的信息用大数据方式整合起来，用信息化手段及时发现事故隐患，整改消除隐患，预判风险，提高安全管理水平。完善“96333”电梯应急救援平台信息化功能，升级电梯轿厢内“96333”标志牌，扫描“二维码”即可查询电梯基本信息、进行投诉或请求救援。

◆技术机构与检验检测 截至年底，西安市质量监督系统拥有在建国家和省级质检中心6个。西安市质量技术监督局所属技术机构新增检测项目70项552个参数，出具检验检测报告21.35万份。其中，特种设备检验报告12.9万份，食品及相关产品检验报告3.11万份，计量器具检测报告4.42万份，服装及纤维制品检验报告0.92万份。开展中小学学生校服质量抽检，合格率95%以上。推进塑胶跑道检测项目建设，形成西北首家校园塑胶跑道的质检能力。

◆“品牌带动工程” 2016年，西安市质量技术监督局推进创建“国家级知名品牌示范区”工作，在已有3个国家级知名品牌创建示范区的基础上，新增周至猕猴桃产业示范区等国家和省级知名品牌创建示范区4个；新增陕西省、西安市名牌产品179个；新增陕西省、西安市质量奖及提名奖企业14个。9月3日，启动“品质西安——品牌行”系列宣传活动，利用微信、微博等新媒体，讲述西安人身边的品牌故事。9月22日，与西安市质量强市工作推进委员会办公室、西安高新技术产业开发区管委会共同举办“品质西安——品牌行”活动。联合西安市商务局与京东商城西北区域分公司签署《服务品质西安建设推广西安名牌产品战略合作协议》；西安市质量强市工作推进委员会办公室与西安工信中小企业管理服务有限公司签署《西安市品牌服务创新示范点共建合作协议》，并为“西安市品牌服务创新示范点”揭牌。

◆“12365”投诉举报专线 2016年，西安市质量技术监督局“12365”热线接听服务咨询和投诉举报电话1987件，收到网络投诉84件、群众举报信函8件、上级交办11件，协查和移送函6件。

◆质监依法行政 2016年，西安市质量技术监督局制定发布“权力清单”和“责任清单”，印发《推广随机抽查规范事中事后监管工作实施方案》，实施产品质量“双随机”监督抽查制度。建立市场主体和执法检查人员信息库，开展工业产品许可企业随机抽查工作。印发《行政许可和行政处罚等信用信息公示工作实施方案》，依法公示信用信息。

◆质量宣传 2016年，西安市质量技术监督局持续开展质量进社区、进机关、进企业活动，通过报纸杂志、广播电视、网站微博、微信终端等多种渠道宣传质量工作。普及“电梯安全常识”，采取播放公益片、专题报道、张贴海报、征集电梯安全志愿者等形式，引导市民文明乘电梯、安全乘电梯。通过微信平台开展“品质西安品牌行”宣传活动，挖掘本土品牌，宣传西安品质，关注人数130多万人次。邀请人大代表、政协委员、市民代表和媒体代表召开座谈会，号召社会各界关注质量安全。聘请专家修编《街办专职安监员电梯安全管理读本》等教材，免费培训电梯安全监管员4800余人。积极开展陕西省暨西安市2016“质量月”活动，联合西安市发展和改革委员会、西安市城乡建设委员会、西安市商务局、西安市环境保护局等部门，围绕“深化质量强市战略，服务品质西安建设”的主题，举办“建设品质西安、推进质量强省、迈入质量时代”论坛等一系列具有影响力的活动。9月14日，联合西安市教育局、西安经济技术开发区管委会举行“西安市中小学质量教育基地授牌暨古都放心早餐质量教育基地启动仪式”。9月20日，《中国质量报》发表题为《用品牌引领西安发展用质量打造品质西安》的署名文章，对西安质量宣传工作进行报道。

（闫咨同）

食品药品监督管理

◆概况 2016年，西安市食品药品监督管理局认真贯彻落实“四个最严”（最严谨的标准、最严格的监管、最严厉的处罚、最严肃的问责）和“四有两责”（食品药品监管有责、有岗、有人、有手段，切实履行监管职责和检验职责）工作要求，以创建“国家食品安全示范城市”为目标，不断完善体制机制，大力加强监管能力建设，努力探索和创新监管方式方法，全力提升食品药品安全监管效能，未发生重大食品药品安全事件，确保公众饮食用药安全。截至年底，全市食品药监系统有行政机构15个（市级1个，区（县）级13个，沣东新城1个）；有事业单位总数200个（市级4个，区（县）级30个，乡镇级166个）。行政机构有人员编制75个，实有人数74人；事业单位有人员编制152个，实有人数180人。14个区（县）局共有人员编制1882个，实有人数1726人；166个基层监管所共有人员编制1290个，实有人数1245人。有药品生产企业71家，其中原料药生产企业13家，制剂生产企业54家；有医疗器械生产企业216家。全市持有“食品经营许可证”的单位66794家，其中，食品销售经营单位46289家、餐饮服务经营单位17398家、食堂3107家；全市新增审批发证单位18918家，注销719家。全市持有“药品经营许可证”企业3640家，其中药品零售企业3351家（零售连锁企业11家，零售连锁企业门店1043家，单体零售药店2297家）。陕西省食品药品监督管理局审批市局备案并实施日常监管的批发企业287家（法人批发企业248家，非法人分支机构的批发企业39家）。有乙类非处方药备案销售企业2家。全市有第一类医疗器械产品生产企业48家；持有“医疗器械经营许可证”企业389家，新增226家；从事第二类医疗器械经营的企业有714家；从事第三类医疗器械经营的企业389家。全市有麻醉药品及第一类精神药品经营企业4家，第二类精神药品经营企业46家，药品类易制毒化学品原料药定点经营企业3家。

（林　树）

◆食品药品监管体系建设 2016年，西安市食品药品监督管理局全面实施食品药品安全“两图两档一承诺”（两图：食品药品生产经营企业分布图、食品药品生产经营企业监管责任图；两档：食品药品生产经营企业安全管理档案、食品药品监管部门监管信用档案；一承诺：食品生产经营企业安全承诺书）监管模式，食品、保健食品、药品、化妆品和医疗器械生产经营企业的安全管理档案和监管信用档案建档率100%，有效落实主体责任和监管责任。在全市婴幼儿配方乳粉、白酒和食用植物油生产企业建立食品质量安全追溯体系，实现产品可溯源、安全可控制、风险可监测、责任可追究，切实保障食品质量安全。制定出台《“四品一械”飞行检查实施细则》，不预先告知现场监督检查全市“四品一械”（食品、药品、保健食品、化妆品和医疗器械）生产经营企业，并对被检查单位质量管理状况进行评估，提出风险防控措施。在未央区开展食品安全“责任保险”试点工作，参保学校和企业496家，进一步落实主体责任，有效防控食品安全风险，提高食品安全保障水平。

◆许可审批备案 2016年，西安市食品药品监督管理局进一步优化许可审批工作流程，采取预先审核、电话告知、正式办理等措施，进一步提高审批工作效率，方便企业群众办理相关许可事项。全年办结行政许可2203件，办结率100%。其中，核发“食品生产许可证”209份、“食品经营许可证”122份、“药品经营许可证”648份、“医疗器械经营许可证”1224份。完成进口药品备案508批次，总值3.08亿美元，通关单无差错率100%。完成药品经营质量管理规范认证1422家，超过全年目标任务474%。完成第一类医疗器械生产备案20家，第一类医疗器械产品备案44个。

◆食品药品安全应急处置 2016年，西安市食品药品监督管理局组织召开全市食品安全应急管理工作培训，修订完善《西安市药品和医疗器械安全突发事件应急预案》，先后组织全市Ⅳ级食品安全事件应急处置桌面推演和药品、医疗器械安全事故应急演练，有效验证全市食品药品安全事件应急预案可行性，进一步提升市、区（县）两级政府的应急处置能力。

◆食品药品专项治理 2016年，西安市食品药品监督管理局围绕食品药品重点领域、重点区域、重点环节和重点品种存在的突出问题，组织开展学校食堂及周边食品安全、网络订餐、“农家乐”和农村家宴、餐饮服务环节非法添加、保健食品索证索票、畜禽水产品抗生素和禁用化合物及兽药残留超标、生鲜肉、冷冻肉品走私、婴幼儿配方乳粉、非法制售和使用注射用透明质酸钠行为、义齿生产、处方药销售和药品经营“挂靠走票”等专项治理50多次，食品药品生产经营秩序得到有效规范。

◆食品药品案件稽查 2016年，西安市食品药品监督管理局积极组织开展“稽查办案能力岗位练兵”活动，加强稽查办案能力建设。全年受理食品药品投诉举报案件3361件；监测违法广告113起；办理行政处罚案件2496起；刑事立案307起，刑拘270人，批捕77人，有力震慑了违法犯罪行为，净化了食品药品市场环境。

◆食品药品检验检测体系建设 2016年，西安市食品药品监督管理局开展食品安全检验44417批次，合格率98.98%；食用农产品快速检测154748批次，合格率99.75%；药品检验1672批次，合格率95.6%；药品快速检验304批次，合格率100%；医疗器械监督抽验103批次，合格率96.11%；化妆品监督抽验85批次，合格率97.64%。4月，西安市食品药品检验所食品、保健食品、药品、化妆品、保健用品、洁净度检测6大类别45类产品2461个参数全部通过省级资质确认，新增食品药品检验检测参数52项，市级食品药品检验检测能力进一步增强。新建西安市食品药品检验检测中心项目完成主体建设，远郊区（县）食品检验检测机构相继建成投入使用。在全市69个食用农产品市场建设快速检测室，实现食用农产品安全检测全覆盖。

◆“国家食品安全示范城市”创建 2016年，西安市食品药品监督管理局创建“国家食品安全示范城市”各项指标全面完成，“食品安全状况良好、社会认可、群众满意”的创建目标得以实现，已经做好迎接省级考核验收准备。全面实施创建“陕西省食品安全示范区（县）”工作，未央区、阎良区被陕西省人民政府命名为“陕西省食品安全示范区（县）”，加上上年的户县，全市共有3个区（县）被命名；雁塔区和蓝田县通过省级验收。全力推进创建“陕西省食品药品基层监管示范所”工作，继上年40个监管所被陕西省食品安全委员会命名为“陕西省食品药品基层监管示范所”后，又有50个监管所通过验收并被命名。

◆食品“三小”综合治理提升 2016年，西安市食品药品监督管理局按照陕西省食品小作坊、小餐饮和摊贩综合治理工作统一部署，重点加强食品小作坊和小餐饮整治提升工作，积极配合城管部门开展小摊贩规范治理。结合西安市食品行业“三小”实际，研究制订《西安市食品小作坊小餐饮及摊贩综合整治提升实施方案》，对全市“三小”数量及分布情况进行详细摸底，建立“三小”基本信息档案。加大政策宣传力度，发放《陕西省食品小作坊小餐饮及摊贩管理条例》和知识问答读本1.4万册，提高“三小”业主主动履行食品安全主体责任的积极性。积极探索小作坊集中生产模式，引导帮助社会力量投资兴建小作坊集中加工区，实行“集中生产、统一标准、统一管理”，有效解决小作坊小而散的现状和脏、乱、差的突出问题。在严格许可标准基础上，统一规划建设小餐饮集中经营区，着力打造“小餐饮食品安全示范街”，按照“五统一”（统一标志、统一制服、统一台账、统一健康证明、统一备案登记）要求改造提升小餐饮店，有效提升小餐饮经营服务水平。配合街道办事处和城市管理部门，按照《西安市食品摊贩临时摊群点管理暂行规定》，集中设置流动早点摊贩临时便民疏导区，实行食品摊贩“六统一”（统一公示信息、统一工作衣帽、统一洁净餐具、统一索证索票、统一垃圾容器、统一建立档案）管理，严格监管登记备案摊贩食品安全。全市改造提升食品小作坊963户，完成目标任务的160.5%；改造提升小餐饮4441户，完成目标任务的148%；实施“明厨亮灶”工程建设5096户，完成目标任务的101.9%。

◆农村食品安全治理 2016年，西安市食品安全委员会办公室下发《关于进一步加强农村食品安全治理工作的通知》和《关于印发2016年农村食品安全治理专项检查工作方案的通知》，安排部署全市农村食品安全治理工作，深入开展食用农产品质量安全“清源”行动，检查生猪屠宰企业236次，发放宣传资料1600余份；检查种子经营房735户，备案登记735户，责令整改231起；检查兽药、饲料经营单位200余家。农村食品安全“净流”行动；检查农村市场相关经营户3217户，依法取缔12户，下发责令整改通知书233份，规范经营户370户，查处农村食品虚假宣传和商标侵权案件30起。农村食品安全“扫雷”行动，共出动执法人员12580人次，出动车辆3300余次，检查经营户23790户。食品违法犯罪“利剑”行动，共侦办打击食品犯罪刑事案件307起，刑拘270人，批准逮捕77人，移送起诉79人，涉案金额近1.9亿元，成功侦破了8起公安部督办案件和9起省公安厅督办案件。编写《农村食品安全知识宣传册》，在全市普及农村食品安全知识。

◆大型活动食品安全保障 2016年，西安市食品药品监督管理局圆满完成国家领导人视察、省市“两会”、清明节黄陵祭祖、2016丝绸之路国际博览会暨第二十届中国东西部合作与投资贸易洽谈会、中央电视台春节联欢晚会和中秋晚会等143次重大活动食品安全保障任务，出动保障人员503人次，保障353天次，实现年度大型会议和活动食品安全保障无差错、“零事故”。

◆药品零售企业精细化管理 2016年，西安市食品药品监督管理局全面推进药品零售企业“精细化”管理，规范药品陈列、宣传和经营行为，规范证件资质公示形式和内容，规范企业制度和档案管理，推进慢性病人处方药建档备案和药品信息化监管工作。全市2500余家企业开展药品零售企业精细化管理工作，2371家药店悬挂公示牌，2401家药店建立慢性病患者购药档案，备案慢性病群众近1万人。在全市104家药店开展过期药品定点回收工作，为群众购买处方药和正确处理家庭过期药品提供便利条件。

◆药械化妆品不良反应（事件）监测

2016年6月10日，西安市食品药品监督管理局组织保健食品安全知识宣传活动

2016年，西安市食品药品监督管理局积极开展药品、医疗器械和化妆品不良反应（事件）监测工作，报告数量和质量持续提高。上报药品不良反应报告8927份，较上年增长14.4%；上报医疗器械不良事件报告2268份，增长8.4%；上报化妆品不良反应报告123份。

◆食品药品监管依法行政 2016年，西安市食品药品监督管理局承担陕西省食品药品监督管理局的“建立完善食品药品行政处罚自由裁量权制度”课题研究，制定《陕西省食品药品监督管理行政处罚自由裁量权适用规则》，编印《<中华人民共和国食品安全法><陕西省食品小作坊小餐饮及摊贩管理条例>违法行为及处罚依据》读本，指导基层执法人员精准适用法律法规，依法做好监管和行政处罚工作。先后制定20项制度规范，为企业落实主体责任、管理部门监督执法提供依据。西安市的食品安全法执行情况顺利通过全国人民代表大会执法检查，食品药品监管法制建设得到国家食品药品监督管理总局充分肯定。

◆食品药品监管信息化建设 2016年，西安市食品药品监督管理局下发《关于印发信息化建设二期启用方案的通知》，在全市食品药监系统正式启用信息化监管综合协同平台。7—9月，完成二期平台数据录入和角色设置、日常检查表替换与更新、移动终端设备和流量卡发放与调试等工作。对“12331”投诉受理平台升级改造，完成系统平台与地理信息系统（GIS）融合，辅助受理人员对投诉举报发生地进行精准定位，有效提高投诉受理精准度。利用平台中聚类分析及逆向检索功能，根据投诉举报关键词风险大小设置风险系数，及时发现问题苗头和发展趋势，为科学监管提供信息支撑。

◆食品药监系统教育培训 2016年，西安市食品药品监督管理局制定印发《2016年度干部教育工作计划》，突出“以用为本，以能力建设为核心，以急需紧缺专门人才、基层监管人才队伍建设为重点”，按照分级分类培训原则，采取举办“大讲堂”、举办专题业务讲座、网络培训、岗位实训、在职教育等形式，积极开展各类业务培训。全年组织各类培训60多场次，教育培训干部职工5100多人次。组织169名基层监管所长分2期进行10天综合能力提升集中培训，有效提高了基层监管业务能力。

◆食品药品安全宣传 2016年，西安市食品药品监督管理局积极开展形式多样食品药品安全知识普及和宣传教育活动，倡导全社会共同关注食品药品安全、参与食品药品安全管理。通过刊登户外宣传广告，印发宣传年画、公益海报，设置餐桌温馨提示牌等形式，提升公众的食品安全知晓率。全年在各类媒体开设科普专栏10期，编发科普知识5000余条；开设宣传专版15期，刊发报道362件；发布政务信息4469条；推出公益广告524条。

◆食品药品生产经营企业诚信体系建设 2016年，西安市食品药品监督管理局加强食品药品生产经营企业诚信体系建设，加大日常监督检查，促进企业整改。对16621家餐饮服务单位实施食品安全监督量化分级管理动态评定，覆盖率100%，其中469家被评定为A级。评出药品经营守信企业2464家、警示企业642家、失信企业290家、严重失信企业4家；评出医疗器械生产经营守信企业3288家、警示企业91家、失信企业27家、严重失信企业27家。 （黄志祥）

◆“12331”投诉举报电话受理 截至年底，西安市食品药品投诉受理中心“12331”热线总话务量48898通，其中群众来电42895通，坐席协调回访话务量6003通。各类咨询和投诉举报信息10844条，不属于食品药监部门职责697条，占总量的6.4%；属于受理范围的10147条，占总量的93.6%。其中有效投诉3695条，占总量的34.1%；不予受理1238条，占总量的11.4%；咨询5214条，占总量的48.1%。受理的投诉举报中，交区（县）局办理3625条，转市局各处、分局办理70条。 （林　树）

安全生产监督管理

◆概况 2016年，西安市安全生产委员会贯彻“关口前移、重心下移、标本兼治、综合治理、源头管控”的原则，以防范遏制重特大事故为重点，着力构建“党政同责、一岗双责、齐抓共管、失职追责”的责任体系。西安市人民政府召开12次全市安全生产工作会议、听取4次安全生产汇报，分析安全生产形势，部署安全生产工作。西安市安全生产监督管理局树立人命关天，发展决不能以牺牲人的生命为代价的“红线意识”和底线思维，贯彻《中华人民共和国安全生产法》，落实安全生产责任，严抓执法监督，严厉“打非治违”。深化专项整治和隐患治理，有效防止重特大事故发生，顺利完成年度安全生产目标任务，保证全市安全生产形势稳定，初步形成“政府统一领导、部门依法监管、企业全面负责、群众参与监督、社会广泛支持”的多元共治安监格局。9月，西安市安全生产监督管理局被国务院安全生产委员会办公室评选为全国“安全生产月”和“安全生产万里行”活动先进单位。10月11日，全国人民代表大会常务委员会执法检查组来西安检查安全生产法贯彻实施情况，对西安市安全生产法治宣传和全面排查电梯隐患等工作给予充分肯定。10月20日，国务院安全生产委员会第七巡查组巡查陕西省安全生产工作动员会在西安召开。对第七巡查组转交西安的信访件，西安市安全生产委员会办公室进行及时分类梳理，逐条制订工作方案，将任务分解到责任单位，限时完成核查整改，按时上报国务院安委办。

◆落实安全生产责任 2016年，西安市调整西安市安全生产委员会，由西安市人民政府市长担任主任，成员单位为各部门主要负责人，强化安全生产工作组织领导，夯实各部门工作职责。西安市安全生产委员会办公室印发《贯彻落实省委“三项机制”强化安全生产责任追究实施细则（试行）的通知》，落实安全生产责任追究，坚决遏制重特大生产安全事故发生，推动全市各级有效落实安全生产责任。西安市安全生产监督管理局针对道路交通较大事故多发的状况，会同西安市监察局约谈4个单位分管领导，约谈28家非煤矿山企业负责人，在继续抓好党组政府领导责任、部门监管责任的基础上，在各类企业中深入开展“企业安全生产主体责任落实年”活动，推动企业安全生产主体责任落实，夯实企业安全生产基础，提升企业安全生产管理水平。

◆安全生产大检查 2016年，西安市安全生产监督管理局开展9次安全生产综合检查。在坚持采取原有的企业自查、区（县）排查、西安市安全生产委员会督查等形式的基础上，开展区（县）跨地区交流检查、行业牵头督查等新形式，做到有计划、有制度、有台账、有闭合，严格落实和“谁检查、谁负责；谁签字、谁负责”，防止“查不严、查不实”问题，增进区（县）、行业间相互交流。排查各类隐患13156处，整改13018处，整改率98.9%，并将3家企业列入“安全生产黑名单”。多轮督查中央电视台春节联欢晚会、中央电视台中秋晚会等重大活动，检查企业232家，查出安全隐患476处，下发“整改督办函”30余份，确保重大活动安全开展。

◆安全专项整治和隐患排查治理 2016年，西安市安全生产监督管理局突出道路交通、非煤矿山、危险化学品、烟花爆竹、建筑施工、人员密集场所、城市管网管线等重点行业和领域的隐患排查和专项治理。督促公安消防部门开展重点场所、重要部位火灾隐患排查，下发“责令改正通知书”6.3万份，下发“临时查封决定书”1000余份，责令“三停”（停止使用、停产、停业）单位900余家。督促质监部门开展特种设备安全排查，出动执法人员6602人次，排查电梯60853部。督促交警部门和交通部门开展长途客运、旅游包车、危险品运输、公路超限、事故多发路段等专项整治，查处违章停车65万例、货车走禁行2899例，查扣两轮车、三轮车5647辆，确定事故多发路段46条。督导电力、燃气等部门开展线缆管网安全隐患排查整治，将77处线缆管网隐患整改列入有关区（县）、部门挂牌督办。督导开展工贸企业有限空间、液氨制冷、粉尘涉爆企业专项排查确认工作，排查重点工贸有限空间134处、粉尘涉爆企业（小作坊）166家、液氨制冷企业48家。府谷“10·24”爆炸事故发生后，深入开展危险化学品、烟花爆竹、危爆物品、加油站建设项目专项整治行动，排查企业400余家，整治隐患100余处。加大重点行业职业病危害专项治理，排查企业488家，整改隐患1415处。开展与市民生活息息相关的水、电、气、暖、消防安全、交通秩序6个方面重点整治，成立5个专项督导考核组，每月对各区（县）、开发区和7个市级牵头责任部门整治成果检查考评，督导检查200余批次，跟踪解决问题1102项。

◆安全基础能力建设 2016年，西安市安全生产监督管理局加大投入，持续推进安全监管科技化、信息化建设，自主开发安全生产综合监管信息平台及隐患排查治理平台，实现企业隐患网上自查、自报、自纠闭合化管理，形成立体式、全覆盖监管网格。安全生产综合监管信息平台、隐患排查治理平台共审核注册企业5406家，企业开展自查自报7441次，市各部门依托平台开展执法检查982次。西安市人民政府组织6次规模较大的专项应急演练，督促各级各部门开展上百次应急演练，确保应急队伍、应急装备和应急物资在关键时刻能“拉得出、顶得上、打得赢”。妥善处置“6·18”国家电网西安南郊330千伏变电站起火、“7·3”沪陕高速蓝田路段危险化学品车辆泄漏等4起突发安全事故。

西安市安全生产监督管理局安监执法人员检查人员密集场所消防安全

◆安全生产行政审批 2016年，西安市安全生产监督管理局印发《进一步优化投资环境规范市级安全生产行政审批工作暂行办法》，规范安全生产行政许可、建设项目安全审查、安全生产备案事项的申请、受理、审查、审批、发证以及信息公开、档案管理等各环节行政行为。进一步提升服务意识，方便企业和办事群众，在网上“审批事项”首页、“许可证”醒目位置设置时间提醒，提醒企业及时申请延期换证。严格安全生产许可资料审查和现场核查，依法从严要求从业单位安全准入条件。受理安全生产行政许可备案1079家，均在规定时限内办结，未出现遗漏、差错和投诉问题。

◆安全生产宣传教育 2016年，西安市“12350”安全生产举报投诉热线接到市民来电2000余起，其中咨询1300余件，其他700余件。西安市安全生产监督管理局考核生产经营单位安全生产管理人员和特种作业人员9773人，发证6320人。举办“安全生产大讲堂”5期，培训各级安全监管人员和企业负责人1000余人次。在新《中华人民共和国安全生产法》颁布实施两周年之际，开展系列宣传活动，受到《中国安全生产报》《西安日报》等媒体广泛关注，大篇幅进行报道。及时开通微博和微信平台，发布各类安全生产信息1181条，关注人数3654人次。印制《党的十八大以来习近平安全生产工作重要论述汇编》5000册、《图解安全生产法》3.6万册，制作“安全常识系列书签”40余万张。在2016年全国广场舞大赛中进行安全理念宣传，进一步推进安全生产宣传“进企业、进学校、进机关、进社区、进农村、进家庭、进公共场所”，营造“我要安全”良好氛围。 （毛愈良）

财政·税务

责任编辑　霍东军

财　政

◆概况　2016年，西安市财政系统面对“稳增长”开局压力加大的严峻形势，迎难而上、主动作为，进一步加大积极财政政策实施力度，全力保障“抓项目、促投资、稳增长”各项政策措施落实，持续加强财政收支管理，着力提升民生保障水平，不断推进各项财政改革，全面完成陕西省、西安市各项目标考核任务，实现“十三五”良好开局。认真贯彻落实《西安市税收保障条例》，多项措施并举确保收入预算完成。坚持按月、分区（县）、分部门落实征收责任，以旬保月、以月保季、以季保年，顺利完成“营改增”各项任务。制定《财政收入质量考核办法》，全面推行“以地控税、以税节地”改革。研究支持总部企业发展政策，建立警税联合协作机制，打击涉税违法行为。强化协税护税考核，全面推进综合治税。落实收入督查责任制，坚持依法征收，应收尽收。深入落实各项减税降费政策。全面贯彻《西安市供给侧结构性改革降成本行动计划(2016—2018年)》，清理、规范涉及企业行政事业性收费，减免部分政府性基金，及时向社会公开目录清单。全面推开“营改增”试点，直接为企业减税20.8亿元左右。落实西安市人民政府《关于化解房地产库存促进房地产市场健康发展的若干意见》，普通住宅、非普通住宅、商业等项目土地增值税预征税率均下调。国税、地税部门落实税收优惠政策共减免245.03亿元（含出口退税28.3亿元）。全市财政总收入1135.68亿元，比上年增长8.5%。其中，一般公共预算收入641.07亿元，增长11.1%；一般公共预算支出942.52亿元，增长2.8%；一般公共预算收入占陕西省的比重达到35%，支出占比21.5%；一般公共预算收入规模在15个副省级城市中排第11位，支出排第9位。民生保障能力进一步增强。以“十件惠民实事”为契机，不断加大民生领域投入力度，坚持财政民生投入“两个80%”（确保新增财力80%用于保障和改善民生、确保财政用于民生的支出占财政总支出比重达到80%以上）。全市新增财力用于民生支出的比重为81.6%，财政民生支出774.99亿元，占一般公共预算支出的82.2%。政府性基金预算收入262.43亿元，下降10.9%；政府性基金预算支出268.02亿元，下降3.8%。市本级国有资本经营预算收入8.68亿元，市本级国有资本经营预算支出8.69亿元。市本级社会保险基金预算收入136.51亿元，市本级社会保险基金预算支出107.72亿元。

◆支持产业发展　2016年，西安市财政系统按照中共西安市委、西安市人民政府促投资、稳增长、供给侧结构性改革、实体经济和民营经济发展等政策部署，财政统筹安排各类产业发展资金22.8亿元，带动社会投资超过300亿元。资金重点投向传统制造业改造升级、战略性新兴产业和现代服务业等新领域，渭北工业区、金融商务区和“众创空间”孵化基地等新板块。安排西安市工业发展专项资金5亿元，重点支持工业转型升级和重点项目建设、中小企业发展和渭北工业区建设等方面。安排科技发展专项资金5亿元，重点支持提升企业自主创新能力、加快科技成果转化、优化创新发展环境、“众创空间”建设发展等工作。安排服务业发展资金2.32亿元，支持现代服务业商贸物流体系建设、深化服务业综合改革、“名牌战略”和会展经济发展。安排外向型经济发展专项资金5739万元，用于支持兑现外向型经济发展、软件和服务外包产业相关项目和扶持政策，促进全市开放型经济转型升级。支持招商引资、一流园区建设、新能源汽车、节能、信息化建设等其他重点产业领域发展资金5.9亿元。安排支持旅游业发展相关资金2.29亿元，主要用于旅游宣传促销、旅游重点项目建设、乡村旅游提档升级、境外直达航线补贴、旅游服务业奖励等。投资拨付23个文化产业项目专项资金7525.62万元；拨付专项资金2945万元，支持文化宣传发展专项资金项目67个；奖励获全国“文化企业30强”称号和新增的29户规模以上文化企业630万元。

争取产业发展资金和政策支持　争取中央、陕西省各类产业资金38.35亿元。其中，中央“三供一业”（供水、供电、供热或供气及物业管理）分离补助资金8亿元，军民融合创新平台资金4亿元，支持对外经济贸易和中小企业发展、高层次人才引进、“长安号”国际货运班列补贴、现代服务业综合试点资金等。西安市成功入围国家第二批“小微企业创业创新基地城市示范”名单，示范期内可获中央财政9亿元专项支持。继续做好系统推进全面创新改革试验和国家自主创新示范区建设各项工作，开展国家现代服务业综合试点、新能源汽车推广、“大西安”发展等专项工作。继续做好关闭小企业、淘汰落后产能等政策和资金落实工作。

创新财政支持产业发展方式　进一步提升“市场主导、政府引导”的产业基金运作成效。完善市级产业基金管理方式，探索整合设立“西安市产业投资引导基金”运作模式。积极对接陕西省、西安市相关部门，配合做好产业基金组建及建章立制工作。省、市、区三级联动出资设立300亿元集成电路产业基金，筹划设立100亿元工业发展引导基金和20亿元中小企业发展基金，向科技创新种子基金增资2亿元。西安市产业基金引导社会和金融资本规模累计超过380亿元。

◆加大财力保障　2016年，西安市财政系统坚持“集中财力办大事”原则，统筹预算安排、存量资金和西安合作发展基金、PPP项目方式等渠道，全力保障重点项目和民生支出资金需求。

清理盘活财政存量资金　新收回财政存量资金7亿元，连同预算调剂和上年收回存量资金结余资金，分2批安排34亿元保障民生项目和中共西安市委、西安市人民政府确定的重点项目。争取各类中央、陕西省资金293.5亿元，超额完成西安市下达的201亿元任务。

管理使用西安合作发展基金　成立西安合作发展基金管理委员会及其办公室，制定《西安合作发展基金管理委员会议事规则》和《西安合作发展基金管理暂行办法》等管理制度。注册成立西安财金合作发展基金投资管理有限公司，负责基金日常管理业务，制定《基金项目库管理办法》等37项规章制度，逐步开展基金投融资业务。召开《2016年西安合作发展基金项目申报指南》发布会和业务培训会，开展项目信息收集工作。召开第一批计划实施项目投资邀请会，加强与14家基金合作银行业务交流及对接。收集项目126项，投资总额1401亿元，申请基金额度353.81亿元。其中，纳入项目库108项，投资总额777.09亿元，申请基金额度216.91亿元；符合《申报指南》要求的正式申报项目12项，总投资217.68亿元，申请基金额度110.91亿元。西安市三环路建设发展有限公司、渼陂湖改造等第一、第二批重点推进项目投资55.92亿元。

PPP示范项目建设　西安市未央区徐家湾地区综合改造等4个项目成功入选财政部第一、第二批政府与社会资本合作（PPP）示范项目。在财政部PPP综合信息平台上建立西安市PPP项目库，配合西安市发展和改革委员会做好项目入库等有关工作。此外，单独征集PPP项目18个，项目总投资651.98亿元。获省级PPP奖补资金480万元，全部拨付至相关项目单位。

◆支持统筹城乡发展　2016年，西安市财政系统支持统筹城乡发展，推进新型城镇化建设，支持农业和农村发展，支持推进都市型现代农业建设。落实各项惠农补贴政策，支持启动“幸福新农村”示范村建设工作。创新农村公益事业发展机制，做好农村综合改革领域相关示范试点工作。支持河流治理和生态修复。

加大财政扶贫工作力度　支持开展新一轮驻村联户扶贫，精准帮扶218个重点村3.54万人。支持启动2377户、

8821人移民搬迁，下达移民搬迁资金6837万元。创新扶贫资金投入机制，按照“切块到县，明确责任；瞄准贫困，精准扶持；突出重点，集中使用；公开透明，阳光操作”原则，将6500万元专项扶贫资金切块下达到各相关区（县），由区（县）自主安排使用。通过支持贫困村村内道路、农田电力、乡村旅游、农民专业合作社等7类项目，带动贫困地区基础设施及贫困人口产业发展。加强扶贫资金监督检查力度，联合西安市脱贫攻坚领导小组办公室专项检查有关扶贫任务区（县）扶贫资金管理情况，重点检查2013—2015年各区（县）移民搬迁资金，督促各区（县）及时整改。

支持加快发展现代农业　安排“都市农业”发展专项资金2.8亿元，专项扶持西安市蔬菜、粮食、休闲农业等方面发展。下达农业综合开发土地治理项目财政资金2990万元，计划改造高标准农田1566.33公顷；下达农业综合开发产业化经营财政补助资金630万元，支持7个产业化项目。开展农业产业化资金纳入财政控股公司平台运作工作，投入股权资金4000万元。推进西安市农业“三项补贴”改革工作，将农作物良种补贴、种粮农民直接补贴和农资综合补贴合并为“农业支持保护补贴”，补贴政策方向调整为支持耕地地力保护和粮食适度规模经营，补贴对象原则上为拥有耕地承包权的种地农民，拨付农业支持保护补贴资金2.66亿元。

推进农村社区项目建设　投入涉及10个区（县）和开发区的3个“新型农村”社区项目、125个片区化中心社区项目财政奖补资金1.36亿元，并拨付相关区（县）资金9568万元。拨付7个区（县）10个“美丽乡村”项目200万元。支持启动西安市“幸福新农村”示范村创建工作。按照西安市“十三五”期间在全市打造100个以上“幸福新农村”示范村的总体规划，与西安市统筹城乡发展工作领导小组办公室共同起草《关于推进幸福新农村示范工作、大力提高新农村建设水平的指导意见》，并对申报标准、程序等进行规范和统一。评选出18个“幸福新农村”示范村建设项目，下达奖补资金2975万元。

支持水利基础设施及水生态建设　拨付重点水利工程建设市级财政补助资金14.69亿元，有力支持渭河西安段综合整治和堤防防护林建设、涝河渼陂湖水系生态修复等项目。加大小型农田水利基础设施建设投入力度，切块下达市级农田水利建设资金3500万元、农田水利维修养护资金2719万元。拨付中央、陕西省小型农田水利新增重点县建设资金1488.5万元和省级水土保持项目建设资金2000万元，有效解决农田灌溉及农田排水问题。下达市级农村饮水安全项目资金2000万元，解决11.27万人饮水安全问题。做好市级污水处理运行费的筹集、审核及拨付工作，确保西安市污水处理厂正常运转。安排农村污水处理试点项目资金3403万元，支持长安、高陵、户县、蓝田、阎良等区（县）开展农村污水处理试点项目建设。

◆支持提升城市品质　2016年，西安市财政系统统筹各方资金，支持城市建设及治理，强力推进“缓堵保畅”工作，推进实施路、管、线“三网”畅通工程，支持地铁、快速路、市政道路建设，提升公共交通保障水平，促进城市基础设施互联互通，推进地下综合管廊和“海绵城市”建设。大力彰显城市特色，支持大遗址保护和历史文化街区改造提升。推进城市治理现代化，支持“智慧城市”建设和城市精细化管理。

支持“缓堵保畅”和交通工程　积极筹措地铁建设资金，城市建设计划安排地铁建设投资100亿元，其中财政安排地铁专项资金33.8亿元。按照《西安市地铁运营绩效考核办法（试行）》要求，及时下达地铁运营绩效考核指标考核地铁运营。支持城市道路建设，城市建设计划安排28.8亿元，用于63个城市快速路系统工程、道路交通工程、断头路打通工程、世界银行和亚洲开发银行城市交通工程等项目。保障公共交通投入，安排13.1亿元，主要用于公交补贴、公共自行车系统建设、城市公共停车场及公交港湾（场站）建设。拨付重点公路建设项目补助资金18.03亿元，支持西安市公路交通重点建设项目和民营公交回购等工作。

支持治污减霾和生态环境建设　推进治污减霾，市级财政投入12.26亿元，主要用于支持燃煤锅炉拆改、工业企业有机废气治理、环保减排等项目。兑付提前淘汰补贴资金8250万元，累计兑付1.2亿元，受理申请车辆1.81万辆。城市建设计划安排综合管廊和“海绵城市”工程17.2亿元，支持综合管廊工程、城市线网落地工程、西铜高速城市段海绵城市等项目。拨付秦岭生态环境保护相关资金3.39亿元，用于秦岭生态保护和秦岭北麓环山路绿化、亮化、美化工程等。安排创建“国家森林城市”专项资金1.1亿元，主要支持西安市水源涵养林工程建设、路渠绿化工程建设等。城市建设计划安排“绿化景观提升工程”资金5.72亿元，补助林带绿道、屋顶绿化等项目。安排民生公用工程13.37亿元，支持供水、供气、供热等公用事业配套设施建设。安排2.66亿元用于江村沟垃圾填埋场四期、餐厨垃圾无害化处理、生活垃圾无害化处理等项目。

推进保障性住房建设和棚户区改造　投入37.92亿元，支持保障性住房建设，提供房源2.16万套。投入6600万元，支持改造老旧小区19个。支持棚户区改造货币化安置，按照《关于加强和推进棚户区改造工作的若干意见》精神，西安市财政从契税、财政补贴两个方面给予支持，中央、陕西省棚户区改造补助资金优先用于全市棚户区改造货币化安置，拨付棚户区改造专项资金8000万元。会同西安市城中村（棚户区）改造办公室制定《西安市棚户区改造货币化房票安置管理办法（试行）》《西安市利用存量商品住房作为棚户区改造安置房奖励资金实施细则》，从根本上改变棚户区“安置+开发”改造模式，保障被征收人合法权益的同时促进存量商品房去库存工作。下达陕西省、西安市农村危房改造补助资金5550万元，改善农村贫困群众住房条件。

支持创建“全国文明城市”　文化建设总投入23.1亿元，预算安排精神文明建设活动经费7600万元，安排文明引导员队伍装备经费及人员补助经费650万元，安排宣传经费3892万元，专项用于西安城市宣传片播放。安排西安广播电视台广播电视运营费1.64亿元，保障公益广告播出平台顺畅运转。通过“以奖代补”形式考核评比2011—2015年度建成的55所乡村学校少年宫，拨付专项经费55万元。安排经费577万元，用于西安市青少年宫大楼提升改造。安排经费112万元，用于志愿者服务和“西安文明网”建设。

支持小城镇建设　下达3个副中心城市基础设施建设项目贷款贴息补助资金1.5亿元，加快副中心城市基础设施建设步伐。下达陕西省、西安市重点示范镇及文化旅游名镇补助资金1.77亿元，支持重点示范镇及文化旅游名镇基础设施建设。切块下达周至、蓝田、高陵“县城及小城镇基础设施建设补助”资金9000万元，简政放权，增强区（县）统筹能力。支持郊区（县）发展，落实5项重点工作任务，下达郊区（县）及渭北工业组团城市基础设施补助资金1.6亿元。

◆推进教育文化事业发展　2016年，西安市财政系统促进教育优先发展，建立城乡统一义务教育经费保障机制，落实13年免费教育政策，完善各类学校公用经费补助、贫困生资助及高校生均拨款等政策。支持文化事业和文化产业发展，支持加快构建公共文化服务体系，加强公共文化服务基础设施建设，支持公共文化体育场馆免费开放和文物保护事业发展。

支持教育优先发展　下达陕西省、西安市教育建设类专项资金13.7亿元。其中，拨付“全面改薄”（全面改善贫困地区义务教育薄弱学校基本办学条件）、义务教育学校信息化建设、校园视频监控等义务教育专项建设资金8.56亿元；拨付学前教育建设项目资金1.77亿元；拨付高中教育质量提升项目建设资金8600万元、普通高中免学费资金9422万元。拨付市级营养改善计划、蛋奶工程等专项资金1.4亿元，受益学生31万人。完善从学前教育到高等教育全覆盖的贫困学生资助体系，拨付中央、陕西省、西安市专项资金2.05亿元。拨付5498万元实施乡村教师生活补助政策扩面，在国家集中连片特困地区实现乡村教师全覆盖。下达幼儿园、中小学公用经费及中职、高职院校生均拨款经费13.63亿元，实现从学前到高等教育全阶段学历教育的公用经费补助政策全覆盖。市属高职院校及高等院校生均拨款标准分别提高至1万元/（生·年）、1.5万元/（生·年），市财政拨付市属高校生均财政拨款经费4.5亿元，全力支持市属高等教育的转型发展。

支持文化体育事业发展　安排2.26亿元支持中央电视台春节晚会西安分会场和“两节两会”（2016西部文化产业博览会、2016中央电视台中秋晚会、第三届丝绸之路国际电影节、第十一届中国艺术节）等重大文化项目。拨付专项补助资金1658.2万元，推进“千场戏剧惠民演出”活动。拨付1064.52万元，为西安市2062个农村行政村放映公益性电影3.55万场次。拨付图书馆、文化馆、公共体育场馆、公共博物馆开放补助经费5749万元，推进公益性文化场馆免费开放。下达非国有（行业）博物馆、纪念馆扶持奖补资金998.7万元。拨付文物保护事业发展资金1.92亿元，支持文物保护事业发展。拨付专项资金600万元，为城市社区和农村配置全民健身工程路径器材130套。拨付渭河沿岸全民健身长廊工程建设专项资金1300万元，推进全民健身基础设施建设。

◆支持完善社会保障体系　2016年，西安市财政系统推进社会保障体系建设，建立健全社会保险待遇水平联动增长机制。继续推进机关事业单位养老保险制度改革，做好机关和参照公务员法管理的事业单位参加工伤保险工作。整合城乡居民基本医疗保险制度，进一步完善城乡居民大病保险机制。加强失业保险基金管理，充分发挥失业保险基金稳定岗位和扩大就业作用。鼓励创业带动就业，加大对创业孵化基地等创业服务平台的支持力度。

完善覆盖城乡居民的社会保障制度　继续扩大养老、医疗、工伤、失业、生育保险覆盖面，努力扩大就业，实现各类社会群体应保尽保。拨付城乡居民基本养老保险中央、陕西省、西安市级补助6.53亿元，确保172.4万名参保群众待遇落实。落实被征地农民参加养老保险财政补助政策，拨付5201名失地农民参加养老保险市级财政补助3572万元。实施机关事业单位工作人员基本养老保险制度改革，拨付补助资金10.70亿元。出台机关事业单位工伤保险制度，从1月1日起将西安市机关和参照公务员法管理的事业单位、社会团体纳入工伤保险保障范围，市本级拨付参保缴费418万元。完善城乡居民基本医疗保险、大病医疗保险体制，城乡居民医疗保险财政补助水平达到人均440元以上，城乡居民大病保险筹资水平分别达到每人每年25元和35元。提高城镇职工医疗保险待遇水平，起付线以上报销比例由70%提高至85%。加大落实稳岗补贴宣传审核力度，拨付失业保险基金支持就业促进稳定岗位资金4.8亿元。

完善就业创业支持政策　认定41家2016—2017年度市本级就业创业失业培训机构，拨付培训补贴资金3438.37万元。提高公益性岗位工资和劳动保障协理员补贴标准，规范灵活就业人员社保补贴发放程序。开展高校毕业生就业见习基地一次性留用补贴申领工作，符合要求的就业见习基地，按照留用人数给予每人2000元补贴。会同西安市人力资源和社会保障部门出台普通高等学校校园招聘补贴发放政策，补助高校招聘会339.6万元。拨付高校毕业生就业见习专项资金1224万元、高校毕业生一次性求职补贴1863万元，补助44家创业孵化基地895万元。下达市级小额贷款担保基金3000万元，拨付劳动密集型企业贷款贴息2376.69万元；下达区（县）小额贷款担保基金3255万元，拨付区（县）小额贷款担保贷款贴息1.29亿元。

支持深化医药卫生体制改革　落实市级公立医院财政贴息贷款购置大型医疗设备政策，下达贴息资金2827.4万元。一次性支持市级和区（县）医院设备更新和购置资金2亿元。在补助市级公立医院人员2.8亿元基础上，预算安排6100万元用于市级公立医院重点专科、重点学科建设等。下达县级公立医院取消药品加成政策补偿经费3151万元，拨付基层医疗卫生机构综合改革中央、陕西省、西安市三级补助1.01亿元。拨付专项补助资金3660万元，筑牢农村三级卫生网网底。基本公共卫生服务财政补助标准提高到每人45元，拨付城乡基本公共卫生服务经费3.02亿元。拨付重大公共卫生专项资金7745万元，保障艾滋病、出血热、结核病等重大疾病防控工作。抓好计划生育服务工作，拨付计划生育财政补助资金6800万元。支持做好“国家食品安全城市”“陕西省食品安全放心区（县）”创建工作，拨付陕西省、西安市以奖代补资金460万元。

支持加强城乡社会救助体系建设　7月1日起，城市居民最低生活保障标准提高到590元/（人·月），农村居民最低生活保障标准提高到3600元/（人·年）。拨付城乡低保资金4.7亿元，确保14.2万名城乡最低生活保障对象基本生活；拨付农村“五保”对象供养金1828万元，确保5301名农村“五保”对象基本生活。配合出台新的《西安市城乡医疗救助办法（试行）》和《西安市临时救助办法（试行）》，扩大医疗救助范围，提高救助比例，对符合条件的非低收入家庭也给予救助，临时救助标准提高到1万元，拨付城乡医疗救助资金8562万元、临时救助资金8003万元。做好“双节”期间困难群众生活救助工作，拨付专项补助资金6965.91万元，主要包括城乡最低生活保障对象增发1个月保障金、农村“五保”对象增发1个月供养金、特困职工及困难群众“双节”送温暖经费等。

加大社会福利事业发展投入　从7月起，对符合条件的严重精神障碍患者的监护人监护补贴标准提至每月200元，拨付以奖代补资金34.68万元。下达散居孤儿补助资金398万元、流浪乞讨危重病人救治经费909万元。出台《西安市支持引导社会力量参与减灾救灾工作实施办法（暂行）》，推进减灾防灾体系建设，下达救灾资金154.2万元。落实各项优抚安置政策，下达移交政府的军队离退休人员以及退役士兵安置资金14.01亿元、优抚对象抚恤金1.77亿元、自主退役士兵地方一次性经济补助1294万元。支持社区建设，拨付社区工作市级补助经费2.78亿元。

推动残疾人事业持续发展　建立困难残疾人生活补贴和重度残疾人护理补贴制度，下达残疾人2项补贴市级补助资金3488万元。出台《西安市困难家庭残疾人康复救助项目实施方案（试行）》，从7月起，对符合条件的残疾人康复训练费用给予最高8000元的救助。促进残疾人服务队伍建设，农村残疾人专职委员补贴标准提高到150元/（人·月），拨付市级补贴资金1049万元。拨付残疾人康复项目补助经费1868万元，残疾人托养服务补助711万元。

支持老年服务事业发展　做好高龄老人生活保健补贴发放工作，将65—69岁不能自理、生活困难老人纳入补助范围，给予每人每月50元生活补助，拨付高龄老人生活保健补贴3.65亿元。推进养老服务业发展，将社区居家养老和“农村幸福院”纳入财政补助范围，给予运转经费补助，下达社区居家养老和“农村幸福院”运营市级补助资金420万元。以政府购买服务方式，给农村特困失能老人每人每月

200元或300元的护理补贴，下达农村特困失能老人护理补贴738万元。

◆**财政改革** 2016年，西安市财政系统积极承接西安市改革任务，贯彻落实《市委全面深化改革领导小组2016年台账》涉及的87项任务，其中牵头8项，参加79项，各项任务均按要求得到落实。

推进预算管理制度改革 开展零基预算改革，起草《西安市全面实行零基预算改革实施意见》。推进跨年度预算平衡机制，研究起草并以西安市人民政府名义印发《关于实行中期财政规划管理的实施意见》，对中期财政规划编制内容、主体、程序以及组织实施提出具体要求，组织编制《西安市2017—2019年中期财政规划》。全面推开"营改增"试点，制定印发全面推开"营改增"试点后预算管理、收纳缴库等配套文件。修订完善《西安市对区(县)均衡性转移支付办法》和《西安市财政激励约束考核办法》，研究制定《西安市对区（县）生态功能区转移支付办法》，全面开展政府综合财务报告试编工作。

推进专项资金管理改革 深入实施财政专项资金竞争性分配，纳入竞争性分配的专项资金共22项9.63亿元。进一步清理整合财政专项资金，市级专项资金由86项压减到50项。深入推进财政涉农资金整合试点，按照省级直接指导县级试点的原则，积极配合陕西省财政厅推动蓝田县、户县开展财政支农资金整合试点工作，整合涉农资金3.62亿元。其中，蓝田县整合5400万元，户县整合3.08亿元。按照"渠道不乱，用途不变"的原则，统筹安排，相互衔接，突出重点，发挥项目资金整合优势，高标准、高效能开展产业发展和扶贫工作。

加强地方政府债务管理 实行政府债务限额管理，提请西安市人民代表大会常务委员会审议《西安市政府债务控制意见》，并将批准的限额分配方案下达各区（县）、开发区。积极开展存量债务置换工作，发行置换债券703.93亿元。控制政府债务风险，统计政府债务报表并测算债务风险控制指标，通报列入风险预警和提示地区的区（县）、开发区。拟订《西安市政府债务风险化解规划及应急处置预案》并报陕西省财政厅备案。提出或有债务转化为政府债务的意见建议，获陕西省人民政府审核批准将197.62亿元三类债务转化为一类债务。

推进政府购买服务 积极扩展政府购买公共服务范围，实施政府购买棚户区改造服务、地铁5号线一期和6号线一期项目，购买残疾人康复、辅具适配、养老服务、公共文化服务等项目，统购社会房源作为保障房以及长期租赁社会房源作为保障房等。配合做好供水、供气、供热等价格市场化改革步伐。做好分部门指导目录编制工作，并根据陕西省统一安排，选择西安市城中村（棚户区）改造办公室、西安市住房保障和房屋管理局、西安市民政局、西安市教育局、西安市残疾人联合会、西安市文化广播新闻出版局开展购买服务试点。会同相关部门拟订《西安市政府购买棚户区改造服务实施细则》《关于政府购买公共演出服务实施意见》《关于统购社会房源作为租赁型保障房的指导意见》等多项制度。

◆**财政监督和基础管理** 2016年，西安市财政系统强化财政监督检查，加强财政专项检查，完成11个财政专项检查项目，涉及财政资金126.2亿元。加强部门预算执行情况检查，检查45家市级部门及所属单位2015年部门预算执行情况，涉及财政资金7亿元，有效规范部门和单位财政财务管理，强化财政绩效管理。指导市级473个单位、部门预算编报涉及1572个项目85亿元资金的绩效目标，编报率达49.05%，总体上编报规模较上年43.5亿元有较大提升，项目申报类专项资金全面实现绩效目标管理。市级财政重点绩效评价17个项目，项目总投资22.92亿元。指导市级130个单位完成165个项目102亿元资金的绩效自评，占本级部门决算项目支出223.24亿元的45.7%。开展全市行政事业单位内部控制基础性评价工作，推动各单位内部控制体系的建立和实施。印发《西安市财政局关于加强财政系统内部控制工作的意见》，成立内部控制三级工作机构，构建"1+7+X"内部控制制度体系框架，明确建设内容和责任分工，并召开全市财政内控工作推进会，加强对区（县）财政部门的督导。印发《关于开展2016年全市行政事业单位资产清查核实和产权登记工作的通知》等文件，召开工作布置暨培训会进行动员培训，指导督促部门单位做好资产清查自查工作，并于8月底按时向陕西省财政厅报送全市资产清查结果。组织中介机构专项核查财政审批权限内的160户行政事业单位清查的资产损溢，完成核查单位的资产损失认定与批复工作。加强会计管理，推进各项会计准则制度的宣传、贯彻和落实。做好各项会计类考试组织工作，会计从业资格无纸化考试西安考区报考人数8.4万余人；会计专业技术资格初级考试采用无纸化形式，报名人数3.9万余人；会计专业技术资格中级考试首次采用无纸化形式，报名1.5万余人。加快推进高端会计人才选拔培养，报送陕西省财政厅9名符合条件的申请人，给64名会计人员发放"高级会计师证书"。完成143家代理记账机构年检工作。

（侯方致　江　锐）

税　务

·国家税务·

◆**概况** 2016年，西安市国家税局坚持组织收入原则不动摇，着力提高税收收入分析预测精准度，加大统筹调度力度，实现税收收入高质量、无水分增长。全年税收收入规模首次突破500亿元大关，实现税收收入524.86亿元，比上年增长21.2%，增收92.43亿元，收入增幅在全国15个副省级城市中名列第二位。

◆**税收政策** 2016年，西安市国家税局认真落实扶持小微企业、战略新兴产业以及鼓励创业就业各类税收优惠政策，兑现各类减免退税232.57亿元，比上年增长62.4%，增加89.38亿元。积极推行"银税互动"服务，拓宽守信企业融资渠道，助力企业发展和社会诚信体系建设，为150户诚信纳税人提供"税信贷"（将纳税人的纳税信用等级与银行信用有效联结，对积极主动缴税、纳税信用等级评级好的小微企业，根据其申请，银行依据企业年度纳税额，提供一定额度的授信额度支持）逾1亿元，进一步增强企业依法纳税意识。

◆**"营改增"试点** 2016年，西安市国家税局围绕国家税务总局"开好票、报好税、分析好、改进好"的部署，与地税、财政等部门紧密合作，积极开展"营改增"试点工作。5月1日，全面推开营业税改征增值税试点，将建筑业、房地产业、金融业、生活服务业纳入试点范围。全市新增办税服务厅20个，分批培训纳税人24万户次，印发宣传册（页）27万份，接收试点纳税人13.6万户，占陕西省试点总户数的51%。改革总体运行平稳，助推转型升级的改革效应逐步显现。

◆**国税、地税合作** 2016年，西安市国家税局制定《税收信息管理项目合作协议书》《打击发票违法犯罪活动实施方案》《税收风险管理合作计划》《互派干部挂职交流管理办法》，加强国税、地税合作，认真落实入户稽查、风险应对、干部互派等一系列合作事项。通过联合共建、互相进驻、互设窗口、共同进驻政务大厅以及设立国税、地税联合自助办税机等方式，让纳税人"进一家门、办两家事"。

◆**信息管税** 2016年，西安市国家税局成功上线"金税三期"系统，新增办税窗口，充实导税人员，实现双规运行和单轨上线。历时半年完成13批次、80余万条数据的清理工作；编制《金税三期核心征管操作手册》；举办专题培训7

2016年10月9日，西安市公安局派驻市国家税务局联络机制办公室正式揭牌

期，累计培训1900人次。

◆实名办税 2016年，西安市国家税局联合西安市地方税务局在西北地区首家推行实名办税制。紧盯企业法人、股东、财务负责人、办税人员及发票经办人“五类人”，采集身份信息，实行风险关联，及时预警税收违法，增强涉税人员风险意识，强化税收风险源头治理。实名办税推行后，非正常户认定和利用虚假信息“冒领虚开”发票行为大幅下降。

◆便民办税 2016年，西安市国家税局落实国家税务总局《全国税务机关纳税服务规范（2.3版）》，推出10大类32项优化服务举措，严格落实首问负责制、双向预约制、延时工作制等措施，扎实推进营业执照、组织机构代码证、税务登记证、社会保险登记证和统计登记证“五证合一”改革，进一步减轻纳税人负担，激发市场主体活力。升级推广“税+智能办税体验中心”等重点项目，做实、做强“电子税务局”“微信服务号”功能，让纳税人充分感受足不出户的办税便利。积极探索“绩效+督查”、联动抓落实新模式，强化过程管控，推进从严督办，建立“台账清单”“提醒清单”“督办清单”“三单”制度，对重大工作任务、重点工作事项“挂号上账”，限时办结销号，有力促进重点税收改革任务落实。

◆依法治税 2016年，西安市国家税局认真落实国家税务总局《关于全面推进依法治税的指导意见》《进一步深化税务行政审批制度改革的意见》《依法治税“十三五”规划》等文件精神，加大简政放权力度，清理规范审批事项，建立健全规范性文件定期清理和备案审查机制。成立西安市公安局派驻市国税局联络机制办公室，严厉打击涉税违法犯罪行为，推进警税合作制度化、规范化、常态化，联合破获特大虚开增值税发票案，有力震慑违法犯罪分子。加大法治示范基地创建力度，成功创建1个“陕西省税收法治示范基地”。 （李锦陶）

西安市国家税务局

局　　长	齐志宏
副 局 长	刘新民　兰西成　孙彦方
纪检组长	苗亚莉（女）
总经济师	杨成刚
总会计师	朱跃斌
总审计师	刘志华
工会主席	朱跃斌（兼）

·地方税务·

◆概况 2016年，西安市地方税务局始终着眼西安经济社会发展大局，充分发挥税收职能作用，克服征管体制改革、“营改增”后税收收入下降、“以票控税”传统管理手段顿失等困难，充分发挥税收职能作用，综合施策，稳定税费收入，圆满完成各项预期目标任务。全年税收总量在全国15个副省级城市中排名第十位，超过济南、大连、沈阳、长春和哈尔滨等城市。实现组织收入636.31亿元，其中税收收入371.47亿元，各项基金（费）收入264.84亿元，基金（费）收入保持两位数增长，超额完成陕西省地方税务局税收预期目标。其中，陕西省地方税务局收入预期目标入库409.48亿元，完成预期目标的105.20%，超时间进度5.20%，超收20.23亿元；陕西省地方税务局税收预期目标入库383.40亿元，完成预期目标的104.87%，超时间进度4.87%，超收17.8亿元；陕西省地方税务局纳入一般预算收入基金预期目标入库26.08亿元，比上年增长14.41%，完成预期目标的110.29%，超时间进度10.29%，超收2.43亿元；西安市人民政府预期目标入库234.47亿元，完成预期目标的100.2%。各项基金（费）入库264.84亿元，增长15.46%，增收35.45亿元。其中，社会保险费入库222.63亿元，增长16.41%，增收31.39亿元；教育费附加入库11.93亿元，增长1.81%，增收0.21亿元；陕西省水利建设基金入库12.42亿元，增长6.01%，增收0.7亿元；工会经费及筹备金入库2.82万元，增长17.33%，增收0.42亿元；罚没收入入库938万元，下降57.55%，减收1272万元；地方教育费附加入库7.96亿元，增长2.77%，增收2141万元。

◆税源管理 2016年，西安市地方税务局围绕组织收入中心工作，在“营改增”全面开展及“金税三期”上线的背景下，应对新挑战，进一步加强税种、税源管理。

税种管理 税种管理更加精细，费种管理日益规范。个人所得税、企业所得税管理取得进展，所得税收入比上年提前1个月突破100亿大关。个人所得税全员全额扣缴申报工作实现历史性突破，扣缴义务人21万余户，实现明细申报20.89万户，比年初增长52倍，申报率100%，申报总量位列陕西省地税系统第一，省、市、区（县）三级财政统发工资个人所得税全部纳入正常征管范围。企业所得税汇算清缴收效明显，以企业所得税管户比对工作为重点，狠抓企业所得税电子化汇算申报工作，完成汇算清缴电子申报57701户，汇算面达到100%；汇算户数比上年增加4019户，增幅7.49%；汇算申报补缴税款139753万元，增加35402万元，增幅35.78%。全面规范土地增值税清算审核业务，清算审核107户，查补税款6.3亿元。“以地控税”工作圆满完成，累计核查3.91万条宗地信息，核查总面积6.31亿平方米，确定城镇土地使用税税源为18.02亿元，是上年入库税款的1.57倍。健全完善车船税“先税后检”、契税“先税后证”、耕地占用税“先缴税后用地”、印花税核定征收等工作机制。

税源监控 纳入国家税务总局监控的重点税源企业650户，纳入陕西省地方税务局监控的企业1700户。重点税源网上直报数据填报率100%，审核通过率100%。加强重点税源网上直报数据审核工作，利用TRAS（重点税源调查与分析系统）软件审核纳税人填报数据，利用数量级错误审核公式等信息化审核手段，及时发现纳税人填报数据的错误，提高报表数据的准确性。

税务稽查 发挥税务稽查为税收征管“保驾护航”职能，查处大案要案25户，查补税款5867万元、基金282万元，罚款1192万元。“营改增”税收专项检查工作按照“快、准、实”的要求，自查税款9.2亿元，入库税款6.7亿元。深

入推进国税、地税联合稽查、合署办案，联合查案21户，查补税款6400余万元。开展“一案双查”工作，查案10起，结案8起，有效防范税收风险，保护纳税人合法权益。曝光违法案件2起，其中与警方合作起获空白建筑业统一发票等各类地税发票3000余份、地税完税凭证100余份、国税通用机打发票1000余份，抓捕犯罪嫌疑人3名。

◆税收优惠政策落实 2016年，西安市地方税务局积极为709户自主择业复转军人、自主就业大学生和其他重点扶持的就业创业人员落实优惠政策，减免税款245万元。认真落实小微企业、小型微利企业、高新技术企业等各项税收优惠政策。企业所得税税额式（含税额抵免）、税率式减免11.94亿元（不含税基式减免），减免金额较上年增长6.2%，增加6932万元。1—5月（5月1日后营业税改增值税），全市小微企业纳税人享受减免税累计19583户次，比上年同期增长1.25%，增加241户次；减免营业税1336.01万元、城建税93.52万元、教育费附加40.08万元，合计1469.61万元，比上年同期增长25.83%、增加301.69万元。

◆纳税服务 2016年，西安市地方税务局持续优化纳税服务，创新服务手段，拓宽服务渠道，优化服务平台，提升服务水平。广泛开展“税法微课”活动，听众1.3万人次，《中国税务报》《陕西日报》《陕西传媒网》等媒体相继进行报道。引进全国统一的“12366热线”系统，实现国税、地税热线电话互拨、互转，话务量突破70万条，其中人工接听量404766条，国税、地税互转6173条。采取多项措施稳步提升热线接通率，申报期每日平均接通率达86.05%以上，达到国家税务总局拨测考核指标。设置“营改增”“金税三期”等咨询专席，为纳税人解答“金税三期”政策业务问题8730余件、“营改增”业务咨询问题5860余件。在办税服务厅设立办税事项“二维码”或公告栏，公布110项全国统一办理事项。召开“走出去”企业税收政策宣讲会，主动上门服务，维护“走出去”企业合法权益。开展“问需求、优服务、促改革”活动，召开税企座谈会55次，发放调查问卷18281份、宣传资料38320份。举办“纳税人学堂”63期，现场解答咨询问题4318项，征集意见建议880条。开展纳税人纳税信用评价管理，在全市18万余户纳税人中评定A级纳税人2900户。推进维权服务平台建设，推广“西安地税学堂”APP客户端。持续推进“税银互动”，联合中国建设银行、中国工商银行开展在线访谈、提供贷款信用支持，并探索合作长效机制，助力小微企业发展。

◆征管改革 2016年，西安市地方税务局持续深化征管改革。组织“征管规范”专题培训2次，开展重点分层级培训36次，培训2600人次。顺利完成“金税三期”平稳上线和推广应用工作，主旨全系统积极参加省、市、区三级“金税三期”培训，培训人员3500余人次。核对各区（县）分局税务所对应国库名称数据248条；上报岗位修改表数据513条；上报运行阶段问题116条，解答113条。录入完成48693户纳税人信息，占陕西省税务局推送283678户的17.16%，推送采集率100%。全面落实《国地税合作规范（3.0版）》和《西安市税收保障条例》，与西安市国家税务局签订“税收风险管理项目合作推进协议书”，有效推进资源共享、联合服务、征管互助、协同执法合作。在西安阎良国家航空高技术产业基地、户县、长安区、西安国家民用航天基地等地开展国税、地税合作试点工作，探索人员互派、窗口互设、代征税款、联合办理税务登记等方法，双方互派工作人员和基层局副职交叉挂职，联合办理设立登记38670户，变更登记43366户，注销登记5375户，共同认定非正常户895户，并对非正常户采取停供发票、降低纳税信用等级等管理措施；市国税局委托市地税局代征税款6441.68万元。“营改增”试点工作移交试点纳税人基础信息125917户，涉及营业税税额206.13亿元。其中，交通运输业和部分现代服务业试点纳税人信息27505户，涉及营业税税额42.09亿元；铁路运输和邮政服务业试点纳税人信息270户，涉及营业税税额3.06亿元；电信业试点纳税人信息474户，涉及营业税税额4.57亿元；建筑业、房地产业和生活服务业试点纳税人信息97668户，涉及营业税税额156.41亿元。提高网上办税系统普及率，全市网上办税注册用户213160户，占正常户220214户的96.79%。其中，CA证书方式登录的纳税人150321户，占总体的70.52%；采用“财税库银”实时划款方式的纳税人191358户，占总数的89.99%。全市申报窗口布放206台POS机终端，实现全部分局、全部申报窗口布放POS机终端缴税系统的建设目标，通过POS机累计刷卡笔数172683笔，累计刷卡缴税金额96.19亿元。

◆依法治税 2016年，西安市地方税务局深入开展法治税务示范基地建设。认真对照创建评价指标，开展自评自查，完善创建工作机制，对4个创建单位的创建资料情况进行认真检查和评估，蓝田县地方税务局被陕西省地方税务局命名为陕西省第一批“法治税务示范基地”。深化行政审批事项改革，认真贯彻落实国务院、陕西人民省政府、西安市人民政府取消和调整的行政事项、事权，做好下放审批事项的衔接工作。制订下发《2016年权责清单、行政审批制度改革工作方案》，取消4项行政审批事项，承接国务院取消行政审批45项，承接国务院、陕西省人民政府下放行政审批事项3项。要求各单位严格按照税务行政许可事项目录行使权力，自觉接受社会监督。认真落实权力公开工作，公开权力目录，实行“权力清单制度”，向社会公布“权利与责任清单”，接受社会监督，增强税收执法的“透明度”。严格按照《市级部门行政职权目录》行使职权，梳理权力事项82项，其中市级保留3项，属地管理79项，切实做到工作不越位、不缺位。完善规章制度，建立健全税收法治长效机制，制定下发《西安市地方税务局重大行政决策规则》，规范重大行政决策行为。做好“水资源税”立法调研准备工作，并形成立法计划上报西安市人民政府。制定《西安地税“十三五”法规工作规划》，做好法律顾问和公职律师试点准备工作，完成10名公职律师的资料收集工作并上报，市地税系统有22个单位聘请法律顾问。积极做好普法宣传工作，开展《中华人民共和国国家安全法》宣传教育活动，组织全系统参加第十届百家网站微信公众号法律知识竞赛活动，加强群众普法教育活动，营造良好的法治环境。

◆税收研究 2016年，西安市地方税务局做好《2015年度税收优秀调研成果》文集编辑工作，刊载优秀成果141篇，共计70多万字，推出重点成果转化建议63条。《西安地税研究》出刊6期，刊载研究成果60余篇。采取多项措施，调动行政管理资源与社团组织两个方面的积极性，召开西安市国际税收研究会会员代表大会，选举产生新的研究会理事会和领导机构，增设“纳税服务专题研究部”，增强税务机关对研究会工作的组织领导。研究出台《西安市地方税务局系统课题评审和成果奖励办法》，建立“西安市地方税务局税收研究资料室”和“中国知网——中国税收改革知识仓库”文献查阅系统，为税收研究工作提供资料和数据支撑。

（市地税局办公室）

西安市地方税务局

局　　长　李毅刚
副 局 长　刘利利　李正平　郭照安
总经济师　黄必婵（女）
总会计师　刘广生
政治部主任　徐　华

金融业
责任编辑 黄立峰

综 述

◆**概况** 2016年，西安市实现金融业增加值722.85亿元，占地区生产总值的11.6%；同比增长9.1%。全市聚集各类金融机构144家。其中，银行业金融机构54家，保险机构53家，证券期货业机构37家，从业人员达到6万人。各项金融业指标稳居西北地区城市首位、西部省会城市前列。

◆**区域性金融中心建设** 2016年，西安市围绕丝绸之路经济带新起点的战略新定位，全力推进西安金融商务区、西安高新科技金融示范区、曲江文化金融试验区建设，打造国际港务区、经开区、西安民间金融街金融发展新的增长极。成功举办“驻沪外资银行西安调研”、第四届西安金融产业博览会、第八届全国金融指数发布会等活动。广泛吸引金融机构落户，星展银行、长银消费金融公司、君诚融资租赁等公司开业。

◆**农村金融服务** 2016年，西安市人民政府鼓励驻市金融机构依托现代化手段服务农村金融，ATM和POS等电子机具在全市乡镇覆盖率达到100%。长安新华村镇银行等7家村镇银行试营业。推进政策性农业保险“扩面提标”（扩大覆盖面、提高标准），全市政策性农业保险品种达到12个（其中市级特色品种3个，分别为阎良区、高陵区和临潼区政策性蔬菜保险，周至县政策性猕猴桃保险，户县政策性葡萄保险），为农户提供风险保障金超过30亿元。

◆**资本市场建设** 2016年，西安市人民政府金融工作办公室建立“拟上市（挂牌）企业跟踪管理服务机制”，为企业上市提供“绿色通道”服务。全年对96家上市挂牌公司和优秀中介机构兑现奖励资金4257.16万元。建立“上市后备企业资源库”，储备上市挂牌后备企业120家。组建西安股权托管交易中心，搭建区域中小微企业综合性开放式服务平台。截至年底，全市有境内外上市挂牌公司179家。其中，境内上市公司33家，“新三板”挂牌企业122家，境外上市挂牌公司24家。

◆**直接融资** 2016年，西安市企业利用上市挂牌及债券发行等直接融资方式，募集资额超过2700亿元。其中，西安民生等42家境内上市挂牌企业通过证券市场融资387.96亿元，较上年同期增长115%。西部超导等33家挂牌企业定完成向增发工作，募集资金33.97亿元。全市34家企业发行各类债券233支，融资总额2343.17亿元，增长29.2%。其中，西安建工集团、西安银行、高新控股等22家市属企业发行各类债券144支，融资总额1089.32亿元。

2016年7月22日，西安市人民政府与上海浦东发展银行举行全面战略合作协议签约仪式

◆**支持民间金融机构发展** 2016年，西安市开展互联网小额贷款公司试点，积极推动民间金融机构稳步健康发展。截至年底，全市有融资性担保机构66家，注册资本194.23亿元，较上年同期增加53亿元，同比增长37%。全行业在保余额744.62亿元，较上年增长24.5%，平均放大倍数3.83倍。全市有小额贷款公司37家，注册资本56.62亿元。全年累计发放各类贷款4289笔，金额43.36亿元。民间金融街健康发展，集聚民间资本53亿元，累计为全市近2100家小微企业和个人提供近118亿元的融资贷款，贡献税收1.25亿元。

◆**互联网金融风险专项整治** 2016年4月，西安市开展互联网金融风险专项整治工作，委托11家会计师事务所对269家目标企业逐一进行摸排。截至年底，初步摸排网络借贷中介机构30家，查出存在问题网络借贷中介机构14家，对其中9家完成现场调查工作。

◆**打击非法集资** 2016年，西安市政府将防范和打击非法集资工作纳入全市社会治安综合治理考核，组织开展立体式、全方位宣传教育活动，相继开展全市影子银行监管、非融资性担保公司清理规范工作以及投资担保公司涉嫌非法集资风险专项排查工作。截至年底，受理非法集资案件558起，涉及金额306.58亿元，涉及人数627460人。与上年相比，案件起数、集资人数、集资金额分别下降71.2%、88.4%、94.6%。

◆**“丝绸之路·西安系列基金”签约仪式** 2016年11月4日，西安市与中保投资有限责任公司、平安银行西安分行、国家开发银行陕西分行等机构签署“丝路之路·西安系列基金”合作框架协议，首期规模达800亿元，旨在通过政府与社会资本以基金合作创新的方式，针对不同的领域，采用不同的合作模式，推动产融结合，支持地方金融发展。

◆**2016中国·西安金融产业博览会** 2016年11月4—6日，在西安曲江国际会展中心举行。博览会由西安市人民政府金融工作办公室主办，西部网承办。博览会围绕“文化·金融助力新丝路”的主题，征集到60多个文化类项目，推介并展示32个项目，总融资需求达25亿元。

◆**西安市人民政府与上海浦东发展银行举行全面战略合作协议签约仪式** 2016年7月22日，西安市人民政府与上海浦东发展银行全面战略合作协议签约仪式在上海举行，双方签订1000亿元意向性融资大单。签约仪式把西安确定为浦发银行业务发展的主阵地和支持的核心区域，对西安的重大工程、基础设施项目建设等提供意向性融资，并优先给予服务价格优惠，助推品质西安建设，努力实现互利共赢。（赵万紫）

货币金融服务

◆**概况** 2016年，西安市金融业稳健运行，金融组织体系不断健全，规模不断扩大，结构日益优化，金融服务水平进一步提高，金融风险防范扎实有效，金融业对经济发展的贡献度大幅提升。截至年底，西安辖区有银行机构50家。其中，政策性银行3家（国家开发银行、中国农业发展银行、中国进出口银行），国有商业银行4家（中国工商银行、中国农业银行、中国银行、中国建设银行），股份制商业银行13家（交通银行、招商银行、民生银行、浦发银行、光大银行、中信银行、兴业银行、华夏银行、恒丰银行、浙商银行、平安银行、广发银行、渤海银行），城市商业银行8家（北京银行、齐商银行、成都银行、重庆银行、宁夏银行、昆仑银行、西安银行、长安银行），外资银行5家（东亚银行、汇丰银行、渣打银行、韩亚银行、星展银行），邮储银行1家（中国邮政储蓄银行西安市分行），农村商业银行1家（秦农银行），农村信用社8家（陕西省农村信用联社、户县农村信用联社、蓝田县农村信用联社、周至县农村信用联社、高陵区农村信用联社、长安区农村信用联社、临潼区农村信用联社、阎良区农村信用联社），村镇银行7家（高陵阳光村镇银行、长安新华村镇银行、蓝田中银富登村镇银行、户县海丝村镇银行、临潼海丝村镇银行、周至农科村镇银行、雁塔恒通村镇银行）。截至年底，全市金融机构（含外资）本外币存款余额19488.38亿元，同比增长8.0%，全年新增本外币存款1451.5亿元；本外币贷款余额15542.39亿元，同比增长11.3%，全年新增贷款1576.8亿元。

◆货币政策执行 2016年，中国人民银行西安分行营业管理部贯彻落实稳健的货币政策，畅通货币政策传导机制，结合西安市经济发展实际，出台《关于做好西安市金融业精准扶贫工作的指导意见》《关于推进金融支持西安科技创新工作的指导意见》和《关于金融支持西安房地产市场去库存工作的指导意见》。强化窗口指导，增强货币政策执行绩效。加强信贷政策执行绩效考核评估，促进“三去一降一补”（去产能、去库存、去杠杆，降成本，补短板）金融服务有效落实。积极推动利率市场化，建立金融机构利率定价监测分析机制，做好民贸民品优惠利率贴息，对16家地方法人机构开展宏观审慎评估，引导地方法人机构提升利率定价能力。出台信贷“支小扶弱”措施，参与制订《西安市“四大创业计划”实施方案》。加强县域金融支持，开展县域金融机构服务县域经济发展CSE（信贷、服务、环境）三维综合评估，深化“订单+金融”试点建设，推动金融精准扶贫。

◆民生金融发展 2016年，中国人民银行西安分行营业管理部积极创新政策工具运用，切实提高再贷款、再贴现工具的运用效果，充分发挥准备金政策的差别化调控功能，切实提高小微信贷投放、扩大金融支持“三农”范围。积极推进小额担保贷款和大学生创业贷款，会同西安市财政局开展小微企业、涉农贷款增量奖励定性评分，对大学生创业贷款主办行落实奖励政策。全年办理再贴现22亿元。截至年底，全市金融机构中小微企业贷款同比增长15.4%；促进个人购房贷款同比增长21.7%，保障性住房开发贷款同比增长71.3%；涉农贷款同比增长12.9%。

◆金融分析研究 2016年，中国人民银行西安分行营业管理部扎实做好金融数据统计和分析研究，为各级决策提供信息参考。加强全市经济金融实地调研，按季召开西安市金融形势分析例会及西安市经济金融信息共享与协调合作机制联席会议，分析研判辖区经济金融运行态势。加强金融机构经营、信贷运行等情况监测分析。积极参与关中—天水信息数据交流与共享，提升服务新常态工作效能。围绕“稳增长、促投资、调结构”以及供给侧结构性改革“三去一降一补”任务，对实体经济融资成本、公积金政策改革、“两权”（农村承包土地经营权、农民住房财产权）抵押贷款、丝路经济带背景下西安经济转型升级等领域开展专项课题研究。参与国务院督查组来西安市督察民间投资情况专题座谈。完善西安市文化产业监测制度，扩大调查覆盖面，进一步强化制度性调查的信息参考功能。

◆维护金融稳定 2016年，中国人民银行西安分行营业管理部贯彻落实存款保险制度，认真做好保费基数统计和保费缴纳工作，对辖区内13家投保机构全面开展评级工作，提高金融机构风险意识，合力保障存款人资金安全。有针对性实施投保机构风险监测，扩大监测范围，密切关注房地产行业风险和地方法人机构风险，加强货币市场运行和地方政府债务置换情况的监测分析。开展同业业务现场督察及地方法人银行同业业务流动性压力测试。开展不良资产真实性专项现场评估。落实证券工作联系人制度，开展保险风险案件排查。积极做好互联网金融风险专项整治，配合市政府做好打击非法集资工作。组织召开西安市反洗钱联席会议，定期开展洗钱风险识别和洗钱类型分析，运行情报会商和信息交流机制，密切关注辖区恐怖融资新动态，做好防范和打击恐怖犯罪活动，切实维护全市金融稳定。

◆金融改革 2016年，中国人民银行西安分行营业管理部认真落实存款保险制度，积极推动利率市场化。密切关注农行“三农事业部”等金融改革进展情况，及时总结评估改革成效，跟踪调研各项改革对金融稳定的潜在影响。稳妥推进“两权”抵押贷款试点和信用体系建设试验区建设。成立营管部金融支持自贸区建设工作领导小组，梳理已建4大自贸区（天津自贸实验区、上海自贸实验区、福建自贸实验区、广东自贸实验区）政策经验，深入开展调研，强化金融支持陕西自贸区西安片区建设力度。

◆金融监督管理 2016年，中国人民银行西安分行营业管理部不断提升依法行政工作水平，加强金融机构分支机构开业管理、在营管理，提高重大事项报告制度的执行力。严格落实简政放权要求，优化金融管理与服务工作流程。加强培训教育，规范行政处罚自由裁量权。组织实施对辖内部分金融机构稳健性现场评估。统筹安排辖区执法检查工作。认真落实政务公开工作要求，全年主动公开各类执法信息8.7万余条。完成2015年西安市金融机构综合评价，对34家银行类金融机构和7家非银行类金融机构进行综合评价。全年受理金融机构提交的开业报告26份、重大事项及重要信息报告9份、申请加入人民银行金融管理与服务体系的请示件45份，颁发“金融机构代码证”339份；针对金融统计、人民币收付、国库、银行卡、征信、存款准备金、反洗钱等业务，共开展各类执法检查10次，检查金融机构40余家。

◆拓宽融资渠道 2016年，中国人民银行西安分行营业管理部积极拓宽融资渠道，切实提升实体经济的直接融资能力。完成航天城投资发展集团财税体制独立性协询，协调西咸新区、高新区、曲江新区、航天基地管委会参加西安分行与北京金融交易所举办的“银行间债券市场服务实体经济举措和创新专题座谈会”。深化产融融合，主动参与西安市“投贷联动”试点，积极推广债务融资工具。建立辖区金融机构推广应收账款融资服务平台联动机制，深入挖掘潜在客户。截至年底，平台注册用户达476户，完成交易248亿元。与高新区共同建立小微企业融资推送机制和科技企业常态化线上路演平台，提升小微企业融资成功率。全年西安市非金融企业在银行间市场融资1048.1亿元。

◆支付结算 2016年，中国人民银行西安分行营业管理部持续推进第二代支

2016年6月14日，秦农银行开展“信用记录关爱日”征信宣传活动

付系统——中央银行会计核算数据集中系统（ACS）建设，实现5家银行机构准备金存款账户资金归集管理。稳步推动系统标准化建设，不断提升支付结算效率。做好系统运行监测和日常业务管理，确保系统稳定运行。持续推进“三证合一”（是指将企业登记时依次申请，分别由工商行政管理部门核发工商营业执照、质量技术监督部门核发组织机构代码证、税务部门核发税务登记证，改为一次申请、由工商行政管理部门核发一个营业执照的登记制度）账户登记制度改革，全年共办理账户核准业务13.5万笔，同比增长53.1%。开展辖区无证经营支付业务清理整顿；开展打击治理电信网络新型违法犯罪专项工作，保障辖区支付秩序。深入推进辖区支付服务环境建设，开展农村支付“互联网+”建设工程，促进“惠农支付服务示范点”和“农村电商服务点”融合建设。推广特色银行卡服务，完成“环山旅游带特色银行卡”项目一期建设，拓展第二代“高陵青年卡”诊疗一卡通功能，农村支付结算环境大幅改善。

◆货币发行 2016年，中国人民银行西安分行营业管理部认真做好发行基金调拨和人民币流通管理。恢复中国人民银行周至县支行发行库业务，大力推进发行业务标准化建设。制定《西安市银行业金融机构现金业务同业代理管理办法》等制度，扩大现金业务直接服务范围。圆满完成贺岁纪念币、孙中山诞辰150周年纪念币的发行兑换工作。做好人民币流通管理，提高票面整洁度、优化券别结构，积极推动“硬币自循环”试点工作，提高全市硬币循环利用效率。组织召开反假货币联席会议，配合西安市公安局联合开展“打击整治假币违法犯罪行动”，深入推进冠字号码查询管理工作，开展形式多样的反假货币宣传活动。重视钱币文化建设，宣传传播钱币文化。3月至5月，联合安康博物馆举办“中国反假货币史展”“永恒的记忆——红色政权货币、文献展”。5月18日，开展“国际博物馆日”主题活动，在西安建筑科技大学校史馆举办《博物馆与社会服务》学术研讨会。8月，联合中国港口博物馆在宁波共同举办“西域遗珍——丝绸之路古国钱币展”。9月，联合西安碑林博物馆举办“筑梦之路——革命根据地货币、文献展”。作为西安市社会科学普及教育基地，先后接待上海复旦大学古文字系在校学生、曲江中学“我爱发明”小发明家、西安市交大文治学院青年志愿者及山东人行枣庄支行青年志愿者进行交流学习参观。

◆征信管理与服务 2016年，中国人民银行西安分行营业管理部加快征信体系建设与推广应用。完成征信查询管理二代系统上线，在高新区政务大厅新设征信报告查询窗口，在全市设立11家查询代理行，向中国人民银行辖区内各支行增设查询机具，满足城区和县域群众查询需求。全年全辖查询个人、企业信用报告33万人次，办理机构信用代码证5.4万张。深化高新区、高陵区小微企业和农村信用体系建设，搭建“数据库＋网络”为核心的信用信息服务平台，发挥信用信息“服务政府、辅助银行、惠及企业和农户”作用。积极推动将征信知识教育纳入国民教育体系，在西安翻译学院、陕西国防工业职业技术学院和未央区政府管辖学校建立征信宣传教育基地。

◆经理国库 2016年，中国人民银行西安分行营业管理部持续推动国库业务电子化改革，做好代理支库上线TCBS（国库会计数据集中系统）核算工作，完成“金税三期”工程（全国税收管理信息系统工程）上线，推动社保基金和工会经费属地征缴电子化改革，调整“营改增”（营业税改征增值税）后预算管理体制。开展国债发行、兑付及宣传工作，引导市民积极购买国债，为地方经济发展增添助力。截至年底，办理西安市各级公共财政预算收入1773.5亿元，公共预算支出1468.2亿元，出口退税24.7亿元，发行国债60.07亿元。

◆金融消费权益保护 2016年，中国人民银行西安分行营业管理部依托金融消费权益保护信息管理系统及“12363”电话，切实做好金融消费者权益保护工作。加强与陕西省金融消费纠纷调解中心合作，探索与独立第三方专业机构的协作模式，扩大“12363”热线受理投诉范围。开展征信领域金融消费权益保护专项执法检查。推动“金融知识普及示范点”建设。开展“金融知识进校园、进军营、进社区”等一系列形式多样的金融消费者权益保护宣传活动，切实增强社会公众的金融消费维权意识。截至年底，受理金融消费者投诉142起，办结率99%，满意率100%，未出现因处理不当引发的不良影响事件；接受咨询1300余起，均及时给予答复。

◆金融精准扶贫 2016年，中国人民银行西安分行营业管理部精准发力扶贫金融工作，组织有扶贫开发任务的中国农业发展银行县域支行和法人机构编制“‘十三五’金融扶贫规划”和“2016年金融扶贫计划”，拟制完成《陕西省“十三五”脱贫攻坚金融服务工作规划》。组织召开西安市金融扶贫工作专题会议，协调建立西安市金融扶贫工作联系协调机制。联合西安市金融精准扶贫领导小组成员单位召开西安市金融精准扶贫工作现场会，编制《西安市金融精准扶贫信息服务手册》。建立西安市金融扶贫工作信息报送机制，强化对秦巴山连片特困地区金融服务情况的监测分析。落实定向降准和差别化存款准备金政策，对考核达标的涉农金融机构执行下调存款准备金率的优惠政策，切实提高金融支农力度。截至年底，全市金融机构涉农贷款同比增长12.9%，新增农村“两权”抵押贷款4243万元，发放辖区首笔1000万元扶贫再贷款。

◆“两权”抵押贷款 2016年，中国人民银行西安分行营业管理部积极推动农村承包土地经营权和农民房屋所有权抵押贷款两项国家级试点工作。3月，联合高陵区人民政府召开高陵区改革试点工作推进会。协调西安市人民政府成立“两权”抵押试点工作领导小组，制定出台《高陵区农民住房财产权抵押贷款暂行办法》《高陵区农村承包土地的经营权抵押贷款管理暂行办法》《高陵区农村产权担保基金管理办法》《高陵区农村产权抵押贷款风险基金管理办法》等一系列文件，协调区财政出资建立“三阳农村产权融资担保公司”，设立5000万元农村产权抵押担保基金和500万元农村产权抵押风险补偿基金，试点配套机制建设不断完善。全年发放“两权”抵押贷款1.37亿元。 （王静波）

◆中国人民银行西安分行 2016年，准确把握新常态特点和新方位要求，坚持以“五大发展理念”为引领，以推进供给侧结构性改革为重点，认真履行中国人民银行各项职责。全面落实调控政策，营造稳定适宜的货币金融环境；优化金融资源供给，支持供给侧结构性改革；稳步推进金融改革开放，激发区域金融运行活力；密切防控金融风险，保障金融安全稳定运行；改善金融基础设施，提升金融服务惠民便民水平。

货币信贷 落实稳健货币政策，加强宏观审慎管理，推动建立陕西省宏观审慎评估委员会和全口径跨境融资宏观审慎管理工作机制，保持广义信贷合理增长。管好用活货币政策工具，加强存款准备金管理，实施定向降准和存款准备金“双平均”法考核，加强流动性管理的灵活性。落实两次降准，实施对农业银行“三农金融事业部考核”和县域法人金融机构“新增存款一定比例用于当地贷款考核”定向降准政策，释放可用资金约40亿元。推动信贷资产质押试点突破发展，丰富法人机构融资手段，共完成88家金融机构评级授信，8019家非金融企业信息录入，发放3笔信贷资产质押再贷款，金额共计2.7亿元。用好再贷款再贴现等工具，制定出台《中国人民银行西安分行扶贫再贷款管理实施细则》（西银发〔2016〕212号）、《中国人民银行西安分行央行资金运用现场核查制度（试行）》（西银发〔2016〕216号）等系列制度文件，及时开展常备借贷便利操作，为金融机构支持地方经济发展提供稳定的流动性支撑。截至年底，陕西省支农再贷款、扶贫再贷款余额合计70.1亿元，再贴现余额21.25亿元；全年累计发放支农再贷款、扶贫再贷款86.63亿元，开展全省首笔常备借贷便利操作5000万元；推进金融支持供给侧结构性改革工作，研究出台金融支持陕西省工业稳增长调结构增效益、支持服务业加快发展、做好养老服务业金融服务等指导意见，提高执行货币信贷政策的前瞻性和精准性。坚持有扶有控，做好去产能行业金融服务，制定下发《中国人民银行西安分行办公室关于进一步做好支持钢铁煤炭行业化解过剩产能金融服务工作的通知》（西银办〔2016〕199号），引导金融机构对产能过剩行业区分不同情况实施差别化政策。确定安康市旬阳县、杨陵区等12个区（县）为陕西省首批民生金融创新示范县，探索按季实施“三农”与小微企业信贷政策导向效果评估，引导金融机构加大对民生领域和经济发展薄弱环节的支持力度。开展“两权”抵押贷款试点，协调陕西省人民政府成立试点工作指导小组，推动出台《陕西省人民政府关于开展农村承包土地的经营权和农民住房财产权抵押贷款试点的实施意见》（陕政发〔2016〕20号）。落实房地产金融政策，结合各地市实际，按照分城施策原则，引导金融机构合理确定居民家庭住房贷款首付比例和利率浮动水平，配合住建部门出台加强商品房预售资金、二手房交易资金监管等政策文件，推动陕西省房地产去库存，保持市场平稳运行；提升脱贫攻坚金融服务工作质量，先后印发《陕西省“十三五”金融扶贫规划》（西银发〔2016〕98号）、《陕西省金融助推脱贫攻坚的指导意见》（西银发〔2016〕109号），联合陕西省金融办等部门制定金融支持脱贫攻坚20条意见并印发全省执行。推动陕西省人民政府建立脱贫攻坚金融服务工作联动机制，人民银行西安分行为牵头单位。引导金融机构创新扶贫产品，推出“精准脱贫贷”“红色老区富民贷”等50余种新产品，促进金融扶贫政策落地。创建安康金融精准扶贫示范区、“电商+金融”扶贫示范点、金融扶贫效果评估示范点，形成一批可复制、可推广的金融扶贫实践经验。增强信贷政策支持再贷款利率加点幅度的弹性，用活、用好扶贫再贷款，引导贫困地区法人机构加大对建档立卡贫困户和吸收带动贫困户就业的新型农业经营主体的支持力度；维护金融市场健康发展，做好市场主体培育工作，开展金融市场业务培训，强化市场成员入市前辅导，全年全省银行间同业拆借市场成员新增9家，银行间债券市场成员新增5家。推动非金融企业债务融资工具运用，共有24家企业通过银行间债券市场累计发放75期非金融企业债务融资工具，共募集资金1435.9亿元。西部证券发行承销全国首只交易所挂牌的发行人及资产均在境外的“熊猫债”，西安市基础设施建设投资集团有限公司在新加坡市场发行首只境外债券；推动西北跨国企业集团人民币资金集中运营中心功能建设，2016年，为6家跨国企业集团开办跨境人民币资金池业务，涉及境内企业约50家、境外企业约30家，申请资金净流入上限金额超过200亿元。倡导建立“通丝路”陕西跨境电子商务人民币结算平台，该平台以中、英、日、俄、韩5种语言对外展示，在线提供人民币跨境结算、报关报检、信用担保、贸易融资等10项“一站式服务”，百余家企业陆续入驻，上千件商品可在线展示交易，帮助中小微出口企业和贫困农户将陕西农副特色产品推向全球市场。

金融稳定 完成辖内127家地方法人机构的两次保费归集，为22家机构办理投保手续，对10家机构开展保费基数现场核查。完成2003年以来人民银行首次对金融机构开展的风险导向的全面评级。全面实施差别费率，全省53家机构享受到费率优惠，存款保险的激励约束效力初步显现。创新开展存款保险工作规范化、标准化、信息化建设，探索建立高风险投保机构定期监测机制，制定《地方法人投保机构存款保险评级工作操作指南》《投保、费率管理与保费核定操作手册》；在对32家银行业分支机构和136家地方法人银行业机构日常监测的基础上，对其中高风险地方法人银行业机构开展风险排查，对14家银行业机构开展资产质量真实性现场评估。在对3家地方法人证券业机构和3家地方法人期货业机构日常监测的基础上，每半年对全省证券期货业进行非现场监测评估，同时结合非现场监测情况，开展证券业非主动型资产管理业务现场评估。在对1家地方法人保险业机构日常监测的基础上，每半年对全省保险业进行非现场监测评估，同时结合非现场监测情况，开展保险资金运用现场评估，以交叉性产品为切入点，探索开展跨行业风险监测评估；强化反洗钱行政调查执法和金融反恐合作，联合西北五省区开展打击利用离岸公司和地下钱庄转移赃款专项行动获总行和公安部通报表彰。与陕西省国家税务局、陕西省公安厅、西安海关联合签发《2016年打击骗取出口退税和虚开增值税专用发票专项工作实施方案》，加大对出口骗税和虚开增值税发票的打击力度。与陕西省公安厅联合起草并印发《关于建立涉毒反洗钱工作机制的通知》，加强涉毒反洗钱合作。制定印发《中国人民银行西安分行反洗钱处关于加强非法集资可疑资金监测分析工作的通知》（西银反洗〔2016〕11号），加强非法集资可疑资金监测；开展互联网金融风险专项整治工作，人民银行西安分行和陕西省金融办共同牵头成立陕西省通过互联网开展资产管理及跨界从事金融业务风险专项整治工作领导小组。联合陕西省金融办印发《陕西省通过互联网开展资产管理及跨界从事金融业务风险专项整治工作实施方案》，明确全省整治工作目标、原则、重点整治领域和要求，对各地市开展分领域专项整治工作进行统一部署与安排。召开互联网金融风险专项整治全领域培训会议，初步摸查出与互联网金融相关企业30000家，确认重点摸排对象近7000家；抓好“两管理、两综合”制度落实。改进金融管理与服务工作流程，开展重大事项报告等制度执行情况核查，督促金融机构依法合规开办业务，提升制度执行效力。

金融服务　注重加强对社会薄弱环节的金融支持力度。截至年底，全省涉农贷款余额为5857.9亿元、小微企业贷款余额为3332.9亿元。完成2次全省300余家县域金融机构支持县域经济发展三维综合评估工作，引导金融机构加大县域经济支持力度。陕西“金惠工程”试点工作效果显现，截至年底，陕西省10个试点区（县）实现224个乡镇、4000余行政村的培训覆盖，全年累计培训农户4万人次。强化支付系统参与者准入管理，建立准入前业务培训机制，新增134家银行机构网点加入支付系统。全面推广ACS标准化体系管理建设工作，制定《陕西省ACS标准化管理体系建设参考标准》等7项制度办法，全省30%人民银行网点完成标准化管理体系建设。农村支付环境进一步优化。实施农村支付“互联网+”建设工程，开展“惠农支付+农村电商融合”业务创新，建成一批助农取款、农村电子商务融合发展的服务示范点，促进农村地区电子支付渠道畅通，全省农村地区支付系统覆盖率达95%，网上支付跨行清算系统覆盖率、电子通汇率达100%；累计发展惠农服务点45652个，较年初增加3672个。开展打击治理电信网络新型违法犯罪工作，制定《人民银行西安分行打击治理电信网络新型违法犯罪专项行动工作方案》，对全省人民银行系统、银行机构及支付机构的打击治理工作进行部署。协调相关政府部门，建立部门间信息共享协作机制，形成打击治理电信网络新型违法犯罪合力。推动建立由陕西省发展和改革委员会、人民银行西安分行“双牵头”的社会信用体系建设联席会议制度。参与制定《陕西省2016年社会信用体系建设要点》《陕西省守信激励和失信惩戒典型案例公示办法》等制度，与陕西省工商行政管理局等多部门联合印发《落实<失信企业协同监管和联合惩戒合作备忘录>实施方案》，发挥人民银行在信用体系建设中的应有作用。创新小微企业和农村信用体系建设模式，搭建“数据库＋网络”为核心的信用信息服务平台，不断健全小微企业和农户信用信息征集、评价和应用机制。全年累计为7.69万户小微企业和617.9万个农户建立信用档案；农户建档率为84%；以农村青年、党员等重点人群为主的信用创建广泛开展，累计评定信用用户436.3万个，创建信用村镇4239个。开展“征信服务零距离”活动，在全省22个无人民银行分支机构查询网点的区（县）设立个人信用报告自助查询代理点，在16个人流密集地区设立自助查询点，实现个人信用报告查询服务县域全覆盖。自主研发征信查询管理前置系统，开发上线征信查询管理前置系统，通过增加短信发送器、摄像头、身份证识别器等外部设备，采取登录验证码分离、人脸识别、IP地址绑定等多项技术，对征信查询实施全流程动态监测，全面提升征信查询业务的风险防控和追溯能力，有效防范信用信息违规查询和泄露风险；推进金融消费权益保护协调机制建设，建立“一行三局”消保协调机制，牵头陕西银监局、陕西证监局、陕西保监局召开金融消费权益保护工作联席会议，对联合开展金融知识普及宣传等工作达成共识；探索与陕西省高级人民法院建立诉调对接机制，加快金融消费纠纷多元化解决机制建设，提升金融消费纠纷非诉解决机制的法律效力和社会公信力。强化金融消费投诉处理，陕西省“12363”电话运行平稳，来信、来访等其他投诉渠道畅通。全年全省各级人民银行共受理金融消费者投诉491件，办结479件，办结率为97.56%，满意率为100%；咨询2177件。开展金融知识普及和消费者教育活动，做好“3•15”消费者权益保护日、9月“金融知识普及月”“金融知识进农村”等重要时间节点宣传活动。全省共组织开展各类宣传活动5744次，发放宣传资料435万余份，惠及群众607万余人次。创新建立金融消费教育示范基地，有效促进金融消费权益保护知识的推广普及；推动服务型国库建设，做好“营改增”体制调整工作，在不影响纳税人正常缴税的情况下，顺利实现营业税改征增值税平稳过渡，确保营业税改征增值税在陕西省全面推行。在推进国家级电子政务工程之一“金税三期”过程中，同时实现社保基金、工会经费全部纳入横向联网系统进行归集管理，实现税务机关征缴税款和代征社会保险费及工会经费同征同缴，陕西省成为全国税务部门上线“金税三期”最完整、最彻底、最平稳省份。创新建立西咸新区中心支库“1+5”国库体系，批复设立陕西省西咸新区中心支库及西咸新区秦汉、沣西、泾河、空港4个新城国库，并划转西安沣东新城国库，建立全国唯一由1个中心支行承担2个中心支库的体制，使西咸新区财力得到整合；提升现金管理与服务水平，根据年度全省发行基金运行规律，科学编制发行基金调拨调整计划，根据旺季及重要节假日前后的现金需求特点，圆满完成全省现金供应工作。加大残损人民币回收力度，探索小面额货币投回途径，严格残损币上缴质量管理，全力提升流通中人民币整洁度。顺利完成普通纪念币发行工作，更好地满足公众兑换需求。利用信息化管理手段，构建以冠字号码信息流为基础的货币流通管理系统，实现人民币全生命周期的科学化管理，在延安开展冠字号码信息流转系统试点，有效解决现金调拨、库存管理、现金收付、反假货币等实际问题。创新反假币宣传方式，联合政府部门搭建横向联动平台，在全省范围内开展“进单位、进校园、进社区、进农村、进车站、进机场”的“六进”宣传活动；通过手机APP、微电影、知识手册等方式，实现线上、线下多渠道、多资源融合；利用电视、报纸及网络媒体等资源，进行反假货币宣传报道。全省共举办金融机构联合开展的大型户外宣传1405场次，“六进”宣传活动1348场次，受宣人数接近50万人次，参与反假知识答题6万余人次，实现发假币宣传覆盖面和宣传效果“双提升”。

外汇管理　推进外汇管理改革，继续扩大跨国公司外汇资金集中运营试点范围，为省内重点企业运用境内境外两种资源提供便利，有效节省企业的财务费用。截至年底，陕西省已有5家企业开展跨国公司外汇资金集中运营试点。成立陕西省银行外汇和跨境人民币业务展业自律机制，提高政策监管与市场自律合力。上线个人外汇业务新系统，保障个人用汇需求，加强购汇真实性审核，提升个人支出统计数据质量；落实推进贸易投资便利化的各项政策措施，向企业宣传全口径跨境融资政策，引导中资企业借用外债，有效缓解企业融资难、融资贵的问题。通过加强与银行的沟通协调，提出“按需分期支付，远期汇率锁定，调换投资币种”一揽子方案，切实为企业提供便利服务。推动电子单证业务在全省使用，解决银行和企业在具体执行中遇到的问题，便利企业跨境贸易结算。增加外商直接投资、境外投资存量权益登记端口，拓展申报渠道，提高企业申报效率；加强跨境资金流动监测和非现场核查，及时筛查异常资金流动线索并开展约谈工作，向跨境资金流动异常企业发放风险提示函，督促企业规范外汇收支。开展专项检查，严密防控跨境资金流动风险。严厉打击地下钱庄等各类违法活动，维护外汇市场秩序。加强与商务、海关、税务等跨部门联合监管，建立、健全协查工作机制，共享监管信息，提升监管效率。

区域金融改革　支持中国（陕西）自由贸易试验区建设，中国人民银行西安分行、国家外汇管理局陕西省分局按照中共陕西省委、省政府的决策部署及相关部门工作要求，做好金融支持陕西自贸区建设工作。搭建工作机制，成立金融支持陕西自贸区建设工作组，统筹组织、协调推动分行自贸试验区各项工作。加强与中国人民银行总行、国家外汇管理局的沟通对接，确保中国（陕西）自由贸易试验区总体方案的顺利会签；推动陕西申报丝绸之路经济带文化金融合作试验区，人民银行西安分行主动加强与陕西省政府有关部门的对接沟通，开展与文化企业等方面的调研座谈，完成《丝绸之路经济带文化金融合作试验区改革创新总体方案》，由陕西省政府上报国务院；开展宜君县农村普惠金融综合示范区试点。2016年4月，中国人民银行批复开展陕西省铜川市宜君县农村普惠金融综合示范区试点，并印发《陕西省铜川市宜君县农村普惠金融综合示范区试点方案》。人民银行西安分行按照总行的批复要求，推动落实有关工作，成立由相关行领导和处室组成的农村普惠金融综合示范区试点工作领导小组，构建“三级联动”工作机制，探索实施“金融服务创新工程、金融知识扫盲工程、便捷支付应用工程”三大工程，努力提升农村地区金融服务的覆盖率、可得性和包容性；支持西安国家自主创新示范区建设，出台《关于金融支持西安国家自主创新示范区发展的指导意见》，提出完善金融组织体系、支持重大项目建设等8个方面、15条意见，支持西安高新区在自主创新发展方面取得新突破。　（孙炎伟）

◆中国银行业监督管理委员会陕西银监局　截至年底，全省银行业金融机构资产总额45200.49亿元，比上年增长8.79%；存款余额34334.46亿元，比上年增长11.28%；贷款余额24221.67亿元，比上年增长9.62%。

支持实体经济发展　大力支持国家战略实施和重点工程建设。制定印发《陕西银行业机构支持“一带一路”战略实施指导意见》，建立银行业支持“一带一路”战略实施协调小组会议制度。发挥重点项目资金供给和需求两本台账作用，推动政府和企业“为项目找资金”与银行“为资金找项目”有效对接，引导银行业机构积极支持辖内重点项目建设。截至年底，辖内机构共支持陕西省重点建设项目106个，余额合计2090.05亿元。民生领域支持力度进一步加强，截至年底，全省棚户区及垦区危房改造贷款余额1181.64亿元，较年初增长78.69%。服务地方经济转型升级。组织辖内2家法人机构开展绿色信贷实施情况试评价，支持欧盟在陕西开展的“绿色金融助力能源和环境解决方案”项目对接，推动辖内机构加强绿色信贷实施能力建设。引导辖内机构结合“中国制造2025陕西行动计划”，加大对新兴产业和传统产业转型升级的支持力度，截至年底，辖内银行业机构支持新开工的传统产业改造升级工程、城镇化推进工程、现代服务业发展工程，年余额合计52.42亿元，占新开工重点项目银行支持资金余额的67.29%。全面启动小微企业金融服务“精细化建设年”活动；修改并完善《陕西省知识产权质押贷款管理办法》；联合税务部门启动“银税互动助小微”活动，联合国家知识产权局等单位举办知识产权金融服务对接会，推进辖内知识产权质押贷款业务发展，小微企业贷款全面实现“三个不低于”目标。联合中共陕西省委组织部、陕西省民政厅印发《关于开展“双基联动”工作的意见》，召开“双基联动”工作动员会议，推动基层组织与基层涉农银行业机构深度合作，全省各级农合机构与8922个村级组织签订合作协议并建立“双基联动工作站”，促进信息沟通、农村信用环境优化和农户小额信贷的投放。截至年底，全省涉农贷款余额5873.72亿元，较年初增长7.33%。参与制定《陕西省金融精准扶贫二十条措施》；制定印发《陕西银监局关于陕西银行业全力助推脱贫攻坚的实施意见》，明确金融扶贫的切入点、重点领域和主要工作，对全省1096个乡镇逐一明确责任银行机构，进一步落实包干服务，对重点地区开展现场督导，督促机构提高服务精准性。截至年底，全省银行业机构到户贫困户贷款15.2万户、余额74.2亿元，满足率达到49.7%，较年初提升39.4个百分点。

支持供给侧结构性改革　稳步开展投贷联动业务试点。制定《陕西银监局投贷联动试点实施方案》，拟定《投贷联动试点科技金融专营机构监管实施办法》和《投贷联动试点投资子公司监管实施办法》；建立投贷联动工作协调推动机制，完成设立投资子公司的初步审核。同时，督导试点银行挖掘优质目标客户，建立投贷联动业务项目库，有15家科创企业入库，5笔投贷联动业务已通过外部投贷联动形式实质性开展。推进债权人委员会工作。按时成立债权人委员会，及时召开债权人委员会推进工作座谈会，提出“全面评估、做实基础，查漏补缺、完善名单，省行牵头、完善制度，协会组织、协调一致”的监管意见；督导各债委会分类施策，帮扶符合产业政策、有市场前景的困难企业。稳妥推进“去产能、去库存”工作。密切监测“去产能、去库存”过程中信贷资金的变化，按季通报“去产能、去库存”有关情况；妥善应对“僵尸企业”风险，督促银行机构及时制订资产保全计划，防止“一刀切”式大规模退出等不当处置引发新的风险。

风险化解　紧盯榆林等重点地区的风险化解，着力推动平台贷款风险缓释，督促法人机构切实加强流动性风险管理，推动信托计划基本实现按期兑付。制定印发《关于加强陕西省银行业机构交叉金融产品风险防控工作的指导意见》，加强交叉金融产品风险管控。开展银行业“合规建设推进年”活动，按季督促机构进行案件风险排查，积极稳妥推进有关机构案件风险化解工作，严防操作风险。制定印发《陕西省网络借贷风险专项整治工作实施方案》，围绕与网络借贷机构、涉嫌非法集资机构合作情况、员工异常行为等，组织开展自查，阻断外部风险传染。加强消费者权益保护，全辖“一区双录”工作全部完成。按照“三铁三见”的要求，开展现场检查，全年共派出199个检查组对279家银行业金融机构开展149项现场检查，发出现场检查意见书158份，提出监管意见883条，辖内银行业金融机构安全稳健运行。

银行业监管　机构组建取得新进展。长银消费金融有限公司正式开业；陕西能源集团财务公司获批筹建；首家民营银行设立工作完成尽职调查和设立论证，后续工作有序推进。农村金融机构改革步伐加快。秦农农商行兼并重组西安3家县域联社并同步改制农商行已经获批，吸收合并3家城区联社工作稳步推进。截至年底，全省农商银行开业48家，获批准筹建1家，全省县级农合机构改制比例53.3%，较年初上升3.3个百分点。杨凌、定边农商行到邻省县域设立的4家村镇银行均已开业。省内村镇银行开业25家，较年初增加4家，获批筹建2家，开业分支机构18家，金融服务触角进一步向基层延伸。对外开放迈出新步伐。组织协调完成驻沪外资银行来陕考察工作。向银监会争取，主动与陕西省人民政府、香港金管局沟通，承办香港银行非执董高级研修班和香港高级银行家研修班，为陕港两地经济金融交流合作搭建新平台。

◆中国工商银行陕西省分行　2016年，紧紧围绕供给侧性结构性改革这一主线，保持整体经营的基本平稳。截至年底，全部存款余额3728亿元，各项贷款余额2218亿元，其中公司贷款余额1712

亿元，较年初增长83亿元，个人贷款506亿元，较年初增长13亿。实施增量与存量并轨的全量融资管理机制，全年累放各类贷款772亿元，不断深化商投互动和产融结合，非信贷融资余额77.2亿元。

服务实体经济　主动把握信贷总量与结构、投量与投向的关系，积极支持陕西实体经济发展和供给侧结构性改革，一方面持续加大对实体经济的支持力度，突出对陕西支柱产业、特色行业、新兴业态的信贷支持力度，全年累计投放各项贷款772亿元。另一方面结合全省供给侧结构性改革进程，突出存量贷款结构调整，收回产能过剩、高风险领域到期贷款390亿元，优先投放到支撑全省经济转型发展的交通运输、城市轨道、新能源、高端装备制造、文化旅游、信息科技等重点领域。按照“表内+表外”“商行+投行”投融资模式，为区域经济发展不断注入流动性，全年分行会同总行共承销企业超短期融资券、中期票据等共计35亿元，发放委托贷款9亿元。推荐总行投资认购陕西省地方债227亿元直接用于省内重点企业发展和全省经济建设。按照省、市政府出台的相关办法和指导目录，积极拓展政府购买服务和PPP项目。2016年，完成对西安经济技术开发区2个合计16亿元的政府购买服务项目审批，并投放资金4亿元。此外，储备安康市北环线、汉中市国家级经济技术开发区等多个PPP项目。围绕中共陕西省委、省人民政府确定的“建设丝绸之路经济带新起点和桥头堡”的基本定位和区域经济发展特点，为省内“走出去”重点企业以“融资+顾问”模式提供海外市场信息和全球化、全流程的增值服务。2016年，实现国际结算量83.7亿美元，跨境人民币结算业务量71.2亿元，累计发放国际贸易融资12.4亿美元，外币贷款余额2.3亿美元。

区域经济转型升级　深度挖掘陕西文化旅游产业资源，为陕西照金文旅引入2亿元租赁融资。突出全省经济发展及升级转型的重点，联合工银瑞投通过运用产业基金实现投贷联动。启动陕西省成长性企业引导基金，首期金额20亿元。与汉中市人民政府和陕西建工集团合作联合发起首期规模为12亿元的汉中航空智慧新城建设发展基金。贯彻落实中共陕西省委、省人民政府深入推进供给侧结构性改革、加快企业“去杠杆”战略部署，会同工银瑞投与陕西能源集团签署《债转股合作框架协议》，成立总规模100亿元、首期20亿元的债转股基金，用于置换企业存量负债，促进陕西能源资源整合与转型升级。适应全省保障和民生改善升级需求，与工银安盛开展集团内合作，在个人养老与健康、子女成长与教育、出行安全等多方面为陕西地区广大客户提供资金保障与救助支持。2016年累计销售工银安盛保险各类保险产品达8亿元。

金融服务管理　加快全省“大众创新、万众创业”的推进，不断加大科技型、服务性、环保型小微企业贷款支持力度，推出“工银瞪羚计划”科技金融品牌及“科技贷”“高新贷”“上市贷”等新产品，促进全省民间投资增长。创新金融支农服务模式，依托陕南茶产业集群、陕北果业集群等特色产业，围绕农业产业化核心龙头企业，发展基于农产品种植、加工和流通的全产业链、供应链融资业务，深入做好“茶业通”“果业通”等融资方案的推广落实。全年累计投放小微企业贷款114亿元，年末小微企业贷款余额444亿元，较年初增加53亿元，连续3年全面实现监管部门“三个不低于”目标。借助工行“融e行、融e购、融e联、网络融资中心”三中心一平台，打造线上、线下一体化金融服务新模式。截至年底，已有203户在陕企业通过线上工行融e购平台累计实现商品交易金额20亿元。通过“融e购”电商平台，工行陕西分行已实现购房人看房、选房、买房、融资线上、线下一体化操作，加快全省房地产“去库存”节奏，全年累计个人住房按揭贷款87亿元，余额较年初增加41亿元，增幅10.5%。借助工行网络融资中心平台，年末已有21亿元贷款实现线上不落地，客户自助提款、还款操作。为客户提供个人信用消费贷款、信用卡透支、分期付款等特色金融产品，满足个人汽车、家居、留学、旅游、医疗等居民消费需求，全年累计发放个人信用消费贷款3.3亿元，分期付款交易额46亿元，信用卡透支78亿元，较年初增加1亿元。整合线上、线下综合服务优势，加大民生领域金融支持，全面服务三秦百姓，累计为全省近1500万名民众提供个人金融服务，服务客户数量居国有四大行第一。依托互联网+技术积极创新金融服务方式，以工行银医服务平台，向合作医院的就诊病人提供就医全流程综合线上、线下金融服务，上线9家医院，其中5家正式提供服务。作为省内金融业首创产品，开发工银e校园APP，累计向省内96所大专院校近1万名在校学生提供衣、食、行、知的全面金融服务。主动对接陕西省金保工程，累计为省内283万名个人社保客户提供发卡、代缴、代发等合作领域外积极配合政府工作提供金融支持。加大“精准”扶贫金融支持，为省内53万名农村客户通过“福农卡”提供惠农金融服务。配合军队后勤体制改革，为6万名驻陕军人提供军人保障卡特色金融服务，发卡量居省内同业第一。（白　璐）

◆中国农业银行陕西省分行　截至年底，各项存款余额3423亿元，各项贷款余额1681亿元，累计向全省重点建设项目和重点产业提供融资1151亿元，完成《金融服务陕西“十三五”发展战略合作协议》确定的5年3500亿元融资计划的33%。

服务实体经济　全力服务国家和全省重大战略项目，支持铁路、城市轨道、电力、能源、海绵城市、PPP等重点行业和项目融资需求。在政府债置换、限制行业压降和清收处置的背景下，全行对公贷款仍保持较快增长。截至年底，累计向全省公路投放资金365亿元，支持29条高速公路、2466千米建成通车，占全省高速公路通车总里程的49%；累计向全省铁路投放资金200亿元，支持18条里程近4000千米铁路项目建设；支持2.8万千米农村公路修改建，占全省农村公路总里程的17%。做好小微企业金融服务，贯彻国家支持小微企业的政策精神，对接“国家双创示范基地”等区域，大力支持重点企业上下游的小微企业。以小企业简式贷为主打产品，倾斜信贷资源，提高审批效率，优先满足小微企业贷款需求。积极探索小微企业标准化、流程化、便利化服务模式，提升标准化服务能力和水平。全年小微企业贷款净增7亿元。助推陕西企业“走出去”。紧盯基础设施互联互通、能源资源投资合作等“一带一路”项目，积极投放“走出去”贷款。搭建金融服务平台，大力推介跨境服务贸易、跨境电商、资金池、境外发债、涉外保函、远期及期权等业务，帮助企业规避汇率风险。与香港分行联动，成功办理西北农行系统内首笔全口径跨境融资业务。全年实现国际结算量16亿美元、结售汇4亿美元，保函和衍生品业务量分别是去年同期的10倍和6.7倍。大力发展消费金融。落实国家商品房去库存和支持农民进城购房政策，加大个人住房贷款投放，满足城乡居民购房需求。抓住消费升级机遇，积极发放小额、短期个人消费贷款，满足城乡客户消费、创业需求。全年发放个人购房贷款2.2万笔、74亿元，其中农民安家贷6017笔、14亿元。

“三农”和金融扶贫　做强信贷支农金融服务。持续加大三农“大、新、特”领域贷款投放，重点支持农田水利、省级及以上农业龙头企业和新型农业经营主体，县域贷款保持较好增势。落实与陕西省水利厅、陕西省水务集团全面合作协议，投放30亿元贷款，重点支持引汉济渭、引黄济延、延安南沟门等水利枢纽工程及县域供水设施、水电和水源工程、水利建设项目。做好金融精准扶贫。先后与陕西省农业厅、陕西省扶贫办、陕西省供销集团、陕西省果业集团等签署战略合作协议，采取“政府增信+农行授信”方式向职业农民提供信贷支持，创新“政府+供销社+农行+产业化龙头企业+农户”的扶贫新模式，推出特色农贷产品，在26个县、市推广政府增信机制，可担保贷款额度超过32亿元，累计带动服务建档立卡贫困人口1.7万人。做好普惠金融服务。以惠农卡为依托，做实农村水、电、气等八大类公用事业代缴费，代收国网电费876万笔8.2亿元，累计代发财政补贴资金142万笔6.8亿元，惠农通服务站点均交易量居系统首位，惠农卡总量达到604万张。

经营转型与创新　大力发展“投贷结合”融资模式，积极推介债券承销、理财融资、金融租赁、资产证券化等综合金融服务，支持实体经济“去杠杆”“降成本”。成功办理跨分行合作收益凭证业务、政府信用类基金、房地产企业并购贷款、理财资金托管等多个全行首笔业务。以地方债簿记管理人的身份协助陕西省财政厅发行地方债2031亿元，农行陕西省分行认购地方债225亿元；办理非信贷融资150亿元；与西安光机所合作设立全国农行首笔助力科技成果转化的西科天使三期基金；出资8亿元成立“沣西新城海绵基金”，西咸农银发展产业基金有序推进，农行陕西省分行非信贷融资主流地位优势明显。顺应互联网金融发展，推广“E农管家”“E商管家”等“互联网+”服务模式，开通运营智付通E商管家、银电一体化等项目。

金融服务管理　强化政府客户服务工作，主动对接社保部门网上征缴、社保卡应用等业务需求，继续做好社保卡发卡等财政代理服务工作，努力提升服务水平。充分利用地方债券簿记管理人身份，协助陕西省财政厅做好政府债券发行工作，进一步增强服务地方政府的能力。把自贸区金融服务工作提升到全行战略层面，加快筹建自贸区业务管理机构，明确区内网点设置和主要业务功能定位，提高自贸区精准服务能力。（张召娣）

◆**中国银行陕西省分行**　截至年底，全口径融资余额1937亿元，比上年年末增加128亿元。其中，人民币各项贷款1571亿元，比上年末下降11亿元，较2014年年末增加444亿元，累计新增四大行第一；四大行市场份额19.33%，比上年年末下降1.41个百分点，较2014年年末上升2.16个百分点，累计提升幅度四大行第一。非融资性保函业务余额119亿元，比上年年末增加28亿元。保证担保余额62亿元，比上年年末增加62亿元。银行承兑汇票74亿元，比上年年末增加6.7亿元。贸易金融领跑同业。截至年底，外币各项贷款时点余额6.25亿美元，较2015年年末新增4301万美元，较2014年新增3.74亿美元，累计新增四大行第一；余额、新增市场份额均列四大行第一。国际贸易结算量70.82亿美元，市场份额26.83%，较年初提高1.94个百分点，列四大行第一。跨境人民币结算业务量71.57亿元，市场份额22.89%，较年初提高8.39个百分点，列四大行第一。储备“走出去”项目18个、金额40亿美元。实现信用卡跨境消费额5.69亿元，比上年增长6.22%。资产质量保持稳定。截至年底，不良贷款余额20.50亿元，较年初增加8.46亿元；不良率1.28%，较年初上升0.54个百分点。资产质量在四大行中处于最优水平。

服务实体经济　加大对重点领域、重大项目的信贷投放。深入推进供给侧结构性改革，紧跟国家七大工程包、陕西58123重点工程、稳增长和PPP项目，全力争取总行授信资源倾斜，加大对优势领域、优质项目、新型产业的信贷支持，将信贷资源向陕西延长石油（集团）有限责任公司、陕西煤业化工集团有限责任公司等重点客户倾斜，向铁路、基建、城市交通、水利工程、清洁能源等大型项目倾斜，向陕北能源基地、西咸新区、西安高新区等热点区域倾斜。支持以蒙华铁路为代表的重大基础设施项目、以陕西能源集团有限公司为代表的能源化工项目、以西飞集团为代表的重点装备制造项目等一大批重点项目。2016年累计投放公司贷款381亿元。抢抓“一路一带”战略机遇，发挥自身国际化、多元化优势，着力构建“境内推介、境外引领、内外联动、合作共赢”的服务模式，支持陕西企业走出去。先后与省、市人民政府及人民银行等联合举办中小企业跨境投资与贸易合作洽谈会、跨境人民币产品推介会、境外发债研讨会等重大活动，并积极推荐优质客户参与中澳、中新论坛，达成多项合作意向。其中，中国陕西中小企业跨境投资与贸易合作洽谈会是陕西省近年来规格最高、规模最大的跨境撮合活动，为来自19个国家和地区的100余家境外企业及省内500家中小企业举办800余场次的“一对一”现场对接会，活动撮合成功率达76%，达成合作意向530项，签订战略合作协议3项，投资合作1项。加强与各类开发区、园区、核心企业的沟通对接，推出园保贷、科技贷、民生贷等拳头产品，积极化解小微企业“融资难、融资贵”问题。针对中航工业集团供应链客户，研发“航空贷”产品。紧跟市场趋势及客户需求变化，升级“苹果贷”及“立业通宝”等特色产品。全年小微企业贷款增速高于各项贷款增速13.34个百分点，小微贷款企业户数比上年增加220户，申贷率获得率比上年提升0.14个百分点，“三个不低于”目标全面完成。优化企业负债结构，降低企业财务成本，以实际行动助推供给侧结构改革，全年承销债券80.5亿元，增长303%。以“一带一路”对外承包工程投议标项目为重点，办理保函48亿元。结合地方产业特点，以果汁行业为突破口，实现贸易融资业务倍增式发展，贸易融资余额比上年增长120.39%。落实国家稳增长、促消费政策，紧跟房地产去库存及农民工市民化趋势，大力发展个人贷款及信用卡分期业务，促进消费，改善民生。结合地区农业发展特点，推出“果商贷”、“椒商贷”等益农贷子产品。结合不同客户群体特点，开发“军贷宝”“师居宝”系列产品。截至年底，个人贷款余额424亿元，同比增长28.87%。信用卡分期交易额28.5亿元，增长141%。

金融服务管理　优化组织架构，成立以各行“一把手”为组长的小微企业工作小组，组建西安城区个人贷款操作中心，探索“网点+团队”业务营销模式，灵活设置个人信贷、中小企业、国际结算和内控合规中心，构建以客户为中心的组织架构，全力提升服务效能。设置个贷中心19家，中小企业中心10家，国际结算中心2家，内控合规部17家。优化服务渠道。拉大服务骨架，优化网点布局，全年搬迁10家网点，建成2家校园E银行，升级改造80家智能化网点。简化自助银行建设流程，加快自助设备投放，投放ATM设备454台、智能自助终端机36台，设立离行式自助银行32家。投产“中银e缴费”“中银e社区”和“中银e校园”三大场景金融平台，为客户搭建便捷、高效的互联网金融服务平台。优化产品流程，加快产品创新，探索大宗商品、应收账款、知识产权、保险权益、经营权等担保方式，积极破解小微企业担保难或抵押物不足“瓶颈”。积极推进中银E贷产品落地，实现客户在线申请、在线审批、在线签约和在线提还款的全流程线上融资，全年投放贷款1.35亿元。全方位满足客户需求，推出二手房贷款业务，二手房贷款投放13亿元。做好授信业务下沉工作，全行232家网点具备办理中小企业贷款资格，覆盖率达85%。

“三农”和金融扶贫　与陕西省人民政府签署《支持陕西企业走进“一带一路”和陕西省经济全面发展合作备忘录之补充协议》，推动双方在物流基金、公益扶贫、投贷联动、自贸区业务等四方面加强合作。成功举办咸阳“北四县”精准扶贫跨境撮合洽谈会，达成意向186项，撮合成功率65.26%。深入推进“公益中行”平台建设，积极探索“互联网+扶贫”新模式。引进正大集团入陕投资，推动中银西部物流基金成立，以产业扶贫增强贫困地区自我造血能力。向延安受灾地区捐赠50万元，支持群众灾后重建，改善生产生活条件。推进精准扶贫工作，成立扶贫工作推进小组，组建四个“任务型”团队，制定《扶贫工作行动方案》，开展金融扶贫工作。成功召开咸阳“北四县”精准扶贫跨境撮合洽谈会，帮助引进国内外农业高科技企业技术及资金，提高当地企业产品科技含量和附加值。借助互联网思维，创新扶贫模式，深入推进“公益中行”平台建设，帮助解决农产品销路不畅问题。制订定向招聘计划，妥善解决当地贫困大学生就业。全力助推咸阳“北四县”脱贫攻坚。

（程　旺）

◆中国建设银行陕西省分行　截至年底，本外币一般性存款日均余额4023亿元，居四大行第一。本外币各项贷款余额2595亿元，四大行第一。拨备后利润69.74亿元，四大行第一。对公存款日均余额1812亿元，四大行第二。对公贷款余额1652亿元，四大行第一。对公结算账户16.38万户，四大行第二。对公基本账户11.75万户，四大行第二。个人存款日均余额2212亿元，四大行第一。个人有资产客户901万户，四大行第二。个人产品覆盖度4.86，系统内第八。信用卡发卡314万户，四大行第一。活动商户1.11万户，跨行收单交易额451亿元，四大行第一。个人贷款余额943亿元，四大行第一。住房委托贷款余额242亿元，四大行第一。住房资金归集余额390亿元，四大行第一。电子银行客户总量2038万户，比上年增长19.22%；活跃用户279万户，系统内第八。个人网银活跃客户系统内第六，占比16.8%，系统内第一；手机银行活跃客户系统内第十一，占比25.2%，系统内第八。移动金融柜面替代率70.02%，系统内第七。中间业务净收入25.5亿元，四行第一；中间业务收入占主营业务收入的21.54%，比上年提升2.69个百分点。不良贷款额33.92亿元、不良贷款率1.31%，四行第二；逾期贷款40.63亿元，垫款6.26亿元。

◆服务实体经济　聚焦重点业务、重要区域、重大布局，提出转型发展的“三重”战略，转型先发优势不断扩大。重点业务方面，聚焦打造资管、投行两块金字招牌，促成中国建设银行与陕西省人民政府联合举办“FITS”首站推介会、“丝路”系列基金签约会，开办分行资产池，“做投行、找建行”叫响市场。资产托管业务规模697亿元，同比增幅180%；同业资金运用比上年增幅121%，收入增幅系统内第六；存放同业交易量四大行第一。重要区域方面，将七大类29项重点转型指标，纵向分解到西安城区行，横向落实到部门，逐行签订转型目标责任书，考核结果与KPI挂钩。重点城市行西安地区利润、存贷款、中收稳居四大行第一，占比分别比上年提升0.74个、1.18个、1.35个和4.38个百分点。重大布局方面，纵深推进“网点+团队”经营模式调整，综合性网点、综合营销团队实现全覆盖，98%的综合性网点实施综合柜员制。新设渠道管理一级部，加快渠道智慧化转型。减高减低，释放交易核算人员900余名，网点营销人员占比由42.4%提升到60.6%，柜面交易量占比由14%下降到7%。持续推进物理渠道建设，恢复空白县域支行1个，搬迁网点17个，低产网点减少到9个。淬炼三大“互联网+”平台，批量成片开发市场。同业系统率先搭建“悦缴费”“扫码付”“陕西惠”等三大“互联网+”平台。“悦缴费”平台荣获建总行移植创新一等奖，商户1196户，覆盖五大类、23个应用场景，惠及居民2100万人次，月均存款50亿元。“扫码付”推出5个月，商户2503户，沉淀个人时点存款过亿元。“陕西惠”开通3个月，覆盖商户50多户，实现移动支付60多万笔。系统工程布局个人业务，建立市场领先地位。运用系统工程思维布局个人业务发展，依托商圈、代发工资、POS、渠道、社区、政府平台、交通安全信息卡等分行九大特色平台，借助旺季营销、买单制、员工队伍等三大法宝，立足全量客户经营、全量资金经营、打造支付结算新优势、创新提升客户体验、用好大数据等五个着力点，全面获客、活客，个人业务更具战略性、系统性。个人存款连续6年新增四大行第一，累计代发工资1161亿元，比上年增幅30%。交通安全信息卡发卡122万张，ETC新增、归集资金，四大行第一。累计突破商圈273个，营销产品11.1万个。建设支付结算生态圈118个，覆盖公共事业、医保、社保等六大领域，搭建场景40多个，销售产品72万个。

服务“一带一路”战略　积极融入“一带一路”战略大格局，建立国家重大工程项目、省级重点建设项目、西咸新区项目三级储备库，全面实施传统信贷、投行融资、第三方引资的“三轮驱动”策略。构建重大项目绿色通道、新兴业务专项通道、存量优质客户快速通道、预警客户特殊通道等四个差异化审批通道。全年累计提供融资1355亿元。其中，传统信贷投放788亿元、投行融资515亿元、第三方引资52亿元，均居四大行第一。坚持“以小为主、以微为重”原则，助保贷、大数据、商圈等三大业务并重，小企业贷款新增、增速和客户新增四大行第一，完成“三个不低于”监管要求。

风险内控管理　全面上移大额不良贷款、大额逾期贷款、大额垫款和榆林重灾区等“三大一重”不良资产管控层级，探索推行个贷不良集中经营，经营盘活、借力供给侧改革、依托政府等多种方式并举，盘活为主、核销为辅，以时间换空间，有序释放资产风险。全年累计处置不良资产21.94亿元，现金回收和盘活上迁占总处置额的61.53%。开展“送理念、送培训、送手册、送工具、送模板、送提示”的“送合规到基层”活动，举办合规培训97场次，发放合规手册1.6万多册。建立“横向到边、纵向到底”的内控组织架构，二级行设立合规与风险管理部，部门设立内控管理科室或专岗。

（江思恩）

◆中国交通银行陕西省分行　截至年底，各项存款时点余额1031.55亿元，较年初增加117.99亿元；人民币存款日均余额1035.62亿元，较年初增加148.49亿元，成功铸造陕西省分行“千亿里程碑”。人民币各项贷款余额614.38亿元，较年初增加25.34亿元。不良贷款占比0.66%，控制在1%之内。实现经营利润超过20亿元。

服务实体经济　全年投放贷款263亿元，余额614亿元，在政府债置换交通银行陕西省分行34亿元贷款的情况下，余额较年初增加25.34亿元。发挥交行综合化金融服务优势，创新融资渠道，为企业提供短融、中票、产业基金、租赁、信托、过桥融资等全融资产品的金融服务，全年表外融资501亿元。通过强化与政府部门、园区管委会的合作，开展小微目标客群产品推介会、银税互动等方式，加深与小微企业的沟通；利用票据业务方便、快捷、灵活、风险小、融资成本低的优势，助力小微企业发展；自觉执行国务院和监管部门关于落实“融资难、融资贵”各项政策要求，对三农及小微企业贷款降低融资利率，切实降低融资成本。截至年末，小微贷款余额为38.38亿元，较年初增加3.85亿元，实现“三个不低于”的目标。

体制机制改革　积极推进分层营销体系建设，在成立大客户部的基础上，完善大客户部运行机制，调动分行和支行两个层面积极性。深化准事业部制改革，成立同业和票据业务中心，实现专业化运营，全年同业和票据业务实现利润超过预定目标。坚持深化“三位一体”建设，“两个转型工程”收到成效。制订省辖分行转型发展实施方案，全面激发省辖分行经营活力，在总行省辖分行转型发展考核中位列系统内第一名。基层营业网点通过整合优化网点布局，开展网点效能提升PK竞赛，将“三升三降”目标纳入综合考核等方式，网点综合产能不断提升。

风险管控　通过全面风险管理委员会研究、宣讲、培训考试等方式培育风险文化，促进风险理念文化向经营管理全方位渗透。建立不良资产考核机制，强化全行资产质量管理。持续做好风险排查工作，动态落实名单管控制度；坚持“三早”原则，运用重组等手段主动处置风险，抓好重点客户的清收化解工作。坚持狠抓内控管理。开展“五大领域”专项整治，紧盯自查自纠、重点抽查、整章建制三个环节，强化过程管理和整治效果，建立长效机制。开展“三大突出案件风险”“长剑行动”排查，针对发现个别员工存在违规信用卡套现、违规注册、入股注册或兼职经商办企业及业务操作不规范等问题，制定具体整改措施并立即开展整改，严防案件风险隐患。加强营运内控管理，通过全面查库、监控录像检查、存款滚动风险排查及飞行查库等方式，保障营运安全。（王晓强）

◆**中国农业发展银行陕西省分行**　2016年4月，中国农业发展银行陕西省分行成立“扶贫业务处”，在各地市（不含杨凌区）设立10个“扶贫业务部”，在全省56个国家扶贫重点县及集中连片特困区（县），设立37个“扶贫金融事业部”、19个扶贫金融工作组，充分发挥农发行点多面广的网点分布优势、机构稳固的区域服务优势、员工数量众多的人力资源优势及长期实行政策性资金封闭管理的丰富经验优势，全方位、全覆盖支持全省扶贫攻坚任务。全年各项贷款余额618.27亿元，较年初增加69.88亿元；各项存款余额529.96亿元，较年初增加311.42亿元。全年累计审批各类贷款536.57亿元，同比增加232.28亿元；累计投放贷款271.46亿元，同比增加72.54亿元，取得贷款审批、贷款投放、存贷款规模的历史新高成绩。

信贷支农扶贫　服务“三农”坚持以服务脱贫攻坚统揽业务发展全局，结合陕西实际，努力为“三农”发展和重点领域、薄弱环节建设做出贡献。做好粮油收储资金供应和管理工作，积极适应农产品价格形成机制和收储制度改革，高度重视、妥善应对新形势、新变化，统筹做好政策性和市场化收购工作。全年累放贷款14.91亿元，支持收储粮油27.28亿斤，保证收储工作平稳有序开展；研究制定金融扶贫五年规划，完善组织体系建设，建立领导包片扶贫工作机制，全力协助争创国家和省级政策性金融扶贫实验示范区。支持易地扶贫搬迁，累放贷款94.78亿元，投放专项建设基金31.25亿元，可惠及搬迁人口75万人；大力支持城乡发展一体化和农业现代化，推进中国农业发展银行董事长在陕西省调研时与陕西省人民政府胡和平省长议定事项的落实，成功获批陕西省交通运输厅112.84亿元农村公路建设项目。抓住陕西新型城镇化、打造丝绸之路经济带新起点和西咸国家级新区建设的历史性机遇，通过重点支持棚户区改造、农村路网、水利建设和整体城镇化等领域的项目，全年共投放基础设施建设贷款151亿元，支持水利、棚改、农村路网等建设项目68个；扎实做好专项基金投资工作，在积极争取支持优质项目的同时，严格风险控制，切实做好基金评审、投放、资金支付和投后管理等工作，全年向146个重点项目投放基金92.63亿元。

经营管理　中国农业发展银行陕西省分行坚持把风险防控作为“一把手”工程，对风险贷款逐户制订方案，采取多种措施防控、化解。开展会计辅导检查、突击接管检查、会计坐班主任易地交流等方式，不断夯实财会管理基础。坚持问题导向，开展“贷后管理年”活动，对专项检查发现的问题，实行整改“销号制”，按月跟踪督导，贷款管理水平稳步提升。

◆**中国进出口银行陕西省分行**　截至年底，经营服务区中，陕西省本外币贷款余额273.20亿元，较年初增加73.31亿元，增速36.67%；甘肃省本外币贷款余额145.52亿元，较年初减少5.2亿元，增速-3.45%；宁夏回族自治区本外币贷款余额52.87亿元，较年初增加19.5亿元，增速58.43%；青海省本外币贷款余额43.87亿元，较年初减少1.69亿元，增速-3.7%。存款26.43亿元，比上年增加20.04亿元。共办理国际结算业务854笔，金额15.71亿美元；结售汇业务147笔，金额1.59亿美元。正常类贷款余额509.02亿元，较年初增加82.93亿元；占比98.75%；关注类贷款余额6.45亿元，较年初增加3.19亿元；占比1.25%；青海达利铝业有限责任公司不良贷款项目于12月28日完成呆账核销工作，不良贷款余额0万元，不良贷款率为0.0%，较年初实现双下降。

服务实体经济　主动对接“一带一路”“中国制造2025”“国际产能合作”等国家重点发展战略和地方开放型经济发展战略。中国进出口银行陕西省分行发挥政策性金融的优势和特点，不断加大营销力度，支持外向型经济基础设施建设、新能源、具有核心竞争力的装备制造企业以及传统进出口贸易业务发展。重点支持西安高新区软件新城、沣西新城西部云谷、国际港务区国家广告产业园、空港新城综合保税区、延安东方红广场等一批陕西省重点项目，西安铁路局阳平关至安康二线、西安火车站改扩建等“一带一路”重点项目，并实现西安高新区、西咸新区园区建设和西安铁路局重点项目零的突破。

服务小微企业　中国进出口银行陕西省分行与陕西省商务厅探讨“4+N”（4指的是中国进出口银行陕西省分行、陕西省商务厅、借款平台和网上申报平台；N指的是符合条件的多家小微企业）合作机制及地方版优惠贷款模式。选择陕西金控、西安高新区、安康高新区作为小微企业统借统还合作平台，全年小微企业统借统还贷款批贷9.67亿元，重点支持32户陕西省内市场前景好的小微企业，取得良好的社会效益。

风险防控　中国进出口银行陕西省分行按月召开全面风险分析例会，以化解分行信用风险和操作风险为首要目标，有针对性地解决问题。共召开16次风控会，9次中银绒业项目风险处置工作小组会，有针对性地解决业务开展过程中的实际问题，提高风险管理水平。制订信贷条线培训计划，并进行5次培训，训考结合。加强内部自查工作。开展“两加强、两遏制”专项检查，抵质押物专项排查等25次内部自查，对发现的问题及时进行整改。针对外部监管机构和总行有关部门在业务检查中发现的问题，在认真整改的同时对相关责任人进行严肃处理，教育员工引以为戒，举一反三。制定《陕西省分行2016年内部控制评价实施方案》，组织内控合规专项培训，重点对121个内控评价点进行逐一梳理并评价。实行“一户一策”的风险化解措施。

经营转型与创新　实施以“客户为中心”的经营管理模式。制定《关于加强重大战略性客户服务的指导意见（试行）》，确定首批14家重大战略性客户并积极培育、营销新的重大战略性客户。加强与重大战略性客户的交流与沟通，年初制订综合营销计划，必须与客户主要负责人面对面交流至少一次。及时了解重大战略性客户的融资需求并提供综合金融服务。实行接访重大战略性客户“首接首问”责任制。打造以“客户为中心”的业务流程，对重大战略客户、重点客户开通“绿色通道”审批、审核机制，提高服务效率。11月4日，召开银企战略合作座谈会，取得良好效果。转变营销模式，加强银政合作。坚持服务政府，紧贴市场，主动作为，实施高层带队营销，不断加大银政企合作力度。先后拜访经营服务区内省市人民政府领导以及金融办、发改委、国资委、商务厅等政府部门，赢得经营服务区内陕西省人民政府领导和有关政府部门的大力支持，为分行营销一批省、市人民政府推荐的重大建设项目和重点企业。与商洛市人民政府、宝鸡市人民政府、陕西省商务厅、西安高新区、保税区、陕西旅游集团、陆港集团等政府和大型国有企业签订《战略合作协议》。制定《中国进出口银行陕西省分行“十三五”发展规划》。（李 妮）

◆西安银行 2016年，西安银行贯彻国家宏观经济金融政策，全面落实陕西省人民政府、西安市人民政府关于金融工作的要求，应对复杂严峻的经营形势，始终保持稳健经营的总基调，坚持创新驱动，严守风险底线，经营发展取得新成效。A股IPO（初次上市融资）申请获中国证券监督管理委员会正式受理，投贷联动业务正式启动，多元化经营持续加快，全面完成了年度经营任务。经营规模达到2168.37亿元，发展速度稳中求进；实现利润总额27.29亿元，盈利能力保持稳健；全年净增投融资总量136亿元，纳税总额达到10.30亿元，成为地方金融服务业的主力军；资本充足率达14.16%，拨备覆盖率203.64%，不良贷款率1.28%，风险抵御能力增强，监管指标持续向好。

支持地方经济 加大金融支持地方经济建设力度，投资西安合作发展基金，为基础设施、祭祀公共事业等领域提供资金支持。通过商业物业租售收益权、供热项目资产收益权、受让资管计划收益权等融资方式，为企业提供多元化、综合化金融服务。

创新转型 推动科技和金融深度融合发展，成为国内首批投贷联动试点银行，制定投贷联动业务实施方案及战略规划，开展投资子公司筹建工作，举行投贷联动业务启动暨科创企业签约仪式。主动应对行业生态格局新变化，加快多元化经营和机构建设步伐，完成金融租赁公司商业化筹备工作，取得债务融资类工具承销会员资格。安康分行开业，铜川分行获批筹建，2家异地支行、20家社区小微支行开业。坚持科技引领，运用“互联网+金融”思维打造智慧银行，相继开通手机移动门户、快捷支付、智能排队、供需宝、随心贷等多种服务渠道；逐步打造交易银行产品体系，开通互联网交易资金存管业务、“供需宝”系列产品、能源类和医药类B2B（企业用户对企业用户）电子商务平台、大宗商品交易中心合作业务等；推出VISA品牌信用卡（维萨国际组织发行的信用卡）、延长壳牌联名卡及人才贷、车位分期、留学金等消费金融类产品，在区域内率先实现“人脸识别”身份验证，在行业首先推出加载“@盾”的安全手机银行，联手大数据龙头企业，探索场景化、智能化、数据化商业模式，打造互联网金融发展战略生态圈。公司业务创新发展，获得省级国库现金业务代理资格。加速推进小微金融业务，积极推出“税金贷”“个人助业贷”的“线下+线上”运作新模式；通过不断发展完善创业就业贷款、创新发展知识产权质押融资，提升金融服务普惠性。持续拓展投资银行业务空间，开展无风险债券代持和货币市场交易业务，完成西安市首只城市发展基金的设计和投放。拓宽中间业务收入渠道，开展跨境人民币福费廷、综合保理、保理收款权买断等产品创新业务；拓宽人民币资金来源渠道，完成首笔自身跨境人民币融资业务；建立美元等币种备用清算账户。

内部管理 持续加强内部制度建设，完善人力资源和绩效激励体系，优化人力资源信息系统功能模块，健全人才选拔与培养机制。不断增强内部管理信息科技水平，加强数据中心的智慧运营，搭建智能运管平台、云管理平台，自主研发统一监控平台。提升灾难恢复能力，完成同城双中心核心账务系统和网络系统切换演练，实现IC卡系统、外币系统、支付密码系统同城双中心应用级“双活”技术（灾备系统中使主生产端数据库和备机端数据库同时在线运行，且互为备份的技术）。优化全面风险管理制度体系和运行机制，深入开展各条线风险管理工作，信用风险、流动性风险和市场风险控制良好，案件防控有序进行，总体风险可控和运行质量稳定。（石 莹）

2016年12月30日，西安银行投贷联动业务启动仪式

资本期货市场

◆概况 2016年，中国证券监督管理委员会陕西监管局坚持“监管与服务并重，规范与发展并重”的理念，突出发展主基调，以服务促监管，以规范促发展，努力拓展资本市场服务实体经济的广度和深度，辖区多层次资本市场建设取得新突破。全年直接融资总额750.6亿元，再创历史新高。其中，环球印务在中小板上市，募集资金1.99亿元，晨曦航空在创业板上市，募集资金2.74亿元；9家上市公司完成再融资或通过定向增发注入资产，募集资金、注入资产总额分别达到72.25亿元和383.36亿元；全年新增“新三板”挂牌公司78家，总数达到141家，并有34家公司实现融资37.09亿元；共发行19只公司债券和11只资产支持证券，融资总额253.17亿元。

◆上市公司 2016年，中国证券监督管理委员会陕西监管局按照“扩大增量、优化存量、改善结构、提高质量”的原则，充分发挥资本市场服务实体经济的功能，为辖区上市公司发展提供金融支持。截至年底，陕西省有45家上市公司，其中沪市主板20家，深市主板11家，中小板5家，创业板9家。上市公司总股本570.46亿股，同比增长22.62%；总市值达到6437.80亿元，同比下降7.32%；总资产5161.22亿元，同比增加19.98%；净资产2469.75亿元，同比增长26.81%；全年实现营业收入1976.39亿元，同比增长14.20%，略高于全国水平；实现净利润116.27亿元，同比增长207.22%；每股收益0.2元，约为全国平均水平的41.61%；资产负债率52.15%，同比下降2.58个百分点，约为全国平均水平的61.60%；净资产收益率5.2%，约为全国平均水平的54.00%。从行业结构看，制造业和采矿业公司的收入、利润和资产规模占比最高，伴随行业整体回暖，收入和利润增加较多。其中，陕西煤业净利润增加57.43亿元，高居辖区公司榜首。

◆证券市场 2016年，中国证券监督管理委员会陕西监管局积极适应资本市场改革发展新形势，加快推进行政审批制度改革，实施简政放权。证券经营机构努力拓宽业务领域，加快业务转型和网点布局，开辟新的盈利渠道，努力创新发展。辖区有西部证券、开源证券、中邮证券3家法人机构，总资产610.13亿元，同比减少6%；净资产169.23亿元，同比增长2%；净资本160.34亿元，同比增长1%；全年实现营业收入44.30亿元，同比减少34.14%；实现净利润14.16亿元，同比减少41.66%。此外，有证券分公司31家，新增4家；证券营业部245家，新增53家。全年辖区证券经营机构代理证券交易额4.29万亿元，同比减少41.71%；客户交易结算资金余额248.82亿元，同比减少23.98%；投资者开户数400.11万户，同比增长19.72%。

◆期货市场 2016年，随着期货全行业创新政策的逐步落实，中国证券监督管理委员会陕西监管局辖区期货公司积极扩展业务范围，开展业务创新，服务陕西实体企业的能力不断增强。辖区有迈科期货、西部期货、长安期货3家法人机构，总资产71.51亿元，同比下降10.04%；净资产11.50亿元，同比增长3.45%；全年实现营业收入2.55亿元，同比下降1.48%；实现净利润0.53亿元，同比增长18.32%。此外，有期货营业部31家，新增1家。全年期货经营机构累计代理交易量12648.86万手，同比增长58.52%；代理交易额6.43万亿元，同比下降59.39%；期货投资者3.97万户，同比增加28.90%。

◆证券期货市场监管 2016年，中国证券监督管理委员会陕西监管局坚持依法、全面、从严监管，以提高监管效能、强化监管执法为目标，积极探索事中事后监管新机制。坚持问题导向，着力改进非现场监管，在上市公司、证券期货经营机构监管工作中重点提高发现问题和线索的能力，依法依规处理各种违法违规行为。推动上市公司完善中小股东权利保障机制，务实创新拓宽投资者教育渠道。多元化纠纷调解机制建设取得突破性进展，开展证券期货投资者纠纷小额速调机制试点。按照“贴近大众、贴近市场、深入浅出、注重实效”的原则，引导并推动辖区证券经营机构通过进学校、进社区等多种方式探索投资者教育基地建设。把加强稽查执法工作作为核心任务，严厉查处各类违法违规行为，维护市场秩序。主动监测并向地方政府通报某现货交易场所违规违法活动。不断加强监管协作，参与“诚信陕西”建设，推动行政许可、行政处罚类等诚信信息共享共建，协同做好诚信监管工作。

◆西部证券股份有限公司 2016年，推动战略转型及业务结构调整，收入结构更加均衡，已初步形成多元化业务发展模式。其中，经纪业务收入9.37亿元，同比减少65.49%；自营业务收入7.43亿元，同比减少33.44%；投行业务收入8.64亿元，同比增长21.31%；资管业务收入1.05亿元，同比增长97.13%。在业务资格方面，获得上证50ETF期权合约品种一般做市商、银行间质押式回购匿名点击业务权限、受托管理保险资金业务及银行间利率互换业务等资格。截至年底，公司总资产482.64亿元，同比减少7.19%；净资产124.52亿元，同比增长2.59%；全年实现营业收入31.66亿元，同比减少41.56%，实现净利润11.37亿元，同比减少42.49%。

◆开源证券股份有限公司 2016年，经纪业务收入1.22亿元，同比减少54%；自营业务收入2.08亿元，同比减少59%；投行业务收入4.91亿元，同比增长18.64倍；资管业务收入0.63亿元，同比增长2.31倍；信用交易业务收入0.62亿，同比减少28.98%。在业务资格方面获得“新三板”推荐业务资格和深港通下港股通业务交易权限。截至年底，总资产85.93亿元，同比增长5.09%；净资产20.01亿元，同比减少1.99%；全年实现营业收入8.48亿元，同比增长17.33%；净利润1.99亿元，同比减少24.05%。

◆中邮证券有限责任公司 2016年，业务主要围绕证券经纪业务、资管业务、融资融券和自营业务开展。其中，经纪业务收入0.76亿元，同比减少64%；资管业务收入1.13亿元，同比增长52.40%；融资融券业务收入0.67亿元，同比减少9.21%；自营业务收入0.15亿元，同比减少87.18%。在业务资格方面，获得投行业务企业债主承销、企业发行上市和“新三板”挂牌推荐资格，实现投行业务全牌照运营。截至年底，总资产41.56亿元，同比减少20.41%；净资产24.70亿元，同比增长3.43%；全年实现收入2.69亿元，同比减少94.15%；净利润0.8亿元，同比减少61.9%。

◆迈科期货股份有限公司 2016年12月30日，迈科期货“新三板”挂牌获批，并于2017年1月19日正式挂牌，成为辖区首家在“新三板”挂牌的期货公司。截至年底，总资产31.93亿元，净资产6.23亿元。全年实现营业收入1.19亿元，净利润2750.07万元。

◆西部期货有限公司 2016年，实现营业收入0.91亿元，实现净利润854.12万元。2016年，公司进一步发展互联网开户等业务，交易手段不断创新。截至年底，总资产34.74亿元，净资产3.09亿元，有所增长2.65%。

◆长安期货有限公司 2016年，实现营业收入4460万元，略有增长，净利润402.99万元。全年累计代理成交量为1443.60万手，同比增长16.26%，累计代理成交额为6392.92亿元，同比下降54.14%。截至年底，总资产4.83亿元，略有下降，净资产2.18亿元，同比增长0.97%。（省年鉴）

保险

◆概况 2016年，陕西省共有保险法人机构1家，批准筹建1家，省级分公司55家。其中，产险公司25家（含政策性出口信用保险公司），寿险公司30家。共有保险专业中介机构156家，同比增加32家。其中，全国性保险专业代理法人机构8家，省级分支机构36家，区域性保险专业代理法人机构52家；保险经纪法人机构13家，省级分支机构34家；保险公估法人机构8家，省级分支机构6家。各类专业中介机构下辖分支机构372家。兼业代理机构6536家，保险营销员27.49万人。全年实现保费收入714.74亿元，同比增长24.86%，保费规模和增速均排名全国第16位。其中，产险公司保费收入199.45亿元，同比增长9.02%；寿险公司保费收入

515.29亿元，同比增长32.29%。截至年底，全省赔付支出238.44亿元，同比增长22.93%。其中产险公司赔款97.80亿元，同比增长1.30%；寿险公司赔付140.65亿元，同比增长44.37%。全省寿险公司退保金103.30亿元，同比增长10.48%。截至年底，全省保险业资产总计1552.28亿元。其中，产险公司资产总计161.87亿元，较年初增加45.62亿元；寿险公司资产总计1390.40亿元，较年初增加217.98亿元。

◆保险业创新发展 2016年，中国保险监督管理委员会陕西监管局不断深化行业改革发展。推进3个保险创新试验区建设，与韩城市人民政府、铜川市人民政府先后签署合作协议，启动韩城保险创新试验区和铜川保险助推脱贫攻坚示范区建设，与杨凌农业保险创新试验区一起，形成功能各有侧重、支持政策全面、创新气氛浓厚的创新试验区。通过先行先试，破解改革发展难题，形成可复制推广经验，推动行业实现与地方经济社会的融合发展。截至年底，3个创新试验区已先后启动价格指数保险、气象指数保险、银政保贷款保证保险、险资支农融资项目等一批保险试点，均取得良好成效，为全省保险业改革创新起到良好的示范作用；保障商车改革平稳推进，强化商车费改后的市场监测分析，及时发现存在的问题和矛盾，向保监会提出深化商业车险改革的政策建议，为深化改革提供借鉴。开展商业车险专项检查，遏制商车费改后违规问题抬头的趋势，稳定车险市场，保障改革平稳推进。全年全省产险公司实现承保利润12.84亿元，承保利润率7.35%，综合成本率低于全国平均水平6.87个百分点；贯彻落实中介市场改革举措，完善专业中介机构准入管理制度，按照《保监会关于深化中介市场改革的意见》精神，及时修订专业中介机构办事指南，理顺行政审批流程。恢复银行类兼业代理机构行政审批，指导辖区银行法人机构做好资质申报工作。支持保险门店创新试点，与陕西省工商行政管理局联合下发规范文件，促进保险门店快速发展。

◆保险行业监管 2016年，中国保险监督管理委员会陕西监管局维护市场健康稳定运行。严控市场风险，开展非现场监管风险监测工作，加强对商业车险、非法集资、退保与满期给付等重点领域的风险排查，开展互联网保险风险专项整治，对辖内高风险公司和地区采取有针对性的风险处置措施。注重案件风险监测防控机制建设，推动行业全面建立内部举报奖励制度，依托行业协会建立非法集资县域观察员制度。全年共根据风险指标预警情况，对23家次保险机构采取下发风险提示函、质询函、监管函和监管谈话等措施，辖区未发生大的风险；规范市场秩序，围绕“两两”回头看、农业保险专项治理整顿、寿险公司合规性、“亮剑行动”、非法集资防控等开展专项排查，派出现场检查组79个、检查人员216人次，检查保险公司分支机构68家次，专业保险中介机构11家次，针对查实的违法违规问题共处罚保险机构19家次，责任人22人，对机构和责任人共罚款327.5万元，撤销高管任职资格1人。持续完善反欺诈工作机制，加强与公安部门协调沟通，加大全省反保险欺诈培训力度，指导各市反保险欺诈工作站发挥作用。

◆保险服务 2016年，中国保险监督管理委员会陕西监管局服务经济社会发展能力得到提升。服务实体经济发展，全年全省保险业共提供各类风险保障21.76万亿元，支付赔款238.44亿元，同比增长22.93%，保障经济稳定运行。发展科技保险、专利保险等新型业务，促进企业技术改造和装备升级。其中，首台（套）重大技术装备综合保险已累计为西电集团等8家重点装备制造企业承担风险17亿元。发挥保险资金融通功能，支持全省重大项目建设，保险资金已累计在陕投资418亿元，涉及能源、交通、市政等十余个重点项目。11月，中国保险投资有限责任公司与西安市签订战略合作协议，计划设立中保投陆上丝绸之路（西安）建设发展基金，投资总规模1000亿元。开展出口信用保险，服务陕西省“一带一路”建设，为全省出口企业提供风险保障突破100亿元，短期出口信用保险对全省一般贸易出口的覆盖比重达到36.4%。全省“政银保”模式共承保中小微企业贷款保证保险36笔，累计帮助农业、机电、科技、涉农和商务服务等企业融资8350万元；服务保障和改善民生，推动商业保险机构规范高效承办大病保险，已覆盖全省3000多万名群众，在140家区（县）合疗办及医保中心合署办公实现“一站式”服务，累计支付大病保险赔款18亿元，直接受益群众超过20万人次。与民政、财政等部门协调沟通，联合印发《陕西省农村住房保险实施方案（试行）》，将地震风险纳入农房保险的责任范围。税优型健康保险试点稳妥起步，开拓商业健康保险发展空间。推动农业保险“扩面、提标、增品”，省级财政补贴从1.5亿元增加到1.9亿元，设立1000万元农险创新基金，下调森林保险费率，提高森林保险保障水平。全年全省农业保险保费收入6.48亿元，为477万户次农户提供风险保障637亿元，支付赔款3.25亿元，受益农户30万户次；服务社会公共管理，大力发展责任保险，运用保险机制化解社会矛盾纠纷，促进公共服务效率提升。医疗责任险为2631家医疗机构提供风险保障23.7亿元；食品安全责任险为943家食品企业和学校食堂提供风险保障21.6亿元；电梯安全责任险为西安市近4万部电梯提供风险保障890亿元；环境污染责任险为295家企业提供风险保障6.4亿元；养老机构责任保险为284家养老机构提供风险保障1.8亿元。诉讼财产保全责任保险累计为2186位诉讼申请人提供保全金额62.3亿元，为化解民商事审判保全难、执行难问题提供有力支持。西安快赔中心年处理案件54818件，在部分特定事故中推行微信双定，促进城市交通缓堵保畅；助推脱贫攻坚，与陕西省有关部门出台《陕西保险业助推脱贫攻坚工作实施意见（试行）》，印发《陕西省金融精准扶贫二十条措施》，与铜川市人民政府制订《铜川建设保险助推脱贫攻坚示范区实施方案》。召开全省保险业助推脱贫攻坚推进会议，对保险扶贫工作进行动员部署。引导部分公司与陕西省扶贫办公室、部分地市人民政府签署扶贫合作协议，形成保险扶贫工作的良好推进机制和政策氛围。探索实施城乡居民大病保险制度对建档立卡贫困人口实行政策倾斜，将大病保险首段起付线降低50%，每档报销比例提高5%—10%。为30万名咸阳市建档立卡贫困人口办理意外伤害保险。

◆维护消费者合法权益 2016年，中国保险监督管理委员会陕西监管局不断完善消保工作机制，加大投诉处理监管力度，提升“12378”热线服务能力。开展保险公司服务评价和经营指标评价。建立保险公司投诉处理工作分级约谈制度，定期通报公司消费投诉案件快处情况，发挥总公司投诉考评的导向作用。制定实施人身保险公司访后付费制度，从源头治理销售误导。与陕西省高级人民法院联合印发《关于加强保险纠纷诉讼与调解对接机制合作备忘录》，双方就保险纠纷诉调对接的工作原则、适用范围、工作流程等问题达成一致。各级协会加强纠纷调处工作，推动调处机构固基础、强队伍，做好经费保障，健全激励机制。全年累计接收处理各渠道保险消费投诉4669件，通过快处机制有效化解保险纠纷3788件，纠纷调处成功率84.8%，为消费者维护经济利益4000余万元。　（省年鉴）

教育

责任编辑　霍东军

综 述

◆概况 2016年，西安市教育工作坚持“高品位，精内涵，强特色”的总体工作定位，教育改革发展取得新进步，各级各类教育健康发展。全市共有基础教育和职业高中学校3160所，在校学生136.81万人、教职工11.93万人、专任教师8.89万人，校园占地面积2851.76万平方米，校舍建筑面积1405.75万平方米。截至年底，全市财政一般公共预算支出942.52亿元，其中各级各类教育支出123.15亿元，占财政总支出的13.07%。西安市人民政府推进西安文理学院向应用型本科院校转型发展，协助推进西安职业技术学院和西安铁路职业技术学院新校区建设。完成创新创业教育、电子商务、果树栽培、医护养老、公共交通、装备制造业等行业领域的人才培养和配合对接工作。完成由西安市人民政府主办，西安交通大学承办的“2016世界知名大学西安博览会”组织协调工作。博览会上，牛津大学、剑桥大学等70所世界知名大学代表团与西安市民、大学师生、中学生及家长进行面对面的交流。

◆学前教育 2016年，《西安市第二期学前教育三年行动计划》任务圆满完成。西安市各级财政共投入资金1.8亿元，新建幼儿园22所，改建改造幼儿园80所。规范发展学前教育，落实《西安市幼儿园等级评估标准》，强化督导检查，加大幼儿园等级创建力度。截至年底，全市共创建“陕西省级示范幼儿园”8所、“西安市一级幼儿园”38所、“西安市二级幼儿园”51所、“西安市三级幼儿园”36所，超额完成年度目标任务。

◆义务教育 2016年，西安市义务教育“全面改薄”，各级财政共投入资金11.12亿元，其中，中央、陕西省资金2.58亿元，西安市级资金5.44亿元，区（县）资金3.11亿元。新建、改建改造义务教育391所。继续完善义务教育经费保障机制，新城区、户县先后通过国家义务教育均衡发展合格区（县）评估验收。严格执行义务教育免试就近入学政策，全力做好进城务工人员随迁子女入学工作，确保每一名适龄儿童都能按时就学。全市义务教育随迁子女入学新生达5.17万人，占入学新生的28.63%。

◆高中教育 2016年6月14日，《陕西省推进考试招生制度改革实施方案》正式出台，西安市作为陕西省高考制度改革试点市之一，启动实施普通高中学业水平考试和学生综合素质评价试点工作。年内完成文件拟订，并上报陕西省教育厅审核，莲湖区试点工作正在稳步实施。继续抓好省级标准化高中创建工作，共投资2817.5万元，创建“陕西省示范高中”5所、“陕西省标准化高中”9所。截至年底，莲湖区、未央区、灞桥区、周至县、高陵区5个区（县）所有普通高中学校（除2014年后新建学校）全部达到“陕西省标准化高中”标准。推进高中阶段学校招生模式改革，西安市初中毕业学业考试报名人数84240人，普通高中计划招生52919人，实际招生51601人。

◆职业教育 2016年，西安市教育局继续加快推进西安职业技术学院和西安铁路职业技术学院新校区建设。启动实施西安广播电视大学迁址新建工作。西安铁路职业技术学院新校区（一期）已建成并于9月投入使用。西安广播电视大学新校区建设已完成征地相关工作，进入筹备开工建设阶段。提升发展职业教育，加快现代职业教育体系建设，整合中职教育资源，将全市89所职业中学、职教中心整合为53所，共遴选确定8个西安市市级中等职业教育示范专业，分别是阎良区职教中心武屯校区电子技术应用（SMT方向）专业、灞桥区职教中心服装设计与工艺专业、西安市机电职业技术学校制冷和空调设备运行与维修专业、西安实验职业中等专业学校计算机网络技术专业、西安汽车科技职业学校汽车运用与维修专业、西安旅游职业中等专业学校高星级饭店运营与管理专业、户县职教中心农村电气技术专业及西安旅游烹饪职业学校中餐烹饪与营养膳食专业。

◆成人教育 2016年，西安市稳步推进成人教育发展。依托西安广播电视大学社区大学，成立西安市社区教育指导中心。建立全市各区（县）社区教育基本情况统计台账。联合西安市民政局举办“品质西安在身边——2016年西安市全民终身学习摄影比赛”，收到785个社区群众1213件参赛作品；采取结对帮扶模式，开展“2016年西安市全民终身学习活动周”活动，13个区（县）首次全部参与。

◆民办教育 2016年，西安市有各级普通民办学校1071所。其中，民办小学64所，比上年增加7所；民办普通中学50所（初中24所，增加1所；高中26所，减少1所）与上年持平；民办幼儿园919所，增加38所；民办职业高中38所，减少9所。

◆特殊教育和民族教育 2016年，西安市重视民族教育工作，提升民族教育水平，下拨民族教育专项经费200万元，完成浐灞丝路学校德育教室建设、浐灞第一中学学生浴室改造、莲湖区第二十五中学校园文化建设等项目。所有民族学校均未发生安全稳定事故。4所学校的60多名西藏插班学生考入理想大学，浐灞第一中学西藏班学生参加中考的76人全部被内地高中录取。加快推进特殊教育发展，提升特殊教育水平，下达2080万元特殊教育专项经费，改善学校办学条件。成立西安市特殊教育指导中心、特殊教育专家咨询委员会，区（县）成立特殊教育资源中心，乡镇（街道）办设立特殊教育资源教室40个；落实特殊教育职工津贴和残疾学生资助，职工津贴提高至基本工资的50%。截至9月底，全

2016年10月12日，西安市教育局专家对临潼区相桥中心幼儿园进行“西安市一级幼儿园”验收

西安市2016年各级各类学校数量和教职工、专任教师人数

	学校数（所）	教职工数（人）	专任教师数（人）
总　　计	3338	205515	144626
一、高等教育	76	76337	48554
(一)研究生培养机构	(43)		
1. 普通高校	(22)		
2. 科研机构	(21)		
(二)普通高等学校	63	73686	47158
1. 本科院校	42	63458	40160
其中：独立学院	11	6600	4102
2. 专科院校	21	10228	6998
其中：高等职业院校	19	8735	6200
(三)成人高等学校	13	2651	1396
二、中等职业教育	166	13025	9495
(一)普通中等专业学校	20	1917	1210
(二)成人中等专业学校	4	1390	928
(三)职业高中学校	64	3349	2371
其中：市属	63	3126	2275
(四)技工学校	78	6369	4986
其中：市属	34	2029	1639
三、基础教育	3096	116153	86577
(一)普通中等教育	422	41352	33962
1. 高中	156		18673
完全中学	97	13022	10761
高级中学	48	7432	6119
十二年一贯制学校	11	2268	1793
附设高中班	266		15289
2. 初中	221	15023	12276
初级中学	45	3607	3013
九年一贯制学校	(97)	—	—
完全中学	(11)	—	—
十二年一贯制学校	(1)		(10)
附设普通初中班的学校		34646	30941
(二)普通初等教育	1190		30019
独立小学	(161)		922
教学点	(45)		
九年一贯制学校	(11)		
十二年一贯制学校	(4)		(65)
附设小学班的学校		359	246
(三)特殊教育	8	359	246
特殊教育学校	(1)		
附设特教班的学校	1	43	33
(四)工读学校		39753	21395
(五)学前教育	1475	39753	21395
幼儿园	(86)		(80)
附设幼儿班的学校	1642	20470	14226
另有：职业技术培训机构			

注：1.本表为西安市行政区划内各级各类学校全口径数据（不含军事院校、党校）。
2.技工学校数据由西安市人力资源和社会保障局提供。
3.按照事业统计主体校原则，完全中学、十二年一贯制学校的学校数计入普通高中，九年一贯制学校的校数计入普通初中。
4.教职工和专任教师数按照办学类型划分，请使用中注意。
5.( ) 内数据不计入总计，下表同。

西安市2016年各级各类教育学生情况

	毕业生数(人)	招生数(人)	在校生数(人)	在校生数中女（人）
总计	728777	854662	2647750	1224674
一、高等教育	351989	398382	1164515	564998
（一）研究生	24779	30263	94720	44479
1. 高等学校	24562	30079	94102	44329
2. 科研机构	217	184	618	150
（二）普通高等教育	216022	200723	736849	367540
本科	136989	125153	507185	256961
专科	79033	75570	229664	110579
（三）成人高等教育	43303	37662	122499	59728
其中：成人高等学校	4699	4768	16749	8253
（四）网络本专科生	67885	129734	210447	93251
本科	29193	50684	85760	39615
专科	38692	79050	124687	53636
二、中等职业教育	54312	65822	158675	37042
（一）普通中等专业学校	12542	8819	31074	15504
（二）成人中等专业学校	1065	79	1295	192
（三）职业高中学校	17773	14305	43576	21346
其中：市属	17502	14305	43576	21346
（四）技工学校	22932	42619	82730	—
其中：市属	5769	17133	27451	—
三、基础教育	322476	390458	1324560	622634
（一）普通中等教育	139560	137156	407014	190601
1. 高中	55720	51688	158863	77735
完全中学	24321	24852	74479	37132
高级中学	29740	25126	79142	38099
十二年一贯制学校	1659	1710	5242	2504
2. 初中	83840	85468	248151	112866
初级中学	45856	44504	131065	58940
九年一贯制学校	5549	6382	18046	8305
十二年一贯制学校	3216	3565	10334	4586
完全中学	29219	31017	88706	41035
（二）普通初等教育	84603	116460	597920	279299
小学	78460	106948	551047	257638
九年一贯制学校	4425	7210	35585	16472
十二年一贯制学校	1718	2302	11288	5189
（三）特殊教育	214	327	1604	625
1. 特殊教育学校	91	131	764	297
2. 小学附设特教班			8	3
3. 小学随班就读	83	131	623	245
4. 初中随班就读	40	65	209	80
（四）工读学校	20	14	26	5
（五）学前教育	98079	136501	317996	152104
1. 独立幼儿园	96284	134908	315663	150971
2. 附设幼儿班	1795	1593	2333	1133
另有：职业技术培训机构	(451194)	—	(541500)	(287302)

注：特殊教育随班就读学生已计入相应小学、初中在校生中。

市义务教育学段6—15岁三类残疾儿童少年共1803人（视力残疾184人、听力残疾565人、智力残疾1054人）。三类残疾儿童义务教育入学率达93.7%。第二聋哑学校通过“陕西省特殊教育示范学校”复查验收。

◆教育领域综合改革 2016年，西安市教育领域综合改革深入推进。贯彻落实陕西省、西安市教育工作会议精神，起草形成《关于进一步深化基础教育综合改革的意见》，经中共西安市委全面深化改革领导小组第10次会议审议通过，10月27日已正式印发。

自主实施的教育改革举措持续向纵深推进 全市继续深化大学区管理制改革，促进办学水平整体提升。推进紧凑型大学区建设，通过完善“一长管理多校”良性机制，实现“精准”帮扶。截至年底，全市共组建紧凑型大学区17个，并成立55个跨行政区域大学区；深化校长、教师交流轮岗，延长交流时限，全市一次性2学年、3学年交流教师占总交流人数的比例分别达20%、10%，扩大交流范围，将民办学校、事业办学纳入交流范围，重点扩大校长及管理干部的交流覆盖面；加快优质资源共享平台建设应用，主动适应“互联网＋教育”潮流，利用信息化手段全面扩大优质共享效能。三期平台建设年内完成投资1260万元，42个录播教室和100所在线课堂年度建设任务全面完成，实现农村薄弱学校与城市优质学校实时同步“共上一堂课”。资源平台注册教师达5.11万人，网上教学交流、教研活动607场，教师上传教学资源3.21万件，资源使用量达40.86万次。电子课本附带资源下载量达35.82万件。继续改进民办学校初中招生工作，在综合素质评价中提升综合能力的总值占比。创新实施素质教育，完善中考综合素质科目考试办法，教师实施素质教育综合能力测试实现全学段、全学科、全覆盖。第三方教育评价社会参与面更广、方式更加科学。新华社、《中国教育报》先后对西安利用现代信息技术手段促进教育均衡的做法给予报道。11月9日，国家教育部发展规划司在福州市召开首届全国教育统计年会，西安市作为唯一发言城市应邀参会并介绍经验。

国家教育改革试点项目的西安特色充分彰显 抓好中小学教育质量综合评价改革实验试点。全市共开展3次评价测试，实现各评价维度和学段测评的全覆盖。其中第三次参加测评人数达12万人，创全国30个实验城市之最，具有西安地域特色的指标体系和评价工具资料库已初步形成。关于基础教育质量综合评价体系研究的两个省市重大招标课题全部顺利结题。抓好教育统计基础数据库建设试点，全市已建成覆盖3000余所学校的基础教育、职业教育“元数据”基础信息采集系统，在全国率先完成西安市基础教育数据台账和教育统计基表、统计台账一键生成系统，实现与国家教育部统计软件系统成功对接。抓好中小学研学旅行（通过集体旅行、集中食宿方式开展的研究性学习和旅行体验相结合的校外教育活动）试点。起草并报请西安市人民政府印发《关于推进中小学研学旅行工作的实施意见》，西安市成为全国首家市政府推进研学旅行的省会城市。结合历史文化和现代国际大都市发展要求，确定18个方面的研学旅行内容，组织编写60余万字的《研学旅行在西安》理论政策成果集和配套的主题线路指导手册。11月，全国试点市、实验区代表参加“全国基础教育学习论坛暨研学旅行在中国西安现场会”，国内媒体以研学旅行“西安模式”为题做深入报道。12月23日，教育部在镇江市召开全国中小学研学旅行推进工作会议，西安市作为唯一发言城市参会并介绍经验。

◆教育人事制度改革 2016年，西安市中小学幼儿园公开招录新任教师774人、校医6名、特设岗位教师78人；接收教育部直属师范院校免费师范毕业生199名（西安生源141名）、陕西学前师范学院大专生36名；加大高层次人才引进力度，进校园招聘教育部直属师范院校校园招聘硕士研究生以上学历教师179人，为市属高校招聘博士研究生32人，并全部到岗。按照西安市大学区校长教师交流轮岗工作实施方案，2015—2016学年下年度，交流校长、教师6036名，2016—2017学年上学年，交流校长、教师5988名，并在秋季开学前到岗开展工作，为大学区校长、教师交流发放交通生活补助1000万元。落实连片特困地区乡村教师生活补助政策，周至县17个乡（镇）154所义务教育学校享受补助42321人次，共计1513.798万元。在沿秦岭北麓区（县）实施乡村教师生活补助政策，为临潼区、长安区、蓝田县农村义务教育学校的11543名教师发放生活补助2328.54万元。

◆教师队伍建设 2016年，西安市推进“名师工程”，培训学科带头人200人、骨干教师600人。48名教师被陕西省教育厅、陕西省人力资源和社会保障厅授予“陕西省第二批中小学幼儿园学科带头人”，158名教师被评为“陕西省教学能手”，29名教师获“陕西省特级教师”称号。继续实施“2年一帮扶”的名师导航工程，发挥陕西省特级教师和西安市名师工作室主持人的优势和辐射带动作用，深化西安市“大学区管理制”改革，推动薄弱学校学科建设和教师培养，促进教育事业科学均衡、优质快速发展。涉及14个区（县），帮扶西咸新区沣东新城、户县、高陵、周至、临潼、长安、蓝田、未央、阎良和灞桥10个区（县）；88位名师帮扶60个大学区、221所学校。

◆教育信息化建设 2016年7月，西安市实现全市1656所中小学“校校通”宽带网络全覆盖。投入项目资金1.149亿元，其中市级补助7799.5万元，区（县）配套3690.5万元，完成402所义务教育学校“校园网”建设，423所学校的2988个“班班通”建设，全市中小学“校园网”和“班班通”多媒体教学设备覆盖率分别达84%和90%，实现除周至和蓝田外的11个区（县）和沣东新城及国际港务区多媒体教学设备项目全覆盖。投入项目资金1374万元，其中市级补助892.3万元，区（县）配套481.7万元，实施13区（县）63所公办幼儿园“校园网”建设、58所幼儿园580个教学班“班班通”建设，全市公办幼儿园“班班通”和“校园网”覆盖率分别由13%和4%提高到32%和21%。颁布《西安市教育信息化五年行动计划（2016—2020年）》。出台《西安市中小学“智慧校园”示范校建设指南》及《全市教育信息化设备管理与应用工作办法》，完成西安市人民政府专家决策咨询委员会重点课题“教育信息化促进西安优质教育资源共建共享有效路径研究”的研究。

◆体育卫生艺术教育 2016年，西安市教育局加强学校体育卫生艺术教育工作，制定《西安市加快发展青少年校园足球的实施意见》《西安市关于全面加强和改进学校美育工作的实施意见》，组织举办西安市中小学校园足球联赛和艺术展演。完成200名中小学体育骨干教师和103所足球示范学校教练培训。创建国家级青少年校园足球特色学校53所，名列陕西省第一。全市中小学校艺术教育课程开课率达100%，建立校级以上学生艺术社团组织4598个，学生参与率达67.5%。创建“陕西省艺术教育示范学校”40所、“西安市艺术教育示范学校”140所。举办全市中小学艺术展演活动和美术教师基本功比赛活动。会同西安市财政局完善《农村义务教育学生营养改善计划市级奖补资金管理办法》，会同西安市食品药品监督管理局开展学校餐饮服务食品安全专项整治活动。制定《西安市中小学、幼儿园重污染天气应急预案》，1级响应期间全市“停课不停学”平稳有序，效果良好。在春、秋两季开学前下发“传染病防控及食品安全管理工作的通知”。在传染病高发期时，先后3次下发“学校突发公共卫生事件防控工作预警通知”。联合西安市卫生和计划生育委员会加强传染病监测网报工作，建立监测和预防控制机制，保障师生身体健康。联合西安市红十字会举办2期中小学幼儿园教师急救员专项培训，培训人数400余人，考核后颁发急救员合格证书。

◆教育惠民实事工程 2016年，西安市享受10年免费教育政策人数86.7万人。其中，学前一年10.02万人，小学51.6万人，初中25.1万人，覆盖面达100%。每年投入资金8.11亿元，其中，中央、陕西省资金5.59亿元，西安市、区（县）2.52亿元。全市营养改善计划覆盖学校1475所，惠及学生38.6万人，占全市义务教育阶段学生的49%，农村义务教育学校覆盖率达100%。

◆教育督导 2016年，西安市教育督导的监督、保障、导向、激励作用效果明显。新城区、户县顺利通过国家义务教育均衡发展基本合格区（县）验收，继续推进“双高双普”（高质量、高水平，普及九年义务教育、普及学前教育、普通高中阶段教育）督导评估暨党政领导干部履行教育工作职责督导考核。截至年底，全市有8个区（县）通过国家评估验收，占比61.5%；有9个区（县）通过陕西省“双高双普”评估验收，占比69.2%。完成2015年度教育经费投入及第2期学前教育3年行动计划建设实施情况专项督导。督促各区（县）政府及相关部门按照法律、法规、政策落实教育经费投入。研究制定印发《西安市中小学责任督学挂牌督导创新县区实施方案》，并指导未央区创建“陕西省中小学责任督学挂牌督导创新区”。

◆治理教育乱收费 2016年，西安市继续加强教育乱收费治理工作，坚持案件限期办结制和办案质量问责制。截至年底，共办理回复群众举报159件次，回复率、办结率均为100%。其中，属实13件，部分属实22件，处理人员5人，通报批评学校1所，及时清退违规收取资金共67.77万元。不断改进治乱工作监督检查的方式方法，采取经常性检查、专项检查、重点跟踪、持续暗访等多种形式，增强监督检查的针对性和实效性。加强对教育系统广大教职工的纪检教育，编辑《以案为镜》（第二册）。建立全市治理教育乱收费管理平台，对乱收费学校及时曝光，畅通社会乱收费投诉、举报渠道，加强行风、政风建设。

◆教育交流合作 2016年，西安市教育系统按照“外事工作无小事”的工作原则，围绕全市教育工作实际，严格规范程序，主动与国外学校开展交流合作。截至10月31日，全市教育系统经西安市人民政府批准出访18批次68人次；经陕西省人民政府台湾事务办公室审批同意对外交流7批次15人次。接待新西兰、韩国、中国香港等国家和地区到学校参观学习交流访问团组6批次150余人次。

◆教育安全稳定工作 2016年，西安市教育局维护校园稳定安全，用9大措施构建“党政同责、一岗双责、失职追责”的责任体系，加强依法治安，狠抓安全工作台账管理，推进校园安全工作法制化、标准化、信息化。实现全市公办幼儿园视频监控系统100%覆盖。印发2016年度稳定安全工作要点，把中小学幼儿园安全教育、安全演练活动分解到每月；集中开展中小学校长法制、禁毒、校园安全与应急管理等培训，共培训禁毒教师499人，法制校长191人，校园安全与应急管理人员159人。指导全市各级学校举行各类安全演练9000余场次。由西安市教育局牵头，会同西安市公安局、西安市工商行政管理局、西安市文化广电新闻出版局、西安市食品药品监督管理局、西安市交通运输局、西安市卫生和计划生育委员会、西安市城市管理局等17部门，开展2次校园及周边专项整治行动。全年创建“陕西省平安校园”12所，“西安市平安校园”32所。

◆语言文字工作 2016年，西安市教育局做好全市语言文字规范化工作。开展以“中国梦、爱国情、成才志”为主题的“中华诵”经典诵读比赛。12月23日，组织举办第三届西安市中小学规范汉字书写大赛。继续做好普通话水平测试工作，全年共测试1500人。

◆西安教育电视台“妙笔童心绘福猴”少儿书画作品征集评选活动 2016年1月，西安教育电视台举办“童心妙笔绘福猴”全市青少年书画作品征集评选活动。引发社会各界广泛关注，先后征集近百幅书画作品。在作品展示的半个月时间，浏览量达393990人次，投票数量217834人次。征集作品经专家评审，评出一等奖2名、二等奖4名、三等奖10名、优秀奖10名，优秀组织奖6名。2月28日，西安教育电视台在关中书院为获奖孩子举行颁奖仪式。

◆西安教育电视台组织大学生“三下乡”活动 2016年7月，西安教育电视台eTV学通社组织西安交通大学、西安理工大学、长安大学、西安建筑科技大学、西安文理学院等15所高校联合进行大学生暑期文化、科技、卫生“三下乡”活动。大学生们先后赴陕南商洛、陕北延安及关中渭南、咸阳、宝鸡等40多个区（县）、山乡，以文艺汇演、科技兴农、关爱留守儿童、送书送教、乡（镇）科普帮扶等为主要服务方式，为15所小学捐赠图书2000多册，光盘100多张；公益演出80场，科教宣传30多场。发挥专业优势，开设网络学习、留守儿童心理教育、美术、朗诵、科学、历史、品德等课程，授课100余节。

◆大学区管理制改革 2016年，西安市拟订《西安市大学区学区长学校质量提升工程五年行动计划（2017—2021年）》，推动大学区优质教育资源信息化共享平台使用的专题培训工作，完成42个录播教室和100所在线课堂的建设。截至12月8日，注册人数50534人，占全市实际专职教师人数的61%。实现与“陕西省人人通”“国家教育资源平台”互联互通。全市共审定学区长学校124个，提供质量提升专项资金总投资2.64亿元；继续落实大学区“九统一”，投资6千万元大学区项目编制专项资金，重点在教育教学管理、教育教学水平质量、学区综合实力全面提升等八个方面推进大学区管理制改革。

◆临潼区山区教师张红红获首届“马云乡村教师奖” 2016年1月17日，首届“马云乡村教师奖”颁奖典礼在海南省三亚市举行。经过4个半月评选，17名陕西乡村教师最终获奖。其中，临潼区土桥初级中学教师张红红荣获殊荣。

◆香港新界乡议局青年考察团到西安市第一中学访问交流 2016年3月26、27日，香港新界乡议局青年考察团一行39人到西安市第一中学访问交流。西安市第一中学在报告厅举行欢迎仪式，并举办“认识您真好”两地学生交流晚会。两地学生表演以弘扬主旋律、凝聚爱国共识的合唱、对唱、民族舞、现代歌舞串烧等文艺节目。考察团在中共西安市委统战部领导、西安市教育局领导及西安市第一中学教师与结对学生的陪同下，前往咸阳市渭城区主街道“关中味道”餐厅，参观了解关中特色餐饮文化，体验关中特色美食的制作；参观咸阳市武功县大庄镇西北农林科技大学果业立体养殖园，开展种植体验活动；参观陕西省历史博物馆、咸阳市武功县苏武纪念馆等，领略三秦文化的精粹与历史沿革。

◆雁塔区2016年“雏鹰杯”中小学生艺术比赛隆重举行 2016年4月9日，由西安市雁塔区教育局主办，西安市育才中学承办的西安市雁塔区“雏鹰杯”中小学生艺术比赛在西安市育才中学举行。比赛包括器乐、声乐、舞蹈、美术项目，西安市育才中学、高新第一中学、交通大学第二附属中学、西安高新逸翠园学校、大雁塔小学、西安航天小学等50余所中小学层层选拔的1167名学生参加比赛。

◆莲湖区开展阳光体育运动 2016年3月30日至4月11日，西安市莲湖区举办2016年阳光体育中小学生校园足球联赛，联赛分预赛和决赛两个赛段，以大学区为参赛主体，共设置小学男、女组，初中男、女组，高中男组5个组别，共34支队伍500余名队员参加比赛，联赛规模达到莲湖区历史之最。作为校园体育传统项目，莲湖区校园足球联赛开展时间长，覆盖范围广。全区已有全国青少年校园足球特色学校9所；市级足球网点学校14所，占全市首批市级网点学校的50%；46所学校建立自己的校园足球队。

◆长安区举办校外科技教育成果展示会 2016年4月22日，长安区教育局在西安长安第一小学举办“放飞科技梦想、体验科学魅力”校外科技教育成果展示会，全区22个活动站共50余个科技项目参与展示，部分中小学校长、科技辅导员以及学生代表共460余人观摩展示。展示会设有科技制作区、科幻画区、科学体验区、机器人航海车模展区和乐队机器人标本等。

◆2016年中小学“中国梦·爱国情·成才志”经典诵读大赛 2016年4月26、27日，2016年中小学“中国梦·爱国情·成才志”经典诵读大赛在周至县举行，周至县教育局组织全县中小学经过2个月校内初选、学区预赛选拔，遴选出55所学校的优秀作品，近2000名学生参加本次活动。最终评出小学组一等奖1名，二等奖2名，三等奖3名；初中组一等奖1名，二等奖2名，三等奖3名；高中组一、二、三等奖各1名。

◆阎良区首届航空航天模型比赛开幕 2016年4月28日，阎良区教育局主办的阎良区首届航空航天模型比赛在西飞第一中学开幕。开幕式上，阎良区航空模型运动协会、试飞中心中飞青少年航模培训基地、西安德润航空科技有限公司、西安曲江农业博览园航空模型培训基地等4个单位联合进行航模表演。全区有24所中小学、662人次参赛，比赛为期2天，共分14个项目进行。

◆西安市教育工作会议召开 2016年5月5日，中共西安市委副书记、市长上官吉庆主持召开全市教育工作会议。上官吉庆强调，要贯彻落实陕西省教育工作会议精神，聚焦民生关切，全面深化教育改革，着力提升发展品质，努力办好人民满意的教育。中共西安市教育局党委书记、局长李颖科在会上以“新理念引领教育发展 全面提升质量促进公平”为题，通报西安市“十二五”教育发展情况，结合贯彻落实中共十八届五中全会、全省教育工作会议精神和中共西安市委、市人民政府的工作要求对“十三五”教育改革发展工作进行安排部署。碑林区、阎良区、西安市第八十九中学、翠华路小学分别做大会发言。

◆陕西省第六届青年学生领袖峰会 2016年5月14—15日，共青团西安市教育局委员会和陕西省联合国教科文组织协会联合主办，西安非凡士机器人科技有限公司支持协办，西北工业大学附属中学承办的陕西省第六届青年学生领袖峰会在西安举行。来自全省40余所中学的近400名师生参加峰会。峰会主题为“青年学生领袖素养与情商教育”，在2天的会议里，参会同学分14个组对课题进行观点陈述和思想交锋，各组评选出的优秀代表在闭幕式上做大会发言，指导教师进行分组点评。经过激烈角逐，西北工业大学附属中学58名同学荣获一等奖，西安高新第一中学等多所学校荣获优秀组织奖。

◆全国“思维发展型课堂”观摩会暨西安市课程建设现场会召开 2016年5月20日，全国“思维发展型课堂”观摩会暨西安市课程建设现场会在西安市灞桥区纺织城小学召开。全国“思维发展型学校联盟”的领导、教师以及西安市各区（县）教育界300余人参加观摩。本次活动由北京师范大学教育学部、北京师范大学教育信息技术协同创新中心、西安市教育科学研究所主办，西安市灞桥区教育局及灞桥区纺织城小学大学区承办。

◆2016年陕西省中小学武术套路锦标赛 2016年9月24—25日，由陕西省教育厅、陕西省体育局主办，陕西省学生体协、陕西省武术运动管理中心、西安市莲湖区教育局承办的2016年陕西省中小学生武术套路锦标赛在西安市第一中学举行。西安、渭南、咸阳、安康4个地市20支代表队近180名中小学生运动员参加比赛。莲湖区代表队取得7个单项第一，莲湖区郝家巷小学获得团体“特色展示”项目一等奖。

◆临潼区2016年中小学艺术展演 2016年11月30日，临潼区2016年中小学体育·艺术节艺术展演活动在临潼举行，共800余名师生代表参加。合唱《蒲公英的约定》《卢沟谣》、舞蹈《雨落长安》《篮球宝贝向前冲》《俏兰花》、音乐剧《盼爸妈》《为你喊加油》、诵读《千千阙歌•中华情》、学生乐队《在音乐中漫步》等20个优秀节目展示全区中小学生对艺术的兴趣和热情、陶冶广大教师和学生的审美情趣，使学生的艺术想象力、表现力、创造性思维能力得到了进一步的拓展和提高。

◆德国保罗·冯·德尼斯一级文理中学师生代表团到西安第八十九中学友好交流 2016年10月6日，德国姊妹校希弗施塔特市保罗·冯·德尼斯一级文理中学的32名学生、4名老师抵达西安第八十九中学进行为期8天的友好访问，本次友好交流是八十九中开设德语班及成为德国DSD项目指定学校6年来的第4期次中德学校教育交流访问。

2016年5月14—15日，陕西省第六届青年领袖峰会在西安举行

学前教育

◆概况 2016年，西安市有幼儿园（班）1475所，比上年增加58所；有在园（班）幼儿31.80万人，增加8976人；有教职工39753人，同比增加3749人。专任教师学历合格率为97.86%，提高1.51个百分点。截至年底，全年创建西安市三级以上幼儿园133所，其中“西安市一级幼儿园”38所。

西安市2016年认定的一级幼儿园名单

序号	所在区（县）	幼儿园名称
1	碑林区	碑林区南院门幼儿园
2	莲湖区	莲湖区开元幼儿园
3	雁塔区	西安雁塔绿地幼儿园　雁塔区交大康桥春晓苑幼儿园　雁塔区吉的堡望庭幼儿园　雁塔区吉的堡南湖1号幼儿园
4	长安区	长安区王莽街道中心幼儿园　长安区东大街道中心幼儿园　长安区五台街道中心幼儿园　长安区引镇街道中心幼儿园　长安区子午街道中心幼儿园
5	户　县	户县五竹镇中心幼儿园　户县祖庵镇中心幼儿园　户县余下镇中心幼儿园　户县玉蝉镇中心幼儿园　户县石井镇涝峪幼儿园　户县甘河镇中心幼儿园　户县地华水岸新城幼儿园
6	高陵区	高陵区崇皇中心幼儿园　高陵区通远镇中心幼儿园
7	沣东新城	长庆和兴园幼儿园
8	未央区	西安市第八保育院　未央区新概念第五幼儿园　未央区兴盛园幼儿园　未央区珠江新城幼儿园　未央区童得梦第三幼儿园　未央区金色童年第三幼儿园
9	灞桥区	灞桥区红旗街道中心幼儿园　灞桥区灞桥街道中心幼儿园　灞桥区艾毅御锦城幼儿园
10	阎良区	阎良区凤凰幼儿园　阎良区康桥幼儿园
11	临潼区	临潼区代王街办代王中心幼儿园　临潼区铁炉中心幼儿园　临潼区相桥街办相桥中心幼儿园　临潼区栎阳中心幼儿园
12	周至县	周至县职工幼儿园
13	国际港务区	西安国际陆港第一幼儿园

◆西安市第二保育院参加第十届全国幼儿园音乐教育观摩研讨会　2016年10月10—14日，西安市第二保育院青年教师张茜赴山西参加“第十届全国幼儿园音乐教育观摩研讨会”。张茜老师展示西安市第二保育院音乐教研团队经过近1年实践、打磨、研讨和专家指导最终推出的原创大班音乐活动《魔法线条》。整个活动贯穿故事《智慧的木偶人》，潜移默化地培养幼儿坚韧不拔的品质。

◆雁塔区幼儿教师技能技巧大赛　2016年11月4日，由雁塔区总工会、教育工会组织举办的2016年雁塔区幼儿教师技能技巧大赛在雁塔区第一幼儿园举行，雁塔区总工会主席、教育局相关领导参加比赛活动。比赛共设器乐、舞蹈、美工3个项目。雁塔区15个幼儿园的31名教师参赛，24名教师分别获得一、二、三等奖。

◆西安市第一保育院承办民办普惠性幼儿园园长培训　2016年11月22—24日，民办普惠性幼儿园园长培训班在西安市第一保育院举行。全市各区（县）64位园长与西安市第一保育院领导、教师及幼儿代表参加开班典礼。培训班在西安市教育局、西安市现代教育科学研究所的支持下，由西安市第一保育院承办。

◆西安市第一保育院参加全国儿童交通安全绘画大赛　2016年12月5日，中国关心下一代工作委员会公益文化中心举办的第二届“小手拉大手，我跟安全走”全国儿童交通安全主题绘画、儿童剧创作大赛获奖名单揭晓，西安市第一保育院荣获优秀组织奖；青年教师袁琳荣获优秀指导奖。多幅幼儿作品分别在全国总决赛和西安市赛区荣获十余项奖。

义务教育

◆概况　2016年，西安市有小学1190所，比上年减少44所；教学点161个，增加24个；在校生59.79万人，增加3.17万人；招生11.65万人，增加1.14万人，增幅10.85%；教职工3.46万人，增加2061人，增幅6.32%；专任教师3.31万人，增加2529人，增幅8.27%；专任教师学历合格率99.92%，增加0.19个百分点；生师比18.06∶1，减少0.46；小学学龄人口入学率99.98%，与上年持平。

全市有普通初中266所，增加1所；招生85468人，增加4851人，增幅6.02%；在校生24.81万人，减少1250人，减幅0.50%；专任教师1.97万人，增加356人，增幅2.16%；专任教师学历合格率为99.88%，提高0.13个百分点。西安市共有84240人报考陕西省2016年初中毕业学业考试（简称中考），减少1689人。全市共设置14个考区、100个考点、2817个考场。

◆“互联网+美育”应用座谈会暨“新华美育微课程创研基地”授牌　2016年3月31日，由新华社陕西分社、陕西省教育厅主办，西安高新第二学校承办的“互联网+美育”应用座谈会暨“新华美育微课程创研基地”授牌仪式在高新第二学校举行。为陕西省大中小学学生服务的“新华美育”在线课堂是由诸多名师讲授的1—3分钟“美育微课”，是陕西省教育厅和新华社陕西分社战略合作的公益性文化教育项目，是以“互联网+教育”模式打通线上、线下艺术教育资源，为陕西省大中小学学生、家长及教师提供在线艺术教育资源和服务，为学校各类艺术实践和体育活动交流提供展示平台。

◆陕西省西安师范附属小学3D打印教室成立　2016年4月13日，陕西省西安师范附属小学3D打印教室成立。只需经过图像处理、打印、简单化描述三步，就能得到三维立体肖像模型。3D打印还可以结合先进的3D扫描和3D打印技术，真实再现不同的人物姿势、状态、表情、形状和还原肤色的微缩真人雕塑。

◆陕西省第十六届青少年机器人竞赛举行　2016年4月16日，西安市科学技术协会联合西安市教育局主办的第十六届陕西省青少年机器人竞赛西安赛区机器人比赛在西安高新第一中学初中校区举行，这是西安市首次组织举办的青少年机器人竞赛。竞赛设置机器人综合技能比赛、机器人创意比赛、机器人足球比赛、FLL机器人工程挑战赛、VEX机器人工程挑战赛、太空挑战、知识产权保卫战挑战赛、RoboRAVE超级轨迹挑战赛、汽车总动员共9项竞赛项目。其中，机器人综合技能比赛的主题是“丝路圆梦”，机器人创意比赛的主题是“我身边的机器人”，FLL机器人工程挑战赛的主题是“变废为宝”，VEX机器人工程挑战赛的主题是“一网打尽”。竞赛分高中、初中、小学组进行，全市中小学183支参赛队、近400名8—9岁学生和70多名教练员参赛。

◆西安市中小学航海模型竞赛暨第十七届“我爱祖国海疆”全国青少年航海模型教育活动竞赛选拔赛举办　2016年4月16日，西安市中小学航海模型竞赛暨第十七届“我爱祖国海疆”全国青少年航海模型教育活动竞赛选拔赛（西安赛区）竞赛活动在西安市灞桥热电学校举行。来自陕西师范大学附属中学、西光中学、陕西省西安师范附属小学，西安理工大学附属小学、西安建筑大学附属小学等10所学校的200余名运动员参加比赛。陕西日报社、西安晚报社、西安电视台等多家媒体对活动进行报道。灞桥热电学校组队代表灞桥区参加比赛，荣获新“自由”号（2.4G）遥控游艇水上足球赛小学组团体第二、三名；荣获新“自由”号（2.4G）遥控游艇模型环游赛小学组团体第二名。

◆未央区方新小学校长刘清荣被评为“中国好校长” 2016年10月29日，由光明日报社主办，《教育家》杂志社、光明网承办，留学杂志、“人民教师”网协办的2016年“寻找中国好校长”大型公益活动颁奖典礼在重庆市巴蜀中学礼堂举行。西安市未央区方新小学校长刘清荣等全国范围内10名校长被评为“中国好校长”。

中等教育

◆概况 2016年，西安市有中等教育学校（普通高中、职业高中）220所，比上年减少17所。普通高中招生5.17万人，在校生15.89万人，专任教师1.21万人，专任教师学历合格率为98.52%；职业高中招生1.43万人，在校生4.36万人，教职工3126人，其中专任教师2275人，专任教师学历合格率为85.58%。

◆普通高校招生考试 2016年6月7、8日，西安市举行普通高校招生考试(简称高考)。全市设13个考区、74个考点、1986个考场，共有58480名考生参加高考。

◆中等职业学校资源整合 2016年，西安市教育局继续做好整合中等职业教育资源。按照陕西省教育厅要求，完成89所中等职业学校调减为53所(其中公办校21所，民办校32所)后的资源整合后续工作。安排部署中央、陕西省、西安市市级资金4567.17万元，用于16个基础能力建设项目，包括区（县）职教中心建设项目14个、骨干专业建设项目5个、学校维修改造项目3个、信息化建设项目2个、校园文化建设项目2个。组织开展2016年中等职业教育市级示范专业认定工作，共申报11个专业，通过专家评审，创建1个省级精品专业、8个市级示范专业。完成西安旅游职业中等专业学校校园改造项目及莲湖、阎良等区（县）职教中心的14个建设项目。组织开展省级教学能手候选人评选推选工作，推选15名教师参评，最终评选出“陕西省教学能手”9名，“陕西省优秀教学能手”1名。28名教师在陕西省中等职业学校信息化教学大赛中获奖。其中，一等奖6名，二等奖11名，三等奖 11名。先后实施10个培训项目，共培训508人次。

◆西安高新第一中学获得2016世界机器人大会冠军 2016年10月20—25日，由北京市人民政府、国家工业和信息化部、中国科学技术协会主办的2016世界机器人大会（World Robot Conference，简称WRC）在北京举行。中共中央政治局委员、国务院副总理刘延东出席并致辞。中共中央政治局委员、北京市委书记郭金龙，全国政协副主席、科技部部长、中国科协主席万钢出席开幕式。西安高新第一中学机器人社团派出“666”和“666U”2只代表队，通过暑期选拔赛，获得参加“RoboCom青少年挑战赛星光璀璨”项目资格。经过10场资格赛和3轮联队赛，高新一中“666”代表队以小组赛第一的身份晋级决赛，与合肥一中、厦门外国语学校组成联队配合，最终获“2016世界机器人会——RoboCom青少年挑战赛星光璀璨项目”（高中组）冠军。

◆第33届全国中学生物理竞赛西安铁一中学学生获金银牌 2016年11月3日，西安铁一中高2017届“华罗庚理科菁英班”刘思然同学荣获第33届全国中学生物理竞赛金牌，成为西北五省唯一入选国家集训队队员，并保送上清华大学；李正远同学荣获银牌。本届全国总决赛经过各省、市、自治区层层选拔，共360名优秀学生组成参赛队，经过7天理论和实验两轮较量，西安铁一中学学生取得西北5个省的最好成绩。

◆西北工业大学附属中学教师在多项赛事中获得佳绩 2016年10月9—11日，由教育部北京师范大学基础教育课程研究中心、新世纪初中数学教材编委会联合举办的“第六届全国新世纪杯初中数学优质课评比与观摩”活动在银川市举行。西北工业大学附属中学数学老师裴利纳代表陕西省在大赛中获一等奖。10月17—21日，由中国教育学会中学语文教学专业委员会举办的“第五届全国高中语文教师教学基本功大赛”在四川省成都市举行，教师夏青代表陕西省参加展评现场课比赛，荣获大赛现场课比赛一等奖。11月17—19日，由中国教育学会外语教学专业委员会主办的“第十届高中英语课堂教学观摩培训活动（暨全国高中英语优质课大赛）”在重庆江南体育中心举行。全国各省、市、自治区的1000余名教研人员参赛，经陕西省教育科学所遴选推荐，张晓琪老师代表陕西省参赛，最终荣获一等奖。

◆首届“联盟杯”全国中学生围棋联赛举行 2016年5月14—15日，由教育部中国中学生棋类协会主办，西安市第八十三中学承办，陕西天元棋院协办的首届“联盟杯”全国中学生围棋联赛在西安市第八十三中学举行。中国人民大学附属中学、人大附属中学西山学校、太原市第五中学、太原师范学院附属中学、上海市敬业中学、南京外国语学校、深圳外国语学校、重庆市巴蜀中学、广州市第一中学、唐山市第一中学、青岛市第二中学、西北师范大学附中、甘肃兰州民族中学、甘肃兰州树人中学、河南洛阳市东升第二中学、西安市第八十三中学的12支代表队参加比赛。

◆高陵第一中学荣获“丝路我知道”知识大赛一等奖 2016年10月13日，西安教育电视台举办的“2016丝路我知道——西安市中小学生丝绸之路及丝绸之路经济带知识大赛”总决赛在西安曲江大明宫遗址公园落下帷幕，高陵第一中学代表队荣获大赛一等奖。大赛有来自西安市11个区（县）的12个代表队和10多个不同国家的外国友人参加，高陵第一中学10名学生代表高陵区参赛。

◆西安旅游职业中专参与举办“校企联合、追寻梦想、让爱飞翔”手拉手大型公益活动 2016年3月13日，主题为“校企联合、追寻梦想、让爱飞翔”大型体验式青少年成长手拉手公益活动在西安旅游职业中专操场举行。内蒙古宇航人高技术产业有限公司员工，西安市侨商会义工，西安旅游职业中专教师、家长和学生共500多人参加活动。

◆西安市第十一届中等职业学校技能大赛 2016年11月2日，由西安市教育局主办，新城区西安职业中等专业学校承办，西安市教育科学研究所协办的“西安市第十一届中等职业学校技能大赛”开幕，西安市13个区（县）的职业学校和市属学校的10余个代表队师生，各区（县）教育局分管局长、主管科长，企业代表，新闻媒体记者等300余人参加开幕式，大赛活动历时8天。

高等教育

◆概况 2016年，西安市普通高校有63所（含11所独立学院），招收本专科学生20.07万人，比上年减少4130人，减幅为2.02%，其中本科招生12.52万人，增加1860人；本专科在校学生73.68万人，减少20721人，减幅为2.74%，其中，本科在校学生50.72万人，减少15746人；本专科毕业学生21.6万人，增加0.88万人，增幅为4.26%，其中本科毕业学生13.7万人，增加0.96万人。有普通高校教职工7.37万人，减少1171人，减幅为1.56%；专任教师4.72万人，减少610人，减幅1.27%。全市有研究生培养单位43个，招收研究生3.03万人，增加776人，增幅为2.63%；在学研究生9.47万人，增加2930人，增幅为3.58%。有成人高校13所，与上年持平；成人高等教育招生3.77万人，减少4812人，减幅为11.33%；在校生12.25万人，减少8064人，减幅为6.18%；毕业学生4.33万人，减少5378人，减幅为11.05%；教职工2651人，减少4人，减幅0.15%；专任教师1396人，减少8人，减幅0.57%。西安4所市属高校招生普通本专科学生10565人，减少109人，减幅为1.02%；招收成人本专科2816人，减少344人，减幅为10.89%；普通本专科在校生3.42万人，增加199人，增幅为0.59%；成人本专科在校生8649人，增加640人，增幅为8%。

◆第一届全国机器人创意设计大赛在西安举办 2016年1月10日，由陕西省科技厅、西安交通大学和陕西机器人产业技术创新战略联盟共同主办的第一届全国机器人创意设计大赛总决赛在曲江国际会议中心举行。中国煤炭科工集团太原研究院有限公司和西安交通大学共同研发的“矿用智能锚护机器人”获得冠军，西安塔斯机器人科技有限公司的“塔斯服务机器人”、西安交通大学的“基于视觉运动诱发的脑控康复机器人”和“智能交互服务煤矿救援机器人”获得亚军，上海交通大学的“Rabbot小型侦查机器人”等8件设计作品获得季军。

◆中国高等教育学会大学素质教育研究分会年会在西安交通大学召开 2016年4月21—23日，中国高等教育学会大学素质教育研究分会2016年年会暨第五届大学素质教育高层论坛在西安交通大学召开。论坛由中国高等教育学会大学素质教育研究分会主办，西安交通大学承办。本次论坛以“素质教育与创新人才培养”为主题，围绕素质教育与创新创业教育、工程教育中的素质教育、素质教育与人才培养模式改革、素质教育通识课程建设、中国特色的素质教育思想及其实践等5个专题进行深入研讨。通过大会报告、书记校长论坛、专家学者报告、专题论坛、工作坊、圆桌会议等形式进行素质教育的理论探讨和实践经验分享。全国40余所高校的书记、校长，160余所高校的400余名专家、学者，港台高校代表，以及部分出版社和10余家新闻媒体的代表参加论坛。

◆全国大学生无线电测向赛在西安电子科技大学举行 2016年6月5日，由共青团中央、国家体育总局、共青团陕西省委指导，西安电子科技大学主办，共青团西安电子科技大学委员会和电子工程学院共同承办的“大美秦岭”全国大学生无线电测向邀请赛在西安电子科技大学南校区举行。比赛吸引了兰州大学、北京交通大学、北京邮电大学、南京邮电大学、重庆邮电大学、杭州电子科技大学、北京信息科技大学、西安交通大学、西北工业大学、西北农林科技大学、长安大学、陕西师范大学、西北大学、西安建筑科技大学、西安邮电大学、西安理工大学、西安电子科技大学17所高校千余名学生运动员参与。

◆第十八届中国管理科学学术年会在西安交通大学举行 2016年11月12日，由中国优选法统筹法与经济数学研究会、西安交通大学、中国科学院科技战略咨询研究院、《中国管理科学》编辑部主办，西安交通大学管理学院承办的第十八届中国管理科学学术年会在西安交通大学多功能学术报告厅开幕。中国管理科学学术年会是中国管理学界历史最悠久、规模最大、规格最高的学术会议之一，也是第一次在西部大学举办。本届年会以“大数据驱动的管理创新”为主题，针对当前管理科学领域研究的热点问题，结合当前社会经济发展前沿领域进行学术交流研讨，为专家学者以及业界同行提供一个前沿高端学术交流平台。

◆第十八届中国科协年会能源环境监测与管理国际会议在西安举办 2016年9月24、25日，由中国科学技术协会、陕西省人民政府主办，中国石油学会、陕西省石油学会、西安石油大学承办的“第十八届中国科协年会第九分会场2016能源环境监测与管理国际会议”在陕西大会堂召开。来自中国、美国、加拿大、马来西亚、巴基斯坦、坦桑尼亚等国家的200余名专家参加会议。会议为促进能源环境领域学术繁荣和技术进步搭建交流合作平台。

◆陕西师范大学在陕西省体育行业职业技能大赛中获第一名 2016年9月24日，陕西省体育行业职业技能大赛在陕西省体育场开幕。比赛由陕西省总工会主办，陕西省体育局承办。赛事设立大众健身指导和游泳救生技能2个竞赛项目，全省各地市的39支队伍、近300名运动员参赛。陕西师范大学选派8名学生参加游泳救生技能比赛，最终在全部5项比赛中成绩优秀，取得团体第一，被陕西省科文卫体工会委员会授予“2016年陕西省十佳游泳救生先进单位”。

◆西安外国语大学学生在2016年“永旺杯”第九届多语种全国口译大赛上获佳绩 2016年10月29日，由中国翻译协会、北京第二外国语学院主办的第九届“永旺杯”多语种全国口译大赛在北京举行。西安外国语大学张芝奕同学获法语交传组二等奖，李彼蔚同学获优秀奖；张芮溪同学获日语同传组三等奖。大赛设置3个环节，均为10分钟的中外互译。

◆西安外国语大学俄语学院学生在2016年全国高校俄语大赛上获佳绩 2016年10月21—24日，全国高校俄语大赛在黑龙江大学举行。西安外国语大学俄语学院2013级学生孙小袭、王思齐分获全国高年级组二等奖和三等奖，并获得国家留学基金管理委员会公费资助留学名额；2016级俄语研究生王梦祎获研究生组演讲单项三等奖。

◆西安邮电大学在第四届全国高校自制实验教学仪器设备评选中获奖 2016年10月17—21日，由中国高等教育学会、国家教育部高等学校实验室建设指导委员会、教育部高等学校实验教学指导委员会、国家级实验教学示范中心联席会和中国高等教育学会实验室管理工作分会联合举办的“第四届全国高等学校自制实验教学仪器设备评选活动”决赛在成都市举行。西安邮电大学通信与信息工程学院自制的“现代通信综合实验系统”获得全国三等奖。

◆陕西高校音乐学专业联盟成立大会在西安文理学院召开 2016年4月6日，陕西高校音乐学专业教学工作座谈会暨陕西高校音乐学专业联盟成立大会在西安文理学院召开。陕西师范大学、西安石油大学、延安大学、宝鸡文理学院、西安美术学院、陕西理工学院、西安文理学院、渭南师范学院、咸阳师范学院、榆林学院、安康学院、商洛学院、陕西学前师范学院13所院校代表参加会议。

◆西安文理学院学生在全国旅游院校服务技能（导游服务）大赛获佳绩 2016年 5月12—15日，“巽震杯”第八届全国旅游院校服务技能（导游服务）大赛在广州举办，西安文理学院经济管理学院选手获得普通话导游服务二等奖。比赛是由中国旅游协会指导，中国旅游协会教育分会、广东省旅游局主办的全国大赛，来自全国272所高等院校和68所中等职业学校的976名选手（高校组选手849名，中等职业组选手127名）参加比赛，大赛设普通话导游服务和英语导游服务（限高等院校组）2个项目，每个赛项分别包括理论考核、导游讲解和才艺展示。西安文理学院经济管理学院在校内初赛、复赛、决赛的基础上，选拔3名选手经过集训参加中文、英文导游2个项目的比赛。

◆西安翻译学院推进“双一流”建设
西安翻译学院根据2016年2月陕西省教育工作会议提出的“紧紧围绕经济发展战略和产业优化升级，统筹‘四个一流’建设，促进高校科学定位，办出特色，争创一流”精神内容，明确建设一流学院、一流专业的奋斗目标，并通过实施一系列措施，确保教育工作会议重大部署落地生根。

◆陕西省工业工程改善创意竞赛决赛在西安科技大学举行 2016年6月5日，由陕西省机械工程学会主办，西安科技大学承办的陕西省第七届工业工程改善创意竞赛决赛在西安科技大学临潼校区举行。竞赛历时3个月，经历竞赛启动、竞赛宣讲、高校初赛、高校决赛、作品网评、省赛决赛现场答辩6个环节。来自西安交通大学、广东工业大学、大连民族大学等省内外近20所高校的55件作品进入决赛，依据网评分数排名，前30件作品进入答辩环节。经过评委组现场评审打分，最终西安交通大学《京东公司西安大件配送中心拣货作业优化研究》、西安科技大学《铸造车间2.6M煤气发生炉上煤系统改善》等10件作品获得一等奖，西安科技大学《液压支架连接头铸造过程工艺分析与改善》和西安工业大学《BFDL公司总装车间生产线的优化与仿真》等20件作品获得二等奖，西北工业大学《智能停车服务平台》和西安电子科技大学《基于排队论的充电站规模优化配置》等25件作品获得三等奖。

◆西安外事学院举办多场第三届“丝绸之路”国际艺术节活动 2016年9月7—21日，第三届丝绸之路国际艺术节举行。西安外事学院参与举办多场艺术节活动。由中华人民共和国文化部、陕西省人民政府主办，西安外事学院等单位协办的《畅想丝路》演诵会在西安外事学院成功举办。本届艺术节在内容深度和参与广度上继续向前推进，有60个“一带一路”沿线关联国家和地区参与艺术节各项活动，安排国内外50台、100场形式多样的演出，举办9项展览、11项论坛、5场专题活动和50场以上惠民演出。

◆“中国留学报国思想与实践西安思源学院研究基地”揭牌 2016年6月18日，“中国留学报国思想与实践”学术研讨会暨欧美同学会“中国留学报国思想与实践西安思源学院研究基地”揭牌仪式在西安思源学院学术交流中心举行。来自欧美同学会、国家教育部《神州学人》杂志社、中国社会科学院、日本大学、南京大学、南开大学、香港理工大学、北京师范大学、中国第二历史档案馆、中国矿业大学、天津师范大学、陕西师范大学、河南大学、江苏师范大学、广西师范大学、西安第四军医大学和西安思源学院等国内外60余名专家、学者参加会议。会议由西安思源学院文学分院和留学生与现代中国研究中心主办。共收到有关留学生研究论文50余篇，其中思源学院老师论文近18篇。

◆陕西省高职院校技能大赛“英语口语”赛项比赛举办 2016年3月25、26日，陕西省高职院校技能大赛“英语口语”赛项比赛在西安铁路职业技术学院举行。来自陕西省34所高职院校的70名选手参加专业组、非专业组角逐。大赛由陕西省教育厅主办，高等教育出版社协办，西安铁路职业技术学院承办。优胜者代表陕西省参加2016年全国职业院校技能大赛英语口语赛项。

◆西安铁路职业技术学院在全国职业院校技能大赛“云计算技术与应用”赛项比赛获佳绩 2016年6月1—4日，全国职业院校技能大赛“云计算技术与应用”赛项比赛在山东商业职业技术学院落下帷幕。西安铁路职业技术学院代表队从全国83个参赛队中脱颖而出，获一项全国三等奖，填补学院历史上该赛项国家级奖项的空白。 （高　峰）

◆西安广播电视大学 2016年，西安广播电视大学各类学历教育招生17736人。其中，开放教育14690人（春季6834人、秋季7856人），奥鹏远程教育2223人（春季1181人、秋季1042人），残疾人教育学院招生51人，四川大学网络教育学院招生91人，成人高等学历教育681人。新增设成人高等继续教育教学点2个。发挥现代信息技术与教育深度融合优势，承担开放教育（本、专科）、成人大中专教育、社区教育、干部网络教育、教师教育、专业技术人员教育、职工培训、残疾人教育、“一村一”农村基层人才教育等多规格、多层次的学历教育和非学历教育。下设11所分校（工作站）和7所直属学习中心及1所士官学院，办学网络覆盖全市城乡。开设理工、文法、财经、外语、医学、艺术等六类专本科专业75个，各类学历教育在校生达6.3万余人，非学历继续教育年培训达8万多人次。承担广播电视大学向开放大学转型的多项试点工作，在国家开放大学44所省级电大中发挥排头兵作用。

陕西干部网络学院建设 5月18日，中共陕西省委组织部副部长王秉琦到学校调研，为依托学校建设陕西省干部网络学院工作提出进一步的发展目标。6月17日，学校协助中共陕西省委组织部召开全省干部网络学院建设工作推进会，对学院建设及二级学院建设标准进行深入的研讨。制定2016年筹备工作进程表，建成和完善“两端一微”学习平台，建设“培训者能力提升”专题课程资源，设必修课程12门，选修课程12类130门，选购课程资源共计259课时。

西安市干部网络培训 以“西安市干部教育在线”为载体，开展干部网络教育重点班次专题培训5076人；组织全市处级以下干部开展十八届五中全会精神专题培训19838人；开展干部网络选学3158人、市非公党建培训1459人；运用“干部教育在线”二级平台培训1095人，全年培训各级各类干部30626人次，超额完成年中共西安市委下达的年度网络培训任务。不断完善“干部教育在线”平台功能，初步搭建西安市干部教育师资库，师资库实行分类及动态管理，推进二级平台的使用。

加强内涵建设提高办学质量 在国家开放大学西安分部正式挂牌成立后，学校推进以网络技术为基础的现代远程开放教育领域下的教学模式改革、考核改革、平台改革、学生管理模式改革和专业及课程建设，持续加强大学文化建设，促进良好教风、学风的形成，探索更加符合成人教育规律的新路径和新模式。构建特色专业，与西安市安全生产监督管理局合作建设的《安全技术与管理》专科专业通过国家开放大学专业培养方案审定，已开始在全国招生。加大高等继续教育新增专业申报力度，组织申报铁道供电技术、铁道信号自动控制、汽车检测与维修技术、物业管理、工商企业管理、法律事务等6个新增专业。推进“学分银行”网站建设，制定学分认证、积累存储与转换制度，10月28日，“学分银行信息管理系统”正式上线，建设完成学前教育专业课程学分银行认证标准体系，初步实现幼师国培项目与学历学前教育课程学分的认证、积累与转换。

提升社区大学内涵品质 2016年11月1日，西安市教育局批复依托西安广播电视大学（西安社区大学）组建成立西安市社区教育指导中心，标志着西安市社区教育工作进一步推进，形成系统化、体系化发展新格局。创建“西安市

市民终身学习学分制”，实现市民学习信息统计。完成100单元系列微视频课程的拍摄、制作工作，与以往微课程相结合，初步形成反映西安本土文化特色的课程群，受到全国同行业领域高度关注，其中，“我师我秀”终身学习课堂学习品牌获得“西安市终身学习品牌”称号，“乐学西安 乐活西安”系列微课获“第二届NERC全国社区教育优秀微课程评选”一等奖，“‘乐学西安 幸福生活’终身学习课堂”项目获得2016年全国“终身学习品牌”称号。社区大学指导各社区学院开设老年教育课堂、社区教育培训课堂，通过课程集中面授、主题讲座、网上学习与论坛互动的多元培训模式，推进社区教育工作开展，年培训人数达10000人次。开展“庆三八 话养生”大讲堂活动、“2016年西安市社区教育工作培训班”等面授培训项目，共培训1000余人次。承办西安市“2016年全民终身学习活动周”“品质西安在身边——2016年西安市全民终身学习摄影展”，组织“西安市百姓学习之星”“西安市终身学习活动品牌”评选。

非学历继续教育 进一步扩大培训规模实现培训质与量的提升，全方位加快“西安电大培训”品牌建设。发挥西安电大网络优势，优化完善平台建设，加大移动学习端建设工作，优化、建设、升级改造“西安市专业技术人员继续教育网”，“陕西省专业技术人员继续教育基地”申请成功，全年各类专业技术培训人数达21253人次；完成5项“中小学教师国家级培训计划”、市级培训计划，共培训630人次；组织中小学教师资格证面试报名资格终审，审核13340人；组织2257人参加中小学教师资格证国考面试；完成5000余人2016年教师资格证合格申请资格认定及发放工作；开展2016年中学教师网络培训3000多人次。与西安市总工会合作建设的“西安市职工素质教育培训网”于12月2日正式开通，首期参与培训的各企事业单位职工20833人次。

课程优质资源建设 进一步完善和细化资源建设标准，强化资源建设质量，初步建立资源建设质量保障体系模式。通过完善资源建设机制，建立科学的激励机制，加强对专、兼职教师资源建设专业化能力提升培训，不断提升拍摄技术及效果。完成视频资源共建566节、系列微课201个，建设完成4门网络课程，同时立项5门网络课程建设。参加第二十届全国教育教学信息化展示，3个网络课程荣获三等奖、2个微课荣获二等奖和三等奖；组织开展西安电大2016年微课大赛，评选出获一、二、三等奖作品13件。6月，荣获国家数字化学习资源中心“2015年度优秀分中心”称号。

推进教学改革 推广混合教学模式，不断优化统筹直播课。在全系统范围内继续开展统筹直播课，两季选课人次达11911次；首次实现西安、青岛两市同时跨省接收课程视频教学；实现利用云共享，不限人次直播收看；不断完善选修课学习平台资源建设，有“课程群”36个，课程175门，实现利用移动设备随时随地在线学习和考试；强化学习过程性考核，加大教学过程的落实和检查，完成选修课程考试改革40门，选修课学习平台在线考试增加23门。（肖 泓）

特殊教育

◆概况 2016年，西安市有特殊教育学校8所，与上年持平。在校学生1604人，比上年增加231人，增幅16.82%；当年招生327人，减少11人；教职工359人，增加7人；其中专任教师246人，比上年增加6人。工读学校1所，与上年持平。在校学生26人，当年招生14人，减少3人；有教职工43人，其中专任教师33人，与上年持平。

◆西安市第二聋哑学校参加全国特殊教育艺术康复研讨会暨第六届现代特殊教育论文颁奖大会 2016年4月28—29日，中国特殊教育艺术康复研讨会暨第六届现代特殊教育论文颁奖大会在镇江市举行。会议以“全面实施艺术康复，促进学生融合发展”和“推进艺术康复教学，提升教师专业成长”为议题，以展示特殊教育艺术康复教育成果为手段，以《现代特殊教育》论文评选活动为抓手，以全国知名康复专家高水平康复教育讲座为引领，为全国特殊教育学校提供了很好的康复教育思路和宝贵经验借鉴。西安市第二聋哑学校报送的6篇参评论文从5000余篇参赛论文中脱颖而出，1人获一等奖、2人获二等奖、1人获三等奖。

◆2016年陕西省特殊教育学校省级教学能手评选活动 2016年5月8—10日，陕西省2016年特殊教育教学能手评选活动在西安市第二聋哑学校举行。全省10个地市及韩城、府谷、神木3个省管市、县24所特殊教育学校的30名教师参加评选活动。

◆西安市启智学校参加2016年西安特奥足球融合赛 2016年5月14日，在第26个“全国助残日”到来之际，西安市启智学校12名特奥足球运动员赴西安体育学院参加2016年西安特奥足球融合赛、特奥健康计划活动。特奥足球融合赛由国际特殊奥林匹克东亚区和中国特奥委员会主办，陕西省残疾人联合会、陕西省体育局、西安市残疾人联合会、西安市体育学院承办，陕西省特奥委员会、陕西省康复医院、西安市启智学校协办。来自西安市启智学校、西电阳光家园、西安市儿童福利院等机构及各区（县）16支队伍共160名特奥运动员及融合伙伴参加本次比赛，最终西安市启智学校获得奖牌20枚。

◆西安市盲哑学校举办新课程理念培训

2016年6月16、17日，西安市盲哑学校特别邀请教育部特殊教育学校新课标专家、南京特殊教育师范学院李泽慧教授，为全体教师进行新课程理念专题培训讲座，并现场指导学校盲、聋两类课堂教学。李泽慧教授听了聋生部三、四年级的两节沟通与交往课和盲生部的两节语文、数学课，并为全校教师做主题为《对聋校<沟通与交往>课程的思考》《特殊教育专业化标准背景下的教师专业化发展》的专题讲座。

◆香港田家炳基金会和香港教育大学代表团调研西部特殊教育师资培训工作

2016年9月13日，香港田家炳基金会和香港教育代表团一行在陕西省教育厅、西安市教育局领导陪同下，到西安市盲哑学校调研西部师资培训工作。在学校观摩中西面点制作和汽车美容装潢专业的实操课，查阅茶艺、核雕、棉絮画等校本课程，观摩听障和视障课堂教学，观看学生的文艺表演。

◆西安市启智学校教师在全国第四届教育康复技能大赛获佳绩 2016年11月19—22日，全国第四届教育康复技能大赛在广州举行。西安市启智学校3名青年教师报送初赛视频。经过评委会评审，毛鑫辉、张飞虎分别获得一等奖和三等奖。经过现场观摩教学，毛鑫辉获得大赛一等奖第一名。

◆西安市第二聋哑学校教师获2016年全国特殊教育学校信息技术与职业教育课堂比赛一等奖 2016年12月7—11日，西安市第二聋哑学校王艺博等4位老师参加在佛山市举行的2016年全国特殊教育学校信息技术与职业教育年会，来自全国各地的500多名特殊教育学校校长和老师齐聚佛山，共同探讨特殊教育职业教育发展新方向。西安市第二聋哑学校王艺博老师参评的职业教育实录课《摄影的后期制作——给人美化皮肤》获得大赛一等奖，并在参会现场再次进行汇报展示，受到全国各地特殊教育专家和老师的一致好评。（高 峰）

科学研究和技术服务

责任编辑　曹毅强

自然科学研究与应用

◆概况 2016年，西安市科技工作以系统推进全面创新改革试验区和高新区国家自主创新示范区建设为重要任务，落实创新驱动发展战略，主动服务“品质西安”建设。全年实施市级科技计划项目106项。申请专利量46103件，授权量38279件；科技大市场入网仪器设备10018台（套）；支持52家“科技小巨人”企业创新发展，累计3年培育“科技小巨人”企业158家，全市“科技小巨人”企业达到1185家。出台市级支持众创空间发展具体措施，建成众创空间126家，成功获批2016年国家小微企业创业创新基地城市示范；支持93家企业开展专利信息分析和知识产权贯标试点，提高知识产权创造、运用、管理和保护能力；全年为576家科技型企业提供融资服务，争取科技金融贷款19.1亿元；组织1013名科技人员为114家科技企业解决技术难题。

◆科技金融创新合作 2016年，西安市科学技术局围绕全面推进西安国家自主创新示范区建设重点任务，创新科技金融工作机制，构建以知识产权质押融资为特色的科技企业融资服务体系；建立健全科技信贷风险补偿机制、科技保险补贴机制，发挥种子基金的杠杆作用；完善以知识产权质押为核心的信贷、担保、信托等多元化融资体系。科技金融合作机构增多，融资产品多样化。浙商银行股份有限公司西安分行、广发银行股份有限公司西安分行等5家商业银行，陕西长安融资担保股份有限公司、西安曲江文化产业融资担保有限公司等5家担保公司开展科技企业信贷业务。在科技金融政策的引导下，各合作银行推出创新力度强、种类多的信贷产品。中国建设银行的“高新贷”、浦发银行的“微小宝”、北京银行的“智权贷”等近10个创新产品满足了中、小科技企业不同的融资需求。针对陕西联控机电设备有限公司、西安康瑞矿用设备股份有限公司和西安励致科技有限公司3家科技金融贷款企业发生的贷款逾期，西安科技金融服务中心按照《西安市科技金融结合业务风险补偿办法》，及时启动风险代偿机制，与西安创新融资担保有限公司、西安市科学技术局、西安市财政局对3家贷款企业进行核实，确定企业贷偿金额后，向西安创新融资担保有限公司担保支付222.62万元的风险补偿，向中国建设银行补偿400多万元。知识产权质押融资工作开展以来，首次启动陕西佳欣能源实业有限公司、陕西海天石油科技有限公司2家企业的银行直贷业务的贷偿补偿，对解除科技金融合作机构后顾之忧、增强各科技金融合作机构的贷款信心起到重要作用。西安科技金融服务中心作为西安科技创业种子投资基金的管理人与西安交通大学、中国科学院西安光学精密机械研究所进行合作，为科研院校改革创新提供服务。阶段参股西安西交科创股权投资合伙企业（有限合伙）基金、陕西西科天使三期商务信息咨询合伙企业（有限合伙）基金，参与医疗健康、科技、教育、金融创新等战略性新兴产业的投资；与西安理工大学、陕西科技大学、西北化工研究院、西安微电机研究所、西北大学等围绕科研院所成果转化、体制改革等方面进行多次沟通，初步达成合作方案。

◆西安科技大市场 2016年，西安科技大市场坚持“交易、共享、服务、交流”的功能定位，坚持科技资源统筹与创新服务并进，构建形成区域科技创新综合服务体系。截至年底，西安科技大市场吸纳入库大型仪器设备10018台（套）；举办各类产学研交流对接活动2048场次；加盟科技服务机构588家；网络平台注册会员超过2.7万个，网络浏览量突破600万次。持续构建以技术经理人为核心的技术转移产业链，培育技术转移市场化服务体系。制定《技术经理人业务指导意见》，构建技术经理人培养体系、跨区域技术转移对接平台，探索科技成果转移转化新路径。截至年底，西安技术经理人协会发展单位会员55家，认证技术经理人机构32家、技术经理人75人。全年开展各类技术转移对接交流培训活动23场次，参与人数2500余人次。大型仪器设备共享公共服务平台依托现有资源，推进检验检测产业聚集发展，建立健全检验检测产业化人才培养体系，探索大型仪器设备共享率与使用率的耦合路径。深入对接高校、军工院所，探索大型仪器设备新型开放共享合作模式。全年受理奖补申报单位63家，奖补金额679.33万元。坚持“政府+市场”开放融合发展模式，全面推进河南济源、河南三门峡、陕西宝鸡、山西运城、福建晋江、浙江宁波、江苏苏州等地合作事宜，通过整合区域间科技要素共享和技术自由，探索资源聚集新路径，聚集发展新优势，构建区域创新网络。2月，成立标准化工作办公室，负责国家级科技服务综合标准化试点项目建设、技术转移团体标准研制、技术交易相关国家标准起草等工作。围绕“标准化+”战略，与企业、高校、科研院所开展深入合作，提供标准化信息咨询服务、标准数据库服务、标准化试点申报等专业标准化服务。编制完成以总体通用标准为基础，统筹科技资源和新兴服务业态标准为支撑，涵盖标准化导则、管理标准、工作标准、技术标准等81项标准在内的标准体系设计，参与申报并制定《技术转移交易信息披露规范》国家标准。6月，发布《技术经理人培训规范》5项团体标准；8月，发布《2016年度科技大市场标准编制计划》；12月，首次召开国家级科技服务综合标准化试点标准专家评审会，通过10项科技服务标准审批。

◆高校、科研院所科技成果转化 2016年，西安市科学技术局按照“破障碍、统资源、扩产业、促转型”的思路，首批遴选西安交通大学、西北大学、西安理工大学、陕西科技大学、西安文理学院5家高校作为高校改革试点单位；确定中国科学院西安光学精密机械研究所、西北有色金属研究院、西安电力电子技术研究所、陕西石油化工研究设计院、西安微电机研究所5家科研院所作为试点单位进行创新改革先行、先试。各试点高校积极探索，在成果转化、项目经费管理、科研奖励等方面出台具体政策。西安交通大学修订《西安交大科技成果转化管理办法》，简化和明晰科技成果转化审批手续和流程；筹备建立重点产业技术研究院，成立西交种子创投基金。西北大学以深化与陕西延长石油（集团）有限责任公司的校企合作模式为重点，探索教授众筹、建设三创空间等转化新方式。西安理工大学出台《西安理工大学促进科技成果产业化管理办法（暂行）》，筹备建立产业研究院有限公司，建设众创空间，成立创业投资公司。陕西科技大学以探索科技成果权属的混合所有制改革、建设专业技术转移中心为重点，试行科技成果委托使用和处置权管理制度。西安文理学院制定《推进科技成果转化与技术转移工作的若干实施意见》《西安文理学院技术服务类项目经费管理办法》，搭建“表面工程与再制造重点实验室”等5个创新平台，以人才双向培养为重点，探索“企业定制式”的应用型人才培养模式。试点高校启动评价机制改革，完善科技人才职称评价标准和方式，把科研成果和科技人员职称评定结合，增设成果转化绩效评价指标，提高成果转化在科技人员岗位考核和职称评定中的权重。中国科学院西安光学精密机械研究所在复制推广“开放办所、专业孵化、择机退出、创业生态”发展模式的基础上，围绕创新用人模式、完善人才评价机制方面开展探索，通过人才引进和双向流动，推动科学技术成果使用、处置和收益“三权”落地见效。西北有色金属研究院在总结推广“三位一体、股权激励、资本运作、母体控股”发展模式的同时，通过建设省级创新人才培养示范基地、稀有金属新材料中试及产业化基地等工作，进一步完善股权激励机制。西安电力电子研究所重点推动股改企业整体上市，通过健全成果转化机制，加大员工持股力度。西安微电机研究所完成股权改革，实施员工持股计划，重点吸引社会投资，孵化培育混合所有制企业。陕西石油化工设计研究院重点推进股份制改造，推动股份制创新型子公司组建。

◆27个项目获国家科学技术奖 2016年，西安共有27个项目获国家科学技术奖，其中自然科学奖6项、技术发明奖6项、科技进步奖15项。西安获奖项目团队表现突出，中国工程院院士、第四军医大学西京医院樊代明带领的“消化系肿瘤研究创新团队”是迄今为止西部地区首个获奖团队。该团队以第四军医大学和香港中文大学相关专家为骨干，由来自消化内科学、肿瘤学、生物化学、免疫学、遗传与发育学等学科的40余人组成，其中91.5%拥有博士学位，带头人及核心成员担任国际学术任职7项，牵头和参与国家973计划、863计划、国家重大新药创制和传染病专项等项目近百个，发表SCI论文665篇，获省部级一等奖以上奖励21项、发明专利32项。建成了覆盖全国27个省和直辖市、82个地级市的消化系统疾病防治网络，完成3.3万人次高危人群的早期癌症筛查，在消化系统恶性肿瘤发生发展的分子机理研究方面取得重大进展，建立早期诊断和治疗消化系肿瘤的新策略，形成了延缓不同阶段恶性肿瘤发展的新方法，关键技术和多项成果居世界领先水平。

◆西安市科学技术奖揭晓 2016年度，西安市科学技术奖励深入贯彻国家和全省科技创新大会精神，加快实施创新驱动发展战略，深入推进全面创新改革，推动品质西安建设。全市共99个项目获得西安市科学技术奖励，其中西安天力金属复合材料有限公司“新型层状金属复合材料爆炸焊接关键技术及产业化”等11个项目荣获西安市科学技术进步一等奖；陕西诺维北斗信息科技股份有限公司“北斗星诺系列产品”等35个项目荣获西安市科学技术进步二等奖；西安庆华民用爆破器材股份有限公司“导爆管高速高效生产工艺技术”等53个项目荣获西安市科学技术进步三等奖。

◆技术市场 2016年，西安市科学技术局不断深化技术市场和技术转移服务体系建设，与西安市财政局联合出台《关于印发加快技术转移转化的若干措施（试行）》，稳定技术市场健康发展。全年实现技术市场合同成交19421项，合同成交额732.81亿元，占全省技术交易额（802.74亿元）的91.29%。其中，技术开发和技术服务类合同在交易活动中占主导地位，合同成交数分别为7969项、10237项，合同成交额占比分别为41.042%、52.71%。

◆农业科技创新计划 2016年，西安市科学技术局投入财政科研经费2500万元，组织实施农业科技创新计划项目9项，主导产业创新示范项目8项，主要支持灞桥樱桃、户县葡萄、周至猕猴桃、临潼石榴、长安草莓、高陵设施农业、阎良甜瓜、蓝田核桃8大主导产业的技术创新集成与示范；实施农业科技服务体系建设项目1项。联合西安市人力资源和社会保障局、西安市财政局聘任137户为“2016年西安市农村科技示范户”。通过科技示范项目与示范园、示范户的带动作用，进一步推动农业科技创新和产业发展，促进全市社会主义新农村建设。

◆农村科技服务体系建设后补助工作 2016年，西安市科学技术局投入科技经费300万元，组织开展农村科技服务体系建设项目。根据西安市科学技术局、西安市财政局《关于印发西安市农村科技服务体系建设后补助实施意见的通知》，对15家服务机构的农村科技服务工作按照规定程序进行专家考核，并根据专家考核认定的任务完成量进行量化分数核定，计算建设后补助经费金额。全年15家服务机构购置服务平台仪器设备价值55.5万元，举办远程网络培训36场次，实地培训309场次，提供分析检测服务费2.4万元，推广新品种新技术71项（个），争取中省项目支持11项，制定地方性规范标准及实用技术规程28项，在省、市、区（县）媒体进行农业科技宣传活动89次。

◆“农业科技创新服务月”活动 2016年，西安市科学技术局深入贯彻中央一号文件精神，加快推进农业科技创新，推动城乡统筹发展。3月中旬至4月中旬，联合西安市统筹城乡发展工作领导小组办公室、西安市财政局、西安市农业林业委员会在全市10个涉农区（县）联合组织开展“西安市农业科技创新服务月活动”。活动期间，组织来自高校、科研院所的知名专家进行专题培训；100余位市级农业科技特派员赴生产一线进行指导培训；近200名农村科技示范户及100多家农业科技示范园（示范基地）结合各区（县）当地农业主导产业，依托西安星火科技“12396”信息服务平台等资源，通过远程培训、现场指导、集中开班授课、发放技术材料等方式，开展形式多样的指导、培训和试验示范活动近1000场，对进一步提升西安都市型现代农业发展水平，实现农业增效、农民增收发挥了重要作用。

◆2016全国大众创业万众创新活动周西安分会场活动 2016年10月12—18日，2016全国大众创业万众创新活动周西安分会场活动举行。本次活动以“发展新经济，培育新动能”为主题，以西安高新技术产业开发区西安市众创示范街区为主会场，在新城区、西安曲江新区设分会场。10月12日，启动仪式在“i-创途”西安市众创示范街区举行。“i-创途”西安市众创示范街区”拥有孵化面积1.9万平方米，聚集了西安交通大学、西北工业大学、联创智荟、非凡士3D打印平台、乐博士机器人平台等各类创业服务机构19家，启动仪式当天展示省、市、区各类双创成果展品近100件。活动周还围绕7个主题，开展10余场多形式、广参与、挖深度、有活力的创业活动，通过启动仪式、创业主题论坛、创业挑战赛与训练营、第二届城市创业运动会、第二届西安极客音乐节、读书分享会等活动，激发全民关注创业、参与创业的高涨热情。

◆首届中国创新挑战赛（西安） 2016年12月4日，首届中国创新挑战赛（西安）现场挑战赛在西安创新设计中心举行。来自国内、国外的20多家技术需求企业，50多家高校和科研院所代表300多人参加。挑战赛通过“揭榜比拼”方式，面向社会公开征集解决方案的创新众包服务活动。按照赛制规程，通过发布企业需求、征集解决方案，进行筛选分类、智库查新、专家审核等一系列程序，最终确定具有创新性和代表性的3项难题需求进入大赛的现场挑战赛。每项难题需求对应3家研究机构进行现场比拼，由专家提问并评分，竞争出优胜方案和优秀方案。大赛最终决选出三个优胜奖和六个优秀奖。同时，组织需求企业与解决方案方进行现场对接，实现22项技术需求与41个技术方案的有效对接，现场签订合作协议15项，合同金额合计3130万元。

◆知识产权保护 2016年，西安市知识产权局着眼城市发展需要，加强对知识产权政策、制度的调研和论证，编制《西安市知识产权“十三五”发展规划》，落实《西安知识产权战略推进资助办法》，从专利创造、运用、保护、管理、服务、人才培养等多个层面支持全市专利事业的发展。加大财政投入，全市投入财政资金11038.93万元，用于推动知识产权工作，比上年增长8.5%。其中，知识产权创造工作经费2687.05万元，用于全市发明专利申请的资助和授权的奖励，提升知识产权创造数量和质量；知识产权运用工作经费7387.38万元，用于开展专利质押融资、降低轻资产研发型企业的融资成本，开展专利信息分析利用等工作，帮助企业合理布局专利、有效规避研发风险，提升专利运营能力；开展专利执法、维权援助等知识产权保护工作经费17万元；“国家知识产权示范城市”建设和区域知识产权发展经费850万元；知识产权宣传培训、人才培养工作经费97.5万元。把专利申请量、授权量等知识产权年度指标列入省、市两级目标考评范围，以考核为杠杆，积极指导各区（县）、开发区和企业事业单位重视知识产权工作。全年西安市专利申请量46103件，授权量38279件，增长50.87%，其中发明专利申请18569件，发明专利授权量6686件；西安市发明专利有效量累计24368件；万人发明专利拥有量27.59件。加强执法和维权工作，提升知识产权保护整体水平。把提升行政执法整体水平作为“国家知识产权示范城市”建设的重点内容，并不断完善工作机制，加强队伍建设，逐步形以西安市知识产权局为主体，市、县（区）联合办案的执法机制。在雁塔区、碑林区等5个区（县）开展专利行政委托执法工作，加大日常执法工作力度，开展“护航”“闪电”等专项行动，加强对商品流通领域和大型超市、商场、药店等案件高发场所的执法力度。全年开展专利执法检查19次，出动执法人员90余人次，检查商业市场19个，涉及商品8000余件；查处涉嫌假冒专利案件182个，比上年增长30%，涉案商品950件。全年联合区（县）组织维权培训10场次，参加培训企业350家；接听维权咨询电话200余次，接待来人咨询投诉100余次。西安市知识产权局被国家知识产权局和公安部授予“2015年度全国知识产权系统和公安机关知识产权执法工作成绩突出集体”。

◆知识产权宣传培训 2016年，西安市知识产权局加大知识产权宣传力度，营造尊重知识产权的氛围。利用电视、网络、报纸等媒体平台，通过举办报告会、讲座、展览等多种形式，积极开展知识产权宣传，进一步提高社会公众知识产权保护意识，营造“尊重知识、崇尚创新”的良好氛围。在“3·15”“4·26”“专利周”等重要时间节点，与西安市工商行政管理局、西安市版权局和各区（县）知识产权部门大力开展知识产权法规政策宣传活动，提高市民对《中华人民共和国专利法》等法规政策和知识产权基本知识的了解。组织雁塔区、碑林区、户县等8个区（县）分别在人流量较为集中的广场开展知识产权宣传活动，摆放宣传展板，发放图书、手册、宣传页等知识产权材料1万余册，接受群众咨询2000余人次。面向“科技小巨人企业”技术主管、专利工程师、科技服务机构骨干开展系列培训，参训企业达160余家5000余人次。指导专利服务机构赴高校、科研院所、企业，进行专利基础和实务培训，培训人员超过2万余人次。建立面向“双创”基地、孵化器和“科技小巨人企业”的专利特派员制度，探索面向小微企业和“众创”空间的专利托管制度，为“双创”和小微企业提供上门服务和个性化服务。完成“西安知识产权网”改版工作，及时更新发布知识产权活动的相关进程和动态。在《中国知识产权报》发表稿件24篇，其中6篇专题稿件；在《全国专利信息服务聚焦》发表专题稿件3篇。

◆知识产权质押融资 2016年，西安市加快实施创新驱动发展战略，深化科技金融结合，以知识产权为核心的质押融资工作发展迅速，西安市被国家知识产权局列为“全国知识产权质押融资试点城市”，全市知识产权质押融资额居全国第二位，知识产权已成为西安中小微科技企业融资的有效途径。西安市科学技术局按照“全国知识产权质押融资试点城市”工作进度、任务要求、工作指标，组织开展融资对接现场会、专题调研、宣传咨询等活动，扩大知识产权质押融资工作的影响面。联合西安市财政局制定出台《西安市科技金融结合信贷业务资金管理办法》《关于鼓励科技企业吸引创业投资支持的若干措施》等系列政策，改变科技企业用传统的实物抵押贷款状况，实现利用真正体现企业价值的知识产权进行融资的途径。截至年底，推荐以知识产权为核心的质押融资企业23批，406家企业获得贷款，贷款金额19亿元，比上年增长10%，呈现稳步增长的发展势头。全年下达知识产权质押贷款贴息、担保补贴等资金2387.38万元，进一步加大知识产权质押融资，特别在纯知识产权质押融资的贷款额度、奖励补助、风险分担和补偿等方面的支持力度，让更多的科技企业从中受益。加强科技金融质押融资宣传工作。分别在《西安晚报》《三秦都市报》《人民日报》和西安电视台、陕西知识产权网、西安知识产权网等媒体就知识产权质押融资进行多次宣传报道。

◆国家知识产权运营公共服务平台军民融合（西安）试点平台启动 2016年2月24日，国家知识产权局与陕西省人民政府第二轮知识产权合作会商签字仪式暨第一次会商会议在西安举行。会上，国内唯一国家级军民融合特色知识产权运营平台——国家知识产权运营公共服务平台军民融合（西安）试点平台正式启动并发布上线。平台设置军民融合、交易市场、智汇商城、运营服务、大数据中心5大核心特色板块，围绕军民融合自身发展的核心命题，积极建立知识产权与军民融合的桥梁，以打通专利技术与产业实现的壁垒作为发展目标，充分利用当前经济社会发展和科技进步的深厚土壤，以目标用户的实际需求为导向，提供知识产权运营、知识产权投资等诸多服务，其中包括专利价值评估、专利技术效果认定和专利技术投资孵化3种由军民融合平台自主研发的特色服务，不仅缓解了专利转移转化中资金需求的难题，也为众多企业、科研院所提供快捷、免费查询全球专利文献的服务功能。同时该平台还免费为国有企业、高校及科研院所的专利进行挂牌、公示，有效缓解了高校科技成果流失的问题。

◆日本专家专业技术指导 2016年6月15—18日，西安市科学技术局、西安拾翠园林绿化有限公司邀请日本农业专家池田久和传授、交流日本园林生态经济理念和先进的生产管理技术。在西安拾翠园林绿化有限公司石匣专业绿色农林生产基地与西岔基地，池田久和实地勘验园林布局和土地使用情况，并与技术人员进行面对面交流，进行园林生产技术培训与指导。池田久和还带来菌类样本，现场给公司技术人员讲解基料、菌苗等方面的知识，介绍利用废料经转化变为饲料和肥料，并无一废弃物的高效生态循环利用过程。10月24—28日，西安市科学技术局、陕西省微生物研究所邀请日本专家佐藤千秋与陕西省微生物研究所青年科技人员就微生物肥料的开发及产业化及科研成果的转化进行交流。在长安区和户县设施农业栽培基地考察期间，佐藤与农户及农业基层科技人员就农业生产实践中遇到的问题进行深入探讨，对农业种植过程中病害的防控技术进行现场指导，并对农户种植过程中的病害管控提出意见和建议。

◆中美韩知识产权交流会 2016年7月26日，由西安科技大市场、韩国YOU ME知识产权公司、西安英纽维特知识产权俱乐部联合主办的中美韩知识产权交流对接会召开，近百家企业的知识产权负责人参会。韩国YOU ME公司中国专利代表、三星电子半导体专利业务组美国律师、美国专利律师分别从韩国知识产权趋势、美国知识产权制度、美国专利申请注意事项、知识产权申请中技术与市场的把控等方面进行阐述，对中国企业在海外专利申请支付费用、申请审查程序与申述进行详细介绍，并与其他与会者进行交流。（梁　莉　王　春）

社会科学研究

◆**概况**　2016年，西安市社会科学院（西安市社会科学界联合会）、西安市丝绸之路经济带研究院以西安市经济、社会发展中的重点、难点、热点问题为导向，紧密围绕中共西安市委、西安市人民政府中心工作开展应用性对策性研究，科研工作进展顺利，学会、科普等工作有序进行。顺利完成《2016西安经济发展报告》《2016西安社会发展报告》《2016西安文化产业发展报告》，高质量完成《西安市哲学社会科学“十三五”发展规划》《“品质西安”建设研究报告》《咏西安诗词名篇精选》《丝路从西安延伸（五个分册）》等报告、书籍的编写任务，以及“精准扶贫视域下的农村实用人才的培养研究”“党的十八大以来纪检监察工作新理念新经验新成效”等重点课题研究任务。其中，多项课题发表于《中国社会科学报》《陕西日报》《西安日报》等主流媒体显著位置；《“品质西安”建设研究报告》得到西安市人民政府主要负责人批示。编辑《社科动态》和《领导参阅》，及时将社科研究成果报送中共西安市委、西安市人民政府，为决策建言献策。西安市社会科学院被中国社会科学院评为“全国城市社科院先进单位”。

◆**社科规划基金课题管理**　2016年，西安市社会科学院（西安市社会科学界联合会）、西安市丝绸之路经济带研究院对《西安市哲学社会科学规划基金管理办法（暂行）》进行进一步修订完善，使社科课题立项、结项更加科学规范。5月，发布2016年度西安市社科规划基金立项，346个项目获准立项，主要围绕西安市经济社会发展中的重点、难点、热点问题开展研究。其中，创新项目1项，攻关项目2项，重大项目23项，重点项目61项，一般项目186项，自筹项目73项，涉及丝绸之路经济带建设专题，经济学、管理学，哲学、政治学、法学、社会学，旅游、新闻传播、文化事业、文化产业，教育学、心理学，历史、文学、艺术、体育6大类多个学科。申报者中，中、青年骨干教师多，占总数的50%以上；民办学校申报的积极性高，占总数的20%。组织专家对一批课题进行结项评审，评出优秀课题35项、不合格课题13项。

◆**社科课题研究**　2016年，西安市社会科学院（西安市社会科学界联合会）、西安市丝绸之路经济带研究院坚持问题导向，紧密结合西安经济、社会发展实际设置课题，集中优势力量确保高质量完成各项重点任务，主要科研课题包括社科基金类科研课题、横向课题类科研课题和院内科研课题。通过西安社会科学基金平台组织进行遵循“五大发展理念”、加快推进丝绸之路经济带建设研究，“一带一路”战略下的西安优势产业选择研究，丝绸之路经济带建设中西安国际化大都市形象标识创意策划研究，丝绸之路经济带建设对西安打造内陆开发开放高地的意义研究，“一带一路”战略下西安优势产业的选择与发展研究，西安与丝绸之路经济带沿线地区跨文化交际研究，“一带一路”战略下西安服务贸易发展策略研究，丝绸之路背景下的西安旅游业国际化发展对策研究，西安市丝绸之路文化遗产档案数据库建设研究，西安与中亚国家丝绸之路旅游战略框架合作研究，“新丝绸之路经济带”建设背景下的中亚人文环境分析，物流产业聚集背景下的丝绸之路经济带区域物流智能平台建设研究，上海自贸区示范效应推进西安对外经济发展的对策研究，西新欧与渝新欧、郑新欧、蓉新欧的比较研究等。

“品质西安”建设研究　西安市社会科学院经济学研究所主持完成。组建了由经济、社会、文化等多学科专家组成的课题组，分赴杭州、南京、宁波、苏州、成都、武汉、长沙等地实地调研，提出“品质西安”建设的思考和建议。经研究并结合西安发展特色，提出在新一轮的城市竞争中，西安必须面向世界、着眼未来，着力发挥城市特色，攻坚克难，系统推进，积极建设“人文之都，品质之城”，并分别从经济发展品质、文化建设品质、城市治理品质、宜居环境品质、对外开放品质、人民生活品质、政府服务品质7个方面提出相应的对策建议。最后，课题形成8个子报告、2篇理论文章和1个总报告。

西安市社会事业发展短板和对策研究　西安市社会科学院研究员张永春主持完成。研究认为，在15个副省级城市的比较当中，西安的社会事业总体发展水平较低，与经济还不能同步协调发展，与人民日益增长的多样化需求还存在差距。西安各级党委和政府要像抓经济建设一样抓社会发展，必须克服过去重视经济建设、轻视社会建设的思维定势，彻底扭转经济腿粗、社会腿细的畸形格局，大力抓好经济发展和大力促进社会发展要并重、并提、并行，从理念层面尽快全面转入操作层面，形成上上下下、方方面面齐抓共建西安社会事业的局面。年初，把社会事业的相关指标列入考核目标；年终，认真考核，落实奖惩。

陕西省农村贫困儿童生存发展状况研究　由陕西省妇女儿童工作委员会党洁、尹燕德，西安市社会科学院研究员王国琪、赵银侠主持完成。从贫困儿童生存发展的外部环境、家庭结构与家庭关系、家庭成员身心素质、家庭物质经济条件、社会支持环境、健康、教育与社会保障等方面切入，对陕西省贫困儿童的生存发展状况进行了深入调研。调研发现，贫困地区存在的主要问题有：贫困儿童所处的自然生存环境差，家庭生活环境差，留守儿童、事实孤儿现象与健康问题突出；贫困儿童家庭的经济收入水平低下；贫困儿童家庭成员的健康水平、知识技能水平整体较差；医疗与教育陪读负担过重；贫困地区家庭教育服务资源极其匮乏，家庭教育能力严重不足；特殊贫困儿童生存与发展仍面临诸多问题等。建议从创新精准扶贫工作机制、完善社会保障制度与福利政策、提高医疗卫生保健服务水平、消除教育致贫因素、加强教育监管、提高家庭教育能力、提高贫困儿童社会福利水平、重点关注特殊困境儿童、改善贫困地区基础设施条件等方面入手，为贫困儿童生存发展创造良好的环境与条件。

精准扶贫视域下的农村实用人才的培养研究　西安市社会科学院政治学研究所白瑾主持完成。认为西安市在贫困地区借助农村实用人才培养，加快农村劳动力的就业能力提升，是一个不错的扶贫措施。但是，在以下几方面还需要继续加强：切实加强基层组织，发挥农村致富“领头羊”作用；做好农村青年人的职业培训和教育扶贫工作，提升青年人就业创业能力；开展科技技术扶贫，以专业科技人才培训提升农民科学素养；开展网络、电商下乡，以“电商扶贫”加强农村经营人才队伍建设；开展产业扶贫，以“龙头企业（合作社）+农户”“农业+旅游业”的发展模式培养职业农民；坚持选派“第一书记”、大学生“村官”工作，加强扶贫干部的培训力度和制度建设。

西安历史文化遗存保护利用与研究　西安碑林博物馆研究员景亚鹂主持完成。课题就如何立足陕西实际，进一步追根溯源、强基固本、创新奋进，在“追赶超越”的同时，坚定文化自信，为中华文明的传承与发展做出新贡献，提出建议。认为西安的文化遗存中，儒、释、道三教庙宇尤为突出，具有始建早、分布广、涵盖多、延续久等特点，在全国范围内堪称前列。课题定位于利用西安

历史文化遗存资源，追溯陕西的文化脉络，重点以儒、释、道古代庙宇遗存以及相关碑刻为基本素材，挖掘优秀传统文化资源背后悠久丰厚的历史文化，彰显其有别于其他地域的丰富性和唯一性，明确其对中华文明发展和中国历史进程的标志性和决定性作用，为夯实文化自信提供素材。课题对各个庙宇文化进行了个案研究，从寺院“建制沿革”“时代特点”“宗教派别”等方面进行细分，突出“文化利用”等方面加以研究阐述。

西安市加强生态文明建设的制度构建和实施路径研究 西北大学经济管理学院教授惠宁主持完成。课题由10部分内容构成。第一部分主要阐述研究选题的理论意义和实践意义。第二部分对生态文明的内涵、生态文明建设的制度体系、生态文明建设模式、生态文明建设的实施路径的研究现状进行文献综述。第三部分以可持续发展理论、循环经济理论、外部性理论、公共产品理论为基础，对生态文明建设的理论基础进行深入分析。第四部分分析西安市生态文明建设的环境因素，包括发展机遇与未来发展面临的挑战、优势与劣势等。第五部分按照“提出问题—分析问题—解决问题”的基本思路。第六部分分阶段提出西安生态文明建设的总体目标，从因地制宜、以人为本、可持续发展、生态优先4方面提出西安市生态文明建设的基本原则。第七部分从树立生态意识、推动地方政府职能转向、实施生态经济战略、优化调整产业结构、完善相关法律法规等方面提出西安市生态文明建设的重点。第八部分提出西安生态文明建设的制度体系。第九部分是在第五部分分析生态文明建设现状的基础上，详细论述推进西安生态文明建设战略的实施路径。第十部分从产业政策、税收政策、金融政策、法律及行政政策、科技政策和人才保障等方面提出西安推进生态文明建设的政策建议。

西安供给侧改革研究——制约西安发展三大问题与对策 西安交通大学教授袁晓玲主持完成。研究基于中观经济学视角，分析西安近20年经济发展历程，对“十二五”期间西安经济发展取得的成就、面临的机遇和挑战、存在的问题进行深入研究，认为西安经济运行机制主要存在产业功能区发展混乱，经济带动效应不强；主导产业竞争力不强，产业结构亟待优化；创新能力动力不足，创新环境有待改善；房地产市场发展无序，推动经济增长效果不强等问题，但是总体面临的机遇还是大于挑战。对新常态下促进西安经济运行机制发展的对策加以探讨，提出整合产业功能区资源，创新管理发展模式；着重推进产城融合，结合自身实际发展；加快产业转型升级，提升主导产业竞争力；推进全面创新改革，加快全市经济发展；规范房地产市场发展秩序，保障社会经济平稳发展；扩大内陆改革开放程度，优化城市发展格局等建议。

“一带一路”战略新型智库信息工程西北信息中心建设研究 陕西师范大学教授赵豪迈主持完成。认为面向“一带一路”战略需求，为了推进“一带一路”智库建设，必须采取正确的“一带一路”新型智库信息资源开发服务策略。“一带一路”战略新型智库信息资源组织策略包括：建立、健全体制机制，加强信息资源组织保障建设；完善智库人才吸纳机制，提升智库服务能力；建立智库评价指标体系，建立智库优胜劣汰机制等。“一带一路”新型智库信息工程服务平台建设包括新型智库信息虚拟网络建设、新型智库信息工程系统建设、新型智库信息工程数字资源建设、新型智库信息工程信息资源标准规范建设、新型智库信息合作网络建设等。“一带一路”战略新型智库西北信息中心是“一带一路”战略新型智库信息工程的重要举措和关键支撑。鉴于陕西省在“一带一路”建设中的战略地位，陕西省和西安市有基础和优势建设“一带一路”战略新型智库西北信息中心。应注重专题数据库、信息平台和长效管理机制的建立，以促进“一带一路”战略新型智库信息资源建设，推进“一带一路”新型智库的发展。

西安市纸质学术期刊的转型与创新研究 长安大学教授赵文义主持完成。认为西安作为陕西省的省会城市，学术期刊数字出版的所有可能的运行模式西安地区都应该积极尝试，或者作为全国的改革试点先行探索，为相应的政策机制的形成和完善提供实践基础。在现有学术期刊出版体制的基础上，学术期刊的数字出版可以选择基于期刊的商业集成数据库模式、基于作者的商业集成数据库模式、开放获取的集成数据库模式、微信出版模式、公共数字出版模式、淘宝模式、众筹模式、PPP模式、引文索引加链接模式、学术搜索加链接模式等。为了推进西安学术期刊数字化转型与创新，使各种多元化的学术期刊数字出版模式能够有效缓解数字出版与传统出版之间的矛盾，应该重构学术期刊的价格体系，明晰学术期刊的产权归属，强化学术期刊出版市场主体的培育，提升学术期刊出版人才的素质，提升学术期刊数字出版的伦理建构和共识，充分发挥政府出版主管部门的主导作用。虽然在有些方面西安无法摆脱国家学术期刊出版体制的束缚，但是可以与国家主管部门积极沟通，作为改革试点先行探索和尝试。

◆社会科学新著 2016年，西安市社会科学院（西安市社会科学界联合会）、西安市丝绸之路经济带研究院围绕“品质西安”建设，对经济、社会发展中的重点、难点、热点问题开展研究，深入基层，广泛调研，编纂出版一系列有重大参考价值和理论价值的社科新著。

《咏西安诗词名篇精选》 西安曲江出版传媒股份有限公司出版发行。该书精选先秦以来的135名作者题咏西安的诗词曲赋名篇佳作155首，加以注释、点评、配图，集中展示西安的辉煌历史，体现西安深厚的文化底蕴，彰显城市的文化特色。

《丝路从西安延伸大型文化丛书》 由西安市社会科学院、西安市丝绸之路经济带研究院牵头组织西北大学、陕西师范大学、西安电子科技大学、西安旅游设计研究院等高校科研院所专家共同编纂，由陕西人民出版社出版发行。该套丛书站在国家战略的层面，以国际文化交流为叙事主线，侧重于研究重大的理论和现实问题，以知识性和科普性为主，旨在揭示西安博大精深的文化资源以及对中国和世界文化的影响，宣传西安历史文化古都的历史地位，增强文化自豪感和自信心，发挥文化宣传和普及、增进凝聚力的作用。丛书分为5个分册，分别为《文明遗迹——丝路上的世界文化遗产》《把根留住——长安非物质文化遗产》《妙手丹青——丝路上的长安艺术》《汉风唐韵——丝路上的长安音乐》《珍馐美馔——丝路上的长安美食》，每册10万字左右，力求叙事生动、故事性强、图文并茂。

《2016西安经济发展报告》 由西安市社会科学院经济研究所主持完成，汇集社会科学院、高等院校和政府职能部门的20多位专家学者的最新研究成果，将西安经济发展中具有战略性、全局性，以及全社会关注的热点、难点问题作为研究重点，深入、细致地展开研究。《报告》分为战略布局篇、改革发展篇、丝路宏图篇、热点剖析篇和特色亮点篇5大部分共17份报告。第一部分战略布局篇对2016年西安经济运行状况和特点进行分析，提出2017年西安经济发展的总体思路和对策建议，并对“品质西安”建设进行系统研究。第二部分改革发展篇对西安供给侧结构性改革、自主创新中的知识产权保护、西安构建内陆开放新高地的路径、精准扶贫与生态治理等问题做了详尽分析。第三部分丝路宏图篇主要围绕“一带一路”战略背景下，西安优势产业选择、中亚贸易投资便利化、旅游业、新型智库信息工程西北信息中心建设等方面展开深入研究。第四部分和第五部分的热点剖析篇和特色亮点篇主要关注点集中在西安经济安全、

对外开放、财政债务风险评估与防控、乡村旅游、“智慧西安”发展等问题。

《2016年西安社会发展报告》　由西安市社会科学院社会学研究所主持完成。《报告》的宏观报告总结西安“十二五”社会发展情况和经验，展望“十三五”社会发展趋势，提出相应对策建议；专题报告涵盖社会事业改革创新、创业就业、社会保障、收入分配、社会治理、医药卫生、教育事业、社区建设等内容；热点、难点报告突出缓堵保畅、改革获得感、社会和谐度等内容。

《2016西安文化产业发展报告》　由西安市社会科学院、陕西师范大学和西安文理学院共同组织实施并完成撰写，由西安出版社出版发行。《报告》近25万字，集西安文化产业发展现状、特点、问题、思路、战略、对策于一体，由总报告、宏观视野、专家论坛、政策法规、大事记等部分组成。

◆社科普及　2016年，西安市社会科学院（西安市社会科学界联合会）、西安市丝绸之路经济带研究院批准西安博物院、西安美都博物馆、高陵区鹿苑街办、西安唐都新碑林博物馆、户县农民画博物馆为“西安市社会科学普及示范基地”，“西安市社会科学普及示范基地”总数达到11家，为全市社科普及深入群众打下良好基础。按照“传承文明、咨政育人、服务社会”的宗旨，着力提升科普工作的质量，为广大群众了解社会科学、掌握社会科学打下良好的基础。审查成立社团3家、民办非企业单位组织2家。开展社科理论“进农村、进社区、进企业”活动，成功举办“市民大讲堂”31场，进一步加强社科普及力度。

◆社科活动　2016年，西安市社会科学院（西安市社会科学界联合会）、西安市丝绸之路经济带研究院举办多场学术沙龙活动，邀请独联体研究院亚美尼亚分院院长马尔卡诺夫做题为《外高加索国家与中国合作前景》的讲座；邀请前驻波兰大使孙玉玺做题为《新型国际形势下的“一带一路”发展机遇》的讲座；邀请西北大学教授李浩做《文化自信如何在文学艺术中得到体现》的讲座。举办“品质西安”建设研讨会、学科建设研讨会、智库平台建设研讨会、历史文化街区改造研讨会和学习中共十八届六中全会精神座谈会等学术研讨座谈会，提升学术科研水平。11月，开展西安市第九次社会科学优秀成果评审工作，经初审、终审两个环节，评定出获奖成果185项，其中一等奖16项、二等奖40项、三等奖128项。

◆西安社科智库信息平台建设　2016年，西安市社会科学院（西安市社会科学界联合会）、西安市丝绸之路经济带研究院对西安市社会科学规划基金数据进行整理、归类，开展数据平台综合研究，对基础数据进行数字化编码，实现基础数据的信息化，方便社科规划成果的查阅、统计和分析。其中，2016年以前的基金项目数据整理录入工作已经完成；“西安智库”微信公众号上线运行。（肖宏立）

专业技术服务

·气　象·

◆概况　2016年，西安市气象局围绕经济、社会发展对气象服务的需要，推进气象现代化，提升气象防灾减灾和气象服务能力，为保障西安发展做出努力和贡献。截至年底，西安市所辖区（县）气象局有8个（长安、临潼、阎良、灞桥、高陵、户县、周至、蓝田），有国家气象站7个（长安、临潼、周至、户县、蓝田、高陵、西安）、国家一级农业气象站1个（临潼）、省级农业气象站1个（长安）；有探空站1个（泾河），自动土壤水分观测站7个（泾河、临潼、长安、周至、户县、蓝田、高陵），大气成分观测站1个，酸雨观测站1个，沙尘暴观测站1个，闪电定位观测站1个，大气电场仪站6个，电离层监测站1个，能见度监测仪站7个。新一代天气雷达站1个，风廓线雷达1个，人工影响天气作业点50个，区域气象自动监测站180个，交通气象站3个。

◆气象防灾减灾应急联动　2016年，西安市气象局强化部门合作、信息共享、气象监测预警应急联动，做好暴雨及地质灾害、中小河流洪水以及城市内涝灾害的防御。先后提前准确预报预警“7·9—7·14”连续性强对流天气过程、“7·24”突发性短时暴雨天气和“8·25”区域性暴雨天气过程、8月中下旬持续高温热浪天气，为全市防灾减灾筑起第一道防线。在治污减霾、春运、供热、森林火险、交通、旅游、地质灾害等方面开展以保障民生为重点的天气预报与气象服务。全年市、县两级发布预警信号314次、重要天气报告11期，启动应急响应11次，向政府报送《送阅件》8期，发送《气象信息快报》120期。

◆公众气象服务　2016年，西安市气象局发布春运、“黄金周”、供暖等天气服务专报275期。利用电子显示屏发布信息7.5万屏次，发送手机短信155余万条，电视台播报天气预报节目6205期，西安气象微博、西安气象微信关注人数59.3万人。全年《一带一路天气预报》播出730期，并通过搜狐视频、今日头条、腾讯视频等新媒体播出。编制“气象灾害风险地图”，在“3·23世界气象日”“5·12防灾减灾日”等重要节点，利用网站、宣传栏、简报等载体，开展气象防灾、减灾宣教活动。

◆大型活动气象保障　2016年，西安市气象局围绕中央电视台春节联欢晚会、中央电视台中秋节联欢晚会、第八届中国西部文化产业博览会、第三届丝绸之路国际电影节和第十一届中国艺术节等大型活动，编制《气象保障服务方案》和《极端天气应急预案》，为活动提供现场及周边精细化预报和实况服务。成功开展中央电视台中秋节联欢晚会、第三届丝绸之路国际电影节等重大活动人工影响天气消减雨作业保障。

◆气象为农服务　2016年，西安市气象局与西安市农业林业委员会、西安市统计局、西安市民政局建立长期合作关系，积极开展气象为农服务。针对农作物生长发育关键期，制作《重大气象服务专报》《粮食作物产量预报》《花期预报》《春耕春播气象服务专报》《三秋三夏气象服务专报》《西安市气候影响评价》等农业气象服务预报。落实《中共西安市委办公厅、西安市人民政府办公厅印发〈关于西安市镇村综合改革实施意见〉的通知》（市办发〔2014〕8号）将“防汛抗旱、气象灾害防御、防灾减灾”职能写入乡镇相关机构职能中的精神，按照标准，强化“陕西省重点示范镇”建设，以点带面，在所辖区（县）气象局全面开展乡镇气象职能法定工作。

◆人工影响天气作业　2016年，西安市气象局组织实施人工增雨（雪）作业24次，发射增雨火箭411枚，燃烧碘化银烟条2028根，协调陕西省人工影响天气领导小组办公室作业飞机在西安水源地开展飞机增雨作业5架次12小时，为水源地水库蓄水及城市供水安全、空气质量改善、抗旱减灾、森林防火、重大活动保障等方面做出贡献。启动城市水源地人工增雨（雪）及生态涵养提升Ⅰ期工程。

◆霾及重污染天气保障　2016年，西安市气象局与西安市环境保护局联合开展霾及重污染天气预警信息发布工作，制定《重污染天气预警等级标准》，确定联合发布空气质量预警业务相关制度。建立与环保、交通、卫生等部门协同联动机制，联合发布《空气重污染天气预警》7次83期；向西安市人民政府报送《送阅件》8期。建立西安市县空气质量数值预报预警系统（XaWRF-CMAQ），空间分辨率为5千米，时间分辨率为1小时，预报时效为72小时。（白慧玲）

·地　震·

◆概况　2016年，西安市地震局围绕监测预报、震害防御、应急救援三大工作体系，持续开展震情短临跟踪和地震监测系统运维管理工作，不断强化异常落实和震情值班，稳步推进地震烈度速报与预警系统建设，升级改造西安市地震前兆数字化台网。严格建设工程抗震设防要求管理，积极推动减隔震技术推广应用，继续提升防震减灾示范区（县）、社区、学校创建水平，深化防震减灾宣传教育。扎实开展地震应急准备工作，继续推进地震应急装备库和应急避难场所建设，精心组织地震灾害救援队伍技能培训，积极开展地震应急演练。不断提升科技创新能力，夯实全市地震灾害综合防御基础。西安市地震局被中国地震局授予“全国市县防震减灾考核先进单位”称号。11月8日，中国地震局批复西安市政府，同意西安市创建“国家防震减灾示范城市”。12月26日，西安市政府召开专题会议研究通过《西安市创建国家防震减灾示范城市实施方案》及任务分解表。

◆地震监测预报　2016年，西安市地震局不断强化震情短临跟踪，制定《西安市2016年度震情跟踪工作方案》，明确工作职责和跟踪措施。加强异常情况落实和震情值班，处理地震事件1935起，监测到西安地区发生可定震中地震21次，其中1.0级以上5次，最大地震为9月14日在临潼区发生的3.1级有感地震。全年未发生地震误报、漏报事件。严格执行震情会商制度，建成省、市、区（县）三级互联互通的视频会商系统，组织震情周会商39次、月会商12次、半年和年度会商各1次。编写《震情趋势研究报告》3篇，编发《震情简报》12期，落实地震异常2次。5月，主办第四十届晋陕豫三省交界区地震联防区会议，交流监测预报、抗震设防和地震应急工作方面经验，分析联防区震情形势。群测群防管理工作实现规范化、网络化、网格化，群测群防队伍进一步加强，防震减灾助理员和群测群防联络员分别达171人、4702人。建设宏观观测点52个，其中省级1个、市级7个，对2个宏观观测点实现远程监控。不断加强监测台站安全检查，完成全市测震台站及前兆流体井的防雷检测。强化地震监测系统运维管理，整理地理信息共享平台资源共享目录，完成应急指挥技术系统软件升级工作，及时排除服务器、网络设备和应急保障设备故障20余次，排除设备故障30余次，全市测震、前兆、应急指挥、烈度速报、信息节点、防震减灾信息管理等系统运行正常，累计下台站105次。率先在陕西省完成国家128个地震烈度速报与预警台址勘选任务，完成西安市地震前兆数字化台网升级改造工作。

◆震灾防御　2016年，西安市地震局进一步强化建设工程抗震设防管理，认真做好西安市人民政府政务服务中心审批及陕西省投资项目在线审批监管平台工作，完成全市一般建设工程抗震设防要求备案236项。开展新一代《中国地震动参数区划图》宣传贯彻工作，举办《中国地震动参数区划图》宣传贯彻培训会，制作《贯彻好区划图国标　助力品质西安建设》宣传片和《抗倒塌·更安全——新版地震区划图知多少》宣传彩页，在《西安晚报》、华商网等媒体宣传介绍西安市地震动参数变化情况、《中国地震动参数区划图》作用及新一代区划图实施的意义。积极推动减隔震技术的推广应用，全市采用减隔震技术的建筑物达到31个。认真落实西安市人民政府印发的《西安市房地产项目优化审批流程试行方案》，制作申请示范文本。继续提升防震减灾示范区（县）、社区、学校创建水平，指导碑林区、临潼区通过“陕西省防震减灾示范区”验收，推荐新城区、长安区申报“国家级防震减灾示范区”；创建“陕西省防震减灾科普示范学校”6所（共23所）、“西安市防震减灾示范学校”14所（共101所），创建“陕西省防震减灾示范社区”3个（共7个）、“西安市防震减灾标准化社区”6个（共65个），全市有“防震减灾示范社区”84个（其中，省级7个，国家级12个）。

◆地震应急救援　2016年，西安市地震局修订完善《西安市地震局地震应急预案》，印发《西安市抗震救灾指挥部重特大地震灾害事件处置方案》和《西安市抗震救灾指挥部办公室工作规则》，与西安市应急管理办公室联合印发《西安市应对毗邻地区地震灾害工作方案》，加强地震应急救援工作，全市编制、修订地震应急预案3258份。继续开展应急装备库和应急避难场所建设，装备库存放地震应急装备4类1556件套，应急避难场所建设被纳入《西安市“十三五”突发公共事件应急规划》和《西安市“十三五”防震减灾规划》。积极推进西安城市运动公园、西安曲江城市文化运动公园Ⅰ类应急避难场所建设，西安市符合省标新标准的Ⅲ类以上应急避难场所达到60个。西安市地震灾害专业救援队和志愿者队伍分别达到425人、5795人。组建市、区（县）地震现场工作队14支，共计131人。组织西安市地震现场工作队30名队员参加中国地震局举办的地震现场应急工作远程合训；组织参加陕西省地震局在四川汶川举办的现场工作队骨干培训。开展西安市地震应急预案演练，承办“2016年全省高校火灾地震应急疏散逃生示范演练”活动。全市3052所中、小学地震应急演练率达100%。整合公安、城管等部门的5000多个重点监视点信息，建成西安市地震灾情实时监控系统。9月14日13时14分，西安市临潼区发生3.1级地震，西安市地震局立即启动有感地震应急响应，现场工作人员第一时间赶赴震中区查看灾情，及时将震情趋势会商意见报西安市人民政府，将领导批示发送相关区（县）地震局，并将现场情况报告西安人民市政府和陕西省地震局。

◆防震减灾宣传　2016年，西安市地震局编制印发《2016年西安市防震减灾宣传教育工作要点》，积极协调西安市科学技术协会将防震减灾知识宣传纳入《2016年西安市实施全民科学素质行动工作要点》。在《西安日报》《西安晚报》刊发多期防震减灾宣传专版，刊登消息20余条，制作防震减灾专题片在西安电视台播放，普及防震减灾知识。利用西安网、西安新闻网、西安发布、西安防震减灾宣传网、西安防震减灾微博等媒体开展防震减灾知识宣传活动。参加《党风政风热线》广播问政直播节目，就西安市防震减灾工作开展情况与听众互动。在“科技之春”“平安中国”防灾宣导系列公益活动和“防震减灾宣传活动周”期间，开展防震减灾活动43项，投入经费91万元，举办科普讲座8次、报告会3次，展出科普展板296板次，开放科普基地5个，组织演练724场，悬挂标语横幅156条，发放各类宣传资料20余万份，直接参与群众48万余人次。

◆地震科技创新和防震减灾规划项目实施　2016年，西安市地震局如期完成“防震减灾文化体系建设研究”课题，“西安市震害预测与防御对策”规划项目按计划通过验收。继续开展大气电离数据计算和卫星远红外监测，推进新技术在地震监测预报工作中的应用研究与探索。“西安市地震应急指挥技术系统建设”项目获陕西省地震学会2016年度科学技术一等奖；“西安市地震烈度速报系统建设”和“西安市数字地震科普馆建设”项目获陕西省地震学会2016年度科学技术二等奖。（孔令健）

新闻出版

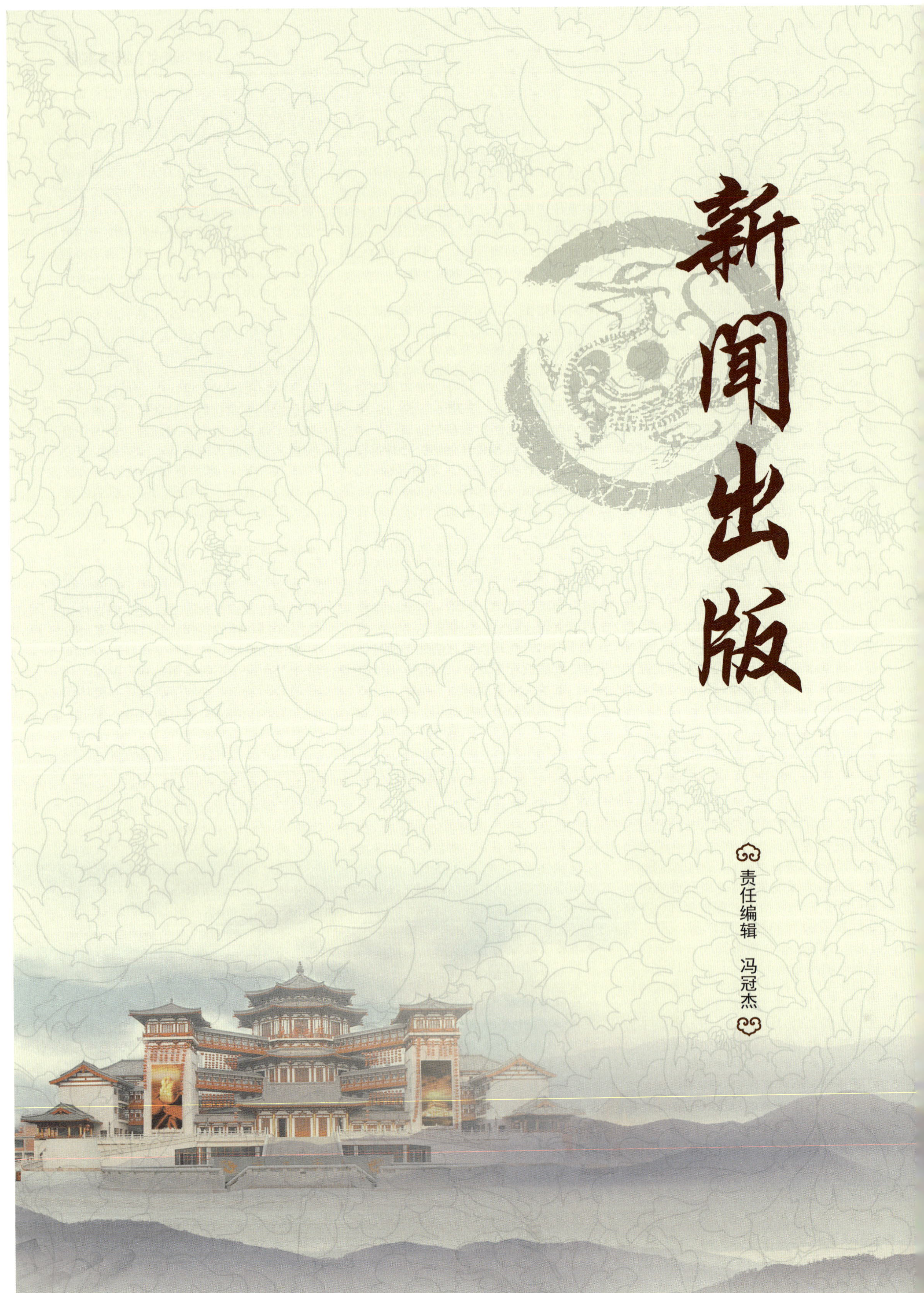

责任编辑　冯冠杰

综 述

◆**概况** 2016年，西安市文化广电新闻出版局调整行政审批事权1项，审核出版物批发企业13家，审批印刷企业26家、多厅影城8家。全年组织开展印刷复制市场、校园及周边出版物市场、卫星电视接收设备、网吧、版权“双打”（打击侵犯知识产权和制售假冒伪劣商品工作）“剑网2016”专项行动、农村文化市场等专项整治行动16次，出动执法人员6647人次，检查文化经营单位5932家，取缔“黑网吧”5家，查缴各类违法出版物8万余册，拆除非法卫星地面接收设施100余套，处理违规经营单位213家。扎实开展“清源”“固边”“净网”“护苗”“秋风”五大扫黄打非行动。举办以“文明西安，书香满城”为主题的第十届西安读书月，组织开展“你读书，我买单”、书香地铁、图书交易博览会、精品图书展销、“寻找书香校园”等系列活动300多项，推荐7个家庭获第三届全国“书香之家”。西安曲江书城等一批新业态实体书店开业，助推全民阅读热潮。西安广播电视台制作的电视剧《千里雷声万里闪》在中央电视台8套热播，制作的电视剧《枪口》进入发行阶段。西安曲江影视投资集团摄制的电影《百鸟朝凤》获第二十届北京放映“优秀影片展映奖”；电影《新大头儿子小头爸爸之一日成才》获2016中美电影节“金天使奖”和“年度最佳动画片”称号；微电影《送一轮明月》获中国金鸡百花电影节第二届国际微电影展映“优秀作品奖”；纪录片《一份报纸的抗战》获“中国电视纪录片年度收藏作品奖”。西安浐灞生态区制作的大型动画纪录片西汉《帝陵》获2016年“优秀国产纪录片”。西安出版社推出《丝绸之路》《西安小史》《城纪》等一批新品佳作。方圆工艺美术社推出的《订单•方圆故事》被推荐到德国参评“世界最美的书”评选，并在全球32个国家和地区的近600件参评作品中脱颖而出，获得唯一“金奖”。

◆**“扫黄打非”** 2016年，西安市扫黄打非工作领导小组办公室开展“清源”“固边”“净网”“护苗”“秋风”五大“扫黄打非”行动，完成全国、陕西省“扫黄打非”案件线索核查38起，侦办大案要案7起（全国挂牌督办3起、省级重点案件4起），集中组织销毁非法出版物26.6万册。3月11日，召开专题会议，研究和解决全市“扫黄打非”工作的重大问题，安排部署全市“扫黄打非”重点任务。2—9月，在全市组织开展“扫黄打非•护苗2016”专项行动，持续加强对少儿出版物市场的整治和监管，深化少儿出版物市场专项治理，营造有利于青少年健康成长的文化环境。3—8月，组织开展“扫黄打非•固边2016”专项行动，以“反分裂、反破坏、反渗透”为主题，深度参与打击“三非”（非法宗教活动、非法宗教宣传品、非法宗教网络传播），维护社会和谐稳定。4—9月，组织开展“扫黄打非•清源2016”专项行动，继续深化查堵反制港台反动出版活动，严厉查缴政治性非法出版物，确保意识形态和文化安全。5—10月，开展“扫黄打非•净网2016”专项行动，对利用网络传播淫秽色情信息和制售淫秽色情出版物的行为进行集中打击，进一步加强互联网监管，净化网络文化和出版物市场环境。6月下旬至11月，组织开展“扫黄打非•秋风2016”专项行动，严厉打击侵害基层和人民群众利益的非法新闻出版活动，保持“扫黄打非”工作力度不减，形成对假媒体、假记者站、假记者的高压态势，规范出版物市场经营秩序。西安“5•28”网络传播淫秽漫画案协调督办组被全国“扫黄打非”工作小组评为2016年“全国扫黄打非先进集体”。

◆**出版物市场管理** 2016年，西安市文化广电新闻出版局办结出版物批发企业审核事项13件，对出版物零售企业进行年度核验，对出版物发行企业进行全面在线年度统计上报工作。对西安出版发行产业进行深入调研，与西安辖区的报社、期刊社、出版社以及市属以外的出版物发行企业建立工作联系，并将其纳入管理范围，初步建立西安市出版发行行业管理数据库。截至年底，西安市辖区有报社57家，占陕西省总数的77%；有期刊社224家，占陕西省总数的83.8%；有出版社17家，占陕西省总数的94%；有出版物批发企业242家，占陕西省总数的92%；有出版物零售企业887家，占陕西省总数的63%。

◆**全民阅读活动** 2016年4月23日，西安市文化广电新闻出版局在长安区圣合家园小区一期广场，举办“文明西安•书香满城”第十届“西安读书月”全民阅读活动启动仪式，240名各界群众代表出席开幕式。活动期间，在地铁、公交等公共交通工具上播放全民阅读公益广告；在市属各媒体开辟专版、专栏，进行优秀书目推荐、书评、征文等活动。组织图书发行企业开展好书进校园、进社区等活动，举办作家签赠、图书捐赠、图书漂流、公益讲座、读书沙龙等活动，共开展各种主题读书活动130多次。联合陕西省新华出版传媒集团举办：第二届陕西丝路图书交易博览会，接待读者10余万人次，实现销售收入100多万元。组织开展第二届全国“书香家庭”评比推荐工作，高陵区龚平、阎良区梁健、未央区唐刚、灞桥区刘升、周至县张伟等7个家庭获全国“书香家庭”荣誉称号。利用新媒体策划开展“万人万卷，阅动西安”活动。

◆**“农家书屋”建设** 2016年，西安市文化广电新闻出版局继续完善“农家书屋”信息，建立“农家书屋”信息库。做好“示范书屋”“星级书屋”建设，引领“农家书屋”管理。制订出版物补充计划，利用14.46万元对全市1446个“农家书屋”的图书进行补充更新配送。对“数字书屋”建设进行调查摸底，确定“数字书屋”试点地区。创新“农家书屋”开放模式，在中心乡（镇）集市、庙会上宣传推行开放式、上门式借阅。开展假期“我与农家书屋”读书征文活动，其中雁塔区科创路小学刘景怡的征文《书屋里的梦想》获国家新闻出版广电总局小学组少年儿童阅读实践活动“优秀征文奖”。发挥图书馆、乡（镇）文化站作用，指导开展多种形式的文化活动，使“农家书屋”成为“农民群众读书学习的充电器，发家致富的加油站”。

◆**支持实体书店发展** 2016年，西安市文化广电新闻出版局落实中共中央宣传部、国家新闻出版广电总局等11部（委）《关于支持实体书店发展的指导意见》和《西安市财政支持实体书店发展的实施意见》精神，落实财政专项资金874.047万元，对48个实体书店给予奖励支持。以西安曲江书城为代表的一批新兴实体书店相继开业。西安曲江书城在2016年全国十大新兴实体书店评比中名列第二位，仅次于当当梅溪书店。嘉汇汉唐图书发行有限公司与陕西奥达集团跨界合作的西部出版物交易中心在西安国际港务区挂牌运营，成为西北地区唯一兼具信息平台、物流平台和第三方物流特征的出版物发行新业态。西安市财政资金支持的方圆工艺美术社，策划出版的《订单•方圆故事》获得“世界最美的书”评选唯一“金奖”。西安荣信文化产业发展有限公司、陕西恒谦教育文化发展有限公司相继在“新三板”挂牌上市。

◆**印刷企业核验** 2016年2月29日至4月30日，西安市文化广电新闻出版局对全市印刷企业进行年度核验。核验印刷企业1054家，其中包装装潢印刷企业112家，其他印刷品印刷企业288家，打字复印654家；核验印刷企业从业人员5524

人；为260多家许可经营到期的包装装潢和其他印刷品印刷企业换发“印刷经营许可证”。全年印刷企业实现工业总产值489651.98万元，其中印包基地实现工业总产值360000万元，核验印刷企业实现工业总产值129651.98万元。

◆印刷复制业“百日专项整治行动” 2016年，西安市文化广电新闻出版局进一步加强对全市印刷复制业事中、事后监管的工作力度，规范全市印刷企业生产经营活动，维护全市印刷复制业持续健康发展的良好态势。7月1日至10月10日，在全市印刷复制业开展“百日专项整治行动”。整治行动覆盖全市各类印刷复制企业（含出版物印刷、包装装潢印刷、其他印刷品印刷和打字复印），重点检查印刷企业违法违规印刷含有反动、淫秽色情、暴力恐怖、封建迷信内容的非法出版物和印刷复制品。检查各类印刷企业1105家（次），督促整改131家，行政处罚14家。

◆印刷包装互联网+项目“盒包旦”线上平台建成运行 2016年11月，西安市文化广电新闻出版局安排指导的西安印刷包装电子商务平台“盒包旦”建成上线运营。该平台由西安印刷包装产业基地（集团）发展有限公司与中国网库集团公司联合建设，精选众多优质资源，为平台用户提供在线原材料购买、包装设计加工、包装制作等，具有“接单渠道多元化、雄厚的设计力量、集采议价能力强、质检服务保障、平台信用担保”五大功能，可帮助印刷企业在最短时间内接到订单；在最短时间内采购到质优价廉的原材料；在最短时间内找到适合产品的协作单位，提高企业核心竞争力。

◆连续性内部资料性出版物管理 2016年1月4—22日，西安市文化广电新闻出版局对2015年连续性内部资料性出版物编印工作进行核验。132家编印单位按时前来参加核验，占应参加核验单位总数142家的94%。对坚持正确舆论导向、规范办刊、配合管理等方面比较突出的27家编印单位通报表扬；对出刊或送刊不正常的14家编印单位的负责人进行约谈，提出整改要求，责令写出书面检查、上报整改措施；对逾期参加核验的2家单位及办刊行为不规范的1家单位予以通报批评；对在办刊、出刊方面存在较大问题的4家刊物做出停刊半年的行政决定，要求限时整改；对6家编印单位做出注销“准印证”的行政决定。3月16日，在西安东方大酒店召开全市连续性内部资料性出版物工作会议，全市近140家连续性内部资料编印部门负责人参加会议。会议学习传达中共中央总书记习近平在党的新闻舆论工作座谈会上的重要讲话及中央、陕西省、西安市宣传部长会议精神，通报连续性内部资料性出版物编印工作核验情况，对工作进行总结部署。

◆内部资料性出版物审批管理权限移交 2016年，陕西省新闻出版广电局下发《关于加强内部出版物管理的通知》，对西安市文化广电新闻出版局承担的西安市内部资料性出版物的行政审批管理工作权限予以收回。西安市文化广电新闻出版局专门召开会议研究安排相关移交工作。从1月起，不再进行内部资料性出版物的行政审批；按要求把所管理的142家连续性内部资料性出版物的管理档案全部移交陕西省新闻出版广电局；向全市142家连续性内部资料性出版物编印单位下发《西安市文化广电新闻出版局关于不再对我市内部资料性出版物进行审批管理的通知》，说明情况，并提出服从和配合陕西省新闻出版广电局管理的要求。整个移交工作于4月中旬全部完成。

◆版权宣传 2016年，西安市版权局围绕“数字创意·重塑文化”的主题，开展以版权知识竞赛、“‘4·26’世界知识产权日”版权宣传周活动等为主要内容的系列宣传活动。在西安赛格电脑城、西安图书大厦、汉唐书城等地发放版权宣传手提袋5000余个、宣传小笔记本8000余本。在西安市版权局网站播发版权公益广告，并要求全市电影院从4月20日开始，为期1周，在每场电影放映前连续播放版权公益广告。发挥西安电视台的宣传效力，从4月20日开始连续10天在《晚间新闻》播出的黄金时段播放版权公益广告。在《西安新闻》《西安零距离》栏目对宣传周系列活动进行3次报道，全方位展示西安版权保护情况。

◆软件正版化 2016年6月，西安市版权局按照《陕西省版权局关于开展全省各级机关软件正版化工作督查的通知》（陕版权发〔2016〕9号）的要求和安排部署，开展在全市各级政府机关开展软件正版化自查工作。自查分13个项目，分别是领导机构设置、第一责任人责任、工作部署、管理监督责任、软件使用情况、软件采购经费保障、软件资产管理、日常监督、宣传教育、考核与责任追究制度、年度报告、软件使用整体情况和自查计算机情况。

◆文化市场行政审批规范化建设 2016年，西安市文化广电新闻出版局继续加大简政放权工作力度，按照文化部和陕西省文化厅的部署安排，对各区（县）文化市场管理部门做好文化市场经营单位设立准入审批事项的规范化建设进行指导和督查，确保中央、省有关文化市场政策措施的有效落实。截至年底，全市文化市场主体有歌舞娱乐场所和游艺场所、上网服务营业场所网吧、演出经营单位和艺术品经营单位共2076家，各类企业注册数量比上年增加近10%。文化市场主体审批前置改为后置的工作得到全面落实，积极推行文化市场行政审批事项全部进入“全国文化市场技术监管与服务平台网”审批系统，实现申办互联网上网服务营业场所（网吧、网咖）、歌舞游艺娱乐场所、演出经营单位（演出团队、演出场所、演出活动）、艺术品经营单位和互联网文化企业等文化市场企业审判的无障碍通道。督促指导各区（县）文化行政管理部门落实首问负责制、一次性告知制、限时办结等服务制度，健全完善文化市场行政审批规范化建设。创新服务模式，探索建设文化市场信用体系和分级分类管理方式，确定雁塔区文化体育局为“陕西省文化市场行政审批示范（区县）点”；确定灞桥区文化体育局为“陕西省文化市场经营单位分级分类试点管理工作地区”，增强文化市场管理工作的针对性和示范性，推动全市文化市场行业转型升级，为文化市场经营单位和企业提供更为廉洁高效、便捷畅通的行政服务环境。联合西安市公安局治安局制定印发《关于进一步规范游戏游艺场所管理工作的通知》等规范性文件，取消对含有电子游戏机的游艺娱乐场所、互联网上网服务营业场所总量和布局规划，规范和改进文化市场行政审批工作，扩大文化消费，促进市场繁荣。

◆文化市场管理 2016年，西安市文化广电新闻出版局开展多次全市范围规模的文化市场专项整治行动，文化市场环境进一步优化。开展县城乡镇互联网上网服务营业场所专项整治行动（简称全市“百日网吧专项整治行动”），各区（县）文化市场执法机构按照要求与所有网吧业主在1月15日前签订陕西省文化厅统一印制的“陕西省互联网上网服务营业场所责任书”，提高营业单位的自我约束和管理水平，使其在经营过程中做到设立规范、标志规范、运营规范、监管规范。开展农村文化市场专项整治行动，集中对全市乡镇农村的演出场所（包括集市、红白喜事演出）、网吧、歌舞娱乐场所（大众舞会、露天卡拉OK）等文化市场经营单位依法进行清理排查，做到动态实时监管。按照西安市社会治安综合治理委员会整体部署，制定《市文广新局2016年校园及周边文化环境集中整治方案》，从4月中旬起至5月底，开展全市校园及周边文化市场集中整治行动，彻底清查校园及周边非法图书、音像制品经营行为，严查有害青少年身心健康的各类非法出版物，严厉打击网吧、歌舞、游戏经营场所违规接纳未成年人经营行为。开展暑假期间文化市场集中专项整治行动，严厉打击网吧接纳未成年人等各类违法违规经营行为。开展“汉中‘11·25’学生被害恶性事件专项整治行动”等，规范文化市场经营秩序，打击网吧接纳未成年人上网等违法违规经营行为。（石　林）

◆“西安新闻奖”暨“西安市优秀新闻工作者”评选　2016年3月，西安市新闻工作者协会对2015年度“西安新闻奖”暨“西安市优秀新闻工作者”评选结果进行了公示。本届“西安新闻奖”评出104件获奖作品，其中报纸类A系列一等奖11件，二等奖15件，三等奖19件，B系列7件；广播电视网络类A系列一等奖10件，二等奖15件，三等奖20件，B系列7件。同时，评选出5名“西安市优秀新闻工作者”。（蒋文洁）

广播·电视·电影

◆概况　2016年，西安市文化广电新闻出版局积极发挥舆论宣传引导作用，组织西安广播电视台组织开展“‘十三五’开好局起好步”“一带一路建设巡礼”“聚焦五项重点工作”“稳中求进，提质增效”等主题宣传活动33项次，播发新闻稿件1800条次，其中采制的31篇稿件在中央电视台《新闻联播》和中央人民广播电台《全国新闻联播》播出，有力地宣传报道了西安市委、西安市人民政府中心工作。对创建“全国文明城市”和“全国森林城市”、精细化管理、秦岭生态保护、水资源和水文明工作、计划生育、双拥共建等16项专项宣传工作实行月报管理。开设大型监督类栏目《问政时刻》，全年播出5期，受到全社会持续广泛关注。开办《每日聚焦》栏目，打造常态化新闻问政的新品牌。

◆广播电视行业管理　2016年，西安市文化广电新闻出版局严格贯彻国家新闻出版广电总局关于医疗广告播出的相关管理规定，开展集中整治活动2次，处理群众投诉13起，集中巡查、追查各1次，提醒谈话2次，采取实地收听收看、现场反馈、大会通报等形式，严肃治理违规播放广告的行为，形成监管压力，医疗药品广告违规播出情况明显好转。积极扶持公益广告，组织2次公益广告评比，播发各类公益广告3.2万条次。临潼广播电视台被国家新闻出版广电总局评为“全国公益广告优秀播出机构”。不断强化广播电视收听收看工作，4次召开收听收看工作座谈会，组织专家撰写高质量评议文章，全年编印《收听收看通报》18期，编发稿件近200篇，实现全市广播电视播出机构节目监管全覆盖。各播出机构的多档节目根据评议进行整改完善，指导和帮助市属广播电视机构坚持导向、提升质量。

◆广播电视节目评优　2016年，西安市文化广电新闻出版局积极组织广播电视节目创优评优，完成“西安广播电视奖”“西安新闻奖”“人大好新闻”“残疾人好新闻”相关评比组织工作，评出获奖稿件192件。有4件作品获“陕西广播电视奖”一等奖，8件作品获二等奖，13件作品获三等奖；推荐3人参加“西安市优秀新闻工作者”评选，2人当选；推荐“陕西省广播电视宣传工作先进集体”3个、“陕西省广播电视宣传工作先进个人”3名。

◆农村电影放映　2016年，西安市将农村电影放映工作再次列为“西安市十件惠民实事”，计划在全市2957个行政村放映35484场公益数字电影，实际放映农村数字电影35534场，超额放映50场，观众人数411万人次。西安市文化广电新闻出版局和各区（县）文化广电局、农村院线公司签订放映目标责任书；院线公司与各区（县）服务站签订责任书；区（县）服务站与所属放映队签订放映合同，逐级落实任务，明确责任，确保完成年度目标任务。指导农村院线公司为农民群众放映帮助农民致富的科教片、农民喜爱的戏曲娱乐片，并增加残疾人题材影片，要求国产新片（城市院线上映不超过2年）比例不少于放映场次数的1/3，全年放映国产新片22507场，占总场次的63%，远超目标任务。委托院线公司筹措资金470余万元，通过招标程序，采取分期付款的方式，购置140套农村电影放映设备，实现放映设备的全部更新。由室外转室内放映，提升农民观影感受。蓝田县汤峪镇电影院建成并投入使用，依托温泉旅游的优势，把公益电影放映和商业电影放映相结合，满足旅游景点和周边群众的观影需求。

◆“广电扶贫·宽带乡村”工作　2016年下半年起，西安市文化广电新闻出版局配合西安市脱贫攻坚领导小组办公室在涉贫区（县）开展“广电扶贫·宽带乡村”工作。为建档立卡的贫困户购买有线电视基本服务，为建档立卡的贫困村购买无线局域网（WiFi）热点服务。“广电扶贫·宽带乡村”工作涉及周至县、户县、长安区、蓝田县、灞桥区、临潼区、高陵区7个区（县）的574个涉贫村、33974个涉贫户，共需扶贫资金1670万元，计划在2016年、2017年、2018年3年内完成主要工作任务。5月，西安市文化广电新闻出版局配合西安市脱贫攻坚领导小组办公室联合下发通知，明确资金保障、服务内容和相关要求，确保在2017年实现70%以上建档立卡的贫困户接入有线电视、80%以上贫困村的互联网WiFi热点覆盖；2020年基本实现贫困户有线电视、贫困村互联网WiFi热点全覆盖。截至年底，为5个区（县）的8555名贫困户安装有线电视，为122个贫困村购买互联网WiFi热点服务，投入扶贫资金178万元。

◆城市影院建设　截至年底，西安市有74家加入院线的多厅影城，有银幕526块、座位78113个，比上年新增11家数字化多厅现代影城，新增银幕92块，新增座位12478个。全年放映电影98万场，增长39.6%；观众2694万人次，增长9.2%；票房收入8.3亿元，增长2.8%，列全国城市票房排行榜第11位。西安市文化广电新闻出版局倡导城市影院承担电影人的社会责任，坚持为弱势群体进行公益放映活动。西安多家奥斯卡国际影城开展为期半年的“电影进社区”大型公益活动，其他影院也先后开展为残障儿童、自闭症患者、孤寡老人、公交车司机等群体免费放映电影的活动。

◆第三届丝绸之路国际电影节　2016年9月19—23日，第三届丝绸之路国际电影节成功举办。本届电影节以“发展中的电影、多样性的文化”为主题，设置开幕式、影片评选、电影展映、电影论坛、电影市场、“一带一路”文化展演、闭幕式暨颁奖典礼等7个单元活动，主会场设在西安，分会场设在福州。电影节收到来自中国（含港、台地区）、美国、俄罗斯、法国、日本、德国、印度、韩国、英国等35个国家和地区的报名影片676部，并从中筛选出242部参赛影片。其中，国语片145部，包含故事片90部、纪录片30部、动画片25部；外语片97部，包含故事片80部、纪录片17部。在闭幕式上揭晓评审结果：最佳动画片《小门神》，最佳纪录片《我们诞生在中国》，最佳女演员是《金钱的诱惑》的主演杰丝·维克斯克，最佳男演员是《我们玩大了》的主演卡尔·韦尔多内，美国和西班牙的合拍电影《金钱的诱惑》、国产影片《血狼犬》和《大唐玄奘》获最佳故事片，黄晓明获得

"2016丝路文化国际传播突出贡献人物奖"。其间，有57个国家和地区的320部优秀电影在西安25家院线、13所高校、63个城市社区、500个农村流动放映点展映，共展映1474场，观众20余万人次。主席论坛、电影教育与电影产业论坛、丝路电影合作论坛、VR（虚拟现实技术）论坛等数场电影论坛在西安相继举办，来自22个国家的170余位著名制片人、导演、编剧、影评人和知名专家学者等参加论坛活动。本届电影节首设创投单元，设"评委会大奖""最佳剧本奖""最具创意奖"3项大奖，奖金20万元，共征集到264个项目，来自国内外的200多位影视专业人士参与创投现场路演、颁奖以及项目洽谈活动。电影节期间，还举行"丝路星光跑"、2016西安交响乐团大雁塔户外公演、文化精品剧目演出等文化惠民活动，参加人数突破10万人次。

◆"智慧酒店服务平台"建成上线

2016年11月16日，中央电视台外语频道落地仪式暨广电网络"智慧酒店服务平台"上线发布会在西安曲江宾馆召开。中央电视台外语频道为西安广电用户提供包括英语、西班牙语、阿拉伯语、法语、俄罗斯语在内的新闻资讯、文娱节目和生活信息。"智慧酒店服务平台"是依托西安广电网络高清互动平台，以信息和网络技术为支撑，利用电视终端，在为酒店宾客提供高清互动电视服务的同时，为宾客提供旅游资讯、门票预订、电子商务等服务产品，满足客人吃、住、行、游、娱、购的多样化、个性化需求的一个新型服务平台。

（石　林）

◆西安广播电视台　2016年，西安广播电视台贯彻落实中国共产党第十八次全国代表大会和中国共产党第十八届中央委员会第五次全体会议、第六次全体会议精神，积极开展"两会"报道、丝绸之路经济带"新起点"建设、五项重点工作、"两学一做"和"三项机制"宣传教育、社会主义核心价值观、创建"国家森林城市"等35项主题宣传，圆满完成各项目标考核任务。

宣传工作　播出学习贯彻中共中央总书记习近平系列重要讲话精神新闻300多条。加强中国特色社会主义、践行社会主义核心价值观、优秀传统文化、道德模范先进事迹等宣传报道。西安网长期转载图说社会主义核心价值观系列公益广告，在首页开设"核心价值观网络公益广告"文字入口，链接视频专题。《西安新闻》节目实现直播，新闻综合主频道4档主要新闻栏目顺利完成节目改版，新闻现场报道数量大幅增加，实现新闻资源重新整合与优化、栏目人员扁平化管理初见成效。《对话西安》聚焦西安"十二五"发展成就，展望"大西安"发展未来，邀请中国工程院院士、中国科学院院士、知名专家学者、政府官员、市民代表一起纵论西安发展，用数字说话、用事实讲评，深度解读城市的发展建设。大型舆论监督直播访谈节目《党风政风热线》完成直播节目239期，精编重播247期，增强廉政宣传影响力。推出《电视问政》节目，西安市住房保障和房屋管理局、西安市卫生和计划生育委员会、西安市食品药品监督管理局等多家单位在问政直播间接受市民现场问政，有力鞭策了政府作风的转变和行政效能的提升，成为中共西安市委、西安市人民政府听民声、察民意、促整改的重要监督手段之一。

大型活动　成功举办第九届"石榴花之春"活动，中央电视台《新闻联播》《朝闻天下》《第一时间》等栏目对活动进行连续报道；新华社、凤凰卫视、新华网、人民网、央视网、环球网、陕西传媒网及《人民日报》《光明日报》《陕西日报》《华商报》《西安日报》等媒体先后进行大量报道，并对活动给予高度评价。协助中央电视台圆满完成中央电视台春节联欢晚会西安分会场直播工作。完成西安大面积停电演练的录制工作。成功举办"第四届1043百姓英雄榜"评选表彰活动，历时2个多月，30多万名群众参与推荐。举办首届中国西安问题车展，投诉的案例涉及20多个汽车品牌，50多款车型。举办五一国际车展、"931魅力新主播""931奥运宝宝报报"大赛等20多项大型活动。

纪录片、电视剧创作　纪录片《柳青在皇甫》作为陕西省和西安市重点打造的文化精品项目，通过展示大量珍贵的柳青文稿、著作及部分实物、影像资料、同事朋友讲述、专家学者解读等表现方法，讲述柳青在皇甫村的创作生活故事，展示柳青非凡的一生，其中包括不少鲜为人知的逸闻趣事，再现柳青的高尚情怀和精神风貌。该片经中共西安市委宣传部审看后进行修改，通过中共陕西省委宣传部、中央电视台审看验收，并与中央电视台纪录频道签订"节目版权授权书"，将在2017年2月23日播出。大型红色史诗电视剧《千里雷声万里闪》是西安广播电视台首部独立立项出品、独立制作的电视剧。10月，在中央电视台电视剧频道黄金时段全国首播，收视率在全国一直名列前茅。随后，中央电视台一套、八套分别重播，西安电视台和吉林卫视在黄金时段播出，在全国产生广泛社会影响。在中共中央宣传部和国家广电总局联合下发的《关于开展纪念红军长征胜利80周年影视剧展映展播活动的通知》中，《千里雷声万里闪》被列入推荐展播优秀电视剧剧目。

（齐杨平）

◆西安首家360°飞行球幕影院开业

2016年7月1日，西安首家360°飞行球幕影院在曲江极地公园开业。和普通影院不同，球幕影院外形采用微孔铝板球幕，球体外表有600块铝镁合金外壳。内部采用顶级激光投影，配有震撼音响，内设60个电动座椅，有聚酯纤维吸音板隔音。球幕影院播放的是超IMAX高清8K球幕片源，画面拍摄采用鱼眼镜头。坐在模拟驾驶舱的动感座椅上"上天入地"，观看惊险刺激的场景，不但可以尽情宣泄，也可收获全新的观影体验。

（行中道）

西安报业传媒集团（西安日报社）

◆概况　2016年，西安报业传媒集团（西安日报社）紧紧围绕中共西安市委、西安市人民政府"十三五"开局的中心工作和重点目标任务，按照"做精报纸内容、加快融合转型、积极改革创新、做实增收节支、全面提升经营能力和管理水平"的工作思路，面对主业依然下行的严峻形势，着力加强领导班子建设，提升集团科学发展的综合能力，创新推进媒体融合转型，积极借鉴同行业成功经验，合理布局多元化产业平台，新媒体发展取得突破性进展，经营工作平稳有序。12件作品获得2015年度"陕西新闻奖"，其中一等奖2件，二等奖4件，三等奖4件，好版面2个；45件作品获得2015年度"西安新闻奖"，其中一等奖17件；8件作品获得2015年度中国晚报工作者协会"赵超构新闻奖"，其中一等奖3件，二等奖1件，三等奖4件。

◆重大典型报道　2016年2月下旬开始，《西安日报》开设《新开局　新气象　新作为——推进贯彻五大发展理念，推进品质西安建设》专栏，对西安市经济发展、城市治理、宜居环境、对外开放、人民生活和政府服务六大方面的发展创新、治理提升进行连续报道，发稿上百篇，聚焦西安在宜居城市建设方面的规划及进展；重点报道西安在提升政府服务方面的做法及经验；持续报道各部门各区（县）、街办在推进"品质西安"建设、开展城市治理方面的行动及经验。《西安晚报》围绕“品质西安”，主动设置议题，推出系列采访报道。1月底，在中共西安市委、西安市人民政府城市治理大会召开的第二天，迅速推出《建设“品质西安”，我们共同行动》专栏，并邀请市民做“城市品质监督员”。3月初，每周围绕一个重点话题进行监督报道，对“野广告”治理、公园建设、占道经营等主题进行聚焦，刊发见报稿件近50篇，形成内参2篇。通过1个月的连续性观察和记录，写出报道《小南门脸谱》，反映同一个区域在“城市治理”前后的变化，并提出合理化建议。在西安“两会”期间，邀请市人大代表、政协委员做客《西安日报》的《两会圆桌会》栏目，聚焦“品质西安”话题，共同为“品质西安”建设出谋划策。3月底，开设《品质西安视窗》专栏，重点通过图片报道的方式，带市民去发现、寻找“品质西安”的图景画面，感受“承古开新、开放包容、高端优质、和谐宜居”的西安。

“五项重点工作”系列报道　3—5月，按照中共西安市委宣传部的要求，《西安日报》持续推出《贯彻发展新理念，共圆幸福小康梦——五项重点工作巡礼》专栏，对西安市“十二五”发展的亮点进行梳理报道。对“五项重点工作”持续推进情况连续报道，推出《秦岭北麓全面整治违法采矿工作纪实》《峪口保洁　守护秦岭第一道生态屏障》《积聚山泉润城东》等组合式报道，对“五项重点工作”的成就进行宣传总结。

“一路向水——西安水系之旅”宣传报道　《西安日报》联合西安市水务局在“十三五”开局之年推出“一路向水——西安水系之旅”大型采访报道活动，展示水利建设成就，总结水治理经验，向市民报告水治理成果及水生态建设长远规划。其中，《湖以城得名　城以湖为荣》报道汉城湖治理工程；在陕西省城市水保工作会议举办时推出《城市水土保持　生态宜居之基》；在渭河南岸堤路开放时推出《重新治理　渭河安澜美如画　堤路开放　蒹葭苍苍水一方》。

“两节两会”文化宣传　下半年，以第三届丝绸之路国际电影节、第十一届中国艺术节、第八届西部文化产业博览会、2016 中央电视台中秋节联欢晚会 4 项文化领域盛会（简称“两节两会”）为契机，大力开展文化宣传。从 8 月下旬起，《西安日报》《西安晚报》在重要版面开设《喜迎两节两会　展示西安魅力》等“两节两会”专栏，从前期预热到会中强势宣传，再到会后回顾总结，按照节点有序推进。“两报”推出 110 多个版次，刊登图文稿件 1300 余篇，其中，《培养观众、培养人才一个都不能少　地方戏发展无捷径》《后“十一艺节”时期　儿童剧该何去何从》等报道，立意新颖，思想深刻，被国内各大主流媒体纷纷转载。

◆**热点问题报道**　2016年，西安报业传媒集团（西安日报社）积极通过《西安日报》的《文化视点》栏目为陕西优秀传统文化代言，对全国重大文化新闻进行深度解读。当海昏侯墓发掘受到全国媒体关注时，栏目于3月22日推出《唯一埋在关中之外的西汉皇帝的跌宕人生》，介绍海昏侯西汉皇帝刘贺的戏剧人生。5月下旬，《美国国家科学院院报》刊登的一篇有关《揭示五千年前中国啤酒酿造配方》的论文，引发世界众多媒体关注，栏目及时推出《在西安发现五千年前“啤酒”的前前后后》，详细介绍这一研究成果产生的前后过程及此“啤酒”出土地西安发生的故事。在5月21日“世界文化多样性促进对话和发展日”到来之际，推出《请尊重关中方言》，宣传保留陕西方言与推广普通话的重要性。为纪念“西安事变”80周年，从11月开始，推出“西安事变80周年旧址走读”大型系列报道，将“西安事变”旧址串联起来，逐一进行走访，对西安这座伟大的城市在中国大变革中的历史地位进行梳理。另外，还推出《在丝路上追求特殊回报的当代“张骞”》，通过报道专家为“丝绸之路经济带”建设奔波的历程，介绍三年来陕西在“一带一路”建设方面取得的成就。

“那些惊艳岁月的老手艺”系列报道　为了做好文化传承，《西安日报》推出“那些惊艳岁月的老手艺”的主题。以小专题形式，每期围绕一个精心遴选的老手艺，采写一篇稿件并配发图片，进行聚焦式深度调查、解读。该系列报道刊发 8 期 16 篇，包括《制一张古琴　凝住七百日岁月余韵》《73 岁的他走在创新路上要为竹扎技艺在现代都市里找到最佳融合方式》《木杆秤转型礼品　是否能“秤”心如意》《在传承中创新　独创镶嵌核雕　74 岁“核桃赵”要为北派核雕“正名”》《前景美好　后继乏人　秦派内画枝繁叶茂还需多久》等。该系列报道刊发后，每期都被凤凰网、光明网、网易、搜狐等门户网站转载。

纪念陈忠实相关报道　4 月 29 日 7 时 40 分，西安籍著名作家陈忠实逝世。30 日，《西安晚报》迅速以“痛悼陈忠实先生”为主题推出 4 个悼念专版。5 月 3 日，《西安晚报》刊发《再道一声先生走好》《贾平凹亲笔手书送别老友》等新闻及一个悼念特辑。4 日，又刊发 2 个悼念专辑，追忆《白鹿原》问世 20 余载不断被改编的历程和发掘陈忠实当年是个先锋诗人等逸闻，以及中国散文学会副会长红孩、陕西文学研究所副所长张艳茜等人的回忆文章。5 日，《西安晚报》以 2 个整版刊发《连续数日省作协追思堂近万人痛悼陈忠实》的新闻以及中国作家协会主席铁凝、陕西省作家协会原党组书记蒋惠莉等人的回忆文章。6 日，《西安晚报》刊发 6 个纪念专版，多角度、多层面、全方位地报道陈忠实告别仪式的情况。

2016 年 9 月 22 日，西安报业传媒集团、西安市政府新闻办、西安市新闻工作者协会联合举办的丝路新看点——全国城市媒体社长总编西安行采访活动在西安举行。图为活动开幕式现场

◆主题策划报道 2016年9月，西安报业传媒集团（西安日报社）与西安市人民政府新闻办公室、西安市新闻工作者协会联合举办“丝路新看点——全国城市媒体社长总编西安行”采访活动，邀请全国30家媒体单位的54名社长、总编和媒体工作者聚焦西安。《西安日报》《西安晚报》投入17个整版，刊发文、图报道110余篇（幅）；西安报业传媒集团新媒体中心利用直播形式，在新媒体平台“魅西安”“西安晚报微博”开设“丝路新看点”活动专题，实时向网友在线直播。活动结束后，受邀的全国各地主流媒体均以专题、专版形式，对西安建设丝绸之路经济带新起点的成就和亮点进行长时间、大篇幅、多角度的报道，共刊发原创报道40余篇，版面累计18个整版。

纪念红军长征胜利系列专题报道 《西安日报》各部门通力合作，推出“星火耀古城——纪念红军长征胜利80周年”大型报道，派出两路记者，对红军曾经在西安留下的印记进行寻访、记录，对这些地方的变化进行生动展示。《西安晚报》策划“红色坐标·追寻长征的陕甘宁足迹”大型主题采访活动分五路，以自驾形式沿红军长征的陕甘宁路线重走长征路，行程5000多千米，版面累计28个整版。在平面媒体传播的同时，利用新媒体矩阵同步播发，发挥微博、微信等新媒体的传播力量。活动受到全国其他媒体的关注，新华社、人民网、腾讯网等国内主要媒体纷纷予以转载。

“针心针意”送温暖活动 11月，《西安晚报》携手阿里巴巴天天正能量项目组启动“针心针意”大型暖冬活动，由组织方提供毛线，征集爱心志愿者编织围巾、手套、帽子等织物，然后送给山里的孩子。活动共收回300余件爱心织物，送给周至县楼观台九年制学校的100多名贫困学生。

新媒体“西安，我想对你说” 为配合文化APP“魅西安”的试运营，新媒体部策划大型本土故事接龙活动——“西安，我想对你说”。截至12月6日，故事接龙推出100期，共刊发44名作者创作的100期接龙故事，无一天间断。故事丰富多样，包括情感、刑侦、冒险等多种类型；情节曲折离奇，塑造出一个有血有肉的“魅西安”形象。“西安，我想对你说”大型本土接龙故事获得“2016全国党报网站高峰论坛”新媒体优秀案例二等奖和“陕西省2016年网上重大主题宣传优秀专题奖”。

◆新媒体发展 2016年，西安报业传媒集团（西安日报社）加强新媒体中心平台搭建和产品融合力度。在“西安新闻网”和微信、微博平台建设的基础上，文化客户端“魅西安”于8月18日正式上线，实现24小时滚动即时更新。新闻客户端“西安观察”于10月9号全面运营。10月28日，举行西安报业传媒集团（西安日报社）全媒体中心中央采编系统上线暨“魅西安”文化客户端发布、“西安观察”新闻客户端公测仪式。至此，西安报业传媒集团（西安日报社）7大类14个产品的新媒体集群规模初步形成，形成集团传统媒体与新媒体融合发展的大框架。6月，“西安新闻网”取得由国家互联网信息办公室颁发的“中华人民共和国互联网新闻信息服务许可证”，成为陕西省拥有一类新闻资质的5家网站之一。（张雅琴）

2015年度“西安新闻奖”获奖作品

类别	奖次	项目	题目	作者（主创人员）	编辑	刊播单位
报纸类A系列	一等奖	消息	西安造绿色航空动力太空首秀	杨斌鹄	张平阳	西安日报
		消息	西安鼓乐声震国家大剧院	章学峰	高亚平	西安晚报
		评论	立足新起点 再创新荣光 ——热烈祝贺西安荣膺全国文明城市称号	杨 阳	邢小俊	西安日报
		通讯	一辆公交车的前世今生	张 端	赵 炜	西安日报
		通讯	种粮是对土地最好的回馈	闫 坤	郝迎利	西安日报
		通讯	混搭摇滚造就千万网络点击量 探寻华阴老腔背后的秘密	陈 黎	李 晶	西安日报
		通讯	西电五学霸造出小卫星 搭乘长征六号火箭升空	任 娜	程 慧	西安晚报
		系列	蓝田玉山行	屈胜文 肖持刚		西安日报
		系列	寻找古诗词中的西安之美	屈胜文 程建设 杨 明 任 娜 史 佳 程 慧		西安晚报
		版面	2015年8月30日一版	熊建磊 赵 炜 张 淼		西安日报
		摄影	印度总理的西安足迹	张宇明	刘 珂	西安晚报
	二等奖	消息	考古发现古渭桥是世界同时期最大木构桥	张 佳	李 华	西安晚报
		消息	陕西首家移动互联网医院成立	梁 璠	付敏业	西安晚报
		消息	浩瀚太空有了颗张瑾秋星	赵 辉	张 瑾	西安晚报
		评论	如何看待我市上半年经济增长速度 7.6%:不仅看数字 更要看内涵	李晓莉	刑小俊	西安日报
		评论	努力实现农民工入会数量和服务质量双提升	赵文青	赵文青	劳动者报
		通讯	中餐定标准 生硬了才是闹剧	裴 磊	张 湜	西安日报
		通讯	记者带您走进城市地下世界 2700公里地下长城默默运转	魏 鑫	桂维中	西安晚报
		通讯	被忽略了的丝绸之路遗响	靳 勇	杨利英	西安日报

续表1

类别	奖次	项目	题目	作者（主创人员）	编辑	刊播单位
报纸类A系列	二等奖	通讯	781枚秦封泥首次完整勾画秦官僚机构网络图	文　艳	郝迎利	西安日报
		通讯	从横河之畔到渭水之滨	张　佳	张　永	西安晚报
		通讯	春运路上携手行 温暖传递千万家	唐玉洁	刘　乐	劳动者报
		系列	全市寻找最美社区主任和热心人	牛延平 张　雷 刘晓云 郑燕茹 刘　瑾 龚伟芳		西安晚报
		版面	2015年10月18日2版	傅明霞 姚玉甲 陈文岩		西安晚报
		摄影	亲历韩休墓壁画街揭取过程	张宇明	刘　珂	西安晚报
		国际传播	《西安日报》西安.法国文化交流英文特刊	夏泽民 尤凌波 李建锋 郝迎利 张万山 赵　炜		西安日报
	三等奖	消息	中国首例“人子宫”移植手术在西安成功实施	王　燕	李　晶	西安日报
		消息	回收绿色产业链让电子垃圾变废为宝	马　昭	郝迎利	西安日报
		消息	“党的生日里，我们收到习总书记亲笔回信”	王　昕	朱　玲	西安日报
		消息	“古城记忆611路”搭建“新媒体”信息平台 两外地游客借助公众微号群找回丢失财物	贺　艳	刘聪颖	西安商报
		评论	坚定发展信心 实现追赶超越 ——论以良好精神状态抓好经济工作	刑小俊	程建设	西安日报
		通讯	拔河被他国申请 我们失去了什么	靳　勇	杨利英	西安日报
		通讯	唐都医院实施世界首例3D打印钛合金胸骨植入术	任　娜	张彦峰	西安晚报
		通讯	百万现金落出租车上 乘客急出一身汗 民警热心 的哥诚信 巨款凌晨归还	张志杰	梁忠学	西安晚报
		通讯	43岁母亲捐子宫帮女儿圆当妈梦	张黎娜	程　慧	西安晚报
		通讯	家庭式托管班辅导班走俏西安	吴　铭	谢进乐	西安晚报
	三等奖	通讯	兵马俑二号坑昨日开始二次发掘 时隔18年考古再淘宝	张　佳	刘秉军	西安晚报
		通讯	从胶片到数字 电影的发展折射着社会的文明和进步	买黎安	郭易鑫	劳动者报
		通讯	火灾爆炸 科学逃生可最大限度保护自己	杜　燕	武一平	现代保健报
		系列	西安国学私塾现状调查	尤凌波 周　立 李　晶 陈　黎 肖　雪		西安日报
		版面	2015年9月4日 下午版2-3版	徐　乐 成　程 白　刚		西安日报
		版面	2015年7月29日2版	沈　璐 韩东辰 姚玉甲		西安晚报
		摄影	在这里相识 从这里相守 9对新人地铁里喜结连理	李　明	张万山	西安日报
		摄影	水上逐梦	王　健	王　燕	西安晚报
		专栏	“新闻深度”	徐　乐 白　茹 李建峰 赵　炜 白　刚 张　淼		西安日报
报纸类B系列		重大主题报道	回眸“十二五”西安更精彩	尤凌波 朱　玲 郝迎利 陈　颖 张平阳 杨耀青		西安日报
		重大主题报道	梦想，已然照进现实——西安五项重点工作三年综述	集体		西安日报
		重大主题报道	“守望大秦岭.问道终南山”系列报道	夏泽民 尤凌波 郝迎利 陈　颖 赵　炜		西安日报
		重大主题报道	胜利日——纪念抗战胜利70周年	张　佳 郭　欣 赵　珍 高　乐 梁　璠 魏　鑫		西安晚报

续表2

类别	奖次	项目	题目	作者（主创人员）	编辑	刊播单位
报纸类B系列	三等奖	热点引导与舆论监督报道	未央湖最美道路4000余景观树遭破坏死亡	王涛	霍敏	西安晚报
		公共服务	重创进行时 创业创新在西安	尤凌波 周立 张潇 杨斌鹊 杨耀青 姜泓		西安日报
		公共服务	技能型人才缺失 引发职业教育改革	唐玉洁	三金	劳动者报
广播电视网络类A系列	一等奖	消息（电视）	西安古城墙穿越千年迎来特殊归乡人 南门综合改造工程赢得总书记点赞	李冬 白洋		西安广播电视台
		消息（电视）	西安跨境贸易电子商务服务平台试运行 首批直购进口货今天通关	杨楠 张羿		西安广播电视台
		消息（电视）	全程关注坠井幼童 微信微博网络传播爱	杨静雅 陈娜		西安广播电视台
		消息（电视）	百年易俗社走进清华展演秦腔传统剧目——精彩演绎掀起京城秦腔热	李文诚 张柏栋 武文斌		西安广播电视台
		专题（电视）	歌曲“松花江上”从西安唱响	张薇 何磊 李炳博 彭波		西安广播电视台
		新闻现场直播（电视）	第八届石榴花之春艺术节开幕式 特别报道	宋伟 王越 刘杰 杨刘涛 丁乐鹏		西安广播电视台
		消息（广播）	张锦秋院士获行星命名	张海英 王建仁		西安广播电视台
		专题（广播）	十年砥砺 打造西安对外开放新格局——写在欧亚经济论坛开办十周年之际	赵洋 王建仁 吝月英 孙楠		西安广播电视台
		访谈（广播）	“一带一路进行时”——走进西安.市长访谈	王建仁 赵洋 高峰		西安广播电视台
		专题	认清非法集资本质 远离非法集资陷阱	王嘉 尹莉莎 杨婧子 刘飞		西安网
	二等奖	消息（电视）	西安警用直升机巡逻检测疏导景区交通	蔡雪 白洋 蔡梦茹		西安广播电视台
		消息（电视）	抗战老兵笑脸展今日开展 20名老兵现场分享人生故事	杨楠 杨杰		西安广播电视台
		消息（电视）	考古发现厨城门一号桥是世界同时期最大木构桥	杨楠 杨杰		西安广播电视台
		消息（电视）	西京医院世界首例机器人活体小肠移植手术成功	尚士华		西安广播电视台
		消息（电视）	周至县十大孝亲敬老楷模 钟简娥	高红莉 郭青 纪露		周至广播电视台
		专题（电视）	公交父子：父亲默默付出 孩子感恩前行	蒙宝姣 苑坤		西安广播电视台
		专题（电视）	粪池里淘金	王刚 袁波 郭春丽		临潼广播电视台
		专题（电视）	手指间的泥土情	仝海山 石蕊 鲁瑶		户县广播电视台
		系列报道（电视）	两岁男童跌落井中20小时终获救	赵旭光 马文 吕莎莎 辛源 李扬 杜美琴		西安广播电视台
		系列报道（电视）	贾宴红回家路	武斌 谭艳梅 许洋 王龙		西安教育电视台
		消息（广播）	陕西首个“海铁联运”国际货运班列开行	富璇 芦毅		西安广播电视台
		评论（广播）	助推经济回升向好“西安制造”如何发力	高峰 侯立亮 杨佳堃		西安广播电视台
		节目编排（广播）	西安新闻（2015年3月1日播出）	侯立亮 江雪 王建仁		西安广播电视台
		专题	歌剧《白毛女》全国巡演延安首演	集体创作		西安网
		评论	看别墅未必能育人 教育孩子不能这样任性	钱江		西安网
	三等奖	消息（电视）	户县农民画图解《准则》《条例》	杨思瑶 张国衡		户县广播电视台
		消息（电视）	城市美容师有了歇脚点 我县10座环卫工人休息用房正式投用	王洁 杨会娇 王珊		高陵广播电视台

续表3

类别	奖次	项目	题目	作者（主创人员）	编辑	刊播单位
广播电视网络类A系列	三等奖	消息（电视）	波涛眼镜：围绕服务抓党建 提升能力促发展	张诠 张瑄桐 朱峰		西安广播电视台
		消息（电视）	用行动留住“西安蓝” 西安环境空气质量改善幅度居全国前列	李璐 张柏栋		西安广播电视台
		消息（电视）	多措并举 精准滴灌 西安三年扶贫实现扶贫人口清零	李静涛 张羿 王京		西安广播电视台
		消息（电视）	少年“黑户”十六年 民警圆其读书梦	崔月望 张洋洋		西安广播电视台
		消息（电视）	阎良区首批纯电动公交车上线运营	罗文园		阎良广播电视台
		消息（电视）	用行动诠释慈善 将爱心进行到底	蒋鹏 陈晨 杨栋锋		蓝田广播电视台
		消息（电视）	村官刘燕：给传统农业插上电商的原理	周俊 杨姣姣 康明珠		蓝田广播电视台
		消息（电视）	微缩社火再现抗战精神	李欣 张江涛 闫丹		户县广播电视台
		消息（电视）	小小自行车 解决了干群关系大问题 ——细柳街道干部下乡乐在“骑”中	梁鑫 刘斌 李晓静 张颖		长安广播电视台
		专题（电视）	夫妻列车长	张雯耘		西安广播电视台
		专题（电视）	最浪漫的事	张雯耘		西安广播电视台
		专题（电视）	探秘韩休墓	集体创作		西安广播电视台
		消息（广播）	西安社区有了纪检监督员	赵亮 王莹		西安广播电视台
		系列报道（广播）	开掘资源 扶持产业	吝月英 张海英 孙楠 侯立亮		西安广播电视台
		专题（广播）	西安市公安局老干部徐汀忆抗战	王建仁 王革 王晓天 董世明		西安广播电视台
		专题	西安五项重点工作巡礼	韩涛 王玉斌		西安网
		专题	探寻西安“香格里拉”	朱晨 李林 赵静 李钰思		西安网
		专题（直播）	汪国真纪念诗会《我微笑着走向生活》	李千 顾岩 贾洋 金依娜 贺海茵 杨婧子 王元博		西安网
广播电视网络类B系列		重大主题报道	中共友好代表团访问希腊法国纪实	李静涛 李文诚 张瑄桐 王娜		西安广播电视台
		重大主题报道	保一山碧绿 护八水长安	蔡雪 王京 李静涛 蔡梦茹		西安广播电视台
		重大主题报道	水韵林城 美丽西安	王玉斌 王嘉 石彬		西安广播电视台
		重大典型报道	暖心瞬间 爱满西安	集体创作		西安网
		热点引导与谬论监督报道	1061观察员	陈玉鹏		西安网
		公共服务	就业与创业	孙伟峰 韩中元 楚小燕 李庆		西安广播电视台
		公共服务	市民热线	王静 田宇 王卓雅 姚又铭		西安广播电视台

2015年度“西安市优秀新闻工作者”

姓名	性别	职务	职称	新闻工龄	推荐单位
张梅	女	西安教育电视台副台长	记者	29	西安教育电视台
高博	男	西安广播电视台编辑	编辑	26	西安广播电视台
任君宁	男	西安日报社陕西新闻部副主任	主任编辑	21	西安日报社
于京玄	男	西安日报社记者	记者	11	西安日报社
李思源	女	西安广播电视台记者	国家一级演员	6	西安广播电视台

文化艺术

责任编辑　冯冠杰

专业文艺

◆概况 2016年，西安市认真贯彻落实“扎实加强文化建设”新要求，全面展示“西安形象”，精准传播“西安声音”，大力弘扬“西安风尚”，倾情绽放“西安精彩”，保护传承文化，用好文化资源，提升文化影响力，加快建设具有历史文化特色的国际化大都市。扶持推出一批代表西安特色的文艺重点门类和重大项目，推进西安历史文化、“红色”文化、社会主义先进文化建设。实施“精品战略工程”，推动文艺创作走向“高峰”，《传丝公主》等3部作品入选第十一届中国艺术节展演，话剧《麻醉师》获得中国文化艺术政府奖“文华大奖”；电视剧《大秦帝国之纵横》获中国广播影视大奖“飞天奖”；《我们的纯真年代》等4部作品在中央电视台黄金时段播出；《易俗社》等4部作品入选“文化部国家艺术基金扶持项目”；《百鸟朝凤》等2部电影在全国各大院线上映；多位作家、艺术家获得“冰心散文奖”“戏剧梅花奖”和“文华表演奖”。把培育弘扬社会主义核心价值观、弘扬正能量、传播“中国精神”作为精品创作的灵魂，创作话剧《麻醉师》；传承和弘扬优秀传统文化，创作《礼乐中国》等一批历史文化题材的文艺精品。启动“丝路文明·西安文脉”美术、书法重大题材创作工程，邀请大批西安知名艺术家，围绕传统文化、丝路文明进行主题创作，展示中华文化基因和西安文化根脉；围绕弘扬周秦汉唐传统文化、丝绸之路经济带建设等主题，出版《西安小史丛书》《诗赋长安》《秦岭四库全书》等系列文化丛书和图书；围绕中国共产党建党95周年、红军长征胜利80周年等重大节点，组织创作电视剧《千里雷声万里闪》《红旗漫卷西风》、动画片《先辈的足迹》等作品。其中，《千里雷声万里闪》被中共中央宣传部和国家新闻出版广电总局列为“纪念红军长征胜利80周年重点剧目”，在中央电视台黄金时段播出。实施“柳青创作精神传承工程”，建成柳青文学馆，出版《人民作家柳青》和《柳青研究文集》，拍摄专题片《人民作家柳青》。积极开展丝路申遗，9项非物质文化遗产入选“国家级非物质文化遗产名录”，6人成为“国家级非物质文化遗产项目代表性传承人”。加大对有“中国古代音乐活化石”之称的“西安鼓乐”的扶持力度，拨付专项资金进行抢救，并建设博物馆，提供演出展示的平台。改造户县农民画展览馆，建设户县农民画博物馆，将户县农民画推荐入选“全国公益广告库”，利用户县农民画宣传社会主义核心价值观。强化对秦腔等地方戏曲的传承保护和发展，启动“秦腔音配像工程”，整理录制优秀经典剧目，建设易俗社秦腔博物馆，抓好经典剧目复排、精排。开展优秀传统文化研究工作，开展唐墓壁画、长安传统节日、历代咏西安诗词赋等课题研究，出版《咏西安诗词名篇精选》《咏西安诗词曲赋集成》。围绕关中书院的保护、利用和关学的弘扬传承，组织专家、学者开展关学研究，推荐纪录片《关中书院》在中央电视台播出，着力打造关学文化品牌。提升传播能力，讲好“西安故事”，通过承办中央电视台春节联欢晚会、中央电视台元宵节联欢晚会、中央电视台中秋节联欢晚会，在全国人民和全世界观众面前大力宣传西安。全力办好2016第八届中国西部文化产业博览会、第三届丝绸之路国际电影节、第十一届中国艺术节等重大文化盛会，进一步扩大西安文化影响力。积极开展文艺交流展演，展示西安文化内涵。《秦豫情》等5部作品晋京交流展演，其中《“黄河”辉煌之路》等3部重点剧目在国家大剧院演出；举办中韩第九届“石榴花之春”文化周等活动，加强对外文化交流。邀请马友友等世界顶级大师进入西安音乐厅演出。努力实现公共文化服务的标准化、均等化，深入开展“深入生活、扎根人民”主题实践活动，首批确定34名骨干作家分赴区（县）体验生活，建立文学艺术创作基地。组织开展“结对子、种文化”共建共享活动，建立一批结对帮扶联系点，培养一批基层文化人才。持续开展文化、科技、卫生“三下乡”集中服务活动，大力实施惠民工程，组织实施千场戏剧惠民演出、“送欢乐、下基层”文化惠民活动、“农家书屋”、广播电视“户户通”、公益电影放映等公共文化工程，全年组织惠民演出790余场、文化活动1300余场。将历史文化遗产的保护与改善市民文化生活有机结合，实施西安城墙南门历史文化街区改造工程，开展南门仿古入城式、大明宫遗址音乐节、西安城墙元宵灯会等丰富多彩的文化活动，不断增强历史遗存的文化品位和服务功能，拓展城市的公共文化空间。精心扶持基层文化创作演出力量，涌现一批扎根基层、服务基层的文艺“轻骑兵”，周至县剧团2个演出团年均演出400场以上；高陵区建立公共文化服务“110”示范项目，群众只要有文化诉求，只需拨打一个特设电话号码，就能及时享受到便捷、快速、均等的公共文化服务，实现公共文化“点对点”服务保障。广泛开展群众文化活动，组织举办西安“红五月”音乐会、夏日广场文化活动、“好剧献孩子”、广场舞大赛等群众文化活动，扶持社区文化团体，丰富社区文化活动。将文化产业作为五大主导产业之一，让文化产业成为城市转型发展的新动力，大力实施资本推动、板块推动、项目推动战略，提高文化产业规模化、集约化、专业化发展水平，形成以“盛唐文化”为品牌的西安曲江新区、以国家级综合型文化产品跨境电子商务平台和数字出版为品牌的西安高新技术产业区、以印刷包装为品牌的西安经济技术开发区、以生态旅游为品牌的西安浐灞生态区、以文化科技融合为品牌的碑林环大学文化创意产业带等各具特色、相得益彰的文化产业板块、园区。西安市成为全国首批“国家级文化和科技融合示范基地”，健全完善“西安市文化与科技旅游金融融合发展联席会议制度”，积极培育“文化+”新型文化业态，着力打造骨干文化企业，建成“国家级文化产业示范园区”1个、“国家级文化产业示范基地”10个和“陕西省文化产业示范基地”36个；西安曲江文化产业投资集团连续五次入选“全国文化企业30强”。西安市文化产业增加值达到492亿元。

◆第十一届中国艺术节 2016年10月15日，第十一届中国艺术节在延安市延安大剧院开幕，中共中央政治局委员、国务院副总理、第十一届中国艺术节组委会主席刘延东出席开幕式并宣布开幕。10月31日，第十一届中国艺术节在西安陕西宾馆闭幕。本届艺术节汇聚近年来全国艺术工作者艺术创作的最新成果，评选出专业艺术的“文华大奖”和群众艺术的“群星奖”。陕西省有5部作品进入第十五届“文华大奖”初评结果名单，西安市创作推出的话剧《麻醉师》、秦腔《易俗社》、舞剧《传丝公主》同时入围“文华大奖”终评；2部群众艺术作品——歌曲《清风盈门》、小品《情感营销》入围“群星奖”决赛，是历届中国艺术节西安市入围作品最多的一次。最终，西安演艺集团话剧院创作的话剧《麻醉师》获得“文华大奖”；西安易俗社国家一级演员惠敏莉获得“文华表演奖”。为让群众充分享受文化艺术发展成果，参加“群星奖”决赛的所有作品分组于10月18—22日分赴西安、延安、榆林、渭南、铜川、咸阳、宝鸡、汉中、安康、商洛等地进行20场惠民展演，覆盖陕西全省，观众达5万多人次。艺术节期间，在咸阳举办中国农民画精品展，在西安市举行全国广场舞展演和2场历届群星奖获奖精品展演。丰富多彩的文化惠民系列活动，带动了群众文化活动蓬勃开展，为艺术节营造了良好的氛围。15—17日，演艺产品博览交易会在西安曲江国际会展中心举办，重点展示国家艺术院团优秀作品、文华奖参评剧目、各地近年创作的优秀剧目以及舞台艺术相关行业协会重点成果。文化部直属国家院团、全国30个省（市、自治区）的文艺团体以及91家组团参演团体和230余家国内知名演出经纪机构、演出院线、剧场联盟、演艺单位的有关负责人观摩考察，交流推介优秀作品。艺术节期间，还举办全国优秀美术、书法篆刻、摄影作品展，丰富了艺术节的门类和内容。艺术节期间，西安张贴5000张宣传海报，设立160平方米的大型街景花牌，摆放300平方米的鲜花铺景、4块街景花牌、14处广告横幅、4座单立柱宣传牌、60块灯箱广告、20座移动发光二极管显示屏，实现全方位、全媒体、全覆盖的宣传效果。全市开展基层群众性歌咏活动及比赛100余场，参加演出和观赏群众近20万人次。西安地区启用场馆近20个，其中属于西安市直管的场馆有5个。

◆第八届西部文化产业博览会 2016年9月9—12日，第八届西部文化产业博览会在西安市举行。本次文博会以“改革·创新·融合·发展”为主题，设有A馆（境外交流馆）、B1（产业融合馆）、B2（文化中国馆）、B3（丝路陕西馆）、B4（产品交易馆）5大展馆和藏羌彝文化产业走廊，征集到云南、青海、宁夏、陕西等省（市区）共计522个优秀文化项目，涵盖文化投资、文化旅游、文化园区、文化科技和新闻出版、演艺娱乐、工艺美术等文化产业门类，投资总额逾1000亿元。展会期间，举办中小文化企业投融资路演活动、丝绸之路影视文化发展高峰论坛、西部文化产业投融资项目推介签约会等10项主会场活动和2016年动漫创意文化周等10项分会场活动以及数十场广场文艺演出。所有活动和演出，均对市民免费开放。本届西部文博会是西安第五次举办西部文博会，参会规模和参展商远超往届。全国14个省（市、区）、35个地市踊跃参展，尤其是很多中东部城市踊跃参与，并占据较大比例；参展商623家，特装参展86家，比上届增加20%；海外展商也大幅增加，来自俄罗斯、比利时、意大利等国家的12家参展商参展，比上届增加6家，增长率50%，其中多个海外参展商都是首次参加西部文博会。本届文博会更加彰显专业化、规模化、市场化与国际化的发展方向，在保持展馆主题、内容连续性的基础上，精心培育具有鲜明专业特色的专题展区和行业平台。在新业态的展示交易方面，结合“大众创业、万众创新”，更加突出“文化”与“互联网”互动融合，让传统文化产业与市场接合。在文化交流方面，紧扣“一带一路”国家战略，充分挖掘西部瑰丽多彩的文化，发挥陕西省“丝绸之路经济带”新起点的带动效应。

◆西安交响乐团在国家大剧院演出 2016年4月23日，西安交响乐团“黄河”辉煌之路音乐会在国家大剧院音乐厅上演。本场音乐会由优秀青年指挥家林大叶执棒，演出曲目包括江定仙《烟波江上》、钢琴协奏曲《黄河》、哈恰图良《斯巴达克斯》组曲选段、柴可夫斯基《意大利随想曲》。中国著名交响乐指挥大师郑小瑛给予西安交响乐团充分肯定。西安交响乐团成立3年以来，已推出数百场演出。

◆歌剧《大汉苏武》获“文华大奖” 2016年10月31日，歌剧《大汉苏武》在第十一届中国艺术节获“文华大奖”。《大汉苏武》是陕西歌剧“大汉三部曲”的收官之作，是中共陕西省委宣传部、陕西省文化厅在“十二五”期间重点规划打造的大型舞台剧，曾获中共中央宣传部第十三届精神文明建设“五个一工程奖·优秀作品奖”，并为2014年度“国家艺术基金资助项目”和2016年度“国家艺术基金滚动资助项目”。该剧由陕西演艺集团出品，陕西省歌舞剧院有限公司创作演出。歌剧《大汉苏武》拥有大型歌剧院、中小型剧场、音乐会歌剧三种不同规模的演出版本。

◆歌剧《白鹿原》首演 2016年5月21日，由陕西省文化厅推出的歌剧《白鹿原》在西安人民剧院上演。该剧由著名作曲家程大兆编剧并作曲，易立明导演，由陕西指挥家侯颉执棒西安音乐学院交响乐团，由获得过中央电视台青年歌手电视大奖赛合唱金奖的西安音乐学院合唱团担纲合唱。主要角色全部由活跃在当今国内外的中国青年歌唱家演唱。

◆杂技剧《丝路彩虹》开展国际巡演 2016年8月18日和19日晚，大型原创杂技剧《丝路彩虹》在吉尔吉斯斯坦首都比什凯克连演2场。《丝路彩虹》是陕西演艺集团、陕西省杂技艺术团精心打造的冲刺的第十一届中国艺术节“文华大奖”的重点剧目。此次在吉尔吉斯斯坦演出是6月底开启的沿丝绸之路国际巡演的重要一站。巡演从西安出发，经西宁、兰州、银川、乌鲁木齐，穿越哈萨克斯坦、吉尔吉斯斯坦等国，进入波兰、德国、捷克、奥地利、瑞士、意大利6国，最终将于2017年5月中旬到达终点意大利首都罗马，全程历时1年，横跨欧亚，是中国杂技行业首个沿丝绸之路进行国际商演的优秀剧目。

◆豫剧《秦豫情》受邀在京演出 2016年9月21日和22日晚，历时3年打造的原创大型现代豫剧《秦豫情》（原名《长安梦》）在北京中国评剧大剧院上演。这是继话剧《麻醉师》和民族舞剧《传丝公主》后，西安市又一部受邀晋京演出的大型原创剧目。《秦豫情》于4月在西安首演，讲述1942年河南灾民大迁徙的故事。作为纪念建党95周年暨红军长征胜利80周年的献礼大剧，《秦豫情》特邀河南省文化艺术研究院院长、国家一级导演李利宏担任总导演，编剧由河南省著名编剧杨林与陕西省青年编剧雷琳静、甄业共同担纲；邀请中国戏曲学院教授左奇伟、中国戏曲学院舞台美术系教授罗江涛等国内知名艺术专家组成主创团队，由第24届梅花奖获得者、国家一级演员徐俊霞领衔主演。

◆原创话剧《冯从吾》公演 2016年10月，西安文理学院原创话剧《冯从吾》在西安文理学院大礼堂首次公演。《冯从吾》话剧总时长100分钟，分为4个篇章18幕，讲述了冯从吾心系黎民百姓，因为刚正不阿、直言进谏触怒皇帝被罢官还乡开创关中书院，不为宦党高压所动摇，坚持在关中书院讲学终成关学大师的故事。

◆《麻醉师》获“文华大奖” 2016年10月31日，西安话剧院编排的话剧《麻醉师》在第十一届中国艺术节获“文华大奖”。该剧由广州军区政治部战士文工团团长、国家一级导演傅勇凡担任导演，“中国曹禺戏剧剧本奖”获得者唐栋担任编剧，国家一级舞美设计师秦立运、刘文豪分别任舞美、灯光设计，石松作曲，男主演刘铁涌，女主演贺建娟。该剧是一部关于生命价值和生命意义，兼具艺术性与观赏性的现实主义题材话剧，讴歌了已故第四军医大学西京医院麻醉科副主任、主任医师、教授、硕士研究生导师、全军重症医学专业委员会副主任委员陈绍洋同志几十年如一日，始终把群众利益放在第一位，倾心为患者服务，一视同仁，从无贵贱之分的感人事迹。该剧于3月开始排练，4月在西安首演，随后在各地展开巡演，共演出60余场。

◆西安国际儿童戏剧展演 2016年4月10日至5月22日，由西安市文化广电新闻出版局、西安曲江新区管理委员会、西安演艺集团有限公司主办，西安儿童艺术剧院承办的“2016西安国际儿童戏剧展演”在西安举行。活动邀请日本道化剧团亲子剧《变变变》以及中国台湾鞋子剧团儿童剧《从前从前天很矮》、北京手拉手儿童剧团动漫剧《小羊肖恩》、济南儿童艺术剧院儿童剧《农夫与仙鹤》、兰州儿童艺术剧院儿童剧《传统的味道》、西安儿童艺术剧院亲子剧《Good•Morning》和少儿版《卖火柴的小女孩》6家知名演出院团的7部优秀儿童剧在全市各大剧院演出，部分优秀剧目在西安福利院和小学校园公益演出。

◆西安儿艺项目入选“国家艺术基金资助项目” 2016年9月3日，西安儿童艺术剧院申报的“放飞梦想、茁壮成长”西安儿艺优秀儿童剧陕甘宁百场巡演项目经过初审、专家复评，从全国1104个巡演项目中脱颖而出，最终成功入选“国家艺术基金资助项目”。11月7日，西安儿童艺术剧院在延安市志丹县正式开启“西安儿艺优秀儿童剧陕甘宁百场巡演”，为孩子们带来童话剧《春天里的童话》。该剧是一部童话题材的儿童剧，由《新龟兔赛跑》《我知道了》《老虎拔牙》3个小戏组成。其中，《新龟兔赛跑》曾在中央电视台银河之星少儿晚会演出，并获得第二届陕西省小戏小品大赛优秀剧目奖；《春天里的童话》在西安、济南、深圳等地演出200余场，受到孩子们的热烈欢迎和喜爱。

◆西安市文艺评论家协会成立 2016年7月12日上，西安市文艺评论家协会第一次会员代表大会举行。大会表决通过了协会章程，选举李浩为西安市文艺评论家协会主席，穆涛、张阿利、高亚平、杨辉、王潇然、杨宗佑、杨琳、屈健为副主席。

◆3作家获第七届“冰心散文奖” 2016年6月18日，第七届“冰心散文奖”在河北承德揭晓并举行颁奖仪式。西安财经学院副教授、西安市文学艺术界联合会签约作家白忠德的散文集《我的秦岭邻居》，西安铁路局机关干部孙天才的散文《风追司马》，西安市作家协会会员史鹏钊的散文《喊一声大地我热泪盈眶》获奖。

◆《山川记》等12部作品获“柳青文学奖” 2016年1月11日，第四届“柳青文学奖”新闻发布会在陕西省作家协会召开，王妹英的《山川记》等12部作品获奖。本届“柳青文学奖”设“优秀长篇小说奖”“优秀中篇小说奖”等9个奖项，参加评选的作品，涵盖陕西作家及在外陕西籍作家2012年1月至2014年年底在由国家批准出版发行的报纸、刊物、出版社、网站发表和出版的中文作品。征集期间共收到229部（篇）作品，超过上一届206部（篇）。

◆第二届丝绸之路“6年西凤杯”青年散文大赛 2016年12月28日，由西安报业传媒集团和陕西禧福祥集团联合举办的第二届丝绸之路“6年西凤杯”青年散文大赛在西安举行颁奖仪式。本届青年散文大赛从5月开始征稿，11月底截稿。共征集到来自国内外青年散文作者的5000多篇作品，参赛者遍及全国25个省（市、自治区），以及新加坡、马来西亚等国家。青年作家王小洲的散文《河西走廊的风》获金奖，胡宝林的《万物生长》和顾彩琳的《定边的秋天》获银奖，赵洁的《最后一座麦草垛》、房臣波的《酸枣树》及范超的《一池痴水》获铜奖。庞洁、梁新会等11人的作品获优秀奖。

◆“柳青纪念馆”开馆 2016年6月23日，西安市举行“柳青纪念馆”开馆仪式及“深入生活、扎根人民”——纪念柳青诞辰100周年座谈会。中国现代文学馆副馆长梁海春应邀出席活动，并为纪念馆揭牌。中国文学艺术界联合会、中国现代文学馆分别发来贺信。柳青女儿刘梅风向“柳青纪念馆”捐赠柳青生前使用过的物品；中国现代文学馆与“柳青纪念馆”签署共建协议。

◆贾平凹当选中国作协副主席 2016年12月2日，中国作家协会第九次全国代表大会选举产生了中国作协第九届全委会委员，陕西省作家协会主席贾平凹，陕西省作家协会党组书记、常务副主席黄道峻，陕西省作家协会党组成员、副主席李国平，陕西省作家协会副主席、陕西师范大学教授杨宏科（笔名红柯）当选中国作协第九届全委会委员。同时，陕西省文学艺术界联合会副主席李天芳、陕西省作家协会顾问叶广芩受聘为中国作协第九届全委会名誉委员。

◆贾平凹小说《极花》首发 2016年4月14日，贾平凹创作的最新长篇小说《极花》首发。小说描写一个从乡村到城市的女孩胡蝶，从被拐卖到出逃、最终却又回到被拐卖乡村的故事。《极花》不仅保持了作家的既有水准，而且在写作方法上推陈出新，是贾平凹创作中又一特色鲜明的作品。贾平凹在写《极花》时借鉴了中国水墨画的手法，尝试用中国传统绘画的方式来写小说。

◆“金色丝路·盛世辉煌”主题绘画展 2016年9月7—11日，第三届丝绸之路国际艺术节“金色丝路·盛世辉煌”主题绘画展在西安美术馆举行。本次展览以国画、油画相组合，以独特的创意、鲜明的主题描绘丝绸之路历史过往中的人物典型、名胜古迹、自然风光以及佛经盛传、文化交流、商品贸易的繁荣景象。展览作品均大尺幅画作，气势宏伟，其中，“大唐丝路盛景图”工笔画长达16米，是我国至今描绘“丝绸之路”绘画的最长工笔画卷。此外，运用三维动画技术全景呈现的“大唐丝路盛景图”，将传统绘画与影视艺术巧妙结合，更加生动地再现“丝绸之路”的历史场景和精神风貌。本次展览之后还将在美国、墨西哥、德国、澳大利亚、加拿大等国展出。

◆西安书法篆刻精品展 2016年10月，由西安市文学艺术界联合会主办，西安市书法家协会协办的“迎接第十一届中国艺术节·西安书法篆刻精品展”在西安亮宝楼展出。本次展览共展出作品175幅，真草隶篆诸体兼备，充分代表了西安的书法艺术水平。 （行中道）

地方志

◆概况 2016年，西安市地方志办公室以贯彻落实国务院办公厅《全国地方志事业发展规划纲要》和陕西省人民政府办公厅《陕西省地方志事业发展规划》为目标，以实现全市“志鉴两全”（市区两级地方志、综合年鉴编纂工作全面覆盖）为重点，圆满并超额完成各项目标任务。西安市地方志信息中心被陕西省人力资源和社会保障厅、陕西省地方志办公室表彰为全省地方地系统先进集体，2人被评为先进工作者。1人获全省“十大修志能手”荣誉称号，1人在全省“修良史佳志，树文化自信”演讲比赛中获三等奖。

◆二轮《西安市志》编纂 2016年，西安市地方志办公室秉持精品意识，采取倒排工期的方式，加快全市二轮修志工作进度。办领导带队走访修志滞后的承编单位，沟通协调、帮助解决突出问题。定期召开总编室例会细化任务，落实责任，确保修志工作整体协调推进。采取责编、主笔交叉审稿和“五审五校”方式，确保志稿质量。截至年底，已完成34个分志总纂稿定稿。同时，规划确定二轮市志七卷本分卷方案，并据此调整修志人员安排，组建分卷总纂队伍，为2017年完成分卷总纂打基础。加强对部门志、行业志、专业志的指导和服务，组织审阅《地震志》《建设志》

《水务志》《沣惠渠志》《人民代表大会志》《邮政志》《人民银行志》等多部志稿。

◆年鉴编纂与出版 2016年，西安市地方志办公室严格把控编辑校对、排版印刷等各环节质量关，确保《西安年鉴》编纂质量位于全国领先水平。在突出西安特色的同时，增强服务功能，力求更加全面深刻、有重点地服务于全市中心工作和社会大众。建立质量保障机制，确保《西安年鉴（2016）》及光盘版高质量如期出版。贯彻落实国务院和陕西省人民政府关于市、区（县）综合年鉴全覆盖的要求，坚持以点带面，督促指导区（县）开展综合年鉴编纂工作。碑林区、未央区、莲湖区、灞桥区如期完成年鉴稿件编辑定稿工作；长安区、高陵区启动综合年鉴编纂工作。碑林区、灞桥区、未央区被评为“陕西省综合年鉴编纂工作先进单位”。《西安年鉴（2015）》在中国地方志指导小组组织开展的全国地方志优秀成果评选中被评为“一等奖”。

◆区（县）二轮修志 2016年，西安市地方志办公室针对各区（县）二轮修志工作进展不一的实际，重点在强化指导、严格质量、督促后进等方面下功夫。领导带队走访修志滞后的区（县），通过深入调查、分类指导和督促检查的方式，对区（县）志书编纂质量、机构和队伍建设等方面进行现场指导，解决问题，确保区（县）志书编纂质量及进度。协助相关区（县）召开修志工作动员会和推进会，利用电话和网络等平台，将最新的修志理论知识、志书行文规范、地情参考文献等资料传递到区（县）修志工作之中，提高修志水平。截至年底，完成莲湖、新城的复审，长安、未央、灞桥、临潼、蓝田均已上报终审；《雁塔区志》《阎良区志》已印刷出版，并在年度目标任务之外完成高陵终审，全市区（县）二轮修志工作进入收官阶段。雁塔、阎良、蓝田3个区（县）被陕西省地方志办公室表彰为全省二轮修志工作先进单位。

临潼区档案地方志工作暨业务干部培训会 3月29日，临潼区2016年档案地方志工作暨业务干部培训会召开。参加会议的有西安市档案局，西安市地方志办公室，中共西安市临潼区委、区人民政府领导和临潼区各街道、区级机关各部门、区级各直属企事业单位、驻区单位的分管领导和干部200余人。会议回顾总结2015年及“十二五”期间档案地方志工作，安排部署2016年及“十三五”期间工作。

莲湖区档案暨地方志工作会议 4月28日，莲湖区召开2016年度档案暨地方志工作会议。参加会议的有西安市档案局、西安市地方志办公室、西安市莲湖区人民政府的领导和莲湖区78家区级机关单位、驻地单位分管档案、地方志工作的领导和干部。会议总结“十二五”期间莲湖区档案地方志工作，安排部署“十三五”期间档案地方志工作。

《长安区志（1990—2010）》通过终审 6月22日，《长安区志（1990—2010）》终审会在长安区政府常务会议室召开。终审组认为该志稿政治观点正确，分类基本合理，体例较为完备，特点突出，行文规范，较好地反映了长安的地方特色和时代特点，是一部较为成熟的志稿，同时，就志稿存在的一些问题提出修改意见，涉及内容归属、资料补充、行文表述规范等问题。会议决定《长安区志（1990—2010）》通过终审。

《高陵县志（1990—2010）》通过终审 11月21日，《高陵县志（1990—2010）》终审会议在西安市高陵区召开。《高陵县志（1990—2010）》编修工作启动于2005年7月，共28篇125章458节，共计113万余字，主要记述高陵县21年间自然、经济、政治、文化、社会等各方面的情况，志稿内容全面，较系统记述高陵县从农业大县蜕变为工业强县过程中，城市化快速推进，工业园区发展等方面情况。会议决定《高陵县志（1990—2010）》通过终审。

周至县第二轮修志暨《周至县志》编纂工作推进会 11月30日，周至县第二轮修志暨《周至县志》编纂工作推进会在周至县召开。会议对《周至县志》编纂情况做了总结，回顾前期县志编修工作的进展情况及取得的成绩，对下一步修志工作做出具体安排，确保2018年完成县志出版。

◆地情资料开发利用 2016年，西安市地方志办公室为满足广大群众的阅读需求，对记载全市3000多个村落沧桑巨变的《西安村落记忆》进行加印，完成发放至全市各乡镇、村委会的既定目标；完成《西安通史》（4卷本120万字）编纂出版，该书以图文并茂的形式记述自原始社会至1949年新中国成立前西安历史发展进程；配合“十二五”国家重点图书出版规划项目——大型系列历史文化丛书《中国史话》的出版发行，完成《西安史话》分册编纂任务；编纂出版《西安地方志编纂志》，体现西安地方志事业发展不同阶段的基本特征；对《西安地方志》期刊进行改版创新，改版后的《西安地方志》期刊在论述西安历史的同时，更加注重地域性。

《阎良姓氏调查统计汇编》 4月，由西安市阎良区地方志办公室编纂的《阎良姓氏调查统计汇编》完成内部印刷。《阎良姓氏调查统计汇编》涵盖西安市阎良区5个街道、2个镇103个社区及行政村，共计86595户、271819人。各类姓氏698个，其中复姓15个、单姓683个。单姓中万人以上的姓氏有王、张、李、刘、杨5个，千人以上姓氏50个。调查时间以2014年10月20日为准。

《西安村落记忆》赠书仪式 11月16日在阎良区关山镇举行。该书由西安市地方志办公室组织编纂，一套3册，400余万字、3000多幅图照，全面展示西安村落的历史和现状，从搜集资料到成书，历时3年，参与人员达数千人。此项活动是西安市地方志办公室落实地方志文化进机关、进学校、进图书馆、进社区、进农村、进景区活动的重要举措。

《西安通史》出版发行 12月，由西安市地方志办公室组织编写的四卷本《西安通史》完成印刷出版。该书由总叙、七编正文、主要参考文献及重要名词索引组成，共计120余万字，插图500余幅，记述西安地区自原始社会至1949年新中国成立的历史。所记地域范围以今西安市行政辖区为准，个别地方因历史原因亦有所突破。

《西安地方志编纂志》出版发行 9月，由西安市地方志办公室主持编纂的《西安地方志编纂志》出版发行。《西安地方志编纂志》是系统记述西安地域自有史以来至2012年，西安地方志事业发展全过程和重要成果的一部专业志。全志采用篇章节体，计12篇、28章、82节，成书规模127万字，插图114幅，运用述、志、记、传、图、表、录等多种体裁，以志为主。《西安地方志编纂志》是陕西省历史上第一部系统记述修志活动发展历程和成果的新方志，也是西北地区问世的第一部市级《地方志编纂志》。

◆地情信息化建设 2016年，西安市地方志办公室贯彻落实国务院、陕西省人民政府关于地方志信息化建设的有关要求，推进数据资源开放共享工程，拓宽地方志服务渠道，提升服务能力。针对当前手机等庞大移动终端设备用户群，申请资金70万元，完成“移动地情资料库开发与建设项目”。制作地情书籍的配套光盘，进行地情书籍的数字化转换工作，同步在西安地情网上公布。截至年底，数据库共有电子志书249本，网站点击率达到42万人次。全市11个区（县）建设了地情网站，其中，莲湖、高陵、蓝田3个区（县）被陕西省地方志办公室表彰为全省地情信息工作先进单位。

《移动地情资料库开发与建设项目》通过验收 9月23日上午，由西安市地方志办公室组织建设的西安市地方志《移

动地情资料库开发与建设项目》建成并通过验收。移动地情资料库依托西安市地情资料数据库和西安地情网的数据内容和架构，对其进行移动互联网方面的扩展，由移动地情门户网站、西安方志服务号、掌上志鉴、西安地方志服务平台组成了西安市地方志移动互联网系统的核心内容。（高　鹏）

档案

◆**概况**　2016年，西安市各级档案部门和档案工作者贯彻落实中共西安市委办公厅、市政府办公厅《关于加强和改进新形势下全市档案工作的实施意见》，以《西安市档案事业发展“十三五”规划》为指导，加强档案基础业务建设，档案资源体系、档案利用体系、档案安全体系建设，档案信息化建设和人才队伍建设，服务中心，服务大局，服务民生，全面完成全年工作任务，全市档案事业迈上新台阶。

◆**依法治档**　2016年，西安市档案局进一步贯彻落实《中华人民共和国档案法》和《西安市档案管理条例》，对13个区（县）档案局和30个市级部门档案进行行政执法检查。重新修订《西安市归档文件整理实施细则》，规范全市文书档案归档标准。继续开展省级目标管理认证和市级档案工作示范社区（行政村）创建活动，有力推进基层管理工作规范化、制度化。截至年底，11家机关单位和企业通过AAA级认证检查验收；新城区兴盛社区、莲湖区莲四社区等6个社区（行政村）通过市级档案工作示范社区验收。雁塔区档案局探索社区档案管理新模式，编辑出版《社区档案工作指南》。在“9·5”《档案法》颁布纪念日、“12·4”国家宪法日，联合有关单位举办档案法制宣传活动，进一步普及档案法制知识，增强公众档案法制观念，提高社会档案意识，为档案工作开展营造良好的氛围。

◆**档案文化宣传**　2016年，西安市档案馆利用《西安档案》杂志、西安档案网、西安档案微信公众号等平台，联合西安电视台、临潼区档案馆、华清池景区开展纪念中国共产党建党95周年、西安事变80周年系列活动。各级综合档案馆以“6·9”国际档案日为契机，以爱国主义教育基地为依托，以举办“档案馆日”活动、开展专题展览等形式，向社会公众提供档案文化服务。西安市档案馆接待档案培训班学员及未央区街办等15家单位的525人次参观学习，联合举办“国际档案日”和“文化遗产日”建档展演活动，使得档案馆以更加开放的姿态，更好地服务民生、服务经济社会各项建设。

◆**档案基础性工作**　2016年，西安市档案局创新工作模式，采取正常接收与提前接收相结合的方式，加大档案征集力度，着力突破档案资源建设瓶颈。依法接收市级机关文书档案7万余卷（件），征集西安事变、日军侵华相关档案资料210件。按照国家重点档案抢救和保护工作要求，全市各级档案馆对清代、民国时期的国家重点档案66.56万件进行全面、细致地梳理清查，并围绕社会关切的重点专题申报“西安事变档案史料陈列展”“西安近现代火柴工业研究”“秦腔艺术展”3个国家重点档案保护与开发项目。继续开展重点档案修复保护工作，修复中华人民共和国后破损档案7886页。编纂出版《西安火柴厂火花图鉴》，并与西安文理学院开展合作编研《西安火柴工业》一书，开拓档案编研新方式。积极开展方言语音建档工作，举办全市方言语音建档工作培训班。截至年底，9个区（县）完成方言语音建档工作任务。

◆**档案服务利用体系建设**　2016年，西安市档案局以服务大局、服务群众为重点，进一步改进查档服务工作，在提升上门查档、电话咨询、来函代查等传统查阅方式服务质量的基础上，不断改进完善网络查询、自助查询、跨馆互查等创新服务模式。截至12月10日，全市各级档案馆接待档案利用者56965人次。指导西安市地铁建设指挥部办公室完成地铁1号线、3号线建档工作。配合西安市农业林业委员对农村土地确权档案进行检查验收，要求各区（县）档案局做好土地确权档案的形成、积累、归档工作。协助中共西安市委党史研究室撰写《中国共产党西安历史（第三卷）》。

◆**档案信息化建设**　2016年，西安市数字档案馆建设调研工作完成，进入总体方案设计阶段，数字档案馆建设正式启动。在已有档案数据库中建立关于城市建设、区域文化、道路建设、法律法规等专题数据库，进一步拓宽信息化平台服务利用领域。档案信息化建设费从每年80万元增加至每年400万元，档案信息化建设实现跨越式发展。截至12月10日，馆藏档案数字化率达到42.5%，数字化馆藏档案共计833.2万幅。

◆**档案培训教育**　2016年，西安市档案局继续举办全市档案人员上岗培训，提升档案人员业务素质和工作能力。举办区（县）、开发区档案业务人员培训，使基层档案部门依法行政的能力得到有效加强。举办档案业务专题培训，档案工作标准化、规范化水平稳步提升。全年举办培训班3期，培训人员近300人。

◆**档案对外交流**　2016年9月，西安市档案馆派遣2人参加第十八届国际档案大会，与国际档案界就电子档案管理、档案收集与开发利用等进行交流，学习国际档案工作的先进理念和技术手段，并宣传西安档案工作，扩大西安影响。9—10月，分两批组织干部赴山东、江西、江苏、广东、广西等地档案馆调研交流档案工作，重点学习了解数字化档案馆建设、服务、利用的新方法、新手段等方面，开阔了思路和眼界。（马西明）

文物博物

◆**概况**　2016年，西安市境内有各类不可移动文物点3246处，包括全国重点文物保护单位52处，省级文物保护单位105处，市（县）级文物保护单位235处。其中世界遗产2处6个点（包括秦始皇陵兵马俑、未央宫遗址、唐长安城大明宫遗址、大雁塔、小雁塔、兴教寺塔），国家考古遗址公园3（秦始皇帝陵遗址公园、汉阳陵国家考古遗址公园、大明宫国家遗址公园）。西安地区有各类博物馆121座，其中国有博物馆34座，行业博物馆43座，非国有博物馆44座。全年投入文物保护专项资金1.32亿元，其中中央、省专项资金6300万元，文物安全保卫工作连续26年实现“馆库藏文物安全年”。

◆**考古调查、勘探和发掘**　2016年，西安市文物局完成考古发掘项目35项，较上年增长25.7%，发掘古墓葬278座、遗址1400余平方米、古窑址25座，古井42口，出土各类器物2000余件。配合渼陂湖水系生态修复工程、古栎阳城遗址文化主题公园等重大项目以及城市基本建设进行考古勘探。进一步加强建设工程中的文物勘探管理工作，对西安地区11家文物勘探资质单位进行统一管理，全年备案文物勘探项目186项，会同西安市文物稽查队对157个建设项目文物勘探情况进行检查，遏制恶性竞争，保证文物勘探工作质量。3月1日，西安市人民政府颁布《西安市房地产项目优化审批流程试行方案》，将建设项目涉及地下文物的考古勘探审批工作调整至土地招拍挂前。西安市文物局与西安市土地储备中心、西安市政务中心协调制定相关工作流程和规范，主动开展相关储备用地的现场调查和考古勘探工作。全年西安市政务中心大厅西安市文物局窗口接办储备用地报建项目41件，接办审批63件。

渭河古桥考古 该项目为国家文物局重点资助项目，是跨年度延续项目，与中国社会科学院考古所、陕西省考古研究院合作进行跨越回填和考古资料整理工作。完成T1发掘区回填前标本提取、拓片，三维扫描等准备工作，并完成回填工作。考古发掘报告整理工作有序开展，完成标本器物拍照484件，卡片登记整理1332件，器物绘图55张。完成回填区域和高铁用地区的石构件文字、图案的拓片提取工作。

栎阳城遗址考古调查发掘 该项目为国家文物重点资助项目，是跨年度延续项目。主要对三号城北的大型沟渠进行调查，向西进行勘探调查，同时布3条长15—25米、宽4米的探沟，对其进行解剖，已进入咸阳境内，工作仍在进行当中。对三号城周边进行大面积勘探，并布3条长150米、宽2米探沟，搞清三号古城的边界。对三号城南发现的红烧土区域进行试掘，发掘灰坑、水井、砖铺地及半成品铜钱等，推测可能为手工业作坊区。

昆明池遗址考古调查 中国社会科学院考古所与西安文物保护考古研究院、长安区文物局共同完成昆明池遗址陕西省斗门水库项目考古调查工作，编写《陕西省斗门水库（昆明池遗址）2012—2015年考古勘探报告》文本，并提交建设单位。将勘探成果并入阿房宫与上林苑考古地理信息系统，为编写《昆明池遗址考古调查报告》准备基础材料。

周至佛坪厅考古调查 配合佛坪厅道路调查工作，对傥骆古道实地调查。全程长250千米，发现各类遗迹134处，其中道路遗迹85处，其他遗迹49处。道路遗迹又分为栈孔或栈道13处，桥7处，碥道及垫肩65处；其他遗迹分为墓葬10处，庙址13处，房址16处，摩崖石刻4处，碑刻4处，城址或驿站5处。配合景阳门南侧城墙缺口修复工程，对东门景阳厅南北两侧进行试掘调查，确定南侧城墙及马道宽度、保存状况和北侧城墙保存状况。启动佛坪厅调查子课题研究项目，主要有“傥骆道的考古调查及研究”“清代佛坪厅同知考”“清代湑水河古桥考”“佛坪厅同知主要政绩考”“佛坪厅古城遗址保护利用之思考”。

隋唐长安城遗址考古勘探和发掘 自2015年启动隋唐长安城遗址调查项目后，2016年配合西安市城市建设开展隋唐长安城考古工作。对以往的考古资料数据进行矢量化，按照类别分图层、分颜色录入遗迹单位，把涉及隋唐长安城的65幅民国历史地图进行地理配准，并对隋唐长安城范围内的12幅地图进行矢量化。发现隋唐长安城遗址永达坊西墙、宣义坊东墙、含光门大街以及两侧水沟遗址、隋唐长安城遗址外郭城东墙夹城遗址、唐安邑坊陶窑遗址、朱雀大街遗址和隋唐长安城遗址外郭城北墙遗址，并在明德门遗址西南和安邑坊内发现唐代窑址10余座。着手整理《2015—2016年隋大兴唐长安城遗址考古调查报告》。组织开展隋唐长安城东市遗址中8.7公顷用地范围的文物调查和局部勘探工作，开展局部考古试掘工作，发现灰坑、道路、水井、作坊、池址等一系列遗迹，出土建筑构件、日用器皿、饰品及铜钱等唐代遗物450余件。

高陵朝李遗址发掘 1—4月，发掘面积1000余平方米，探沟2条，发现灰坑30余座，出土器物60余件。出土器类有陶器、瓷器、铜器、铁器等；器形有瓦当、瓷双耳罐、铜簪、铜钗、铜钱等。遗迹年代为唐代，探沟下部（第五层）为汉代文化堆积。田野发掘的同时进行周边文物勘探，未发现早期遗迹现象。

西北工业大学北村住宅改造(二期)墓葬发掘 该项目位于现西北工业大学北村，属唐代长安城延寿坊内，紧邻西市。4月3日至5月5日，发掘汉代墓葬5座、唐代古井42口。出土双系罐、陶器残片、瓷器残片等生活用器，筒瓦、板瓦等建筑构建。该项目的发掘对研究唐长安城的饮水问题有重要意义。古井内出土大量陶器残片，为研究唐代长安的日常生活用器提供了丰富资料。

中国电力投资集团公司西安太阳能电力有限公司墓葬发掘 该项目位于西安航天产业园内，东邻神舟大道，南邻东长安街，西邻神舟五路，北邻航天中路。4月8日至7月22日，清理墓葬23座，其中唐墓20座，宋墓1座，明清墓2座，出土物有胸像俑、十二生肖俑、动物俑、塔式罐、铜钱残片等，共90件。

陕西建工第二建设集团有限公司职工住宅楼墓葬发掘 4月24日至6月20日，发掘墓葬90座，墓葬形制主要为竖穴墓道土洞墓，出土器物390余件，器类有陶鼎、盒、壶等。墓葬年代主要集中在西汉早期晚段至西汉中期晚段，个别墓葬晚至新莽前后。

西安市民政局防灾减震科普教育基地发掘 该项目位于西安南三环以南，曲江三兆殡仪馆内，安灵苑以西。5—7月，清理古墓葬11座、沟1条、陶窑1座，其中汉墓10座，唐墓1座。其中1座汉墓为长斜坡墓道砖室墓，其余墓葬多为竖穴墓道砖室墓，唐墓为竖穴墓道土洞墓。其中10座墓葬均发现盗洞，被盗严重，出土釉陶壶、釉陶罐、陶仓残片、五铢钱、大泉五十钱、车马器、眼罩、鼻塞、口含等。仅M11未被盗扰，出土硬釉陶器9件。陶窑窑室连通3条烟道，窑室出土西汉砖尺寸与墓砖尺寸相同。除唐墓外，其余墓葬、窑址及沟的时代应在西汉中晚期。根据沟与墓葬的相对关系，发现的汉代墓葬可能为一处有围墓沟的家族墓地。该项目距离汉杜陵遗址距离较近，为研究杜陵及杜陵邑范围及其变化提供了重要资料。

国美西北电子运营中心墓葬发掘 该项目位于灞桥区新筑街办高寨村西北侧，纺渭路西侧。5—9月，发掘墓葬41座、古代沟渠1条、灰坑20余座、陶窑7组10座。其中，古墓葬中汉墓32座，唐墓8座，明墓1座，出土文物有陶罐、陶案、陶壶、陶俑、陶灶、陶猪、陶鸡、玉梳等250余件（组）。陶窑分布于沟渠两侧，大多为2座或3座共用1个操作间，呈马蹄形，由窑道、火塘、窑床和烟道等组成，窑室内多出土有小口平底罐等器物残件，推测时代应该为东汉晚期。灰坑、沟渠时代与窑址同。

电信科学技术第十研究所元代墓葬发掘 该项目位于雁塔区，北临雁塔西路，南临电信十所家属院，东至大唐社区，西至芙蓉街。5月19—30日，西安市文物保护考古研究院配合电信科学技术第十研究所26号楼及5号综合楼建设，对该墓进行发掘。该墓为阶梯墓道，带1个天井，土洞单室墓，方向坐北朝南，由墓道、天井、封门、小龛、墓室等部分组成，出土瓷器、陶器、陶俑、铜器、铜钱、石器、买地券等文物90余件（组）。根据朱书买地券记载，纪年为元大德六年（1302）。该墓形制保存较好，出土的一组造型生动的陶俑和精美的瓷器，为研究关中元墓的发展提供了重要资料。

西安明瑞进达合能置业有限公司墓葬发掘 该项目位于长安区，南邻樱花一路，北邻樱花二路，西邻书香路，东邻子午大道。8月10—30日，发掘窑址1座、古墓葬7座、战国秦墓5座、隋墓1座、唐墓1座，其中窑址破坏严重。出土文物73件，有陶罐、陶缶、铜镜、铜带钩、铜壶残片、陶俑等。

地铁6号线科技六路站墓葬发掘 该项目位于科技六路北侧，高新路东南侧。9月3—13日，发掘明代墓葬1座，为单室砖室墓，出土文物2件和石墓志、铜钱。据墓志记载，该墓为明宗室宜州王府镇国中尉仁菴公及夫人李氏合葬墓，葬年为明万历乙巳年（1605）。

◆文物保护 2016年，西安市文物局坚持“保护为主、抢救第一、合理利用、加强管理”的文物工作方针，做好大遗址考古调查和发掘等工作，对城市基础建设文物勘探工作进一步规范，继续开展各类文物保护维修工程，文物行业管理工作不断加强。

文物保护规划 继续开展各级文物保护单位保护规划编制工作，完成48处文物保护单位保护管理规划编制工作。西安市人民政府154次常务会审议通过《汉长安城遗址保护总体规划(修编稿)》，并报陕西省文物局后，上报国家文物局审批。《杨官寨遗址保护规划》获国家文物局批复，正在修改完善。《新寺遗址保护总体规划》获陕西省文物局批复同意。完成《七贤庄保护总体规划》《杜陵考古遗址公园规划》《渭河桥遗址保护规划（大纲）》初稿撰写工作。组织召开《隋大兴唐长安城遗址保护总体规划》专家论证会。参与小雁塔历史文化片区综合改造规划编制工作。

文物保护工程 完成长乐宫4、5号遗址本体，八云塔，万寿寺塔，城墙44—45号、48—49号马面海墁修缮，大雁塔日常维护保养，清真寺省心楼维修等10余项工程验收工作。组织实施户县公输堂，荐福寺慈氏阁，东岳庙，城墙83号、69—70号马面海墁沉降保护修缮，佛坪厅故城城门及城墙保护等20多项重点文物保护工程。组织实施蓝田水陆庵壁塑脱落、小皮院清真寺大殿抢修、大雁塔二层南侧塔檐抢险加固等抢险工程。推进西汉帝陵保护管理中心暨西安市文物考古基地建设项目选址工作。

文物保护基础工作 新增第四批市级文物保护单位16处，包括北广济街清真寺邦克楼、西七路85号民居、井勿幕墓、民盟陕西省委办公旧址、陕西省检察院办公楼、陕西省民政厅办公楼、西安市实验小学办公楼、西安市基督教南新街礼拜堂、原市委礼堂、陕西师范大学图书馆、陕西省供销总社办公楼、陕西宾馆别墅群、原市政府礼堂、原市政府市长楼、南城清真寺、大麦市街38号民居，主要为西安地区近现代优秀建筑，进一步丰富了西安历史文化名城的文化内涵。组织进行全市“四有”（有保护范围、有保护标志、有记录档案和有保管机构）档案数据库建设、中心城区重点文物保护单位测绘工作，组织实施重点古建类文物保护单位沉降倾斜观测工作。组织全市石窟寺及石刻类全国重点文物保护单位基础调查及各级文物保护单位开放调查统计工作。组织开展西安地区工业遗产调查工作。组织开展全市革命旧址基础调查统计工作，指导进行革命文物保护经费申报工作。完成蓝田县葛牌镇红二十五军军部旧址保护工程和汪峰故居申报省级文物保护单位工作。组织秦岭北麓相关区（县）文物部门，开展重要文物遗迹“四有”（有保护范围、有保护标志、有记录档案、有保管机构）档案建档管理，完成全市涉及秦岭北麓沿线区域国家文物保护单位“四有”档案数据库建设工作。完成天池寺塔、大秦寺塔、五凤遗址等秦岭北麓地区文保单位保护管理规划。加强秦岭生态区文物检查、执法工作，依法查处违反文物保护法律法规的行为。

◆博物馆工作 2016年，西安地区新增西安市蓝田玉文化博物馆、西安美术学院美术博物馆、贾平凹文学艺术博物馆、西安市明清皮影艺术博物馆、西安市起良蔡侯纸博物馆、西安市荞麦园美术博物馆、西安市曲江丝路遗珍博物馆、西安市水墨长安艺术博物馆8座博物馆，共有各类博物馆121座。12月，西安市人民政府常务会审议通过《关于促进非国有博物馆和行业博物馆发展的实施意见》（2017年2月1日起施行），加强博物馆行业管理。西安市文物局完成2015年度博物馆年检备案、西安市非国有博物馆藏品管理信息系统平台建设、西安博物馆展览交流平台建设等工作，开展西安博物馆数字导览图建设工作，举办“一座博物馆就是一所大学校”——博物馆公众教育交流研讨会、全市第三届非国有博物馆赴日文化交流活动，指导完成第七届“两岸三馆年会”文化交流活动，邀请日本国学院大学教授青木丰和落合知子来西安市开展文化交流活动。

博物馆考核 根据《关于促进民办（行业）博物馆发展的实施办法》《西安市民办（行业）博物馆考核办法》《西安市民办和行业博物馆专项资金管理办法》，按照博物馆自评打分、网上申报、区（县）文物和财政主管部门初审、市文物和财政主管部门审核并委托第三方专家组现场考评的程序，对全市符合2015年度考核条件的55家非国有（行业）博物馆（其中，非国有博物馆34座，行业博物馆21座）进行考核，划分出市级一类博物馆7家、二类博物馆17家、三类博物馆27家、不及格4家，兑付各类扶持奖励资金992万元。

博物馆体制改革试点 完善《西安博物院法人治理结构建设试点工作方案》，稳妥推进完善理事会组织结构工作，健全西安博物院法人治理结构试点工作领导机制，稳妥推进完善理事会组织结构工作，颁布《西安博物院章程》《西安博物院监理会组织结构和监事会章程》，召开西安博物院理事会成立大会。

陈列展览及相关活动 组织全市博物馆举办各类临时展览200余个，强化社会服务功能。西安博物院赴大连市旅顺区举办《颗粒大千——中国古代玺印精品展》，西安半坡博物馆赴云南、山西、新疆等地举办《远古回声——半坡遗址和半坡文化展览》巡展，西安钟鼓楼博物馆举办《兜的心语——秦地肚兜文化展》，八路军西安办事处纪念馆举办《理想之路——铭记抗战中从七贤庄走出去的热血青年展》，西安事变纪念馆举办《中国共产党与抗战文艺专题图片展》，西安市青龙寺遗址博物馆举办《黄土情韵——户县农民画原创作品展》等。春节期间，组织全市各博物馆开展“2016年迎新春博物馆文化惠民月活动”，举办各类文化讲座活动、义务鉴赏活动、互动体验活动等82项。在“5·18国际博物馆”日，组织开展“进双百校”工作和“进社区、进农村”宣传活动，组织全市各博物馆举办“我们的节日”“乐知学堂”“史前工场”“原始部落快乐行”“中华小记者”“手印砖”及其他教育宣传活动700余次，稳步推进“文化惠民工程”。为迎接中国人民抗日战争胜利70周年、纪念中国共产党建党95周年和红军长征胜利80周年，组织40余家博物馆举办50余个展览或纪念活动，包括西安事变纪念馆《纪念红军长征胜利80周年主题图片展》《开天辟地大事变——中国共产党创建史》，八路军西安办事处纪念馆的《同走统一战线复兴路 共圆伟大民族中国梦》《理想之路——铭记抗战从七贤庄走出去的热血青年》《西安事变八十周年书画摄影展》，曲江红色记忆博物馆的《红军不怕远征难》《毛泽东颂》《伟大的长征》《走向胜利之路》，西安美都博物馆的《红色记忆——纪念建党95周年和红军长征胜利80周年领袖风采瓷板画展》等，其中八路军西安办事处纪念馆的《理想之路——铭记抗战从七贤庄走出去的热血青年》还应邀走出西安，分别在广西柳州、河南洛阳展览。

博物馆公众教育 按照“理清思路、统一认识、围绕中心、集聚合力”的原则，以深化博物馆公众教育为主线，以公众教育队伍建设和教育案例策划推广为重点，强力推进博物馆公众教育工作。开展“我型我塑”“揭秘半坡”“彬彬有礼中国人”“快乐中华节”“小八路”系列体验项目、“新华小记者”“微讲座巧动手”“诗歌朗诵”等各类公众教育活动300余场次，结合节日特点开展各种类型、各具特色的亲子体验活动。全年博物馆参观人数达到2300余万人次。

国际文化交流和文物外展 全年开展国际文化交流活动10余次。3月21日，波兰前总统科莫罗夫斯基参观西安博物院；5月15日，伊朗伊斯法罕市副议长沙里亚蒂参观西安博物院。积极配合中

国与卡塔尔“2016文化年”等重大活动，参与国家文物局、陕西省文物局举办的文物出境展览，64件（组）文物分别赴美国、澳大利亚、日本3地（东京、福冈、大阪）、卡塔尔和中国台湾地区进行了文物外展活动。

◆世界文化遗产管理　2016年，西安市文物局依照世界文化遗产管理的要求，从规划编制、项目立项、方案报批、工程实施、监测管理、宣传等方面加强西安市世界遗产点的日常监督和管理工作。编制完成西安地区丝绸之路世界文化遗产相关5个遗产点的年度监测中、英文版报告，并上报国家文物局。建立西安市世界文化遗产管理动态监测预警系统。首次对西安市“丝绸之路：长安—天山廊道的路网”的5处世界文化遗产地的日常监测管理状况进行全面检查，并与遗产地管理人员进行座谈，全面了解全市世界遗产管理工作状况和存在问题。9月，举办全市世界文化遗产地保护管理专项培训班，5个世界遗产点管理机构、西安城墙等10个被列入《中国世界文化遗产预备名单》的遗产管理机构、中国汉传佛教祖庭等12个被列入《陕西省申报世界文化遗产工作规划》的遗产管理机构的主管领导和业务人员参加。推进西安城墙纳入明清城墙联合申报世界遗产工作，将西安钟鼓楼纳入明清城墙申报世界遗产文本。

◆第一次全国可移动文物普查　2016年，西安市文物局按照陕西省第一次全国可移动文物普查工作的统一安排和部署，采集、录入普查数据1.8万份，完成全市普查电子数据修改、上报工作。召开工作协调会议3次，组织专家12人次，派遣专业技术人员500余人次；修改藏品数据超过25万件（套），上传至国家普查平台的数据涉及全市112家文物收藏单位的近28万件（套）藏品。组织全市13个区县、112家文物收藏单位的120多名普查员采用人工统计方式对近28万份普查数据进行数据整理与统计，形成5.7万字的《西安市第一次全国可移动文物普查报告》，并开展《西安市第一次全国可移动文物普查成果丛书》编纂工作。开展西安市国有可移动文物数据库与电子信息平台建设。

◆遗址公园建设　2016年，西安市文物局实施汉长安城直城门内大街遗址保护一期工程，并完成主体施工。完成渭河桥遗址厨城门一号桥南侧遗迹回填保护工程。组织高陵区、阎良区文物部门编制完成《杨官寨遗址公园总体规划》和《栎阳城遗址保护规划》。进行丰镐遗址局部考古调查工作，完成考古勘探面积48万平方米，召开《丰镐遗址保护规划》专家研讨会，完成《丰镐遗址保护规划》初稿。

◆文物考古科研　2016年，西安市文物局继续开展西安文物考古地理信息系统（GIS）建设工作。与西安市勘察测绘院签署地理信息系统战略合作框架协议，先后完成基础数据采购、数据采集录入、数据处理、数据库建设、软件系统功能开发等方面工作。制定《西安文物考古地理信息系统空间数据库规范》，召开项目中期评审会和专家研讨会，提出数据库标准和要求。建立第三次全国文物普查、考古勘探、考古发掘、全国重点文物保护单位、专题项目等数据库，录入第三次全国文物普查数据3180条、照片5741张，录入2011—2014年考古勘探数据632条和考古发掘的128座墓葬文字信息。受中国国家文物局委托，承担“丝绸之路：长安—天山廊道的路网”中国段遗产监测管理情况调研项目。完成河南省、新疆维吾尔自治区10处丝路遗产点现场调研，与遗产地管理者进行座谈，重点讨论申遗成功后进一步做好遗产监测的问题；对河南、新疆等地的遗产地监测管理状况进行评估，完成10处遗产点最终评估报告。完成“丝绸之路网络信息档案管理平台”运行维护及提升改造项目，优化网站架构、页面等内容，重点完善《遗产地频道》和《在线图书馆》栏目。开设“丝路遗产”微信公众号，配合平台同步推送，关注人数近1万人。发挥国际古迹遗址理事会西安国际保护中心（IICC-X）国际交流平台作用，加强国际、国内间的学术交流与合作。承办“‘一带一路’沿线国家文化遗产保护交流合作论坛”，10多个国家（地区）的专家围绕文化遗产保护事业展开交流。5月13日，举办国际古迹遗址理事会西安国际保护中心成立十周年展览庆典活动。与秦始皇陵博物院合作完成《陕西西安十六国墓葬出土彩绘陶质文物保护修复方案》，并被国家文物局批复。与陕西历史博物馆签订合作协议，拟对西安文物保护考古研究院83幅唐墓壁画进行保护修复。与西北大学物理系合作，采用光学相干层析（OCT）成像技术对石家街大墓出土陶俑、北郊出土战国铜带钩、汉代铁剑玉石手柄残块、电信科学技术第十研究所出土瓷器、天地源唐墓壁画进行结构微观形貌观察分析。完成周至集贤关帝庙壁画及建筑彩画颜料的元素分析、物相分析、偏光显微形貌分析以及拉曼光谱分析，采用气相色谱—质谱联用仪对关帝庙壁画有机残留物进行分析鉴定。对西安森舍电子科技有限责任公司考古发掘工地出土的银盒、金箔以及石家街大墓出土的青铜器等文物进行X射线荧光光谱分析。对户县莲叶寺、天王李靖庙、三清庙、重阳成道宫、罗汉寺5处寺观壁画和彩画颜料进行现场X射线荧光光谱分析。

◆文物执法与安全　2016年，西安市文物局率先在全国建立文物保护单位安全管护责任清单制度，公布“西安市各级文物保护单位安全管护责任清单”，落实各级文物保护单位安全管理责任体系。建立安全形势研判机制，与区（县）文物部门和局属各单位每季度开展一次安全形势研判会，解决重点、难点问题。推动西安市人民政府将文物保护纳入区（县）政府年度目标考核范围，正在制定考核细则。完成52处全国重点文物保护单位地理信息的标注，启动高危人员信息采集工作，建成视频信息平台并直接接入公安全息作战平台，首批已接入10个文物单位。优先实施全国重点文物保护单位安全防范项目，杜陵安防系统、半坡博物馆消防项目完工待验收；编制上报八路军西安办事处纪念馆安防消防系统、钟鼓楼消防系统、公输堂安防工程方案；完成户县钟楼安防、长安郭氏民宅“三防”（防火、防盗、防事故）等近10个项目的方案评审；协调市财政资金开展阿房宫博物馆安防设施、仙游寺博物馆安防系统、八路军办事处周界安全报警系统等建设。启动全市文物建筑电器线路用电安全评估，在文物古建单位普遍建设火灾预警系统，严密防范文物建筑电器火灾。强化文物安全联合执法机制，联合西安市公安局召开2016年西安市打击文物犯罪“金鹰专项行动”推进会和霸陵区域防范打击文物犯罪推进会，配合公安部门破获文物犯罪案件48起，缴获文物817件，抓获文物犯罪嫌疑人71人；查处城墙建设控制地带违规建变电站、杜陵保护区违规倾倒土方、阎良区盗掘古墓葬等案件。

◆文物行政督察　2016年，西安市文物局在全市文物系统推行实施安全隐患管控工作，对违法案件进行督察。召开52次专题会，研究解决突出问题，督促指导相关单位做好安全工作。组织排查150余次，查找整改隐患20余处，责令3家单位进行整改。制定《2016年依法行政工作要点》，开展“法人违法三年专项整治活动”“秋冬田野文物安全专项整治”“两节、两会及五一、十一节日期间安全生产检查”“夏季消防安全检查和电气火灾防范专项整治”“6月安全生产月活动”“汛期文物安全及安全生产”“‘119’消防宣传月活动”“2016年今冬明春火灾防控工作”等10余次安全专项整治活动，确保全市文物系统文物安全。举办为期6个月的第二期文物行政执法培训班，对区（县）和局属单位一线文物执法人员进行培训。（马利利）

群众文化

◆概况 2016年，西安市加快公共文化设施建设，按照“市级建重点、区（县）开发区补短板、基层促达标”的原则，高起点规划建设西安图书馆新馆、西安群艺馆新馆、西安市非物质文化遗产博物馆等文化基础设施，打造具有西安特色和大都市风范“城市文化会客厅”。新建改造提升一批区（县）文化馆、图书馆和基层综合文化站、文化服务中心，打造服务便捷、群众满意的“15分钟文化圈”。截至年底，全市有公共图书馆13个、群众艺术馆2个、文化馆14个、文化站174个。西安市文化广电新闻出版局广泛开展群众文化活动，组织开展第十届“西安读书月”系列活动130项。以纪念中国共产党成立95周年、红军长征胜利80周年为重点，组织开展“红五月”音乐会、夏日文化广场、广场舞大赛等品牌活动，参与群众近100万人次。开通“西安文化通”公众号，策划“万人万卷，阅动长安”大型读书活动，利用新媒体，鼓励公众体验阅读与健步融合的新乐趣，打造独具西安特色的全民阅读品牌活动。加强非物质文化遗产传承保护工作，制定《西安市“十三五”非遗保护规划》，在全市举办非遗展演、展示30余场次，资助建立非遗传习场所10个，推动非遗项目与民营企业达成合作意向5个。推荐陕西省第五批非物质文化遗产项目代表性传承人22人；推荐高陵场畔、周至县剧团参选陕西省第三批非物质文化遗产项目传承单位；推荐西安市第五批非物质文化遗产代表性项目42个。

◆元旦、春节系列群众文化活动 2016年，西安市各区（县）、各文化单位以弘扬“中国梦”和社会主义核心价值观为主题，以节俭办活动的原则，精心组织形式多样的基层群众文化活动，丰富元旦、春节期间广大城乡居民的精神文化生活。全市举办各类文化活动1300余场，参与人数近200万人次。

◆西安“红五月”音乐会 2016年4月，西安“红五月”音乐会正式开展，各区（县）和开发区掀起群众歌咏活动热潮。全市举办各类歌咏活动达52场，参与群众10余万人次。5月23日，以“美丽西安丝路飞扬 五月放歌中国梦想”为主题的西安“红五月”音乐会群众歌咏活动市级决赛在西安广电大剧院举行，沣东新城代表队、周至县代表队、雁塔区代表队获得比赛一等奖。

◆夏日广场文化活动 2016年6月29日，“2016西安市夏日广场群众文化活动”正式启动在西安曲江大明宫遗址公园启动。在2个月时间里，群众自编自演的700余场文艺节目、纳凉晚会陆续送到多个社区、厂矿、校园、广场，60余万名市民在家门口欣赏到精彩的文艺演出。

◆“欢乐百姓 舞动幸福”2016西安市群众广场舞大赛 2016年7月7日，“欢乐百姓 舞动幸福”2016西安市群众广场舞大赛决赛举行，来自13个区（县）和沣东新城选拔推荐的14支参赛队参加本次决赛。来自不同行业、不同村镇的500余名基层群众和业余舞蹈爱好者，以明快的音乐、新颖的组合、扎实的功底、娴熟的舞姿为西安市民带来一次广场舞的盛宴。最终，新城区、长安区、户县代表队获得一等奖。

◆西安市优秀传统文化国庆展演周活动 2016年10月1—7日，为丰富广大市民国庆期间的精神文化生活，迎接第十一届中国艺术节，由西安市文化广电新闻出版局与西安曲江大明宫国家遗址公园管理有限公司共同举办的“艺术节彰显中国梦 大舞台纵览汉唐风”——2016西安市优秀传统文化国庆展演周活动在西安曲江大明宫国家遗址公园举办。4个文艺演出团队举行14台精彩的演出，20个非物质文化遗产项目在进行集中展示，吸引近10万名观众观赏参与。各区（县）也组织多场丰富多彩的文化活动，蓝田县在汤峪等乡镇组织“文化融旅游欢乐度国庆”系列文化活动；周至县在沙河等景区组织“惠民演出周”活动；新城区在永兴坊组织“文化惠民演出周”活动等。

◆千场戏剧惠民演出活动 2016年1月29日，西安市文化广电新闻出版局贯彻中共西安市委、西安市人民政府的“十项惠民实事”要求，在新城区东新街中山门永兴坊举行“西安市2016年千场戏剧惠民演出”启动仪式，拉开全年惠民演出的帷幕。9—11月，集中开展“西安市文化惠民演出周”活动，在全市60个演出点演出600场，形成“送戏下乡惠民演出+文化惠民演出周”的新格局。全年完成惠民演出任务1747场，受益观众230万余人次。（石 林）

◆第十届“西安读书月”活动 2016年4月23日，第十届“西安读书月”首场活动在长安区圣和家园广场举行。活动期间，全市安排300多项阅读文化活动，包括各区（县）2016全民阅读启动仪式、“你读书、我买单”活动、创建“书香地铁”、第三届西安图书交易博览会等活动。整个活动一直持续到5月22日，部分活动贯穿全年，带动市民开启“阅读生活”。（行中道）

◆地方戏曲剧种普查 2016年4月中旬，西安市文化广电新闻出版局根据文化部《关于开展全国地方戏曲剧种普查工作的通知》（文艺函〔2015〕629号）和陕西省文化厅相关通知精神，全面启动西安市戏曲剧种普查工作。采集文字、图片等数据资料信息12000余条。经4轮审核、修改、复查，最终审定有效数据表格2600余张、照片1000余张，涉及地方戏区剧种有秦腔、眉户、道情、汉调二黄、花鼓戏等，较全面地掌握了西安市戏曲剧种的数量、演出团体、人才队伍、演出剧目、生存现状等情况，为各级文化行政部门加强对戏曲文化资源的动态化、科学化管理提供了基本依据。普查结果于8月上旬上报陕西省地方戏曲剧种普查工作办公室。陕西省范围内发现存有地方戏曲剧种25个，除去4个外来剧种——京剧、豫剧、蒲剧、晋剧之外，依旧有秦腔、碗碗腔、眉户、线腔、老腔、阿宫腔等21个陕西本土剧种存活。其中，由专业院团支持演出的剧种19个；由民营院团和自乐班演出的剧种6个，分别是老腔、弦子戏、端公戏、八岔、大筒子、关中秧歌。

◆对外文化交流 2016年，西安市文化广电新闻出版局参与举办第九届“石榴花之春”中韩文化旅游交流活动。举办首届西安国际儿童戏剧节，来自日本、中国台湾、北京等地的儿童剧团演出儿童剧23场，观众1.5万人次。组织西安市青少年宫赴黑山参加“克托尔国际儿童戏剧节”、西安中国画院在广西桂林举办“来自丝路起点的问候”主题画展。牵头制定《推进中国（陕西）自贸区西安功能区人文交流建设的工作方案（征求意见稿）》，起草《西安市与哈萨克斯坦开展文化交流活动方案》，策划在西安设立“世界四大古都文化论坛”，协调推进与德国杜塞尔多夫市开展“一带一路集装箱项目”文化交流合作事宜。（石 林）

体育

责任编辑　宋欣辉

综　述

◆概况　2016年，西安市贯彻全民健身国家战略，推进全民健身活动。完善体育基础设施，开展群众性体育活动，提高全市公共体育服务水平。发展全市体育产业，促进体育消费，体育彩票销售实现新突破。提升竞技体育水平，加强体育后备人才培养，全力备战陕西省第十六届运动会。开展西安市体育中心选址申报工作，推动体育事业可持续发展。

◆体育宣传与对外交流　2016年，西安市体育局加强体育宣传，全国各类媒体宣传报道西安体育工作206次。其中，中央、省级宣传报道6次，报纸专题宣传10次。加强外事交流，组织5批、15人次分别赴韩国、美国、巴西等国家进行出访交流，提升西安体育事业的影响力。

◆体育活动抽样调查和国民体质监测　2016年，西安市体育局围绕老年人体育健身活动需求，着眼提高老年人体育健身服务质量，制定包括老年人锻炼项目、时间、技能、方法等26项内容的《西安市老年人健身活动现状调查问卷》，并发放调查问卷1.4万份，完成数据统计汇总工作，为做好老年人体育工作提供科学依据。结合“体育大拜年”“全民健身月”系列活动，赴社区、农村，为群众免费进行体质监测，提供服务咨询，开具运动处方。

◆体育场地设施建设　2016年，西安市体育局以群众需求和体育事业总体发展目标为指引，加大体育场地设施建设力度，建成“丰庆公园全民健身园区”和“渭河西安未央段全民健身长廊”，启动西安市人民体育场提升改造工作，打造城市15分钟健身圈。改善市民群众健身环境，统筹实施区（县）标准化公共体育场建设，碑林区标准化公共体育场建成，临潼区、蓝田县、周至县、阎良区、户县完成立项工作。

◆第十四届全国运动会筹办　2016年1月，西安市成立第十四届全国运动会西安市执行委员会，制定印发《西安市承办第十四届全运会工作方案》。7月，为做好西安体育中心项目筹建工作，西安市成立西安体育中心项目筹建工作领导小组和西安体育中心项目指挥部，统筹各方资源，研究决定筹建工作中的重大问题，协调推进西安体育中心项目筹备、宣传及建设运营等相关工作。按照“国际知名、国内一流、西部领先”的标准，确定在西安国际港务区建设西安体育中心“一场两馆一中心一基地”，即6万个座位的体育场、1.8万个座位的综合体育馆和4000个座位的游泳跳水馆，1.5万个座位的网球中心，占地32.7公顷的西安市体育训练基地，并全面启动其他全运场馆改造工作，各项筹备工作有序推进。

◆体育彩票销售　2016年，西安市加大体育彩票销售工作关键要素和环节的政策扶持力度，抓好基础网点建设，拓展、培育市场，完善销售渠道。全年体彩总销量达22.6亿元。

◆体育产业　2016年，西安市体育局制定《西安市体育事业发展“十三五”规划》《西安市体育类行政处罚自由裁量基准》等文件，加快体育产业发展，促进体育消费。开展全市体育产业专项调查，分析体育产业规模、结构和布局，完成体育相关法人单位名录库建设，录入法人单位875个。改革体育产业发展模式，搭建体育产业发展平台，引进社会资源参与体育设施建设、承办体育赛事活动。全市体育服务业规模以上企业营业收入增速达20%。

◆青少年体育　2016年，西安市体育局贯彻落实国家、陕西省“关于大力发展青少年体育工作”的指导意见精神，大力发展青少年体育工作。调整完善体传校布局结构，逐步建立以“三大球”、田径等项目为主的市级体传校队伍。筹备成立奥体学校，加强青少年运动员文化教育，促进体育和教育的深度融合。承办由中国足球协会举办的“2016年‘我爱足球’中国足球民间争霸赛西安市海选赛”，西安赛区有300支球队、4000余名青少年运动员参加。

◆体育队伍建设　2016年，西安市体育局加强后备人才队伍建设，聚焦陕西省第十六届运动会，扩大与省外青少年运动员之间的合作交流，引进和选拔优秀体育人才，完成2572名青少年运动员的省注册确认工作。开展青少年运动员业余训练，选拔、训练第二届全国青年运动会、第十四届全国运动会队员，鼓励区（县）、俱乐部、学校和各类社会团体参与赛事备战工作。规范教练员、裁判员队伍建设，提高教练员和裁判员综合素质，修订《西安市体育教练员管理办法》和《西安市体育竞赛裁判员管理办法》。全年举办教练员培训班15期，参加培训人员500人次。

（丁宏涛）

群众体育

◆全民健身实施计划制定　2016年12月23日，西安市制订出台《西安市全民健身实施计划（2016—2020年）》，从建立全民健身组织体系、全民健身场地设施体系、全民健身活动体系、国民体质监测体系和弘扬体育文化5个方面，科学规划全市“十三五”期间全民健身工作。同时，各区（县）制定本地区《全民健身实施计划（2016—2020年）》，为推动全民健身活动开展提供保障。

◆群众性全民健身活动　2016年，西安市体育局举办群众性全民健身活动570余项（次），其中举办各类群众体育展示表演和竞赛活动260余项（次），参与人数500万人次。承办“‘四联·丝绸之路杯’中韩哈国际拳击对抗赛”“第三届丝绸之路国际城市围棋公开赛”“全国小学生趣味网球大赛”等明星赛事。开展“一区（县）一体育品牌”特色全民健身活动。成立马术、拳击等协会组织以及围棋、象棋等体育俱乐部。开展“武林大会”“网球大奖赛”“农民篮球赛”等群众性体育活动和比赛。

◆健身惠民工程建设　2016年，西安市体育局完善市、区（县）、街道（乡镇）、社区（居委会）四级公共健身服务网络，建设村级农民体育健身工程160个，新建和更新社区全民健身路径150个，新建笼式足球场地10个，新增健身气功站点33个，新增社会体育指导员1255人。截至年底，全市有农民体育健身路径工程3787套、社区全民健身路径工程1281套、笼式足球场21个、全民健身示范区和示范带工程20个，有晨晚练点1600个、健身气功站点276个、在册练功人数9505人。

◆健身指导活动　2016年，西安市体育局举办三级社会体育指导员培训班15期，培训体育指导员1255名。在碑林区、临潼区、周至县等10个区（县），组织开展“体育进社区、进农村指导示范活动”，为当地群众赠送健身器材，展示健身项目，指导健身技能。

◆西安市第八届公开水域游泳比赛　2016年7月16日在曲江池遗址公园南湖举行。比赛由国家体育总局游泳运动管理中心、中国游泳协会、西安市体育局、西安曲江新区管理委员会等主办，500余名游泳爱好者参加。比赛设有男子甲、乙、丙组和女子甲、乙组5个组别，泳道全长约500米。

◆**2016西安市自行车健身骑行活动** 2016年4月17日在西安世博园举行。活动由西安市体育局、西安浐灞生态区管理委员会主办，1000名骑行爱好者参加。骑行路线由世博园得宝门广场出发，沿世博园景区外围游览道路骑行2周，全长约13千米。

◆**2016世界行走日（西安站）万人健步走活动** 2016年10月15日在西安世博园隆重举行。活动由中华体育总会主办，西安市体育局、西安浐灞生态区管理委员会承办，约5000余名体育爱好者参加。本次活动为陕西省青少年发展基金会捐赠善款80595元。（丁宏涛）

竞技体育

◆**概况** 2016年，西安市体育局组织完成“2016年全国青年柔道锦标赛”“2016中国三对三篮球联赛(陕西赛区)”“2016摩托艇俱乐部大奖赛西安浐灞站”“2016年全国测功仪巡回赛（西安站）”等比赛，来自全国300多个参赛单位、1300余名运动员参加。承办陕西省青少年击剑和排球比赛，举办西安市青少年羽毛球、摔跤、射击、击剑等30余项次比赛，5500余名运动员参加。全年西安市体育社团举办和承办体育赛事315项次，其中国际性和全国性赛事有46项次。获得金牌23块、银牌17块、铜牌25块。

◆**2016西安城墙国际马拉松赛** 2016年11月5日在西安城墙南门举行。本届比

西安市2016年群众体育竞赛活动

序号	竞赛名称	时间	地点	参加单位	参加人数（人）	主办单位	承办单位	备注
1	西安市冬泳比赛	1月1日	邮电十所游泳池	公开报名	200	市体育局	市游泳中心	
2	西安市春节体育大拜年	2月15日	阎良区千禧广场	各社区、乡镇、街办	3000	市体育局	阎良区文体局	区（县）联动
3	西安市文化科技卫生“三下乡”集中服务	2月19日	周至县楼观台宗圣宫广场	相关乡镇、行政村	5000	“三下乡”领导小组	市体育局	
4	西安市第二十四届“科技之春”宣传月暨西安市体育健身指导进社区活动	3月11日	未央区西航社区	社区居民	2000	市体育局	未央区文体局	
5	西安市中小学生击剑比赛	4月1—3日	明泽击剑俱乐部	以学校为单位	200	市体育局、市教育局	西安高级中学、市击剑协会	
6	西安市中小学生海模比赛	4月16日	灞桥区热电学校	公开报名	500	市体育局、市教育局	市航模协会	
7	西安市自行车健身骑行	4月17日	西安世博园	公开报名	1000	市体育局、浐灞生态区管委会	西安世博园	
8	西安市中小学生航模比赛	5月21日	长安区第二中学	公开报名	500	市体育局、市教育局	市航模协会	
9	西安市中小学生轮滑比赛	6月4—5日	城市运动公园	各中小学	400	市体育局 市教育局	市轮滑协会	
10	全国百城千村健身气功系列展示活动西安大会	6月24日	城市运动公园	各气功站点	1000	市体育局、市610办公室	未央区文体局	
11	西安市公开水域游泳比赛	7月16日	曲江南湖	公开报名	400	市体育局、曲江新区管委会	市游泳中心	
12	庆祝全民健身日喜迎全国“十四运”陕西省暨西安市群众健步走	8月8日	渭河生态景观区	各行业、社会体育组织	3000	省体育局、市政府	市体育局	全市联动
13	2016李宁10千米路跑联赛西安站比赛	9月20日	西安世博园	公开报名	4000	省体育局	市体育局、浐灞管委会	
14	西安市老年人乒乓球比赛	10月12—14日	市少体校乒乓球馆	公开报名	400	市体育局	市老体协	
15	2016世界行走日（西安站）暨西安城墙国际马拉松赛万人健步走	10月15日	西安世博园	公开报名	5000	中华体育总会	市体育局、浐灞管委会	
16	西安市机关干部职工工间操培训班	10月19—20日	城市运动公园	市直机关各单位	200	市体育局、市直机关工委		
17	西安市中、小学生“三跳”比赛	10月	各区（县）	以各区、县为单位	500	市体育局、市教育局	各区（县）	分区赛
18	西安城墙国际马拉松赛	11月5日	西安城墙	公开报名	3000	市政府	市体育局、曲江新区管委会	
19	西安市迎新年越野赛	12月	各区（县）	各区（县）驻地单位	13000	市体育局	各区（县）、各行业体协、机关体协	分区赛
20	体育进社区	2—12月在有关区（县）社区、行政村举行	新城区、碑林区、雁塔区、灞桥区、未央区	区属各社区	1000	市体育局	相关区（县）文体局	
21	体育三下乡		周至县、蓝田县、临潼区、长安区、高陵县	区、县属各行政村	1000	市体育局	相关区（县）文体局	

2016年11月5日，2016西安城墙国际马拉松赛在西安城墙南门举行

赛设5千米（国内男、女组和国外男、女组）、13.7千米、半程马拉松赛3个项目，来自27个国家的3000名运动员参赛。同时，超过16万人通过网络参加“线上城墙马拉松赛”。新浪网对比赛进行网络直播；中央电视台体育频道《体育新闻》及中央、省、市近30家媒体对赛事进行宣传报道；新浪微博、腾讯微信及多个体育APP（手机应用软件）等自媒体对活动进行广泛宣传，赛事话题浏览人数超过1.3亿人次。

◆第二届“丝绸之路”西安国际乒乓球公开赛 2016年8月31日至9月1日在西安城市运动公园举行。国内外48支队伍、231人参赛，其中包括王励勤、王皓、郝帅、张超等前国家队队员以及现役国手20余人。

◆2016李宁10千米路跑联赛西安站比赛 2016年9月10日在西安世博园举行。西安市约4000名长跑爱好者参加比赛。作为“中国最佳路跑联赛”与“中国田径协会金牌路跑赛事”，这是“李宁10千米联赛”第四次来到西安，第二次在举办过2011年世界园艺博览会的西安浐灞生态区开跑。

◆组队参加国际、国家和省级竞赛 2016年，西安市有4人参加里约热内卢奥运会，其中司雅杰获得跳水10米台个人第二名、秦凯获得跳水双人3米板项目第三名。先后组队参加“全国古典式摔跤锦标冠军赛”“全国青年柔道锦标赛”“重点城市射击射箭比赛”“西北协作区射击比赛”等赛事，参赛31人，获得第一名8个、第二名5个、第三名3个；参加陕西省年度田径、体操、柔道、游泳、赛艇等22个比赛项目，获得170枚金牌、团体总分8952分，分列金牌、团体总分第一名。 （丁宏涛）

西安市2016年体育社团主办、承办的国际比赛、全国比赛

编号	项 目	比 赛 名 称	比赛时间	地 点	主、承办单位	参加人数（人）
1	钓鱼	“西安市神州渔具黑坑杯”全国钓鱼预选赛（陕西阎良站）	4月9日	栎阳桥渔场	西安市钓鱼协会	150
2	钓鱼	“金刚星杯”全国钓鱼邀请赛	4月10日	旺塬垂钓园	西安市钓鱼协会	150
3	钓鱼	全国钓鱼电视擂台赛	4月16日	潏河山庄	西安市钓鱼协会	200
4	钓鱼	“西安市神州渔具黑坑杯”全国钓鱼预选赛（陕西大荔站）	4月17日	金城垂钓园	西安市钓鱼协会	180
5	钓鱼	“西安市神州渔具黑坑杯”全国钓鱼预选赛（陕西蓝田站）	4月24日	水陆庵钓园	西安市钓鱼协会	120
6	体育舞蹈	中国·西安第六届体育舞蹈全国公开赛	5月2日	石油大学	西安市体育舞蹈协会	700
7	网球	2016海南置富CTA嘉年华全国小学生网球趣味赛西安站	5月7日	省委党校	中国网球协会、西安市网球协会	110
8	钓鱼	“西安市神州渔具黑坑杯”全国钓鱼预选赛（陕西杨凌站）	5月7日	武家堡渔场	西安市钓鱼协会	120
9	钓鱼	“西安市神州渔具黑坑杯”全国钓鱼预选赛（陕西华县站）	5月8日	泾阳杏林园	西安市钓鱼协会	120
10	钓鱼	“西安市神州渔具黑坑杯”全国钓鱼预选赛（陕西宝鸡站）	5月15日	海宏渔场	西安市钓鱼协会	120
11	中国象棋	2016年全国象棋男子甲级联赛第一阶段赛会制比赛	5月28日至6月1日	天域凯莱	中国象棋协会、西安市象棋协会	110
12	钓鱼	“大钓手杯”全国钓鱼联赛	5月28日	三原垂钓园	西安市钓鱼协会	100
13	钓鱼	“美年大健康杯”全国钓鱼大奖赛	5月28日	金龙渔业园	西安市钓鱼协会	400

续表

编号	项目	比赛名称	比赛时间	地点	主、承办单位	参加人数（人）
14	钓鱼	中国休闲俱乐部全国钓鱼大奖赛	5月29日	金龙渔业园	西安市钓鱼协会	400
15	钓鱼	“西安市神州渔具黑坑杯”全国钓鱼预选赛（陕西西安站）	5月29日	华山厂渔场	西安市钓鱼协会	120
16	拳击	“丝绸之路杯”中国西安哈萨克斯坦韩国济州岛三国拳击对抗赛	6月6日	西安宾馆	西安市拳击协会	20
17	钓鱼	“西安市神州渔具黑坑杯”全国钓鱼预选赛（陕西周至站）	6月10日	尚村渔场	西安市钓鱼协会	120
18	羽毛球	“羽林争霸”2015红牛城市羽毛球西北赛区决赛	6月11—12日	城运公园	中国羽毛球协会、西安市羽毛球协会	290
19	钓鱼	“西安市神州渔具黑坑杯”全国钓鱼预选赛（陕西延安站）	6月26日	延边垂钓园	西安市钓鱼协会	120
20	钓鱼	“鱼王星杯”全国钓鱼邀请赛	6月26日	丹凤垂钓园	西安市钓鱼协会	180
21	钓鱼	“新裕杯”全国钓鱼大赛	7月9日	金龙渔业园	西安市围棋协会	400
22	钓鱼	“炫腾云杯”全国钓鱼精英大奖赛	7月10日	金龙渔业园	西安市钓鱼协会	400
23	钓鱼	“西安市神州渔具黑坑杯”全国钓鱼预选赛（陕西铜川站）	7月16日	马莲湖水库	西安市钓鱼协会	240
24	围棋	第二届全国城市围棋联赛(西安主场)	8月20日	曲江国际会展中心	全国城市围棋联盟、西安秦岭围棋俱乐部	102
25	钓鱼	“西安市神州渔具黑坑杯”全国钓鱼预选赛（陕西铜川站）	8月28日	同阳钓场	西安市钓鱼协会	120
26	乒乓球	“6年西凤杯”第二届丝绸之路西安国际乒乓球公开赛	8月31日至9月1日	城运公园	中国乒乓球协会、西安市乒乓球协会	227
27	围棋	“秦岭杯”第三届丝绸之路国际城市围棋联赛	9月1—6日	新疆阜康市	中国围棋协会、西安市围棋协会	130
28	钓鱼	“西安市神州渔具黑坑杯”全国钓鱼预选赛（陕西华亭站）	9月17日	华亭垂钓园	西安市钓鱼协会	120
29	钓鱼	“西安市神州渔具黑坑杯”全国钓鱼预选赛（陕西彬县站）	9月25日	黄河钓场	西安市钓鱼协会	120
30	钓鱼	“黄河鲤鱼菜籽油杯”全国钓鱼大奖赛	9月29日	黄河滩渔场	西安市钓鱼协会	500
31	钓鱼	“西安市神州渔具黑坑杯”全国钓鱼预选赛（陕西宝鸡站）	10月6日	利民钓场	西安市钓鱼协会	120
32	健美	2016年“创体杯”第八届全国阳光教练健美健身大赛（西安站）	10月7—9日	铁路体育馆	西安市举重健美协会	310
33	钓鱼	“佳骞杯”首届全国钓鱼大奖赛	10月15日	佳骞垂钓园	西安市钓鱼协会	210
34	户外	中国·秦岭50km超级越野赛	10月16日	西安秦岭	西安市户外运动协会	350
35	钓鱼	“商玉美杯”首届全国钓鱼大奖赛	10月16日	佳骞垂钓园	西安市钓鱼协会	210
36	射箭	“楼观杯”全国只识弯弓射箭邀请赛	10月16日	楼观农博园	西安市射箭协会（筹备）	280
37	钓鱼	“西安市神州渔具黑坑杯”全国钓鱼预选赛（陕西平利站）	10月23日	徐家坝钓场	西安市钓鱼协会	100
38	钓鱼	“狼王杯”全国钓鱼大赛	11月6日	东大鱼苗场	西安市钓鱼协会	240
39	围棋	2016“一带一路”全国围棋之乡业余联赛“西棋杯”西安总决赛	11月25—28日	西安宾馆	中国围棋协会、西安市围棋协会	110

卫生·计划生育

责任编辑　黄立峰

卫　生

◆**概况**　2016年，西安市卫生和计划生育系统贯彻落实全国卫生与健康大会和中共中央总书记习近平在会上的重要讲话精神，坚持以深化医改为统领，以目标和问题为导向，深入推进城市公立医院综合改革，大力提升卫生服务水平，为保障人民群众生命安全、提高健康水平、加快建设“品质西安”做出积极的努力，圆满完成各项工作任务。截至年底，全市有各级各类卫生机构5869个（含村卫生室）。其中，医院292所（不含部队医院）、基层医疗卫生机构5338个、专业公共卫生机构213个、其他卫生机构26个。基层医疗卫生机构中，社区卫生服务机构215个、卫生院100个，村卫生室2951个、门诊部226个、诊所（医务室）1846个。专业公共卫生机构中，疾病控制机构16个、专科防治机构1个、妇幼保健院（站）15个、健康教育机构2个、急救中心1个、采供血机构1个、卫生监督机构14个、计划生育技术服务机构182个。全市实有病床56332张，其中医院床位51508张；有卫生人员107906人，其中卫生技术人员86258人。每千人口拥有执业（助理）医师3.15人、注册护士4.25人、医疗卫生机构床位数6.38张；每万人口拥有专业公共卫生机构人员5.91人。全市总诊疗数5503万人次（含村卫生室），其中医院为3195.6万人次；入院数187.8万人次，医院为178.6万人次。

◆**医药卫生体制改革**　2016年9月和12月，西安市人民政府分别制定下发《城市公立医院综合改革试点实施方案》《西安市深化医药卫生体制改革2016—2017年重点工作任务》，进一步健全完善市、区（县）两级医改领导机构，协调推进“三医”联动（医保、医疗、医药）在关键领域和重点环节取得突破性进展。

◆**分级诊疗**　巩固深化“医疗联合体+全科医师团队”和“县镇村卫生服务管理一体化”两种分级诊疗模式。制定《西安市常见疾病分级诊疗转诊指南》，规范23个专科、306种疾病的转诊程序和流程。加强医联体规范化考核，开展医师多点执业。全市累计上转患者18127人次，下转6544人次，县域内就诊率达到86.3%。积极推广家庭医生签约服务“一二四联”模式（“一”指服务关口前移一步至社区居委会，全市推广“家庭医生工作室”，让群众在家门口享受服务；“二”指两种签约服务包，探索基础服务包和增值服务包相结合的方式，让群众享受个性化服务；“四”指四人组成服务团队，即一名专家作为技术指导，一名家庭医生、一名公卫专干和一名社区护士提供服务，让群众得到安全放心的服务；“联”指医联体提供技术支持，发挥医联体的作用，逐步向签约居民提供二级、三级医院转诊绿色通道，预约专家号，预留病床等服务内容，丰富签约服务内涵），全市建成“家庭医生工作室”33个、全科医师和乡村医生服务团队1452个，签约服务282万人，签约率32.4%。西安市分级诊疗特色经验被国务院深化医药卫生体制改革领导小组向全国推广。

◆**新型农村合作医疗**　2016年，西安市新农合筹资标准为570元/人，其中各级财政配套440元/人；参合人数381.5万人，参合率99.3%；全年补偿参合患者1123.3万人次，补偿总额18.46亿元，统筹区域内政策范围内住院补偿比76.3%。做好城乡居民基本医保整合工作，住院单病种定额付费，管理病种达100种。全年为1.1万人次补偿大病商业保险8620万元。

◆**药品供应保障制度**　狠抓基本药物配备使用，基层、县级、城市公立医疗机构的基本药物使用率分别为94.62%，49.04%，26.72%，均达到中央、陕西省规定比例。全市各级公立医疗机构药品耗材实现网上采购全覆盖，全年采购金额29.3亿元。健全药品督查队伍，实现药品耗材采购、配送、使用、结算全流程闭环监管。在部分医疗机构试点实行“两票制”（药品从药厂卖到一级经销商开一次发票，经销商卖到医院再开一次发票，成立西安市药品耗材采购联合体，为全市医疗机构药品耗材带量议价工作打好基础。

◆**基层医疗服务体系建设**　争取省级财政资金3526.8万元，为全市131所基层医疗卫生机构配备生化分析仪、数字化直接成像系统、便携式B超等基本设备，进一步加强基层医疗卫生机构硬件建设。新城区胡家庙、莲湖区青年路、碑林区东关南街3所社区卫生服务中心被国家卫生和计划生育委员会评为“2016年全国百强社区卫生服务中心”，14所乡镇卫生院被评为“2015—2016年度群众满意的乡镇卫生院”。开展基层卫生岗位练兵和技能竞赛活动，建立乡镇卫生院专业人员轮岗制度，组织150名医师到50所乡镇卫生院开展对口帮扶。为47个贫困村新建标准化村卫生室，进一步清理整顿村卫生室从业人员，补充乡村医生129人。

◆**基本和重大公共卫生服务**　2016年，西安市基本公共卫生服务项目财政补助标准提高到每人每年45元，累计建立城乡居民规范化电子健康档案726.6万份，规范化电子档案建档率78.9%。为全市城乡65岁以上老年人体检52.68万人，体检率82.8%；适龄儿童国家免疫规划疫苗接种率达95%以上；累计管理高血压病人56.69万人，规范管理率85.97%，血压控制率69.15%；管理糖尿病病人18.79万人，规范管理率85.77%，血糖控制率67.59%；为4.1万名农村孕产妇减免分娩住院费用3187万元，向7万余名适龄妇女发放叶酸30.91万瓶。对70183人进行宫颈癌检查，发现癌前病变239例，确诊30

2016年12月26日，西安市召开全市城市公立医院综合改革启动大会

例；为4503人进行乳腺癌检查，确诊乳腺癌1例。全年发放健康教育印刷资料234.8万份，受众人数超过14万人次。举办“百日戒烟”大赛和“公民健康素养66条宣讲”活动。

◆健康服务业 继续支持社会办医，在国际港务区、渭北工业区等新建区域设置2所三级综合医院、2所专科医院。全年批准设置各级各类医疗机构295所，新增设床位2330张。9月，西安市被国家卫生和计划生育委员会确定为第二批国家级医养结合试点单位。结合实际，统筹各方资源，全面落实医养结合工作重点任务，确定了2个试点区和43家试点单位探索3种医养结合工作模式。

◆疾病预防控制 2016年，西安市卫生和计划生育系统认真落实6种重点传染病专病专防策略。以创建“艾滋病综合防治示范市”为载体，努力实现“三个全覆盖”（通过在普通高中、中等职业学校、普通高等院校中开展艾滋病防治知识宣传教育系列活动，实现青年学生艾滋病综合防治知识知晓率达到100%；在全市旅馆业、娱乐服务场所中的洗浴等相关行业场所免费放置安全套，覆盖率达100%；为艾滋病病毒感染者和病人提供宣传教育、治疗指导、行为干预、困难帮扶等服务，探索建立医务人员与艾滋病病人和感染者“一对一”关爱工作机制，创新艾滋病管理新模式），全市艾滋病病人和病毒感染者随访率达到90.8%；筛查检测160.3万人次，抗病毒治疗率达85%以上。推进“三位一体”新型结核病防治管理模式（疾病预防控制机构负责规划管理、定点医疗机构负责诊断治疗、基层医疗卫生机构负责推介与随访管理），市、区（县）定点门诊运转顺利。加强手足口病防控工作，免费发放84消毒液69.12万瓶，发病率较上年同期下降24.15%，重症、死亡、聚集性病例调查处置率均达100%。全年接种出血热疫苗62.8万支。加强狂犬病暴露预防处置门诊精细化管理，犬伤多人事件处置率100%。加强重点人群乙肝疫苗接种，接种57849人133026针次，重点人群接种率95.85%，15岁以下人群接种率98.03%。开展“预防接种规范年”活动，稳妥做好“山东济南非法经营疫苗系列案件”应对处置工作。落实国务院新修订的《疫苗流通和预防接种管理条例》，对基层计划免疫人员、接种人员进行培训，建成市、县（区）免疫规划信息化平台并实现联网，免疫规划内疫苗接种率均达95%以上。继续开展“慢性非传染性疾病综合防治示范区”创建活动，未央区、莲湖区、碑林区通过省级复审，高陵区等待国家验收考核。儿童口腔疾病综合干预项目覆盖1889所小学，窝沟封闭干预2.67万人，封闭8.28万颗第一恒磨牙。口腔局部用氟项目覆盖118所幼儿园，完成局部用氟3.38万人。对283所学校的188161名学生进行营养健康状况监测，完成周至县和蓝田县“贫困地区儿童营养改善项目”10000份营养包的发放工作。做好全国精神卫生综合管理试点工作，基本解决了易肇事、肇祸严重精神障碍患者送院、住院、出院、救治救助和监护人奖补等问题。全市严重精神障碍患者报告患病率3.63‰，严重精神障碍知情同意患者管理率达到95%以上。西安市精神卫生工作在第九届全球健康促进大会上进行了经验交流。积极开展地方病防治工作，碘缺乏病达到国家消除标准，大骨节病、饮水型氟中毒和麻风病得到有效控制。

◆卫生应急 2016年，西安市编修市级卫生应急专项预案、部门预案5部，制定《西安市卫生和计划生育委员会食品安全事件卫生应急预案（2016版）》、《西安市重污染天气卫生应急预案（修订版）》、《西安市卫生和计划生育委员会地震灾害卫生应急预案（2016版）》等3项规范性工作制度。在全省疾控系统卫生应急队伍野外生存拉练及自然灾害后现场处置能力竞赛、全省紧急医学救援队伍野外生存拉练及急救技能竞赛活动中获综合奖、单项奖5项。西安市卫生和计划生育委员会为市、区（县）卫生应急队伍配备卫生应急通讯设备，为区（县）疾控系统采购发放卫生应急队伍装备、物资6大类409件。开展炭疽疫情应急处置演练活动。全年处置突发公共卫生事件10起，及时报告、处置率达100%。

◆卫生计生综合监督执法 2016年，西安市卫生和计划生育委员会对所承担的160项行政权力编制“权力运行流程图”，制定事中、事后监管制度。对随机确定的12项内容，以“双随机”（随机抽取检查对象、随机选派执法检查人员）形式开展抽查工作。对《中华人民共和国人口与计划生育法》《中华人民共和国职业病防治法》等法律、法规落实情况进行监督检查。制定餐饮具集中消毒服务、打击非法行医等监督工作规范，完善长效监管机制。全年查处医疗机构违法案件803起，取缔无证行医“黑诊所”626户次，向公安机关移交案件54起；检查美容场所1163家，责令287家停止非法经营活动。会同工商部门，核查确认办理“工商营业执照”的餐饮具集中消毒企业37家、无照单位13家，责令限期整改27家，停业整顿15家，处罚4家，取缔1家。对全市498家医疗机构开展传染病防治分类监督综合评价试点工作，将84所二级以上医院纳入食源性疾病哨点监测范围，监测上报食源性疾病病例569例。联合药监部门在全市范围内开展大规模的计划生育药械市场专项整治行动，重点对全市大街小巷的100多家成人用品专卖店、药械经营企业、药品零售单位等进行清理、清查，严禁计划生育药具非卖品流入市场销售。对少数个体经营户非法销售国家免费避孕药具和伪劣避孕药具以及经营过期等问题，执法人员当场予以严肃查处，并下达整改通知书，对经营户进行严厉警告。同时，执法人员现场向计划生育药具经营店主宣讲国家计划生育药具免费发放服务的相关政策和管理制度，告知过往群众可到辖区计划生育服务机构或避孕药具免费发放点通过人工或药具自助发放机免费领取。

◆医疗服务质量与管理 2016年，西安市卫生和计划生育委员会深入实施国家卫生和计划生育委员会、国家中医药局《进一步改善医疗服务行动计划》，在85所医院实行预约诊疗，完成临床路径管理病例16万例。做好医院等级评审，7所三级医院通过省级评审，2所二级医院通过市级评审。大力推动无偿献血工作，西安市连续7年被国家卫生和计划生育委员会、中国红十字会总会等部门表彰为“全国无偿献血先进城市”。开展“严格依法执业 规范诊疗行为”专项整治等活动，对33家医疗机构开展血液透析质量安全管理专项检查，对54家医院进行感染质控考核，完成22家医院申报的170项限制类医疗技术的审核和备案，6所民营医院被责令停业整顿。按季度通报合理用药情况，精神药品和麻醉药品实行电子印鉴卡管理。西安市医疗纠纷调解委员会受理医疗纠纷199件，调解成功率91.96%。提高涉外服务医院的医疗服务能力，全市12所三级医院均开设涉外医疗窗口，增设外语口语服务人员，制定涉外就医流程，开通预约电话和咨询电话，医院网站有英文就医指南，方便外籍人员就诊需求。

◆卫生计生系统科技教育 2016年，西安市卫生和计划生育委员会制定印发

《西安市“十三五”卫生计生人才发展规划》，出台基层卫生人员中级职称评审办法。全年为委直属医疗卫生机构引进医学类博士、硕士299人，指导第四军医大学建立专科团队10个；为县及县以下医疗卫生机构引进人员477人，接收安置农村订单定向医学生26人。继续委托西安交通大学医学院招收培养同等学力博士、硕士研究生91人。安排242人参加住院医师规范化培训、全科医生转岗培训和县级医疗机构骨干医师培训。制定《西安市卫生科技发展评价指标体系（暂行）》，进一步加强重点课题研究和学科建设。全年获得国家自然科学基金立项13项，获资助经费328万元；获得省市级科学技术进步一等奖2项、二等奖6项、三等奖9项。下达“2016年西安市级继续医学教育项目”1017项，完成44911人的继续教育学分审验工作。按照商务部要求，西安市第一医院圆满完成援苏丹“光明行”任务。组建了第5批援马拉维医疗队。全年委系统执行出国（境）任务27批次61人次。

◆中医管理 2016年5月12—15日，西安市成功举办丝绸之路经济带城市中医发展暨医疗合作论坛，10个国家的14个城市共同签署《丝绸之路经济带城市中医发展医疗合作备忘录》。全年西安市建成1个国家级示范中医科、9个市级特色专科，完成全国名老中医药专家传承工作室建设项目验收。在西安市中医医院、西安市第五医院开展预防保健可优化项目试点，并确定西安市中医医院为技术指导、培训基地。全市98.8%的社区卫生服务中心和84%的乡镇卫生院设置了中医科、中药房，89.1%的社区卫生服务站和49.5%的村卫生室能够提供中医药服务。未央区通过“国家中医药工作先进单位”复审验收。

◆重点医疗设施建设项目 2016年，西安市人民医院建设项目计划完成投资7000万元，实际完成投资7806.87万元，占年度计划的111.5%。西安市第三医院建设项目完成投资1.2亿元，累计完成投资9.1亿元，并于12月15日开诊试运行。西安市第九医院住院楼改扩建项目、西安市红会医院新建住院病房楼项目、西安市儿童医院住院科研楼项目、西安市第四医院门诊医技综合楼项目、西安市中心医院医技综合楼项目、西安市第五医院风湿病综合大楼项目、西安市血站新业务和综合培训楼项目进入开工前期的各项准备。

◆医疗卫生信息化建设 2016年，西安市市级区域人口健康信息平台建设完成并顺利通过验收，完成妇幼保健、疾病预防控制等17个子项目系统建设，并与西安市卫生和计划生育委员会直属的12所医院及部分单位实现对接。全市远程会诊系统全部完成安装调通，7个区（县）级基层卫生信息管理系统建设项目通过验收。升级完善市级医疗“一卡通”资金结算平台，全市试点医院累计发卡263万张。

◆唐都医院利用我国冷冻保存时间最长的冻融胚胎成功孕育试管婴儿 2003年8月，李女士因输卵管阻塞和多囊卵巢综合征，在唐都医院生殖医学中心进行试管婴儿技术助孕治疗，成功取卵12枚，并形成12枚胚胎，移植2枚，冷冻7枚，当月助孕成功，于2004年产下1名体重2900克的健康男婴。剩下的7枚胚胎一直保存在唐都医院生殖医学中心，利用当时常用的程序化冷冻胚胎技术进行冷冻保存。随着二孩政策的实施，李女士再次来到唐都医院，想通过冻融胚胎再次尝试怀孕。经过一系列检查，医院为李女士的胚胎专门订制了适合程序化冷冻技术的特殊培养液，并使胚胎成功复苏。经培养液培育后，7枚胚胎有3枚存活，从中选择2枚移植，当月助孕成功。2016年2月24日，40岁高龄的李女士再次剖宫产下1名体重3440克的健康男婴。

◆唐都医院利用全世界范围内首款“一体化”支架完成腹主动脉腔内修复术 2016年3月4日，患者何先生因腰背部突发剧痛急诊入住唐都医院治疗。检查发现“腹主动脉透壁溃疡”。因该患者主动脉仅存在溃疡，并无巨大的瘤样扩张，如果使用传统腹主动脉瘤覆膜支架植入，将给患者带来较大风险。唐都医院普通外科决定选取全世界范围内首款“一体化”支架，为患者进行腹主动脉腔内修复。手术仅用1小时，患者术后恢复良好。

◆唐都医院应用4D打印新技术完成世界级难度手术 2016年3月，患者王先生因重度呼吸困难入住唐都医院。经医院检查，发现患者气管软化性狭窄长达6厘米，超过了气管切除的极限长度，而最窄处仅有3毫米，随时会危及生命。3月28日，胸腔外科决定利用国际最新4D打印新技术为患者实施手术，通过将气管和支架缝合固定，从而使塌陷的气管被外支架吊起，使狭窄的气道被疏通。术后患者恢复良好。

◆唐都医院实施世界首例腹腔镜下3D打印钛合金血管外支架植入术 2016年4月，29岁的未婚女性小君因血尿、贫血入住唐都医院。经过诊断，该患者为胡桃夹综合征，属于世界性医学难题。泌尿外科决定为其“量身定制”3D打印的钛合金血管外支架。手术历时8个小时，在腹腔镜下顺利将3D打印支架放置于腹主动脉和脊柱支架之间，出血仅约50毫升。术后检查，发现患者血管外支架位置良好，左肾静脉回流恢复通畅，身体各项指标正在逐渐恢复中。此手术不仅疗效可靠、创伤小，还不影响患者日后生育。

◆唐都医院成功抢救国内首例隔离肺动脉—食管瘘患者 46岁王某莫名呕血一个多月，每次呕血量达500毫升以上，失血总量达人体内血液量的一半，生命垂危。经确诊为隔离肺动脉—食管

西安市第三医院试运行

瘘。此病症国外仅在1983年有一例报道，国内尚未有此报道。2016年5月1日，唐都医院胸腔外科进行急诊手术，术中自主动脉根部离断隔离肺动脉后，发现由于慢性刺激和压迫，食管与隔离肺局部融合导致食管管壁明显增厚，并且隔离肺内的血管囊壁与食管壁融为一体，血管壁可见0.1厘米的小孔与食管管腔相通，直径为2.5厘米血管囊腔内局部可见已经凝固的血块。术中，同时行电子胃镜检查，镜下发现食管瘘口，遂行瘘口修补术。术后患者未再呕血，生命体征平稳，血压和血色素已恢复正常。

◆唐都医院成功完成世界首例单切口多曲卡腹腔镜胆囊切除术 2016年7月6日，36岁的患者王某，因右上腹痛2天，检查发现患有慢性胆囊炎，胆结石1.1厘米×1.2厘米。唐都医院泌尿外科和普通外科联合决定实施单切口多曲卡腹腔镜（SITUS）胆囊切除术。术中无出血，最后整形缝合肚脐，肚脐部的切口仅有不到3厘米。术后1天，患者即下床活动，生命体征平稳，血压降至正常，无明显不适。

◆唐都医院开展世界首例剑突下辅助机器人侵袭性胸腺瘤切除术 29岁的彭女士在唐都医院被检查出患有前纵隔巨大肿瘤。2016年8月23日，胸腔外科借助“达·芬奇”机器人，实施世界首例剑突下辅助机器人侵袭性上纵隔肿瘤切除术，切除直径约10厘米肿瘤。手术具有美观、创伤小、疼痛轻、恢复快的优势。患者术后生命体征平稳，恢复良好。

◆唐都医院成功实施国内首例机械血栓清除＋髂静脉支架植入术 69岁的患者王某，因骨科术后卧床导致左下肢深静脉血栓、左髂总静脉闭塞，如不立即进行血栓清除，可能继发导致动脉缺血甚至引起肢体坏死。2016年9月22日，唐都医院普通外科决定利用国内首款髂静脉专用支架，为患者实施机械性血栓清除+髂静脉支架植入术。术后，患者左下肢迅速消肿，住院仅4天即顺利出院。

◆唐都医院成功实施全国首例腰椎后路经皮皮质骨轨迹螺钉术 45岁的患者张先生，因腰部疼痛3月余到唐都医院骨科就诊。2016年12月，唐都医院骨科确诊患者为腰椎体布鲁氏菌病感染，决定为其实施腰椎后路经皮皮质骨轨迹螺钉术。术中，在G形臂透视下，采用2.5毫米导针精确定位，并根据固定椎体的需要，在背部做8个长约1厘米的皮肤切口，在不剥离肌肉的情况下确定进针点，达到置钉内固定的目的。手术耗时约90分钟，出血量约为100毫升。患者术后第2天即感腰部疼痛症状缓解，1周后佩戴腰围可下地活动。

◆唐都医院完成世界首例可拉伸单切口多通道3D腹腔镜肾上腺切除术 2016年8月，47岁的李先生体检发现右侧肾上腺外侧肢有直径3厘米包块。唐都医院泌尿外科经会诊，决定实施可拉伸单切口多通道3D腹腔镜肾上腺切除术。术中出血少，术后1天患者即可下床活动。

◆西京医院成功为8岁患儿实施脊髓电刺激促醒手术 2016年7月，1名8岁的男孩因颅脑外伤术后持续昏迷、左侧额颞顶部颅骨缺损达4个多月而入西京医院就诊。神经外科依次实施了两次手术，第一次为左侧额颞顶部颅骨缺损修补手术，第二次为脊髓电刺激促醒手术。手术后恢复良好，患者意识明显改善。

◆西京医院成功实施国内首例机器人辅助腹腔镜下左侧异位肾合并结石肾盂切开取石术 2016年7月，59岁的何女士因左下腹部胀痛入住西京医院。8月30日，泌尿外科诊断为左侧异位肾合并铸型结石，决定实施国内首例机器人辅助腹腔镜下左侧异位肾合并结石肾盂切开取石术。手术完整取出铸型结石大小4.5厘米×3厘米。术后第1天，患者即可下床活动，无明显不适。

◆西安交通大学第一附属医院实施全国首例3D打印颈内静脉—锁骨下静脉—上腔静脉梗阻血管再造手术 2016年6月，1名长期患有肾脏疾病并接受肾移植手术的患者，由于长期透析及多次医源性损伤颈内静脉造成右侧颈内静脉—锁骨下静脉—上腔静脉闭塞梗阻和右上肢水肿严重。西安交通大学第一附属医院心外科经过会诊，决定采取3D打印的方式再造患者病变血管及周围组织，个体化再造血管与3D打印体契合后再行植入的手术方式。患者术后人造血管通畅性良好，与3D打印结果完全一致。

◆西安交通大学第一附属医院成功进行我国首例前臂耳再造手术 2015年，患者吉某因为车祸导致右侧颌面部严重外伤，导致右侧耳朵毁损。西安交通大学第一附属医院整形美容颌面外科决定分3期为病人实施耳朵再造手术。第一期在患者右前臂埋置皮肤扩张器，定期注水扩张；第二期取患者的自体肋软骨雕刻成耳支架，埋置右前臂扩张好的皮瓣下；第三期应用显微外科的血管吻合技术，将右前臂生长好的耳朵移植于头部，从而修复外观。2016年11月8日，医院为患者成功实施二期手术，再造的耳朵形态逼真，术后患者病情平稳，正在等待实施第三期显微外科血管吻合右耳廓修复术。（田　明）

计划生育

◆概况 2016年，西安市认真学习贯彻中央《决定》和省委实施意见精神，深入学习贯彻《陕西省人口与计划生育条例》，积极有序实施全面两孩政策，深化服务管理改革，健全家庭发展支持体系，加强基层基础建设，坚持和完善生育目标考核制度，计划生育服务管理水平得到提升，为品质西安、健康西安建设创造了更加有利的人口环境。

◆全面两孩政策 2016年，西安市卫生和计划生育委员会起草出台《西安市实施全面两孩政策改革完善计划生育服务管理的实施意见》，研究制定《坚持和完善计划生育目标管理责任制实施办法》，全面把握调整完善生育政策的重点工作，做好政策衔接和服务保障；改革完善计划生育服务管理措施，推进“一次登记、全程服务”，引导和鼓励群众按政策生育，努力建设生育友好型社会。全面两孩政策效果初步显现。2015年西安市生育调查与两孩政策实施情况研究报告获得全市优秀调研报告一等奖。全面两孩政策效果初步显现，全市出生人口10.12万人，因两孩政策新增出生1.22万人，出生率11.54%，自然增长率6.14%。

（田　明）

◆计划生育目标管理责任制 2016年，中共西安市委办公厅、市政府办公厅印发了《西安市坚持和完善计划生育目标管理责任制实施办法》（市办发〔2016〕11号，提出计划生育目标管理考核结果分优秀、良好、一般、较差四个等次，优秀等次占被考核单位的35%左右，建立了约谈提醒、预警通知、诫勉谈话和“一票否决”动态问责制度。2016年度，碑林区、莲湖区、未央区、长安区、高陵区、临潼区6个区县和中共西安市委组织部、市委宣传部和西安市教育局、市公安局、市民政局、市财政局、市人社局、市卫计委、市统计局9个部门被评为优秀等次。

◆**计划生育基层基础建设** 2016年，西安市推进镇（街道）计生办向卫生与健康转型。镇政府在宣传教育科教文卫办公室加挂卫生和计划生育办公室牌子，街道办事处在原计划生育办公室的基础上整合卫生计生行政管理职能，成立卫生和计划生育办公室。印发了《西安市农村卫生计生专干工资待遇市级财政资金补助办法》（市财发〔2016〕18号），市财政对村卫生计生专干的补助标准提高到107元、115元，取消对中心户长补助。莲湖区和未央区被国家卫计生委会命名为国家计划生育优秀服务先进区。全市开展计划生育精细化管理镇（街道）创建活动，有8个镇（街道）、10个社区达到省级精细化管理镇（街道）、网格化管理社区创建标准。（田　明）

◆**全面免费婚检** 2016年，西安市卫生和计划生育委员会为切实保障母婴健康，大力开展出生缺陷干预工程，提高出生人口素质，根据《中华人民共和国母婴保健法》、国务院《婚姻登记条例》和《陕西省人口与计划生育条例》，与西安市民政局、西安市财政局制定《西安市免费婚前医学检查试行方案》，在全市范围内全面实行免费婚检制度（包括西安户籍和非西安户籍人口），符合免费婚检条件的对象，婚检基本项目一律免费。在每个区（县）确定一所免费婚检机构，负责辖区户籍男、女双方的婚检任务，并确定西安市妇幼保健院作为市级婚检机构，承担常住地或工作单位为西安的非西安市户籍人员的免费婚检及区（县）婚检机构转诊的疑难病例确诊工作。自愿参加免费婚检的人员持双方户口本、身份证等有效身份证件原件及其复印件（非本市户籍人员，还需持本市“居住证”或工作单位证明）、3张1寸彩色证件照片，到婚姻登记部门或婚检机构领取“西安市免费婚前医学检查告知书”，确认签字后到定点婚检机构进行婚检。婚检结束后领取“婚前医学检查证明”，对在婚检中发现有异常情况的高危人群，婚检机构应重点进行遗传优生咨询指导，减少出生缺陷的发生。（季　康）

◆**计生优质服务** 2016年5月，西安市卫生和计划生育委员会与西安市机构编制委员会办公室共同印发《西安市优化整合妇幼保健和计划生育技术服务资源实施方案》，督导各区（县）加快妇幼健康资源优化整合步伐。全市每千分娩量产科床位数为18.36张，孕产妇死亡率、新生儿死亡率分别下降至14.07/10万和2.79%。从5月1日起，在临潼区、高陵区和户县第一批试点区（县）的基础上，新增加长安区、周至县、蓝田县为第二批试点区（县），继续开展孕产妇系统保健免费服务项目试点工作，探索建立城乡居民免费基本生育制度，免费服务3.9万人。第五轮“母亲健康工程”检查438021人，检查率56.1%；“孕前优生健康工程”检查108212人，检查率97.66%。对筛查出的风险人群全部给予咨询指导和建议治疗。在全市各大医院、高校免费投放计划生育药具自助服务发放机110台，全年发放各类避孕药具4200件，使用药具人数26.82万人次，药具不良反应192例。西安市第四医院通过国家卫生和计划生育委员会“儿童早期发展示范基地”评审，户县获得“省级妇幼健康优质服务示范县”称号，户县妇幼保健院、长安区妇幼保健院通过二级妇保机构等级评审。

◆**生育服务证制度改革** 2016年5月，西安市卫生和计划生育委员会印发《关于完善生育登记工作的通知》，在陕西省率先开展生育登记制度改革，停发“已婚育龄妇女生殖健康手册”，稳步推进将原有的“母子保健手册”“儿童预防接种证”“生育服务证”合并为“人口健康服务证”工作。推广网上预约登记，明确首接责任制和承诺办证，禁止设置生育登记附加和前置条件，为全面两孩政策平稳落地创造条件。全年办理生育登记9.1万例、“独生子女父母光荣证”7.2万个。其中，通过承诺形式办证1000例，网上预约办证近7000例。莲湖区和未央区被国家卫生和计划生育委员会命名为“国家计划生育优质服务先进区”。有8个镇（街道）、10个社区达到省级精细化管理镇（街道）、网格化管理社区创建标准。

◆**计生家庭服务保障** 2016年，西安市严格兑现奖励扶助政策，审核发放各类市级补助金1691.7万元。为计生特殊家庭群众提供“一帮一”，“多帮一”服务，举办2期健康讲座，开展心理健康教育咨询，全市建立1个市级心理健康中心、14个区（县）级心理健康分中心，在53个街道办事处建立心理健康辅导站、295个社区建有心理健康辅导室，采购118套心理健康测评软件和82套沙盘，用于加强心理健康阵地建设。未央区计划生育协会妇女青少年心理健康中心和莲湖区远东一中被中国计划生育协会命名为“全国青春健康教育示范基地”。深入开展“关爱女孩行动”，全年查处“两非”（非法鉴定胎儿性别、非法选择胎儿性别终止妊娠）案件2起，4442名计生家庭女学生享受中考政策照顾，1209人享受教育资助325.9万元。深入推进计生家庭综合保险，全年参保家庭12.7万户，帮扶1000户计生家庭创业。

◆**流动人口计生服务管理** 2016年，西安市卫生和计划生育委员会制订《西安市卫生和计划生育委员会流动人口健康教育和促进行动计划（2016—2020年）》，在全市范围内选定10个健康促进示范企业、10个示范学校和60户流动人口家庭进行健康教育试点。开展健康知识巡回讲座，编印《流动人口健康服务手册》2万册，并免费发放到流动人口手中。成功承办国家卫生和计划生育委员会、中国计划生育协会在西安市举行的“2017年度全国流动人口卫生计生关怀关爱活动暨新市民健康城市行——‘西安在行动’宣传活动”启动仪式。在全市深入开展“国家、省、市、县”四级示范创建活动，碑林区柏树林街道办事处骡马市商圈流动人口计划生育协会被确定为国家级和省级示范点，新城区、莲湖区等7个流动人口计划生育协会被确定为市级示范点。加快推进流动人口基本公共卫生计生服务均等化，目标人群均等化服务覆盖率达80%以上。积极开展“流动人口健康教育暨健康促进行动”。与省内外市、区（县）签订流动人口区域协作协议书2980份。流动人口信息平台应用率100%，重点对象信息反馈率98%，网络化信息接收率98%。为全市200名留守儿童、流动困难家庭和“空巢老人”开展爱心慰问活动，发放慰问金20万元。（田　明）

◆**西安市妇幼保健计划生育服务中心成立** 2016年，根据国家、省、市关于加快机构改革和职能转变工作要求和完善妇幼计生服务管理机制的现实需要，经西安市机构编制委员会办公室批复，确定整合西安市妇幼保健院和市计划生育服务中心，组建西安市妇幼保健计划生育服务中心，保留西安市妇幼保健院牌子。12月15日，西安市妇幼保健计划生育服务中心成立大会召开。新成立的西安市妇幼保健计划生育服务中心受卫生计生行政部门委托承担西安市妇幼保健计划生育业务管理、培训和技术支持等工作。（季　康）

社会民生
责任编辑 曹毅强

婚姻·家庭

◆婚姻登记管理 2016年6月底前，完成2003年10月1日后的历史数据补录和核对工作。截至年底，大多数区（县）已完成1990年以来的婚姻登记数据补录工作；规范结婚证、离婚证印制、发放流程，切实保护婚姻当事人的合法权益不受侵犯，变更婚姻登记证件发放权限，并对证件管理做出明确规定；全年全市共办理结婚登记67869对（比上年同期下降5.93%），离婚登记19406对（增长11.82%），补领结婚证17758对，补领离婚证1206件，合格率100%。回复网上咨询投诉368件。保障房联审婚姻信息67836条。（张嘉瑜）

◆家庭文明建设 2016年，西安市妇女联合会大力开展注重家庭、家风、家教的家庭文明建设。与西安市文明办联合召开落实习近平总书记关于家庭文明建设重要讲话精神座谈会和全市好家风建设工作推进会暨观摩会。春节前夕，联合西安市文明办、中共西安纪委发出《欢庆新春佳节、传承良好家风》的一封信，提倡全市家庭文明廉洁过节、简朴过节、文明过节。组建“传承好家训·建设好家风”宣讲团，开展先进事迹巡回报告会260多场。莲湖区、高陵区和户县创办家风馆（基地）示范点；发挥各级各类家长学校和妇女儿童活动中心等阵地作用，启动“少年儿童文化精品工程”，开展“我的西安我的家”儿童剧展演和留守儿童阳光关爱行动等系列活动；6月20日，在高陵正式启动“家庭教育阳光课堂”进校园、进社区、进机关活动。截至11月，共在全市举办巡回讲座56场，受益家长儿童1.3万人次；启动“美在心灵、暖在家庭、爱在行动”西安市家长学校云课堂项目。充分发挥家庭教育指导服务中心、家庭教育研究会的作用，运用“互联网+”创新理念，通过PC端和移动端云课堂在线学习、互动交流、专家咨询等方式，为家长和孩子提供更为贴心专业的服务。截至年底，该项目发布课程视频280个、文章60篇、活动组织（线上及线下活动）33场、活动覆盖人数5000人、微信公众号粉丝数13000人次、网站累计访问人数2万人次，成为西安市家庭教育工作的新亮点、新品牌。9月19日至23日，举办首次“西安市家庭教育指导服务中心”专项培训，共有50余名来自全市各区（县）从事和热爱家庭教育事业的教育工作者、社区工作者、心理咨询师人员参加培训。

◆“西安最美家庭”系列活动 2016年5月1日至10月31日，西安市妇女联合会以“良好家风润西安”为主题，联合中共西安市委宣传部、西安市网信办、西安市文明办、西安市直机关工委、西安广播电视台开展寻找“西安最美家庭”系列活动，深化全市精神文明创建和家庭文明建设工作，宣传好家风、好家训，促进形成向善向上的社会风尚。活动在五一期间推出最美勤劳致富家庭；六一推出最美科学教子家庭；国际环境日推出最美绿色环保家庭；七一推出最美倡廉助廉家庭；八一推出最美情系国防家庭；重阳节推出最美孝老爱亲家庭；志愿者日推出最美友爱相助家庭。活动围绕“良好家风润西安”主题，寻找孝老爱亲、夫妻（妯娌）和睦、科学教子、倡廉助廉、敬业奉献、勤劳致富、诚信友爱、情系国防、守望相助、绿色环保等各类“西安最美家庭”。

在世界环境日前夕，揭晓105户西安市“绿色环保最美家庭”，进一步动员广大妇女和家庭为创建国家森林城市和建设“美丽西安·绿色家园”做贡献。推荐上报3户“第十届全国五好文明家庭”、3户“2016年全国最美家庭”，全部受到全国表彰。其中陈若星家庭荣获“全国五好文明家庭标兵”和“全国最美家庭”2项殊荣，并代表陕西省获奖家庭亲临人民大会堂接受表彰。组织区（县）妇联主席及下属单位负责人、机关干部参观眉县横渠家风馆，通过学习观摩为全市开展家风建设工作提供有力的借鉴。召开西安市妇联好家风建设工作推进会暨交流观摩会，为户县、高陵、莲湖首批创建的“西安市家风教育传承基地”进行授牌，交流总结全市好家风、好家训工作的经验做法。（何喜萍）

◆妇女儿童权益保护 2016年，西安市妇女联合会贯彻落实市“七五”普法规划，认真探索妇联职能维权和社会维权的结合点，大力实施“巾帼维权关爱行动”，有效维护妇女儿童的合法权益，促进家庭和谐和社会稳定。

深入开展以《宪法》《婚姻法》和《反家庭暴力法》为主要内容的法治宣传教育工作，大力实施“建设法治西安、巾帼在行动”“法律大讲堂”等活动，组织广大妇女科技普法、体育普法、文艺普法，让广大妇女在休闲、健身、学习、游憩时接受法治文化的熏陶。通过“互联网＋服务＋阵地＋宣传”的模式，广大妇女群众的法治观念、法治素养明显增强。

组织开展以“建设法治西安·巾帼在行动”——爱心温暖你我她，维权服务进万家为主题的“三八”维权周活动。大力宣传反家庭暴力法，充分运用广播、电视、报刊、网络、手机等媒体，以通俗易懂、深入浅出的方式，介绍反家庭暴力法的基本原则和主要内容。全市各级妇联组织以维权工作站为平台，共开展各类法律宣传活动近180多场次；设立多个宣传咨询点；发放《妇女儿童权益保护法》《婚姻法》《反家庭暴力法》等法律法规，以及《女职工劳动权益保护》等与妇女儿童相关的各类小册子、宣传页等共计近2万份，广泛营造全民学法守法用法的宣传氛围。

《反家庭暴力法》宣传 3月1日，《反家庭暴力法》正式出台，权益部迅速将今年的普法宣传重点调整为宣传反家庭暴力法，并通知镇（街道）维权站大力开展宣传活动。举办市、区（县）维权工作站工作人员参加的反家暴法解读培训班及专题讲座，加强反家庭暴力

3月12日，在兴庆宫公园，西安市妇联组织巾帼志愿者开展护绿活动

2016年9月8日上午，在市妇联维权服务中心，受援妇女曹某送来锦旗

法的学习培训，一级抓一级、层层抓落实。与省市有关媒体合作开辟专栏，进行反家暴宣传、教育，减少家庭暴力的发生，相继在陕西省电视台和西安电视台开展反家暴专题访谈10期，《华商报》以“拿起法律武器对家暴说不”为主题进行连续报道，《西安日报》《西安晚报》以“对家暴说不”为主题进行反家暴法解读。配合市司法局拍摄以家暴维权为题材的栏目剧，在《法治西安》栏目播出；配合陕西电视台录制首期“周末说法”节目。充分利用西安女性官方微信、微博、微视，西安妇女网和西安市妇女儿童综合服务信息平台，社会反响好。以法律大讲堂等形式，开展了法律知识“六进”即“进机关、进乡村、进社区、进学校、进企业、进单位”活动等围绕妇女群众普遍关心的消费权益、劳动就业、土地权益、婚姻家庭问题，进行宣传活动。（李永锋）

青少年

◆**青少年权益保护** 2016年1月，共青团西安市委组织召开“共青团与人大代表、政协委员面对面”座谈会，围绕“扶持与鼓励更多的大学毕业生自主创业”的主题，集思广益、畅所欲言，重点研究如何完善大学生创业的政策措施、健全服务环境及工作体系、优化创业环境，根据会议内容形成《西安市大学毕业生创业扶持政策研究》调研报告，报告被共青团中央委员会评为市级一类调研成果。

◆**青少年思想道德建设** 2016年，共青团西安市委把学习贯彻中共中央总书记习近平系列重要讲话精神作为加强青少年理想信念教育的重要内容。

弘扬社会主义核心价值观 5月3日，启动第五届“西安青年‘五四’奖章”评选活动。经各届推荐，共申报“西安青年‘五四’奖章”人选86名，“西安青年‘五四’奖章集体”候选集体29个。经过评委会的资格复核、初评、考察、公示等环节，最终授予王冠等15名同志“西安青年‘五四’奖章”；授予西安市中级人民法院法警支队等10个集体“西安青年‘五四’奖章集体”；授予王峰等15名同志“西安青年‘五四’奖章”提名奖。5月3日在西安体育学院开展第五届“西安青年‘五四’奖章”颁奖暨“奋斗的青春最美丽”分享会，3名杰出青年代表与现场800名观众分享自己的奋斗故事。开展2016年西安市“践行‘两学一做’争做青年先锋——寻找身边好青年”活动，共收到来自基层团组织上报的创新创业、爱岗敬业、志愿公益、自强不息、维护正义、网络文明六类好青年候选人135个、候选集体47个，最终评选出60名“西安好青年”和20名“西安好青年集体”。12月15日下午，2016年西安市“践行‘两学一做’争做青年先锋——寻找身边好青年”结果揭晓暨奋斗的青春最美丽分享会在西安市经开第一中学举行。共青团中央、陕西省委和西安市各部门领导以及全市各界青年代表、经开一中学生代表等约400余人参加活动。经研究，共向共青团陕西省委推报省级好青年候选人20名，候选集体5个。经选拔，西安市共有9人获得“省级好青年”称号；5人获得“省级好青年”提名奖；3支队伍获得“省级好青年”集体荣誉称号。全年中央、省、市主要媒体报道西安共青团组织活动近400条次。其中，《陕西日报》等省级媒体38条次（头版6条次），市级媒体头条28条次。

抓好少年儿童思想引领 通过少年儿童喜闻乐见的方式，将中共的“大道理”转化为少年儿童容易接受的“小道理”，全年开展“两史”“三爱”教育活动154场，参与少先队员万余人。深化“红领巾大讲堂”宣教载体，加强党、团、队组织意识和教育内容的衔接，围绕培育和践行社会主义核心价值观，在各级少先队组织中开展“我的成长宣言”征集主题活动，全市各级少先队组织开展千余次，参与少先队员8.2万余人。发挥榜样示范引领作用。经过严格选拔、逐级推荐、实地考察和综合评定，王一汀等10名同学被评为第十九届西安市“十佳少年”并在六一进行表彰。

拓展全市少先队活动内涵 将少年儿童综合素质培养和中华优秀传统文化传承贯穿少先队活动始终，突出“中国梦”教育。继续开展第三季“小小考古家”考古探索之旅活动。10名优秀“小小考古家”代表西安市青少年参访柬埔寨。继续开展西藏与内地“各族少年儿童书信手拉手”活动，引导各族中小学生在活动中巩固友谊、接受教育、向上向善。新城区、碑林区、莲湖区、雁塔区与阿里地区普兰县、革吉县、噶尔县、改则县的21所中小学结对，书信交流1923封。

夯实全市少先队工作基础 推进少先队组织体系建设。全市13区（县）少工委全部成立，新城、灞桥、阎良3区已配备区（县）级少先队总辅导员，落实中小学副校级大队辅导员2人。推进少先队活动体系建设。全市1172所小学全部完成少先队活动课进课表任务；举行西安市少先队活动课说课大赛，为全市少先队工作者提供相互交流学习、展示风采的平台，最终推报8名优秀选手参加陕西省比赛，5人获“陕西省教学能手”称号。通过以赛代训形式，组织辅导员观摩省、市少先队辅导员说课大赛；组织骨干辅导员前往沪杭实地交流学习，全年市级培训少先队辅导员630名。

◆**青少年法治宣传活动** 2016年，共青团西安市委加大法治宣传力度，在重要时间节点——“综治宣传月”“‘6·26’国际禁毒日”“‘12·1’国际艾滋病日”“‘12·4’宪法日”，先后开展多种形式的普法宣传教育活动。开展“法治宣传进校园”“反邪教”“缓堵保畅”“拒绝毒品”“‘12355’校园行动”“消防知识进校园”“模拟法庭进校园”“世界艾滋病日防艾宣传‘公益挑战’活动（西安站）”等专题教育活动。（朱云龙）

◆**关爱儿童** 2016年，西安市妇女联合会开展“儿童安全体验教室”回访工作。按照中国儿童少年基金会的要求，

法治宣传进校园

对北池头小学的儿童安全体验教室运行情况进行回访，实地观摩安全体验教室的教学情况，与学校领导、师生代表进行座谈，了解运行过程中存在的问题和困难，并及时将情况对中国儿童少年基金会进行反馈，收到中国儿童少年基金会高度肯定。依托民政福彩专项资金，在留守儿童集中的周至、蓝田等区（县）创建10所“留守儿童关爱之家”。5月12日，举行项目授牌仪式暨能力建设培训会议。10个项目点共有学生6255名，其中留守儿童3704名，每个项目点投入资金5万元，通过项目的实施，把“留守儿童关爱之家”建成孩子们喜爱的快乐之家、成长之家、温馨之家；实施陕西省妇女联合会“儿童成长家园”“民办托幼园所”等儿童民生项目。

◆未成年人思想道德建设 2016年，西安市妇女联合会牵头下发庆“六一”联合通知，组织开展“我爱我家”——家庭亲子文艺展演活动。来自全市的30余个家庭用歌舞、朗诵、音乐剧等不同的艺术表现形式，展示家庭的文明风采，秀出家庭才艺，弘扬文明和谐新风。联合西安市文明办等部门举办“美德少年”“文明小公民”推荐评选；“清明祭英烈”“向国旗敬礼”“小葵花”留守儿童阳光关爱行动、儿童剧展演等未成年人思想道德建设系列活动。（何喜萍）

老年人

◆概况 2016年，西安市老龄工作委员会办公室推进养老服务业综合改革试点，增加养老服务供给，全面完成年度目标任务，老龄事业呈现出持续健康快速发展的良好态势。截至年底，西安市60岁以上老年人口139.72万人，占总人口的15.82%。继续做好第二届“敬老文明号”评选表彰工作，对141个市级“敬老文明号”单位进行命名表彰，并上报国家“敬老文明号”6个、省级“敬老文明号”26个。推进基层老年协会规范化建设，全市共评选市级示范老年协会70个，对100个工作积极的老年协会进行资助。举办第五届中国（西安）老龄产业暨中医药健康养生博览会，以及第三届中国（国际）老龄产业暨孝文化论坛，召开西安市孝亲敬老和老有所为先进典型表彰大会，对全市100名“孝亲敬老之星”、100名“老有所为先进个人”、87家“孝亲敬老先进单位”进行表彰。西安市老龄工作委员会办公室连续9年被表彰为全省老龄宣传通联工作先进单位。

（何利萍　张嘉瑜）

◆养老服务业综合改革试点 2016年，西安市养老服务业综合改革试点工作扎实推进。4月27日，组织召开全市社区居家养老服务工作现场推进会，推进居家养老工作。印发《关于深化养老服务业综合改革试点工作的通知》，从养老服务业综合试验区、社区居家养老、农村养老服务、推动医养结合四个方面，分别确定不同的试点区（县）。按照《西安市养老服务业综合改革试点工作考核暂行办法》《养老服务业综合改革试点工作督查方案》的要求，对各区（县）开展养老服务业综合改革试点工作情况督查。全市新建居家养老服务站125个，新建农村幸福院189个，对79个社区和1187户老年人家庭实施无障碍设施改造工作，超额完成中共西安市委、市政府惠民实事任务。截至年底，全市城市居家养老服务站累计649个，农村幸福院638个，各类养老床位4.36万张，每千名老人平均32.24张。全年下拨各类养老资金5.6亿元，其中支出居家养老服务站建设补助资金336万元、运营补助资金823.72万元，下拨农村幸福院建设补助和运营奖励资金2214.6万元。2016年9月，西安市被国家卫生和计划生育委员会、民政部确定为第二批国家级医养结合试点单位。

◆老年人权益保障 2016年，西安市老龄工作委员会办公室在全市开展学习宣传《老年人权益保障法》活动，开展老年维权专项行动，健全完善老年维权网络建设，推动《老年人权益保障法》在全市的贯彻实施。9月28日，西安市人大常委会对全市老年人权益保障工作情况进行视察，召开常委会专题审议西安市老年人权益保障工作，对全市老年权益保障工作取得的各项成绩给予充分肯定。截至年底，《西安市老龄事业发展“十三五”规划》初稿已经完成，正在征求意见。《西安市涉老法规政策文件选编》已经完成编制，共收录各项法律、法规、政策40份，为老服务信息8条。开展创建“西安市老年人优待证”办证“示范窗口”和评选“服务之星”活动，全年办理《西安市老年人优待证》6.42万张，在临潼区、周至县、蓝田县增设了办证点。全年共接待老年人来信来访及电话咨询1500余人次。2016年，西安市法律援助中心、西安市人民检察院公诉二处、高陵区老龄委、碑林区民政局、长安区司法局韦曲司法所被全国老龄办等6部委表彰为“全国老年法律维权工作先进集体”。（何利萍）

◆高龄老人生活保健补贴发放 2016年，西安市继续实施高龄生活保健补贴普惠制，全年向57.4万名70岁以上老人发放高龄保健补贴资金4.53亿元。

（张嘉瑜）

◆第二届“敬老文明号”创建活动 2016年，西安市老龄工作委员会办公室下发《关于开展第二届“敬老文明号”评选表彰工作的通知》《西安市老龄工作委员会关于命名表彰第二届西安市“敬老文明号”的决定》，完成141个市级“敬老文明号”的命名表彰工作，并择优上报国家敬老文明号6个，上报陕西省敬老文明号26个。陕西省老龄工作委员会办公室对西安市“敬老文明号”进行调研，并在《陕西老年报》以“让老年人得到更多实惠”为题做专题报道。9月8日，西安市申报的26个单位荣获陕西省“敬老文明号”称号。

◆老龄宣传 2016年，西安市老龄工作委员会办公室制定《2016年老龄宣传工作方案》，构建立体式宣传平台，推进全市老龄事业发展。“老年节”期间，在《西安日报》刊载专栏，对全市“孝亲敬老之星”“孝亲敬老先进单位”“老有所为先进个人”进行宣传表彰。全市共评选出“孝亲敬老之星”100名，“孝亲敬老先进单位”87个，“老有所为先进个人”100名。“敬老月”期间，城区各主要街道均悬挂宣传横幅，营造敬老氛围。全年各级新闻媒体采用老龄宣传稿件80多篇，电视新闻报道75次，专题报道35次，西安老龄网门户网站开通4个中文域名，发布信息137条，网络点击率超过30万次以上。《西安日报》开设“老龄专版”，共发行20期。西安市老龄工作委员会办公室主办的《老年生活》发行6期3万册。《老年周刊》发行50期4.6万份，连续11期专版报道全市老龄系统学习贯彻中共中央总书记习近平系列重要讲话活动。

◆老龄工作调研 2016年，西安市老龄工作委员会办公室围绕养老改革试点工作开展调研，形成《西安市“十三五”社区居家养老服务发展对策研究》《西安市农村幸福院养老服务创新发展调研报告》。加大调研成果转化力度，推动《西安市关于推进医疗卫生与养老服务相结合的实施意见》出台。配合全国老龄办、中国老龄科学研究中心、陕西省老龄办、陕西省老年学会完成“关于农村老年人养老现状调查”“中国农村女性老年人精神文化生活研究”“陕西省医养融合发展情况调研”工作。各区（县）、各部门围绕“健康老龄化”和老龄专题政策开展调查研究和研讨活动，全市共征集研讨文章70篇，表彰奖励38篇优秀文章并收录于《西安市2016年老龄问题理论研究成果选编》。西安市老年学会被全国老年学会表彰为“优秀组织奖”和“第三届老年学奖先进集体”。

◆基层老年协会管理 2016年，西安市老龄工作委员会办公室下发《关于做好2016年全市基层老年协会建设工作的通知》，指导区（县）开展基层老年协会建设工作，协调拨付市级福利彩票公益金100万元、老年事业发展基金90万元，在全市创建70个市级示范基层老年协会，资助100个基层老年协会。在蓝田县召开基层老年协会建设工作推进会，全市基层老年协会规范化建设得到进一步提升。

◆惠老实事 2016年，西安市老龄工作委员会办公室以西安市人民政府名义出台《关于开展老年人意外伤害保险工作的实施意见》。开展走访慰问活动，为2100名困难老人发放慰问金110万元。为2362名生活困难失能老人配置护理助行器械共计240万元。开展医疗义诊进社区活动105场，受益群众53400余人，参与的市、县医疗机构312家，医护人员2305名。高龄老年人保健补贴、生活困难老人护理补贴、农村丧失劳动能力和贫困老年人生活补贴规范运作，全年发放3项补贴资金共计4.59亿元。举办第五届中国（西安）老龄产业暨中医药健康养生博览会、第三届中国（国际）老龄产业暨孝文化论坛及老年文艺汇演。

（何利萍）

农民工

◆概况 2016年，西安外出（即户口所在地乡镇外）从业人员比重扩大。从业人员占54.7%，比上年扩大1.2个百分点。其中，外出务工人员占53.1%，扩大0.9个百分点；外出自营人员占1.6%，扩大0.3个百分点。新生代农民工人员数量有所增加，80后农民工占48.9%，扩大1.7个百分点。本地（即户口所在地乡镇内）从业人员占45.3%，下降1.2个百分点。其中，本地务工人员占38.7%，扩大0.5个百分点；本地非农自营人员占6.6%，下降1.7个百分点。从事第一、三产业人员分别占23.1%和46.8%，分别扩大1.3和1.7个百分点；第二产业从业人员占30.1%，减少3个百分点。从事建筑业和制造业的分别占16.8%和11.6%，较上年分别下降1.2和1.7个百分点；从事居民服务修理和其他服务业的占15.6%，比上年扩大0.9个百分点。在经济增速放缓和产业结构调整的大环境下，社会就业岗位相对减少，导致农民工就业机会下降，就业的稳定性降低。西安本地非农务工时间人均为6.4个月，下降12.2%；本地非农自营时间人均为6.6个月，下降13%。外出务工时间人均为9个月，下降2.1%；外出自营时间人均为8.7个月，下降11.7%。本地非农务工人员收入为16724.5元，下降0.5%；外出务工人员收入为27604.4元，增长0.1%；外出务工人员寄带回收入为15408.5元，增长7.3%。本地非农自营人员收入为34845.7元，增长21.5%；外出自营人员收入为37258.7元，外出自营人员寄带回收入24534.9元，分别下降38.3%和45.8%。农民外出务工地点在（户籍所在地）乡外县内的占28.5%，减少7.2个百分点；县外省内占59.6%，扩大6.7个百分点；务工地点在省外的占11.9%，扩大0.5个百分点。外出人员自己找工作的占55.2%，通过亲朋好友介绍的占32.1%，政府（单位）组织的占2.4%，中介组织介绍的占1.7%，其他途径的占8.6%。外出农民工务工生活消费支出7829.2元，下降3.7%；外出自营生活消费支出9851.5元，下降20.6%。主要原因是多数人员居住在单位（工作场所）和家中，居住相关的消费支出较少。外出务工人员居住在单位宿舍、工地工棚和生产经营场所的占35.5%，回老家居住的占29.7%，与人合租或独立租赁住房的占33%，务工地自购房及其他的占1.8%。外出居住平均消费支出为2643.6元，增长1.5%。农民工没有签订劳动合同的占59.4%，减少5.9个百分点；签订合同的占37.2%（详见图1）。

单位（雇主）给农民工提供多项社会保障均有不同程度提高。其中，缴纳养老保险占11%，提高4个百分点；缴纳住房公积金占8.5%，提高5.3个百分点（详见图2）。

单位（雇主）提供免费住宿人员占36.5%，提高3个百分点，发放住房补贴的占3.6%，提高2.4个百分点。单位（雇主）给提供一日三餐的占11.7%，扩大1.1个百分点；提供一日两餐的占14.1%，扩大2.7个百分点；提供一日一餐的占11.8%，提高1.7个百分点；能补贴部分伙食费的占2.7%，与上年持平。（郭菁媛）

◆农民工工资支付保障 2016年，西安市人力资源和社会保障部门全力保障农民工工资支付。开展农民工工资支付情况专项检查，组织各区县、开发区对全市范围内的建筑施工项目进行“拉网式”排查，并对存在欠薪隐患的用人单位进行排查和梳理，共排查出74个欠薪隐患，其中建筑施工类企业欠薪隐患66个，其他类企业8个。将排查出的欠薪隐患全部交办各责任区（县）、开发区进行协调处理。连续13年开展七部门“一厅式”联合办公，处置欠薪问题。集中办公期间，坚持每周对农民工投诉、案件处理及突发事件等情况进行分析，研判下一步工作形势，适时调整工作思路，采取针对性的措施。按照“谁主管、谁负责”的原则，落实责任，要求各行业主管部门做好本行业的农民工工资支付监督工作；各区（县）政府按照“属地管理”的原则，做好各自辖区内拖欠工资问题的投诉举报受理和处置工作。直接受理农民工投诉受理投诉案件152件，参与处置讨薪引发的群体性突发事件13起，共为1170名农民工追讨工资1808万元。

（尉国刚）

◆第四届“农民工平安返乡活动” 2016年，西安市总工会与西安市交通运输局、西安火车站联系接洽，印发《关于在2016年春节期间开展农民工平安返乡活动的通知》，明确活动的7项服务措施：充分发挥各级工会职工服务中心（站点）的作用、广泛发动基层单位工会为农民工购买团体火车票和汽车票、协助农民工个人网上购票、开通绿色通道、对购票数量较大的基层单位主动预约上门售票服务、组织集中欢送、开展亲情化服务及临时救助活动等，并联合华商网、平安财险陕西分公司、陕西高速管理集团公司等单位，共同开展“助力2016年春运平安返乡活动”系列公益活动。发挥工会组织网络覆盖面广、直接服务农民工的优势，在全市基层工会开展集中欢送、慰问等服务，西安市总工会还赠送装有春联、面包、方便面等物品的“爱心大礼包”。高速曲江服务站“回家过年一路平安”公益活动、胡家庙恒基碧翠锦华项目建设工地“同是西漂，送你回家”免费返乡活动、城北客运站开展的“回家过年，一路平安”安全等活动的相继开展受到了广大农民工的一致好评。在平安返乡活动中，新城等6区总工会在春运启动之际集中开展一次“关爱农民工，温暖回家路”大型服务活动：新城区总工会在陕西省西安站开展“工会情系农民工，春节温馨送祝福”活动，西安市人民政府市长上官吉庆在车站检查工作时，到服务点与新城区工会的工作人员进行交谈，对“农民工平安返乡活动”情况给予充分肯定。第四届“农民工平安返乡活动”期间，全市工会共为农民工购买团体火车、汽车票4000余张，网上购买火车、汽车票20000余张，发送专车13辆，集中欢送1183人，返乡救助606余人，救助资金3.7万余元。（秦玉坤）

劳动就业

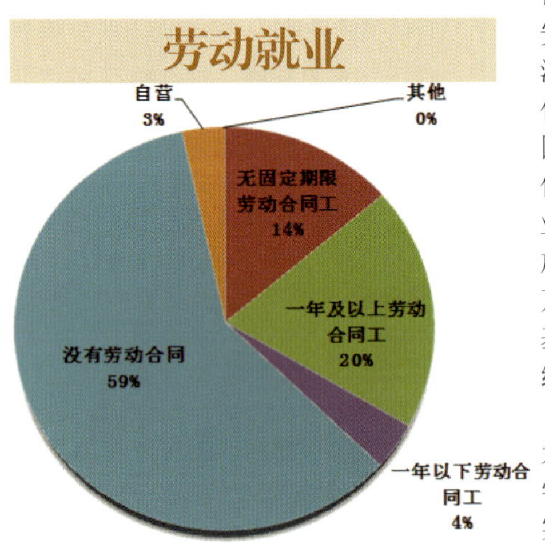

图1　2016年外出务工人员合同签订情况

◆**概况**　2016年，西安市城镇新增就业12.92万人，就业困难人员就业2.28万人，农村劳动力转移就业84.78万人，城镇登记失业率保持在3.33%的较低水平，发放创业贷款9.02亿元。2016年西安市城镇新增就业总量和排名列陕西省第一。

◆**就业创业**　2016年，西安市人力资源和社会保障部门开展“民营企业招聘周”“高校毕业生就业服务月”“就业指导进校园”、就业创业培训、赴外推介等就业服务专项活动，市本级举办较大规模招聘会324场，提供就业岗位16.76万个，求职人数12.73万人，其中，大学生专场招聘会113场，提供岗位4.08万个，求职人数6.98万人。实施离校未就业高校毕业生就业促进计划，对离校未就业高校毕业生实行实名登记、一对一服务，截至年底，登记未就业毕业生24955人，22519人实现就业或升学，就业率达90.24%。拨付困难高校毕业生求职创业补贴1863万元，惠及54所高校18630名大学生。实施“四大创业计划”、农民工返乡创业“七项行动计划”，出台农民工返乡创业、就业见习、创业实训、创业明星评选、创业扶持、贷款贴息等系列政策文件。举办西安创业大赛、西安创业明星评选、2016西安创新创业发展论坛、西安创业导师认定以及西安创新创业项目展暨2016西安国际创客节“五个一”创新创业系列活动。实施“3515”工程，建成创业孵化基地42家，创业服务平台9家，其中，国家级创业孵化基地3家，省级4家，总体孵化面积达176.42万平方米，在孵企业2211家，向36家孵化基地（平台）发放补贴资金895万元，产生税收7087.13万元，带动就业30678人。建成创业实训基地76家；建成就业见习基地401家，组织4507名人员见习，发放见习补贴（含生活补助和人身保险）1539.14万元。成立全省首家高层次的西安创业大学（碑林），建立培训、实操、演练、实训等环节有效衔接的创业培训服务平台。落实就业援助制度，通过开发就业岗位、提供用工信息、公益性岗位安置等措施，为就业困难人员提供有针对性服务。发挥公益性岗位的政策兜底作用，新开发公益性岗位2317个，城镇“零就业家庭”动态清零105户。开展以“就业援助、技能培训、创业扶持、技校招生”为主要内容的就业、创业精准扶贫专项活动，制定出台4个方面13条扶贫政策，开展创业贷款信用乡村试点工作，建设37个转移就业示范乡镇（街道）、50个转移就业示范基地，满足贫困劳动力就地就近转移就业需求。成立就业、创业脱贫办公室，并在“春风行动”“民营企业招聘周”等大型公共就业服务活动中，提供适合贫困劳动力就业岗位7000余个，促成近1000人达成就业意向。各区（县）人力资源和社会保障部门举办多场就业扶贫专场招聘会。组织培训机构、技工院校赴镇村现场宣传，将技能培训班开到家门口，53名贫困劳动力参加技能培训。建成全市首家创业贷款信用乡村，为21名自主创业贫困劳动力发放2年免担保政府贴息贷款105万元。

◆**劳动保障监察执法**　2016年，西安市人力资源和社会保障部门先后组织开展农民工工资支付、人力资源市场秩序清理整顿等专项检查，累计检查用人单位3594户，涉及劳动者27.6万人，依法查处用人单位违法案件1440起。劳动保障监察“两网化”管理建设成效显著。截至年底，全市设立一级网格116个、二级网格640个，录入用人单位信息28425条，劳务公司备案登记信息214条，保证金预存信息2274条，保证金返还信息496条；市区（县）两级劳动保障监察机构初步实现投诉举报案件网上办理和业务网上操作，累计接待来访咨询3394次，受理案件1926件。6月，西安市劳动保障监察支队高新大队挂牌成立，西安市所有的区（县）及开发区劳动监察机构实现全覆盖。

◆**劳动管理**　2016年，西安市人力资源和社会保障部门推进实施集体合同制度攻坚计划，推行企业工资集体协商制度。结合劳动关系和谐企业创建活动，会同西安市总工会等部门，通过开展工资集体协商推进现场会，指导督促企业开展工资集体协商，部署开展推进实施集体合同制度攻坚计划督查调研，并对3年来西安市推进攻坚计划实施工作情况进行自查，形成自查报告。截至年底，西安市已建工会企业集体合同签订率93.16%，工资集体协商签约率92.01%。西安市人力资源和社会保障局草拟《关于构建和谐劳动关系的实施意见》，经过征求多方意见后，进行修改完善，已

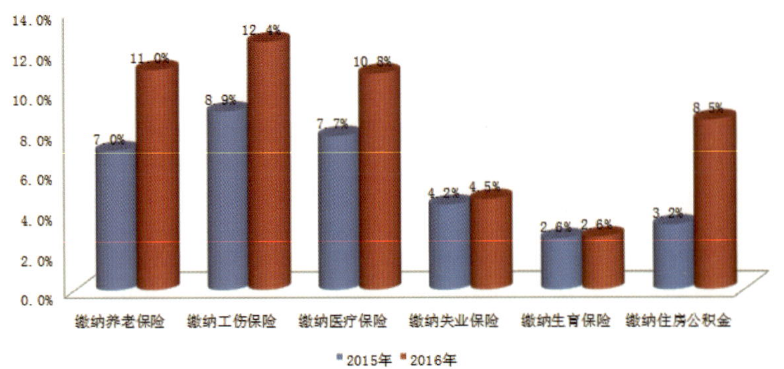

图2　单位（雇主）给外出务工人员缴纳五险一金情况

上报西安市人民政府。研究确定第4批市级劳动关系和谐企业41家，并于5月31日召开构建和谐劳动关系先进表彰暨经验交流会。西安市人力资源和社会保障局对西安市获得省、市劳动关系和谐企业与工业园区的称号进行复核。做好劳务派遣单位2015年度经营情况核验，指导企业规范劳务派遣用工。下发《关于劳务派遣单位延续行政许可有限期的通知》，做好劳务派遣单位延续行政许可换证工作。全年审核颁发劳务派遣经营许可证书96件，分支机构备案5件，注销2件，为39户劳务派遣单位换发劳务派遣许可证，并按规定进行公示。做好陕西省人力资源和社会保障厅下放劳务派遣单位的承接工作，共承接许可换证2件和延续许可换证3件。印发关于做好高温天气防暑降温有关工作的通知，就做好防暑降温工作提出要求。会同西安市劳动保障监察支队，对建筑、市政、公交、制造等行业部分高温作业单位进行抽查。

◆劳动人事争议调解仲裁 2016年，西安市各级仲裁机构共立案受理劳动人事争议案件5486件，当期结案5386件，结案率为98.2%。贯彻落实《调解仲裁法》，加强调解仲裁工作效能建设。修订《劳动人事争议法律法规政策问答汇编》，完善各项规章制度。在户县召开调解仲裁工作疑难案件研讨和观摩会议。西安市劳动人事争议调解仲裁机构实体化建设步伐较快，仲裁建院率100%。西安市人力资源和社会保障局将户县、莲湖作为仲裁庭标准化、信息化建设样板进行推广。截至年底，户县、莲湖、碑林、雁塔、未央等区（县）先后建立劳动人事争议调解仲裁标准庭。推进开发区建立劳动人事争议调解机，高新区、航天基地、航空基地、国际港务区相继成立劳动人事争议调解委员会。西安市人力资源和社会保障局印发《加强专业性劳动人事争议调解工作的实施意见》（市人社发〔2016〕31号），统一制作劳动人事争议调解徽标，推行基层调解组织标识、组织机构名称标牌，调解员行为规范、工作职责、工作程序、调解员证书“六规范、五上墙”，使调解工作逐步纳入专业化、制度化、规范化管理轨道。加大调解员仲裁员培训力度，与西安市总工会等单位联合举办2期调解员仲裁员培训班，480人取得合格证书。（尉国刚）

社会保障

◆概况 2016年，西安市不断探索社保业务网上办理，继医疗和生育保险网络实时结算、医保卡网上挂失、居民医保网上缴费等之后，2016年实现社保待遇网上支付、居民医保网上缴费渠道扩容，为参保群众提供更加便利的服务。截至年底，各项社会保险参保人员共计1470.17万人次，其中参加基本养老保险（包括城乡居民、企业职工、机关事业等）605.68万人、城镇基本医疗保险435.61万人、失业保险152.73万人、工伤保险154.92万人、生育保险121.23万人，比上年末增加62.16万人次。城镇基本医疗保险参保率98.5%，城乡居民基本养老保险参保率99%。

◆全民参保登记 西安市作为人力资源和社会保障部确定的50个全民参保登记计划试点单位之一，从2015年9月启动，截至2016年7月底全面完成。2016年年初，按照全民参保登记实施方案，西安市人力资源和社会保障局先后协调陕西省社会保障局、西安市公安局、西安市卫生和计划生育委员会、西安市工商行政管理局、西安市地方税务局、西安市民政局等，获取西安市户籍人口、持有西安市暂住证的外来人口基本信息、企业职工养老保险参保信息、省级医疗保险参保信息、新合疗参保信息、企业登记信息、企业纳税信息以及社会团体信息，为各类人员参保信息收集和比对工作奠定基础。定期召开各部门协调会议，促进各部门间信息资源共享，层层细化任务，形成联动机制。西安市人力资源和社会保障局开发西安市全民参保登记信息系统，通过对全市人口信息和参保信息收集、整理、比对，建立全民参保登记库，数据库登记信息1308万条，为数据共享和业务数据库对接提供基础信息支持。制作宣传动漫，在电视台进行为期2个月的播放；在影响面广的陕西交通广播电台黄金节目播放全民参保登记相关内容；集中在《华商报》《西安晚报》《三秦都市报》等刊登全民参保登记专题知识；在社区、机关、企业等场所醒目地方，张贴通告、横幅、海报，发放宣传彩页、宣传手袋、纸杯；利用政府门户网站刊登发布全民参保登记通告，利用微信平台集中推送解读全民参保登记计划。各区（县）也开展因地制宜的宣传活动。西安市人力资源和社会保障局在全市各区（县）举办15期巡回培训班，累计培训街道、社区和部分村的工作人员4000余名，并建立QQ群。全市数据比对出参保人员信息1169万人，未参保户籍人员93万人、未参保外来常住人员44万人，全市未参人员入户调查登记率达到100%。城镇基本医疗保险参保率要求保持在96%以上，城乡居民养老保险参保率要求保持在99%以上，西安市2项指标已分别达到98.5%和99.9%，全部完成全民参保登记计划考核指标。

◆调整企业职工和机关事业单位退休人员待遇 2016年，西安市人力资源和社会保障局与西安市财政局转发陕西省人力资源和社会保障厅、陕西省财政厅《关于2016年调整退休人员基本养老金的通知》（陕人社发〔2016〕37号），并于8月26日召集养老保险经办机构、区（县）人社、财政部门召开养老金调整工作会，首次同步调整机关事业单位和企业退休人员退休待遇。截至2016年9月30日，2016年基本养老金调整待遇全部发放到位。其中，西安市63.87万名企业退休人员人均月增加基本养老金173.08元，调整后西安市退休人员月基本养老金水平达到2553.08元；西安市本级28179名机关事业单位退休人员人均月增基本养老金263.15元，各区（县）64368名机关事业单位退休人员人均月增基本养老金255.12元。

◆机关事业单位养老保险制度改革 2016年，西安市人力资源和社会保障局对全市机关事业单位养老保险制度改革情况进行调查摸底，代西安市人民政府起草《西安市机关事业单位工作人员养老保险制度改革实施方案》并上报市政府研究审定，会同西安市财政局印发《关于贯彻落实机关事业单位养老保险制度改革实施方案有关问题的通知》。5月，西安市政府印发《关于印发机关事业单位工作人员养老保险制度改革实施方案的通知》（市政发〔2016〕23号），并于6月召开全市机关事业单位养老保险制度改革启动会。截至年底，完成全市机关事业单位的参保登记、信息采集工作，正在加快开展参保缴费和待遇发放工作。

◆城乡居民基本养老保险 2016年，西安市人力资源和社会保障局与陕西省人力资源和社会保障厅就提高城乡居民最低缴费标准工作进行调研，形成《关于我国城乡居民基本养老保险制度完善发展的路径探析——对西安市城乡居民养老保险制度实践的调研与思考》的调研报告，陕西省人民政府省长胡和平、常务副省长姚引良先后批示。截至年底，西安市符合城乡居民基本养老保险参保条件的人数为246.75万人，已参保人数为246.67万人，全市综合参保率为99.97%，65.73万名符合待遇领取条件的群众按月享受养老金待遇，待遇发放率为100%。西安市认定符合条件的享受养老补贴的特殊人群18.81万人，其中应领取待遇人数为8.72万人，已发放人数为7.91万人，已发放金额423.15万元。

◆被征地农民养老保障调研 2016年，

西安市人力资源和社会保障局会同陕西省人力资源和社会保障厅、陕西省发展和改革委员会、陕西省国土资源厅、陕西省财政厅赴长安区、航天基地、浐灞生态区等调研被征地农民养老保障工作。在此基础上，陕西省人力资源和社会保障厅等4部门联合印发《关于进一步落实我省被征地农民参加基本养老保险有关政策问题的通知》。西安市人力资源和社会保障局全年审核通过各区（县）、开发区报送征地项目养老保险方案82宗，涉及征用土地1377.51公顷，涉及应参保的被征地农民13559人。

◆医疗（生育）保险 2016年，西安市人力资源和社会保障局印发《关于调整我市城镇基本医疗保险待遇有关问题的通知》（市人社发〔2016〕14号）和《关于西安市职工生育保险待遇调整有关问题的通知》（市人社发〔2016〕16号），将城镇居民医保最高封顶线提高至25万元，增加2个门诊慢性病病种和2个门诊特殊病种，提高少年儿童及大学生患白血病等4种疾病的报销比例及封顶线，提高3项生育医疗费和计划生育手术补贴标准，将重症精神病、流行性出血热和艾滋病机会性感染纳入按项目结算住院医疗费用病种范围。转发人力资源和社会保障部等5部门《关于新增部分医疗康复项目纳入基本医疗保障支付范围的通知》，将20项医疗康复项目纳入了基本医疗保险支付范围。按照陕西省人力资源和社会保障厅、陕西省财政厅《转发人力资源和社会保障部财政部关于做好2016年城镇居民基本医疗保险工作的通知》（陕人社函〔2016〕520号）要求，西安市人力资源和社会保障局与西安市财政局联合报西安市政府同意，将2016年西安市城镇居民医保政府补助标准由2015年每人每年400元提高到每人每年440元；同时调整提高学生、儿童个人缴费标准，由原来的每人每年50元提高至每人每年90元。

◆整合城乡居民医疗保险制度 2016年，西安市人力资源和社会保障局建立省、市、区（县）三级城乡居民医保整合工作沟通联系机制。西安市人力资源和社会保障局、西安市卫生和计划生育委员会、西安市财政局3部门建立“基本医疗保险人员信息核查比对机制”，成立西安市整合城乡居民医保制度工作小组。会同西安市卫生和计划生育委员会向西安人民市政府提交《关于整合城乡居民医保制度的请示》（市卫计字〔2016〕99号），提出西安市整合城乡居民医保的工作意见。对城镇居民医保和新农合政策进行进一步比对梳理和探讨，草拟西安市整合城乡居民医保补偿方案。修订城乡居民大病保险合同，将城镇居民大病保险筹资水平由2015年的20元/（人·年）提高至25元/（人·年），将居民大病门诊特殊病种范围扩大至6种，做好居民大病保险与医疗救助等制度的衔接。印发《西安市城镇基本医疗保险定点医药机构协议管理办法》（市人社发〔2016〕93号），取消定点医药机构资格行政审批，实行协议管理。7月，开展首次协议管理医药机构网上申报工作，1453家医药机构在网上进行申报，截至12月底，第一批通过审核的781家医药机构正在与各级经办机构办理签约、联网手续。第二批通过审核的437家医药机构已经公示完毕。西安市定点医药机构管理从重准入转向重管理，着重加强事中、事后监管。印发《西安铁路局职工基本医疗保险等险种移交西安市统筹管理工作实施方案》（市人社发〔2016〕76号），明确移交范围、工作步骤、时间安排及职责分工等具体问题，并多次召开会议协调解决移交工作中发现的新问题。出台《关于实施配合分级诊疗制度有关政策的通知》（市人社发〔2016〕16号），通过政策引导群众优先选择在基层医疗机构就医。印发《关于进一步做好易肇事肇祸严重精神障碍患者和病残吸毒人员医疗保险有关工作的通知》（市人社发〔2016〕152号），做好易肇事肇祸等严重精神障碍患者的参保和待遇享受工作。

◆失业保险 2016年，西安市人力资源和社会保障局完成2014—2015年度企业稳岗补贴审批工作，共审批补贴金额3.63亿元，涉及企业1313家69.5万个岗位。受理1673家企业2016年度稳岗补贴申请，预计审批金额达3.31亿元，涉及岗位70万个。加大失业动态监测力度，探索建立“市人社局牵头抓总、基层人社部门分工协调、样本企业具体落实”的三级管理模式，开展失业动态监测数据分析。10月，西安市人力资源和社会保障局代表陕西省在全国失业动态监测业务培训会进行经验介绍。全年全市失业动态监测企业349家，监测岗位31.3万人，涉及16个行业。

◆工伤保险 2016年，西安市人力资源和社会保障局实施机关和参公管理事业单位社会团体参加工伤保险工作。2月，与西安市财政局、西安市民政局联合印发《关于西安市机关和参照公务员法管理的事业单位社会团体参加工伤保险有关问题的通知》（市人社发〔2016〕20号）。3月，西安市人力资源和社会保障局召开全市机关和参公单位参加工伤保险工作启动实施大会，并组织开展业务培训。4月至7月，完成西安市机关和参公管理事业单位社会团体参加工伤保险登记工作，待遇支付工作顺利开展。推进建筑施工企业参加工伤保险工作，落实“同舟计划”。自2016年4月起，西安市人力资源和社会保障局组织开展“以推进建筑业参加工伤保险”为重点的工伤保险宣传活动。6月，转发《人社部办公厅关于加快推进建筑业工伤保险工作的通知》（市人社发〔2016〕97号），提出加大劳动监察力度，落实将参保证明作为发放《施工许可证》的前置条件。9月，西安市人力资源和社会保障局与建设、安监、总工会等部门联合印发《关于做好我市建筑企业参加工伤保险督查迎检工作的通知》，要求各区（县）人社部门牵头，联合建设、安监、工会等部门按照各自业务职能开展自查工作。印发《关于调整因工死亡职工一次性工亡补助金标准的通知》（市人社发〔2016〕24号），将西安市2016年因工死亡职工的一次性工亡补助金调整为623900元。印发《关于调整工伤保险待遇有关问题的通知》（市人社发〔2016〕219号），对伤残津贴、护理费、供养亲属抚恤金等待遇进行调整提高。全年共发放工伤保险待遇1.87亿元。全年受理工伤认定案件2992件。

◆社会保险基金监督 2016年，西安市人社局在监督方法上做出了5项创新：一是积极推进工作标准化；二是首次采取了区（县）交叉检查的方式；三是采取购买服务的方式；四是首次面向社会招聘50名社会保险基金社会监督员，已多次参与社会保险基金监督检查。（尉国刚）

◆第二轮阶段性降低3项社保费率 2016年，经西安市人民政府同意，并报陕西省人力资源和社会保障厅备案，西安市人力资源和社会保障局、西安市财政局、西安市地方税务局联合印发《关于阶段性降低失业、工伤、生育保险费率的通知》，从2016年7月1日至2018年6月30日阶段性降低全市失业、工伤、生育保险费率，预计可降低企业成本约6.7亿元。此次降低3项社会保险费率，降低企业成本，参保人员享受待遇不变。

失业保险 统一将失业保险费率由陕西省规定的2%降至1%。其中，用人单位缴费比例由1.5%降至0.7%，个人缴费比例由0.5%降至0.3%。期限为2016年7月1日至2018年6月30日。降费后，西安市失业保险费率为全国最低。

工伤保险 统一在工伤保险行业基准费率的基础上下浮30%。工伤保险费率调整后，参保单位费率不得低于0.2%，基准费率已为0.2%的单位不再下浮。

生育保险 统一将生育保险费率下浮至0.25%。

在费率调整期限内，新参保单位统一按降低后费率标准缴费。执行期满后，3 项社会保险费率均按照国家和陕西省既定费率政策执行。在通知下发之前，参保单位已缴纳的 3 项社会保险费多缴部分，抵扣下次应缴 3 项社会保险费。

◆社会保险综合柜员制上线运行 2016年，西安市人力资源和社会保障系统对社保经办系统进行硬件设备更新、软件数据库升级优化、网络线路改造扩容。10月7日，率先在全省推出“一窗式”服务为标志的社会保险“综合柜员制”经办服务体系。西安市社保经办由分险种运行、多窗口受理转变为一号申请、一窗受理、一网通办的综合柜员制，有效提高窗口资源使用效益。（秦玉坤）

◆城乡最低生活保障 2016年，西安市进一步提高保障标准，农村低保标准由上年的3200元/（人·年）调整为3600元/（人·年），城市低保标准由565元/（人·月）提高至590元/（人·月）。截至年底，全市在册城乡低保对象5.74万户13.67万人，全年发放保障金6.25亿元。其中，城市2.48万户4.21万人，发放保障金3亿元；农村3.26万户9.46万人，发放保障金3.25亿元。召开全市社会救助公示工作现场会，对固定公示栏设置工作及公示制度落实工作进行安排部署。印发《西安市最低生活保障工作规程》，进一步明确镇街政府的审核主体责任和区（县）民政局的审批主体责任。开展“春风行动民政惠民政策宣传月活动”，开通“12343”社会救助服务热线，推进居民家庭经济状况信息核对平台建设，细化低保对象分类管理，精准施保的能力进一步增强。向困难群众发放取暖补贴。按照城市600元/户、农村200元/户的标准，向城乡困难群众下发取暖补贴2260万元。

◆农村“五保”供养 2016年，西安市农村“五保”供养标准为每人每年6200—9800元，共向5348名农村“五保”对象发放供养金4021.67万元。

◆专项救助 2016年，西安市不断完善救助政策，实施新的《医疗救助》《临时救助》办法。医疗救助突出对城乡困难群众和重特大疾病个人支付部分负担过重、影响家庭基本生活的救助，将个人支付费用高于5万元的救助比例提高到80%，封顶线提至15万元，未成年人救助比例整体上浮10%。全年实施医疗救助15.25万人次，发放医疗救助资金9283.04万元。临时救助取消户籍限制，将持有西安市居住证明的对象一并纳入救助范围，单次救助最高限额由原来的8000元提高至10000元，全年实施临时救助12245户，发放资金2192.94万元。教育资助困难学生2996人，发放助学金1338.9万元（含福彩公益金资助）。

（张嘉瑜）

物 价

◆概况 2016年，西安市各级物价部门贯彻主要由市场形成价格的改革取向，以服务供给侧结构性改革为主线，推动价格改革向纵深发展，做好简政放权和放管服转型，加强价格调控监管，抓好涉企清费减负降成本工作，疏导民生价格矛盾，注重强化事中事后监管，规范市场价格秩序，维护价格总水平基本稳定，突出解决群众关心的民生价格问题，做好价格公共服务，努力夯实价格工作基础，为促进西安经济持续健康发展和社会和谐稳定营造良好的价格环境。

◆居民消费价格指数 2016年，西安居民消费价格总水平（CPI）上涨0.9%，涨幅较上年扩大0.2百分点。西安市价格总水平运行特点：一是居民消费八大类价格“五升三降”（见图1）。其中，食品烟酒类价格上涨2.8%，涨幅居首，较上年扩大2.3个百分点，拉动总指数上涨0.8个百分点，占总指数上涨的90.9%，成为CPI上涨第一推手；其他用品和服务、医疗保健、衣着、居住4项价格合计拉动总指数上涨0.58个百分点；交通和通信价格下降2.7%，拉动总指数下降0.32个百分点，生活用品及服务价格下降0.9%，教育文化和娱乐价格下降0.8%。二是月度指数前高后低（见图2）。年初由于春节因素影响，CPI同比、环比指数均一路上扬，2月份同比、环比指数均达到全年最高；随着节日因素消退，同环比指数回落趋稳。同比方面，除8月份CPI略降0.1%外，其余各月均有所上涨，其中有6个月涨幅在1%以上。环比方面：1、2月份承接上年12月的上涨态势，CPI环比指数大幅走高，2月份涨幅1.7%，为全年最高；3—5月，随着鲜菜价格高位回落，环比指数逐月走低，5月达到全年最低，6月以后小幅振荡。三是横向对比，西安CPI走势与全国、全省走势相近(见图3、图4)。西安居民消费价格总指数虽比全省、36个大中城市和全国平均水平分别低0.4、1.3和1.1个百分点，但居民消费八大类指数结构趋势与全省、36个大中城市和全国水平基本一致，其中衣着指数高于全省、36个大中城市和全国水平，其他7项指数均低于36个大中城市和全国水平。从月度指数看，环比、同比指数走势与全国、全省走势基本一致，环比指数个别月份高于全国和全省水平，同比指数均低于全国水平。四是重要商品价格总体呈现前期高位回落、9月后略有回升的态势，全年总体涨跌幅度不大。其中，粮食价格全年同比平均（下同）下降2.13%；食用油价格上涨3.34%；猪肉价格上涨0.30%；鸡蛋价格上涨4.85%；蔬菜价格上涨0.49%；钢材价格上涨22.98%；成品油价格上涨15.1%；医疗、教育、居民用电、自来水价格保持平稳。

◆市场价格监测监管 2016年，西安市各级物价部门采取多项措施，加强市场价格监测监管，规范市场价格秩序，保持价格总水平基本稳定。

加强价格监测分析 在开展 24 项价格监测报告制度的基础上，按照国家要

2016年1月29日市物价局春节市场检查（麦德龙超市）

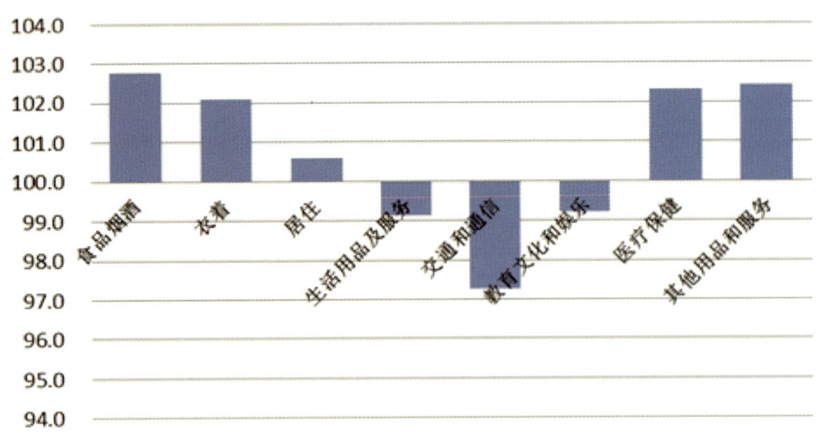

图1　2016年西安居民消费价格八大类指数涨跌情况

图2　2016年西安CIP涨幅直斥图

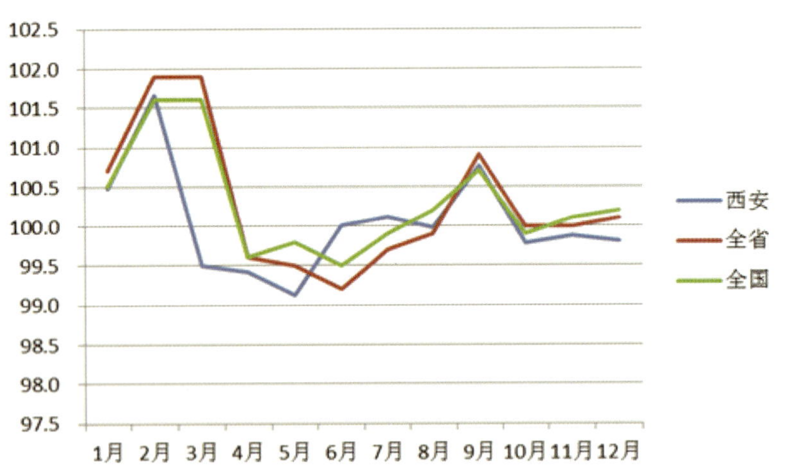

图3　2016年西安居民消费价格环比指数与全国和全省对比

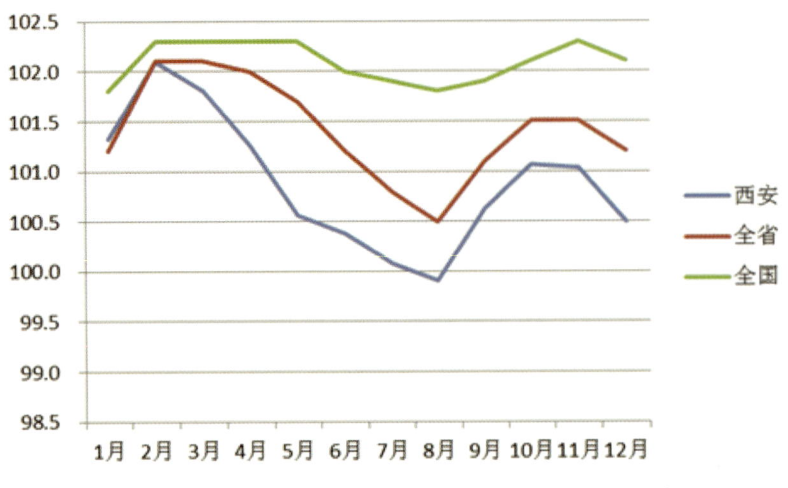

图4　2016年西安居民消费价格同比指数与全国和全省对比

求新增劳动力市场价格监测报告制度；新增价格监测点30多个，监测品种增加至800余种，全年采集上报各类价格监测数据6.8万条；坚持每月价格指数通报制度和重要商品价格月、季、半年、年度监测分析预测报告制度，加强价格形势分析预判。

稳定农副产品价格　坚持农副产品价格综合信息周报制度，每周监测分析粮、油、肉、蛋、菜等市场主要农副产品价格变化情况；通过门户网站、微博、微信“价比三家”栏目定期发布价格监测数据，引导市场供求和消费；关注节日市场价格波动情况，做好节日市场保供稳价工作，及时防范市场价格异常波动。针对一段时期内西安鸡蛋价格持续下降、猪粮比价进入红色预警区域以及葱、蒜价格显著上涨等情况，加大监测频次，发布预警信息，为政府决策提供依据；建议相关部门向市场投放储备肉，组织货源增加市场蔬菜供应量，及时平抑市场价格，促使西安市场肉菜价格回归平稳运行。

引导规范市场价格秩序　在重要节日、重大活动及中小学开学、冬季供暖前后等关键时间节点，对相关行业单位采取政策宣传、提醒告诫、诚信示范、政策约谈等方式，进行事前防范。以商贸、旅游、公路客运、餐饮、停车场等热点行业为重点，对其明码标价和价格政策执行情况集中开展巡查，规范市场价格秩序。全市物价部门开展教育、医疗药品、物业、交通、旅游、涉企收费等重点行业价格专项检查，重点对市管非营利性医院收费、中小学收费、阶梯水价政策执行情况、商品房明码标价及停车收费、小区电梯收费、民营中巴票价等进行检查规范。全年共查处价格违法案件466件，罚没入库621.14万元，为消费者挽回经济损失318.84万元。

◆价格机制改革　2016年，西安市继续推进简政放权、放管结合和优化服务工作。放开食盐价格、化肥用气价格、储气调峰价格、未经公共管网供应的再生水价格、城市地下综合管廊有偿使用费、非居民用数字电视基本收视维护费等价格和收费标准，实行市场调节价。对价格政策文件进行两次清理，在第一批废止价格政策文件71份的基础上，公布第二批废止文件102份，落实中央、省关于废止部分职业资格考试收费标准的政策性文件37份。1月1日起取消收费证及年审制度，采取收费单位建立收费台账和收支状况定期报告制度、收费动态监管系统统计分析、公布收费目录清单、提醒告诫、主动上门服务等措施，加强事中事后监管。编制并公布《西安市涉企行政事业性收费目录清单》，将原来涉及21个部门的44项涉企行政事业性收费，减至18个收费部门41项收费，继续保留8项对小微企业免征费项目；清理实行政府定价和政府指导价的涉企经营服务性收费，提出《西安市涉企经营服务性收费目录清单》的初步意见；公布《西安市市级部门行政许可中介服务收费目录清单》，涉及22个政府部门，共94项中介服务收费，对收费清单实行动态管理，降低企业制度性交易成本。开展涉企收费检查，对全市建设、交通、环保、城管等22个部门收费情况进行检查，总体情况良好，纠正一些单位延期执行收费减免政策、扩大范围收费、变相提高标准收费、重复收费等违规行为，减轻企业负担。规范行政行为，进一步明确市、区（县）价格监管责任和界限，强化属地管理，采取网格化价格监管模式，消除市场监管盲点，提高行政效能；建立价格执法“双随机一公开”及法律顾问制度，对价格执法及处罚信息实行网上公开，接受社会监督。

◆电价调整　2016年，西安市物价局转发国家发展和改革委员会、陕西省物价局出台的一系列电价政策，落实西安市电价调整政策。根据《国家发展改革委关于完善陆上风电光伏发电上网标杆电价政策的通知》精神，落实国家发展和改革委员会制定的陆上风电光伏发电2016年度具体标杆电价标准，实行新能源发电上网标杆电价随发展规模逐步降低的价格政策。根据《陕西省物价局关于降低陕西电网燃煤发电上网和一般工商业用电价格的通知》要求，自2016年1月1日起调整陕西电网部分上网电价和销售电价。此次价格调整降低燃煤发电企业上网电价，通过提高可再生能源电价附加标准、实行燃煤发电机组超低排放电价、设立工业企业结构调整专项资金等方式，疏导相关电价矛盾，促进节能减排和工业企业结构调整。降低部分工商业电价标准，陕西电网除中小化肥生产用电以外的一般工商业销售电价每千瓦时降低5.17分，居民生活、农业生产和大工业生产用电价格不做调整；趸售电价平均每千瓦时降低1.13分，降低后的存量电价为每千瓦时0.3735元，增量电价为每千瓦时0.4382元。落实《陕西省物价局关于调整陕西电网销售电价的通知》精神，自2016年4月20日起，取消对中小化肥生产用电的价格优惠政策，执行相同用电类别的一般工商业用电价格；自2016年6月1日起，简化用电类别，将原大工业生产、电解烧碱类生产（含电解铝、合成氨、电炉钙镁磷肥、电炉黄磷生产）和电石生产三类用电价格归并为一类，统一执行调整后的大工业生产用电价格，居民生活、农业生产和工商业用电价格不做调整；陕西电网向除居民生活和农业生产以外的其他用电征收的可再生能源电价附加标准全部调整为每千瓦时1.9分；国网陕西省电力公司与省地方电力公司的趸售结算电价仍按原规定执行。落实《国家发展改革委办公厅关于完善两部制电价用户基本电价执行方式的通知》要求，放宽基本电价计费方式变更周期限制及减容（暂停）期限限制，减少停产、半停产企业的电费支出，降低实体经济运行成本，为企业转型和优化调整生产结构提供支持。

◆非居民用天然气价格调整　2016年，西安市推进供给侧结构性改革，降低下游企业用气成本，对非居民用天然气价格进行调整。根据《陕西省财政厅、陕西省物价局关于取消天然气调价收入的通知》要求，经西安市人民政府研究同意，自2016年9月18日起，取消西安市车用天然气销售价格中0.45元/立方米的价格调节资金收入，将车用天然气销售价格由3.71元/立方米调整为3.26元/立方米。根据陕西省物价局《关于降低我省非居民用天然气价格的通知》精神，落实降低省内天然气管道运输价格和城市配气价格的要求，将西安市非居民用天然气价格每立方米降低0.1615元。自2016年10月20日起，西安市非居民用天然气销售价格从2.46元/立方米降低至2.30元/立方米；车用压缩天然气销售价格从3.26元/立方米降低至3.10元/立方米；居民用天然气价格（实行阶梯价格，按用气量不同分别为每立方米1.98元、2.376元、2.97元），集中采暖用天然气价格保持不变。鼓励天然气大用户与供气方通过协商确定具体用气价格，同时取消每户每月1元的城市居民天然气维修费，此前已收费用不退还，未收费用不再收取。城市燃气企业对居民燃气设施维护管理费用纳入配气价格，除更换居民户内专有天然气设施零部件按成本收取材料费外，不得再向居民用户收取任何费用。通过实施以上天然气相关价费政策措施，年减轻用户负担约1.67亿元。落实《陕西省物价局转发国家发展改革委关于明确储气设施相关价格政策的通知》精神，明确西安市使用储气设施及为保障冬季高峰用气采购的调峰用气价格实行市场调节价，按照冬季高峰时段有序供气和受益者付费的基本原则，由供用气各方以合同约定等形式协商确定。在冬季用气高峰时段，下游燃气企业和用户可多渠道采购天然气满足调峰保供需求，如需由省天然气长输管道代输到，代输的管输价格可在政府定价基础上由供需双方协商下浮。

◆成品油价格　2016年，国家发展和改革委员会重新修订《石油价格管理办法》，进一步完善国内成品油价格形成机制。在2013年来以10个工作日为周期根据国际油价及时波动的基础上，设定成品油价格调控下限，并建立油价调控风险准备金，同时放开液化石油气出厂价格。新的成品油价格机制规定，当国内成品油价格挂靠的国际市场原油价格低于每桶40美元时，国内成品油价格不再下调，此时的成品油价格未调金额全部纳入风险准备金，设立专项账户存储，经国家批准后使用，主要用于节能减排、提升油品质量及保障石油供应安全等方面。根据新的成品油定价机制，2016年国家先后15次调整成品油价格（具体价格调整情况见下表），全年10升5降，西安市场汽油、柴油价格比年初有所提高。其中，89号汽油年初5.26元/升，年底6.02元/升，提高0.76元，涨幅14.5%；92号汽油年初5.58元/升，年底6.38元/升，提高0.80元，涨幅14.3%；95号汽油年初5.89元/升，年底6.75元/升，提高0.86元，涨幅14.6%；0号柴油年初5.17元/升，年底6.00元/升，提高0.83元，涨幅16.1%。成品油价格调整后，全市物价系统及时组织开展市场跟踪调查，及时反馈成品油价格政策执行情况、市场供应情况及群众对价格政策的反映等，保证价格调整政策的顺利实施。

◆医疗价格调整　2016年，西安市物价局根据陕西省物价局、陕西省卫生和计划生育委员会《关于2016年新增和修订部分医疗服务项目价格的通知》及《关于公立医院新增医疗服务项目价格受理审核工作有关问题的通知》要求，落实新增、修订的医疗服务项目价格75项。其中，新增医疗服务项目价格23项（含新增子项目11项），修订规范项目价格50项，取消项目价格2项；修订特殊卫生材料库3类耗材；同时规范新增医疗服务项目价格申报、受理、审定及管理等工作程序。

◆西安地铁票制票价调整　2016年，西安市物价局在前期调研论证、召开听证会听取各方面意见的基础上，按照公益优先、合理分担、比价合理、递远递减及票价一贯性原则，对西安地铁票制票价进行调整，经西安市人民政府常务会议审议批准，于10月28日地铁3号线开通运营之日起发布执行。西安地铁票制由原来的“区间计价制”调整为“里程计价制”；起步价2元6千米（含6千米，以下类同），其后每增加1元，可乘坐4、4、6、6、8、8千米。即0—6千米2元；6—10千米3元；10—14千米4元；14—20千米5元；20—26千米6元；26千米以上每增加8千米增加1元。地铁票制票价调

西安地区2016年成品油价格调整情况表

调价时间（2016年）	国家调价幅度（元/吨）	90（89）#汽油最高零售价格（元/升）	93（92）#汽油最高零售价格（元/升）	97（95）#汽油最高零售价格（元/升）	0#柴油最高零售价格（元/升）
1月1日		5.26	5.58	5.89	5.17
1月13日24时	国家完善成品油价格机制同步下调成品油价格。汽油、柴油价格每吨分别降低140元、135元	5.16	5.47	5.78	5.05
4月26日24时	汽油、柴油价格每吨分别提高165元、160元	5.28	5.60	5.91	5.19
5月11日24时	汽油、柴油价格每吨分别提高120元、115元	5.37	5.69	6.01	5.29
5月25日24时	汽油、柴油价格每吨分别提高210元、200元	5.53	5.86	6.19	5.46
6月8日24时	汽油、柴油价格每吨均提高110元	5.61	5.95	6.28	5.55
7月21日24时	汽油、柴油价格每吨分别降低155元、150元	5.49	5.82	6.15	5.42
8月4日24时	汽油、柴油价格每吨分别降低220元、215元	5.33	5.65	5.97	5.24
8月18日24时	汽油、柴油价格每吨分别提高175元、170元	5.46	5.79	6.12	5.38
9月1日24时	汽油、柴油价格每吨分别提高205元 、200元	5.61	5.95	6.29	5.55
9月18日24时	汽油、柴油价格每吨分别降低155元、150元	5.50	5.83	6.16	5.43
10月19日24时	汽油、柴油价格每吨分别提高355元、340元	5.76	6.11	6.46	5.72
11月16日24时	汽油、柴油价格每吨分别降低365元、355元	5.49	5.82	6.15	5.41
11月30日24时	汽油、柴油价格每吨分别提高175元、170元	5.62	5.96	6.30	5.56
12月14 日24时	汽油、柴油价格每吨分别提高435元、420元	5.95	6.30	6.66	5.92
12月28 日24时	汽油、柴油价格每吨分别提高100元、95元	6.02	6.38	6.75	6.00

整后继续实行优惠政策，即：中小学生实行票价5折优惠；70周岁及以上老年人在地铁运营非高峰时段免费乘车；革命伤残军人、伤残人民警察、盲人凭有效证件免费乘车；1名成年乘客可携带1名身高1.3米以下的儿童乘车，儿童免票，超过1名的，按超过人数购票。新的地铁票制票价兼顾企业、居民、政府三者利益，符合乘坐距离长多消费、乘坐距离短少消费的公平原则，有利于地铁运营的可持续发展。票价正式执行后，社会各方面反应平稳。

◆新能源汽车充电服务费政策 2016年，西安市物价局根据本市新能源汽车发展及充电基础设施建设的实际情况，制定西安市经营性集中式充电服务设施收费标准，自2016年4月10日起执行，有效期2年。充电设施经营企业向新能源汽车用户收取的充电费用包括电费和充电服务费两部分，其中电费按中央、省2014年规定的电动汽车用电价格政策执行；充电服务费在2020年前实行政府指导价管理，具体标准按充电电度收取，对公交车和乘用车实行差别化价格；公交车充电服务费上限标准为0.35元/千瓦时，乘用车充电服务费上限标准为0.40元/千瓦时；鼓励充电设施经营企业对用户实行优惠政策，允许在此标准基础上适当下浮。住宅小区、党政机关、企事业单位等非经营性充电设施暂不收取充电服务费。

◆出台建筑垃圾处理收费指导标准 2016年，西安市物价局加强建筑垃圾清运行业监管，控制行业收费过高、过快增长，会同西安市城市管理局按照西安市人民政府要求，对建筑垃圾处理收费制定指导标准，于2016年10月10日正式实施。指导标准按区域划分实行上限管理，可向下浮动，在上限以内由运输企业与承建单位根据建筑工地所在区域协商确定收费标准，但不得超过上限。具体区域指导标准为：二环以内85元/立方米以下（含85元）；二环以外至绕城高速以内70元/立方米以下（含70元）；绕城高速以外为60元/立方米以下（含60元）。文件规定，该指导标准实行动态管理，其内含包括建筑垃圾的运输、倾倒、填埋处置等费用，不包括建筑工地开挖、装载等其他费用。

◆地下综合管廊有偿使用费政策 2016年，西安市物价局根据中央、省关于城市地下综合管廊实行有偿使用制度的政策规定，结合西安市地下综合管廊建设实际情况，明确西安市地下综合管廊有偿使用费收费政策。规定城市地下综合管廊有偿使用费标准原则上应由管廊建设运营单位与入廊管线单位协商确定。凡具备协商定价条件的城市地下综合管廊，均应由供需双方按照市场化原则平等协商，签订协议，确定管廊有偿使用费标准及付费方式、计费周期等有关事项。对暂不具备供需双方协商定价条件的城市地下综合管廊，有偿使用费标准可实行政府定价或政府指导价，列入省级定价目录，明确管理形式及定价部门，依法制定有偿使用费标准或政府指导价的基准价、浮动幅度，并规定付费方式、计费周期、定期调整机制等有关事项。

◆民办幼儿园收费管理 2016年9月，西安市物价局会同西安市教育局，根据中央、省有关民办教育收费管理政策及《陕西省幼儿园收费管理暂行办法实施细则》等相关规定，进一步规范西安市民办幼儿园收费管理，明文规定以下事项：一是民办幼儿园的保教费、住宿费纳入经营服务性收费管理，实行市场调节价，由各幼儿园根据成本合理确定收费标准并按管辖权限抄送当地价格和教育部门；首次抄送或调整收费标准，应于当年4月底前填报《民办幼儿园收费标准抄送表》，并提供财务审计报告、成本变化情况及办学许可证、单位机构代码证、民非证、税务登记证等相关资料。对未取得资质的民办幼儿园，各级价格、教育部门不得违规受理相关抄送手续。二是幼儿园除收取保教费、住宿费外，还可以收取陕西省政府批准的一项服务性收费即伙食费（含餐点）和两项代收费即体检费和保险费，此外不得再收取其他费用。服务性收费和代收费，应遵循“家长自愿，据实收取，及时结算，定期公布”的原则。严禁为收取费用强制或变相强制提供服务，同时要严格执行学前一年免费教育政策，鼓励民办幼儿园对贫困家庭幼儿减免收费。三是保教费应严格按月或按学期收取，不得跨学期提前预收；不得在保教费外以开办实验班、特色班、兴趣班、课后培训班和亲子班等特色教育为名另行收取费用，也不得以任何名义收取与入园挂钩的赞助费、捐资助学费、建校费、教育成本补偿费，更不得收取课本费；收费应在显著位置公示收费项目、收费标准、收费范围、投诉举报电话及各项承诺等相关内容，接受社会监督。四是物价部门可对幼儿园抄送的收费标准进行成本调查，并加强日常监管，对幼儿园抄送的收费标准存在与调查成本差距过大、收费标准在所在辖区内最高、收费标准变动幅度过高等情况的，价格部门可通过向社会公开成本调查结果和召开幼儿家长座谈会等方式，听取各方面意见，引导幼儿园合理确定保教费标准。五是规定幼儿因故退（转）园时的退费办法，并要求区（县）物价、教育部门加大对民办幼儿园收费的监管力度，定期开展检查，及时发现问题并解决问题，查处乱收费行为。

◆降低市区出租汽车起步价 2016年9月，西安市取消天然气价调资金，车用天然气销售价格由3.71元/立方米调整为3.26元/立方米。西安市启动出租汽车运价与燃料（天然气）价格联动机制，自2016年11月1日起，市区出租汽车每乘次起步价降低0.5元（不含非用天然气出租车）。即排气量1.8L（含1.8L）以下车型由现行起步价3千米9元降低至3千米8.5元；排气量1.8L以上车型由现行起步价2千米9元降低至2千米8.5元。长安区、临潼区、阎良区、高陵区、周至县、户县、蓝田县出租汽车行业的应对方案由区（县）政府根据当地实际制定。

◆公路清障施救服务收费政策 2016年，《陕西省定价目录》授权设区市制定公路清障施救收费政策。西安市物价局、西安市交通运输局、西安市公安局联合印发通知，重申公路清障施救服务收费政策，进一步加强行业监管，规范收费行为。通知明确该项收费属经营性服务收费，实行政府定价。规定公路清障施救遵循就近、安全、便捷的原则，除因事故不能自行驶离而影响交通的事故车辆外，其余车辆实行自愿有偿服务。公安、城管、交通管理部门依法拖移违法停放车辆，属于行政执法行为，不得向当事人收取费用，也不得指定社会救援机构实施并收取费用。具体收费标准仍按陕西省物价、交通、公安三部门2012年制定的收费标准执行。同时强调，开展清障施救服务的企业要向服务对象公示收费标准，明码标价，自觉接受社会监督。

◆公交行业价格调整 2016年，西安市物价局进一步完善交通行业价格政策，加强日常监管，规范价格行为。一是落实陕西省油运价格联动机制，两次调整公路客运燃油附加费政策。2016年1月23日零时起，陕西省物价局、陕西省交通运输厅根据成品油价格下降情况，将公路客运燃油附加费标准调整为在上限票价基础上按每人每千米0.021元核减后确定，尾数保留到角；同时授权设区市物价、交通部门根据陕西省油运价格联动机制规定自行调整燃油附加费标准。6月20日，西安市物价局、西安市交通运输局根据成品油价格上涨情况，将公路客运燃油附加费标准调整为在上限票价基础上按每人每千米0.016元核减后确定，尾数保留到角。二是按照西安市公交票价作价原则，核定新开线路及调整线路或车型的41条公交线路票价，对其中717路等23条已更新为空调车型并采用无人售票系统的民营小公共汽车线路由原来的进位票制变更为2元一票制票价。三是统一规范城市公交票价公示方式。要求公交车营运时必须在车厢内前门左上方醒目位置统一张贴由西安市价格监督检查局依法监制的票价表，方便乘客监督；票价表内容必须与价格部门批复的该线路票价一致，不得收取任何未予标明的费用；票价调整应在执行前及时办理新票价表监制手续，票价表出现褪色、污损等情况，应及时更换，使用中不得涂改。市、区（县）物价部门要加强对公交客运票价执行及公示情况的监督检查，规范经营服务行为，提升公交服务形象。四是根据《西安市停车管理综合治理三年行动方案（2015—2017年）》要求，在调研了解外地经验的基础上，修订西安市机动车停车场差别化收费政策的实施意见，提交西安市人民政府交通管理委员会审议。

◆药品市场价格调查 2016年6月，西安市物价局选择不同类型、级别、区域、经营规模的5家医疗机构和3家药品零售企业作为调查对象，对西安市药品价格变化情况进行调查。主要调查低价药品、短缺药品、专利药品、原研药品、独家生产药品、血液制品、二类疫苗和其他量大价高药品等市场价格情况，以及涨价、降价、无变化的品规数量占比和价格变化幅度等。从调查情况看，药品价格改革后市场总体平稳，但部分低价药、短缺药及血液制品等价格上涨幅度过大，品牌OTC药品零售价格有所上涨，专利药、原研药、独家药品价格相对稳定。针对调查情况，向陕西省物价局提出对策建议，并按照国家发展和改革委员会、陕西省物价局部署，于6月至10月期间组织全市物价系统开展药品价格专项检查。就群众和企业反映集中的药品价格问题，对药品生产经营企业、医疗机构、疾病预防控制中心、血站、药品集中招标采购平台、药品采购机构及相关行业协会进行检查，重点查处价格垄断、价格欺诈、不执行政府定价及违反明码标价和价格公示制度等违法行为，规范药品价格秩序。

◆旅游行业价格整治 2016年1—6月期间，西安市物价局、西安市旅游局联合开展旅游行业价格专项整治活动。整治期间，严格控制出台上调景区门票价格的方案，对正在进行调价程序或已出台调价文件但尚未执行的，一律终止调价工作。整治的主要内容：一是要求各景区按规定在售票处、客服中心、停车场、娱乐点等场所醒目位置悬挂价格公示牌或电子公示屏，公示收费项目、收费标准、收费依据、收费范围、优惠政策、投诉电话等，接受社会监督。二是要求景区内所有商品和服务经营者严格执行明码标价制度，诚信守法经营，景区管理单位要与签订价格行为责任书，并承担其价格违法行为连带责任。三是检查实行政府定价、政府指导价的景区是否履行规定的调价程序，调价周期、幅度是否在规定范围之内；实行市场调节价的景区，其门票、交通工具价格及相关收费是否明显存在虚高现象，并根据社会需求和实际成本引导景区合理确定其相关收费水平。四是实行景区质量等级评定与门票价格水平惩戒联动。旅游部门加强对景区旅游环境、设施条件的监督管理，并将门票价格政策执行情况作为景区质量等级评定和复核的考核指标，根据价格部门检查中发现的价格违法、违规问题，对相关景区做出警告、降低或取消质量等级的处分。价格部门同样根据旅游部门做出的质量等级处分，对相关景区及时做出降低相关价格标准的惩罚。8月，西安灞渭车游湿地对外开放，制定试行门票价格为15元/（人·次），试行期2年。9月，西安植物园迁入新址，制定植物园新园区门票价格，仍按老园区10元/（人·次）标准执行。

◆**养老机构收费管理** 2016年，西安市物价局落实国家发展和改革委员会、民政部《关于规范养老机构服务收费管理促进养老服务业健康发展的指导意见》要求，对政府投资兴办的养老机构基本服务项目实行政府定价，并按照财政投资区分市和区（县）定价权限。对各类社会民营资本兴办的养老机构，实行市场调节价管理。同时，落实国家规定的价格和收费优惠政策，所有养老机构用电、用水、用气、用热均按居民生活类价格执行。

◆**殡葬行业收费** 2016年，西安市物价局针对近年来群众对殡葬行业价格反映较多的实际情况，在制定殡葬行业价格时从严控制，充分运用财政补贴、政策减免优惠等措施，保障持续经营，避免增加群众负担。按照有关规定中止制定奉正塬殡仪馆正式价格标准的程序；对西安市殡仪馆4项基本服务收费近两年来的运行收支状况进行调查测算和成本监审；组织召开回民殡仪馆收费标准调整座谈会，明确暂不调价的意见；制定高陵奉正迁安园公墓试行价格标准，体现政府投资兴办公墓的公益性特点，暂定为每个定型墓穴2800元，试行期3年。

◆**保障性住房价格管理** 2016年，西安市物价局进一步完善住房价格管理，规范住房价格行为。根据新的《陕西省定价目录》，对经济适用住房、限价商品房价格和租赁型保障房租金标准实行政府指导价，分别按照《西安市经济适用住房价格管理办法》《西安市限价商品房建设管理实施意见》《西安市租赁型保障房建设管理实施办法（试行）》执行。城六区和长安区经济适用住房价格由市级价格主管部门会同市保障性住房建设主管部门制定；城六区限价商品房价格由市保障性住房建设主管部门会同市物价、发改、建设、国土、规划等相关部门，在限价商品房土地出让前确定，并作为土地出让条件之一；城六区租赁型保障房基础租金标准由市住房保障主管部门会同财政、物价部门确定。其余区（县）的三类保障房价格由当地相应部门参照以上3个管理办法制定。继续做好保障性住房成本监审和价格核定工作，核定鸿基新城26#地三期经济适用住房销售基准价格为每平方米建筑面积4158.90元；核定纬二十六街经济适用住房项目（天赐苑）配建廉租住房不含税成本价格为每平方米建筑面积3497.70元（含装修费用260.89元/m²），并按规定实行备案公示及明码标价，接受社会监督。5月1日起，“营改增”税收政策在全国范围内全面推行，西安市物价局研究税收政策变化后保障性住房价格核算中出现的问题，变更经济适用住房配建廉租住房成本价格核算办法，将原核定含税成本价变更为核算不含税成本价格，以应对工作中的现实问题。

◆**商品房销售价格规范** 2016年2月，西安市物价局根据《陕西省物价局关于商品房价格实行一价清政策相关问题的批复》要求，重申商品房销售一价清政策。要求房地产开发经营企业自觉规范商品房销售价格行为，在《商品房买卖合同》中切实落实一价清规定，不得在商品房销售中附加价外收费条款，同时做好明码标价工作，严禁商品房销售过程中的价格欺诈行为。11月中旬，西安市物价局、西安市房屋管理局组织召开全市房地产经营企业和房屋中介机构230人参加的会议，提醒告诫商品房明码标价政策，并对开展全市商品房销售明码标价专项检查工作进行安排部署。市、区（县）物价部门组成38个检查组，出动检查人员875人次，对全市269家房地产开发企业和18家中介企业进行检查。对检查中发现的未在销售现场、未在醒目位置摆放明码标价表，未按规定实行“一套一标”，未一次性公开全部销售房源及标示信息不全等问题进行现场纠正或要求限期整改，对发现的违规代收代办收费向消费者清退2.1万元。

2016年1月7日在鸿基新城经济适用房项目调研

◆**自备锅炉供热价格管理** 2016年10月，西安市物价局制定《关于做好自备锅炉供热价格协商公示工作的通知》。明确自备锅炉供热价格属市场调节价，要求全市实行社会化物业服务的居民小区自备锅炉供热价格制定，均应遵照公平、公开、协商一致的原则，由供热单位在成本核算的基础上与业主协商确定，并向业主公示。通知规定供热成本核算及协商公示的具体内容、步骤和办法。要求供热单位依据《陕西省物价局居民小区自备锅炉供热成本核算办法》核算上年度供热成本费用，拟订本年度供热价格方案，方案应包括居民小区及供热服务的基本情况、拟定的供热价格、每天供热时间及时段、收费方式以及上年度总用热量、热费收支情况、成本核算情况、供热价格等内容。供热单位应将拟订的供热价格方案与业委会充分协商沟通，形成一致意见，或采取入户、问卷等方式征求业主（用热人）意见，并征得三分之二以上业主（用热人）同意、签字。供用热双方难以协商一致时，由街道办事处或乡镇人民政府协调解决。收取供热费前，供热单位须将已协商达成一致的供热价格方案在小区的醒目位置予以公示，公示内容为：供热价格、每天供热时间及供热时段等。采暖期结束后，供热单位应在2个月内向业主公示热费收支决算情况。新的协商公示办法实施后，冬季供热秩序基本平稳。

◆**行政事业性收费统计分析** 2016年，西安市物价局按照中央、省《关于取消收费许可证制度加强事中事后监管的通知》要求，取消收费证许可证制度，建立收费单位情况和收支状况报告制度、收费台账制度，继续严格执行收费公示制度及收支两条线制度，逐步实行收费目录清单制度，进一步加强行政事业性收管理。通过“全国收费动态监管系统”平台，逐步推进收费单位情况及其收支状况信息化管理，完成对全市2015年度行政事业性收费情况的统计分析，对收费政策执行情况及实施效果进行跟踪监督和综合评估，不断规范收费行为。

行政事业性收费单位共912个，行政事业性收费总额24.724亿元。其中，行政性收费8.261亿元，事业性收费16.463亿元。按收费对象分，涉及企业收费12.305亿元，其他收费12.390亿元；按收费类别分，行政管理类收费5.909亿元，资源补偿类收费4.601亿元，鉴定类收费2.274亿元，考试类收费2.850亿元，培训类收费235.12万元，教育类收费6.211亿元，其他收费2.855亿元。

行政事业性收费总额比上年减少2.36亿元。主要原因是2015年度中央、省取消和停征部分行政事业性收费，致使收费金额下降。行政事业性收费下降比例较大的项目有：保存人事关系及档案费同比减少1966.79万元，降低95.8%；高中择校费减少6805.21万元，降低95.6%；征地管理费减少3622.64万元，降低82.5%；耕地开垦费减少24415.73万元，降低51.9%；中等职业学校学费减少594.69万元，下降39.2%；居民身份证工本费减少411.32万元，降低21.12%；驾驶许可考试费减少943.85万元，降低3.6%；高等职业技术教育学费减少245.02万元，下降2.2%。2015年行政事业性收费增加比例较大的项目主要是：城市道路占用挖掘费增加2073.93万元，增加208.30%；防空地下室易地建设费增加10857.48万元，增加49.5%；产品质量监督检验费增加2627.71万元，增加39.1%；诉讼费增加2544.53万元，增加20.0%；高等学校学费增加2139.37万元，增加17.3%。

◆价格举报热点 2016年，西安市物价局根据国家发展和改革委员会、陕西省物价局《关于充分发挥“12358”价格监管平台作用提高价格监管工作水平的意见》要求，进一步加强价格举报投诉办理工作。全年通过“12358”价格监管平台接听电话24360件次，比上年增长6.05%。其中，登记办理各类价格咨询及投诉举报19268件，增长2.34%；办理并回复各类网上信件1083件，减少9.60%；依法受理并查处价格投诉举报案件1465件，增长216.41%；实施经济制裁约39万元，退还消费者27.3万元，处以罚款11.3万元，没收违法所得3085元。从价格投诉举报反映的内容看，问题主要集中在物业服务收费、停车收费、网络购物、交通运输价格、资源价格、商品零售等方面。其中，关于物业服务收费的举报案件324件，占投诉举报案件受理总量的22.12%，反映的主要问题是：物业公司自立名目向业主收取装修管理服务费、拆墙垃圾清运费、维护养护费，超标准收取装修垃圾清运费、空置房物业费以及明码标价不到位等。关于停车收费的投诉举报案件165件，占案件受理总量的11.26%，反映的问题主要是物业企业制定停车收费标准不按规定程序进行、擅自调定价格或调整幅度较大，道路停车存在违规预收、计时不准等问题，执法停车场向非代履行车辆收费、超标准收费，经营性停车场超标准超范围收费、公示不到位等。关于网络购物的投诉举报160件，占案件受理总量的10.92%，大多数为“职业举报人”投诉。反映交通运输价格的159件，占案件受理总量的10.85%，投诉的主要问题是：部分公交车超过规定标准收费、票价公示与实际收费不符、免票半票等优惠政策执行不到位以及公路施救超标准收费等。关于资源价格的投诉131件，占8.94%，主要反映居民小区供热、供水、供电价格超过规定标准、收费不透明等问题。对商品零售行业的价格投诉举报108件，占7.37%，包括商场超市、建材家居、服装批发等多个领域，主要反映经营者低标高结、无明码标价、标价签不全、货签不符、不兑现优惠承诺等问题。此外，教育、医药、旅游、汽车维修保养、美容美发、物流快递、邮政通信等传统热点行业问题也依然存在，价格投诉举报呈现受理总量大幅增加、热点行业反映突出、传统热点明显降温、消费领域全线增长的特点。

2016年3月15日组织开展“3·15”价格宣传活动

◆价格基础服务 2016年，西安市物价局根据陕西省物价局安排，对大米、面粉加工企业成本价格以及小麦、蔬菜等部分农产品种植成本、产量和价格等情况进行调查，组织实施农户种植意向、购买农资、存售粮情况等农业成本专项调查工作，开展种植业、饲养业生产及成本变化情况常规调查，对小麦、玉米等主要农产品种植成本进行实地调查和分析预测，为政府完善农业政策和进行宏观调控提供依据。落实陕西省物价局《转发国家发展改革委关于加强政府定价成本监审工作意见的通知》《关于公布陕西省各级价格主管部门定价成本监审目录的通知》要求，明确成本监审工作的主体责任、工作范围、工作程序及具体要求，制定成本监审工作规则、成本监审集体审议制度、公开经营者成本监审资料清单与目录、一次性告知等多项制度，统一和规范工作标准。全年对经济适用住房、地铁运营、城市管道天然气等31个调定价项目进行成本调查和监审，对其中10个项目因资料不全等因素中止调查和监审，对7个项目最终形成不支持调价的结论报告，有力遏制民办学校、殡葬企业、旅游景区等行业的涨价要求，为保持民生价格稳定提供基本依据。全年共监审企业上报总成本101.74亿元，核减成本14.39亿元，平均核减比例14.14%，为制定和调整价费标准提供依据。尝试引进第三方力量参与成本监审，在天然气、医疗行业成本监审中邀请相关领域专家、企业单位人员参与，在集中供热、地铁票制调整成本监审中采取招投标方式引进2家会计师事务所介入，为成本监审提供专业技术支撑。全市价格认证工作以开展“价格认定法治建设年”活动为契机，不断提高工作标准，规范工作流程，强化人员素质，提升服务水平。全市物价部门共办理涉案物品价格鉴定及各类价格认证案件2783起，标的总金额7157.83万元。 （李天利）

居民生活

单位：元

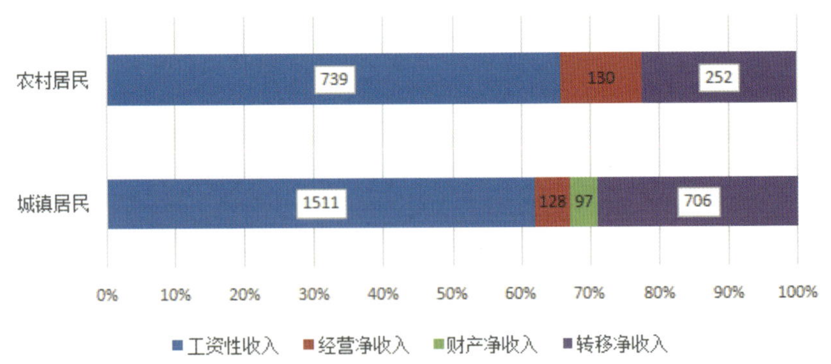

图1　2016年西安居民分项收入增幅及贡献率

◆**概况**　2016年，西安市在经济下行压力加大、发展环境复杂多变的情况下，以推进供给侧结构性改革为主线，采取多项稳增长、调结构、促改革、惠民生的政策措施，经济运行健康、发展平稳，城乡居民收入继续保持稳定增长。西安全体居民人均可支配收入30032元，比上年名义增长7.9%，扣除价格因素，实际增长6.9%，居民收入首次突破3万元“大关”。其中，城镇居民人均可支配收入35630元，名义增长7.4%，实际增长6.4%；农村居民人均可支配收入15191元，名义增长8.0%，实际增长7.0%（见表1）。从各季度收入增速看，西安居民人均可支配收入增速依次为7.0%、7.6%、7.9%和7.9%，增速稳步上升。

农民收入增速高于城镇居民，城乡居民收入倍差不断缩小。农村居民人均可支配收入名义和实际增速均高于城镇居民0.6个百分点，西安城乡居民收入比由上年的2.36降为2.35，城乡居民收入差距继续缩小，并分别低于全省（3.03）0.68，低于全国（2.72）0.37。

从收入来源看，工资性收入和转移净收入是拉动收入增长的主要动力，两者对城镇居民的收入增长贡献率为90.8%（上年为85.3%），对农村居民的收入增长贡献率为88.4%（上年为73.9%）；经营净收入和财产净收入的拉动作用较上年有所降低（见图1）。

居民人均生活消费支出20074元，增长6.7%。从消费支出的八大类构成看，除衣着消费支出与上年基本持平外，其他七大类消费支出同比呈现全面增长态势。其中，其他用品和服务增长最快，增幅达到15.0%，生活用品及服务增长10.9%，医疗保健消费支出增长10.0%，交通通信消费支出增长9.4%，居住增长7.2%，教育文化娱乐增长5.6%，食品烟酒增长5.0%。食品消费占支出比重继续下降，全体居民恩格尔系数为28.9%，比上年降低0.5个百分点，低于全国（30.1%）1.2个百分点。其中，城镇居民和农村居民恩格尔系数为29.3%和26.9%，分别比上年下降0.3和1.3个百分点。

◆**工资性收入稳步增长**　2016年，西安市继续落实机关企事业单位工资制度改革、最低工资标准上调政策的滞后影响、企业工资指导线的确定等举措，共同推动职工薪资待遇不断提高。城镇居民人均工资性收入比上年增加1511元，对城镇居民收入增长的贡献率为61.9%；农村居民人均工资性收入比上年增加739元，对农村居民收入增长的贡献率为66.0%。

◆**转移净收入较快增长**　2016年西安市企事业退休人员基本养老金“十二连增”，继续调增6.5%；随着全市脱贫攻坚工作的推进，城乡救助对象的救助标准不断提高；从2016年1月1日起，对职工伤残津贴、生活护理费等工伤保险待遇进行不同程度上调等一系列惠民政策精准发力，有效促进居民转移净收入较快增长。（陈燮函）

◆**农民工务工收入稳定**　2016年，西安本地非农务工人员收入为16724.5元，比上年下降0.5%；外出务工人员收入为27604.4元，增长0.1%；外出务工人员寄带回收入为15408.5元，增长7.3%。本地非农自营人员收入为34845.7元，增长21.5%；外出自营人员收入为37258.7元，外出自营人员寄带回收入24534.9元，分别下降38.3%和45.8%。

◆**农民工消费特点**　2016年，西安外出农民工务工生活消费支出7829.2元，比上年下降3.7%；外出自营生活消费支出9851.5元，同比下降20.6%。主要原因是多数人员居住在单位（工作场所）和家中，居住相关的消费支出较少。调查显示，外出务工人员居住在单位宿舍、工地工棚和生产经营场所的占35.5%，回老家居住的占29.7%，与人合租或独立租赁住房的占33%，务工地自购房及其他的占1.8%。外出居住平均消费支出为2643.6元，增长1.5%。（郭菁媛）

表1　2016年西安居民人均可支配收入构成及增幅

指标名称	全体居民		城镇居民		农村居民	
	绝对量（元）	名义增幅（%）	绝对量（元）	名义增幅（%）	绝对量（元）	名义增幅（%）
可支配收入	30032	7.9	35630	7.4	15191	8.0
工资性收入	18589	8.0	22607	7.2	7934	10.3
经营净收入	2787	4.5	2329	5.8	4002	3.4
财产净收入	2304	3.8	3012	3.3	427	-0.3
转移净收入	6352	10.5	7682	10.1	2828	9.8

民　族

◆**概况**　2016年，西安有52个民族成分（无怒族、德昂族、珞巴族、独龙族），少数民族常住人口9.56万人，占全市总人口的1.1%，占全省少数民族总人口的半数以上，其中人口过万的有回族（65276人，占全市少数民族总人口的68.7%），满族（10840人），其他人口过千人的少数民族有6个，分别是蒙古族（4469人）、壮族（1960人）、藏族（1923人）、土家族（2279人）、苗族（1572人）和维吾尔族（1232人）；500—1000人的民族有3个，分别是朝鲜族、彝族和侗族；100—500人的民族有11个，分别是布依族、白族、瑶族、锡伯族、土族、哈萨克族、黎族、畲族、仡佬族、撒拉族和羌族；100人以下的民族有29个。总体分布呈现大分散小聚居，85%以上的少数民族集中在莲湖、新城、碑林、雁塔四区，城市民族工作特点突出。办理居住证的外来少数民族流动人口4万余人，以西部流入为主，务工经商者居多，近一半是回族。

西安市有民族中小学 10 所，内地民族班 2 个。其中，中学 2 所、职校 1 所、小学 5 所、幼儿园 2 所；长安区八一民族中学新疆内高班，现有学生 346 人；浐灞第一中学西藏班，现有学生 300 人。全市有少数民族企业和个体工商户 3000 多个，年生产销售额近 30 亿元；少数民族党政干部 374 人，其中厅局级 2 人，县处级正职（含市副局级）62 人，县处级副职 69 人，科级及科以下 241 人；有少数民族市人大代表 19 人，有少数民族市政协委员 25 人。

◆民族团结宣传教育活动 2016年，西安市民族事务委员会会同西安市宣传、教育、组织部门把民族团结教育内容纳入中小学课堂教育、社会教育、干部教育，使民族理论、民族政策、民族知识进教材、进课堂。采取文艺汇演、民族政策法规咨询、发放宣传资料、组织书画展等形式，组织开展以“两个共同”为主题的民族团结进步宣传月活动，制作宣传展板56块，举办“西安民族文化大讲堂”9期，在西安市人民政府大院和区（县）中心区域举办五十六个民族全家福图片巡展12次。

◆民族团结进步创建活动 2016年，西安市民族事务委员会以民族团结进步创建活动“六进”（进机关、进企业、进社区、进乡镇、进学校、进宗教活动场所）为载体，组织以“中华民族一家亲，同心共筑中国梦”为主题的少数民族迎新春联欢会。组织机关党员干部到民族社区、民族敬老院开展“学雷锋”活动，组织社区百家宴活动，看望慰问少数民族低收入困难家庭200户，凝聚各族群众共同团结奋斗、建设“品质西安”的正能量。向国家民族事务委员会推荐第五批全国民族团结进步示范单位，举办西安浐灞一中“民族团结教育主题展室”揭牌仪式，西安坊上人清真餐饮有限公司全国民族团结进步创建活动示范单位授牌仪式，召开全市民族团结进步创建活动经验交流会。

◆民族经济社会事业 2016年，西安市民族事务委员会筹备召开西安市民委委员单位会议，明确26个成员单位的职责，协调解决西安市民族文化馆基础建设问题，协调落实全国民族特需商品定点生产企业优惠政策，组织西安市清真食品生产经营企业参加“2016第十届中国（青海）国际清真食品及民族用品展览会”。会同中共西安市委统战部举办少数民族干部培训班，选调2名社区工作者参加中央民族干部学院第3期培训班，推荐报送老有所为先进个人和孝亲敬老先进集体。做好部门对口援藏工作，赴阿里地区普兰县实地考察，提出“十三五”对口支援方案。规范民族成分审批程序和工作流程。与火箭军工程大学教练团开展双拥共建活动。

◆少数民族流动人员服务与管理 2016年，西安市民族事务委员会同新疆、甘肃和青海共8个地区建立联动协作工作机制，建立完善公安、教育、民政等有关部门间的协作机制和民族工作部门同流动少数民族群众间的双向互通机制。开展西安少数民族流动人员调研和西安少数民族务工经商人员子女上学情况专项调研。组织来西安市务工经商的新疆籍少数民族群众开展“走进西安，了解西安，宣传西安”参访培训活动，发放3种语言的《西安少数民族流动人员工作生活服务指南》。协调有关部门做好流动少数民族的突发案（事）件的处置、矛盾纠纷化解和来信来访11起。西安市被国家民族事务委员会确定为第二批“少数民族流动人口服务管理示范城市”。

◆清真食品监督管理 2016年，西安市民族事务委员会建立完善全市清真食品产业基本数据库，联合部分民委委员单位定期开展全市清真食品生产经营行业安全检查和清真肉食品专项整治行动，组织开展食品安全宣传周系列活动，发放《陕西省清真食品生产经营管理条例》《清真食品知识宣传手册》。在春节、五一、中秋、国庆等重点节日期间，有针对性地加强重点区域、重点场所、重点环节、重点部位的巡查，加强对部分企业的重点抽查工作，先后督促有关区（县）查处违规悬挂清真标识等问题5起，确保清真食品市场安全有序。

（崔在权）

宗　教

◆概况 2016年，西安市经依法批准设立登记的宗教活动场所共434处（佛教135处、道教33处、伊斯兰教26处、天主教97处、基督教143处），其中全国重点佛道教寺观10处（大慈恩寺、大兴善寺、卧龙寺、香积寺、净业寺、兴教寺、草堂寺、广仁寺、八仙宫、楼观台）；宗教教职人员2177人，其中佛教974人，道教244人，伊斯兰教128人，天主教533人，基督教298人；宗教教职人员担任各级人大代表、政协委员23人；信教群众50万余人（佛教17万人、道教6万人、伊斯兰教7万人、天主教6万人、基督教14万人）；全市性宗教团体6个：（西安市佛教协会、西安市道教协会、西安市伊斯兰教协会、西安市天主教爱国会、西安市基督教三自爱国运动委员会、西安市基督教协会）；带有宗教性质的社会团体2个（西安市基督教青年会、西安市基督教女青年会）；区（县）级宗教团体18个，其中：佛教4个（长安、蓝田、户县、周至），道教1个（长安），天主教4个（临潼、高陵、户县、周至），基督教11个（灞桥1个、阎良2个、临潼2个、高陵2个、蓝田2个、户县2个）；宗教活动场所文物保护单位共26处（国家级重点文物保护单位9处，省级重点文物保护单位11处，市级重点文物保护单位6处）。

◆宗教法制化建设 2016年，西安市宗教事务局继续组织开展以“国法与教法的关系”为主题的“宗教政策法规学习月”活动、“‘12.4’法制宣传周”系列宣传活动，举办2期全市民族宗教界人士“关心西安、热爱西安、宣传西安、服务西安”主题培训班。制定《贯彻落实〈法治政府建设实施纲要〉实施方案》、行政处罚自由裁量权参考标准和民族宗教事务方面权力责任清单以及“双随机、一公开”工作方案。完成全市《宗教活动场所登记证》换证工作和佛道教场所统一挂牌工作，在周至县楼观台举办“西安市佛道教活动场所统一悬挂标识牌授牌仪式”。审批卧龙寺法会暨常礼法师升座庆典、骊山老母宫开放三十周年暨甲子殿开光大典等大型宗教活动。完成年度全市性宗教团体年检工作。认定备案宗教教职人员63名。

◆宗教界自身建设 2016年，西安市宗教事务局在宗教界组织开展以“规范”为主题的和谐寺观教堂创建活动，西安市碑林区卧龙寺、西安市莲湖区天主教五星街教堂被授予“第三届全国创建和谐寺观教堂先进集体”荣誉称号，西安市长安区香积寺住持释本昌被授予“第三届全国创建和谐寺观教堂先进个人”荣誉称号。完成西安市天主教爱国会领导班子换届工作和基督教东堂、北堂、南堂民主管理组织换届工作。支持宗教界继续举办以“慈爱人间、五教同行”为主题的“宗教慈善周”活动，鼓励各宗教开展符合各自特点、自身条件、客观实际的慈善公益活动。全市宗教界开展捐资、助学、敬老、救灾、扶贫、修桥、铺路、助残等公益慈善活动，累计筹集善款110余万元。

◆宗教领域重点难点问题解决 2016年，西安市宗教事务局指导西安市佛教协会和长安区提出华严寺建设规划，完成华严寺塔前尾流护坡保护工程，修订完善《华严寺滑坡应急处置方案》；调查处理藏传佛教在西安市发展传教组织、募集巨额建设资金案件；筹备申办第二届中国（西安）道教文化艺术周；2016年全市朝觐活动安全有序，未发生一起零散人员朝觐；落实北院门（回坊）地区改造和大白杨回民墓园搬迁相关任务。指导做好圣母山朝圣工作，加强周至教区建设和管理工作。防范境外宗教组织的渗透活动，会同公安等部门先后查处境外宗教组织的宗教渗透活动10余起。指导各宗教活动场所加强硬件建设，美化场所环境，改善信教群众宗教生活条件。做好“两会”“7·5”、G20峰会、“两节两会”期间以及夏季主汛期等重要时期民族宗教领域的安全稳定工作。

◆宗教工作基础信息完善 2016年，西安市宗教事务局对西安市宗教工作基础信息数据库中434所宗教活动场所和2085名教职人员信息进一步审核、完善，为国家宗教局下一步网络公开提供准确数据。

◆网络宗教事务管理 2016年，西安市宗教事务局开展网络宗教工作调研，摸清全市网络宗教基本情况，会同中共西安市委统战部、西安市互联网信息办公室、西安市公安局、西安市国家安全局下发《关于加强网络宗教事务管理的意见》。

◆宗教活动场所土地证摸底 2016年，西安市宗教事务局对全市五大宗教依法登记的434处宗教活动场所的土地使用情况和土地使用证办理情况进行摸底调查和分类，会同西安市国土资源局依照土地证办理的相关政策进行梳理，起草工作报告。

◆宗教文物保护 2016年，西安市宗教事务局完成2015年度宗教文物维修补助经费项目绩效自评工作，划拨2016年度宗教文物维修专项经费，指导城隍庙对寝殿进行抢救性维修，对五星街天主教堂进行整体修缮维护。

◆汉传佛教祖庭文化国际学术研讨会在西安举行 2016年11月17～20日，以“祖德流芳 共续胜缘”为主题的汉传佛教祖庭文化国际学术研讨会在陕西西安举行。本次研讨会由中国佛教协会、中华宗教文化交流协会联合主办，陕西省组委会承办，北京大学和陕西师范大学共同协办，来自17个国家和地区的200多位代表参加研讨会开幕式。陕西省人民政府省长胡和平，国家宗教事务局局长、中华宗教文化交流协会会长王作安，中国佛教协会会长学诚法师出席开幕式并致辞。开幕式由国家宗教局副局长、中华宗教文化交流协会副会长兼秘书长蒋坚永主持。研讨会期间，与会代表对大慈恩寺、大兴善寺、香积寺、草堂寺、净业寺和华严寺等佛教祖庭进行参访体验。 （崔在权）

福利救济与殡葬管理

◆社会福利事业 2016年，西安市持续推进养老服务综合改革，抓好社会福利事业各项改革任务的深化和落实工作。印发《关于深化养老服务业综合改革试点工作的通知》（哪个部门印发的、全称、印发时间、文号），从养老服务业综合试验区、社区居家养老、农村养老服务、推动医养结合4个方面，分别确定不同的试点区（县）。养老服务供给持续增加，全市新建居家养老服务站125个、“农村幸福院”189个，对79个社区（村）和1187户老年人家庭实施无障碍设施改造。截至年底，西安市城市居家养老服务站累计达到637个，“农村幸福院”达到601个，有各类养老床位4.34万张，每千名老人平均32.1张。9月，西安市人民政府办公厅出台《关于推进医疗卫生与养老服务相结合的实施意见》（市政办发〔2016〕78号），进一步明确了推进医养结合的总体目标、主要任务及工作措施。9月，西安市被国家卫生和计划生育委员会、民政部确定为第二批“国家级医养结合试点单位”。全年下拨各类养老资金5.6亿元。继续实施高龄生活保健补贴普惠制，全年向57.4万名70岁以上老人发放高龄保健补贴资金4.53亿元。在临潼区、周至县、蓝田县增设了办证点，全市办理“老年优待证”5.81万张。做好第二届“敬老文明号”评选表彰工作，对141个市级“敬老文明号”单位进行命名表彰，并上报国家“敬老文明号”6个、省级“敬老文明号”26个。深入推进基层老年协会规范化建设，全市评选市级示范老年协会70个，对100个工作积极的老年协会进行资助。举办第五届中国（西安）老龄产业暨中医药健康养生博览会、第三届中国（国际）老龄产业暨孝文化论坛，召开西安市孝亲敬老和老有所为先进典型表彰大会，对全市100名“孝亲敬老之星”、100名“老有所为先进个人”、87家“孝亲敬老先进单位”进行表彰。

◆福利彩票销售 2016年，西安市福利彩票发行工作秉承“扶老、助残、救孤、济困”的宗旨，坚持“安全运行，健康发展”的工作方针，积极开拓市场，强化目标责任，规范服务管理，加强公益宣传，福彩销售业绩又创新高。全年销售福利彩票28.94亿元，比上年增长4.36%，完成陕西省福利彩票发行中心制定的33.68亿元销售任务的85.94%，筹集公益金8.338亿元。

◆救灾救济 2016年9月，西安市民政局联合西安市财政局印发《西安市支持引导社会力量参与减灾救灾工作实施办法》，为规范全市社会力量参与减灾救灾工作提供了政策依据。积极开展“综合减灾示范社区”创建活动，10个社区被陕西省减灾委员会、陕西省民政厅评为“省综合减灾示范社区”，4个社区被国家减灾委员会、民政部评为“全国综合减灾示范社区”。认真做好第八个全国“防灾减灾日”宣传工作，运用微信、短信平台向市民群众推送应急避险知识。农村住房保险工作全面推进，全市农户参保率达3.46%。防灾减灾救灾工作扎实开展，落实救灾物资采购经费320万元，采购救灾应急包1000个、救灾棉被1万床、棉衣5000套、救灾棉垫3500个、采暖炉3550个。下拨冬春生活救助资金232万元、灾后重建补助资金78.2万元，救助受灾困难群众17.53万人次。

◆殡葬管理 2016年，西安市民政局殡葬管理部门进一步完善殡葬管理机制，稳步推进殡葬改革，逐步扩大火葬区范围。继续加强殡葬执法力度，接受群众有关遗体拉运土葬事件举报5起，均按照殡葬法规规定得到妥善处理，并对举报莲湖区居民遗体土葬事件的蓝田县村民给予奖励。对长安区、高陵区开展的平坟工作进行重点检查，集中在清明节后平毁复垒坟头，督导高陵区平迁耕地内的遗留和新增坟墓367座，在其他区（县）郊区迁坟113座。截至10月30日，西安市3家殡仪馆共火化遗体24262具，其中西安市殡仪馆火化遗体18102具，比上年同期增加1141具；西安市奉正塬殡仪馆火化遗体3013具；临潼殡仪馆火化遗体3147具。 （张嘉瑜）

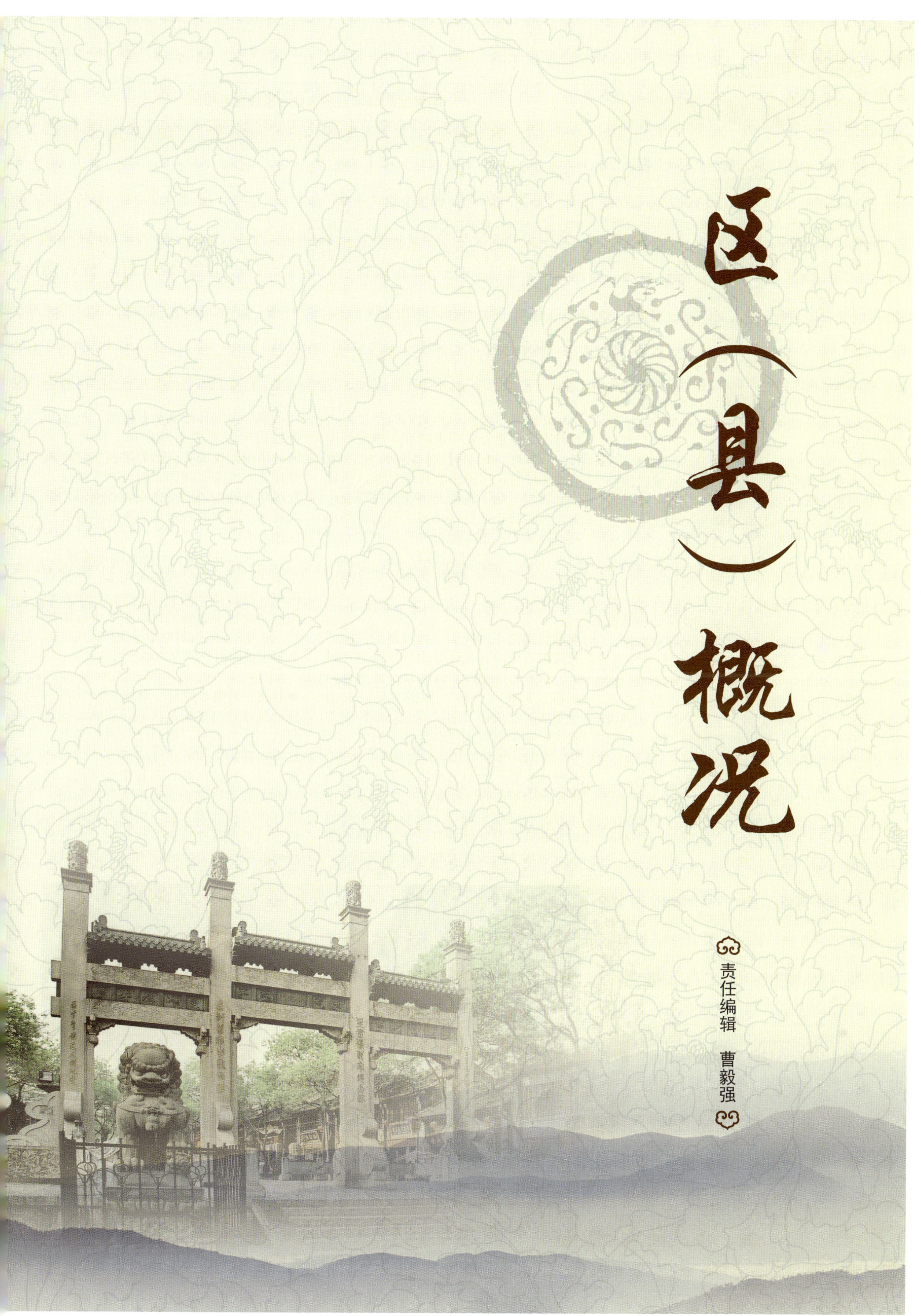

区（县）概况

责任编辑　曹毅强

新城区

◆概况 2016年，新城区辖9个街道办事处、101个社区居民委员会。土地面积30.13平方千米。户籍人口50.7万人，常住人口60.78万人，人口密度为19481人／平方千米。有少数民族27个，共14495人。实现地区生产总值540.66亿元，比上年增长8.2%；规模以上工业增加值78.98亿元，增长7.5%；地方财政收入36.48亿元，增长7.1%；全社会固定资产投资总额253.71亿元，下降12.3%；社会消费品零售总额607.98亿元，增长9.0%；实际利用外资8768万美元，增长12.8%；实际利用内资34.44亿元，增长11.2%；城镇居民人均可支配收入37212元，增长7.48%。

◆重点项目建设 2016年，新城区围绕产业发展、城市建设、民生工程等领域，始终把项目建设作为工作的重中之重。西安市中医医院改造项目大差市地块腾迁工作基本结束，地上建筑物全部拆除。西安交通大学第二附属医院门诊住院楼项目完成剩余垫层及防水层。摩登国际、国际广告大厦、建国巷等改造项目正在积极推进中。中天锦庭二期、紫薇·东进、白桦林·明天、东岸阳光、火车站北广场棚户区改造等项目顺利推进。韩森寨周边棚户区改造（东尚城）项目累计完成投资17.3亿元，占项目计划的57.7%，进展顺利。红华仪器厂商住楼项目累计完成投资1.15亿元，占项目计划的76.7%，主体建至20层。韩南、韩北城中村改造（长安集）DKI项目正在积极协调拆迁。胡家庙购物中心于1月8日整体封顶。皇城坊项目于年底竣工。

◆招商引资 2016年，新城区定向发力，实施精准招商。实际引进内资34.44亿元，占年计划28亿元的123%，比上年增长11.2%，增长速度列全市第三位。实际利用外资8768万美元，占年计划8520万美元的102.9%，增长12.8%，增长速度列全市第二位。2016丝绸之路国际博览会暨第二十届中国东西部合作与投资贸易洽谈会签约的19个合同项目中，有17个项目已履约，履约率89%。中共新城区委、新城区人民政府主要负责人带队赴广州、深圳等地招商，考察平安银行总部、广州金融街等项目，签订“促进西安民间金融街发展合作协议书”，签约投资25亿元的益田假日世界项目。中共新城区委、新城区人民政府其他负责人先后赴北京、成都、重庆等地，就幸福路地区综合改造相关项目与中国新型房屋集团有限公司对接洽谈，与广州民间金融街管理有限公司达成合作协议。与11家企业进行竞争性磋商，推进韩南村、韩北村、杨家村项目进展。大力发展楼宇经济，广泛推介楼宇资源，搭建信息共享平台，吸引通策医疗投资股份有限公司等企业赴区考察。引进中银保险有限公司、益田假日世界等总部企业24家，盘活爱家朝阳国际广场、圣远广场等楼宇面积39.4万平方米，不断推进经济转型升级。

新城区2016年经济与社会发展主要指标

指　标	单位	数量	同比增长率（%）
地区生产总值	亿元	540.66	8.2
地方财政一般预算收入	亿元	36.48	7.1
地方财政一般预算支出	亿元	37.70	10.4
全社会固定资产投资额	亿元	253.71	-12.3
社会消费品零售额	亿元	607.98	9.0
规模以上工业增加值	亿元	78.98	7.5
实际利用外资	万美元	8768	12.8
城镇居民人均可支配收入	元	37212	7.48

◆商贸旅游 2016年，新城区商贸流通业结构不断改善优化，市场体系逐步健全，初步形成由城市综合体、大型百货超市、品牌专营店、各类市场及社会便利店等组成的多层级流通体系和业态层次。全年商贸流通总量完成612.79亿元，是2010年的2.19倍。对筛选出的7个具有成长性、竞争力和市场前景的特色街区和电子商务项目给予960万元的资金支持。对新增限额以上贸易企业、增速较快企业奖励补助项目，争取市现代服务业发展专项资金支持。民乐新都会、“老钢厂”设计创意产业园等一批著名特色街区，苏宁生活广场、华东万和城、华东万悦城等一批重点商贸项目相继开业。肉菜追溯体系建设稳步推进，复聪路便民市场追溯体系设备建成并投入使用，嘉伟农贸市场追溯体系设备正在建设中。

在重大节日期间开展旅游市场整治，落实“一日游”行程备案制度，严格规范旅行社门市部的经营行为，严厉查处旅游企业以不合理低价组织从事旅游活动，对宰客、强迫购物等行为严厉惩处。全年接待海内外游客700余万人次。

◆科技、教育、文化、体育 2016年，新城区推动科技强区战略，不断加强对科技工作的领导。新城区政府常务会认真听取科技工作汇报，研究高新技术产业发展、科技创新、科技资金使用、培育和发展“科技企业小巨人”等问题。新城区人民代表大会、中国人民政治协商会议新城区委员会多次组织人大代表和政协委员视察企业，听取掌握科技工

西安民间金融街

作进展情况。研究出台《关于深化统筹科技资源改革加快创新驱动发展的实施意见》《新城区加快培育“科技企业小巨人”三年实施方案》等系列政策文件，加大高新技术产业及高科技项目优先安排科技资金的力度。认真抓好科技计划项目管理，召开新城区年度科技计划项目指南发布会，组织企业按照“科技企业小巨人”的条件进行项目申报；新城区科技局联合新城区财政局等有关部门对企业进行实地考察，组织专家召开评审会；对立项企业进行资金分配。10月12—18日，新城区发展和改革委员会在老钢厂（陕西钢厂）举办新城区“双创活动周”活动，为本区科技企业提供多渠道融资服务。成立新城区科技金融办公室，协调、帮助企业解决融资难、贷款难问题。新城区科技局联合新城区科技金融办公室在金融街举办新城区科技企业银企对接会，邀请西安市科技金融服务中心和相关合作银行、贷款担保公司、有融资需求的科技企业负责人现场进行工作交流，促成陕西通达电缆制造有限公司、陕西普达盈信自动化系统工程有限公司等16家企业贷款融资7270万元。不断加强科普宣传，成功举办以“科技改变生活，创新引领未来”为主题的“科技之春主题宣传月”活动。分别在5个社区、2所小学和中共新城区委机关举行科普讲座，听众达数千人次。

坚持稳中求进的总基调和“高品质、促均衡，强特色”的工作定位，把提高教育质量和教育水平作为核心目标，全面深化教育领域综合改革，加快推进教育现代化和教育均衡发展。全区小学入学率、巩固率均达100%；初中入学率、巩固率均达100%，升学率99%。深入实施“大学区管理制”和“中、小、幼共建共强工作机制”，建立18个中、小学“大学区”，4个区域教育共同体。创建陕西省、西安市中小学试验教学示范学校4所，陕西省、西安市素质教育优秀学校13所、艺术教育示范学校2所、中小学体育艺术“2+1”项目实验学校9所。从秋季起，全面实施普通高中免费教育。初中生升入普通高中入学率51.53%，高考本科上线率83.31%。职业教育连续保持招生数量位居全市第一，毕业生就业率保持在90%以上。西安职业中专创建为“陕西省示范性中等职业学校”。开展“全民终身学习活动周”活动和“‘品质西安’在身边——2016年西安市全民终身学习摄影比赛”等系列成人教育活动，社区教育做到常态化、纵深化。

成功举办“新城之夜”——中国武术散打队成立大会各类演出和“茗香古都 腾飞新城”——第十二届国际茶文化研讨会暨西安金康国际茶博会大型文艺晚会，组织谱写由庞龙演唱的歌曲《新城记忆》，承办“秦声飞扬”陕西省秦腔电视大赛业余组西安赛区选拔赛，在提升群众文化活动整体水平的同时，积极宣传新城，展示新城，提高新城的文化影响力。为9个街办和87个社区（含5个城中村社区）配置投影仪、灯光音响设备、电脑、图书、锣鼓乐器和演出服装等文化活动设备，社区文化活动室设备覆盖率达78.1%。建成6个社区电子阅览室，24个基层综合性文化服务中心各项指标达标。组织开展非物质文化遗产进校园、进社区、送祝福活动，以自弘中学、咸宁小学、西安市第三十八中学等作为非遗传承、传习基地。

公共体育设施明显改善，体育馆场面积达38万平方米，在社区安装健身路径243套，全区人均拥有公共体育设施面积达0.64平方米。成立区级单项体育协会2个、体育基层组织68个、国家级社区体育俱乐部2个。不断提高竞技体育水平，向省级优秀运动队输送专业运动员63人。在陕西省第七届重点项目少儿运动会上获得4项团体第一，并获“体育道德风尚奖”。

◆医疗卫生 2016年，新城区建成各类医联体5个，社区卫生服务中心实现全覆盖，直接服务人口51万人。基层医疗机构基本药物配备率和适用率达80%以上，西安市第六医院达50%以上，新城区中医医院、新城区妇幼保健所均达45%以上，均符合市级要求。“单独两孩”政策平稳实施，“全面两孩”政策顺利启动，生育政策执行顺畅，生育秩序稳定有序。全面兑现计生各类奖励扶助优惠政策，发放各种补助金700余万元，为9800多户购买“计生家庭综合保险”和“住院护理保险”。“第四轮母亲健康工程”检查率96.83%，免费孕前健康检查率98.2%。建立居民电子健康档案44.2万份，完成65岁以上老年人健康体检3.1万人。规范管理高血压、糖尿病患者分别达2.7万人和1万人；老年人和0—3岁儿童中医药健康管理人数分别达到2.6万人和0.6万人。免疫规划疫苗接种率以街道为单位稳定在97%以上；孕产妇和3岁以下儿童系统管理率分别达99%以上。全区无重大传染病疫情发生，突发公共卫生文体应急体系基本形成。手足口病发病率一直处于西安市最低水平，艾滋病疫情处于低流行水平，新型结核病防控模式初步形成。家犬门诊实施24小时规范化运行。积极开展新城区中医医院专科建设，获批国家级和省级中医专科各1个。已建成的社区卫生服务中心全部设置中医科、中药房，社区卫生服务机构门诊中医处方量占比达43.23%。

◆就业创业 2016年，新城区就业规模不断扩大。全区城镇新增就业12602人，完成年目标12500人的100.8%；城镇登记失业率控制在3.9%以内，比年目标4%降低0.1个百分点。举办各类招聘会130余场次，提供就业岗位5000余个。就业、创业培训3000多人次，开发公益性岗位500余个。“零就业家庭”全部实现动态消除。以创业带动就业成效显著。通过实施“大学生就业促进计划”和“创业引领计划”，开展小额担保贷款援助和大学生就业托底安置等措施，建立“全民创业示范一条街”5条、“全民创业示范基地”6个、“全民创业见习基地”10个，创建创业孵化基地（园区）3个，发放小额担保贷款6.83亿元。在9个街道办事处、101个社区建立公共就业创业服务网络平台，63个社区获得国家、陕西省、西安市命名的“充分就业社区”称号。（杨向曦）

中共新城区区委、人大、政府、政协、纪委

区委书记　李　毅
副书记　仵　江
　陈立民（至9月）
　张　炜（9月任）
区人大常委会
主任　徐新兆
副主任　王　厚　骆小平
　沈瑞瑾（女）　高艾峰
区长　仵　江
副区长　孙杏娟（女）　郝东文
　苏继文　王小辉
　孙　伟　杨晓峰
区政协主席　王军民
副主席　惠占学　李　榕（女）
　杨　鹏　马凤霞（女）
区纪委书记　贺瑞林

碑林区

◆概况 2016年，碑林区辖8个街道办事处、100个社区居民委员会。总面积23.36平方千米。户籍总人口69.35万人。全年新出生7812人，人口出生率10.85‰；人口自然增长率7.09‰。有民族42个，汉族占98.36%，少数民族占1.64%。实现地区生产总值741.68亿元，增长8.3%；全社会固定资产投资207.57亿元，增长11.0%；社会消费品零售总额610.53亿元，增长8.7%；地方财政支出35.86亿元，增长11.4%；城镇居民人均可支配收入为37539元，增长7.49%。

◆工业 2016年，碑林区按照国家、陕西省、西安市对中小企业以及现代服务

碑林区2016年经济与社会发展主要指标

指　标	单位	数量	同比增长率（%）
地区生产总值	亿元	741.68	8.3
地方财政一般预算收入	亿元	45.01	
地方财政一般预算支出	亿元	35.86	11.4
全社会固定资产投资额	亿元	207.57	11.0
社会消费品零售额	亿元	610.53	8.7
规模以上工业增加值	亿元	10.84	8.1
实际利用外资	万美元	9360	36.2
城镇居民人均可支配收入	元	37539	7.49

业扶持政策精神，经过筛选，向西安市工业和信息化委员会（西安市中小企业促进局）、西安市商务局、西安市财政局等部门上报各类扶持项目19项，申报稳增长奖励企业46户，申报现代服务业专项资金补助企业11户，拨付资金1050万元。规模以上工业增加值完成10.84亿元，比上年增长8.1%，增速在全市区（县）中排名第五位，占全市比重0.9%。

◆招商引资　2016年，碑林区坚持“项目为王，项目为先”的理念，在2016丝绸之路国际博览会暨第二十届中国东西部合作与投资贸易洽谈会前夕，整理招商项目37个，印制《招商项目册》，并通过网络进行发布推介。会后，按照已落地项目、在谈项目、丝博会签约项目、重点项目等重新进行征集和筛选。全年完成实际利用外资9360万美元，比上年增长36.2%；实际引进内资19.6亿元，提前1个月完成全年指标任务。丝博会5个签约项目履约率100%，其中内资项目1个，引资2.5亿元；外资项目4个，平均进资率达94%。

◆重点项目建设　2016年，碑林区全力推进小雁塔历史文化片区综合改造，牵头成立碑林区综合改造工作领导小组，设立房屋征收指挥部，完成初步调查摸底、编制征收补偿方案和征收补偿资金预算书工作。5月，启动西安市红会医院西侧棚户区改造项目（地块一）房屋征收工作，涉及4栋居民楼、270户沿街商铺，其中251户签订征收补偿协议，未出现1例上访。电子大楼改扩建项目纳入小雁塔历史文化片区综合改造项目范围。冉家村城中村综合改造项目、永华里小区棚户区综合改造项目正在办理相关规划手续。加快东大街改造进度，完成东大街N-1（案板街西侧）、N-6（炭市街东侧）、N-10（大差市恒森联合广场）3个项目土地挂牌和出让工作，N-1增补、S-6段增补项目（安同国际生活城）、西安饭庄改扩建项目相关建设手续办理进展顺利。加快推进项目建设，N-1项目已进场施工，N-6、N-10项目建设已封顶，工程建设进度整体顺利。通过招商引资方式，将N-6综合楼项目4—7层商铺（建筑面积约3万平方米）对外预售。棚户区改造开工4091套（户），其中货币化安置2891套（户）。地铁5号线一期工程中劳动南路车站等6个站点计划征收用地面积15.53公顷，征收范围涉及部队、院校、医院、企（事业）、村产等单位30家，住宅94户。完成大部分单位和全部住户的房屋征收评估工作，并与85户住户签订房屋征收协议且已交房搬离，7家单位已签订房屋征收协议，征收工作进展顺利。积极推进保吉巷小区、芦荡巷小区、德福巷D西区、社学巷11号院、长庆西仪小区5个老旧小区改造任务，总建筑面积20.7万平方米，完成改造方案和招标工作。

◆商贸服务业　2016年，碑林区加强商贸类项目建设和二次招商，引导企业提升硬件设施和服务质量，组织开展营销活动，完成社会消费品零售总额610.53亿元，比上年增长8.7%。创建国家级服务业试点聚集区2个、市级服务业试点聚集区7个，服务业增加值完成590亿元，增长10.4%。长安路中央商务区拥有商务楼宇23栋，新增商务办公面积20.6万平方米、商业面积24.2万平方米；聚集世界五百强企业、跨国公司、中国百强企业及分支机构35家、金融机构33家。加强对废品回收站的规范管理，对废品回收站进行摸底调查，取缔不符合要求的站（点）5户，限期整改8户。检查加油站50余次，确保油气回收装置正常运转，无恶意排放现象。配合西安市商务局做好肉类蔬菜流通追溯体系建设工作，全区各大超市安装专用网络、电脑，各农贸市场配发标准电子秤，定期对各大商场进行食品安全大检查。

◆科技、教育、文化、体育　2016年，碑林区加快推进科技成果转化，投入应用技术研发资金8390万元，获得上级科技经费1.39亿元，培育“科技企业小巨人”100家，技术合同成交额110亿元。建立西安国家创新改革试验区，与南京理工大学技术转移中心签订合作协议，启动环大学创新产业带知识产权服务平台建设，在西安交通大学、西北大学和西安理工大学等高校开展“三权”试点工作，启动陕西省大学科技园联建准备工作。碑林区环大学创新产业带建设被列入西安市知识产权工作重点区域建设工作。陕西省“丝路·星”创新设计大赛征集参赛作品6934件。西安市人民政府金融办公室西安股权托管交易中心落地西安创新设计中心，提供区域性股权托管、挂牌展示、融资服务、股份转让等服务。

深化大学区管理制改革，建立精准帮扶机制。建立大学南路小学紧凑型大学区，全面提升大学南路小学分校办学水平，成为辖区新的优质教育资源。建立西安市首个“校区型”大学区，西北大学附属中学大学区朱雀校区正式在西安市第五中学挂牌。实行结对精准帮扶，在教研、教师交流、生源建设、校园文化等方面进行深层次、多维度共建，促进义务段初中学校发展。碑林区创建成为“全国义务教育发展基本均衡区”和“陕西省‘双高双普’合格区”；西安市第三中学成功创建“陕西省普通高中示范性学校”，西安市第六中学分校成功创建“陕西省普通高中标准化学校”；西北工业大学附属中学、西安市铁一中学、西安交通大学附属中学通过“陕西省普通高中示范性学校”复检；尊德中学、思源中学、西北工业大学附属中学通过“陕西省普通高中标准化学校”验收；西安市第二十六中学、西安市第二中学分别通过“陕西省普通高中示范性学校”和“陕西省普通高中标准化学校”初步验收；南院门幼儿园成功创建“西安市一级幼儿园”。

落实《碑林区基层综合性文化服务中心建设实施方案》，通过深化改革和文化民生活动的实施，逐步形成结构合理、发展均衡、运行有效、惠及全民的公共文化服务体系。开展基层群众文化体育活动，在区、街道和社区3个层面组织开展群众文体活动110余场，丰富群众文化生活。文化遗产保护工作稳步推进，碑林区市级非遗项目达到10个。加强文物安全工作，制定《群众文保员管理办法》，选聘文保员10人，签订文物安全责任书。开展国有可移动文物普查，各文物收藏单位按照统一部署进行文物测量、拍摄等信息采集工作。辖区有陕西省、西安市、碑林区文物收藏单位18家，有国有可移动文物13万件。

组队参加西安市体育比赛，获得西安市青少年田径锦标赛男子、女子团体总分第一名。在西安市青少年乒乓球锦标赛团体赛上夺得2枚金牌。在西安市幼儿基本体操锦标赛上获花球操第二名、呼啦圈操第二名。在西安市重竞技锦标赛上，获男子古典式摔跤、女子自由式摔跤团体总分第一名；跆拳道男子团体总分第一名、女子团体总分第二名；举重女子团体总分第一名、男子团体总分第三名，打破9项西安市青少年纪录，3人达到国家二级运动员标准，并被大会组委会评为“体育道德风尚运动队”。

◆医疗卫生 2016年，碑林区强化医疗改革领导小组的统筹协调作用，整体推进辖区医改工作。依托医疗联合体，提升基层卫生服务能力，引导双向转诊，促进分级诊疗。各医联体内二级、三级医院向社区卫生服务机构派驻医务人员307人次，接诊患者10299人，上转病人1735人，下转9人。医联体牵头医院免费接收进修人员50人，开展业务指导、培训讲座36次，培训1130人次，开展义诊活动14次，受益群众2950人。依托全区85支全科医师团队、33个家庭医生工作室，以高血压、糖尿病等慢病为突破口，建立“医疗联合体+全科医生”制度模式，为居民提供“零距离”基本医疗保健服务。在西安市率先完成直接挂网药品的议价、采购和配送工作，社区卫生服务中心基本药物使用率90.22%。

◆劳动就业和社会保障 2016年，碑林区开展就业服务活动，建成创业孵化基地5家、创业实训基地9家、就业见习基地18家、创业服务平台1家；有在孵创业企业346家，组织228名大学生参加见习。陕西省首家高层次创业大学——西安创业大学落户碑林，5月正式挂牌成立，并开展培训3期。9月，国务院、人力资源和社会保障部、陕西省人力资源和社会保障厅等部门分别到创业大学进行实地考察，给予高度评价。西安丝绸之路人力资源服务产业园碑林园区进驻58同城、金柚网、中智留学、华为培训中心、百度营销大学和京东商学院等人力资源及高端人才培训类企业50余家。

全民参保登记计划试点工作全面完成，入户调查登记参保人口11.2万人，并全部纳入西安市全民参保登记数据库，为实现人群全覆盖奠定了基础。社保经办服务水平有效提升，先后建成“碑林社会保障服务网”和碑林社保自助服务、微信缴费系统，开发西安市首个APP社保缴费模块，切实解决群众尤其是灵活就业人员参保缴费难题。机关和参公单位参加工伤保险、工伤保险费率政策调整、定点医药机构协议管理、提高居民医保筹资和报销标准、机关事业单位养老保险制度改革参保登记和信息采集工作等一系列社保重大改革全面完成。

出台《碑林区嵌入式家庭以床养老工作管理办法（试行）》，通过政府购买服务、养老床位补贴、购买人身意外险、提供电子呼叫服务、家庭医生服务等方面的服务，试点推行“以床养老”工作，探索“养老床位跟着老人走”的养老新途径。继续实施政府购买居家养老服务，为特殊困难老人提供日间照料服务8825人次、2.07万小时，提供康复护理服务3528人次，为辖区799名低保老人购买人身意外保险95880元。全面落实老年人优待政策，发放高龄老人保健补贴5595.36万元；发放失能老人护理补贴7.87万元。积极开展“春风行动进社区”，广泛宣传《中华人民共和国老年人权益保障法》，开展老年人相关政策咨询服务。开展第二届“敬老文明号”创建活动，推荐上报13家单位参加陕西省、西安市“敬老文明号”评比。（碑林区方志办）

中共碑林区区委、人大、政府、政协、纪委

区委书记	董劲威
副书记	卢光文　邢宏锋
区人大常委会	
主任	左长民
副主任	吴　耀　袁新中 张立华
区长	卢光文
副区长	王宏联　阮　波 侯学东　林　娣（女） 赵生龙
区政协主席	张瑜民
副主席	张　瑜（女） 杜小安　顾建军 周格杏（女）
区纪委书记	吕新海

莲湖区

◆概况 2016年，莲湖区辖9个街道办事处、131个社区居民委员会。土地面积42.9平方千米，城镇化率100%。常住人口74.84万人，户籍人口66.49万人，人口出生率10.90‰，死亡率2.48‰，自然增长率8.42‰。有少数民族35个，共3.68万人。完成地区生产总值621.91亿元，增长8.0%；规模以上工业增加值91.57亿元，增长7.6%；社会消费品零售总额491.72亿元，增长8.8%；实际利用外商直接投资7532万美元，增长9.6%；地方财政一般预算收入48.18亿元；城镇居民人均可支配收入37425元，比上年增长7.48%。

◆工业 2016年，莲湖区工业经济持续保持稳步增长，完成规模以上工业增加值91.57亿元，比上年增长7.6%。全力助推企业发展，扎实开展“亲商助企”活动，制定亲商助企10项措施，60名助企干部定期赴企业开展政策宣讲帮扶，通过召开重点企业座谈会、政策解读会等形式，加强与驻地企业联系，帮助解决生产要素保障等具体问题33个。牢固树立与企业共渡难关理念，向发展前景好、资产质量优、暂时存在资金困难的8个企业项目发放委托贷款8.2亿元。强化企业扶持培育，通过发放科技、创业扶持资金和小额担保等方式，为辖区346家企业提供各类资金支持10.8亿元，培育认定区级“科技小巨人企业”50家。按照国家、陕西省、西安市中小企业扶持精神，帮助企业完善相关资料，申报国家、陕西省、西安市各类政策性扶持项目22项，申请资金1246.54万元。3月中旬，组织陕西法士特汽车传动集团公司、西安鑫森环保科技有限公司和陕西华宇立体停车设备制造有限公司参加在西安曲江会展中心举办的第二十二届中国西部国际装备制造业博览会暨中国欧亚国际工业博览会；5月中旬，组织西安市西无二电子信息集团公司、陕西燎原净化设备有限公司2户企业参加2016丝绸之路国际博览会暨第二十届中国东西部合作与投资贸易洽谈会；6月上旬，组织西安哈牙食品有限公司参加在山东省烟台市举办的第十一届东亚国际食品交易博览会。以各种展会为契机，帮助企业创新营销模式，开拓市场，降低成本，增强竞争力，推动企业走上内生增长、创新驱动的发展轨道。大力扶持非公经济做大做强，陕西荣民集团、西安宏府企业集团等民营企业步入“陕西省百强企业”行列。中国西电集团公司、陕西法士特汽车传动集团公司分别进入“中国企业500强”“中国制造业企业500强”行列。

◆重点项目建设 2016年，莲湖区认真落实区级领导联系包抓重点项目等10项制度，完善项目建设管理服务机制，加强项目督办、考核，按照重大项目“一项一策”要求，完善项目审批流程，畅通项目审批“绿色通道”，加大服务力度，深入一线梳理收集、及时解决反馈阻碍项目推进的问题，全力破除瓶颈制约，确保项目顺利推进。14个市级重点在建项目完成投资72.3亿元，占年计划的120%。大兴新区新开工项目21个、51万平方米，竣工项目18个、166万平方米，完成投资26.34亿元。全国单体最大的再生水源热泵集中供热项目在三民村

莲湖区2016年经济与社会发展主要指标

指　标	单位	数　量	同比增长率（%）
地区生产总值	亿元	621.91	8.0
地方财政一般预算收入	亿元	48.18	
地方财政一般预算支出	亿元	43.71	6.5
全社会固定资产投资额	亿元	225.14	-15.5
社会消费品零售总额	亿元	491.72	8.8
规模以上工业增加值	亿元	91.57	7.6
实际利用外资	万美元	7532	9.6
城镇居民人均可支配收入	元	37425	7.48

建成使用，项目总投资1.9亿元，供热区域52公顷，供热能力达到200万平方米。大兴南广场建成开放，大兴东路等路段“新汉风”建筑群成为西安一道亮丽的风景线。土门地区21个在建项目顺利实施，完成投资34.72亿元。全市首家通过PPP模式与中国节能环保集团公司合作建设集中供热（冷）项目。“四村”（工农村、友谊村、颜家堡村、周家围墙村）连片综合改造项目引进广州富力地产股份有限公司投资，完成集体土地确权，已进场施工，启动安置楼建设。团结南路道路拓宽综合改造项目（一期）与西安新华印务有限公司签订4.267公顷厂区土地补偿协议，启动家属院动迁。集中安置区项目完成西安标准工业股份有限公司、西安利君制药股份有限公司西厂区7.133公顷土地腾迁工作，红光新城、红光商务大厦项目启动建设。顺城巷区域更新改造项目一期北门至小北门段获国家开发银行38.7亿元贷款，前期工作全面铺开。完成皇城商贸服务智慧购和都城隍庙寝殿修缮项目建设，腾迁土地6666平方米，总建筑面积1.7万平方米。

◆招商引资　2016年，莲湖区充分发挥2016丝绸之路国际博览会暨第二十届中国东西部合作与投资贸易洽谈会等招商平台作用，举办“2016·莲湖区重点项目·双创项目推介会暨签约仪式”，签约项目23个，签约金额130.6亿元，履约率70%。先后赴成都、深圳等地就特色街区、PPP项目、众创空间建设进行招商考察，与戴德梁行合作对镐都假日广场项目进行商业运营策划。全年实际利用外资7532万美元，实际引进内资32亿元，争取国家、陕西省财政资金51432万元。

◆商贸旅游　2016年，莲湖区商贸服务业繁荣发展，净增规模以上服务业企业3户，净增限额以上商贸企业11户，49家商贸企业销售额过亿，中国品牌智慧平台项目在域内设立知名品牌实体体验店。南马道巷古典商业街等10条特色街区粗具规模，大唐西市风情街被西安市商务局评为“西安市特色商业街区”，老城根Gpark商业街被中国城市商业网点建设管理联合会、中国步行商业街工作委员会评为“中国‘一带一路’国际特色商业文化街”。成立莲湖区清真食品行业协会，智慧回坊、京东西安莲湖馆网上商城投入运营。大兴新区老城根Gpark商业街、太奥广场、龙湖星悦荟等100万平方米商贸体建成运营。

旅游业持续发展。成功承办2016“一带一路”口岸经济合作与文化发展论坛等国际交流活动。联合西安市旅游局举办2016“悦享莲湖·快乐金秋”旅游季活动，丝绸之路沿线国家和地区40家企业受邀参加。北院门回坊文化民族风情聚集区和大唐西市丝绸之路新起点文化聚集区获批市级服务业综合改革试点聚集区。召开旅游市场秩序整治专题会议5次，对整治工作进行安排部署。发挥莲湖区旅游咨询服务中心和莲湖区旅游投诉服务中心作用，实现旅游投诉统一受理，坚持全年365天无休为游客提供便捷的旅游咨询、投诉等公共服务。发挥莲湖区旅游市场秩序管理联席会议制度作用，完善旅游综合协调机制。全年召开联席会议5次，研究解决问题10个，发挥了旅游综合协调职能，为节假日期间旅游市场平稳有序提供坚实的保障。完善联合执法监管机制，组织城管、公安、交警、工商、物价、食品药监、质监、西大街管委会、北院门街办等11个部门，对钟鼓楼广场和北院门风情街、西羊市等重点区域占道经营、乱设摊点、非法从事“一日游”业务以及“黑车”“黑社”等进行联合执法检查，规范旅游市场秩序。全年组织大型联合执法11次，出动执法人员700余人次，取缔占道经营450余处，劝离流浪乞讨人员19人次、救助5人次，发放价格标签800张，取缔非法“一日游”摊点30处，收缴宣传单页600余份。设计印制突出莲湖美食特色的《莲湖乐享游》宣传手册和中、英、阿拉伯语3种语言的《悦享莲湖》旅游画册，免费向广大游客发放。成功承办西安春季、秋季旅游集市活动。全年接待游客2640万人次，实现旅游综合收入52.8亿元。

◆科技、教育、文体、卫生　2016年，莲湖区积极促进产学研合作，推进科学技术成果交易，完成专利申请量804件、授权量391件，技术合同成交总金额20亿元。大力推进“大众创业、万众创新”，莲湖众创空间建成，洪泰创新空间（北京）创业投资有限公司入驻运营，并与优客工场（北京）创业投资有限公司达成合作意向。土门地区2.6万平方米汉城创客空间完成招商。累计发展7家民营众创空间服务机构，其中1家获得国家级众创空间认定，2家获得市级众创空间认定，民营众创空间场地面积发展到1.3万平方米。认真落实“科技信息企业推广应用服务项目”，为区内10家企业安装专利应用平台，支持企业有效开展技术创新活动。积极向上级推荐科技成果，获得“西安市科技进步奖”7项。指导西安太康生物科技有限公司等企业被认定为“高新技术企业”，被认定的“高新技术企业”达到70家；被认定的“民营科技企业”达到124家。

进一步提升校园办学等级。创建西安市一、二、三级幼儿园8所，中海华庭幼儿园晋升为“陕西省省级示范幼儿园”，全区“陕西省省级示范幼儿园”达到11所，占比数在陕西省区（县）中名列前茅。投入2000万元为20所中小学、职业学校、幼儿园配备教学仪器和体育器材；投入103万元为大庆路小学等12所学校配备300台办公电脑；投入245万元建成7个录播教室；投入99万元完成莲湖教育网站提升改造工作；投入200万元为莲湖区第六幼儿园、莲湖区第七幼儿园建设“班班通”视频监控、校园网络系统，有效实现优质课程资源的校际共享。持续深化教育领域综合改革，全面完成“义务教育营养改善计划”，惠及57所中小学10460名学生，13年免费教育达标率100%，莲湖区被国务院教育督导委员会授予“全国义务教育发展基本均衡区”。

加强公共文化服务体系建设，组织开展惠民演出、城墙健步走等文体活动166场次。继续开展“武术之乡”建设工作，莲湖区获得“陕西省武术段位制推广先进单位”称号，并通过国家体育总局武术运动管理中心复查，在全国100个“全国武术之乡”名列第四名。参加全国传统武术套路比赛，获得7个一等奖；参加全国第十三届“武术之乡”武术套路大赛，获得团体总分第五名。在区内18个大学区中开展校园武术比赛，参演人数6000余人；开展“武术进社区”系列活动，在27个社区中推广太极拳，参与群众近万人次。

深化医药卫生体制改革，采取“1+3”（“1”是指一个专家团队；“3”是指1名全科医师、1名公共卫生医师、1名全科护士）服务模式，积极推进家庭医生签约服务和慢性病管理，签约61026户127388人，重点服务对象签约率61%以上。莲湖区获“全国基层中医药先进单位”和“全国计划生育协会先进单位”称号。

◆劳动就业和社会保障 2016年，莲湖区促进稳定就业和创业带动就业，全年新增就业1.5万人，“零就业家庭”实现动态“清零”，城镇登记失业率控制在4%以内。全面实施“全民参保登记计划”，城镇医疗保险参保率达99.2%，居西安市13个区（县）首位。建成社区居家养老示范站22个，新增养老床位983张；启动莲湖区养老服务中心（社会福利中心）项目建设，设计床位200张，满足区内“三无人员”（无生活来源、无劳动能力、无法定抚养义务人）、失独人员基本政府供养需求。全年新开工建设保障性安居工程19903套，建成3140套，新增廉租住房租金补贴保障家庭469户，完成货币化安置9032套。

（李　颖）

中共莲湖区区委、人大、政府、政协、纪委

区委书记　洪增林
副书记　和文全　王　军
区人大常委会
主任　吴俊毅
副主任　白秋分（女，回）
　徐志刚　屈静珍（女）
　孙立明
区长　和文全
副区长　郝生旺
　姚小玲（女，回）
　刘一平（回）
　王　岩　肖红亮
　董　旭　姚西关（挂职）
区政协主席　陈宝玉（回）
副主席　高贵林　张　萍（女）
　孔令国　刘庆明
区纪委书记　刘永毅

灞桥区

◆概况 2016年，灞桥区辖9个街道办事处、50个社区。土地面积3.24万公顷，耕地面积0.91万公顷，占西安市耕地面积的3.7%。常住人口60万人，户籍人口45.3万人，城镇化率94.66%。有少数民族32个，共3957人。人口出生率11.5‰，死亡率4.48‰，自然增长率7.05‰。森林覆盖率达43%。地区生产总值完成329.78亿元，增长9.6%；地方财政一般预算收入完成21.99亿元，增长7.5%；全社会固定资产投资完成581.06亿元，增长14.9%；规模以上工业总产值完成40.73亿元，增长2.7%；社会消费品零售总额完成200.82亿元，增长15.9%；农民人均纯收入、城镇居民人均可支配收入分别达20431元和36784元，分别增长8.15%和7.44%。

灞桥区2016年经济与社会发展主要指标

指　标	单位	数量	同比增长率（%）
地区生产总值	亿元	329.78	9.6
地方财政一般预算收入	亿元	21.99	7.5
地方财政一般预算支出	亿元	27.22	-7.8
全社会固定资产投资额	亿元	581.06	14.9
社会消费品零售额	亿元	200.82	15.9
规模以上工业增加值	亿元	40.35	2.7
实际利用外资	万美元	9056	11.1
城镇居民人均可支配收入	元	36784	7.44
农民人均纯收入	元	20431	8.15

◆农业 2016年，灞桥区不断延伸农业产业链，大力促进一、三产融合发展，四季白鹿云端休闲观光园、白鹿原夏寨都市农业观光园、景田现代生态农业观光园等重点农业项目完成，白鹿原观光农业成为西安市民农事体验、休闲旅游的热点。通过产业发展和政策扶持，形成以樱桃、葡萄、猕猴桃为主的优质水果基地，建成以洪庆山国家森林公园、白鹿原现代农业示范区和鲸鱼沟生态景区为主的休闲观光农业产业格局。葡萄、樱桃、花卉苗木、设施蔬菜及休闲观光等特色产业发展到7000公顷，有各类农业示范园28个。11月25日，“国家樱桃与葡萄栽培综合标准化示范区”项目通过验收。通过线上、线下共销售樱桃、葡萄400余吨，销往200余个城市。

◆工业 2016年，灞桥区大力发展战略性新兴产业，工业结构调整步伐加快。规模以上工业中重工业产值占比由2011年的85%下降至68%，战略性新兴产业产值连续两年增长10%以上，新增规模以上工业企业5家，规模以上工业企业达65家。规模以上工业增加值规模以上工业总产值完成40.73亿元，比上年增长2.7%。完成工业投资24.43亿元，比上年增长17.4%。

◆重点项目建设 2016年，灞桥区实施区级重点在建项目130个，完成投资170亿元，有力带动区域经济快速发展。地铁3号线、西临高速4道改8道等工程建成通车；地铁5号线、纺渭路拓宽改造、绕城高速杏园立交改扩建等工程正在加紧建设；地铁临潼线征地拆迁全面启动；纺织产业园供热中心项目完工；纺织企业职工生活区周边环境提升改造工程加快推进；白鹿原地区西安市天然气第二门站工程建成运营。洪庆新城被列入西安市“海绵城市”试点区域。

◆招商引资 2016年，灞桥区推出重点招商项目25个，总投资210.04亿元。引进项目21个，合同引资142.46亿元。全年实际利用外资9056万美元，比上年增长11.1%。

◆商贸服务业 2016年，灞桥区商贸服务业提档升级，华夏世纪城、半坡国际广场等商业综合体建成，温德姆花园酒店等高档酒店正在加紧建设。消费结构转型加快，电商网购成为拉动消费的新亮点。全年社会消费品零售总额完成200.82亿元，比上年增长15.9%，增速位居西安市第一。房地产业平稳发展，富力•白鹭湾、万象湾等项目进展顺利。以纺织工业遗迹为特色的文化业领航项目——铁路主题公园开工建设。光明区医疗养老项目带动养老地产等业态起步。区内首个一、三产融合发展的白鹿仓项目即将建成运营，文化旅游业发展潜力不断释放。

◆劳动就业和社会保障 2016年，灞桥区城镇新增就业8800人，劳动力转移就业5.3万人次。社会保障水平稳步提高，启动“全民参保登记计划”试点工作。大力实施保障性安居工程，建成保障性房源2000套，廉租房租金补贴248户，

启动洪庆山移民安置区一期建设。城乡低保发放保障金3148万元。加大城乡医疗救助工作力度，将因病致贫患重病者纳入救助范围，全年实施医疗救助360人次，发放医疗救助金255.25万元，缓解了困难群众看病难的问题。完成区、街、村三级医疗卫生机构标准化建设，将大病医疗保险、特殊慢性病等纳入新农合补偿范围。加快推进社区居家养老服务站和“农村幸福院”建设，在向民社区、灞桥街社区等5个社区建立居家养老服务站；在席王街道何家街村、东李村等9村建立“农村幸福院”。新建公办幼儿园5所，纺织城小学富力分校、东城一小黄邓分校建成招生。崔振宽美术馆和灞桥图书馆务东分馆建成开馆，“文化惠民工程”超额完成全年任务。对在红旗三殿村、洪庆常王村发生的2起地质灾害成功预报，完成席王、红旗、狄寨3个街道办事处崩塌地质灾害隐患点40户搬迁群众回迁工作，启动席王街道办事处肖家寨等村群众搬迁工作，保障了地质灾害隐患点群众生命财产安全。

（张　健）

中共灞桥区区委、人大、政府、政协、纪委

区委书记　贠笑冬
副书记　苗志忠　刘其智
区人大常委会
主任　刘军才
副主任　孙润璋　燕银胜　刘增浩　辛　华
区长　苗志忠
副区长　黄　可　韩孝民　贾轶昊　杨爱民　李军考　肖　琦（女）
区政协主席　刘军奇
副主席　陈选利　李剑君　戴宏科　肖晓宁（女）　周　媛（女）
区纪委书记　姜　旭

未央区

◆概况　2016年，未央区下辖12个街道办事处、132个社区居民委员会、68个村民委员会。土地面积264.41平方千米。常住人口85.08万人，户籍人口617779人，城镇化率96.86%；人口出生率11.39‰，自然增长率为6.06‰。全区地区生产总值完成772.88亿元，增长8.7%；全区人均生产总值突破1万美元，达到91938元。其中，第一产业增加值1.06亿元，增长-4.8%；第二产业增加值379.68亿元，增长10.8%；第三产业增加值392.14亿元，增长6.7%。全社会固定资产投资983.64亿元，增长6.1%。社会消费品零售总额566.17亿元，增长9.9%。全年实际利用内资88.04亿元，增长16.4%；实际利用外资8614万美元，增长9.4%。地方财政一般预算收入32.63亿元，增长6.2%。全区城镇居民人均可支配收入和农民人均纯收入分别达37085元和21294元，增速分别为7.41%、7.42%.

未央区2016年经济与社会发展主要指标

指　标	单位	数量	同比增长率（%）
地区生产总值	亿元	772.88	8.7
地方财政一般预算收入	亿元	32.63	6.2
地方财政一般预算支出	亿元	31.80	12.6
全社会固定资产投资额	亿元	983.64	6.1
社会消费品零售额	亿元	566.17	9.9
规模以上工业增加值	亿元	209.62	8.0
实际利用外资	万美元	8614	9.4
城镇居民人均可支配收入	元	37085	7.41
农村常住居民人均可支配收入	元	21294	7.42

◆农业与农村经济　2016年，未央区农业与农村经济发展状况良好。粮食种植面积73.53公顷，其中小麦种植面积38.73公顷，玉米种植面积34.8公顷；粮食总产量全年430吨。猪、牛、羊、禽类肉产量3550吨；奶产量4005吨；畜禽免疫率、挂标率、建档率均达到100%，疫苗利用率95%。蔬菜种植面积670公顷，总产10274吨。在涉农街道建立健全“横向到边、纵向到底、上下贯通、立体覆盖”的农产品质量安全监管体系，完成蔬菜、水果等农产品抽检500批次，检测合格率98%以上，对认证的生产基地和生产企业定量检测覆盖率100%。完成4个村的清产核资和经济体制改革工作；完成5个村委会及9个村民小组的账务审计和5个城改公司换届工作。对汉城、未央宫、六村堡3个街道办事处15个村34个村民小组的0.08万公顷承包地开展确权登记。实施无公害生物防治30公顷，化学防治133.33公顷。全面完成创建“国家森林城市”任务，森林防火工作被西安市人民政府评为“先进单位”。

◆工业　2016年，未央区全力推进工业“扶强做大”工程。按照“一企一策”“一事一议”的原则重点关注骨干工业企业，协调解决困难和问题。抓大不放小，加强对中小企业、非公有制经济的扶持培育。举办中小企业预警监测培训会，进一步规范预警监测数据报送工作。按照“强三优二、培育新兴”的产业发展思路，突出高端化、智能化、服务化、集聚化和低碳化，加快产业转型升级，做强主导产业，做优新兴产业，构建现代产业体系。扎实开展百名处级领导干部“亲商助企”活动，积极构建“亲、清”新型政商关系，全区助企干部入企业帮扶2129次，解决企业在土地、资金等方面的突出问题45件。做好重点工业投资项目跟踪服务工作，西安西罗航空部件有限公司、青岛啤酒西安汉斯集团有限公司完成技改项目投资4565万元。全年规模以上工业增加值完成209.62亿元，比上年增长8.0%。

◆商贸服务业　2016年，未央区商贸服务业发展平稳有序，未央印象城、卜蜂莲花等一大批商贸企业运营开业，以大明宫万达广场、大明宫建材家居·钻石店、老三届·首座、盛龙广场等企业为引领的“四大商圈”基本形成。汽车、建材家居等传统产业进一步优化升级，电子商务等新兴产业发展迅速。支持科研院所研发创新，完善区级科技创新服务平台建设。为陕西科技大学、中国重型机械研究院有限公司2个工程实验室建设项目争取高技术产业发展引导资金100万元。落实招商引资“一把手工程”，不断创新招商方法，大力开展精准招商，先后赴昆明、深圳、上海、郑州、北京等地开展招商对接活动。开展投资环境专项整治活动，组织召开项目推进会议10次。紧盯2016丝绸之路国际博览会暨第二十届中国东西部合作与投资贸易洽谈会等重点展会，大力开展平台招商。在2016丝绸之路国际博览会暨第20届中国东西部合作与投资贸易洽谈会期间，引进项目3个，总投资额59.8亿元，引进资金48.8亿元。

◆重点项目建设　2016年，未央区完善重点项目区级领导包抓协抓、管理考核等各项制度，强化项目日常管理，全面落实中央及陕西省、西安市抓项目促投资稳增长一系列政策措施。出台《关于印发抓项目促投资稳增长若干意见的

通知》，及时召开重点建设项目专题会议，系统梳理项目建设手续办理、资金筹措等环节存在的问题。先后举办重点项目暨城改安置楼建设工作推进会、未央区与汉长安城特区政银企座谈会，全年筹融资28.13亿元。安排重点在建项目72个，年计划投资114.36亿元。截至年底，72个重点在建项目完成投资125.26亿元，占年计划投资的109.54%。其中，10个市级重点在建项目，年计划投资40.97亿元，完成投资52.57亿元，占年计划投资的128.3%。

◆科技、教育、卫生　2016年，未央区积极开展“区（县）科技企业小巨人培育计划”和区本级科技计划项目评审立项工作，推荐5家企业申报“区（县）科技小巨人企业”，安排区本级科技计划项目42项，投入科技资金1927万元，其中“区（县）科技企业小巨人培育计划”投入配套资金150万元。大力推进“大众创业、万众创新”工作，陕西瑞鸿楼商贸有限公司运营的西安创客家园创业孵化基地孵化企业17家，在孵企业13家，孵化成功率82.4%，吸纳安置就业人员150人。认真开展社区科普培训工作，通过“科普大篷车进校园”“未央科普展”等活动，提升青少年的科学素养。不断提高地震监测管理能力，先后建成2座自动化地震烈度速报台、3座地震预警台，集成陕西省地震局防震减灾信息节点系统、市县震情视频会议系统和区级应急指挥技术系统3大模块，在西安市13个区（县）中率先实现集地震前兆监测、强震测报和震情预警“三位一体”的综合台网布局，区域地震监测预报综合能力显著增强。

继续坚持“抓建设、精管理、提质量、强特色、促均衡”的教育发展定位，狠抓“建设、管理、改革”三条主线，全力实施基础教育标准化建设。马旗寨小学迁建、凤城学校综合楼、西航一中综合楼、浮沱小学教学楼（南）及食堂、西航三校综合楼等建设项目建成并投入使用。积极推行学校常规工作精细化管理，不断总结常规管理星级学校创建及管理工作经验，发挥星级学校的引领示范作用，创建“三星级示范学校”2所、“二星级示范学校”3所、“一星级示范学校”学校2所。深入推进师资队伍建设，深入实施“三名工程”（名校、名校长、名老师），评选出名师、优秀校长、优秀班主任等75人。积极深化教育领域综合改革，深入实施“大学区管理制”“EEPO——有效教育”等教育改革工作，全区教育发展水平不断提高，教育教学质量稳步提升。

医药卫生体制改革进一步深化，全区公办医疗机构全部实行药品“三统一”和“零差率”销售，医疗联合体建设进一步加强。社会办医疗机构增加33家，建成社区卫生服务站2家，西安市第三人民医院开诊试运行。全面推行家庭医生签约服务，重点人群签约率65.3%。新农合参合率保持100%，补偿总额4328.49万元。深入推进“健康未央”建设，居民健康档案建档率89.45%，免费孕前优生检查覆盖率92.3%，农村孕产妇免费住院分娩率100%。落实“全面两孩”生育政策，统筹解决人口问题，未央区被国家卫生和计划生育委员会授予“全国计划生育优质服务先进单位”，被国家中医药管理局办公室评为“全国基层中医药工作先进单位”，被陕西省卫生和计划生育委员会授予“省级创建幸福家庭活动示范县（区、市）”荣誉称号。

◆劳动就业与社会保障　2016年，未央区坚持实施就业优先战略。按照国务院、陕西省、西安市的统一要求，制定出台《关于进一步做好新形势下就业创业工作的实施意见》，持续推进“大众创业、万众创新”，全方位、多渠道开辟就业门路，拓展就业空间。全区城镇新增就业11423人，失业人员实现再就业4406人；城镇登记失业率3.32%，继续保持较低水平；农村劳动力转移就业16076人。切实发挥创业促就业倍增效应，积极推进“就业创业点亮工程”“孵化基地品牌体系建设”，通过开展创新创业大赛、评选创新创业明星、召开创业工作发展论坛、举办创新成果和创业项目展示推介等活动，宣传创业政策，发挥创业引领作用，为创业人员聚集发展提供平台。发放小额担保贷款5521万元；开展就业技能培训63期，培训3200人；开展创业培训48期，培训1200人。完成120249人参保登记任务，工作完成率100%，在西安市城六区中排名第一。持续改善困难群众生活，城镇、农村低保标准从人均每月430元和266.67元统一提高至590元。发放困难失能老人护理补贴7.94万元，发放廉租房租金补贴60户，租赁型保障房实物配租任务完成1353户。　（马锐敏）

中共未央区区委、人大、政府、政协、纪委

区委书记　汪文展
副书记　梁晚晴（女）　陈选良
区人大常委会
主任　陈伟华
副主任　李亚军　袁晓莉（女）
　张永亮　杨双梨
区长　梁晚晴（女）
副区长　杨军　徐斌
　王小璞　王社信
　王惠增　程希文
　聂文斌
区政协主席　任太龙
副主席　张广琦　李淑萍（女）
　王红运　窦芳（女）
区纪委书记　崔诗越

雁塔区

◆概况　2016年，雁塔区辖8个街道办事处、151个社区居民委员会、64个村民委员会。土地面积151.44平方千米，城镇化率100%。户籍人口86.95万人，常住人口123.11万人；实施“全面两孩”政策新增出生774人，占全区新出生2553人的30.1%。有少数民族46个，共1.2万人。实现地区生产总值1235.43亿元，比上年增长8%；规模以上工业增加值152.01亿元，增长4.6%；地方财政一般公共预算收入46.51亿元，完成年预算收入的100.1%；全社会固定资产投资总额892.79亿元，增长10.2%；社会消费品零售总额714.37亿元，增长8.8%；实际引进外资8907万美元，增长10.3%；实际利用内资89.28亿元，增长16%；城镇常住居民人均可支配收入37631元，增长7.3%。连续9年位居陕西省城区经济社会发展五强区之首。

◆农业与农村经济　2016年，雁塔区按照《陕西省农产品质量安全网格化管理实施方案》要求，严格落实社区、农村“农产品安全监管员”制度，做到监管对象“全覆盖”。先后对农产品、水果生产和畜禽屠宰场进行“农药及农药残留”“滥用膨大剂和保鲜剂”“生猪屠宰场检疫”等多项专项整治。在创建“国家森林城市”工作中，通过系列宣传活动，各单位和社区居民参与率、知晓率和满意度均达90%以上，全面完成三年规划建设任务，实现全区林木“零着火”。封停自备井8眼，查处违法取水案14件，制止违法凿井事件19起。水资源费和污水处理费征缴82.18万元，超额完成年度目标任务的30%。新建的8个国家地下水检测工程有7个井位开工建设。组织开展“世界水日中国节水宣传周”系列活动，悬挂宣传横幅48条，发放节水龙头220个，对农村115口水源井的环境和饮水设施进行调查和改建，使辖区内水源井眼有围墙和专人管理，未发生饮用水不安全责任事故和重大农产品质量安全事件。全年用水总量控制在82000万立方米以内，圆满完成西安市考生态环保指标。雁塔区先后获西安市“森林防火先进集体”和“农产品检测比武先进区（县）”称号。

雁塔区2016年经济与社会发展主要指标

指　标	单位	数量	同比增长率（%）
地区生产总值	亿元	1235.43	8.0
地方财政一般预算收入	亿元	46.51	-7.3
地方财政一般预算支出	亿元	35.11	1.0
全社会固定资产投资额	亿元	892.79	10.2
社会消费品零售额	亿元	714.37	8.8
规模以上工业增加值	亿元	152.01	4.6
实际利用外资	万美元	8907	10.3
城镇居民人均可支配收入	元	37631	7.3

◆工业　2016年，雁塔区持续加强与西安市工业和信息化委员会的对接，加大工业技术创新力度，积极搭建与拓宽企业融资渠道，全面落实各项优惠政策，扶持企业发展。先后考察、审核、上报国家、陕西省、西安市各项资金补助及奖励项目21批61个，落实优惠奖励资金650余万元，落实银行贷款3000余万元。通过审批，15个项目被认定为“西安市技术创新项目”。成功申报陕西省中小企业创新研发中心3个，申报待批新培育“西安名牌”6个、“陕西名牌”7个、“西安市著名商标”8个、“陕西省著名商标”9个。全年工业固定资产投资完成72.81亿元，增长42.4%；工业招商引资完成3.1亿元；实现规模以上工业总产值584.68亿元；实现规模以上工业增加值152.01亿元，增长4.6%；推动经济增长0.8个百分点，对经济增长贡献率为9.6%。

◆商贸旅游业　2016年，雁塔区开展“亲商、安商、扶商”区级领导大走访活动，召开全区表彰优秀企业暨千人亲商助企活动动员大会，为40家商企争取到位陕西省、西安市各种扶持资金1285万元，涉及电子商务、特色街区、连锁经营总部经济等商贸重点扶持领域。深入开展商事制度改革，新设免费代办网点44个，网上办理申请营业执照3918户；新增各类市场主体7256户，比上年增长38.79%。联合美团网、大众点评网等知名电商平台开展“雁塔美食欢乐颂活动”。紧抓假日商机，组织引导辖域重点商贸企业开展新春年货购物节、“五一”消费月、“西安乐购消费季”等促销活动，形成“月月有主题，周周有活动”的促销氛围。以“便利消费进社区、便民服务进家庭”为指导，全力支持有实力的商企参与社区便民服务网点建设和社区商业运营，全年新增谷仓邻里社区超市、洪福堂药店、嘉怡便利店等各类社区商业网点115个，新增限额以上企业10户。全年社会消费品零售总额在陕西省城区中首次突破700亿元大关，达到714.37亿元，增长8.8%。

举办和参加“2016年青龙寺遗址景区樱花节”“2016年西安旅游集市”等旅游节事活动及“2016西安旅游嘉年华启动仪式”。设计制作《雁塔旅游》折页、《旅游手册》等旅游宣传资料和“雁塔手绘地图”“虎符U盘”“兽首玛瑙杯笔筒”“通关文牒”等旅游宣传品。组织16178人参加“幸福生活天天游”旅游惠民活动。新开发“博物馆之旅”“佛教祖庭寻根之旅”“秦汉唐文化探寻之旅”等6条旅游线路。对辖区旅行社及分支机构底数重新整理造册及审定备案。组织联合执法，全面开展旅游市场环境秩序整治，全年处理旅游投诉7起，投诉回复满意率100%。陕西自然博物馆AAAA级景区创建通过初评验收，星级酒店评定率100%。

◆招商引资　2016年，雁塔区进一步挖掘优势招商资源，优化招商载体，策划包装重点招商项目33个，其中11个项目被选入“西安市重点招商项目库”。组织参加2016丝绸之路国际博览会暨第二十届中国东西部合作与投资贸易洽谈会，举办雁塔招商项目展示交流会，赴北京、上海、深圳等9个发达城市开展主题招商和投资促进活动20余场次，接待、拜访国内外知名企业客商79批次，签约成交各类投资项目35个，总投资364.13亿元。成功引进第一太平戴维斯物业顾问有限公司和深圳卓越蔚蓝华府、融创天朗五珑等一批10亿元以上项目。全年实际引进外资8907万美元，实际利用内资89.28亿元，其总量分别位居西安市13个区（县）第三位和第一位。其签约的国内联合项目和外商投资合作协议项目履约率均100%。外贸进出口总值完成7962万美元，比上年增长15%，持续保持稳定增长态势。

◆重点项目建设　2016年，雁塔区坚持“项目为王、项目领先”的理念，强化项目引擎作用，推动在建项目加快进度，协助前期项目加快手续办理。4月，组织9个项目参加西安市第一批重点项目集中开工仪式，7月，承办西安市第二批重点建设项目集中开工仪式。全年总投资达1955.19亿元的114个区级重点建设项目，完成投资127.72亿元，为年计划投资的115.8%；市级27个重点建设项目（其中在建项目17个），完成投资75.3亿元，为年计划投资的131.7%；西安高新技术产业开发区和西安曲江新区在区内布点的57个重点建设项目，完成投资301.8亿元。

◆教育、科技　2016年，雁塔区落实资金1025万元，在大雁塔小学、航天中学等8所学校实施“大学区学区长学校质量提升工程”。组织召开雁塔创建全国义务教育发展基本均衡区动员大会，全面启动义务教育发展均衡区创建工作。20所学校将“走班制”教学改革实验纳入学校课程体系之中，10所学校参与“名校带动工程”暨“一长多校”集团化办学改革试点。新增“陕西省省级标准化高中”2所（航空六一八中学、东仪中学）、“西安市一级幼儿园”4所、“西安市二级幼儿园”9所，有2所中学（航天中学、育才中学）和1所幼儿园分别通过“陕西省普通高中示范性学校”和“陕西省省级示范园”验收。为昆明路小学新建计算机房，为电子城小学等16所学校配备“班班通”设施设备271套，为延兴门小学等28所学校配备计算机1374台。雁塔区青少年活动中心和瓦胡同小学、余王扁小学等4所小学及雁塔区第五幼儿园、雁塔区第六幼儿园整体建设项目全面竣工或完成主体施工，延兴门小学和春临小学顺利回迁并恢复办学。全年下拨学前教育、义务教育、特殊教育、普通高中和职业教育公用经费以及家庭经济困难幼儿、学生生活补助、学费、助学金14833.56万元，受惠学生176542人。“义务教育段营养改善计划”覆盖学校74所（其中食堂供餐模式11所），受惠学生24918人。完成中等职业教育资源整合，辖域中等职业学校由14所缩减至9所。社区教育活动丰富多彩，成效显著，雁塔区被教育部认定为“第六批全国社区教育实验区”。新建“雁塔区名师工作室”26个，新增“陕西省中小学教学能手”20人、“陕西省中小学学科带头人”8人；认定“雁塔区中小学教学能手”101人、“雁塔中小学骨干教师”20人和“雁塔区学科中小学带头人”10人。创建“陕西省平安校园”1所、“西安市平安校园”2所。

雁塔区科技信息化平台和雁塔区知识产权运营平台建成并上线试运行。培育“科技小巨人企业”9家，选取2家企业通过企业战略咨询公司专业指导，开展“小巨人科技企业提升工程”。征集推荐省级科技项目10项、市级科技项目23项，其中获省级科技项目列项5项、市级科技项目列项6项，分别获得支持资金218万元和220万元。审核推荐6个单位申报市级众创空间，华春众创工场、陕西丝路创客协会、邦妮科技创业孵化基地3个单位通过西安市2016年第一批众创空间认定。指导有关企业开展西安市科技金融贷款项目申报工作，其中有24家企业获市科技金融贷款8900万元。举办各类农业科技、科普培训20余场次，培训农民2000余人次，发放各类资料3000余份。获“西安市科技进步奖”19项，其中一等奖1项，二等奖4项。组织开展雁塔区第十三届青少年科技创新大赛，评选出227项优秀作品参加陕西省、西安市青少年科技创新评选，其中6个项目代表陕西省参加全国青少年科技创新大赛，有35个项目获省级奖项（其中一等奖11项），有196个项目获市级奖项（其中一等奖41项）。明德门南社区等3个社区被西安市科学技术协会评为“西安市科普示范社区”，化工坊社区被西安市科学技术协会列入“西安市社区科普益民计划项目实施单位”。全年专利申请量和授权量分别为20158件和22539件，其中授权量占西安市的59.7%，占陕西省的46.6%，稳居全省第一；全年技术成果交易额达200亿元。新增“高新技术企业”20家，完成年目标任务的200%。

◆文化、体育 2016年，雁塔区相继举办“中国梦、雁塔情”红五月歌咏比赛、2016年雁塔区纪念建党95周年暨夏日广场群众文化展演等系列活动1080场。在社区、农村、广场及农民工集中的建筑工地放映公益电影908场。积极开展“全民读书月”活动，向8个社区投放3000余册图书。小寨路街道大唐社区张威连家庭获全国第二届“书香之家”称号。出台《雁塔区基层综合性文化服务中心建设实施方案》，区财政投入100余万元为基层文化服务中心招标采购篮球架14副、乒乓球台8副、室内健身器材32套和音响乐器等，使38个社区（村）、2个街道综合文化站达到“西安市基本公共文化服务实施标准”要求。提档升级33个社区的体育设施，推进辖域12所高校和多个科研机构体育场馆免费向居民开放，基本形成以高校、科研机构体育场馆为核心，以街道综合体育健身点为支撑，以农村（社区）文化活动中心为延伸的体育设施体系，“15分钟全民健身圈”初步形成。组织雁塔区春晓健身球队代表西安市参加在浙江东阳举办的全国“健身球之乡”交流活动，获“道德风范奖”“最佳表演奖”和规定、自选套路2项总分第一。全年检查互联网服务业场所220余家，整治各类文化市场经营场所及印刷、出版物企业30余家，收缴盗版光碟3800余盘、盗版图书30000余册。如期完成全国扫黄打非办公室督办的“5·28猥琐数小漫画案”和“9·13张日明非法出版物案”。文化产业增加值增长9.7%的目标顺利完成。对区域经济发展做出突出贡献的5家文化企业和新入区投资额在300万元以上的西安超老头硅像馆有限责任公司分别给予5万元与10万元奖励。

◆医疗卫生 2016年，雁塔区持续推行不断完善分级诊疗体系，在陕西省率先建成“全科医师规范化培训基层实践基地”2个。陕西省首家“西安交通大学第一附属医院知名专家工作室”在电子城20所社区卫生服务站揭牌，交大一附院——雁塔区医疗联合体成员单位增至18家。以陕西康复医院为核心，雁塔区中医院等3家二级医院为骨干，9家一级医院、11家社区卫生服务中心为基础的雁塔区康复医疗联合体。和以西北妇女儿童医院位核心，雁塔区妇幼、西安航天总医院等4家单位为骨干，11家社区卫生服务中心组成的雁塔区妇幼医疗联合体相继成立运行。全年社区卫生服务中心机构接诊患者35.6万人次，二级医院与三级医院下沉专家坐诊1790次，接诊患者1.2万人次。制定《雁塔区家庭医生签约工作实施方案》和《雁塔区高血压糖尿病分级诊疗家庭医生签约实施方案》，进一步明确家庭医生签约服务内容和指标要求，截至年底，全区重点人群家庭医生签约率达到60%；新农合参合率持续保持在100%。雁塔区医疗卫生信息平台通过陕西省、西安市联合验收，系统涵盖辖区98家医疗机构，建立健康档案62万余份，接诊病人19万余人次，开出电子处方33万份，实现雁塔区医疗卫生信息化从无到有的阶段性突破和医疗信息互通共享。

◆劳动就业与社会保障 2016年，雁塔区认真落实陕西省、西安市出台的扩大就业和稳定就业政策，持续加大就业困难人员与高校毕业生就业帮扶力度，不断优化创业环境。全年实现城镇新增就业14460人，完成年目标任务的115%；城镇登记失业率控制在3.32%以内。发放小额担保贷款5106万元，完成年目标任务的118.24%。不断完善城乡社保体系，切实落实各项社保政策，提升社保经办水平，全区城镇基本医疗参保率达96%以上，其中城镇居民医疗保险参保21.18万人，城镇职工医疗保险参保5.22万人；失业保险参保3.42万人；工伤保险参保5.22万人；生育保险参保4.23万人；被征地农民养老保险参保4.3万人，累计为符合待遇领取条件的1.6万人兑付养老金；城乡居民社会养老保险参保4.21万人，参保率99.31%，完成1400个城乡居民陆续到龄人员保险费补缴核定，发放养老保险待遇931万元，发放率100%。代发城乡特殊群体养老补助金37.24万元。申请企业军转干部生活困难补助费、对越自卫反击战退役人员社保补助资金等各类特殊群体社保补助资金93.1万元。雁塔区劳动仲裁院挂牌，基层调解组织增至380家，进一步完善“快立、快调、快审、快结”和区、街道、社区三级劳动争议调处机制，全年受理劳动争议案件1310件，结案率99.5%，为劳动者挽回损失1700万元。继续坚持“社会救助城乡一体、动态管理”的原则，凡家庭人均收入低于590元的城乡困难群众全部被纳入低保。截至年底，全区有城乡低保1772户3158人，全年发放低保金2100.55万元，其中城市1686户2980人1985.62万元，农村86户178人114.93万元。为1260人次发放医疗、教育和临时救助金304.49万元，保障了低收入家庭和困难群体的基本生活，并为5.4万余名70岁以上高龄老年人发放高龄补贴4249.4万元。

（张树森）

中共雁塔区区委、人大、政府、政协、纪委

区委书记	杨广亭
副书记	赵小林　曹　宇
区人大常委会	
主任	刘崇利
副主任	王新利
	王效梅（女，回）
	翟蒲娣（女）　王　璞
区长	赵小林
副区长	解宁元　张　秦（女）
	负孝民　张　军
	岳智宏　李亚省
区政协主席	史　青（女）
副主席	王宝成　王春荣（女）
	李小红　任睿娥（女）
	朱红斌
区纪委书记	贾砚平（女）

阎良区

◆概况 2016年，阎良区辖2个镇、5个街道办事处、23个居民委员会、73个行政村。土地总面积244.5平方千

米，耕地总面积1.61万公顷，城市建成区面积30.23平方千米。城镇化率57.05%。年末常住人口29.08万人，人口出生率11.18‰，出生人口性别比为103.86，死亡率5.48‰，人口自然增长率5.70‰。实现地区生产总值193.94亿元，比上年增长2.3%；地方财政一般公共预算收入完成12.76亿元，比上年下降0.6%；全社会固定资产投资完成158.35亿元，比上年下降44.9%；社会消费品零售总额完成41.22亿元，比上年增长8.7%；实际利用内资27.26亿元，实际利用外资2801万美元；城镇居民人均可支配收入36931元，比上年增长7.41%；农村居民人均可支配收入20262元，比上年增长7.49%。

阎良区2016年经济与社会发展主要指标

指　标	单位	数量	同比增长率（%）
生产总值	亿元	193.94	2.3
地方财政一般预算收入	亿元	12.76	-0.6
地方财政一般预算支出	亿元	23.07	4.6
全社会固定资产投资额	亿元	158.35	-44.9
社会消费品零售总额	亿元	41.22	8.7
规模以上工业增加值	亿元	45.70	3.3
实际利用外资	万美元	2801	9.6
城镇居民人均可支配收入	元	36931	7.41
农村常住居民人均可支配收入	元	20262	7.49

◆农业与农村经济　2016年，阎良区农业生产稳步增长。农林牧渔及服务业总产值完成38.16亿元，比上年增长4.3%，其中多种经营产值完成32.63亿元，占农业总产值的95.%。全年粮食产量8.68万吨，其中夏粮4.57万吨，秋粮4.11万吨。蔬菜产量80.34万吨，比上年下降1.7%。水果产量6.87万吨，比上年增长0.6%，其中甜瓜产量23.77万吨，比上年增长0.6%。设施农业规模扩大，创建市级以上“农业示范园”19个，建成“优质设施瓜菜生产基地”8个，新增设施钢架大棚333.33公顷，设施农业占地8466.67公顷，占全区耕地面积的53.8%。策划开展“游园采摘休闲体验活动”20余场，树立品牌，促进增收，阎良区创建成为“陕西省甜瓜产业知名品牌示范区”。创建市级以上“标准化养殖示范场”3个。奶牛存栏1.84万头；生猪存栏3.9万头；奶山羊存栏5.37万只；家禽存栏62万羽。肉、蛋、奶产量分别达7600吨、6600吨、102万吨。深化农村产权制度改革，全面完成国家级土地承包经营权确权试点工作任务，建成阎良区农村产权交易中心，阎良区被列入“国家级发展改革试点城区”“陕西省新型城镇化综合试点地区”“西安市新型农村社区建设先进区”。

◆工业　2016年，阎良区工业经济平稳发展。全年实现工业增加值91.33亿元（含军工），比上年增长3.3%。其中，规模以上工业增加值（不含军工）45.7亿元，比上年增长3.3%；规模以下工业增加值3.79亿元，比上年增长4.1%。工业总产值完成362.96亿元，比上年增长4.99%。其中，规模以上工业产值337.66亿元，比上年增长6.9%；规模以下工业产值25.3亿元，比上年增长5.9%。截至年底，全区有规模以上工业企业93家，新增规模以上工业企业9家。非公经济占全区经济总量的39.2%。区属52家规模以上工业企业产值下半年逐月回升，实现产值141.92亿元，增长8.8%，实现由负转正。建立企业培育联动机制和“规下转规上”后备工业企业信息库。西安众天食品有限责任公司成功在陕西股权交易中心成长板挂牌。加大企业扶持力度，深入开展“亲商助企”活动。对全区116家企业实施精准服务，实地走访企业1405人次，收集梳理与政府职能相关问题69个，协调解决35个。争取上级工业发展各类专项扶持资金642万元，帮助中小企业协调贷款3亿元，为9家企业争取“科技企业小巨人”资金290万元。园区经济稳步发展，新型工业园经发二路、航延街及园区供水等基础设施配套工程进展顺利，关山产业园区规划调整完成初步方案，园区新增投产企业5家。11月1日，中国铁建高端装备制造基地在阎良区经济开发区新型工业园揭牌，同时西安铁建重工隧道装备有限责任公司成立并举行首台盾构机下线仪式。航空工业项目持续带动发展，运-20大型运输机成功首飞并正式列装，新舟700支线飞机加快研发生产。服务保障航空基地完成一期8平方公里开发建设，南部航空产业聚集区形成规模。支持阎良试飞院机场改扩建，协调其对雷达站进行搬迁。

◆重点项目建设　2016年，阎良区11项市级重点项目完成投资10.57亿元，60项区级重点建设项目完成投资18.79亿元。天然气复线建成投用，城区居民天然气入户率达96%。铝业路西延项目、前进路中段维修、倚天路辅道、迎宾大道立交桥东匝道维修工程竣工；铁路专用线东路、西飞一中东路南延段开工建设。新建公共停车场3个，新增公共停车位1010个，安装城市主干道路交通护栏1000米，完成4个公共租赁自行车站点建设。石川河综合整治试验示范段主体工程全面建成，建成绿地、湿地总量113.33公顷。航空大世界项目总体规划编制完成，展示中心项目主体封顶。严格环境执法监管和大气污染防治，治污减霾网格化监控平台主体建成，全面完成建成区外煤炭经营场所清理取缔和主要污染物减排任务，全年空气优良天数达192天。小城镇、“美丽宜居乡村”建设进展顺利。关山省级重点示范镇建设完成四维路北段、环城南路西段路灯安装、关山垃圾处理场、关山规划馆等14项新区建设项目和幸福路建设、敬老院二期等6项建成区改造提升项目，关山镇综合承载力和辐射吸引力得到不断增强。关山镇苏赵村、武屯镇老寨村、新兴办井家村、北屯办浩东村等8个村“美丽宜居乡村”创建项目投资3098万元，完成康交路、阎油路、水腰路、友谊路等7条农村道路改造提升。推进新型农村社区建设，建成关山镇付马、苏赵，武屯镇广阳、三合、任张、沟王6个“农村片区化中心社区”。新兴官路、武屯老寨被命名为2016年度“西安最美乡村”。

◆招商引资　2016年，阎良区坚持重点项目建设领导包抓责任制，加强项目跟踪管理和服务协调。在2016丝绸之路国际博览会暨第二十届中国东西部合作与投资贸易洽谈会上签约项目64个，总投资181.63亿元，其中合同项目62个，总投资150.03亿元。其中，新型材料项目一期投资95亿元，占地1333.33公顷，为2016丝博会上西安市第三大签约合同项目，也是阎良区建区以来投资最大、预期效益最好工业项目。多方筹措资金服务项目，全年争取国家、陕西省、西安市专项转移补助资金8.3766亿元，争取世界银行贷款3000万美元，实施小城镇基础设施建设给水管道工程。推进项目标准化公开制度，新进驻阎良区人民政府政务服务中心事项20项，审批效率提高71.7%，政务服务效率和效能实现双提升；办理各类审批服务事项4万余件，事项办结率100%，群众满意率99.5%。

◆**商贸服务业** 2016年，阎良区城区实现消费品零售额36.38亿元，比上年增长7.8%；农村实现消费品零售额4.84亿元，增长16.5%。按消费形态统计，批发零售业实现零售额33.6亿元，增长7.5%；住宿餐饮业实现零售额7.62亿元，增长14.8%。限额以上企业商品零售额中，金银珠宝类零售额3900万元，增长17.6%；汽车类零售额1500万元，增长71.4%。大力实施传统商贸业提档升级，航华国际、中航城市广场等城市综合体建成投用，星光新天地等10余家知名商贸相继落户，公园南街、蓝天路等4条新兴商业街区初步形成。阿里巴巴农村淘宝项目投入运营，冬枣、甜瓜等优势农产品线上销售企业达到120余家，销售额1.2亿元。

◆**科技、教育、文化** 2016年，阎良区落实创新驱动发展战略，支持和培育“科技企业小巨人”16家，实施国家、陕西省、西安市科技创新项目17个，争取项目资金596万元，全年申请专利750件，专利授权量466件，授权率57.9%。

开展形式多样的大学区教学交流活动，主动与西安市知名学校对接，跨区域大学区交流合作持续深入。武屯中心幼儿园、北屯中心幼儿园建成开园，全区公办幼儿园数量达17所，学前教育毛入园率98.4%，成为西安市唯一没有无证幼儿园的区（县）。全年创建西安市一级幼儿园2所、西安市二级幼儿园2所、西安市三级幼儿园2所；西安市第六保育院创建成为“陕西省示范幼儿园，”全区幼儿园办园条件和办学质量大幅提升。安排43辆校车承担全区15所农村定点小学3900余名学生的接送任务，全区实现学校2.5千米外学生接送全覆盖，校车安全规范运行。

组织开展文化活动50场、专业演出30场。放映农村公益数字电影960场次，观影人数4.8万人次。栎阳城遗址三号城考古发掘工作取得进展，明确了栎阳城遗址的都城地位，同时开展《栎阳城遗址规划立项报告》编制工作。做好阎良区文化馆、阎良图书馆的提档升级工作，并常年免费对公众开放。

◆**医疗卫生** 2016年，阎良区深化医药卫生体制改革，公立医院改革稳步推进，分级诊疗制度初步建成，医疗服务县镇一体化经验在陕西省得到推广。新一四一医院主体建成，阎良区人民医院医疗服务大楼主体装修，镇街卫生院、村卫生室规范化建设全面完成。推行区域医药卫生信息化、先住院后结算等举措，开展“航空城健康卫士”诊疗活动，全面改善群众就医条件。设立阎良区教育卫生发展基金，与知名学校、医院组建教学、医疗联合体，着力推动优质资源共享。全面落实计划生育各项奖励扶持政策，生育水平保持平稳态势。

◆**劳动就业和社会保障** 2016年，阎良区一般公共预算中用于民生支出88013万元，占比82.2%。全年发放小额担保贷款5113万元，扶持创业639人，带动就业4200余人，转移农村劳动力2.01万人。城镇登记失业率3.3%。城乡居民养老保险参保率99.9%。建成社会养老服务中心、“农村幸福院”6个，社区小型养老服务设施2个，为1120余户空巢、失能、失独家庭提供为老服务。全年帮扶各类残疾人4538人次，投入160.28万元。建成保障性住房208套，完成农村危房改造100户。完成“结对连心”扶贫工作任务，解决帮扶对象生产生活难题183件。

（焦巧云）

中共阎良区区委、人大、政府、政协、纪委

区委书记　王凤萍（女）
副书记　王育选　张友社
区人大常委会
主任　刘宗峰
副主任　于莉（女）
　孙小雷　车振江
区长　王育选
副区长　贾轶昊　权利军
　樊增文　舒元华
　张红花　何侃
　满杰
区政协主席　张军
副主席　常明　何彧
　李小刚　李西安
区纪委书记　卫志强

临潼区

◆**概况** 2016年，临潼区辖23个街道、41个社区居民委员会、226个村民委员会。土地面积915平方千米，耕地面积50670公顷，粮食产量32万吨，城镇化率34.6%。常住人口71万人，人口出生率11.67‰，人口自然增长率6.19‰。有少数民族23个，共1143人。实现地区生产总值183.11亿元，增长4.2%；规模以上工业总产值完成210.50亿元，增长20.0%，规模以上工业增加值完成41.53亿元，下降0.4%；地方财政一般预算收入14.91亿元，增长10.7%；全社会固定资产投资完成141.75亿元，下降18.6%；社会消费品零售总额84.66亿元，增长8.6%；实际利用外商直接投资3031万美元，增长9.6%；城镇居民人均可支配收入30753元，增长7.42%；农村常住居民人均可支配收入16389元，增长8.08%。

◆**农业与农村经济** 2016年，临潼区不断加大农业产业结构调整力度，促进农业转型升级，构建新型农业经营体系。全年新认定省级现代农业园区1个、市级现代农业园区3个、区级现代农业园区9个；新增“家庭农场”12家、合作社11家，创建省级示范家庭农场12家、市级“十佳”示范合作社4家、市级优秀示范社2家。全年新修、改造基本农田266.67公顷，恢复灌溉面积680公顷。粮食总产量32万吨，实现“十一连丰”。生猪出栏32万头，羊存栏8万只，创建市级以上标准化养殖场5个。蔬菜总产量37万吨。肉、蛋、奶年总产分别达3.2万吨、2.6万吨、26万吨。新增以石榴为主的杂果326.67公顷，赴澳门、北京等地开展石榴专场推介，提升了“临潼石榴”国内外的美誉度。全年网销石榴超过销售总量的30%，每千克增收0.5元，带动果农增收超过1亿元。

◆**工业** 2016年，临潼区积极应对外部经济对工业企业冲击的不利形势，充分发挥2000万元工业发展专项资金作用，帮助企业争取贷款贴息、技术改造等各类扶持资金1.3亿元，为西安银桥乳业集团、西安邦淇制油科技有限公司等企业解决了一批外围环境问题，支持西安伊利泰普克饮品有限公司“安慕希”高端转型乳品成功上线。全年新增规模以上工业企业10户，退出4户，净增6户。西安渭北工业区临潼现代工业组团加快发展，固定资产投资完成31.9亿元，污水处理厂、天然气调压门站、110千伏变压站等基础设施建成；秦王一桥、秦王二桥工程，秦王一路、秦王二路及渭水一路、六路、十二路等9条主干道和4条支线道路建成通车；马陵冢公园建成，水、电、气等配套设施完善；首家入驻的高等院校西安汽车学院于秋季开学；太阳能光伏、药品包装容器生产研发、木塑复合材料产品、智能微电网等项目建成投产。

◆**商贸服务业和旅游业** 2016年，临潼区财政投入商贸专项扶持资金220万元，完善社区、农村便民服务网络，支持电商向农村发展，加快实施“快递下乡”工程，释放农村消费潜力。临潼现代物流区建设扎实推进，积极谋划调整物流区发展规划，并被成功纳入西安国家现代物流创新发展试点范畴。钢贸大道建成，基础设施基本满足企业入区需求；引进的世界一流物流企业普洛斯（中

临潼区2016年经济和社会发展主要指标

指　标	单位	数量	同比增长率（%）
地区生产总值	亿元	183.11	4.2
地方财政一般预算收入	亿元	14.91	10.7
地方财政一般预算支出	亿元	38.42	-2.0
社会固定资产投资额	亿元	141.75	-18.6
社会消费品零售总额	亿元	84.66	8.6
规模以上工业总产值	亿元	41.53	-0.4
实际利用外资	万美元	3031	9.6
城镇居民人均可支配收入	元	30753	7.42
农村常住居民人均可支配收入	元	16389	8.08

储）和中国建筑工程总公司、宝湾物流控股有限公司、泉通物流有限公司等国内龙头企业即将投产。

挖掘“周秦汉唐”历史文化内涵，编制全域旅游发展规划。秦始皇帝陵博物院北大门建成开放，兵马俑周边和骊山大景区环境提升工程正式启动，拿出1000万元开展国际招标竞赛，编制提升规划。制作演出《12·12》“西安事变”大型实景影画，首创“影画”节目表现形式，带动文化旅游发展。制定并出台《2016年旅游市场秩序专项整治工作方案》《旅游市场整治百日行动方案》等，加大旅游市场整治力度。组建旅游警察大队，开展旅游秩序整治“百日行动”。全年查处违规导游110人次，抓获“野导游”120人次，拘留50人，批评教育30人次；检查旅游车辆150台次，查扣非法营运车辆12台，持续做优旅游市场环境。全年接待游客2775万人次，旅游直接收入8.7亿元，比上年增长14.5%以上，被国家旅游局列入第一批“国家全域旅游示范区”，并获2016年“全域旅游推进奖”。加强与西安曲江新区管理委员会联合招商，吸引更多的旅游产业项目落户。

◆重点项目建设　2016年，临潼区100个重点在建项目完成投资152亿元，完成年计划的101.3%，其中12个市级重点项目完成投资59.95亿元，完成年计划的130.5%。临潼地铁项目正式获批，并全面开工。8个棚户区改造项目获得政策性银行贷款60亿元。公布PPP项目29个，总投资380亿元。

◆招商引资　2016年，临潼区把招商引资作为“一把手”工程来抓，修改完善招商引资优惠政策和奖励办法，聘请专业团队高标准制作招商引资和旅游文化宣传片。坚持区级领导带队赴京津冀、长三角、珠三角等地精准招商，与中国水利水电建设股份有限公司、中国葛洲坝集团公司等15家大企业成功签约，与中国网库集团公司、友和道通集团、中国安华（集团）总公司等大企业达成项目合作协议。在2016丝绸之路国际博览会暨第二十届中国东西部合作与投资贸易洽谈会上，签约各类项目39个，总投资641亿元。其中，合同项目18个，总投资123亿元；意向项目21个，总投资518亿元。整合壮大区级融资平台，实现融资16.8亿元。投资发展环境持续优化，认真开展“亲商助企”、违法建设整治和“亮剑”专项行动，扎实开展批而未用土地专项整治和土地卫片执法检查，清理新增用地220.33公顷，盘活存量资金1.25亿元，为项目建设营造良好的环境。

◆社会民生保障　2016年，临潼区始终将保障和改善民生作为工作的出发点和落脚点。全年财政用于民生的支出达33.7亿元，占一般公共预算支出的87.8%。10大类61件惠民实事全面完成。发放创业贷款3000万元。新建公办幼儿园3所，实现了每个街道办事处都建有公办幼儿园的目标。公开领导干部电话号码，倒逼提高行政效率，解决了一大批与群众生活密切相关的热点、难点问题。在上年全面脱贫的基础上，重新确定1024户基础不牢靠家庭，扎实开展结对帮扶。加强低收入群体生活保障，提高保洁人员、14个定补单位职工及各街办自收自支事业单位工作人员工资待遇。新修农村安全饮水工程10处，解决1.8万人的安全饮水问题。扩大“重、特、大疾病救助政府再托底工程”覆盖面，有效缓解因病致贫和返贫问题。

（孙京红）

中共临潼区区委、人大、政府、政协、纪委

区委书记　庞阿平
副书记　刘三民　张发俭
区人大常委会
主任　李晓明
副主任　张亚林　房安宏
　叶苦战　宁掌珠
区长　刘三民
副区长　王海成　杨　兵
　邹　林（女）
　陈文社　蒋国锋（挂职）
　刘春来　徐　毅
区政协主席　吴昌育
副主席　王　季　丁永光
　李建强　刘　朋
区纪委书记　胡广乐

长安区

◆概况　2016年，长安区辖22个街道办事处、98个社区居民委员会、327个村民委员会。土地面积1580平方千米，耕地面积4.14万公顷。常住人口114.81万人（含沣东新城斗门、王寺、高桥3个街道），人口出生率13.14‰，人口自然增长率7.48‰。地区生产总值、规模以上工业增加值分别达608.02亿元、265.58亿元，分别增长12%、21.5%，增速均排名全市第一；地方财政一般预算收入完成35.5亿元，可比增长6.7%；全社会固定资产投资完成738.01亿元，增长2.1%；社会消费品零售总额完成202.49亿元，增长10.4%；城镇常住居民人均可支配收入达到34627元，增长7.52%；农村常住居民人均可支配收入16741元，增长8.1%。

◆农业与农村经济　2016年，长安区加快转变农业发展方式，扎实推进特色现代农业建设，“国家现代农业示范区”建设深入推进。全年粮食生产总量33.24万吨，收获“十三连丰”。新建3个万亩高产示范田，新增设施瓜菜133.33公顷，全区设施蔬菜总面积稳定在2066.67公顷以上。在西安市率先完成土地确权颁证工作，颁发“农村土地承包经营权证书”10.8万本。创建市级以上“标准化示范场”8个，新认定市级以上“农业示范园”4家、注册省级著名商标3个，认证“三品一标”农产品（无公害农产品、绿色食品、有机农产品和农产品地理标志）7个，长安区创建成为“陕西省农产品质量安全区”。在全国153个“国家现代农业示范区”监测排名第18位。

◆工业　2016年，长安区坚持“优势互补、共建共赢”的原则，与开发区合作共建、联动发展，全力支持西安高新技术产业开发区、西安国家民用航天产业基地和西咸新区沣东新城三大国家级开

长安区2016年经济与社会发展主要指标

指　标	单位	数量	同比增长率（%）
地区生产总值	亿元	608.02	12.0
地方财政一般预算收入	亿元	35.50	6.7
地方财政一般预算支出	亿元	61.26	14.6
全社会固定资产投资额	亿元	738.01	2.1
社会消费品零售总额	亿元	202.49	10.4
规模以上工业增加值	亿元	265.58	21.5
实际利用外资	亿元	4440	12.1
城镇常住居民人均可支配收入	元	34627	7.52
农村常住居民人均可支配收入	元	16741	8.1

发区建设，有力推动工业快速发展。32个合作共建产业项目顺利实施，三星12英寸闪存芯片、环新动力电池、汉易通讯等项目建成投产，年产值过百亿元工业企业达到4户。引镇现代物流园LNG交通燃气、百丽鞋业一期项目部分主体竣工，长安东部新型建材产业基地入园企业达到9户，区属工业园区规模不断壮大。全年新增规模以上工业企业8户，完成规模以上工业增加值265.58亿元，比上年增长21.5%，总量和增速均排名全市第一。

◆招商引资　2016年，长安区积极实施片区招商、点对点招商、走出去招商等措施。策划包装子午水寨新型农村社区旅游区、引镇现代物流园标准化工业区、常宁商业综合体、王曲十三省总城隍文化旅游展示区、潏河湿地公园等19个项目，签约常宁核心区整体开发、西安地铁专项土地储备等项目8个，计划投资249.8亿元。中共长安区委、长安区人民政府负责人多次带队赴福州、杭州、深圳、上海等地开展点对点招商，招商引资工作取得显著成效。全年实际利用内资45.43亿元、外资4440万美元。实施重点建设项目341个，完成投资405亿元，占年计划的109.76%，有力推动了区域经济持续快速增长。

◆商贸、旅游业　2016年，长安区加快商贸设施建设，全力推进全域旅游发展。大学城商业综合体等5个商贸项目启动实施，长安商贸中心三期GOGO商业街建成开放。新增农村电子商务终端网点171个，新增商贸设施11万平方米。合能公馆等21个房地产项目加快建设，全年销售商品房96.5万平方米。关中民俗博物院二期、太乙·长安道等旅游项目进展良好，沿山名镇、名村、名峪、名寺、名园受到市民青睐，游人如织。全年接待游客1587.5万人次，28.3%，旅游直接收入6.74亿元，增长4.8%。

◆科技、教育　2016年，长安区坚持严格落实新增财力和财政支出的80%用于民生发展的要求，推进社会事业全面发展。全年科技三项费（新产品试制费、中间试验费和重大科研项目补助费）投入2706.05万元，组织实施科学技术计划项目40项，推广转化科技成果16项，2家企业被西安市科学技术局认定为“西安市民营科技企业”。申报专利4519件，专利授权2825件。

茅坡小学等6所公办中、小学加快建设，27所公办幼儿园新建、改建完工，42所“义务教育学校改造提升工程”全部开工。长安区第十中学创建成为“陕西省普通高中标准化学校”。“营养改善计划”惠及52921名中小学生。

◆劳动就业和社会保障　2016年，长安区以创新、创业工作为切入点，推动转产就业，为区域产业发展、劳动就业注入新活力。成功举办“Find校园合伙人”阿里云创客＋创业大赛陕西赛区暨“长安双创杯”西安市创新创业大赛，受到各高校师生和社会各界的高度关注。全年举办各种类型招聘会30余场，新增城镇就业10411人，城镇下岗失业人员实现再就业4073人，农村劳动力培训3万人，劳动力转移13.9万人，创业培训1030人，发放创业贷款3491万元。新增企业2301户、个体工商户7825户、农业合作社32户，带动就业20626人。全区城乡居民社会养老保险参保率、新型农村合作医疗参合率分别达99.98%、97.8%，11.6万名老人领到养老保险金，3.1万名困难群众生活得到有效保障。建成社区养老服务站11个、“农村幸福院”30个，城乡社会养老事业持续健康发展。对3860户12584名贫困群众进行‘一对一’结对帮扶，滦镇移民搬迁社区主体完工，大兆移民搬迁社区顺利回迁，35个省定贫困村脱贫退出，全区贫困人口不断减少。（刘嗣波）

长安双创大赛启动仪式

区委书记　杨建强
副书记　王　强　刘　强
区人大常委会
主任　王福林
副主任　李　红（女）　张利学　师新宁　姚小强
区长　王　强
副区长　刘晓洲　牛　恺　刘文涛　严广运　李朝喜　梁文辉（女）　吴小灵（女）
区政协主席　徐树安
副主席　刘明军　李会贤　左刚利
区纪委书记　孙宝锋

高陵区

◆**概况** 2016年，高陵区辖3个镇、4个街道办事处、17个社区居民委员会、86个村民委员会。土地面积294平方千米，耕地面积15073.33公顷。常住人口35.11万人，人口密度1194人/平方千米，人口出生率12.98‰，人口自然增长率6.5‰。有19个少数民族，共902人。地区生产总值完成300.24亿元，比上年增长7.3%，人均地区生产总值85930元；规模以上工业增加值完成180.34亿元，增长7.5%；全社会固定资产投资总额459.53亿元，增长6.4%；一般财政预算收入12.02亿元，增长-11.4%；社会消费品零售总额36.04亿元，增长13.6%；城镇常住居民人均可支配收入29464元，增长7.44%；农村常住居民人均可支配收入16431元，增长8.16%。三次产业结构比例调整至10∶68.3∶21.6。

◆**农业与农村经济** 2016年，高陵区农林牧渔服务业总产值完成55.59亿元，比上年增长12.2%。农业增加值19.66亿元，比上年增长5.9%。其中，农业、林业、牧业、渔业、农林牧渔服务业产值分别为31.13亿元、0.1378亿元、18.2098亿元、0.0242亿元、6.0960亿元，分别增长4.3%、-23.8%、2.1%、-28.8%、19.6%。农村常住居民人均可支配收入16431元，增长8.16%。农业集约化、规模化、标准化得到发展，设施农业面积4666.67公顷，有省、市级现代农业园区14个，无公害生产基地16个，“三品一标”（无公害农产品、绿色食品、有机农产品和农产品地理标志）农产品35个。有市级以上农业龙头企业7家、新型经营主体246家，农业生产经营由“单打独斗”走向“抱团致富”。全年粮食总产量18.8万吨，下降2.39%。蔬菜生产销售、总量双双提升。现代农业发展质量得到提升，新认定市级现代农业园区4个、无公害生产基地3个、无公害农产品4个，农产品合格率在96%以上。积极培育现代农业经营主体，新认定“家庭农场”21家、农民专业合作社23个，新培育职业农民100人。乡村旅游发展效益初显，集休闲、体验、餐饮于一体的“高陵场畔”，在节假日期间平均接待游客过万人。“互联网+农业”蓬勃发展，高陵区农业电商产业园入驻农业电商30家，并吸引近30户从业者入驻；高陵区农产品电子商务协会发展会员60人，销售樱桃、红杏等农产品18万单，销售金额超过800万元。

◆**工业** 2016年，高陵区实现规模以上工业总产值836.62亿元，比上年增长5.7%；实现工业增加值184.98亿元，增长7.3%（可比价增速）；实现规模以上工业增加值180.34亿元，增长7.5%，工业生产平稳向好。深入开展“千人亲商助企”活动，主动协调解决企业生产中存在的困难和问题，促进企业正常生产经营。全年新增规模以上工业企业11户。重点企业陕西重型汽车有限公司完成产值326亿元，增长6.74%；72户亿元以上企业完成产值806.16亿元，增长6.04%；涉及的27个行业中有19个实现正增长，产值下降企业由年初的64家下降到46家。全力配合支持西安经济技术开发区建设渭北工业区高陵装备工业组团，着力推动工业向中、高端发展。截至年底，渭北工业区高陵装备工业组团入驻企业558家，其中规模以上企业143家，产值过亿元企业72家。培育“高新技术企业”29家、市级“科技小巨人”企业25家、上市企业11家。实施技术改造项目136个，获得专利授权1830项，陕西重型汽车有限公司、陕西中兴林产有限责任公司等10家企业完成产品结构调整升级，高陵渭北工业区建设有限公司建设的西安融豪工业城被工业和信息化部确定为第二批“国家小型微型企业创业创新示范基地”。

高陵区2016年经济与社会发展主要指标

指 标	单位	数量	同比增长率（%）
地区生产总值	亿元	300.24	7.3
地方财政一般预算收入	亿元	12.02	-11.4
地方财政一般预算支出	亿元	23.23	-9.0
全社会固定资产投资	亿元	459.53	6.4
社会消费品零售总额	亿元	36.04	13.6
规模以上工业增加值	亿元	180.34	7.5
实际利用外资	万美元	1621	9.7
城镇居民人均可支配收入	元	29464	7.44
农村常住居民人均可支配收入	元	16431	8.16

◆**重点项目建设** 2016年，高陵区注重发挥投资对稳增长的关键作用，制定实施促进投资稳增长的15条措施，优化手续办理，强化要素保障，促进更多的有效投资在高陵落地生根。86个项目完成投资68亿元，其中20个市级重点建设项目完成投资28亿元，18个项目建成竣工。在重点项目的带动下，全年固定资产投资从年初比上年下降71%，“由负转正”增长6.4%。

◆**招商引资** 2016年，高陵区持续加大经济结构调整力度，创新招商引资模式，通过组建专业招商分队“走出去”、利用全市招商平台集中“请进来”等方式，引进项目41个，合同投资额117.8亿元。在经济下行和结构调整的双重压力作用下，经济发展效益有所下滑，全年地方财政一般公共预算收入完成12.02亿元，增速下降。

◆**商贸、旅游业** 2016年，高陵区深入实施三产突破发展战略，现代物流业快速发展，第三产业生产总值比重较2011年提高6.8个百分点。引进大型物流企业9个，东营物流园二期、京通易购一期建成投用；华南城电商物流园、利亨物流园、涌东物流园正在加紧实施；顺丰、京东商城、京通易购在高陵区设立西北分拣中心，现代物流业日交易额超过6000万元。推进“大众创业、万众创新”，深入落实市场准入、创业服务政策，全年新发展各类市场主体3594户，比上年增长30.7%；新增注册资本49.4亿元，增长150%。大力推进商业综合体建设，主动引进新业态，改造提升传统商贸服务业，鹿苑、泾渭、姬家等区域商业气氛更加浓郁。各类市场主体达到1.4万户，培育限额以上商贸企业11家，传统商贸、零售、餐饮业规模和档次不断提升。创建AAA级旅游景区2个，升级“金牌农家乐”5家，以农耕体验、果蔬采摘等为引领的乡村旅游业蓬勃发展。举办2016年高陵区首届文化旅游推广体验季活动、高陵通远镇首届采摘节暨乡村旅游推介活动，高陵文化旅游业发展影响力大幅提升，全年接待游客量250.9万人次，比上年增长146%。

◆**社会事业** 2016年，高陵区扎实推进教育基础设施建设，新建公办幼儿园5所，改造提升农村薄弱学校6所。“十九年无忧教育”投入3226万元；“营养改善计划”实现全覆盖，受益学生26040

高陵场畔

人。深入推进区级公立医院改革和区、镇、村一体化改革，高陵区中医医院、高陵区妇幼保健院迁建改造有序推进，改造提升卫生服务中心4个，新建社区卫生计生服务站5个。大力推进文化体育设施建设，高陵区博物馆建成开放，启动新高陵区文体中心建设，完成16个村、4个社区的健身器材更新工程。制订出台《高陵区全民健身计划（2016—2020）》，新成立体育社团3个，培养社会体育指导员60余人。举办各类文体活动300余场次，放映电影1056场次，高陵公共文化服务“110”示范项目被文化部、财政部确定为第二批“国家公共文化服务体系示范项目”。

◆**社会保障** 2016年，高陵区民生支出16.6亿元，占一般公共预算支出的83%。开展就业培训、创业贷款和失业救助服务，推进“大众创业、万众创新”。全年发放小额担保贷款2214万元，新增城镇就业5521人，农村劳动力转移就业4.6万人。做好医疗救助工作，进一步减轻城乡困难群众患重特大疾病的经济负担，救助困难群众346人次，发放医疗救助金359.5万元。推进全民参保登记计划，城乡居民养老保险参保率99%。新建9个“农村幸福院”，新增210张养老床位。推进精准扶贫，完善扶贫开发长效工作机制，临时救助标准提高至1万元，临时救助困难群众259人次，发放救助金81.8万元；完成农村危房改造19户，新增租金补贴家庭74户，发放租金补贴37.5万元。（陈嘉莉）

中共高陵区区委、人大、政府、政协、纪委

区委书记 杨晓东
副书记 范九利 张韶辉
区人大常委会
主任 胡建超
副主任 张保才
区长 范九利
副区长 张水利 胡民升 王小玲（女） 李斌 韦红 周斌之 赵变量 仲伟周 李全生
区政协主席 刘海燕（女）
副主席 曹秀芳（女） 张护安
区纪委书记 邓鹏

户县

◆**概况** 2016年，户县辖13个镇、1个森林旅游景区、1个街道办事处、518个村民委员会、21个社区居民委员会。土地面积1282平方千米，耕地面积3.75万公顷。常住人口57.44万人，人口出生率10.99‰，人口自然增长率4.86‰。有少数民族27个，共868人。完成地区生产总值162.81亿元，增长8.5%；规模以上工业增加值35.07亿元，增长17.3%；全社会固定资产投资总额125.44亿元，下降7.3%；社会消费品零售总额69.98亿元，增长9.8%；实际利用外商直接投资1479万美元，增长10.5%；农村居民人均可支配收入20092元，增长7.7%，城镇常住居民人均可支配收入27970元，增长7.4%；农村常住居民人均可支配收入18289元，增长7.83%。11月，国务院发布《关于同意陕西省调整西安市部分行政区划的批复》（国函〔2016〕188号），同意撤销户县，设立西安市鄠邑区。

◆**农业和农村经济** 2016年，户县完成农林牧渔业总产值51.55亿元，增长4.4%。其中，农业、林业、牧业、渔业、农林牧渔服务业产值分别为33.27亿元、1.50亿元、10.02亿元、0.17亿元、6.59亿元，分别增长5.0%、27.9%、-2.4%、52.8%、6.1%。全县粮食总产29.77万吨。建成省级以上“一乡一业”示范镇5个、“一村一品”示范村64个。成功创建省、市级农业示范园区14个，渭河示范区、新农村现代农业园、荣华葡萄庄园、潭峪口葡萄休闲示范园提速发展，旅游观光、休闲养生、民俗文化功能日益突出。“户县葡萄”享誉全国，种植面积4400公顷，销售收入突破6亿元。建成94个农村片区化中心社区、5个标准化安置社区，安置群众2640户9721人。建成单村供水工程144处，农村自来水普及率100%。

◆**工业** 2016年，户县完成规模以上工业总产值175.67亿元，比上年增长15%；规模以上工业增加值完成35.07亿元，增长17.3%。西安高新技术产业开区草堂科技产业基地完成固定资产投资216亿元，水、电、路、气、暖等配套设施完备，强生公司、西安大唐制药集团有限公司、中国电子科技集团公司等43个项目进展顺利，比亚迪汽车有限公司西安二厂等19户企业建成投产，基地工业总产值占全县的55.7%。沣京工业园实现工业总产值320亿元，上缴税金13.46亿元，西户科创园被陕西省人民政府批准为省级高新技术产业开发区，西安赛宝工业技术研究院有限公司、西安利君制药股份有限公司、西安汽车零部件产业园等重大项目进展顺利。渭丰包装材料产业基地开工建设，《户县科技产业园规划》编制完成，余下老工业基地稳步发展，户县循环经济产业园、户县军民融合产业园筹建工作扎实推进，全县工业布局日趋完善。

◆**重点项目建设和招商引资** 2016年，户县完成全社会固定资产投资125.44亿元，比上年下降7.3%；95个重点项目完成投资74.01亿元，其中13个市级重点项目投资22.84亿元，完成全年任务的130.7%。积极争取建设用地指标和耕地占补平衡指标，加快清理闲置用地，盘活存量建设用地，保障重点项目用地。依托区位优势，围绕主导产业，瞄准世界500强及国内500强企业，主动承接国内外产业转移，开展针对性强、专业化高的招商活动，实际利用外资1479万美元，引进内资21亿元。加强洽谈对接，力争中通物流集团、炎黄文化产业集团等项目尽快落地建设。

户县2016年经济与社会发展主要指标

指　标	单 位	数 量	同比增长率（%）
地区生产总值	亿元	162.81	8.5
地方财政一般预算收入	亿元	9.41	
地方财政一般预算支出	亿元	40.29	18.9
全社会固定资产投资额	亿元	125.44	-7.2
社会消费品零售总额	亿元	69.98	9.8
规模以上工业增加值	亿元	35.07	17.3
实际利用外资	万美元	1479	10.5
城镇居民人均可支配收入	元	27970	7.40
农村常住居民人均可支配收入	元	18289	7.83

◆商贸、旅游业　2016年，户县实现社会消费品零售总额69.98亿元，比上年增长9.8%。其中，城镇零售额54.40亿元，增长8.1%；乡村零售额15.58亿元，增长16.3%。户县被陕西省商务厅命名为“陕西省电子商务进农村综合示范县”，建成户县电子商务产业园，实现电商销售额3000万元。朱雀太平AAAAA级景区建设步伐加快，冰晶顶营林便道、月宫潭旅游步道项目完成。老环山路绿道示范工程、环山旅游路北8千米绿道示范段建设顺利完成，全力推进李家岩、清凉山片区乡村旅游项目，促进石井镇景、镇一体化发展。倾力打造精品商业，户县兴伦购物中心、天汇广场等商业街区建成运营。

◆社会事业　2016年，户县投入15.89亿元发展教育，实施惠安中学改扩建工程，新建公办幼儿园21所，改建公办幼儿园47所，改造薄弱学校73所。13年免费教育、希望工程学生资助项目实现全覆盖，户县成功创建成为“陕西省双高双普合格县”和“全国义务教育均衡县”，获“全省学前教育三年行动计划先进县”称号。坚持科技创新，申报科技项目94个，争取资金8640万元，户县获“全国科技进步考核先进县”称号，并成为“国家知识产权强县工程试点县”。户县医院门诊综合楼、中医医院整体搬迁项目全面启动，三级综合医院西安医专附属医院、户县急救中心、户县新农合中心建成投用，医疗服务水平不断提升。

◆劳动就业和社会保障　2016年，户县千方百计扩大和稳定就业，以解决结构性就业矛盾为重点，开展“县内重点企业招聘”和“民营企业招聘周”等活动，城镇新增就业4605人，农村劳动力转移就业12.98万人，城镇登记失业率控制在3.2%以内，“零就业”家庭实现动态消除。严格按照《户县保障农民工工资支付工作五项机制实施办法》，开展农民工工资支付专项检查活动，为521名农民工追讨工资1159万余元。全面落实失地农民社保政策，发放城乡居民养老保险金1.48亿元、失地农民养老补贴2037.76万元。切实加强住房保障工作，改造农村危房244户，售出经济适用房37套，建成公租房408套，一线职工住房全面交付，有效解决困难群众住房问题。深入实施扶贫开发和“两联一包”工作，协调落实扶贫项目150个、帮扶资金1192.7余万元，消除贫困人口14739人，52个贫困村达到脱贫标准，贫困村农民人均纯收入9328元（测算），比上年增长38%。坚持城乡低保动态管理，为1598户城市低保户发放低保金972万元，为9417户农村低保户发放低保金2420万元。　（杨文博　王　琛　徐国琪）

中共户县县委、人大、政府、政协、纪委

县委书记　陆晓延
副书记　张永潮　李　化
县人大常委会
主任　张阅农
副主任　王明武　杨建敏
　　　　李养森　王玉婷
县长　张永潮
副县长　张成群　陈　迪
　　　　毛　安　王　值（女）
　　　　谢永平　杨战海
　　　　廖　阳（挂职）
　　　　刘三川（挂职）
县政协主席　张　萍（女）
副主席　王领选　阎长青
　　　　张永阳
县纪委书记　惠军民

蓝田县

◆概况　2016年，蓝田县辖18个镇、1个街道办事处、337个村民委员会。土地总面积2006平方千米，耕地面积3.968万公顷。总人口655329人，其中城镇人口186131人，人口出生率为13.40‰，死亡率7.12‰，自然增长率6.28‰。实现生产总值122.44亿元，增长8.2%；地方财政一般预算收入4.29亿元，增长0.7%；社会消费品零售总额62.08亿元，增长10.1%；全社会固定资产投资264.37亿元，增长34.4%；规模以上工业增加值13.58亿元，增长14.9%；实际利用外商投资1401万美元，增长9.2%，引进内资12.23亿元，增长18.7%；农村常住居民人均可支配收入12207元，增长9.50%；城镇常住居民人均可支配收入26321元，增长7.39%。

◆农业与农村经济　2016年，蓝田县以农业供给侧结构性改革为方向，以农业产业园区建设为平台，坚持“稳粮、强牧、增菜、优果、兴药菌”的发展思路，注重提高发展质量和效益，做强做精蓝田特色农业，促进农业转型升级，全面推进农业发展。全年粮食总产25.57万吨。扶持发展家庭农场12个，发展专业合作社30个，培育新型职业农民90人。投资2200万元，在蓝关街道办事处蒋寨村、新寨村建设蓝田县产业扶贫示范园。认定省级现代农业园区1个、市级现代农业园区2个、县级现代农业园区10个。举办农业科技培训290期，培训农民23651人次。在16镇26个村实施巩固退耕还林成果农村能源项目，安装太阳能1700台、节柴灶800台，修建养殖小区沼气工程5处。落实补贴资金185.16万元，补贴各类农机具356台，其中大中型拖拉机40台、收割机23台，受益农户298户，带动农民投资496.14万元。认证无公害基地7个、无公害产品12个，认定“国家地理标志产品”1个。推广使用无公害农产品标志93万枚。林业固定资产投资26300万元。建成500亩连片核桃示范园4个、200亩示范园10个、100亩示范园12个。完成道路绿化26.67公顷，荒山绿化316.67公顷。开展城区“见缝插绿·见空增绿”工程29万平方米，栽植各类乔灌木绿化苗木29.5万株。兑现退耕还林钱粮补助799.2万元，兑现林农生态效益补偿款1163.5万元。完成水利固定资产投资14亿元，治理水土流失面积63平方千米，新建基本农田面积666.67公顷，新增改善节水灌溉面积2766.67公顷。新建、改建农村饮水安全工程61处，解决4.6万人的饮水安全问题。水产品产量1310吨，实现渔业产值2950万元。新打配套机井75眼，新增提引蓄水能力80万立方米。完成水资源费征收55万元。灞河蓝田段河道综合治

蓝田县2016年经济与社会发展主要指标

指　标	单位	数量	同比增长率（%）
地区生产总值	亿元	122.44	8.2
地方财政一般预算收入	亿元	4.29	0.7
地方财政一般预算支出	亿元	35.62	18.3
全社会固定资产投资额	亿元	264.37	34.4
社会消费品零售额	亿元	62.08	10.1
规模以上工业增加值	亿元	13.58	14.9
实际利用外资	万美元	1401	9.2
城镇居民人均可支配收入	元	26321	7.39
农村常住居民人均可支配收入	元	12207	9.50

理景观提升完成投资1.1亿元，实施了城区段5.5千米河道内清淤疏浚整理、湿地修复、亲水设施布设及灌溉系统建设。在灞源、辋川、玉山新建堤防（护岸）9187.58米。加强水资源管理和节水治污工作，全年污水处理量达512万立方米。

◆招商引资　2016年，蓝田县以基层治理、投资环境、服务效能为重点，深入开展“发展环境提升年”活动，87名县级领导干部包扶98个企业，解决问题127个。出台《农村集体经济组织参与属地工程建设管理办法》《重大招商项目一事一议暂行办法》等，打击处理破坏投资环境行为。与金源集团公司、陕西万达集团开展PPP合作，通过国家开发银行、陕西省农业发展银行、长安国际信托有限公司融集资金9.8亿元。先后赴南京、无锡、上海、深圳、杭州等地开展外出招商，邀请河北建设集团、陕西老三届集团、浙江商会等前来考察。组织参加2016丝绸之路国际博览会暨第二十届中国东西部合作与投资贸易洽谈会，签约项目11个，协议项目1个，合同金额109.7亿元。

蓝田县工业园陕西维特钢构有限公司项目投产运营，上海汽车商用车有限公司新能源汽车等项目启动建设。西北家具工业园三期建设项目基础设施完工，新投产企业21家。签约蓝田县灞河生态产业带PPP项目、陕西美力源乳业有限公司项目等重大项目21个，合同金额410亿元。完成固定资产投资264.37亿元，培育过亿元企业2户（西安同辉养殖设备有限公司、陕西大润福门业有限公司）；新增“两户企业”（个体工商户和农村承包经营户）3319户，其中个体经营户2826户；新增规模以上工业企业11户，净增规模以上工业企业3户；新增限额以上企业8户；非公经济占县域生产总值的比重提高1%。全年实际利用外资1401万美元，引进内资12.23亿元。

◆商贸、旅游业　2016年，蓝田县实施镇村商贸市场建设工程，建成4万平方米的滋水金街商业综合体和5000多平方米的蓝田新城、3800平方米的天鹅湖步行街。6月，蓝田县被商务部、财政部、国务院扶贫开发领导小组办公室确定为“电子商务进农村工作综合示范县”。汤峪镇创建“西安市电子商务示范乡镇(街道)”、塘子街村创建“西安市电子商务示范村”通过西安电子商务协会评审。建成“一园一街四平台”，即蓝田县电子商务物流集散园区，蓝田新城“双创”街区，蓝田县邮政服务中心、蓝田县邮政孵化中心、西北家具工业园电子商务运营中心、蓝田县创客中心。

全面实施“旅游+”战略，出台蓝田县《全方位实施“旅游+”战略的意见》《旅游业发展扶持奖励办法》，成立蓝田县旅游发展委员会，组建蓝田县旅游开发总公司。开工白鹿原旅游专线、蓝柞路等5条旅游道路；启动白鹿原四季花谷、辋川王维山水文化园项目；白鹿原文化产业基地、白鹿原民俗文化村、灞源青坪美丽乡村建成运营。启动汤峪AAAAA级景区创建工作，做大做强“天下第一名汤”品牌。开放红二十五军军部纪念馆，完善王顺山、水陆庵、汪锋故居、蓝田猿人遗址景区绿化、停车场、道路、旅游标志等配套设施。制定乡村酒店、“农家乐”评星定级标准和管理规范，打造蓝关（蓝桥）和白鹿驿站品牌。发展“旅游特色镇”3个（葛牌古镇、玉山旅游名镇和汤峪旅游名镇）、“乡村旅游示范村”10个（蓝桥野竹坪村、九间房桐花沟村、玉山山王村、灞源青坪村、曳湖黑沟村、焦岱鲍旗寨村、葛牌沟口村、曳湖簸箕掌村、汤峪塘子街村和小寨董岭村），新增“农家乐”经营户210户，实现旅游综合收入6亿元。自5月1日起，所有旅游景区免费开放，游客呈井喷之势。全年接待游客1600万人次，实现旅游综合收入35.2亿元，分别比上年增长416%、648%。

◆社会保障　2016年，蓝田县以服务和改善民生为主线，以加强和创新社会管理为重点，认真落实各项惠民政策，在西安市率先设立首个创业担保贷款信用乡村，率先完成养老保险制度改革缴费基数审报，率先实现医疗、生育、工伤、失业“四险合一”，率先落实乡镇工作补贴，率先启动农民工工资保证金制度，村级或社区工作人员就业增收满意度评价名列全市第一。全年城镇新增就业4269人，城镇登记失业率3.39%，农村劳动力转移就业13.31万人，发放小额担保贷款3276万元；城镇基本医疗保险参保率94.5%；城乡居民养老保险参保率99.5%。开展覆盖城乡、长短结合的适龄劳动力全员培训，培训39191人次。出台《蓝田县低收入家庭适龄劳动力职业技能培训资助管理办法》，对贫困家庭初、高中毕业生上各类技工院校的，实行定额资助，资助234人。被征地农民参加城乡居民养老保险补助政策落实到位，享受养老补助948人，发放补助447万元；享受参保补助3920人，落实补助39.2万元。为全县困难群众发放冬春救助资金、生活救助资金320万元。对农村低保对象11496户33565人，发放月保障金696.11万元；对城市低保对象1273户2662人，发放月保障金125.69万元；对“五保”对象1051户1091人，发放供养金621.048万元。临时救助436户，发放金额202.2万元。开展医疗救助“一站式”服务，为困难群众997人次发放医疗救助金302.33万元；为2160名年满60周岁农村籍退役人员发放服役年限补助金215.13万元；为1577名重点优抚对象发放定补抚恤金112.66万元；为全县48名孤儿发放孤儿基本生活费19.43万元。设立贫困妇女“两癌”救助基金，启动重特大疾病救助政府托底工程，惠及群众1413人862万元。接待农民工来访600人次，受理农民工举报投诉案件93起，立案查处72起，责令用人单位补签劳动合同318份，追讨薪资900余万元；受理劳动仲裁案件27起，调解14起，仲裁13起；受理工伤认定21起，做出认定20起。　　（王耀辉）

中共蓝田县县委、人大、政府、政协、纪委

县委书记　王　浩
副 书 记　陈顺利　任　涛

县人大常委会
主　　任　魏桂叶（女）
副 主 任　金　辉　宋选庆
　　　　　胡新志
县　　长　陈顺利
副 县 长　朱　彤　李立强
　　　　　张均锋　孙崇博（女）
　　　　　高建周　穆西峰
　　　　　高云端（挂职）
　　　　　魏红迟（挂职）
县政协主席　刘双虎
副 主 席　魏随康　冯亚利（女）
　　　　　陈群亚
县纪委书记　王保静

楼观台延生观景区

周至县

◆概况　2016年，周至县辖19个镇、1个街道办事处、376个村民委员会。土地面积2974平方千米，县城建成区面积10.2平方千米，耕地面积3.3万公顷。总人口68.7万人，常住人口58.1万人，城镇化率30.8%。粮食产量22.26万吨。实现地区生产总值114.99亿元，增长8.2%。其中，第一产业增加值33.17亿元，增长5.2%；第二产业增加值26.08亿元，增长9.3%；第三产业增加值55.74亿元，增长9.5%。三次产业占生产总值比重为28.8:22.7:48.5。地方财政一般预算收入3.65万亿元。全社会固定资产投资总额159.99亿元，增长2.6%。社会消费品零售总额42.64亿元，增长10.8%。规模以上工业增加值13.2亿元，增长18.3%。实际利用外商直接投资864万美元，增长11.9%；实际引进内资12.22亿元，增长18.67%。城镇居民人均可支配收入26899元，增长7.3%；农村居民人均可支配收入12207元，增长9.5%。

◆工业　2016年，周至县集贤产业园入园企业达到92家，投产企业42家，实现产值14.1亿元，分别增长16.5%、23.5%和28.7%。全县新增规模以上工业企业6家，总数达到45家。

◆商贸、旅游业　2016年，周至县电商企业增加100家，增长98%，总数达到202家，销售总额9亿元，获得国家1500万元财政补贴。周至县成功入选“国家电子商务进农村综合示范县”。在2016丝绸之路国际博览会暨第20届中国东西部合作与投资贸易洽谈会上签约项目29个，总投资90.7亿元。

全年接待游客1445.9万人次，增长3.1%；实现旅游综合收入14.8亿元，增长4.1%。沙河湿地公园通过国家AAAA级景区评审，二、三期连接段工程全线开工；仙游寺大雄宝殿主体建成；八云塔加固点亮工程全面完工；厚畛子镇道路排水、历史古迹和旅游服务等项目基本建成。“平原看沙河水街，沿山拜财神、访老子、游植物园，深山看太白山、老县城和厚畛子古镇”的旅游格局初步形成。

◆劳动就业和社会保障　2016年，周至县新增城镇就业4525人，转移劳动力16.02万人，城镇登记失业率低于3.33%。县城主干道、人行道、二业路等道路改造、绿化工程全面完成，西宝高速周至31线（周至段）建成并投入使用。省道107绿道景观改造提升示范段工程全面竣工。田峪河楼观段、黑河陈河段等中小河流治理工程全面完工。哑柏省级重点示范镇污水处理厂投入运行。二曲、楼观入选2016年全国重点镇。国卫复审巩固提升工作通过国家验收。成功打造省级卫生村13个。西北大学现代学院（周至分校区）、中博楼观医院等5个医疗项目落地周至。32个“农村幸福院”和2个社区居家养老服务站投入使用，周至县养老服务中心、周至县儿童福利院主体竣工。精准识别贫困群众2935户9633人，投入资金3300万元用于驻村联户帮扶。西安市首家扶贫大数据库投入使用。为全县4.2万名贫困人口办理健康扶贫保险，为314户特困户及“三无户”解决住房问题。7个移民社区建成安置房2251套。周至县被陕西省民政厅确定为“全省农村低保兜底保障试点县”和“全省社会扶贫创新帮扶试点县”。　（郭　斌）

周至县2016年经济与社会发展主要指标

指　标	单位	数量	同比增长率（%）
地区生产总值	亿元	114.99	8.2
地方财政一般预算收入	亿元	3.65	
地方财政一般预算支出	亿元	38.04	11.3
全社会固定资产投资额	亿元	159.99	2.6
社会消费品零售额	亿元	42.64	10.8
规模以上工业增加值	亿元	13.20	18.3
实际利用外资	万美元	864	11.9
城镇居民人均可支配收入	元	26899	7.30
农村常住居民人均可支配收入	元	14638	7.51

中共周至县县委、人大、政府、政协、纪委

县委书记　杨向喜
副 书 记　李永军

县人大常委会
主　　任　何凡盟
副 主 任　王秋芳　李玲玲
　　　　　李民周　尹纯会
县　　长　陈旭辉
副 县 长　刘　凯　夏　鹏
　　　　　高少军　周训良
　　　　　马　震（挂职）
　　　　　池晓辉（挂职）
县政协主席　蒋选亮
副 主 席　苗　炜　任兴之
　　　　　朱　璇
县纪委书记　杨　辉

人物

责任编辑　姚文东

新任市级领导

◆**王永康** 1963年11月生，湖北武汉人。全日制硕士研究生，工学硕士；在职博士研究生，工学博士，研究员级高级工程师。1985年8月参加工作，1984年9月加入中国共产党。历任中国兵器工业总公司第五二研究所宁波分所课题组组长、副所长、常务副所长、所长兼浙江省宁波市科学技术协会副主席，第五二研究所副所长（副厅级）兼宁波分所所长，宁波市科学技术委员会副主任、党组副书记（主持工作），宁波市科委主任、党组书记，宁波市人民政府副秘书长、市科技园区管委会主任、党工委书记，宁波市科委（科技局）主任（局长）、党组书记，中共余姚市委副书记、代市长、市长、市委书记，中共宁波市委常委（正厅长级，挂职任中共重庆市南川区委书记、区人大常委会主任），中共丽水市委副书记、市长、市委书记、市人大常委会主任。2016年1月，任中共浙江省委常委、省委统战部部长。2016年12月9日，西安市召开全市领导干部大会，宣布《中共中央关于王永康等同志职务任免的通知》《中共陕西省委关于王永康、魏民洲同志职务任免的通知》，批准王永康任中共陕西省委委员、常委、西安市委书记。

◆**胡润泽** 1958年4月生，陕西岚皋人。硕士研究生学历。1978年9月参加工作，1980年9月加入中国共产党。历任岚皋县红光乡林特员、管委会副主任，中共岚皋县横溪乡党委书记，岚皋县官元区区长、区委书记，岚皋县缫丝厂党总支书记、厂长，岚皋县林特局党委书记、局长，白河县副县长、县长、县委书记，中共陕西省委组织部市县干部处处长、副部长，汉中市委副书记、市长、市委书记，中共商洛市委书记。2016年7月11日，中共西安市委召开市委常委扩大会议，宣布中共陕西省委决定胡润泽任中共西安市委委员、常委、副书记、市委党校校长。

◆**赵敏** 1963年2月出生，湖南湘乡人。研究生学历，法学硕士，1985年7月参加工作，1988年12月加入中国共产党。曾任人事部办公厅综合处处长，督查信息处处长，办公厅副主任，人力资源和社会保障部办公厅副主任、主任。2016年8月30日，西安市第十五届人民代表大会常务委员会第三十四次会议任命为西安市人民政府副市长。（连 捷）

逝世人物

◆**陈士橹(1920.09.24—2016. 04.24)** 浙江省东阳市人。1945年毕业于清华大学，获学士学位，1958年毕业于苏联莫斯科航空学院，获副博士学位。1959年受命创建西北工业大学导弹系（后改名宇航工程系）。20世纪80年代以来，先后赴德国、美国、日本等国考察讲学，在国内外发表学术论文80多篇，获国家教育委员会科技进步奖一等奖及省部级二等奖6项，为中国培养出飞行力学硕士、博士及博士后30多名。1994年，被聘为俄罗斯宇航科学院外籍院士，不久又成为美国宇航学会副资深委员，入选《世界科技名人录》。1997年，当选为中国工程院院士。长期从事飞行器飞行力学与控制的研究，在飞行力学、空气动力学、自动控制与结构弹性的交叉学科研究中建立并完善了一些新的理论和方法，解决相应的工程技术问题，并已在航空航天一些院所得到应用。主持完成国家级、部级和国防部门的协作课题十多项，成果均达国际先进水平。2016年4月24日于西安逝世，享年96岁。

◆**陈忠实（1942.08.03—2016.04.29）** 西安市灞桥区西蒋村人。中国当代著名作家，曾任陕西省作家协会主席、中国作家协会副主席。1962年高中毕业，1965年开始发表作品。1979年加入中国作家协会。著有短篇小说集《乡村》《到老白杨树背后去》，中篇小说集《初夏》《四妹子》《陈忠实小说自选集》（3卷），《陈忠实文集》（5卷），散文集《告别白鸽》等。短篇小说《信任》获1979年全国优秀作品奖、《立身篇》获1980年“飞天文学奖”，中篇小说《康家小院》获上海首届《小说界》文学奖、《初夏》获1984年《当代》文学奖、《十八岁的哥哥》获1985年《长城》文学奖，报告文学《渭北高原，关于一个人的记忆》获全国1990—1991年报告文学奖，长篇小说《白鹿原》获1993年陕西“双五”文学奖、1996年人民文学出版社炎黄杯文学奖、第四届茅盾文学奖。2016年4月29日7时40分，因病在西安西京医院去世，享年73岁。

◆**土金璋(1921.10.10—2016.05.21)** 陕西省淳化县卜家乡土家嘴村(后划入东庄村)人。1938年1月参加革命工作，1939年加入中国共产党。历任陕甘宁边区教育厅教育辅导员，赤水县民教馆馆长，赤水县三、四区区委宣传科科长，新正县政府副科长，中共赤水县三区区委书记，中共高陵县委书记，中共陕西省委组织部组织指导处处长，中国驻朝鲜大使馆一等秘书，西藏自治区政府外事处副处长，外交部钓鱼台宾馆主任，中国驻罗马尼亚大使馆参赞，中共延安地委副书记，延安地区行署副专员、专员，西安市人民政府副市长兼外事办公室主任，西安市第九届人民代表大会常务委员会副主任、党组成员，西安市第十届人民代表大会常务委员会副主任、党组副书记。中共西安市第七次党代会代表，西安市第九届、十届、十一届人大代表。2016年5月21日在西安逝世，享年95岁。

◆**李廷弼（1917.10—2016.07.08）** 陕西华县人。1934年4月参加革命工作并加入中国共产党。1936年被敌逮捕，1937年保释出狱。1938年至1941年，先后任中共华县、蓝田县区委书记。1941年至1942年，在陕北公学、延安大学学习。1942年至1949年，先后任中共神池县组织部长、代理县委书记，晋绥边区二专署建设科科长，五寨县副县长，神池县县长，二专署副专员。1949年至1956年，任西安市人民政府党组成员、市建设局局长、市人民委员会第四办公室副主任兼城市规划管理局局长。1956年至1966年，相继任陕西省城市建设局局长兼党组书记，陕西省建筑工程局局长兼党组书记，陕西省冶金局副局长兼党组成员，陕西省交通厅厅长兼党组书记、党委书记。“文化大革命”中受迫害，1969年，下放到富县插队劳动。1978年，任陕西省经济委员会党组成员、副主任，后任陕西省交通局局长、党组书记。1981年1月至1982年12月，任西安市人民政府副市长、党组书记。1982年，任中共西安市顾问委员会常委、西安市人民政府顾问。1990年7月离职休养。2016年7月8日22时40分在西安逝世，享年99岁。

◆**史金凤（1954—2016.07.08）** 女，周至县楼观镇塔峪村人。史金凤从1991年收养一名聋哑弃婴开始，到1999年创办陕西省唯一民办

聋哑学校，使来自不同省份的200多名聋哑儿童重获新生，走向社会。她先后获得全国和陕西省“三八红旗手”、省市“慈善奖”、“巾帼文明奖”、“特殊教育先进工作者”和“感动中国十大真情故事”“感动中国十大新闻人物候选人”“当代中华最感人的十大孝慈人物”等多项荣誉。

◆白清才（1932.11—2016.11.06） 生于山西省五台县。1949年6月参加革命工作，1955年10月加入中国共产党。1959年3月任山西省财政贸易委员会秘书。1964年10月起，历任山西省定襄县神山大队“四清”工作队队长、神山大队党总支书记。“文化大革命”中受冲击。1969年7月起，历任山西省计划委员会办公室主任、山西省平鲁县省委工作组组长兼中共平鲁县委副书记、中共山西省委财贸部副部长、山西省财贸委员会副主任。1981年6月起，历任中共山西省晋东南地委常务书记、山西省副省长兼省计划委员会主任。1985年5月，任中共山西省委常委、常务副省长。1990年4月，任中共陕西省委副书记、陕西省省长。1995年5月，任中华全国供销合作总社党组书记、理事会副主任。是中国共产党第十四届中央委员会委员，第九届全国人民代表大会常务委员会委员、全国人大环境与资源保护委员会副主任委员。2003年12月离休。2016年11月6日因病在山西逝世，享年85岁。 （连 捷）

先进人物

2016年“西安市五一劳动奖章”获得者

姓 名	单位及职务
尚玉龙	西安市市政建设（集团）有限公司预制构件厂机修组组长
汤华冰	中车西安车辆有限公司客修事业部技术质量处副主任工艺师
李 静（女）	陕西五环（集团）实业有限责任公司细纱车间甲班三组值车工
韩 峰	西安热电有限责任公司检修专业制粉班班长
马顺莉（女）	西安饮食股份有限公司德发长酒店饺子馆中心厨房面案厨师
胡晓艳（女）	西安市西光中学教务处主任
冯 健	西安市文物保护考古研究院院长
赵文可	西安碑林药业股份有限公司动力车间技术主管
徐 璐（女）	西安市铁一中学教师
张华宁	西安聚和商贸有限责任公司办公室劳资专干
魏 军	西安西粮实业有限公司董事长、总经理、党委副书记
杨丽红（女）	西安市莲湖区西大街道路保洁所西门班班长
杨俊峰	西安市雁塔区明德门小学教师
薛世民	陕西金翼服装有限责任公司生产部生产组长
李虎明	西安金江建材物流有限公司物业管理部保安队队长
曹 力	西安航空发动机集团有限公司科研工段数控立车工
黄庆林	西安光明眼镜有限公司总经理
冯志强	西安市阎良区农业技术推广中心植保组高级农艺师
张国利	西安市临潼区燃气有限责任公司管网运营部巡线员
李耿欣	西安市长安区医院住院部内二科主任
贾 磊	高陵渭北工业区建设有限公司工程部土建技术员
刘继报	西安市未央区东前进小学校长
周江雄	西安源木艺术家居有限公司木工部物料管理员
杨云露	陕西马鞍桥生态矿业有限公司采矿厂工人
姚小军	西安新达机械有限公司技术部设计师
雷 宇	西安葡萄城信息技术有限公司LeySer开发部门软件开发高级工程师
谢英杰	西部钛业有限责任公司板带厂工艺科职工
米 莹（女）	陕西明珠瑞吉欧教育科技有限公司总经理
王海宁	西安大满制罐有限公司技工
李思钊	西安市长安区斗门街道办事处安监科科长
刘 尧	西安国际陆港管理服务有限责任公司推广策划部副经理
王宇驰	西安西电高压开关有限责任公司技术管理处副处长
黎吼平	西安市公安局公共交通分局一大队三级警长
孙鸿声	西安陕鼓动力股份有限公司设计研发部技术总监
张 晗	国家林业局西北林业调查规划设计院园林处工程师
陈玉红（女）	陕西省西安中学教师
成宏让	西安经发保洁有限公司总经理
梁小刚	西安华谱电力设备制造有限公司生产部生产经理兼技术工程师
田建军	西安高新第一中学教师
于海涛	西安演艺集团有限公司演出营销部执行导演
崔 锋	西安恒达微波技术开发有限公司副总设计师兼研发部电气设计室主任
张亚锋	西安市食品药品检验所食品室主任
张 卫	西安市地方税务局基金处处长
郝 伟	西安市中医医院心血管病科主任医师
穆 涛	美文杂志社常务副主编
邓胜辉	西安标准工业股份有限公司装配车间主任
张克让	西安东方乳业有限公司设备部经理
崔超望	户县中医医院中风科主任
赵雪花（女）	西安曲江文化旅游股份有限公司大唐芙蓉园景区管理分公司总经理
刘铁军	西安银行股份有限公司雁塔支行支行长

第五届“西安青年五四奖章”获得者

姓 名	单位及职务
王 冠	西安青年职业技能培训学校校长助理
王一凡	西安曲江临潼国家旅游休闲度假区管委会艺术发展部部长助理
文 俊	西安市儿童医院急诊科主治医师
刘汉荣	西安市消防支队浐灞中队执勤中队长助理
孙红艳（女）	西安市农产品质量安全检验监测中心检测员
李 谊	中联西北工程设计研究院有限公司党委委员、总经理助理
何卓远	西安味芝朗餐厅总经理
张 怡	西安泉顺实业有限公司总经理
栗 凯	陕西唐润置业有限公司总经理
徐志清	西安市公安局特警支队四大队中队长
高月宏	西安体育学院党委宣传部常务副部长
席 灏	陕西澄心文化艺术有限公司董事长
曹 梅（女）	西安市气象局大气探测中心泾河国家基本气象站副站长
曹喜照	户县足球协会主席
雷久荣	西安市临潼区建设和住房保障局办公室副主任

（连 捷）

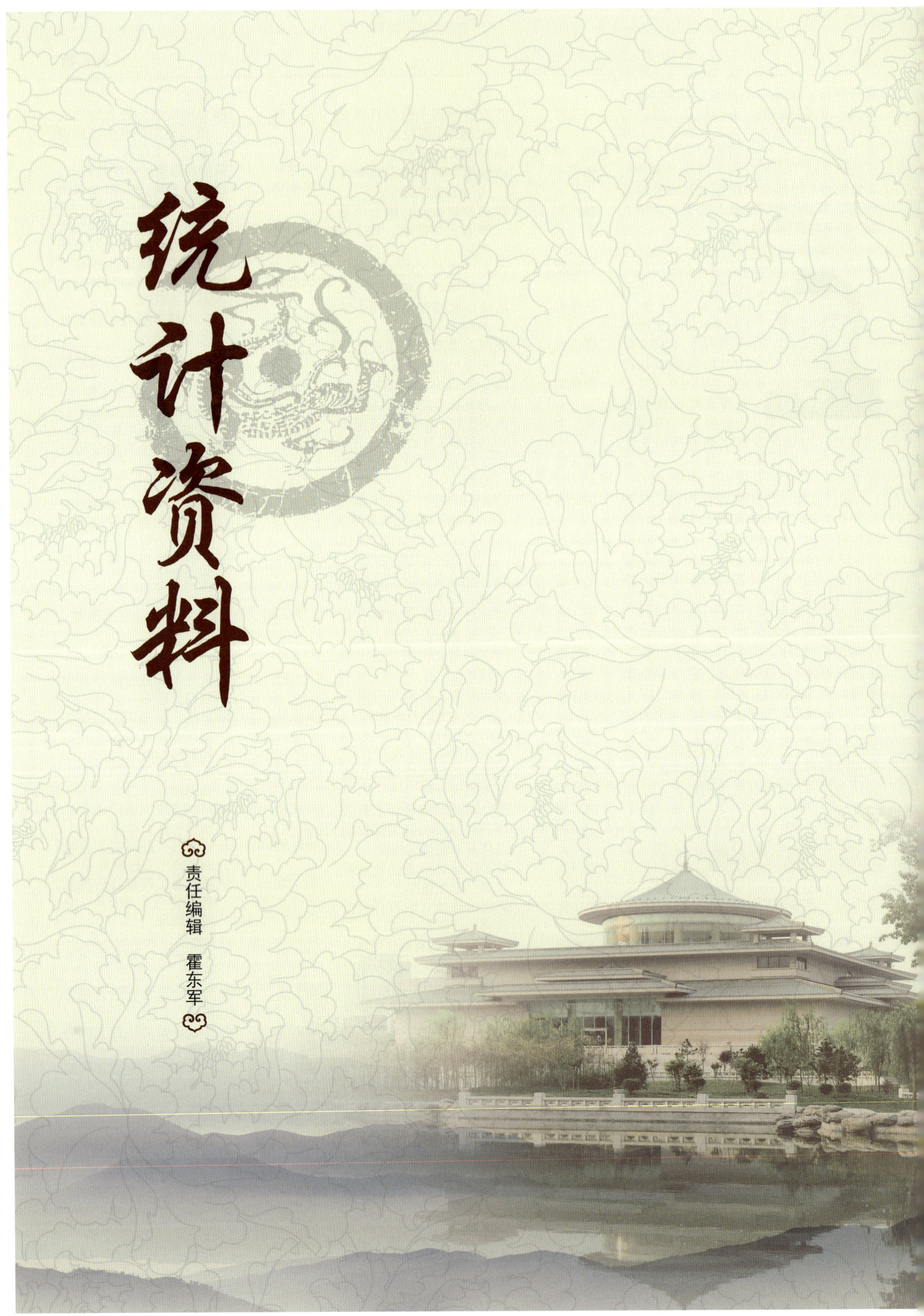
统计资料
责任编辑 霍东军

主要经济社会指标及增速

	单位	2016年	同比增长（%）
常住人口	万人	883.21	1.5
城镇化率	%	73.43	0.4
粮食产量	万吨	175.33	-3.1
地区生产总值	亿元	6257.18	8.5
第一产业	亿元	232.01	3.8
第二产业	亿元	2197.81	8.6
第三产业	亿元	3827.36	8.8
工　业	亿元	1396.69	9.5
人均GDP	元	71357	6.5
非公有制经济增加值	亿元	3302.27	—
非公有经济增加值占GDP比重	%	52.80	—
五大主导产业增加值	亿元	3400	—
五大主导产业增加值占GDP比重	%	54.3	—
规模以上工业增加值	亿元	1178.39	9.9
#装备制造业	亿元	654.44	16.3
全社会固定资产投资	亿元	5191.36	2.0
#房地产开发投资	亿元	1955.82	6.8
#工业投资	亿元	949.27	-12.0
社会消费品零售总额	亿元	3730.70	9.6
#限额以上企业（单位）消费品零售额	亿元	2469.51	4.5
单位GDP能耗降低率	%	3.83	—
进出口总值	亿元	1828.46	3.8
出口总值	亿元	946.75	15.5
进口总值	亿元	881.70	-6.4
实际利用外商直接投资	亿美元	45.05	14.0
接待国内外旅游者人数	万人次	15012.56	10.4
旅游业总收入	亿元	1213.81	13.1
客运量	亿人次	23671.25	2.5
#民航旅客吞吐量	万人次	3699.44	12.2
货运量	亿吨	23888.03	5.1
#民航货物吞吐量	万吨	23.38	10.5
全体居民人均可支配收入	元	30032	7.9
城镇常住居民人均可支配收入	元	35630	7.4
农村常住居民人均可支配收入	元	15191	8.0
居民消费价格总指数	上年=100	100.90	0.9
商品零售价格指数	上年=100	100.10	0.1
工业生产者出厂价格指数	上年=100	97.80	-2.2
工业生产者购进价格指数	上年=100	97.60	-2.4
新建住宅销售价格指数	上年=100	102.90	2.9
全社会用电量	亿千瓦时	312.06	9.7
#工业用电量	亿千瓦时	106.22	6.5
财政总收入	亿元	1135.68	8.5

续表

	单位	2016年	同比增长（%）
地方财政一般公共预算收入	亿元	641.07	11.1
地方财政一般公共预算支出	亿元	942.52	2.8
期末金融机构本外币存款余额	亿元	19488.38	8.0
#住户存款	亿元	7142.34	7.6
期末金融机构本外币贷款余额	亿元	15542.39	11.3

注：五大主导产业增加值为初步测算数据。

法人单位数

单位：个

	2016年年末	同比增减个数
法人单位	126686	9491
1.按机构类型分		
企业法人	110319	9348
机关、事业法人	5880	-27
其他法人	10487	170
2.按产业分		
第一产业	3628	768
第二产业	24490	1978
第三产业	98568	6745
3.按注册类型分		
内资企业	125796	9424
港、澳、台商投资企业	292	28
外商投资企业	598	39

生产总值

	单位	总量	同比增长（%）
生产总值	亿元	6257.18	8.5
按产业分：第一产业	亿元	232.01	3.8
第二产业	亿元	2197.81	8.6
第三产业	亿元	3827.36	8.8
按行业分：农林牧渔业	亿元	256.38	4.1
工业	亿元	1396.69	9.5
建筑业	亿元	818.82	6.5
交通运输、仓储及邮政业	亿元	293.65	8.1
批发和零售业	亿元	706.23	5.4
住宿和餐饮业	亿元	169.79	5.4
金融业	亿元	722.85	9.1
房地产业	亿元	425.42	6.1
其他服务业	亿元	1467.35	12.3
人均GDP（按常住人口计算）	元	71357	6.5
非公有制经济增加值	亿元	3302.27	—
非公有制经济增加值占GDP比重	%	52.8	与上年持平
五大主导产业增加值	亿元	3400左右	—
五大主导产业增加值占GDP比重	%	54.3左右	—

农林牧渔及服务业总产值和增加值

	总产值（亿元）	同比增减率（%）	增加值（亿元）	同比增长（%）
农、林、牧、渔及服务业	405.63	4.2	256.38	4.1
农业	258.75	4.8	171.86	4.5
林业	10.22	14.7	5.62	12.6
牧业	94.09	0.6	53.51	0.5
渔业	1.96	0.1	1.01	0.3
农、林、牧、渔、服务业	40.61	6.6	24.38	6.9

规模以上工业增加值

	总　量（亿元）	同比增长（%）
规模以上工业增加值	1178.39	9.9
#装备制造业	654.44	16.3
按轻重分		
轻工业	255.70	0.4
重工业	922.69	13.0
按行业分		
#*汽车制造业	154.95	10.8
*铁路、船舶、航空航天和其他运输设备制造业	41.88	23.7
*电气机械和器材制造业	122.17	15.9
医药制造业	67.11	5.8
*通用设备制造业	27.05	-21.4
*专用设备制造业	64.38	3.9
电力、热力生产和供应业	88.10	2.0
农副食品加工业	30.23	-9.5
*计算机、通信和其他电子设备制造业	205.51	36.0
非金属矿物制品业	37.89	12.2
酒、饮料和精制茶制造业	27.81	-14.6
燃气生产和供应业	17.15	8.7
化学原料和化学制品制造业	71.20	27.5
有色金属冶炼和压延加工业	40.37	9.2
食品制造业	37.26	-1.0
*仪器仪表制造业	19.05	0.1
印刷和记录媒介复制业	23.10	3.3
石油加工、炼焦和核燃料加工业	5.09	
*金属制品业	19.45	7.1
黑色金属冶炼和压延加工业	7.00	1.2

注：带*号的属规模以上装备制造业。

规模以上工业主要产品产量

	单位	总　量	同比增长（%）
发电量	亿千瓦时	161.01	2.1
软饮料	万吨	211.83	-19.5
小麦粉	万吨	87.64	-37.7
机制纸及纸板	万吨	13.45	10.1
汽油	万吨		
液化石油气	万吨		
配合饲料	万吨	6.69	-25.1
乳制品	万吨	88.42	-17.7
原油加工量	万吨		
钢材	万吨	43.92	18.3
交流电动机	万千瓦	318.23	-52.6
柴油	万吨		
轿车	万辆	19.59	-18.4
变压器	万千伏安	13471.36	-0.8

全社会用电量

	总　量（亿千瓦时）	同比增长（%）
全社会用电总计	312.06	9.7
全行业用电合计	221.68	8.2
第一产业	8.78	-2.4
第二产业	114.73	5.4
工　业	106.22	6.5
建筑业	8.51	-7.2
第三产业	98.17	12.8
交通运输、仓储、邮政业	10.99	20.9
信息传输、计算机服务和软件业	6.20	34.1
商业、住宿和餐饮业	30.14	8.7
金融、房地产、商务服务业	21.27	14.8
公共事业及管理组织	29.57	9.1
城乡居民生活用电	90.38	13.6
城　市	63.99	15.6
乡　村	26.39	9.1

注：用电数据来源于国网陕西省电力公司西安供电公司。

建筑施工企业基本情况

	单位	2015年	2016年
企业单位数（施工总承包和专业承包）	个	697	882
#二级以上企业	个	604	736
计算劳动生产率平均人数	人	651272	685938
#二级以上企业	人	623202	653416
建筑业总产值	亿元	2650.41	2897.55
#二级以上企业	亿元	2559.72	2796.57
全员劳动生产率（按总产值计算）	元/人	407329	422400

交通及邮电

	单位	总　量	同比增长（%）
全社会车辆数	万辆	258.85	8.1
#私人汽车拥有量	万辆	222.14	12.5
旅客运输总量	万人次	23671.25	2.5
公路	万人次	15773.00	-0.2
铁路	万人次	4198.81	5.4
民航（吞吐量）	万人次	3699.44	12.2
旅客周转量	亿人公里	290.92	7.9
公路	亿人公里	90.84	-0.3
铁路	亿人公里	67.65	-0.8
民航	亿人公里	132.43	20.2
货物运输总量	万吨	23888.03	5.1
公路	万吨	23011.00	5.2
铁路	万吨	853.66	0.7
民航（吞吐量）	万吨	23.38	10.5
货物周转量	亿吨公里	552.13	5.1
公路	亿吨公里	324.09	5.4
铁路	亿吨公里	227.05	4.6
民航	亿吨公里	0.99	24.6
地铁客运量	万人次	40815.80	19.3
公交车客运量	万人次	148705.00	-7.7
出租车客运量	万人次	42111.83	-4.7
邮政业务总收入	亿元	43.99	43.3
电信业务总收入	亿元	142.41	9.1

注：1. 公路数据来源于市交通局；铁路数据来源于西安铁路局；民航数据来源于西北民航管理局；邮政数据来源于西安邮政局；电信数据来源于中国电信西安分公司、中国移动西安分公司和中国联通西安分公司。
2. 全社会车辆数为预计数。

全社会固定资产投资总额

	总　量（亿元）	同比增长（%）
全社会固定资产投资	5191.36	2.0
一、固定资产投资（不含农户）	5097.00	3.4
1. 按登记注册类型分		
公有制经济	2484.12	13.1
非公有制经济	2612.88	-4.5
2. 按报表种类分		
项目投资	3141.18	1.4
房地产开发	1955.82	6.8
3. 按产业结构分		
第一产业	89.70	-10.1
第二产业	963.80	-12.3

续表

	总　量（亿元）	同比增长（%）
#工业	949.27	-12.0
第三产业	4043.50	8.3
#交通、仓储、邮政业	322.37	16.0
信息传输、计算机服务和软件业	85.06	-21.4
批发零售、住宿餐饮业	133.42	-26.8
水利、环境和公共设施管理业	627.43	31.8
#公共设施管理业	585.52	36.6
在固定资产投资中：民间固定资产投资	2427.36	-6.1
二、农户投资	78.65	-0.5
本年新增固定资产	1952.93	-4.7
本年施工项目个数（个）	2610	28.1
#本年新开工项目个数	1794	34.7

社会消费品零售总额

单位：亿元

	2015年	2016年
社会消费品零售总额	3405.38	3730.70
1.按销售单位所在地分		
(1)城镇	3292.83	3598.73
#城区	2832.66	3065.98
(2)乡村	112.55	131.97
2.按行业分		
(1)批发业	625.11	629.65
限额以上单位	401.84	354.53
限额以下单位	223.27	275.12
(2)零售业	2515.54	2806.75
限额以上单位	1855.70	2032.41
限额以下单位	659.84	774.34
(3)住宿和餐饮业	264.73	294.30
限额以上单位	88.36	82.58
限额以下单位	176.37	211.72

对外开放

	单　位	总　量	同比增长（%）
进出口总值	亿元	1828.46	3.8
出口	亿元	946.75	15.5
进口	亿元	881.70	-6.4
实际利用外商直接投资	亿美元	45.05	14.0
合资企业	亿美元	4.87	-45.3
合作企业	亿美元		
外资企业	亿美元	40.17	31.4
国际友好城市	个	29	—

财政收支

	总　量（亿元）	同比增长（%）
财政总收入	1135.68	8.5
地方财政一般公共预算收入	641.07	11.1
#税收收入	370.56	10.7
#国内增值税	50.86	70.1
营业税	54.81	-50.9
企业所得税	39.75	2.8
个人所得税	19.74	15.1
地方财政一般公共预算支出	942.52	2.8
#一般公共服务	60.14	6.0
公共安全	52.09	12.8
教育	119.63	1.0
科学技术	27.48	8.0
文化体育与传媒	28.76	30.1
社会保障和就业	105.24	10.8
医疗卫生	73.42	5.1
节能环保	18.57	-46.4
城乡社区事务	262.10	12.5
农林水事务	56.59	-0.1
交通运输	20.40	-49.6
基金预算收入	641.07	11.1
基金预算支出	942.52	2.8

注：财政收支数据来源于市财政局。

金融机构本外币存贷款

	2016年年末（亿元）	同比增长（%）
期末金融机构存款余额	19488.38	8.0
#住户存款	7142.34	7.6
非金融企业存款	8055.14	12.3
广义政府存款	3239.78	11.7
非银行业金融机构存款	1019.96	-21.6
期末金融机构贷款余额	15542.39	11.3
#住户贷款	3315.54	16.0
非金融企业及机关团体贷款	12202.97	10.0
非银行业金融机构贷款	0.20	-88.4

金融机构人民币存贷款

	2016年年末（亿元）	同比增长（%）
期末金融机构存款余额	19073.96	7.2
#住户存款	7035.81	7.1
非金融企业存款	7788.07	10.8
广义政府存款	3237.57	11.7
非银行业金融机构存款	999.90	-22.1
期末金融机构贷款余额	15282.65	11.4
#住户贷款	3315.33	16.0
非金融企业及机关团体贷款	11963.01	10.2
非银行业金融机构贷款	0.20	-88.4

注：金融数据来源于人民银行西安分行营业管理部。

劳动就业

	单位	2016年	同比增长（%）
全社会从业人员	万人	539.18	2.1
#非公从业人员	万人		
1.城镇从业人员	万人	335.07	2.3
乡村从业人员	万人	204.11	1.9
2. 第一产业	万人	105.12	-2.4
第二产业	万人	127.88	-1.3
第三产业	万人	306.18	5.3
城镇登记失业率	%	3.33	-0.04
城镇新增就业人数	万人	12.92	0.5
城镇失业再就业人员	万人	6.03	4.0

注：本表从业人员数据为预计数。城镇登记失业率等3项指标来源于人社局。

社会保障

	单位	2015年	2016年
基本养老保险参保人数	万人	590.66	605.61
#城镇企业职工	万人	306.99	330.50
基本医疗保险参保人数	万人	419.52	435.61
失业保险参保人数	万人	149.62	152.73
工伤保险参保人数	万人	149.22	154.92
生育保险的职工人数	万人	110.04	121.23
农村新型合作医疗参保人数	万人	406.11	381.45
农村新型合作医疗参保率	%	99.22	99.26
城市居民最低生活保障人数	万人	5.9	4.7
农村居民最低生活保障人数	万人	13.1	9.7
农村“五保”供养人数	人	4922	5174
结婚对数	对	80790	74489
离婚对数	对	18926	20925
办理老年优待证数	万本	7.2	6.4

注：本表数据来源于市人社局、市卫计委和市民政局。因口径变化，其中2015年城镇企业职工基本养老保险参保人数中未含事业单位人数，故与上期资料中不一致。

物价指数

	2016年（上年=100）
居民消费价格总指数	100.9
非食品价格指数	100.1
服务项目价格指数	100.3
消费品价格指数	101.2
食品和烟酒	102.8
衣　着	102.1
家庭设备用品及维修服务	
医疗保健及个人用品	102.3
交通和通信	97.3
娱乐教育文化用品及服务	99.2
居　住	100.6
商品零售价格指数	100.1
住宅销售价格指数	
新建住宅销售价格指数	102.9
二手住宅销售价格指数	96.9
土地、房屋及固定资产价格指数	
固定资产投资价格指数	100.0
#建筑安装、装饰工程价格指数	100.5
工业生产者出厂价格指数	97.8
按轻重工业分：轻工业	98.5
重工业	97.6
按两大部类分：生产资料	97.4
生活资料	98.6
工业生产者购进价格指数	97.6
#燃料动力类	98.3
黑色金属材料类	96.0
农副产品类	100.4

注：物价数据来源于国家统计局西安市调查队。

城市基础设施及环境保护

	单　位	2015年	2016年
建成区面积	平方千米	548.6	565.75
市区人均公园绿地面积	平方米	11.9	11.87
建成区绿化覆盖率	%	42.6	43.15
新建人行天桥、地下通道	座	8	5
新建改造绿地广场	个	60	100
全年完成市政公用设施投资	亿元	392.70	437.13
污水处理能力	万吨/日	221.1	261.1
饮用水源水质达标率	%	100	99.72
可吸入颗粒物年平均浓度	微克/标立方米	125	136
环境空气中二氧化硫年平均浓度	微克/标立方米	24	19
环境空气中二氧化氮年平均浓度	微克/标立方米	44	53
空气综合污染指数	—	3.3	3.58
空气质量良好天数	天	251	192

注：城市公用事业数据来源于市建委，为初步统计数；环境保护数据来源于市环保局。

全国、陕西省、西安市2016年主要经济指标

	全国		陕西省			西安市		
	绝对额	同比增长(%)	绝对额	同比增长(%)	占全国比重(%)	绝对额	同比增长(%)	占全省比重(%)
总人口(万人)	138271	增加809万人	3812.62	增加19.75万人	2.8	883.21	1.5	23.2
城　镇	79298	增加2182万人	2109.90		2.7	648.54	2.0	30.7
乡　村	58973	减少1373万人	1702.72		2.9	234.67	-0.1	13.8
城镇化率(%)	57.35	提高1.25个百分点	55.34	提高1.42个百分点	低于全国2.01个百分点	73.43	提高0.41个百分点	高于全省18.09百分点
粮食产量(万吨)	61624	-0.8	1228.30	0.1	2.0	175.33	-3.1	14.3
生产总值(亿元)	744127	6.7	19165.39	7.6	2.6	6257.18	8.5	32.6
第一产业	63671	3.3	1693.84	4.0	2.7	232.01	3.8	13.7
第二产业	296236	6.1	9390.88	7.3	3.2	2197.81	8.6	23.4
第三产业	384221	7.8	8080.67	8.7	2.1	3827.36	8.8	47.4
规模以上工业增加值(亿元)	—	6.0	—	6.9	—	1178.39	9.9	—
全社会固定资产投资(亿元)	596501	8.1	20825.24	12.1	3.5	5191.36	2.0	24.9
#房地产开发投资	102581	6.9	2736.75	9.7	2.7	1955.82	6.8	71.5
社会消费品零售总额(亿元)	332316	10.4	7302.57	11.0	2.2	3730.70	9.6	51.1
#限额以上企业(单位)消费品零售额	154286	8.1	4560.31	9.9	3.0	2469.51	4.5	54.2
进出口总值(亿元)	243344	-0.9	1974.80	4.2	0.8	1828.46	3.8	92.6
出口	138409	-2.0	1044.61	13.7	0.8	946.75	15.5	90.6
进口	104936	0.6	930.19	-4.8	0.9	881.70	-6.4	94.8
实际利用外商直接投资(亿美元)	1260.01	-0.2	50.12	8.5	4.0	45.05	14.0	89.9
全社会用电量(亿千瓦时)	59198	5.0	1328.64	9.5	2.2	312.06	9.7	23.5
#工业	41383	2.9	828.48	8.7	2.0	106.22	6.5	12.8
地方财政一般公共预算收入(亿元)	159552	4.5	1833.93	6.0	1.1	641.07	11.1	35.0
地方财政一般公共预算支出(亿元)	187841	6.4	4390.57	6.5	2.3	942.52	2.8	21.5
金融机构人民币存款余额(亿元)	1505900	11.0	35255.48	8.8	2.3	19073.96	7.2	54.1
金融机构人民币贷款余额(亿元)	1066000	13.5	23921.75	9.9	2.2	15282.65	11.4	63.9
全体居民人均可支配收入(元)	23821	8.4	18874	8.5	低于全国4947元	30032	7.9	高于全省11158元
城镇常住居民人均可支配收入(元)	33616	7.8	28440	7.6	低于全国5176元	35630	7.4	高于全省7190元
农村常住居民人均可支配收入(元)	12363	8.2	9396	8.1	低于全国2967元	15191	8.0	高于全省5795元
居民消费价格指数(上年同期=100)	102.0	2.0	101.3	1.3	—	100.9	0.9	—
工业生产者出厂价格指数(上年同期=100)	98.6	-1.4	97.6	-2.4	—	97.8	-2.2	—
工业生产者购进价格指数(上年同期=100)	98.0	-2.0	95.9	-4.1	—	97.6	-2.4	—

注：全社会固定资产投资中，全国为固定资产投资（不含农户）数据。

全国15个副省级城市2016年主要经济指标（一）

名称	生产总值				第一产业增加值				第二产业增加值			
	绝对额		同比增长		绝对额		同比增长		绝对额		同比增长	
	（亿元）	排位	（%）	排位	（亿元）	排位	（%）	排位	（亿元）	排位	（%）	排位
西　安	6257.18	10	8.5	3	232.01	11	3.8	4	2197.81	11	8.6	1
沈　阳												
大　连			6.5	14								
长　春	5928.50	12	7.8	8	323.50	5	3.7	5	2926.20	9	7.0	2
哈尔滨	6101.60	11	7.3	12	691.20	1	6.1	1	1896.70	12	6.7	5
南　京	10503.02	6	8.0	5	252.51	9	1.0	10	4117.20	7	5.3	12
杭　州	11050.49	5	9.5	1	304.84	7	1.9	9	3977.39	8	4.7	13
宁　波	8541.10	8	7.1	13	304.60	8	2.1	8	4239.60	5	6.5	8
厦　门	3784.25	13	7.9	6	23.45	12	-5.5	13	1558.62	13	5.7	10
济　南	6536.12	9	7.8	8	317.31	6	4.1	2	2368.90	10	6.9	4
青　岛	10011.29	7	7.9	6	371.01	4	2.9	7	4160.67	6	6.7	5
武　汉	11912.61	4	7.8	8	390.62	3	3.4	6	5227.05	4	5.7	10
广　州	19610.94	1	8.2	4	240.04	10	-0.2	11	5925.87	2	6.0	9
深　圳	19492.60	2	9.0	2	6.29	13	-3.7	12	7700.43	1	7.0	2
成　都	12170.23	3	7.7	11	474.94	2	4	3	5232.02	3	6.7	5

全国15个副省级城市2016年主要经济指标（二）

名称	第三产业增加值				规模以上工业增加值				全社会固定资产投资			
	绝对额		同比增长		绝对额		同比增长		绝对额		同比增长	
	（亿元）	排位	（%）	排位	（亿元）	排位	（%）	排位	（亿元）	排位	（%）	排位
西安	3827.36	10	8.8	10	1178.39	—	9.9	1	5191.36	7	2.0	11
沈阳					—	—	-19.7	15	1631.60	14	-69.4	15
大连					—	—	7.6	3	1436.36	15	-68.5	14
长春	2678.80	12	9.4	6	2332.20	—	8.3	2	4659.00	10	10.5	6
哈尔滨	3513.80	11	7.9	13	1001.60	—	5.0	12	5040.10	8	9.7	8
南京	6133.31	6	10.2	3	3050.55	—	4.8	14	5533.56	6	2.0	11
杭州	6768.26	3	13.0	1	2983.91	—	5.6	10	5842.42	4	5.1	10
宁波	3996.90	8	8.1	12	2799.10	—	7.3	7	4961.40	9	10.1	7
厦门	2202.18	13	9.8	5	1264.79	—	5.4	11	2159.81	13	14.4	2
济南	3849.91	9	8.7	11	—	—	7.3	6	3974.30	12	13.7	4
青岛	5479.61	7	9.2	8	—	—	7.5	4	7454.70	2	13.7	4
武汉	6294.94	5	9.9	4	—	—	5.0	12	7093.17	3	-2.6	13
广州	13445.03	1	9.4	6	4877.85	—	6.5	9	5703.59	5	8.0	9
深圳	11785.88	2	10.4	2	7199.47	—	7.0	8	4078.16	11	23.6	1
成都	6463.27	4	9.0	9	—	—	7.4	5	8370.50	1	14.3	3

全国15个副省级城市2016年主要经济指标（三）

名称	工业投资				社会消费品零售总额				进出口总额			
	绝对额		同比增长		绝对额		同比增长		绝对额		同比增长	
	（亿元）	排位	（%）	排位	（亿元）	排位	（%）	排位	（亿美元）	排位	（%）	排位
西　安	949.27	10	-12.0	11	3730.70	11	9.6	12	1828.46	10	3.8	4
沈　阳	433.60	13	-79.5	15	3985.90	8	2.5	15	113.30	13	-19.3	15
大　连	373.01	15	-74.0	14	3410.12	13	10.4	4	3396.50	7	-0.6	10
长　春	2310.00	2	10.0	5	2650.30	14	9.8	10	141.60	12	1.4	6
哈尔滨	1720.90	7	-0.5	7	3744.20	10	10.3	7	39.70	15	-17.2	14
南　京	1761.65	5	-14.4	12	5088.20	6	10.9	1	3315.33	8	0.3	8
杭　州	883.95	11	-5.0	9	5176.20	5	10.5	3	4485.97	5	8.7	3
宁　波	1469.90	8	-2.0	8	3667.60	12	10.3	7	6262.10	3	0.9	7
厦　门	397.72	14	12.1	3	1283.46	15	9.8	10	5091.55	4	-1.4	11
济　南	1237.40	9	7.8	6	3764.80	9	10.4	4	639.70	14	13.0	1
青　岛	3512.00	1	11.6	4	4104.90	7	10.5	2	4350.67	6	-0.2	9
武　汉	2117.05	4	-16.3	13	5610.59	3	10.0	9	1570.10	11	-10.2	13
广　州	713.92	12	-5.4	10	8706.49	1	9.0	13	8566.92	2	3.1	5
深　圳	1756.52	6	32.0	2	5512.76	4	8.1	14	26307.01	1	-4.4	12
成　都	2246.20	3	41.0	1	5647.40	2	10.4	4	2713.38	9	11.0	2

注：进出口总额中，沈阳、长春和哈尔滨数据为亿美元口径。

全国15个副省级城市2016年主要经济指标（四）

名称	实际利用外商直接投资				地方财政一般预算收入				地方财政一般预算支出			
	绝对额		同比增长		绝对额		同比增长		绝对额		同比增长	
	（亿美元）	排位	（%）	排位	（亿元）	排位	（%）	排位	（亿元）	排位	（%）	排位
西安	45.05	8	14.0	4	641.07	11	11.1	4	942.52	9	2.8	12
沈阳	8.20	15	-23.1	15	620.90	12	2.4	15	829.40	12	2.6	13
大连	30.02	11	11.1	6	611.90	13	5.5	13	870.30	11	-4.4	15
长春	12.90	14	8.0	7	415.50	14	7.0	11	770.60	13	0.6	14
哈尔滨	32.10	10	7.1	8	376.20	15	7.5	10	876.90	10	6.3	10
南京	34.79	9	4.3	12	1142.60	6	12.0	3	1173.79	8	12.3	7
杭州	72.09	3	1.4	14	1402.38	2	13.2	2	1404.31	5	16.4	3
宁波	45.10	7	6.6	9	1114.50	7	10.5	5	1289.30	7	2.8	11
厦门	22.24	12	6.2	10	647.92	9	8.6	9	761.21	14	16.9	2
济南	112.30	13	14.7	2	641.20	10	9.9	8	741.00	15	12.5	5
青岛	70.02	4	11.3	5	1100.00	8	10.3	6	1352.80	6	10.6	8
武汉	85.23	2	16.1	1	1322.10	4	10.1	7	1523.10	4	13.8	4
广州	57.01	6	5.3	11	1393.85	3	5.2	14	1943.68	2	12.5	5
深圳	67.32	5	3.6	13	3136.42	1	15.0	1	4178.04	1	18.6	1
成都	86.17	1	14.5	3	1175.40	5	7.0	11	1597.00	3	9.5	9

全国15个副省级城市2016年主要经济指标（五）

名称	金融机构人民币存款余额				城乡居民人民币储蓄存款余额				金融机构人民币贷款余额			
	绝对额		比年初增长		绝对额		比年初增长		绝对额		比年初增长	
	（亿元）	排位	（%）	排位	（亿元）	排位	（%）	排位	（亿元）	排位	（%）	排位
西　安	19073.96	7	7.2	10	7035.81	5	7.1	8	15282.65	8	11.4	8
沈　阳	14242.80	10	2.7	14	6145.50	—	—	—	12569.60	9	10.8	10
大　连	14179.48	11	7.3	9	5277.66	10	3.3	13	11004.80	12	4.2	15
长　春	11034.50	13	12.0	3	4218.10	13	11.2	2	9921.80	13	11.0	9
哈尔滨	9804.00	14	1.2	15	4671.90	11	6.9	9	9048.70	14	6.6	13
南　京	27633.55	5	6.7	11	6532.82	6	5.8	12	21681.28	5	19.0	3
杭　州	32514.64	3	12.1	2	8313.13	4	10.7	3	25464.83	3	13.7	7
宁　波	16196.00	8	5.2	13	5689.40	8	7.3	7	15806.80	7	5.6	14
厦　门	9188.49	15	9.8	8	2032.86	14	6.3	10	7744.99	15	15.3	5
济　南	15032.80	9	10.9	5	4279.90	12	8.3	6	11370.20	11	17.5	4
青　岛	14007.00	12	11.8	—	5326.00	9	6.0	—	11892.00	10	10.4	12
武　汉	21792.80	6	14.4	1	—	—	—	—	19386.30	6	21.0	2
广　州	45937.34	2	10.5	7	16216.69	1	27.2	1	28885.54	2	10.5	11
深　圳	59562.25	1	10.7	6	10391.14	3	9.7	4	35165.46	1	24.6	1
成　都	31433.69	4	6.7	12	10807.56	2	8.9	5	25009.20	4	13.8	6

陕西省及其各地市（区）2016年主要经济指标（一）

名称	生产总值				第一产业增加值				第二产业增加值				第三产业增加值			
	绝对额		同比增长		绝对额		同比增长		绝对额		同比增长		绝对额		同比增长	
	（亿元）	占全省比重（%）	（%）	排位	（亿元）	占全省比重（%）	（%）	排位	（亿元）	占全省比重（%）	（%）	排位	（亿元）	占全省比重（%）	（%）	排位
陕西省	19165.39	--	7.6	--	1693.84	--	4.0	--	9390.88	--	7.3	--	8080.67	--	8.7	--
西安市	6257.18	32.6	8.5	6	232.01	13.7	3.8	8	2197.81	23.4	8.6	6	3827.37	47.4	8.8	5
铜川市	311.61	1.6	7.0	9	23.91	1.4	4.3	4	161.73	1.7	6.3	9	125.97	1.6	8.5	7
宝鸡市	1932.14	10.1	9.3	4	171.46	10.1	3.7	10	1227.06	13.1	10.1	5	533.62	6.6	9.1	3
咸阳市	2396.07	12.5	7.7	7	345.32	20.4	3.8	8	1396.24	14.9	8.3	7	654.52	8.1	8.4	8
渭南市	1488.62	7.8	7.5	8	224.81	13.3	4.1	6	690.18	7.3	7.5	8	573.63	7.1	8.7	6
延安市	1082.91	5.7	1.3	11	117.62	6.9	4.8	1	574.20	6.1	-2.1	11	391.09	4.8	7.0	11
汉中市	1156.49	6.0	9.0	5	205.74	12.1	4.5	3	495.03	5.3	10.7	4	455.73	5.6	9.1	3
榆林市	2773.05	14.5	6.5	10	162.44	9.6	4.8	1	1680.70	17.9	4.1	10	929.91	11.5	11.1	1
安康市	851.85	4.4	11.3	1	100.12	5.9	4.1	6	467.11	5.0	14.2	1	284.62	3.5	9.3	4
商洛市	699.30	3.6	10.0	3	96.65	5.7	3.7	10	371.79	4.0	12.9	2	230.86	2.9	8.4	8
杨凌示范区	118.98	0.6	10.1	2	7.61	0.4	4.3	4	62.90	0.7	12.8	3	48.47	0.6	7.5	10

陕西省及其各地市（区）2016年主要经济指标（二）

名称	规模以上工业增加值				全社会固定资产投资				社会消费品零售总额				地方财政一般公共预算收入			
	绝对额		同比增长		绝对额		同比增长		绝对额		同比增长		绝对额		同比增长	
	（亿元）	占全省比重（%）	（%）	排位	（亿元）	占全省比重（%）	（%）	排位	（亿元）	占全省比重（%）	（%）	排位	（亿元）	占全省比重（%）	（%）	排位
陕西省	—		6.9	—	20825.24	—	12.1	—	7302.57	—	11.0	—	1833.93	—	6.0	—
西安市	1178.39		9.9	4	5191.36	24.9	2.0	10	3730.70	51.1	9.6	9	641.07	35.0	11.1	3
铜川市	133.93		6.0	9	423.23	2.0	10.2	8	124.97	1.7	13.6	7	21.51	1.2	10.0	9
宝鸡市	887.80		9.4	6	3199.84	15.4	24.1	3	702.16	9.6	14.6	1	75.16	4.1	11.0	5
咸阳市	1116.81		7.8	7	3643.74	17.5	19.1	6	688.55	9.4	14.5	2	81.54	4.4	11.0	4
渭南市	550.43		6.4	8	2289.51	11.0	10.6	7	574.01	7.9	14.1	5	65.69	3.6	10.6	7
延安市	529.80		-3.2	11	1359.33	6.5	-15.4	11	256.45	3.5	6.4	10	130.52	7.1	0.4	11
汉中市	284.89		9.5	5	1209.89	5.8	24.5	1	364.17	5.0	14.2	4	45.19	2.5	11.3	2
榆林市	1606.08		3.8	10	1467.45	7.0	6.0	9	420.05	5.8	6.0	11	232.68	12.7	4.5	10
安康市	360.50		16.0	1	926.37	4.4	24.2	2	249.81	3.4	14.0	6	30.11	1.6	12.1	1
商洛市	943.98		15.1	2	935.55	4.5	21.9	5	174.93	2.4	13.1	8	26.77	1.5	10.2	8
杨凌示范区	43.00		14.6	3	178.97	0.9	24.1	3	16.76	0.2	14.3	3	9.32	0.5	10.9	6

陕西省及其各地市（区）2016年主要经济指标（三）

名称	金融机构人民币存款余额				金融机构人民币贷款余额				地方财政一般公共预算支出			
	绝对额		同比增长		绝对额		同比增长		绝对额		同比增长	
	（亿元）	占全省比重（%）	（%）	排位	（亿元）	占全省比重（%）	（%）	排位	（亿元）	占全省比重（%）	（%）	排位
陕西省	35255.48	—	8.8	—	23921.75	—	9.9	—	4390.57	—	6.5	—
西安市	19073.96	54.1	7.2	9	15282.65	63.9	11.4	7	942.52	21.5	2.8	10
铜川市	463.99	1.3	2.7	11	173.49	0.7	19.0	1	97.01	2.2	8.0	4
宝鸡市	2364.41	6.7	13.0	3	1182.76	4.9	13.7	4	283.06	6.4	7.2	5
咸阳市	2506.81	7.1	11.3	5	1140.96	4.8	10.9	8	338.92	7.7	12.9	1
渭南市	2061.59	5.8	12.2	4	1035.35	4.3	12.5	5	352.52	8.0	4.9	8
延安市	1451.53	4.1	6.7	10	925.39	3.9	11.6	6	327.40	7.5	3.7	9
汉中市	1752.53	5.0	10.1	6	680.21	2.8	7.9	9	280.06	6.4	8.3	3
榆林市	3026.38	8.6	8.3	8	1979.33	8.3	-2.6	10	471.37	10.7	1.3	11
安康市	1172.40	3.3	13.5	2	627.01	2.6	14.6	3	247.92	5.6	10.4	2
商洛市	872.46	2.5	8.9	7	391.54	1.6	15.9	2	193.63	4.4	6.7	6
杨凌示范区	175.60	0.5	13.9	1	69.35	0.3	-7.2	11	25.13	0.6	6.6	7

注：存贷款数据来源于人民银行西安分行营业管理部。

西安市各区（县）、开发区2016年主要经济指标（一）

区(县)名称	生产总值				第一产业增加值				第二产业增加值				第三产业增加值			
	绝对额		同比增长		绝对额		同比增长		绝对额		同比增长		绝对额		同比增长	
	（亿元）	占全市比重（%）	（%）	在区(县)中排位	（亿元）	占全市比重（%）	（%）	在区(县)中排位	（亿元）	占全市比重（%）	（%）	在区(县)中排位	（亿元）	占全市比重（%）	（%）	在区(县)中排位
全　市	6257.18	—	8.5	—	232.01	—	3.8	—	2197.81	—	8.6	—	3827.36	—	8.8	—
优化发展区	4850.36	77.5	—	—	59.26	25.5	—	—	1706.26	77.6	—	—	3084.84	80.6	—	—
新城区	540.66	8.6	8.2	6	—	—	—	—	192.05	8.7	6.7	10	348.61	9.1	9.1	8
碑林区	741.68	11.9	8.3	5	—	—	—	—	151.36	6.9	14.3	2	590.32	15.4	6.9	11
莲湖区	621.91	9.9	8.0	9	—	—	—	—	194.55	8.9	7.5	7	427.36	11.2	8.2	9
灞桥区	329.78	5.3	9.6	2	19.73	8.5	3.8	6	117.98	5.4	8.3	6	192.07	5.0	11.1	3
未央区	772.88	12.4	8.7	3	1.06	0.5	-4.8	9	379.68	17.3	10.8	3	392.14	10.2	6.7	12
雁塔区	1235.43	19.7	8.0	9	—	—	—	—	338.05	15.4	3.8	2	897.38	23.4	9.9	5
长安区	608.02	9.7	12.0	1	38.47	16.6	3.8	5	332.60	15.1	16.9	1	236.95	6.2	7.3	10
重点发展区	677.29	10.8	—	—	83.38	35.9	—	—	366.78	16.7	—	—	227.14	5.9	—	—
阎良区	193.94	3.1	2.3	13	22.56	9.7	4.0	4	102.39	4.7	—0.7	12	68.99	1.8	6.4	13
临潼区	183.11	2.9	4.2	12	30.59	13.2	3.1	7	59.25	2.7	—3.7	13	93.27	2.4	12.4	1
高陵区	300.24	4.8	7.3	11	30.23	13.0	2.9	8	205.14	9.3	6.8	9	64.87	1.7	11.1	2
生态发展区	400.24	7.0	—	—	89.35	38.5	—	—	124.75	5.7	—	—	186.14	4.9	—	—
蓝田县	122.44	2.0	8.2	6	27.59	11.9	4.4	2	34.87	1.6	6.9	8	59.98	1.6	10.8	4
周至县	114.99	1.8	8.2	6	33.17	14.3	5.2	1	26.08	1.2	9.3	5	55.74	1.5	9.5	6
户　县	162.81	2.6	8.5	4	28.59	12.3	4.1	3	63.80	2.9	9.5	4	70.42	1.8	9.5	7

西安市各区（县）、开发区2016年主要经济指标（二）

区(县)名称	全社会固定资产投资				工业投资				社会消费品零售总额			
	绝对额		同比增长		绝对额		同比增长		绝对额		同比增长	
	（亿元）	占全市比重（%）	（%）	在区（县）中排位	（亿元）	占全市比重（%）	（%）	在区（县）中排位	（亿元）	占全市比重（%）	（%）	在区（县）中排位
全　市	5191.36	—	2.0	—	949.27	—	-12.0	—	3730.70	—	9.6	—
优化发展区	3881.93	74.8	—	—	517.27	54.5	—	—	3394.08	91.0	—	—
新城区	253.71	4.9	—12.3	10	15.12	1.6	-56.6	12	607.98	16.3	9.0	8
碑林区	207.57	4.0	11.0	3	9.93	1.0	-24.8	11	610.53	16.4	8.7	12
莲湖区	225.14	4.3	—15.5	11	12.64	1.3	45.6	2	491.71	13.2	8.8	9
灞桥区	581.06	11.2	14.9	2	24.43	2.6	17.4	5	200.82	5.4	15.9	1
未央区	983.64	18.9	6.1	6	134.31	14.1	41.4	4	566.17	15.2	9.9	6
雁塔区	892.79	17.2	10.2	4	72.81	7.7	42.4	3	714.37	19.1	8.8	10
长安区	738.01	14.2	2.1	8	248.04	26.1	-15.3	10	202.49	5.4	10.4	4
重点发展区	759.63	14.6	—	—	302.89	31.9	—	—	161.92	4.3	—	—
阎良区	158.35	3.1	-44.9	13	77.24	8.1	-64.9	13	41.22	1.1	8.7	11
临潼区	141.75	2.7	-18.6	12	30.33	3.2	-12.8	9	84.66	2.3	8.6	13
高陵区	459.53	8.9	6.4	5	195.33	20.6	0.1	8	36.04	1.0	13.6	2
生态发展区	549.80	10.6	—	—	129.11	13.6	—	—	174.70	4.7	—	—
蓝田县	264.37	5.1	34.4	1	40.23	4.2	7.2	6	62.08	1.7	10.1	5
周至县	159.99	3.1	2.6	7	31.07	3.3	62.7	1	42.64	1.1	10.8	3
户　县	125.44	2.4	—7.2	9	57.81	6.1	3.6	7	69.98	1.9	9.8	7

西安市各区（县）、开发区2016年主要经济指标（三）

区(县)名称	实际利用外商直接投资				地方财政一般预算收入				全社会固定资产投资			
	绝对额		同比增长		绝对额		同比增长		绝对额		同比增长	
	（万美元）	占全市比重（%）	（%）	在区（县）中排位	（亿元）	占全市比重（%）	（%）	在区（县）中排位	（亿元）	占全市比重（%）	（%）	在区（县）中排位
全　市	450466	—	14.0	—	641.07	—		—	5191.36	—	2.0	—
优化发展区	56677	12.6	—	—	266.30	41.5	—	—	3881.93	74.8	—	—
新城区	8768	1.9	12.8	2	36.48	5.7			253.71	4.9	-12.3	10
碑林区	9360	2.1	36.2	1	45.01	7.0			207.57	4.0	11.0	3
莲湖区	7532	1.7	9.6	11	48.18	7.5			225.14	4.3	-15.5	11
灞桥区	9056	2.0	11.1	5	21.99	3.4			581.06	11.2	14.9	2
未央区	8614	1.9	9.4	12	32.63	5.1			983.64	18.9	6.1	6
雁塔区	8907	2.0	10.3	7	46.51	7.3			892.79	17.2	10.2	4
长安区	4440	1.0	12.1	3	35.50	5.5			738.01	14.2	2.1	8
重点发展区	7453	1.7	—	—	39.69	6.2	—	—	759.63	14.6	—	—
阎良区	2801	0.6	9.6	10	12.76	2.0			158.35	3.1	-44.9	13
临潼区	3031	0.7	9.6	9	14.91	2.3			141.75	2.7	-18.6	12
高陵区	1621	0.4	9.7	8	12.02	1.9			459.53	8.9	6.4	5
生态发展区	3744	0.8	—	—	17.35	2.7	—	—	549.80	10.6	—	—
蓝田县	1401	0.3	9.2	13	4.29	0.7			264.37	5.1	34.4	1
周至县	864	0.2	11.9	4	3.65	0.6			159.99	3.1	2.6	7
户　县	1479	0.3	10.5	6	9.41	1.5			125.44	2.4	-7.2	9

附录

责任编辑　冯冠杰

法规文件

《西安市制定地方性法规条例》修订

2002年12月5日西安市第十三届人民代表大会第二次会议通过，2003年1月5日陕西省第九届人民代表大会常务委员会第三十四次会议批准，2016年2月4日西安市第十五届人民代表大会第六次会议修订通过，2016年5月26日陕西省第十二届人民代表大会常务委员会第二十七次会议表决通过。共9章63条。自公布之日起施行。

《西安市公园条例》颁布

2016年6月28日西安市第十五届人民代表大会常务委员会第三十二次会议通过，2016年7月29日陕西省第十二届人民代表大会常务委员会第二十八次会议批准。共6章65条。2016年10月1日起施行。

《西安市物业管理条例》修订

1999年3月30日西安市第十二届人民代表大会常务委员会第十一次会议通过，1999年5月27日陕西省第九届人民代表大会常务委员会第九次会议批准。根据2004年6月30日西安市第十三届人民代表大会常务委员会第十五次会议通过，2004年8月3日陕西省第十届人民代表大会常务委员会第十二次会议批准的《关于修改〈西安市城市居住区物业管理条例〉的决定》第一次修正。根据2005年6月30日西安市第十三届人民代表大会常务委员会第二十二次会议通过，2005年7月30日陕西省第十届人民代表大会常务委员会第二十次会议批准的《关于修改〈西安市城市居住区物业管理条例〉的决定》第二次修正。2009年12月30日西安市第十四届人民代表大会常务委员会第十九次会议修订通过，2010年3月26日陕西省第十一届人民代表大会常务委员会第十三次会议批准。2016年10月25日西安市第十五届人民代表大会常务委员会第三十五次会议修订通过，2016年11月24日陕西省第十二届人民代表大会常务委员会第三十次会议批准。共9章120条。2017年1月1日起施行。

《西安市湿地保护条例》颁布

2016年10月25日西安市第十五届人民代表大会常务委员会第三十五次会议通过；2016年11月24日陕西省第十二届人民代表大会常务委员会第三十次会议批准。共7章61条。2017年1月1日起施行。

（齐 铭 中行道）

中共西安市委、市政府重要文件目录

标 题	发文号	发文日期
中共西安市委办公厅关于认真学习贯彻《中国共产党廉洁自律准则》和《中国共产党纪律处分条例》的通知	市办字〔2016〕1号	2016. 1. 6
中共西安市委办公厅、西安市人民政府办公厅印发《关于推动传统媒体与新兴媒体融合发展的实施意见》的通知	市办发〔2016〕1号	2016. 1. 19
中共西安市委关于转发《中共陕西省委关于认真学习贯彻习近平总书记在中央政治局“三严三实”专题民主生活会上的重要讲话的通知》的通知	市字〔2016〕3号	2016. 1. 21
中共西安市委办公厅、西安市人民政府办公厅印发《关于加强和改进新形势下全市档案工作的实施意见》的通知	市办发〔2016〕2号	2016. 1. 27
中共西安市委关于印发《市委常委会2016年工作要点》的通知	市发〔2016〕2号	2016. 2. 17
中共西安市委中心组2016年理论学习安排意见	市办字〔2016〕9号	2016. 2. 19
中共西安市委办公厅关于贯彻落实省委《〈中国共产党统一战线工作条例（试行）〉实施办法》的通知	市办发〔2016〕3号	2016. 2. 19
中共西安市委、西安市人民政府关于表彰2016年央视春晚西安分会场活动先进集体和先进个人的决定	市字〔2016〕9号	2016. 2. 24
中共西安市委办公厅、西安市人民政府办公厅关于印发《西安市2016年惠民实事》的通知	市办字〔2016〕10号	2016. 3. 1
中共西安市委、西安市人民政府关于表彰2015年度全市目标责任考核先进集体的决定	市字〔2016〕10号	2016. 3. 2
中共西安市委办公厅关于印发《〈中共西安市委关于进一步加强和改进人大工作的意见〉任务分解表》的通知	市办字〔2016〕12号	2016. 3. 7
中共西安市委办公厅关于确定市委有关常委党的建设和基层组织建设工作联系点的通知	市办字〔2016〕13号	2016. 3. 9
中共西安市委关于认真做好区（县）乡镇党委、人大、政府和区（县）政协换届工作的通知	市字〔2016〕13号	2016. 3. 16
中共西安市委办公厅关于认真学习贯彻十二届全国人大四次会议和全国政协十二届四次会议精神的通知	市办字〔2016〕17号	2016. 3. 23
中共西安市委印发《省委第一巡视组对西安市的巡视反馈意见》的通知	市字〔2016〕15号	2016. 3. 25
中共西安市委办公厅印发《关于对省委第一巡视组反馈意见整改措施》的通知	市办字〔2016〕18号	2016. 3. 25
中共西安市委办公厅印发《中共西安市委2016年度政治协商计划》的通知	市办字〔2016〕20号	2016. 3. 31
中共西安市委办公厅、西安市人民政府办公厅关于切实做好城乡社区协商工作的通知	市办字〔2016〕22号	2016. 4. 5
中共西安市委办公厅转发《中共西安市人大常委会党组关于改进审计查出问题整改情况向市人大常委会报告机制的意见》的通知	市办字〔2016〕25号	2016. 4. 12
中共西安市委办公厅关于印发《在全市党员中开展“学党章党规、学系列讲话，做合格党员”学习教育实施方案》的通知	市办发〔2016〕5号	2016. 4. 14
中共西安市委、西安市人民政府关于西安市扶贫开发领导小组更名为西安市脱贫攻坚领导小组及成员调整的通知	市字〔2016〕19号	2016. 4. 19
中共西安市委、西安市人民政府关于成立西安市计划生育工作领导小组的通知	市字〔2016〕20号	2016. 4. 25
中共西安市委办公厅、西安市人民政府办公厅关于切实做好“五一”节日期间有关工作的通知	市办字〔2016〕28号	2016. 4. 29
中共西安市委办公厅、西安市人民政府办公厅关于印发《西安市2016年市级领导分工联系重点项目表》的通知	市办字〔2016〕29号	2016. 5. 4

标　题	发文号	发文日期
中共西安市委办公厅、西安市人民政府办公厅关于成立西安市全面创新改革试验领导小组的通知	市办字〔2016〕31号	2016.5.4
中共西安市委办公厅、西安市人民政府办公厅关于成立西安市建设国家自主创新示范区领导小组的通知	市办字〔2016〕32号	2016.5.4
中共西安市委办公厅转发省委办公厅《关于认真学习贯彻〈中国共产党地方委员会工作条例〉的通知》的通知	市办字〔2016〕35号	2016.5.12
中共西安市委关于撤销沣东新城开发区党工委的通知	市字〔2016〕23号	2016.5.19
中共西安市委、西安市人民政府关于进一步深化市属国有企业改革的实施意见	市发〔2016〕3号	2016.5.20
中共西安市委办公厅关于印发《西安市全面深化改革协调推进办法（试行）》《西安市全面深化改革督察工作办法（试行）》的通知	市办字〔2016〕36号	2016.5.20
中共西安市委办公厅关于印发《市委全面深化改革领导小组2016年工作要点》的通知	市办字〔2016〕38号	2016.5.20
中共西安市委办公厅、西安市人民政府办公厅转发省委办公厅、省政府办公厅《关于实行国家机关“谁执法谁普法”的普法责任制的意见》的通知	市办字〔2016〕40号	2016.5.23
中共西安市委办公厅、西安市人民政府办公厅关于进一步加强机关干部职工健康服务保障工作的通知	市办字〔2016〕41号	2016.5.23
中共西安市委、西安市人民政府关于开展千人亲商助企活动的意见	市字〔2016〕24号	2016.5.27
关于开展区（县）域经济发展情况的调研的通知	市办字〔2016〕42号	2016.5.27
关于开展全市民营经济发展调研的通知	市办字〔2016〕43号	2016.5.27
中共西安市委办公厅、西安市人民政府办公厅关于市委、市政府领导分片联系防汛工作的通知	市办字〔2016〕45号	2016.6.2
中共西安市委、西安市人民政府关于命名表彰2015年度精神文明建设先进集体的决定	市字〔2016〕27号	2016.6.3
中共市委办公厅、西安市人民政府办公厅关于印发《中办回访调研报告反馈问题建议整改任务分解方案》的通知	市办字〔2016〕47号	2016.6.7
中共西安市委、西安市人民政府关于落实发展新理念，加快西安农业现代化，实现全面小康目标的实施意见	市发〔2016〕1号	2016.6.8
中共西安市委办公厅关于成立市处理涉及出租车有关问题应急领导小组的通知	市办字〔2016〕50号	2016.6.15
中共西安市委办公厅关于印发《市委常委同党外代表人士联谊交友制度》的通知	市办字〔2016〕51号	2016.6.17
中共西安市委办公厅、西安市人民政府办公厅关于进一步做好安全生产工作的通知	市办字〔2016〕52号	2016.6.18
中共西安市委办公厅、西安市人民政府办公厅关于印发《西安市城市治理专项工作月度考核责任追究办法》的通知	市办字〔2016〕53号	2016.6.21
中共西安市委办公厅、西安市人民政府办公厅关于全市开展“千人亲商助企”活动情况的通报	市办字〔2016〕54号	2016.6.21
中共西安市委办公厅、西安市人民政府办公厅关于印发《西安市各区（县）、开发区、市级部门2016年度目标责任考核指标的通知》	市办字〔2016〕56号	2016.6.29
中共西安市委办公厅、西安市人民政府办公厅转发《市委宣传部、市委政法委、市“扫黄打非”办2016年全市“扫黄打非”行动方案》的通知	市办字〔2016〕57号	2016.6.29
中共西安市委关于表彰全市优秀共产党员、优秀党务工作者和先进基层党组织的决定	市字〔2016〕31号	2016.6.27
中共西安市委办公厅、西安市人民政府办公厅印发《关于在市级主要新闻媒体开设专栏进一步加强脱贫攻坚宣传报道工作方案》的通知	市办字〔2016〕58号	2016.6.30
中共西安市委关于认真学习贯彻习近平同志在庆祝中国共产党成立95周年大会上重要讲话的通知	市字〔2016〕30号	2016.7.1
中共西安市委办公厅、西安市人民政府办公厅关于印发《国际港务区托管灞桥区新筑新合街道管理体制方案》《国际港务区托管灞桥区新筑新合街道移交工作方案》的通知	市办字〔2016〕64号	2016.7.7
中共西安市委、西安市人民政府关于系统推进全面创新改革试验打造“一带一路”创新中心的实施意见	市发〔2016〕4号	2016.7.15
中共西安市委办公厅、西安市人民政府办公厅关于印发《西安市系统推进全面创新改革试验目标责任考核暂行办法》的通知	市办字〔2016〕61号	2016.7.16
中共西安市委、西安市人民政府关于认真贯彻落实习近平总书记重要讲话精神，切实做好当前防汛抗洪抢险救灾工作的紧急通知	市字〔2016〕35号	2016.7.22
中共西安市委关于加强和改进新形势下党校工作的实施意见	市发〔2016〕5号	2016.7.29
中共西安市委办公厅、西安市人民政府办公厅转发省委办公厅、省政府办公厅《关于贯彻落实〈中共中央办公厅国务院办公厅关于深入推进农村社区建设试点工作的指导意见〉的实施意见》的通知	市办字〔2016〕68号	2016.7.29
中共西安市委关于学习贯彻《中国共产党问责条例》和王岐山同志署名文章的通知	市字〔2016〕36号	2016.8.2
中共西安市委办公厅关于确定市委有关常委党的建设和基层组织建设工作联系点的通知	市办字〔2016〕69号	2016.8.2
中共西安市委关于户县撤县设区的意见	市字〔2016〕51号	2016.8.5
中共西安市委办公厅、西安市人民政府办公厅关于进一步严明防汛纪律，夯实防汛责任，确保我市安全度汛的通知	市办字〔2016〕70号	2016.8.5
中共西安市委办公厅、西安市人民政府办公厅关于切实做好高温天气防范应对工作的紧急通知	市办字〔2016〕73号	2016.8.17
中共西安市委办公厅、西安市人民政府办公厅关于成立西安市“两节两会”筹备工作领导小组的通知	市办字〔2016〕74号	2016.8.19
中共西安市委办公厅、西安市人民政府办公厅关于调整西安市“扫黄打非”工作领导小组组成的通知	市办字〔2016〕77号	2016.8.26
中共西安市委关于加强社会主义协商民主建设的实施意见	市发〔2016〕7号	2016.8.23
中共西安市委办公厅、西安市人民政府办公厅印发《关于三年多来全市贯彻执行中央八项规定精神和省委〈实施意见〉情况的报告》的通知	市办字〔2016〕80号	2016.9.5
中共西安市委办公厅、西安市人民政府办公厅印发《关于落实发展新理念，加快西安农业现代化，实现全面小康目标的实施意见的分工方案》的通知	市办字〔2016〕82号	2016.9.7
中共西安市委办公厅、西安市人民政府办公厅关于做好中秋节期间有关工作的通知	市办字〔2016〕83号	2016.9.13

标　题	发文号	发文日期
中共西安市委、西安市人民政府关于深化市属企业负责人薪酬制度改革的实施意见	市发〔2016〕8号	2016.9.14
中共西安市委办公厅、西安市人民政府办公厅关于印发《西安市2016年度系统推进全面创新改革试验工作任务分解方案》的通知	市办字〔2016〕84号	2016.9.21
中共西安市委办公厅关于印发《西安市党政干部鼓励激励实施细则（试行）》《西安市党政干部容错纠错实施细则（试行）》《西安市推进市管党政领导干部能上能下实施细则（试行）》的通知	市办发〔2016〕6号	2016.9.21
中共西安市委办公厅关于评选2014—2015年度西安市优秀调研成果的通知	市办字〔2016〕87号	2016.9.22
中共西安市委、西安市人民政府关于进一步优化投资发展环境的意见	市字〔2016〕69号	2016.9.27
中共西安市委关于调整市委全面深化改革领导小组及其部分专项小组成员的通知	市字〔2016〕71号	2016.9.28
中共西安市委办公厅、西安市人民政府办公厅关于切实做好国庆节期间有关工作的通知	市办字〔2016〕89号	2016.9.28
中共西安市委办公厅、西安市人民政府办公厅关于印发《西安市深化农村改革综合性实施方案》的通知	市办发〔2016〕7号	2016.9.28
中共西安市委办公厅、西安市人民政府办公厅转发《市军队转业干部安置工作领导小组关于认真做好2016年军队转业干部安置工作的意见》的通知	市办字〔2016〕92号	2016.10.10
中共西安市委办公厅、西安市人民政府办公厅关于表扬G20峰会期间全市维稳安保工作先进集体和先进个人的通报	市办字〔2016〕93号	2016.10.10
中共西安市委关于印发《中国共产党西安市委员会工作规则》的通知	市发〔2016〕9号	2016.10.17
中共西安市委办公厅、西安市人民政府办公厅关于对省联合督查组反馈问题整改的通知	市办字〔2016〕94号	2016.10.17
中共西安市委办公厅关于成立市委宣传思想工作领导小组的通知	市办字〔2016〕95号	2016.10.20
中共西安市委办公厅关于印发《区（县）纪委书记、副书记提名考察办法（试行）》和《市纪委派驻纪检组组长、副组长提名考察办法（试行）》的通知	市办发〔2016〕8号	2016.10.21
中共西安市委、西安市人民政府关于进一步深化基础教育综合改革的意见	市字〔2016〕75号	2016.10.27
中共西安市委办公厅、西安市人民政府办公厅关于进一步推进省、市两级重点示范镇、文化旅游名镇建设的通知	市办字〔2016〕96号	2016.10.27
中共西安市委办公厅关于成立中国共产党西安市第十三次代表大会筹备工作领导小组的通知	市办字〔2016〕97号	2016.10.28
中共西安市委关于认真学习宣传贯彻党的十八届六中全会精神的通知	市字〔2016〕78号	2016.11.2
中共西安市委、西安市人民政府转发《市委依法治市工作领导小组办公室、市委宣传部、市司法局关于在公民中开展法治宣传教育的第七个五年规划（2016—2020年）》的通知	市发〔2016〕11号	2016.11.9
中共西安市委批转市委统战部《关于政协西安市第十四届委员会组成方案的请示》的通知	市字〔2016〕83号	2016.11.11
中国共产党西安市第十二届委员会第十次全体会议关于召开中国共产党西安市第十三次代表大会的决议	市字〔2016〕84号	2016.11.15
中共西安市委关于中国共产党西安市第十三次代表大会代表选举工作的通知	市发〔2016〕12号	2016.11.17
中共西安市委办公厅、西安市人民政府办公厅关于转发《陕西省党政领导干部生态环境损害责任追究实施细则（试行）》的通知	市办字〔2016〕106号	2016.11.26
中共西安市委办公厅、西安市人民政府办公厅印发《关于推进全市农村生态环境保护综合改革的实施意见》的通知	市办发〔2016〕9号	2016.11.26
中共西安市委办公厅、西安市人民政府办公厅印发《关于开展领导干部自然资源资产离任审计试点的实施办法》的通知	市办发〔2016〕10号	2016.11.26
中共西安市委、西安市人民政府印发《关于贯彻落实〈陕西省生态文明体制改革实施方案〉的分工方案》的通知	市字〔2016〕102号	2016.11.27
中共西安市委、西安市人民政府关于成立西安市环境保护督察工作领导小组的通知	市字〔2016〕104号	2016.11.27
中共西安市委、西安市人民政府印发《关于加快推进生态文明建设的实施方案》的通知	市发〔2016〕13号	2016.11.27
中共西安市委、西安市人民政府关于印发《西安市环境保护工作责任规定（试行）》的通知	市发〔2016〕14号	2016.11.27
中共西安市委办公厅关于印发《西安市“三项机制”实施细则任务分解表》的通知	市办字〔2016〕107号	2016.12.2
中共西安市委办公厅、西安市人民政府办公厅关于印发《西安市落实环保部西北督查中心综合督查反馈意见整改方案》的通知	市办字〔2016〕108号	2016.12.12
中共西安市委办公厅、西安市人民政府办公厅关于立即在全市开展冬季安全生产大检查的紧急通知	市办字〔2016〕110号	2016.12.12
中共西安市委办公厅、西安市人民政府办公厅关于进一步规范市委文件、市政府文件定密工作的通知	市办字〔2016〕111号	2016.12.13
中共西安市委批转《中共西安市人大常委会党组关于西安市第十六届人民代表大会换届选举有关事项的请示》的通知	市字〔2016〕105号	2016.12.14
中共西安市委办公厅、西安市人民政府办公厅关于印发《西安市坚持和完善计划生育目标管理责任实施办法》的通知	市办发〔2016〕11号	2016.12.16
中共西安市委、西安市人民政府关于表彰“两节两会”先进集体和先进个人的决定	市字〔2016〕108号	2016.12.30
中共西安市委办公厅、西安市人民政府办公厅关于切实做好2017年元旦、春节期间有关工作的通知	市办字〔2016〕112号	2016.12.30
中共西安市委办公厅、西安市人民政府办公厅关于印发《西安市全面推进政务公开工作实施方案》的通知	市办字〔2016〕114号	2016.12.31
西安市人民政府办公厅关于进一步加强财政预算执行工作的通知	市政办函〔2016〕4号	2016.1.6
西安市人民政府关于延续新能源汽车推广应用优惠政策的通知	市政发〔2016〕3号	2016.1.8
西安市人民政府办公厅关于建立市打击治理电信网络新型违法犯罪工作联席会议制度的通知	市政办函〔2016〕11号	2016.1.11
西安市人民政府办公厅转发《市财政局、人行西安分行营管部、市金融办关于妥善解决地方政府融资平台公司在建项目后续融资问题实施意见》的通知	市政办发〔2016〕1号	2016.1.12
西安市人民政府办公厅关于印发《进一步做好新形势下就业创业工作重点任务分工方案》的通知	市政办发〔2016〕2号	2016.1.12

标　题	发文号	发文日期
西安市人民政府关于实行中期财政规划管理的实施意见	市政发〔2016〕4号	2016.1.12
西安市人民政府关于取消和调整第四批行政事权的通知	市政发〔2016〕5号	2016.1.20
西安市人民政府办公厅关于印发《西安市2016年城市治理专项工作实施方案》的通知	市政办发〔2016〕3号	2016.1.20
西安市人民政府办公厅关于做好农民工等人员返乡创业工作的通知	市政办发〔2016〕4号	2016.1.20
西安市人民政府、西安铁路局关于建立联席会议制度的通知	市政函〔2016〕5号	2016.1.22
西安市人民政府办公厅关于做好2016年春节、元宵节期间旅游工作的通知	市政办函〔2016〕24号	2016.1.22
西安市消火栓管理办法	西安市人民政府令第122号	2016.1.27
西安市人民政府办公厅关于加快推进农村电子商务发展的实施意见	市政办发〔2015〕5号	2016.1.28
西安市人民政府办公厅关于印发《促进互联网金融产业健康发展意见》的通知	市政办发〔2016〕6号	2016.1.28
西安市人民政府办公厅关于印发《加快高速宽带网络建设，推进网络提速降费实施意见》的通知	市政办发〔2016〕7号	2016.1.28
西安市人民政府办公厅关于印发《2016年西安市应急管理工作要点》的通知	市政办函〔2016〕30号	2016.1.29
西安市人民政府办公厅关于进一步做好特种设备安全监管工作的紧急通知	市政办函〔2016〕32号	2016.1.31
西安市人民政府关于印发《进一步推进户籍制度改革实施意见》的通知	市政发〔2016〕6号	2016.2.1
西安市人民政府办公厅关于印发《迎接国家卫生城市复审病媒生物防制专项考核鉴定工作方案》的通知	市政办函〔2016〕38号	2016.2.4
西安市人民政府办公厅关于进一步加强环境监管执法的通知	市政办发〔2016〕8号	2016.2.4
西安市人民政府关于印发《上官吉庆市长在市十五届人大六次会议上所作〈政府工作报告〉》的通知	市政发〔2016〕7号	2016.2.5
西安市人民政府办公厅关于印发《2016年质量强市行动计划》的通知	市政办发〔2016〕9号	2016.2.21
西安市人民政府办公厅关于印发《2016年政府工作报告任务分解意见》的通知	市政办发〔2016〕10号	2016.2.25
西安市人民政府办公厅关于表彰2015年质量发展工作先进单位的通报	市政办函〔2016〕48号	2016.2.25
西安市人民政府关于表彰2015年度安全生产工作先进单位和个人的通报	市政函〔2016〕17号	2016.2.29
西安市人民政府关于印发《西安市国民经济和社会发展第十三个五年规划纲要》的通知	市政发〔2016〕9号	2016.3.1
西安市人民政府关于印发《“美丽西安·绿色家园”行动园林绿化景观提升工程实施方案》的通知	市政发〔2016〕10号	2016.3.2
西安市人民政府关于2015年度市科学技术奖励的决定	市政发〔2016〕8号	2016.3.2
西安市人民政府办公厅关于印发《市政府2016年民生领域重点工作安排意见》的通知	市政办发〔2016〕12号	2016.3.3
西安市人民政府办公厅关于印发《西安市贯彻“中国制造2025”实施意见工作任务分工》的通知	市政办发〔2016〕11号	2016.3.3
西安市人民政府办公厅关于印发《2016年“美丽西安·绿色家园”行动园林绿化景观提升工程任务分解意见》的通知	市政办函〔2016〕58号	2016.3.4
西安市人民政府办公厅关于印发《2016年重点建设项目计划》的通知	市政办发〔2016〕13号	2016.3.8
西安市人民政府关于机动车环保达标车型目录有关事项的通告	市政告字〔2016〕1号	2016.3.8
西安市人民政府办公厅关于印发《2016年电子政务工作要点》的通知	市政办函〔2016〕64号	2016.3.8
西安市人民政府办公厅关于在全市开展电梯等特种设备安全隐患排查整治工作的紧急通知	市政办函〔2016〕63号	2016.3.9
西安市人民政府办公厅关于2015年度全市政府网站绩效评估情况的通报	市政办函〔2016〕65号	2016.3.9
西安市人民政府办公厅转发《市政府法制办关于清理以政府规章和规范性文件等形式设定的具有行政许可性质审批事项工作方案》的通知	市政办函〔2016〕68号	2016.3.11
西安市人民政府办公厅关于开展2015年度土地矿产卫片执法监督检查工作的通知	市政办函〔2016〕74号	2016.3.21
西安市人民政府办公厅关于印发《2016年依法行政工作要点》的通知	市政办发〔2016〕14号	2016.3.25
西安市人民政府办公厅关于印发《简化、优化公共服务流程，方便基层群众办事创业工作方案》的通知	市政办发〔2016〕15号	2016.3.25
西安市人民政府办公厅关于印发《西安市2016年度防震减灾重点工作任务分解表和2016年度区（县）防震减灾工作考核指标》的通知	市政办函〔2016〕91号	2016.3.31
西安市人民政府办公厅关于印发《2016年迎接国家卫生城市复审工作实施方案》的通知	市政办函〔2016〕92号	2016.4.5
西安市人民政府关于进一步加强电梯安全管理工作的意见	市政发〔2016〕17号	2016.4.6
西安市人民政府办公厅关于2016年惠民实事工作任务分解安排的通知	市政办函〔2016〕93号	2016.4.6
西安市人民政府办公厅转发《市旅游局、市财政局关于支持乡村旅游发展实施意见》的通知	市政办发〔2016〕18号	2016.4.7
西安市人民政府关于调整幸福路地区综合改造工作领导小组的通知	市政函〔2016〕48号	2016.4.15
西安市人民政府办公厅关于印发《2016年成品油市场经营秩序专项整顿工作方案》的通知	市政办发〔2016〕19号	2016.4.19
西安市人民政府办公厅关于印发《优化涉外服务环境、提升国际化水平2016年行动方案》的通知	市政办发〔2016〕20号	2016.4.19
西安市人民政府关于推进混合所有制经济发展的实施意见（试行）	市政发〔2016〕20号	2016.4.19
西安人民政府办公厅于印发《西安市职工（劳模）创新工作室管理办法》的通知	市政办发〔2016〕22号	2016.4.20
西安市人民政府办公厅关于印发《西安市治污减霾工作实施方案（2016年）》的通知	市政办发〔2016〕21号	2016.4.21
西安市人民政府办公厅关于印发《西安市非经营性上网服务场所管理实施办法》的通知	市政办发〔2016〕24号	2016.4.22
西安市人民政府关于建立市招商引资工作暨重大招商引资项目联席会议制度的通知	市政函〔2016〕46号	2016.4.22
西安市人民政府办公厅关于印发《西安市居住证管理实施办法》的通知	市政办发〔2016〕23号	2016.4.25
西安市人民政府办公厅关于印发《2016年西安市旅游市场秩序整治实施方案》的通知	市政办函〔2016〕109号	2016.4.25

标　题	发文号	发文日期
西安市人民政府关于进一步做好为农民工服务工作的实施意见	市政发〔2016〕21号	2016.4.26
西安市人民政府关于成立市小微企业创业创新基地城市示范工作领导小组的通知	市政函〔2016〕49号	2016.4.26
西安市人民政府办公厅关于进一步加强道路交通安全工作的紧急通知	市政办发〔2016〕25号	2016.4.29
西安市人民政府办公厅转发《市工信委关于2016年社会信用体系建设工作要点》的通知	市政办发〔2016〕26号	2016.4.29
西安市人民政府办公厅转发《市交通局关于进一步加强"营转非"客车监管工作的紧急通知》	市政办发〔2016〕27号	2016.4.30
西安人民政府办公厅关于印发《加强户外田野旅游活动安全管理实施意见》的通知	市政办发〔2016〕28号	2016.5.4
西安市人民政府关于成立西安市涝河渼陂湖水系生态修复工程领导小组的通知	市政函〔2016〕52号	2016.5.6
西安市人民政府办公厅关于印发《市级部门随机抽查事项目录》的通知	市政办发〔2016〕29号	2016.5.7
西安市人民政府办公厅关于印发《西安市2016年噪声污染专项整治实施方案》的通知	市政办发〔2016〕30号	2016.5.11
西安市人民政府办公厅关于印发《西安市2016年食品安全工作要点》的通知	市政办发〔2016〕31号	2016.5.12
西安市人民政府办公厅关于转发《2016年地质灾害防治方案》的通知	市政办发〔2016〕32号	2016.5.13
西安市人民政府办公厅关于印发《西安市"十三五"工业发展规划》的通知	市政办发〔2016〕33号	2016.5.13
西安市人民政府办公厅关于印发《城市绿化保洁及养护管理职责调整工作实施方案》的通知	市政办发〔2016〕34号	2016.5.17
西安市人民政府关于取消和调整一批行政事权的通知	市政发〔2016〕22号	2016.5.16
西安市人民政府关于印发《机关事业单位工作人员养老保险制度改革实施方案》的通知	市政发〔2016〕23号	2016.5.19
西安市人民政府关于开展户外广告及牌匾标识整治工作的通告	市政告字〔2016〕2号	2016.5.23
西安市人民政府办公厅关于2015年农作物秸秆综合利用和禁烧工作考核情况的通报	市政办函〔2016〕134号	2016.5.23
西安市人民政府关于渭河西安段南岸堤顶道路开放通行的通告	市政告字〔2016〕3号	2016.5.25
西安市人民政府办公厅关于印发《西安市加快"绿色交通城市"发展指导意见》的通知	市政办发〔2016〕37号	2016.5.26
西安市人民政府办公厅关于做好2016年高考、中考服务保障工作的通知	市政办函〔2016〕136号	2016.5.26
西安市人民政府关于查处道沿上违法停车行为的通告	市政告字〔2016〕4号	2016.5.27
西安市人民政府关于进一步加强新时期爱国卫生工作的实施意见	市政发〔2016〕24号	2016.5.27
西安市人民政府办公厅关于转发《陕西省节庆活动管理实施办法》和《陕西省党政机关境内举办展会活动管理实施细则》的通知	市政办发〔2016〕39号	2016.5.27
西安市人民政府关于印发《市级部门行政许可项目汇总目录（2016年版）》的通知	市政发〔2016〕25号	2016.5.30
西安市人民政府办公厅关于印发《西安市建筑垃圾综合治理工作方案》的通知	市政办发〔2016〕38号	2016.5.30
西安市人民政府办公厅关于加快转变农业发展方式的实施意见	市政办发〔2016〕40号	2016.6.6
西安市人民政府关于印发《加快推进残疾人小康进程实施方案》的通知	市政发〔2016〕29号	2016.6.8
西安市人民政府办公厅关于印发《西安市"十三五"突发事件应急体系建设规划》的通知	市政办发〔2016〕41号	2016.6.8
西安市人民政府办公厅关于开展2016年度政府网站绩效评估工作的通知	市政办函〔2016〕154号	2016.6.12
西安市人民政府办公厅关于加快融资租赁业发展的实施意见	市政办发〔2016〕42号	2016.6.13
西安市人民政府关于授予胡振龙等8人"西安市见义勇为先进个人"荣誉称号的决定	市政发〔2016〕30号	2016.6.16
西安市人民政府办公厅关于促进旅游投资与消费的实施意见	市政办发〔2016〕43号	2016.6.17
西安市人民政府关于印发《抓项目、促投资、稳增长若干意见》的通知	市政发〔2016〕31号	2016.6.22
西安市人民政府关于表彰"西安创业明星"的通报	市政函〔2016〕74号	2016.6.23
西安市人民政府办公厅关于印发《西安市棚户区改造货币化房票安置管理办法（试行）》的通知	市政办发〔2016〕44号	2016.6.24
西安市人民政府办公厅关于印发《西安市区（县）及开发区招商引资工作考核办法》的通知	市政办发〔2016〕45号	2016.6.24
西安市人民政府关于化解房地产库存促进房地产市场健康发展的若干意见	市政发〔2016〕32号	2016.6.25
西安市人民政府关于进一步加强审计工作的通知	市政发〔2016〕33号	2016.6.26
西安市人民政府关于进一步加强社会信用体系建设的意见	市政发〔2016〕34号	2016.6.27
西安市人民政府办公厅关于印发《全面推开营改增试点后市以下增值税收入划分过渡方案》的通知	市政办发〔2016〕46号	2016.6.27
西安市人民政府办公厅关于印发《2016年陕西省西安市大面积停电事件应急综合演练实施方案》的通知	市政办函〔2016〕166号	2016.6.27
西安市人民政府办公厅关于印发《抓项目促投资稳增长若干意见任务分解表》的通知	市政办发〔2016〕49号	2016.6.29
西安市人民政府办公厅转发《市财政局等三部门关于调整城市基础设施配套费征收标准有关问题的意见》的通知	市政办发〔2016〕47号	2016.6.29
西安市人民政府办公厅关于印发《互联网金融风险专项整治工作方案》的通知	市政办发〔2016〕48号	2016.6.30
西安市人民政府办公厅关于推进"互联网+内贸流通"行动计划的实施意见	市政办发〔2016〕50号	2016.7.1
西安市人民政府办公厅关于印发《促进加工贸易创新发展行动计划》的通知	市政办发〔2016〕51号	2016.7.4
西安市人民政府办公厅关于印发《西安市建设工程施工现场围挡及出入口管理规定》的通知	市政办发〔2016〕53号	2016.7.5
西安市人民政府办公厅关于印发《西安市防震减灾"十三五"规划》的通知	市政办发〔2016〕52号	2016.7.6
西安市人民政府办公厅关于印发《西安市企业标准化管理办法》的通知	市政办发〔2016〕54号	2016.7.15
西安市人民政府办公厅关于印发《2016年度缓堵保畅工作安排》的通知	市政办发〔2016〕55号	2016.7.18
西安市人民政府办公厅关于调整优化种植结构、实行化肥农药使用减量化的意见	市政办发〔2016〕57号	2016.7.21

标　题	发文号	发文日期
西安市人民政府办公厅关于加强生活无着的流浪乞讨人员救助管理工作的实施意见	市政办发(2016)58号	2016.7.22
西安市人民政府关于印发《矿产资源开发保发展治粗放保安全治隐患保生态治污染行动计划实施方案（2016—2020年）》的通知	市政发(2016)38号	2016.7.25
西安市人民政府办公厅关于印发《整合建立统一的公共资源交易平台体系实施方案》的通知	市政办发(2016)59号	2016.7.25
西安市人民政府办公厅关于做好防汛关键期重点工作的紧急通知	市政办发(2016)60号	2016.7.26
西安市人民政府关于建立健全粮食安全市长责任制的实施意见	市政发(2016)41号	2016.7.31
西安市人民政府关于聘任第二届西安市督学的通知	市政发(2016)42号	2016.7.31
西安市人民政府办公厅关于印发《西安市"海绵城市"建设实施方案》的通知	市政办发(2016)61号	2016.7.31
西安市人民政府办公厅关于印发《西安市2016年突出环境问题整改工作实施方案》的通知	市政办发(2016)62号	2016.8.2
西安市人民政府办公厅关于印发《西安市水污染防治工作方案》的通知	市政办发(2016)64号	2016.8.5
西安市人民政府关于深入学习贯彻《中国共产党问责条例》的通知	市政函(2016)90号	2016.8.8
西安市人民政府关于大力发展电子商务加快培育经济新动力的实施意见	市政发(2016)43号	2016.8.10
西安市人民政府办公厅关于印发《西安市公共停车场建设三年行动方案（2016—2018年）》的通知	市政办发(2016)65号	2016.8.11
西安市人民政府办公厅关于加强推进公共停车场建设的意见	市政办发(2016)67号	2016.8.11
西安市人民政府办公厅关于做好第八届中国西部文化产业博览会有关筹备工作的通知	市政办函（2016）204号	2016.8.12
西安市人民政府办公厅关于印发《西安市困难残疾人生活补贴和重度残疾人护理补贴实施细则》的通知	市政办发(2016)66号	2016.8.18
西安市人民政府办公厅关于印发《西安市国家卫生城市复审暗访反馈问题整改工作方案》的通知	市政办函（2016）212号	2016.8.23
西安市人民政府关于在全市鸣放防空警报的通告	市政告字(2016)5号	2016.8.24
西安市人民政府办公厅关于印发《西安市水污染防治2016年度工作方案》的通知	市政办发(2016)68号	2016.8.25
西安市人民政府关于表彰西安市公安局交警支队在"7·24"特大暴雨抢险中做出突出贡献的通报	市政函(2016)92号	2016.8.25
西安市人民政府关于印发《西安市改善农村人居环境工作实施方案》的通知	市政发(2016)45号	2016.8.30
西安市人民政府办公厅关于深化"质量强市战略"、服务"品质西安"建设的实施意见	市政办发(2016)69号	2016.9.1
西安市人民政府办公厅关于印发《西安市开展健康细胞示范建设工作实施方案》的通知	市政办发(2016)70号	2016.9.5
西安市人民政府办公厅转发《市国资委关于监管企业实施分类管理意见》的通知	下政办发(2016)71号	2016.9.7
西安市人民政府办公厅关于印发《西安市外国专家奖励暂行办法》的通知	市政办发(2016)72号	2016.9.12
西安市人民政府办公厅转发陕西省人民政府办公厅关于切实做好国务院安委会安全生产巡查准备工作的通知	市政办发(2016)73号	2016.9.14
西安市人民政府办公厅关于做好2016年中秋、国庆假日旅游工作的通知	市政办函（2016）226号	2016.9.14
西安市人民政府办公厅关于印发《西安市投资环境重点领域整治工作方案》的通知	市政办发(2016)79号	2016.9.15
西安市人民政府办公厅关于切实做好促消费、稳增长工作的通知	市政办发(2016)75号	2016.9.23
西安市人民政府办公厅关于印发《西安市重污染天气应急预案（修订稿）》的通知	市政办发(2016)76号	2016.9.27
西安市人民政府办公厅关于印发《西安市城市公立医院综合改革试点实施方案》的通知	市政办发(2016)77号	2016.9.28
西安市人民政府办公厅关于推进医疗卫生与养老服务相结合的实施意见	市政办发(2016)78号	2016.9.29
西安市人民政府办公厅关于2016年度森林防火责任书执行情况的通报	市政办函（2016）247号	2016.10.11
西安市人民政府办公厅转发《市文化广电新闻出版局、市财政局关于政府购买公共演出服务实施意见》的通知	市政办发(2016)81号	2016.10.19
西安市人民政府办公厅关于印发《西安市抓项目、促投资、稳增长考核奖励办法》的通知	市政办发(2016)85号	2016.11.4
西安市人民政府办公厅关于印发《西安市建设工程招投标市场专项整治方案》的通知	市政办发(2016)84号	2016.11.6
西安市人民政府关于2016年度科学技术奖励的决定	市政发(2016)52号	2016.11.9
西安市人民政府关于执行国家第五阶段机动车污染物排放标准的通告	市政告字(2016)6号	2016.11.14
西安市人民政府办公厅关于印发《西安市今冬、明春大气污染防治行动方案》的通知	市政办发(2016)87号	2016.11.15
西安市人民政府办公厅关于贯彻落实陕西省人民政府取消和下放一批行政审批项目决定的通知	市政办发(2016)90号	2016.11.15
西安市人民政府关于表彰2015年先进金融机构的通报	市政函(2016)117号	2016.11.15
西安市人民政府办公厅关于成立西安市地下空间开发利用管理工作领导小组的通知	市政办发(2016)91号	2016.11.17
西安市人民政府关于加强燃煤污染防控工作的通告	市政告字(2016)7号	2016.11.19
西安市人民政府办公厅关于印发《推进小微企业创业创新基地城市示范工作方案》的通知	市政办发(2016)92号	2016.11.22
西安市秦岭生态环境保护管理办法	西安市人民政府令第123号	2016.11.25
西安市人民政府关于授予外国专家2016年"西安友谊奖""西安市优秀外国专家奖"的决定	市政发(2016)54号	2016.11.25
西安市人民政府办公厅关于印发《西安市地铁建设指挥部协调管理办法》的通知	市政办发(2016)93号	2016.12.2
西安市人民政府办公厅关于表彰2016年国庆假日旅游工作先进单位的通报	市政办函(2016)301号	2016.12.5
西安市人民政府办公厅关于印发《粮食安全市长责任制考核办法》的通知	市政办发(2016)95号	2016.12.7
西安市人民政府办公厅关于印发《西安市加快都市现代果业转型升级发展实施方案》的通知	市政办发(2016)94号	2016.12.8
西安市人民政府办公厅关于贯彻落实促进社会办医、加快发展若干政策措施的通知	市政办发(2016)97号	2016.12.15
西安市人民政府办公厅关于印发《西安市深化医药卫生体制改革2016—2017年重点工作任务》的通知	市政办发(2016)99号	2016.12.19

标 题	发文号	发文日期
西安市人民政府办公厅关于印发《西安市开展新一轮企业技术改造实施办法》的通知	市政办发〔2016〕100号	2016.12.19
西安市人民政府关于印发《西安市全民健身实施计划（2016—2020年）》的通知	市政发〔2016〕59号	2016.12.23
西安市人民政府办公厅关于印发《“全民科学素质行动计划”纲要实施方案（2016—2020年）》的通知	市政办发〔2016〕101号	2016.12.27
西安市人民政府关于市秦岭办履行监管责任不到位情况的通报	市政函〔2016〕129号	2016.12.28
西安市人民政府关于进一步促进房地产市场持续平稳健康发展有关问题的通知	市政发〔2016〕60号	2016.12.30
西安市人民政府关于印发《供给侧结构性改革降成本行动计划（2016—2018年）》的通知	市政发〔2016〕61号	2016.12.30
西安市人民政府办公厅转发《市财政局关于全面推进小微企业创业创新基地城市示范支持政策》的通知	市政办发〔2016〕104号	2016.12.30
西安市人民政府关于加强烟花爆竹安全管理的通告	市政告字〔2016〕8号	2016.12.31
西安市人民政府办公厅转发《市金融办、市财政局、市工信委、市科技局关于进一步促进融资担保行业发展实施意见》的通知	市政办发〔2016〕103号	2016.12.31

文 摘

推进西安建设丝绸之路经济带质量高地的五大战略

标准引领战略。西安建设丝绸之路经济带应加快提高西安标准国际化水平，发挥标准化的技术引领与支撑作用。积极与丝路沿线国家寻求合作契合点，主动参与丝绸之路的国际、国家、行业和地方标准的制定，建立并加强高层和民间的标准化合作交流机制；探索与丝路沿线重点城市间建立标准化合作新模式，签署合作备忘录及合作协议，在标准信息互通、标准化科学研究、标准化人才培养与交流等方面进行项目合作。

品牌聚集战略。品牌聚集战略是产业集群升级的“助推器”，是建设西安质量高地的重要推动力。西安建设丝绸之路经济带应加强品牌意识，制定《丝绸之路经济带品牌战略规划》，形成一批具有较强国际竞争力的自主品牌。实施差异化发展战略，对于国际知名品牌，不断丰富品牌内涵，赋予品牌独特的文化魅力，形成独一无二的个性，提升品牌美誉度；对于省市知名品牌，重视品牌的推广宣传，加大与国际接轨，创建世界名牌；对于中小企业品牌，给予准确的品牌定位，强化产品质量，做好服务工作，不断提炼品牌的核心价值；重视“老品牌”的影响力，加大扶持力度，赋予其时代内涵，尽快融入丝绸之路经济带的国际市场。通过实施品牌战略，促使先进制造业和战略性新兴产业产品质量达到国际先进水平，重大建设工程的安全性和耐用性普遍增强，处于丝绸之路经济带领先地位。

技术支撑战略。加强检验检测、计量、认证认可体系建设，形成专业权威、管理规范、服务优良、水平一流、接轨国际的技术支撑体系，是建设质量高地的前提和基础。整合同类机构，盘活存量，扩大增量，同一类别的检验检测认证机构实行横向合并，逐步发展区域性综合检验检测认证机构；整合社会资源联合共建，联合大型企业、科研院所、高等院校、行业检测机构等合作共建实验室，实现投资主体多元化；加强对质量数据的收集、整理、分析、处置能力建设，建立多部门质量信息共享机制，及时发现系统性质量问题；加强检测方法研发，依托国家级重点实验室与重点服务区域合作，实现跨行业、跨区域经营；积极与国际著名检测机构开展国际互认，发展国际检验检测业务，提高西安在认证认可国际规则制定和国际贸易领域的参与度和话语权，打造西北领先、国内一流、辐射丝绸之路经济带沿线区域检验检测基地。

质量安全战略。建立健全地方政府负总责、监管部门各负其责、企业是第一责任人的质量安全责任体系，充分运用经济、法律、行政等手段，提升质量水平，维护质量安全。鼓励企业设置首席质量官，建立企业质量安全主体责任，将质量安全控制关键岗位责任制落实到人，严格执行重大质量事故及应急处理制度，健全质量诚信体系和产品质量追溯体系。建立丝路沿线重点进出口产品监管目录，明确对丝路沿线国内外进出口农产品、工业品的分类进行监督检查；对国际贸易、建筑工程、生产、服务等重点领域和重要环节监督检查，增强质量安全溯源能力，与丝路沿线各国建立以质量安全为基础的长期贸易合作伙伴关系。

人才高地战略。实施质量人才战略，形成政府创造环境、人才引领发展的格局，着力打造“丝路质量人才库”，建设一支熟悉国际质量管理、精通丝路沿线国家语言和文化的高素质人才队伍；不断优化现有质量人才结构，实现人才资源流动和优化配置，壮大在标准、计量、检验检测、认证认可、质量安全监管等方面实操能力强的技能人才队伍建设。

（摘自《西安日报》2016年9月26日 作者：程丽辉 杜雁平 姚 蕾）

丝绸之路经济带新起点背景下西安城市形象的新媒体传播研究

（一）在设计上取材西安

借助新媒体受众面广、传播速度快的特点，在西安城市形象传播设计阶段就要深入思考西安历史文化传统中的特色元素，用科技手段刷新那些经过几千年岁月长河洗礼后沉淀下的民族的、本质的文化形态，用现代的语言和符号来传播给丝绸之路经济带沿线国家和地区的人们，让他们认知并接受这种来自于丝路经济带新起点的文化。从而将城市形象要传播的对象从国内转向国际，从国际大众转向细分的丝路沿线受众。

（二）在内容上取材于西安

就像卖胶卷的柯达公司发展初期，向用户赠送相机以培养大众的摄影习惯那样，我们在创意设计西安城市形象产品时，也必须充分考虑不同地方及其他国家民众的文化兴趣、审美习惯和不同标准等因素，这是保证西安城市形象在新媒体载体下得以形成自己特色，从而能够被人更广泛接受和喜爱的关键一步。

我们认为，在城市形象传播中，越是西安的才越是世界的。我们要大力弘扬西安悠久的历史文化，讲述千年前丝绸之路沿线上国家与西安这座城市的故事，让新媒体成为西安优秀传统文化的承载者、播放器。比如，可以利用多种数字媒介形态来引导丝路沿线国家民众对某个共同感兴趣的话题来展开辩论，使之间接成为帮助扩展西安城市形象外延的途径。在西安的很多景区，我们随处可见的是来自世界各国游客在欣赏美景之余，认真听导游讲解景点往事后流露出的那种发自内心的满足和陶醉。所以，城市形象宣传产品的内容必须取材于西安本身，而不是其他。

比如，西安近年来形成了以曲江和西高新为主阵地的影视创作集群，很多佳作还斩获了国际、国内各类影视节的重要奖项。影视无疑是西安城市形象外输的重要手段之一。好莱坞以一部虚拟的《功夫熊猫》让全世界观众知晓了中国四川，并对中国国宝大熊猫和中国功夫有了深入的认知。我们也完全可以利用影视的载体，创作明显带入西安符号的丝绸之路往事作品，从而达到服务于传播文化、传播城市形象的目的。而不再是让外地人一提及西安时“总是停留在兵马俑和白羊肚手巾等几个有限的经典文化符号上”。无论“硬件”多么先进，“内容为王”依旧是影视作品决胜负的关键所在。西安的城市形象宣传产品，就是要通过内容的展示，让丝绸之路沿线的民众能一眼看出这就是西安制造。

（三）在技术上取材西安

随着新媒体科技含量的不断提高，简单的数据化已不能满足受众的需求，让用户享受“超真实”的虚拟服务将成为下一步技术革命的重点。换言之，就是要把对西安的传统文化的虚拟体验与交互带给丝绸之路沿线受众，让他们能够在自己的国家里足不出户就能到西安考察、旅游。我们预计，这类产品将成为今后西安城市形象创意和开发的重中之重。西安是全国高校云集排名仅次于北京、上海的城市，也是科技实力较强的重要城市，西安的科研人员能否突破这个技术难题，将是决定西安城市形象创新潜力大小的一个核心要素。

建议西安依托其地域内丰富的科研资源，组建“西安城市形象与新媒体传播智库”，邀请相关专家为职能部门领导和相关人员进行培训，提升他们对新媒体的认知水平，从而助推职能部门在工作中依托新技术和专家智慧，更好地开展和推进这方面的工作。

（摘自《西安电子科技大学学报（社会科学版）》2016年第6期《丝绸之路经济带新起点背景下西安城市形象的新媒体传播研究》 作者：石晓博 屈亿欣 章学锋）

西安市多元化保障性住房供求体系实证研究

工业化与城市化使人口和工业在城市的集中程度越来越大，逐渐使城市土地、住房供给与需求的发展不断加速，这样的状况令住房供应出现严重不足，从而使土地价格、住房价格持续上涨，导致住房价格的上涨远远超出了城市中低收入居民所能支付家庭住房的能力。本文旨在通过运用灰色关联模型对西安市多元化保障性住房供求体系与商业房地产价格之间的关系进行描述分析。通过数据统计分析，在影响西安市住房价格的影响因素中，最重要的影响因素为政府的供给能力，其次为居民对住房的需求。但是，多元化保障性住房的供给也在一定程度上对西安市住房的价格起到了举足轻重的作用。西安市在建立多元化的保障性住房供求体系中，对西安市的住房价格有一定的影响，并能相应地抑制西安市住房价格的飙升。

首先，通过数据统计分析，可以看出，加大保障性住房多元化的供给，可以使居民多种方式选购房屋，降低居民购买房屋的难度，使得西安市大多数居民可以“居者有其屋”。在一定情况下，可以控制住商品房的价格，并可以使得房屋购买者分流。这种情况下，一些中低收入者，可以选择保障性住房，根据自己的收入情况，选择经济适用住房、廉价租赁住房、公共租赁住房或者限价商品房等各种保障性住房项目。

其次，多元化保障性住房的建立，使得西安市政府对于保障性住房的政策制定具有更多的偏移。由数据可以看出，西安市保障性住房的数量在逐渐地增加。同时，西安市政府通过制定相关政策及法规，鼓励建设多元化的保障性住房，使得保障性住房市场在西安市逐步建立，从而有效地制西安市的住房价格。

最后，通过数据分析，还可以看到，多元化保障性住房市场的逐步建立，有利于商品房市场与保障性住房市场共同发展。多元化保障性住房供给市场的良好发展，使得一些商业地产商发现保障性住房市场也是有利可图的，促进地产商对保障性住房建设的投资。最终促使多元化的保障性住房市场良性发展，抑制了商业房价的飙升，同时，也使商品房市场进行良好的改革。

（摘自《西安电子科技大学学报（社会科学版）》2016年第6期《西安市多元化保障性住房供求体系实证研究》 作者：刘开瑞 孙明璐）

西安养老服务业综合改革向纵深发展

积极推动老年产业发展。西安市商务局把对家政企业参与养老服务的扶持政策纳入《西安市服务业发展专项资金》。2014年年底成立的西安市老龄产业协会目前已汇集了400余家涉老企业参与西安市老龄产业发展。2015年9月和2016年8月，西安市连续举办了“中国（西安）老龄产业暨中医药健康养生博览会”，每年参展单位达200余家，展示了老龄产业发展成果，搭建了老龄产业合作交流平台。

鼓励社会力量进入社区居家养老服务领域。从2013年起，西安市财政每年安排专项经费对各类居家养老服务机构和志愿者服务组织给予奖励。经过几年培育发展，新城、碑林、莲湖、雁塔分别引进了孝道坊、爱乐、如亲、幸福9号等社会组织参与社区居家养老服务。据统计，全市居家养老服务站中社会力量参与运营和管理的有78个。

积极探索公办养老机构改革。“公建民营”是办好养老机构改革的方向。西安市明确，今后凡政府投资新建的养老机构原则上实行“公建民营”的运营方式。阎良区作为公办养老机构改革试点单位，已完成了公建民营改革试点，取得良好效果。即将投入运营的市级养老机构“曲江老年服务中心”正在研究公建民营的具体实施方案。目前，全市有4家公办养老机构采取了公建民营的运营方式，其中3家的服务质量和入住率有明显提升。

在信息化建设方面，西安市也打破藩篱，积极引入社会力量参与，培育发展主体。2011年，莲湖区居家养老服务信息平台正式运营。平台由莲湖区政府投资、建设，采用社会化方式运营，实行三级管理两级服务的模式。区民政委托如亲居家养老服务中心进行社会化运营，区级居家养老服务中心和社区居家养老服务站提供线下两级服务。截至2015年年底，平台采集和更新老年人数据12.6万人，发展各类服务商1259家，实现信息服务58万多个。

（摘自《西安日报》2016年11月2日 作者：张 端）

西安居民消费档次由低向高转变 未来消费更加高端化细分化

居民收入的增长使居民消费商品不断更新升级，新兴、高档商品成为普通居民可以消费的产品。调查显示，2015年，西安城镇居民人均可支配收入39007元，同比增长8.1%；农村居民人均纯收入15778元，同比增长9.1%。城镇居民人均消费支出22414.8元，同比增长7.3%；农村居民人均消费支出9517.7元，同比增长9.3%。西安城镇居民家庭恩格尔系数为32.7%，同比增长0.4个百分点；农村居民家庭恩格尔系数为32.2%，同比下降2个百分点。农村居民消费进一步升级，城乡差距进一步缩小，满足居民生活基本生存需求的低端产品已经基本饱和，消费品更新换代步伐进一步加快，住房消费、通信及电子产品消费、服务性消费等发展型、享受型消费日益成为居民消费的新热点。

城乡高收入户交通通信消费较多，低收入户教育文化娱乐消费较多。2015年，城镇高收入户交通通信消费占家庭消费总支出的16.9%，农村高收入户交通通信消费占家庭消费总支出的12.5%；城镇低收入户交通通信消费占家庭消费总支出的13.7%，农村低收入户交通通信消费占家庭消费总支出的15.4%。

网络消费成为居民消费重要渠道，餐饮、零售行业利用网络平台促使消费额攀升。随着互联网技术的推广，网络服务地域的拓展，网络终端服务平台的多元化，助推了城乡居民通过互联网消费支出加速。同时，互联网技术对促进行业发展也带来明显变化。网络购物成为传统销售服务行业的新兴增长点。西安餐饮、零售行业发展利用网络平台促进消费额不断攀升。大型商品销售平台满足居民生活消费各方面的需求，大型购物网站、网上商城成为更加便捷和实惠的购物渠道。团购、宅急送、外卖等新型经营方式纷纷出现，居民购买饮食服务更加方便快捷。调查显示，2015年，西安限额以上批发零售贸易中，网上商店平均零售额12.9亿元，平均利润达6202.1万元，占无店铺零售单位平均利润的60.6%。

未来居民消费将更加高端化与细分化，线下零售依然具有巨大发展潜力。统计部门分析认为，未来居民将选择高品质、安全、可靠的产品，愿意购买品质更有保障的产品。与此同时，消费者越来越重视消费产品带来的精神享受和自我认同感，为了满足更多消费者不同的消费需求，产品细分和升级将不断深化。而移动互联网的快速发展，未来将有更多的智能手机用户，使用手机购物的消费者比例更大。线上与线下相结合。一方面，电子商务驱动线上消费的发展。另一方面，线下购物依然是消费者的购物选择。一部分消费品的购买线上平台无法替代，如生鲜产品、生活服务消费品。另外，与线上购物不同，线下购物具有消费服务的体验经历，因此线下零售依然具有巨大的优势和发展潜力。

（摘自《西安日报》2016年11月29日 作者：王 昕）

项目建设让西安国际化元素更加丰富

项目建设稳投资 政府引领社会投资方向提振信心。我市紧贴国家战略、省市布局，围绕关键领域和重点环节，谋划储备一批重大项目，长远谋划的项目主要涵盖铁路、公路、城市轨道交通、供水、供热、供气、污水处理、城市改造、教育、文化、医疗、农业生态等政府主导的基础设施项目，同时也有装备制造、生物医药、互联网以及商贸旅游等社会投资主导的项目。由此不难看出，项目建设对于经济社会发展的关键性作用愈发凸显。

提升品质强保障 地铁三星李家河等项目备受称赞。在项目建设发展的过程中，市委、市政府给予了全方位的支持。譬如，西安市建立了市级领导分工联系重点建设项目的制度，同时，通过汇集、研究全市在建项目推进过程中存在的资金、规划、土地等问题，西安市进一步扩大了市级领导分工联系项目的范围，对所有存在问题的项目实行市级领导分工联系制度，逐项切实解决项目存在的问题，推进项目顺利实施。不仅如此，西安市还加大考核力度，强化效能监察和问责，特别是对项目审批、工程预算、工程进度、质量安全、环境保障等相关环节的监察，从而为稳投资、促发展提供有力保障。

助推开发开放 打造丝路经济带产业项目新高地。项目建设，不仅加速了西安经济发展的步伐，同时也让这座古城的国际化元素更加丰富。2015年春天，西安市确定60个项目为建设丝绸之路经济带第一批重点项目，这些项目有着一定的投资规模和强度，总投资达到1155亿元，同时，西安市注重开发开放平台建设，特别是安排了欧亚经济论坛综合园区核心区等对西安开发开放具有引擎作用，有助于承载国际化高端生产要素聚集的综合平台类项目。

（摘自《西安日报》2016年12月8日 作者：杨耀青）

用追赶超越之力解民生问题之难 建品质西安之城

一要破解“上学难”。要优化学校布局，深化教育教学改革，促进教育公平，让更多的人享受到更好的教育。

二要破解“就业收入难”。要优化就业创业环境，强化政策兜底，保障就业困难和低收入家庭生活，要不让一户家庭因生活困难而过不下去。

三要破解“看病难看病贵”。要调整医疗卫生资源布局，深化医疗卫生体制改革，探索完善“医联体”机制，医疗质量要上去，看病费用要下来，实现大病去医院、小病在社区。

四要破解“出行停车难”。要坚持公交优先，完善“大交通”体系，加强城市道路和停车场站建设，提升交通管理智能化水平，让市民出行更便捷。

五要破解“清洁卫生难”。要探索完善“路长制”，使城市清洁、清静、无视觉污染，打造清洁之城。

六要破解“住房难”。要积极促进房地产市场平稳健康发展，加快城中村和棚户区改造，让居者有其屋。

七要破解“办事难”。要加快转变政府职能，强化服务意识，高效便民办实事、办好事，打造一流政务环境、营商环境和服务环境。

八要破解“养老难”。要大力发展养老服务业，落实老龄政策，实现老有所养，晚年幸福。

（摘自《西安日报》2016年12月22日 作者：于京玄 刘雪妮）

“五个结合”：加快西安实体经济发展

坚持供给侧改革，将淘汰落后产能与扩大高质量供给相结合。供给侧结构性改革最终目的是满足需求，主攻方向是提高供给质量，根本途径是深化改革。未来，西安应坚持按照供给侧结构性改革的基本思路。一方面要大力推动“三去一降一补”持续见效。在去产能方面，应按照市场原则淘汰落后产能，以技术和环保标准调整过剩产能；去库存方面，仍要以去房地产库存为重点，进一步优化市场环境、盘活存量资产、稳定消费；去杠杆方面，在控制总杠杆的前提下，把降低杠杆率是最严重的企业杠杆率作为重中之重；在降成本方面，要充分认知目前企业经营过程中各项成本费用不断攀升的现实，切实帮助企业降低制度性交易成本、企业税费负担、降低社会保险费率、财务成本、电力价格、物流成本等，减轻企业负担。另一方面，要扩大高质量产品和服务供给。

坚持创新驱动发展，将传统产业提升与发展战略新兴产业相结合。振兴实体经济，要实施创新驱动发展战略，既要推动战略性新兴产业蓬勃发展，也要注重用新技术新业态全面改造提升传统产业。根据西安“十三五”发展规划，到2020年年末，西安将成为“国家先进装备制造业基地”和“国家战略新兴产业基地”。

坚持法治化建设，将规范市场环境与扩大引进外资相结合。振兴实体经济，要建设法治化的市场营商环境，积极引进外资，更好发挥外资企业对促进实体经济发展的重要作用。尽管外商投资“招大引强”在我国经济发展中起到过举足轻重的

作用，但不可忽视的是，与国际横向比较，我国制造业附加值偏低，在产业链中未能占据优势地位。与国内房地产行业和金融行业相比，工业受到挤压。尤其是近年来，在美国制造业回流和德国工业4.0等全球工业振兴背景下，我国外商投资比重有所下滑。面对新的国际、国内形势，西安在振兴实体经济发展的金融支持方面，应不断完善法制化建设，创造良好营商环境，加强制度创新，提高服务水平，拓宽企业融资渠道，如鼓励企业在境内外证券市场上市挂牌、完善企业上市扶持政策债券融资、建设区域股权交易市场等业务，不断完善企业融资支持体系。建立政、企、银联动协调机制，为企业提供金融支持。充分发挥西安合作发展基金等的引导作用，将民间投资不断注入实体经济，实现良好共赢。坚持以市场为主体：将提高大企业素质与提升小企业参与度相结合。

振兴实体经济，要更加重视优化产业组织，提高大企业素质，在市场准入、要素配置等方面创造条件，使中小微企业更好参与市场公平竞争。西安的实体经济，尽管涉及面广，但一方面，在劳动密集型、技术含量偏低的批发零售业、住宿餐饮业和房地产业等一般性竞争行业，多数的中小微企业都还处于产业链和价值链的低端，产业聚集程度偏低，企业实力不强，与大中型企业的竞争明显处于劣势。许多行业由于进入门槛低，产品技术含量不高，产品与工艺雷同，致使同质化竞争激烈；另一方面，层次较高的现代物流业、金融业、新型服务业等领域囿于市场准入、企业素质等条件限制，容易形成垄断格局。这样的矛盾，不利于产业链的形成和产业集群的健康发展。因此，应充分发挥市场的主体作用，针对不同行业的具体情况制定合理的准入机制，形成大企业大集团与中小微企业繁荣共生的发展局面。

（摘自《西安日报》2016年12月26日　作者：李　宇）

西安提升人民生活品质研究报告

西安提高人民生活品质的对策建议如下：

(一)西安的10件惠民实事应该拓展为“十大惠民系列工程”。杭州、南京、宁波、苏州市委、市政府都在每年工作中安排了惠民事项，但不仅仅是具体的10件事情，而是惠民项目的“集装箱”。西安惠民系列工程一年可以拓展为20件、30件、50件工程化的民生实事。

(二)西安提高人民生活品质的重点是公共资源均等化。要真正落实不分城乡身份，西安市民一律平等，教育、卫生、就业、社保等资源均衡普惠。例如，宁波市对教育资源不均衡情况事先发出预告，如果某个优质中小学要超员，就提前告知市民，不要再买周边的所谓学区房。西安要增加“长安通”卡的多种功能。西安“长安通”目前只能在公交和地铁使用，其他功能有待开发。宁波的城乡居民在社会福利上一视同仁，居民卡已经成为电子钱包，可刷公交、消费购物、打的、交水电费等等，这种智慧城市卡应该在西安得到普及。

(三)城市品质的核心应该是干部群众的精神品质。杭州、南京、宁波、苏州都有自己独特的城市精神。要大力加强西安870万常住人口的思想道德文化建设，大力持续普及“承古开新、开放包容、勤奋进取、文明诚信”西安城市精神。

(四)重点抓好就业创业这一民生之本。杭州、南京、宁波、苏州都把就业创业摆在非常突出的地位。西安应把创业和就业工作列为各级“一把手工程”。坚持实施积极的劳动就业政策，统筹城乡就业，更加关注大中专毕业生的就业问题，综合运用宏观经济政策、人力资源开发政策和法律行政手段，调节劳动力供求，引导城乡劳动力合理流动，优化以市场导向为主的就业机制。加快调整就业结构，开拓就业岗位。制定和实施有利于增加就业岗位的产业政策，不断优化劳动密集型、资本密集型和技术密集型有机结合的产业结构，调整正规就业结构，拓展非正规就业岗位，实现经济发展与扩大就业同步增长。西安要加快形成政府推动、市场主导、社会参与的创新创业服务体系，培育创新创业文化和氛围，促进科技与大众创业万众创新的深度融合。

(五)多管齐下建成教育强市和人力资源强市。认真学习贯彻全国、全省教育工作会议精神，全面落实《国家中长期教育改革和发展规划纲要（2010—2020年）》各项任务要求，按照教育工作的“高品位、精内涵、强特色”的总体定位，以解难题、担责任、服好务的精神状态着力深化综合改革，通过法律杠杆、经济杠杆、行政杠杆，着力推动现实教育事业的均衡发展，着力促进教育公平，着力提升教育质量，努力办好人民满意的教育，到2020年率先在西部地区实现高水平教育现代化和建成教育强市及人力资源强市的奋斗目标。

（六）构建科学合理的医疗卫生新格局。促进医疗卫生资源均衡布局。根据西安市行政区划调整、人口规模布局变化和经济功能区的设置情况，适时配置、调整医疗卫生机构及相关卫生资源，优先发展社会力量举办医疗机构。新增医疗资源以社会资本举办为主，按照每千常住人口1.61张床位为民办医疗机构预留规划空间，力争到2020年社会资本办医的床位数量占到全市总床位数的20%～25%，健全基层医疗卫生服务体系，建立“首诊在基层、大病到医院、康复回社区”的分级诊疗制度，使患者享受到连续完整、方便快捷、优质价廉、安全有效的医疗服务。尽快使西安市的医保卡能够在陕西省范围11个地市区通用。医保卡实现异地结算可以方便广大市民百姓。南京市的医保卡已经实现在江苏省内全部异地结算，主要经验是把医保卡的使用与个人征信系统相挂钩。

(七)缩小贫富差距，构建“橄榄型”的社会结构。杭州、南京、宁波、苏州市委、市政府都非常重视缩小贫富差距。西安应多管齐下，把西安的基尼系数降至0.3至0.4之间。基尼系数是反映收入分配平均程度的重要指标。国际上通行的标准是基尼系数在0.2以下为绝对平均，0.2至0.3为相对平均，0.3至0.4为比较合理，0.4至0.5为差距偏大，0.5以上为差距悬殊。西安2014年基尼系数已达0.456，这显示出社会各阶层之间的收入差距拉大。西安应采用经济手段、法治手段、行政手段、社会手段综合治理，比如在经济手段方面，第一次分配讲效率，第二次分配讲公平，第三次分配讲人道，调整收入分配政策，向低收入阶层倾斜，在税收上对富人多征税，对中等收入阶层少征税，对低收入阶层不征税，开征赠予税、遗产税，等等。在社会手段方面，除了运用社会保险、社会救济、社会优抚、社会福利来缩小收入差距外，还应调动社会公益性的人力、物力、财力，切实缩小贫富差距，引入更多慈善机构等非政府组织，降低基尼系数至0.3与0.4之间，尽快建成各个社会阶层都基本满意的和谐西安，建成高收入阶层和低收入阶层是小头、中等收入阶层是大头的“橄榄型”社会结构。

（摘自《西部学刊》2016年第10期　作者：张永春）

关于改善西安城市环境治理的思考和建议

一、西安环境治理过程中出现的新问题

十八大之后，经过政府及相关部门三年多的强力治理，西安的生态环境有了明显的改善，空气污染程度大大降低，优良空气天数不断增多，水污染防治和水土保持工作取得成效，固体垃圾处理井然有序。然而，其中的新问题也逐渐暴露出来。

（1）市民对环境治理的责任认识有误区。不少市民仍然认为，环境治理是政府该花心思、该做的事情，普通老百姓没有责任和义务去治理，能管好自己的行为就行了，至于别人怎么做与我没关系。于是，对于乱扔垃圾的、随地吐痰的、攀枝折花的……不会主动去劝阻和干涉，最多随口一声抱怨了事。而且，目前阶段里，随着人们生活水平的提高，以及虚荣心作祟，很多家庭选择开大排量的汽车。虽然心里也明白这种车对空气污染比较大，但是总觉得多我这一辆无关大局，少我这一辆空气也改善不了，我有钱我任性。

（2）利益驱动的观念仍然很深厚。利润至上，金钱至上，这仍然是为数众多的企业家、经营者固守的原则。总是认为，“全国有那么多会带来污染的企业，经营这么多年了也没事，我没必要那么较真，还是好好赚够自己的钱，为子孙后代多留点财产才是正道。”并理直气壮地宣称，“就我这点污染算得了什么，能对社会造成多大伤害？！”

（3）府民长久的积怨仍然存在，导致执法部门难以正常执法。政府和老百姓的矛盾由来已久，并渗透到各个方面，目前环保执法过程中也遭遇了这样的困境。例如，见缝插针摆摊设点的“游击队”，他们与执法人员的冲突屡见不鲜，即使执法人员是正当执法，是在履行自己的职责，但是大多数人却认为这些“游击队”是弱势群体，需要得到更多的保护，把责任完全推脱到执法工作人员身上，使正当环保执法行为无法开展。

二、建立健全政府、企业、公众共治的环境治理体系，推动生态文明建设取得更大成效

（1）加大宣传，形成共识。环境治理过程最终还需要回归到本源，即由全体市民和政府、企业齐抓共管的局面，形成全社会上下一致、同心协力的责任感和主人翁意识。首先，充分发挥志愿者组织的功能，发动志愿者进行环境保护的公益性宣传，可以划片区选出平时和公众接触较多、公众信服的宣传专员，对环保知识进行普及，并对公众的疑问进行解答。其次，政府继续做好环保公益广告和环境污染警示教育工作，增强企业和公众的危机意识和大局意识。再次，在中小学及幼儿园教育中图文并茂设置环保知识课程，从小培养国民的环保意识。最后，在企业中设置环境污染监督专员，监督企业的生产过程，做好生产记录，随时向政府相关部门汇报企业的污染情况。最终使爱护环境蔚然成风，成为一种政府、企业、公众共治的习惯。

（2）加强联络，互相监督。加强政府与企业的联系、政府与公众的联系、企业与公众的联系，让权力、义务和责任在阳光下运行。政府除了给企业开罚单外，最主要的还是通过宣传教育、加强联系，培养感情，使企业深刻认识到保护环境是利人利己的公德事业。公众行为除了受到相关法制的约束外，作为社会无处不在的眼睛，更应该扮演好环境监督者的角色，监督政府执法，监督企业非法排放，监督他人的破坏环境的行为。总之，形成一个相互监督、相互制约的网络，防止任何破坏环境事件的发生。

（3）健全机制，精细管理。环境保护法制体系的建立为我们提供了一道安全屏障。但是，法制的长期正常运行才是其生命力所在。我们现在也会经常看到，城市的创卫活动总是周期性地搞得轰轰烈烈，然而，不久之后便会像暴风雨过后的晴空，一切又恢复原状。所以，建立环境保护的长效运行机制，精细化环境治理方式方法，防止短期内见效的突击活动，才是环境保护的内在要求。

严厉执法，全面法治。环境保护永远在路上，不能靠一时的热情。只有全面培养公众的法治思维，以严格的法律来约束自己的行为，监督他人的举止，做到环境的全面法治，才能真正地把我们赖以生存的环境保护好、发展好。

（摘自《西安发展研究》2016年第11期《关于改善西安城市环境治理的思考和建议》 作者：赵晓娥）

西安水生态文明建设的探索与启示

西安是一个资源性缺水城市，多年平均水资源总量为23.49亿立方米，人均占有水资源量仅278立方米，为全省和全国人均的1/3和1/6。目前，西安正全面加快建设国际化大都市，全力打造丝绸之路经济带新起点，为保证经济社会发展和生态环境对水资源日益增长的需求，西安市正着力打造“八水润西安”工程（后简称“八水”工程），为西安持续发展提供水动力。

从历史上看，西安理水而兴，废水而衰。长安作为都城，与水有密不可分的关系。一部西安城市发展史，就是一部西安地区水变迁史。历史上的西安一直依靠凿渠导河解决水问题，至宋代，渠道废塞，水流不畅，而井水苦咸，饮水危机是当时很严重的社会问题。这个问题一直延续至清朝。1952年，西安市自来水厂建成供水。但城市供水仍靠打井取地下水。过度开采地下水所造成的后果很快显现出来，部分区域房屋开裂，地面下沉，整个城市也都面临沉陷的危机。从1999年至2013年年底，西安市累计封井2155眼，减少地下水开采量2.1亿立方米。通过回灌地下水，地下水位已经开始缓慢回升，地面沉降和地裂缝发展得到遏制。

进入21世纪，为恢复“八水绕长安”的盛景，西安市在城市局部实施了部分河系、湖泊治理工程和引生态水进城工程，一定程度上改善了生态环境。同时随着城市规模的扩大和用水量骤增，“长安八水”逐渐演变为城中河，于是便有了“八水进长安”之称。但无论是“绕”还是“进”都没有从根本上解决西安发展面临的水资源短缺、水环境恶化、水生态脆弱等问题。2012年7月2日，西安市委主要领导在调研时首次提出了“八水润西安”的发展思路。

从“绕”到“进”再到“润”，一字之别，外延和内涵却发生了深刻变化。“润”字，涵盖了“绕、韵、进、惠”等含义，内涵丰富，体现了水的滋养、滋润功能，更有惠及民生、造福子孙之意，丰富了西安治水的历史文化气息。2012年12月，市委常委会审查通过了《八水润西安规划》，规划以“保水、引水、治水”为重点，以再生水、雨洪水为主水源，按照“保护利用现成的，改造提升原有的，科学规划未来”的工作思路，实施“571028”工程，即建设5条生态引水体系，打造7片湿地，生态修复10条河系，新建改造提升28座湖池。届时全市生态水面面积达到7.6万亩，湿地面积7.9万亩，真正把西安建成“城在水中、水在城中、水韵长安”的现代化生态型大都市。该工程启动至2015年11月底，已累计完成了渭河、灞河等10条河流主要河段生态治理工作，建成堤防386公里；建成西安湖、仪祉湖、航天湖、堰头湖、桃花潭、护城河示范段等10座湖池，新增生态水面面积9573亩；建成浐灞湿地、沙河水街、沣河湿地等10处大型湿地，新增湿地面积20957亩。

“八水”工程经过三年的建设，效果初显，为西安建设水生态文明城市奠定了坚实基础，同时也为水生态文明建设提供了宝贵的经验和启示。

（1）政府主导、部门联动。为确保“八水润西安”工程顺利实施，西安市委、市政府成立了“八水润西安”工作领导小组，**省委常委、市委书记魏民洲，市委副书记、市长董军亲任组长（是否做下文字技术处理？）**，成员包括各职能部门主要负责人，如发改委、财政局、国土局、环保局、规划局等，各区（县）负责人等共37人。领导小组下设办公室，办公室设在市水务局，办公室主任由市水务局局长兼任。领导小组主要负责督促和指导工程的实施；研究解决项目实施中的重大问题；协调区（县）、开发区、市级各部门有关工作等。2014年1月，成立西安市水生态建设管理办公室。事业单位，除承担全

市水生态建设的基础性工作之外，负责市“八水润西安”工作领导小组的日常工作。“八水”工程形成了政府主导、部门联动、齐抓共创、规范有序的工作格局和建设合力。

（2）*系统治理、永续发展*。“八水”工程把水生态文明理念作为指导工程建设的战略思想，树立了发展的长效观念。“八水”工程是一项依托工程建设进行的水生态文明建设过程，是一项系统工程。工程不仅涉及坝、闸、堤、渠道等水工建筑物，同时充分认识自然界本身蕴含的巨大潜力，考虑工程效益的同时，更重视对自然生态系统的修复和建设。比如，“八水”工程本身是一个河、湖、湿地联通工程，力图把自然界的自我调蓄和修复等功能与水利工程建设相结合，协同解决城市洪涝灾害、环境破坏等问题，减少灾害防治工程量，降低了对生态环境的破坏程度。

（3）*充分论证、科学规划*。工程建设之时，西安共有大小河流54条，水库96座，总蓄水能力4.05亿立方米。并且一批重点水利项目已经实施，生态水环境日益改善，累计建成生态水面4.5万亩。工程最终要建成的28座湖池已建成13座湖，15座湖池在规划建设中。据预测，西安市2020年和2030年需水量分别为22.75亿立方米和24.53亿立方米，2020年和2030年全市可供水量分别为23.32亿立方米和26.45亿立方米，水资源供需基本平衡，在满足生产、生活需水的同时，还能为生态用水提供不少于1亿立方米的水量。而且，“八水”工程和以往水利工程最大的区别在于，将工程作为一个整体来规划，尽最大可能提高水的使用效率，一水多用。因此，“八水”工程水资源是有充足保障的，不会制约生活、生产用水，更不会对下游用水产生影响。西安地处八百里秦川腹地，地势南高北低，呈阶梯结构。除渭河、泾河、石川河是过境河以外，其余均是境内河，都发源于秦岭北麓及骊山丘陵区，由南向北经过洪积、冲积平原进入渭河。“八水”工程合理、充分地利用水资源，通过串联，上一湖泊的退水作为下一湖泊的进水，最后都退到渭河，形成一个有进有出的大水系。同时，积极响应并贯彻中央提出的“海绵城市”的新理念，即城市能够像海绵一样，在适应环境变化和应对自然灾害等方面具有良好的“弹性”，下雨时吸水、蓄水、渗水、净水，需要时将蓄存的水“释放”并加以利用，提升城市生态系统功能和减少城市洪涝灾害的发生。

（4）*政企合作、双赢共享*。“八水”工程在城市段河湖治理中成功运用PPP模式，实现政企合作、双赢共享的生态重建模式。比如，基于西部生态脆弱敏感地区经济发展与城市水环境协调互动的“浐灞模式”，就是依据循环经济理念，在“河流治理带动区域发展，新区开发支撑生态重建”的理念指导下，设计了以“高层次第三产业高度发展反哺生态环境的水岸经济”为特色的新模式，最终带动私人部门和民营资本参与到浐灞河流域生态中。

“八水”工程成绩斐然，工作也将进入攻坚期，在2020年工程全面展示之前，建议做好以下工作。

（1）*尽快建立水生态文明建设的评估指标体系*。“八水”工程将在2020年完工，此时正是根据过往经验、未来目标制定指标体系的最佳时机。首先，此指标体系是针对整个工程而言的，而并非某一河或某一湖。也可以认为此指标是西安水生态文明建设的指标体系。其次，此指标体系必须充分考虑流域具体情况，比如水源地的水质评价与渭河的水质评价应有差别。

（2）*尽快划定城市蓝线，以防土地规划掣肘工程建设*。“八水”工程建设中，遇到的最大问题就是土地规划的矛盾。比如按照河系的要求，河道、河道的防汛通道、河道堤防安全、河道绿化、河道生态景观等是一个完整体系，而目前问题是城市蓝线规划滞后情况下，基本农田已经划分完毕，往往河道边上就是基本农田，给河系预留的土地几乎没有或者很少，这一情况严重掣肘了工程的建设。针对这一问题，可以借鉴城乡建设用地增减挂钩的理念，在某一区域内甚至在西安市范围内，通过一增一减来保持土地总量的平衡。

（3）*经济新常态下创新投融资方式，建议分区域分类进行*。“八水”工程建设投资需求巨大，不少项目具有较强的公益性，仅靠财政投资不现实，因此应建立以财政资金为引导，重大项目为支撑，以吸纳市场与社会资金为主要投资来源的融资机制。建议按照城区、城郊、水源地，或者按照项目功能分类指导。比如：对水源工程、水系联通工程、防洪设施建设以及生态治理项目，安排必要的地方财政性投入，并从水利、环保、农业、林业、城建等方面多渠道争取国家投入。对城镇供水、水污染防治、生态环境保护、水景观及水文化建设项目，积极探索运用市场手段，通过吸纳社会投资入股、置换产权、确权水资源开发等方式吸引社会投资，拓宽投融资渠道，鼓励各类社会主体参与水生态文明建设。

（4）*充分发挥“八水润西安”生态工程的历史文化效益*。“八水”周边数量众多的文化遗产，形成了以河湖为联结纽带的线性遗产区域，为今天西安城市的建设与发展提供了系统化的文化格局。充分挖掘并适时适当地对历史景观进行还原和修复，形成由自然环境、遗产展示、游憩设施等多种要素构成的遗产廊道。遗产廊道的构建，不仅能提升“八水”工程的文化意蕴，更能加强全民关于水的伦理、道德、文化建设，使广大民众自觉参与到水保护的社会实践活动中，最终达到真正的水生态文明。

（摘自《西安发展研究》2016年第15期《西安水生态文明建设的探索与启示》 作者：任孟娥）

西安市高校毕业生就业服务工作存在的问题及建议

一、*存在的问题*

（一）个别政策效果不佳

西安市出台个别高校毕业生扶持政策时，调研不够充分，与实际情况脱节，导致高校毕业生帮扶门槛过高，政策难以落地或实施效果不佳。

1. 高校毕业生社保补贴政策效果不佳

为加大高校毕业生社会保险补贴扶持力度，西安市2014年出台了小微企业吸纳高校毕业生社保补贴和灵活就业高校毕业生社保补贴两项政策。但该两项政策未充分考虑灵活就业高校毕业生参保积极性不高、参保人数少的实际情况，加之小微企业资格要求高、政策实施期限短（两项补贴政策审批截止日期均为2015年12月31日）等原因导致政策实施效果不佳。2014年，全市仅发放灵活就业高校毕业生社保补贴15人，发放补贴资金9.3万元；发放小微企业吸纳高校毕业生社保补贴共5户、吸纳高校毕业生11人，发放补贴2.3万元。

2. 高校毕业生创业补贴政策门槛过高、难以落地

为进一步鼓励高校毕业生自主创业，西安市规定“高校毕业生初次创业的，可申请2000元一次性创业补贴”。根据文件要求，领取补贴的高校毕业生应吸纳就业人员2人以上，并缴纳社会保险。由于高校毕业生创业初期，从事个体经营占多数，绝大多数并不具备吸纳2人以上就业或缴纳社会保险的条件，享受门槛过高，以至此项政策并未落实。截至目前，西安市并没有符合条件的自主创业高校毕业生享受此项补贴。

3. 大学生创业贷款基金政策急需完善

西安市设立扶持大学生自主创业贷款基金5000万元。基金主要用于大学生创业贷款损失补偿和担保机构提供贷款担保的管理费用，但是有关后续管理基金及补充基金的相关文件并未及时出台，导致担保基金缺口较大，大学生创业贷款工作进

展不利。截至2014年，基金累计支出2349.53万元，基金余额3228.07万元。随着西安市大学生创业贷款人数的递增，创业贷款基金已经严重不足，西安市大学生创业贷款由于基金问题，贷款人数锐减，一定程度上挫伤了大学生的创业激情。

（二）外地生源高校毕业生帮扶工作有待加强

2014年，西安市应届高校毕业生23万人，西安户籍高校毕业生仅4.5万人，外地生源的高校毕业生约18.5万人，占80.4%。据统计，西安市外地生源高校毕业生在西安市就业率近75%，此类人员已然成为西安市高校毕业生就业的主要人群。而西安市绝大多数就业帮扶主体为本市户籍学生，没有针对外地生源高校毕业生的帮扶体系，为进一步留住人才、吸引人才，以达到稳定就业的目的，西安市应更多关注外地户籍高校毕业生这一人数众多群体的帮扶。

（三）中小企业帮扶工作有待加强

西安市约75%的高校毕业生在各类民营小企业就业，随着我国产业结构调整，中小型企业已然成为吸纳就业主力。而西安市针对中小型企业的扶持政策较少，或已有政策门槛过高，加之受西安市经济发展放缓，处在增长速度换挡期的影响，中小型企业岗位需求数量均有所减少，给就业工作带来巨大压力。

二、工作建议

（一）充分调研、完善政策

1.降低高校毕业生扶持政策门槛

西安市充分应针对高校毕业生帮扶政策进行系统调研，聚焦高校毕业生扶持政策落实的难点、热点，适度降低西安市灵活就业高校毕业生社保补贴、小微企业吸纳高校毕业生社保补贴、高校毕业生一次性创业补贴等扶持政策门槛，确保各项扶持政策落实到位，高校毕业生得到实惠。

2.完善大学生创业贷款政策支持体制

为积极响应大众创业、万众创新的号召，加大对创业高校毕业生的金融扶持，建议将大学生创业贷款扶持政策列为长期政策，建立大学生创业担保基金正常补充增加机制，使原有政策得到延续、扩展、调整和充实，降低高校毕业生反担保门槛，对创新创业的高校毕业生允许以专利、知识产权等作为反担保，同时应与时俱进，开创设计创意贷、助跑贷、创新贷等多种贷款模式，进一步营造西安市大学生创业的良好氛围。

3.出台有针对性的外地户籍高校毕业生帮扶政策

通过对西安市2000名外地生源高校毕业生进行问卷调查，结果显示：应届高校毕业生人均月工资水平为2600元，在“最希望政府在哪方面提供帮助”的选项中，85%的学生选择了“期望在降低生活成本中提供帮助”。非西安市生源高校毕业生的工资支出项为：房租支出800元/月，为每月支出项目的最大开支，占总支出的29%。西安市应针对外地生源高校毕业生的实际情况，出台对应的扶持政策。建议可适度为高校毕业生给予房租补贴，以降低外地生源大学生的生活成本，进而达到鼓励和吸引大学生来我市就业创业的效果。

（二）充分利用就业实名制，加强未就业高校毕业生帮扶

通过就业实名制工作进一步摸清高校毕业生的就业底数。以就业实名制为抓手，做好高校毕业生的一对一帮扶工作。建议将未实现稳定就业的高校毕业生按照户籍进行划分，市级和区（县）协同工作，上下联动，对未就业高校毕业生实施跟踪服务，分类帮扶，对于有创业意愿的进行及时的创业培训、创业指导、资金扶持，利用组织参加创业培训，提供创业服务，落实创业扶持政策；对于有就业意愿的，提供职业介绍、招聘信息；对有培训意愿的，推荐参加相应的职业培训和技能鉴定，提升职业技能；对有见习需求的，组织参加就业见习，积累经验、增强能力；对就业困难毕业生，实施“一对一”重点帮扶。做好未就业毕业生的跟踪服务、并及时补充更新实名信息数据库，形成动态管理工作机制，确保未就业高校毕业生人人有帮扶。

（三）加大中小型民营企业的扶持力度

建议人社、财政、工商、税务等相关部门应加强协作配合，强化政策落实，进一步加大对中小型企业扶持力度，尤其对吸纳高校毕业生较多的小微型企业及科技创新型企业可适度放宽标准，帮助其稳步发展，进而促进高校毕业生高质量稳定就业。同时还应加大政策宣传力度和宣传模式，改变政企信息不对称的格局，将各项政策送到企业，让企业最大限度享受到扶持政策，通过帮扶达到保稳定、促发展的目的，营造西安市良好的就业环境。

（四）开发西安市高校毕业生就业创业APP，实现掌上就业创业帮扶

随着我国互联网业的高速发展，智能手机的广泛应用，信息化服务已是大势所趋，尤其针对高校毕业生这一特殊群体，更应与时俱进，提供全方位、智能化、信息化的服务。建议西安市开发高校毕业生就业创业APP，进一步整合资源，为高校毕业生提供报到、求职、见习、创业培训、创业指导、政策咨询、补贴申请、贷款申请、信息查询等一系列的掌上便捷服务，及时为高校毕业生提供高效准确的就业信息，使西安市高校毕业生就业服务工作再上新台阶。

高校毕业生是国家人力资源的重要组成部分，高校毕业生就业工作事关大学生个人事业发展和价值实现，事关经济体制增效和转型升级，事关民生改善和社会和谐稳定，我们必须充分认识这项工作重要性、艰巨性、紧迫性。为千方百计做好高校毕业生就业服务工作，我们还需在完善政策体系、优化服务质量、开拓创新意识方面下大力气，建造良好的就业创业氛围，让高校毕业生在西安这片就业创业的热土上尽情展示自己的才华，唱一出大西安就业创业的秦韵之声。

（摘自《西安发展研究》2016年第17期《关于西安市高校毕业生就业服务工作的现状及思考》 作者：肖厚安 姚 越）

西安大气污染气象条件分析与应对建议

一、西安雾霾天气多发的原因分析

气象条件是影响大气污染物扩散的主要因素，当大气环境处于稳定状态时，不利于污染物的扩散，使得大气中污染物堆积，形成严重的雾霾天气。

(1) 西安周边地区近地面层主导风向指向城区，造成周边污染物向城区输送堆积。

(2) 西安近地面层风速呈现减小趋势，大气污染物水平扩散能力减小。

(3) 关中地区大气边界层高度下降，大气污染垂直扩散能力减小。

(4) 城市热岛效应加剧大气污染程度。

(5) 降水可显著降低近地面层污染物。

二、气象部门在雾霾监测预警方面的主要工作

1.建立雾霾监测预警部门协作机制

2012年3月，西安市环境保护局、西安市气象局贯彻落实西安市人民政府关于开展大气污染防治，有效改善西安市环境空气质量的相关要求，从部门联动、数据共享、监测预警、信息发布、技术研究等六个方面入手，综合各方技术和力量，充分利用部门资源优势，联合开展西安市环境空气质量预测预报和大气污染治理工作。2012年两部门联合向西安市人民政府报送了《关于联合开展西安市环境空气质量预测预报和大气污染治理工作的报告》。

2.联合发布空气污染预警信息和环境气象要报

2014年1月，西安市气象局与市环境保护局联合发布《关于联合开展霾及重污染天气预警信息发布工作的通知》，明确

了重污染天气预警等级标准，确定了两部门联合发布空气质量预警业务的任务分工、值班制度、会商制度、报告制度及信息发布制度。每周定期进行空气质量发展变化趋势联合会商，遇有可能发生重污染天气时加密会商次数。市气象台与环保局环境监测站联合发布西安市重污染天气预警。环保局与气象局联合编写的《环境气象要报》已成为市政府启动空气重污染应急工作的主要决策依据。2013年9月至今发布空气质量（雾霾）预警信号42期，与西安市环保局环境监测站联合发布重污染天气预警23期、环境气象要报38期。

3.开展空气质量预报预警技术研究

西安市气象局与北京师范大学、中国气象科学研究院加强学术交流与合作，引进CMAQ模式与西安WRF模式对接，建立西安市县空气质量数值预报预警系统（XaWRF-CMAQ），于2013年8月实现准业务化运行，模式空间分辨率为5公里，时间分辨率为1小时，预报时效为72小时，能够输出PM2.5、PM10、O_3、SO_2、NO_3等要素72小时内逐小时浓度预报图。2013年12月16—25日浓度预报图，预报结果与实况基本相符。

4.开展污染源解析研究

利用在线污染源解析技术，预报不同区域污染来源状况。2016年引进在线源解析技术。该技术在预报计算过程中，针对一次污染物，添加排放标识并追踪其输送扩散等过程；针对二次污染物，区分其化学生成控制物种，划分贡献再追踪其输送扩散过程。利用Vis5D技术，分析研究西安污染来源。Vis5D使用的数据是一种五维(经度、纬度、高度、时间、物理量)数据集。将物理量给定为PM2.5，对关中区域重污染天气“开始—变化—结束”过程进行动画模拟，结果显示关中地区污染来源为“当地产生+东北方向输入”。

三、大气污染治理对策建议

1.加强对大气环境质量的监测和机理研究

一是适当加密大气污染和雾霾天气监测站网。二是加大对西安混合雾霾形成机理和组分研究，加强雾霾天气与气象条件关系的研究。三是加强雾霾提前和精准的预报预警，为政府对污染源排放实施动态调控和应急响应决策提供支撑。

2.加强关中城市群跨区跨部门联防联控联治综合治理。一是加强对污染源的控制，推进企业节能减排，进一步优化关中地区产业结构与布局。二是以大西安为重点，依托关中城市群规划，在省、市政府的统一领导下，与西安城市上游和城市周边加强“大气污染源”的联防共治，对大型项目、重点规划开展跨区跨部门联防联控联治。三是西安城市建设需依近地面层主导风向畅通“城市通风道”，增强城市污染物扩散能力。

3.宣传和引导全社会理解和参与。面向社会各界进一步加强宣传和舆论引导，提倡低碳生活，汇聚推动治污减霾的正能量，形成人人参与、人人尽力、人人享有的良好局面。同时引导公众充分理解治污减霾是一项系统工程，是一项长期而艰巨的任务，必须持续用力。

（摘自《西安发展研究》2016年第22期《西安大气污染气象条件分析与应对建议》 作者：罗 慧 赵 荣 鲁渊平 王 钊）

西安文化旅游产业融合发展存在的问题和对策建议

一、西安文化旅游产业融合发展中存在的主要问题

1.统筹协调力度弱

由于缺乏顶层性、整体性、系统性、前瞻性的战略规划和架构设计，文化旅游产业融合发展得还不够深入，文化与旅游“两张皮”现象依然存在，特别是省内跨越行政区划的融合有待进一步深化。全市还没有建立起综合统筹文化旅游业发展的领导体制和部门联动的协调机制，行业管理、产业发展的多元化需求与主管部门职能单一的矛盾突出。全市“大旅游”观念还没有树立起来，大旅游工作格局还没有形成。另外，高端文化人才、创意人才和复合型人才稀缺，文化创意学界与业界难以实现有效联动，成为影响文化旅游产业融合发展的关键因素。

2.行业竞争力不强

“十二五”期间，西安市文化旅游业发展规模不断壮大，但总体看，行业整体竞争力不强，缺乏核心竞争力的市场主体，文化旅游企业“小、散、弱”的状况还没有得到根本改变，缺乏聚集裂变式发展的持续动力，与主导产业的定位相比、与旅游发达强市相比，还有很大差距。2015年，西安市接待海内外游客1.36亿人次，排15个副省级城市第4位，与第1位的武汉市相差7140万人次，与第2位的成都市相差5772万人次。

3.产品结构相对单一

长期以来，我市以文物观光产品为主，历史文化产品强，自然生态休闲产品弱，特别是缺乏具有国际竞争力的休闲度假类旅游产品，不能满足当前观光旅游向休闲度假旅游发展转变的市场需求。同时，在旅游区点建设、旅游线路布设、旅游时间安排等方面，包装策划层次较低，对于更高层次的购物、旅居、旅休、会议、科研考察等项目开发利用少，一定程度上降低了文化旅游资源的使用效率。

4.产业发展投入不足

与其他副省级城市相比，政府投资力度仍显不足，一定程度上影响了文化旅游产业的快速发展。如，2015年，西安市财政投资旅游业的资金总量为9000万元（其中，宣传促销5000万元，旅游专项4000万元），成都为2.5亿元（其中，宣传促销4000万元，旅游专项1.5亿元，旅游发展基金1亿元），杭州为1.9亿元（其中，旅游专项9000万元，宣传促销及其他1亿元）。在文化产业扶持方面，地方财政预算支出的比重虽然有所提高，但每年仅提高不到1个百分点，增长极为缓慢；在文化扶持方面，虽然每年设立了1亿元的专项资金，但仍属阶段性定额资金，长效增长机制尚未建立。

二、推动西安文化旅游产业融合发展的路径选择

“十三五”时期，是西安市推动文化旅游融合发展的重要五年，也是巩固提升文化旅游主导地位的关键时期。尤其在当前“稳增长、调结构、促改革、惠民生”大背景下，进一步推动文化与旅游产业深度融合具有特殊重要的意义，必须从理念、规划、资源、市场、政策和体制机制等方面，进一步明晰加快融合发展的具体路径。

1.抓认识，强化理念融合

文化旅游融合发展，是两大产业同步创新、同步提升、同步转型的一种全新模式，并将带来更多元、更丰富的文化旅游产品和业态。在发展理念上，要跳出文化产业与旅游产业的本位思维，进一步夯实互动融合的思想基础，坚持以“创新、协调、绿色、开放、共享”五大发展理念为统领，以建设品质西安为契机，推动形成“大文化、大旅游、大产业”融合发展共识。在发展思路上，坚持“以文促旅、以旅兴文、优势互补、融合发展”思路，促进文化旅游经济效益的“最大化”和资源整合利用的“最优化”，真正把文化旅游的资源优势转化为经济优势和产业优势，实现文化旅游供给的新增长。在发展目标上，要围绕历史文化和自然生态两大主题，按照建设具有历史文化特色的国际化大都市目标定位，大力培育文化旅游融合发展的特色支柱产业体系，使其成为发展势头最强、增长速度最快、发展潜力最大的战略支撑。

2.抓统筹，突出规划融合

科学规划是文化旅游融合发展的前提和保证。要加快编制文化旅游融合发展的中长期规划，切实改变文化旅游“两张皮”的问题，探索建立文化旅游融合发展“多规合一”的规划政策体系，实现文化旅游要素资源的统筹协调配置。一是要围

绕当前产业发展趋势和企业发展战略，进一步明确“十三五”文化旅游产业发展的重点方向、重点任务和突破口，研究提出重点文化旅游产品目录，增强规划的指导性。二是要突出文化旅游两大产业之间的渗透互补，防止重复建设和资源浪费，避免同质化竞争，切实将融合发展规划落实到整个产业层面，落实到具体产品和项目上，落实到具体企业身上，增强规划的操作性。三是要建立健全规划联动协调机制，切实加强规划实施监测和评估，把文化和旅游两个部门凝聚在规划这一张蓝图上，力求方向一致、责任明确、落地有根，确保规划的严肃性和约束力。

3. 抓关键，促进资源融合

资源融合是产业融合的核心和关键，是提高产业融合度和持久发展力的重要根基。要以产业融合带动资源融合，以资源整合实现资源共享。一是围绕结构加强整合。通过对文化旅游机构和延伸行业的资源跨界整合与模式再造，继而对文化旅游组织方式、流向流量、消费行为进行合理引导，增强文化旅游发展要素之间的关联度和集中度，实现“借鸡生蛋、借题发挥、共享共赢”。二是围绕产品加强整合。按照“大整合、大转型、大品牌”发展思路，对全市生态、宗教、文物、民俗等众多文化旅游资源进行优化重组，开展“文化旅游+”行动，推行“创意+资源整合”模式，创新一批最有特色、最具代表性、最能展现文化元素的旅游产品，厚植更加鲜明的市场竞争优势。三是围绕营销加强整合。按照方案互补、策略一致、系统兼容以及费用共同分担、市场共同维护、品牌共同打造原则，建立统一的文化旅游营销平台，打包宣传，整体促销，塑造定位更高、更富有西安特色的文化旅游品牌形象。

4. 抓动力，加速市场融合

一方面，要充分发挥市场在推动融合发展中的导向作用，切实找准市场定位，通过相融产业价值链解构与重构，制定覆盖文化旅游产业全要素标准体系，促进文化旅游业态提升，避免和规制盲目重复、破坏资源的纯粹追求利益的融合行为，推进文化旅游综合执法体制改革，形成有利于两大产业融合发展的市场体系。另一方面，要建立政府适应融合发展的宏观管理机制，打破行政和行业壁垒，通过产业合理布局、服务功能分区、集中建设管理，用足用活土地、资金、人才等市场要素，提高资源配置效率和公平性。建立完善投融资平台，引导信贷资金投向文化旅游领域。鼓励支持在文化旅游领域开展“双创”，营造融合发展良好环境。

5. 抓协调，推动体制融合

体制机制是加快融合发展的动力之源。要围绕重点领域和关键环节改革创新，构建充满活力、富有效率、更加开放、有利于融合发展的体制机制。一是理顺管理体制。尽快成立西安市旅游管理委员会，赋予其产业促进、资源统筹、综合协调等职能。建立融合发展联席会议制度，完善涉旅部门利益协调、行业监管和投诉办理等协调议事机制，促进文化旅游在规划编制、政策支持、标准制定、宣传推广、产品创新等方面的有机衔接。二是完善投入机制。加大财政投入力度，建立财政支持文化旅游业稳定增长的长效机制，积极争取中央、省资金支持，引导各类专项资金捆绑使用，充分发挥财政资金引导作用。三是创新经营管理体制。有序推进文化旅游重点项目和景区所有权、管理权与经营权分离，引入国内外文化旅游运营商进行控股管理，支持民营企业或民营资本以PPP、联营、参股等方式参与文化旅游开发经营，探索建立国家所有、政府监管、企业经营的文化旅游景区开发建设和经营管理体制，实现景区经营管理企业化、市场化、资本化。

6. 抓配套，创新政策融合

完善的政策体系是实现融合发展的关键，具有重要引导作用。一是要围绕制约融合发展的突出问题，不断创新融合发展中所涉及的产业政策、人才政策、中小企业政策、政府采购政策等综合政策体系。二是要积极协调财政、工商、税务、土地、金融、知识产权等职能部门，对文化旅游现行扶持优惠政策进行汇总梳理，对不适应、不协调的产业政策修订更新，对涉及相关印刷出版、餐饮住宿、娱乐购物、中介服务等配套政策进行系统集成，尽快实现从传统产业政策向融合发展政策的全面升级，构建有利于文化旅游融合发展的政策环境。三是要加快法治和诚信制度建设步伐，切实保护两大产业融合发展的积极性。

三、加快西安文化旅游产业融合发展的对策建议

文化旅游深度融合，是发展现代文化和旅游的本质需求，是实现西安市文化旅游产业转型升级的必然选择。为进一步加快西安文化旅游产业融合发展，通过调研，特提出以下6个方面的具体建议：

1. 编制大西安文化旅游融合发展专项规划

以西安为中心，整合周边优质资源，制定起点高、利长远、切实可行的科学规划，将大西安文化旅游融合发展上升为省委、省政府发展战略。实施一批省级“文化旅游融合发展示范项目”工程，推动文化与旅游深度融合，推动区域间协作发展，真正将文化旅游产业发展成为推动全省经济社会发展重要支撑。

2. 加大对文化旅游融合发展的投入

整合省文化产业和旅游产业发展专项资金，设立省文化旅游融合发展专项资金，争取国家相关部委专项资金投入，对符合条件的大西安文化旅游项目给予优先支持。省财政厅、旅游局等相关部门以企业上年度税收为主要依据组织评选认定省级文化旅游重点企业并给予一定奖励。拓宽文化旅游产业融资渠道，鼓励金融机构开设文化旅游产业服务部门，针对文化旅游业特点，创新信贷产品，开展多种贷款抵质押模式，引导担保公司为西安市文化旅游业提供融资担保。

3. 加快建设西安对外文化旅游贸易基地

积极协调西安海关、省文化厅、省商务厅、省旅游局，加大对西安市申报设立对外文化旅游贸易基地支持力度，加快建设西安文化旅游展示交易中心，拓宽西安文化旅游“走出去、引进来”的新渠道和新平台，助推文化旅游产业投融资和产品出口，吸引文化旅游龙头企业落户西安，深化与国外大型文化旅游集团开展务实合作。

4. 加快建设丝绸之路经济带（西安）文化旅游中心。将该项目纳入省级文化旅游融合发展重点项目，省市联合重点支持，促进丝路文化旅游深度开发，构建以西安为起点的丝路风情体验文化旅游走廊，打造“丝路文化旅游”知名品牌。

5. 深入开展文化旅游资源普查调研

建议由市委宣传部牵头，联合市文化、旅游、文物、民宗等相关职能部门，以能够为西安文化旅游开发利用并产生效益的文化旅游资源为对象，深入开展文化旅游资源普查调研，进一步厘清文化旅游资源总量、发展现状、产业布局等情况，系统整理我市历史文化脉络和旅游资源目录，为今后策划文化旅游项目、加强文化旅游招商、编制文化旅游发展规划和文化旅游资源走向市场奠定基础。

6. 加大宣传推介力度

从省级层面强化部门合作、政企合作、行业合作、区域合作，创新宣传促销机制，更好地展示陕西、西安文化旅游产品。在各类对外文化交流活动中，要增加陕西、西安旅游宣传元素，增设旅游产品和项目展示，增强宣传效果。省文化厅和省旅游局共同做好文化旅游人才培训工作，建立一批文化旅游实践基地。定期组织文化旅游从业人员业务培训，联合开展导游和讲解员培训，努力培育一支高素质、专业化的文化旅游人才队伍。

（摘自《西安发展研究》2016年第29期《推动西安文化旅游产业融合发展》 作者：西安市旅游局课题组）

西安现代服务业存在的问题和对策建议

一、西安现代服务业发展存在问题及制约因素

（一）存在问题

1.服务业总量不大，整体竞争力偏弱

与西安国际化大都市的城市定位相比，西安的现代服务业市场发育还不够充分，市场化程度仍显不足，部分行业市场准入限制多、门槛高，一定程度上抑制了资本的投入。从市场竞争力来看，与成都相比，吸引外资的能力明显偏弱。从微观来看，一些企业市场意识、竞争意识、创新意识和主动服务意识不强，缺乏精准的市场定位。例如西安现代物流、电子金融、网络信息服务等新兴服务业，有明显的地理、人才优势，却缺乏明显行业发展优势。

2.服务业内部结构不尽合理，核心竞争力亟待提高

2015年，西安现代物流业的增加值占服务业总量的4.3%；房地产业占服务业总量的10.5%；信息传输、计算机服务与软件业占服务业总量的12.9%，与西安市西部发展“桥头堡”“风向标”的重要地位还有一定差距，且近几年发展速度呈趋缓的态势。

3.产业规模较弱，政策仍需完善

缺乏资本市场交易场所是西安现代服务业功能不完善的重要表现之一。另外，在自主创新的关键领域，特别是在基础软件领域，拥有自主知识产权的企业虽然得到政府的大力支持，但是产业主体多数是有科技创新应用背景的中小企业，成长速度相对缓慢，经常出现资金供需与市场开拓等方面的发展瓶颈。现有的一些政策措施的落实力度、覆盖面和取得的效应也不能满足企业的需求，政策的作用没有完全得到有效发挥。

（二）制约因素

1.城乡居民收入偏低，消费潜力不足

2015年，西安城镇居民人均可支配收入为33188元，虽居全省首位，但在15个副省级城市中排名第13位，是排位第一杭州的68.7%，已连续两年居后三位；农村常住居民人均可支配收入14072元，全省排名第一，在15个副省级城市（不含深圳）中排名第11位。消费能力不足制约居民对诸如文化娱乐、社会服务等方面的需求，影响着现代服务业消费市场的扩展。

2.工业转型升级滞后，现代服务需求不足

整体来看，目前数量众多的小微企业生产方式仍较落后，信息化程度低，产品研发、产业转型升级速度相对滞后。表现为：小微工业企业产业链条较短，侧重于产品的生产，与产品制造相关的金融、市场营销、信息技术等占全部支出比重较小，外包服务不多且涉及面窄。传统的生产模式，导致生产型服务需求不足，一定程度上制约了现代服务业的发展。

二、推动西安现代服务业发展迈上新台阶的路径选择

（一）抢抓机遇，搭建现代服务业发展平台

一是结合《西安国家现代服务业综合试点实施方案（2014—2016年）》，进一步提高西安现代服务业产业层次，合理规划产业结构，提升现代服务业发展水平。加快服务业转型发展。坚持“生活性服务业向精细化和高品质转变，生产性服务业向专业化和价值链高端延伸”的思路，加快构建与国际化大都市相适应的服务业体系。

二是依靠西安在西部的龙头经济发展优势和产业集聚优势，继续抓好8个国家级和24个省市级服务业试点聚集区建设，进而带动全市服务业优化结构，提档升级。借力“一带一路”，以提升现代服务业内部产业链、价值链的模式，拓展产业配套领域，提高现代服务业的质量。

三是建立和完善现代服务业服务平台，重点搭建科技金融、创业孵化、知识产权和标准服务、技术交易等服务平台，形成不断催生新技术、新商业模式和新业态的产业生态环境，推动科技服务业与新兴产业融合发展。

（二）构筑核心，提升服务行业整体素质

一是进一步市场细分，填补行业空白，借网络时代快速发展东风，发挥西安科技内涵优势，如打造全国区域性电子商务中心。强化业务培训，优化发展模式，培育一批有影响力的电商企业。

二是围绕培育外贸主体，引导内贸经营主体开展国际贸易业务，引进一批龙头型供应商、采购商落户西安，设立采购基地。同时，力争有一批产业影响力、带动力强的重大项目落户，提高项目实施的成功率，促进全市现代服务业比重提高、结构优化、竞争力提升。

三是发挥西安高校和科研机构的优势，在科研院校和社会培训机构，开展各层次的现代服务业专业教育和职业培训，吸引一批跨国公司、国内外著名培训组织来开设培训机构，培养一批学科带头人、金融专家、营销行家和文化精英，也可形成特色培训产业基地等。培育一批高素质的紧缺型人才和经营管理人才，进而提升企业的核心竞争力和行业整体素质。

（三）强化扶持，优化现代服务业发展环境

一是加快推进贸易便利化。积极推进国际贸易综合改革试点，探索国际工程物资出口新模式，力争国家级试点。完善公共服务机制，简化境外投资管理，制定支持服务贸易、外贸新业态发展的政策措施。推行出口企业退税分类管理办法，简化人工审核项目。加强国际贸易支撑平台体系建设，培育引进外贸综合服务企业和涉外咨询服务机构，实现物流、报关、融资等链式服务，打造“外贸服务综合超市”。

二是深化行政审核制度，加强事后监督。完善的法律法规和良好的内部制度管理是现代服务业健康发展的重要基础。应借鉴其他发达国家和地区的服务业管理体系，加强市场监管力度，努力营造公开透明的商业环境和制定有利于现代服务业发展的经济政策，种好梧桐树，引得凤凰来。随着“一带一路”的实施，西安应增强高地意识，积极做好对接，在彰显本土特色、扩大对外开放和打造“品质西安”上迈出新步伐，取得新成就。

（四）提高收入，加大新兴产业培育力度

一是对于推动现代服务业发展，最根本的是大力发展生产力，扩大就业和增加居民收入，提升居民生活品质。

二是重点培育和发展派生产业。面对当前经济增长动力不足的新常态，要不断挖掘新的经济增长点，像物联网、互联网+、云计算、新能源、新材料等新兴产业的发展正为我们开启一次全新的发展机遇。大力发展“互联网+高效物流”，出台西安《促进物流业健康发展实施意见》，推动物流与“双创”相结合，发展多种形式的高效便捷物流新模式。

三是建立稳定的财政投入增长机制。在整合现有政策资源和资金渠道的基础上，设立战略性新兴产业发展专项资金，增加财政投入，创新支持方式，着力支持重大关键技术研发、重大产业创新发展工程、重大创新成果产业化、重大应用示范工程、创新能力建设等。通过一系列措施，推动经济运行整体企

稳回升，进而提升现代服务业企业利润增长，在当前经济下行压力增大的背景下，确保2016年全年西安服务业增加值继续稳定在9%左右。

（五）做大做强，发展壮大优势旅游产业

一是坚持文商旅融合发展，推动传统服务业转型升级。作为旅游大市，要把着力点放在发展高成长性服务业上，加强特色商业和旅游区建设，充分利用我们的悠久文化、历史名人和自然生态资源优势，秉承人文和旅游相融共促、深度融合的发展理念。打造生态旅游品牌，推进休闲旅游业发展。

二是发展个性化、特色化乡村旅游。以古遗址文化、红色文化和绿色生态为主体，以发展秦岭生态旅游为主线，突出自然风光、历史文化、户外休闲旅游特色，推出错季旅游精品景区、通道旅游重要驿站、新兴自驾游品牌营地、户外运动和暑天休闲度假重要基地。支持大学毕业生、返乡农民工等通过乡村旅游自主创业，推进乡村旅游扶贫。同时抓好“食、住、行、游、购、娱”，强化服务升级。通过壮大旅游产业规模，努力实现旅游品牌、效益、质量全方位提升。

三是挖掘旅游消费新热点。放宽在线度假租赁、旅游租车等“互联网+”新业态的准入和经营许可，发展旅游商品创意研发和旅游装备制造。发展老年旅游、研学旅行、健康旅游等。推动落实带薪休假及“2.5”天休假制度。同时改善旅游消费环境，诸如连通景区道路、停车场、旅游厕所等建设，规范旅游市场价格和经营秩序等。

四是加大政府投入，调动社会力量，鼓励采取PPP等模式投资建设和运营旅游项目，拓宽旅游企业融资渠道，鼓励金融机构加大信贷支持。让多彩的旅游丰富居民生活、助力西安经济发展。

（摘自《西安发展研究》2016年第32期《西安现代服务业竞争力评价——基于“一带一路”相关城市对比分析》　作者：焦卫冬　柳红卫　齐文洁　马　凯）

推动西安工业经济供给侧结构改革的思考

一、西安工业经济发展中存在的问题

（一）工业经济增速回落

受基建投资和房地产投资拉动减弱，部分工业行业产能过剩、市场需求不足等因素共同影响，西安工业经济增长速度近年来逐步由高位回落。

（二）工业增加值率下滑

由于工业优质资源配置集中度不高，西安规模以上工业企业中大型企业数量偏少，虽然高技术制造业和工业战略性产业快速发展，但行业领军企业数量偏低，近年来在劳动力、土地、资本等要素成本不断上升而企业市场定价能力提升较慢的共同影响下，西安的工业增加值率呈现下滑态势。

（三）工业生产者价格由涨转跌

2008年国际金融危机以来，在大规模的投资刺激下，国内许多工业行业，特别是一些重化产业领域产能扩张迅猛，导致了工业行业内部结构扭曲。近年来，随着工业经济逐步进入新常态化发展阶段，市场的整体需求增长放缓，工业产品产销率下滑势头显现，工业生产者价格波动也开始由上升周期进入下降周期。2000—2015年数据显示，西安工业生产者出厂价格自2012年结束上涨周期后连续三年下跌，购进价格自2011年结束上涨周期后连续四年下跌，规模以上工业企业的产品销售率在2012年后也呈现持续下降走势，2015年降至2000年以来的最低水平。

（四）工业企业部分效率指标下降

西安工业经济规模近年虽然不断扩张，但反映工业质量的效益指标和运营效率指标却逐渐显现增长乏力的特征。2015年统计数据显示，西安市在国家主要工业产品生产能力目录中共28种产品，其中产能利用率低于75%的有18种，多数属于科技含量较低的低端工业制品，与此同时装备制造业内部发展尚不均衡、高新技术制造业和战略性新兴产业集聚和集群发展也显不足，制约着西安工业经济结构由中低端向中高端转型升级。

二、西安工业经济供给侧结构改革思考

供给侧结构性改革是通过三去一降一补，盘活企业过剩产能沉淀的劳动力、资本、土地等生产要素，推动生产要素从低效率领域向高效率领域转移，以提高全要素生产率水平，实现经济的持续稳定增长。解决西安工业经济发展出现的各种问题必须依靠供给侧结构性改革，通过构建公平有序的竞争机制，坚持创新驱动战略，加快国有工业企业改革和产业结构调整步伐，推动工业资源优化配置，提升全要素生产率水平，确保西安工业经济在“十三五”期间持续稳健发展。

（一）构建公平有序竞争机制

一是进一步简政放权，减少行政审批事项，简化行政审批程序，尽快制定和实施工业领域市场准入负面清单，以营造高效透明的政策环境，充分调动市场主体的竞争活力。二是加快自贸区试验试点步伐，借助自贸区市场化、法治化、国际化营商环境，推动工业领域统一、开放、竞争、有序的市场体系构建。三是发挥好政府公共服务职能，为“三去一降一补”工作提供社会保障支持，为市场公平有序竞争提供法治环境支撑。

（二）坚持工业创新驱动战略

劳动力、土地、资本、创新、制度体制是供给侧改革的五大要素，其决定着经济的中长期潜在增长率。当前，由于人口红利逐渐消失，土地供给瓶颈显现，加之货币政策的影响，劳动力、土地、资本大规模投入推动工业增长的可能性已不存在，只有依靠创新要素，加快企业产品创新、技术创新和管理创新步伐，推动工业经济由粗放发展模式向科技创新引领的集约发展模式转变，才能化解西安工业领域低端产能过剩和中高端产能供给不足的矛盾，才能进一步提高西安工业供给体系的质量和效率，确保西安工业经济持续稳定增长。

（三）大力推动中高端制造业发展

以“中国制造2025”为指导，大力发展西安中高端制造业和生产性服务业，着力优化工业供给结构，特别在具有一定研发或生产优势的新一代信息技术产业、航空航天装备产业、节能与新能源汽车产业、电力装备产业和新材料产业方面，应集中力量开发一批标志性、带动性强的重点产品和重大装备，突破产业化瓶颈，抢占工业竞争的制高点。

（四）加快国企工业改革步伐

当前，加快国企工业改革是推动西安工业经济供给侧结构改革的一个重要突破口，十八届三中全会提出“对国有资产、国有企业的管理由直接管企业转变为管资本”，有利于进一步推动政企分离，促进国有企业增强经营活力和提升管理水平，同时也为民营经济提供了更大发展空间，有利于促进工业经济的所有制结构继续优化，提高工业领域要素的整体配置和利用效率。

（摘自《西安发展研究》2016年第35期《推动西安工业经济供给侧结构改革的思考》　作者：党　军　周　文　李碧生）

（供稿：张永春　杜　凝　行中道）

索引

责任编辑　冯冠杰

说 明

一、本索引采用主题分析法，按照主题词首字汉语拼音（同音字按声调）顺序排列；首字相同，按照第二字音序排列，依次类推。

二、部类名称、分目名称、二级分目名称用黑体字标明。主题词后的阿拉伯数字表示内容所在的页码，数字后的拉丁字母（a、b、c）表示该页码从左至右的栏别。

三、“附见”内容于次行缩后壹格放在相关款目下面。款目之后第二个页码表示该款目参见内容所在位置。

四、“特载”“大事记”“统计资料”“附录”内容不作索引。

数字首

A

B

K

L

R

S

X

图书在版编目（CIP）数据

西安年鉴. 2017 / 西安地方志办公室编. --西安：世界图书出版西安有限公司，2017.11
ISBN 978-7-5192-3826-1

Ⅰ. ①西… Ⅱ. ①西… Ⅲ. ①西安－2017－年鉴 Ⅳ. ①Z524.11

中国版本图书馆CIP数据核字（2017）第264652号

西安年鉴2017

编　　者　西安市地方志办公室
责任编辑　樊　鑫

出版发行　**世界图书出版西安有限公司**
社　　址　西安市北大街85号
邮政编码　710003
电　　话　029-87233647（市场营销部）
　　　　　029-87234767（总编室）
传　　真　029-87279675
经　　销　全国各地新华书店
印　　刷　中煤地西安地图制印有限公司
规　　格　889mm×1240mm　1/16
印　　张　29
字　　数　1000千字

版　　次　2017年11月第1版　2017年11月第1次印刷
书　　号　ISBN 978-7-5192-3826-1
审 图 号　陕S（2015）47号
定　　价　280.00元